nº 137.

LES MONUMENS
DE
LA MONARCHIE
FRANÇOISE,

QUI COMPRENNENT

L'HISTOIRE DE FRANCE,

AVEC LES FIGURES DE CHAQUE REGNE
QUE L'INJURE DES TEMS A E'PARGNE'ES.

TOME CINQUIÉME.

La suite des Rois depuis HENRI II. jusqu'à HENRI IV.
inclusivement.

Par le R. P. Dom BERNARD DE MONTFAUCON,
Religieux Benedictin de la Congregation de Saint Maur.

A PARIS,

Chez { JULIEN-MICHEL GANDOUIN, Quai de Conti, aux trois Vertus :
ET
PIERRE-FRANÇOIS GIFFART, ruë Saint Jacques, à Sainte Therese.

M. DCC. XXXIII.

AVEC PRIVILEGE DU ROI.

AU LECTEUR.

A recherche des Monumens de la Monarchie Françoise faisoit un de mes principaux soins lorsque je travaillois sur les Rois de la premiere, de la seconde, & sur quelques-uns de la troisiéme race. Mais à mesure que nous approchons de ces bas tems, ces Monumens deviennent moins rares; & ils se multiplient tellement au quinziéme, & encore plus au seiziéme siecle, que j'ai été bien moins occupé dans ces derniers tomes à chercher, qu'à choisir ceux qui conviennent le mieux à cet Ouvrage.

Depuis le Regne de Charles V. dit le Sage, la Peinture fut en vogue dans le Roiaume. On faisoit aussi dans certains livres des miniatures qui se perfectionnerent beaucoup après que Charles VIII. & Louis XII. eurent porté la guerre en Italie, où la peinture commençoit alors à se rétablir. On continua encore quelque tems sous François I. à faire ces miniatures. Mais la gravure qui se mit sur les rangs sous ce Prince, le pere & le restaurateur des beaux Arts, fit enfin perdre l'usage de ces Images en peinture qu'on mettoit dans les histoires & dans d'autres livres: on y mit en leur place des Estampes.

CANDIDO LECTORI.

IN perquirendis Franciæ Monarchiæ Monumentis desudabamus, cum primæ & secundæ, ac priorum Regum tertiæ stirpis historiam texeremus; sed dum ad posteriora tempora pergeremus, magis frequentia Monumenta comparebant. Ubi vero ad quintum-decimum, maximeque ad decimum-sextum sæculum devenimus, tam multa illa occurrunt, ut multo majorem in deligendis illis, quam in perquirendis operam dederimus.

A quo tempore regnavit Carolus V. Sapiens dictus, ars pingendi in Francorum Regno culta fuit. In Libris quoque illo ævo emissis, minio depictas imagines videas, quæ longæ accuratiore penicillo delineatæ fuere, postquam Carolus VIII. & Ludovicus XII. bellum intulere in Italiam, ubi pingendi ars tunc florere incipiebat. Regnante quoque Francisco I. in libris minio depingebantur imagines; sed cum eodem regnante Principe, qui bonarum artium Pater & Instaurator jure dictus fuit, ars in tabulis sculpendi invaluisset, ea illarum minio depictarum imaginum usum, dejecit in earumque locum insculptæ tabellæ seu paginæ inductæ fuere.

AU LECTEUR.

La gravure devint encore plus commune sous Henri II. & sous les Rois suivans ses trois fils, François II. Charles IX. & Henri III. On ne gravoit guere qu'en bois sous ces Princes. Ce ne fut que du tems d'Henri IV. que la gravure sur cuivre prit le dessus. Ces Regnes fournissent une quantité incroiable d'Estampes qui représentent des batailles, des sieges & des prises de Villes, des massacres, des Conférences, des Assemblées, des Spectacles de toutes les manieres. Le recuëil de tout cela feroit plusieurs Volumes qu'on multiplieroit à l'infini, si l'on y joignoit les tableaux & les portraits qui se trouvent dans les Hôtels des Princes & des Seigneurs, & même dans les maisons de plusieurs particuliers.

Il a donc fallu nécessairement faire un choix. Nous avons representé en figure les faits les plus mémorables, & ceux qui peuvent mieux nous instruire sur les modes & les manieres de ces tems-là ; ce qui est un des principaux sujets de cet Ouvrage. Le Lecteur remarquera que souvent ces Estampes nous apprennent bien des particularitez, que les Historiens ne disent pas.

Regnantibus autem ejus filio Henrico Secundo, & tribus Henrici filiis, Francisco II. Carolo IX. & Henrico III. imagines ita sculpendi usus prorsus invaluit. Tunc porro in tabulis ligneis ut plurimum sculpebatur : at regnante Henrico IV. in æneis tabulis sculpendi usus magis usurpatus fuit. Horumce Regum ævo incredibile est quanta sive lignearum, sive postea ænearum tabellarum vis invecta fuerit, quæ vel pugnas exhibent, vel obsessas aut captas urbes, cædes seu carnificinas, colloquia, conventus, spectacula omnis generis ; quibus collectis omnibus, volumina multa efficerentur. Immensum vero quantum illa crescerent, si adderes tabulas depictas & insignium hominum imagines, quæ in ædibus Principum Procerumque ; imo etiam in ædibus mediocris sortis hominum comparent.

Necesse igitur omnino fuit delectu uti. Hic proferimus illa gesta in imaginibus repræsentata, quæ memoratu digniora sunt, eaque maxime, quæ vestium armorumque modos varios repræsentant ; quam hujus suscipiendi Operis causam inter præcipuas sæpe attulimus. Observabit porro Lector in his delineatis imaginibus multa sæpe deprehendi, quæ historiæ Scriptores prætermiserant.

APPROBATION.

J'AY lû par ordre de Monseigneur le Garde des Sceaux un Manuscrit intitulé *les Monumens de la Monarchie Françoise*, composé par le R. P. Dom BERNARD DE MONTFAUCON, Religieux Benedictin de la Congrégation de Saint Maur, dont on peut permettre l'Impression. A Paris le 26 Janvier 1727.

CHERIER.

Le Privilege est au premier Volume.

Tournoi de la Rue St Antoine ou Henri II. fut blessé a mort.

LES MONUMENS
DE
LA MONARCHIE
FRANÇOISE,
QUI COMPRENNENT L'HISTOIRE DE FRANCE:

AVEC LES FIGURES DE CHAQUE REGNE,
que l'injure des tems a épargnées.

―――――――――――――――――――――――

HENRI II. Roi de France.

CE Prince parvint à la Couronne âgé de vingt-huit ans. Il étoit de fort belle taille, quoiqu'un peu moins grand que son Pere, brun de visage, mais fort agréable : adroit en toute sorte d'exercices, & d'une agilité surprenante. Avec cela bon, doux, affable, bien-faisant. Un Auteur assure, qu'il ressembloit mieux à son grand pere maternel Louis XII. qu'à François I. son pere, & que s'il avoit eu d'aussi bons Conseillers que l'étoit George d'Amboise Ministre sous Louis XII. il auroit autant veillé que lui à la félicité de son peuple. Il étoit, dit-il, né plûtôt pour être gouverné, que pour gou-

1547.

Caractere d'Henri II.

―――――――――――――――――――――――

MONUMENTA FRANCICÆ MONARCHIÆ
QUÆ FRANCIÆ HISTORIAM COMPLECTUNTUR:
cum iis cujusque Regni figuris quibus injuria temporum pepercit.

HENRICUS II.

Thuanus, Belcarius, Brantôme.

VIGINTI octo annorum erat Henricus cum Coronam adeptus est regiam, statura procerus, etsi Patre paulo minor, colore fuscus, tamenque ore blandus, in quovis exercitiorum genere dexter, atque stupendæ agilitatis. Ad hæc vero mitis, affabilis, ad beneficia conferenda pronus. Affirmat Scriptor quidam, ipsum avo materno Ludovico XII. magis, quam patri Francisco I. similem fuisse ; & si consiliis virorum Georgio Ambasiano similium usus fuisset, non minori quam avum cura, subditorum felicitati advigilaturum fuisse : ea, inquit, erat indole, ut magis aliorum nutu, quam suo, regere posset. Ineunte

Belcarius

HENRI II.

1547. verner. Après la mort de son pere il rappella d'abord Anne de Montmorenci, que François I. avoit éloigné de la Cour; & qui eut grande part au gouvernement; Saint André d'Albon étoit aussi dans sa faveur. Mais Diane de Poitiers Duchesse de Valentinois passoit tous ces Favoris : quoique déja avancée en âge, elle possedoit si bien le cœur du Roi, qu'on croioit qu'elle l'avoit ensorcelé. Un moien sûr pour en obtenir des graces, étoit de plaire à la Dame, & d'avoir sa protection. Diane étoit veuve du Sire de Brezé, & vers la fin du regne précédent, elle avoit déja été fort avant dans les bonnes graces d'Henri encore Dauphin. Si le regne d'Henri a été dur, il faut s'en prendre à elle & aux autres Favoris qui agissoient par son organe; car le bon Prince ne prenoit d'autre parti que celui qu'ils lui inspiroient.

Favoris d'Henri II.

Les deux freres Princes Lorrains, François Comte d'Aumale, & Charles Archevêque de Rheims, étoient encore fort cheris du Roi. François n'entroit pas si avant que les autres, dans les intrigues & dans le détail des affaires. Il étoit recommandable par sa valeur, par son experience dans la guerre, qui passoit même son âge, & par sa conduite. Son frere Charles étoit fort savant, éloquent, & capable de négocier & de manier les plus grandes affaires. Il entra plus avant que son frere dans la confiance du Roi, ce qui causa bien des murmures. On disoit que Diane & Charles gouvernoient tout, & on leur attribuoit toutes les mauvaises affaires qui arrivoient; les destitutions des Officiers, quelquefois de bons pour en mettre d'autres qui gâtoient tout pour leur profit, les taxes énormes. Ce qu'on a voulu exprimer dans ces vers faits en ce tems-là :

> *Sire, si vous laissez, comme Charles desire,*
> *Comme Diane fait, par trop vous gouverner,*
> *Fondre, paistrir, mollir, resondre, retourner,*
> *Sire, vous n'êtes plus, vous n'êtes plus que cire.*

Henri éloigna de la Cour le Maréchal d'Annebaut, & le Cardinal de Tournon, gens sages, dont les favoris & les flateurs ne s'accommodoient pas. Ce Prince oublia bien-tôt l'avis du feu Roi son pere, qui lui avoit recommandé de suivre leur conseil.

Dès qu'il fut monté sur le trône, il fit faire de superbes funerailles à son pere, après quoi il alla se faire sacrer à Rheims. Les Pairs séculiers furent, le

---

Belcarius.

Regno, statim ille Annam Montemorencium revocavit, quem pater suus ab Aula Regia exsulare coegerat, quique postea Regis Administer fuit; inter gratiosos annumerabatur etiam Albo Santandreanus. Verum omnes alios favore & gratia superabat Diana Pictavensis Valentina : etsi jam media & provecta ætate, ipsa Regis animum sic invaserat, ut philtris & magicis artibus usa crederetur. Certissimus ad impetranda munera aditus Dianæ patrocinium erat. Uxor autem illa fuerat Brezæi, atque versus finem regni Francisci I. jam Delphinum Henricum illecebris sibi devinxerat. Si quid ergo asperum & durum in Henrici II. Regno deprehendatur, id Dianæ & assectis ejus adscribendum, quibus instigantibus, omnia regebantur.

Fratres quoque ambo Lotharingici Principes, Franciscus Albæ-malæ Comes, & Carolus Archiepiscopus Rhemensis, apud Regem gratia multum valebant. Franciscus tamen in clandestinas aulicorum artes non ita se ingerebat. Fortitudine clarus & in re bellica supra ætatem expertus, & sagax; in cæteris sese continebat : at Carolus frater ejus, vir doctus, eloquens, rebus gerendis aptus, Regem magis coluit, ipsiusque fiduciam sibi conciliavit, non sine multorum obmurmurantium offensione. Rumor in aula regia erat, Dianam & Carolum omnia moderari; si quid sinistri accideret, ipsis adscribi solitum erat; destitutiones nempe Administrorum, sæpe bonorum, ut improbi sibi commodiores inducerentur, vectigalia immoderata, quod etiam versibus Gallico vulgari idiomate concinnatis, tunc expressum, publicarumque fuit; ita ut in Regis dedecus id vergeret. *Brantôme.*

Henricus ex aula regia abegit Annebaldum Marescallum & Cardinalem Turnonium, viros sagaces, qui Aulicis gratiosis & adulatoribus non placebant. Horum tamen ut consilia sequeretur, moriturus Franciscus Henrico filio suadere conatus fuerat.

Postquam in solium Henricus conscenderat, magnifico funere Patrem cohonestavit; moxque Rhemos properans pro solenni more unctus in Regem fuit. *Belcarius.*

HENRI II.

Roi de Navarre pour le Duc de Bourgogne, Antoine de Bourbon Duc de Vendôme pour le Duc de Normandie, Claude de Lorraine Duc de Guise pour le Duc d'Aquitaine, François de Cleves Duc de Nevers pour le Comte de Toulouse, Louis de Bourbon Duc de Montpensier pour le Comte de Champagne, François de Guise Comte d'Aumale pour le Comte de Flandres. Après cette grande cérémonie, le Roi fit son entrée à Paris, qui fut célébrée par toute sorte de réjouissances, danses, tournois, joûtes, & autres divertissemens.

1547. Sacre d'Henri II.

Le Roi François devenu sage & bon ménager aux dernieres années de sa vie, avoit laissé dans ses coffres quatre cens mille écus, sans compter le courant de cette année qui alloit être levé, & sans laisser aucune dette. Mais tout cela fut bien-tôt dissipé.

Tout l'argent levé pour le joyeux avenement fut donné à Diane; d'autres droits roiaux à lever, sur tout dans l'Auvergne & dans le Bourbonnois furent cedez à Saint André, qui exigea tout à la derniere rigueur, & amassa de grandes richesses. Anne de Montmorenci, qui avoit été exilé de la Cour, pour juste cause, & avoit demeuré pendant sept ans à Ecouan sans rien toucher de ses pensions, comme interdit de toute fonction, demanda ses arrerages; cela lui fut accordé; il les fit monter à cent mille écus, qui furent pris du tresor roial. Des quatre Secretaires d'Etat on destitua Gilbert Bayard & Villeroi, qui s'étoient fort bien acquitez de leur emploi durant le regne précedent, & Bayard fut mis en prison, quoiqu'il fût irreprehensible. Ils furent remplacez de Côme Clausse Marquemont ci-devant Secretaire d'Henri Dauphin, & de Jean Thiers créature d'Anne de Montmorenci, qui lui procura cette charge. On ôta à Jean du Val celle de Tresorier de l'Epargne, sans qu'on eût aucun sujet de se plaindre de sa conduite; Diane la fit donner à Blond de Rochecourt, & fit augmenter ses gages jusqu'à trente mille livres; beaucoup au de-là de ce que l'on donnoit auparavant.

Changement d'Officiers.

En ce tems-ci se fit le fameux duel de François de Vivone de la Chataigneraie, & de Gui-Chabot de Jarnac. Celui-ci se plaignant que l'autre ci-devant son grand ami, avoit dit quelque chose contre son honneur, lui donna un démenti. La Chataigneraie l'appelle en duel du consentement du

---

Brantôme.

Pares vero Sæculares adfuere, Rex Navarræ pro Duce Burgundiæ, Antonius Borbonius Vindocinensis pro Duce Normanniæ, Claudius Lotharingus Guisiæ Dux, pro Duce Aquitaniæ, Franciscus Cliviæ Dux Nivernensis pro Comite Tolosæ, Ludovicus Borbonius Montpenserius pro Comite Campaniæ, Franciscus Guisius Albæ-malæ Comes pro Comite Flandriæ. Post hanc tantam celebritatem, ingressus Lutetiam Rex excipitur cum solenni pompa, choreis, ludicris equestribus pugnis, ac reliquis varii generis oblectamentis.

Franciscus I. Rex, postremis Regni sui annis, sagacior & moderatior effectus, rem ærariam ita curaverat, ut quadringenta scutorum millia in arcis relinqueret, non numeratis anni istius vectigalibus sibi debitis, cum ipse ne teruncii quidem debitor esset; sed isthæc omnia brevi dissipata fuere.

Bel.arius.

Quidquid pro læto Principis in Regnum adventu pendi solebat, Dianæ oblatum fuit; alia vero Regi competentia, maximeque apud Arvernos & in Borboniensi tractu Santandreano concessa sunt, qui ingentes inde pecunias corrasit. Anna vero Montmorencius, qui jure ex aula regia depulsus, Escuanæ septem annos transegerat, neque pensiones annuas receperat, utpote qui solitis officiis non fungeretur; revocatus, omissas illas pensiones repetiit, quas ad centum millia scutorum numeratas, ex Ærario Regio recepit. Ex viris quatuor qui ad secretiora consilia deputabantur, hi ex aula dejecti sunt, Gilbertus Baiardus & Villarejus, qui pridem officio suo recte perfuncti erant, imo Baiardus in carcerem nulla de causa conjectus est; in illorumque locum constituti sunt Cosmus Claussa Marcamontius qui Henrico Delphino a Secretis fuerat, & Joannes Thierius, qui favente Montmorencio, adlectus fuit. Exactus quoque fuit Joannes de Valle sanctioris ærarii Custos, nulla certe de causa; sed Diana Blondum Rupicurianum locum ejus occupare voluit, cui etiam annuam mercedem ad triginta usque millia librarum auctam constitui curavit: multo nempe quam antea fuerat ampliorem.

Hoc tempore contigit celebrata illa singularis pugna inter Franciscum Vivonum Castaneum, & Vidum Cabotium Jarnacum. Hic conquestus quod Vivonus, nuper sibi amicus, probroso quopiam dicto, honorem suum læsisset, mentitum illum fuisse pronuntiavit. Castaneus vero, consentiente Rege, ad sin-

Marcelli

Tome V.

1547. Roi. Le champ fut marqué à Saint Germain en Laye, & le combat se donna
Duel fameux. en presence du Roi & de sa Cour. La Chataigneraie blessé au-dessus du jarret tomba, & ne put se relever. Se voiant ainsi vaincu par Jarnac qu'il méprisoit, & qu'il se croioit assuré de vaincre, il en conçut une telle rage, qu'il ne voulut pas souffrir qu'on le pensât, & mourut en desesperé. On disoit qu'un Maître d'Armes apprit à Jarnac à donner ce coup sur le jarret, qui a depuis passé en proverbe. On appelle un coup d'adresse & imprévû, *un coup de Jarnac*. Le Roi jura qu'il ne permettroit jamais de duel dans son Roiaume.

Il y avoit alors en France douze Cardinaux, & comme le Pape Paul III. étoit âgé de prés de quatre-vints ans, on jugea à propos dans le Conseil du Roi d'en faire partir sept pour Rome, afin que si le Saint Siege venoit à vaquer, ils se trouvassent là pour faire élire un Pape favorable à la France. M. de Thou dit que les favoris les firent écarter, parce qu'ils leur faisoient ombrage. Le Cardinal de Guise les suivit de près, & se rendit à Rome pour rendre de la part du Roi ses respects à Sa Sainteté. Il trouva le Pape dans l'affliction ; en voici le sujet. Pierre-Louis Farnese son fils naturel, qu'il avoit établi Duc de Parme & de Plaisance, traitoit si tyranniquement ses nouveaux sujets, que plusieurs, sur tout ceux de la faction Gibeline conspirerent sa perte. Trente-trois des plus hardis le massacrerent, pendirent son corps & l'exposerent à la populace, qui le traita avec toute l'indignité possible. Les conjurez craignant d'être severement punis par le Pape, allerent se donner à Ferdinand Gonzague, Gouverneur pour l'Empereur du Duché de Milan; qui se saisit de Plaisance, y mit bonne garnison, & fit solliciter Parme de se donner aussi à l'Empereur. Mais il n'y réussit pas. Le Cardinal de Guise eut plusieurs conferences avec le Pape, lui promit le secours du Roi Henri contre les entreprises de l'Empereur, & s'en revint en France.

1548. Le Pape avoit transferé le Concile general de Trente à Boulogne, parce qu'il voioit que tandis qu'il seroit assemblé à Trente, il n'en seroit pas bien le maître. L'Empereur s'en formalisa, & agit puissamment par ses Ministres auprès de Sa Sainteté pour le laisser à Trente. Le Pape aima mieux suspendre l'affaire jusqu'en l'an 1550.

Henri ne pouvoit douter que l'Empereur Charles, qui venoit de rem-

---

Thuanus.

gularem pugnam ipsum provocavit. Locus pugnæ ad Germani fanum indictus fuit. Coram Rege autem & aula regia pugnatum est, Castaneus, accepto in poplite ictu, cecidit, nec ultra surgere potuit. Cum autem se ita prostratum videret a Jarnaco, quem ante despiciebat, nec sibi parem putabat, in tantam incidit rabiem, ut non admissa Chirurgorum ope, ex vitæ tædio decesserit. Dicebatur autem quemdam singularis pugnæ magistrum ad talem ictum ferendum Jarnacum instituisse: in proverbiumque deinceps exiit, ut improvisus, subtilisque ictus, *Jarnaci ictus* vocetur. Henricus vero Rex se nunquam singulares hujuscemodi pugnas permissurum esse juravit.

In Francia tunc duodecim Cardinales erant. Cum autem Paulus III. Pontifex pene octogenarius esset, in Consilio Regio expediré visum est, ut septem Cardinales tunc Romam proficiscerentur, ut si Sedem Romanam vacare contingeret, illic adessent, qui pro eligendo Pontifice ad Gallicanas partes propenso, advigilarent. Thuanus porro dicit gratiosos Regios curasse ut Cardinales illi ablegarentur, quo possent ipsi laxius in aula versari. Istos sequutus est Cardinalis Guisius, ut Regis nomine obsequium præstaret Pontifici, quem acerbe lugentem reperit, hac nempe de causa : Petrus Aloisius Farnesius, ipsius Pontificis filius nothus, quem ipse Parmæ & Placentiæ Ducem constituerat, novos subditos tam immaniter agebat, ut quamplurimi, maxime vero ii qui Gibelinæ factionis erant, ejus necem molirentur. Ex audacioribus autem triginta tres ipsum trucidavere, cadaver ejus suspenderunt, & furenti populo deshonestandum exposuerunt. Conjurati autem veriti, ne Papam necis vindicem experirentur, Ferdinando Gonzagæ, in Mediolanensi Ducatu Imperatoris Præfecto, sese dediderunt, qui Placentiam occupavit, præsidioque munivit ; Parmam etiam ut Imperatori sese dederet, sollicitari curavit ; sed irrito conatu. Guisius porro Cardinalis hac de re sæpe cum Pontifice verba fecit, opemque ipsi Henrici Regis contra Imperatorem pollicitus est, inque Galliam postea rediit.

Concilium Generale Paulus III. Tridento Bononiam transtulerat, quod timeret, si Tridenti res agi pergerentur, eas non ad arbitrium suum esse cessuras. Imperator vero id indigne tulit, ac per Ministros suos apud Summum Pontificem institit, ut Tridenti Concilium maneret. Verum maluit Papa rem ad annum 1550. mittere.

Non dubium putabat Henricus Rex, quin Caro-

Thuanus. Bellarm.

porter une grande victoire en Allemagne, ne pensât à faire la guerre en France. Il donna une marque de ses dispositions pour le Roi Henri, lorsqu'il fit executer à mort Sebastien Vogelspergue, Jacque Mantel, & Wolphe Thomas, Capitaines Allemans, parce qu'ils avoient assisté avec dix Cohortes Germaniques au Sacre de Henri II. & parcequ'ils avoient servi dans les troupes des Protestans. Pour prévenir ses desseins, le Roi avoit fait parler au Pape par le Cardinal de Lorraine, & Sa Sainteté craignant la trop grande puissance de Charles, devenu plus hardi à entreprendre par sa victoire, donnoit volontiers les mains à se liguer avec le Roi de France. Henri envoia aussi à Constantinople pour confirmer la ligue offensive & défensive qui étoit entre François son pere & Soliman.

1548.

Les Anglois faisoient la guerre en Ecosse, ils avoient gagné une bataille sur les Ecossois & pris la Ville d'Edinton, qui n'est guère éloignée d'Edimbourg Capitale de l'Ecosse. Ils vouloient obliger les Ecossois de consentir au mariage de Marie Stuard Reine d'Ecosse, qui n'avoit encore que six ans, avec leur jeune Roi Edouard, pour joindre par là l'Ecosse à l'Angleterre : ce que les Ecossois n'auroient jamais souffert. Ils prierent le Roi Henri de leur envoier du secours. Il y envoia le Seigneur d'Esse avec un corps considerable de troupes, qui passa en Ecosse sur une flote. Peu de tems après son arrivée, d'Esse assiega Edinton, les Anglois vinrent pour faire lever le siege, & à leur arrivée, ils mirent quelque desordre dans notre cavalerie. Mais par la sage conduite d'Esse, le combat fut rétabli, & les Anglois furent mis en déroute. Ils revinrent depuis avec une plus grande armée, & menerent un convoi dans Edinton. D'Esse qui ne se sentoit pas assez fort pour combattre cette armée, se retira; les Anglois firent entrer le convoi, & s'en retournerent en Angleterre. Après leur retraite, d'Esse laissant Edinton, prit toutes les autres places que les Anglois avoient saisies dans l'Ecosse, jusqu'à la frontiere de l'Angleterre, en sorte qu'ils ne pouvoient plus mener de convoi à Edinton. D'Esse battit les Anglois en toutes les rencontres, & fut enfin obligé de ceder le commandement des troupes au sieur de Thermes envoié en sa place : & il s'en revint en France.

Guerre d'Ecosse.

Henri qui s'attendoit bien que la paix avec l'Empereur ne pouvoit pas durer long-tems, alla visiter la Bourgogne pour la mettre en état de défense, supposé que les Imperiaux vinssent l'attaquer par là; & passant les Alpes, il descen-

Voiage d'Henri II. en Piémont.

lus Cæsar, qui modo grandem in Germania victoriam retulerat, bellum in Franciam inferre cogitaret. Jam quo affectu Henricum Regem prosequeretur indicaverat, cum Sebastianum Vogelspergum, Jacobum Mantellum, & Wolphium Thomam Germanorum duces capite plecti jusserat, quod cum Germanicis copiis Henrici II. inaugurationi interfuissent; quodque cum Protestantibus militavissent. Ut ergo illius consilia conatusque præverteret, Lotharingiæ Cardinalem, qui cum Summo Pontifice consilia misceret, delegaverat. Pontifex vero Caroli, ex victoria audacioris, potentiam nimiam formidans, cum Henrico Rege societate jungi peroptabat. Misit etiam Rex Constantinopolim Oratorem, qui pacta confirmaret, a Francisco patre cum Solimano inita.

mémes. Angli in Scotiam bellum intulerant, Scotos profligarant, urbemque ceperant Edintonem, quæ non procul est Edimburgo regia urbe. Instabant porro ut Scotos eò adigerent, ad Mariam Stuardam Scotiæ Reginam sexennem Angliæ Regi Eduardo juveni nuptui dandam, ut ita Scotiam Angliæ jungerent, cui rei ut assentirentur Scoti adduci nunquam potuissent.

Henricum vero Regem rogarunt opem sibi mitteret. Misit ille Essium cum valida pugnatorum manu, qui in Scotiam classe vectus, Edintonem obsedit. Angli porro præsidiariis suis opitulaturi cum exercitu venerunt, statimque nostros adorti, equitatus ordine turbavere : verum Essii sagacitate, instaurato certamine, Angli fusi, profligatique fuerunt. Cum numerosiore postea reversi exercitu, commeatum in oppidum induxere. Essius tunc, impar viribus & copiarum numero, receptui cecinit, Anglis vero post inductum commeatum in Angliam reversis, Essius Edintone relicto, cætera oppida & castra, quæ Angli ceperant, ad usque Angliæ confinia progressus, expugnavit, ita ut nullo modo possent Angli commeatus Edintonem mittere. Anglos autem Essius, quoties obvios habuit, in fugam vertit, donec veniente Thermio successore duce, ipse in Franciam remigraret.

Henricus Rex gnarus non diuturnam sibi fore cum Les mêmes. Imperatore pacem, Burgundiam invisit, ut ipsam propugnaculis & copiis contra Cæsareos muniret, si istam in provinciam bellum inferrent, posteaque superatis Alpibus in Pedemontium descendit, ut om-

1548. dit dans le Piemont, pour le visiter de même. Après quelque séjour, il se rendit à Lion, où il trouva la Reine sa femme. Les Lionnois lui firent une entrée des plus magnifiques : en plusieurs endroits de la Ville, on voioit des arcs de triomphe, des trophées, des colonnes, & d'autres ornemens. La Riviere étoit couverte de gros batteaux, & de galeres faites exprès, dont la forme faisoit un spectacle singulier. Il y eut un combat naval, où le Roi se trouva dans un vaisseau, que l'Auteur Italien appelle, *il grand barcone*; au milieu duquel s'élevoit une grande salle, dont le dehors étoit orné de pilastres. Il ne nous est pas permis de donner tous ces spectacles qu'on représenta alors en gravûre. Nous nous contenterons de donner le *Barcone*, ou le grand Vaisseau du Roi. Il vint après à Moulins, où il maria Jeanne d'Albret sa Cousine germaine, avec Antoine Duc de Vendôme. Elle avoit été fiancée fort jeune avec le Duc de Cleves, comme nous avons vû ci-devant ; mais ce mariage ne se fit point.

PLANC. I.

Rebellion pour la Gabelle.

Au tems que le Roi visitoit ainsi ses frontieres, il y eut une grande sédition dans la Saintonge & à Bourdeaux, à l'occasion de la gabelle du sel, qu'on levoit avec une extrême rigueur. Cette gabelle avoit été établie par François I. qui avoit voulu l'imposer dès les premieres années de son regne : mais le Duc de Bourbon ayant déclaré qu'il ne souffriroit point qu'on l'établît dans les Provinces qui lui appartenoient ; dans le Bourbonnois, l'Auvergne, la Marche, Forest, & Beaujollois, François s'abstint alors de mettre ce nouvel impôt ; mais il le remit sur le pied ès années 1542. & 1543. ce qui causa une révolte à la Rochelle, dont nous avons parlé en son lieu.

Cette gabelle nouvellement établie, devenuë encore plus onereuse par la rapacité de ceux qui la levoient, porta enfin les Saintongeois, Poitevins, Bourdelois, & une partie de la Guienne, à une sédition. Ils prirent les armes, s'assemblerent en grand nombre, massacrerent les Gabeleurs qui tomberent entre leurs mains. Henri d'Albret Roi de Navarre, Gouverneur de Guienne, voulut y mettre ordre ; mais n'ayant point assez de monde pour s'opposer à eux, il fut obligé de ceder à leur fureur. Ils continuerent leurs violences pillant les maisons de ceux qui ne vouloient point se joindre à eux. A Bourdeaux la mutinerie fut grande. La populace armée faisoit des desordres. Le Parlement n'osoit s'y opposer, de peur d'être massacré par ces furieux ; & le sieur de Moneins Gouverneur de la Ville, se tenoit au Château Trompette. Il en sortit en-

Les mêmes.

nia similiter exploraret. Post Pedemontanas moras Lugdunum venit, ubi Reginam invenit uxorem. Lugdunenses Regem magnifice exceperunt : plurimis in vicis, urbisque partibus visebantur arcus triumphales, tropæa, columnæ, aliaque ornamenta. Flumen navibus & cymbis opertum erat, & triremes ad singulare spectaculum adornatæ. Classica pugna ludicra commissa fuit, Rege in maxima navium sedente, in cujus medio aula grandis erat, cujus exterior facies parastatis erat ornata. Omnia certe spectacula hujusmodi hic repræsentare non licet, tamenque magnam illam regiam navem hîc exhibere visum fuit. Molinum postea se contulit, ubi patruelem suam Joannam Leporetæam cum Vindocinensi Duce connubio junxit. Jam desponsa illa adhuc tenella fuerat Cliviensi Duci ; at non ad nuptias usque processum fuerat.

Quo tempore Henricus limites Regni sui, ut in tuto poneret, explorabat, apud Santonas & Burdigalæ ingens seditio suborta est : seditionis causa fuit vectigal in salem, quod aspere nimis exigebatur. Hoc vectigalis genus a Francisco I. inductum fuerat. Illud vero in ipso Regni sui primordio subditis imponere tentaverat ; sed cum Borbonius Dux se non passurum declarasset, ut vectigal tale indiceretur in regionibus & tractibus ad se pertinentibus, in Borboniensi agro, in Arvrenis, in Marchia, Foresia, Baujovio, tunc Franciscus a tali consilio destitit ; at vectigal idipsum imposuit annis 1542. 1543. id quod tumultum & seditionem in urbe Rupella concitavit, qua de re jam diximus.

Hoc porro vectigal denuo impositum, & exactorum rapinis onerosius effectum, Santonas, Pictavos, Burdigalenses & partem Aquitaniæ ad rebellionem induxit, arreptis illi armis, unà convenere, exactores illos quotquot in manus inciderant, trucidavêre. Henricus Leporetæus Rex Navarræ, Aquitaniæ Præfectus, rem componere voluit ; sed impar viribus, furibundos sedare nequivit. Seditiosi, eorum, qui secum arma sumere nollent, ædes passim diripiebant. Burdigalæ ingens tumultus, & rebellio fuit ; furibunda plebs armata omnia miscebat. Curia-Senatus cum non sine vitæ periculo ignobile vulgus placare posset, furentibus cedere cogebatur. Moninius urbis Præfectus in arce Buccinæ, tutelæ causa, consistebat, tan-

Thuan Belcavi Marcel.

SALLE MAGNIFIQUE
Elevé sur un grand Bateau a Lion.

fin imprudemment peu accompagné, pour appaiser la sédition. Il sembloit que les choses tournoient bien au commencement ; mais quand il fut arrivé à la maison de la Mairie, la mutinerie recommença plus fort qu'auparavant, le sieur de Moneins fut massacré inhumainement, son corps fut traîné, & demeura deux jours tout nud exposé à la fureur du peuple ; il fut enlevé par les Carmes qui l'enterrerent chez eux. Les séditieux pillerent les maisons des Bourgeois, & en massacrerent quantité.

1548. Moneins massacré.

A cette nouvelle le Roi Henri qui étoit alors à Lion, averti de tout par les Magistrats de Bourdeaux, donna des Lettres Patentes, par lesquelles il ordonnoit à tous ces peuples qui s'étoient soulevez, de mettre bas les armes, promettant qu'on feroit la recherche des Gabeleurs, qui pour s'enrichir, avoient mal usé de leurs commissions. Cela appaisa les séditieux, & apporta la tranquillité dans ces parties de la Guienne. Cependant comme il n'étoit pas juste que les Auteurs du meurtre du sieur de Moneins & de tant d'autres massacres demeurassent impunis, le Roi y envoya le Connêtable de Montmorenci avec un corps de troupes, & d'un autre côté François Duc d'Aumale, aussi bien accompagné. Montmorenci alla par le Languedoc, & le Duc d'Aumale par le Poitou & la Saintonge. Il gagna ces peuples par ses manieres honnêtes. Les deux se joignirent à Langon. Leurs troupes jointes ensemble faisoient environ mille chevaux, & dix mille hommes de pied.

Ils s'avancerent vers Bourdeaux ; on apporta les clefs de la Ville au Connetable, & les Bourdelois se disposoient à le recevoir magnifiquement. Mais d'un ton sévere, il dit qu'il vouloit y entrer comme dans une Ville de conquête. Il fit abbatre un pan de muraille, & entra par cette breche avec dixhuit pieces d'artillerie.

Par son ordre Neuilli Maître des Requêtes, accompagné de quelques Conseillers, fit le procès aux Bourdelois, & les déclara atteints & convaincus du crime de Leze-Majesté, *& privez à perpetuité de tous privileges, franchises, libertez, droits, actions, exemptions, immunitez, Maison de Ville, & Jurade, Conseil ; ensemble d'autres Jurats & Conseillers, Clercs, Procureurs, Bourses communes, Cloches, Justices & Jurisdiction, & tous actes concernans & appartenans à Communauté, Corps & Université* : il fut aussi ordonné que la Maison de Ville seroit rasée ; que les Jurats & certain nombre de Bourgeois iroient la tête nuë déterrer le corps du sieur de Moneins, & l'apporteroient à l'Eglise Cathédrale de Saint André,

Bourdelois punis.

---

demque imprudens cum paucis comitibus, ut plebem compesceret egressus, initio se rebelles temperaturum esse fidebat ; at ubi in Majorum-domum pervenit, rebellium furor magis exarsit ; Moninius immaniter trucidatus est : corpus ejus raptatum, nudumque sævientis plebis ludibrio expositum per biduum mansit ; sed tandem a Carmelitis absumtum, sepultumque fuit. Seditiosi autem honestiorum civium ædes expilarunt, eorumque plurimos trucidavêre.

Re comperta Henricus Rex, qui tunc Lugduni erat, a Magistratu Burdigalensi commonitus, literas dedit, queis jubebat commotos populos arma ponere, pollicebaturque se curaturum, ut exactores illi qui rei familiaris augendæ causa, improbe rem ministraverant, scelerum pœnas darent. Hinc sedato tumultu, in hasce Aquitaniæ partes tranquillitas inducta fuit. Quia tamen æquum non fuisset, ut qui Moninium totque alios trucidaverant, impune essent, misit Rex Constabularium Montmorencium cum pugnatorum manu, exque altera parte Franciscum Albæ-malæ Ducem copiis instructum. Per Septimaniam Montmorencius movit : Albæmalæus autem per Pictavos & Santonas, quos ex insita urbanitate sibi devinxit. Ambo autem duces Langonium convenêre : junctæ copiæ mille circiter equitum & decies millium peditum erant, & Burdigalam movêrunt. Claves autem urbis Constabulario oblatæ fuerunt, & Burdigalenses ad illum magnifice excipiendum parati erant : at ille severo vultu & minaci voce dixit, se per dejectam mœnium partem ingredi velle, quasi in urbem vi captam. Per fractum itaque murum ingressus ille est cum octodecim pyriis tormentis & copiis suis.

Ejus jussu Nevilius Libellorum supplicum Magister cum aliquot Senatoribus causam Burdigalensium egit, ipsosque læsæ Regiæ Majestatis convictos declaravit, atque *exclusos omnibus privilegiis, immunitatibus, libertatibus, juribus, actionibus, exemptionibus, domo publica, Consulibus, Consiliariis, Clericis, Procuratoribus, Crumena communi, Campanis, Justitia Jurisdictione, omnibusque aliis ad Communitatem & Universitatem pertinentibus*, mandatumque fuit ut Urbana Domus Publica solo æquaretur, utque Consules cum quibusdam civibus corpus D. Moninii ex terra eductum irent, ipsumque in Cathedralem Ecclesiam ges-

Les mêmes.

1548. pour y être mis dans un monument élevé avec une épitaphe marquée dans l'Arrêt; qu'en la place de la Maison de Ville on bâtiroit une Chapelle, où l'on diroit tous les jours la Messe pour l'ame du sieur de Moneins; que dans la même Chapelle on mettroit une colonne sur laquelle seroit écrit ou gravé le présent Arrêt. Le tout aux frais de la Communauté de Bourdeaux, qui fut condamnée à deux cent mille livres d'amende. Plusieurs des séditieux furent exécutez. Mais quelque tems après le Roi cassa & annulla cet Arrêt, & rendit à la Ville de Bourdeaux tous ses privileges.

Le Connétable & le Duc d'Aumale en s'en retournant, passerent par Poitiers, où les Magistrats au nom de leur Ville & de tout le Poitou, & encore au nom de ceux de la Saintonge, de l'Angoumois, du Perigord, du Limosin, & de l'une & l'autre Marche, qui leur avoient donné leur procuration, les supplierent instamment d'obtenir de Sa Majesté, qu'il les exemptât de la gabelle du sel, comme avoit fait son pere le Roi François l'an 1542, sans quoi ils seroient tous les jours exposez à la fureur de la populace mutinée, s'offrant de donner à Sa Majesté pour cela une grosse somme d'argent, qui pourroit lui servir à la guerre qu'il alloit avoir avec l'Empereur. Leur proposition fut trouvée raisonnable, & ils fournirent au Roi quatre cent cinquante mille livres tournois.

Le feu de la division étoit en Angleterre, la discorde y augmentoit de jour en jour. Henri de l'avis de son Conseil, fit ses préparatifs pour assieger Boulogne, & ramassoit des gens de guerre de tous côtez; mais le tout fort secretement, de peur que les Anglois ne se doutassent qu'on vouloit se servir de l'occasion pour leur ôter cette Ville.

1549. Vers le commencement de l'année 1549, le Roi établit une Cour Souveraine pour les causes des Calvinistes & des autres Hérétiques. Plusieurs furent pris & traitez sans misericorde, on les faisoit périr par des supplices tout nouveaux. Au mois de Février naquit à Saint Germain en Laye Louis, second fils du Roi, qui fut appellé Duc d'Orleans; il s'en fit de grandes réjouissances, mais la joie ne fut pas longue. Ce Prince mourut peu de tems après. On fit vers ce tems-ci défense de faire de nouvelles maisons dans les Fauxbourgs de Paris, de peur que la Ville ne s'aggrandît trop.

Au mois de Juin suivant, la Reine Catherine de Medicis fut sacrée & cou-

Thuanus.
Belcarius.

tarent, ut in erecto sepulcro deponeretur, cum epitaphio notato; ut in Domus Urbanæ Publicæ loco, Capella construeretur, ubi quotidie pro Moninii anima Missa diceretur, ut in eadem Cappella cippus erigeretur, in quo insculptum esset præsens Edictum, idque sumtibus Burdigalensis Urbis, quæ in pœnam sceleris 200000. libras solvere coacta est; ex seditiosis plurimi mactati fuere; sed paulo postea Rex Edictum illud abrogavit, & Urbi privilegia sua restituit.

In reditu porro Constabularius & Albæmalæ Dux in Pictavorum urbem venerunt, ubi Magistratus libellum supplicem ipsis obtulit, non Pictavorum modo, sed etiam Santonum, Engolismensium, Petragoricorum, Lemovicensium, & utriusque Marchiæ populorum nomine, quo rogabant a Rege impetraretur ut a salario vectigali eximerentur quemadmodum a Francisco I. anno 1542. exemti fuerant: alioquin autem se plebis furori quotidie expositos fore, offerebantque Regi vectigalis loco pecuniæ summam 450000. librarum, ad bellum contra Imperatorem gerendum ipsi opportunam. Illud vero concessum ipsis fuit, Regique numerarunt 450000. libras Turonenses.

Tota Anglia dissidiis flagrabat, dissensiones quotidie augebantur; ideoque Henricus, inito consilio, ad Bononiam obsidendam se se apparavit, pugnatorumque agmina undique colligebat, sed secreto omnia, ne Angli in suspicionem mox futuræ obsidionis inciderent.

Ineunte anno 1549. Henricus Rex Curiam Supremam constituit pro causis Calvinistarum, aliorumque Hæreticorum. Multi capti fuere, & sine ulla misericordia quotquot Hæretici deprehensi sunt, novis suppliciis periere. Mense Februario natus est ad fanum Germani Ludovicus Regis secundus filius, qui Dux Aurelianensis vocatus est. Tunc celebritas magna fuit & gaudium, sed breve; nam paulo postea Regius infans defunctus est. Hoc circiter tempus prohibitum fuit, ut ne quis novas ædes in suburbiis Lutetiæ construeret, ne nimium civitas protenderetur.

Mense Junio sequente, ad Dionysii fanum Catharina Medicea uncta & coronata est, & decimo-sexto

Les mêmes

Tillius
Belcarius

Les mêmes

ronnée

Arcade magnifique

magnifique Elevé rue Saint Antoine.

HENRI II.

ronnée à Saint Denys: & le 16. jour du même mois le Roi fit son entrée à Paris, des plus somptueuses qu'on eût encore vû; & le 18. du même mois la Reine fit aussi la sienne. Toutes les Cours allerent au devant d'elle jusqu'à Saint Lazare. Elle fut conduite au son des trompetes par la ruë Saint Denys, ornée des plus riches tapisseries, de peintures & de statues, & menée jusqu'au Palais. L'Artillerie jouoit en même tems dans tous les quartiers de la Ville.

1549. Sacre de la Reine.

Il n'est pas possible d'exprimer ici les dépenses qui se firent en statues, pyramides, obélisques, portiques, & autres représentations, qu'on fit graver dans le tems même. Nous nous contenterons de donner ici la belle *arcade* que le Roi fit faire pour le spectacle seulement, & qui traversoit la rue Saint Antoine devant le Palais des Tournelles. Cette *arcade* a tout l'air d'une porte de Ville, la grande porte est au milieu, & deux portes plus basses aux deux côtez. Par dessus ces portes s'élevoit une grande salle bien vitrée, dont le dedans étoit orné superbement. Trois jours après on donna le spectacle d'une Naumachie devant les Célestins.

Pl. II.

Au même tems l'armée se rendit avec une célérité incroiable auprès de Boulogne, & prit les Châteaux & les Forteresses dont les Anglois s'étoient saisis, ou qu'ils avoient construits autour de cette Ville. On fit alors le procès au Maréchal de Biez, & à Jacques de Couci, Seigneur de Vervin son gendre, qui étoient depuis long-tems en prison, l'un pour avoir donné la garde d'une Place, aussi importante que l'étoit alors Boulogne, à son gendre qui n'avoit ni courage, ni aucune experience de la guerre; l'autre, pour avoir rendu Boulogne aux Anglois, Place encore en état de se défendre long tems, le Dauphin avec son armée étant fort proche pour la secourir, & malgré les instantes prieres des Bourgeois qui s'offroient de défendre leur Ville, pourvû que Vervin leur laissât les plus déterminez de ses soldats. Le Maréchal fut honteusement dégradé de sa charge & de l'Ordre de Saint Michel, & condamné à une prison perpetuelle: mais le Roi lui permit de se retirer en sa maison du Fauxboug Saint Victor, où il mourut de déplaisir. Vervin comparut devant les Juges, & ne pouvant excuser sa faute, il aima mieux, dit M. de Thou, qu'on l'attribuât à lâcheté qu'à trahison. Il fut décapité, son corps fut coupé en quatre. Sa tête & ses membres furent exposez auprès de Boulogne sur cinq pieux fichez en terre. Plusieurs années après Jacques de Couci son fils obtint

Siege de Boulogne.

Punition du Maréchal de Biez & de Vervin.

Junii die Rex Lutetiam ingressus, magnificentissimè exceptus fuit, atque decimo-octavo die ejusdem mensis Regina intravit in urbem, Omnes Senatorum Curiæ ad fanum Lazari obviam ipsi venerunt. Per vicum Sancti Dionysii preciosissimis aulæis, tabulis depictis & statuis ornatum, ad Palatium ducta est. Per totam urbem tormenta pyria explodebantur. Vix exprimi queat quanta pecuniæ summa in his consumta fuerit, in statuis, pyramidibus, obeliscis, porticibus, aliisque hujusmodi, quæ eo ipso tempore delineata & publicata fuere. Hìc solum proferemus arcum illum pulcrum, quem Rex spectaculi tantum causa tunc fieri jussit, qui arcus vici Sancti Antonii vicum occupabat ante Turricularum Palatium, & portæ urbis cujusdam formam referebat. Magnum ostium in medio est, duo minora utrinque posita. Supra portas autem aula magna vitreis instructa erat, cujus interiora superbis ornamentis micabant, & post triduum Naumachiæ spectaculum ante Cælestinos datum est.

Thuanus. Belcarius. Tillius.

Eodem tempore exercitus Francorum cum ingenti celeritate ante Bononiam advenit, & circumpositas munitiones atque castella cepit, quæ Angli vel invaserant, vel construxerant. Tunc in jus ad causam dicendam adducti sunt Marescallus Biezius & Jacobus Cuciacus Verviniï Toparcha, gener ipsius, quia diuturnò jam tempore in carcere degebant; prior, quod Bononiæ custodiam, quam urbem strenuissimè defendere rei Francicæ intererat, genero ignavo & imperito viro dedisset; alter quod, Anglis urbem illam dedidisset, quæ diu poterat hostem propulsare, cum Delphinus opem laturus adventaret, cumque oppidani sese ad propulsandos Anglos, in promptu esse dicerent, dum Vervinius pugnatorum audaciores secum adjungeret. Marescallus munus suum & Sancti Michaëlis Ordinem deponere jussus est, & perpetuo carceri mancipatus: verum Rex ipsi concessit ut in ædes suas ad suburbium Sancti Victoris se reciperet, ubi paulopost ex mœrore exstinctus est. Vervinius autem ante Judices adductus, cum culpam amovere non posset, maluit, inquit Thuanus, ignaviæ quam proditionis convinci. Capite autem truncatus fuit, & corpus ejus quatuor in partes dissectum est. Caput autem & membra quinque paxillis affixa prope Bononiam fuere. Sub hæc, plurimis elapsis annis, Jacobus Cuciacus filius ipsius ab Henrico III. impetravit,

1549. d'Henri III. qu'en considération des grands services qu'avoit autrefois rendus à la Couronne l'illustre Maison de Couci, sa mémoire & celle du Maréchal de Biez seroit rétablie. Il leur fit faire de magnifiques funerailles; le jugement porté contre eux fut cassé par un Arrêt du 1. Octobre 1575.

Henri partit pour aller faire le siege de Boulogne. Le Connetable & le Duc d'Aumale vinrent le joindre à Montreuil. Il prit Ambleteuse, Montlambert, & quelques autres Places, & alla assieger la Tour d'Ordre. Mais les pluies qui survinrent & les approches de l'hyver, l'obligerent de remettre le siege de la Tour d'Ordre & de Boulogne au printems suivant. Cependant les Anglois se trouvoient dans une fâcheuse situation. Ils avoient mis fin à leur discorde, mais le sieur de Termes les pressoit vivement du côté de l'Ecosse. La peste s'étoit mise dans leur garnison d'Edinton, ensorte qu'ils furent obligez enfin d'abandonner la place, & de se retirer comme ils purent. Ils voyoient d'autre part, que la défense de Boulogne alloit les engager à de grandes dépenses, avec peu d'espérance de garentir la Place d'être enfin emportée par le Roi de France, à qui il importoit trop de la reprendre, pour qu'il se desistât de cette entreprise. Ils crurent qu'il valoit mieux en venir à un traité de paix avec la France, & en même tems avec l'Ecosse. La paix fut donc faite, à condition que les Anglois rendroient Boulogne, & tous les Forts qu'ils occupoient aux environs, & que le Roi de France leur paieroit quatre cent mille écus; & pour l'Ecosse, qu'on rendroit de part & d'autre les Places prises. Le traité fut exécuté au commencement de l'an 1550.

Accord avec les Anglois, qui rendent Boulogne.

Les gens de guerre faisoient de grands desordres dans les campagnes, ils ruinoient les pauvres païsans: pour y obvier le Roi Henri augmenta considerablement leur solde, & défendit sous de griéves peines, de rien prendre sans payer. Cela fut assez bien exécuté sous le regne d'Henri II. mais après sa mort, pendant les guerres civiles, le desordre fut plus grand que jamais.

Il renouvella son alliance avec les Suisses; les Cantons Catholiques ne firent aucune difficulté de traiter avec lui. Les Cantons Protestans informez du traitement qu'il faisoit à ceux de leur Religion, traiterent aussi quoique difficilement. Il n'y eut que Zurich & Berne qui ne voulurent entendre parler d'aucun traité. Cela déplaisoit infiniment à l'Empereur Charles, qui faisoit bien des efforts pour empêcher que les Cantons n'envoiassent des troupes en France.

Le même.
ut in gratiam Cuciacensis familiæ, quæ olim celebris, de Francico regno tam bene meruerat, memoria patris sui & Marescalli Biezii restitueretur. Ipsorum ille ossa celebri funere prosequutus est. Sententia autem in eos lata per Decretum 1. Octobris anno 1575. abrogata est.

Henricus ad Bononiensem obsidionem pergit, Constabularius & Dux Albæmalæ Monasterioli ipsum junxerunt. Cepit autem Amblitolium, ac Montem Lamberti, & Turrim ardentem obsedit; sed imbribus supervenientibus, cum alioquin hiems appeteret, & Turris & Bononiæ obsidionem ad ver proximum remisit. Inter hæc autem Angli in tristi rerum conditione versabantur. Thermius illos in Scotia strenue impugnabat, pestilentia Edintonis præsidiarios invaserat, ita ut oppidum deserere, & ex Scotia dilabi vix potuerint. Aliunde vero nonnisi ingentibus impensis se Bononiam defendere posse prospiciebant, vixque spes erat quovis modo posse illam ex manibus Henrici Regis eripi, cujus ita interat illam urbem recuperare, ut illum re suscepta nunquam destituturum certum esset. Melius ergo sibi tunc consultum putarunt, si cum Francis simul & cum Scotis pacem facerent: quæ demum his conditionibus sancita est. Angli Henrico Bononiam reddebant cum munitionibus circumpositis, & Henricus quadringenta scutorum millia ipsis numerabat. Et quod ad Scotiam spectabat, castra & oppida capta utrinque reddebantur, quæ omnia initio anni sequentis peracta sunt.

Thuanus, Bell. ini tio.
Pugnatorum copiæ in Francia, nullo servato disciplinæ ordine, vicos & agros diripiebant, rusticisque magnum importabant damnum. Rex vero indidia auxit, & gravibus indictis pœnis vetuit, ne quid ab ipsis, nisi soluto precio, acciperetur. Id vero regnante quidem Henrico Rege, sat accurate servatum est, sed post ejus obitum bella civilia, graviora etiam damna importavêre.

Les mêmes.
Cum Helvetiis Rex societatem confirmavit, Catholici pagi nihil intulere difficultatis. Protestantes vero, quia Henricus subditos suos ejusdem religionis aspere insequebatur, vix induci potuerunt; sed tandem pacti sunt, exceptis Bernensibus & Tigurinis; idque Carolo Cæsari admodum displicuit, qui nihil non agebat, ut Helvetiorum pagos averteret a societate cum Francis.

HENRI II.

Vers la fin de cette année mourut le Pape Paul III. Les Cardinaux élurent en sa place Jean-Maria de Monte, qui prit le nom de Jules III. Paul III. avoit publié le Jubilé pour l'année suivante, Jules III. en confirma la publication. Dès qu'il fut élû, il donna la Ville de Parme à Octave Farnese, petit fils du Pape défunt. Vers le même tems, Marguerite sœur de François I. Reine de Navarre, mourut en Bigorre.

Claude de Lorraine Duc de Guise, mourut vers ce tems-ci; François Duc d'Aumale son fils, prit le nom de Duc de Guise, & Jean Cardinal de Lorraine frere de Claude, étant mort vers le même tems, Charles Cardinal de Guise frere de François, prit le nom de Cardinal de Lorraine, & fut pourvû des Benefices de son Oncle. C'étoit un intrigant qui agissoit de concert avec Diane. Ils gouvernoient tout; les faveurs & les disgraces ne venoient que par leur canal. Ce Cardinal fit destituer Lizet premier Président du Parlement de Paris, sous prétexte qu'il lui avoit manqué de respect en une occasion, & il fit mettre en sa place Bertrandi, qui lui étoit dévoué. Lizet qui étoit habile homme, & qui avoit dignement occupé cette charge à la satisfaction du public, se voiant destitué, & oubliant les sentimens d'honneur convenables à un homme de son caractere, alla prier l'auteur de sa disgrace, de lui procurer quelque benefice pour sa subsistance, & il lui fit donner l'Abbaïe de Saint Victor de Paris. Diane fit ensuite ôter les sceaux au Chancelier Olivier, homme integre, & qui occupoit dignement cette charge, & les fit donner à Bertrandi, qui ceda sa place de premier Président à Gilles le Maître, homme aussi dévoué à la Dame.

Boulogne aiant été renduë au Roi Henri, suivant le traité de paix fait avec les Anglois, la Reine Douairiere d'Ecosse, sœur de François Duc de Guise, vint en France pour voir sa fille Marie Reine d'Ecosse, fiancée avec le Dauphin François. Elle arriva à Dieppe au mois de Septembre, & vint à Rouen, où elle fut reçûë par le Roi Henri avec toutes les demonstrations possibles d'amitié.

Quelques jours après, le 2. Octobre, le Roi & la Reine firent leur entrée triomphante dans Rouen. Il ne se peut rien ajouter à la magnificence de cette entrée. Tout ce qu'on peut imaginer de plus extraordinaire dans ces sortes de réjouissances, fut mis en exécution. On y voioit un arc de triomphe, des

---

Les mêmes. Hoc anno vertente obiit Paulus III. Papa : in ejus vero locum delectus a Cardinalibus fuit Joannes Maria de Monte, qui Julii II. nomen assumsit. Paulus III. Jubilæum pro anno sequenti publicaverat ; & publicationem Julius III. confirmavit. Statim atque ad Pontificiam Sedem evectus est, Parmam urbem Octavio Farnesio Pauli III. nepoti dedit ; eodemque tempore Margarita Navarræ Regina, soror Francisci I. mortua est in Bigerrensi tractu.

Les mêmes. Claudius Lotharingus Dux Guisiæ, hoc tempore obiit. Franciscus vero filius ejus Dux Albæmalæ, Ducis Guisiæ nomen sumsit ; cumque Joannes Cardinalis Lotharingus Claudii frater idem circiter tempus obiisset, Carolus Cardinalis Guisius, frater Francisci, Cardinalis Lotharingiæ nomen sibi sumsit, & patrui beneficiis donatus est ; vir versutus & aulicis artibus instructus, qui cum Diana consiliis junctus erat. Ambo omnia moderabantur, dona & munera ab illis tantum manabant. Cardinalis iste Lizetum primum Senatus Parisini Præsidem destitui curavit, obtentus illum non cum debita reverentia se alloquutum esse, & in locum ejus substitui curavit Bertrandum sibi addictum virum. Lizetus, vir ingenio valens, qui hoc munus digne, plaudentibus omnibus, gesserat, se dejectum videns, immemor dignitatis decorisque, illum ipsum qui se ex dignitatis gradu deturbaverat, supplex adiit, rogans sibi Beneficium aliquod ad victum conciliaret, curavitque Carolus ut ipsi Abbatia Sancti Victoris Parisiensis conferretur. Diana sub hæc sigilla ab Olivario Cancellario repeti curavit, qui vir integerrimus, digne hoc officium administrabat, & Bertrando consignari voluit, qui Primi Præsidis munus Ægidio Magistro dedit, secundum Dianæ placitum.

Les mêmes. Postquam secundum pacis conditiones Bononia ab Anglis Henrico restituta fuit, Regina Scotiæ, soror Francisci Guisii, defuncti Regis uxor, in Franciam trajecit, invisura Mariam Reginam Scotorum, filiam suam, Francisco Delphino desponsatam. Mense Septembri appulit illa Dieppam, & Rothomagum venit, ubi ab Henrico Rege cum omni amicitiæ significatione excepta fuit.

Entrée du Roi à Rouen imprimée en 1551. Aliquot postea diebus, die 2. Octobris, Rex & Regina triumphantium more Rothomagum sunt ingressi : nihil splendori & magnificentiæ addi poterat. Arcus ibi triumphalis visebatur, monocerotes currui

1550. Licornes qui tiroient un char, des Elephans, ou des Chevaux traveſtis en Elephans, qui portoient ſur leur dos des tours, & beaucoup de choſes ſemblables, qui ſont repréſentées dans un livre imprimé à Rouen en l'an 1551.

Pour donner quelque idée du goût de ces tems-là, j'ai crû devoir mettre ici en cinq planches: premierement, les figures des Licornes, ou des Chevaux cornus comme la Licorne, qui tirent le char de la Religion, repréſentée par une femme tenant ſur la main une Egliſe. Elle eſt accompagnée de pluſieurs autres femmes couronnées. Derriere le char eſt un homme qui porte une petite ſtatue de la Sainte Vierge, tenant le petit enfant Jeſus. Ceux qui conduiſent les Licornes, ſont vêtus comme des Orientaux.

PL. III.

Après viennent des Elephans, ou des Chevaux traveſtis en Elephans, qui portent, les uns des vaſes, ou des armes, les autres des tourelles, où l'on voit des gens qui regardent par les fenêtres.

PL. IV.

On voit enſuite un char appellé, le char d'heureuſe fortune, tout découvert, traîné par deux Chevaux. Sur le char étoit aſſis un homme qui repréſentoit le Roi, & qui lui reſſembloit. Derriere lui, ſur un ſiege plus élevé, on voit la Fortune aîlée, qui le couronne, & ſur le devant du char, quelques petits enfans qui l'accompagnent.

PL. V.

Après le Roi, on voyoit un jeune homme à cheval qui repréſentoit le Dauphin François, exprimé dans une planche.

PL. VI.

La planche ſuivante nous montre le grand ſpectacle qui fut donné ſur la Seine devant Rouen, appellé le triomphe de la Riviere. On y voit un grand pont de pierre, qui a été ruiné depuis. Le dieu Neptune avec ſon trident, qui va ſur les eaux monté ſur ſon char. Les roues roulent ſans s'enfoncer. Amphitrite d'un autre côté, va portée ſur des Tritons. On y voit encore pluſieurs dieux marins montez ſur des gros poiſſons & des monſtres. On n'avoit encore rien vû de ſemblable en France.

PL. VII.

Tout ſembloit ſe diſpoſer à une guerre contre l'Empereur. Le Roi averti que Marie Reine de Hongrie faiſoit guetter le Maréchal de Saint André, qu'il avoit envoié en Angleterre, pour le prendre au paſſage, fit arrêter les Vaiſſeaux marchands des Payis-Bas, qui ſe trouverent alors à Dieppe, juſqu'après le retour du Maréchal. Elle fit empêcher qu'un convoi parti pour Te-

---

juncti, elephanti, five equi elephantum more obtecti, turriculas dorſo geſtabant, & ſimilia multa quæ in libro anno 1551. Rothomagi cuſo repræſentantur.

Ut Lectori quidpiam offeramus ad iſtius ævi morem & talia repræſentandi conſuetudinem pertinens, in quinque inciſis tabulis exhiberi curavimus, unicornes ſcilicet ſeu equos unicornium more cornutos, qui currum trahunt Religionis, quam exhibet mulier manu tenens Eccleſiam, comitantibus ipſam plurimis aliis feminis coronatis. Pone currum vir comparet, parvam ſtatuam gerens Beatæ Virginis & Jeſu infantis. Qui unicornes ducunt, Orientalium more veſtiti ſunt.

Poſtea ſequuntur Elephantes, ſive equi elephantorum ritu compoſiti; qui geſtant alii vaſa ignea, ſive arma, ſive turriculas in quarum feneſtris quidam ſpectantes cernuntur.

Deinde viſitur currus, qui felicis Fortunæ currus inſcribitur, apertus totus, & equorum bigæ junctus. In curru ſedebat vir, Regi vultu ſimilis. Pone illum in eminentiore ſede viſitur Fortuna alis inſtructa, qui Regem coronat, & in anteriore currus parte qui-dam pueri & puellæ Regem comitantes.

Poſt Regem eques incedebat juvenis quiſpiam qui Franciſcum Delphinum repræſentabat, hicque in tabula ſequenti conſpicitur.

Tabula ſequens, inſigne ſpectaculum exhibet in ipſo Sequana fluvio propoſitum, Fluvii triumphus appellatum. Iſtic pons magnus lapideus obſervatur, qui deinde dirutus eſt. Neptunus deus cum tridente, qui ſuper aquas in curru ſedet.

Atque rotis ſummas levibus perlabitur undas,

Amphitrite in altera parte Tritonibus inſidet. Marini quoque dii alii conſpiciuntur, magnis piſcibus, aut monſtris vecti. Nihil antea ſimile apud Francos viſum fuerat.

Omnia ad bellum contra Imperatorem apparari videbantur. Submonitus Rex Mariam Hungariæ Reginam, Mareſcallum Santandreanum, quem ipſe in Angliam miſerat, obſervari juſſiſſe, ut in tranſitu caperetur, naves omnes Mercatorum Flandriæ quæ Dieppæ erant detineri juſſit, donec Mareſcallus rediiſſet. Coerceri juſſit illa commeatum, qui Taruanam in-

Thuanus. Bellarius.

LE CHAR DE LA RELIGION

LA RELIGION TIRÉ PAR DES LICORNES.

Elephans portans des Tours sur leur dos.

Elephans portans des Tours sur leur dos.

CHAR DU ROI HENRI II. D'HEUREUSE F

II. D'HEUREUSE FORTUNE A ROUEN L'AN 1550.

JEUNE HOMME A CHEVAL
qui represente le Dauphin.

LE TRIOMPHE DE LA RIVIER

MPHE DE LA RIVIERE A ROUEN L'AN 1550.

rouanne n'entrât dans cette Ville : & ce qui déplut encore plus au Roi, elle fit ruiner & raser le Château de Lincant dans les Ardennes, qui appartenoit au sieur de Rognac, attaché à la France.

1550.

'Les abus des Banquiers de la datterie de Rome étant devenus fort grands, sur tout par une grande quantité de fausses lettres expediées, le Roi y mit ordre, & Charles du Moulin fit là-dessus un livre, où il parloit fort hardiment, ce qui lui attira bien des ennemis, & même en France, en sorte qu'il fut obligé de se retirer en Allemagne, d'où il fut rappellé, après que le Roi eut rompu avec le Pape Jules III. Le Prince de Melphe, Maréchal de France, & Gouverneur pour le Roi en Piémont, étant fort âgé, le Roi y envoya le sieur de Brissac pour lui succeder. C'étoit le plus grand favori de Diane, & le bruit de la Cour fut, que par jalousie le Roi voulut l'éloigner, en lui ouvrant une porte fort honorable. Le Prince de Melphe qui s'étoit très-dignement acquité de sa charge, s'en retournoit en France ; mais il mourut à Suze, & le Roi donna le bâton de Maréchal que le Prince avoit, à Brissac son successeur.

Les habitans de Cabrieres & de Merindol, restes des anciens Vaudois, avoient été traitez avec grande violence. Le Parlement d'Aix les punit sans misericorde. On exerça sur eux des cruautez inouies. Cependant ils n'oserent en porter leurs plaintes à la Cour ; tant que le Cardinal de Tournon & le Comte de Grignan, leurs plus grands adversaires, furent en grace. Mais dès que ceux-ci en furent éloignez par les favoris ; soutenus par le Duc de Guise, dit M. de Thou, ils obtinrent du Roi que leur affaire seroit évoquée au Parlement de Paris. Les sieurs de Grignan & d'Oppede, principaux auteurs de ces violences, trouverent moien de se tirer d'intrigue par le secours de leurs amis. Guerin, Avocat au Parlement de Provence, paia pour tous. Il fut condamné à avoir la tête tranchée, & fut exécuté à Paris.

Restes des anciens Vaudois.

L'Empereur fier de ses victoires, remuoit toujours en Allemagne, & vouloit tout soumettre à son Empire. Depuis la prise de Frederic Duc de Saxe, la terreur s'étoit si bien répanduë dans toute la Germanie, que tout plioit devant lui. Cependant les Princes Allemans cherchoient secretement les moiens de secouer ce joug. Charles étoit si puissant, que cela ne pouvoit se faire sans un secours étranger. Maurice de Saxe qui commandoit l'armée de l'Empereur,

1551.
Traité secret du Roi avec les Princes d'Allemagne.

---

gressurus erat, quodque Regi magis displicuit, Lincantium castellum in Arduenna sylva dirui curavit, quod ad Roniacum Toparcham Francis addictum pertineret.

La même.

Cum trapezitarum Curiæ Romanæ falsæ literæ, quæstus causa datæ passim in Galliis adventarent, Rex huic malo, ut potuit, obstiti curavit. Carolus vero Molinæus, hac de re librum edidit, in quo libere admodum loquebatur, unde sibi multorum odium etiam in Gallia conciliavit, ita ut in Germaniam se recipere coactus fuerit, unde revocatus fuit, postquam Rex cum Julio III. dissidere cœperat. Cum Princeps Melphitanus Marescallus Franciæ & Pedemontii Præfectus senio pene confectus esset, Rex illò misit Brissacum. Is Dianæ acceptissimus erat, rumorque fuit Regem, quod zelotypia laboraret, Brissacum honorifice illò amandasse. Princeps vero Melphitanus, qui Præfecturam dignissime gesserat, cum in Franciam reverteretur, Segusii obiit, Rexque in ejus locum Brissacum Marescallum Franciæ creavit.

Thuanus.

Caprariæ & Merindolii incolæ, Valdensium reliquiæ in Curia Senatus Aquensis asperrime & sine ulla commiseratione, & cum nimia crudelitate excepti fuerant, neque tamen ausi fuerant aulæ regiæ opem implorare, quamdiu Turnonius Cardinalis & Grinianus Comes, qui ipsis maxime adversabantur, in eadem aula floruere ; sed postquam isti ab aliis ex prisco favore depulsi sunt, opem ferente Guisio Duce, abs Rege impetrarunt ut causa ipsorum ad Senatum Parisinum evocaretur. Grinianus autem & Oppedus, qui rei auctores maxime fuerant ; amicorum ope, salvi & incolumes evaserunt ; sed Guarinus, Advocatus Aquensis Curiæ, in judicium actus, ex decreto Parisini Senatus, capite truncatus Lutetiæ & suam & aliorum culpam luit.

hist. de Provence.

Carolus Imperator ex victoria audacior evadens, nihil non movebat in Germania ut totam illam sibi subigeret, & fortunæ beneficio uteretur. Postquam Fredericum Saxoniæ Ducem ceperat, usque adeo Germaniam terror invaserat, ut nemo palam obsistere auderet. Inter hæc tamen Germaniæ Principes clam excutiendi jugi modos explorabant. Illa armorum potentia Carolus erat, ut non valerent ipsi sine exterorum auxilio id aggredi. Mauritius Saxo, dux Cæsa-

Thuanus. Belcarius.

1551.
Prince adroit & vigilant, qui quoiqu'il n'en fît pas semblant, étoit plus mécontent que les autres, sur tout de ce qu'il tenoit prisonnier le Landgrave de Hesse son beau-pere, dont il s'étoit saisi d'une maniere indigne. Ces Princes traiterent secretement avec l'Evêque de Baïone, qui étoit depuis assez long-tems en Allemagne pour le Roi Henri, quoiqu'il fît semblant d'y être pour d'autres affaires. Les principales conditions du traité furent, que le Roi viendroit avec une armée en Allemagne, qu'il s'empareroit s'il pouvoit, de Cambrai, Mets, Toul, & Verdun; qu'il porteroit aussi la guerre dans les Payis-bas, pour distraire les forces de l'Empereur en plusieurs endroits; qu'il prendroit la qualité de Vicaire de l'Empire; que les Princes de Germanie l'aideroient de leur côté à reprendre les terres que l'Empereur avoit prises sur lui, qu'ils feroient aussi leur possible pour le faire élire Empereur, s'il le souhaitoit; ou du moins pour en faire élire un qu'ils obligeroient de s'engager par serment à maintenir la paix avec le Roi de France, & à signer le présent traité, qui fut fait si secretement, que l'Empereur n'en eut pas connoissance.

Concile de Trente.

Pendant que ces affaires se passoient en Allemagne, le Concile qui avoit été ci-devant transferé de Trente à Boulogne, avoit été remis à Trente. Le Roi y envoia Jaques Amiot Abbé de Bellozane, chargé de ses instructions par écrit, où ce Concile étoit appellé, non pas *Concilium*, mais *Conventus*, une assemblée. On se récria contre ce mot; plusieurs, & sur tout les Espagnols, vouloient qu'il changeât ce terme. La chose fut mise en délibération; mais comme l'Abbé de Bellozane assuroit que le Roi regardoit cette Assemblée comme un Concile, quoique ses instructions portassent le terme de *Conventus*, on voulut bien entendre sa harangue, où il se servit du même terme de *Conventus*. Dans cette harangue, il se plaignoit amérement au nom du Roi, de ce que dans le tems qu'il faisoit ses efforts pour maintenir la liberté dans l'Italie, le Pape s'étoit ligué avec l'Empereur pour l'opprimer; qu'il vouloit faire tomber Parme entre les mains des Impériaux, après l'avoir lui-même donnée à Octavien Farnese, & faisoit assiéger la Mirande, pour l'ôter au Seigneur Pic, qui étoit depuis long-tems sous la protection du Roi de France; que cette guerre empêchoit que les Evêques de France ne pussent venir à Trente pour y célébrer un Concile Oecumenique, & que c'étoit aussi pour cela que l'inscrip-

---

rei exercitûs, Princeps vigil atque callidus, qui etsi id dissimulabat, magis quam cæteri exulceratus erat, maximeque quod Landgravium Hassiæ socerum suum captum detineret, quem indignis modis interceperat. Principes ergo Germani secreto cum Episcopo Baionensi rem agebant, qui aliorum negotiorum causa se in Germania versari simulabat & pro Henrico Rege negotiabatur. Hæc porro clandestina pacta inita fuere; quod Rex Henricus in Germaniam cum exercitu venturus esset, capturus, si posset, Cameracum, Metas, Tullum & Virdunum; quod in Belgicas quoque Provincias bellum illaturus esset, ut Imperatorem vires distrahere cogeret, quod sese Vicarium Imperii dicere posset; quod Germani quoque Principes opem ipsi laturi essent, ut terras & oppida, quæ Imperator ipsi abstulerat, recuperare posset, quod etiam ipsi Principes Germani nihil non acturi essent, ut ipsum Henricum Imperatorem deligerent, si tamen id ipse cuperet; vel saltem ut talem deligerent, quem ipsi cogerent ut, sacramento adhibito, pacem cum Henrico Rege servaret, & huic pactioni subscriberet, quæ tam secreto sancita fuit, ut Carolum omnino lateret.

Dum hæc in Germania gererentur, Concilium, quod Tridento Bononiam translatum fuerat, Tridentum postea reductum fuit. Rex autem illò misit Jacobum Amiotum Bellozanæ Abbatem, descripta ferentem instrumenta, in queis Synodus illa non Concilium, sed Conventus vocabatur. Contra vocem illam occlamatum est. Plurimi, maximeque Hispani, hanc mutari vocem volebant. Hac de re deliberatum fuit; sed cum Amiotus affirmaret a Rege hunc Conventum pro Concilio haberi, etiamsi in rescripto Conventus vocaretur, concessum ipsi fuit ut coram cœtu orationem haberet, in qua Regis nomine amarissime conquerebatur, quod cum ipse vires suas adhiberet, ut in Italia libertas servaretur, Summus Pontifex ad libertatem illam opprimendam cum Imperatore societatem belli iniisset, in qua Parmam Cæsareis tradi conaretur, cum tamen ipse Papa illam Octavio Farnesio tradidisset; quod ipsius jussu Mirandula obtideretur, ut illa D. Picum privaret, qui jamdiu a Rege Francorum protegebatur. Hoc autem bello id effici ut non possent Episcopi Galli Tridentum venire ut Concilium Œcumenicum celebrarent; ideoque *Conventus*

tion portoit le nom de *Conventus*. L'Orateur finit, en priant les Evêques assemblez, d'avoir égard aux remontrances de son Prince. Cela fut renvoié à la premiere Session.

Le Roi fort mécontent du Pape & de la Cour Romaine, fit publier un Edit dans tous les carrefours de Paris, qui portoit défense, sous peine de la vie & de confiscation de biens, d'envoier, sous quelque prétexte que ce fût, de l'argent à Rome ou à la Cour du Pape, n'y aiant point de raison de lui fournir des sommes pour faire la guerre au Roi : & de peur que les Héretiques répandus dans le Royaume, dont le nombre croissoit tous les jours, ne crussent que cette dissention avec Rome, leur seroit favorable, on publia vers le même tems à Châteaubriant un Edit fort sévere contre eux, & contre ceux qui seroient suspects d'héresie.

Differend avec Rome.

Avant que la guerre fût déclarée entre la France & l'Empire, Brissac détacha par ordre du Roi une partie de ses troupes, pour aller par pelotons & en habit déguisé à la Mirandole, mais Ferdinand Gonzague usa de tant de diligence, que la plûpart furent tuez ou envoiez en Galere. Après quoi Gonzague approcha de Parme, prit quelques Places aux environs pour lui couper les vivres. Alexandre Vitelli qui commandoit l'armée du Pape, vint assiéger Parme ; mais il fut si vivement attaqué par ceux qui gardoient cette Ville, qu'il fut obligé de se retirer à trois milles de là. Le Roi de France y envoya des troupes commandées par Horace Farnese Duc de Castro, qui étoit à la tête de la Gendarmerie, par Pierre Strozzi, qui avoit charge de l'Infanterie, & par Sipierre, qui commandoit les Chevaux-Legers. Ils allerent d'abord à la Mirandole, d'où ils envoioent du secours à Parme: ils furent joints depuis par le sieur de Thermes, fort habile dans l'art militaire. Ils n'étoient pas assez forts pour tenir la campagne, mais ils faisoient continuellement des irruptions sur les ennemis, en sorte qu'ils n'avançoient point.

Commencement de la guerre d'Italie.

Le Roi Henri résolut enfin de faire la guerre à l'Empereur, & donna ordre à Brissac de se mettre en campagne, & de prendre les Villes qu'il pourroit. Il prit Quiers & Saint Damien. Alors Ferdinand Gonzague fut obligé de venir défendre les autres Places, & se retira des environs de Parme avec la meilleure partie de son armée. Il vint en Piémont, laissant le commandement du reste des

---

mêmes.

nomen in rescripto usurpatum fuisse. Clausit orationem Amiotus rogando cœtum, ut Principis sui monitorum rationem haberent, Res autem ad sequentem Sessionem missa fuit.

Rex vero in Papam & in Curiam Romanam indignatus, Edictum publicari jussit per vicos & quadrivia Parisiaca, quo sub capitis & amissionis bonorum pœna prohibebatur, ne quis quovis obtentu pecuniam Romam, aut ad Curiam Romanam mitteret, cum præter omnem rationem esset, summas illò mittere ad bellum Regi inferendum. Ne autem Hæretici per Regnum sparsi, quorum numerus in dies crescebat, putarent ex dissensione cum Curia Romana liberiorem sibi aditum patere, eodem tempore in Castro-Briandi promulgatum fuit Edictum severissimum contra Hæreticos & contra eos, in quos hæreseos suspicio caderet.

mêmes.

Ante belli inter Regem & Imperatorem initium, Brissacus, jubente Rege, partem copiarum suarum per globos ementita veste, Mirandulam misit ; sed tanta fuit Ferdinandi Gonzagæ vigilantia, ut maximam partem vel caperet, occideret, vel ad remos

mitteret. Post hæc vero Gonzaga versus Parmam movit, castra quædam circum cepit, ut rei cibariæ aditum clauderet. Alexander autem Vitellius exercitûs Pontificii dux, Parmam obsedit ; sed à præsidiariis ita naviter, fortiterque exceptus est, ut recedere, & tertio ab urbe lapide castra ponere coactus sit. Rex autem Henricus copias illò misit, ducibus Horatio Farnesio, qui cataphractos equites, Petro Strozzio, qui pedites, & Sipetra, qui leviorem equitatum regeret, statimque illi Mirandulam se contulerunt, unde Parmam auxilia mittebant: hos postea junxit Thermius in re bellica peritus. Etsi non tanto numero erant, ut possent in acie contra hostilem exercitum stare : at perpetuis incursionibus ita hostibus infensi erant, ut parum illi proficerent.

Les mêmes.

Decrevit tandem Henricus Rex bellum Imperatori inferre, jussitque Brissacum exercitum cogere, & quæ posset oppida capere. Cepit autem ille Cherium & Sanctum Damianum. Tunc Ferdinandus Gonzaga, ut cætera Pedemontii oppida firmaret, ac defenderet, Parmam deserens cum majori exercitûs parte, in Pedemontium venit, cæterasque copias Mariniani

troupes à Jean Medequin, Marquis de Marignan. Après la retraite de Gonzague, Strozzi sortit de Parme, prit quelques Places, & ravagea les environs de Plaisance. Vers le même tems, le Capitaine Paulin, dit le Baron de la Garde, prit quelques Vaisseaux Flamans, la guerre recommença ainsi de tous les côtez. Le Duc de Nevers qui commandoit en Champagne, & le Duc de Vendôme, Lieutenant Général pour le Roi en Picardie, firent aussi quelques actes d'hostilité. Mais l'hyver qui survint bien-tôt, mit fin à cette campagne.

Il falloit bien de l'argent pour la guerre qui se préparoit, & le tresor Roial se trouvoit épuisé. Le Roi engagea une partie du Domaine. Il créa plusieurs nouvelles Cours, qu'on appelle Présidiaux, pour tirer de l'argent de ces charges, prit de la vaisselle d'argent de ceux qui voulurent lui en prêter, & en fit battre de la monnoie. Il leva aussi vingt livres sur chaque clocher du Roiaume, & comme une bonne partie de la somme fut donnée à Diane, on disoit qu'il avoit pendu les cloches au cou de sa grande jument.

Maurice avoit jusqu'alors caché ses desseins, en sorte que l'Empereur qui lui avoit donné le commandement de son armée, ne soupçonnoit pas même qu'il y eût rien à craindre de son côté. Il leva enfin le masque, & publia un manifeste contre l'Empereur. Albert de Brandebourg en fit un autre de même, plus violent. Quoique Maurice se fût ainsi déclaré, il ne laissoit pas avec sa finesse ordinaire de leurrer l'Empereur, en témoignant publiquement qu'il ne souhaitoit rien tant que de faire sa paix avec lui. Cependant il s'avançoit toujours dans le Tirol. Il attaqua les troupes Impériales qui gardoient un passage dans les montagnes, les défit, & s'avança vers Inspruk, où il auroit infailliblement pris l'Empereur, si une mutinerie de ses soldats, qui demanderent leur payement, ne l'avoit arrêté un tems considérable. L'Empereur, quoique tourmenté de la goute, fut obligé de s'enfuir à travers les Alpes en assez petite compagnie, & se rendit vers la Carinthie sur les frontieres des Venitiens. Frederic Duc de Saxe venoit d'être délivré de prison. Cette guerre obligea les Evêques assemblez à Trente, de se retirer. Le Concile fut differé à un autre tems.

Tandis que Maurice poursuivoit ainsi l'Empereur, le Roi, suivant le traité, se mit en marche vers la Lorraine. Son armée étoit composée d'onze mille pié-

---

Marchioni regendas commisit. Postquam ille receptum habuerat, Strozzius Parma egressus, aliquot oppida cepit, & agros circum Placentiam devastavit. Paulinus vero Garda, aliquot Flandricas naves cepit; sic ubique bellum orsum. Dux Nivernensis in Campania Præfectus, & Dux Vindocinensis in Picardia Regis vicem gerens, hostilia quoque sunt aggressi: verum hiems proxima duces omnes ut receptum haberent, coegit.

Ad tanti belli apparatum pecunia grandi opus erat, & cum ærarium regium exhaustum esset, Rex partem dominii regii oppignoravit; multas novas Curias, quas Præsidialia vocant, creavit, ut ex venditis Curialibus Officiis aurum corraderet, suppellectilem argenteam a multis commodo accepit, & isthinc monetam cudi jussit. Viginti libras per singulas totius regni turres campanarias solvi præcepit, & quia magna pars istius summæ Dianæ cessit, dicebatur illum campanas a collo magnæ equæ suæ suspendisse.

Mauritius hactenus tam occulte rem gesserat, ut Imperator ne suspicaretur quidem illum, cui exercitum suum ducendum dederat, aliquid contra se moliri; sed posita demum larva, rescriptum contra Carolum Imperatorem publicavit. Albertus quoque Brandeburgicus aliud rescriptum vehementius emisit. Mauritius postquam sic animum suum patefecerat, pristinæ non oblitus astutiæ, Imperatorem lactabat, palam omnibus dicendo, se nihil magis in optatis habere, quam ut pacem cum illo faceret. Interim vero semper cum copiis versus Carolum movebat in Tirolensi tractu degentem. Cæsareas vero copias adortus est, quæ montium aditus custodiebant, illasque profligavit, Œnipontem versus iter arripuit, atque Carolum haud dubie cepisset, nisi tumultuantes milites & stipendia poscentes ipsum aliquandiu detinuissent. Imperator etsi podagra laborabat, per Alpes transfugere coactus est cum paucis comitibus, & in Carinthiam se contulit, prope Venetorum confinia. Fredericus vero Saxoniæ Dux ex carcere nuper liber evaserat. Hoc bello imminente Episcopi Tridenti coacti inde recesserunt, & Concilium aliud in tempus missum est.

Dum Mauritius Imperatorem sic insequebatur, Rex Henricus, ut in pactione ferebatur, versus Lotharingiam movit cum exercitu, in quo erant undecim

rons François, quinze mille Allemans, quinze cens hommes d'armes avec leur suite, deux mille Chevaux-Legers, & deux mille autres Mousquetaires à cheval. Il fut arrêté quelque tems en chemin par la maladie de la Reine Catherine de Medicis sa femme. Cependant Montmorenci s'avança vers Toul. La Bourgeoisie vint lui apporter les clefs de la Ville. Christierne, veuve du feu Duc de Lorraine, alla au-devant du Roi. Elle étoit niece de l'Empereur Charles, & il étoit à craindre qu'elle ne portât son jeune fils Charles à se tourner pour la Maison d'Autriche & contre la France. Le Roi dit à la Duchesse, qu'il vouloit l'emmener avec lui pour l'élever avec le Dauphin, & lui donner sa fille Claude en mariage, ce qui fut fait depuis. Il assigna à la Duchesse, Blammont pour sa demeure ; mais elle se rendit à Strasbourg, & passa de là en Flandre. Le Comte de Vaudemont fut laissé pour gouverner le Duché de Lorraine.

1552. Le Roi prend Mets, Toul & Verdun.

Montmorenci après avoir pris le Pont-à-Mousson, s'avança vers Mets. L'Evêque s'interessoit pour les François, & porta la Bourgeoisie à en recevoir un certain nombre dans son enceinte. Il y en entra une bien plus grande quantité qu'on n'étoit convenu. Le Roi y vint lui-même, & y fut reçu magnifiquement. Verdun ne fit aucune résistance. Le Roi entra avec son armée dans l'Alsace, & s'avança vers Strasbourg. Les Bourgeois craignant d'être surpris, comme Mets l'avoit été, firent entrer cinq mille hommes de guerre dans leur Ville. Le Roi leur demanda des vivres, ils lui en fournirent. Le Prince Palatin, le Duc de Cleves, les Electeurs de Mayence & de Treves, & le Duc de Virtemberg, envoierent prier le Roi de ne pas porter ses armes plus avant, & de se contenter d'avoir ainsi redonné la liberté aux Princes d'Allemagne ; ils l'exhortoient d'entrer dans le traité de paix qui se faisoit actuellement avec l'Empereur, & le supplioient aussi de laisser Strasbourg en paix, & d'agir auprès d'Albert, Marquis de Brandebourg son allié, pour l'empêcher de maltraiter comme il faisoit l'Evêque de Vursbourg.

Le Roi vivement touché & offensé de ce que ses Alliez faisoient ainsi la paix sans l'y avoir appelé, dissimula son mécontentement & répondit, qu'il étoit bien aise que son expédition eût si bien réussi, & au contentement des Princes de l'Empire, & qu'il seroit toujours prêt à se mettre en campagne, pour leur rendre de pareils offices. Il reprit le chemin de la France, & sépara

---

cim mille pedites Franci, quindecim mille Germani, mille quingenti cataphracti equites, bis mille equites levioris armaturæ, totidem sclopetarii equites. Cum iter ageret, mores trahere coactus est, quia Catharina uxor ejus in morbum incidit. Interea Montemorencius Tullum movit. Tullenses vero claves urbis accedenti attulere. Christina uxor Lotharingiæ Ducis defuncti Regi obviam venit. Erat autem illa sororis Caroli Imperatoris filia, metusque erat ne filium suum Carolum ad domus Austriacæ partes deduceret. Rex Christinæ edixit velle se illum secum ducere, ut cum Delphino educaretur, & filiam suam Claudiam duceret uxorem, quod postea factum est. Christinæ vero Album-montem in domicilium indicavit ; sed illa Argentoratum, deinde eque in Flandriam se contulit. Valdemontius autem Comes in Lotharingia Præfectus relictus est.

Les mêmes. Montemorencius postquam Mussipontum ceperat, Metas versus iter instituit. Ad partes Francicas inclinans Episcopus, civibus suasit, ut statum & certum Francorum numerum in urbem ingredi sinerent ; sed longe major, quam concessum fuerat, numerus ingres-

sus est. Rex ipse in urbem venit & magnifice exceptus fuit. Virdunum etiam se sponte dedidit. Rex in Alsatiam ingressus, Argentoratum versus movit. Cives metuentes ne sicut Metenses & ipsi in Regis manus caderent, quinque pugnatorum millia in urbem induxerant. Rex annonam postulavit, quam illi concesserunt. Princeps vero Palatinus, Dux Cliviensis, Electores Moguntiæ, & Trevirorum, Dux etiam Wirtembergæ, Regem rogatum miserunt, ut ne ulterius arma proferret, satis esse dicentes, quod libertatem Principibus Germaniæ reddidisset, hortabanturque illum ut secum pacem faceret cum Imperatore ; supplicabant etiam ipsi, ut Argentoratum liberum dimitteret, & Albertum Brandeburgicum sibi fœderatum averteret, ne cum Herbipolitano Episcopo aspere ageret.

Les mêmes. Etsi indignatus Rex quod fœderati sibi se inconsulto, nec vocato, pacem facerent, dissimulavit tamen & respondit, gratum sibi & jucundum esse quod expeditio sua Principibus Imperii ita profuisset, seque paratum semper fore ad paria ipsis officia præstanda. In Franciam autem reversus, exercitum in tres partes

Tome V. C

1552. son armée en trois. Les ennemis ravageoient la Campagne, & avoient pris la Ville de Stenai. Pour represailles le Roi entra dans le Luxembourg, & prit Rochemars, qui fut pillé & saccagé. Damvilliers fut ensuite assiégé, & pris par composition. Ivri, Place bien fortifiée & de difficile accès, fit peu de résistance. Montmedi qui avoit deux mille hommes de garnison, se rendit lâchement, & Robert Comte de la Mark, reprit le Château de Bouillon, que l'Empereur tenoit depuis le commencement de son Empire.

Lorsque le Roi étoit en chemin pour entrer en Alsace, il apprit avec plaisir que le Cardinal de Tournon avoit si bien manié l'esprit du Pape, fort ennuié de la longueur de la guerre, & des grandes dépenses où il se trouvoit engagé pour la soutenir, qu'il avoit publié une treve pour deux ans, où il se déclaroit le médiateur de la paix entre l'Empereur & le Roi de France. Il laissoit à chacun ce qu'il tenoit actuellement, & promettoit de ne donner secours à aucun des deux partis, supposé qu'ils voulussent continuer la guerre.

Cependant la paix fut concluë à Passau, suivant laquelle l'Empereur mit le Landgrave de Hesse en liberté, & accorda aux Princes, & aux Protestans même, tout ce qu'ils demanderent. Maurice & les autres qui avoient engagé le Roi à porter la guerre en Allemagne, ne firent pas seulement mention de lui dans leur traité avec l'Empereur. Peut-être pressentoient-ils que l'Empereur n'auroit jamais consenti à cette paix, qu'en l'obligeant de rendre Metz, Toul, & Verdun, ce que le Roi ne pouvoit faire qu'en se deshonorant. Albert de Brandebourg se recria beaucoup contre cette paix, & demeura selon les apparences attaché au Roi, mais il ne le faisoit que pour trouver une occasion plus favorable de lui nuire.

L'Empereur vient assieger Mets.

Après cette paix faite l'Empereur passa le Rhin, & assembla la plus grande armée qu'il eût jamais mis sur pied depuis la guerre du Sultan Soliman en Hongrie. On crut qu'il vouloit assieger Mets. Pour soutenir un siege de cette conséquence, il falloit un Commandant des plus habiles & des plus experimentez au fait de la guerre, & dont la réputation autant que la qualité attirât les respects des Officiers & des gens de guerre. Le Roi nomma François de Lorraine Duc de Guise, choix qui fut applaudi de toute la Cour, & des gens de guerre. Il partit d'abord accompagné d'un grand nombre de Noblesse, & se rendit à Toul. Il trouva cette Ville dans

---

divisit. Hostes Campaniam devastabant, Stenæumque ceperant. Ut par pari referret Henricus in Luxemburgensem tractum ingressus est, & Rupemartium cepit, qui locus a militibus direptus fuit. Damvillerium inita pactione sese dedidit. Ivodium probe munitum oppidum & aditu difficile, fere sine pugna captum est, & Monsmedius, in quo bis mille præsidiarii erant, ignave deditum fuit. Robertus etiam Marchiæ Comes Bullionum castellum, quod initio Imperii sui Carolus ceperat, recuperavit.

Les mêmes. Cum Rex in Alsatiam iter haberet, libens edidicit Cardinalem Turnonium id tandem a Summo Pontifice obtinuisse, ut pro biennio inducias publicaret; tædio namque diuturni belli, & sumtuum magnitudine abductus, illò demum se contulit : se pacis Imperatorem inter & Regem Francorum arbitrum offerebat, cuique illa quæ tunc teneret dimittebat, pollicebaturque se neutri partium opem laturum esse, si bellum sibi mutuo inferre pergerent.

Les mêmes. Interim pax Passavii facta & publicata fuit, iis conditionibus ut Imperator Landgravium Hassiæ liberum dimitteret, cæterisque Principibus etiam Protestantibus postulata concederet. Mauritius & alii qui Regem rogarant ut bellum in Germaniam inferret, ne mentionem quidem ipsius fecerunt, cum de pace ageretur. Forsan vero prævidebant Imperatorem nunquam concessurum fuisse pacem cum illo quoque fieri, nisi restitueret Metas, Tullum & Virdunum ; id quod Rex non poterat honore salvo concedere. Albertus Brandeburgicus adversus pacem illam admodum clamavit, & Regi hærere videbatur : verum id non alia mente agebat, quam ut occasionem majorem ipsi nocendi nancisceretur.

Les m... Post pacem illam Imperator Rhenum trajecit, & exercitum collegit, cui numero parem nunquam coegerat a tempore belli Solimani in Hungaria. Ipsum vero de Metensi urbe obsidenda cogitare putatum fuit. Ad talem obsidionem sustinendam duce opus erat in re bellica exercitato, cujus & fama & natales, tribunos, manipularios & pugnatores ad obsequentiam præstandam moverent. Rex id muneris contulit Francisco Lotharingo Guisiæ Duci, cujus electio & aulicorum & pugnatorum omnium plausibus excepta fuit. Statim vero profectus est, comitante grandi nobilium numero, & Tullum venit, quam urbem mi-

un pitoïable état, & sans défense; il la fit reparer autant que le tems le lui permettoit, & s'en alla promtement à Mets. Il visita d'abord la Ville qui étoit d'une grande étendue, & avoit plusieurs Fauxbourgs fort peuplez. Il n'étoit pas possible de bien remparer & défendre la Ville en laissant ces Fauxbourgs, où les Ennemis se seroient logez tout contre les murs; il les fit donc tous abbatre avec plusieurs Eglises qui y étoient, & entre autres la belle & ancienne Eglise de Saint Arnoul. Les murs de la Ville étoient en mauvais état, & en plusieurs endroits il y avoit des maisons & quelques Eglises mêmes appuiées contre le mur. Il fit faire des platteformes derriere les murs, creuser & relever les fossez. Il mettoit lui-même la main à l'œuvre, portoit la hotte sur ses épaules, & à son exemple toute la jeune Noblesse qui étoit avec lui ne s'y épargnoit pas. Il fit venir du canon, des poudres & des boulets, & fit provision de gabions, de tonneaux vuides, & de tout ce qui pouvoit servir à la défense. Les vivres de toutes sortes y furent apportez en grande abondance.

Il envoia demander au Roi un renfort de troupes, ce qu'il avoit n'étant pas suffisant pour défendre cette grande place contre une armée si nombreuse. Il demanda aussi comment il devoit agir avec Albert Marquis de Brandebourg, supposé qu'il s'approchât de la Ville de Mets.

Henri lui envoia deux cens cinquante hommes d'armes, trois cens Chevaux-legers, & sept Cohortes ou Bataillons d'infanterie. Il lui fit dire, qu'il devoit en user fort honnêtement avec le Marquis de Brandebourg; mais qu'il ne falloit pas se fier à lui ni le laisser approcher de la Ville de Mets. Il vint effectivement avec un grand corps de troupes, faisant toujours semblant d'être pour la France; il voulut faire entrer une partie de ses gens dans la Ville; mais le Duc de Guise ne voulut pas le permettre, & fit sortir quelques Allemans de l'armée du Marquis, qui y étoient entrez. Il fit dire au Duc de Guise qu'il souhaitoit fort de lui parler. Le Duc lui fit réponse qu'un Gouverneur ne pouvoit sortir de sa place qui alloit être assiegée; mais que s'il vouloit entrer dans la Ville, il l'y recevroit en petite compagnie. Il parut par toutes ses démarches & par ce qui arriva dans la suite qu'il vouloit se saisir de la Ville de Mets, ou du moins de son Gouverneur.

L'armée de l'Empereur arriva enfin devant Mets, & il l'assiegea dans les formes. Dès le commencement du siege, quelques troupes des ennemis s'a-

Siege de Mets.

Les mêmes. fero in statu & propugnaculis vacuam invenit, illam quantum brevitas temporis permittebat, instauravit, & Metas celeriter se contulit. Statim urbis amplissimæ partes omnes lustravit, cui etiam hærebant populosa suburbia. Non poterat autem urbs muniri & propugnaculis cingi, suburbiis manentibus, in queis hostes locati muris vicini fuissent. Omnia ergo suburbia dirui curavit cum Ecclesiis, etiamque illa pulcra & antiqua Sancti Arnulphi. Mœnia autem urbis pessimo in statu erant, quibusdam in locis domus, etiamque Ecclesiæ, muris urbis hærebant. Pone muros aggeres fieri curavit, fossas excavari; ipseque manum operi admovebat, sportas humeris gestabat, juvenesque nobiles qui aderant, idipsum alacri animo præstabant. Tormenta & pulverem pyrium cum globis advehi jussit; corbes doliaque multa vacua collegit, & quidquid ad defensionem usui esse poterat. Cibaria quoque cujusvis generis undique allata sunt.

Cum ad tantam tuendam urbem, & tot hostes propulsandos, præsidium missum non sufficere putaret, abs Rege novas pugnatorum copias petiit, rogavitque quo pacto acturus esset cum Alberto Brandeburgico, si prope Metensem urbem accederet. Henricus vero misit illi ducentos quinquaginta cataphractos equites, trecentosque levioris armaturæ, peditum vero septem cohortes. Quod ad Albertum Brandeburgicum (spectabat) edixit ipsi ut honorifice cum illo ageret, ne fideret tamen, nec prope urbem accedere sineret. Venit autem Albertus cum magno pugnatorum agmine, se pro Francis stare simulans. In urbem autem partem suorum immittere voluit: at id non permisit Guisius, imo quosdam qui ingressi fuerant exire jussit. Albertus autem Guisium rogavit sibi liceret ipsum alloqui. Respondit Guisius, non licere Præfecto urbis mox obsidendæ, extra illam prodire; sed si ipse cum paucis ingredi vellet, se id libenter concessurum esse. Ex gestis porro Alberti, & ex iis quæ mox sequuta sunt comprobatum fuit ipsum vel urbem ipsam, vel Gubernatorem ejus capere voluisse.

Cæsareus tandem exercitus ante Metas venit, & urbem obsidione cinxit. Et initio quidem aliquot hostium agmina prope muros accesserunt, sive explo-

Les mêmes.

1552. vancerent vers la Ville, soit pour la reconnoître, soit pour voir la contenance des nôtres. Il y eut souvent des escarmouches & des combats, presque toujours à l'avantage des François : un entre autres, qui dura depuis onze heures du matin jusqu'au soir, où les Espagnols furent enfin obligez de se retirer, laissant cent quatre-vints hommes sur la place, & nos gens n'en perdirent pas quarante.

Albert de Brandebourg se déclare contre la France.

Au commencement du siege, Albert Marquis de Brandebourg ne s'étoit point encore demasqué. Le Roi envoia plusieurs fois vers lui, pour savoir quel étoit son dessein, & quel parti il vouloit prendre. On n'en pouvoit rien tirer que des paroles ambigues : il ne s'expliquoit qu'à demi, de sorte qu'il fut enfin résolu, qu'on le regarderoit comme ennemi. Il avoit un grand corps de troupes, cavalerie & infanterie. Mais qui n'étoient pas paiées, & qui témoignoient hautement leur mécontement. L'Evêque de Baionne qui étoit auprès de lui, débaucha le Capitaine Rifeberg & sa troupe, qui le quitterent pour passer au service du Roi de France. L'Evêque donna en même tems avis au Duc d'Aumale, qui commandoit douze cens Chevaux-legers de venir l'attaquer, l'assurant que ses troupes, indignées d'avoir été si long-tems sans païement, ne voudroient point combattre, & qu'il en auroit bon marché. Le Duc ajoutant trop facilement foi à cet avis, se mit en marche & vint attaquer le Marquis, incomparablement plus fort que lui. Son infanterie refusa de combattre ; mais il tourna si bien sa cavalerie, plus de deux fois plus nombreuse que la nôtre, qu'elle vint à la charge. Le combat fut rude, mais enfin les François accablez par le grand nombre plierent & furent défaits. Le Duc blessé en trois endroits, demeura prisonnier. L'Evêque de Bayone monté sur un genet d'Espagne, se sauva, & le Marquis de Brandebourg alla joindre l'armée de l'Empereur.

Belle défense des François à Mets.

Jamais Ville ne fut plus furieusement battuë ; en plusieurs endroits de grands pans de murailles tomboient, mais les breches étoient d'abord si bien réparées, par la vigilance du Duc de Guise, que les ennemis en tiroient peu d'avantage. La Noblesse Françoise qui étoit dans la place en grand nombre, animée par la présence d'un si sage & si brave Commandant, fit des prodiges de valeur : dès qu'une breche étoit faite, ils venoient comme à l'envi l'un de l'autre pour la défendre. L'Empereur qui vint lui-même au camp, voiant tant

---

Les mêmes.

randi causa, sive ut nostrorum animum experirentur. Velitationes & pugnæ fuerunt, in queis fere semper nostri superiores fuere ; in una præsertim in qua ab undecima hora matutina ad vesperam usque pugnatum est. Hispani cedere coacti sunt, amissis suorum 180. viris, ubi nostrorum vix 40. periere.

Initio obsidionis Albertus Brandeburgicus nondum larvam posuerat. Rex sæpe per Nuncios ab illo exquisivit quid in animo haberet, ac cujus partes sequi vellet. Ille ambiguis dictis respondebat, & quid in animo haberet, vix aperiebat. Itaque decretum tandem fuit ut pro hoste haberetur. Agmen magnum ille pugnatorum ducebat equitum, peditumque ; sed queis stipendia non solvebantur, ideoque passim obmurmurabant. Episcopus vero Baionensis, qui penes Albertum erat, Rifebergum Tribunum cum turma sua, ut Regi Francorum sese dederet, pellexit. Idem Episcopus Albæmalæ Duci, qui mille ducentis equitibus levioris armaturæ imperabat, suasit, ut Albertum Brandeburgicum invaderet, dicens armatorum manus, quas ipse ducebat, a multo jam tempore stipendiis privatas, & rem indigne ferentes non pugnaturas esse, sicque sibi facilem fore victoriam. Dux noxium sequutus consilium, Marchionem Albertum, longe pugnatorum numero superiorem adortus est. Pedites Alberti pugnare noluerunt ; sed equitatum ille suum, qui duplo numerosior Francico erat, ad pugnam procedere suasit. Acriter utrinque certatum est ; sed Franci tandem oppressi in fugam versi sunt. Dux tribus confossus vulneribus captus fuit. Episcopus vero Baionensis, asturcone conscenso, aufugit, & Brandeburgicus Marchio Cæsareum exercitum junxit.

Les m... Hist. du ge de M...

Nunquam urbs quæpiam obsessa, majoribus tormentorum fulminibus quassata fuit. Multis in locis grandes & latæ murorum ruinæ visebantur, sed cum tanta vigilantia diligentiaque Dux Guisius vacua muris loca aggeribus muniri curabat, ut hostes ex tantis ruinis parum proficerent. Nobiles autem Franci qui istic magno numero erant, ex tam strenui ac sagacis Ducis præsentia animos sumentes, incredibili fortitudine concertabant ; ubi collapsam videbant murorum partem, certatim accurrebant, ut hostem arcerent. Imperator ipse in aciem venit, & cum tot muro-

de breches; car ces vieux murs ne tenoient point contre les foudres de l'artillerie; voulut faire donner un assaut general; mais les Capitaines & les Seigneurs qui étoient auprès de lui, voyant la contenance des nôtres, lui firent entendre, qu'il y perdroit une bonne partie de son armée sans forcer la place, & il s'en desista. Ils éprouvoient tous les jours la valeur de cette Noblesse, & des troupes Françoises par les fréquentes sorties qu'ils faisoient, & toujours à leur avantage; ce qui devoit aussi s'atttibuer à la sage conduite du Commandant, qui s'acquit une gloire immortelle. La plus grande escarmouche qui se fit au lieu appellé la Belle-Croix, dura presque un jour entier; trois mille Espagnols soutenus de près de dix mille Allemans, commandez par le Duc d'Albe & le Marquis de Marignan s'étant avancez, les François escarmoucherent contre eux avec beaucoup plus de perte de leur côté que du nôtre.

Le siege continua jusqu'au cœur de l'hiver, & dura deux mois. La maladie se mit dans l'armée ennemie; en sorte que les environs de Mets étoient jonchez de corps morts. L'Empereur fut enfin obligé de lever le piquet. On assuroit qu'il perdit là un bon tiers de sa grande armée; la plusart des autres étoient infirmes & languissans, ensorte qu'à peine pouvoient-ils se soutenir. Le Duc de Guise se signala autant ici par son humanité & sa générosité, qu'il s'étoit ci-devant rendu recommandable par sa valeur & par sa conduite. Il fit chercher les malades qui étoient restez dans le camp, les fit mettre dans des Hopitaux, & leur donna de l'argent pour se rétablir. Il offrit au Duc d'Albe des bateaux pour transporter ses malades à Thionville. Les François traiterent les ennemis languissans avec la même courtoisie. Un de leurs escadrons vit une troupe d'Espagnols à cheval, & croyant que c'étoient des gens de guerre, il marcha à eux pour les charger. C'étoient des malades qui se retiroient, & les nôtres les laisserent aller avec leurs chevaux sans leur rien ôter.

Levée du Siege de Mets.

Tandis que l'Empereur assiegeoit Mets, le Comte de Roeux avec les troupes de Flandres entra dans la Picardie. Il prit & brûla plusieurs Villes & places, Noion, Nesle, Chaune, Roye & Folembrai, Maison de Plaisance du Roi. Il se disposoit aussi a prendre la Fere. Mais l'Amiral d'Annebaut par ordre du Roi se jetta dans la place avec fort peu de cavalerie. Le Comte de Roeux croiant qu'il y étoit entré bien accompagné, n'osa avancer. Mais il rebroussa

---

sum ruinas cerneret; muri namque tot tormentorum fulmina non ferebant, oppugnari undique uno tempore urbem volebat. At duces alii & tribuni qui penes ipsum erant, tam strenuum præsidium paratum cernentes, dicebant in oppugnatione illa magnum exercitûs partem esse perituram, neque capiendam fore urbem: quapropter ille a consilio destitit. Quotidie namque Cæsarei nobilium Francorum fortitudinem experiebantur, qui frequenter irrumpebant, semperque cum hostium pernicie, id quod etiam Guisii sagacitati tribuendum erat, qui immortalem sibi gloriam pepererit. Quæ major concertatio fuit in loco accidit, cui nomen Bella Crux, perque diem fere integrum ibi pugnatum fuit: cum ter mille Hispani & decies mille Germani, ducibus Albæ Duce & Mariniani Marchione ad istum locum processissent. Franci pugnare cum longe majori hostium, quam suorum cæde.

Les mêmes. Obsidio ad usque fere mediam hiemem protracta fuit per duos menses, exercitumque Cæsareum morbus invasit, ita ut circum Metas prostrata, ubique mortuorum corpora vidisses. Imperator denique obsidionem solvere coactus est. Narrabatur autem ipsum tanti exercitûs tertiam partem amisisse. Cæteri porro maxima pars infirmi & languidi erant, ita ut vix erecti stare possent. Dux autem Guisiæ tantum hic sibi gloriæ ex humanitate & benignitate paravit, quantum ex fortitudine sibi pepererat. Ægros qui in castris relicti fuerant undique perquiri jussit, inque nosocomia induci, erogata etiam ipsis pecunia. Albano Duci scaphas obtulit, queis ægroti in Theodonis villam deportarentur. Franci etiam languidos & infirmos hostium cum eadem humanitate exceperunt. Agmen quoddam equitum Francorum, cum Hispanos cernerent equis vectos, & pugnatores esse putarent, illos adoriri parabant. Erant autem illi ægroti qui equis vecti iter agebant. Nostri vero intactos illos reliquerunt, & cum equis abire siverunt.

Dum Carolus Metas obsideret, Comes Rhodius cum Flandricis copiis in Picardiam est ingressus, multaque oppida & castra cepit, atque incendit. Noviodunum, Nigellam, Caunium, Roiam & Folembræum Regiam Villam. Feram quoque capere gestiebat, sed jubente Rege, Annebaldus maris Præfectus, in hoc oppidum cum paucis equitibus se contulit. Rhodius vero putans ipsum cum numerosa militum manu, eò se conferre non ausus, retrocessit, & Hedinum obsedit.

Thuanus. Belcarius.

1552. chemin, & alla assieger Hedin. Le payis étoit totalement dépourvû de gens de guerre, le Maréchal de Saint André en avoit amené une partie à Verdun, & l'autre partie étoit à Toul sous les ordres du Duc de Nevers; l'un & l'autre se tenoit en ces lieux pour enlever les soldats de l'armée Impériale, & empêcher les convois. La Ville d'Hedin ne tint point, le Château se défendit quelque tems, mais la breche étant grande, le Commandant capitula, & le rendit. Le Comte de Roeux y mit bonne garnison, & ayant appris que le Duc de Vendome étoit en marche pour reprendre Hedin, il se retira & alla joindre l'Empereur.

1553. En ce tems-ci mourut l'Amiral d'Annebaut, homme integre & d'une grande probité, qui n'avoit jamais pensé à s'enrichir aux dépens du public. Le Roi François qui savoit combien il étoit desinteressé, lui avoit donné par son testament cent mille livres. Gaspar de Coligni fut fait Amiral en sa place, & la charge de Colonel general de l'infanterie qu'il avoit, fut donnée à François d'Andelot frere de Gaspar. Le Duc de Vendome marcha pour reprendre Hedin, & fit une si grande diligence, qu'en peu de jours le fils du Comte de Roeux qui commandoit dans la place, la rendit par composition.

Négligence du Roi Henri II. Après la levée du siege de Mets, l'Empereur demeura le reste de l'hyver en Flandres. La Cour du Roi Henri passoit son tems en réjouissances, festins & tournois, tant pour le bon succès de la campagne, qu'à cause du mariage de Diane fille naturelle du Roi, avec Horace Farnese. Cependant toutes les frontieres du côté de la Picardie étoient dégarnies de troupes; les places mal munies. Henri ne pensoit qu'à ses plaisirs, malgré le voisinage & la présence d'un aussi puissant ennemi que l'Empereur. Ce Prince pour effacer la honte de la levée du siege de Mets, fit assieger à l'entrée du printems la Ville de Terouane. A cette nouvelle le Roi y envoia le sieur d'Esse, qui s'étoit ci-devant distingué par sa valeur & par sa conduite. Quoique cette Ville fût & la plus importante de cette frontiere, & la plus avancée dans les terres des ennemis, elle étoit très-mal munie. Mais c'étoit le train ordinaire de ce regne, de ne pourvoir aux choses les plus necessaires qu'à l'extremité, & souvent lorsqu'il n'étoit plus tems. D'Esse partit accompagné de François de Montmorenci, fils du Connetable, & de plusieurs autres Seigneurs François, menant avec lui

---

In illo autem tractu tunc nullæ pugnatorum copiæ erant; Marescallus enim Santandreanus pugnatorum partem Virdunum duxerat; altera vero pars cum Nivernensi Duce Tulli erat. Ambo autem in istis locis confidebant, ut exercitum Cæsareum observarent, palantes Cæsareos, & commeatus interciperent. Hedinum oppidum statim captum fuit, castellum vero aliquamdiu obsidionem tulit; sed cum tormentorum vi pars murorum collapsa esset, Præfectus Francorum, pactione facta, castellum dedit. Rhodius istic numerosum præsidium reliquit, & cum comperisset Vindocinensem Ducem movere ut Hedinum recuperaret, recessit Rhodius & Imperatorem adiit.

Les mêmes. Hoc tempore obiit Annebaldus Maris Præfectus, vir integerrimus & probus, ab omni avaritia & rapacitate alienus: cujus mores cum probe nosset Rex Franciscus, testamento suo centum mille libras ipsi dederat. In ipsius locum Gasparus Colinius Maris Præfectus creatus est, & Franciscus Andelotus Gaspari frater peditum omnium Præfecti munere donatus est. Dux Vindocinensis Hedinum movit, & tam celeriter oppidum obsidione cinxit, & tormentis impetiit, ut paucis post diebus, Rhodii filius, pactione facta, oppidum dediderit.

Metarum obsidione soluta, Imperator, reliquam *Les m...* hiemem in Flandria transegit. In aula vero Henrici Regis, nihil nisi convivia, equestres ludos, lætitiæque signa videre erat, tum ob faustum Metensis obsidionis exitum, tum ob connubium Dianæ spuriæ Henrici filiæ cum Horatio Farnesio. Interea vero præsidia omnia in confiniis Picardiæ pugnatoribus vacua, & omnino neglecta erant; Henrico ludis unice intento. Nihil illum movebat Imperatoris in Flandriam adventus, & molimina: ut enim solutæ Metensis obsidionis pudorem aliquatenus compensaret, ineunte vere Taruanam obsideri jussit. Rex autem Essium illo misit, virum & sagacitate & fortitudine clarum. Etsi vero urbs illa erat & magni momenti, & hostibus prorsus vicina, non munita tamen erat. Hic quippe mos in aula regia erat, ut ne rebus quidem omnino necessariis prospiceretur, nisi cum ad extrema deductæ essent. Essius profectus est cum Francisco Montmorencio Constabularii filio, aliisque multis nobilibus

HENRI II.

cinquante hommes d'armes, & deux cens Chevaux-legers. Il passa au travers du camp des ennemis, & se rendit dans Terouane. Les Imperiaux battirent furieusement la Ville pendant plusieurs jours. Cette nombreuse artillerie qui tiroit sans cesse, fit de grandes breches. Les ennemis monterent à l'assaut. Les François se défendirent en braves, & les Imperiaux perdirent un grand nombre de leurs gens. Mais le sieur d'Esse y fut tué, ce qui fut une grande perte. Montmorenci prit le commandement. C'étoit un jeune homme sans expérience, peu propre à conduire une affaire de cette importance : ce qui décourageoit fort la garnison. Un secours de trois cens hommes de pied qui arriva après la mort d'Esse, remit un peu les choses. Les Chefs des Imperiaux qui avoient perdu beaucoup de monde à l'assaut donné, firent jouer les mines sans aucun empêchement du côté des François mal commandez. Ils firent sauter un grand pan de muraille, qui laissa une grande breche. Montmorenci demanda alors à capituler, & ne s'avisa point d'obtenir treve pour le tems de la capitulation. Tandis qu'il parlementoit, les ennemis entrerent par la breche, passerent tout au fil de l'épée, sans épargner les femmes & les petits enfans. Le massacre dura jusqu'à ce que les Espagnols se souvenant du bon traitement qu'ils avoient reçû du Duc de Guise & des François à la levée du siege de Metz, firent cesser la tuerie. Montmorenci & tout ce qui restoit de François furent prisonniers de guerre. La Ville de Terouane qui jusqu'à ces tems-là avoit fait beaucoup de peine aux Flamans fut absolument ruinée; on n'y laissa pierre sur pierre. Le territoire de cet Evêché fut partagé entre les Evêques de Boulogne & de Saint Omer.

Terouane pris & razé par l'Empereur.

L'Empereur joieux de la prise de Terouane, donna le commandement de son armée à Philibert Emanuel fils du Duc de Savoie, qui se mit en marche pour assieger Hedin. Cette Ville avoit été prise & reprise peu de tems auparavant, & l'on avoit déliberé à la Cour de France, si on devoit la garder ou la détruire. Les plus sages étoient d'avis de la razer, cette petite place étant de peu de conséquence, & trop à portée d'être souvent assiégée par les ennemis; mais le plus grand nombre l'emporta. Le Roi y envoya pour la défendre Robert de la Mark Maréchal de France, fils de ce brave Maréchal de Florenge, mais qui avoit dégeneré de la valeur de son pere & de son ayeul. Horace Farnese & plusieurs autres Seigneurs le suivirent pour se signaler à la défense de

Hedin pris.

Francis cum quinquaginta cataphractis, & ducentis levioris armaturæ equitibus, p̄r castra hostium transfiit, & Taruanam ingressus est. Cæsarei vero diebus plurimis urbem vehementissime tormentis impetierunt, partesque multas murorum dejecerunt. Hostis vero per ruinas urbem undique oppugnavit. Franci fortissime concertaverunt, & Cæsareorum magna pars cæsa fuit. Verum Essius occisus est in magnum præsidiariorum perniciem : Montmorencius enim imperium suscepit, homo juvenis, nec in re bellica expertus, hincque præsidiarii animis concidebant. Trecenti postea viri in auxilium missi, & in urbem ingressi, rem aliquatenus restituerunt. Cæsareorum duces, qui in oppugnatione multos suorum amiserant, cuniculis urbem aggressi sunt, nihil impedientibus Francis, qui perito duce carebant; pars vero magna muri dejecta fuit, & latus hosti patebat aditus. Tunc Montemorencius pacta deditionis postulavit, nec inducias pro tempore pactionis petiit, ut in more erat. Dum autem ambæ partes paciscerentur, hostes per dejectum murum sunt ingressi, obvios omnes gladio peremerunt, nec feminis nec infantibus parcentes.

Cædes vero protracta fuit, donec Hispani in memoriam revocantes cum quanta humanitate excepti fuissent post solutam Metensem obsidionem a Guisio & a Francis, a fundendo sanguine destiterunt, Montemorencius & quotquot Franci superarant capti sunt. Taruana quæ ante Flandris incommodi multum attulerat, solo æquata fuit. Episcopatus vero terræ, castra & oppida divisa fuere, pars altera Bononiensi, altera Sancti Audomari Episcopo cessit.

De Taruana capta lætus Imperator, exercitus sui ducem constituit Philibertum Emanuelem, Sabaudiæ Ducis filium, qui movit ad Hedinum obsideret Istuc oppidum sæpe captum, amissum & recuperatum fuerat; & in aula regia deliberatum fuerat, servandumne, an diruendum esset : sagaciores solo æquandum esse putabant, utpote hosti vicinius & servatu difficilius; sed plures numero servandum esse censerunt. Rex illò misit Robertum de Marchia Franciæ Marescallum, filium illius olim Florengii strenui viri, sed qui a patris & avi sui fortitudine bellica multum degeneraverat. Horatius Farnesius, multique alii nobiles viri ipsum sequuti sunt, ut hostem propulsando,

Les mêmes

1553.
cette place. Le peu d'expérience de Robert de la Mark, fit qu'il ne pensa point à se pourvoir d'Ingenieurs pour réparer les breches & éventer les mines, dont les Imperiaux se servoient souvent. Hedin fut assiegé, la plûpart des habitans s'étoient retirez ailleurs avec leurs familles. On jugea à propos d'abandonner la Ville, & de défendre seulement la Citadelle. Philibert fit dresser des bateries de canons, qui tirerent furieusement jour & nuit contre les murs, abbattirent les défenses, firent des breches; les mines jouoient en même tems, & la Mark demanda à capituler. Dans le tems qu'on traitoit, & qu'on étoit même déja convenu des articles de la capitulation, un Prêtre, soit par malice, soit par hazard, jetta du feu sur une mine, & elle emporta un grand pan de muraille. Les ennemis prenant de là prétexte qu'on avoit violé la capitulation, firent jouer les autres mines, monterent à l'assaut, & prirent de force la Citadelle. Horace Farnese fut tué, plusieurs autres Seigneurs périrent par le feu des mines, Robert de la Mark eut beau se plaindre au Prince Emmanuel qu'on violoit la capitulation, il fut fait prisonnier avec toute la jeune Noblesse qui se trouva auprès de lui. L'Empereur fit ruiner & raser cette citadelle & la Ville, & en fit bâtir une autre sur la Canche en un lieu plus commode.

Après la prise d'Hedin, l'armée Imperiale s'avança vers Dourlent pour y mettre le siege. Le Vidame de Chartres s'étoit jetté dedans, & le Connetable de Montmorenci assembloit une grande armée sur la Somme. A la nouvelle que les Imperiaux étoient si près de lui, il leur dressa une embuscade. Il fit avancer Sansac avec une troupe de cavalerie legere : après lui venoit le Prince de Condé, qui menoit aussi la sienne. Le Maréchal de Saint André qui commandoit cinq cens Gendarmes se tenoit caché, & le Connetable n'étoit pas loin de lui avec quatre mille chevaux & vingt Enseignes d'infanterie. Les avantcoureurs qui précedoient Sansac rencontrerent les ennemis qui les chargerent & vouloient les envelopper ; Sansac s'avança pour les dégager, & après un leger combat, il fit semblant de s'enfuir pour les attirer. Ils le poursuivirent, & vinrent jusqu'à l'endroit où Saint André étoit caché, il marcha contre eux, & les arrêta. Le Prince de Condé les prit en flanc. Ils furent si vivement attaquez qu'ils prirent la fuite. Il y eut de leur côté huit cens hommes tuez, du nombre desquels fut le Prince d'Epinoi. Le Duc d'Arscot

Impériaux défaits à une embuscade.

---

nomen & famam sibi parerent. Adeo rei bellicæ inexpertus Robertus de Marchia erat, ut ne cogitaret quidem de machinatoribus secum ducendis, qui collapsos muros restaurare possent, & cuniculos, queis sæpe Cæsarei utebantur, contrariis cuniculis pessumdare. Hedinum igitur obsessum fuit, oppidanorum magna pars cum familiis aliò se receperat. Consilio habito obsessi, deserto oppido, solam arcem defendendam servarunt. Tormentorum fulmina ingentia ab obsidentibus immissa fuere, & murorum partem dejecere, eodemque tempore cuniculi ruinas augebant, & Robertus de Marchia deditionis pactionem inire voluit. Dum res tractaretur, & cum jam de conditionibus conventum esset, quidam Presbyter, seu malo animo, seu casu, in cuniculum quempiam ignem injecit, & incenso pulvere, pars muri magna dejecta fuit; hinc violatæ pactionis obtentum præ se ferentes hostes, alios etiam cuniculos incenderunt, arcem oppugnavere ac vi cepere. Horatius Farnesius globi ictu confossus cecidit, multi alii nobiles cuniculorum ignibus perierunt. Robertus vero de Marchia frustra conquestus est apud Emmanuelem, quod pactio violaretur, captivus ipse cum junioribus nobilibus abductus fuit. Imperator vero & arcem illam & oppidum solo æquari jussit, alterumque ad Cancium fluvium in commodiore loco construi curavit.

Post captum Hedinum, Imperatoris exercitus Durlancum movit, ut oppidum obsideret. Carnutum Vicedominus se in oppidum immiserat. Montemorencius vero Constabularius grandem exercitum ad Somonam colligebat. Ut audivit autem Cæsareos ita vicinos esse, insidias ipsis paravit, Sansacum misit cum equitum levioris armaturæ ala. Post illum Condæus Princeps alam & ipse suam ducebat. Santandreanus vero Marescallus cum cataphractis equitibus quingentis in latebris erat, & Constabularius non procul illo equites quatuor mille & peditum viginti signaducebat. Cursores qui Sansacum præcedebant, in hostem inciderunt, qui ipsos cingere conatus est. Sansacus in opem venit, & post leviorem pugnam, fugam simulavit. Hostes illum insequuti, ad locum pervenerunt ubi Santandreanus latebat. Hic hostem aggressus, sistere gradum coegit. Condæus vero adveniens Cæsareorum latera impetiit, atque ita fortiter Franci concertavere, ut hostes terga darent. Octingentos autem suorum cæsos reliquerunt; in iis vero Spinoius Princeps; quingenti cum Arschoto

Les

fut

fut fait prisonnier avec cinq cens Impériaux. Sept de leurs drapeaux furent pris.

L'armée de France se trouva toute assemblée à Corbie le premier de Septembre, lorsque presque toute la belle saison étoit passée; tant la négligence avoit été grande du côté du Roi & du Connétable. Cette armée des plus nombreuses qu'on eût vû depuis long-tems, étoit d'environ 50000. hommes de pied, & de 10000. chevaux, en y comprenant l'arriereban, & de cent pieces d'artillerie commandée par Jean d'Etrées. Le Roi se mit à la tête, & marcha vers Miraumont, où étoit campée l'armée Impériale, qui se retira. On avoit résolu d'assieger Bapaume: mais ne se trouvant ni puits ni fontaines dans toute la campagne des environs, l'armée marcha du côté de Cambrai. Le Roi fit sommer les Cambresiens de donner entrée à son armée dans leur Ville, & de lui fournir des vivres. Ils répondirent qu'ils fourniroient volontiers des vivres, mais qu'il n'étoit plus en leur puissance de lui donner entrée dans la Ville, se trouvant bridez par une citadelle qui avoit garnison Impériale. Le Connétable approcha de la Ville, & il y eut plusieurs escarmouches; l'armée ravagea la campagne des environs, & fut conduite vers le Quesnoi où étoit l'armée Impériale, qui se tint toujours retranchée, ne voulant point hazarder le sort d'une bataille. Il y eut quelques escarmouches avec perte de part & d'autre, après quoi l'armée se retira. Le Connétable de Montmorenci tomba fort malade de la grande fatigue, disoient quelques-uns, d'autres croioient que c'étoit de douleur de voir qu'une si grande armée n'avoit rien fait de remarquable. Toute la faute lui en étoit imputée, car le Roi qui lui avoit donné sa confiance, le laissoit tout faire à sa fantaisie, & s'il avoit assemblé cette armée au printems & dans la belle saison, Terouane & Hedin n'auroient pas été pris.

Pendant que tout ceci se passoit sur les frontieres de Picardie, l'Italie étoit en mouvement. L'armée de Piémont étoit commandée par le Maréchal de Brissac, qui y faisoit la guerre avec succès. Il avoit établi dans ses troupes une exacte discipline militaire, & avoit mis si bon ordre à tout, que le païsan y labouroit tranquillement ses terres, & le commerce s'y exerçoit aussi librement qu'en pleine paix; en sorte, dit Montluc, que le Piémont étoit alors la plus belle école militaire de l'Europe. Outre cette guerre le Roi Henri mar-

---

tio Duce capti sunt, septemque Cæsarea vexilla capta.

Exercitus Francicus totus Corbiæ collectus prima Septembris fuit, cum jam maxima & ad bellum opportunior anni tempestas effluxisset; tanta nempe fuerat & Regis & Constabularii negligentia. Exercitus vero, quo numerosior diu ante vix visus fuerat, quinquaginta millium peditum erat, & decies mille equitum, annumeratis Nobilibus ad tempus evocatis; sequebantur centum tormenta bellica, duce Joanne d'Estrées. Rex exercitum ducens, Miraumontium movit, ubi Cæsareus exercitus castra posuerat, qui receptui cecinit. Bapalmam obsidere animus erat; sed cum in agro vicino neque putei, neque fontes essent, exercitus Cameracum versus movit. Rex Cameracensibus edixit, ut exercitum suum intra urbem admitterent, & rem cibariam suppeditarent. Responderunt illi rem cibariam quidem se daturos esse; sed in urbem inducere non posse, cum arx in urbe structa Cæsareum præsidium haberet. Constabularius proxime urbem venit, plurimæque fuere velitationes; exercitus agros vicinos depopulatus est, & Quercetum movit, ubi Cæsareus exercitus castra posuerat, qui a ex forti tentare noluit; aliquot leviores pugnæ fuere, ubi plurimi utrinque cecidere. Posteaque exercitus Francicus receptui cecinit. Constabularius vero in morbum incidit, vel ex lassitudine, ut quidam dicebant, vel ex dolore quod cum tam grandi exercitu, nihil notatu dignum peractum esset. In illum culpa tota rejiciebatur; Rex quippe fidens ipsi, omnia arbitratu suo agenda commiserat, & si in verna tempestate tantum exercitum collegisset, Taruana & Hedinum ab hoste capta non fuissent.

Dum hæc in Picardiæ finibus gererentur, Italia in motu erat. Exercitus Pedemontanus, Brissaco duce, cum prospero exitu bellum gerebat. Brissacus in Francorum copiis accuratam militarem disciplinam invexerat, sicque rem composuerat, ut rusticus terram tranquille coleret, & commercium libere, ut pacis tempore, exerceretur, ita ut, inquit Montlucius, hæc schola militaris, omnium, quæ in Europa erant, optima haberetur. Præter hoc bellum Henricus, trium

1553.

chant sur les traces de ses trois Prédécesseurs, en entreprit une autre à Sienne, qui fut encore suivie d'une troisiéme en l'Isle de Corse. Ces guerres tournerent mal pour les François; mais elles durerent peu, & furent d'autant moins préjudiciables. Voici l'origine de celle de Sienne.

Guerre de Sienne.

Cette Ville comme quelques autres d'Italie, vivoit en République. Le Duc de Florence, Cosme, qui souhaitoit fort de se rendre maître de toute la Toscane, persuada à l'Empereur d'y envoier des troupes Espagnolles, espérant que quand l'Empereur s'en seroit une fois saisi, il l'obtiendroit facilement de lui pour la joindre avec tout le Siennois à son Etat de Florence. L'Empereur y envoia un corps de troupes conduit pas Diego Hurtado de Mendoza, qui y bâtit une Citadelle. Les Siennois voioient cela à contre cœur, dit M. de Thou, & irritez de plus en plus par les mauvais traitemens de Mendoza & des Espagnols, ils traiterent secretement avec le Cardinal de Tournon & les sieurs de Thermes & de Lansac, qui leur promirent l'assistance du Roi Henri, & concerterent ensemble sur les moyens de chasser les Espagnols de leur Ville. Ils les chasserent en effet, & prirent la Citadelle par composition, la raserent, & demanderent secours au Roi de France, qui donna ordre au sieur de Thermes de s'y rendre avec des troupes Françoises envoiées en ce payis-là. Il les défendit quelque tems contre Garsias de Tolede, qui étoit auprès de Sienne avec un corps de troupes Espagnoles & Italiennes.

Guerre de Corse.

Garsias s'étant retiré à Naples, le sieur de Thermes par ordre du Roi, passa avec la meilleure partie de ses troupes dans l'Isle de Corse. Henri qui avoit des prétentions sur Gennes & ses dépendances, vouloit se saisir de cette Isle pour favoriser le passage de ses Vaisseaux & de ses Galeres de Provence en la côte de Toscane, & empêcher, ou du moins traverser le transport des troupes Imperiales du Milanois à la même côte, dont l'embarquement se faisoit à Gennes. C'étoient ceux que les Gennois avoient banni de l'Isle de Corse, dont le principal étoit Ornano, qui avoient inspiré ce dessein au Roi. Dragut avec la Flote Ottomane de cinquante Galeres, & vingt-sept autres Galeres conduites par le Capitaine Paulin, arriverent au même tems. La plûpart des places & petites Villes furent prises en peu de tems; la Capitale qui étoit Boniface, se rendit par composition. Mais Dragut, qui s'attendoit à piller la Ville, cher-

---

Les mêmes. Comment. de Montluc.

præcedentium Regum vestigiis insistens, aliud suscepit nempe Senense, ex quo tertium aliud, Corsicum videlicet sequutum est; quæ bella malam in conditionem rem Francicam deduxere; sed non diuturna fuere, ideoque minus intulere nocumenti. Senensis initium tale fuit.

Senæ civitas, ut pleræque aliæ Italicæ, Reipublicæ formam servabat. Cosmus vero Florentiæ Dux, qui Hetruriam totam sibi subigere gestiebat, Imperatori suasit, ut Hispanorum agmina illò mitteret, ea spe ductus, si Carolus eam sibi subigeret, se ab illo Senas & tractum Senensem facile impetraturum esse. Illò Carolus misit cum pugnatorum agmine Didacum Hurtadum de Mendoza, qui arcem in urbe construxit. Id Senensibus summe displicebat, cumque aspere agerentur a Mendoza & Hispanis, indignati, clam cum Cardinali Turnonio, Thermo & Lansaco, rem egerunt, & cum illis de eliminandis ex urbe sua Hispanis, consilia miscuere, pollicentibus Turnonio & aliis auxilia ab Rege Henrico mittenda. Et reipsa Hispanos ex urbe sua Senenses expulerunt, arcem pactione facta ceperunt, ipsamque solo æquaverunt, & ab Rege Franciæ auxilia expetierunt, qui Thermo mandavit, ut illis opem cum Francicis cohortibus ferret. Aliquamdiu autem Garsiæ Toletani, qui cum copiis Hispanicis Italicisque prope Senas erat, conatus propulsavit.

Les m

Garsias Neapolim se recepit, tuncque Thermus, jubente Rege, cum majori copiarum parte in Corsicam Insulam trajecit. Henricus qui Genuam ad se pertinere putabat, necnon terras & tractus Genuæ adjunctos, istam Insulam occupare volebat, ut facilior foret trajectus navium, triremiumque suarum ex Gallo-provincia ad Tusciæ oram; ac vel impediretur, vel difficilior redderetur trajectus Cæsarearum copiarum, quæ Mediolano ad eamdem oram mittebantur, quæque Genuæ naves conscendebant. Ab Henrico Regi suaserant profugi ex Corsica Insula a Genuensibus exsulare coacti, præcipuusque exsulum erat Ornanus, Dragutes Ottomonicæ classis dux, quæ erat quinquaginta triremium, cui adjunctæ erant viginti septem Francicæ, Paulino duce, excensum in Insulam fecit; maxima pars oppidorum castrorumque capta fuit. Bonifacium, pactis conditionibus, sese dedidit; sed Dragutes qui oppidum expilare cupiebat,

HENRI II.

cha querelle à la garnison qui sortoit, pilla & saccagea Boniface, & emmena ses habitans en captivité. Après sa retraite André Dorie vint en l'Isle avec un bon corps de troupes, & reprit l'hiver suivant la plûpart des places, dont les François s'étoient saisis.

La mort du Roi Edouard VI. Roi d'Angleterre, attira l'attention de toute l'Europe. Le bruit commun fut, que Jean Dudley Duc de Northumbelland qui gouvernoit alors tout en Angleterre, lui avoit donné un poison lent, qui le fit périr peu de mois après qu'il l'eut pris. Lorsque ce jeune Prince fut à l'extremité, le Duc qui avoit sa confiance le porta à faire un testament en faveur des trois filles du Duc de Suffolk, petites filles de Marie sœur de Henri VIII. Roi d'Angleterre. Il avoit marié l'aînée, nommée Jeanne, à un de ses fils, & les deux autres à des Seigneurs Anglois. Il représenta au jeune Roi, que Marie & Elisabet filles de Henri VIII. étoient ou bâtardes, ou du moins soupçonnées de bâtardise ; qu'elles étoient élevées dans la Religion Romaine, & causeroient par là bien des troubles dans le Roiaume ; qu'elles épouseroient des Princes étrangers, qui ne seroient pas apparemment au gré de la Nation, & qu'il obvieroit à tout cela en déclarant son heritiere Jeanne qui descendoit du Sang Roial d'Angleterre. Edouard fit ce testament comme Northumbelland le desiroit. Il déclara Jeanne heritiere du Roiaume, & ses deux sœurs successivement, en cas qu'elle vînt à mourir sans enfans. Edouard mourut, & le Duc fit déclarer sa belle-fille Jeanne, Reine, & la fit couronner, quoiqu'elle eût grand' peine de consentir à son couronnement. La Princesse Marie fille de Henri VIII. se retira alors dans un château, d'où elle écrivit de tous côtez. Elle fut reconnuë Reine dans le Païs où elle se trouva. Le peuple qui avoit vû à contrecœur le couronnement de Jeanne, se tourna pour Marie.

Mort d'Edouard. Roi d'Angleterre.

Le Duc de Northumbelland leva alors une armée, & se rendit à Cambrige. Le parti de la Princesse Marie grossissoit tous les jours, & avec tant de rapidité, qu'elle fut déclarée Reine le dixiéme jour après que Jeanne eut été couronnée. Une bonne partie des troupes du Duc l'abandonna. Ceux qui resterent se saisirent de lui, & le livrerent aux gens de la Reine, qui le fit executer à mort avec les principaux de son parti. Jeanne sa belle-fille, qui avoit été couronnée pour ainsi dire malgré elle, alla au supplice avec une constance qui attendrit

Execution du Duc de Northumberland. & de sa belle-fille.

---

jurgia movit præsidiariis exeuntibus, Bonifacium depopulatus est, & oppidanos omnes captivos abduxit. Postquam autem ille receptum habuerat, Andreas Auria in Insulam venit cum pugnatorum copiis, & hieme sequenti maximam oppidorum & castrorum, quæ Franci occupaverant, partem recepit.

5 momet. Mors Eduardi VI. Angliæ Regis, omnium per Europam animos extulit. Rumor undique pervaserat Joannem Dudlcium Northumbriæ Ducem, qui tunc in Anglia omnia regebat, venenato poculo ut Rex juvenis lente periret effecisse. Cum ad extremum autem devenisset, Northumbrius apud illum egit, ut testamento declararet tres filias Ducis Suffolcii neptes Mariæ sororis Henrici VIII. in Regnum sibi successuras esse. Northumbrius vero primogenitam Joannam filio suo connubio junxerat, aliasque duas primoribus Anglis. Eduardo repræsentaverat ille Mariam & Elisabetam Henrici Octavi Regis filias, aut spurias esse, aut ut tales in suspicionem venire; & cum in Religione Romana educatæ fuissent, magnas in Regno turbas esse moturas, Principes ducturas extraneos, qui Anglicæ nationi non placituri essent, iisque omnibus medelam allaturum esse si Joannam ex sanguine Regio Anglicano ortam heredem in Regno declararet. Testamentum Eduardus ad Northumbrii votum edidit, Joannam heredem in Regno declaravit, ejusque sorores, si illa sine prole decederet. Eduardo mortuo, Northumbrius Joannam nurum suam Reginam declarari & coronari curavit, etsi reluctante illa & vix consentiente. Maria vero Henrici VIII. filia, in Castellum quodpiam se recepit, unde litteras ad multos per Regnum misit. In regione autem illa ubi tunc degebat, Regina habita & proclamata fuit, populusque Anglicus, qui Joannam coronari ægre viderat, ad Mariæ partes transiit.

Northumbrius vero exercitum collegit, & Cantabrigiam venit. Ad Mariæ autem partes quotidie multi confluebant, tantoque numero, ut decimo die, postquam Joanna coronata fuerat, promulgata Regina Maria fuerit. Magna pars exercitus Northumbrium deseruit, qui manserant comprehensum illum Reginæ Mariæ sequacibus tradiderunt, qui ipsum cum aliis clientibus ejus capite plecti jussit. Joanna nurus illius, quæ ægre & reluctando coronata fuerat, capitis damnata, cum tanta constantia supplicium adiit,

Thuanus. Belcarius.

tous ceux qui y affisterent. La Reine Marie rétablit en Angleterre la Religion Catholique, & cassa tout ce que son pere avoit fait contre le Pape, ce qui causa de grands murmures. Il n'y eut pourtant alors ni sédition ni révolte; mais ce feu caché sous la cendre excita dans la suite de grands embrasemens.

Mariage de Philippe Prince des Espagnes avec Marie Reine d'Angleterre.

Marie proposa dans le Parlement son mariage avec Philippe, fils de l'Empereur, Prince des Espagnes. Le Parlement y donna les mains, mais à de certaines conditions, suivant lesquelles le Roiaume ne pouvoit jamais tomber sous la puissance des Etrangers. Tous les efforts que le Roi Henri fit pour empêcher ce mariage furent inutiles. L'or de l'Espagne semé par Philippe parmi les Grands & les Senateurs, fut une amorce trop grande pour qu'il manquât son coup. Le Prince Philippe se rendit en Angleterre sur une flote de quatre-vints vaisseaux, accompagnez de vingt vaisseaux Anglois, & d'autant de Flamans. Le mariage fut fait le jour de Saint Jacques. L'Empereur ceda à son fils Philippe le Roiaume de Naples.

Le Cardinal Polus s'entremit avant la campagne de cette année, pour faire la paix entre l'Empereur & le Roi de France, ils n'en paroissoient pas d'abord fort éloignez. *Mais*, dit M. de Thou, *les cœurs étoient trop ulcerez de part & d'autre, pour mettre si tôt fin à la dissension*. En ce tems-ci mourut Charles Duc de Savoie, dépouillé de presque tous ses Etats. Emanuel-Philibert son fils recouvra tout, cinq ans après la mort de son pere, par le traité de paix fait entre les Rois de France & d'Espagne.

Guerre contre l'Empereur.

Charles & Henri se préparoient à entrer en campagne. Les troupes de France qui devoient marcher en grand nombre furent divisées en trois armées. La premiere fut conduite par le Prince de la Roche sur Yon, la seconde par le Connetable, & la troisiéme par le Duc de Nevers. Le Connetable auquel se joignit le Duc de Vendome, faisant semblant de vouloir assieger Avenes, prit & raza quatre châteaux. Le Duc de Nevers penetra dans les Ardennes, & prit aussi quelques petites places. La Roche sur Yon fit des courses dans l'Artois, desolant les campagnes. Le Maréchal de Saint André détaché de l'armée du Connetable, marcha vers Rocroi, alla investir Mariembourg, & dressa des batteries, ce qui étonna la garnison; les Espagnols tenterent deux fois en vain

---

ut plurimorum lacrymas extorqueret. Maria vero Regina Religionem Romanam in Regnum reduxit, & quæ pater ipsius contra Summum Pontificem indixerat, abrogavit, inde rumores & obmurmurationes; neque tamen tunc vel seditio, vel rebellio fuit; sed sub cinere obvolutus ignis, magna sub hæc excitavit incendia.

In Curia Senatus Maria connubium suum proposuit cum Philippo Imperatoris filio, Hispaniarumque Principe. Assensit quidem Senatus Curia, sed illa conditione, ut Regnum Angliæ nunquam in externorum potestatem cadere posset. Nihil non egit Henricus ut connubium istud disturbaret ac rumperet; sed frustra cessere conatus. Auri Hispanici a Philippo per Primores & Senatores sparsi, nimiæ illecebræ erant, quam ut posset ille a scopo aberrare. Princeps Philippus in Angliam trajecit cum classe navium 80. comitantibus viginti navibus Anglicis, totidemque Flandricis. Nuptiæ celebratæ sunt die S. Jacobi. Imperator Philippo filio Neapolitanum Regnum dedit.

Les mêmes.

Cardinalis vero Polus, antequam anni tempestas acies & exercitus admitteret, pacem voluit Imperatorem inter & Regem Henricum conciliare, statim-que ambo videbantur ad pacis colloquia inclinare. Verum, inquit Thuanus, *egregia optimi viri voluntas frustra fuit, adeo exulceratis utrinsque animis, & tam inveteratis vulneribus nondum coalescere valentibus*. Hoc tempore obiit Carolus Sabaudiæ Dux, ombus pene terris, ditionibusque suis spoliatus. Emmanuel vero Philibertus filius ejus, quinquennio post mortem patris, ex pacis inter Francos & Hispanos conditionibus, omnia recuperavit.

Carolus & Henricus ad bellum sese apparabant. *Les* Francicæ copiæ, quæ grandi numero in aciem processuræ erant, in tres exercitus divisæ fuere. Primum ductorem erat Princeps Rupisurionius; secundum Constabularius; tertium Dux Nivernensis. Constabularius, cujus copiis junctus est Vindocinensis Dux Avennas se obsessum ire simulans, castella quatuor cepit & solo æquavit. Dux vero Nivernensis in Arduennam penetravit, & aliquot castra cepit, Rupisurioniusin Artesiam incursiones fecit, agrosque depopulatus est. Santandreanus ex Constabularii exercitu profectus, Rupem-regiam versus movit, & Mariaburgum obsedit. Tormenta pyria apparavit, & præsidiarios exteruit. Hispani bis auxiliares copias

d'y faire entrer un renfort de troupes. Le Connétable arriva ; on battit la place, & les assiegez ne tinrent que trois jours. La capitulation fut honteuse pour eux ; le Gouverneur & tous les Officiers demeurerent prisonniers de guerre, & les soldats sortirent sans armes. Ce lieu qui s'appelloit Mariembourg, du nom de Marie Reine d'Hongrie qui l'avoit fait orner, & qui y prenoit le plaisir de la chasse, fut depuis appellé Henribourg, jusqu'à ce qu'il revint en la puissance des Espagnols.

1554.

Le Roi vint après cela se mettre à la tête de l'armée avec le Duc de Guise, & quantité de Grands Seigneurs. On résolut alors de fortifier Rocroi, lieu commode pour la communication des places frontieres. La charge en fut donnée à la Lande, & l'on y mit après garnison commandée par le Sieur du Breüil Breton. Cependant le Duc de Nevers s'étendoit toujours vers les Ardennes & la Meuse, & s'étoit saisi d'Hierges & de quelques autres places, en sorte qu'il étoit en état de fournir de grands convois de vivres à l'armée du Roi, qui s'avançant vers la Meuse, prit Argimont, & vint à Givoi, lieu situé sur cette riviere, où les Anglois & les Ecossois, qui servoient dans l'armée de France, s'étant avancez inconsiderément loin du camp, reçurent un échec assez considerable. L'armée du Duc de Nevers étoit à Givoi, vis-à-vis de l'armée du Roi de l'autre côté de la Meuse. Ce Duc prit un Château du Gouverneur de Namur, où l'on trouva un grand butin & abondance de vivres.

Les deux armées après avoir séjourné six jours à Givoi, s'avancerent séparées l'une de l'autre par la Meuse. Le Duc de Nevers envoia un Heraut à ceux de Dinan leur demander s'ils ne vouloient pas être neutres & ne favoriser ni l'un ni l'autre parti. Ils répondirent brutalement que s'ils tenoient le cœur & le foye du Roi Henri & du Duc de Nevers, ils les feroient volontiers griller pour leur déjeûner. L'armée du Roi qui étoit de l'autre côté de la riviere, assiegea Bouvines ; il n'y avoit point de garnison dans la Ville. Les Habitans eurent la temerité de vouloir soûtenir le siege contre l'armée Roiale : on dressa des batteries & l'on monta bien-tôt à l'assaut. La Ville fut emportée de force ; on fit main-basse sur tout ce qu'on rencontra : une partie des Habitans se jetta dans la Meuse, l'autre alla se refugier dans une tour ; de ceux qui se jetterent dans la Meuse, un grand nombre se noia.

Prise de Bouvines.

1554. Ceux qui passerent à l'autre bord furent saisis par ceux de l'armée du Duc de Nevers, & envoyez au gibet. Après ce premier feu, on traita plus humainement ceux qui s'étoient sauvez dans la Tour, en consideration du bon traitement que les Espagnols avoient fait aux gens du Roi à la prise de Terouane.

Prise de Dinan.
Après la prise de Bouvines, le Duc de Nevers assiegea Dinan. L'insolente réponse que les Habitans avoient faite, & l'ostentation de ce peuple orgueilleux, qui se vantoit que dix-sept Rois ou Empereurs avoient tenté inutilement de prendre leur Ville, faisoient juger qu'ils soûtiendroient un long siege; mais jamais Ville de guerre ne fut plus promptement prise. On dressa les batteries qui mirent à bas les remparts & les tours. La brêche étant faite, Gaspard de Coligni monte à l'assaut; il est d'abord repoussé, & comme il y revenoit, les Habitans changeant de ton, implorerent la misericorde du Duc de Nevers, demandant seulement leur vie sauve, & qu'on les garantît du feu. Cela leur fut accordé; le Duc y fit entrer des troupes, pour empêcher qu'on ne fît violence à la Bourgeoisie. Les Allemans de l'armée du Roi qui virent entrer nos gens, crurent que le pillage de la Ville seroit pour eux seuls; s'animant donc les uns les autres, ils monterent par la breche, pillerent la Ville, sans épargner les Eglises, firent un grand nombre de prisonniers de tout âge & de tout sexe. Mais le lendemain on publia un Edit, où il étoit ordonné sur peine de la vie de remettre tous les prisonniers en liberté. La Citadelle se rendit d'abord après, à cette condition que la garnison sortiroit l'épée au côté seulement.

Le Roi marcha avec son armée vers le Hainaut, faisant le dégât par tout. Il passa la Sambre, sans que l'ennemi se mît en devoir de l'empêcher, ruinant les Bourgs & les petites Villes, qu'il prenoit sans resistance, & entre autres Marimont & Bins, deux Maisons de plaisance de la Reine Marie pour represailles de ce qu'elle avoit fait brûler Folembrai, maison de campagne des Rois de France. Il y eut dans cette marche quelques rencontres toûjours à l'avantage des François. L'armée arriva enfin à Renti, dont le Roi entreprit le siege dans le dessein d'attirer l'Empereur à une bataille. Le Conseil du Roi fut d'avis de faire bien garder un bois, qui occupant une colline, venoit aboutir presque au

---

Les mêmes. cipitaverant, quamplurimi submersi sunt; qui ad alteram oram enataverе, a Nivernensis exercitu ad patibulum missi fuere. Postea vero humanius actum est cum iis qui in turrim confugerant, memores namque Franci quam humaniter ab Hispanis Taruanæ excepti fuissent, his pepercerunt.

Post captum Bovinium Dux Nivernensis Dinantium obsedit, temerarium responsum oppidanorum, ipsorumque superbia, qua sese jactabant, septemdecim Reges vel Imperatores, oppidum suum capere frustra tentavisse, signo esse videbantur illos diuturnam obsidionem esse laturos; sed nunquam urbs vel oppidum munitum tam celeriter captum fuit. Tormenta pyria admota, explosaque fuere, quæ muros turresque dejecere. Cum per murorum ruinas amplus pateret aditus, Gaspar Colinius oppugnationem cœpit; statimque depellitur; sed cum oppugnationem repeteret, oppidani pristinam deponentes superbiam Nivernensis Ducis misericordiam implorant, vitam solum & ut ab incendiis abstineretur petentes. Id concessum ipsis fuit. Dux copias in oppidum misit, quæ ne oppidanis vis inferretur advigilarent. Germani autem qui Regi militabant, id cernentes, prædam ingressis tantum attributam fore putavere: quapropter unus alium concitantes per ruinas ingressi, ædes etiamque Ecclesias diripiunt, captivos obvios omnes cujusvis sexus & ætatis abducunt. Verum insequenti die promulgatum Edictum fuit, quo sub capitis pœna jubebatur captivos omnes liberos dimitti. Arx etiam deditionem fecit, illa conditione, ut præsidiarii gladio tantum accincti exirent.

Les mê
Rex cum exercitu in Hannoniam movit, omnia circum devastans, Sabim trajecit, nemine obsistente, vicos, castra & oppida diruendo, interque alia Mariomontium & Bincium, in queis spatiari, oblectandi causa solebat Maria Hungariæ Regina; idque ut par pari referret Henricus; Maria enim, Folembræum domum regiam campestrem incendio tradi jusserat. Iter faciendo Franci sæpe in hostem inciderunt, & in levioribus pugnis prospero semper marte, pugnavêre. Exercitus tandem Rentiacum venit, quod oppidum Rex obsedit, ut Imperatorem ad pugnam concitaret. In Consilio regio statutum fuit, ut silva collem occupans, quæ ad castra regia fere pertinge-

camp de notre armée. La charge en fût donnée au Duc de Guise, qui avec des troupes choisies se mit en état de bien le défendre. On vit bien-tôt qu'on avoit pris un bon parti; le premier mouvement que les ennemis firent, fut pour occuper ce bois. Les Espagnols vinrent deux fois pour s'en saisir; mais ils furent vivement repoussez, & le Duc de Guise les ayant attirez à une embuscade, ils se retirerent avec perte.

1554.

L'Empereur qui s'étoit posté avec son armée assez près du camp des François, ne pouvant supporter la honte de laisser prendre une de ses places en sa presence, envoia la meilleure partie de son armée commandée par Ferdinand Gonzague, & par le Prince Emanuel Philibert se saisir du bois, & faire lever le siege. Il y vint après cela lui-même pour se trouver present à l'action. Le Duc de Guise avertit le Roi que l'armée de l'Empereur s'avançoit vers la nôtre. Le Roi donna ses ordres pour mettre l'armée en bataille : Montmorenci qui en qualité de Connétable devoit commander l'avant-garde, n'y vint que fort tard ; il n'arriva que lorsque les ennemis étoient en fuite, ce qui fut peut-être un bonheur pour l'armée ; car le Duc de Guise qui ne devoit marcher dans le corps de bataille qu'après le Connétable, se trouva ainsi à la tête de l'armée, & y donna ses ordres fort à propos. Il fit retirer trois cens Arquebusiers qui étoient dans le bois, en combattant toujours pour venir joindre son corps. Gonzague prit cela pour une fuite, & persuada à l'Empereur de faire avancer son armée comme à une victoire assûrée. Les Imperiaux s'avancerent, & le Duc de Guise détacha d'abord quelque cavalerie legere, conduite par le Duc de Nemours, soûtenuë par Tavannes. La cavalerie Impériale de beaucoup plus nombreuse, donna sur cette cavalerie legere, qui se défendit bien pendant un tems, & fut enfin obligée de ceder au grand nombre. Les Imperiaux qui s'étoient rendus maîtres du bois, voiant cette cavalerie tourner le dos, crurent avoir victoire: mais le Duc de Guise après avoir recueilli cette cavalerie legere, la remit en ordre pour donner sur les Arquebusiers Allemans à cheval, ordonna à Tavannes de les prendre en flanc, se mit à la tête de la Gendarmerie, & fit venir le Duc d'Aumale son frere auprès de lui avec sa cavalerie legere ; après quoi il chargea si vivement ce grand corps de cavalerie Allemande, qu'il la renversa sur l'infanterie qui suivoit, & qui fut mise en déroute.

Bataille de Renti, à l'avantage des François.

---

bat, firmis custodiis muniretur. Hæc cura Duci Guisio demandata fuit, qui cum delectis cohortibus, custodias apte ordinatas in opportunis locis posuit. Ex rerum exitu comprobatum est, sagax consilium fuisse ; hostis quippe silvam occupare statim conatus est. Hispani bis accessere ut in sylvam penetrarent, sed vi magna depulsi fuere, cumque Dux Guisiæ in insidias illos pellexisset, multis suorum amissis illi recesserunt.

mêmes. Imperator qui sua prope Francorum castra posuerat, cum ignaviæ sibi notam inuri putaret, si se præsente oppidum illud ab hoste caperetur, majorem exercitus sui partem misit, ducibus Ferdinando Gonzaga & Emanuele Philiberto, ut & silvam occuparent, & Francos obsidionem solvere cogerent ; ipseque postea venit, ut rei tantæ præsens adesset. Dux Guisiæ Regem monuit, quod hostilis exercitus ad nostrum accederet, jussitque Rex exercitus ordines ad pugnam apparari. Montmorencius, qui utpote Constabularius primam aciem ducturus erat, lentius pro more suo agens, tardius venit, & jam hostibus in fugam versis exercitum junxit, id quod fortassis in rei Francicæ bonum accidit : nam Dux Guisiæ qui in media acie post Constabularium pugnaturus erat, absente illo in prima acie stetit, appositeque omnia rexit. Trecentos ille sclopetarios qui in sylva pugnabant, recedere jussit semper tamen pugnando ut cum copiis jungerentur. Gonzaga recessum illum fugam esse putans, Imperatori suasit, ut exercitum suum quasi ad certam victoriam accedere juberet. Cæsarei itaque moverunt ; Guisius vero equitum levioris armaturæ agmen misit, duce Nemorosio, insequente cum suis Tavanio. Equitatus Cæsareus numero longe superior, hoc agmen est adortus, aliquanto tempore fortiter pugnatum est ; sed nostri tandem cedere compulsi sunt. Cæsarei qui sylvam occupaverant, hunc equitatum terga dantem videntes, jam partam sibi victoriam putavere : at Guisius cum hos equites in ordinem reduxisset, contra sclopetarios Germanos misit illos, jussitque Tavanium latus illorum impetere, & Albæ-malæ Ducem fratrem advocavit cum equitatu levioris armaturæ. Tum vero numerosissimum illud Germanorum equitum agmen tam fortiter impetiit, ut in pedites hostium ipsum dejiceret, qui peditatus sic profligatus est.

Vers le même tems le Duc de Nevers avec sa troupe postée du côté de Renti qui regardoit le bois, donna sur les Arquebusiers Espagnols qui étoient sortis du bois, se confians en leur cavalerie qui les soûtenoit ; mais ne pouvant résister à l'effort des François, ils s'enfuirent dans ce même bois. Les François prirent là dix-sept enseignes d'Infanterie, cinq étendars de Cavalerie, & quatre canons des ennemis. Ils poursuivirent les Espagnols dans le bois, & prirent quatre autres pieces de canon. Le Prince Emanuel & Gonzague se tinrent pendant long-tems cachez dans le bois, & l'on crut dans l'armée Impériale que Gonzague étoit mort ou prisonnier. Montmorenci ne vint avec l'avant-garde que lorsque les ennemis étoient en fuite : on disoit que s'il fut venu à tems, la victoire auroit été entiere. L'Empereur voiant que les choses tournoient mal pour lui, battit en retraite. La nuit étant arrivée, les François se retirerent ; les Impériaux perdirent là près de deux mille hommes, & les François deux cens cinquante. Le lendemain on continua de battre Renti, & ce même jour les Imperiaux firent de grandes réjouissances & des décharges d'artillerie pour la victoire remportée en Italie par le Marquis de Marignan sur le Maréchal de Strozzi, dont nous parlerons bien-tôt.

Le Roi Henri voiant que son armée manquoit de vivres, & que la maladie commençoit de s'y mettre, leva le siege. Avant que de partir il envoia défier l'Empereur, lui marquant le jour & l'heure de la bataille, s'il vouloit la donner. Il se retira avec le Duc de Guise à Compiegne, & donna la conduite du camp au Connétable, qui congedia la plûpart des troupes, & laissa le reste au Duc de Vendôme, Gouverneur de Picardie. L'armée Imperiale fit quelques ravages sur les frontieres de Picardie. Le Duc de Vendôme qui les observoit toujours, empêcha qu'ils ne fissent des entreprises sur les places de guerre. Il ne pût pas empêcher qu'ils ne fortifiassent le Mesnil lieu près d'Hedin, situé dans des marécages fort avantageux pour faire des courses dans la Picardie, & pour brider les François qui en voudroient faire sur les terres de l'Empereur. On avoit voulu porter ci-devant le Roi Henri à fortifier ce lieu, & à y mettre bonne garnison. Mais il en fut detourné par des gens interessez, qui regardoient plus leur profit que le bien public. Il reconnut bien depuis la faute qu'il avoit faite, mais lorsqu'il n'étoit plus tems d'y remedier.

Les mêmes. Eodem tempore Dux Nivernensis cum agmine suo versus Rentiacum posito, Hispanos sclopetarios aggressus est, qui ex silva egressi erant, opitulante sibi equitum ala ; sed Francorum vim ferre non valentes, in sylvam denuo confugerunt. Franci vero septemdecim peditum, & quinque equitum signa, atque quatuor tormenta ceperunt; Hispanos quoque in sylva sunt insequuti, tormentaque alia quatuor ab ipsis capta sunt. Princeps Emanuel & Gonzaga in sylva diu delituerunt, ita ut in exercitu Cæsareo putaretur Gonzagam vel cæsum, vel captivum esse. Montmorencius cum prima acie tunc advenit, cum hostes fugam facerent ; rumorque erat in exercitu, plenam fore victoriam, si mature ille venisset. Imperator cum rem male cedere videret, receptui cecinit. Adveniente nocte Franci recesserunt : Cæsarei bis mille circiter suorum amiserunt; Franci 250. Sequenti die Rentiacum tormentis pyriis impetitum fuit, eodemque die Cæsarei explosis pyriis tormentis, magna lætitiæ signa dederunt ob victoriam a Meliniano, seu Mariniano Marchione de Marescallo Strozzio in Italia reportatam, qua de re mox agetur.

Les mêmes. Videns Henricus Rex commeatum & annonam exercitui suo non suppetere, morbis jam inter suos grassari incipientibus, obsidionem solvit. Antequam proficisceretur, Imperatorem Carolum ad pugnam provocavit, diem & horam indicando si congredi vellet. Compendium autem cum Duce Guisio venit, & castrorum curam Constabulario dedit. Hic vero maximam copiarum partem missam fecit, residuas vero Vindocinensi Duci Picardiæ Præfecto tradidit. Exercitus Cæsareus prædas egit in Picardiæ limitibus. Dux vero Vindocinensis, qui illos semper observabat, ne munita loca caperent cohibuit, neque tamen ille impedire potuit, ne Menillium propugnaculis cingerent, locum Hedino vicinum, in paludibus situm, ad incursiones in Picardiam faciendas aptum, necnon ad coercendos Francos qui in Cæsareis agris prædas agere vellent. Pridem autem Regem Henricum quidam monuerant, ut locum illum propugnaculis cingeret, ac præsidiomuniret, sed ab hoc consilio avocatus fuit a quibusdam, queis magis sua quam publica utilitas cordi erat. Vidit postea Henricus se male consultum fuisse ; sed cum nulla superesset emendandæ culpæ via.

Venons

HENRI II.

1554.
Guerre de Sienne.

Venons aux affaires de Sienne. Nous avons vû comment les Siennois aiant chassé les Impériaux de leur Ville & de la citadelle qu'ils avoient bâtie, le sieur de Thermes vint par ordre du Roi Henri avec des troupes pour les défendre. Le Roi rappella depuis ce Chef pour la guerre de Corse, & il envoia en sa place le sieur de Strozzi, qui fut fait Maréchal de France. A la priere de Cosme Duc de Florence, l'Empereur fit partir vers le même tems le Marquis de Marignan, dit le Medequin, pour marcher avec l'armée contre les Siennois. Strozzi fit d'abord la guerre avec succès, prit plusieurs places autour de Sienne, & battit les gens du Marquis en une rencontre; mais voiant qu'il ne pourroit en même tems garder la Ville & faire la guerre à la campagne, il pria le Roi d'envoier quelqu'un de ses Capitaines pour commander dans Sienne, & il y envoia le sieur de Montluc, qui à son arrivée repoussa les gens du Marquis avec beaucoup de valeur & de conduite.

Peu de jours après Strozzi qui avoit reçû un secours considerable s'étant avancé contre le Marquis, qui assiegeoit Marcian, les deux armées demeurerent quelques jours en présence; mais comme la nôtre étoit fort endommagée de l'artillerie des ennemis, Strozzi pensa à faire retraite. Montluc averti de tout, lui écrivit de se donner bien de garde de faire sa retraite en plein jour devant l'armée ennemie. Il ne suivit point son conseil; mais par l'avis d'un mal-habile homme de sa troupe, il se mit en retraite à la vûë des ennemis. Le Marquis vint le charger, fit jouer son artillerie nombreuse & bien servie, ce qui mit la terreur dans l'armée de France. Une partie des troupes Italiennes prit la fuite: le Comte de la Mirande, qui commandoit la cavalerie, s'enfuit aussi. Les Suisses & les Gascons combattirent vaillamment; mais étant sortis imprudemment de leurs postes pour attaquer les Espagnols & les Florentins, ils furent enveloppez par la cavalerie Impériale, & presque tous tuez ou pris: Strozzi & Fregose s'enfuirent à Montalcin.

Défaite de Strozzi.

Après cette victoire le Marquis de Marignan prit toutes les places autour de Sienne, & vint assieger la Ville. M. de Montluc fit une belle & longue défense, qu'il a amplement décrite dans ses Commentaires. Le Marquis voulut une fois prendre la Ville par escalade; mais il fut vigoureusement repoussé.

---

annus.
arms.
tent.
nsluc.

Ad Senense bellum veniamus. Jam vidimus quo pacto Senenses, pulsis ex urbe sua Cæsareis, necnon ex arce quam construxerant, opem ab Henrico Rege acceperint, qui Thermum cum copiis misit ad hostem ex Senensium finibus propulsandum. Thermum postea Rex in Corsicam insulam revocavit, in ejusque locum Strozzium misit, qui Marescallus Franciæ creatus fuit. Rogante autem Cosmo Florentiæ Duce, Imperator eodem circiter tempore Marinianum Marchionem misit, qui cum exercitu Senensibus bellum inferret. Strozzius statim cum prospero exitu rem gessit, castra multa & oppida circum Senas cepit, & Marchionis copias semel profligavit; sed cum videret non posse simul se & Senas servare, & bellum in Senensi tractu gerere, Regem rogavit, aliquem mitteret ducem qui in urbe imperaret, misitque ille Monlucium, qui adveniens fortitudine & sagacitate multa Marchionis gentem propulsavit.

mêmes.

Paucis postea diebus Strozzius, cum novum copiarum agmen ex Francia missum accepisset, contra Marchionem movit, qui Marcianum obsidebat. Aliquanto autem tempore ambo exercitus in præsentia alter alterius mansere; sed quia exercitus noster py-riorum tormentorum globis excipiebatur, receptum habere Strozzio cogitavit. Monlucius vero quo in statu res esset probe sciens, Strozzio scripsit, monens, ut ne interdiu receptum haberet ante hostem ordinata acie stantem. Strozzius, ejus spreto consilio, sed suadente quodam imperito viro, clara luce & conspiciente hoste, receptum habere cœpit; Marchio ipsum adortus est, & tormentorum magno numero fulminibus, terrorem incussit Strozziano exercitui. Pars Italorum ejus exercitus fuga salutem quæsivit. Comes quoque Mirandulanus qui equitatui imperabat, fugam fecit. Helvetii autem & Vascones fortiter pugnavere; sed cum ex loco suo imprudenter egressi essent, ut Hispanos & Florentinos adorirentur, ab equitatu Cæsareo circumdati, pene omnes vel cæsi, vel capti sunt. Strozzius & Fregosius ad Montem-ilcinum aufugerunt.

Les mêmes.

Post illam victoriam Melenianus Marchio castra & oppida omnia quæ circum Senas erant cepit, & ipsam urbem obsedit. Monlucius hostem fortiter & diuturno tempore propulsavit, ut ipse fusissime narravit in commentariis suis. Marchio semel, scalis admotis, urbem capere tentavit: sed strenue depulsus

Tome V.

1554.
Prise de Sienne.

La famine qui se mit dans Sienne y regna long-tems. Les Habitans animez par Montluc la soûtinrent jusqu'à la derniere extremité ; mais il fallut enfin se rendre & venir à composition qui ne fut gueres bien gardée du côté des Impériaux, & puis du Duc de Florence, entre les mains duquel Sienne tomba. Cette affaire ne finit que l'année suivante 1555.

1555.
Guerre en Piémont.

En Piémont le Maréchal de Brissac faisoit toujours la guerre avec succès : il surprit la Ville & le Château de Verceil, & ne pouvant prendre la citadelle faute d'artillerie, il saccagea la Ville. Il prit aussi Yvrée, Bielle & S. Jâques : il tenta inutilement de prendre Valfeniere, mais il prit Vulpian & le rasa. La principale action qui se fit en ce tems-ci fut la surprise de Casal, la plus importante place de ces payis & la Capitale du Montferrat. Salvoison soldat de fortune, qui s'étant élevé par sa valeur & son habileté, étoit alors Gouverneur de Verruë, entreprit de surprendre la Ville gardée alors par une bonne garnison Espagnole. Il mena cette affaire avec tant de dexterité, qu'il entra avec ses gens dans la Ville pendant la nuit, fit avertir Brissac de venir lui aider à prendre la citadelle qui fut bien-tôt emportée. Salvoison prit encore

Casal surpris.

Moncalvo, & fit plusieurs autres actions avec le même succès, prenant toujours son tems, & si fidelement servi de ses espions, qu'il ne manquoit jamais son coup. Il seroit devenu un des plus grands Capitaines de son siecle ; mais la mort l'enleva en la fleur de son âge ; il n'avoit que trente-sept ans, lorsque surpris d'une maladie, il mourut en Piémont. On peut voir sa vie, ses fortunes & ses actions dans Brantôme.

Les Cordeliers veulent livrer Mets aux Impériaux.

On découvrit en ce tems-ci une trahison des Cordeliers de Mets, qui voulurent livrer cette Ville aux Impériaux. Pour venir à bout de cette entreprise, ils indiquerent dans la même Ville un Chapitre general de leur Ordre. Sous ce pretexte un grand nombre de soldats venoient deux à deux, ou trois à trois, la tête raze & vêtus en Cordeliers, portant des armes sous leurs manteaux ; ils entroient ainsi dans la Ville, & venoient à leur Couvent ; les tonneaux & les barriques qu'on amenoit chez eux pour le Chapitre general, étoient pleins d'armes de toute espece. Les Imperiaux vinrent à Thionville en grand nombre ; d'autres se cacherent en divers lieux pour se rendre à Mets au tems marqué. Ils devoient faire le dégât auprès de la Ville ; une bonne

---

fuit. Fames, quæ Senas invasit, diu cives afflixit ; sed hortante Monlucio Senenses ad extrema usque obsidionem sustinuere ; tandemque ad deditionis pacta veniendum fuit, quæ pacta a Cæsareis non accurate servata fuere, neque etiam a Florentiæ Duce, in cujus tandem potestatem Senæ redactæ sunt ; quæ res anno sequenti 1555. finem accepit.

Thuanus. Belcarius. Brantôme.

In Pedemontio Brissacus Marescallus cum fausto semper exitu bellum gerebat. Vercellas urbem & castellum ex improviso cepit ; cumque tormentis pyriis destitutus arcem capere non posset, urbem diripuit. Eporediam quoque cepit, Bugielam & Sanctum Jacobum, Valfeneram capere tentavit ; sed Volpianum cepit ac diruit. Inter præcipua autem istius ævi gesta hoc quod dicturi sumus referendum est : Salvaso vir strenuus & sagax, qui a parvo creverat, & per gradus militiæ evectus, tunc Verrucæ Præfectus erat, Casalium intercepit urbem in Montefferrafi Comitatu præcipuam, munitissimam & fortissimo Hispanorum præsidio instructam. Rem autem cum tanta dexteritate gessit, ut noctu cum agmine suo in urbem ingressus sit, submonito Brissaco, ut cum copiis sibi ad arcem capiendam præsto esset, quæ arx cito recepta fuit. Salvaso Montem calvum etiam cepit, aliaque quoque multa cum pari exitu præstitit ; cum tanta prudentia occasiones captans & exploratorum ope utens, ut nihil unquam frustra susceperit. Sic inter præcipuos istius ævi duces censeri meruisset : at mors illum in ætatis flore de medio sustulit. Triginta septem annorum erat, cum morbo correptus, in Pedemontio obiit. Ejus vitam, fortunas & gesta apud Brantomium videas.

Th. Bel.

Hoc tempore Franciscanorum Chordaligatorum Metis proditio detecta fuit : volebant autem illi in urbem Cæsareos introducere. Ut rem tam perficerent, in eadem urbe Capitulum Generale indixerunt. Hoc obtentu milites multi accedebant bini vel terni, Franciscana veste, arma sub palliis gestantes, & in Conventum illorum intrabant. Dolia quæ carris adducebantur in Conventum quasi pro Capitulo generali, omnis generis armis plena erant. Cæsarei magno numero in Theodonis villam venerunt ; alii variis in locis sese occultarunt, ut indicto tempore Metas peterent. Prope urbem prædas acturi erant. Præsidiario-

partie de la garnifon feroit infailliblement fortie pour leur donner la chaffe, & pendant ce tems-là ceux qui étoient cachez chez les Cordeliers en devoient fortir pour fe faifir des portes. Cette trahifon fut ainfi découverte : on remarqua qu'un Cordelier alloit fouvent à Thionville où étoient les Impériaux. Cela fit naître quelque foupçon : on fe faifit de lui, il fut mis à la queftion, & il découvrit tout le complot. On envoia au fupplice les chefs de la conjuration.

Edit contre les Calviniftes.

Les Calviniftes & autres fectateurs de nouvelles opinions fur la Religion, croiffoient tous les jours en nombre dans la France & à Paris. Le Roi Henri fit un Edit où il déclaroit que les Sentences prononcées contre eux par les Juges Ecclefiaftiques & par les Inquifiteurs de la foi, n'auroient point d'appel au Tribunal Séculier. Cet Edit fut encore renouvellé dans la fuite. Le Parlement de Paris reprefenta au Roi qu'il fe dépouilloit par-là lui-même de fon autorité, en cedant tout aux Ecclefiaftiques, & il déclara que les Juges Ecclefiaftiques décideroient fur la doctrine des accufez, que les Juges Roiaux envoieroient au dernier fupplice ceux qui nieroient les fept Sacremens, & que la confifcation de leurs biens ne feroit point au profit du Tréfor Roial ; mais feroit emploiée à des ufages pieux. Peu de tems après il ordonna que les maifons où ils s'affembloient & où ils celebroient la cêne, feroient rafées dans tout le Roiaume.

Congrès pour la paix, qui ne conclut rien.

Le Pape Jules III. étant mort, Marcel II. de la famille des Cervins lui fucceda. Son Pontificat ne fut que de 22. jours. Après lui on élut Jean-Pierre Carafa, fous le nom de Paul IV. A l'inftance du Pape Jules III. & par l'entremife du Cardinal Polus, Marie Reine d'Angleterre follicita vivement l'Empereur & Philippe fon fils de faire la paix avec le Roi de France, & fit auffi parler au Roi Henri pour le porter à traiter avec l'Empereur. Elle fit tant d'inftances que les deux partis y donnerent les mains. Les Députez de part & d'autre fe rendirent au lieu affigné entre Calais & Ardres. Après plufieurs conferences il fe trouva tant de difficultez à la conclufion, que les Députez de France, perfuadez que l'Empereur ne cherchoit qu'à les amufer, quitterent l'affemblée, & il ne fut plus parlé de paix.

En Piémont le Maréchal de Briffac fe fignaloit à fon ordinaire. Le Duc d'Albe y vint commander pour l'Empereur à la tête d'une grande armée de

---

rum magna pars haud dubie exitura erat, ut prædones abigeret : & tunc qui apud Francifcanos occulti manebant, exituri erant ut portas urbis occuparent. Sic porro detecta proditio fuit ; Francifcanum quemdam in Theodonis villam fæpe concedere deprehenfum eft ; hinc orta fufpicione, comprehenfus ille & tortoribus traditus fuit ; totam autem confpirationem revelavit. Præcipui conjuratorum in fupplicium acti funt.

Les mêmes.

Calvinistæ & alii novarum opinionum fectatores, quotidie per Galliam & Lutetiæ numero crefcebant. Henricus Rex Edictum publicavit, quo declarabat fententias ab Ecclefiafticis & Inquifitoribus fidei contra illos latas, nullam ad fæcularem tribunal appellationem admiffuras effe. Hoc Edictum infequenti tempore renovatum fuit. Curia-Senatus Parifini Regem monuit fe hoc Edicto autoritate regia fpoliari, cum omnia Ecclefiafticis cederet. Declaravit autem ille Judices Ecclefiafticos de doctrina reorum fententiam dicturos effe, Judicefque Regios ad fupplicium miffuros eos, qui feptem Sacramenta negarent, & bona fifco addicta, non in regium thefaurum afferenda, fed in pios ufus adhibenda effe. Paulopoft autem juffit domos ubi illi congregarentur & cœnam celebrarent per totum Regnum folo æquandas effe.

Les mêmes.

Julio Papa tertio mortuo, Marcellus II. ex Cervinorum gente delectus, qui 22. tantum diebus fedit. Poft illum electus fuit Joannes-Petrus Carafa, Pauli IV. nomine. Inftante autem Julio III. & interveniente Cardinali Polo, Maria Angliæ Regina apud Imperatorem & Philippum filium ejus vehementiffime inftitit, ut pacem cum Rege Francorum faceret ; & apud Henricum Regem parem follicitudinem adhibuit, tantopereque urfit, ut ambo Principes de congreffu faciendo manus darent. Locus ad congrediendum affignatus inter Caletum & Ardram fuit. Poftquam pluries convenerant, tot difficultates ad concludendum fubortæ funt, ut Deputati Regis Francorum, cum putarent Imperatorem nihil aliud quam tempus protrahere velle, de congreffus loco recederent : & non ultra de pace actum fuit.

Les mêmes.

In Pedemontio Briffacus Marefcallus profpere rem gerebat. Dux Albanus Præfectus ab Imperatore conftitutus, cum grandi exercitu viginti quinque mil-

1555.

Mauvais succés du Duc d'Albe en Piémont.

vingt-cinq mille hommes. A son arrivée il fit un acte d'inhumanité qui indigna tous les François contre lui : aiant pris une fort petite place, il fit pendre le Gouverneur & massacrer tous les Italiens, & il envoia les soldats François en galere. Il alla ensuite assieger Saint-Ia, où il y avoit une forte garnison. Il croioit qu'elle se rendroit d'abord ; mais il fut long-tems devant la place, qu'il fit foudroier par une nombreuse artillerie, & après avoir perdu beaucoup de ses gens, il fut obligé de lever le siege. En se retirant il tenta inutilement de surprendre Casal. Ce fut une grande honte à lui après les rodomontades qu'il avoit faites au commencement de son expedition : il s'étoit vanté qu'il subjugueroit tout le Piémont dans vingt jours. Après sa retraite le brave Salvoison surprit Montcalvo, poste important, & défit deux compagnies de cavalerie Italienne.

Au même tems la guerre se faisoit quoique foiblement sur les frontieres de la Champagne & de la Picardie. Martin de Rossen bâtard de Cleves, qui commandoit l'armée de l'Empereur, vint camper à Givoï, & fit bâtir sur la montagne voisine près de la Meuse un Château, qui fut depuis appellé Charlemont, pour mettre à couvert les terres de l'Empereur, & d'où l'on pourroit faire des courses dans les campagnes voisines sujettes au Roi de France. La peste se mit dans son armée ; il en fut attaqué lui-même, & mourut avant que d'avoir achevé son Château. Le Duc de Nevers qui commandoit en Champagne, vouloit ravitailler Mariambourg ; il ne le pouvoit sans passer près des ennemis, deux ou trois fois plus forts en nombre que lui. Il l'entreprit pourtant, résolu de risquer le combat, s'il étoit attaqué ; il y mena cinq cens chariots chargez avec tant d'adresse, que sans être apperçû des ennemis il arriva à Mariambourg avec tout son convoi, & se retira ensuite par un autre chemin.

En Picardie Antoine Duc de Vendôme, Gouverneur de la Province, aiant appris la mort d'Henri Roi de Navarre, partit pour aller en Bearn recueillir sa succession, & laissa le commandement à l'Amiral Gaspard de Coligni. L'Empereur envoia en la place de Rossen le Prince d'Orange avec un renfort considerable de troupes. Ce General sans faire d'autre entreprise, fortifia le Château de Corbin, qui fut depuis appellé Philippe-ville. Peu de tems après Coligni

lium pugnatorum illo venit. Statim atque istuc pervenerat, immanem rem perpetravit, quæ Francorum omnium indignationem movit. Cum oppidulum quoddam cepisset, Præfectum suspendio vitam finire jussit, Italos omnes trucidari, Francos ad triremes mitti. Sanctum Jacobum oppidum postea obsedit, validissimo munitum præsidio, sperans ipsum statim deditionem facturum ; sed diuturna fuit obsidio, etsi numerosis tormentorum fulminibus muros perpetuo verberabat, multis suorum amissis, obsidionem solvere coactus est. Dum receptui caneret, Casalium ex improviso capere frustra tentavit, sicque turpis tantæ expeditionis exitus fuit, postquam ex Hispana arrogantia sese jactaverat, quasi viginti dierum spatio totum Pedemontium subacturus esset. Post discessum ejus, strenuus ille Salvaso qui adhuc in vivis erat, Montemcalvum oppidum munitum cepit, & duas equitatus Italici alas profligavit.

Les mêmes.

Eodem tempore in Campaniæ & Picardiæ finibus bellum, etsi non ita asperum gerebatur. Martinus Rossenius Cliviensis nothus, exercitûs Cæsarei Præfectus, Givaci castra posuit, atque in vicino monte prope Mosam castellum exstruxit, quod postea Ca-

rolomontium appellatum est, ut ad vicinos Cæsareos agros aditus Francis intercluderet, atque inde in Francorum ditionem incursiones fieri commode possent : verum pestilentia exercitum ejus invasit, ipseque eodem morbo periit antequam castellum perficeret. Dux vero Nivernensis, qui in Campania imperabat, Mariaburgum annonam inducere peroptans, ut id efficeret, prope hostium agmina bis terve numerosiora suis transiret oportebat. Rem tamen suscepit, pugnandique periculum subiit, quingentos carros annona onustos cum tanta dexteritate Mariaburgum induxit, ut ab hoste id non adverteretur ; posteaque alia via receptum habuit.

Les mêmes.

In Picardia Antonius Vindocinensis Dux, istius provinciæ Præfectus, comperto Henrici Navarræi Regis obitu, in Bearniam profectus est, ut regnum ejus exciperet, relicto in locum sui duce Gasparo Colinio. Imperator vero Rossenii defuncti munus Arausicano Principi contulit, ipsiusque exercitum nova pugnatorum manu auxit. Hic vero non aliam suscepit expeditionem, quam quod Corbinum castellum propugnaculis cinxit, quod postea Philoppopolis vocatum est. Sub hæc autem cum Colinius sese cum Ni-

s'étant joint avec le Duc de Nevers, ils s'avancerent du côté des ennemis dans le deſſein de ravitailler Rocroi. Ils eurent une occaſion de les combattre avec avantage ; mais ils reçûrent une défenſe du Roi de tenter le ſort d'un combat; il n'entra dans Rocroi qu'une petite partie du convoi.

La Jaille Seigneur Angevin, à la tête de quinze cens chevaux de l'arriereban, mauvaiſes troupes, & de quelque infanterie, fit une courſe dans les terres des ennemis, & s'en revenoit chargé de butin avec ſes gens tous en déſordre, Hauſimon Gouverneur de Bapaume vint les charger. Ils ne firent preſque point de défenſe ; la Jaille fut fort bleſſé, & pris avec une partie de ſes gens, dont pluſieurs reſterent morts ſur la place ; les autres ſe ſauverent à la faveur d'un bois voiſin. Les troupes Françoiſes qui tenoient la campagne furent miſes dans les places.

Il y eut en ce tems-ci un furieux combat de mer entre les François & les Flamans. Le Roi fit avertir les Dieppois, qu'une flotte marchande de Flamans revenoit des côtes d'Eſpagne, richement chargée, & donna ordre en même tems qu'on équipât une flote pour l'attaquer. Les Dieppois ſe mirent en mer, & allerent à la hauteur de Douvre; ils y rencontrerent cette flote de vingt deux vaiſſeaux beaucoup plus grands que les leurs, & fournis de gens de guerre, en moindre nombre que la flote de France ; mais qui avoient cet avantage que leurs vaiſſeaux étant plus grands & plus élevez, ils combattoient du haut en bas & au grand dommage des nôtres. Les Dieppois vinrent bien-tôt à l'abordage. Il y eût là un ſanglant combat qui dura plus de quatre heures. Il étoit incertain pendant tout ce tems de quel côté la victoire tourneroit. Les Flamans jettoient toûjours des feux d'artifice ſur nos gens, qui mirent enfin le feu à un vaiſſeau François. Ceux du parti Imperial diſoient que ce furent nos gens mêmes qui y mirent le feu, déſeſperant de vaincre : quoiqu'il en ſoit ce feu prit à d'autres vaiſſeaux tant des nôtres que des ennemis, & nos gens pour éviter le feu, monterent en déſeſperez ſur les vaiſſeaux des ennemis, & en prirent pluſieurs avec grande perte de leurs gens. La nuit qui ſurvint, mit fin au combat ; les Dieppois prirent cinq vaiſſeaux, les Flamans y perdirent environ mille hommes, & les nôtres quatre cens. Le Chef de la flotte Françoiſe fut tué.

1555

La Jaille défait.

Combat de mer furieux.

---

vernenſi Duce junxiſſet, ambo in Rupem-regiam rem cibariam inducere tentavêre. Occaſio autem ſeſe obtulit, ut opportune hoſtem invaderent ; ſed regio juſſu a pugnæ ſorte abſtinuerunt, partemque tantum commeatus in Rupem-regiam induxerunt.

Jallius ex primaria Andium nobilitate mille quingentos equites ex nobilibus rei bellicæ imperitis ducens cum peditibus paucis, in agros hoſtium incurſionem fecit ; cumque præda onuſtus reverteretur, ab Alſimontio Bapalmæ Præfecto, imperitus eſt, ejus turma, ſolutis ordinibus recedens, ſine pugna fere profligata fuit. Jallius vulnere confoſſus captus fuit cum plurimis ſuorum ; cæteri in vicinam ſylvam confugerunt. Tunc Francorum turmæ, quæ in campo bellum gerebant, per urbes & oppida munita diſtributæ ſunt.

Acerrima tunc claſſica pugna fuit inter Francos & Flandros. Rex Dieppenſes moneri juſſit, mercatorum Flandrenſium claſſem ex oris Hiſpanicis reverti precioſis mercibus onuſtam, præcepitque etiam ut claſſis appararetur ad illam intercipiendam & expugnandam. Dieppenſes in Doveræ conſpectum cum navibus venere, & in claſſem illam incidere 22. navium ſuis grandiorum, in queis etiam armati viri erant, ſed minore numero, quam in Francica claſſi ; ſed ea in re ſuperiores hoſtes erant quod naves & grandiores & altiores noſtris eſſent, ita ut ex ſuperiori loco pugnantes, noſtros infra ſtantes commodius impeterent. Dieppenſes injectis ferreis manibus & harpagonibus cominus pugnam capeſſunt, per horas quatuor acerrime pugnatur, ita ut incerta utrinque victoria eſſe putaretur. Flandri artificioſos ignes in naves noſtrorum injiciebant, tandemque navem Francicam incenderunt. Cæſarei vero dicebant noſtros ignem immiſiſſe in navim ſuam, de victoria deſperantes. Ut ut res eſt, ignis alias naves tam noſtras, quam hoſtium invaſit, atque ad ignem vitandum, noſtri ceu deſperatione acti, in naves hoſtium conſcenderunt, pluriſmaſque ceperunt cum magna hoſtium cæde. Nox ſuperveniens pugnam diremit. Dieppenſes quinque naves ceperunt: Flandri mille circiter ſuorum amiſere; ex noſtris vero quadringenti cæſi ſunt. Dux Francicæ claſſis occiſus fuit.

HENRI II.

a 555.

Paul IV. dès le commencement de son Pontificat, appella ses deux neveux, Charles & Alfonse Carafe, & les fit Cardinaux. Il se gouverna par le conseil de Charles homme violent. Son frere Alfonse, qui étoit doux & moderé, n'entra pas si avant dans les affaires. L'oncle & le neveu haïssoient à mort les Espagnols, & dès le commencement de ce Pontificat ils maltraiterent leurs partisans, & principalement le Grand Duc & les Colonnes, ennemis depuis long-tems du Saint Siege. Leur animosité contre les Espagnols ne pouvoit leur être cachée ; & le Pape craignant avec raison les suites d'une guerre contre un si puissant ennemi, étoit assez porté à un accommodement & à se rendre le médiateur de la paix entre la France & l'Espagne ; mais le Cardinal Charles le poussoit toujours à se liguer avec le Roi de France, l'assurant qu'avec les puissans secours qu'il lui envoieroit, il seroit en état de rabattre la fierté des Espagnols ses ennemis. Le Pape prit enfin ce parti. Le Cardinal Caraffe communiqua ce dessein à l'Ambassadeur de France & au Cardinal d'Armagnac, & ils envoierent en faire la proposition à la Cour de France.

Paul IV. se ligue avec le Roi de France contre l'Espagne.

Le Cardinal Carafe en avoit déja écrit au Cardinal de Lorraine, qui y étoit tout porté. Quelques Historiens disent que ne doutant point que la conduite de l'armée que le Roi envoieroit en Italie, ne fût donnée à François son frere, il esperoit qu'il feroit revivre les prétentions que les Ducs de Lorraine avoient sur le Roiaume de Naples. Le Roi assembla son Conseil & proposa cette affaire. Le Connétable qui parla le premier, dit d'abord qu'une telle entreprise étoit hors de saison ; qu'elle alloit engager la France déja épuisée à une nouvelle guerre dans le tems qu'on travailloit à faire la paix avec l'Empereur & le Roi Philippe, paix si nécessaire à la France après tant de guerres, que la raison ne permettoit pas d'en aller encore chercher de nouvelles. Le Cardinal de Lorraine parla ensuite, & dit que la paix avec l'Empereur étant une chose incertaine, & qu'étant encore fort douteux si l'on conviendroit sur les conditions proposées, il ne falloit pas ainsi abandonner le certain pour l'incertain ; qu'outre la gloire que le Roi acquerroit en soutenant le Saint Siege contre ses ennemis, les avantages que le Pape feroit au Roi seroient si considérables, que Sa Majesté ne pouvoit honnêtement les refuser. Les flatteurs qui étoient en grand nombre auprès du Roi, & qui s'y maintenoient par la faveur du Cardinal,

Conseil tenu pour la guerre d'Italie.

Les mêmes. Paulus IV. initio Pontificatus sui fratris filios duos Carolum & Alfonsum Carafas advocavit, & in Cardinalium dignitatem promovit. Caroli autem consiliis est usus, qui violenter & ex animi impetu ferebatur, Alfonsus enim, qui mitis pacificusque erat, seseque vix in negotia ingerebat. Paulus vero IV. & Carolus Hispanos summo odio prosequebantur, statimque ineunte Pontificatu, eos qui Hispanorum partes sectabantur aspere exceperunt, maximeque Magnum Hetruriæ Ducem, & Columnas, qui a multo jam tempore Sanctæ Sedis hostes erant, Hispanos latere non poterat exasperatus illorum animus : quare Pontifex jure sibi timens a tam potenti hoste, de re componenda cogitabat, & ad pacem Francos inter & Hispanos conciliandam propendebat animo ; sed Carolus Cardinalis apud illum instabat semper, ut se cum Rege Francorum societate jungeret, cohortans, affirmabatque Pontificem magnis Francorum auxiliis fultum facile posse Hispanorum hostium arrogantiam deprimere. Paulus tandem id consilii admisit. Carolus vero rem Oratori Franciæ & Cardinali Armeniacensi proposuit, qui rem aulæ regiæ Franciæ indicaverunt.

Jam Carafa Cardinalis ea de re literas miserat ad *Les m.* Lothatingum Cardinalem, qui in eam rem animo propendebat. Narrant quidam illum, cum non dubitaret Guisium fratrem suum, a Rege in Italiam mittendum fore, speravisse Guisium jura Lotharingorum Ducum in Regnum Neapolitanum reducturum in medium esse. Rex vero coacto Consilio rem proposuit. Constabularius qui primus sententiam dixit, expeditionem talem cum conditione temporis non quadrare statim affirmavit, Franciamque jam exhaustam præsenti bello, novum bellum suscipere non debere ; cum maxime de pace cum Imperatore facienda tunc ageretur, quæ pax post tam diuturnum bellum jam necessaria prorsus erat. Post illum Lotharingus Cardinalis dixit, pacem quade cum Imperatore tunc agebatur, rem incertam esse, & cum dubium omnino esset an propositæ conditiones acceptæ forent, non oportere rem certam pro incerta rejicere ; præterquam quod ad Regis gloriam cessurum esset, si Sanctam Sedem defenderet, Summum Pontificem Regi tam opportunas conditiones propositurum esse, ut non posset illas rejicere. Adulatores autem qui magno numero, per Cardinalis Lotharingi favorem, in aula regia prio-

applaudirent à un conseil si pernicieux ; le Connétable lui-même ne s'obstina point à soutenir son sentiment. Plusieurs disoient qu'il n'étoit pas fâché que le Duc de Guise, auquel il portoit envie, eût la conduite d'une guerre dont il prévoioit que le succès seroit malheureux.

Ce conseil fut donc suivi, & le Cardinal de Lorraine fut envoié à Rome, pour y conclure un traité avec le Pape. Il prit avec lui le Cardinal de Tournon, qui bien loin d'approuver un conseil si funeste, fondit en larmes dès qu'il apprit qu'on avoit pris ce parti, protesta que c'étoit malgré lui qu'il accompagnoit le Cardinal de Lorraine auteur & promoteur d'une telle affaire, dont il prédit le mauvais succès. Le Cardinal étant arrivé à Rome, le traité fut arrêté. Les principales conditions étoient que le Pape & le Roi joindroient leurs troupes pour faire la guerre en Italie à leur ennemi commun ; que pour les frais de la guerre, les deux ensemble deposeroient à Rome ou à Venise 500000 écus ; sçavoir le Roi 350000. & le Pape 150000. que le Roi envoieroit en Italie dix ou douze mille hommes de pied, cinq cens hommes d'armes, avec un Chef, qui n'étoit pas nommé ; mais on sousentendoit le Duc de Guise ; que le Pape fourniroit de son côté dix mille hommes de pied, & plus encore, s'il étoit necessaire, & mille chevaux, avec l'artillerie & des vivres pour toute l'armée ; qu'on feroit la guerre au Duc Cosme pour remettre les Florentins en liberté ; qu'on recouvreroit le Roiaume de Naples qui seroit donné à un des fils puînez du Roi, & non au Dauphin, hors Benevent, Gaiete & quelques autres terres que le Pape se reservoit.

Traité fait avec le Pape.

Le Duc de Ferrare devoit aussi entrer dans cette ligue : on étoit convenu avec lui qu'il auroit le commandement general des troupes ; mais s'étant ravisé du depuis, & prévoiant apparemment que cette guerre auroit un mauvais succès, il ne voulut plus y entrer, & refusa de fournir des gens de guerre pour l'armée Papale. Le Cardinal Carafe alla à Venise pour engager la Republique à entrer dans cette ligue ; mais la maniere dont il en fit la proposition détourna le Senat de se liguer avec le Pape. Le Duc d'Albe passa en ce tems-ci de Gennes à Livorne, & alla conferer avec le Duc de Florence. Averti de la ligue du Pape avec le Roi de France, il se rendit à Naples. Cinq mille Espagnols nouvellement levez furent mis en mer pour passer à Gennes : étant près

Guerre d'Italie.

---

rem locum occupabant, cum plausu tam perniciosum consilium excepere. Ipse quoque Constabularius sententiam suam non ultra defendit. Multi dicebant illum non ægre ferre, quod Dux Guisius, cui ipse invidebat, tale bellum quod male cessurum augurabatur suspiceret.

Consilium igitur hujusmodi admissum fuit ; Cardinalis vero Lotharingus Romam missus est, qui societatem belli cum Summo Pontifice concluderet. Turnonium secum assumsit Cardinalem, qui nedum tale consilium probaret, in lacrymas prorupit, ubi didicit tam perniciosam sententiam invaluisse, contestatusque est se invitum Cardinalem illum comitari, auctorem negotii, cujus infaustum exitum prædicebat. Lotharingus Romam venit, ubi statim societas illa peracta fuit, cujus hæ præcipuæ conditiones erant ; quod Summus Pontifex & Rex copias suas juncturi essent, ut in Italia contra communem hostem bellum gererent ; quod pro belli sumtibus ambo simul vel Romæ, vel Venetiis deposituri essent 500000. scutorum; nempe Regem 350000. & Papam 150000. quod Rex in Italiam decem duodecimve millia peditum missurus esset cum cataphractis 500. & Duce non nominato, sed subintellecto Guisio. Quod Papa 12000. mille pedites daturus esset, & majorem etiam numerum si opus esset cum equitibus mille, ac tormentis pyriis & annona pro exercitu ; quod bellum Cosmo Duci inferendum esset, ut Florentini in libertatem restituerentur ; quod Regnum Neapolitanum recuperandum esset, quod conferretur alicui ex Regis filiis minoribus, non Delphino, exceptis Benevento, Gaieta, & aliquot terris quas sibi Pontifex reservaret.

Ferrariensis quoque Dux in belli societatem admittendus erat, ipseque futurus erat dux exercitus : verum ille re secum perpensa, cum prospiceret haud dubie bellum male cessurum esse, noluit in societatem venire, nec copias militares Pontificio exercitui adjungere. Cardinalis Carafa Venetias se contulit, ut Rempublicam ad eamdem societatem pelliceret ; sed vel ex ipso proponendi modo Senatum a tali consilio avertit. Dux Albanus hoc tempore Genuâ Liburnum trajecit, & Florentinum Ducem alloquutus est : compertaque societate Summi Pontificis cum Rege Francorum, Neapolim se contulit. Quinque mille Hispani recens collecti in naves conjecti sunt ut G. nuam trajicerent ; sed cum juxta Corsicam Insu-

Thuanus. Gratianus, in vita Card. Commendoni.

1556. de l'Isle de Corse, ils furent surpris de la tempête & depuis attaquez par le Capitaine Paulin, dit le Baron de la Garde, Commandant des Galeres de France. Il coula à fond deux grands vaisseaux de charge où il y avoit mille, d'autres disent quinze cens Espagnols, dont une partie fut noyée; ceux qui se sauverent furent mis dans les fers: la mer trop agitée empêcha Paulin de poursuivre les autres vaisseaux avec ses galeres.

Cependant l'Empereur qui pensoit à se demettre de ses Etats en faveur de son fils, & à se retirer dans quelque solitude, sollicité par Marie Reine d'Angleterre sa bru, & par le Cardinal Polus, voulut faire sa paix avec la France, voulant procurer à Philippe son fils au commencement de son regne le calme de quelques années pour s'affermir dans ses Etats. Il auroit été trop difficile de faire la paix: on se contenta d'une treve pour cinq ans, suivant laquelle chacun gardoit ce qu'il tenoit, tant en Italie que sur les frontieres du Roiaume. Cette treve étoit fort avantageuse aux François; car s'ils avoient perdu Terouane & Hesdin, ils tenoient Mariambourg, Mets, Toul & Verdun, beaucoup au-delà de l'équivalent, & ils étoient en possession de la meilleure partie du Piémont. On la publia d'abord en France, mais plus tard en Italie, ce qui fut cause que depuis la conclusion de cette treve les François prirent Gattinare en Piémont, & firent quelques autres entreprises avec succès. Et vers le même tems André Dorie s'étant mis en mer pour surprendre Boniface principale Ville de Corse, gardée par les François, fut si violemment agité d'une tempête, qu'il fit une perte inestimable & de vaisseaux & d'hommes. Octavien Farnese abandonnant le parti de France, se reconcilia avec l'Empereur.

Treve faite avec l'Empereur & l'Espagne.

Quand le Cardinal Carafe apprit que le Roi avoit fait une treve de cinq ans, il se plaignit hautement, qu'il avoit trahi la cause du Pape & de la maison Carafe, en les exposant à la vengeance de leurs ennemis. Il en écrivit au Roi Henri, le priant de ne pas les abandonner. Par une seconde lettre il le pria de leur livrer les places que ses gens tenoient dans le Siennois; le Cardinal de Lorraine lui avoit fait esperer qu'il obtiendroit ce qu'il demandoit; mais le Conseil du Roi ne jugea point à propos qu'on le lui accordât. Alors Carafe, malgré l'avis du Cardinal de Tournon, obtint du Pape qu'il iroit Legat en France, & de peur que cette legation ne jettât quelque soupçon dans

Le Cardinal Carafe fait rompre la treve.

Thuanus.

lam advenissent, tempestate excepti fuere, atque a Paulino triremium Francicarum Prætore impetiti sunt; qui duas naves onerarias demersit, in queis erant mille, alii dicunt, mille quingenti Hispani, quorum pars in aquis periit; altera vero capta est. Nimia tempestas fuit, quam ut posset Paulinus cæteras naves cum triremibus insequi.

Inter hæc Imperator Carolus, qui regna ditionesque suas deponere, & Philippo filio tradere cogitabat, ut se in solitudinem quampiam reciperet, instante Maria Angliæ Regina & Cardinale Polo, pacem cum Rege Francorum facere decrevit, ut Philippo filio pacifica Regni initia procuraret, quo posset ille per aliquot annos tot ditionum suarum possessionem sibi firmate. Pacem vero concludere admodum difficile fuisset, quæ causa fuit ut pro annis quinque induciæ tantum pactæ fuerint, illa conditione, ut ambæ partes, tam in Italia quam in confiniis regni illa retinerent, quæ tunc possidebant. Hæ induciæ Francis admodum utiles opportunæque erant; nam etsi Taruanam & Hedinum perdiderant: at Mariaburgum, Metas, Tullum & Virdunum tenebant, amissis longe meliora, & maximam Pedemontii partem ceperant. Induciæ statim in Francia publicatæ sunt; sed tardius in Italia, quæ causa fuit ut post publicatas inducias Franci Gattinaram in Pedemontio caperent, & alia feliciter susciperent. Idem circiter tempus Andreas Auria cum consensa classe Bonifacium præcipuum Corsicæ insulæ oppidum ex improviso capere vellet, tam ingenti procella agitatus fuit, ut grandem navium & pugnatorum jacturam faceret.

Cum inpetisset Cardinalis Carafa Regem Henricum quinquennales inducias fecisse, palam conquestus est, ex talibus induciis Summi Pontificis & Carafarum causam proditam fuisse, qui jam hostium vindictæ expositi manerent. Regi Henrico scripsit, rogans, ut ne se desereret; in secunda epistola ab Rege postulabat ut suis traderentur castra & oppida quæ Franci in Senensi tractu tenebant. Spem fecerat ipsi Cardinalis Lotharingus ipsum id impetraturum, at in Consilio Regio negatum id fuit. Tunc Carafa, obsistente licet Cardinale Turnonio, a Papa impetravit ut se Legatum in Franciam mitteret. Ne vero Legatio hujusmodi suspicionem aliquam in Imperatoris l'esprit

l'esprit de l'Empereur, il fit publier que son neveu alloit pour travailler à faire la paix entre les Princes, & envoia un autre Legat à l'Empereur, qui devoit ensuite aller en la même qualité en Angleterre. Le Cardinal Caraffe vint donc en France, & trouva le Roi à Fontainebleau. Par le moyen du Cardinal de Lorraine, il gagna Diane qui tournoit le Roi à son gré : elle s'entremit pour le porter à cette funeste guerre, & à rompre la treve malgré l'avis des plus sages de son Conseil & de Montmorenci. Ce dernier, dit Beaucaire, n'étoit pourtant pas fâché que le Duc de Guise s'engageât dans une guerre, dont il sembloit qu'il ne pourroit se tirer à son honneur. Mais il ne prévoioit pas qu'après son retour ses actions le porteroient au plus haut degré de gloire. Ce qui arriva contre son attente.

1556.

Caraffe n'eut point de peine à obtenir du Roi, déja ébranlé par les sollicitations de Diane, qu'il envoieroit une armée en Italie, il avoit reçû du Pape un pouvoir d'absoudre le Roi du serment qu'il avoit fait pour la sureté de la Treve, & il lui en donna en effet l'absolution & permission de prendre les armes contre lui sans lui déclarer la guerre. Le Roi nomma dès-lors le Maréchal Strozzi & Montluc pour défendre les terres du Pape contre les entreprises du Duc d'Albe, en attendant que le Duc de Guise s'y rendît avec l'armée de France.

Son voiage en France.

Le Légat Caraffe entra à Paris, où il fut reçû avec magnificence. Le peuple couroit à lui en foule, & se mettoit à genoux. Plusieurs ont dit que ce Cardinal, qui n'avoit point de religion, prononçoit ces paroles en donnant sa benediction : *Quandoquidem populus iste vult decipi, decipiatur.* Le Roi lui donna l'Evêché de Cominges. La Reine accoucha en ce tems-ci de deux jumelles. Caraffe en tint une sur les fonts, & la nomma Victoire. Mais cette Victoire mourut peu de jours après, & fut d'un mauvais présage pour celle qu'il avoit voulu pronostiquer.

Cependant le Duc d'Albe avec une armée d'Italiens & d'Espagnols, entra dans les Terres du Pape, & prit Terracine & Piperne : plusieurs autres Villes lui ouvrirent les portes. Il prit ensuite Anagni & Tivoli. Montluc qui étoit arrivé avec deux mille Gascons, arrêta un peu ses conquêtes. Il prit pourtant Ostie & quelques autres Places. Mais apprenant que le Duc Guise venoit avec l'armée de France, il s'en retourna au Roiaume de Naples pour

Progrès du Duc d'Albe autour de Rome.

---

animum injiceret, publicari curavit Cardinalem Carafam ad pacem inter Principes conciliandam mitti, aliumque Legatum ad Imperatorem misit, qui postea ad Reginam Angliæ Legati nomine profecturus erat. Carafa igitur in Franciam venit, & Regem in Fontebellaqueo invisit. Curante Lotharingo Cardinali, in Dianæ, quæ Regem pro voto vertebat, gratiam admissus est: illa vero Regem ad tam funestum bellum suscipiendum movit, & ad inducias violandas, frustra obsistentibus e Regis Consilio sagacioribus, & Montemorancio; qui tamen, inquit Belcarius, non ægre ferebat, Guisium ad bellum procul suscipiendum mitti, cujus exitus non ipsi honorem pariturus videbatur ; sed non prævidebat reducem Guisium, gestis suis ad culmen honoris provehendum esse, ut postea præter ejus expectationem accidit.

Carafa igitur facile a Rege, jam ad id inclinante, Dianæ opera impetravit, ut exercitum in Italiam mitteret. A Summo Pontifice potestatem acceperat Regem absolvendi a sacramento pro induciarum firmitate adhibito, absolvitque illum, ac permisit ut sine denunciatione belli arma sumeret. Rex autem Marescallo Strozzio & Monlucio mandavit, ut Summi Pontificis terras & ditiones contra Ducem Albanum defenderent, donec Dux Guisius illuc cum exercitu Francico se conferret.

Carafa Legatus Lutetiam ingressus est, ubi magnifice exceptus fuit: plebs turmatim ad illum accurrebat, & in genua procumbebat. Narrant multi Cardinalem qui nullo religionis affectu tenebatur, benedictionem impertiendo hæc protulisse : *Quandoquidem populus iste vult decipi, decipiatur.* Rex illi Convenarum Episcopatum dedit. Cum porro Regina duas gemellas filias peperisset, Carafa alteram supra fontes sacros tenuit, & Victoriam appellavit, quæ paucis postea diebus mortua est, & omen funestum fuit pro victoria, quam ipse prænunciare voluerat.

Inter hæc Albanus Dux cum exercitu Italorum, Hispanorumque in agros Pontificios ingressus est, ac Tarracinam Privernumque cepit : alia oppida portas ipsi aperuerunt : Anagniam quoque & Tiburem postea occupavit. Monlucius, qui cum bis mille Vasconibus advenerat, ne plura caperet, impedivit; tamenque ille postea Ostia Tiberina, aliaque loca cepit. Cum porro comperisset Guisiæ Ducem cum exercitu Francorum adventare, in Neapolitanum regnum se

Le même.

Le même.

Le même.

1556. pourvoir à la défense de ses Villes & de ses frontieres. Alors Strozzi reprit Ostie, où fut blessé à mort Marc-Antoine, fils de Blaise de Montluc.

En ce tems-ci on fit plusieurs executions de Calvinistes & de Lutheriens à Angers, à Blois, à Bourdeaux, on les brûloit sans misericorde. Malgré tout cela le nombre en augmentoit tous les jours. C'est le propre des nouveautez, sur tout en matiere de Religion, de trouver d'abord beaucoup de sectateurs & de s'étendre comme un embrasement.

Au commencement de Mars une grande Comete fort brillante à longue queüe, tortuë & cheveluë, parut au signe de la Balance, & se montra pendant douze jours. L'Empereur Charles crut que c'étoit un présage de sa mort prochaine. Il s'étoit déja determiné à déposer l'Empire & tous ses Etats, & à se retirer dans quelque solitude pour y passer le reste de ses jours. Ce phenomene ne le porta qu'à accelerer l'execution de son dessein. Il avoit voulu faire passer l'Empire à Philippe son fils ; mais il y trouva tant de difficultez de la part de Ferdinand son frere, & de Maximilien son neveu, qu'il fut obligé de se desister de ce dessein. Il fit préparer tout ce qui étoit necessaire pour son voiage en Espagne, & écrivit aux Electeurs en faveur de son frere Ferdinand. Il partit enfin de Sudbourg en Zelande, & se rendit en Espagne. Il se démit là de tous ses Etats en faveur de Philippe son fils, & se retira dans une vallée voisine du Portugal, fort agréable, où l'on disoit que Sertorius s'étoit retiré après avoir été proscrit par Sylla. Il y avoit là un Couvent de Jeronymites assez près de la Ville de Placentia. Il ne garda pour ses domestiques que douze serviteurs & un seul cheval, qu'il montoit quelquefois pour aller se promener. Il apprit peu de tems après que la Treve avec la France étoit rompuë, ce qui lui fit beaucoup de peine; mais il s'en consola dans l'esperance que cette guerre seroit malheureuse pour la France.

Charles-Quint dépose l'Empire, & se retire en Espagne.

1557. A l'instigation du Cardinal Caraffe, le Duc de Guise partit pour l'Italie. L'Amiral de Coligni Gouverneur de Picardie, voulut surprendre Douai ; il manqua son coup, mais il prit Lens, le pilla, & y mit le feu. Les Espagnols se plaignirent que nous avions rompu le treve : les François soutenoient au contraire que c'étoient eux qui l'avoient rompuë en faisant la guerre au Pape qui y étoit compris, & plusieurs autres actes d'hostilité. Le Duc de Guise arriva

Le Duc de Guise va en Italie avec une armée.

---

contulit, ut ad ejus limites custodiendos & muniendos operam daret, tuncque Strozzius Ostia Tiberina recuperavit, ubi Marcus Antonius filius Blasii Montlucii lethali vulnere confossus est.

Le même. Hoc tempore Calvinistæ & Lutherani plurimi, Andegavi, Blœsiis & Burdigalæ ad supplicium missi sunt, sine misericordia flammis tradebantur, ac nihilominus ipsorum numerus in dies augebatur. Id novarum opinionum insigne est, cum maxime de Religione agitur, ut sectarii statim undique accurrant, & incendii more extendantur.

Le même. Initio Martii Cometes grandis, admodum splendens, cujus cauda longa, contorta & capillata erat, apparuit ad signum bilancis, & per dies duodecim effulsit. Imperator vero Carolus putavit hoc signo mortem sibi proximam præsignificari. Jam ille Imperium & ditiones omnes deponere statuerat, & in solitudinem quamdam se recipere, ut ibi vitæ reliquum transigeret : hoc autem φαινομένῳ ad rem accelerandam compulsus est. Philippum filium Imperatorem constituere tentaverat ; sed tot difficultates objecere Ferdinandus frater & Maximilianus ejus filius, ut a scopo desistere coactus fuerit. Omnia ad trajiciendum in Hispaniam necessaria apparari curavit, Electoribusque scripsit in gratiam fratris sui Ferdinandi ; tandemque Sudburgo in Zelandia profectus est, & in Hispaniam trajecit. Istic ditiones omnes suas deposuit, ac Philippo filio suo dedit, atque in vallem Lusitaniæ vicinam se recepit, quo dicebatur Sertorius recessisse, proscriptus a Sylla proscriptus fuerat. Erat ibi Monasterium Hieronymitarum, prope Placentiam urbem. Duodecim tantum sibi famulos servavit & equum unum, quo aliquando ambulatum iret. Paulo post secessum didicit inducias cum Francis violatas fuisse, quod illi multum displicuit ; sed sperans bellum istud Francis male cessurum esse, solatium accepit.

Instigante Cardinali Carafa, Dux Guisius in Italiam profectus est. Colinius vero Maris Præfectus ex improviso Duacum capere tentavit, irrito conatu ; sed Lentium cepit, diripuit & igne consumsit. Hispani inducias violatas fuisse conquerebantur ; Franci contra affirmabant ipsos Hispanos fœdera irrita fecisse, cum Summo Pontifici bellum inferrent contra fœdera, & hostilia alia aggrederentur. Dux Guisius

en Piémont avec son armée de douze mille hommes de pied, quatre cens hommes d'armes, & huit cens chevaux Legers. A son arrivée il prit Valence. Le Cardinal Madrucci lui envoya demander cette place comme prise en tems de treve. Le Duc lui répondit que les Espagnols avoient déja rompu cette treve, & que son armée appartenoit au Pape, ausquels les Espagnols faisoient la guerre.

Les Commandans, & sur tout Birague, voulurent lui persuader d'assieger Cremone, dont la garnison Espagnole étoit fort foible, l'assurant que cette Ville étant prise, il se rendroit facilement le maître de tout le Milanois alors fort dénué de troupes. Mais cela ne pouvant se faire sans abandonner le premier dessein d'aller d'abord à Rome, pour se rendre ensuite au Royaume de Naples, il continua son chemin. Il passa sur les terres de Plaisance & de Parme sans y faire aucun acte d'hostilité: car quoique Octavien Farnese se fût reconcilié avec le Roi Philippe, il n'avoit point levé l'étendard contre le Roi Henri: ses Sujets fournirent abondamment des vivres à l'armée de France à son passage.

Il continua sa marche vers Ferrare, & trouva sur son chemin le Duc de Ferrare son beau-pere à la tête de six mille hommes de pied & de huit cens chevaux. Il lui défera par ordre du Roi le Commandement general de l'Armée, s'il vouloit joindre ses troupes à celles de France. Le Duc de Ferrare le vouloit bien, pourvû qu'on attaquât le Milanois, où les Etats de Parme & de Plaisance: mais le Duc de Guise suivant les idées de son frere & du Cardinal Caraffe, persista toujours à poursuivre son entreprise sur Naples; & le Duc de Ferrare qui prévoioit que cette guerre auroit une fin malheureuse, & qui craignoit qu'en son absence les Ducs de Florence & de Parme n'envahissent ses Etats, ne voulut point se joindre à l'armée de France. Il lui fournit seulement de l'artillerie & des munitions. Le Duc de Guise se rendit à Boulogne où il devoit être joint par l'Infanterie Papale; il n'y trouva personne, & s'en plaignit au Cardinal Caraffe, qui le païa de quelques mauvaises raisons. Ils consulterent ensemble par quel endroit il falloit entrer au Roiaume de Naples. Il y avoit trois chemins à prendre. Les deux étoient trop difficiles & trop bien fortifiez par le Duc d'Albe. La route qui restoit à prendre étoit par l'extrêmité de l'Abbruzze sur les bords de la mer Adriatique: on entroit dans la Poüille, païs gras où l'armée devoit trouver abondance de vivres. L'armée prit cette route. Le Duc de Guise arrivé

---

in Pedemontium venit cum exercitu duodecim millium peditum, 400. cataphractorum, & 800. levioris armaturæ equitum. Statim autem Valentiam cepit. Cardinalis vero Madruccius urbem istam repetebat ut induciarum tempore captam. Respondit Guisius, Hispanos jam inducias violasse, atque exercitum suum Summi Pontificis esse, quem Hispani bello impetebant.

Præcipui duces ac tribuni, maximeque Biragus volebant ut Cremonam obsideret, cujus præsidium Hispanum exiguum esset, & urbe capta, dicebant ipsum facillime Mediolanensem Ducatum capturum esse, tunc pugnatoribus pene destitutum; sed cum id non posset suscipere, stante primo consilio Romam eundi, & postea Neapolitanum Regnum petendi, destinatum iter persequutus est, per Placentiæ & Parmæ agros transiit, neque hostilia ulla permisit; quia etsi Octavianus Farnesius cum Rege Philippo reconciliatus erat, nondum tamen contra Henricum Regem arma sumserat, & subditi ejus annonam exercitui Francico transeunti copiose suppeditarunt.

Perrexit autem Ferrariam & socero suo Ferrariensi Duci occurrit, cum sex mille peditibus & octingentis equitibus obviam venienti. Jussu autem Regis exercitus totius ipsi præfecturam obtulit, si vellet Francicis copias jungere suas. Annuebat certe Ferrariensis, dum in Mediolanensem Ducatum bellum inferretur, vel in Parnam, Placentiamque; sed Dux Guisius fratris sui & Cardinalis Carafæ consilia sequens susceptam Neapolitanam expeditionem persequi voluit. Dux vero Ferrariensis prospiciens non felicem fore istius belli exitum, timensque, ne se absente, Duces Florentiæ & Parmæ terras suas invaderent, noluit Francis sese adjungere, tormenta tamen & commeatum Guisio suppeditavit. Guisius Bononiam venit, ubi Pontificium peditatum sibi jungendum exspectabat; neminem autem invenit, & apud Cardinalem Carafam hac de re conquestus est, qui ipsi solum verba dedit. Unà autem consilium inierunt, qua via nempe in Neapolitanum regnum eundum esset: tria erant itinera, ex quibus duo ab Albano Duce interclusa videbantur, ita nempe aditus ad oram maris Adriatici. Hinc aditus erat in Apuliam fertilem regionem, ubi exercitus annonam abunde repertus erat. Hoc iter suscepit exercitus.

à Pesaro, alla avec le Cardinal Caraffe faire la reverence à Sa Sainteté, & retourna à l'armée qu'il trouva dans le payis ennemi.

Le Duc d'Albe apprenant l'arrivée du Duc de Guise, retira ses troupes Espagnoles & Allemandes de l'Etat Ecclesiastique pour munir les places autour de Naples, & renforça la garnison de Civitella, une des premieres qui se trouvoient sur la route de l'armée Françoise. Elle entra de ce côté-là dans le Roiaume, & alla d'abord assieger Campilio. Les habitans ayant refusé de se rendre, nos gens voulurent emporter la Ville par escalade, ils furent repoussez la premiere fois. Mais ils revinrent à l'assaut avec tant de furie, qu'ils entrerent dans la Ville, tuerent tout ce qu'ils rencontrerent, violerent femmes & filles, & jusqu'aux Religieuses. En pillant la Ville & ruinant les maisons & les murs, ils trouverent des tresors que les habitans ne connoissoient pas. On assure que le pillage monta à plus de deux cens mille écus d'or. On y trouva aussi une grande quantité de vituailles.

Le Duc de Guise assiegea ensuite Civitella, place forte par sa situation, dont l'accès étoit difficile, bien munie de gens de guerre, & où le Duc d'Albe avoit envoyé de bons Commandans. On dressa les batteries & l'on fit breche. L'assaut fut donné, nos gens entrerent, mais ils trouverent un fossé qu'avoient fait les assiegez, qui tirant sur nos gens du haut en bas, les accabloient à coup de pierre: de sorte qu'on fut obligé de se retirer avec perte de deux cens hommes. Les autres attaques que les François firent ne réussirent pas mieux. Cependant le Duc d'Albe ramassa des troupes de tous côtez, & forma une armée plus forte que celle du Duc de Guise pour aller au secours de Civitella. A cette nouvelle le Duc de Guise leva le siege; & se doutant bien que la garnison qui étoit grande ne manqueroit pas de le charger en queuë dans sa retraite, il lui dressa une embuscade. Les assiegez sortirent sur les François: ils furent enveloppez, & perdirent plus de monde dans cette sortie, qu'ils n'avoient fait dans tout le siege. Le Duc de Guise voyant que les choses tournoient mal pour lui, se plaignoit amerement des Caraffes qui ne lui tenoient aucune des paroles promises, & de son frere même qui l'avoit engagé en cette malheureuse expedition. Le Duc d'Albe cependant prenoit les places de l'Etat Ecclesiastique les unes après les autres. Le Pape fit venir à Rome le Duc de Guise, qui mena son armée dans l'Etat Ecclesiastique. Le Saint Pere qui pensoit à faire sa paix

---

Guisius vero cum Pisaurum venisset, unà cum Cardinali Carafa Summum Pontificem salutatum ivit, atque in exercitum rediit in hostili terra versantem.

Le même. Dux Albanus cum advenisse Guisium didicisset, copias suas Hispanorum Germanorumque ex statu Ecclesiastico eduxerat, ut castra & oppida circum Neapolim præsidiis muniret, & Civitellæ præsidium auxit, quod oppidum erat inter prima quæ Francis venientibus occurrerent. Istac itaque ingressus est exercitus Francicus, statimque Campilium obsedit. Cum oppidani sese dedere noluissent, nostri, scalis admotis, oppidum capere conati sunt: primo autem repulsi, cum furore tanto oppugnationem resumsere, ut in oppidum ingressi, obvios quosque necarent; mulieres, puellas etiamque Moniales violarunt. Dum prædas in urbe agerent, domosque & muros diruerent, in thesauros inciderant oppidanis non notos. Narratur prædam ad plusquam ducenta millia scutorum pertigisse. Cibaria etiam copiosa reperta sunt.

Le même. Guisius postea Civitellam obsedit, oppidum situ fortissimum & accessu difficile, præsidio numeroso instructum, quo expertos duces Albanus miserat. Tormenta admota fuere, pars murorum decussa fuit. Oppugnatione facta, ingressi sunt nostri, sed in fossam incidere quam præsidiarii fecerant, atque ex alto nostros lapidibus obruebant, ita ut receptui canere necesse fuerit, amissis ducentis viris: aliæ susceptæ oppugnationes non melius cesserunt. Interea Albanus copias undique collegit, exercitumque eduxit Francico numerosiorem, ut Civitellæ opem ferret; quo comperto Guisius obsidionem solvit, & cum suspicaretur præsidium oppidi numerosum recedentis exercitus extrema lacessiturum esse, insidias ipsi paravit. Præsidiarii recedentes Francos aggressi sunt; à latentibus autem retro cincti, plures suorum amisere, quam in obsidione tota perdiderant. Guisius videns rem secus sibi cedere, de Carafis multum querebatur, qui promissorum nulla expleverant, deque fratre suo qui se in tam infelicem expeditionem induxerat. Albanus interea ditionis Ecclesiasticæ castra & oppida capiebat, Summusque Pontifex Romam Guisium advocavit, qui exercitum suum in Ecclesiasticos agros duxit; sperabatque Paulus qui pacem cum Philippo Rege

avec le Roi Philippe, esperoit de la conclure à de meilleures conditions quand l'armée de France seroit dans ses Etats. Au même tems le Duc de Guise reçût nouvelle de la déroute de Saint Quentin, & ordre du Roi de s'en revenir promtement en France avec son armée. Il s'embarqua peu de jours après avec une partie de ses gens pour aborder à Marseille, & envoya l'autre partie par terre sous la conduite du Duc d'Aumale son frere. Ils firent diligence parce que la guerre avoit tourné fort mal comme nous allons dire.

1557.

Son retour en France.

Le Roi Philippe voyant la treve rompuë, se disposoit à faire puissamment la guerre. Il obtint, quoiqu'avec bien de la peine, de la Reine d'Angleterre sa femme, qu'elle déclareroit la guerre au Roi de France. Elle lui envoya un Heraut qui le trouva à Rheims, & fit sa commission. Et le Roi pour faire diversion, engagea les Ecossois, par le moyen de la Reine, de declarer la guerre aux Anglois ; ce qui fit qu'ils ne purent envoyer au Roi Philippe que huit mille hommes. Son armée étoit de trente-cinq mille hommes de pied & de douze mille chevaux ; ce qui joint à ces huit mille qui la vinrent joindre depuis, faisoit cinquante-cinq mille hommes. La nôtre n'alloit guere au-delà de la moitié de ce nombre ; ce qui faisoit voir le peu de conduite du Roi Henri, qui aiant à ses portes un ennemi plus puissant que lui, tenoit au-delà des Monts la plus grande partie de ses troupes, & presque tous ses meilleurs Chefs.

La guerre en France.

Le Duc de Savoye qui commandoit l'armée du Roi Philippe, fit d'abord semblant de vouloir assieger Rocroi, puis il s'avança du côté de Guise, & se rabattit ensuite vers Mariambourg. Il fit toutes ces feintes pour laisser le General François en suspens, & venir tout d'un coup attaquer la Place où l'on penseroit le moins. Il fit enfin investir Saint Quentin. La Ville se trouvant dépourvûë de gens de guerre, l'Amiral de Coligni se jetta dedans avec ce qu'il put ramasser de troupes, il mit ordre à tout, & se prepara à faire une belle défense. Les ennemis s'étoient emparez d'une Isle où étoit un fauxbourg qui tenoit à la Ville. Il les en chassa, & mit ce fauxbourg en état de défense, à dessein pourtant de l'abandonner quand il seroit vivement attaqué. Il donna ordre à Teligni d'envoyer des Chevaux-legers pour découvrir les endroits où les ennemis s'étoient postez. Mais ses gens étant poussez vivement, Teligni sortit contre l'ordre donné, & il fut percé de coups. On le remporta dans la Ville où il mourut une heure après. Coligni fit la visite des vivres qui étoient dans la Ville, obli-

Siege de S. Quentin.

---

facere cogitabat, se meliori conditione, præsente Francico exercitu pacta initurum. Eodem tempore Guisio clades Sanquintiniana nunciata est, jussusque a Rege fuit ille celeriter cum exercitu in Franciam redire. Naves autem ille conscendit cum parte copiarum ut Massiliam peteret, reliquum autem exercitum Albæmalæ Duci fratri reliquit cum ducendum. Celeri ambo gradu venerunt, quod bellum male prorsus cessisset, ut mox dicemus.

Rex Philippus inducias violatas videns, ad bellum fortiter gerendum sese apparabat. A Regina Angliæ uxore sua, etsi ægre impetravit, ut ipsa quoque bellum Regi Francorum indiceret. Præconem illa misit, qui Henricum Rhemis convenit, & bellum ipsi indixit. Rex autem ut Anglorum vires distraheret, curavit ut Scoti movente Regina sua bellum Anglis indicerent : quapropter nonnisi 8000. pugnatores Maia Regina Philippo misit. Ejus exercitus erat 35000. peditum, & equitum duodecim mille, queis juncti octo mille Angli 55000. pugnatores efficiebant, nostri autem dimidiam illorum partem parum excedebant. Id quod quam male sibi consuleret Henricus demonstrabat. Qui cum in limitibus & quasi in portis suis hostem haberet se potentiorem, maximam copiarum suarum partem, & omnes fere peritiores duces extra Alpes amandaverat.

Inauræ bærini.

Sabaudiæ Dux, qui exercitui Philippi imperabat, statim se Rupem-regiam obsidere velle simulavit, deinde Guisiam versus movit, & postea Mariambargum deflexit ; ut ducem Francorum suspensum teneret, & postea urbem de qua non cogitabatur confestim obsideret. Demum Sanctum Quintinum obsedit. Ibi pauci præsidiarii erant, Colinius vero Maris Præfectus, se cum iis quos colligere potuit pugnatoribus in illam conjecit, omnia apte composuit, & sese probe ad defensionem apparavit. Hostes Insulam occupaverant, ubi suburbium erat urbi adjunctum. Inde illos Colinius expulit, & suburbium propugnaculis munivit, ea mente ut cum arctior obsidio fieret, suburbium ille desereret. Telinium jussit equites mittere, ut hostes observarent ; sed cum equites illi ab hoste pellerentur, Telinius injussu Colinii exivit, & vulneribus confossus in urbem reductus ; post elapsam horam expiravit. Colinius annonæ copiam quæ in urbe

Les mêmes.

1557.
gea tous les habitans de travailler à fortifier les endroits foibles, à porter la terre, à reparer les breches. Il fit sortir une nuit huit cens bouches inutiles.

Les ennemis trois jours après leur arrivée, attaquerent le fauxbourg que Coligni avoit repris. Mais ce sage Gouverneur après avoir fait enlever de ce fauxbourg tout ce qui pouvoit servir aux ennemis, avoit fait percer les murs des maisons, & mettre du bois dans les trous. Quand l'ennemi vint à l'attaque, le feu fut mis par tout, les maisons tomberent, & furent réduites en cendre, hors le Monastere de Saint Quentin en l'Isle qui fut exemt du feu. Coligni avoit indiqué au Connétable un endroit par où il pourroit faire entrer du secours dans la Ville pour renforcer la garnison. Il détacha un corps de troupes sous la conduite d'Andelot qui s'avança vers la Ville par le chemin marqué ; mais deux Cavaliers Anglois qui servoient dans les troupes de France, & qui furent pris, avertirent le Duc de Savoye que le secours devoit venir par là. On y envoya des gens qui donnerent sur les nôtres, trop inferieurs en nombre pour les soutenir. Ils furent défaits, Andelot eut bien de la peine à se sauver avec partie de ses gens.

L'Amiral de Coligni fit avertir le Connétable qu'il n'y avoit qu'un lac voisin par où l'on pût faire entrer un renfort de troupes dans la Ville, & qu'il fourniroit des batteaux où on les mettroit pour aborder de son côté. Le Connétable prit ce parti, & détacha deux mille chevaux & quatre mille hommes de pied pour aller lui-même reconnoître l'endroit. Il resolut de tenter d'y jetter du monde par cette voye. Le Maréchal de Saint André lui représenta que ce seroit tout risquer que d'aller avec un si grand corps de troupes tenter de donner ce secours à la Ville, qu'il faudroit après cela se retirer en presence des ennemis plus de deux fois plus forts que lui ; ce qui ne se pouvoit faire sans un extrême péril : mais qu'il valloit mieux envoyer ce secours sans escorte conduit par quelque Chef habile & experimenté, & qu'ainsi le péril ne seroit que sur cette troupe. Le Connétable rejetta ce conseil avec mépris. Il s'avança donc le jour de Saint Laurent de grand matin, avec quinze enseignes de gens de pied, François, vingt-deux d'Allemans, & quatorze pieces de canon. Arrivé près de ce lac, il mit en fuite deux Compagnies d'Espagnols qui étoient là postez, & fit joüer son artillerie sur le quartier du Duc de Savoye, campé à l'autre bord de la Somme. Les boulets vinrent sur la tente du Duc, qui fut si épouvanté,

Peu de conduite du Connétable.

Les mêmes.

esset, exploratam habere voluit, oppidanos omnes ad munienda debiliora loca manum admovere jussit ad gestandam terram, ruinasque murorum restaurandas. Nocte una octingentos qui ad omnia inutiles, annonam cum cæteris consumebant, ex urbe ejecit.

Hostes triduo postquam venerant, suburbium adorti sunt a Colinio recuperatum : at ille prudenter, postquam omnia quæ hosti usui esse possent, inde auferri jusserat, parietes ædium perfodi curaverat, & ligna in foraminibus poni. Cum porro hostis pugnatum accessit, injectus ignis ubique fuit : domus collapsæ in cinerem redactæ sunt, excepto Monasterio Sancti Quintini in Insula, quod incendio consumtum non fuit. Colinius Constabulario locum indicaverat, quo pugnatores in urbem ad præsidium augendum immittere posset. Constabularius vero manum pugnatorum duce Andeloto misit, qua via Colinius indicaverat : at duo Angli equites in Francorum copiis merentes, & qui ab hoste capti sunt, Duci Sabaudiæ rem indicavere, qui manum copiarum illò misit longe numero superiorem, quæ nostros fudit. Andelotus cum parte suorum vix evasit.

Colinius postea Constabulario indicavit, nonnisi per lacum vicinum posse copias in urbem immitti, seque scaphas & naviculas ad eam rem missurum pollicebatur. Constabularius ipse cum equitibus bis mille, & quatuor millibus peditibus, illam tentare viam decrevit. Santandreanus vero monebat illum nonnisi cum summo periculo posse cum tanta pugnatorum copia auxilia in urbem immitti ; posteaque receptum habendum fore coram hoste longe numero superiore : consultiusque esse, auxilium hujusmodi cum perito duce solum mittere, ut in ipsum dumtaxat caderet periculum. Hoc consilium ille cum contemtu rejecit. Decima Augusti die Sancti Laurentii summo mane cum quindecim Francorum & 22. Germanorum signis, & quatuordecim tormentis pyriis movit, duos Hispanorum manipulos fugavit. Tormenta vero pyria contra Sabaudiæ Ducis tentoria, quæ ad oppositam Somonæ oram castra posuerat, dirigi curavit. Globi in ipsum Ducis tentorium immissi sunt, qui exterri-

Les mêmes.

HENRI II.

que sans se donner le tems de prendre sa cuirasse, il s'enfuit au quartier du Comte d'Egmont.

Le Connétable fit alors monter bien de ses gens sur les bateaux envoyez par Coligni : ces bateaux étoient en petit nombre, & le grand nombre de ceux qui les montoient, faisoit qu'ils plongeoient bien avant dans l'eau, & ne pouvoient arriver à l'autre côté que bien loin du bord. Les Soldats qui sautoient dans l'eau pour gagner ce bord, s'enfonçoient dans le limon, & ne s'en tiroient pas du côté qu'ils vouloient : de sorte que de tout ce nombre qui sautoit ainsi dans l'eau, il n'y en eut qu'environ cinq cens qui entrerent dans Saint Quentin, les autres tomberent entre les mains des ennemis.

Cependant le Duc de Savoye & le Comte d'Egmont se disposoient à donner sur les nôtres, & à profiter de la temerité de ce General, qui avoit osé en plein jour s'avancer à nombre si inégal jusqu'à leur camp. Ils vinrent en grand nombre pour gagner les détroits par où les nôtres devoient se retirer. Le Duc de Nevers qui commandoit un grand corps de Cavalerie, & qui se tenoit hors de ces détroits pour soutenir le Connétable, étoit d'avis de charger la premiere troupe des ennemis, qui s'avança pour gagner ces passages, & l'on crut que s'il l'avoit fait, il auroit sauvé le reste de l'armée qui se retiroit : mais comme il avoit reçû défense du Connétable d'attaquer les ennemis, les autres Chefs l'empêcherent de donner. Le Corps du Comte d'Egmont & les autres, chargerent la troupe du Connétable, entre les Villages d'Essigni & de Rizerolles. Tous les Historiens disent qu'il ne mit aucun ordre parmi ses gens, & que tout étoit en trouble & en confusion. La fuite commença par les Goujats & les Vivandiers qui furent d'abord suivis des Soldats, cavaliers & pietons. La déroute fut generale ; les fuyards tomberent sur le Duc de Nevers, & l'entraînerent avec sa Cavalerie : cependant il trouva enfin moyen de se retirer avec ses gens. La tuerie fut grande.

Déroute generale des François à S. Quentin.

Il périt là un grand nombre de nos gens, & les ennemis n'en perdirent pas plus de cinquante. Du nombre des morts furent le Comte d'Anguien, frere du Prince de Condé, qui se défendit en brave, & tâcha plusieurs fois de rétablir le combat ; François de la Tour Vicomte de Turenne ; le fils du sieur de la Roche du Maine, Claude de la Rochechouard, Chandenier : cinq ou six cens Gentilshommes demeurerent aussi sur la place. Le Connétable fut prisonnier avec son fils Montberon, le Duc de Montpensier, le Duc de Longue-

Nombre des morts & des prisonniers.

Le mesme.

tus, ne sumta quidem lorica, ad Comitis Egmundani tentoria aufugit.

Constabularius vero in scaphas a Colinio missas, multos suorum immisit. Cum autem pauciores essent scaphæ ; tantum in singulis numerum invexit, ut scaphæ in aquam admodum pondere depressæ longe ab altera ora sisterentur. Milites autem in aquam insilientes in limum immergebantur, nec quo volebant pervenire poterant, ita ut ex numero illo qui in aquam insiliit, nonnisi quingenti in oppidum sint ingressi : alii vero in hostium manus incidêre.

Le mesme.

Interea Dux Sabaudiæ & Comes Egmundanus, ad nostros invadendos sese apparabant, quo per ducis temeritatem, qui oriente sole tam impar numero ad castra sua accedere ausus erat, probe illi rem gererent. Magno illi numero venere, ut angusta locorum occuparent, per quæ nostri receptum habituri erant. Dux vero Nivernensis, qui magnæ equitum alæ imperabat, & prope angusta illa locorum stabat, ut recedentem Constabularium exciperet, primam hostium alam, quæ angusta illa occupatum veniebat, adoriri voluit, & si id consilii sequutus esset, exercitui salutem parere potuisse putabatur ; sed quia vetuerat Constabularius ne ipse hostem aggrederetur, cæteri tribuni ne pugnaret, cohibuere. Comes autem Egmundanus cum aliis Constabularii agmen adortus est inter Essignium & Rizerolum vicos. Narrant omnes historiæ Scriptores, ipsum pugnæ ordinem nullum inter suos posuisse ; sed confusa omnia & perturbata fuisse. A calonibus fuga cœpit ; hos sequuti sunt equites peditesque, in fugam denique omnes versi sunt. Qui tanto suorum fugiebant, in Nivernensis Ducis agmen inciderunt, & equitatum fugax illa turba secum traxit, tandemque ille sese cum suis expedire potuit : ingens cædes fuit.

Istic perquam multi ex nostris perierunt. Hostes vero non plus quinquaginta suorum amiserunt. Ex cæsorum numero fuit Comes Anguianus frater Condæi Principis ; qui strenue concertavit, cæterosque ad pugnam reducere tentavit ; Franciscus de Turre Vicecomes Turenæ, filius Rupemonachii ; Claudius Rupichuardus, Chandenarius, & quingenti sexcentive nobiles cæsi sunt. Constabularius captus est cum Montberone filio : capti etiam Duces Montpensierus

HENRI II.

1557. ville, le Maréchal de Saint André, Louis Gonzague frere du Duc de Nevers, les Seigneurs de Vassé, Curton, la Roche du Maine, & grand nombre d'autres, trois cens Gentilshommes, & trois mille Soldats. Le Duc de Nevers, le Prince de Condé, Sancerre & Bourdillon, avec un nombre de Noblesse, se retirerent à la Fere. François de Montmorenci s'y rendit aussi avec sa troupe, mais par un autre chemin. Tout ce qui resta de gens après la défaite, fut distribué dans les places de la frontiere pour en fortifier les garnisons.

Consternation de la France, après la déroute S. Quentin. Il n'est pas possible d'exprimer la consternation que cette défaite causa dans tout le Royaume, & sur tout dans Paris, où la terreur fut si grande, que plusieurs de ses habitans allerent chercher leur sureté ailleurs. Si le Duc de Savoye avoit suivi le conseil de Ferdinand Gonzague, il seroit venu droit à Paris après cette victoire; mais il aima mieux, disoit-il, aller au plus sûr, & continuer ses conquêtes sur les frontieres. Le Roi se rendit de Compiegne à Paris, & rassura les Parisiens, leur faisant esperer qu'il feroit ensorte que les ennemis ne tireroient pas grand avantage de leur victoire. Il leur demanda un secours d'argent. Ils lui donnerent trois cent mille livres qui furent emploiez à lever quatorze mille Suisses. Il envoia encore Recrod en Allemagne y faire de nouvelles levées, & expedia un ordre à toute la Noblesse de France, & à tous ceux qui avoient ci-devant porté les armes de venir pour défendre l'Etat, & de s'assembler à Lân, où étoit le Duc de Nevers, qui par ses manieres honnêtes & gracieuses gagnoit tout le monde. Le Prince de Condé & quelques autres Chefs faisoient des courses sur les ennemis; ils en faisoient aussi de leur côté, à l'avantage tantôt des uns, tantôt des autres.

Belle défense de S. Quentin & sa prise. Cependant le siege de Saint Quentin continuoit toujours. On ne peut rien ajoûter à la valeur & à la vigilance de l'Amiral de Coligni; aidé de S. Remi, habile Ingenieur & d'Andelot son frere, il étoit continuellement occupé à soutenir des assauts & à reparer des breches, sans esperance pourtant de sauver la place: mais son but étoit de donner le tems au Roi de ramasser des troupes de tous côtez & de se mettre en état d'empêcher que l'ennemi ne fît de grands progrès. Il avertit une fois le Duc de Nevers que s'il envoioit un renfort de troupes par la route qu'il lui indiqua, il pourroit pendant la nuit entrer dans la Ville. Il lui envoia en effet une grosse troupe; mais les ennemis s'en étant apperçûs, & marchant contre eux, la terreur se mit parmi nos gens,

---

& Longavillæus, Santandreanus Marescallus, Ludovicus Gonzaga frater Ducis Nivernensis, Vassæus, Curtonius, Rupemonachius, multique alii, trecenti item nobiles viri, & ter mille milites. Dux vero Nivernensis, Princeps Condæus, Sancerranus, Burdillonius, cum nobilibus aliis multis Feram se receperunt. Franciscus etiam Montmorancius illò se recepit cum turma sua, sed alio itinere. Quidquid armatorum post cladem superfuit, in urbibus & oppidis confinium positum fuit ad præsidia augenda.

Les mêmes. Vix exprimi posset, quantus terror, quanta consternatio tanta clades Regnum totum, maximeque Lutetiam invaserit; multi aliò salutem & securitatem quæsitum ierunt. Si Dux Sabaudiæ Egmundani consilium sequutus fuisset, statim post cladem Lutetiam venisset, sed maluit ille, uti dicebat, certiora sequi, & continuare urbes capere. Rex Compendio Lutetiam venit, Parisiis animos fecit, spemque indidit fore ut hostes ex victoria non multum lucri referrent. Summam pecuniæ expetiit; illi vero trecenta librasum millia Regi numeravère, quæ ad quatuordecim mille Helvetios conducendos insumta sunt. Recrodus, seu Rencrodus, etiam in Germaniam missus est, qui novos milites conscriberet, omnesque per Galliam nobiles & eos qui antehac arma gesserant, convocavit Rex, & Laudunum se conferre jussit, ubi Dux Nivernensis erat, qui benignitate, urbanitateque sua omnium animos sibi deviniciebat. Princeps Condæus aliique duces incursiones in hostem faciebant: illi par pari referebant, marte modo his modo aliis favente.

Les m Interea hostes Sancti Quintini oppidum obsidione cinctum premebant. Nihil fortitudini & vigilantiæ Colinii addi poterat, Sanremigio perito machinatore & Andelotio juvantibus, oppugnationes frequentes propulsabat, collapsos muros instaurabat, nec tamen sperabat se oppidum servare diu posse: verum eo ille animo, ut diuturnior foret obsidio pugnabat, quo Rex posset armatos undique colligere, & minora inimici aggrederentur. Semel Nivernensem monuit, si per viam quam indicabat ipse, manum pugnatorum sibi mitteret, posse illum noctu in oppidum ingredi. Misit ille validam manum; sed cum hostes id persensissent, & in nostros moverent, terror ipsos inqui

qui se retirerent en desordre, il n'y eut que six-vingts cavaliers qui entrerent dans la Ville malgré les foudres perpetuels de la plus nombreuse artillerie, qui mit à bas les tours, les murs & toutes les défenses. Il soutint le siege jusqu'à la fin de Septembre. La Ville fut alors emportée d'assaut, il fut fait prisonnier avec toute la garnison, & François d'Andelot son frere, qui trouva depuis moyen de s'échapper.

1557.

L'Armée ennemie assiegea ensuite le Câtelet. Le Commandant de la Place nommé Solignac, étoit homme de réputation, & l'on s'attendoit que le siege seroit long : mais il se rendit d'abord & vint à Paris où il fut mis en prison. Le Roi Philippe fit encore assieger Ham qui fut pris, & les Espagnols surprirent depuis Noion. Le Duc de Savoie avoit envoié Polvilliers en Alsace pour faire une grande levée d'Alemans, & venir ensuite faire une entreprise sur Lion. Il fit sa levée & vint dans la Bresse où il n'avança guere, & apprenant que les Ducs de Guise & d'Aumale avoient repassé les Monts, & venoient en diligence du côté de Lion, il se retira bien vîte. Le Duc de Guise arriva à Saint Germain en Laye où étoit le Roi, qui bien joyeux de son arrivée, lui fit un bon accueil, & le nomma Lieutenant General de ses armées. Le Duc pria le Roi de rappeller Montluc, qui étoit encore en Italie : ce qui lui fut accordé.

Retour du Duc de Guise.

Il y eut en ce tems-ci un grand tumulte dans Paris. Les Protestans dont le nombre augmentoit tous les jours, s'étoient assemblez pour faire leur Cene dans une maison de la ruë Saint Jacques. Les gens du voisinage s'en apperçurent, & firent provision de pierres & d'armes pour les accabler de leurs fenêtres quand ils sortiroient. L'assemblée dura jusqu'à bien avant dans la nuit. Et quand les Protestans voulurent se retirer, ceux qui sortirent les premiers furent attaquez à coups de pierres tirées des fenêtres. La populace ameutée n'en demeura pas là, elle voulut rompre les portes & entrer dedans pour faire un mauvais parti à cette assemblée. Plusieurs de dedans sortirent l'épée à la main, percerent au travers de la foule, & se sauverent, hors un qui fut tué. Un Magistrat vint alors avec des gens armez, se saisir de tous ceux qui restoient de cette assemblée, hommes & femmes au nombre de six-vingts, pour les mener en prison, & eut assez de peine de les garantir de la fureur du menu peuple qui vouloit les assommer. On disoit d'eux des choses étranges, qu'ils égorgeoient des petits enfans, qu'ils se mêloient ensemble sans aucune distinction hommes

Tumulte contre les Protestans à la ruë S. Jâques.

---

vasit, & perturbatis ordinibus illi recesserunt, centum & viginti tantum equites in urbem intravêre. Etiamsi numerosissima semper tormentorum fulmina, muros, turres & propugnacula decuterent, obsidionem ille tulit ad usque Septembris finem. Oppidum tunc oppugnatione captum fuit ; Colinius captus est cum præsidio toto & Andelotio fratre, qui postea elapsus est.

Hostilis exercitus postea Castelletum obsedit. Loco præerat Solignacus, vir magni nominis, & obsidionem diuturnam fore sperabant Franci omnes ; sed ille statim deditionem fecit, & Lutetiam venit ubi in carcerem conjectus fuit. Rex Philippus Hamum quoque obsideri jussit, quod oppidum captum fuit. Hispani etiam Noviodunum ex improviso ceperunt. Dux Sabaudiæ Polvillerium miserat in Alsatiam, ut Germanorum exercitum conscriberet, & postea Lugdunum tentaret. Collectis ille copiis in Brexiam venit, ubi parum profecit, & cum comperisset Guisum & Albemalium, superatis montibus, versus Lugdunum tendere, receptui statim cecinit. Guisius in Fanum Germani Regem convenit, & cum lætitia

summa ab Henrico exceptus est, qui ipsum Præfectum generalem exercituum suorum declaravit. Petiit Guisius Monlucium ex Italia evocari, quod ipsi concessum fuit.

Hoc ipso tempore ingens Lutetiæ excitatus tumultus fuit. Protestantes quorum numerus in dies augebatur, ut cœnam facerent in domo quadam vici Jacobæi convenerant. Id advertere vicini, & saxorum armorumque copiam comportarunt, ut eos ex fenestris suis cum egrederentur, impeterent. Multa jam nocte solutus cœtus fuit : qui primi egressi sunt, ex fenestris impetebantur lapidibus. Plebs vero simul coacta, ad ulteriora pergens, portas domus effringere conatur, ut eos qui intus erant male accipiat. Plurimi Protestantium, strictis gladiis, exierunt, & turbam trajecêre, uno excepto, qui interfectus est. Magistratus vero quispiam cum armatis viris venit, omnes qui intus erant, viros, mulieresque cepit, centum viginti numero, & in carcerem ducebat ; vixque illos a furore plebis eripere potuit. De illis autem horrenda dicebantur ; quod nempe infantes occiderent ; quod se viri cum mulieribus, nulla

Les mêmes.

1557.

& femmes. Les Protestans firent un écrit où ils se purgeoient des crimes dont on les accusoit, & le firent mettre adroitement dans la chambre du Roi. On en fit d'autres pour leur répondre, de ceux qui furent pris, plusieurs furent brûlez. Quelques Princes Protestans d'Allemagne, & les Suisses de la même Religion, prierent le Roi pour ces malheureux; & comme il faisoit lever des troupes chez eux, il fit surseoir ces executions.

Le Duc de Guise se met en campagne.

Après que le Duc de Guise eut été declaré Lieutenant General des Armées du Roi, quoique l'hyver fut proche, on resolut de faire quelque entreprise, on delibera dans le Conseil, & il fut arrêté que le Duc de Guise iroit tâcher de se rendre maître de Calais. Ce dessein avoit été proposé par Senerpont Gouverneur de Boulogne. Mais ce que disent quelques Historiens que P. Strozzi alla en habit déguisé reconnoître la place, est absolument faux, dit Beaucaire, qui étoit à la Cour lorsque cette resolution fut prise. L'armée fut divisée en deux, une partie fut donnée au Duc de Nevers qui marcha vers Stenai, & répandit qu'il alloit tenter Luxembourg ou Arlon, pour obliger les ennemis d'en fortifier les garnisons, & de partager leurs forces. Le Duc de Guise vint sur les frontieres de Picardie, comme pour empêcher que les ennemis ne fissent entrer des convois dans Saint Quentin, dans Ham & dans le Câtelet. Le Duc de Nevers après avoir sejourné peu de tems à Stenai, envoia toutes ses troupes au Duc de Guise.

Prend Calais.

1558.

Il marcha alors avec toute l'armée comme pour pourvoir à la sureté de Boulogne & d'Ardres, & se rabbatit tout d'un coup sur Calais. Il prit avec une diligence incroyable les forts qui étoient autour de la Ville, & en commença le siege le premier jour de Janvier de l'an 1558. selon notre maniere de compter. La celerité dont il usa à prendre tous les postes l'un après l'autre fut si grande, qu'aiant pris le Rischban & le fort qui dominoit sur la Ville, le Milord Dumfort Gouverneur fut obligé de capituler. Les conditions furent que tous les habitans avec leurs femmes & leurs enfans sortiroient de la Ville en toute sureté pour se retirer ou en Flandres ou en Angleterre, comme il leur plairoit; que les soldats Anglois passeroient en Angleterre; que l'artillerie & les munitions de guerre de toute espece, seroient livrées sans aucune fraude, & qu'ils ne gâteroient rien dans la Ville. Cet article fut mis parce que peu d'années

---

distinctione commiscerent. Protestantes vero rescriptum ad sui purgationem factum publicaverunt, etiamque in cubiculum Regis furtim injici curavêre, ubi oblata crimina propulsabant; alia quoque adversum illos rescripta prodiere. Ex iis qui capti fuerant plurimi exusti fuere. Aliquot vero Principes Protestantes Germani & Helvetii, qui eamdem Religionem profitebantur, pro infelicibus illis Regem rogavêre; & quia ille apud ipsos tunc milites conscribebat, a suppliciis cessari jussit.

Thuanus. Belcarius. La Popeliniere.

Postquam Guisius Præfectus generalis declaratus fuerat, etsi jam hiems appetebat, in Consilio regio deliberatum fuit, statutumque ut Guisius Caletum oppugnatum iret. Expeditio hujusmodi proposita fuerat a Senerpontio Bononiæ Præfecto; sed quod alii narrant Petrum Strozzium ementita veste, urbem illam observatum se contulisse, falsum omnino est, inquit Belcarius, qui tunc in aula regia erat. Exercitus in partes duas divisus fuit; altera Nivernensi Duci data est, qui versus Stenæum movit, & publicavit se vel Luxemburgum vel Arlonium obsessum ire, ea scilicet mente, ut hostes ad copias in diversa loca mittendas induceret. Dux vero Guisiæ in confiniis Picardiæ venit, quasi ut impediret ne hostis commeatus in Sanctum Quintinum, Hamum & in Castelletum immitteret. Nivernensis vero postquam dies aliquot Stenæi degerat, copias omnes suas Guisio misit.

Tunc Guisius cum exercitu toto movit, quasi Bononiæ & Ardreæ securitati advigilaret, statimque Caletum advolavit. Cum celeritate incredibili loca omnia quæ circa urbem erant cepit, & obsidionem inchoavit primo die Januarii anni 1558. secundum hodiernum computandi morem. Tam celerem autem operam adhibuit, ut capto Rischbano, aliisque circum munitionibus, Dumfortius Præfectus ad pacta deditionis venire compulsus sit. Conditiones autem fuere; quod oppidani omnes cum uxoribus & liberis cum securitate egressuri essent, ut pro lubito vel in Flandriam vel in Angliam se reciperent, quod Angli milites in Angliam transfretarent, quod tormenta bellica & munitiones omnis generis Francis sine fraude traderentur; quodque Angli nihil in urbe vastaturi, perdituri, vel pessumdaturi essent; quod ideo cautum fuit, quia ante aliquot annos An-

HENRI II.

auparavant, les Anglois quand ils rendirent Boulogne, gâterent tout ce qui pouvoit servir à la guerre, & ruinerent la Ville autant qu'ils purent ; que Milord Dumfort & cinquante autres au choix du Duc de Guise, demeureroient prisonniers de guerre ; que l'or, l'argent, les marchandises & les chevaux qui s'y trouveroient, lui seroient livrez pour en faire ce qu'il voudroit.

1558.

Cette Ville des plus fortes de l'Europe, fut ainsi prise en huit jours. Les Anglois avoient épuisé leur industrie pour la rendre imprenable ; & ils eurent le déplaisir de la voir enlevée en un instant. Ils l'avoient prise deux cens dix ans auparavant, après un an de siege, quoiqu'elle ne fût pas à beaucoup près aussi forte qu'elle fut depuis.

Après la prise de Calais, on disputa quelque tems si l'on assiegeroit Gravelines ou Guines. On se détermina sur cette derniere place, qui étoit très-bien fortifiée, & avoit une forte garnison ; cependant elle fut prise en quatre ou cinq jours. Les conditions furent que les soldats sortiroient avec leurs armes, & que le Commandant avec la Noblesse qui étoit dedans, demeureroient prisonniers de guerre. Les Anglois, Flamans & Espagnols qui la gardoient, sortirent au nombre de plus de 900 hommes. La terreur d'une expedition si prompte fit que ceux qui gardoient le fort Château de Hames situé dans un marais, sans attendre que les François arrivassent, l'abandonnerent avec toute l'artillerie.

Siege & prise de Guines.

Le Roi qui avoit besoin d'argent pour soutenir une si grande guerre, fit convoquer les trois Etats du Royaume à Paris. Ils se tinrent au Palais en la salle de Saint Louis. Les Gens de Justice y eurent séance & firent un quatriéme Etat. Le Roi representa la necessité de trouver de l'argent pour soutenir la guerre. Plusieurs autres parlerent après lui, & la conclusion fut que le Clergé fourniroit un million, & le reste du Roiaume deux millions qui furent levez sur les plus aisez. L'assemblée étant congediée, le Roi se rendit à Calais ; & après avoir visité la Ville, il en donna le commandement au sieur de Thermes. Le Duc de Nevers assembla au cœur de l'hyver des troupes pour aller assieger le Château d'Herbemont dans les Ardennes, qui incommodoit les places voisines par des courses ; il le fit battre si furieusement, que le Gouverneur ne pouvant plus soutenir le siege, se rendit à discretion. Il y mit garnison Françoise.

Prise d'Herbemont.

---

gli cum Bononiam dediderant, omnia ad bellum apta pessumdederant, urbemque pro viribus devastaverant ; quod Dumfortius & 50. alii a Guisio delecti captivi mansuri essent ; quod quidquid auri & argenti in urbe erat, merces quoque & equi Guisio tradenda essent, ut iis ad libitum uteretur.

Urbs isthæc quæ inter munitissimas Europæ numerabatur, octo dierum spatio capta fuit. Angli quidquid industriæ aderat adhibuerant, ut illam inexpugnabilem redderent, & sibi quasi in momento abreptam deploravêre. Illam vero ducentis & decem ante annis post anni unius obsidionem ceperant, etsi non ita propugnaculis munita tunc erat, ut cum ipsis abrepta fuit.

Les mêmes.

Post captum Caletum aliquamdiu disceptatum fuit Gravelinane, an Guina obsidenda esset, Guinam tunc munitissimam aggredi visum est, & tamen post quatuor aut quinque dies capta fuit. Deditionis conditiones fuere, quod milites cum armis egressuri essent, Præfectus autem oppidi & Nobiles captivi manerent. Angli autem Flandri & Hispani præsidiarii 900. numero exierunt. Hamesii arcis fortissimæ in palude sitæ præsidiarii tam celeri expeditione perculsi, non exspectatis Francis, castellum cum tormentis omnibus deseruere.

Rex cujus exhaustum ærarium erat, ut tanti belli molem ferre posset, Lutetiam tres Regni Ordines convocavit. Conventus locus fuit in Palatio in Sancti Ludovici aula, Senatores etiam Curiarum adfuere, & quasi quartum ordinem constituebant. Necessitatem cogendæ pecuniæ ad bellum sustinendum Henricus repræsentavit, alii plurimi post ipsum sunt loquuti, decretumque tandem fuit ut Ecclesiastici decies centena millia librarum persolverent, residui autem in Regno vicies centena millia, quæ summæ ab iis qui plus re familiari valebant numeratæ fuerunt, & misso conventu, Rex Caletum petiit, urbem lustravit, & Thermium ejus Præfectum constituit. Nivernensis Dux media hieme pugnatorum manus collegit, ut Herbemontium castellum in Arduenna obsideret, cujus præsidium vicina Francorum loca incursionibus infesta habebat, tamque fortiter castellum fulminibus impetiit, ut Præfectus se in arbitrium Ducis dediderit, qui præsidium Francicum ibi reliquit.

Les mêmes.

1558.
Mariage de François Dauphin avec Marie Stuard.

Vers la fin de Fevrier furent celebrées à Paris les nôces de François Dauphin, avec Marie Stuard Reine d'Ecosse. Il ne se pouvoit rien ajouter à la magnificence de cette fête. Quatre Cardinaux, le Duc de Lorraine, les plus grands Seigneurs de France, & quelques-uns d'Ecosse y assisterent. Il y eut ensuite une Conference auprès de Cambrai entre le Cardinal de Lorraine pour le Roi de France, & le Cardinal de Granvelle pour le Roi d'Espagne ; on y parla de la paix, sur tout pour l'extinction de l'heresie qui faisoit de grands progrès dans la France & dans les Païs-bas. Granvelle disoit qu'il y avoit en France des gens même pourvûs de Charges considerables, qui faisoient publiquement profession du Calvinisme, entre autres François de Châtillon d'Andelot qui parloit fort indignement de la Messe. Le Cardinal de Lorraine en fit le rapport au Roi, qui avoit déja oüi dire qu'Andelot étoit Calviniste. Il le fit appeller dans le tems qu'il dînoit à Monceaux, & le fit avertir en même tems par le Cardinal son frere de la demande qu'il avoit à lui faire, afin qu'il se préparât à répondre pertinemment. Andelot sans se soucier de l'avis de son frere, répondit au Roi fort audacieusement, & au mépris de la Sainte Messe. Le Roi Henri en colere prit d'abord une assiette pour la jetter contre terre, & la jetta sans y penser sur le Dauphin. Il ordonna qu'on mît Andelot en prison à Meaux, & le fit transferer de là au Château de Melun ; il dit depuis qu'il avoit été tenté de lui passer son épée au travers du corps. Il donna l'exercice de sa Charge de Colonel de l'infanterie à Montluc, qui se défendit quelque tems de l'accepter, & qui l'exerça depuis pendant la disgrace d'Andelot.

Siege & prise de Thionville.

On avoit resolu à la Cour de faire le siege de Thionville, l'une des plus fortes places de cette frontiere. Bourdillon qui commandoit de ce côté-là eut ordre de l'investir : ce qu'il fit. Les ennemis voyant que la Ville alloit être assiegée dans les formes, tenterent plusieurs fois d'en renforcer la garnison, mais inutilement. Les Ducs de Guise & de Nevers s'y rendirent, & commencerent les attaques. Montluc qui s'y trouva aussi affrontoit tous les perils pour avancer la prise de la Ville. Elle fut vivement foudroyée par une nombreuse artillerie. La garnison se défendit bien quelque tems, & le Maréchal de Strozzi fut tué d'un coup de mousquet. Mais la division se mit enfin entre les Espagnols & les Flamans, & accelera la capitulation dont les conditions furent que les Cavaliers sortiroient avec leurs armes, les Pietons avec leur épée, leur dague, & tout ce

Les mêmes.

Circa finem Februarii Lutetiæ celebratæ nuptiæ fuerunt Francisci Delphini & Mariæ Stuardæ Scotorum Reginæ, cum ea quæ vix describi possit magnificentia. Quatuor Cardinales, Dux Lotharingiæ, primores Franci & Scoti aliquot celebritati interfuerunt, deindeque prope Cameracum congressus habitus est, Cardinalis Lotharingus pro Rege Francorum adfuit, & Cardinalis Granvellanus pro Hispaniæ Rege. De pace actum est, maximeque pro exstinguenda hæresi, quæ tunc maxime grassabatur in Francia & in Belgio. Dicebat Granvellanus in Francia multos esse, etiam ex iis, qui præcipua officia obtinerent, qui publice Calvinismum profiterentur, interque alios Franciscum Andelotum, qui de Missa indigne loqueretur. Regi id Lotharingus retulit, qui jam audierat Andelotum esse Calvinistam. Rex illum advocari jussit quo tempore ipse Moncelli prandebat, & a Castellione Cardinali fratre moneri jussum curavit, qua de re interrogandus esset, ut competenter responderet. Andelotus fratris monita nihil curans, audacter Regi respondit, ut Missam contemtui habens. Iratus Henricus lancem statim arripuit ut in terram jaceret, & casu in Delphinum jecit, jussitque Andelotum Meldas duci & in carcerem conjici ; posteaque dixit, parum abfuisse quin illum gladio suo confoderet, Peditatusque Gallici Præfecturam quam obtinebat Andelotus, Monlucio interim exercendam dedit, quam initio ipse recusabat ; exercuit tamen illam, dum Andelotus a Regis gratia exclusus fuit.

Les mêmes.

In aula Regia statutum fuerat obsidendam esse Theodonis villam in confiniis istis munitissimam. Ipsam Bordillonius jussus undique cinxit. Hostes autem videntes mox obsidendum fore oppidum, sæpe præsidium augere tentaverunt ; sed frustra. Duces Guisius & Nivernensis illò venerunt, & oppidum adoriri cœperunt. Monlucius qui aderat, pericula omnia adibat, ut citius oppidum caperetur : innumeris tormentorum fulminibus impetiti muri fuerunt. Præsidiarii aliquamdiu fortiter obstitere, & Marescallus Strozzius sclopeti glande interfectus est ; sed dissensione suborta Hispanos inter & Flandros, citius deditionem ventum est, illa conditione ut equites cum armis suis egrederentur ; pedites cum gladio &

qu'ils pourroient emporter ; les habitans avec leur or, leur argent & leurs hardes, & qu'on leur fourniroit des batteaux & des charettes.

Après la prise de Thionville, l'armée s'avança vers Arlon dans le Duché de Luxembourg, Montluc y entra par addresse ; la Ville fut prise & pillée, & le feu s'y étant mis par accident, elle fut presque toute brûlée : on en rasa les murs & les fortifications, & on l'abandonna. On pensoit aussi à assieger Luxembourg, mais le Duc de Nevers s'étant avancé pour reconnoître la place, la trouva si bien munie, qu'on abandonna ce dessein.

Le Maréchal de Thermes qui étoit à Calais, assembla un corps de troupes de quinze cens hommes de cheval & de cinq mille pietons, partie Alemans & partie Gascons, & ayant forcé le passage du fossé nouveau gardé par une multitude de paysans, il s'avança vers Dunquerque, & fut là quatre jours ; ceux de la Ville commençoient à parlementer, & pendant ce tems, les nôtres y entrerent par force, saccagerent la Ville, & traiterent indignement ses Habitans. Le Maréchal y laissa garnison, & prit avec la même facilité Bergues S. Vinoc, qui fut pillé & saccagé. Malade de la goute, il laissa le Commandement des troupes à Villebon, qui fit des courses jusques à Nieuport, pilla & ravagea tout avec la derniere inhumanité.

Le Roi Philippe envoia le Comte d'Egmont pour donner la chasse aux nôtres qui s'amusoient & n'étoient point sur leurs gardes étant si près des ennemis. Le Comte fit une grande diligence, rassembla trois mille chevaux & douze mille hommes de pied, sans compter un grand nombre de paysans qui marcherent avec lui pour se vanger des maux que les François leur avoient faits. A l'arrivée du Comte d'Egmont, le Maréchal revenu à l'armée, voiant la partie trop forte, pensa à la retraite. Il fit marcher ses gens au bord de la mer, & se trouva à l'embouchure d'une riviere qu'il passa à gué. Les ennemis la passerent aussi. Le Maréchal voiant qu'il ne pouvoit éviter le combat, mit ses gens en ordre ; quelques pieces d'artillerie qu'il avoit jouèrent sur l'ennemi. Les Gascons se battirent en desesperez, & au premier choc il sembloit que l'avantage étoit de notre côté, & le Comte d'Egmont eut un cheval tué sous lui : mais le nombre des ennemis grossissant toujours, la charge fut plus forte. Cependant les Gascons se battoient toujours, & ne cedoient point

1558.

1559.

Défaite du Maréchal de Thermes, prés de Gravelines.

---

pugione, & iis quæ secum auferre possent ; oppidani vero cum auro, argento & supellectili ; utque carri vel naviculæ ipsis suppeditarentur.

Theodonis-villa capta, exercitus versus Arlonium movit in Luxemburgensi tractu. Monlucius arte in oppidum ingressus est, captumque illud ac direptum fuit, & cum ignis casu quopiam injectus fuisset, incendio fere totum combustum est, muri & propugnacula solo æquata sunt, locusque desertus fuit. De Luxemburgo etiam obsidendo cogitabatur ; sed cum Nivernensis urbis statum observasset satis probe munitam reperit, ut a consilio desisteretur.

Thermus Marescallus qui Caleti erat, exercitum collegit quingentorum equitum, & quinquies mille peditum, partim Germanorum, partim Vasconum, & cum viam sibi vi fecisset, ad Fossam-novam, quæ a rusticorum turma defendebatur, versus Dunkerkam movit, & ante oppidum per quatriduum fuit : jam sese dedere volebant oppidani, & dum res tractaretur, ingressi nostri oppidum diripuerunt, & oppidanos pessime exceperunt. Marescallus præsidium ibi reliquit, eademque opera Bergas Sancti Vinoci facile cepit, quod oppidum similiter direptum fuit. Cum podagra Thermus laboraret, exercitum reliquit Villabono ducendum. Hic ad Neoportum usque incursiones fecit, omnia diripuit & inhumaniter prædas egit.

Philippus Rex Egmundanum Comitem misit, ut nostros depelleret, qui negligenter agebant, nec custodiæ securitatique suæ advigilabant, cum hostes proxime essent. Egmundanus celerrime equites ter mille, peditumque duodecim millia collegit, cum innumera pene rusticorum multitudine, qui cum illo incedebant, ut illata sibi mala ulciscerentur. Adveniente Egmundano & exercitu suo, Thermus in exercitum redux, non se parem hosti videns, receptum habere cœpit, suos ad oram maris incedere jussit, & ad ostium fluvii pervenit, quem vado transivit, & post illum hostesque trajecere. Videns autem Marescallus non posse pugnam vitari, suos in aciem ordinavit, aliquot bellica tormenta in hostem explodi jussit. Vascones fortissime pugnavêre, & in primo conflictu videbatur certaminis aleam nostris favere. Egmundani equus occisus est ; sed hostium numero semper crescente, gravius certamen fuit. Vascones tamen semper pugnabant : at Germani

Les mêmes.

G iij

1559. à l'ennemi, au lieu que nos Allemans se tenoient sans rien faire, & témoignoient par leurs gestes qu'ils vouloient se rendre. Dans le tems que les Gascons soutenoient encore l'effort des Espagnols & des Flamans, dix navires Anglois arriverent, & se mirent à foudroyer nos gens, qui allerent alors à vauderoute. Il resta des nôtres quinze cens hommes sur la place, les payisans en tuerent presque autant qui s'enfuyoient. Le Maréchal de Thermes & tous les Chefs furent pris. Les ennemis perdirent dans ce combat cinq cens hommes. Cette perte nous fut très dommageable; la paix qui se traitoit fut faite à de plus dures conditions pour nous.

Grande flote d'Anglois & de Flamands. Au même tems un grande flote de six-vingts vaisseaux tant Anglois que Flamans, vint sur les côtes de la Normandie, & mit l'allarme dans cette Province. La flotte se rabbatit après sur la Bretagne, & alla aborder au Conquet. Les Habitans se défendirent quelque tems, les ennemis mirent sept mille hommes à terre, & alors ceux qui défendoient le Conquet, s'enfuirent. Le Bourg fut pris & pillé par les Anglois, qui entrerent plus avant dans la campagne, saccageant & désolant le payis. Mais le sieur de Kersimont aiant assemblé six mille hommes, vint donner sur les pillards qui prirent la fuite, & furent poursuivis jusqu'à leurs vaisseaux. Il y eut six cens hommes des leurs tuez, & plus de cent prisonniers. Les Bretons s'assemblerent en divers endroits au nombre de plus de trente mille. Cette grande flote voiant qu'il n'y avoit que des coups à gagner, se retira.

Le Duc de Guise vint trouver le Roi à Pierrepont, avec Guillaume fils du Duc de Saxe, qui amenoit deux mille hommes de cheval, la plupart Prussiens, & dix mille hommes de pied, & vint joindre l'armée du Roi. Elle se trouva des plus fortes qu'on eut jamais vûës. L'armée du Roi Philippe n'étoit pas moins nombreuse, & grossissoit tous les jours. Le Roi Henri voiant l'ennemi à portée d'assieger quelques Villes de Picardie, fit renforcer les garnisons de Corbie, & de quelques autres lieux. Tandis qu'on traitoit de la paix, les deux armées demeuroient en presence l'une de l'autre. Il y eut quelques entreprises & quelques courses des nôtres. La principale fut celle du Vidame de Chartres Gouverneur de Calais, qui aiant des intelligences dans Saint Omer, voulut surprendre cette Ville : mais la menée fut découverte, & le coup manqua.

---

nostri stantes, nec pugnam capessentes, sese dedere velle hosti videbantur. Dum adhuc Vascones contra Hispanos & Flandros concertarent, decem Anglicæ naves advenere, & nostros tormentorum fulminibus impetière, nostrique tunc fugam arripuère. Ex nostris mille quingenti cæsi mansère, & parem fere numerum rustici trucidavère. Thermus Marescallus & Tribuni omnes capti sunt. In hac pugna hostes, quingentos suorum amiserunt. Hæc clades nobis damno fuit : pax enim de qua tunc agebatur, pejori nobis conditione conclusa fuit.

Les mêmes. Eodem tempore ingens classis centum viginti navium Anglicarum & Flandrensium ad oram Normanniæ venit, & in totam illam provinciam terrorem intulit. Postea vero versus Britanniam vela dedit, & ad Conquestum Britanniæ portum hostes excensum fecère. Oppidani aliquandiu obstiterunt. Hostes vero septem millia virorum emisêrunt, tuncque ii qui Conquestum defendebant, aufugerunt, oppidum captum & ab Anglis direptum fuit, qui etiam in agros ulterius pervenerunt, prædas agentes & depopulantes : verum Kersimontius Toparcha, collectis sex virorum millibus, in prædones illos irrupit, qui fugam fecerunt, & ad naves usque suas pulsi sunt. Sexcenti autem cæsi & centum capti fuere. Armorici variis in locis plusquam triginta mille arma sumsere; cumque classis illa nihil se sine periculo facere posse videret, aliò vela dedit.

Les mêmes. Dux Guisius Regem adiit Petropontio agentem, Villelmum Ducis Saxoniæ filium secum habens, qui cum equitibus bis mille, quorum maxima pars Borussi erant, & decem millibus peditibus exercitum regium junctum venit, qui sic numerosissimus erat, nec minorem Philippus Rex collegerat, qui in dies augebatur. Henricus vero cum vidiret hostem facile posse aliquot ex Picardiæ oppidis obsidere, Corbeiæ & aliorum locorum præsidia augeri jussit. Dum de pace ageretur, exercitus ambo coram stabant. Nostri aliquot expeditiones, incursionesque fecerunt. Præcipua vero fuit cum Vicedominus Carnutum Caleti Præfectus, in Audomari fano quosdam secum consentientes habens, urbem ex improviso capere voluit; sed re deprehensa frustra cessit conatus.

HENRI II.

En ce tems-ci François de Noailles Evêque d'Aqs, qui jusqu'alors avoit manié avec beaucoup d'adresse à Venise l'affaire de la préséance du Roi de France sur le Roi d'Espagne, & sur tous les autres Rois de la Chrétienté, obtint enfin une Déclaration du Sénat, qui portoit que dans leurs assemblées & devant leur Doge l'Ambassadeur de France précederoit toujours celui d'Espagne. Le Roi Philippe mécontent de cette Déclaration, rappella son Ambassadeur, & n'en envoia de long-tems à Venise.

1559.

Les conferences pour la paix s'étoient jusqu'alors tenuës à Lisle: le congrès qui se tint depuis dans les formes fut transferé à Cercamp dans le Cambresis, lieu fort commode pour l'un & l'autre parti. Les Députez du Roi furent le Connétable, le Maréchal de Saint André, Jean de Morvilliers Evêque d'Orleans, & Claude de l'Aubepine. Le Cardinal de Lorraine y vint aussi depuis à la requête du Connétable, & y est nommé le premier dans le traité que nous avons encore aujourd'hui. Pour le Roi Philippe, le Duc d'Albe, le Prince d'Orange, Gomes de Silva, Perrenote Evêque d'Arras. La Reine d'Angleterre & le Duc de Savoie y avoient aussi les leurs. Pendant que ce congrès se faisoit, les deux Rois d'un commun consentement envoierent leurs troupes dans des quartiers.

Conferences pour la paix.

Une grande difficulté qui survint, lorsqu'on étoit convenu de presque tous les autres articles, fit differer long-tems la conclusion de la paix: Marie Reine d'Angleterre vouloit à toute force qu'on lui rendît Calais & les Forteresses voisines prises sur les Anglois, à quoi les François n'auroient jamais consenti. Vers le même tems elle tomba malade: le Roi Philippe y envoia le Comte de Feria; Marie fut accablée de douleur tant de la perte de Calais, que de se voir negligée par son mari. Le mal se tourna en hydropisie: comme son ventre s'enfloit, elle se crut enceinte & ne fit aucun remede, prenant même souvent des alimens contraires à son mal. La fievre qui s'y mit, l'envoia bien-tôt au tombeau. Il n'y eut que seize heures d'intervalle entre sa mort & celle du Cardinal Polus, qui finit aussi ses jours en Angleterre.

Après la mort de Marie Reine d'Angleterre, Marie Reine d'Ecosse, femme de François Dauphin, se porta pour Reine & heritiere d'Angleterre. Les Anglois mirent sur le Trône Elisabeth sœur de la feuë Reine Marie. Philippe voulut persuader à son oncle Ferdinand Empereur de la demander pour un de ses

---

Hoc tempore Franciscus Noallius Episcopus Aquensis, qui eatenus dextere admodum jus præcedendi, Regi Francorum debitum, contra Hispanorum Regem & alios omnes defenderat, decretum tandem Veneti Senatus impetravit, quo ferebatur in confessibus suis ante Ducem habitis, Oratorem Franciæ semper ante Oratorem Hispaniæ sessurum esse. Rex Philippus hanc declarationem ægre ferens, Oratorem suum revocavit, nec nisi diu postea Oratorem Venetias misit.

Congressus pro pace qui hactenus ad Insulam habiti fuerant, ad Cercampum postea translati sunt, qui locus cuique partium percommodus erat. Oratores regii fuere Constabularius, Santandreanus Marescallus, Joannes Morvillerius Episcopus Aurelianensis, & Claudius Albaspinæus. Cardinalis etiam Lotharingus adfuit, requirente Constabulario, primusque nominatur in pacto quod hodieque servatur. Pro Philippo Rege Dux Albanus, Princeps Arausicanus, Gomesius de Sylva, Perrenotus Episcopus Atrebatensis. Regina Angliæ & Dux Sabaudiæ suos etiam istic Oratores habebant. Dum congressus haberetur, ambo Reges, uno consensu copias in loca sua miserunt.

Magna suborta difficultas, cum de aliis pene omnibus conventum esset, pacis conclusionem differre coegit. Maria Angliæ Regina Caletum sibi restitui volebat, necnon arces & munitiones omnes reliquas a Guisio captas, cui rei nunquam Franci manus dedissent. Eodem tempore illa in ægritudinem incidit. Philippus Rex Comitem Feriæ illô misit. Maria dolore obruta fuit, tum quod Caletum amisisset, tum quod a marito negligeretur; ingravescente morbo, in hydropisin incidit; cum venter inflaretur, se gravidam esse putavit, neque ullum sibi remedium inferri sivit, alimenta sæpe sumens morbo suo contraria, febri tandem correpta obiit, & post sexdecim horas, Cardinalis etiam Polus in Anglia mortuus est.

Post Mariæ Angliæ Reginæ mortem, Maria Scotorum Regina, uxor Francisci, Delphini se pro Angliæ Regina gessit, & insignia Regum Angliæ sumsit. Angli in solium regium evexerunt Elisabetham Mariæ defunctæ sororem. Philippus Ferdinando patruo suadebat, ut illam pro filiorum aliquo peteret uxorem. Di-

1559. fils. On difoit même qu'il avoit demandé difpenfe à Rome pour époufer lui-même la fœur de fa premiere femme, & que le Roi Henri qui craignoit avec raifon ce mariage, avoit fait agir fecretement auprès du Pape, pour le detourner de donner une telle difpenfe. Mais on affuroit que les Anglois avoient obligé Elifabeth en la faifant Reine, de jurer qu'elle n'épouferoit pas un Prince Etranger.

Guerre de Piémont. En Piémont les affaires alloient mal : le Roi en avoit rappellé la meilleure partie des troupes pour renforcer fa grande armée ; ce qui reftoit n'étoit point payé depuis longtems, & les foldats défertoient en troupes. Briffac ne ceffoit d'écrire pour demander de l'argent ; mais comme le Piémont alloit être rendu par le Traité de paix au Duc de Savoie, on ne tenoit aucun compte de fes lettres. Le Duc de Seffe, Lieutenant General pour le Roi Philippe en Piémont, profitant de la conjoncture, alla affieger Cental, & pendant ce fiege cinq cens Cavaliers & autant de Fantaffins qui étoient partis d'Aft, pour aller joindre l'armée ennemie, furent rencontrez par Gonor de Coffé frere du Maréchal de Briffac & défaits à plate couture. Cental fut pris & razé : le Duc de Seffe prit encore quelques petits Châteaux & fortereffes, & affiegea Montcalvo, qui fut pris dans peu de jours par la negligence des Commandans. Le Duc de Seffe alla enfuite fe prefenter devant Cafal : la Ville avoit une forte garnifon ; & les nôtres firent une fortie fi furieufe, qu'ils mirent le défordre dans l'armée ennemie, prirent un de leurs étendars, fans prefque aucune perte. Le Duc de Seffe voiant la place trop forte, & la faifon déja fort avancée, fe retira.

Traité avec la Reine Elifabeth. L'affaire de Calais avoit retardé la conclufion de la paix. Elifabeth couronnée Reine, jugeant qu'il ne feroit ni de fon honneur, ni de l'interêt de la Nation Angloife de traiter conjointement avec les Efpagnols pour la reftitution de Calais, voulut qu'on en conferât à part, & fans qu'ils s'en mêlaffent : on convint bien-tôt, à cette condition que le Roi de France jouiroit encore pendant huit ans de Calais, & de tous les lieux des environs ci-devant poffedez par les Anglois, & que ce terme étant expiré, le Roi Henri ou rendroit Calais aux Anglois, ou leur payeroit cinq cens mille écus d'or, & qu'il donneroit dèslors au choix de la Reine des ôtages pour la fûreté du Traité. Cette Princeffe invitée par les Etats du Roiaume, caffa tous les Actes, Déclarations & Edits de la Reine Marie fa fœur, touchant la Religion, réta-

---

Thuanus, Belcarius, La Popeliniere.

cebant etiam quidam illum difpenfationem Summi Pontificis poftulaviffe, ut fibi fororem uxoris defunctæ ducere liceret, Regemque Henricum, qui jure metuebat ne hoc connubium fieret, fecreto apud Summum Pontificem egiffe ut ne hoc permitteret ; fed afferebatur Anglos cum Elifabetham Reginam conftituére, facramentum ab illa exegiffe, quod nulli exterorum Principum nuptura effet.

In Pedemontio res Francorum collapfæ erant. Rex maximam copiarum partem evocaverat ut exercitui fuo jungeret ; quod reftabat autem a multo jam tempore ftipendiis carebat, militefque turmatim dilabantur. Briffacus frequentibus literis poftulabat pecuniam fibi pro ftipendiis mitti. Quia vero Pedemontium totum ex pacto Duci Sabaudiæ mox reftituendum erat, nihil literæ impetrabant. Dux Sueffanus qui pro Rege Philippo in Pedemontio imperabat, occafionem captans, Centalium obfedit, & dum obfidio pergeret, quingenti equites, & totidem pedites Afta Pompeia profecti, ut hoftilem exercitum jungerent, in Gonorium-Coffæum inciderunt Briffaci fratrem, & profligati omnino fuere. Centalium captum & folo

æquatum fuit. Dux Sueffanus aliquot etiam caftra & oppidula cepit, ac Montem-calvum obfedit, qui paucis poft diebus per ignaviam Præfectorum captus eft, Sueffanus poftea ante Cafalium venit. In urbe præfidium grande erat, ac noftri irruptionem talem fecerunt, ut exercitum hoftilem totum turbarent, vexillumque caperent, nullo pene fuorum amiffo. Dux Sueffanus urbem adeo munitam cernens, cum jam hiems appeteret, receptui cecinit.

Caleti negotium pacis conclufionem diftulerat. *Les m...* Elifabetha poftquam Regina coronata fuit, non fibi honori, neque Anglis e re effe fore videns, fi conjunctim cum Hifpanis de reftitutione ageret, feorfim ea de re congredi voluit, citoque ambæ partes rem terminavére, illa conditione, ut Rex Francorum per octo annos fequentes Caletum & circumvicina caftra fervaret, quibus elapfis, Rex Henricus aut Caletum redderet, aut ipfis quingenta millia fcutorum numeraret, ac pro pacti firmitate Rex obfides Reginæ daret, quales illa deligeret. Hæc porro Regina, concitantibus Regni Ordinibus, omnes Actus, Declarationes & Edicta Mariæ fororis circa Religionem abro-

blit

HENRI II.

blit ceux du Roi Edouard. Il fut ordonné qu'on ne reconnoîtroit plus le Pape: elle reprit le nom de Chef de l'Eglife Anglicane qu'avoient ufurpé fon pere & fon frere. On abolit le culte des Images: la Reine feule garda un Crucifix dans fa Chapelle: on fit dans la Religion tous les autres changemens qui fubfiftent aujourd'hui en Angleterre.

1559.

La principale difficulté étant levée, les deux Rois convinrent facilement fur les autres points. Le Roi abandonna Sienne au Duc Cofme, à condition qu'on ne rechercheroit point les Siennois fur le paffé, & qu'on leur reftitueroit leurs biens. Il y eût quelque débat fur le Piémont, dont le Roi prétendoit qu'une partie lui appartenoit, & l'on convint qu'en attendant que l'affaire fe terminât à l'amiable, le Roi garderoit Turin, Quiers, Chivas & Ville-neuve d'Aft. La convention entre les deux Rois fut plus aifée: Henri rendoit à Philippe, Thionville, Mariambourg, Damvilliers, Ivoi & Montmedi; & Philippe remettoit à Henri, Saint Quentin, le Catelet, Ham & le territoire de Teroüane, enforte pourtant qu'il ne pourroit fortifier la Ville, & que pour faire une efpece de compenfation, le Roi Henri raferoit les murs d'Ivoi, avant que de le rendre, & qu'il ne feroit plus permis de les rebâtir, & qu'Henri remettroit encore à Philippe Valence dans le Milanois.

Paix avec le Roi d'Efpagne.

Pour rendre la paix plus ftable, on conclut le mariage d'Elifabeth fille aînée d'Henri, qui n'avoit qu'onze ans, avec le Roi Philippe. La dot affignée fut de quatre cens mille écus. Marguerite fœur du Roi Henri fut donnée à Philibert Emanuel Duc de Savoie avec trois cens mille écus de dot, & le revenu annuel du Berri. Un autre mariage fut fait dans le même tems de Claude feconde fille du Roi avec Charles Duc de Lorraine, qui avoit été élevé dans la Cour de France. Les nôces en furent celebrées à Paris avec beaucoup de pompe & de magnificence. Il y eut à la Diete d'Aufbourg, où Bourdillon & l'Archevêque de Vienne avoient été envoiez par le Roi Henri, quelques difficultez touchant Mets, Toul & Verdun. Quelques Princes vouloient que le Roi reftituât ces Villes; mais d'autres Princes Alemans parlerent pour le Roi, ce qui fit qu'on n'infifta pas beaucoup.

Mariage du Roi d'Efpagne avec Elifabeth de France.

Bien des gens furent mécontens de cette paix, & fur-tout les Guifes: ils difoient que c'étoit une honte au Roi de rendre cent & tant de Places, Villes

---

Les mêmes.

gavit, quæ ab Eduardo data fuerant, reftituit. Mandatum fuit ut non ultra Papæ Romano obtemperaretur; ut Eccleſiæ Anglicanæ caput diceretur, quod nomen & pater & frater fuus ufurpaverant. Imaginum cultus abolitus eft: Regina Crucifixum tantum in Capella fua fervavit, & in Religionem aliæ omnes mutationes invectæ funt, quæ hodieque in Anglia viſuntur.

Cum maxima illa difficultas fublata effet, ambo Reges de cæteris facile convenerunt. Rex Senas Duci Coſmo poſſidendas reliquit, illa conditione ut in Senenſes nulla perquiſitio fieret, utque bona fua ipſis reftituerentur. Circa Pedemontium quædam diſſenſio fuborta eft, cujus partem Rex ad fe pertinere contendebat; ſed conventum tandem ut Rex Auguſtam Taurinorum, Clerium, Clavaſium & Villamnovam in Aftenſi agro retineret, donec iis amice componeretur. Inter ambos autem facilius res terminata fuit: Henricus Philippo reftituebat Mariaburgum, Danvillarium, Ivodium, ac Montemmedium. Philippus Henrico reddebat Sanctum Quintinum, Caſtelletum, Hamum & Taruanenſem agrum, ita tamen ut Taruana reftaurari non poſſet; utque ali-

qua compenſatio fieret, cautum eft ut Rex Ivodii muros, antequam redderet, ſolo æquaret, nec Philippus dirutos reftaurare poſſet, ut etiam Henricus Valentiam in Mediolanenſi tractu Philippo redderet.

Ut firmior pax evaderet, connubium Elifabethæ grandioris natu Henrici filiæ undecennis cum Philippo Rege ftatutum fuit, cui dos affignatur 400000. aureorum. Margarita Regis ſoror Philiberto Emanueli Sabaudiæ Duci uxor datur cum dote 300000. aureorum, & Bituricenſis tractûs uſufructu. Connubium aliud tunc actum fuit Claudiæ fecundæ Regis filiæ cum Carolo Lotharingiæ Duce, qui in aula regia Francica educatus fuerat. Nuptiæ celebratæ funt Lutetiæ cum magnificentia & pompa maxima. In Dieta autem Auguſtæ Vindelicorum celebrata ad quam ab Henrico miſſi fuerant Bordillonius & Archiepifcopus Viennenſis, aliqua difficultatis fuit. Quidam Principes Germani volebant Metas, Tullum & Virdunum Imperio reſtitui; ſed cum alii Principes pro Rege ſtarent, non diu diſceptatum fuit.

Multi pacem hujuſmodi non probavêre, maximeque Guiſius & frater ejus. Pudor eft, inquiebant, Regem, plus quam centum urbes, oppida, vel mu-

Tome V.   H

ou Forteresses pour trois ou quatre que Philippe lui restituoit : mais ce grand nombre de places que le Roi rendoit étoient presque toutes dans le Piémont, dans le Siennois & dans l'Isle de Corse. Et bien loin que ce fût un désavantage pour la France d'abandonner ainsi l'Italie, c'étoit un grand bonheur pour elle de rappeller toutes ses troupes, & de réünir ses forces. Tous les malheurs arrivez pendant quatre Regnes avoient été causez par ces ruïneuses guerres d'Italie ; & si les troupes qui y étoient les plus aguerries de France, & les meilleurs Capitaines, comme les Ducs de Guise, d'Aumale, les Maréchaux de Brissac, de Thermes, de Strozzi, Montluc & tant d'autres, avoient été sur nos frontieres de Picardie, la guerre contre le Roi Philippe auroit sans doute mieux tourné. Bien loin donc que cette paix lui fût désavantageuse, elle lui étoit très-favorable ; elle étendoit ses limites en retenant Mets, Toul, Verdun & Calais, Villes qu'elle a toujours gardées depuis ; car Calais qui fut surpris du tems d'Henri IV. fut rendu bien-tôt après : & elle devenoit plus forte contre ses voisins, en rappellant pour toujours ses troupes de l'Italie ; que si elle ne profita pas d'abord de ces avantages, les guerres civiles qui durerent près de quarante ans, en furent la cause.

Le nombre des Lutheriens & des Calvinistes s'étoit si fort multiplié en France, que dans les Cours de Justice & dans la Cour même du Roi plusieurs avoient embrassé ces nouvelles opinions. Le Roi prévoiant les consequences fâcheuses de cette innovation dans le Christianisme ; bien instruit des guerres & des malheurs qu'elle avoit causé, & causoit encore dans l'Allemagne, & animé d'ailleurs par le Cardinal de Lorraine, fit un Edit au commencement de Juin 1559. par lequel il ordonnoit de condamner à mort tous ceux qui seroient convaincus de Lutheranisme. Il fit mettre à la Bastille Anne du Bourg, Louis du Faur, Antoine Fumée, Eustache de la Porte, & Paul de Foix, tous Conseillers. Du Ferrier, Nicole du Val & Claude Viole devoient aussi y être mis ; mais ils eurent l'adresse de se bien cacher. Cette affaire est rapportée fort au long par M. de Thou, la Popeliniere, & dans les Memoires de Castelnau.

Les Princes Protestans d'Alemagne, les Electeurs de Saxe, de Brandebourg, le Palatin du Rhin, & quelques autres envoierent des Députez au Roi pour lui

---

nitiones restituere, & tria vel quatuor tantum a Philippo accipere. Sed ille tantus ubium oppidorumque numerus fere totus in Pedemontio, in Senensi agro & in Corsica insula erat ; & nedum in Franciæ damnum cederet, quod Italia relicta, nostri in patriam reverterentur : id beneficii loco habendum erat, quod Franciæ copiæ omnes intra Regni limites revocarentur, ut vis unita fortior esset. Nam si copiæ illæ quæ in Italia erant, in bello magis exercitatæ, si duces bellicæ rei peritiores, Guisius, Aumalius, Brissacus, Thermus, Strozzius, Monlucius & tot alii, in Francicis confiniis fuissent, melius haud dubie cessurum erat bellum contra Regem Philippum. Tantum abest igitur ut pax isthæc in Franciæ damnum cesserit, ut etiam opportuna ipsi, utilisque fuerit ; limites quippe suos extendebat, dum Metæ, Tullum, Virdunum & Caletum sibi accedebant, quas urbes postea semper servavit ; nam etsi Caletum sub Henrico IV. captum est, cito restitutum fuit ; sic illa contra vicinos potentior evadebat, revocatis ex Italia copiis suis. Si autem inde partam utilitatem non statim senserit, id domesticis bellis quæ per quadraginta fere annos protracta sunt, tribuendum.

Lutheranorum & Calvinistarum numerus usque adeo in Gallia accreverat, ut in Senatorum Curiis, atque etiam in aula regia, multi novis illis opinionibus infecti essent. Rex vero prospiciens quantum damni ex hujusmodi in Christianismo immutationibus emersurum esset, ac videns quanta mala in Germaniam intulissent, inferrentque in dies; concitante etiam Lotharingo Cardinali, initio Junii anni 1559. Edictum promulgavit, quo præcipiebat, ut quotquot Lutheranismum profiteri deprehenderentur, interficerentur. In Bastiliam conjici jussit Annam Burgum, Ludovicum Fabrum, Antonium Fumeum, Eustachium Portam & Paulum Foxium, qui omnes ex Senatorum numero erant. Ferrerius autem, Nicolaus Valla, & Claudius Viola, in Bastiliam quoque conjiciendi, arte se subduxerunt, quæ res pluribus a Thuano, Popelinario & in Memoriis Castrinovani narrantur.

Principes Protestantes Germaniæ, Electores Saxoniæ, Brandeburgi, Palatinus Rheni & aliquot alii, Oratores ad Regem miserunt, qui ipsum deprecaren-

faire des remontrances en faveur de ses Sujets, qui étoient de même religion qu'eux. Le Roi les reçut fort humainement, & de maniere qu'il sembloit s'adoucir à l'égard de ces Religionnaires ; mais à peine ces Députez furent-ils sortis du Roiaume, qu'il continua de faire faire le procès aux prisonniers ; mais l'étrange accident qui survint, suspendit pour un tems ces poursuites.

Le Duc d'Albe accompagné du Prince d'Orange & du Comte d'Egmond, vint à Paris pour celebrer les nôces du Roi Philippe avec Elisabeth de France. La céremonie se fit dans l'Eglise de Notre-Dame le pénultiéme de Juin. Le Roi y amena sa fille, & le Duc d'Albe y assista comme Procureur du Roi Philippe son maître. Le Duc de Savoie s'y trouva aussi. On fit toutes les réjouissances accoûtumées. Le Roi avoit ordonné un Tournoi dans la ruë Saint Antoine auprès de la Bastille, où il rompit quelques lances avec son adresse & sa vigueur ordinaire. Lorsque tout étoit fini, le Roi voulut encore rompre une lance contre le Comte de Montgommeri qui s'en défendit d'abord ; mais il fut obligé de ceder à ses ordres. Ils coururent l'un contre l'autre d'une si grande roideur, que la lance de Montgommeri s'étant rompuë, le tronçon qu'il tenoit à la main, entra dans l'œil du Roi si avant, qu'il tomba de cheval, perdit la connoissance & la parole, & demeura en cet état jusqu'à la mort. Quelques-uns ont dit que comme on l'emportoit, il vit la Bastille, & pensant à ceux qui y étoient enfermez, il dit qu'il craignoit d'en avoir trop fait pour cause de religion. Mais les autres Historiens disent qu'il ne parla plus après qu'il eût reçû le coup, & la Popeliniere qui favorise par tout les Religionnaires, raconte la chose comme eux, & ne dit point qu'il ait parlé depuis le coup reçû. Les Medecins, tant ceux de Paris, que ceux que lui envoia de Bruxelles le Roi Philippe son gendre, n'y purent trouver aucun remede. Il avoit été blessé le 29. Juin, & mourut le 10. Juillet dans la quarante-uniéme année de son âge, après avoir regné douze ans, trois mois & dix jours.

Le Roi Henri II. blessé à mort dans un tournoi.

Le Duc de Savoie, à qui les conditions de la paix étoient fort avantageuses, craignant que la mort prochaine du Roi n'y apportât quelque changement, se hâta de se marier avec Marguerite sa sœur. Les nôces furent faites sans pompe le neuviéme Juillet. On assure qu'un devin qui fit son horoscope, prédit qu'il seroit tué en se battant en duel, que l'horoscope fut presenté au Roi, qui n'en

Présages de cette mort.

1559. fit que rire & toute la Cour aussi. En effet il n'y a point d'histoire qui nous fournisse un fait pareil à celui-ci : Un Roi tué en joustant contre un de ses sujets. Plusieurss eurent un pressentiment de cette mort : ce que Montluc rapporte là-dessus dans ses Commentaires, merite d'être remarqué. Il étoit alors en Guienne, & la nuit qui précedoit le jour du tournoi, il eut ce songe. » A mon premier » sommeil, dit-il, je songeai que je voiois le Roi assis sur une chaire, aiant le » visage couvert de goutes de sang, & me sembloit que ce fut tout ainsi que » l'on peint Jesus-Christ quand les Juifs lui mirent la couronne, & qu'il tenoit » ses mains jointes. Je lui regardois, ce me sembloit, sa face, & ne pouvois » découvrir son mal, ni voir autre chose que sang au visage. J'oiois, comme » il me sembloit les uns dire ; il est mort ; les autres, il ne l'est pas encore. Je » voiois les Medecins & Chirurgiens entrer & sortir dedans la chambre : & cui-» de que mon songe me dura longuement ; car à mon reveil je trouvai une chose » que je n'avois jamais pensée ; c'est qu'un homme puisse pleurer en songeant ; » car je me trouvai la face toute en larmes, & mes yeux qui en rendoient tou-» jours ; & falloit que je les laissasse faire : car je ne me peus garder de pleurer » longuement après. Ma feuë femme me pensoit reconforter : mais jamais je » ne peus prendre autre résolution, sinon de sa mort. » Il apprit quatre jours après, qu'il étoit blessé, & qu'on esperoit peu de sa vie.

Mezerai dit aussi avoir appris de gens de qualité, qui l'avoient oüi raconter à Charles Duc de Lorraine gendre du Roi, que la nuit qui préceda le tournoi, une Dame logée près de la Bastille, avoit vû en songe, qu'il avoit été blessé & abbatu par terre d'un coup de lance dans l'œil, & que l'éclat en avoit rejailli dans l'oreille du Dauphin, qui en avoit été renversé mort auprès de son pere ; ce qui marquoit que le Dauphin François ne lui survivroit pas long-tems. La maladie dont il mourut commença par l'oreille.

Son caractere & ses mœurs

Henri II. fut Prince fort doux, clement, de facile abord, *& du meilleur & plus simple naturel que le Roiaume eût jamais eû*, dit la Popeliniere. Les Huguenots même contre lesquels il avoit allumé tant de feux dans le Roiaume, en conviennent, & attribuent ces executions à ceux qui le gouvernoient, & sur-tout au Cardinal de Lorraine : mais le Roi y étoit assez porté de lui-même. Il voioit les grands maux & les désastres que la nouvelle Religion avoit causez en Ale-

---

tum fuisse ; qui rem cum risu excepit, atridentibus etiam aulicis. Et vere nusquam in historia comperias Regem cum subdito quodam ludicre pugnantem cæsum fuisse. Quidam mortem ejus præsenserunt ; quod autem Monlucius in Commentariis suis refert annotandum videtur. Erat ille tunc in Aquitania, & nocte illa quæ ludicram pugnam præcedebat, visum ille dormiens habuit. » In primo somno, inquit, vide-» bam Regem in sella sedentem, vultu stillis sangui-» nis consperso, qualem Jesum-Christum depingunt, » quando Judæi ipsi coronam imposuerunt, manus » junctas tenenti. Vultum considerabam, nec vel » afficeretur malo deprehendere poteram, neque » aliud videre, quam sanguinem in vultu sparsum. » Alios mihi videbar audire dicentes, Mortuus est ; » alios, Nondum obiit ; medicos & chirurgos in cubi-» culum ingredientes, & inde egredientes videbam, » putoque somnium longi temporis fuisse. Expergefactus enim rem expertus sum, quam nunquam putaveram ; quod nempe vir quispiam possit somniando » in fletus erumpere : faciem quippe totam lacrymis » opertam reperi, & oculi plorantes diu, etiam me » obsistente, lacrymas emiserunt. Uxor me consolari » conabatur ; sed non potui aliud credere, quam » quod Rex mortuus esset. Post quatriduum autem comperit Regem vulneratum fuisse, parumque de ejus vita sperari.

Mezeræus etiam narrat se a primoribus quibusdam edidicisse, qui rem a Carolo Duce Lotharingiæ Regis genero acceperant ; nocte videlicet ludicram pugnam præcedente, nobilem quamdam fœminam, cujus ædes prope Bastiliam erant, Regem in somnio vidisse ictu lanceæ in oculo vulneratum in terram incidisse, atque truncum in aurem Delphini reflexum fuisse, qui prope patrem mortuus dejectus fuerat ; quo significabatur Delphinum non diu patri superstitem futurum ; morbo autem hic obiit, qui ab aure inceperat.

Henricus II. Princeps mitis, clemens, aditu facilis, *cujus melior & candidior indoles erat, quam uspiam in Regno visa fuisset*, inquit Popelinarius. Calvinistæ ipsi, adversus quos tot ignes ille in Regno accenderat, clementem fuisse non inficiantur ; sed tot illata supplicia adscribunt iis qui Regem ad votum moderabantur, maximeque Cardinali Lotharingo : verum Rex suopte motu ad id inclinabat. Videbat quippe quot mala, quot calamitates nova Religio in Ger-

magne. Le nombre de ces Religionnaires augmentoit tous les jours en France. Plusieurs Seigneurs & Dames de sa Cour & des Officiers de son armée, s'étoient mis dans ce parti ; ce qui sembloit présager quelque grande révolution dans l'Etat, qui arriva peu de tems après sa mort. Il crut donc qu'il falloit employer les remedes les plus violens pour arrêter ce grand mal ; mais il empira toujours à un tel point, qu'il mit le Roiaume à deux doigts de sa perte.

Après Diane qui posseda toujours l'esprit & le cœur du Roi, les Guises, sur-tout le Cardinal, le Connétable de Montmorenci, & le Maréchal de Saint André, étoient ses plus grands favoris ; mais la perte de la bataille de Saint Quentin pensa entierement disgracier ces deux derniers, à ce que dit Brantôme, homme de qualité, bien informé de ce qui s'étoit passé dans la Cour du Roi Henri. Après qu'ils eurent été pris à cette bataille, dit-il, il ne les regretta point, & s'ils étoient échappez sans être pris, j'ai oui dire qu'il leur auroit fait mauvais parti. Il ne se soucioit gueres de les voir prisonniers ; jusqu'à ce que Messieurs de Guise se donnant de grands airs à cause de la faveur où ils étoient, *& se montrans un peu insolens*, & le Roi voulant se défaire d'eux, *il rappella Monsieur le Connétable & Saint André, c'est-à-dire, qu'il leur manda de moienner une paix : ce qu'ils firent à notre désavantage, & pour le seur Messieurs de Guise s'en alloient chez eux*. Peut-être prévoioit-il comme le Roi François son pere, que ces Guises seroient un jour formidables à la Maison Roiale de France.

maniam importavisset. Hæreticorum numerus crescebat in dies per Regnum Francorum ; ex primoribus plerique utriusque sexûs, in exercitu quidam duces & Præfecti has sectabantur partes, unde portendi videbatur magna in statu rerum eversio, quæ revera post ejus obitum subsequuta est. Putabat ergo violentis utendum esse remediis, ut tantum exstingueretur incendium ; sed malum manavit in dies latius, eoque devenit ut in extremam fere perniciem Regnum decuteret.

Post Dianam, quæ Regis cor & animum imperio suo subegerat, Guisii, maximeque Cardinalis, Constabularius & Santandreanus apud illum gratia multum valebant. Verum Sanquintiniana clades postremos hosce duos a Regis gratia pene decussit, inquit Brantomius, vir claro genere, qui ea quæ in Henrici Regis aula gerebantur, apprime noverat. Postquam illi, inquit, in pugna capti fuerant, non doluit, inquit, & si liberi ex pugna elapsi fuissent, pessime certe excipiendi erant. Captivos ille nihil curabat, donec Guisii altos spiritus sumentes, ob favorem & gratiam quam obtinebant, *etiam insolentiæ & arrogantiæ signa dederunt*. Tunc enim Rex illos eliminare cupiens, *Constabularium & Santandreanum revocavit ; id est, præcepit ipsis ut facienda paci studerent, quam ipsi non ita commodam nobis fecerunt, certissimumque est tunc Guisios ad sua loca remittendos fuisse*. Fortassis prævidebat Henricus perinde atque pater suus, Guisios domui Regiæ Franciæ aliquando formidolosos fore.

MONUMENS DU REGNE
D'HENRI II.

P L. VIII.

Nous donnons ici la Planche où est représenté Henri II. au lit de la mort, tirée d'une estampe en bois faite dans le même tems. Henri est couché dans son lit au Palais des Tournelles, comme porte l'inscription de la Planche. Auprès de son chevet est le Cardinal de Lorraine qui étend les mains déplorant le malheur qui vient d'arriver; un peu plus loin est la Reine Catherine en pleurs joignant les mains. Plus en arriere entre les deux est le Connétable de Montmorenci, le chapeau sur la tête; tout cela est marqué au bas de l'ancienne estampe, où il n'est rien dit de ceux qui suivent. Mais je crois qu'il ne faut point douter que le jeune Prince qui est presque au pied du lit du même côté, ne soit François Dauphin. Les trois Princesses qu'on voit un peu en arriere sont apparemment Marguerite sœur du Roi, qui épousa alors Philibert Duc de Savoie, Elizabeth sa fille qui fut Reine d'Espagne, & Claude son autre fille qui fut Duchesse de Lorraine. Je ne sçai qui est celui qui est près du chevet de l'autre côté en robe longue; l'autre, qui tient une phiole à la main, est un Medecin. Les trois qui sont autour de la table chargée de pots, de phioles, & d'instrumens de Chirurgie, sont aussi Medecins ou Chirurgiens. Deux qui arrivent & font la reverence, sont apparemment deux Medecins envoyez de Flandre par le Roi d'Espagne. Les derniers du même côté qui tiennent des hallebardes, sont appellez dans la premiere estampe Gardes de la Chambre du Roi. Plus haut, & comme dans un lointain à l'extrêmité de la planche, on voit des gens qui courent à cheval. L'anciennne estampe met ici cette note: *Postes courans & des Medecins & Chirurgiens bien experts, envoyez de Flandre par le Roi d'Espagne.*

P L. IX. 1. 2.

La premiere figure d'Henri II. peint en buste, est tirée de son portrait original & du tems,[1] du cabinet de Monsieur de Gagnieres. Son bonnet est de la forme ordinaire de son tems, le reste se remarque à l'œil.[2] L'autre portrait original tiré du même endroit, le represente debout avec toute sa taille; sa culote

---

MONUMENTA REGNI
HENRICI II.

Hic Tabulam proferimus Henricum II. in lecto decumbentem, & lethali vulnere saucium, referentem, ex tabula delineata lignea ipso tempore facta desumtam. Henricus decumbit in ædibus regiis Turricularum, ut inscriptio vetus indicat. Prope cervical ejus est Cardinalis Lotharingus, extensis manibus, tam infelicem casum deplorans. Paulum ulterius est Catharina Regina lacrymans, junctis manibus. Inter ambos, sed retro positus est Montmorancius Constabularius, petasum capite gestans. Sic in tabula veteri notatur. Sequentium vero nomina non comparent, sed non dubito quin junior Princeps, qui in eodem latere extremam fere partem occupat, sit Franciscus Delphinus. Tres feminæ Principes juniores, quæ paulum a tergo visuntur, videntur esse Margaritam Regis sororem, quæ Philiberto Emanueli Duci Sabaudiæ nupsit, Elisabetham Regis filiam Hispaniæ Reginam, & Claudiam item Regis filiam, quæ Lotharingiæ Duci nupsit. Nescio quis sit ille alius qui in alio latere prope cervical Regis adstat, oblonga veste. Alius, qui phialam tenet, medicus est. Tres alii qui circa mensam sunt, vasis, phialis & instrumentis Chirurgicis onustam, etiam Medici, vel Chirurgi sunt; qui advenientes reverenter salutant, sunt fortasse Medici ex Flandria a Rege Hispaniæ missi. Eodem ex latere qui postremi sunt, quique hastas tenent, in veteri tabula vocantur Custodes cubiculi regii. In superna & extrema tabulæ parte, equites procul apparent currentes. Inscriptio veteris tabulæ, qui sunt illi edocet: *Venedarii*, inquit, *Medici & Chirurgi ex Flandria a Rege Hispaniæ missi.*

Primum Henrici II. schema protomen ejus exhibet ex tabula depicta sui temporis desumtam, quæ in Musæo D. de Gagneriis erat. Pileus ejus formam illo tempore usurpatam refert. Cætera oculis observanda relinquuntur. Aliud ejusdem schema, eodem ex loco exsumtum, eumdem cum statura tota repræsen-

Le Roi Henri II. BLES
representé dans son

ROI HENRI II. BLESSÉ A MORT,
représenté dans son lit.

DE HENRI II.

fort large & même gonflée, ne descend que jusqu'à demi-cuisse. C'étoit la mode de ces tems là. L'escarcele qui pend à sa ceinture étoit en usage avant le siecle de Saint Louis, & le fut encore assez long-tems après la mort d'Henri III. Les deux ³ portraits suivans de Catherine de Medicis ⁴ Reine de France, & femme d'Henri II. sont tirez du même cabinet. Cette grande piece d'étoffe qui s'éleve sur ses épaules, se voit de même dans les autres portraits que j'ai vûs de cette Princesse.

La planche suivante tirée du même cabinet, represente la reception d'un Chevalier de l'Ordre de S. Michel, par le Roi Henri II. Au bas du dessein on ne lit que ces mots : *Reception d'un Chevalier de Saint Michel dans la sainte Chapelle de Vincennes, par le Roi Henri II. pris sur une miniature qui est à la tête des Statuts.* L'habit du Roi & des Chevaliers assis à ses côtez est blanc, & le collier est rouge. Les armoiries qui sont au bas sont apparemment du Chevalier reçû.

La premiere figure qui suit est de Marguerite de France, troisiéme & derniere fille de François I. née en 1523. elle est représentée ici comme elle étoit avant son mariage, tirée d'un original fait par Corneille Peintre de ces tems. Le tableau qui étoit dans le cabinet de M. de Gagnieres, a passé depuis en d'autres mains. Elle porte ici un bonnet tel que celui du Roi son frere. Après qu'il eut été blessé au tournoi de la ruë Saint Antoine, un jour avant sa mort, elle épousa Philibert-Emanuel Duc de Savoye, & mourut en 1574. Elle étoit représentée au même cabinet dans deux autres tableaux en Duchesse de Savoie. ² Dans le premier elle tient un écureüil de la main droite & ses gands de la gauche, & porte une petite couronne ; dans le second ³ elle est coëffée differemment. Dans l'un & dans l'autre elle est en vertugadin, mais moins large que celui d'autres Princesses de son tems, & que les paniers d'aujourd'hui.

Elisabeth de France fille d'Henri II. se voit en cette forme dans un tableau du même cabinet de M. de Gagnieres, d'où sont aussi tirées les figures des Princes & Princesses representez dans cette planche. ¹ Elle fut ainsi peinte avant son mariage. On la voit ici de bout caressant un petit chien sur une table. Elle fut mariée l'an 1559. à Philippe II. Roi d'Espagne. La figure suivante la montre ² vétuë en Reine couronnée & habillée à l'Espagnole. Elle mourut à Madrid

3.
4.

PL.
X.

PL.
XI.
1.

2.
3

PL.
XII.
double.
1.

2.

---

tat. Femoralia ejus lata & inflata, ad medium femur descendunt, istius ævi more, marsupium & zona pendens, jam ante S. Ludovici ævum in usu erant, atque etiam diu post ætatem Henrici III. adhibitum fuit. Duæ sequentes imagines Catharinam Mediceam Franciæ Reginam & Henrici II. uxorem exhibentes, ex eodem Museo eductæ sunt. Pannus ille qui supra humeros extollitur, in cæteris, quæ vidi, istius schematibus conspicitur.

Tabula sequens ex eodem Museo educta Equitis Ordinis S. Michaelis creationem ab Henrico II. factam exhibet : in ima tabula hæc leguntur : *Institutio cujusdam Equitis Ordinis S. Michaelis in sacra Capella Vincennarum ab Henrico II. facta, desumta ex tabula minio depicta, quæ in statutorum Ordinis frontispicio habetur.* Vestis Regis & Equitum alba est, & collare rubrum. Insignia in imo posita, Equitis qui recipitur esse videntur.

Primum schema tabulæ sequentis est Margaritæ tertiæ & postremæ filiæ Francisci I. quæ anno 1523. nata est. Hic qualis erat antequam nuberet exhibetur ex tabula depicta a Cornelio Pictore, quæ in Museo Gagneriano olim visebatur, & jam alias in manus transiit. Pileum illa gestat pileo fratris sui Henrici Regis simile. Postquam ille in vico S. Antonii in ludicra pugna vulneratus fuerat, pridie quam ipse obiret, Philiberto Emanueli Sabaudiæ Duci Margarita nupsit, & mortua est anno 1574. In eodem museo bis depicta illa erat, ut Sabaudiæ Ducissa. In prima tabula scurium manu dextera tenet, & sinistra chirothecas, In altera vero ornatum capitis alium habet. In utraque vestem inferne latam & inflatam habet ; sed longe minus, quam sui ævi Principes feminæ gestabant, & quam hodiernus usus exhibet.

Elisabetha Henrici filia hac forma visebatur in tabula depicta ejusdem Musei, unde etiam educta sunt cætera schemata Principum utriusque sexus, quæ in hac tabula conspiciuntur. Etiam antequam nuberet, depicta fuit qualis hic visitur, catellum in mensa positum blandiens. Anno 1559. Philippo II. Hispaniarum Regi nupsit. Schema sequens illam Reginam exhibet coronatam, Hispanica ornatam veste.

l'an 1568. & fut fort regrettée des Espagnols, qui la regardoient comme une des plus vertueuses Princesses.

3. Celle qui suit est sa sœur 3 Claude de France mariée à Charles II. Duc de Lorraine en 1558. Elle mourut en 1575. son habit est rouge dans le tableau original.

4. Jean de Bourbon 4 Comte de Soissons & d'Anguien, fils de Charles Duc de Vendôme, & frere d'Antoine depuis Roi de Navarre, fut tué en combattant
5. vaillamment à la bataille de Saint Quentin en 1557. Sa sœur 5 Marguerite de Bourbon qui vient après, née en 1516. épousa en 1538. François de Cleves Duc de Nevers, & mourut l'an 1589.

6. La derniere est 6 Diane legitimée de France, Duchesse d'Angoulême, fille naturelle d'Henry II. Elle épousa en premieres noces Horace Farnese Duc de Castro, qui fut tué à Hedin en 1554. & depuis François de Montmorenci, Maréchal de France. Elle mourut sans posterité l'an 1619.

Madriti autem obiit anno 1568. nec sine Hispanorum mœrore, qui illam ut virtute fulgentem in honore habebant.

Quæ sequitur, soror illius est Claudia nempe, quæ anno 1558. Carolo II. Lotharingiæ Duci nupsit. Mortua est anno 1575. Vestis ejus in tabula depicta rubra est.

Joannes Borbonius Comes Suessionensis & Anguianus, filius Caroli Vindocinensis Ducis, & frater Antonii, qui postea Rex Navarræ fuit, fortiter pugnans interfectus est in Sanquintiniana clade anno 1557. Margarita Borbonia soror ejus quæ sequitur 1516. nata anno 1538. nupsit Francisco Cliviensi Nivernensi Duci, & obiit anno 1589.

Postrema exhibetur Diana Henrici II. spuria filia, sed in legitimorum sortem deducta. Primo nupsit Horatio Farnesio Castrensi Duci, qui Hedini interfectus est anno 1554. & postea connubio juncta est Francisco Montmorancio Franciæ Marescallo: sine posteris obiit anno 1619.

FRANÇOIS II.

RECEPTION D'VN CHEVALIER DE L'ORDRE DE SAINT MICHEL
par Henry II.

1. MARGUERITE DE FRANCE
avant son Mariage

2. MARGUERITE DE FRANCE
Duchesse de Savoie

3. la même

1. Elisabet fille d'Henry II.

2. la même Reine d'Espagne.

3. Marguerite de Bo... de Ne...

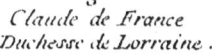

3. Claude de France Duchesse de Lorraine.

4. Jean de Bourbon Duc d'Anguien.

5. Marguerite de Bourbon Duchesse de Nevers.

6. Diane de France Duchesse d'Angoulême.

FRANÇOIS II.

La situation où étoit la France lorsque Henry II. mourut d'un accident si subit & si extraordinaire, sembloit presager quelque revolution dans l'Etat. Il y avoit deux puissans partis: Tous les Princes du Sang réduits depuis plusieurs années à la Maison de Bourbon, étoient d'un côté; les deux principaux Antoine Roi de Navarre, & Louis Prince de Condé, étoient freres, mais d'un caractere fort different. Antoine Prince lent & peu ambitieux, aimoit le repos, peu capable d'aucune intrigue; Louis au contraire, brave, vaillant & entreprenant, ne cherchoit qu'à se produire & à se faire valoir. Le premier panchoit du côté des nouveaux Religionnaires; l'autre y étoit tout entier & ne cachoit gueres ses sentimens. L'Amiral & d'Andelot son frere, Calvinistes declarez, se mirent du côté des Princes: tout le parti animé par les feux & par les supplices qu'on venoit de voir dans toute la France, ne cherchoit qu'une occasion pour prendre les armes. Un grand nombre de Gentilshommes & d'Officiers de guerre faisoient profession de la nouvelle Secte, prêts de lever l'étendard pour la défendre au premier signal. Le Connétable de Montmorenci se mit de leur côté quoique bon Catholique, mais decrié, & sur tout par les Guises, à cause de la perte de la bataille de Saint Quentin, & de la paix dont il avoit été le médiateur; paix qui excluoit pour toujours les François des guerres d'Italie; c'étoit là le principal grief, tant l'entêtement étoit grand. Le Connétable donc dès qu'il vit le Roi blessé à mort, envoia un exprès au Roi de Navarre le solliciter de se rendre promptement à la Cour pour y occuper son rang dans le ministere, mais il y vint fort lentement, s'arrêta plusieurs jours à Vendôme, & donna tout le tems à l'autre parti de s'emparer du Gouvernement.

1559.

Etat de la France au commencement du Regne de François II.

Ce parti étoit la Maison de Guise. François un des grands Capitaines de son tems, estimable encore par d'autres belles qualitez, avoit le cœur de la Noblesse & des principaux Officiers des troupes, hors le parti des Sectaires qui le regardoient comme leur principal ennemi. Charles Cardinal de Lorraine son

Les Guises s'emparent du Gouvernement.

FRANCISCUS II.

Thuanus. Belcarius. Popeliniere.

EO in statu Regnum Francorum erat cum Henricus II. tam repentina & stupenda morte sublatus est, ut omnia mutationem in rerum administratione magnam portendere viderentur. Duæ potentissimæ factiones erant: regii sanguinis Principes omnes a multis jam annis ad Borboniam familiam reducti fuerant. Primi duo erant Antonius Rex Navarræ, & Ludovicus Princeps Condæus: hi fratres erant, sed longe ingenio dispares. Antonius animo lentus, nec ambitiosus, quietis amans erat, & ad res arte tractandas non aptus. Ludovicus contra strenuus, audax, ad res novas suscipiendas pronus, sui in medium producendi occasiones captabat. Prior ad novos Reformatos inclinabat; alter illis omnino deditus erat, nec quid sentiret omnino occultabat. Maris Præfectus & Andelotus fratres Calvinismum aperte profitentes, horum Principum partes sequuti sunt. Reformati omnes ignibus & suppliciis per totam Galliam contra suos adhibitis concitati, occasionem quærebant arma sumendi. Multi nobiles viri, bellici, Præfecti & Tribuni novam illam sectam profitebantur, & primo dato signo, in promptu erant ad vexilla illam tuendi causa erigenda. Constabularius Montmorencius, etsi vere Catholicus, ad illorum partes accessit; apud Guisios male audiens, & ab illis vituperatus ob cladem Sanquintinianam, & ob pacem illo curante factam; pacem, inquiebant, quæ Francos ab Italico bello in perpetuum excludebat; hæc præcipua querelarum erat: tantum præjudicata opinio valebat. Constabularius ergo statim atque vidit Regem lethali vulnere ictum, ad Regem Navarræ quempiam misit, qui illum solicite urgeret ut ad aulam Regiam quamprimum se conferret, atque in aulico ministerio locum suum occuparet; sed lento gradu venit ipse, plurimisque diebus Vindocini mansit, & sic alteri factioni spatium dedit regni gubernacula occupandi.

Hæc factio erat Guisia familia. Franciscus inter bellicos sui ævi duces admodum conspicuus, aliisque multis virtutibus ornatus, nobilium & præcipuorum belli ducum affectum sibi conciliaverat; exceptis tamen Protestantibus, qui ipsum ut præcipuum hostem habebant. Carolus Cardinalis frater

Les mêmes.

1559. frere, homme d'esprit, adroit, intrigant, se mêloit volontiers des affaires d'Etat, moins aimé que son frere, parce qu'il passoit pour moins droit & sincere. La conjoncture étoit favorable pour eux : Marie Reine de France & d'Ecosse leur niece, qui avoit beaucoup d'esprit, gouvernoit entierement le jeune Roi François son mari qui n'avoit que seize ans & quelque mois : Prince foible de corps & d'esprit, qui suivoit toutes les impressions de sa femme. Selon les Loix du Roiaume il étoit majeur, & pouvoit choisir des Ministres à sa fantaisie. Les Guises se rendirent ainsi les maîtres dès les premiers jours de ce Regne.

La Reine Mere Catherine de Medicis Princesse fort habile & ambitieuse, & qui auroit bien voulu dominer seule, se vit obligée de ceder au tems, & de s'accommoder avec les Guises, sans s'éloigner pourtant tout-à-fait de l'autre parti, pour contrebalancer un peu la trop grande autorité des premiers. Elle auroit bien voulu chasser les uns & les autres pour réunir tout le Gouvernement; mais le tems ne le permettoit pas. Extrêmement indignée contre Diane de Poitiers, qui avoit tenu le Roi comme ensorcellé, & qui avoit tout gouverné pendant son regne, elle se joignit aux Guises, qui s'étoient pourtant élevez par la faveur de Diane. Ils la chasserent de la Cour, après qu'elle eut rendu les clefs du cabinet du Roi, ses bagues, & ses pierres precieuses. On n'en seroit pas demeuré là; mais le Duc d'Aumale son gendre, obtint de ses freres les Guises qu'on ne lui ôteroit rien de ses biens qui étoient immenses.

Diane de Poitiers chassée de la Cour.

On ôta les Sceaux à Bertrandi Archevêque de Sens & Cardinal, tout dévoué à Diane, & on les rendit à Olivier, homme d'une probité reconnuë, à qui Diane les avoit fait ôter, & qui eut depuis beaucoup de peine à soutenir l'humeur imperieuse & violente du Cardinal de Lorraine. La Sur-Intendance des Finances fut ôtée à Avançon; mais il ne fut pas pour cela disgracié, les Guises le retinrent à la Cour, parce qu'il étoit participant de leurs secrets.

Changement d'Officiers.

La Reine Catherine voulut faire rappeller le Cardinal de Tournon, homme sage & capable de mener les grandes affaires, & qui n'étoit lié à aucun parti; ce qui faisoit qu'elle le souhaittoit à la Cour. Comme il en avoit été chassé & dépoüillé de la qualité de Chancellier de l'Ordre de Saint Michel par l'intrigue du Cardinal de Lorraine, les deux Guises s'y opposoient d'abord; mais sachant

---

Les mêmes.

ejus, ingenio valens, dexter, artificiosus, libenter sese in Ministerii negotia ingerebat; minusquam frater dilectus, quia minus sincerus nec candidus habebatur. Opportuna se illis offerebat occasio : Maria Franciæ & Scotiæ Regina, sororis ipsorum filia, ingenio prædita, Franciscum Regem sponsum omnino regebat, qui sextum decimum tantum vitæ annum emensus erat, debilisque corpore & animo, ad libitum uxoris agebat omnia; cumque ille secundum Regni leges major jam esset, Ministros sibi pro lubito eligere poterat; sicque Guisii primis regni hujus diebus auctoritatem totam sibi assumsere.

Regina vero mater Catharina Medicea ingenio dexteritateque pollens & ambitiosa, sola sibi Regni administrationem usurpare voluisset : at temporis conditioni cedens, Guisiis sese junxit; nec tamen ab alia parte prorsus recessit, ut nimiam illorum auctoritatem moderaretur : ambas autem factiones eliminare peroptasset, ut sola imperaret : sed id tempus non permittebat. In Dianam Pictaviensem supra modum indignata, quæ defunctum Regem quasi sortilegio fascinatum detinuerat, & illo regnante omnia administraverat, cum Guisiis juncta, qui tamen per Dianæ gratiam primas tenuerant, illam adorta est : conjunctim vero ipsam ex aula Regia eliminarunt, postquam Regii conclavis claves reddiderat, necnon gemmas & lapides preciosos. Neque hic gradum sistere animus erat, sed Albæmalæus ipsius gener a fratribus Guisiis impetravit, ut ex bonis ipsius, quæ immensa erant, nihil adimeretur.

Les r.

Bertrando Archiep. Senonensi & Cardinali Dianæ addictissimo sigilla sublata fuere, & Olivario reddita sunt, viro probitate singulari prædito, qui Dianæ opera sigilla ipsa deposuerat, quique postea in ferenda Cardinalis Lotharingi vehementia non parum laboravit. Rei ærariæ Præfectura Avanconio demta fuit, neque tamen ille a gratia excidit; Guisii enim ipsum in aula retinuere, ut secretorum consiliorum consortem.

Catharina Turnonium Cardinalem in aulam revocari voluit, hominem sagacem, & magnis expediendis negotiis aptissimum, nulli partium addictum; quæ causa erat ut Catharina illum recipere optaret. Cum autem Cardinalis Lotharingi artibus Cancellarii Ordinis Sancti Michaelis munere spoliatus & expulsus fuisset, Guisii statim ne rediret obsistebant; sed

qu'il étoit ennemi du Connétable leur adversaire; ils se rendirent enfin, & ce Cardinal fut rappellé.

Le Maréchal de Saint André, brave, mais fort dereglé dans sa vie, qui indépendamment des Guises & du Connétable, avoit été fort avant dans les bonnes graces du Roi Henri, se voyant en péril d'être chassé de la Cour, craignit d'être accablé par le grand nombre de ses creanciers, & de ceux aux dépens desquels il s'étoit enrichi. Pour se maintenir en faveur, il alla offrir au Duc de Guise de donner sa fille unique en mariage à celui de ses fils qu'il voudroit, & de lui donner en dot tous ses biens qui étoient des plus considerables, s'en reservant seulement l'usufruit pendant sa vie. Par ce moien il se maintint à la Cour, & fut toujours attaché aux Guises.

Leur puissance fut connuë à tous dès les premiers jours de ce Regne; mais elle parut dans tout son lustre lorsque le Roi dit aux Députez du Parlement, que de l'avis de la Reine sa mere il avoit donné l'administration de toutes les affaires du Roiaume au Duc de Guise & au Cardinal de Lorraine son frere; en sorte que le premier auroit soin de la guerre, & l'autre des finances. Par cette declaration le Connétable de Montmorenci vit bien qu'il ne pourroit se maintenir à la Cour, & qu'il seroit bien-tôt obligé de décamper. Il dissimula quelque tems, & sollicita le Roi de Navarre qui s'étoit arrêté à Vendôme, de venir voir le Roi. Les Princes de Condé & de la Rochesurion allerent aussi le trouver & le presserent de se rendre promptement en leur compagnie pour tâcher de contrebalancer la trop grande autorité que les Guises usurpoient. Le Navarrois, temporiseur éternel, dit qu'il falloit attendre qu'on eût fait les obseques du feu Roi Henri.

Après ces obseques finies, les Guises, pour se rendre encore plus les maîtres de la personne du Roi, le menerent à saint Germain, où la Reine Mere les suivit. Le Connétable de Montmorenci qui avoit eu soin des funerailles, y vint saluer le Roi, qui instruit par les Guises le reçut assez froidement. Il y revint le lendemain, & recommanda les Colignis ses neveux au Roi, qui se montra bien disposé à leur égard, & dit au Connétable que pour le soulager dans sa vieillesse il avoit donné le soin de la guerre au Duc de Guise, & celui des Finances au Cardinal de Lorraine, mais qu'il lui avoit reservé une place hono-

Le Connétable se retire de la Cour.

---

gnari illum Constabulario infensum esse, cessere tandem, & Turnonius rediit.

Santandreanus Marescallus strenuus quidem vir; sed dissolutis moribus, qui ex se, nec Guisiorum vel Constabularii favore, gratia apud Regem Henricum multum valuerat; cum periculo sibi instare videret, ne ab aula regia excluderetur, timuit ne creditorum & eorum, quorum bona rapuerat, multitudine obrueretur. Ut autem immotus in aula maneret, Duci Guisio filiam unicam obtulit ut illam cum bonis omnibus, quorum usumfructum tantum sibi reservabat, cui vellet filiorum suorum sponsam daret: illoque pacto in aula sese firmavit, & Guisiis semper addictus fuit.

nimes. Guisiorum potentia vel primis hujusce Regni diebus omnibus nota fuit; sed longe clarius apparuit, quando Rex Deputatis Curiæ Senatus dixit, se, annuente Regina matre sua, administrationem omnium Regni negotiorum dedisse Guisiæ Duci & Cardinali Lotharingo fratri ejus, ita ut prior rem bellicam; alter rem ærariam curaturus esset. Illa vero declaratione facta, vidit Constabularius Montmoren-

cius brevi ex aula regia sibi recedendum fore. Aliquamdiu tamen dissimulavit, & Regem Navarræ, qui Vindocini moras trahebat, ursit ut Regem adiret. Principes quoque Condæus & Rupisurionius instabant ut simul cum illo in aulam regiam properarent, & nimiam a Guisiis usurpatam auctoritatem frenarent. At Navarræus, ad moras addendas semper pronus, dicebat expectandum esse, donec Henrici Regis exsequiæ celebratæ fuissent.

Post exsequias illas Guisii, ut Regis personam magis in potestate sua tenerent, ipsum ad Sanctum Germanum in Laia duxere. Catharina mater ipsos secuta est. Constabularius vero, qui exsequias regias curaverat, Regem salutatum venit, qui instigantibus Guisiis ipsum non ita comiter excepit; sequenti quoque luce Regem adiit, ac Colinios sororis filios ipsi commendavit. Rex se erga illos bene affectum esse testificatus est, & Constabulario dixit, se ut illum jam senem a nimio labore levaret, Guisio Duci belli curam dedisse, & Cardinali Lotharingo ærarii administrationem; sed ipsi Constabulario in Consilio suo honorabilem locum reservavisse, ut ibi cum per

Thuanus. Belcarius. La Popelinière.

Tome V.   I ij

1559. rable dans son Conseil, où il se trouveroit quand sa santé le lui permettroit. Montmorenci répondit qu'il ne lui convenoit point d'assister au Conseil pour y obéir à ceux à qui il avoit autrefois commandé, & qu'au reste malgré sa vieillesse il étoit encore en état de bien servir Sa Majesté, quoique ses ennemis pussent dire. Selon quelques Auteurs, la Reine Catherine lui reprocha qu'il avoit dit que de tous les enfans du Roi Henri II. il n'y avoit que Diane sa fille naturelle qui lui ressemblât. Mais M. de Thou prétend ou que cette historiette est fausse, ou que Catherine avoit inventé cela pour rompre avec le Connétable; trop sage, dit-il, pour qu'il lui échappât jamais une parole semblable. Il se retira alors à Chantilli.

Les Princes du Sang éloignez de la Cour.

Pour éloigner les Princes de Condé & de la Rochesurion, on les envoya en Espagne, l'un pour y confirmer la paix faite avec le Roi Philippe, & l'autre pour lui apporter le Collier de l'Ordre de S. Michel, selon l'usage. On éloigna ainsi d'abord le Connétable & ces Princes, afin que quand le Roi de Navarre viendroit, il se trouvât seul. Il vint enfin à Saint Germain, & fut reçû si mal, qu'on vid d'abord que les Guises ne pensoient qu'à l'éloigner pour n'y plus revenir. Le Duc se saisit du logement qu'il devoit occuper, & ne sachant où se mettre, il auroit été obligé de se retirer honteusement, si le Maréchal de Saint André ne lui avoit prêté sa maison. Plusieurs de la Cour & de la Ville furent indignez de la maniere dont on avoit traité le premier Prince de la Maison de Bourbon; quelques-uns lui conseilloient de s'en ressentir, & de tenir ferme contre les Guises: mais la chose étoit difficile, & il n'avoit pas assez de resolution pour prendre un parti si hazardeux. De Saint Germain il vint à Paris, où il fut quelque tems. Les Guises qui vouloient absolument l'éloigner, s'aviserent d'un expedient: ils firent lire en sa presence des Lettres du Roi d'Espagne à la Reine Catherine, où il lui promettoit de prendre les armes contre ceux qui voudroient machiner quelque chose contre elle ou contre le Roi son beaufrere.

Le Roi de Navarre éloigné par les Guises.

Cela eut tout l'effet que les Guises souhaitoient: le Roi de Navarre sollicité d'ailleurs par sa femme de revenir dans le Bearn, prit le parti de se retirer dans ses Terres pour les défendre contre les troupes d'Espagne, si elles y venoient. Il accepta l'offre que lui firent les Guises d'être le conducteur de la Reine d'Espagne au Roi Philippe son mari, croyant qu'en cette qualité il se retireroit

---

valetudinem liceret considere posset. Respondit Montmorencius, non sibi honori fore si Consilio Regio adesset, ut iis obsequeretur queis imperare solebat, seque etsi senem, optime posse adhuc solita munia Regi præstare, quamvis adversarii sui contrarium proferrent. Narrant quidam Catharinam Reginam Constabulario improperavisse, quasi dixisset ex Regis Henrici II. filiis & filiabus, nullum ipsi vultu similem esse præter Dianam spuriam. At dicit Thuanus vel rem omnino falsam esse, vel Catharinam illud commentam fuisse, ut Constabulario valediceret, ipsumque eliminaret; qui cautior in dictis suis erat, inquit, quam ut tale quidpiam proferret. Tum vero ille Cantiliam se recepit.

Les mêmes. Ut procul amandarentur Principes Condæus & Rupisurionius, in Hispaniam missi sunt; alter, ut pacem cum Philippo Rege confirmaret; alter ut torquem illi Ordinis S. Michaelis afferret pro solito more. Sic statim eliminati sunt Constabularius & Principes, ut cum Rex Navarræ accederet, solus compareret. Venit ille tandem ad Sanctum Germanum, & tam male exceptus fuit; ut statim viderit id moliri Guisios, ut se prorsus abigerent, non ultra reversurum. Illam ædium partem in qua habitaturus Navarræus erat, Dux Guisius occupaverat, ita ut cum ubi consisteret nesciret, receptum turpiter habere coactus fuisset, nisi Santandreanus Marescallus ædes suas illi commodavisset. Multi in aula & in urbe indignati sunt, quod primus familiæ Borboniæ Princeps ita turpiter exceptus fuisset. Quidam illi auctores erant, ut se læsum significaret, & contra Guisios firmiter consisteret: verum res ardua erat, nec eo erat ille animo ut periculosam rem aggrederetur. Ex Sancto Germano Lutetiam venit, ibique aliquamdiu mansit. Guisii qui omnino volebant illum procul abigere, artem aliam adhibuere: ipso audiente Regis Hispaniæ literas legi curavère, ad Catharinam Reginam matrem missas, queis pollicebatur ille se arma sumturum adversus eos qui vel contra illam vel contra Regem filium ipsius aliquid machinarentur. Ut autem Guisii optabant, Navarræus, urgente etiam uxore ut in Bearniam peteret, illò profectus est, ditionem suam contra Hispanicas copias, si eò accederent, defenderet. Hortabantur illum Guisii, ut Hispaniæ Reginam Regi Philippo adduceret, fic-

avec quelque honneur de la Cour de France: il esperoit aussi de gagner l'amitié du Roi d'Espagne, qui, comme les Guises lui avoit fait accroire, vouloit attaquer son Etat.

En ce tems ci le Chancelier Olivier publia plusieurs Edits, un qui défendoit de porter des armes à feu courtes, & en même tems l'usage de longs manteaux & de haut-de-chausses larges où l'on pourroit les cacher. On disoit qu'il fut fait à l'instigation du Cardinal de Lorraine, homme timide, & qui s'étant fait beaucoup d'ennemis, craignoit de perir par quelque coup de desespoir. Un autre Edit revoquoit toutes les alienations du Domaine, hors celles qui avoient été faites pour les doüaires des Princesses & les appanages des Princes du Sang, & celles aussi qui avoient été faites pour des sommes d'argent. Il y eut un abus dans l'execution: car dans le tems qu'on revendiquoit avec rigueur ces biens possedez par des Princes ou des gens de qualité, qui avoient bien servi l'Etat, on en laissoit la possession à d'autres d'un plus bas étage qui n'avoient d'autre mérite que d'être partisans des Guises; ce qui augmenta le nombre de leurs ennemis.

On alla ensuite à Rheims pour le Sacre du Roi. La ceremonie fut faite par le Cardinal de Lorraine, & le Roi prit là le Collier de la Toison d'or. Philippe Roi d'Espagne son beaufrere, devoit aussi prendre l'Ordre de Saint Michel. Pendant ce voyage, le Duc de Guise poussé par le Cardinal son frere, à dessein de broüiller l'Amiral de Coligni avec le Prince de Condé, fit entendre au premier que ce Prince demandoit au Roi le Gouvernement de Picardie que Coligni tenoit au même tems que celui de l'Isle de France. L'Amiral en fut d'abord choqué. Mais s'étant depuis apperçû que c'étoit un tour d'adresse du Cardinal, & sachant d'ailleurs qu'il ne souffriroit pas qu'il gardât ces deux Gouvernemens à la fois, il se démit du Gouvernement de Picardie pour le faire tomber au Prince de Condé. Mais après qu'il eut fait sa démission, les Guises le firent donner à Brissac.

Sacre du Roi.

Anne de Montmorenci tenoit en même tems les Charges de Grand Maître & de Connétable. La Reine Mere lui fit dire par les Colignis ses neveux, que s'il se démettoit de sa Charge de Grand Maître en faveur du Duc de Guise qui en exerçoit alors toutes les fonctions, il feroit chose fort agréable & au Roi, & à Elle. Il fit d'abord quelque difficulté; mais voyant depuis que la Cour le

---

que cum honore quopiam ex aula regia abscederet. Is assensit ille; sperabat etiam se Regem Hispaniæ sic placaturum esse, qui, ut illi dictitabant, ditionem ipsius invasurus erat.

mêmes. Hoc tempore Olivarius Cancellarius Edicta plurima publicavit; in aliquo eorum prohibebatur ne arma breviora adhiberentur, neu pallia longiora, vel femoralia latiora gestarentur, in quibus illa arma occultari possent; quod Edictum, inquiebant, instigante Cardinali Lotharingo emissum fuit, homine timido, qui cum multorum inimicitiam sibi attraxisset, ne cujuspiam desperatione periret metuebat. Aliud Edictum omnia abalienata Dominii regii bona repetebat, exceptis tamen Principum feminarum dotibus, vel Principum masculorum patrimoniis, iisque etiam quæ pro numerata pecunia data fuerant. In cujus Edicti exsequutione ab æquitate recessum est, dum enim hæc cum rigore maximo exigebantur a Principibus & Primoribus qui de regno optime meruerant, aliis minoris conditionis hæc manebant, quia Guisiorum partibus erant addicti; id quod Guisiis inimicorum numerum adauxit.

mêmes. Deinde Rhemos itum est ad Regem inaugurandum, id quod a Cardinali Lotharingo factum est. Rex vero torquem Velleris aurei cepit, ut Philippus etiam Hispaniæ Rex torquem Ordinis Sancti Michaëlis accepturus erat. Dum iter haberetur, Dux Guisius, instigante Cardinali fratre, ut dissensionis materiam sereret inter Maris Præfectum & Condæum Principem, Colinio indicari curavit, Condæum ab Rege Præfecturam petere, quam Colinius unà cum Præfectura Insulæ Francicæ tenebat. Hac re statim offensus Colinius, postea deprehendit id Cardinalis calliditate factum esse; cumque sciret non passurum Cardinalem ut Præfecturas duas simul servaret, Picardiæ Præfecturam deposuit, ut ea Condæo Principi conferretur; sed post factam demissionem, Guisii Brissaco Præfecturam dari curavère.

Les mêmes. Anna quoque Montmorancius eodem tempore Magni Franciæ Magistri & Constabularii munia tenebat. Catharina autem Coliniorum opera moneri illum curavit, si Magni Franciæ Magistri munus in gratiam Guisii Ducis, qui tunc hujus officii munus exercebat, deponeret, ipsum rem & Regi & sibi gratissimam esse facturum. Ægrè ipse initio rem tulit; sed cum videret aulam regiam id omnino velle, & pol-

vouloit absolument, sur la promesse qu'on lui fit que son fils François seroit fait Maréchal de France, il s'en démit; elle fut donnée au Duc de Guise, & le fils du Connétable fut fait Maréchal comme on lui avoit promis. Les Guises firent créer dix-huit Chevaliers de l'Ordre de Saint Michel; on n'en avoit jamais vû faire un si grand nombre à la fois; ce qui donna lieu à la Roche du Maine, celebre par ses bons mots toûjours satyriques, de dire que le Collier de l'Ordre de S. Michel alloit devenir *le Collier à toutes bêtes*.

Après le Sacre le jeune Roi fut mené à Bar, où le Duc de Lorraine son beaufrere vint le voir. Par l'intrigue des Guises soutenus de la Reine Catherine, François II. renonça à la Souveraineté du Barrois en faveur de Charles son beaufrere, Duc de Lorraine, & s'en retourna à Fontainebleau, où il demeura quelque tems.

Procès contre les Calvinistes. A l'ordre du Cardinal de Lorraine on recommença le procès des Conseillers qui avoient été mis en prison à la fin du Regne précedent, & l'on fit de nouvelles perquisitions. Le Président de Saint André, & Antoine de Mouchi, qui se faisoit appeller Démocharés, furent chargez de faire ces recherches, & se servirent pour cela de deux Orfévres & d'un Tailleur qui avoient ci-devant été de la nouvelle Religion, & l'avoient quittée depuis. A ceux-ci se joignirent deux jeunes Apprentifs qui avoient quitté leurs Maîtres, & déposerent: que les Sectaires faisoient des assemblées où se trouvoient grand nombre d'hommes & de femmes de toute qualité & de tout âge; qu'en ces assemblées au lieu de l'Agneau Pascal, on mangeoit un cochon de lait rôti; qu'après cela on éteignoit toutes les lumieres, & que les hommes & les femmes se mêloient ensuite indistinctement; qu'ils s'y étoient trouvez eux-mêmes dans la maison d'un Avocat à la place Maubert, & qu'un d'eux avoit commis le crime avec la fille du même Avocat. Ces témoins furent menez au Cardinal de Lorraine, qui les fit comparoître devant la Reine Mere, où ils repeterent leur accusation: ce qui inspira à cette Princesse une grande haine contre les Religionnaires.

Le Chancelier Olivier soupçonna que c'étoit une calomnie, & pour s'en éclaircir, il fit saisir l'Avocat & sa fille, & les confronta avec les deux témoins, qui varierent tellement dans leur déposition, qu'ils furent enfin convaincus de faux. Ils n'en furent pourtant pas punis. Le peuple de Paris prévenu que les Pro-

---

liceri Franciscum filium Constabularii, Marescallum Franciæ creandum fore, Magni Magistri munus ille deposuit, & Guisio datum est, ac Franciscus Montmorancius Marescallus creatus fuit. Tunc Guisii octodecim Equites Ordinis Sancti Michaelis constitui curavêre; nunquam tot simul creati fuerant. Hinc Rupemonachius, qui facetis dictis, iisque satyricis risum movere curabat, dixit futurum Sancti Michaelis torquem, *collare bestiis omnibus aptum*.

Post inaugurationem Rex Barrum adductus est, ubi Lotharingiæ Dux cognatus ejus ipsum invisit. Guisiorum autem arte, annuente Catharina, Franciscus II. supremum in Barrum dominium in gratiam Lotharingiæ Ducis abdicavit, & in Fontembellaqueum venit, ubi aliquamdiu sedem habuit.

Les mêmes. Jubente Lotharingo Cardinali instructa causa fuit contra Senatores sub finem præcedentis Regni in carcerem conjectos. Ut nova perquirerentur deputati fuere Santandreanus Præses, & Antonius Muchius, qui se Democharem vocari curabat. Hi ad eam rem usi sunt aurifabris duobus, & sartore uno, qui cum antea novam religionem amplexi fuissent, illam postea missam fecerant. His adjuncti sunt juvenes duo, qui artem addiscentes ab opificio discesserant; testificati sunt Reformatos illos conventus nocturnos facere, in queis erant multi viri feminæque cujusvis ætatis & conditionis, quod Agni Paschalis loco porcellum comederent assum; posteaque exstinctis lucernis, promiscuos concubitus exercerent, seque in Mauberti platea in domo Advocati cujusdam conventui interfuisse, atque alterum cum Advocati filia concubuisse. Testes isti ad Cardinalem Lothatingum ducti sunt, qui ante Catharinam Reginam illos comparere jussit, ubi eadem ipsa repetière. Catharina ab hinc Reformatos odio grandi prosequuta est.

Olivarius vero Cancellarius hæc calumniam esse suspicatus est; utque rem disquireret, Advocatum & filiam ejus comprehendi jussit, ac coram testibus illis duobus sisti, qui tantopere in testimoniis variarunt, & tam disparata loquuti sunt, ut falsi tandem convincerentur; neque tamen illi pœnam sceleris subière. Plebs enim Parisina credens hæc abominanda

testans faisoient ces choses abominables dans leurs assemblées, auroit fait quelque tumulte. Ces accusateurs avoient enseigné les lieux où se faisoient les assemblées. On y alla pour se saisir de ceux qui y assistoient; on en prit un grand nombre qui fut mis en prison; il y en eut aussi quantité qui s'enfuirent & laisserent leurs maisons. On se saisit des biens des uns & des autres.

1559.

Les plus grandes assemblées se faisoient au fauxbourg Saint Germain, qui fut pour cela appellé, *la petite Geneve*. Un nommé Visconte y tenoit une maison de loüage où étoient reçûs tous les Protestans d'Allemagne & ceux de Geneve qui venoient à Paris. On commença par lui. Thomas de Bragelonne Conseiller au Châtelet, y vint avec une escoüade de Sergens & d'Archers qui investirent la maison. Bragelonne entra avec ses gens, & trouva seize personnes à table, qui prirent d'abord la fuite, hors les deux freres Soucelles, Gentilshommes Angevins de la suite du Roi de Navarre, & deux autres qui mirent l'épée à la main, donnerent sur ces Archers, en blesserent plusieurs, & les mirent en fuite, ensorte que Bragelonne fut en péril, & les Soucelles après avoir jetté leur premier feu, trouverent moyen de se sauver. Visconte fut saisi avec sa femme & ses enfans, & mis dans une obscure prison, où il périt. C'étoit un Vendredi, & les nouveaux Religionnaires faisoient gras à leur ordinaire. La maison fut pillée, & les Archers emporterent une broche où étoit un chapon lardé, qu'ils montroient par la Ville pour animer le peuple.

Assemblées des Calvinistes.

A l'exemple de Paris, on fit la recherche des Sectaires à Aix, à Toulouse & dans le Languedoc; à Poitiers ils furent tous chassez de la Ville. On vit alors des écrits publics faits par les Religionnaires, où ils attaquoient principalement Catherine de Medecis & le Cardinal de Lorraine, qui gouvernoient alors l'Etat. Ils tâchoient de faire voir que les femmes devoient selon les Loix du Royaume, être exclues non-seulement de la succession à la Couronne, mais aussi du Gouvernement de l'Etat pendant la minorité des Rois, & pendant qu'ils étoient encore trop jeunes pour agir par eux-mêmes : & que les Guises aussi devoient en être exclus comme Princes Etrangers. Ils y ajoutoient aussi beaucoup d'autres choses contre ces derniers, & sur tout contre le Cardinal de Lorraine. Jean Du Tillet Greffier du Parlement, fit une réponse solide à cet Ecrit. La haine qu'on avoit conçuë contre la Reine & contre le Cardinal de Lorraine, fit que cette

Libelles des Calvinistes.

---

a Protestantibus in cœtibus suis admitti, hos plecti non sivisset. Accusatores autem loca indicarunt in queis illi congregarentur. Eò ventum est, ut qui convenerant comprehenderentur; multi capti sunt & in carcerem conjecti : permulti etiam aufugere, domibus relictis : utrorumque bona occupata fuere.

Majores cœtus in suburbio Sancti Germani agebantur, quod ideo *Parva Geneva* vocatum fuit. Quidam Vicecomes nomine ædes ibi conductas occupabat, ubi excipiebantur Protestantes omnes Germani & Genevenses qui Lutetiam veniebant. Ad eas primum ædes impetus factus. Thomas Bragellonus capitalium causarum Quæstor cum Lictoribus & Apparitoribus venit, qui ædes cinxere. Bragellonus cum suis intravit, sexdecimque viros ad mensam sedentes invenit, qui fugam fecerunt, duobus exceptis nobilibus viris Subselliis fratribus Andinis Regis Navarræ domesticis, qui stricto gladio Apparitores aggressi sunt, quos vulneribus affecerunt, ita ut Bragellonus in periculum venerit. Subsellii postquam hæc fecerant dilapsi sunt. Vicecomes captus est cum uxore & filiis, & cum illis in obscuro carcere inclusus fuit, ubi etiam periit. Dies erat Veneris, quo Protestantes pro more suo carnes comedebant. Ædes expilatæ fuerunt. Apparitores autem, accepto veru ubi capo assabatur, ipsum per urbem monstrabant, ut plebem concitarent.

Assumto ab urbe principe exemplo, Aquis-Sextiis, Tolosæ & per totam Septimaniam facta perquisitio fuit. Apud Pictavos etiam, ubi omnes ex urbe pulsi sunt. Tunc emissa sunt scripta publica a Protestantibus facta, queis illi Catharinam & Cardinalem Lotharingum, qui tunc omnia administrabant, præcipue lacerabant. Demonstrare autem conabantur secundum Regni leges, mulieres non modo a successione, sed etiam a rerum administratione excludendas esse, dum Reges minores erant, & juniores quam ut ipsi res administrare possent ; excludendos etiam esse Guisios utpote extraneos Principes ; multaque alia contra ipsos addebant, maximeque contra Cardinalem Lotharingum. His solide respondit Joannes Tilletius Protonotarius : at tantum erat in Catharinam & in Cardinalem conceptum odium, ut res-

la Popel.
Thuanus.
Mathurus.

Les mêmes.

reponſe fut mépriſée. Mais du tems de Charles IX. quand les affaires eurent changé de face, le Chancelier de l'Hôpital la jugea digne d'être miſe entre les Loix de l'Etat.

Au commencement de ce Regne, un grand nombre de perſonnes venoit à la Cour, & ſur tout des Gens de Guerre pour demander ou des recompenſes, ou des payemens de dettes ou d'appointemens ; & les demandeurs ſe preſentoient tous les jours en foule.

Edit fort odieux.

Dans l'impuiſſance où la Cour étoit de les ſatisfaire, le Cardinal s'aviſa d'un expedient qui attira bien des ennemis aux deux freres. Il fit planter une potence, & fit faire un Edit, où il étoit ordonné ſur peine de la vie, que tous ceux qui venoient ou viendroient à la Cour pour demander ou payement ou recompenſe, euſſent à ſe retirer dans l'eſpace de vingt-quatre heures. Il ne faut pas demander ſi un tel Edit & une potence dreſſée, attirerent bien des maledictions aux Guiſes. Les plus équitables rejettoient tout ſur le Cardinal : car le Duc ſon frere étoit ſi gratieux, qu'il gagnoit tout le monde par ſes manieres, & n'avoit nulle part à l'adminiſtration des finances.

La ſanté du Roi n'étoit pas bien ferme. Une fiévre quarte qui dura long-tems l'avoit fort abbatu. Il ſe remit après, & ſembloit ſe fortifier avec l'âge ; mais il étoit toujours pâle & paroiſſoit enflé : on vit enſuite des puſtules rouges ſur ſon viſage qui marquoient un feu interieur. De l'avis des medecins il changea d'air, & s'en alla à Blois où il avoit été élevé dans ſa jeuneſſe. Peu de tems après des

Faux bruits ſur la maladie du Roi.

gens malins qui cherchoient à décrier le miniſtere, répandirent un bruit qu'on alloit enlever pluſieurs petits enfans du ſein de leurs meres pour leur tirer le ſang, & en faire un bain tout chaud pour le Roi, atteint du mal de la lepre. Ces bruits furent répandus pour rendre la famille Roiale odieuſe. Quelques-uns diſoient, que les Guiſes les avoient inventez pour les attribuer enſuite aux Proteſtans, & augmenter ainſi la haine que le Roi leur portoit. M. de Thou aſſure que la maladie du Roi venoit d'un défaut de ſa naiſſance, qui faiſoit qu'il ne mouchoit jamais, crachoit rarement, & que les excremens de ſa tête ſortoient par une oreille.

Cependant on faiſoit le procès à Anne du Bourg & aux autres Conſeillers priſonniers. Les Guiſes pour s'attirer la bien-veillance des Pariſiens qui haïſſoient fort les Religionnaires, preſſoient les Juges. Du Bourg Eccleſiaſtique & Prêtre,

---

Les mêmes.

ponſio illa tunc contemtui habita fuerit ; ſed Caroli IX. tempore, cum alia rerum facies eſſet, Hoſpitalius Cancellarius illam dignam cenſuit, quæ inter Regni leges inſereretur.

Initio Regni hujuſce multi in aulam regiam confluebant, maximeque bellatores, ut pecuniam expoſcerent, ſeu debitam, ſeu in mercedem ; cum in ſtipendia, ac quotidie turmatim accurrebant. Cumque ærarium exhauſtum eſſet, Cardinalis Lotharingus rem aggreſſus eſt, qua omnium ſibi odium conciliavit. Patibulum erigi juſſit, & Edictum publicari, ubi ſub capitis pœna jubebantur omnes qui vel debitorum vel mercedis cauſa in aulam regiam venerant, viginti quatuor horarum ſpatio diſcedere. Nec eſt quærendum an Edictum tale & erectum patibulum maledicta multa Guiſiis conciliarint. Qui æquiores erant, omnia in Cardinalem rejiciebant : Dux enim Guiſius ita gratioſus generoſuſque erat, ut omnium ſibi affectum deviciret, neque ille rem ærariam curabat.

Les mêmes.

Regis valetudo non ita firma erat : quartana febris, quæ ipſum diu afflixerat debilem admodum ipſum reliquerat ; poſteaque convaluit, videbaturque vires recuperare ; ſed pallidus ſemper erat & quaſi inflatus. Poſt hæc in vultu ejus puſtulæ rubræ comparuerunt, quæ interiorem ignem indicabant. Ex Medicorum ſententia, ut aërem mutaret, Bleſas ſe contulit, ubi a teneris educatus fuerat. Sub hæc maligni quidam homines, in eos qui rem adminiſtrabant odium concitare volentes, rumorem ſparſerunt, mitti nempe viros qui puerulos è ſinu matrum avulſos raptarent, ut Rex lepra laborans, in illorum ſanguine abluetetur. Qui rumor ad odium regiæ familiæ ſparſus fuerat. Quidam dicebant hæc Guiſios commentos eſſe, ut poſtea id Proteſtantibus adſcriberent, & ſic Rex in illorum odium magis concitaretur. Narrat Thuanus morbum Regis ex natalium defectu proveniſſe : per nares enim nunquam mucorem ejiciebat, raro ſpuebat : & excrementa capitis per aurem alteram emittebantur.

Lib.

Interea Annæ Burgi, ac cæterorum Senatorum cauſa agitabatur, urgentibus Guiſiis, ut Pariſinorum Proteſtantibus infenſorum ſibi gratiam conciliarent. Burgus porro Eccleſiaſticus & Preſbyter, cum ut

aiant

FRANÇOIS II.

aiant été condamné comme heretique par l'Evêque de Paris, appella de sa Sentence comme abusive au Parlement, qui declara son appel nul. Il appella ensuite à l'Archevêque de Sens, qui confirma la Sentence de l'Evêque de Paris. Ce Prélat le degrada alors de l'Ordre de Prêtrise. Du Bourg qui étoit intrepide, & même jusqu'à l'impudence, dit alors qu'il se voioit volontiers privé de la marque de la bête, & qu'il n'auroit desormais rien à faire avec l'Ante-christ. *1559.*

Il avoit jusqu'alors fait voir par ses démarches, qu'il vouloit se tirer d'affaires par plusieurs appels qui firent traîner le procès en longueur, & par une confession de foi qu'il donna, où il cachoit une partie de ses sentimens : mais sollicité sous main par les plus zelez de sa Secte, il prit resolution de soutenir plus clairement ses erreurs ; il fit un Ecrit qui fut presenté au Parlement, où il révoquoit sa premiere confession de foi, & en faisoit une nouvelle conforme à celle de Geneve & des Suisses protestans. Vers le même tems le Roi reçût une Lettre du Prince Palatin du Rhin, qui le supplioit instamment de sauver la vie à Du Bourg, & de le lui envoyer. Et peu de tems après le President Minard, comme il sortoit fort tard de la Cour du Parlement, fut assassiné & tué d'un coup d'arme à feu; c'étoit un de ceux que Du Bourg avoit recusé pour ses Juges, & l'on soupçonna qu'il étoit cause de cet assassinat, ce qui accelera la Sentence qui fut prononcée contre lui ; il fut condamné à être étranglé, & puis brûlé en greve. Il alla à la mort avec une constance qui étonna bien des gens, & raffermit plusieurs Sectaires dans leur fausse créance. *Anne du Bourg executé.*

Les autres Conseillers prisonniers furent aussi jugez. Paul de Foix qui s'expliqua sur sa créance d'une maniere qui n'étoit point éloignée de la Religion Romaine fut suspendu des fonctions de sa Charge pour un an. Louis du Faur qui parla plus librement, fut suspendu pour cinq ans, & condamné à cinq cens livres d'amende. Mais l'affaire ayant été portée devant le Roi, ils furent d'abord rétablis l'un & l'autre. Antoine Fumée, soutenu par la Reine Catherine, fut tiré de prison pour exercer sa Charge dès le jour même. On fit ensuite des recherches pour découvrir les auteurs de la mort du President Minard. Il y avoit de violens soupçons sur Robert Stuart Ecossois Religionnaire, qu'on accusoit de plus d'avoir eu dessein de faire mettre le feu en differens endroits de Paris, *Robert Stuart mis en prison & à la question.*

---

hæreticus ab Episcopo Parisiensi damnatus fuisset, de ejus sententia ad Senatus Curiam appellavit, quæ appellationem illam nullam esse declaravit. Deinde vero ad Archiepiscopum Senonensem provocavit. Hic Parisiensis Episcopi sententiam confirmavit, qui Episcopus ipsum a Presbyteri gradu dejecit. Burgus qui intrepidus erat, imo ad impudentiam usque, tunc dixit, se libenter, signo bestiæ sic deleto, nihil cum Antichristo commune deinceps habiturum.

Ad hoc usque tempus ita se gesserat ille, ut causam protrahere velle videretur per appellationes plurimas, quæ rem aliud in tempus mittebant, & per datam confessionem fidei, ubi opinionum partem occultabat; sed ab aliis ferventioribus ejusdem sectæ cultoribus clam concitatus, errores in posterum suos clarius proferre decrevit. Rescriptum protulit in quo primam fidei confessionem revocabat, & aliam proferebat similem ei quam Genevenses & Helvetii Protestantes admittebant. Eodem tempore Rex Principis Palatini Rheni literas accepit, queis Burgo parci & sibi eum transmitti obnixe precabatur. Nec multo post Minarius Præses, cum e Palatio noctu egrederetur, sclopeti glande occisus fuit. Is a Burgo cum aliis quibusdam rejectus seu *recusatus* fuerat, suspicioque erat Burgum in causa homicidii fuisse, ideoque Judices maturius sententiam tulere, secundum quam in Platea Sancti Joannis elisis laqueo faucibus igne combustus fuit. Mortem cum tanta constantia adiit, ut multos in stuporem conjiceret, Reformatosque novos in errore confirmaret.

De aliis quoque Senatoribus, qui eadem de causa in carcere erant, sententia lata fuit. Paulus Foxius, qui opinionem de fide suam eo modo protulerat, ut a Romana fide non procul esse videretur, jussus est per annum a Senatu abstinere ; Ludovicus Faber, qui liberius loquutus est, per quinquennium a Senatu abesse ex Judicum sententia debuit ; sed re ad Franciscum Regem allata, uterque ad solitum officium revocatus fuit. Antonius Fumæus, favente Catharina, ex carcere eductus fuit, ut eodem ipso die officium exerceret suum. Ingens erat suspicio quod Robertus Stuartius Scotus & novæ Religioni additus Minarium Præsidem occidisset. Accusabatur etiam ille quod in variis Lutetiæ partibus incendia excita- *Les mêmes.*

Tome V. K

afin que tandis que les Parisiens seroient occupez à l'éteindre, il pût forcer les prisons, & en faire sortir les Religionnaires qui y étoient enfermez ; & ce fut pour obvier à cela, que le Parlement divisé en quatre parties, fit promptement le procès à ces prisonniers ; les uns furent condamnez à mort ; les autres à faire amende honorable & à demander pardon : les autres enfin furent envoyez en exil, ou punis en differentes manieres.

On fit le procès à Robert Stuart qui fit supplier la jeune Reine Marie sa parente de lui donner sa protection. Elle desavoüa la parenté, & ne voulut point se mêler de cette affaire. On continua son procès ; & n'y ayant point de preuves suffisantes, comme il nioit toujours le fait, on le mit à la question. Il n'avoüa rien, & selon le cours ordinaire de la Justice, il devoit être mis en liberté : mais comme on craignoit son humeur remuante, on le retint en prison.

Plusieurs crurent que ce fut à l'instigation de la Reine Mere & des Guises que les Parisiens s'aviserent en ce tems-ci de mettre dans les rues & dans les carrefours des images des Saints, & sur tout de la sainte Vierge, entourez de cierges allumez, & des troncs pour inviter les passans à y jetter quelque monnoie pour entretenir le luminaire. Le menu peuple chantoit des Cantiques devant ces Images, & si quelqu'un passoit ou sans faire la reverence aux Images, ou sans mettre quelque chose dans le tronc, ils le battoient & le traînoient dans la boüe, & quelquefois le menoient en prison.

Execution du traité de paix.

Pendant que tout ceci se passoit à la Cour & à Paris, on étoit occupé sur les frontieres à rendre les places selon le Traité de Paix, Mariambourg, Yvoi, Montmedi & Thionville furent rendus, quoiqu'avec beaucoup de peine du côté des François, qui comme nous avons dit, regardoient cette paix comme fort desavantageuse. Les Siennois abandonnez des François, se défendirent quelque tems ; mais ils furent enfin obligez de se rendre au Duc Cosme, à qui le Roi Philippe ceda tout le Siennois, hors Piombino, Porto-Hercole & Orbitello. Toutes les places que les François tenoient en l'Isle de Corse, furent renduës aux Genois. Les François vuiderent aussi le Montferrat & le Piedmont, hors les cinq Places où ils laisserent garnison, jusqu'à ce que le different du Roi avec le Duc de Savoye seroit vuidé à l'amiable.

Philippe Roi d'Espagne qui étoit dans les Païs-bas, se mit sur mer pour se

---

re paravisset, ut dum Parisini exstinguendis ignibus operam darent, carceres ipse effringere posset, & eos qui Religionis causa inclusi fuerant, educere ; ideoque etiam celerius incarcerati illi in judicium acti sunt ; alii ad mortem damnati fuere, alii culpam ignominiose fateri, & veniam petere jussi : alii in exsilium acti, vel aliis plexi modis.

In causam vocatur Robertus Stuartius, qui Mariæ Reginæ cognatæ opem imploravit. Illa cognationem negavit & abnuit ; causa agitur, & cum idoneæ probationes non essent, tormentis ille subjicitur. Nihil ille fassus est, & ex more liber remittendus erat ; sed quia audax & facinorosus habebatur, in carcere detentus est.

Les mêmes.

Hoc tempore Parisini, instigantibus, ut putabant multi, Regina matre & Guisiis, in vicis & compitis imagines Sanctorum, præsertimque Beatæ Mariæ Virginis posuerunt, cum accensis circum cereis, appositisque arculis, ut qui præterirent, aliquid pecuniæ immittere rogarentur ad cereorum usum. Plebs vero cantica ante Imagines istas modulabatur : ac si quis transiens, vel insalutatis imaginibus pergeret, vel aliquid in arculas non immitteret, is verberatus in cœno trahebatur, vel etiam conjiciebatur in carcerem.

Dum hæc in aula regia & Lutetiæ gererentur, in Regni confiniis, secundum pacis conditiones, oppida & castra restituebantur, Mariaburgum, Ivodium, Monsmedius, Theodonis-villa Hispanis tradita fuere, etsi id ægre Franci præstabant, qui pacem hujusmodi, ut diximus, admodum damnosam putarent. Senenses postquam Franci recesserant, aliquanto tempore obstitere, tandemque Cosmo Duci cedere compulsi sunt ; cui Rex Philippus totam Senensem ditionem concessit, exceptis Plumbino, Herculis-portu & Orbitello. Castella & oppida quæ in Corsica Insula Franci occupabant Genuensibus restituta sunt, ex Monferratensi tractu & ex Pedemontio Franci recesserunt, exceptis quinque urbibus vel oppidis, ubi præsidia reliquerunt, donec cum Sabaudiæ Duce de Regio jure amice conventum esset.

Philippus Hispaniæ Rex, qui in Belgio erat, naves

rendre en Espagne, où il avoit resolu de fixer sa demeure. En arrivant sur les côtes il fut agité d'une furieuse tempête, plusieurs de ses vaisseaux perirent avec des tresors infinis; ensorte qu'on disoit que Charles & son fils avoient dépoüillé presque toute la terre pour enrichir la mer. A son arrivée se fit l'execution de plusieurs Lutheriens Espagnols, qui furent brûlez vifs sans misericorde. Elisabeth de France accompagnée du Cardinal de Bourbon, & du Prince de la Rochesurion, partit pour aller joindre son futur époux. Elle trouva à Bourdeaux le Roi de Navarre qui la conduisit jusqu'à Roncevaux, où il la remit entre les mains des Députez du Roi d'Espagne qui étoient venus avec grande pompe & magnificence pour la recevoir. Roncevaux étoit de la Navarre qui appartenoit de droit à Antoine de Bourbon, & il se crut obligé de protester qu'il ne prétendoit pas que l'acte qu'il venoit de faire préjudiciât en aucune maniere à son droit. Il envoya même au Roi Philippe un Ambassadeur pour lui demander amiablement la restitution d'un Royaume qu'il savoit bien qui lui appartenoit : mais il n'en pût rien obtenir.

1559. Naufrage de la flote d'Espagne.

Peu de tems auparavant étoit mort le Pape Paul IV. Le bruit étoit que la douleur de la mort tragique d'Henri II. avança ses jours. On remarqua que dans l'espace d'une année il mourut un Pape, un Empereur, un Roi de France, deux Rois de Danemarc, & un grand nombre d'autres Princes & Princesses. Le Conclave fut long, & l'on élut enfin le Cardinal Medequin, frere de ce fameux Medequin qui fut Marquis de Marignan. Il prit le nom de Pie IV.

L'Ecosse étoit en trouble. Marie de Lorraine sœur des Guises, & mere de Marie Reine de France, qui étoit Regente du Royaume, avoit jusqu'alors gouverné sagement. Mais le nombre des Protestans ayant beaucoup augmenté, Jacques Stuart bâtard du feu Roi, s'étoit mis à leur tête, & aspiroit à se faire declarer Roi. Les Guises qui gouvernoient alors en France, envoierent à la Regente leur sœur, un secours de mille hommes, & depuis un autre de deux mille, commandez par la Brosse, accompagné de Nicolas de Pellevé Evêque d'Amiens, & de quelques Docteurs de Sorbonne, pour ramener les nouveaux Sectaires à la vraie Religion. Cela ne fit qu'irriter le parti de Jacques Stuart. Il traita avec Elisabeth Reine d'Angleterre, qui envoya du secours aux Ecossois Protestans, & fit publier un Ecrit, où se déchaînant contre les Guises, elle

Guerre d'Ecosse.

---

conscendit ut in Hispaniam trajiceret, ibique sedes haberet. Cum Hispanicam oram pene attigisset, horrenda tempestate exceptus fuit. Multæ naves cum infinitis thesauris periêre, ita ut diceretur Carolum & filium ejus totam fere terram spoliasse, ut mare ditirent. Post ejus adventum Hispani multi, qui Lutheranam Religionem amplexi fuerant, vivi combusti sunt. Elisabetha Regis Henrici filia, comitante Cardinale Borbonio & Principe Rupisurionio, ut sponsum adiret, profecta est. Burdigalæ Regem Navarræ reperit. Hic Roncivallem duxit, & in manus Deputatorum Regis Hispaniæ ipsam remisit, qui cum pompa & magnificentia grandi venerant. Roncivallis autem in Navarra erat, quæ ad Antonium Borbonium pertinebat, & contestatus ille est, actum qui tunc gerebatur, nihil juri suo nocere posse. Imo & Oratorem misit ad Philippum Regem, qui ab eo amice peteret, ut sibi Regnum Navarræ restitueret, quod ad se pertinere sciebat; sed nihil impetrare potuit.

Non multo ante obierat Paulus IV. Summus Pontifex ex dolore, ut rumor ferebatur, de tam infelici Henrici Regis obitu. Observatum porro fuit intra unius anni spatium, Papam, Imperatorem, Francorum Regem, Daniæ Reges duos, aliosque Principes magno numero obiisse. Conclave diuturnum fuit; delectusque tandem est Cardinalis Mediquinus, frater celebris illius Medequini, qui Marinianus Marchio fuit. Hic Papa Pii IV. nomen assumsit.

Scotia turbis agitabatur : Maria Lotharinga, Guisiorum soror Regina, Mariæ Francorum Reginæ mater, quæ Regnum illud moderabatur, prudenter hactenus rem administraverat; sed cum Protestantium numerus admodum auctus esset, Jacobus Stuartius defuncti Regis filius nothus, in ducem abiis delectus, se Regem constituere conabatur. Guisii, qui in Francia rerum potiebantur, pugnatores mille ad sororem miseram, deindeque bis millenos Brossio duce, comitantibus Nicolao Pelleveo Episcopo Ambianensi & quibusdam Sorbonicis Doctoribus, qui Reformatos illos ad veram Religionem deducerent. Illud vero eos qui Jacobi Stuartii partibus hærebant, magis concitavit. Jacobus autem cum Elisabetha Angliæ Regina pacta iniit, quæ Scotis Protestantibus auxilia misit, & rescriptum publicari curavit, in quo Guisios

Les mêmes.

1559. s'offroit de rappeller ses troupes de l'Ecosse, si les François qui y étoient venus s'en retournoient chez eux, & promettoient de n'y plus revenir. L'affaire fut traitée avec la Reine d'Angleterre par l'Ambassadeur de France, & depuis par Jean de Montluc Evêque de Valence. Cependant Martigues y fut encore envoié, & depuis le Duc d'Elbeuf frere de la Reine, y vint aussi avec un secours considerable, mais il fut repoussé par la tempête. Les Anglois assiegerent Lethe, ou le petit Lit, avec une flote qui empêchoit que rien n'y entrât. Les François se défendirent vigoureusement, & repousserent les Anglois avec grande perte de leur côté. Les deux partis étant enfin également las de la guerre, on vint à un traité qui fut bien-tôt conclu. La mort de la Regente qui survint au même tems, auroit pû tout troubler si les parties avoient souhaité moins ardemment la paix. Elle fut donc faite, les François & les Anglois vuiderent l'Ecosse ; on y laissa la liberté de Religion, & l'on rasa les fortifications du Lit & de Dumbar.

1560. *Edit équitable.* L'année 1560. commença par une Loi fort équitable donnée à l'instigation du Chancelier Olivier. Il étoit ordonné à toutes les Cours de Justice Souveraines & autres, quand quelque place vacqueroit, de nommer trois sujets dont la probité & la capacité seroient reconnuës, de les presenter au Roi, qui éliroit des trois celui que bon lui sembleroit. Cet Edit fut souvent renouvellé depuis, dit M. de Thou ; mais ce qui empêcha qu'il ne fût observé, ce fut la cupidité des gens de Cour, qui sous pretexte d'augmenter les revenus du Roi, firent multiplier les Charges des Cours de Justice presque à l'infini ; ensorte que pendant un long-tems sans se soucier des mœurs & de la science des prétendans, on y mettoit les premiers venus pourvû qu'ils comptassent l'argent marqué.

Commencement de la conspiration. Le parti des mécontens se fortifioit toûjours en France ; on murmuroit fort contre les Guises de ce qu'ils s'étoient saisis du Gouvernement du Royaume, & de ce qu'ils en avoient exclu les Princes du Sang. Il se forma enfin une conspiration contre eux, qui augmenta tous les jours en nombre. Les uns se mettoient de la partie, parce qu'ils ne pouvoient supporter le Gouvernement present ; les Religionnaires en plus grand nombre, à cause des tourmens & des cruels supplices qu'on faisoit souffrir à ceux de leur Secte : d'autres y entrerent poussez par l'amour de la nouveauté ; il y en eut aussi qui prévenus de grands cri-

---

infectans, se copias suas ex Scotia revocaturam esse dicebat, si Franci qui illò venerant recederent, & se non ultra illò venturos esse pollicerentur. De re illa cum Angliæ Regina actum fuit ab Oratore Francico, deindeque a Joanne Monlucio Valentino Episcopo. Inter hæc Martigius quoque illò missus est, & postea Ellebovius Dux Reginæ frater cum magna militum manu ; sed a tempestate repulsus fuit. Angli Letham obsedere cum classe commeatus omnes intercludente. Franci fortissime hostem propulsarunt, & cum maxima Anglorum pernicie, Ambabus demum partibus fatiscentibus, ad pacta ventum est, quæ brevi inita, perfectaque fuere. Mors Reginæ Scotiæ, quæ illo tempore accidit, rem disturbare potuisset, nisi ambo pacem tantopere expetiissent. Facta ergo pax fuit : Franci & Angli ex Scotia migravêre, Religionum libertas data est, Lethæ & Dumbari propugnacula solo æquata sunt.

Les mêmes. Annus 1560. in Gallia cœpit ab æquissima lege, instigante Olivario Cancellario lata. Omnibus supremis Justitiæ Curiis præcipiebatur, ut vacante Senatoris loco, tres viros proponerent probitate & juris scientia claros, Regique ducerent, qui ex tribus quem vellet eligeret. Hoc Edictum, inquit Thuanus, sæpe postea renovatum fuit ; sed ne servaretur obfuit aulicorum cupiditas, qui obtentu augendi ærarii regii, Judicum numerum supra modum auxêre, ita ut longo tempore, nihil vel scientiam, vel probitatem curantes, omnes qui eam assignata pecunia accederent, indiscriminatim admitterent.

Eorum qui præsentem rerum administrationem *Les m.* ægerrime ferebant, numerus in Gallia quotidie augebatur, contra Guisios ubique murmura & maledicta audiebantur, qui exclusis Sanguinis Regii Principibus, imperium totum invaserant. Conspiratio tandem adversus eos occulte iniri cœpit, & accedentibus multis in dies crescebat. Plurimi illas amplectebantur partes, quod talem rerum administrationem ferre non possent, novæ religionis sectatores majore numero, ob tormenta & supplicia quæ suis inferebantur ; alii ex novarum rerum studio ; alii etiam sceleribus implexi, cum de capite timerent, sese tu-

FRANÇOIS II.

mes, & craignant d'en être punis, crurent se mettre à couvert en se jettant dans ce parti. Ils firent souvent des assemblées, & prirent l'avis des Jurisconsultes & des Theologiens Protestans en France, & jusques dans l'Alemagne, pour sçavoir s'ils pouvoient en conscience prendre les armes, se saisir des Guises, & leur faire rendre compte de leur administration. Ils répondirent qu'ils le pouvoient, pourvû qu'ils eussent des Princes du Sang à leur tête, ou du moins quelqu'un d'entre eux qui fut en âge de soutenir une telle affaire.

Ils en chercherent un. Le Roi de Navarre étoit trop timide & trop circonspect pour s'engager en un pas si dangereux. Ils jetterent les yeux sur son frere le Prince de Condé, qui étoit brave & entreprenant, & se déterminerent à l'établir leur Chef. On lui substitua Godefroi de Barri de la Renaudie, dit de la Forest, Gentilhomme Perigordin, hardi & courageux, qui avoit eu ci-devant une grande affaire, où il fut convaincu de faux & mis en prison. Le Duc de Guise le fit délivrer, & il se retira pour un tems en Suisse. Il se rendit à Lausanne & depuis à Geneve, où il fit connoissance avec plusieurs refugiez François. De retour en son païs, comme il étoit homme à tout entreprendre, il fut jugé propre à conduire cette affaire. Les conjurez lui en firent la proposition : il s'offrit à eux, & alla dans plusieurs Provinces du Royaume pour ramasser ceux qu'il jugeroit propres à cette conjuration ; il en trouva quantité qui y entrerent volontiers. Il leur donna rendez-vous pour le premier jour de Fevrier à Nantes où le Parlement de Bretagne se devoit assembler. Le grand concours de gens qui s'y rendirent alors, fit qu'ils y vinrent en sureté & sans être remarquez. Garennes Gentilhomme Breton agissoit de concert avec la Renaudie, qui assembla tous les Conjurez, & leur fit une longue harangue, où il se déchaîna contre les Guises, il les accusa de vouloir détruire la Maison Royale, & envahir le Royaume de France ; exhorta la troupe de perseverer, & d'être ferme dans sa resolution de délivrer le Roi & la Famille Royale de cette espece de captivité où ils étoient, & le Royaume de la tyrannie des Guises. Il fut applaudi de toute l'assemblée, & chacun lui témoigna beaucoup d'ardeur à poursuivre l'entreprise. Il leur assigna le jour où ils devoient tous s'assembler ; c'étoit le quinze de Mars suivant. Avant que de se séparer, ils convinrent en-

La Renaudie chef de la conspiration.

---

telæ causa, in hanc factionem conjecêre. Sæpe autem clam consilia miscuêre, Jurisperitorum etiam atque Theologorum Protestantium in Gallia atque in Germania sententiam expetiere, ut scirent an tuta conscientia possent arma sumere, Guisios comprehendere, & administrationis rationem ab illis exigere. Responderunt illi id licere, dum Sanguinis Regii Principes duces haberent, vel saltem illorum quempiam, qui per ætatem tale negotium gerere posset.

Talem illi Principem quæsiere. Rex Navarræ timidior morosiorque videbatur esse, quam ut tam periculosam rem aggrederetur. In Principem ergo Condæum oculos adjecêre, strenuum, & ad res hujusmodi suscipiendas pronum. Ipsi substitutus fuit Godefridus Barrius Renaudius, alias Forestus, in Petrocoriis ortus, audax homo & ad pericula promtus. Hic antea in gravi negotio complicatus, & falsi convictus, in carcerem conjectus fuerat ; sed Guisii Ducis opera clam libertatem adeptus, ad Helvetios se recepit, ac Lausannam, posteaque Genevam venit, ubi cum plurimis Francis qui eò confugerant, familiaritate junctus est. In patriam reversus, ut negotiis hujusmodi suscipiendis impiger erat, ad eam rem cooptatus est. Conjurati rem ipsi proposuerunt : annuit ille ; nec mora, in plurimas regni provincias se contulit, ut illos omnes sibi adjungeret qui huic conjurationi operam dare vellent, multosque offendit, qui libenter manus dedere. Diem porro dixit illis apud Namnetas, ut prima die Februarii sequentis illò convenirent. Curia-Senatus Aremorici illo ipso tempore istuc conventura erat, quâ causâ fuit ut conjurati tutius cum multitudine adventantium eodem se conferre possent. Garenius nobilis Aremoricus cum Renaudio rem gerebat, qui condictodie suis omnibus congregatis orationem habuit, ubi contra Guisios debacchatus est, quos Regiam familiam delere, regnumque Francorum invadere vice dictitabat, cœtumque cohortatus est ut in cœptis firmiter staret, utque Regem familiamque regiam a captivitate & Guisiorum tyrannide eruere conaretur. Ejus oratio cum omnium plausu excepta fuit, & quisque se firmum in proposito mansurum esse pollicitus est. Diem autem dixit ille quo conventuri essent, nempe 15. Martii ; & antequam separarentur, statuerunt, in quamlibet provinciam ali-

K iij

1560.

semble qu'ils envoiroient un des leurs dans chaque Province pour ramasser des gens, & nommerent ceux qui devoient s'en charger.

La conjuration comment découverte par les Guises.

Il est surprenant, dit M. de Thou, qu'un secret confié à tant de personnes & de si differens payis, ait été gardé avec tant de fidelité, que les Guises l'apprirent plûtôt de l'Allemagne, de l'Italie & de l'Espagne, que de leurs *Mouches*. Le premier avis qu'ils en eurent fut d'un Avocat de Paris nommé des Avenelles Protestant, qui avoit sa maison dans le fauxbourg S. Germain. La Renaudie qui logeoit chez lui découvrit à son hôte tout le complot. Il fit d'abord semblant d'y acquiescer & d'aprouver cette entreprise. Mais considerant depuis la grandeur du péril où il s'exposoit, & persuadé qu'une telle conjuration ne pouvoit se faire en conscience, il découvrit tout à l'Alemand Vouzé Maître des Requêtes, qui faisoit les affaires du Cardinal de Lorraine, & à Milet Secretaire du Duc de Guise. Ils eurent d'abord peine à le croire; mais Vouzé voyant tous les mouvemens que se donnoient les Religionnaires, fit partir en poste Milet avec des Avenelles pour aller découvrir la chose aux Guises. Des Avenelles fut mis sous sure garde, & la Cour se transporta à Amboise, où on étoit plus en sureté contre les entreprises des conjurez.

Les Guises soupçonnoient fort l'Amiral de Coligni & son frere d'Andelot d'être de la partie. Ils persuaderent à la Reine Catherine de les mander comme ayant besoin de leur conseil. Elle le fit en des termes les plus obligeans, & ils s'y rendirent promptement avec le Cardinal leur frere. L'Amiral parla en secret à la Reine en presence du Chancelier Olivier, & lui representa que la cause de tous ces mouvemens étoit les violences qu'on exerçoit contre les Religionnaires, & les supplices qu'on leur faisoit souffrir; que le vrai moyen d'apaiser tout, seroit de donner la liberté de conscience jusqu'à ce qu'on auroit assemblé un Concile libre, où l'on se détermineroit sur les points contestez. Ce conseil fut applaudi du Chancelier Olivier, & les Guises mêmes y donnerent les mains. L'Edit fut publié, on laissoit en paix les Religionnaires jusqu'à ce Concile futur, en excluant pourtant ceux qui auroient conspiré contre le Roi, contre la famille Royale & les Ministres; ceux qui auroient enlevé violemment les prisonniers d'Etat, ou intercepté les Lettres de la Cour.

Cependant le Duc de Guise faisoit diligence pour ramasser des troupes, il

---

Les mêmes.

quem suorum esse mittendum, qui armatos colligeret.

Res omnino miranda, inquit Thuanus, secretum tot hominibus concreditum, tam fideliter servatum fuisse, ut potius a Germania, Italia, Hispania id Guisii didicerint, quam a *muscis*, seu exploratoribus suis. Qui primus in Gallia rem Guisiis nunciavit, Avenella fuit, Advocatus Parisiensis ex Protestantium numero, cujus domus in Suburbio Sancti Germani erat. Renaudius qui apud illum diversatus est, hospiti suo totam conspirationem declaravit. Statim vero Avenella rem se probare simulavit; sed periculi magnitudinem postea secum reputans, cum crederet etiam id tuta conscientia fieri non posse, totum Alamando Vozæo aperuit libellorum Supplicum Magistro, qui Cardinalis Lotharingi negotia gerebat, & Mileto, qui Duci Guisio a Secretis erat. Id illi statim vix credere potuerunt; sed cum viderent Vozæus Reformatos magno in motu esse, Miletum & Avenellam per Veredarios misit, qui rem Guisiis nunciarent. Avenella sub custodia positus est, & aula regia Ambosiam se contulit, ubi tutius contra conjuratorum molimina stare poterat.

Les mêmes.

Guisii admodum suspicabantur Colinium & Andelotum pro conjuratis stare. Catharinæ vero Reginæ auctores fuerunt ut illos advocaret, quasi eorum consilio opus haberet. Id illa fecit cum literis benevolentiæ plenis; statimque illi cum Cardinali fratre venerunt. Colinius cum Catharina secretum colloquium habuit, præsente Olivario Cancellario, ipsique dixit malorum omnium causam esse violentiam quæ contra Protestantes exercebatur, & supplicia ipsis illata: malumque sedandi verum modum esse, si libertas conscientiæ ipsis daretur, donec Concilium liberum congregaretur, ubi controversiæ circa Religionem excitatæ sedarentur. Consilium cum plausu excepit Cancellarius, illudque Guisii etiam probavêre. Edictum publicatum fuit, quo in pace Protestantes relinquebantur, exclusis tamen iis, qui vel contra Regem & familiam Regiam, vel contra Ministros conspirassent, etiamque Concionatoribus, iisque, qui captos reos ex apparitorum manibus violenter eripuissent, vel literas regias intercepissent.

Interea Dux Guisius diligenter celeriterque copias

envoia dans les Provinces inviter la Noblesse Catholique de se rendre promptement à Amboise, donna ordre d'arrêter & de mettre en prison ceux qui viendroient en armes à Amboise à pied ou à cheval. Le Prince de Condé qui venoit à la Cour, apprit à Orleans ce qui s'étoit passé; & quoiqu'il fût soupçonné d'être de la conjuration, il se rendit à Amboise.

1560.

La Renaudie voyant la méche découverte, ne laissa pourtant pas de continuer son entreprise. La translation de la Cour à Amboise, le déconcertoit, il fallut prendre de nouvelles mesures; il s'en alla chez la Carteliere, Gentilhomme du Vendomois, à six lieües d'Amboise. Là se trouverent aussi les principaux Chefs de la conspiration. Le jour déterminé pour se rendre tous avec leurs gens devant Amboise, fut le 16 de Mars. Ils devoient marcher à petites troupes pour faire la chose avec moins de bruit. Tous ceux-là se mirent en marche pour se trouver à Amboise au jour marqué. Le Duc de Guise averti de tout, envoya des gens à la découverte avec ordre de se saisir de tous ceux qu'ils trouveroient en armes. On en prit quantité comme cela à vingtaines, à douzaines & en moindre nombre, & on les amenoit à Amboise. Plusieurs aussi étoient tuez sur la place.

Suite de la conjuration d'Amboise.

Le Duc de Nemours averti que le Baron de Castelnau, Raunay & Mazeres, qu'on comptoit entre les principaux conjurez, étoient au Château de Nozai, s'y rendit avec main forte; il trouva devant le Château Raunay & Mazeres, & se saisit d'eux. Il fit investir le Château, & amena Raunay & Mazeres liez, à Amboise. Castelnau trouva moyen de faire avertir la Renaudie qu'il étoit assiegé dans Nozai, & le pria de venir le secourir. La Renaudie se mit en marche: mais M. de Nemours étant revenu devant Nozai accompagné de cinq cens Cavaliers, Castelnau n'espera plus que la Renaudie pût le défendre contre une si grosse troupe, & parlementa avec le Duc de Nemours, qui lui promit que s'il se rendoit à lui, il n'auroit aucun mal, & ne seroit pas même mis en prison. Mais quand ils furent arrivez à Amboise, Castelnau & ses compagnons furent enfermez, malgré les protestations qu'ils faisoient que c'étoit contre la foi donnée.

La Renaudie ne sachant pas que Castelnau s'étoit rendu, venoit à son secours pour marcher de là à Amboise, qu'il se flatoit de trouver dépourvû de gens de guerre. Le lendemain 16. Mars, ses pietons qui alloient par pelo-

colligebat, ad Provincias misit qui nobiles Catholicos invitarent, ut Ambosiam celeriter se conferrent, jussitque comprehendi eos, qui armati vel equites vel pedites Ambosiam peterent. Princeps Condæus qui in aulam regiam veniebat, quid actum fuisset, Aureliani didicit, & quamvis in partem conjurationis ipsum venisse quidam suspicarentur, Ambosiam se contulit.

Renaudius secretiora consilia sua detecta videns, rem tamen susceptam non intermisit. Aula regia Ambosiam translata consilia sua interturbabat, nova inire consilia oportuit. Cartelerium adiit nobilem Vindocinensem haud procul Ambosia sedes habentem, quo convenerunt etiam præcipui conjurati. Indictus dies ut simul omnes ante Ambosiam venirent 16. Martii fuit, exiguis autem agminibus venturi erant, ut minor strepitus esset. Illi omnes profecti sunt ut Ambosiam indicto die se conferrent. Re comperta Dux Guisius misit circumquaque armatos, qui obvios quosque armis instructos comprehenderent, multi capti sunt qui vel viceni vel duodeni vel minori numero incedebant, & statim Ambosiam ducebantur, plurimi etiam cæsi fuere.

Nemorosius Dux cum comperisset Castelnovum, Raunæum & Mazeram, qui conjuratorum Principes habebantur, in Nozæo castello esse, cum pugnatorum manu illò se contulit: ante castellum invenit Raunæum & Mazeram, quos etiam comprehendit. Castellum autem cingi jussit, & Raunæum Mazeramque ligatos Ambosiam duxit. Castelnovus Renaudio vix nunciare potuit se in Nozæo castello inclusum obsessum esse, rogavitque ut opem ferendam veniret. Renaudius profectus est; sed cum Nemorosius quingentos ducens equites ante Nozæum rediisset, Castelnovus non ultra sperans Renaudium posse tantum agmen superare, cum Duce Nemorosio pactus est illa conditione, ut ipse sese dederet, neque tamen vel pœnam subiret, vel in carcerem conjiceretur; sed cum Ambosiam deducti fuissent Castelnovus & socii, in carcerem conjecti sunt; nequidquam obtestantes id contra fidem datam esse.

Les mêmes.

Renaudius nesciens captum Castelnovum esse, ad illum eripiendum pergebat, ut inde Ambosiam peteret, quam se sperabat præsidiariis non munitam reperturum. Die sequenti 16. Martii, pedites illius, qui in exiguas turmas divisi incedebant, in silvam

FRANÇOIS II.

1560. tons s'avancerent dans la foreſt pour ſe rendre à Amboiſe, où ils devoient arriver le même jour. Ne ſachant pas que le Duc de Guiſe avoit diſpoſé en differens lieux des corps de troupes pour les ſaiſir ou pour les tailler en pieces s'ils ſe mettoient en défenſe. Tous ces conjurez furent ou tuez ou pris, & menez attachez à la quëüe des chevaux à Amboiſe, où à leur arrivée on les pendoit d'abord aux crenaux du Château, pluſieurs bottez & éperonnez. Les Guiſes vouloient qu'on executât auſſi les Chefs de la conjuration priſonniers. Le Chancelier Olivier s'y oppoſa, diſant qu'il étoit à propos d'attendre la fin du trouble avant que d'en venir là. Le Duc de Guiſe prit de là occaſion d'obtenir des Lettres Patentes du Roi, qui le déclaroit ſon Lieutenant General dans le Royaume. Le Chancelier refuſa d'abord de les ſceller : mais il ſe rendit enfin après avoir obtenu du Roi un Edit, où il pardonnoit à ceux qui par ſimplicité s'étoient revoltez, pourvû qu'ils miſſent bas les armes dans l'eſpace de vingt-quatre heures, & qu'ils ſe retiraſſent chez eux en petite troupe de deux ou de trois ſeulement.

La Renaudie tué.   La Renaudie qui venoit en diligence à Amboiſe, rencontra dans la foreſt de Château-Renaud, Pardillan ſon couſin envoyé par le Roi avec une troupe de Cavaliers, pour prendre les conjurez qu'il rencontreroit. Pardillan lui tira un coup de piſtolet qui ne prit point feu, & la Renaudie le tua de deux coups d'épée, & fut d'abord après tué d'un coup de piſtolet que lui tira un valet de Pardillan. Son corps fut apporté à Amboiſe, où il fut pendu ſur le pont, avec cette inſcription : *La Renaudie dit la Foreſt, Chef des Rebelles* : Il fut depuis coupé en quatre, & les quartiers fichez ſur des pieux hors de la Ville. Deux de ſes domeſtiques furent mis en priſon. On donna la queſtion à l'un d'eux nommé la Bigne ſon Secretaire. Il dit entre autres choſes, qu'il avoit oüi dire que ſi l'entrepriſe réüſſiſſoit, le Prince de Condé devoit ſe mettre à la tête des conjurez. De-là les Guiſes tiroient une conſéquence que les Coligni devoient auſſi être de la partie, étant liez de ſang, d'interêt & de Religion avec ce Prince, & ils inſiſtoient à demander qu'on executât les Chefs des conjurez priſonniers, pour intimider par leur exemple ceux qui pourroient entreprendre la même choſe. Le Chancelier Olivier vouloit qu'on differât encore.

Mais au même tems qu'ils étoient en different ſur cet article, quatre autres Chefs des conjurez, la Mothe, Coqueville, Chams & Chandieu, peu étonnez

---

ingreſſi ſunt, ut Amboſiam tenderent, quo eodem die perventuri erant, ignorantes Guiſium variis in locis manipulos diſpoſuiſſe, ut illos vel comprehenderent, vel cæderent, ſi armis contendere vellent. Omnes autem illi conjurati vel cæſi vel capti ſunt, & ad caudam equorum vincti Amboſiam ducti, ubi ſtatim ſuſpendebantur ad pinnas caſtelli, plurimique cum ocreis & calcaribus. Volebant Guiſii etiam conjuratorum Principes captos ſupplicio affici. Abnuit vero Cancellarius dicens, oportere antea tumultûs finem exſpectare. Hinc Guiſius occaſionem captans ab Rege literas impetravit, queîs illi ſupremam Regni Præfecturam concedebat. Cancellarius literas illas ſigillo munire recuſabat ; ſed tandem ceſſit poſtquam Edictum obtinuerat, quo iis parcebatur, qui ob animi ſimplicitatem rebellaverant, dummodo intra viginti quatuor horarum ſpatium arma ponerent, & domum bini vel terni tantum redirent.

Les mêmes.   Renaudius qui Amboſiam citato curſu veniebat, in ſilva Caſtri-Reginaldi Pardillanum ſibi cognatum offendit, ab Rege cum equitum agmine miſſum ut obvios caperet, Pardillanus ſclopetum diſploſit, nec ignem emiſit, Renaudius vero Pardillanum duplici gladii ictu tranſverberavit & occidit, ipſeque ſtatim à Pardillani famulo ſclopeti ictu occiditur. Corpus ejus Amboſiam allatum, in ponte ſuſpenſum fuit cum hac inſcriptione, *Renaudius Foreſtus dictus, dux rebellium*. Poſtea vero quatuor in partes diſſectum corpus & membra palis affixa extra urbem expoſita fuere. Duo ex domeſticis ejus in carcerem conjecti ſunt, quorum unus cui nomen Bigna, quique a ſecretis hero ſuo erat, tormentis ſubjicitur. Inter alia porro dixit ille audiviſſe ſe, ſi res ſuſcepta ad votum ceſſiſſet, Condæum conjuratorum ducem fore. Hinc Guiſii concludebant Colinios, cognatione & religione Principi conjunctos, in factionis partem veniſſe, petebantque ut conjuratorum primipilares capti, ſupplicio afficerentur, quo hinc terror incuteretur aliis ſimilia aggreſſuris. Cancellarius vero rem adhuc differendam cenſebat.

At dum illi hac in re diſſentirent, quatuor alii conjuratorum duces, Motta, Cocavilla, Campenſis

FRANÇOIS II.

des mauvais succès précedens, firent une nouvelle entreprise pour se rendre maîtres d'Amboise; ils furent découverts, & obligez de prendre la fuite. Plusieurs d'entre eux furent pris & jettez dans la riviere. Alors les Guises prirent le dessus, & firent revoquer l'Edit donné ci-devant, où le Roi faisoit grace à ceux qui mettroient les armes bas dans vingt-quatre heures. On envoya encore des gens à la campagne, plusieurs autres furent pris & executez. On fit alors défense au Prince de Condé de sortir de la Cour sans permission, & l'on établit auprès du Roi une Compagnie de Mousquetaires à cheval, commandée par Antoine du Plessis Richelieu, dit le Moine. On executoit tous les jours un grand nombre de conjurez, la riviere étoit couverte de corps morts qui surnageoient. Les ruës ruisselloient du sang répandu, la place étoit comme une forest de gibets & de pendus.

Executions à Amboise.

On fit ensuite le procès aux Chefs des conjurez. Raunay fut interrogé le premier, & mis à la question; il confessa les mêmes choses que la Bigne: on lui demanda si les conjurez n'avoient pas dessein de tuer le Roi: il répondit que non, & qu'ils n'en vouloient qu'aux Guises. Mazeres mis sur la sellete après lui, dit les mêmes choses, & chargea le Prince de Condé comme avoit fait la Bigne. Castelnau qui fut interrogé le dernier, parla avec beaucoup de constance & de fermeté: il nia la plûpart des choses que les autres avoient dit. C'étoit un homme de qualité dont les parens avoient rendu service à l'Etat & à la Maison Roiale. Les Colignis, le Duc de Longueville, & même le Duc d'Aumale frere des Guises, demandoient grace pour lui, & la Reine Catherine étoit portée à lui sauver la vie. Mais les deux freres Guises insisterent fortement contre, prétendant que le cas étoit irremissible, & qu'il falloit un exemple pour la sureté de la personne du Roi. Il fut donc condamné à avoir la tête tranchée, & fut executé avec les autres. Les freres du Roi furent presens à ce spectacle, & les Princesses & Dames de la Cour regardoient l'execution par les fenêtres du Château.

Cette conjuration d'Amboise fut représentée dans le tems même sur une estampe gravée en bois, d'après laquelle nous donnons la planche qui suit. On voit au haut la Ville d'Amboise avec son pont sur la Loire. De l'autre côté est représenté le Château de Nozay, où l'on voit Castelnau & sa troupe qui parlementent, & se rendent au Duc de Nemours. Ils sont après cela conduits à Amboise, comme on voit sur la même estampe. Au bas de l'image

PL. XIII.

& Chandeus, tam improspero suorum exitu non exterriti, resumtis animis Ambosiam capere tentant; re tamen detecta, fugam capessere coacti sunt. Ex illis plurimi capti & in flumen conjecti fuere. Tunc Guisii superiores effecti, Edictum revocari curant, quo Rex veniam dabat iis qui arma ponerent. Alii quoque missi fuere qui residuos conjuratos caperent, multique comprehensi fuere. Tunc mandatum Condæo fuit ne sine Regis licentia ex aula regia discederet, & circa Regis personam nova constituta est sclopetariorum equitum custodia, cui præpositus fuit Antonius Plessiacus Richelius, Monachus dictus. Quotidie conjurati permulti supplicio afficiebantur, in flumine cadavera supernatabant; vici sanguine exundabant, platea oppidi suspensorum silvam præ se ferebat.

In causam deinde vocati sunt conjuratorum præcipui; interrogatus primo & tormentis traditus fuit Raunæus, qui eadem quæ Bigna confessus est. Quæsitum fuit an conjurati Regem occidere voluissent. Minime, inquit ille, sed Guisios tantum impetebant. Mazera post illum quæstioni subjectus eadem dixit,

& iis quæ Bigna confessus erat similia de Principe Condæo protulit. Castelnovus qui ultimus interrogatus est, cum constantia multa verba fecit, plurimaque eorum quæ cæteri dixerant, negavit. Vir erat genere clarus, cujus parentes & avi de Rege, deque Regno bene meruerant. Colinii, Longavillæus Dux, etiamque Dux Albæmalius Guisiorum frater, pro illo veniam postulabant, & Catharina Regina ad gratiam impetrandam propendebat. At ambo Guisii fortiter obstitere, dicebantque rem venia carere, & exemplo opus esse ad Regis securitatem. Capitis ergo damnatus fuit, & cum aliis supplicio affectus, spectantibus Regis fratribus, & Principibus feminis aulicisque aliis per castelli fenestras inspicientibus.

Isthæc Ambosiana conspiratio eodem ipso tempore in tabula lignea delineata fuit, ad cujus fidem nos tabulam sequentem exhiberi curavimus. In superna parte visitur Ambosianum oppidum cum Ponte Ligerim trajiciente. In altero autem latere Nosæum castellum conspicimus, ubi Castelnovus & socii cum Nemoroso Duce deditionis pacta ineunt, posteaque Ambosiam ducuntur, ut ibidem repræsentatur. In

Tome V.   L

1560. se voit la rencontre de Pardillan & de la Renaudie. La peinture & le discours qu'on mit au bas dans ce tems-là, nous aprennent quelque chose dont les principaux Historiens ne font pas mention. La Renaudie s'avançant vers Pardillan, est jetté à bas par son cheval qui se cabre. Il se bat à pied, Pardillan lui tire un coup de pistolet, qui ne prend pas feu. La Renaudie le tuë de deux coups d'épée. Il est blessé à mort lui-même d'un coup de mousquet que lui tire un de la troupe de Pardillan. La note qui est au bas de l'ancienne estampe dit, que se sentant blessé à mort, il tua encore celui qui l'avoit blessé. Après la prise de Castelnau, & la mort de la Renaudie, quelques Capitaines de Reformez s'avancerent pour se saisir d'Amboise. On en voit ici d'un côté quelques-uns à cheval qui viennent pour se saisir d'une porte, & qui sont repoussez par ceux de dedans. De l'autre côté des gens de pied dans un bois qui s'avançoient vers la Ville, sont défaits par la Cavalerie Catholique. On remarque ici que de ces guerriers les uns portent des chapeaux & les autres des casques.

Le Prince de Condé soupçonné se justifie.

Le Prince de Condé étoit fort suspect aux Guises, sur tout au Cardinal. Plusieurs des conjurez avoient declaré, selon le témoignage de la Renaudie, que si la premiere entreprise réussissoit, ce Prince se declareroit Chef de la conjuration. Une autre chose qui arriva augmenta le soupçon; quelques-uns des conjurez avoient declaré que le jeune Maligni avoit eu dessein de tuer le Duc de Guise, & que l'ayant communiqué au Prince de Condé, il l'avoit empêché de le faire. Maligni craignant pour sa personne, demanda à de Vaux Ecuyer du Prince de Condé, un cheval pour s'enfuir, & de Vaux le lui prêta. De Vaux fut mis en prison par ordre du Roi: & les Guises, sur tout le Cardinal, agissoient auprès de la Reine Mere, pour lui persuader, que selon les apparences le Prince étoit le Chef de la conjuration; ils ajoutoient qu'il y avoit dans sa maison des armes cachées, & que ses gens venoient tous les jours armez à la Cour. La Reine envoya visiter la maison du Prince, & l'on n'y trouva rien, quoiqu'on eut cherché par-tout. A l'instigation du Cardinal, elle fit appeller le Prince de Condé, & l'exhorta de n'avoir aucun commerce avec ces séditieux qui troubloient l'Etat: & pour lui faire entendre que ce n'étoit point sans raison qu'on lui parloit ainsi, le Cardinal qui étoit present, lui proposa de se tenir caché derriere une tapisserie, pour entendre les dépositions de quelques

---

ima tabulæ parte, Pardillanus & Renaudius se armis impetentes exhibentur. In tabula veteri & in explicatione subjuncta quædam referuntur ad præcipuis historiæ Scriptoribus non memorata. Renaudius in Pardillanum irrumpens ab equo suo se arrigente dejicitur. Pardillanus sclopetum minorem explodere curat; sed sclopetus ignem non concipit. Renaudius pedes ipsum iterato gladii ictu confodit & interimit. Ipse Renaudius sclopeti ictu a quodam ex Pardillani sequacibus emisso lethali vulnere afficitur. Nota quædam ad imum veteris illius tabulæ posita refert Renaudium lethali ictu confossum, eum qui sclopetum emiserat gladio interfecisse. Postquam Castelnovus captus, & Renaudius occisus fuerat, aliquot Reformatorum duces ut Ambosiam invaderent accesserunt. In altero latere quidam Reformatorum equites ad portam occupandam accedunt, & a præsidiariis repelluntur. In altero autem latere pedites in silva qui ad oppidum contendunt, a Catholicis equitibus profligantur. Hic porro observatur ex pugnatoribus utriusque partis, alios petasis, alios galeis capita tegere.

Thuanus, Belcarius, Princeps Condæus Guisiis omnino suspectus erat. Ex conjuratis multi Renaudii testimonium adducentes, declaraverant, si rei susceptæ melior exitus fuisset, Condæum Principem sese conjurationis ducem constituturum fuisse; quodque suspicionem adauxit, quidam ex conjuratis dixerant Malinium juniorem, cum Guisium Ducem interficere in animo haberet, idque Condæo Principi dixisset, ab ipso id faceret cohibitum fuisse. Malinium vero cum sibi timeret, a Vallio equitii Condæi Præposito equum postulavisse fugiendi causa, Valliumque dedisse. Vallius igitur, jubente Rege, in carcerem conjectus est. Guisi, Cardinalisque maxime, apud Regem, Reginamque matrem instabant, ut suaderent ipsis Condæum conjurationis esse principem; addebant in ædibus ejus arma in occulto posita haberi, ejusque sequaces in aulam regiam quotidie armatos accedere. Misit Catharina qui ædes illas inviserent, & arcas angulosque omnes scrutarentur, qui nihil repererunt. Instigante Guisio Cardinale, Catharina Condæum advocat, ipsumque hortatur ut ne ullum cum seditiosis commercium habeat, qui in Regno turbas movetent; utque intelligeret ille non sine causa hæc dici, Cardinalis qui tunc præsens erat, Condæum rogat, velletne, dum ipse post aulæa lateret, quorumdam conjuratorum qui comprehen

LA CONJURATION D

prisonniers, qu'il alloit faire venir. Le Prince répondit, qu'il ne convenoit point à un homme de sa qualité de se tenir ainsi caché, ni d'être même soupçonné de pareilles choses.

Ayant depuis pris conseil de ses amis, il demanda au Roi d'être admis à se justifier publiquement devant sa Majesté, en presence de la Reine, des Guises & des Ambassadeurs des Cours etrangeres. Cela lui fut accordé : il se purgea devant le Roi de toutes les accusations ci-devant intentées contre lui, avec beaucoup d'éloquence & de confiance : puis il défia, en deposant pour un tems la qualité de Prince du Sang, celui qui voudroit l'accuser, en offrant de se battre contre lui, & de décider la querelle par le sort des armes. Le Duc de Guise faisant semblant d'acquiescer à ce que le Prince disoit, s'offrit lui-même de se battre contre celui qui oseroit l'accuser. Personne ne se presentant, le Prince de Condé supplia très-humblement le Roi de ne plus prêter l'oreille aux calomnies de ses ennemis.

En ce tems mourut le Chancelier Olivier, moins accablé d'âge que de douleur de voir l'état present des choses, & tant de malheurs qui en pronostiquoient encore de plus grands. Les Guises voulurent faire mettre en sa place Jean de Morvilliers Evêque d'Orleans. Mais Catherine obtint du Roi son fils que cette Charge seroit donnée à Michel de l'Hopital dont le seul nom fait un éloge, & qui remplit si bien cet Office, qu'il peut servir de modele à ceux qui viendront après lui. C'est le sentiment commun. Quelques-uns disent pourtant qu'il n'avoit point de Religion ; & Beaucaire le qualifie du nom d'Athée.

Ce fut environ le même tems qu'on commença en France à appeller Huguenots ceux qu'on nommoit auparavant Lutheriens ou Protestans ou Sacramentaires. Les auteurs ne conviennent pas de l'origine de ce nom. La plus commune opinion est celle de M. de Thou qui dit que selon le sentiment populaire de la Ville de Tours, un Roi fabuleux nommé Hugon, alloit à cheval la nuit autour des murs de la Ville, & battoit ceux qu'il rencontroit : & que comme les nouveaux Religionnaires qui y étoient en grand nombre, alloient la nuit à leurs assemblées n'osant y aller de jour, on les appella Huguenots par rapport à ce Roi Hugon, qui marchoit toujours la nuit. Une autre opinion que j'ai apprise dans ma plus tendre jeunesse, est qu'au tems de la conjuration

---

fuerant quæstionem haberi. Respondit Condæus, non decorum fore sibi Principi ita latere, & in talium rerum suspicionem vocari.

Deindeque ex amicorum consilio Condæus ab Rege petiit, ut sibi liceret coram ipso, Regina matre, Guisiis & Principum externorum Oratoribus, sese ab objectis criminationibus purgare : qua si impetrata, cum eloquentia magna & animi firmitate objecta omnia confutavit ; tum deposita ad tempus Sanguinis Regii Principis dignitate, se paratum esse dixit contra accusatorem quemvis rem armis decernere. Guisius vero Principis dictis se acquiescere simulans, verba ejus excepit, seque obtulit ad accusatorem armis impetendum ; cumque nemo compareret qui conditionem accipceret, Regem Condæus rogavit, ne hujusmodi calumniis aures præberet.

Hoc tempore obiit Olivarius Cancellarius minus senio, quam præsentis rerum status mœrore confectus, tot calamitates nempe videns, quæ majores etiam futuras portendebant. Guisii Joannem Morvillerium Episcopum Aurelianensem ipsi substitui volebant ; sed Catharina ab Rege filio impetravit ut Michaeli Hospitalio, cujus vel ipsum nomen encomium fuerit, id muneris conferretur ; qui officium hujusmodi ita implevit, ut cæteris exemplo esse posset. Id omnium testimonio comprobatur. Quidam tamen dicunt illum nullam habuisse religionem, & *Belcarius ipsum atheum fuisse ait.

Idem circiter tempus in Francia Hugonoti vocari cœpere, qui antea Lutherani, Protestantes vel Sacramentarii appellabantur. De vocis hujus origine inter Scriptores non convenit. Vulgatior opinio illa est, quam profert Thuanus, qui dicit ex vulgari Cæsarodunensis plebis opinione fabulosum Regem Hugonem nomine noctu pomeria civitatis obequitare, obviosque pulsare ; & quia novæ Religionis sectatores, qui magno numero ibi erant, noctu ad cœtus suos pergebant, cum interdiu non auderent, ideo Hugonoti dicti sunt a Rege illo qui noctu pergeret. Aliam a teneris opinionem audivi, nempe tempore Ambo-

d'Amboise, un Aleman fut pris avec d'autres, & que voulant faire sa harangue au Cardinal de Lorraine, il commença par ces mots *Huc nos*, & la memoire lui manquant il s'arrêta là tout court. On prit de là occasion d'appeller ces nouveaux Religionnaires Huguenots. Le grand nombre d'étymologies que l'on a données à ce mot, marque qu'il n'y en a peut-être pas une bien certaine.

Après que ce grand tumulte eût été fini, le Connétable de Montmorenci reçut ordre d'aller au Parlement de Paris, & de lui rendre compte de ce qui s'étoit passé à Amboise. Il en fit un détail dans l'Assemblée, loüant beaucoup les Guises des soins qu'ils s'étoient donné de repousser & de punir ces séditieux, *qui venoient pour faire injure aux principaux de la Cour du Roi*. Ces derniers mots déplurent beaucoup aux Guises, qui disoient & vouloient que l'on publiât partout, que la conspiration avoit été dressée contre le Roi, la Reine Mere & tous ses enfans. Le Parlement néanmoins dans une lettre qu'il écrivit au Duc de Guise l'honora du titre de *Conservateur de la patrie*. Ce qu'un Auteur attribuë à une lâche flaterie. Le Roi écrivit aussi au Roi de Navarre, lui raconta ce qui s'étoit passé à Amboise, & l'exhorta de dissiper quelques restes de ces conjurez qui remuoient encore vers l'Agenois, ce qu'il fit en diligence ; il chassa quelques troupes de rebelles, & en fit punir quantité.

L'Amiral de Coligni & son frere d'Andelot se retirerent de la Cour, craignant la puissance des Guises qui en vouloient à l'Amiral, parce qu'en parlant à la Reine Catherine, il l'exhortoit à contrebalancer la trop grande autorité qu'ils usurpoient. Avant que de partir, il alla recevoir les ordres de la Reine Mere, qui l'envoya en Normandie pour pacifier cette province, & lui donner nouvelle de ce qui s'y passoit ; ce qu'il ne manqua pas de faire.

Edit de Romorentin.

Au mois de Mai suivant, le Roi fit à Romorentin un Edit, où il ordonnoit que la connoissance des crimes d'heresie seroit réservée aux Evêques, à qui elle appartient de droit. Jusqu'ici les Parlemens s'en étoient saisis, & le Chancelier de l'Hopital auroit bien voulu les maintenir dans cette possession ; mais il fallut ceder en ce point, & il crut beaucoup faire en empêchant qu'on n'établît l'Inquisition en France, que les Guises vouloient y introduire. Il étoit encore défendu par cet Edit de faire des assemblées séditieuses, des disputes sur la Religion, & des levées de gens armez. Il parut en ce tems-ci un petit livre intitulé

---

sianæ conjurationis, Germanum quemdam cum cæteris captum, cum ante Lotharingum Cardinalem orare vellet, ab his verbis, *Huc nos*, cœpisse, ac deficiente memoria nihil ultra dixisse, hincque novæ Religionis cultores Hugonotos vocati cœpisse. Aliæ hujus vocis etymologiæ feruntur, quæ fortasse probent nullam esse certam.

Les mêmes. Sedato tanto tumultu, Constabularius Montmorencius jussus est Curiam Parisini Senatus adire, & Ambosianæ conjurationis seriem ipsi referre. In Senatu autem ille singula recensuit, Guisosque laudavit, quod diligentissime seditiosorum conatus depulerint, virosque illos punierint, *qui præcipuis aulæ regiæ Ministris injuriam illatum venerant*. Hæc postrema verba Guisiis admodum displicuere, qui dicebant & ab omnibus publicari volebant, conspirationem contra Regem, Reginam matrem, omnesque filios ejus factam fuisse. Senatus tamen Curia in epistola quam Duci Guisio scripsit, ipsum *Conservatoris patriæ* nomine donavit, quod Scriptor quidam *fœdam adulationem* vocat. Rex quoque Navarræo Regi scripsit, ipsi quid Ambosiæ gestum esset enarrans, cohortansque illum ut quasdam conjuratorum reliquias, quæ adhuc in Aginnensi tractu superarant dissiparet, idque ille diligenter exsequutus est.

Colinius Maris Præfectus, fraterque ejus Andelotus ab aula regia discessere, Guisiorum potentiam metuentes, qui Colinio infensi erant, quia Catharinam hortabatur ille ut nimiam ipsorum auctoritatem, quam usurpabant, comprimeret. Antequam proficisceretur Colinius, Catharinam adiit, quæ ipsum in Normanniam misit, ut provinciam illam pacaret, & quæ istic agerentur sibi nunciaret ; quod accurate ille præstitit.

Mense Maio sequenti Rex Romorentini cum esset, Edictum publicavit, quo præcipiebat, ut hæreseos crimina Episcopis reservarentur, ad quos jure pertinerent. Hactenus Senatorum Curiæ illa sibi adscriferant, Hospitaliusque Cancellarius id Curiis servari voluisset ; at tempori cedendum fuit : neque ille rem modicam se obtinuisse putavit, cum impediret quominus in Francia inquisitio stabiliretur, quam inducere Guisii peroptabant ; prohibebatur etiam in Edicto ne seditiosi cœtus cogerentur, ne circa Religionem disputaretur, ne armati viri unà coirent. * Hoc tempore publicatus liber est, cujus ἐπιγραφὴ Tigris,

Le Tigre, où l'on décrivoit la cruauté des Guises, le sang qu'ils avoient répandu & répandoient tous les jours, & les persécutions qu'ils faisoient souffrir, c'étoit l'ouvrage de quelque Huguenot : on saisit le Libraire, on le mit à la question pour lui faire declarer l'Auteur ; on n'en pût jamais rien tirer, & on l'envoia à la potence.

La Reine Mere Catherine, qui pensoit toujours à contrebalancer la trop grande puissance des Guises, fit convoquer par le conseil du Chancelier, les Princes & les Grands du Roiaume à Fontainebleau pour prendre leur avis sur l'état présent des affaires : cela ne pouvoit plaire aux Guises qui vouloient se conserver toute l'autorité. Cependant M. de Thou dit que le Cardinal de Lorraine lui persuada de faire cette assemblée, sans développer le motif qui le porta à donner ce conseil. Le Roi manda au Navarrois & au Prince de Condé son frere, de s'y trouver : mais le Prince, qui craignant pour sa personne s'étoit peu auparavant retiré de la Cour, persuada apparemment à son frere de n'y point venir ; ils s'excuserent l'un & l'autre sur la longueur du chemin, & sur quelque autre pretexte. Le Connétable y vint accompagné des trois freres Coligni, l'Amiral, le Cardinal de Châtillon & d'Andelot, & de huit cens chevaux. Ce qui étonna les Guises, qui ne croiant point qu'il dût venir en si grosse troupe, n'avoient point eu soin d'appeller ceux de leur parti ; & cela fit que les autres parlerent plus librement.

L'Assemblée se tint dans la chambre de la Reine Mere. Le Roi, qui s'y trouva, dit qu'il les avoit convoquez pour déliberer avec eux sur ce qu'il y avoit à faire pour le bien & la tranquillité du Roiaume, & que le Chancelier & les deux freres Guises alloient leur exposer l'état present des affaires ; ils le firent chacun à son tour ; & ainsi fut terminée la premiere séance.

A la seconde séance l'Amiral de Coligni s'avança vers le Roi, fit deux fois la genuflexion avant que de l'approcher, & il lui presenta deux Requêtes qu'il avoit reçuës en Normandie des Religionnaires, qui supplioient instamment le Roi de faire cesser les persécutions & les cruels tourmens qu'on faisoit souffrir à plusieurs d'entre eux, jusqu'à ce qu'on auroit examiné leur doctrine, & qu'en attendant on leur accordât des Temples & le libre exercice de leur Religion.

Après lui Jean de Montluc Evêque de Valence prit la parole. Il loüa d'abord

1560.

Assemblée de Fontainebleau.

---

ubi Guisiorum immanitas depingebatur, quantum illi sanguinem fudissent, & in dies funderent, quam innumeros excruciarent narrabatur. Hugonoti cujusdam opus illud erat. Bibliopola capitur, & tormentis subjicitur, & cum ille nihil declararet, ad patibulum missus fuit.

Catharina, quæ nimiam Guisiorum potentiam deprimere semper cogitabat, de Cancellarii consilio, Principes & primores Regni ad Fontembellaqueum convocari præcepit, ut circa res præsentes cum illis deliberaretur. Id certe Guisiis qui totam sibi auctoritatem usurpabant, placere non posse videbatur, tamenque Thuanus dicit Cardinalem Lotharingum Reginæ auctorem fuisse, ut ejusmodi cœtum cogeret, nec declarat quo animi motu id ageret. Rex, Navarræ Regi & Principi Condæo scripsit, ipsosque ad conventum invitavit. Condæus, qui sibi timens, aulam paulo ante deseruerat, Navarræo fratri suasisse videtur ut ne se illò conferret. Ambo itaque sese excusarunt, longiorem viam & alia quædam prætexentes. Constabularius autem venit, comitantibus Coliniis fratribus, Maris Præfecto, Cardinali & Andeloto cum octingentis equitibus, id quod Guisios terruit, qui non suspicantes tot armatos viros esse venturos, suos illi non evocaverant. Hinc autem factum est ut alii majore cum fiducia loquerentur.

In Catharinæ Reginæ cubiculo habitus conventus fuit. Rex dixit se illos convocavisse ut deliberaretur de bono & tranquillitate regni procuranda, Cancellariumque & Guisios fratres, sibi omnia quæ ad præsentem rerum statum pertinerent pluribus declaraturos esse. Idque illi ordine quisque suo fecerunt, sicque terminatus primus concessus fuit.

In secundo concessu Colinius bis genua flectens ad Regem accessit, binosque libellos supplices, quos è Normannia a novæ Religionis cultoribus acceperat, ipsi obtulit. Hi Regi supplicabant, ut à vexationibus sibi illatis, & à suppliciis, queis multi suorum cruciabantur, cessaretur, donec eorum doctrina diligenter excussa fuisset, tum rogabant sibi templa & liberum Religionis exercitium concedi.

Post illum Joannes Monlucius Episcopus Valenti-

Les mêmes.

Les mêmes.

Thuanus. Bellarius.

1560.
Remontrance hardie de Jean de Montluc.

les soins que la Reine Mere & les Guises s'étoient donnez pour éteindre la sédition: mais il dit qu'on n'en avoit pas ôté la cause, & que le mal augmentoit tous les jours par la négligence de ceux qui devroient travailler à y remedier. Il se déchaîna contre les Evêques qui ne pensoient qu'à augmenter leurs revenus, & à vivre dans le luxe & dans les délices ; en sorte qu'on en avoit vû jusqu'à quarante à la fois dans Paris, passant leur tems dans l'oisiveté & dans les plaisirs de la vie, tandis que les Curez & les autres Ecclesiastiques imitans leurs Prélats, vivoient aussi de même ; qu'il ne falloit donc point s'étonner si les Nobles & le peuple peu instruits sur la Religion, se laissoient facilement séduire par les Prédicateurs d'une nouvelle doctrine. Il se tourna ensuite vers le Roi, l'exhortant de donner exemple aux autres, & de se faire lire & expliquer tous les jours la Sainte Ecriture, & de faire souvent prêcher dans sa Cour la Parole de Dieu : Et s'adressant à la Reine Catherine, il lui dit qu'au lieu de ces chansons prophanes & impudiques qu'on entendoit perpetuellement dans ses appartemens, elle devroit y faire chanter des Pseaumes & des Hymnes en François, témoignant par là qu'il n'approuvoit point ceux qui reprenoient cette coutume des Huguenots. Il conclut en disant qu'un Concile general étoit nécessaire pour remedier aux maux presens, & que si l'on ne pouvoit l'obtenir du Pape, il falloit en assembler un National, & cependant mettre fin aux tourmens & aux supplices, qui ne servoient qu'à augmenter le trouble & le nombre des Religionnaires.

Une harangue si vehemente & si hardie, auroit apparemment été blâmée, si Charles de Marillac Archevêque de Vienne, qui harangua après l'Evêque de Valence, n'avoit encheri sur lui, & n'avoit parlé avec plus de force contre les desordres de la Cour, & contre le Gouvernement ; il pinça tacitement les Guises, & finit en disant qu'il falloit assembler les Etats du Roiaume pour déliberer sur des affaires si importantes.

A la troisiéme séance l'Amiral remit sur le tapis les Requêtes qu'il avoit presentées au Roi en faveur des Huguenots, & dit qu'il pouvoit les faire souscrire par cinquante mille hommes. Il insista à ce qu'on leur accordât la liberté de Religion & des Temples. Il conseilla au Roi de renvoyer cette nouvelle Compagnie de Mousquetaires établie pour la garde de sa Personne : ce qui

---

La Popeliniere. tinus oravit. Initio Reginæ matris & Guisiorum pro exstinguenda seditione curam laudibus extulit ; sed addidit illius causam sublatam non fuisse, imo malum in dies latius manare, illorum negligentia qui medelam afferre deberent. Episcopos autem vehementer infectatus est, qui nonnisi augendæ rei familiari advigilarent, luxum deliciasque sectarentur ; ita ut uno tempore quadraginta eorum Lutetiæ versantes visi fuerint, otio & voluptati tantum operam dantes, dum Parochi cæterique Ecclesiastici ipsorum exemplum sequerentur, nec mirandum esse si & nobiles & populi, qui vix Religionem nossent, a novæ doctrinæ Concionatoribus in errorem facile inducerentur. Tum ad Regem conversus, hortatus illum est ut exemplo aliis esset, Scripturam Sacram sibi quotidie explicari curaret, & in aula regia sæpe verbum Dei prædicari, moxque Catharinam alloquens, monuit illam, ut profanarum & impudicarum cantilenarum loco, quæ perpetuo in ejus cubiculis audiebantur, Psalmos & Hymnos vulgari lingua cantari juberet, indeque significabat se non illos probare, qui illam Hugonotorum consuetudinem carperent. Perorando autem dixit ut malis præsentibus occurreretur necessarium esse Concilium generale, & si a Summo Pontifice impetrari non posset, nationale Concilium esse cogendum, ac tormentorum suppliciorumque finem faciendum esse, quæ novorum Sectatorum numerum in dies augebant, nedum minuerent.

Tam vehemens & audax oratio objurgatione non caruisset, nisi Carolus Marillacus Archiepiscopus Viennensis, qui post illum oravit vehementiore modo aulæ regiæ vitia & Regni præsentem administrationem perstrinxisset. Tacite autem Guisios pupugit, & orationem clausit dicendo, rem tanti esse momenti, ut Regni Ordines omnes pro tantis negotiis convocandi essent.

In tertio consessu Colinius libellos supplices quos Regi in gratiam Protestantium obtulerat, in medium reduxit, dixitque, se posse 50000. virorum iis subscribentium nomina in medium afferre. Institit ut Religionis suæ liberum exercitium & templa ipsis concederentur. Regi quoque auctor erat, ut novam illam sclopetariorum turmam pro custodia sua advectam amandaret, quod signo esset ipsum subditis

marquoit qu'il se méfioit de ses bons sujets. Il finit en disant qu'une assemblée des Etats lui sembloit necessaire. Le Duc de Guise qui parla ensuite refuta ce que l'Amiral venoit de dire, & fut aussi pour l'assemblée des Etats Generaux. Le Cardinal de Lorraine fit un discours fort éloquent sur les libelles qu'on avoit fait courir contre lui & contre son frere, sur le danger qu'il y avoit de donner aux Religionnaires la liberté de conscience & des Temples. Il conclut enfin comme les autres qu'il falloit assembler les Etats Generaux pour déliberer sur le Concile, ou General si l'on pouvoit l'obtenir du Pape, ou National si le general étoit differé trop long tems. La resolution en fut prise, & à la derniere séance qui fut à la fin d'Août, le Roi ordonna par un Édit que les Etats s'assembleroient à Meaux le 10. Decembre.

1560.

Les Etats sont indiquez.

Le Roi de Navarre & le Prince de Condé, qui, comme nous avons dit, s'étoient tenus en Gascogne pendant le tems de l'assemblée de Fontainebleau, avoient des correspondances par tout le Royaume. Un nommé la Sague, qui avoit autrefois porté les armes dans le Piedmont, étoit leur Commissionnaire, & leur apportoit des lettres de differens endroits. Ce la Sague vint à Fontainebleau, où il trouva un nommé Bonval avec lequel il avoit servi dans le Piémont. Ils renouvellerent connoissance, & la Sague lui découvrit imprudemment qu'il étoit au service du Roi de Navarre, & lui fit confidence de tout ce qu'il savoit des desseins des deux freres, de leurs allures & de leurs correspondances. Bonval alla tout découvrir au Maréchal de Brissac qui l'amena au Duc de Guise à qui il raconta tout. La Sague venoit de partir pour la Gascogne, on fit courir après lui, & on le prit à Etampes. Il fut amené aux Guises, & l'on saisit toutes les lettres qu'il portoit. Les Guises esperoient d'y en trouver des Montmorencis qui leur donneroient lieu de les mettre mal dans l'esprit du Roi ; mais ils n'y trouverent que des lettres de compliment. Il y en avoit une du Vidame de Chartres, écrite en termes ambigus & à double entente. Ils l'interpreterent à leur maniere, & le firent mettre à la Bastille. Ils confronterent la Sague avec Bonval ; & comme ils se contredisoient souvent, ils voulurent mettre la Sague à la question. Mais sans attendre la torture il confessa tout ce qu'il savoit des desseins, des intrigues secretes du Roi de Navarre & du Prince de Condé.

La Sague Commissionaire du Roi de Navarre saisi.

En ce même tems les Religionnaires firent une entreprise sur Lion, dont la

---

suis minime fidere, clausitque dicendo, Ordines Regni omnes convocare necessarium sibi videre. Dux Guisiæ qui postea loquutus est ea quæ Colinius dixerat, confutavit. Cardinalis vero Lotharingus elegantem orationem habuit contra libellos famosos qui contra se & contra fratrem suum Ducem sparsi fuerant, periculumque magnum fore dixit, si Hugonotis libertas conscientiæ & templa concederentur, clausitque ut alii, Regni Ordines congregandos esse dicens, ut de Concilio vel generali vel nationali deliberaretur. In ultimo igitur consessu, Augusto mense vertente, de congregandis Regni Ordinibus, Edictum a Rege prodiit, loco indicto, Meldis scilicet ad diem decimam Decembris.

Rex Navarræ & Princeps Condæus, qui ut diximus, in Vasconia erant, dum Conventus ad Fontembellaqueum haberetur, per totum Regnum cum multis occulta consilia habebant : quidam vero Saga nomine, qui olim in Pedemontio arma gestaverat, ipsis nunciis munere fungebatur, & multis ex locis literas ipsis afferebat. Saga Fontembellaqueum venit, ubi quemdam Bonvallium nomine, quicum in Pedemontio meruerat, reperit, tunc prisca renovata consuetudine, Saga imprudenter Bonvallio omnia aperit, se Regis Navarræ domesticum dicit, sibique nota omnia de fratrum consiliis, necnon de iis per regnum, qui cum ipsis consentirent, Bonvallio declaravit. Bonvallius omnia Brissaco Marescallo revelavit, qui ipsum Guisio adduxit, cui res tota exposita fuit. Saga jam profectus erat ut Vasconiam peteret. Post illum missi qui comprehenderent Stampis illum cepere. Guisiis ille adductus fuit, epistolæ omnes ac literæ quas gestabat, captæ lectæque fuerunt. Sperabant Guisii se Montmoranciorum literas reperturos quæ possent illos Regi suspectos reddere ; sed salutationis tantum & urbanitatis notas invenerunt. Quædam tamen epistola occurrit Vicedomini Carnutensis, quæ ambiguis verbis obscurifique constabat, quam ipsi quo pessimo poterant modo interpretati, in Bastiliam ipsum conjici curavere. Ante Bonvallium Saga adducitur. Saga Bonvallio sæpe contradicit. Tormentis Saga admoveri erat. Tunc vero ille omnia confessus est, Principum amborum consilia, artes, res susceptas.

Eodem tempore novæ religionis Sectatores Lugdunum ex improviso sibi subigere tentavere ; idque

Les mêmes.

1560.

nouvelle vint à la Cour quatre jours après que la Sague eût été arrêté. Maligni le jeune, homme du Roi de Navarre, qui s'enfuit après la conjuration d'Amboise, s'étoit retiré en Provence, où il ramaſſa des gens. Il avoit des intelligences dans Lion, s'y rendit lui-même, y fit venir des gens armez, & conduiſit l'affaire avec beaucoup de ſecret & de dexterité. D'un autre côté le Connétable de Montmorenci ſollicitoit vivement le Roi de Navarre de venir à la Cour, & lui recommandoit ſur tout d'empêcher que les gens de ſon parti ne s'emparaſſent de quelque Ville, parce que cela gâteroit ſes affaires. Le Navarrois informé que Maligni avoit quelque deſſein ſur Lion, lui envoia ordre de ſe deſiſter de cette entrepriſe. Maligni ceſſa pour un tems, & ne penſoit plus à executer ce deſſein. Mais une nuit, comme il faiſoit tranſporter des armes dans une maiſon, l'Abbé d'Achon qui commandoit dans la Ville en la place de ſon oncle le Maréchal de Saint André, averti de la choſe, y envoya trois cens Arquebuſiers qui inveſtirent la maiſon. Il n'y avoit dedans que trente hommes armez qui ſe défendirent; Maligni qui logeoit auprès y accourut, ſe jetta dans la maiſon, chargea les Arquebuſiers, les mit en fuite, & avec ſoixante hommes qu'il menoit, il ſe ſaiſit du pont de la Sône, enſorte qu'il étoit maître de toute la grande partie de la Ville qui eſt entre le Rhône & la Sône. Maligni envoia avertir ceux de ſon parti qui logeoient en differens endroits de la Ville; & ſi tous étoient venus, elle étoit infailliblement priſe: mais comme ils ne s'attendoient point à cette allarme, perſonne ne vint. Maligni ſongea alors à ſe retirer, & d'Achon qui ne vouloit point engager un nouveau combat dans la Ville, lui fit ouvrir les portes. Le Maréchal de Saint André qui y vint après, fit executer quantité de ces conjurez. M. de Thou dit qu'il enveloppa l'innocent avec le coupable, pour profiter de la dépoüille de quelques riches Bourgeois.

Entrepriſe ſur Lion.

Il y avoit de grands mouvemens en pluſieurs endroits du Royaume qui ſembloient préſager quelque guerre civile; ce qui fit que la Reine Mere jugea à propos de quitter Fontainebleau, lieu tout ouvert, pour ſe rendre avec la Cour, à Saint Germain en Laye. Sollicitée par les Guiſes, elle ſouhaitoit que le Roi de Navarre & le Prince de Condé vinſſent à la Cour ſans aucune compagnie de gens armez. Le Roi y envoia le Comte de Cruſſol pour porter les deux

---

quatriduo poſtquam Saga captus fuerat, in aula regia nunciatum eſt. Malinius junior Regi Navarræ addictus, qui poſt Amboſianam conjurationem aufugerat, in Provinciam venerat, ibique armatos viros collegerat. Lugduni quidam erant qui pari cum illo conſenſu rem gerebant. In urbem ille ſe contulit, armatos advocavit, ac rem ſecreto dextereque geſſit. Interea vero Conſtabularius Regem Navarræ urgebat, ut in aulam regiam veniret, monebatque imprimis, ut impediret, quominus quiſpiam ex ſibi addictis viris, urbem aliquam invaderet, vel occuparet; hinc enim futurum ut negotia omnia peſſum irent. Navarræus vero gnarus Malinium Lugdunum invadere in animo habere, ut id conſilii deponeret per nuncium ipſi mandavit. Malinius deſtitit, neque ultra id tentare cogitabat: verum nocte quadam cum arma in domum aliquam transferri curaret, Achonius Abbas Santandreani ſororis filius, qui illius loco in urbe imperabat, re comperta, trecentos ſclopetarios miſit, qui domum cinxêre, ubi triginta ſolum ſclopetarii erant, qui tamen illos propulſavêre. Malinius qui prope ſedes habebat, accurrit, in domum

ingreſſus, ſclopetarios adortus eſt, & cum 60. viris, qui ſecum erant, ipſos in fugam vertit. Tum Araris pontem occupavit, ita ut magnam illam urbis partem teneret, quæ inter Rhodanum & Ararim ſita eſt. Malinius rem nunciari curavit iis per urbem, qui factionis ſuæ erant, & ſi omnes veniſſent, urbs haud dubie capta fuiſſet; ſed quia inexſpectata omnino rex erat, nemo venit. Tunc Malinius receptum habere cogitavit. Achonius autem qui novam in urbe pugnam committi nolebat, portas ipſi aperiri juſſit. Mareſcallus vero Santandreanus qui poſtea venit, multos ex conjuratis ad ſupplicium miſit. Thuanus vero dicit ipſum innoxios cum noxiis miſcuiſſe, ut aliquot opulentorum civium bona invaderet.

In multis Regni locis magni motus ſuboriebantur, quæ bellum civile prævertere videbantur: ideo Regina mater Fomtenbellaqueum locum apertum undique reliquit, ut ad Sanctum Germanum in Laia, cum tota regia aula ſe conſerret. Inſtantibus Guiſiis cupiebat Franciſcus Rex, ut Navarræus & Condæus in aulam regiam venirent, nullis ſtipati pugnatoribus. Rex igitur Cruſſolium Comitem miſit, qui illis

In-

freres

freres à s'y rendre, en leur donnant sa foi & sa parole qu'aucun mal ne leur arriveroit. Cependant les recherches que l'on faisoit tous les jours pour découvrir les allures du Prince de Condé, sembloient marquer toute autre chose. Pour engager les deux Princes à venir, on y envoia leur frere le Cardinal de Bourbon, qui se laissa trop facilement persuader qu'on n'en vouloit nullement à leurs personnes. Vers ce même tems, le Vidame de Chartres fort malade à la Bastille, obtint la liberté de se retirer en sa maison qui n'en étoit pas éloignée, & il y mourut peu de jours après épuisé, tant par l'ennui d'une prison, que par les débauches de sa jeunesse.

1560.

En Dauphiné le nombre des Calvinistes augmentoit extraordinairement, & sur tout à Valence où ils occupoient presque toute la Ville, & à Montelimar où les nouveaux Predicateurs avoient fait un grand progrès. Un Moine nommé Tempête, sans quitter son habit, prêchoit la nouvelle Doctrine: la petite Ville de Romans étoit aussi pleine d'Huguenots. Ils avoient déja pris les armes. Le Duc de Guise Gouverneur de Dauphiné, y envoia Maugiron homme fort adroit & rusé, qui ramassa des gens, & les fit couler vers Valence. Il y alla ensuite, & parla aux habitans amiablement, leur persuada de mettre bas les armes, & de renvoier les gens armez qu'ils avoient fait venir de dehors pour les défendre. Quand ils furent partis, il se saisit de la Ville, la pilla, & rançonna plusieurs Bourgeois: il surprit de même Montelimar & Romans. Monbrun, qui à la tête d'une troupe de Religionnaires s'étoit saisi de plusieurs places du Comté de Venaissin, en fut aussi chassé & obligé de s'enfuir en Suisse. Il y eut encore des mouvemens en Provence & en Bretagne. C'étoient comme des préludes d'une cruelle guerre civile.

Mouvemens en Dauphiné.

Cependant le Roi de Navarre & le Prince de Condé, trompez par leur frere le Cardinal de Bourbon, qui s'étoit lui-même laissé tromper, se disposoient à venir à la Cour malgré les avis qu'ils recevoient de differens endroits, de ne point aller se jetter inconsiderément entre les mains de leurs ennemis, ou d'y aller si bien armez qu'ils fussent hors d'insulte. Charles de Marillac Archevêque de Vienne, qui connoissoit mieux que personne les desseins des Guises, les détournoit d'y venir. Il emploia aussi la Dame de Montpensier leur parente pour les en dissuader. Puis voiant qu'il n'avançoit rien, & que les Guises qu'il avoit

Le Roi de Navarre & le Prince de Condé vont à la Cour.

---

fide data in aulam regiam venire suaderet. Attamen diuturnæ quæ fiebant perquisitiones de Condæi gestis, securitatem nullam polliceri videbantur. Ut ambo fratres fidenter accederent, missus ipsis fuit Cardinalis Borbonius frater, qui facilius quam par fuisset credidit nihil ipsis a Rege metuendum esse. Interea Vicedominus Carnutensis, qui in Bastilia gravi morbo laborabat, inde dimissus est, ut in ædes suas Bastiliæ vicinas se transferret, ubi paucis postea diebus obiit, tum ex carceris mœrore, tum ex nimiis juventutis suæ voluptatibus consumtus.

In Delphinatu supra modum crescebat Calvinistarum numerus, maximeque Valentiæ, ubi totam fere urbem occupabant, & Montelimarii ubi novi Concionatores magnam accessionem fecerant. Monachus quidam Tempestas nomine, non posita Monachi veste, novam illam doctrinam prædicabat. Romantium quoque oppidulum Hugonotis plenum erat. Jam illi arma sumserant. Dux autem Guisius istius Provinciæ Præfectus, Maugironum illò misit astutum & callidum virum, qui pugnatores collegit, ac versus Valentiam misit; ipse quoque illò se contulit, &

cives amice allocutus est, ipsisque suasit ut arma ponerent, & armatos quos aliunde advocaverant, amandarent. Postquam autem illi profecti sunt, ipse urbem occupavit, expilavit, & a civium plurimis pecuniam extorsit. Montelimarium etiam & Romantium ex improviso cepit; Monbrunius qui cum Calvinistis armatis plurimis loca quædam & castra ceperat in Venascinensi Comitatu, inde etiam expulsus, apud Helvetios aufugere coactus est. In Gallo-provincia quoque & in Armorica motus tunc fuere. Hæc belli civilis ceu præludia erant.

Nîmes.

Interea Rex Navarræ & Princeps Condæus a fratre suo Cardinali decepti, qui & ipse deceptus fuerat, in aulam proficisci regiam parabant, etsi monita plurimis ex locis accipiebant, ut non inconsiderate in manus inimicorum se conjicerent; vel eò ita armatis viris stipati se conferrent, ut hostes propulsare possent. Carolus vero Marilliacus Archiepiscopus Viennensis, qui Guisiorum propositum plus quam cæteri omnes norat, ne accederent rogabat. Montpenseriam quoque Principem feminam, quæ illos averteret adhibuit; cumque videret se nihil proficere,

Les mêmes.

mortellement offenſez à Fontainebleau, alloient entierement prendre le deſſus, il en conçut un ſi cuiſant déplaiſir, qu'il en mourut à Melun.

Le Roi & la Reine Mere vinrent à Orleans, où ſe devoient tenir les Etats.
On ſe méfioit des habitans qui étoient Religionnaires pour la plûpart : voilà
pourquoi l'on mit des Corps de Gardes en pluſieurs endroits de la Ville. Ceux
qui commandoient à ces troupes étoient tous dévoüez aux Guiſes. D'Andelot
Colonel de l'Infanterie Françoiſe, craignant pour ſa perſonne, prit prudemment le parti de ſe retirer en Bretagne, où il avoit de grands biens. Le Roi de
Navarre & le Prince de Condé ſe mirent en chemin, la Cour envoia au devant
d'eux le Cardinal d'Armagnac, qui les rencontra dans l'Angoumois, pluſieurs
diſoient qu'il étoit du parti des Guiſes; il leur perſuada de ſe rendre à Orleans
en diligence, les aſſurant qu'il n'y avoit rien à craindre pour eux. Ils continuerent leur route, & ils arriverent à Poitiers, où on leur ferma les portes.

Le Roi de Navarre offenſé de cette inſulte, s'en alla à Luſignan; pluſieurs
de ſa compagnie voulurent lui perſuader de rebrouſſer chemin, & de ne plus
penſer à ſe rendre aux Etats : mais il s'obſtina, & il y arriva avec le Prince. Ils
allerent enſemble ſaluer le Roi. La Reine Mere les reçût fort gratieuſement;
mais le Roi dit au Prince de Condé qu'il falloit qu'il ſe purgeât de pluſieurs ac-
cuſations qu'on avoit intentées contre lui. Il répondit qu'il ſavoit bien que les
Guiſes l'avoient calomnié, mais que ſe confiant en ſon innocence après l'ordre reçû de Sa Majeſté, il venoit comparoître en ſa préſence pour défendre ſa
cauſe. Après quoi il fut ſaiſi par Philippe de Mailli-Brezé & par François le
Roi-Chavigni, Capitaines des Gardes du Corps, qui le conduiſirent à une maiſon voiſine, où l'on avoit conſtruit une eſpece de Fort de brique muni de quelque artillerie : on mit des grilles aux fenêtres, & l'on mura les portes, n'y
laiſſant qu'une fort petite entrée. Il fut là enfermé ſous ſure garde.

*Le Prin-
ce de Con-
dé ſaiſi &
mis en priſon.*

Le Roi de Navarre demandoit qu'on le laiſſât en ſa garde, & qu'il en répon-
droit : mais bien loin d'être écouté, on changea ſes gardes; & quoiqu'on le
laiſſât en une eſpece de liberté, on obſerva toujours ſes démarches. On fit
auſſi ſaiſir Bouchard ſon Chancelier, qui étoit dans la Guienne, & on le fit
conduire à Saint Jean d'Angeli. Magdelaine de Mailli de Roie, belle-mere du

---

*La Popeli-
niere.
Thuanus.
Belcarius.*

& Guiſios quos ipſe ad Fontembellaqueum graviſſi-
me offenderat, ſuperiores evaſuros eſſe, tanto affectus mœrore eſt ut Meloduni exſtingueretur.

Rex & Regina mater Aurelianum venerunt, ubi
Ordines Regni conventuri erant. Aurelianenſibus,
quorum maxima pars Calviniſtæ erant, non fideba-
tur, ideoque armatorum cuſtodiæ in plurimis urbis
partibus poſitæ ſunt : qui copiis iſtis imperabant, omnes Guiſiis addicti erant. Andelotus autem peditum
omnium Francorum Præfectus ſibi timens, prudenter
in Armoricam ſe contulit, ubi magnas dotales poſſeſ-
ſiones obtinebat. Rex Navarræ & Princeps Condæus
iter capeſſierunt. Ex aula regia obviam ipſis miſſus fuit
Cardinalis Armeniacenſis, qui ipſos in Engoliſmenſi
tractu offendit, plurimi dicebant ipſum erga Guiſios
probe affectum fuiſſe. Ipſis porro ſuadebat ut celeriter Aurelianum peterent, nihil ipſis timendum eſſe
aſſeverans. In Pictavorum autem urbem advenerunt,
ubi portæ ipſis clauſæ fuere.

Les mêmes.

Navarræus injuriam non ferens, Luſinianum ſe
contulit. Plurimi ex comitantium numero auctores
illi erant ut retro cederet nec ad conventum Ordinum Regni ſe conferret; ſed obſtinato ille animo perrexit, & cum Principe Condæo Aurelianum venit.
Simul Regem ſalutatum ierunt, & a Regina matre
gratioſe excepti fuere. At Rex Principi Condæo dixit, neceſſe fore uti ſe a plurimis oblatis criminibus
purgaret. Reſpondit ille, non ignorare ſe quod Guiſii
ipſum calumniis impetiiſſent : ſed ſe innocentiæ teſ-
tem conſcientiam habentem jubente Rege veniſſe,
ut coram Majeſtate ſua cauſam ſuam defenderet,
poſteaque à Philippo Mallio Brezæo, & a Franciſco
Regio Chavignio cuſtodiæ regiæ Præfectis compre-
henſus, in ædes vicinas deducitur, ubi propugnaculum
lateritium ſtructum fuerat, tormentis pyriis munitum,
in feneſtris crates ferreæ poſitæ ſunt, oſtia ex majori
parte muris obſtructa ſunt, ita ut exiguus pateret ingreſſus : incluſuſque Princeps ſub tuta cuſtodia manſit.

Rogabat Navarræus ut ſibi frater cuſtodiendus
committeretur, ſe pro eo vadem fore dicens : ſed tantum abfuit ut exaudiretur, ut etiam ipſius Navarræi
cuſtodes mutarentur, atque etſi in quadam libertatis
ſpecie manebat, ſemper tamen obſervabatur. Com-
prehenſus quoque fuit Bucardus Navarræi Cancellarius qui in Aquitania erat, & ad Sanctum Joannem
Angeriacenſem ductus eſt. Magdalena Mallia Roien-

FRANÇOIS II.

Prince de Condé, fut mise en prison à Saint Germain en Laye, parce qu'elle parloit fort librement contre les Guises. Grolot Bailli d'Orleans, chez lequel le Roi de Navarre logeoit, fut aussi mis en prison.

1560.

En ce même tems arriva à Orleans Renée de France Duchesse de Ferrare, fille du Roi Louis XII. belle-mere du Duc de Guise. Elle avoit toujours favorisé la nouvelle Religion, & alla faire la reverence au Roi. Elle improuva fort la conduite de son gendre, & lui dit que si elle étoit arrivée avant l'emprisonnement du Prince de Condé, elle auroit bien empêché qu'on n'en vînt là. On n'a jamais, dit-elle, fait impunément une telle injure à un Prince du Sang, & prenez garde qu'il ne vous en arrive du malheur. Mais toutes les démarches étant faites, il n'étoit plus tems de reculer.

Par ordre du Roi, le Chancelier, Christophe de Thou President, Barthelemi Faie, & Jacques Viole, Conseillers, accompagnez de Gilles Bourdin Procureur General, & Du Tillet Greffier, allerent interroger le Prince de Condé, qui ne voulant point subir l'interrogatoire, leur dit, que selon les Loix, sa cause devoit être examinée au Parlement de Paris assemblé avec tous ses membres, en presence du Roi & de tous les Pairs de France. Cet appel du Prince fut apporté au Conseil secret du Roi, & declaré nul. Le Prince persistant toujours dans son appel, il fut resolu, que s'il ne répondoit pas aux Juges nommez par le Roi, il seroit reputé convaincu & criminel de Leze-Majesté, & que cependant on entendroit de nouveau les depositions des témoins. La Princesse de Condé demanda qu'on donnât à son mari des gens de qui il pût prendre conseil. On lui donna Pierre Robert & François de Marillac habiles Avocats.

Procès fait au Prince de Condé.

M. de Thou raconte, sans l'assurer pourtant, que les Guises tenant la perte du Prince de Condé comme inévitable, delibererent entre eux s'ils laisseroient aller en liberté le Roi de Navarre, qui seroit après cela leur ennemi irreconciliable, & chercheroit toujours l'occasion de vanger la mort de son frere; & qu'ils resolurent de le faire tuer même en la presence du Roi, en appostant des gens pour lui chercher querelle, & que le Roi y consentit; mais que s'en étant depuis repenti, ce complot fut rompu. On a peine à croire que le Duc de Guise, dont l'ame étoit noble & genereuse, eût consenti à une action si indigne.

---

sis Condæi socrus ad S. Germanum in Laia ducta in carcerem conjecta fuit, quod liberius contra Guisios loqueretur. Grolotius quoque Aureliani Ballivius, apud quem Navarræus diversabatur, in carcere positus fuit.

Eodem tempore Aurelianum venit Renata Ludovici XII. filia Ferrariensis Ducis uxor & socrus Guisii Ducis, quæ novæ Religioni semper faverat, Regemque salutatum venit. Generi porro sui gesta admodum improbabat, dixit que illi se, si antequam Condæus Princeps in carcerem conjiceretur advenisset, impedituram fuisse quominus talia patrarentur. Nunquam, inquiebat illa, Principi regii sanguinis tanta injuria impune facta est, & cavete ne quid sinistri vobis accidat: sed cum omnia jam acta essent, non retrocedendi tempus erat.

Jubente Rege, Cancellarius, Christophorus Thuanus Præses, Bartholomæus Faius, & Jacobus Viola Senatores, comitantibus Ægidio Burdino Procuratore Generali & Tilio Protonotario, Condæum interrogavere; qui abnuit, dixitque secundum leges causam suam in Curia Senatus Parisini examinandam esse,

præsente Rege & omnibus Franciæ Paribus. Quæ Principis appellatio ad Consilium Regis secretum allata, & nulla declarata fuit. Principe semper in appellatione perseverante, decretum fuit, ut si Judicibus a Rege nominatis non responderet, læsæ majestatis convictus haberetur, & interea testium depositiones audirentur. Princeps uxor Condæi ab Rege petiit ut illi spectatæ prudentiæ & eruditionis viri darentur quorum consilio uteretur; datique sunt illi Petrus Robertus & Franciscus Marillacus.

Narrat Thuanus, nec tamen certum illud esse dicit, Guisios cum Condæi perniciem certam esse putarent, deliberavisse utrum Regem Navarræ liberum dimitterent, qui postea irreconciliabilis hostis suus foret, & vindictæ occasiones semper exploraret; decrevisseque tandem ipsum, Rege præsente, a quibusdam ab se missis & obtentum querelarum quæritantibus occidendum esse, addique Regem ipsum rem propositam approbavisse; sed postea pœnitentem, a cœptis abstinere jussisse; sed vix credatur Guisiæ Ducem generoso & nobili præditum animo tam indigno facinori assensum dedisse.

Les mêmes.

Tome V.

1560.   La Reine Catherine voioit à contre-cœur ces démarches des Guises, qui s'attribuoient toute l'autorité, & animée par les conseils du Chancelier de l'Hopital & de plusieurs autres, elle souhaitoit fort de contrebalancer leur puissance, en sauvant les deux Princes. Cependant les Guises faisoient leur possible pour accelerer la condamnation du Prince de Condé, qui voioit bien par le grand mouvement que ses Juges se donnoient, qu'ils vouloient bien-tôt finir cette affaire. Le Prince s'en étonnoit si peu, qu'il écrivit à la Princesse sa femme, qu'elle ne craignît rien, & qu'il esperoit que Dieu prendroit sa défense, comme s'il eut prévû que cela alloit arriver.

Maladie du Roi.   Jerôme Grolot Bailli d'Orleans, qui avoit été mis en prison, comme nous avons dit ci-devant, fut jugé & condamné à mort. Le Roi ne vouloit pas être à Orleans pendant son execution. Il s'en alloit à la chasse; mais il fut violemment attaqué de son mal inveteré, c'étoit une apostume dans la tête qui se déchargeoit par l'oreille: ce mal augmenta beaucoup quelques jours après, & vint enfin à un tel point, que les Medecins declarerent qu'il mourroit bien-tôt. Cela deconcerta les Guises: ils voioient que leur coup alloit manquer; en sorte que toutes les démarches qu'ils avoient faites ne serviroient qu'à leur faire des ennemis irreconciliables. Ils allerent trouver la Reine Mere, & tâcherent de lui faire entendre qu'après les poursuites qu'on venoit de faire sous son autorité contre le Prince de Condé, lui & son frere feroient toujours leur possible pour lui nuire, & la débusquer du Gouvernement, & qu'il falloit mettre en prison le Roi de Navarre avec le Prince son frere.

Elle ayant pris l'avis du Chancelier & d'autres personnes, n'eût garde d'embrasser le parti qu'ils lui proposoient. La conjoncture étoit favorable pour elle; Les Guises avoient besoin de son autorité pour se maintenir dans leur puissance contre les Princes; & les Princes qui se voioient en si grand péril, étoient disposez de condescendre à ses volontez pour se tirer de ce mauvais pas. Elle eut une conference avec le Roi de Navarre, & elle le tourna si bien, qu'il lui ceda par écrit la Regence du Royaume: *Et elle lui promit de bouche qu'il seroit Lieutenant du Roi en France, & conduiroit les affaires de la guerre, recevroit les paquets, puis les lui renvoyeroit tous après les avoir ouverts, lûs & vûs à son loisir, & que rien ne seroit ordonné que par son avis & des autres Princes du Sang, qui seroient autrement*

Les mêmes.   Catharina Guisiorum consilia & gesta ægre videbat, qui totam sibi auctoritatem adscribebant, atque instigantibus Cancellario & aliis, de potentia eorum deprimenda, ambobusque Principibus servandis consilia inibat. Interea Guisii nihil non agebant ut Conlæi perniciem accelerarent, qui Condæus Judices videns in motu semper esse, ipsos rem cito concludere velle non dubitabat: & tamen tam exiguo ille metu tenebatur, ut uxori suæ scriberet ne timeret, sperabat namque se Deum sui defensionem suscepturum esse, ac si id mox eventurum prævidisset.

Les mêmes.   Hieronymus Grolotius Ballivius Aurelianensis, qui ut diximus in carcerem conjectus fuerat, capite damnatus fuerat; Rex vero ne damnati supplicio vel præsens vel proximus esset, ad venationem properabat; sed repentinis morbi jam inveterati doloribus correptus est; humor in cerebro per aurem suppurabat, qui morbus insequentibus diebus admodum auctus est, ita ut Medici vicinam esse mortem declararent. Id Guisiorum consilia disturbabat; videbant propositum suum exitu carere, ita ut quidquid hactenus gesserant ad inimicos sibi implacabiles conciliandos verteretur. Reginam illi matrem adeunt, ipsique repræsentarunt, post tanta ex ipsius Reginæ auctoritate contra Condæum gesta, & illum & Navarræum fratrem nihil non contra illam acturos esse, ut eam Regni gubernaculis removerent, ideoque Navarræum cum fratre suo in carcerem conjiciendum esse dicebant.

Illa vero cum Cancellarii & aliorum consilium cepisset, rem propositam prorsus rejecit. Rerum conditio ipsi opportuna erat; Guisiis ipsius auctoritate opus erat, ut, Principibus licet obsistentibus, in gradu manerent; & Principes qui in tanto periculo versabantur, ut sese expedirent, ejus voluntati obsequi non recusaturi erant. Cum Rege igitur Navarræ colloquuta est, quem ad placitum suum ita deduxit, ut Regni administrationem Catharinæ scripto concederet: & hæc ore tantum pollicita ipsi est, ipsum fore pro Rege Præfectum in re bellica, ipsique licitum fore ut literas ad Regem missas acciperet, & aperiret, lectasque ad se mitteret, nihilque nisi ipso annuente faciendum esse, cæteris etiam consultis regii Sanguinis Principibus, quorum major deinde ratio

respectez. Ce qui fut encore confirmé depuis la mort du Roi François II.

Les Juges nommez pour faire le procès au Prince de Condé, prononcerent enfin Sentence de mort contre lui; elle fut signée de tous, hors du Chancelier de l'Hopital & du Comte de Sancerre, qui dit qu'il souffriroit plûtôt la mort que de faire une chose si contraire aux Loix. Mais M. de Thou assure avoir appris de son, pere qui étoit un des Juges, que la Sentence fut seulement proposée, & ne fut point signée.

Le Roi François accablé de son mal, mourut enfin le cinquiéme Decembre âgé de dix-sept ans, dix mois & un jour, après avoir regné un an, cinq mois & vingt jours. On ne peut juger, dit M. de Thou, si ce Prince mort si jeune, & après un si court Regne, doit être compté parmi les bons ou les mauvais Rois. Son corps fut apporté à Saint Denis par Sansac, la Brosse & l'Evêque de Senlis, sans pompe ni suite, dans une biere couverte d'un drap de soye sur lequel on trouva ces mots écrits: *Tannegui du Chastel où es tu?* Ce Tannegui du Chastel qui avoit rendu de grands services au Roi Charles VII. fut chassé de sa Cour par le Connétable Artus, & revint après la mort de ce Roi pour faire ses funerailles à ses dépens, dont il ne fut jamais remboursé. Ce trait de plume étoit contre les Guises, qui ayant été au comble de leur puissance sous ce Regne, avoient si fort negligé les funerailles de leur bienfacteur; & ce qui augmenta les murmures contre eux, c'est que dans le tems qu'il expiroit, ils tirerent trente mille écus d'or du Tresor Royal pour les emporter chez eux.

La Reine envoia Saint Gelais de Lansac au Connétable, qui étoit en chemin à petites journées pour venir à la Cour, lui dire qu'il fît diligence. Il s'y rendit le même jour, & ôta les Gardes des portes de la Ville, disant qu'il n'étoit point séant à un Roi de France de se faire tant garder, & qu'il devoit mettre toute sa confiance dans l'amour de ses sujets. Le Prince de Condé, qui avoit alors toute liberté de sortir de prison s'il vouloit, dit qu'il ne sortiroit point qu'il ne sût qui étoient ses accusateurs. Les Guises répondirent que cela s'étoit fait par ordre du Roi. Il sortit enfin accompagné des mêmes Gardes qu'il avoit eu dans sa prison, mais qui l'escortoient alors pour lui faire honneur. Il s'en alla à Ham en Picardie, & peu de tems après à la Fere.

1560.

Sentence contre le Prince de Condé.

Mort du Roi François II.

Délivrance du Prince de Condé.

---

habenda foret; idque etiam post Regis Francisci II. mortem confirmatum fuit.

Judices qui ad causam Condæi Principis deputati fuerant, sententiam tandem mortis contra ipsum tulere, quæ ab omnibus subscripta fuit, excepto Hospitalio Cancellario & Comite Sancerrensi, qui dixit se potius moriturum esse, quam rem ita legibus contrariam facturum; sed Thuanus affirmat se didicisse a patre suo, qui ex Judicibus unus erat, sententiam propositam solum, non subscriptam fuisse.

Rex Franciscus tandem morbo obrutus mortuus est die quinta Decembris, ætatem habens septemdecim annorum, decem mensium, dieique unius, cum regnasset anno uno quinque mensibus & viginti diebus. Vix judicetur, inquit, idem Scriptor, an Princeps ille qui tam juvenis obiit, inter bonos malosve Principes accensendus sit. Corpus ejus ad Sanctum Dionysium a Sansaco, Brossio & Episcopo Silvanectensi sine funebri pompa & exiguo comitatu allatum est. Feretrum panno sericeo involvebatur, in quo hæc inscripta verba reperta sunt, *Ubi nunc Tanaquillus de Castello.* Tanaquillus ille de Castello qui ex Caroli VII. aula ab Arturo Constabulario pulsus fuerat, mortuo Carolo Rege venit, funusque ejus propriis sumtibus, nunquam in gazam suam revelsuris curavit. Hæc inscriptio Guisios mordebat, qui cum Francisco II. regnante imperium obtinuissent, ejus funus ita neglexerint; invidiam auxit, quod cum Franciscus animam ageret, triginta aureorum millia ex gaza regia in domum suam comportarint.

Catharina Sangelasium Lansacum ad Constabularium misit, qui tum lento gradu in aulam regiam pergebat, monens ut quamprimum accederet, eodemque die ille Aurelianum venit, stationesque ad custodiam ab urbis portis removit, dicens non decere Regem Francorum tantis advigilari custodiis, sed in subditorum amore totam ipsi fiduciam reponendam esse. Princeps vero Condæus, cui tunc liberum erat ex carcere exire, dixit se non exiturum priusquam sciret quinam accusatores ejus essent. Responderunt Guisii id Regis jussu factum fuisse. Egressus tandem ille est cum iisdem custodibus, sed qui jam ei vice stipatorum erant, & in Picardiam se contulit, Hamumque primo, deindeque Feram petiit.

MONUMENS DU REGNE
DE FRANCOIS II.

P L.
X I V.
1.
2.
3.

CE Prince qui mourut fort jeune est representé deux fois debout dans la Planche suivante. ¹ Dans la premiere figure il est en manteau, & dans la seconde avec une ² espece de surtout doublé d'hermine. Ses souliers dans l'une & dans l'autre sont d'une forme assez singuliere. Marie Stuard Reine d'Ecosse sa femme, qu'il épousa en 1558. est representée ³ dans la même Planche debout, la main appuiée sur une grande chaise. Ces trois figures de même que les deux suivantes, sont tirées des porte-feüilles de M. de Gagnieres.

P L.
X V.
1.
2.

La plûpart des Officiers de François II. furent emploiez dans le Regne suivant. Nous ne mettons ici que Jean Grauchet son Valet de Chambre, & Gruier de Dampmartin ¹ qui mourut pendant son Regne le 11. Juin 1560. Nous le donnons tel qu'il est representé sur sa tombe au milieu de la nef de la Paroisse de Dampmartin. Magdelaine de Corbie ² sa femme qui mourut le premier de Janvier de l'an 1562. se voit auprès de son mari, & sur cette planche.

MONUMENTA FRANCISCI II. REGIS.

HIc Princeps qui junior obiit in tabula sequenti bis repræsentatur. In primo schemate pallio tegitur; in secundo sago induitur, cui assutæ sunt muris Pontici pelles. Calcei ejus singularis formæ sunt. Maria Stuartia Scotiæ Regina uxor ejus, quam duxit anno 1558. in eadem tabula stans exhibetur, manum tenens sellæ impositam. Hæc tria schemata, ut & duo sequentia ex scriniis Gagnerii educta fuere.

Maxima pars eorum qui regnante Francisco II. Officia & munia aulica gesserunt, in sequenti Regno iisdem potiti sunt. Joannes Grauchetus ejus Cubicularius, & Domnimartini nemoris Custos, illo regnante mortuus est undecima Junii anno 1560. Hic exhibetur ut in sepulcro suo in Ecclesia Domnimartini insculptus visitur. Magdalena de Corbeia uxor ejus, quæ obiit primo Januarii die anni 1562. prope virum sepulta & insculpta in tabula adjicitur.

CHARLES IX. ROI DE FRANCE.

CHARLES IX. qui n'avoit que douze ans fut reconnu Roi d'abord après la mort de son frere. Il y avoit à craindre que cette minorité causeroit de grands troubles dans le Roiaume. La cession de la Regence qu'avoit fait le Roi de Navarre à la Reine Mere, mit pour un peu de tems le calme dans la Cour de France. Il y eut d'abord quelques contestations sur ce que plusieurs prétendoient que la Regence appartenoit au premier Prince du Sang & non à la Reine Mere. Mais ce Prince qui la lui avoit deja cedée, ne jugea point à propos de la lui disputer. Il s'étoit reconcilié du moins en apparence avec les Guises. Les Etats du Royaume convoquez pendant le regne précédent, furent tenus à Orleans le 13 Decembre 1560. L'ordre qu'on y devoit garder, & le rang que chacun y devoit tenir fut établi par le Chancelier de l'Hopital.

Etats du Roiaume tenus.

" A main gauche du Roi étoit assise la Reine Mere à même hauteur. Du même
" côté un dégré plus bas, Marguerite de France Duchesse de Valois, & près d'elle
" Madame de Ferrare.

" Au côté droit sur un degré plus bas, Monsieur Frere du Roi, & près de lui
" un degré plus bas, Antoine de Bourbon Roi de Navarre, tous habillez de
" deüil.

" Aux pieds du Roi sur les degrez étoit assis François de Lorraine Duc de Guise
" & d'Aumale, Chevalier de l'Ordre du Roi, Pair, Grand Maître, & Grand
" Chambellan de France, aiant en sa main le bâton de Grand Maître.

" Vis-à-vis du Roi de Navarre, trois ou quatre pas plus loin, étoit Anne de
" Montmorenci Connétable de France, assis sur une escabelle, tenant toujours
" son épée nuë.

" De l'autre côté sur une même ligne, vis-à-vis Mesdames de France &
" de Ferrare, Michel de l'Hopital Chancelier de France étoit assis sur une
" escabelle.

" Près de Messieurs les Connétable & Chancelier, un peu derriere, étoient
" à genoux deux Huissiers du Roi, avec leurs masses.

" Du côté droit & un peu plus loin que le Roi de Navarre, *venant* à M. le Con-

---

CAROLUS IX. REX FRANCORUM.

Papelirius.

CAROLUS IX. qui duodecim tantum annorum erat, statim post fratris sui obitum Rex acclamatus fuit; metuendumque omnino videbatur, ne dum ille ætate minor erat, regnum turbis agitaretur. Cum autem Rex Navarræ Reginæ matri Regni administrationem concessisset, in aula Regia aliquanto tempore pacatæ res fuerant. Quidam tamen contendebant administrationem illam ad primum regii Sanguinis Principem pertinere, non ad Reginam matrem. At Navarræus de re quam concesserat disceptare noluit; cumque Guisiis, simulate saltem, reconciliatus fuerat. Ordinum Regni comitia sub Francisco II. convocata, Aureliani decima tertia die Decembris anni 1560. habita fuere. Ordo autem sedentium ab Hospitalio Cancellario cuique assignatus fuit.

Ad Regis sinistram Regina mater eodem gradu sedebat. Inferiori gradu erant Margarita Valesia & Renata Ferrariensis.

Ad dexteram inferiori gradu erant Regis frater & inferius positus Antonius Borbonius Rex Navarræ, ambo pullati.

Ad Regis pedes gradus erant ubi sedebat Franciscus Lotharingus Dux Guisiæ & Albæmalæ, Eques Ordinis Regii, Par, Magnus Magister & Magnus Cambellanus Franciæ, manu tenens Magni Franciæ Magistri baculum.

E regione Regis Navarræ, tribus quatuorve passibus distans erat Anna Montmorencius Franciæ Constabularius, in scabello sedens, evaginatum tenens gladium.

In altero latere, eademque linea e regione Dominatum Franciæ & Ferrariæ Michel Hospitalius Franciæ Cancellarius in scabello sedebat.

Prope Constabularium & Cancellarium a tergo paulum erant duo ostiarii genuflexi, clavas gestantes.

Ad dexteram paulo longius quam Rex Navarræ, in spatio ad Constabularium vergente, sedebant Cardi-

« nétable, étoient assis les Cardinaux de Tournon, de Lorraine, de Bourbon, de
» Châtillon & de Guise.

» Vis-à-vis d'eux à côté gauche du Roi, Messieurs les Princes, le Comte Dau-
» phin, fils de Monsieur de Montpensier; Charles de Bourbon Prince de la
» Rochesuryon, & Monsieur son fils ; Claude de Lorraine Duc d'Aumale ; le
» Prince de Joinville & le Marquis d'Elbœuf.

Il seroit trop long de rapporter les rangs de tous les autres qui se trouverent à l'Assemblée ; on les peut voir dans le ceremonial de France, tels qu'ils
furent ordonnez par ce celebre Magistrat. Cet ordre a été un peu changé depuis.

L'ouverture des Etats fut faite par une belle & savante harangue du Chancelier, qui exhorta toute l'assemblée en general, & tous les Ordres en particulier, de travailler à la tranquilité publique, pour prévenir les maux
dont la difference des Religions & l'animosité des parties sembloient menacer la France. Après cette harangue qui fut longue, l'Assemblée fut congediée.

Harangues faites aux Etats.

A la seconde séance, Jean l'Ange Avocat au Parlement de Bourdeaux,
parla pour le tiers Etat. Il se déchaîna sur la corruption des gens d'Eglise, & en
assigna trois causes, l'ignorance, l'avarice & le luxe; que l'Eglise Gallicane avoit
ci-devant fait des Statuts pour obliger ceux qui vouloient entrer dans l'état
Ecclesiastique de s'instruire & de se rendre habiles dans la Theologie, mais
qu'ils avoient négligé ses avis ; qu'ils ne pensoient qu'à s'enrichir ; que les
Evêques dédaignoient de prêcher & d'annoncer à leur peuple la vraie doctrine, & en étoient même incapables; que les Curez même regardant comme
au-dessous d'eux d'instruire leurs Paroissiens, s'en remettoient à des Vicaires
aussi ignorans qu'eux; que les Prelats ne se distinguoient que par le luxe; que
c'étoit la principale cause des malheurs qu'on voioit alors dans l'Eglise & dans
l'Etat.

Jâques de Silli de Rochefort qui parla après lui, fit une longue harangue
sur les privileges des Nobles, & sur les grands services qu'ils rendoient à l'Etat.
Il dit que cette Noblesse s'étoit fort appauvrie par les grands dons qu'elle avoit
fait autrefois à l'Eglise, & prit de-là occasion de parler contre le Clergé sur le
même ton que Jean l'Ange. Il pria enfin le Roi d'y mettre ordre, & de

---

nales Turnonius, Lotharingus, Borbonius, Castellionæus & Guisius.

E regione illorum ad sinistram Regis, Principes
erant, Comes Delphinus Montpenserii Ducis filius,
Carolus Borbonius, Princeps Rupisurionius & filius
ejus, Claudius Lotharingus Albæmalæ Dux, Princeps
Joanvillius, & Dux Ellebovius.

Longior res esset, si cæterorum omnium qui comitiis interfuerunt ordines referrentur. In Ceremo-
niali Francico omnia ut ab Hospitalio ordinata sunt,
recensentur. Hic ordo postea paulum immutatus
fuit.

Comitiis initium dedit sagax elegansque oratio
Cancellarii, qui cœtum omnesque Ordines adhorta-
tus est, ut tranquillitati publicæ advigilarent ad præ-
vertenda mala, quæ religionum diversitas & partium
exasperati animi portendere videbantur. Post illam
orationem quæ longissima fuit, missi ordines fuerunt.

In secunda sessione Joannes Angelus Advocatus
in Curia Senatus Burdigalensis pro tertio Status Ordine loquutus, Ecclesiasticorum corruptos mores insectatus est, quorum tres esse causas dixit, ignorantiam,
avaritiam & luxum. Ecclesiam Gallicanam statuta
edidisse, queis indicebatur, ut ii qui in Ecclesiasti-
cum statum cooptari vellent, in Theologia institue-
rentur; quod illi neglexerant, & unum quærebant
pecuniæ colligendi modum. Episcopos non è sua dignitate sore putare, si ipsi plebi veram doctrinam
prædicarent; imo præ ignorantia id non posse, quin
& ipsos Parochos id sibi honori non esse putantes,
munus hoc Vicariis mittere, qui perinde atque ipsi
ignorantes essent, Præsulesque nonnisi luxu micare,
& hanc præcipuam esse causam malorum, quæ & Ecclesiam & Regnum invaserant.

Jacobus Sillius Rupefortius, qui post illum diu
oravit, multa dixit de Nobilium privilegiis, & de
officiorum quæ ipsi Regno præstabant utilitate; addiditque nobilitatem illam dona Ecclesiis faciendo
sese ad inopiam redegisse, indeque occasione sumta, contra Ecclesiasticos Joannis Angeli exemplo multa loquutus est, Regem denique rogavit malo reme-

ranger

ranger à leur devoir ceux qui devant être l'exemple des autres, leur étoient plûtot un sujet de scandale. Il lui parla encore contre la trop grande quantité de gens qui exerçoient la Justice, & qui ne servoient qu'à multiplier les procès & à en éloigner la décision.

1560.

Le Docteur Jean Quintin parla enfin le dernier pour le Clergé, & fit une longue & ennuieuse harangue. Il s'étendit sur les Etats du Roiaume, sur la necessité de les assembler, sur les matieres qui devoient y être traitées. Après quoi il se déchaîna contre les Lutheriens & les Calvinistes ; qui en voulant reformer l'Eglise, tâchoient de la renverser, & sur-tout contre ceux qui demandoient qu'on leur accordât des Temples & la liberté de Religion. Quintin étoit vis-à-vis de l'Amiral lorsqu'il prononçoit sa harangue. L'Amiral prit cela pour lui, & tous les assistans crurent que cela le regardoit, parce qu'il avoit presenté requête pour les Eglises Protestantes, qui demandoient permission d'avoir des Temples & libre exercice de leur Religion. L'Amiral s'en formalisa, & demanda réparation d'honneur. On obligea Quintin de la faire, & il déclara en pleine Assemblée qu'il n'avoit point entendu parler de l'Amiral, quand il avoit dit cela.

On avoit demandé vers la fin du Regne précedent au Pape Pie IV. un Concile General, dans la résolution d'en assembler un National, si le Pape ou refusoit ou tardoit trop long-tems d'en tenir un Oecumenique. Le Pape avoit d'abord tergiversé, n'aiant aucune inclination pour tenir ce Concile ; mais comme il craignoit encore plus un Concile National, qu'un General, il l'avoit enfin indiqué à Trente. Le Roi fit ordonner aux Evêques de France de s'y rendre. L'ordre fut aussi donné de mettre hors de prison ceux qui y étoient enfermez pour cause de Religion & de les remettre en possession de leurs biens, s'ils étoient saisis, avec défense sur peine de la vie à ceux de l'une & de l'autre Communion de se dire des injures sur le fait de la Religion.

1561.

Sur le rapport qui fut fait par le Chancelier de l'Hôpital des grandes dettes de l'Etat, le Roi de Navarre proposa de faire une revision sur les dons trop grands que les Rois Henri & François II. avoient faits, & d'obliger ceux qui les avoient reçûs à les remettre au Trésor Roial, s'offrant lui-même, s'il en avoit reçû quelqu'un, d'en faire restitution. Cette proposition déplût fort au Duc de Guise, au Maréchal de Saint André, & à bien d'autres. Il fut ordonné

---

dium afferret, eosque qui cum exemplo aliis esse deberent, ipsis offendiculo erant, in ordinem redigeret. De nimio etiam eorum, qui judicium exercerent, numero verba fecit, qui numerus non aliud quam lites multiplicat, earumque decisionem protrahit.

tt. Joannes demum Quintinus pro Clero diuturnam orationem habuit, quæ etiam tædio fuit. De Regni Comitiis dixit, de eorum necessitate, de argumentis ibi tractandis, Postea contra Lutheranos & Calvinistas debacchatus est, qui dum Ecclesiam reformare se dicunt, illam destruunt. Contra eos maxime declamavit, qui pro ipsis templa petebant & conscientiæ libertatem. Quintinus e regione Maris Præfecti erat, cum hæc diceret, id sibi dictum Colinius putavit, idemque sentiebant alii, qui aderant ; quoniam ipse pro Ecclesiis Protestantium supplicaverat, & templa pro illis liberumque religionis exercitium petierat. Maris ergo Præfectus adversus illum questus est, & ut sibi satisfieret petit. Quintinus annuit & cœtui declaravit se cum ista diceret, non in maris Præfectum verba fecisse.

Circa finem præcedentis Regni a Pio IV. Summo Pontifice Concilium generale expetitum fuerat, ea mente, ut si Papa vel abnueret, vel nimium rem protraheret, Nationale cogeretur. Pius IV. statim tergiversatus fuerat, quod Concilium hujusmodi cogere non optaret ; sed cum nationale magis quam generale timeret, tandem Concilium Œcumenicum Tridenti indixerat. Rex vero Episcopos Galliæ jussit illò se conferre ; mandatum quoque fuit, ut qui Religionis ergo in carcerem conjecti fuissent, liberi dimitterentur, ipsisque bona sua restituerentur, si occupata fuissent, vetitumque utriusque religionis hominibus, ne se mutuo hac de causa maledictis incesserent.

Thuanus.

Cum Cancellarius repræsentavisset, ære alieno ingenti Regem laborare, Rex Navarræ proposuit, ut si quæ largitiones nimiæ a præcedentibus Regibus Henrico II. vel Francisco II. factæ deprehenderentur, eæ ad gazam regiam referrentur : seque si quod donum recepierit, id ad ærarium regium reducere paratum dixit. Illud vero summe displicuit Guisio Duci, Santandreano aliisque plurimis, mandatumque fuit ut

Ja Popelinie e.
Thuanus.

Tome V. N

1561.

que pour traiter de ces affaires, les Etats seroient rassemblez au mois de Mai suivant à Pontoise, & que pour éviter les grands frais, il n'y viendroit que deux Députez de chacune des treize grandes provinces du Roiaume.

Le fils du Prince de la Rochesur-yon tué malheureusement.
Pendant ces Etats, le Marquis de Beaupreau fils unique du Prince de la Rochesuryon, âgé d'environ quinze ans, & de grande esperance, fut tué malheureusement. Courant à cheval il tomba, & le Comte de Maulevrier qui couroit à bride abbatuë, lui passa sur le corps & le creva. Brantôme dit que le Prince de la Rochesuryon aiant depuis vû Maulevrier de loin, qui évitoit pourtant sa rencontre tant qu'il pouvoit, le poursuivit long-tems l'épée à la main pour le tuer.

Le Roi partit d'Orleans le cinquiéme de Février, & se rendit à Fontainebleau où fut mandé le Prince de Condé. Il y vint & il entra au Privé Conseil. Il demanda au Chancelier de l'Hôpital s'il y avoit quelque information contre lui. Il lui répondit qu'il n'y en avoit point. Sur cela le Roi le déclara innocent de ce dont on l'avoit accusé, & le remit en ses honneurs & prérogatives. Il fut ordonné que ce jugement seroit publié, enregistré, & confirmé au Parlement de Paris.

Démêlé entre la Regente & le Roi de Navarre.
Il y eut alors de grands demêlez entre la Regente & le Roi de Navarre, qui se plaignoit qu'après qu'il lui avoit cedé la Regence qu'il devoit garder pour lui, elle le méprisoit & favorisoit les Princes Lorrains à son désavantage; que le Duc de Guise avoit la garde des clefs du Château, ce qui lui devoit appartenir; & qu'il falloit que l'un ou l'autre s'éloignât de la Cour. La reponse de la Reine ne le satisfaisant point, il se disposoit pour s'en aller, & fit marcher son bagage du côté de Melun; presque tous les Princes du Sang, le Connétable, l'Amiral, d'Andelot & plusieurs autres alloient le suivre, & le bruit de la Cour étoit qu'ils iroient à Paris, pour faire déclarer le Roi de Navarre Regent du Roiaume. La Reine Mere envoia faire défense de la part du Roi au Connétable de se retirer de la Cour. Il n'osa partir, & le Roi de Navarre changea de résolution; il demeura: mais il remua tant de choses sur la destitution des Officiers, sur la reddition des comptes, sur l'administration des finances, que la Reine crut qu'il falloit le contenter. Elle gagna habilement le Connétable pour traiter avec le Navarrois, & ils convinrent enfin

Brantôme.
ad eam rem comitia nova mense Maio proximo Pontifaræ congregarentur, & ne nimia foret impensa, duo tantum ex singulis tredecim magnis Regni provinciis delegati mitterentur. Dum hæc comitia haberentur, Belloprati Marchio filius unicus Rupisurionii Principis, cum vix quindecim annos ageret, magnæ spei juvenis, inter currendum ex equo lapsus, & Molevriæ Comitis, qui concitato cursu post illum currebat, equo protritus & exstinctus fuit. Narrat Brantomius Rupisurionium, cum postea Molevriæ Comitem procul vidisset, qui tamen ejus occursum quantum poterat vitabat, post illum diu stricto gladio cucurrisse, ut ipsum consoderet.

La Popeliniere. Thuanus.
Rex Aureliano profectus est die quinta Februarii, & Fontembellaqueum venit, quo evocatus Condæus Princeps se contulit, atque in secreto Regis Consilio a Cancellatio petiit, an quidpiam criminis contra se afferretur. Nullum respondit ille, ideoque ab Rege innoxius declaratus est, & in honores prærogativasque solitas reductus: decretum ea de re publicatum fuit & in actis publicis descriptum, atque in Curia Parisini Senatus confirmatum.

Idem.
Magna tunc fuere dissidia Reginam matrem inter & Regem Navarræ, qui querebatur, quod postquam ipsi amministrationem Regni concesserat ad se pertinentem, illa Lotharingis Principibus in sui damnum addicta esset; quod Dux Guisiæ claves castelli regii servaret, id quod sui juris erat, necesseque fore ut eorum alter ab aula regia discederet. Regentis autem matris responso non contentus Navarræus, jam ex aula regia proficisci parabat, impedimentaque sua Melodunum mittebat. Omnes fere regii sanguinis Principes, Constabularius, Maris Præfectus, Andelotus, plurimique alii ipsum sequuturi erant; jamque rumor in aula regia erat; ipsos Lutetiam ituros, & ut Navarræus Regens declararetur curaturos. Catharina vero Regis nomine vetuit ne Constabularius ab aula regia discederet. Proficisci ille ausus non est, & Rex Navarræ sententiam mutavit, mansitque illic; sed tot jurgia movit de Ministris removendis, de rationibus reddendis, de ærarii publici administratione, ut Regina putaret aliquatenus ipsi satisfaciendum esse: arte illa utens Constabularium ad suas partes traxit, ut cum Navarræo de componendis re-

ensemble à ces conditions: le Roi de Navarre fut déclaré Lieutenant General du Roi, representant sa Personne en tous les payis & terres de son obéïssance. La Reine lui promit de ne rien faire sans son avis & son consentement : elle lui promit aussi d'autres choses, mais de bouche seulement. L'accord fut signé de tous deux, du Conseil, des Princes du Sang, & même du Prince de Condé.

C'est ainsi que la Reine mere amusa le Navarrois, en lui donnant de nouvelles prérogatives sans aucun effet. Elle menageoit tous les partis, & se montroit même favorable aux Huguenots, qui croissoient tous les jours en nombre & en puissance. Leurs Ministres annonçoient publiquement les nouvelles opinions : les Sectaires ne se cachoient plus pour faire gras tous les jours de la semaine & le Carême. On prêchoit la Religion reformée dans les maisons des particuliers, le Prince de Condé & l'Amiral de Coligni introduisirent les Ministres dans le Château Roial, pour y prêcher dans leurs appartemens.

Progrès de l'Huguenotisme.

La Reine Mere qui ne se soucioit gueres de risquer la Religion pour soûtenir ses ambitieux desseins, fit prêcher publiquement dans la grande salle du Château Jean de Montluc qu'on soupçonnoit de n'être pas fort éloigné de la nouvelle Religion. Il parla vivement contre la doctrine corrompuë & la morale relâchée, & glissa aussi quelque chose contre l'autorité du Pape. Le Roi avec plusieurs de sa Cour, & entre autres le Duc de Guise & le Connétable y assisterent. Ce dernier qui étoit attaché à la Religion Catholique, dit qu'il n'entendroit plus un tel Predicateur.

Il commença alors à se tourner vers les Guises, le plus ferme soutien des Catholiques, & dont le parti étoit puissant dans le Roiaume, & se joignit à eux. Le Maréchal de Saint André qui leur étoit dévoué, lui remontra que la revision & la répetition des dons faits par le Roi Henri, proposée par le Roi de Navarre, le regardoient lui Connétable, plus que les autres & que les Princes Lorrains, puisqu'il avoit été gratifié pour une seule fois de cent mille écus; que cette seule raison l'invitoit de se joindre à eux, quand même il n'auroit pas un plus grand motif, qui étoit celui du maintien de la Religion Catholique, que le parti contraire vouloit détruire : au Maréchal de Saint André se joignit la Duchesse de Valentinois, interessée plus que pas un autre à éviter la recher-

---

bus ageret. His vero conditionibus conventum est, ut Rex Navarræ Præfectus generalis Regni, & Regem ipsum repræsentans declararetur in omnibus Regni partibus. Regens pollicita ipsi est se nonnisi cum ejus consensu aliquid esse facturam ; aliaque etiam promisit ipsi, sed ore tantum. Pacto subscripsere qui ex Consilio regio erant, Principes quoque regii sanguinis, ipseque etiam Condæus.

Sic Catharina Navarræum pellexit prærogativas concedendo, quæ nullum exitum habuerunt. Omnes illa factiones ad se trahebat, etiamque Hugonoris se gratiosam exhibebat; qui in dies & numero & potentia augebantur. Ministri eorum ipsi est se nonnisi occultabant; sectatores ipsorum non ultra se occultabant; ita ut omnibus hebdomadæ diebus & in ipsa Quadragesima carnes comederent. Religio illa reformata in domibus quibusdam prædicabatur. Condæus vero & maris Præfectus Ministros in Castellum regium induxere, ut in conclavibus suis concionarentur.

mêmes. Regens, quæ ut ea quæ ambiebat consequeretur, religionem nihil curabat, in majori Palatii aula Joan-

nem Monlucium, quem novæ religioni studere suspicio erat, concionari voluit. Is in depravatam doctrinam & in corruptam morum disciplinam vehementer invectus est, & contra Romani Pontificis auctoritatem nonnulla protulit. Rex cum plurimis aulicis, cumque Guisio Duce & Constabulario concioni adfuere. Constabularius qui Catholicæ religioni admodum hærebat dixit, se non amplius talem Concionatorem esse auditurum.

Tunc vero in Guisiorum partes sese convertere cæpit, qui Catholicorum columen erant, atque in Regno potentes, ac cum illis sese junxit. Marecallus vero Santandreanus qui ipsis hærebat, in mentem Constabulario revocabat repetitionem donorum Henrici II. magis ipsum spectare quam alios, etiamque Lotharingos, cum una tantum vice centum millia scutorum accepisset, vel ideo tantum cum Guisiis illum societate jungi oportere, etiamsi non majori de causa, nempe pro Religione id faciendum esset, quam contraria factio destruere moliebatur. Santandreano sese junxit Diana Valentina, quæ regiorum do-

Les mêmes.

1561.
Le Triumvirat.

che des dons Roiaux. Honoré de Savoie Comte de Villars, ennemi de l'Amiral de Châtillon vint aussi à la charge, pour porter le Connétable à se joindre au parti Catholique; & tous ensemble ils le tournerent si bien, que malgré les efforts de son fils aîné & des Châtillons ses neveux, il s'unit au Duc de Guise & au Maréchal de Saint André : ainsi fut faite cette union que les Huguenots appellerent le Triumvirat.

Les disputes sur la Religion augmentoient tous les jours. Les Prédicateurs Catholiques d'un côté, & les Ministres de l'autre, animoient les partis de maniere qu'on entendoit partout crier, à l'Huguenot, au Papiste. Ce feu de dissention, qui s'allumoit de plus en plus, sembloit présager une guerre civile. Le Roi de l'avis de son Conseil, voulant y mettre ordre, fit un Edit où il étoit défendu à l'un & à l'autre parti de s'injurier par les noms de Papistes, Huguenots, ou autres semblables; ordonné qu'on donnât la liberté à tous ceux qui auroient été mis en prison pour la Religion; permis à ceux qui pour la même cause auroient quitté le Roiaume, d'y revenir, & de se mettre en possession de leurs biens, pourvû qu'ils se fissent Catholiques, ou s'ils ne le vouloient pas, on leur laissoit la liberté de vendre leurs biens. Cet Edit aiant été publié sans être envoié au Parlement de Paris, il s'en formalisa, & fit de vives remontrances au Roi. Il ne parut pas que la Cour s'en mit en peine. Aussi l'Edit n'eut pas un bon effet, le mal empira toujours.

Sacre de Charles IX.

La Cour alla ensuite à Rheims pour faire sacrer le Roi Charles. Il y eut quelque débat sur le rang entre le Duc de Guise & la Marquise de Rothelin, qui fut appaisé. Une autre dispute s'éleva entre le même Duc de Guise & le Duc de Montpensier, qui en qualité de Prince du Sang vouloit s'asseoir devant lui. Mais le Duc de Guise soutint que comme Grand Chambellan il devoit le préceder, & il l'emporta. Il s'assit selon quelques-uns entre le Roi de Navarre & le Duc de Montpensier. Mais Brantome qui connoissoit parfaitement la Cour de ce tems-là, dit que le Duc de Montpensier étoit en chemin pour se rendre à Rheims & y prendre sa séance après le Roi de Navarre; mais que la Reine Mere prévoiant le grand débat qu'il y auroit entre les deux prétendans, avoit mandé au Duc de Montpensier de ne point venir, & il ne s'y trouva pas.

Les Guises jugerent à propos que leur niéce la Reine Marie d'Ecosse, veuve

---

norum repetitiones plusquam omnes aversabatur. Honoratus etiam Sabaudus Villarius Comes, maris Præfecto infensus, apud Constabularium institit ut ad partes Catholicas accederet. Omnes simul eo adduxerunt illum, ita ut nequidquam obsistentibus primogenito suo & Castellionibus sororis filiis, cum Guisio Duce & cum Santandreano societate jungeretur; quam societatem Triumviratum Hugonoti vocavunt.

Les mêmes.

Disputationes circa religionem quotidie augebantur. Concionatores enim Catholici, ex alteraque parte Ministri, auditores suos usque adeo concitabant, ut hinc Papistas, inde Hugonotos passim derideri ac morderi audivisses. Tanta dissensio ubique locorum suborta, bellum civile portendere videbatur, quod malum ut præverteretur, ex Consilio Regio emissum Edictum fuit, quo talia maledicta & nomina utrique prohibebantur, jussumque fuit ut iis qui religionis causa in carcere essent, libertas daretur. Libertas item data iis qui eadem de causa ex Regno exiissent, in patriam redeundi & bona sua recuperandi, dum Catholici fierent, vel si nollent bona vendendi sua licentia ipsis dabatur. Edictum istud non ad Curiam Senatûs missum; sed statim publicatum fuit. Intercessit Senatus & graviter apud Regem conquestus est. Rem non multum curavisse videbatur aula regia, Edictum non bene cessit, malumque magis ac magis auctum fuit.

Rex postea Remos inaugurationis causa cum tota regia aula profectus est. Circa consessûs ordinem disceptatio fuit Guisium Ducem inter & Rothelinam Marchionissam, quæ sedata fuit. Alia suborta contentio est Guisium inter & Montpenserium Duces: Hic quippe ut sanguinis regii Princeps Guisium præcedere volebat, contendebatque Guisius, se ut magnum Cambellanum ipsi præiturum esse, idque obtinuit, seditque, ut putarunt aliqui, inter Navarræum & Montpenserium : at Brantomius, qui aulam regiam illius temporis apprime norat, dicit Montpenserium cum Remos pergeret, ut post Regem Navarræ sederet, a Regina matre, magnam contentionem prævertente, jussum fuisse gradum sistere, nec Rhemos venisse.

Guisii e re fore putavère, ut Maria Scotiæ Regina sororis suæ filia, quæ uxor fuerat Francisci II. Regis

de François II. s'en retournât en Ecosse. Le Royaume étoit en trouble, & ils crurent que sa présence y étoit necessaire. Elle quitta la France à son grand regret, & fut conduite par ses oncles jusqu'à Calais, où elle s'embarqua. Le Duc de Guise revint à la Cour. Le Prince de Condé y étoit alors; & le Roi à l'instigation de Catherine sa Mere, voulut accorder ces deux Princes. Le Duc de Guise protesta qu'il n'avoit eu aucune part à son emprisonnement. On les obligea de s'en brasser, & de se promettre foi & amitié, & il en fut dressé un acte.

1561.

Les Etats qui avoient commencé de se tenir à Orleans, avoient été renvoiez au mois de Mai suivant. Mais il survint tant de nouvelles affaires, qu'on fut obligé de les differer, & on les indiqua à Pontoise pour le mois de Juillet suivant. Ils furent pourtant commencez à saint Germain en Laye. Le Roi y assista assis sur son thrône, aiant sa mere à la gauche, & sa sœur à côté d'elle un peu plus bas, & encore plus bas le Roi de Navarre. Au devant d'eux sur deux escabelles étoient assis à droite le Connétable, & à gauche le Chancelier de l'Hôpital. Il y eut une dispute entre les Cardinaux & les Princes du Sang. Ceux-ci prétendirent qu'ils devoient avoir séance devant eux. Plusieurs des Cardinaux soutinrent le contraire. La conclusion fut que le Cardinal de Bourbon comme Prince du Sang, s'assit auprès du Roi de Navarre son frere; les Cardinaux d'Armagnac & de Châtillon cederent le rang aux Princes, & les Cardinaux de Tournon, de Lorraine & de Guise, se retirerent avec indignation.

Etats tenus à Pontoise.

Le Chancelier fit l'ouverture en déclarant que le Roi les avoit fait assembler afin que chacun des trois Etats dît son sentiment sur les affaires proposées. Celui qui parla pour le tiers Etat, s'étendit beaucoup sur les desordres du Clergé de France, sur l'ignorance des Ecclesiastiques, & sur leur vie dereglée, cause des malheurs du Royaume. Il dit qu'il falloit taxer les Ecclesiastiques & les Moines à de grosses sommes, & soulager en même tems le pauvre peuple accablé d'impôts. Qu'il falloit laisser aux Huguenots la liberté de Religion, leur accorder des Temples, & assembler un Concile National, où seroient appellez les Ministres pour y rendre raison de leur doctrine.

Celui qui parla pour la Noblesse remit sur le tapis la proposition faite cidevant, de faire une revision des dons immenses que les Rois avoient faits

---

in Scotiam remigraret, cum Regnum illud turbis agitaretur, putavere illius præsentiam ibi requiri. Ægre illa Franciam reliquit, & Guisiis comitantibus, Caletum se contulit, ibique navem conscendit. Dux vero Guisius in aulam regiam reversus est. Aderat tunc Princeps Condæus: Rex vero instigante Catharina matre, ambos in concordiam reduci voluit. Contestatus est Guisius se illius in carcerem conjiciendi nullo pacto auctorem fuisse. Rege autem jubente, se mutuo amplexi, sinceram fidem, mutuamque amicitiam polliciti sunt: cujus rei documentum publicum conscriptum est.

Comitia quæ Aureliani cœperant, ad Maium sequentem remissa fuerant: at tot intervenere negotia ut ea differre necessarium fuerit, & ad Julium sequentem Pontisaram indicta fuere, tamenque in fano Germani in Laia cœpta fuere. Rex in solio sedens, matrem a sinistris habuit, & sororem eodem latere in gradu inferiori, & demissiore adhuc Regem Navarræ. Ante illos in scabellis sedebant ad dexteram Constabularius; ad sinistram Cancellarius. Circa consessus ordinem contentio fuit Cardinales inter & regii sanguinis Principes: hi dicebant sibi jus esse ante illos sedendi, Cardinales vero contra stabant. Disceptatio autem hoc ritu composita est: Cardinalis Borbonius, ut regii sanguinis Princeps, prope fratrem Regem Navarræ sedit; Cardinales vero Armeniacensis & Castellionæus priores sedes concessere Principibus; at Turnonius, Lotharingus & Guisius Cardinales indignati recesserunt.

Cancellarius paucis præfatus est, dixitque Regem comitia habere, ut ex tribus Ordinibus quisque suam de propositis negotiis sententiam diceret. Qui pro plebe loquutus est, in Sacri Ordinis corruptos mores acerba oratione invectus est, in Sacerdotum ignorantiam, depravatamque vitam infortuniorum omnium causam. Dixit grandes exigendas esse ab Ecclesiasticis & Monachis summas, & plebem vectigalium mole obrutam allevandam esse. Hugonotis religionis libertatem, & templa esse concedenda, & nationale Concilium cogendum, ac Ministri advocandi, ut doctrinæ suæ rationem darent.

Qui pro Nobilitate loquutus est, de repetitione immensorum donorum a præcedentibus Regibus fac-

N iij

1561. pour faire rendre gorge à ceux qui en avoient été gratifiez ; & dit qu'il falloit aussi faire rendre compte à ceux qui avoient fait la levée des deniers du Roi, ou qui avoient eu l'administration des finances. Il encherit ensuite sur ce que l'Orateur du tiers Etat avoit dit au sujet des Ecclesiastiques & des Moines. Cela fit que le Clergé qui parla le dernier, pour prévenir les desseins de gens qui les ménageoient si peu, offrit au Roi quatre décimes dans six ans : après quoi on n'insista plus contre eux. Pour les affaires de Religion, on indiqua une Conference qui devoit se tenir à Poissi.

Lettre de la Reine Mere au Pape.

Avant le *Colloque* de Poissi, la Reine Mere, qui par un trait de politique faisoit semblant de pancher vers le parti Huguenot, écrivit au Pape, & lui marqua que le parti de ces nouveaux Religionnaires s'étoit si fort augmenté en nombre & en puissance, qu'il ne falloit plus penser à les réduire ou par autorité, ou par la force des armes ; mais qu'il y avoit quelque esperance de les réunir à l'Eglise Catholique en faisant des assemblées d'Evêques, de Docteurs & de Ministres, qui pourroient amiablement convenir avec ces nouveaux Reformez, en retranchant certaines choses qui s'étoient introduites dans le Christianisme, & qu'on pouvoit ôter sans interesser la Religion ; qu'il n'y avoit point d'inconvenient de traduire la Bible en François, ni de chanter les Pseaumes en cette Langue. Le Pape fut effraié de cette Lettre, il crut qu'on se disposoit en France à tenir un Concile National : c'étoit la chose du monde qu'il craignoit le plus. Il avoit indiqué le Concile General à Trente ; & comme ce n'étoit pas par inclination qu'il s'étoit déterminé à le celebrer, il agissoit fort mollement, & differoit de jour en jour ; mais cette Lettre de la Reine l'aiguillonna tellement, qu'il commença d'abord à inviter les Evêques qui devoient y assister.

Le Colloque de Poissi.

Après cela se fit l'assemblée qu'on appelle le Colloque de Poissi : douze des plus fameux Ministres s'y rendirent, l'un desquels étoit Theodore de Beze. Il en vint depuis encore deux autres, Jean de l'Epine qui avoit quitté l'Ordre des Dominiquains pour se faire Protestant, & Pierre Martyr, Ministre celebre de Zuric. Du côté des Catholiques il se trouva dans cette assemblée six Cardinaux, de Bourbon, de Tournon, de Châtillon, de Lorraine, d'Armagnac & de Guise, & environ quarante Evêques accompagnez des plus habiles Theologiens. Plusieurs de ces Theologiens voulurent persuader à la Reine Mere de ne pas per-

---

La Popeliniere.

torum orationem habuit, ut ab iis qui nimias summas acceperant, restitutio exigeretur, parique cura rationem ab iis postulandam esse, qui rem ærariam administraverant, vel vectigalia collegerant. Tum etiam contra Sacrum Ordinem & Monachos plusquam is qui præcesserat, debacchatus est. Inde factum ut Sacer Ordo, qui postremus verba fecit, quo adversantium sibi molimina præverteret, Regi quatuor decimas intra sex annorum spatium obtulerit, posteaque nihil ulterius contra illum actum fuit. Pro Religionis negotio indictum colloquium fuit Possiaci habendum.

Thuanus.

Ante colloquium illud Possiacenum, Catharina, quæ ad Hugonotos nonnihil inclinare arte simulabat, Summo Pontifici scripsit, ipsique significavit, novæ Religionis cultores usque adeo numero & potentia crevisse, ut nec auctoritate, nec armorum vi ipsos reduci posse ultra speraretur ; sed spem esse ipsos ad Ecclesiam Catholicam revocari posse, si Episcopi, Doctores & Ministri una convocarentur, & amice cum novis illis reformatis convenirent, quædam amputando quæ in Christianismum invecta fuerant ; quæque poterant intacta Religione amoveri ; sine periculo posse Biblia Sacra in Gallicum idioma converti, & Psalmos eadem lingua cantari. Immane quantum Summus Pontifex his literis exterritus sit ; putavit enim Concilium nationale in Gallia brevi celebrandum esse, quod ipse admodum metuebat. Generale Concilium Tridentini indixerat ; sed quia non sponte sua ad illud cogendum animum appulerat, negligenter ille agebat & in dies procrastinabat : at Reginæ literis stimulatus, statim Episcopos ut illo convenirent invitavit.

La Popeliniere. Thuanus.

Cœpit postea colloquium Possiacenum dictum. Duodecim ex celebrioribus Ministris illò venerunt, ex quorum numero erant Theodorus Beza. Iis adjuncti sunt Joannes Spina, qui abjurato Dominicano Ordine, ad Protestantes desciverat, & Petrus Martyr Tiguri Minister celebris. Ex Catholicorum parte colloquio interfuere sex Cardinales, Borbonius, Turnonius, Castellionæus, Lotharingus, Armeniacus, Guisius & quadraginta circiter Episcopi cum delectis Theologis. Ex Theologis illis plurimi Reginæ matri

CHARLES IX.

mettre que les Ministres Protestans parlassent & étalassent leur doctrine dans l'assemblée, ou du moins de ne pas souffrir qu'ils le fissent en presence du Roi, n'étant pas à propos que dans une si grande jeunesse il entendît de la bouche de ces Ministres des discours si contraires à la Foi Catholique. Rien ne se fera, répondit-elle, que de l'avis du Conseil, sans s'expliquer davantage.

1561.

Le Roi dit en peu de mots pour quelle raison il avoit fait assembler un si grand nombre de gens de l'un & de l'autre parti : & le Chancelier prenant la parole, les exhorta de parler avec moderation, de ne point s'animer les uns contre les autres, & d'écouter tranquilement les raisons qu'on apporteroit comme font ceux qui cherchent sincerement la verité. Le Cardinal de Tournon qui parla après lui, approuva tout ce que le Chancelier venoit de dire. Theodore de Beze prit ensuite la parole : il expliqua ses sentimens avec liberté ; & venant à parler de l'Eucharistie, il garda si peu de mesures, qu'il dit hardiment que le Corps de Jesus-Christ est aussi éloigné du pain & du vin, que le ciel l'est de la terre. A ces paroles les Cardinaux & les Prélats assemblez fremirent, & le Cardinal de Tournon qui prit la parole dit avec beaucoup d'indignation, que c'étoit contre son gré qu'on avoit consenti à une conference avec ces nouveaux Evangelistes, & qu'ils avoient ainsi débité leurs blasphêmes en presence du Roi. Il pria Sa Majesté de ne point faire attention sur ce que ce Ministre venoit de dire ; mais d'attendre à porter son jugement jusqu'à ce que les Prélats & les Théologiens Catholiques auroient parlé, & lui auroient donné moyen de distinguer la verité du mensonge.

Paroles de Theodore de Beze.

Theodore de Beze vit bien qu'il en avoit trop dit. Il écrivit à la Reine, & lui marqua que le peu de tems qu'il avoit eu l'avoit empêché d'expliquer ce qu'il avoit avancé. Il tâchoit de l'adoucir dans sa lettre : de maniere pourtant qu'après l'explication donnée, le tout revenoit à la proposition qu'il avoit avancée la premiere fois. Les Prélats & les Théologiens après avoir déliberé ensemble, resolurent qu'on ne traiteroit à l'avenir dans ces Conferences que deux points ; sçavoir ce que c'étoit que l'Eglise, & comment on devoit expliquer la Cene. La conference suivante, fut renvoyée à la mi-Septembre. Le Roi, la Reine Mere & le Roi de Navarre y assisterent. Les autres s'y trouverent en bien moindre nombre qu'auparavant. Le Cardinal de Lorraine y fit un long discours où il parla fort savamment & éloquemment sur l'infaillibilité de l'Eglise, sans l'autorité

---

suadebant, ut ne Ministros illos sineret in coetu, vel saltem ante Regem doctrinam suam patefacere, cum non expediret tam juvenem Principem, doctrinam Catholicæ ita contrariam auribus percipere. Nihil respondit illa, nisi consilio nostro annuente, admittetur, nec magis mentem aperuit suam.

Rex paucis dixit qua de causa tot utriusque partis viros convocarit. Cancellarius vero Regem excipiens, hortatus illos est ut moderate loquerentur, ut contumaciam vitarent, tranquilloque animo argumenta hinc & inde exciperent, uti solent ii qui veritatem sincere quærunt. Cardinalis Turnonius qui postea loquutus est, quæ Cancellarius dixerat confirmavit. Tum Theodorus Beza orsus est, sententiamque suam libere explanavit ; imo cum de Eucharistia verba fecit, nullum servans modum audacter dixit, Corpus Jesu-Christi tam procul a pane & vino esse, quam cælum a terra. Ad hæc Cardinales omnes & Episcopi congregati infremuere ; Turnonius vero Cardinalis indignatus dixit se invito, tale cum novis Evangelistis colloquium admissum fuisse, ipsosque sic blasphema sua dicta coram Rege protulisse. Carolum vero rogavit, ut ne Ministri dictis attenderet ; sed judicium ferre desisteret, donec Episcopi atque Theologi loquuti essent, ipsumque veritatem a mendacio distinguere docuissent.

Vidit Theodorus Beza se plura quam par erat dixisse, Reginæ matri scripsit, ipsique significavit, se angustia temporis compulsum, ea quæ dixerat explicare non potuisse, id in epistola sua mitius exprimere satagebat, ita tamen ut post explanationem eodem rediret sententia. Episcopi & Theologi postquam simul deliberaverant, decrevere, nonnisi de duobus articulis deinceps in colloquiis agendum esse, quærendumque quidnam esset Ecclesia, & quomodo explicanda coena esset. Adfuere colloquio Rex, Regina & Navarræus. Alii longe minori quam antea numero interfuere. Cardinalis Lotharingus longam orationem habuit, ubi docte eleganterque de Ecclesiæ infallibilitate, sine cujus auctoritate nihil certum,

1561. de laquelle il n'y a rien de sûr ni de ferme dans la Religion, & sur le Mystere de l'Eucharistie. Il conclut en disant, que si les sentimens des Protestans étoient tels que Beze venoit de les expliquer, il ne falloit point esperer de paix ni de concorde, puisqu'ils étoient aussi éloignez des Catholiques que la terre l'est du ciel. Le Cardinal de Tournon se leva ensuite, & loüant le Cardinal de Lorraine, il dit au Roi qu'il étoit prêt de souscrire à tout ce qu'il venoit de dire; les autres Prélats & Docteurs parlerent de même.

Les Ministres qui voioient que l'affaire traînoit en longueur, prierent le Roi de permettre qu'ils eussent quelque conference à l'amiable avec les Evêques sur les points contestez, n'étant pas raisonnable qu'aiant été convoquez pour cela, ils se separassent sans entrer en matiere. Les Evêques de Valence & de Sées qu'on accusoit de les favoriser dirent au Roi qu'il seroit honteux aux Catholiques, après que le Roi avoit ainsi convoqué les Protestans de refuser de conferer avec eux. On renouvella les conferences. Beze parla le premier. Le Docteur d'Espense lui répondit fort moderément, cherchant les moiens de concilier les partis, s'il se pouvoit. On fit ensuite de part & d'autre diverses formules de foi touchant l'Eucharistie, qui ne servirent qu'à prouver l'impossibilité de concilier des sentimens si opposez, chacun demeurant ferme dans son opinion.

Le Cardinal de Lorraine propose la Confession d'Ausbourg.

Le Cardinal de Lorraine dit à Beze, si lui & ses compagnons ne voudroient pas bien signer la Confession d'Ausbourg. Beze lui demanda s'il parloit au nom de tous les Prelats & Docteurs de l'assemblée, & s'ils voudroient bien eux-mêmes la signer. Sans répondre à cela le Cardinal continua ses instances; & Beze lui repliqua que lui & les autres Ministres n'avoient été envoiez que pour faire leur Confession de foi & la défendre, & qu'ils n'excederoient point leurs pouvoirs. Il sembloit aux allures du Cardinal de Lorraine, qu'il voulût admettre ou faire passer cette Confession. Il vint en effet d'Allemagne quelques Ministres qui arriverent à Paris, où l'un d'eux mourut de la contagion; les autres s'y arrêterent jusqu'à ce que le Colloque fût terminé.

On recommença les conferences: Beze parla avec vehemence contre les mouvemens, les brigues & les presens donnez par les Ecclesiastiques pour parvenir à l'Episcopat. Les choses s'aigrirent ainsi de part & d'autre; & dans le même tems Hippolyte d'Est Cardinal de Ferrare, Legat du Pape Pie IV. en-

---

firmum nihil in Religione fueris, deque mysterio Eucharistiæ. Conclusit autem asserendo, si talis Protestantium opinio esset, qualem Beza explicaverat, nullam sperandam esse pacem vel concordiam; cum illi a Catholicis tantum distarent quantum cælum a terra. Surrexit postea Cardinalis Turnonius, Regique dixit se libenter subscripturum esse iis quæ Lotharingus dixerat. Alii quoque Episcopi & Doctores idipsum loquuti sunt.

Ministri cum procrastinatione tempus duci viderent, Regem rogarunt sibi liceret cum Episcopis de controversis rebus colloqui, cum contra rationem videretur esse, se ad eam rem convocatos, sine colloquiis abscedere. Episcopi vero Valentinus & Sagiensis, qui quod hæreticis faverent, in suspicionem vocabantur, Regi dixerunt, dedecus Catholicis fore, si cum Protestantes Rex advocasset, cum ipsis colloqui dubitarent. Colloquia igitur renovata sunt. Beza prior loquutus est. Espencæus moderate ipsi respondit, modum quærens partes conciliandi, si fieri posset. Postea vero multæ fidei formulæ utrinque adornatæ sunt circa Eucharistiam, queîs id solum probatum est, non posse tam disparatas sententias conciliari, cum quisque in sua sententia perstaret.

Cardinalis Lotharingus Bezæ dixit, an ipse & socii sui Confessioni Augustanæ subscribere parati essent. Quæsivit Beza an ipse Episcoporum & Doctorum nomine loqueretur, & an ipsi eidem subscribere parati essent. Non ad hæc respondit Lotharingus, sed interrogando institit. Respondit Beza se & alios Ministros, nonnisi ut confessionem fidei suam exponerent defenderentque missos fuisse, nec ultra quam jussi fuerant, facturos esse. Videbatur Cardinalis Lotharingus istam Confessionem admitti velle: & vere quidam ex Germania Ministri Lutetiam venerunt, quorum unus contagio sua periit, aliique ibidem mansere, donec colloquium finitum est.

Colloquia denuo habita sunt. Beza vehementer insectatus est artificia Sacerdotum, artes, munera, ut ad Episcopatum pervenirent oblata, atque ita se illi mutuo incessebant. Interea Hippolytus Attestinus Cardinalis Ferrariensis, Pii IV. Papæ Legatus, in

voia à cette Assemblée Jâques Lainés General des Jésuites, qui se déchaîna
contre ces Protestans, les appellant, Singes, Renards & Monstres, & dit qu'il
falloit les envoyer au Concile indiqué par le Pape. Il reprit ensuite la Reine
Mere, de ce qu'elle vouloit prendre connoissance de ces affaires de Religion
si importantes, ce qui n'appartenoit qu'au Pape, aux Cardinaux & aux Evêques.
Elle en fut piquée au vif ; mais elle dissimula en consideration du Cardinal de
Ferrare. Il se fit encore plusieurs propositions d'accommodement : on dressa
de part & d'autre des Confessions de Foi : mais le moyen d'en faire une qui
pût être acceptée de deux partis, dont les sentimens étoient si opposez ? Les
conferences furent enfin rompuës, & ainsi finit cette assemblée.

1561.

Le Colloque de Poissi fut representé vers le même tems en estampe, tel que
nous le donnons ici. Il fut tenu dans le Refectoir des Religieuses de Poissi.
Le Roi se voit au haut de la planche, aiant la Reine Mere à sa gauche. A la
droite du Roi est le Prince Alexandre son frere qui fut depuis appellé Henri.
On le nomme dans l'estampe Monsieur. A sa droite sur la même ligne est le
Roi de Navarre : A la gauche de la Reine Mere est Madame ; ainsi appelle-t-
on la Princesse Marguerite sœur du Roi ; & à sa gauche sur la même ligne, la
Reine de Navarre. Les Princes du Sang & puis les Seigneurs occupent les
rangs de derriere. Ceux qui composoient le reste de l'Assemblée sont designez
dans la planche même. Les douze Ministres des Reformez en robe longue se
tiennent debout, tandis que tous les autres sont assis. Beze parle actuellement
à l'Assemblée.

PL.
XVI.

Dès-lors les Ministres Huguenots prêcherent publiquement par-tout, ensorte que ces Colloques & ces Conferences firent plus de mal que de bien. La
Cour se trouva aussi divisée. La Reine, suivant l'avis de Montluc Evêque de Valence, souhaitoit de porter les Ministres François de souscrire à la Confession
d'Ausbourg. Le Roi de Navarre & le Chancelier de l'Hopital étoient du
même sentiment. Ils avoient fait venir du Palatinat & de Wirtemberg des Ministres Allemans pour faire cette association, & le Cardinal de Lorraine, homme ambitieux, donnoit assez dans ce dessein chimerique, suivant lequel, s'il
avoit pû réussir, il se seroit formé trois partis dans le Roïaume, au lieu de deux.
Mais il se ravisa depuis, & changeant de sentiment, il fut toûjours également

---

cretum illum misit Jacobum Laïnem Jesuitarum Præpositum Generalem, qui in Protestantes acriter invectus est, simios, vulpes & monstra vocans, dixitque illos ad Concilium a Summo Pontifice indictum
esse mittendos. Reginam vero increpuit, quod restanti
momenti Religionem spectantes decernendas susciperet, id quod ad Summum Pontificem tantum, Cardinales & Episcopos pertineret. Hæc Catharina impa-
tienter tulit; sed ob Cardinalis Ferrariensis reverentiam
indignationem compressit. Pro rebus componendis
alia quoque tentata sunt ; plurimæ fidei confessiones
propositæ fuere ; sed nullo pacto aliqua poterat tam
disparatis Religionibus unà competere. Conventus
demum cessavere, & hic finis fuit Colloquii.

Hoc Colloquium eo ipso tempore in tabula insculptum delineatumque fuit, ut hic proferimus. In
Refectorio autem Monialium habitus est. Rex in superna tabulæ parte visitur sedens, & ad sinistram
ejus sedet Regina mater ipsius. Ad dexteram Regis
est Alexander frater ejus, qui postea Henricus appellatus est, ad cujus dexteram eadem linea est Rex
Navarræ. Ad sinistram Reginæ matris est Margarita
Regis soror, & ad sinistram istius Regina Navarræ.
Regii sanguinis Principes, posteaque Proceres, poste-
riores ordines occupant. Qui in consessum admissi
fuere, suis in locis designantur in tabula. Duodecim
Ministri Reformatorum oblonga veste stant, dum
cæteri omnes, qui ad colloquium convenere, sedent.

Exinde vero Hugonotorum Ministri publice ubique concionati sunt : hæque colloquia plus damni
quam commodi importavere. Aula quoque regia in
varias sententias distracta fuit. Catharina, suadente
Monlucio Episcopo Valentino, Ministros Francorum
eo deducere peroptabat, ut Augustanæ Confessioni
subscriberent. Rex Navarræ & Hospitalius Cancellarius ejusdem erant sententiæ, eaque de causa a Palatino & Virtembergico Ministros sibi mitti curaverant.
Cardinalis quoque Lotharingus, vir ambitiosus, hanc
& ipse quoque futilem sententiam amplecti videbatur, quæ si admitti potuisset, tria pro duobus in Regno Religionum divortia futura erant. Verum postea
ille sententia mutata, utramque sectam æque impu-

*La Pope-
liniere.
Thuanus.*

1561. opposé aux deux Sectes. Après le départ des Ministres, les Evêques furent envoiez au Concile de Trente, comme nous dirons plus bas.

La nouvelle de ces Conferences avec les Ministres Huguenots étant venuë en Espagne, le Roi Philippe en témoigna une grande indignation. La Reine Mere pour se racommoder avec lui, y envoya Montberon avec l'Aubepine, Evêque de Limoges. Ils eurent difficilement audience. Le Roi Philippe les renvoia au Duc d'Albe, qui leur dit d'un ton menaçant, que le Roi son Maître seroit enfin obligé de porter la guerre en France pour exterminer les Heretiques, & délivrer son beaufrere Charles de cette nouvelle Secte qui troubloit son Roiaume, & mettoit la Religion en péril, & que plusieurs Catholiques François le sollicitoient de le faire. Montberon qui avoit ordre de parler au Roi Philippe de la restitution de la Navarre à Antoine de Bourbon, s'acquitta aussi de cette commission. Mais on lui répondit qu'Antoine de Bourbon ne devoit rien esperer du Roi d'Espagne, à moins qu'il ne changeât de conduite & qu'il ne prît les armes contre le Prince de Condé & contre les Colignis, qui soutenoient l'Heresie.

Par le rapport que firent Montberon & l'Aubepine à leur retour, on apprit que bien des gens du parti Catholique, & même des Seigneurs de la Cour, sollicitoient le Roi d'Espagne de porter la guerre en France pour détruire l'Huguenotisme. On avoit surpris peu de tems auparavant à Orleans, un Prêtre nommé Artus Didier, qui de l'avis de quelques Docteurs de Sorbonne, alloit en Espagne pour la même affaire. On l'amena à la Reine Mere, & on l'interrogea sur le sujet de son voïage, sur ceux qui l'envoioient ou participoient à l'affaire dont il étoit chargé. Il en nomma tant & de si grands, qu'on jugea à propos de supprimer l'interrogatoire. On l'obligea à faire amende honorable, la torche au poing, la tête & les pieds nuds; & on l'enferma dans une Chartreuse, d'où il s'échappa depuis.

Theses de Tanquerel Bachelier de Sorbonne.

Au même tems Jean Tanquerel Bachelier de Sorbonne soutint des Theses, où on lisoit cette proposition: que le Pape seul Vicaire de Jesus-Christ, & Monarque de l'Eglise, pouvoit détrôner les Rois s'ils lui étoient desobéissans. Cette matiere paroissoit beaucoup plus perilleuse en ce tems qu'en un autre, le Chancelier donna ordre à un President & à deux Conseillers de rapporter l'affaire au

---

Les mêmes. gnabat. Post Ministrorum discessum Episcopi in Tridentinum Concilium missi sunt, ut infra dicetur.

Possiaceni colloquii fama in Hispaniam perlata, Philippum Regem admodum commovit. Catharina vero, ut illum placaret, Monberonium illò misit cum Albaspinæo Episcopo Vindocinensi. Vix admissos illos Rex ad Albanum Ducem misit, qui minas intentantis more dixit, Regem Philippum bellum tandem in Galliam inferre compellendum fore, ut Hæreticos deleret, & cognatum suum Carolum Regem liberaret a novæ sectæ conatibus, qui Religionem in magnum discrimen conjiciebant. Plurimosque Catholicorum Francorum se ad illud suscipiendum bellum cohortari. Monberonius qui jussus fuerat cum Philippo agere de restituenda Antonio Borbonio Navarra, hanc etiam rem proposuit: at responsum ipsi fuit nihil Borbonio sperandum a Rege Philippo esse, nisi bellum contra Condæum fratrem & contra Colinios, qui hæresi favebant, susciperet.

Les mêmes. Ex iis quæ reversi Monberonius & Albaspinæus retulere, compertum fuit multos Catholicorum etiamque aulæ regiæ procerum, Regem Philippum cohortatos esse, ut bellum in Franciam ad eliminandam hæresim inferret. Interceptus paulo ante fuerat Aureliani Sacerdos quidam nomine Arturus Desiderius, qui ex Sorbonicorum quorumdam Theologorum consilio, in Hispaniam ea de causa proficiscebatur. Ad Reginam ille matrem ductus, & de suscepti itineris causa interrogatus, deque iis qui ipsum mittebant, & in partem negotii hujusce veniebant, tot tantosque Proceres nominavit, ut interrogationem supprimere visum fuerit. At Desiderius in genua procumbens, tædamque ardentem tenens, nudis pedibus veniam petere coactus, atque in Cartusianorum cœnobium inclusus, inde postea elapsus est.

Eodem tempore Joannes Tanquerellus Baccalaureus Sorbonicus theses quasdam proposuit, ubi hæc propositio ferebatur: *Papam solum Christi Vicarium & Ecclesiæ Monarcham, Reges si rebelles sibi essent, posse ex solio regio dejicere*; quæ res in medium adducta, isto maxime tempore periculosa erat. Jussit Cancellarius Præsidem quemdam & Senatores duos rem ad

LE COLLOQUE DE P

OQUE DE POISSI L'AN 1561.

Parlement. Tanquerel qui s'étoit évadé, fut condamné en l'amende. En son absence le Bedeau de l'Université fit au nom de Tanquerel absent, une retractation en presence de tous les Docteurs, qui furent obligez de s'y trouver sur peine de perdre leurs privileges. Ils declarerent qu'ils seroient toujours obéissans en ce point aux ordres du Roi & du Parlement.

1561.

Le Pape Pie IV. qui avoit jusqu'alors differé le Concile General, persuadé enfin par Cosme Duc de Florence, & de crainte aussi que s'il differoit davantage, on n'assemblât un Concile National en France, indiqua le Concile General & Œcumenique à Trente, qui avoit été commencé sous Paul III. & continué sous Jules III. mais discontinué depuis à cause des guerres. Le tems marqué fut le jour de Pâques de l'an 1562. Il exhortoit tous les Prélats de s'y trouver, & les Princes d'y envoïer leurs Ambassadeurs.

Concile de Trente.

La Cour de France fut alors divisée; quelques-uns persuadez que le Pape étoit trop attentif à ses interêts particuliers pour assembler un Concile General, vouloient qu'on en assemblât un National. Les Guises qui croioient avec raison que la Religion pericliteroit beaucoup si l'on assembloit un Concile National, s'y opposoient de tout leur pouvoir; & voiant que la brigue étoit forte de l'autre côté, ils agirent auprès du Roi d'Espagne, qui députa Antoine de Tolede à la Reine Mere, pour la presser d'envoier les Evêques & les Théologiens de France au Concile General, & de ne plus penser au National. Jean Manriquez qui fut substitué à Antoine de Tolede, mena l'affaire avec plus d'adresse & de succés. Il vit que le Roi de Navarre étoit le plus grand obstacle à ses desseins: il emploia toute son industrie à le gagner & à le faire tourner du côté des Guises. Il lui fit proposer premierement de répudier sa femme Jeanne d'Albret, ce qu'il pouvoit faire, disoit-il, legitimement, parce qu'elle étoit de la Secte des nouveaux Religionnaires, & qu'on lui feroit épouser Marie Reine d'Ecosse, qui lui apporteroit avec l'Ecosse, son droit sur le Roiaume d'Angleterre, & que le Roi d'Espagne lui donneroit pour compensation de la Navarre qu'il retenoit, le Roiaume de Sardaigne.

Le Navarrois ne pouvant se resoudre à répudier sa femme, on lui promit l'Isle de Sardaigne la plus fertile, disoient-ils, & la plus peuplée de la mer Mediterranée aprés la Sicile; à laquelle on ajoutoit encore le Roiaume de Tunis.

Senatus Curiam deferre. Tanquerellus ad mulctam honorariam damnatus fuit, cumque ipse aufugisset, Appaitor Facultatis Theologicæ ejus nomine thesim abjuravit coram Doctoribus omnibus, qui rei adesse compulsi sunt, indicta, si abessent, privilegiorum abrogatione. Se autem ea in re & Regi & Senatui obsequuturos semper fore polliciti sunt.

Pius IV. Papa, qui hactenus Concilium Generale distulerat, suadente Cosmo Florentino Duce, metuensque ne Nationale Concilium in Gallia celebraretur, Concilium Generale Tridenti celebrandum indixit, quod cœptum jam fuerat sub Paulo III. & sub Julio III. continuatum, postea bellorum causa cessaverat, die Resurrectionis Dominicæ proximo inchoandum. Episcopos omnes ut eo se conferrent hortabatur, & Principes ut Oratores illò mitterent.

le Pope. In aula tunc Francica dissensio quædam fuit, quidam putantes Summum Pontificem, rebus suis intentum, Concilium Generale aliud in tempus amandaturum esse, volebant Nationale cogi. Guisii vero qui jure putabant Concilium Nationale non sine Religionis periculo cogi posse, obsistebant omnino; cumque viderent contrariam factionem invalescere, ad Hispaniæ Regem confugerunt. Philippus Antonium Toletanum ad Catharinam Reginam misit, qui illam vehementer urgeret, ut quamprimum Episcopos ac Theologos ad Concilium Generale mitteret, nec de Nationali ultra cogitaret. Joannes Mantrices, qui Toletano substitutus fuit, rem cum majori arte & dexteritate tractavit. Vidit ille Regem Navarræ magnum sibi obicem fore, omnemque industriam illò convertit ut ipsum ad Guisiorum partes traheret. Primo ipsi proponi curavit, ut Joannam Labretanam repudiaret, quod ipse, inquiebat, legitime poterat, quia illa novam Religionem sectabatur, & Mariam Scotiæ Reginam duceret, quæ cum Scotiæ Regno ipsi jus in Angliâ Regnum allatura erat, Regemque Hispaniæ ipsi Sardiniæ Regnum compensationis titulo pro Navarra daturum esse pollicebatur.

Cum autem Navarræus nollet uxorem repudiare, promissa ipsi fuit Sardinia Insula, omnium inquiebat post Siciliam, fertilissima & populosissima, cui etiam Tunetanum Regnum addebatur. Tanto artificio

Tome V.   O ij

1561.
Concile National empêché.

Ils le tournerent si bien, qu'il se rendit enfin, & se declara contre le Prince de Condé son frere & les Colignis; il empêcha le Concile National, qui étoit, disoient quelques-uns, l'unique remede pour éviter la guerre civile, quoique dans l'état où étoient les choses, il fût très-difficile que deux partis si éloignez de sentimens sur les matieres de Religion, s'accordassent dans un Concile National.

Les Triumvirs après avoir ainsi attiré à leur parti le Roi de Navarre, s'en allerent où leurs affaires les appelloient. Les deux freres Guises se rendirent en Champagne, & delà depuis en Allemagne. Quelques-uns disent qu'ils se retirerent mécontens de ce que la Reine donnoit trop de liberté aux Huguenots.

Tumulte au Fauxbourg S. Marceau.

La difference de Religion causoit souvent des tumultes en divers endroits du Roiaume. Il y en eut un considerable au fauxbourg saint Marceau. Les Huguenots tenoient leur assemblée fort nombreuse dans une maison près de l'Eglise de saint Marceau, nommée le Patriarche, où le Ministre Malo prêchoit. Au même tems on sonnoit les cloches dans l'Eglise de saint Marceau, & l'on carillonnoit si fort que les Religionnaires pouvoient à peine entendre leur Prédicateur. Ils envoierent prier les sonneurs de cesser: ceux-ci carillonnerent plus fort qu'auparavant. Les Huguenots dont un grand nombre étoient armez, sortirent, forcerent l'Eglise, tuerent ceux qu'ils rencontrerent, & maltraiterent les Prêtres. Les sonneurs continuerent à sonner le tocsin; ensorte que le peuple de Paris s'ameutoit en grand nombre, & alloit courir sus aux Huguenots. Pour prévenir le desordre on y envoia des troupes. Quelques-uns de ceux qui avoient forcé l'Eglise de saint Marceau furent saisis. Il y en eut deux d'executez. Le peuple de Paris en furie alla mettre le feu à la maison où se faisoit le Presche. L'incendie s'étendit sur les maisons voisines, & l'on eut peine de l'éteindre.

Catherine, qui pensoit plus à maintenir son autorité, qu'à soutenir la Religion Catholique, craignant que si les Triumvirs accabloient les Huguenots, ils ne se saisissent du Gouvernement, eut plusieurs conferences avec l'Amiral, & lui demanda le nombre & le nom des Eglises que ces Religionnaires avoient dans le Roiaume. Les Ministres & les Députez des Eglises n'étoient pas encore

---

Les mêmes.

res ducta fuit, ut tandem ille manus daret, & contra Condæum fratrem Coliniosque se converterent. Concilium vero Nationale cohibuit, quod, ut quidam jactitabant, unicum remedium erat ad bellum civile vitandum, etsi in præsenti rerum conditione difficile admodum erat, ut duæ factiones in Religionibus ita dissentientes, in Concilio Nationali ad concordiam reduci possent.

Triumviri cum sic ad partes suas Navarræum reduxissent, ad sua se negotia contulerunt. Guisii fratres ambo in Campaniam profecti sunt, posteaque in Germaniam: quidam dicebant illos ideo abscessisse, quod Catharina libertatem nimiam Hugonotis concederet.

Religionis discrimina tumultus sæpe variis in Regni partibus concitabant. Maximus autem tunc Lutetiæ in suburbio Sancti Marcelli exortus est. Hugonoti, qui magno numero in domum quamdam, cui Patriarcha nomen, prope Ecclesiam Sancti Marcelli convenerant, concionantem Malonem Ministrum audiebant. Eodemque tempore campanæ in Ecclesia pulsabantur, tantumque edebant strepitum, ut vix possent illi Concionatorem audire. Miserunt autem qui pulsatores rogarent, ut tantum illum sonitum moderarentur. Hi vero majorem tunc campanarum fragorem excitavêre. Tunc Hugonoti quorum plerique armati erant, impetu facto, in Ecclesiam sunt ingressi, obvios quosdam occiderunt, & Presbyteros male exceperunt. Pulsatores ad excitandam plebem multo majore campanarum sonitu sunt usi; ita ut Parisina plebs furens magno numero coiret ut Hugonotos invaderet. Tunc ut tumultus præverteretur, armati viri missi fuere. Ex iis qui in Ecclesiam Sancti Marcelli vi ingressi fuerant, quidam capti sunt, quorum nonnulli ad supplicium missi fuere. Turba Parisinorum domum, in qua concio habebatur, incendit, incendium ad vicinas domos pervasit, vixque exstingui potuit.

Catharina quæ plus auctoritati sibi servandæ advigilabat, quam Catholicæ Religioni sustinendæ, metuens ne si Triumviri Hugonotos obruerent, Regni administrationem sibi usurparent, cum Maris Præfecto colloquia sæpe miscuit, atque ab ipso nomina & numerum Ecclesiarum expetiit, quas Reformati in regno tenebant. Ministri & Ecclesiarum Deputati non-

partis de Poiſſi. Selon l'état qu'ils en firent, elles montoient au moins à 2150. Non contente de cela, la Reine voulut ſçavoir ce que chacune de ces Egliſes pouvoit fournir de gens de pied & de cheval, en les entretenant à ſes dépens. Elle fit dreſſer un Ecrit qui fut envoié à chacune des Egliſes. Mais cet Ecrit *fut tenu pour ſuſpect par pluſieurs, qui furent d'avis qu'on attendît une recharge: les autres firent pluſieurs difficultez ſur l'execution. Toutefois quelques-uns ſe mirent en devoir.*

1561. Nombre des Egliſes des Huguenots dans le Roiaume.

Les troubles augmentoient tous les jours dans le Royaume: pour y mettre quelque ordre, la Reine fit une aſſemblée à S. Germain en Laie; le Chancelier de l'Hopital y fit un diſcours où il rappella tout ce qu'on avoit fait ci-devant contre les nouveaux Religionnaires, & fit voir que les rigueurs qu'on avoit exercées contre eux, n'avoient ſervi qu'à augmenter le mal, & à ſuſciter de nouveaux troubles. Il conclut à ce qu'on leur laiſſât la liberté d'exercer leur Religion, avec certaines modifications pourtant, qui ſeroient énoncées dans l'Edit. Le ſentiment du Chancelier paſſa à la pluralité des voix, & l'Edit fut donné vers la mi-Janvier. Les principaux points étoient, que les nouveaux Religionnaires ſeroient obligez de rendre aux Catholiques les Egliſes dont ils s'étoient emparez en certains endroits pour en faire des Temples, de leur reſtituer ce qu'ils leur avoient pris; qu'ils n'abbattroient plus les croix & les images; qu'ils ne pourroient faire leurs aſſemblées ni leurs prêches dans les Villes. Cet Edit fut porté en Parlement pour y être enregiſtré: ce qui ne fut fait qu'avec beaucoup de difficulté, il fallut juſqu'à une troiſiéme juſſion pour parvenir à l'enregiſtrement.

1562. Edit en faveur des Huguenots.

Cet Edit déplut fort aux Triumvirs, qui quoiqu'abſens de la Cour, ne laiſſerent pas d'agir pour en empêcher l'execution. Le Duc de Guiſe & le Cardinal ſon frere allerent à Saverne où ils avoient donné rendez-vous à Chriſtophe Duc de Wirtemberg, qui amena avec lui deux habiles Miniſtres de la Confeſſion d'Auſbourg. Ils parlerent trois jours durant d'affaires de Religion. Le Cardinal de Lorraine ne manqua pas d'étaler les efforts qu'il avoit faits à Poiſſi pour l'acceptation de la Confeſſion d'Auſbourg, en rejettant la Calvinienne qui n'étoit guere moins odieuſe aux Proteſtans d'Allemagne, qu'aux Catholiques. Ils prierent le Duc de les ſeconder dans leur pieux deſſein. Les deux Miniſtres ſe rangerent de leur côté, & le Duc de Wirtemberg les loüa fort, & laiſſa les deux

---

dum Poſſiaco profecti erant; numerus ab ipſis deſcriptus erat Eccleſiarum 2150. neque his contenta, ſcire voluit quem pugnatorum equitum peditumve numerum poſſent ſingulæ Eccleſiæ ſuppeditare, &reſcriptum fieri juſſit, quod ad ſingulas Eccleſiasmiſſum fuit. At reſcriptum illud plurimis ſuſpectum fuit, qui putarunt novam juſſionem exſpectandam eſſe, alii difficilius rem exſequuti ſunt; aliqui tamen poſtulatis ſunt obſequuti.

Tumultus in dies per regnum augebantur. Ut ſedarentur autem Regina mater, cœtum collegit ad Sanctum Germanum. Hoſpitalius concionem habuit, ubi omnia, quæ pridem contra Reformatos geſta fuerant, in memoriam revocavit, oſtenditque quanto magis in ipſos ſævitum fuerat, tanto magis malum, tumultuſque auctos fuiſſe. Clauſit autem ipſis eſſe dicens Religionem ſuam exercendi libertatem, certis tamen rationibus & modis qui in Edicto enunciarentur. Cancellario major numerus aſſenſit, Edictumque medio Januario menſe promulgatum fuit, cujus hæc præcipua capita erant, quod Reformati Catholicis Eccleſias quas quibuſdam in locis invaſerant reſtituturi eſſent, necnon alia omnia quæ ceperant, quod cruces & imagines ultra dejecturi, vel profanaturi non eſſent, quod non poſſent in urbibus cœtus colligere. Edictum ad Curiam Senatus allatum eſt ut in acta referretur, quod non ſine difficultate, nec niſi poſt tertiam juſſionem factum eſt.

Iſtud Edictum Triumviris admodum diſplicuit, qui etiam ab aula regia tunc abeſſent, nihil tamen non egerunt ut ne executioni mandaretur. Dux Guiſius & Cardinalis frater Tabernam ſe contulere, quo venit etiam rogatus Chriſtophorus Dux Virtembergius, qui ſecum peritos duos Miniſtros adduxit, Confeſſionis Auguſtanæ ſequaces. De Religionis negotiis per triduum hic actum fuit. Cardinalis vero Lotharingus, quid pro Confeſſione Auguſtana accipienda, & Calviniana reſpuenda Poſſiaci feciſſet magnifice extulit, quæ Calviniana Confeſſio, non multo minus odioſa Germaniæ Proteſtantibus erat, quam Catholicis. Ducem ambo rogarunt, pio ſtudio ſuo ferrent opem. Duo Miniſtri pro illis ſteterunt, & Virtembergius laudatos ambos fratres in ſpe reliquit,

Les mêmes.

1562. freres dans l'esperance, ou qu'il leur donneroit du secours, ou du moins qu'il n'en donneroit point au parti opposé.

Massacre de Vassi.
A son retour de Saverne le Duc de Guise passa par Vassi, lieu devenu fameux par le tumulte qui y arriva, appellé par les Huguenots, *le Massacre de Vassi*, qui fut comme le signal de la guerre civile. Le fait est rapporté fort differemment par les Auteurs. Voici comme les plus moderez en parlent. Les Huguenots tenoient leurs assemblées à Vassi, petite Ville de la principauté de Joinville, qui appartenoit au Duc de Guise. Les Catholiques du voisinage souffroient cela avec impatience, sur tout Antoinette de Bourbon, mere du Duc, très bonne Catholique, qui le pria d'écarter cette troupe, & d'empêcher ces assemblées. Il y alla dans l'esperance de leur faire quitter la place par son autorité seule, & sans dessein de faire aucune violence. Quand il fut arrivé auprès du lieu de l'assemblée, il entendit une cloche, & demanda ce que c'étoit. Quelqu'un répondit que c'étoit la cloche qui appelloit les Huguenots au Prêche. A cette parole les Valets & les Goujats se mirent à crier; un bruit confus s'éleva. Une partie de ces Goujats courut au Temple, & se mit à dire des injures aux Huguenots assemblez. Ceux-ci leur repliquerent sur le même ton. Ces Valets vinrent aux coups de pierre, & les Gens-d'armes mirent pied à terre, enfoncerent les portes, & commencerent à frapper & à tuer. Le Duc de Guise y accourut pour appaiser le tumulte & empêcher la tuerie. En arrivant il reçût un coup sur la joüe assez leger, mais qui le mit tout en sang. A ce spectacle ses gens en furie donnerent sur ces Religionnaires. Les Huguenots, malgré tous les efforts que le Duc de Guise fit pour les retenir, s'enfuirent pour sauver leur vie. Plusieurs monterent sur le toit; il y eut là soixante personnes tuées & deux cens blessées.

PL. XVII.
Les Huguenots firent sonner bien haut ce massacre. Ils le firent representer en estampe pour le répandre de tous côtez, exagerant de beaucoup les meurtres qui y furent faits. Ils representent ici le Duc de Guise portant un coup d'épée à une femme, qui lui demandoit la vie les mains jointes: cependant il est certain qu'il n'y vint que pour appaiser le tumulte; & qu'ayant été blessé au visage, cette blessure fut la principale cause du massacre, qui ne monta qu'au nombre d'environ soixante personnes de douze cens qu'ils étoient, dont deux cens furent blessez. On voit ici une partie des Reformez qui abbattent un toit de la grange pour se sauver par là. Les Huguenots se plaignoient aussi que les

La Popeliniere. Thuanus.
se vel opem ipsi laturum, vel saltem adversariis eorum non laturum.

Cum rediret Taberna Guisius, Vassiaco transivit, qui locus deinceps famosus fuit ex tumultu ibidem suborto, quem Hugonoti Vassiacam carnificinam vocavêre, quæ belli civilis quasi signum fuit. Res a variis varie narratur. Sic autem illam referunt, qui moderatiores esse videntur. Reformati cœtus habere solebant Vassiaci, quod est oppidulum in Principatu Joanvillæ; id ægerrime ferebant Catholici vicini; maximeque Antonia Borbonia Ducis Guisii mater, Catholicæ Religioni addicta, quæ filium rogavit, ut turbam hujusmodi abigeret, cœtusque cohiberet. Eo ille se contulit sperans se auctoritate sola posse illos alio amandare, nulla vi adhibita. Ubi prope locum accessit campanam audivit, & quid id significaret, petiit. Respondit aliquis campanam esse quæ Hugonotos ad cœtum vocaret. His auditis famuli ejus & calones exclamant. Tumultus exoritur; calonum pars ad templum currit, & Hugonotos maledictis & conviciis incessit, hi convicia retorquent: calones & famuli lapidibus illos impetunt. Cataphracti ex equis desilientes fores perfringunt, alios cædunt, alios mactant. Ut tumultum sedet, Guisius accurrit, advenienstque in gena percutitur; unde sanguis manat. Hoc conspecto famuli militesque Hugonotos invadunt, nequidquam obsistente & suos continere curante Duce. Hugonoti aufugere; aliqui in tectum conscenderunt; sexaginta cæsi & ducenti saucii fuere.

Hugonoti hanc cædem ubique pervulgarunt: atque stragem in tabula incidi curaverunt: stragem longe majorem quam revera fuerat, publicantes. Hic Guisiæ Ducem exhibent, stricto gladio, mulierem quamdam impetentem, quæ junctis manibus vitam sibi concedi precatur. At certum est Guisium sedandi tumultus causa illò se contulisse: & cum in facie vulnus accepisset, hanc majoris cædis causam fuisse. In hac porro cæde non plusquam sexaginta peremti sunt, ex mille ducentis qui convenerant, quorum etiam ducenti vulnerati fuere. Hic ex Reformatis quidam casæ tectum dirumpunt, ut hinc exitus habeatur. Querebantur etiam Reformati Guisianos arcam

MASSACRE DE VASSI FAIT

VASSI FAIT LE 1. MARS 1562.

T. V. R.

gens du Duc de Guise avoient enlevé le tronc pour les pauvres ; qu'ils avoient battu & blessé le Ministre qui prêchoit. Le Cardinal de Lorraine est representé ici appuié sur le mur du cimetiere de la Paroisse, regardant la tuerie.

La nouvelle de ce massacre qu'on fit incomparablement plus grand qu'il n'étoit, vola par tout le Royaume. Les Huguenots en fremissoient de colere. Ce fut alors qu'ils prirent les armes, nous en verrons bien-tôt les tristes suites. Le Duc de Guise alla à Rheims, & emmenant avec lui le Cardinal son frere, il se rendit à Nanteüil, où ses amis vinrent le voir en grand nombre. Le Roi & sa mere étoient alors à Monceaux avec le Prince de Condé qui exageroit fort le massacre de Vassi, & tâchoit de persuader à la Reine d'empêcher le Duc de Guise de venir à Paris, à moins que de cela, disoit-il, la Ville va être remplie de sang & de carnage. Elle étoit fort embarassée, se voiant entre deux puissans partis, elle craignoit que celui qui prendroit le dessus ne se saisît du Gouvernement du Royaume : elle sembloit prêter l'oreille au Prince de Condé ; mais dans la disposition de se tourner de l'autre côté quand ses interêts le demanderoient, ou lorsqu'elle y seroit contrainte par la force. Elle écrivit au Roi de Navarre, le priant de prendre garde que l'autorité Roiale ne souffrît quelque chose dans cette conjoncture, défendit aux Guises de venir à Paris, & manda au Duc de Guise de venir à la Cour, mais en petite compagnie. Le Duc lui répondit que ses affaires ne lui permettoient point d'y venir encore. Elle voulut aussi envoyer le Maréchal de S. André en son Gouvernement de Lionnois. Il répondit hardiment qu'en l'état present des choses il ne pouvoit quitter le Roi. Elle fut ainsi obligée de ceder au tems, ne se trouvant pas en état de se faire obéïr.

1562.

Embarras de la Reine Catherine.

Le Roi de Navarre se rendit à Monceaux, & au même tems Beze & quelques autres Ministres y vinrent se plaindre à la Reine du massacre de Vassi, & lui demander justice. La Reine leur parla fort humainement : mais le Roi de Navarre les maltraita, & leur dit que c'étoient eux-mêmes qui avoient commencé la querelle en jettant des pierres aux gens du Duc de Guise, qui n'étoit pas homme à souffrir de pareilles insolences.

Cependant malgré les ordres de la Reine, le Duc de Guise accompagné du Connétable, du Duc d'Aumale, du Maréchal de S. André, & de plusieurs autres de ses amis, entra dans Paris par la porte S. Denis, & y fut reçû aux accla-

---

cogendæ inopibus stipi positam abstulisse, Ministrum concionantem vulneribus affecisse. Cardinalis Lotharingus parieti Cœmeterii Parrochialis innixus stragem illam spectans visitur.

Hujus cædis fama per regnum totum circumvolitante, quæ longe major quam revera esset, publicabatur; infremuere Hugonoti ubique & vindictam spirantes ad arma omnes accurrerunt : rei exitum paulo post videbimus. Dux Guisius Rhemos venit, & cum Cardinali fratre Nantolium se contulit, ubi magnam amicorum frequentiam excepit. Rex & Catharina mater Moncelli erant cum Principe Condæo, qui Vassiacam cædem majorem quam revera esset decantabat, ac Reginæ matri auctor erat, ut Guisium ab accessu Lutetiam cohiberet; alioquin, dicebat ille, u... cædibus, sanguineque replebitur. Illa vero quid c...silii caperet nesciebat. Inter duas potentissimas factiones erat, timebatque ne ea quæ superior foret, Regni gubernacula invaderet. Ad Condæum inclinare videbatur; sed ita affecta, ut ad alteram partem se convertere parata esset, si sua interesse putaret, vel

si vi adigeretur. Regi Navarræ scripsit, rogavitque illum caveret ne quid hac in re auctoritati Regiæ noceret. Guisiis vetuit ne Lutetiam venirent, & Duci Guisio mandavit ut in aulam cum paucis comitibus veniret. Respondit ille, id tunc non sibi licere ob præsentia negotia. Marescallum etiam Santandreanum jussit Lugdunum in Præfecturam suam se conferre. Ille vero audacter respondit, non posse se Regem deserere. Cedere ergo tempori oportuit, cum pro voto non posset repugnantes ad officium reducere.

Rex Navarræ Moncellum venit, eodemque tempore Beza & Ministri alii conquestum accessere de Vassiaca cæde, & petitum ut rei ultio fieret. Regina ipsis perhumaniter loquuta est. At Rex Navarræ male ipsos excepit, dixitque illos ipsos tumultum cœpisse, Guisii famulos lapidibus impetendo, qui non is erat qui tantam petulantiam ferre posset.

Interea nequidquam vetante Regina matre Dux Guisius, Constabularius, Dux Albæmalæ & Santandreanus, cum numeroso alio amicorum comitatu Lutetiam intravere per Sancti Dionysii portam, ex-

Les mêmes.

Les mêmes.

mations du Peuple, qui le regardoit comme le foutien de la Foi Catholique; en effet, elle auroit fort periclité fans lui. La Reine Mere voioit tout cela fort à contre-cœur. Cette autorité fouveraine qu'elle fouhaitoit tant, s'affoibliſſoit tous les jours. On méprifoit fes ordres, parce qu'on s'appercevoit qu'elle facrifioit à fon propre interêt celui de la Religion. Elle écrivoit au Prince de Condé, & le prioit frequemment de s'oppofer aux deſſeins des Guifes, mais le tout fort fecretement, de peur que fi l'on découvroit fes démarches, le parti Catholique de beaucoup plus puiſſant que l'autre, ne la dépofât du Gouvernement.

Le Roi de Navarre qui étoit toujours à la Cour, de concert avec les Guifes, obligea Catherine de fe rendre avec le Roi à Melun, où le Prevôt des Marchands, accompagné d'un des Echevins, vint lui repréfenter que le Prince de Condé étant en armes dans Paris, & s'y fortifiant tous les jours, il étoit neceſſaire que le Roi s'y trouvât auſſi, & que l'on rendît aux Parifiens leurs armes que le Maréchal de Montmorenci leur avoit ôtées. Par le conſeil du Chancelier de l'Hôpital, elle accorda le fecond point, & prit du tems pour déliberer fur le premier. Elle s'en alla enfuite avec le Roi à Fontainebleau. Elle balança quelque tems fur le parti qu'elle avoit à prendre, ou d'aller à Orleans, où le Prince de Condé lui avoit mandé qu'il devoit fe rendre, ou de venir à Paris où le Roi & elle feroient entre les mains des Confederez Catholiques: ceux-ci foutenus du Roi de Navarre ôterent le Gouvernement de Paris au Maréchal de Montmorenci qui favorifoit les Huguenots, & le donnerent au Cardinal de Bourbon; cela fut fait par le conſeil du Connétable, qui facrifia ainfi fon propre fils aux interêts de la Religion.

Les Parifiens étant en armes, & toujours en difpofition de donner fur les Huguenots qu'ils haïſſoient à mort, le Prince de Condé vit bien que la place n'étoit plus tenable pour lui & les fiens. Pour fortir de la Ville avec quelque efpece d'honneur, il propofa à fon frere le Cardinal cette condition, qu'il fortiroit de Paris avec fes gens, pourvû que le Duc de Guife en fortît au même tems. La condition fut acceptée. Le Prince s'en alla auprès de Meaux, & le Duc de Guife avec une groſſe troupe de gens armez, fe rendit à Fontainebleau où étoit le Roi. En même tems les Confederez firent entrer dans Paris quinze cens hommes d'armes.

Les mêmes.

ceptufque fuit Guifius acclamante populo, qui ipfum ut Ecclefiæ columen habebat: & vere illa ejus ope deftituta periclitata fuiſſet. Catharina vero hæc omnia ægre videbat. Auctoritas illa fuprema, quam tantopere ambiebat illa, quotidie inclinabat. Juſſa ejus defpiciebantur, quia obfervabant multi, ipfam rei dignitatique fuæ Religionem omnino poftponere. Principi autem Condæo fcribebat, rogans Guifiorum machinis obfifteret; fed fecreto omnia, ne Catholica factio longe potentior altera, fi id deprehenderet, ipfam a rerum adminiftratione deftitueret.

Rex Navarræ, qui femper in aula regia verfabatur, Guifiis annuens Catharinam, ut cum Rege Melodunum veniret induxit. Ibi Præpofitus Mercatorum cum uno Ædilium ipfi repræfentavit, cum Princeps Condæus armatus Lutetiæ degeret, & quotidie armorum potentia crefceret, e re fore ut Rex ipfe Lutetiam veniret, ac Parifinis fua arma redderentur, quæ ipfis abftulerat Montmorencius Marefcallus. Ex Hofpitali confilio Catharina, poftulatum fecundum conceſſit, & de primo deliberaturam fe dixit, poſteaque cum Rege ad Fontembellaqueum fe contulit, ubi hæfit aliquamdiu Aurelianum-ne iret quo fe venturum dixerat Condæus, an Lutetiam ubi in manus Catholicorum fœderatorum incidebat, qui Rege Navarræ fulti, Præfecturam Lutetiæ amoto Montmorencio Marefcallo, qui Hugonotis favebat, Cardinali Borbonio dederunt. Id ex Conftabularii confilio factum, qui filii honorem Religioni pofthabuit.

Parifini armati cum eſſent, femper parati erant ad Hugonotos invadendos, quos fumme oderant. Princeps Condæus vidit fe fuofque jam in urbe tuto manere non poſſe. Ut vero cum quadam honoris fpecie ex urbe egrederetur, hanc conditionem fratri fuo Cardinali Borbonio obtulit, fe nempe ex urbe egreſſurum eſſe, fi eodem ipfo tempore Dux Guifius egrederetur, accepta a Guifio conditio fuit. Condæus prope Meldas ivit, Guifius vero cum pugnatorum manu valida in Fontembellaqueum venit, ubi Rex tunc erat, eodemque tempore Principes fœderati mille quingentos cataphractos Lutetiam immifere.

Catherine

CHARLES IX.

Catherine effraiée de la grande puissance du Duc de Guise, pour la contrebalancer, manda secretement au Prince de Condé de s'avancer avec ses gens vers Paris. Il vint au pont de S. Clou. Les Parisiens se mirent d'abord sous les armes, & les Confederez presserent la Reine de venir avec son fils à Paris. Elle se trouva prise dans ses finesses. Le Roi de Navarre lui dit résolument qu'il vouloit mener le Roi à Paris, lui laissant la liberté d'aller où elle voudroit: & comme on étoit informé de ses intelligences avec le Prince de Condé, on redoubla les Gardes de peur qu'elle ne s'échappât avec son fils. On la fit partir pour Melun avec le jeune Roi Charles, qui instruit par sa mere, pleuroit comme s'il eût été mené en captivité. La Cour vint donc à Melun, de là au Château de Vincennes, & ensuite à Paris, où le Connétable alla lui-même à un Temple de Huguenots hors la porte S. Jacques. Il fit brûler la chaire du Ministre, & tous les sieges, & fit la même execution sur un autre Temple qu'ils avoient à Popincourt: ce qui plût extrêmement aux Parisiens.

1562.

Menées de Catherine.

Le Prince de Condé se voiant frustré de toutes ses esperances, prit le chemin d'Orleans, où il avoit des intelligences, à dessein de se rendre maître de la Ville. D'Andelot qui avoit pris les devans, se saisit d'une porte, & envoia dire au Prince de venir le plus diligemment qu'il pourroit. Cependant Montereu Gouverneur de la Ville, fit quelques efforts pour le chasser. Mais il fut repoussé par d'Andelot, & le Prince de Condé étant arrivé avec quinze cens chevaux, Montereu demanda & obtint permission de se retirer. Orleans fut depuis la place d'Armes du Parti. Le Prince écrivit à toutes les Eglises des Religionnaires de France, & leur demanda secours d'hommes & d'argent pour les défendre contre les Triumvirs, & délivrer le Roi & la Reine Mere de la captivité, disoit-il, où ils les tenoient.

D'Andelot se saisit d'Orleans.

Il écrivit ensuite aux Princes Protestans d'Allemagne pour leur rendre compte de tout ce qui s'étoit passé, & leur demander secours contre les Triumvirs, qui s'étoient saisis du Roi & de la Reine Mere; ce qu'il faisoit sonner bien haut; & qui vouloient ruiner les Protestans non seulement en France, mais aussi dans les autres Païs. Il les avertissoit qu'il y avoit une ligue faite & concluë entre le Pape, le Roi d'Espagne, les Guises, le Duc de Ferrare, & les cinq Cantons Catholiques pour exterminer les Protestans. Ce qu'il disoit n'avoit

---

Catharina ob nimiam Guisii Ducis potentiam extenuita, ut ipsam reprimeret, Condæo clam mandavit, ut cum suis Lutetiam versus moveret. Ad pontem ille Sancti Chlodoaldi venit. Parisini statim arma sumsere, & fœderati institerunt apud Reginam, ut quamprimum cum Rege filio Lutetiam peteret. Sic artificio illa suo capta est. Rex Navarræ palam dixit ei, se Regem velle Lutetiam adducere; ipsa vero quò vellet iret; & quia illam cum Condæo commercia habere non ignorabatur, duplex armatorum custodia adhibetur, ne furtim illa cum filio Rege evaderet. Coacta itaque fuit Melodunum proficisci cum Carolo Rege, qui instigante matre flebat, ac si captivus abductus fuisset. Aula itaque regia Melodunum venit, indeque Vincennas, demum Lutetiam. Ibi Constabularius ipse in Templum Reformatorum, quod extra portam Jacobæam erat, ingressus, Ministri cathedram & sedes omnes comburi jussit; idipsumque fecit in altero eorum templo, quod Popincurtii erat, id quod Parisinis summe placuit.

Princeps Condæus omni spe frustratus, Aurelianum se contulit, ut istam urbem, ubi multos secum consentientes habebat, occuparet. Andelotus qui ipsum præcesserat, portam urbis cepit, & Condæum ut quamprimum accederet, monuit. Monteruidius vero urbis Præfectus, ut Andelotum pelleret, ipsum est adortus, sed irrito conatu. Cum advenisset porro Condæus cum mille quingentis equitibus, Monteruidius, petita ab eo licentia discessit; exindeque Aurelianum præcipua Hugonotorum arx fuit. Scripsit Princeps omnibus Reformatorum Ecclesiis, & copias novas & pecunias petens, ut contra Triumviros causam ipsorum defenderet, & Reginam filiumque a captivitate beraret.

Scripsit etiam Protestantibus Germaniæ Principibus, ut quæ gesta fuerant omnia ipsis recenseret, & contra Triumviros opem postularet, qui Regem & Reginam matrem, inquiebat, captivos tenebant, de qua re multum ille querebatur; quique Protestantes abolere non in Francia solum, sed etiam in aliis regionibus volebant. Monebat quoque, societatem belli factam esse Papam inter & Regem Hispaniæ, Guisios, Ferrariensem Ducem, ac quinque Catholicos Helvetiorum pagos, ut Protestantes exterminarentur; id

La Popelinière. Thuanus.

Tome V.   P

pas même l'apparence de verité; cependant cela fit un grand effet dans l'Allemagne & dans le Nort.

Au même tems que le Prince de Condé publia ces Lettres, le Roi & la Reine Mere firent un Edit à Paris où ils déclaroient que le bruit répandu par le Prince de Condé, de la captivité du Roi & de sa Mere, étoit une pure calomnie; qu'ils étoient venus de leur bon gré à Paris & sans contrainte, pour tâcher d'appaiser le trouble. Trois jours après, de l'avis de tous les Princes & Seigneurs de la Cour, on fit un autre Edit, où l'on renouvella celui du mois de Janvier dernier; & oubliant tout le passé, on donnoit aux Huguenots le libre exercice de leur Religion, avec permission aux Ministres de prêcher dans leurs Temples, hors à Paris, à ses fauxbourgs, & à toute la banlieüe où cela étoit défendu.

Emotion populaire à Sens. Il y eut en ce tems-ci une émotion populaire à Sens, sur le bruit qui se répandit que les Huguenots vouloient se saisir des Eglises & les piller. La populace en fureur se jetta sur eux, en tua quantité, & en jetta plusieurs dans la riviere. Le nombre des morts monta à une centaine, plusieurs maisons furent pillées, le Temple qui étoit hors de la Ville fut abbattu & ruiné rez pié rez terre. Le Prince de Condé s'en plaignit à la Reine. Mais comme les Huguenots avoient fait vers le même tems bien d'autres ravages dans le Roiaume, ces plaintes n'étoient plus de saison.

Les Reformez font de grands désordres dans plusieurs Villes du Roiaume. Ces Religionnaires de leur côté se saisirent de plusieurs Villes, & y commirent des violences, qui les rendirent encore plus odieux aux Catholiques. Ils leur rendirent aussi la pareille avec usure en bien des occasions. Ces nouveaux Sectaires s'étoient si fort multipliez dans Rouen, que se sentant assez forts pour se rendre maîtres de la Ville, ils prirent les armes & se saisirent des portes sans presque aucun tumulte. Le Duc de Boüillon Gouverneur de Normandie, leur ordonna de mettre armes bas: ils refuserent de le faire disant, que les violences qu'on exerçoit contre eux en plusieurs endroits, les obligeoient de se précautionner. Après quoi ils se tournerent contre les Catholiques, en tuerent quelques-uns, en mirent d'autres en prison, entrerent dans les Eglises, renverserent les Autels, briserent les Images, & empêcherent l'exercice de la Religion Catholique, jusqu'à ce que la Ville fut reprise: ils firent une revüë de ce qu'ils avoient de gens armez dans la Ville, & il s'en trouva jusqu'à quatre mille. Le Parlement abandonna alors Rouen.

---

quod ne umbram quidem veritatis præ se ferebat, tamenque id in Germania & in Septentrionalibus regionibus multos commovit.

Les mêmes. Cum hæc scriberet Condæus, Rex & Regina mater Edictum Lutetiæ publicarunt, in quo declarabant rumorem a Condæo sparsum de captivitate Regis & Reginæ matris meram esse calumniam, seque sua sponte non coactos Lutetiam venisse, ut tumultus sedarent. Post triduum de consilio Principum & primorum aulæ regiæ aliud Edictum publicatum fuit, quo renovabatur Januarii præcedentis Edictum, & præteritis in oblivionem missis, Hugonotis liberum religionis suæ exercitium concedebatur, licentiaque Ministris dabatur concionandi in templis suis, excepta Lutetia, suburbiis ejus, ac vicinia.

Les mêmes. Agendici Senonum motus popularis fuit, quod rumor sparsus esset Hugonotos Ecclesias invadere velle, ipsasque diripere. Plebs furore concitata in illos irrupit, multos occidit, alios in fluvium conjecit. Cæsorum numerus ad centum circiter pervenit, ædes multæ direptæ fuerunt. Templum quod extra urbem erat, solo æquatum fuit. Princeps Condæus apud Reginam matrem ea de re conquestus est; sed cum eodem tempore Hugonoti multas alias strages, direptionesque per regnum fecissent, hujusmodi querimoniæ locum habere non poterant.

Reformatores namque illi multas per regnum urbes invaserunt; & cum tanta immanitate, violentiaque se gesserunt, ut Catholicorum summum in se odium concitarent: ipsique Romani Catholici sæpe par pari retulerunt. Hugonoti usque adeo Rothomagi multiplicati erant, ut cum se posse urbem occupare putarent, arma sumerent, portasque urbis fere sine tumultu caperent. Bullionius Dux, Normanniæ Præfectus jussit arma ponere: negaverunt illi dicentes, tot mala multis in locis inferri suæ religionis cultoribus, ut sibi cavendum esse putarent; posteaque in Catholicos impetum fecere, & quosdam occiderunt, alios in carcerem conjecerunt. In Ecclesias ingressi sunt, aras diruerunt, imagines discerpsere, & Catholicæ religionis exercitium cohibuere, donec capta urbs fuit. Recensionem fecerunt armatorum qui in urbe essent, & ad quater mille reperti sunt. Tunc Curia Senatus Rothomago abscessit.

CHARLES IX.

Ils s'emparerent vers le même tems d'un grand nombre de Villes en differentes Provinces du Roiaume, pillerent les Eglises, & les ruinerent pour la plupart, démolirent les Autels, briserent les Images, massacrerent les Prêtres & les Moines, abolirent en plusieurs lieux l'exercice de la Religion Catholique. On voit dans le Roiaume bien des restes de cette fureur qu'ils exerçoient contre les plus belles Eglises, dont les mazures se voïent encore aujourd'hui. C'est ce que les Mahometans n'ont point fait quand ils prirent Constantinople. On ne finiroit jamais si l'on vouloit raconter en détail les prises, surprises, reprises des Villes, les massacres, incendies & autres malheurs que cette guerre de Religion apporta dans tout le Roiaume.

Les Huguenots se saisirent sans peine de Dieppe, & de plusieurs autres places de la Normandie & du payis de Caux. Dans la basse Normandie ils occuperent Caen, Bayeux, Falaize, Vire, S. Lo, Carentan, & d'autres Villes. Jacques de Matignon qui commandoit dans le payis sous le Duc de Boüillon, sauva Granville & Cherbourg, où il mit des Gouverneurs & des troupes, & fit bien garder les portes & les avenuës. Les Religionnaires surprirent aussi le Mans, & chasserent l'Evêque. La Reine Mere envoia ordre aux Protestans de plusieurs de ces Villes qu'ils avoient occupées, de mettre bas les armes. Mais ils s'excuserent tous, disans que ce qu'ils avoient fait n'étoit que pour s'opposer à la tyrannie des Triumvirs, & mettre en liberté le Roi, la Reine Mere, & tout le Roiaume.

Ainsi commença cette guerre civile; les troupes de part & d'autre alloient se mettre en campagne. La Reine Mere sollicitée par le Chancelier de l'Hopital, faisoit son possible pour empêcher qu'on n'allât plus avant; elle écrivit au Prince de Condé pour moïenner une entrevûë entre lui & le Roi de Navarre son frere. Le Prince tergiversa d'abord; mais il répondit enfin, & proposa ces conditions à la Reine Mere; qu'on feroit executer l'Edit de Janvier, donné en faveur des Religionnaires; que les Guises, le Connétable & le Maréchal de S. André, s'en iroient à leurs Gouvernemens, & se retireroient de la Cour pour n'y plus revenir, jusqu'à ce que le Roi seroit en âge de gouverner par lui-même; que moiennant cela, lui & tous ceux de son parti mettroient armes bas, & qu'il se retireroit ou dans quelqu'une de ses Terres, ou dans son Gouvernement, &

Commencement de la guerre civile.

Negociation pour empêcher la guerre.

Item circiter tempus multas per regnum alias urbes oppidaque invaserunt, Ecclesias multas destruxerunt, aras evertere, imagines contrivère, aut discerpsère, Presbyteros Monachosque interfecerunt, plurimis in locis religionis Catholicæ exercitium abrogaverunt. Adhuc per regnum visuntur furoris ipsorum reliquiæ, quem in elegantiores Ecclesias exercuerunt, quarum hodieque fracti parietes visuntur, id quod etiam Mahummedani Constantinopoli non fecerunt. Nullus foret finis, si omnia recenserentur, si captæ, receptæ urbes, si cædes & strages, si incendia, cæteraque infortunia quæ bellum istuc in regnum intulit.

Dieppam quoque Hugonoti facile occupavère, necnon alia multa oppida in Normannia & in Caletensi tractu. In Normannia inferiore Cadomum, Baiocasses, Falesiam, Viriam, Sanctum Laudum, Carentanum, aliaque oppida. Matignonus, qui sub Bullionio Duce istis in partibus imperabat, Granvillam & Chereburgum servavit, ubi Præfectos & armatos viros constituit, qui portas & aditus custodirent. Cenomanorum quoque urbs a novæ religionis sectatoribus capta fuit, expulso Episcopo. Regina mater Protestantibus qui isthæc oppida occupaverant mandata misit ut arma ponerent. At illi sese excusavère dicentes, se nihil egisse, nisi ut a Triumvirûm tyrannide & Regem & Reginam & regnum eriperent.

Sic bellum civile cœpit; jam copiæ utriusque partis in campum exituræ erant. Catharina, instigante Cancellario, nihil non agebat, ut duces utriunque contineret, ne sic internecinum bellum exoriretur. Scripsit autem ad Condæum, ut ipsum cum Rege Navarræ fratre ad consilia & colloquia miscenda provocaret. Princeps statim tergiversatus, tandem Reginæ matri has conditiones obtulit; ut Edictum mense Januario in Reformatorum gratiam datum confirmaretur & exequutioni mandaretur, ut Guisii, Constabularius & Santandreanus in Præfecturas suas migrarent, aulamque regiam desererent, non ultra reversuri donec Rex per ætatem posset regni gubernacula tenere; ut his concessis ipse Condæus, & quotquot suæ factionis erant arma ponerent; ipse quoque Condæus vel in aliquam terrarum suarum, vel in Præfecturam suam receptum habiturus esset, filiumque suum Con-

La Populiniere.
Thuanus.

Tome V. P ij

donneroit son fils le Prince de Conti pour otage. Le Roi, la Reine Mere & le Roi de Navarre, envoierent une réponse au Prince, signée des trois, dont le contenu étoit : Que le Roi vouloit & ordonnoit que l'Edit de Janvier en faveur des Religionnaires seroit executé, & qu'il ordonneroit aux Magistrats de punir les infracteurs ; que quoiqu'il ne pût pas commander au Duc de Guise, au Connétable & au Maréchal de S. André de se retirer de la Cour, aiant besoin de leur conseil dans sa tendre jeunesse : ils s'offroient pourtant d'eux-mêmes de s'absenter, pourvû que les gens de guerre qui étoient dans Orleans & dans d'autres lieux du Roiaume, se retirassent chacun chez soi, & missent bas les armes ; ensorte que tout le commandement de l'armée demeurât au Roi de Navarre : ils disoient que parmi les Officiers du Roi on n'en souffriroit point qui ne fît profession de la Foi Catholique ; qu'ils ne demandoient point au reste que le Prince de Condé se retirât de la Cour : mais qu'au contraire ils le prioient instamment d'y venir & de s'y tenir auprès du Roi de Navarre son frere.

Le Prince de Condé voiant par cette réponse qu'il falloit qu'il commençât lui-même, & ceux de son parti de mettre bas les armes, & d'abandonner les places du Roiaume, n'osa pas s'y fier. Peut-être même n'avoit-il proposé cet accommodement, dont l'execution étoit presqu'impossible, que pour se laver du reproche d'avoir suscité cette guerre meurtriere dans le Roiaume, & le rejetter sur ses adversaires. Les Triumvirs, soit de peur de quelque tumulte, soit pour complaire aux Parisiens, persuaderent au Roi de Navarre de faire sortir de Paris tous les Religionnaires. L'Edit en fut donné vers la fin de Mai, avec défense sous peine de mort, de leur faire aucune insulte. Il y avoit autour de Paris une grosse armée de Catholiques. Le Roi de Navarre & les Triumvirs en détacherent quatre mille hommes de pied & trois mille chevaux, & le Prince de Condé se mit aussi en campagne avec six mille hommes de pied & deux mille chevaux.

Malgré la difficulté de faire paix ou treve entre des Chefs de parti aussi éloignez dans leurs prétentions que l'étoient les Triumvirs des Chefs des Huguenots, la Reine Catherine voulut encore faire une tentative, & demanda une entrevûë avec le Prince de Condé. Le lieu indiqué fut Thouri en Beausse. Les propositions que le Prince fit étant les mêmes que ci-devant, on ne pût rien conclure. Le Roi de Navarre traita rudement son frere, ils se piquerent vive-

---

tium Principem obsidem daret. Rex, Regina mater & Rex Navarræ responsum Condæo miserunt suis signatum nominibus, cujus hæc capita erant : Rex mandabat ut Edictum Januarii mensis firmum maneret, utque Magistratus hujus exsequutioni advigilarent ; dicebatur, quod etiamsi Rex non posset Guisio, Constabulario, Santandreano præcipere ut ab aula regia discederent, cum adeo juvenis illorum consiliis opus haberet, ipsi tamen sua sponte aliò se recipere parati erant, dum armati viri qui Aureliani erant, aliique per regnum ad sua se reciperent & arma ponerent ; ita ut exercituum & armorum imperium totum penes Regem Navarræ maneret ; & inter Regis Administros & Officiales nonnisi Catholici admitterentur, nec postulare se dicebant illi ; ut Condæus Princeps ab aula regia discederet ; imo vero rogare illum ad illam se conferret, & prope Regem Navarræ fratrem maneret.

Les mêmes. Princeps Condæus, ut ex responso dato vidit, sibi primo & aliis suæ factionis arma esse ponenda, & regni oppida evacuanda, dictis fidere ausus non est ;

imo vero fortasse sic res componendas proposuerat, ut vix possent omnia conciliari, quo se purgaret ab imperio sibi inferendo, quod nempe tam cruentum bellum in regno concitasset, ipsumque in hostes suos conjiceret. Triumviri sive tumultum metuentes, sive ut Parisinis placerent, Regi Navarræ auctores fuerunt ; ut Reformatos omnes Lutetia excedere juberet. Edictum ea de re datum fuit vertente Maio ; prohibitumque erat sub capitis pœna ne quis ipsis insultaret. Circum Lutetiam grandis Catholicorum exercitus erat. Rex Navarræ & Triumviri, inde sejunxere 4000. pedites, equitesque 3000. qui in campum exirent : etiamque Condæus aciem eduxit sex millium peditum, duorumque millium equitum.

Etsi ingens erat difficultas, factiones tam disparata proponentes & optantes ad pacem vel inducias flectere ; rem adhuc tentare voluit Catharina, & cum Principe Condæo colloquium postulavit. Locus ad congressum indictus fuit Thurium in Belsia. Cum vero Condæus eadem quæ antea proponeret, nihil peractum fuit. Navarræus fratrem acriter excepit, alter non

ment de paroles, & se séparerent fort mécontens l'un de l'autre. Pour la sureté du Congrés, on amena un nombre égal de gens armez de part & d'autre, & les deux troupes séparées eurent ordre de se tenir à huit cens pas l'une de l'autre, de peur qu'il ne survînt quelque querelle. Mais à peine eurent-ils demeuré demi-heure en place, qu'ils obtinrent, quoiqu'avec peine, permission de leurs Chefs de s'approcher, & bien loin de se quereller, ils se donnerent mille marques d'amitié, & s'entrembrasserent. Plusieurs trouverent dans l'autre parti leurs freres, leurs parens & leurs amis : on en vit qui pleuroient partie de joie, partie de déplaisir, de ce qu'au premier jour ils iroient se battre contre leurs parens leurs plus proches, & leurs compatriotes.

1562.

Le Prince de Condé s'en étant retourné à Orleans, on ne laissa pas de continuer les négociations. Les Triumvirs convinrent avec la Reine qu'ils s'absenteroient de la Cour, & se retireroient chez eux, à condition que le Prince de Condé & tous les siens mettroient armes bas, & vuideroient les Villes & les forteresses qu'ils avoient saisies ; que le Roi de Navarre choisiroit des troupes du Prince de Condé celles qu'il jugeroit à propos pour le service du Roi. Ces conditions furent presentées au Prince de Condé, qui y en ajouta plusieurs autres, & il n'y eut rien de fait. L'armée des Huguenots étoit nombreuse, & les Chefs furent d'avis de la faire marcher droit à Paris. Les ordres en furent donnez. Elle s'avança vers l'armée des Catholiques. On renouvella alors les négociations pour la paix. Le Prince de Condé y étant tout porté, il se fit une treve pour six jours. La Reine Mere se rendit au camp de l'armée Catholique; elle écrivit au Prince une lettre des plus gracieuses, où elle lui marquoit que s'il vouloit se donner lui-même pour otage entre les mains de la Reine & du Roi de Navarre, les Triumvirs se retireroient dès le moment de la Cour, qu'on mettroit bas les armes des deux côtez, & que chacun s'en retourneroit chez soi. Le Prince communiqua cette lettre aux principaux Chefs de son armée, qui accepterent la condition, & y donnerent leur consentement par un écrit signé de leurs mains. Après la foi donnée de part & d'autre, les Triumvirs partirent de la Cour. Talsi fut indiqué pour le lieu de la Conference.

Conference de Talsi.

Le Prince de Condé se rendit donc à Talsi, fut très-bien reçû de la Reine, & avec sa permission il y appella quelques-uns des Chefs de son armée. Il eut une conference avec Jean de Montluc Evêque de Valence, qui de concert avec la

---

minore cum vehementia respondit, sicque ambo exulceratis animis recesserunt. Ad congressus securitatem par pugnatorum utrinque numerus adductus fuit, & ut agmina 800. passibus separata manerent jussum fuerat, ut ne contentiones utrinque suborirentur; sed postquam per semihoram ita sejuncti manserant, vix impetravêre ut se mutuo inviserent, ac, nedum in rixas procederent, mutua amicitiæ signa dederunt, sesequè amplexati sunt. Plurimi in altera factione fratres, cognatos, amicos invenere. Vidisses ibi plurimos in lacrymas prorumpentes, partim ex gaudio, partim ex mœrore, se quamprimum contra cognatos, amicos & contribules pugnaturos esse cernentes.

nimis. Postquam Condæus Aurelianum reversus fuerat, a colloquiis non cessatum tamen fuit. Triumviri cum Regina matre pacti sunt, se ex aula regia discessuros & ad sua profecturos esse, dummodo Condæus & sui arma ponerent, & urbes, oppida & castra, quæ occupaverant desererent. Navarræus ex Condæi turmis eas deligeret ut Regi militarent, quas sibi visum fo-

ret. Hæ conditiones Principi Condæo oblatæ sunt, qui plurimas alias adjici voluit, & ita nihil peractum fuit. Hugonotorum exercitus numerosus erat, ducibusque ut versus Lutetiam moveret visum est, & prope Catholicum exercitum advenit. Tum de pace colloquia renovata fuere; cumque Princeps Condæus illam optare videretur, induciæ ad dies sex factæ fuere. Catharina in catholica castra venit, Condæo gratiosas admodum literas misit, queis significabat, si vellet ipse obsidem se tradere sibi & Navarræo, Triumviros statim ex aula regia discessuros esse, & utramque partem, positis armis, domum esse reversuram. Princeps Condæus exercitus sui ducibus & tribunis literas ostendit, qui conditionem illam admisere, ipsique subscripsere. Cum fides utrinque data esset, Triumviri ex aula regia discessere : Talsiacum ad congressum deputatum fuit.

Illò itaque Condæus se contulit, & a Regina comiter exceptus, illa permittente aliquot ex ducibus exercitus sui accersivit. Cum Joanne Monlucio Episcopo Valentino colloquutus est, qui consentiente

Les mêmes.

P iij

1562. Reine lui perſuada de s'offrir de ſortir du Roiaume avec ſes amis, pourvû que les Triumvirs fuſſent éloignez de la Cour, n'y ayant point, diſoit-il, de moien plus efficace pour donner la paix à la France. Le Prince donna dans le piege, & accepta la condition. Il en donna avis à l'Amiral de Coligni, & aux autres Chefs de ſon armée, qui ſur la crainte qu'il n'y eût là quelque ſupercherie, ſe rendirent à Talſi ; ce qui augmentoit leur ſoupçon étoit que les Triumvirs partis de la Cour s'étoient arrêtez à Châteaudun, qui n'eſt qu'à cinq lieuës de Talſi. Une lettre au Cardinal de Lorraine qu'ils avoient ſurpriſe, marquoit encore qu'il ſe tramoit quelque choſe contre eux. L'Amiral & les autres Chefs allerent rendre leurs honneurs à la Reine ; elle les reçût très-bien, mais elle ajouta des choſes à ce qu'elle avoit dit ci-devant, qui ne leur plûrent pas. Coligni & les autres Chefs dirent au Prince qu'il avoit paſſé des choſes qu'il ne pouvoit accorder ſans leur conſentement. Il prit alors congé de la Reine, & ſe retira avec ſes gens. Ils voulurent dans leur retraite ſurprendre quelques quartiers de l'armée des Catholiques, qui ne ſe doutoient de rien, & qui n'avoient point de Chef : mais ils n'y réuſſirent pas.

Priſe de Beaugenci.
Le Roi de Navarre rappella alors les Triumvirs, & l'armée des Catholiques fut miſe en bataille. Le Prince de Condé mena la ſienne à Beaugenci, qu'il avoit auparavant cedé à ſon frere le Roi de Navarre, & où le Duc de Guiſe avoit mis garniſon. Cette petite Ville fut priſe de force : les Huguenots commirent là toute ſorte d'inhumanitez, pillant les maiſons, & tuant tout ſans diſtinction, & ſans excepter même les Reformez leurs freres. Ils oublierent bien-tôt cette diſcipline militaire qu'ils avoient d'abord établie à Orleans, & dont ils faiſoient parade, en laiſſant le payiſan s'exercer à la culture des terres ſans empêchement, & le Marchand faire ſon négoce paiſiblement. Cela dura fort peu de tems, & ils porterent depuis la deſolation dans tout le Roiaume. L'armée des Catholiques prit Blois, qui fut auſſi pillé & ſaccagé, & tous les Reformez tuez.

Priſe de Tours par les Huguenots.
Les Huguenots avoient pris ci-devant la Ville de Tours, briſé les Images & les Statuës. La Rochefoucaut qui y vint enleva tous les treſors des Egliſes, & les porta à Orleans. Ils exerçoient par tout le Roiaume, quand ils avoient le deſſus, des violences encore plus grandes : enforte que cela leur attira l'indignation de

---

Catharina ſuaſit ipſi, ut ex regno ſe cum amicis egreſſurum eſſe declararet, dummodo Triumviri ab aula regia amandarentur, quo pacto in Gallia tota, pax futura erat. Conditionem Condæus inconſulto admiſit. Rem Maris Præfecto, aliiſque exercitus ſui ducibus nunciavit, qui metuentes ne iſtic inſidiæ laterent, Talſiacum venerunt, timendi cauſa erat, quod Triumviri profecti, Caſtelloduni manerent, quæ urbs quinque tantum leucis Talſiaco diſtat. Suſpicionem etiam augebant interceptæ ad Lotharingum Cardinalem miſſæ literæ, quæ aliqua contra ſe molimina ſubindicabant. Maris Præfectus & alii Reginam matrem ſalutatum venerunt, quæ ipſos perhumaniter excepit, ſed iis quæ jam dixerat quædam addidit, quæ ipſis non placuere. Colinius & duces alii Condæo dixerunt, ipſum quibuſdam rebus aſſenſum dediſſe, quæ nonniſi ipſis conſentientibus admitti poterat. Tunc Condæus Catharinæ valedicens, cum ſuis receſſit. In receſſu aliquot agmina Catholici exercitus, quæ ſine duce erant, ex improviſo adoriri tentavêre ; ſed re infecta diſceſſerunt.

Rex Navarræ tunc Triumviros revocavit, & exercitus Catholicus ad pugnam inſtructus eſt. Princeps vero Condæus exercitum ſuum Balgenciacum duxit, quod oppidum ante Navarræo fratri conceſſerat, & in quo Guiſius præſidiarios poſuerat. Oppidum vi captum fuit ab Hugonotis, qui immaniter ſævière, domos diripuère, omnes indiſcriminatim trucidavère, nec Reformatis quidem fratribus ſuis parcentes. Diſciplinam illam militarem quam nuper Aurcliani conſtituerant, cito miſſam fecère, de qua tamen illi gloriabantur : Ruſticum enim ſine impedimento terram incolere, Mercatorem cum pace commercium exercere primo ſiverant ; ſed hic rerum ordo ſtatim peſſumdatus eſt ; per totum enim regnum deſolationem intulere. Exercitus Catholicorum Blœſas cepit, quod oppidum direptum fuit, omneſque Reformati cæſi ſunt.

Antehac vero Hugonoti Cæſarodunum Turonum ceperant, imagines & ſtatuas contriverant. Rupifulcadus qui tunc illo ſe contulit, Eccleſiarum gazam & cimelia omnia abſtulit & Aurelianum aſportavit. Per totum quoque regnum quando ſuperiores erant, immaniora etiam exercebant, ita ut omnium indi-

CHARLES IX. 119

tout le monde. Le Parlement de Paris donna un Arrest, où il ordonnoit à tous, 1562. gens de ville & de campagne, de leur courir sus, de faire main basse sur eux, & de sonner le tocsin par tout où on les verroit, comme pour éteindre un incendie.

Les Reformez s'étoient aussi saisis d'Angers, où ils firent moins de desordre; mais n'ayant pas assez de monde pour garder cette grande Ville, ils en furent chassez par les gens du Duc de Montpensier : il y eut encore plusieurs prises & reprises de Villes & de Châteaux en si grande quantité, que les Historiens les plus diffus en passent une bonne partie. L'armée Roiale s'avança jusqu'à Tours, & envoia sommer la Ville de se rendre. Les Huguenots qui s'en étoient saisis n'étant pas assez forts pour la défendre, laisserent la place libre aux Catholiques, & gagnerent les champs au nombre de trois Compagnies d'infanterie & deux de cavalerie. Ils s'en allerent le long de la Vienne, & prirent en passant quelques compagnies qu'ils avoient dans Chinon & dans Chatelleraut. Toute la troupe qui faisoit environ mille hommes, marcha vers Poitiers dans le dessein d'en fortifier la garnison Huguenote. Mais le Comte de Villars fondit sur eux, les saisit presque sans défense, en jetta une partie dans la riviere avec un Ministre, & renvoia les autres desarmez chacun dans son payis; mais ils furent presque tous massacrez par les Catholiques. Ceux de Tours & des Villes voisines tuoient ou noioient sans misericorde tous les Huguenots qu'ils pouvoient attraper, malgré les défenses du Duc de Montpensier, qui fit même planter des gibets pour intimider ces meurtriers. *Massacre de Tours.*

On fit alors une estampe des Huguenots qui furent massacrez à Tours, où ils avoient peu auparavant fait tant de desordres. Cette estampe, d'après laquelle nous donnons la planche qui suit, a au bas une inscription qui porte : que la populace Catholique les enferma au nombre de deux cens dans une Eglise où ils demeurerent deux ou trois jours sans manger, & les tira de là pour les tuer ou les noyer. Le President Bourgeois fut attaché à un arbre où on le fendit pour lui arracher le cœur. On en voit ici quantité qu'on tuë à coups de mousquets; d'autres qu'on perce à coups d'épée ou qu'on assomme à coups de massuës; d'autres sont jettez dans la riviere. P L. XVIII.

Les Huguenots du Mans qui avoient fait encore plus de maux que les Tourangeaux, effraiez du traitement qu'on leur faisoit, abandonnerent la Ville au

---

gnationem in se concitarent. Curia Senatus Parisini ideo placitum emisit, quo jubebantur oppidani & rustici obvios quosque Hugonotos trucidare, & classicum canere ubicumque illi comparerent, quasi ad incendium exstinguendum.

Reformati Andegavum etiam ceperant, ubi minora intulere mala. Quia vero ut tantam urbem præsidio munirent numero impares erant, a Ducis Montepenserii turma eliminati fuere. Multa quoque alia oppida, urbes, castella capta, posteaque recepta sunt, & tanto numero, ut qui fusiore stylo res scripto tradidere, multa prætermiserint. Exercitus regius Cæsarodunum venit, & Præsidiariis indixit ut urbem traderent. Hugonoti numero impares urbem deseruere, & in tres divisi turmas peditum, & duas equitum profecti sunt, qui Vigennæ oram sequuti aliquot turmas suas Chinonii & in Castro-Eraldi degentes, secum assumpsere. At Villarius Comes ipsos adortus vix obsistentes cepit, aliosque cum Ministro in fluvium conjici jussit, alios positis armis, in patriam quemque suam remisit, qui pene omnes a Catholicis obviis interemti sunt. Cæsarodunenses autem & vicini eorum, vel occidebant, vel in flumen immergebant Reformatos obvios omnes. Id nequidquam prohibente Montpenserio, qui etiam patibula erigi jussit, ut homicidis terrorem incuteret.

Tunc incisa & delineata tabula fuit, in qua Cæsarodunensis illa cædes exhibetur. Hugonoti qui pridem in urbe immaniter grassati fuerant, asperrime postea sunt habiti. In tabula illa ad cujus fidem hanc nostram expressimus, in ima parte narratur, plebem Catholicam Hugonotos numero ducentos in Ecclesiam inclusisse, ubi per biduum triduumve inclusi mansere, atque illos inde eduxisse, ut trucidaret omnes, vel in fluvium demergeret. Præses Burghesius arbori appensus est, & dissecto pectore & ventre cor ejus extractum fuit. Hic quamplurimi viuntur, qui sclopeti glandibus interimuntur; alii gladio confodiuntur, vel clavarum ictibus mactantur; alii demum in fluvium conjiciuntur.

Cenomanenses Hugonoti, qui plura etiam mala quam Turonenses intulerant, audita hujusmodi car- *Les mêmes.*

1562.

nombre de huit cens, & se retirerent dans la Normandie. On fit encore de pareilles executions à Amiens; mais bien plus à Abbeville. Ces profanateurs d'Eglises & briseurs d'Images étoient traitez par tout sans misericorde. Les Religionnaires du Gâtinois craignans pour leur vie, se réfugierent à Montargis sous la protection de Renée de France, fille de Louis XII. Princesse de Ferrare, qui faisoit profession de leur Religion. Le Duc de Guise y envoia des troupes qui furent reçûës dans la Ville par les Bourgeois Catholiques. Les Huguenots s'enfuirent au Château auprès de la Princesse. Les troupes se mettoient en état de forcer le Château : Mais la Princesse leur envoya dire que s'ils vouloient prendre le Château, il falloit qu'ils commençassent par la tuer elle-même. A ces paroles ils se retirerent.

Renée de France fille de Louis XII. suit la nouvelle Religion.

En Normandie les Huguenots s'étoient saisis d'une bonne partie des Villes & des Places de la Province. Le Duc de Bouillon qui en étoit Gouverneur, les favorisoit assez ouvertement; dès-là fort suspect aux Catholiques. Mais le Duc d'Aumale d'un côté, & Matignon de l'autre, leur faisoient vivement la guerre. Ils s'étoient saisis de Rouen, où ils avoient un parti considerable. Le Prince de Condé y envoya Morvilliers avec un corps de Cavalerie. Le Duc d'Aumale, malgré toutes ses diligences, ne pût l'empêcher d'y entrer, & vint assieger la Ville ; mais étant de beaucoup trop foible pour une telle entreprise, il leva le siege, & se saisit de quelques autres places de la Normandie. Montgommeri tâcha de se rendre maître de la Citadelle de Caen, & une partie de ses gens y étoient déja entrez : mais par la sagesse du Gouverneur il manqua son coup. La Noblesse de Normandie se trouva alors divisée en trois factions : une partie des Religionnaires qui ne vouloient pas prendre les armes contre le Roi, se rangerent du côté du Duc de Boüillon : l'autre partie suivoit Montgommeri, Chef des Huguenots; & tous les Catholiques avoient pour leur Chef Matignon, qui, avec le secours du Gouverneur de Bretagne, reprit une bonne partie des Places dont les Huguenots s'étoient emparez. Il y eut un grand massacre de Huguenots, sur tout à Vire.

Les Huguenots se saisissent de Rouen.

Le Vidame de Chartres qui tenoit le Havre de Grace pour les Huguenots, sollicitoit fort la Reine d'Angleterre d'envoyer du secours à son parti : ce qui déplaisoit fort aux bons François, & même à plusieurs des Religionnaires, qui ne

---

nificina, urbem octingenti numero, metu correpti, deseruere, & in Normanniam confugerunt. Pares etiam strages Ambiani, plures in Abbatis-villa fuere. Profanatores illi Ecclesiarum & imaginum ubique sine commiseratione excipiebantur. Vastinensis agri Reformati sibi timentes, Montargirium se receperunt, ut protegente se Renata Principe Ferrariensi Ludovici XII. filia, quæ religionem suam profitebatur, tuto degere possent. Illò Guisius copias misit, quæ ab oppidanis Catholicis exceptæ fuerunt. Hugonoti in castellum ad Renatam Principem aufugerunt. Militum autem regiorum agmina ad castellum expugnandum sese apparabant. Misit Renata qui ediceret, si castellum aggrederentur, se primam interficiendam esse ; quibus verbis perculsi illi abscesserunt.

Les mêmes.

In Normannia Hugonoti magnam urbium, oppidorum, castrorum partem ceperant. Ipsis favebat Bullionius Provinciæ istius Præfectus, ideoque Catholicis suspectus : verum ex alia parte Albæmalæ Dux ; ex alia Matignonus bellum ipsis strenue inferebant, Rothomagum Reformati ceperant, ubi multi ejusdem sectæ homines erant. Princeps Condæus Morvillerium illò misit cum equitum agmine. Quantumcumque Albæmalæus advigilaret, impedire nequivit quominus urbem illud vi in urbem ingrederetur. Rothomagum ille obsedit ; sed cum obsidioni tantæ se imparem videret, recessit, & aliquot Normanniæ oppida cepit. Mongommerius Cadomi arcem occupare tentavit ; jam quidam ex suis ingressi erant ; sed Præfecti prudentia recedere coactus est. Nobiles Normanni tunc tres in partes divisi sunt ; alii Hugonoti erant, sed qui nolebant contra Regem arma sumere, & hi Bullionium Ducem sequebantur ; alii Mongommerio hærebant ; demum Catholici sub Matignono pugnabant, qui opitulante Britanniæ Præfecto, magnam oppidorum, quæ Hugonoti invaserant, partem recuperavit. Multi autem Hugonoti cæsi sunt, maximeque in oppido Vicia.

Vicedominus Carnotensis, qui portum Gratiæ pro Hugonotis tenebat, ab Regina Angliæ opem postulabat, quod Francis omnibus patriam amantibus, etiamque Reformatis, admodum displicebat, qui ægerri-

pouvoient

LE MASSACRE FAIT
au mois de Juillet, 15

*ACRE FAIT A TOURS.
ois de Juillet, 1562.

XVIII. Pl. Tom. V. pag. 120.

T.V.S.

pouvoient souffrir qu'on rappellât ainsi ces anciens ennemis. Morvilliers qui commandoit à Rouen étoit de ce nombre ; il prit quelque pretexte pour aller à Dieppe, & porter cette Ville à ne point recevoir les Anglois. Mais n'y aiant pû réussir, il se retira dans son Château de Folleville près d'Amiens, où il demeura pendant tout le tems de la guerre. 1562

Après la prise de Blois & de Tours, le Roi de Navarre & les Triumvirs firent venir le Roi Charles à l'armée, qui se trouvant fort nombreuse, fut separée en deux; une partie fut donnée au Maréchal de saint André, l'autre partie fut destinée à faire le siege de Bourges. Les Seigneurs & Gentilshommes Religionnaires étoient venus se joindre au Prince de Condé, croiant qu'il y auroit bientôt une bataille ; mais comme les choses traînoient en longueur, ils commencerent à se dégouter, & pensoient à se retirer chez eux. Le Prince pour empêcher une entiere séparation, envoia Soubise à Lion, qui avoit été depuis peu pris par les Huguenots, la Rochefoucaut à Angoulême, d'Andelot en Alemagne, & Briquemaut en Angleterre, pour solliciter le secours ; Ivoi avec ses troupes se rendit à Bourges qui alloit être assiegé. En ce tems-ci le Parlement de Paris donna un Arrest, où tous ceux qui avoient pris les armes contre le Roi, étoient déclarez criminels de leze-Majesté, déchûs de tout grade & dignité, & tous leurs biens confisquez, excepté pourtant le Prince de Condé qu'il supposoit être retenu par force par les Huguenots. *Siege de Bourges.*

Le Maréchal de S. André assiegea Poitiers. La Ville fut battuë de differens côtez ; on fit une brêche, & le Maréchal fit donner l'assaut. Les assiegez se défendirent quelque tems, mais enfin la Ville fut prise. Huit cens hommes de la garnison se retirerent en bon ordre, & allerent se joindre à la Rochefoucaut. Poitiers fut exposé au pillage pendant huit jours ; on y commit toutes sortes d'inhumanitez. Saint André après la prise de cette Ville, alla joindre le Duc de Guise devant Bourges, qu'il avoit assiegé deux jours auparavant. La place fut battuë d'une grosse artillerie : les assiegez se défendirent très-bien, & eurent d'abord grand soin de réparer les breches. On attendoit dans l'armée Roiale un grand convoi où l'on amenoit quantité de canons, de la poudre & des boulets. Le Duc de Guise envoia un détachement de son armée pour l'escorter, conduit par le Comte de Vaudemont. L'Amiral de Coligni partit d'Orleans avec une *Siege & prise de Poitiers.*

Convoi de l'armée Roiale défait.

---

ne ferebant antiquos hostes sic ad vocari. Morvillerius qui Rothomagi imperabat, rem indigne ferens, aliquam protulit causam ut Dieppam iret, istamque urbem ne Anglos reciperent induceret; sed cum rem impetrare non potuisset, Follevillam castellum suum prope Ambianum petiit, ubi per totum belli tempus mansit.

Post captas Blœsas & Cæsarodunum Turonum, Rex Navarræ & Triumviri Regem in exercitum advocavère, qui cum numerosus esset, duas in partes separatus est. Pars altera Santandreano Marescallo data est ; altera ad Biturigarum obsidionem deputata fuit. Proceres autem Nobilesque Hugonoti Principem Condæum adierant, putantes pugnam quamprimum esse committendam ; sed cum res diu protraheretur, tandem tædio affecti, in sua se loca recipere cogitabant. Condæus vero Subisium Lugdunum misit, quæ urbs paulo ante ab Hugonotis capta fuerat, Rupifucaldum Engolismam, Andelotum in Germaniam, & Bricomotum in Angliam, qui auxiliares copias peterent. Ivæus vero cum pugnatorum manu Biturigas mox obsidendas se contulit. Hoc tempore Curia Senatus Parisini Decretum emisit contra illos omnes qui adversus Regem arma sumserant, quos læsæ majestatis reos declaravit, omni gradu & dignitate dejectos, omniaque bona eorum fisco addicta, excepto tamen Principe Condæo, quem vi ab Hugonotis detineri supponebat.

Santandreanus Marescallus Pictavorum urbem obsedit. Urbs multis ex partibus verberata tormentis pyriis fuit, parte murorum dilapsa Santandreanus urbem expugnare tentavit. Præsidiarii aliquanto tempore hostem propulsarunt ; sed capta tandem fuit. Octingenti ex præsidiariis ex urbe dilapsi, & ordinem servantes Rupifucaldum adierunt. Civitas octo dierum spatio direpta & immanitatis omne genus experta est. Santandreanus post captam Pictavorum urbem, Guisii exercitum ante Biturigas junctum venit. Urbs isthæc ante biduum obsessa fuerat, statimque tormentorum plurimorum globis muri impetiti sunt, ruinas tantæ tempestatis mole factas, præsidiarii initio diligenter restaurabant. In exercitu regio commeatus exspectabatur, tormenta alia, globi & pulvis pyrius copiosus in castra ducebantur. Guisius vero pugnatorum agmen misit Valdemontio duce, quo posset commeatus tutius ad castra duci. Maris vero Præfectus Colinius cum delecta turma Aureliano *Les mêmes.*

Tome V. Q

troupe de gens choisis pour attaquer ce convoi ; il le surprit à Châteaudun lorsque les troupes qui le conduisoient ne s'attendoient à rien moins, l'escorte fut défaite, les munitions & le canon furent pris; les gens de l'Amiral emporterent tout ce qu'ils purent, mirent le feu au reste de la poudre, & creverent les canons.

Prise de Bourges.

Cet échec fit que le Duc de Guise ne pût continuer le siege avec la même vigueur. Voyant la grande difficulté qu'il auroit à prendre la place, il fit parlementer avec Ivoi Gouverneur de la Ville. Le Duc de Nemours, le Connétable & l'Aubepine le tournerent si bien en lui faisant des promesses très-avantageuses, qu'il capitula & rendit la Ville ; trois Capitaines de la garnison avec leurs gens quitterent le parti des Huguenots, & se mirent au service du Roi. Ivoi lui-même se retira en sa maison.

Il y eut vers le même tems de grands mouvemens dans la Saintonge & dans l'Angoumois. Les mauvais succès du parti Huguenot dans la guerre, firent tourner casaque à bien des gens. Plusieurs aussi mirent armes bas par un motif de conscience, disant qu'il n'étoit pas permis de faire la guerre à son Roi, & que les bruits qu'on avoit fait courir que le Roi & la Reine Mere étoient en captivité, n'étoient qu'un pretexte. Les Rochellois, quoique la plûpart Huguenots, se tinrent assez long-tems neutres, malgré les efforts de plusieurs pour les faire declarer.

Après la prise de Bourges, on tint conseil à la Cour sur ce qu'il y avoit à faire. Plusieurs disoient qu'il falloit assieger Orleans, où étoient les deux Chefs du Parti, & que si l'on pouvoit prendre ceux-là, on finiroit bien-tôt la guerre. D'autres trouvoient l'entreprise trop difficile, & étoient d'avis qu'on allât assieger Rouen avant que les Anglois y arrivassent en plus grand nombre. Cette entreprise paroissoit bien plus facile, en ce que par la commodité de la riviere on pouvoit y amener facilement & surement les provisions de guerre & de bouche : ce conseil fut suivi, & l'on se disposa à ce grand siege.

Les Réformez chassez de Meaux.

Les Huguenots qui étoient les plus puissans en la Ville de Meaux, s'attrouperent, & se mirent à abbatre les Images, chasserent les Prêtres, & firent d'autres démarches qui marquoient assez leur dessein d'abolir la Religion Catholique dans leur Ville. L'on y envoia promptement de Paris des gens de guerre qui chasserent les Ministres, & forcerent les Protestans de venir à l'Eglise. Qua-

---

profectus est ut commeatum illum interciperet, & Castelloduni ipsum ex improviso adortus est, cum ne cogitarent quidem regii adventurum hostem esse. Regii ergo profligati sunt ; commeatus totus cum tormentis captus est : & turma ejus quidquid auferri poterat sustulit, pulvis pyrius reliquus igne consumtus, tormenta fracta sunt.

Hac jactura factum ut obsessio lentius procederet. Cum videret Guisius difficile posse urbem expugnari, cum Ivœo urbis Præfecto de conditionibus deditionis agere cœpit. Tam dextere autem Dux Nemorosius, Constabularius & Albaspinæus cum Ivœo egerunt, & tot promissis illum pellexere, ut pactis conditionibus urbem dederet. Tres Tribuni cum turmis suis, Hugonotorum dimissa societate, ad regias partes transiere. Ivœus vero domum suam se recepit.

Les mêmes.

Eodem tempore apud Santonas & Engolismenses magni motus fuere ; Hugonotorum clades infortuniaque multos ad regias partes reduxere : alii quoque conscientiæ stimulis impulsi, arma posuere dicentes non licere contra Regem suum arma sumere, rumoresque sparsos de captivitate Regis & Reginæ matris merum obtentum esse. Rupellani, etsi magna pars Hugonoti erant, diu neutri partium addicti fuere, etiamsi multi illos ad arma capessenda cohortati fuissent.

Post captas Bituricas in Consilio regio deliberatum fuit quid facto opus esset ; plurimi dicebant obsidendum esse Aurelianum, ubi Hugonotorum duces ambo erant, & si isti caperentur, cito finitum bellum fore. Alii rem difficilem esse putabant, & obsidendum Rothomagum esse suadebant, antequam Angli majore numero istuc adventarent. Hæc obsidio longe facilior videbatur esse, quia secundo flumine omnia facile & secure comportari poterant, annona pariter & omnia ad bellum pertinentia ; statuta igitur obsidio fuit, & apparatus facti sunt.

Hugonoti Meldis Catholicis potentiores in unum coacti, imagines dejecerunt, Presbyteros expulere, aliaque præstitere, quæ argumento erant, velle ipsos Catholicam Religionem penitus abolere. Lutetia statim armati viri illò mittuntur, qui Ministros expulere, ac Protestantes coegere ut ad Ecclesiam cum aliis venirent. Quadringenti Hugonoti armati, qui Mel-

CHARLES IX.

tre cens Huguenots qui étoient partis de Meaux pour aller joindre le Prince de Condé à Orléans, furent presque tous assommez par les Païsans. On les traita à peu près de même à Châlon, à Troie en Champagne, à Bar sur Seine, où un Procureur fit pendre son propre fils Huguenot. Ces tristes spectacles se voioient par toute la France. Mâcon fut pris par les Huguenots, & depuis repris par Tavannes : & pendant que tout étoit en combustion dans le voisinage, les Religionnaires prirent l'Abbaye de Cluni, & brûlerent la Bibliotheque ; ce qui fut une perte irreparable. Elle étoit fournie d'un grand nombre de Manuscrits anciens, qui étoient à ce qu'on croit, d'un grand prix.

1562.

Après cela les Huguenots se rendirent les Maîtres de Lion, dont le Prince de Condé donna le Gouvernement au Baron des Adrets, fameux par les cruautez qu'il exerçoit en Dauphiné contre les Catholiques. Ce Baron des Adrets, dit M. de Thou, avoit des ordres secrets de la Reine Mere, qui voulant contrebalancer la puissance des Triumvirs, n'étoit pas fâchée que les Huguenots se soutinssent & eussent quelques succès. Le Duc de Nemours qui commandoit en ce païs-là, fit bien des efforts pour reprendre Lion. Il l'assiegea une fois joint avec Tavannes, & fut sur le point de prendre la Ville par famine. Mais le Baron des Adrets trouva moien d'y faire entrer des vivres, & la Ville demeura aux Huguenots jusqu'à la premiere paix. La Provence ne fut pas exempte de troubles. Les Huguenots n'y étoient pas en si grand nombre qu'en Dauphiné. Mais il y eut aussi bien du desordre. Un détail exact de ce qui se passa dans ces deux Provinces, feroit un gros livre.

S'emparent de Lion.

Le Duc de Savoie, habile Prince, se servit de l'occasion de cette guerre civile pour obtenir à son avantage l'execution du Traité fait avec le Roi Henri II. selon lequel on devoit convenir à l'amiable de la restitution des places, qui devoit se faire l'année précedente. Les Députez de part & d'autre avoient longtems parlementé à Lion sur cette restitution, & s'étoient separez sans rien conclure. Cependant le Duc pressoit toujours, & interposa le crédit de Marguerite de France sa femme, qui pouvoit beaucoup auprès de la Reine Catherine. Elle lui accorda enfin ce qu'il demandoit. Le Duc cedoit au Roi Pignerol, la Perouse & Savillan, & le Roi lui remettoit Turin & les autres places qu'il tenoit dans le Piémont. L'ordre en fut envoié à Bourdillon,

Places du Piémont renduës au Duc de Savoie.

---

dis profecti erant ut ad Condæum Principem Aurelianum pergerent, pene omnes a rusticis peremti sunt. Eodem modo cum Hugonotis actum est Catalauni, Trecis in Campania & Barri ad Sequanam, ubi Procurator quidam filium suum Hugonotum suspendio perire curavit. Matisco ab illis capitur, & postea a Tavanio recuperatur ; cumque in vicinia arderent omnia, Reformati Cluniacum Abbatiam cepere, & Bibliothecam antiquis magni precii MSS. codicibus refertam incendio consumsere, ingenti Reipublicæ Literariæ damno.

Postea vero Hugonoti Lugdunum cepere, cujus Præfecturam Condæus Adretio dedit, famoso ex immanitate & suppliciis, queis Catholicos in Delphinatu perimebat. Hic porro Adretius, inquit Thuanus, a Catharina Regis matre jussu & secreto fultus hæc agebat, quæ cum Triumvirûm nimiam potentiam reprimere vellet, non ægre ferebat Hugonotos in locis aliquot prospere rem gerere, Dux Nemorsius, qui istis in locis imperabat, nihil non egit ut Lugdunum recuperaret, semelque junctis cum Tavanio copiis urbem obsedit, & clausis annonæ aditibus, famem in urbem induxit : verum Adretius, arte rem cibariam immisit, & mox capiendam urbem Hugonotis servavit usque ad pacem proximam. Galloprovincia tantorum & ipsa motuum particeps fuit, etsi Hugonoti non tanto numero istic erant quanto in Delphinatu. Quæ in duobus hisce provinciis tunc gesta sunt ; accurate descripta, justum volumen efficerent.

Dux Sabaudiæ Princeps arte industriaque præstans, occasione belli civilis usus, nihil non agebat ut pacta cum Henrico II. inita opportuno sibi tempore exequutioni mandarentur ; atque ut illa ferebant, urbes sibi, re amice composita, restituerentur. Jam anno præterito ad eam rem utrinque Deputati, Lugduni diu congressi fuerant, de restitutione hujusmodi agentes ; sed re infecta discesserant. Interea vero Dux instabat semper, atque interposita Margaritæ Franciæ conjugis suæ gratia, quæ apud Catharinam plurimum valebat, quæ ipse postulabat illa concessit. Dux Regi concedebat Pinarolum, Perosam & Savillianum, ipseque a Rege accipiebat Taurinum, aliaque oppida, quæ in Pedemontio ipse tenebat. Rem exsequi jussus est

La Pope linie re. Thuanus.

Tome V. Q ij

1562. Lieutenant Général pour le Roi en Piémont, qui fit grande difficulté d'admettre une cession si préjudiciable, disoit-on, à la France. Il insistoit à ce que la conclusion d'une affaire si importante fût envoiée au tems de la majorité du Roi. Il falloit multiplier les ordres, il vuida enfin les places selon la volonté de la Reine, & n'en sortit qu'après avoir obligé le Duc de Savoie de paier à ses troupes toutes les montres qui leur étoient dûës.

Dans la Gascogne & la Guienne, les Huguenots s'étoient saisis d'un grand nombre de Villes; ils firent même une tentative sur Bourdeaux. M. de Burie qui y étoit pour le Roi de Navarre, quoique bien intentionné pour la Religion Catholique, n'avoit pas assez de vigueur pour reprimer leur insolence. Mais Montluc qui y fut envoié, mena ces nouveaux Reformez tout autrement : il en fit pendre quantité, & avoit toujours deux Bourreaux à sa suite qu'il appelloit ses laquais. Il ne falloit pas moins de rigueur pour rabattre la ferocité de ces fanatiques. On disoit de Montluc qu'il traitoit les Huguenots en Guienne de même que le Baron des Adrets traitoit les Catholiques en Dauphiné. Quoiqu'il en soit, la Religion Catholique lui eut grande obligation. Ce fut lui qui aida beaucoup les Toulousains à chasser les Huguenots. Ils s'étoient déja emparez de la Maison de Ville, & y avoient fait entrer bien de leurs gens armez venus du Comté de Foix & d'ailleurs. Le combat qui se donna dans la Ville dura trois jours. Les Huguenots furent enfin chassez. Il y eut des deux côtez trois ou quatre mille hommes tuez. Le Parlement fit pendre tous ceux qu'on put attraper. Il y eut depuis cela défenses sous peine de la corde à tout Huguenot, de coucher dans la Ville.

Huguenots chassez de Toulouse,

Mais ces nouveaux Reformez se saisirent de la plupart des Villes du Languedoc, de Montpelier, de Nîmes, de Beziers, de Castres & autres. Ils reçûrent à Limoux un échec qui mérite d'être rapporté ici. C'est une bonne Ville de Languedoc située sur la riviere d'Aude, qui la divise en deux parties; l'une s'appelle la grande & l'autre la petite Ville. Les Huguenots s'emparerent de la grande Ville. Les Catholiques envoyerent demander secours à Carcassonne, qui n'est qu'à trois lieües de là. Le sieur de Pomas y vint bien accompagné, & se saisit de la petite Ville. Il menoit le Capitaine Loupian Espagnol, & une troupe de ces hommes des Pirenées qu'on appelloit Bandoliers, qui faisoient

& de Limoux.

Bordillonius in Pedemontio Regius Præfectus, qui obsistebat, & cum tantorei Franciæ præjudicio non admittere nolebat, instabatque ut tantæ rei conclusio ad Regis *majoritatem* mitteretur. Iteranda sæpe jussio fuit, cessitque tandem ille, & urbes oppidaque, secundum Reginæ matris placitum, restituit; ita tamen ut ante omnia, Dux Sabaudiæ stipendia quæque militibus suis debita numeraret.

Les mêmes. In Vasconia & in Aquitania Reformati multas urbes & oppida occupaverant, etiamque Burdigalam capere tentavere. Buria qui pro Rege Navarræ in urbe Præfectus erat, etsi pro Religione Catholica bene affectus, cunctator cum esset, coercendæ illorum petulantiæ audaciæque impar esse videbatur. At Monlucius qui illò missus fuit, novæ religionis sectatores alio modo est adortus, multos suspendio vitam finire jussit, duos semper secum habens carnifices, quos pedissequos suos vocabat; nec minori opus erat severitate, ut Fanaticorum hujusmodi ferocia sedaretur. De Monlucio dicebatur, ipsum perinde cum Hugonotis agere, atque Adretius in Delphinatu cum Catholicis agebat. Ut ut res est, de Catholica Religione ipse optime meruit. Idem Monlucius Tolosanis magnam opem tulit, ut Hugonotos expellerent. Jam illi æ les publicas occupaverant, & eò armatos multos in luxerant, qui vel ex Comitatu Fuxensi vel aliunde advenerant. In urbe per tres dies pugnatum est; Hugonoti tandem pulsi profligatique sunt. Ex ambabus partibus tria quatuorve millia virûm cecidere. Ex Curiæ Senatus jussu, quotquot Reformati capti fuere suspensio perierunt; deindeque mandatum fuit ut ne quivis Hugonotus Tolosæ noctem transigere auderet, suspendii pœna delinquentibus indicta.

Idem. At novi illi Reformati maximam urbium Septimaniæ partem occupavere, Monspelium, Biterras, Castrum & alias. Res autem ipsis male cessere Limosii, quod hic paucis referre operæ precium fuerit. Est illa urbs Septimaniæ ad Atacem fluvium, qui urbem duas in partes dividit, quarum altera urbs magna, altera urbs parva vocatur. Hugonoti urbem magnam invasere. Catholici vero Carcassonam misere, tribus tantum leucis distantem, ut auxilium expeterent. Pomasius cum armatorum turma venit, & urbem parvam occupavit. Secum autem Lupianum ducebat Hispanum Manipularium, cum turma virûm ex Pyrenæis eductorum, quos Bandolarios vocabant, qui-

des courses sur les passans pour les piller. Pomas n'étoit pas assez fort pour prendre la grande Ville. Le Marquis de Mirepoix y vint pour l'assieger avec seize pieces d'artillerie, qui firent peu d'effet. Mais il y fut introduit par un des habitans dont la maison étoit appuyée sur le mur de la Ville. Ses troupes y firent un grand carnage, & saccagerent la grande Ville. Soixante Huguenots armez furent pris & pendus sur le champ. Les Soldats Catholiques s'enrichirent des dépouilles, & l'on disoit que le Marquis en tira cent mille écus. Les Huguenots furent traitez de même à Carcassonne, à Albi, & à Castelnaudarri.

1562.

Après la prise de Bourges, l'armée du Roi marcha en diligence pour assieger Rouen, & l'on détacha le Maréchal de Saint André pour observer d'Andelot qui venoit avec des secours d'Allemagne joindre l'armée du Prince de Condé, mais malgré toutes ses démarches, d'Andelot passa & mena ce secours à l'armée des Religionnaires. Au même tems leur traité fut fait à Hamptoncourt avec la Reine Elisabeth, qui s'engagea à leur fournir six mille Anglois, dont trois mille seroient mis au Havre pour garder la Ville au nom du Roi, & les trois mille restans devoient servir à la défense de Dieppe & de Rouen. Elle prêtoit aussi cent quarante mille écus au Prince de Condé, & ajoutoit à cela qu'elle ne prétendoit point que ce traité portât aucun préjudice à ses prétentions sur Calais. Une partie de ce secours vint au Havre & y fut introduite.

Secours d'Allemagne aux Huguenots.

Anglois au Havre.

Cependant l'armée Roiale assiegea Rouen. Les assiegez se défendirent bien au commencement. Ils firent quelques sorties où ils tuerent bien des gens. Les assiegeans prirent d'abord le fauxbourg S. Hilaire, & attaquerent le fort de sainte Catherine, ils furent repoussez. Ils revinrent peu de jours après, & l'attaquerent avec tant de vigueur, qu'ils l'emporterent; les Religionnaires s'enfuirent dans la Ville, & perdirent beaucoup de leurs gens. Plusieurs des Roiaux qui y entrerent pesle mesle avec eux furent tuez. Après cela cinq cens Anglois entrerent dans la Ville. On donna un assaut où ils se défendirent vaillamment. Le Roi de Navarre fut blessé à l'épaule gauche d'un coup de mousquet, & fut porté à Dernetal. Les assiegez se trouvant enfin fort à l'étroit, & prêts d'être forcez, on les somma de se rendre, & l'on parlementa pendant quelques jours. Ils proposoient toujours des conditions qu'on ne pouvoit accepter. On donna

Siege de Rouen.

Le Roi de Navarre blessé.

---

que prædæ causa viatores invadere solebant. Pomasius non par viribus erat ut magnam urbem caperet. Mirapicensis autem Marchio venit ut obsideret illam cum tormentis pyriis sexdecim, quæ non tantam operam præstitere. At in urbem ille inductus fuit ab aliquo civium, cujus domus muro urbis innitebatur. Ejus copiæ magnam stragem fecerunt, & magnam urbem diripuere. Sexaginta Hugonoti capti, suspendio necati sunt. Milites Catholici prædam abstulere multam. Dicebatur autem Mirapicensis 100000. aureorum inde retulisse. Eodem pacto Hugonoti excepti fuerunt Carcassonæ, Albigæ & in Castro-novo Arrii.

Post captas Biturigas exercitus regius festinanter Rothomagum obsessum ivit, & cum exercitus parte missus est Santandreanus qui Andelotum observaret ex Germania cum auxiliaribus copiis venientem, ut exercitum Condæi numero augeret; sed nihil officiente Santandreani diligentia, Andelotus transiit, & hac auxiliatorum manu Reformatorum exercitum auxit; eodemque tempore Hamtoncuriæ initum ab illis fœdus est cum Elisabetha Regina, quæ ipsis sex mille Anglos suppeditabat, quorum tria millia in Portu Gratiæ locarentur; reliqua vero tria millia Dieppæ & Rothomagi ad custodiam ponerentur; centum quadraginta scutorum millia Principi Condæo illa mutuo dabat, hanc addens conditionem, quod hoc pactum juribus in Caletum suis nihil officeret. Pars Anglicani auxilii in portum Gratiæ venit, istucque inductum fuit.

Inter hæc exercitus regius Rothomagum obsedit. Præsidiarii initio Regios fortiter propulsavere, atque in illos irrumpentes non paucos occidere. Regii statim suburbium Sancti Hilarii cepere, & Sanctæ Catharinæ arcem aggressi, repulsi fuere; verum paucis elapsis diebus, tam strenue illam adorti sunt, ut demum occuparent. Hugonoti multis suorum amissis, in urbem aufugerunt: ex Regiis etiam qui cum illis fugientibus in urbem ingressi fuerant, non pauci cæsi sunt. Sub hæc quingenti Angli in urbem sunt ingressi; oppugnata tunc urbs fuit, & illi fortiter cornuavere. Rex Navarræ sclopeti glande vulneratus est, & Dernetalium illatus. Præsidiariis vero, cum jam ad extrema deducti essent, indictum est ut pacto inito sese dederent. Illi conditiones offerebant non ferendas. Demum ex omni parte oppugnata urbs

Les mêmes.

Q iij

1562.
Prise de Rouen.

enfin un affaut general. Les Huguenots firent peu de refiftance. La Ville fut prife. Mongommeri qui y commandoit fe fauva dans une galere avec les Anglois & les Ecoffois, & par le courant de la riviere il fe rendit au Havre, paffant à force de rames par deffus une chaîne qu'on avoit tenduë à Caudebec.

La Ville fut pillée, faccagée & abandonnée à la fureur du foldat pendant l'efpace de vingt-quatre heures; mais quelque diligence que les Chefs puffent faire pour empêcher le pillage, il continua bien plus long-tems. Les Miniftres pour fe fauver gagnerent les champs. Mandreville & Marlorat furent pris. Ils offrirent une groffe fomme d'argent pour obtenir leur liberté. Mais ils furent mis dans une étroite prifon. On les accufoit d'avoir voulu faire couronner le Prince de Condé Roi de France, & faire établir l'Amiral Duc de Normandie, & d'Andelot Duc de Bretagne. Le Roi de Navarre qui avoit été bleffé comme nous avons dit, fut porté triomphant dans la Ville. Sa plaie n'étoit pas incurable, mais fut mal penfée: cependant il paffoit agréablement fon tems auprès d'une de ces Demoifelles de la Regente, qui lui fervoient pour découvrir adroitement les fecrets de ceux dont elle obfervoit les démarches. Il fut enfin

Mort d'Antoine Roi de Navarre.

faifi d'une fiévre ardente; & voulant fe faire porter à Paris, la violence du mal l'obligea de s'arrêter à Andeli, où il mourut trente-cinq jours après qu'il eut été bleffé. Toujours chancellant fur la Religion, M. de Thou dit qu'il prit refolution de s'en tenir, s'il revenoit en fanté, à la Confeffion d'Aufbourg. Les Miniftres Mandreville & Marlorat furent executez à mort. Il y en eut encore bien d'autres qui furent envoiez au fupplice.

La Regente trouva moien de faire confentir les Dieppois à recevoir des troupes du Roi dans leur Ville, en faifant fortir les Anglois qui y étoient: la chofe fut dextrement executée. Mais peu de tems après Montgommeri furprit de nouveau cette Ville, & la remit entre les mains des Réformez. Vers

Combat de Vere où les Huguenots font défaits.

ce même tems Burie & Montluc, mais principalement ce dernier, défirent au lieu appellé Vere, le fieur de Duras Chef des Huguenots, qui avoit raffemblé cinq mille hommes, & qui devoit aller joindre le Prince de Condé. Il y eût deux mille hommes tuez fur la place, & de plus un grand nombre de fuiards furent maffacrés par les Payifans. La perte du Prince fut double; privé de ce renfort, il eut encore le déplaifir de voir que les troupes du Duc de Mont-

---

Les mêmes.

vi capta fuit, Mongommerius qui urbi imperabat, confcenfa triremi, cum Anglis & Scotis fecundo flumine in Portum Gratiæ appulit, & tranfverfam ad Caudebecum catenam remorum vi tranfcendit.

Urbs direpta & militis furori per horas viginti quatuor expofita fuit; fed quantavis diligentia ufi duces fuerint, longe diuturnior deprædatio fuit. Miniftri vitæ fuæ confulentes fugam fecere, exceptis Mandrevilla & Marlorato qui capti funt, & pecuniæ fummam grandem impetrandæ libertatis caufa offerebant: at illi in anguftum carcerem conjecti fuere. Accufabantur autem quod Condæum Principem Franciæ Regem, Maris vero Præfectum Ducem Normanniæ & Andelotum Ducem Britanniæ creari propofuiffent. Rex Navarræ, qui ut diximus, vulnere confoffus fuerat, triumphans in urbem allatus eft. Non infanabile vulnus erat; fed male curatum fuit. Interea vero ille feftive cum una ex puellis Reginæ matris verfabatur, queis illa uti folebat, ut eorum, quos obfervabat, fecretiora confilia detergeret. Tandem Navarræus ardenti febre correptus eft, & cum

Lutetiam fe transferri vellet, Andelii fubfiftere vi morbi coactus, ibi tandem exftinctus eft, triginta quinque diebus poftquam vulnus acceperat. Antea anceps in Religione fuerat. Ait vero Thuanus ante mortem ipfum declaraviffe, fi convalefceret, fe Confeffionem Auguftanam amplexurum effe. Miniftri Mandrevilla & Marloratus ad fupplicium miffi fuere, plurimique alii pari modo fublati funt.

La li nim. 1 mê

Catharina Regens apud Dieppenfes id egit, ut præfidium regium in urbe fua acciperent, Anglofque qui ibi erant emitterent; id quod cum dexteritate magna factum eft. At non multo poftea Mongommerius eam urbem ex improvifo cepit, & Reformatis reftituit; eodemque tempore Buria & Monlucius, hic vero poftremus maxime, Duracium Hugonotorum ducem, qui pugnatores quinque mille Condæo adducendos collegerat, profligavère in lococui Vera nomen. Bis mille iftic viri ceciderunt, & fugientium magna pars a Villanis cæfa fuit. Condæi damnum iftic duplex fuit; hanc quippe exercitus fui acceffionem amifit, & cum mœrore vidit, Montpenferii Du-

penser, qui gardoit la Guienne, & les Gascons & les Espagnols de Montluc, vinrent joindre l'armée Roiale, & firent très-bien à la bataille de Dreux.

1562.

Pour surcroit de douleur, le Prince apprit que le Baron des Adrets, ci-devant la terreur des Catholiques, & qui avoit fait tourner la plus grande partie du Dauphiné vers le parti Huguenot, pour quelque mécontentement reçu, cherchoit à s'accommoder avec le Duc de Nemours. Mais il fut bien consolé quand d'Andelot arriva d'Allemagne avec un secours de trois mille chevaux & de quatre mille hommes de pied, & que d'un autre côté la Rochefoucaut & Duras vinrent le joindre avec trois cens chevaux & quinze cens pietons. C'étoient les restes de la défaite de Vere.

Le Prince partit avec son armée ainsi renforcée, à dessein de se rendre à Paris, & d'entrer dans la Ville s'il pouvoit, ou du moins de piller les Fauxbourgs. Il prit en chemin faisant Pluviers, Estampes, Montleheri, & quelques autres petits lieux, & puis il assiegea Corbeil. Il fit sommer la Ville de se rendre : le Commandant refusa de capituler, & le Maréchal de Saint André y aiant fait entrer du monde pour la défendre, le siege fut levé. La Regente fit proposer une entrevûë au Prince, ils confererent ensemble plusieurs fois ; mais sans aucun effet. Quelle apparence de rien conclure entre deux partis armez à forces presqu'égales, dont les prétentions étoient si éloignées? Aussi croioit-on que Catherine ne demanda ces pourparlers avec cessation d'armes, que pour donner le tems aux Parisiens de faire des retranchemens à leurs fauxbourgs, pour les mettre en état de défense, & aux vieilles bandes de Piemont, aux Gascons, & aux Espagnols de se joindre à l'armée Roiale. Il y eut quelques escarmouches entre les deux armées campées aux bords opposez de la riviere. Le Prince tenta inutilement d'entrer dans les fauxbourgs; & tandis qu'il temporisoit, on lui débaucha Genlis, qui sans quitter la nouvelle Religion, se retira dans ses terres. Le Prince presenta deux fois la bataille aux Catholiques, qui la refuserent.

Après cette grande & inutile levée de boucliers, il se retira avec son armée par la Beauce, & arriva auprès de Chartres. L'armée du Roi le suivit : il eut alors envie de rebrousser chemin, de revenir à Paris, & de s'emparer des fauxbourgs vuides de gens de guerre; mais le sentiment contraire de l'Amiral

cis, qui in Aquitania imperabat, copias, atque Vascones & Hispanos Monlucii, in exercitum regium venire, qui etiam in Drocensi pugna strenue certavêre.

Doloris cumulus accessit, cum nunciatum ipsi fuit Adretium qui nuper Catholicorum terror erat, quique maximam Delphinatûs partem in Hugonorum potestatem deduxerat, re aliqua offensum, cum Nemoroso Duce societatem quærere; verum id consolationis loco ipsi fuit, cum Andelotus ex Germania venit cum auxilio trium millium equitum & quatuor millium peditum. Ex altera vero parte Rupifucaldus & Duracius advenere cum trecentis equitibus & mille quingentis peditibus, quæ reliquiæ erant Veranæ cladis.

Princeps igitur cum exercitu sic admodum aucto, movit Lutetiam versus, illo animo, ut vel in urbem intraret, vel suburbia diriperet. Iter agendo Pluverium, Stampas & Montemlcherium, aliaque oppidula cepit, & Corbolium obsedit. Oppido denunciat ut sese dedat : negat Præfectus, & Santandreanus pugnatorum agmen in oppidum immittit, & sic confidio solvitur. Catharina Regens congressum Condæo proponit; colloquium sæpe resumitur, nullo exitu. Quæ enim conditio accepta esse poterat ambabus partibus, quæ viribus fermè pares erant, & tam disparata utrinque petebant? Credebatur autem Catharinam ideo congressus illos postulavisse, cum armorum cessatione, ut tempus Parisinis daretur ad suburbia propugnaculis munienda, & ut interim veteres Pedemontanæ turmæ, necnon Vascones & Hispani exercitum regium jungere possent. Aliquæ tamen velitationes fuere inter exercitus ambos, ad oppositas fluminis oras castra habentes. Princeps frustra tentavit in suburbia intrare; & dum ille cunctaretur, Genlisius quorumdam suasu castra ejus deseruit, & in suas se terras recepit; non abjurata tamen nova Religione. Princeps bis Catholicis potestatem pugnandi fecit; sed abnuere illi.

Post illam tantam frustra susceptam expeditionem, Condæus per Belsiam cum exercitu se recepit, & prope Carnutum venit, insequente se regio exercitu. Voluit autem iter relegere, Lutetiamque repetere, ut suburbia pugnatoribus vacua occuparet : verum contraria Maris Præfecti opinio invaluit, qui Nor-

Les mêmes,

1562. prévalut. Il lui persuada de tourner vers la Normandie, & de se rendre au Havre, où il recevroit un secours d'Infanterie Angloise & de l'argent pour paier les Alemans, qui se voiant si long-tems sans rien toucher, étoient sur le point de faire une émeute. L'armée s'avança vers Dreux, qu'il tâcha de prendre. Mais il fut repoussé, & l'armée Roiale étoit toujours à ses trousses ; selon M. de Thou il eût quelques présages de ce qui devoit arriver, le principal fut un songe, où il vit les Triumvirs tuez dans trois combats ou rencontres, & lui tué au quatriéme, où il se vit étendu sur un tas de corps morts.

Bataille de Dreux. Les armées étoient si voisines qu'il paroissoit impossible qu'elles se séparassent sans combattre, quoique le premier dessein du Prince de Condé ne fut pas d'en venir à une bataille. Elle commença par une décharge d'artillerie que fit le Connetable sur les Mousquetaires à cheval, qui éclaircit tellement leurs rangs, que le reste se mit en fuite, les Reitres qui étoient auprès d'eux gagnerent promptement un vallon, pour se mettre à couvert. Moui & d'Avaret vinrent attaquer en flanc un bataillon de Suisses avec tant de vigueur que malgré leur grande resistance, ils le percerent, le Prince de Condé qui chargea en queuë le même bataillon, en tua quantité, & les Reitres qui le suivirent de près firent une bien plus grande tuërie. Cependant ces Suisses se rallierent & tinrent ferme. D'Anville qui vint pour les secourir, fut investi par les Reitres qui l'obligerent de se retirer vers l'aîle droite des Catholiques, après avoir perdu Montberon son frere, troisiéme fils du Connétable, & au même tems la Rochefoucaut donna sur les Suisses qui se défendirent si bien, qu'il fut obligé de se retirer avec perte.

L'Amiral avec son corps & deux escadrons de Reitres, attaqua le Connétable son oncle qui commandoit le corps de bataille, il l'enfonça : il y en eut qui se défendirent bien : mais un grand nombre prit la fuite, quelques-uns sans s'arrêter s'en allerent à Paris, & y porterent la fausse nouvelle de la perte de la bataille. On dit que cette nouvelle aiant été apportée à la Regente, elle ne dit autre chose sinon : *Hé bien il nous faudra prier Dieu en François.* Le *Le Connétable pris.* Connétable eut un cheval tué sous lui, il fut ensuite blessé à la machoire, & se rendit prisonnier de guerre aux Reitres. Les Bretons après peu de défense

---

Les mêmes. manniam versus iter haberi volebat, & ad Portum Gratiæ exercitum duci, ubi Reformati peditum Anglorum agmen excepturi erant, & pecuniæ summam ut Germanis stipendia solverentur, qui cum tamdiu non numerata pecunia in armis essent, ad tumultum movendum jam parati erant. Exercitus Drocum venit, & oppidum capere tentavit ; sed incassum, exercitu regio semper sequente. Narrat Thuanus Condæum præsagia quædam futurarum cladium habuisse : præcipuum vero fuisse somnium, quo vidit tria fore prœlia in queîs Triumviri occiderentur, & in quarto demum se moriturum esse, seque ibi in cadaverum cumulo prostratum vidisse.

Adeo vicini exercitus erant, ut vix videretur posse res sine prœlio terminari, etsi tamen Condæus certaminis aleam subire non cogitabat. Cœpit vero pugna cum Constabularius tormenta pyria explodi jussit in sclopetarios equites, quæ adeo ordines illorum rupit & fregit, ut reliqui fugam capesserent. Germani vero equites qui vicini erant, confestim se in vallem vicinam conjecerunt, ut ne ignitis globis paterent. Moius & Avaretus Helvetiorum latus adorti sunt tanto impetu, ut quamvis illi fortissime pugnarent, medios tamen transgrederentur. Condæus qui postea venit, Helvetii agminis ima terga concidit, & Germani equites, qui sequebantur, eorum magnam stragem fecere. Inter hæc tamen Helvetii, restaurans ordinibus firmiter stabant. Damvillæus autem, qui ut Helvetiis opem ferret accessit, a Germanis equitibus circumfusus, versus aliam dexteram Catholicorum se recipere coactus est, postquam Montberonem fratrem Constabularii tertium filium amiserat ; eodemque tempore Rupifucaldus etiam eosdem Helvetios est aggressus, qui tam fortiter illum excepere, ut cum damno recedere compulsus sit.

Colinius vero cum suo agmine & duobus Germa- *Les mêmes.* norum equitum signis, Constabularium matris suæ fratrem, qui mediæ aciei imperabat, fortiter impetiit, Pars istius aciei strenue hostem propulsavit ; sed quamplurimi fugam fecerunt ; aliqui etiam ex ipsis Lutetiam petiere, & acceptam cladem nunciavere. Quidam narrant Catharinam his auditis hæc solum dixisse : *Nobis ergo Gallica lingua Deo supplicandum erit.* Constabularius equo suo peremto, in maxilla vulnus accepit ; atque a Germanis circumfusus, iis sese dedidit. Armoricani etiam post levem pugnam se

se mirent aussi en fuite. Il n'y eut que les Suisses qui tinrent toujours ferme
contre les Reitres & les François. Moui vint encore les attaquer ; mais Biron
avec un gros de cavalerie le chargea ; il fut repoussé, & son cheval aiant été
tué sous lui, il demeura prisonnier de guerre.

1562.

Il y avoit encore une aîle de l'armée qui n'avoit point combattu, dans
laquelle étoit le Duc de Guise, qui ne commandoit que sa Compagnie de
Gendarmes, aimant mieux être là comme simple Capitaine, qu'avoir un
plus ample commandement sous le Connetable. Mais sa naissance & sa haute
reputation faisoient qu'on lui déferoit beaucoup, & que ses conseils passoient
pour des ordres. De son avis le Maréchal de Saint André qui conduisoit
l'avant-garde, alla charger les troupes du Prince de Condé, qui après avoir
mis le corps de bataille du Connetable en déroute, ne gardoient plus aucun
ordre. Il fit marcher les Gascons suivis des Espagnols contre l'infanterie Huguenote, qui fut d'abord mise en fuite, & les Espagnols en firent un grand
carnage. Après quoi le Duc de Guise, le Maréchal de Saint André, & d'Anville qui étoit venu les joindre, chargerent leur cavalerie, qui fut bien-tôt
mise en déroute. D'Andelot d'un côté tâchoit de faire revenir les Reitres au
combat ; mais il ne pût rien gagner sur eux. D'un autre côté le Prince de
Condé & l'Amiral, qui avoient ramassé deux cens chevaux voulurent encore
ramener les Reitres à la charge ; mais ils se retirerent avec plus de vitesse,
& entraînerent avec eux les François. Le Prince de Condé fut obligé de les
suivre. Il avoit déja été blessé à la main, son cheval blessé n'en pouvant plus,
il fut obligé d'en prendre un autre, & dans ce tems-là il fut fait prisonnier
par d'Anville.

Le Prince
de Condé
pris.

Les Reitres & les Cavaliers François du parti Huguenot, qui se retirerent
du combat après avoir passé la vallée, s'arrêterent à une éminence tandis que
le Duc de Guise étoit occupé à combattre & à défaire deux mille pietons Allemans, qui s'étoient retranchez dans des masures. Le Maréchal de Saint
André s'avisa alors, mais trop tard, d'aller attaquer cette Cavalerie Allemande & Françoise, qui après s'être retirée en desordre, s'étoit enfin arrêtée, dans le dessein de la rompre, & de tâcher ensuite de délivrer le Connétable prisonnier. Mais l'Amiral, qui joint avec Portien & la Rochefoucault,
avoit assemblé trois cens Gendarmes François & mille Allemans, vint le char-

---

terga dedere. Soli Helvetii contra Germanos & Francos firmiter steterunt. Movius illos adoritur: at Birono superveniente cum equitum manu depulsus ille, & amisso equo captus fuit.

Supererat adhuc exercitus ala, quæ nondum pugnaverat, in qua Guisius erat, qui suo tantum cataphractorum agmini imperabat, malebat quippe sic paucos ducere, quam secundas in exercitu post Constabularium tenere. Verum & generis claritas, & ea qua apud omnes valebat nominis fama id efficiebat, ut consilia ejus quasi mandata haberentur. Ipso innuente Santandreanus qui primam aciem ducebat, Condæi agmina, quæ postquam mediam aciem, cui imperabat Constabularius, fuderant, nullum servabant ordinem, adortus est. Vascones & Hispanos contra Hugonotorum peditatum emisit, qui statim profligatus est. Hispani vero stragem magnam fecerunt. Postea vero Guisius ipse, Santandreanus & Damvillæus qui advenerat, equitatum eorum in fugam vertere. Ex altera parte Andelotus Germanos equi-

tes ad pugnam reducere conatur, sed frustra: ex altera vero Condæus & Colinius, qui ducentos equites collegerant, & ipsi Germanos equites ad pugnam denuo capessendam hortabantur: at illi velocius illum fugam fecere, & equitatum Francorum secum abduxerunt. Condæus fugacem sequi turbam coactus accepto jam in manu vulnere, equo suo qui vulneratus fuerat, deficiente, cum alium conscenderet, a Damvillæo captus est.

Equites Germani & Franci Hugonotorum, qui ex pugna recesserant, vallem transgressi, in loco edito substitere, dum Guisius bis mille Germanos pedites, qui se in maceriis incluserant expugnabat, Santandreanus vero tunc ; sed tardius, equitatum illum Germanicum & Francicum, qui postquam perturbatis ordinibus recesserat, tandem substiterat adoriri voluit, ut illo fugato, Constabularium captum si posset, reciperet. Verum Colinius qui cum Portiano & Rupifu-aldo junctus trecentos cataphractos equites Francos & mille Germanos collegerat, illum for-

CHARLES IX.

1562.
Le Maréchal de S. André tué.

Victoire des Roiaux.

ger vivement : il fut pris , & comme on l'amenoit, un nommé Bobigni, à qui il avoit fait autrefois un grand déplaisir, lui donna un coup de pistolet à la tête & le tua. Les Catholiques soûtenoient avec peine l'effort de l'Amiral. Mais le Duc de Guise qui avoit l'œil à tout, fit marcher de vieilles troupes d'Arquebusiers François, qui prirent l'Amiral & ses gens en flanc : de sorte qu'il fut obligé de se retirer bien vîte en gardant quelque ordre pourtant. Le Duc de Guise le poursuivit quelque tems. Mais la nuit venant, il revint dans son camp & l'Amiral se retira à Neuville. Il voulut persuader aux Reitres de revenir le lendemain au combat ; mais il ne pût jamais les y resoudre.

La bataille dura quatre ou cinq heures. Le nombre des morts monta à près de huit mille hommes. La perte fut presque égale des deux côtez. Le Duc de Nevers fut blessé à mort par un des siens, les deux Généraux de l'un & de l'autre parti demeurerent prisonniers, avec plusieurs autres gens de qualité. D'Ossun qui par sa valeur avoit acquis tant de réputation dans le Piemont, que son nom avoit passé en proverbe , surpris d'une terreur panique, s'enfuit de la bataille. Mais il en eut tant de honte , qu'il s'abstint de manger & de boire, & mourut de déplaisir.

PL. XIX.

On representa en gravûre cette bataille de Dreux la plus disputée des deux côtez qu'il y eut dans toutes ces guerres. On la fit graver dans le tems même en plusieurs estampes. Nous avons choisi les deux qui representent ce qu'il y eut de plus memorable dans cette bataille, la défaite du Connétable, la prise du Prince de Condé, & la victoire remportée par le Duc de Guise. Dans la premiere planche , on voit d'abord l'avant-garde commandée par le Duc de Guise, qui ne branle point attendant l'occasion favorable, la défaite du corps de bataille commandé par le Connétable qui fut pris ; la fuite des Lanskenets sans combattre , & plusieurs autres choses indiquées sur les lieux.

PL. XX.

Dans la seconde planche , on voit encore cette avant-garde commandée par le Duc de Guise. Il a détaché un corps de Cavalerie , qui défait actuellement plusieurs bataillons François de l'armée du Prince de Condé; au haut de la planche les Suisses Roiaux souvent attaquez & percez même par les troupes du Prince , tiennent ferme : au lieu que les Lanskenets du Prince, voiant les François mal menez par les troupes du Duc de Guise, prennent la fuite sans combattre. Les Reitres du Prince se retirent. Le Prince de Condé

---

titer aggressus est : captus autem ille fuit, & cum duceretur , a Bobinio , quem atroci olim injuria affecerat, ictu sclopeti necatus est. Catholici vix Colinii impetum ferebant : verum Guisius , qui rebus omnibus prospiciebat, veterum sclopetariorum Francorum turmam emisit, quæ Colinii latera aggressa est,ita ut pedem ille referre coactus sit;aliquo tamen servato ordine. Guisius illum insequutus est: verum appetente nocte ad castra sua rediit, & Colinius Neovillam se recepit. Germanum equitatum ut insequenti luce ad pugnam rediret cohortatus est; sed frustra cessit conatus.

Hæc pugna per quatuor vel quinque horas protracta fuit : cæsi utrinque ad octo millium hominum numerum pertigere , par ferme utrinque cædes fuit. Nivernensis Dux ab aliquo suorum lethali vulnere confossus est. Duo præcipui duces utriusque exercitus capti sunt, cum plurimis aliis proceribus. Ossunius, cujus virtus in Pedemontii bello in proverbium abierat , quodam panico terrore correptus , ex pugna aufugit; at ex pudore tantam concepit ægritudinem, ut ex inedia vitam finieret.

Illo ipso tempore in tabulis delineata fuit Drocensis pugna , in qua fortissime utrinque certatum , & dubia diu martis fortuna fuit, plusquam in aliis omnibus hujus belli prœliis. In tabulis autem plurimis tunc varii ipsius eventus descripti habentur : ex illis vero duas delegi tabulas , quæ insigniora quæque referunt , Constabularii nempe cladem , Condæum Principem captum , & Guisii Ducis victoriam. In prima tabula statim visitur prima acies, quæ stat immota, a Duce Guisio rem bene gerendi occasionem captante ; clades mediæ aciei , cujus dux Constabularius captus fuit , fuga Germanorum peditum hostem non expectantium , plurimaque alia , quæ in tabula ipsa suis locis indicantur.

In secunda tabula , prima illa acies denuo conspicitur Guisio duce, qui equitum agmen emittit, a quo profligantur plurimæ turmæ Francorum Condæani exercitus. In suprema tabula Helvetii regii sæpius impetiti , & a Condæanis perrupti, ordines semper restaurant , cum contra Germani pedites Condæani, Francos pedites sui exercitus fractos videntes ; ne expectato quidem hoste , fugam faciunt. Germani etiam equites Condæani receptui canunt. Princeps Con-

AUTRE CHARGE OU LE PRINCE DE CONDÉ

DE CONDÉ EST PRIS ET SON ARMÉE DEFAITE.

au bas de la planche est fait prisonnier dans le bois, & l'Amiral rallie les troupes qui fuient. La prise & la mort du Maréchal de Saint André, & la retraite de l'Amiral ne se voient pas ici.

Le Duc de Guise traita le Prince de Condé son cousin germain, & en même tems son plus grand ennemi, de la maniere la plus genereuse. Il lui fit toutes les caresses possibles & le fit coucher avec lui dans son propre lit. Il envoia à la Regente un détail de ce qui s'étoit passé à la bataille. La gloire qu'il y avoit acquise ne plut pas trop à Catherine. Elle craignoit sa grande puissance, & l'autorité qu'il avoit dans les troupes : mais comme elle étoit depuis long-tems exercée dans l'art de dissimuler, elle s'accommoda au tems, témoigna une grande joie de cette victoire, & envoia au Duc de Guise des Lettres du Roi, où il le déclaroit Lieutenant General de ses armées. Les Huguenots déclarerent aussi l'Amiral leur General pendant le tems de la prison du Prince de Condé. Il demeura quelques jours aux environs de Dreux, & se rendit depuis dans le Vendomois, d'où il vint à Beaugenci.

La Regente étoit bien informée que les Huguenots avoient fait venir des secours d'Allemagne, en supposant qu'elle & le Roi son fils étoient tenus en captivité, que c'étoit elle-même qui souhaitoit que les Princes Allemans envoiassent des troupes pour la mettre en liberté. Elle vint à Blois avec le Roi, & écrivit au Landgrave de Hesse, que tout ce que les Huguenots avoient dit en ce pays-là de la captivité du Roi & de la Regente sa mere, n'étoit qu'une imposture dont ils s'étoient servis pour tirer de là un renfort & soûtenir leur rebellion. Elle le prioit de ne plus ajoûter foi à ces perturbateurs du repos public, & de ne point envoier des troupes contre le Roi leur allié. Elle fit la même priere aux autres Princes Protestans. Les lettres furent signées par tous les Princes du Sang. A la nouvelle de cette victoire le Pape, qui tenoit alors le Concile de Trente, témoigna une grande joie, & comme on étoit informé que le gain de la victoire étoit dû au Duc de Guise, on en congratula le Cardinal de Lorraine.

Pendant que les deux armées étoient en mouvement & jusqu'à la bataille de Dreux, il y eut bien de petites guerres dans le Roiaume. Le brave Piles Gentil-homme Perrigordin, Huguenot de profession, prit plusieurs petites places, Terride assiegea inutilement Montauban, le Duc de Nemours tâcha

---

dæus in ima tabula captus in silva conspicitur. Præfectus vero maris fugaces turmas excipit, & in ordines redigit. Santandreanus postea captus & occisus est, ac Præfectus maris receptum habuit; sed hæc postrema, in tabula non repræsentantur.

Guisius Condæum consobrinum, sibique tamen infensissimum, captum generose admodum, & cum omni amicitiæ significatione excepit, ac cum ipso eodem in lecto pernoctavit. Catharinæ Regenti descriptam pugnæ seriem misit. Gloria quam sibi Guisius pepererat, Catharinæ non multum placuit; timebat illa potentiam ejus & auctoritatem, quam apud exercitûs primores occupabat; sed quia illa in dissimulandi arte jamdiu exercita erat, tempori cessit, grandem de victoria lætitiam testificata est, & ad Guisium literas regias misit, queis ille Præfectus Generalis exercituum declarabatur. Hugonoti autem Colinium Præfectum sibi constituerunt. Ille vero aliquot diebus prope Diocum mansit, posteaque in Vindocinensem tractum movit. Demum Balgentiacum venit.

Non ignorabat Catharina Regens Hugonotos auxilium sibi ex Germania accivisse, ob sparsum ab ipsis rumorem, quod nempe Rex & Regina mater, captivi detinerentur, & quod ipsa Catharina cuperet ut sibi Germani Principes auxilia mitterent ad libertatem recuperandam. Blœsas ergo cum Rege venit, & Regis nomine Landgravio Hassiæ scripsit, omnia quæ Reformati scripserant de Regis & Reginæ matris captivitate meram esse calumniam, quam confinxerant ut opem sibi pararent & in rebellione persisterent. Rogabat ne fidem haberet tranquillitatis publicæ turbatoribus, nec contra Regem ipsi societate junctum copias mitteret. Eadem a cæteris Principibus petiit Protestantibus. Istæ literæ ab omnibus regii sanguinis Principibus subscriptæ fuere. Hujus victoriæ fama Summo Pontifici, qui tum Concilium Tridentinum tenebat, allata, ipsum gaudio perfudit, & quia a Guisio reportata ferebatur, Cardinali Lotharingo fratri omnes gratulati sunt.

Dum ambo exercitus in motu essent usque ad Drocensem pugnam, in variis Regni partibus bella minora gerebantur. Pilius nobilis Petracoricensis, vir strenuus, & Hugonotus, plurima castra cepit. Terrida Montalbanum obsedit; sed irrito conatu, Nemoro-

CHARLES IX.

1563. de prendre Lion, mais sans succès comme la premiere fois. Il y eut encore bien d'autres prises de places, sieges, rencontres, où tantôt les uns, tantôt les autres eurent le dessus.

L'Amiral, qui comme nous avons dit ci-devant étoit venu à Beaugenci, passa la Loire & alla assieger Celles qui se défendit peu de tems, il trouva là des reliquaires & des vases sacrez, que les Prêtres des environs y avoient apportez comme à un lieu de sûreté; & s'en servit pour paier les Reitres & les Allemans de son armée: la Rochefoucaut prit aussi Saint Agnan & Montrichard. D'un autre côté le Duc de Guise qui se disposoit à faire le siege d'Orleans, prit d'abord Etampes. Il sembloit que l'Amiral, qui savoit son dessein, ne devoit pas s'éloigner pour être à portée de secourir les assiegez, & il seroit apparemment resté dans le voisinage; mais craignant le tumulte continuel des Allemans, qui demandoient à être paiez, il repassa la Loire pour se rendre en Normandie, & y toucher l'argent que la Reine d'Angleterre lui envoioit. Il alla à Saint Pierre sur Dive, où il enleva tout l'or & l'argent qui se trouva dans l'Eglise, & tous les vœux & presens qu'y faisoient les gens de mer pour obtenir une heureuse navigation, ce qui attira à son parti la haine de tout le voisinage. Il prit aussi le Pont-l'Evêque. La flote Angloise arriva avec quelques troupes & l'argent que l'Amiral attendoit tant. Les Reitres toucherent alors leurs montres. Les Protestans de Cân l'envoierent prier de venir assieger la Citadelle, où commandoient pour le Roi le Duc d'Elbœuf & Renouard. Il y alla & fit battre la place, qui se défendit très-mal, la batterie fit d'abord une fort petite breche, où l'on ne pouvoit monter qu'avec des échelles. On vint à l'assaut, & le Duc d'Elbœuf malade de la fievre quarte, & Renouart se retirerent dans le Donjon. La citadelle fut prise: le Duc d'Elbœuf demanda à capituler. Dans l'état des choses il ne devoit être reçu qu'à discretion: un frere du Duc de Guise prisonnier étoit alors un objet considerable. On auroit pû l'échanger avec le Prince de Condé; mais la nouvelle de la mort du Duc de Guise, quoiqu'incertaine, qui vint alors, obligeant l'Amiral de se rendre incessamment à Orleans, il traita, & donna liberté au Duc d'Elbœuf de se retirer où il voudroit avec sa garnison.

Revenons au Duc de Guise: il vint selon son projet assieger Orleans, & fit

L'Amiral va en Normandie.

Les mêmes.

sius Dux Lugdunum recuperare iterum conatus est, sed non feliciore exitu. Alia quoque oppida capta, obsidiones, pugnæ, velitationesque fuere, ubi modo hi, modo alii superiores evaserunt.

Colinius, qui ut jam diximus Balgentiacum venerat, Ligeri trajecto Cellas obsedit, quæ non diu obsidionem tulere. Ibi Reliquiarum thecas & vasa sacra multa reperit, quæ a vicinis Sacerdotibus istuc quasi in tutum locum comportata fuerant, illisque usus est Colinius ad Germanorum stipendia solvenda. Rupifucaldus etiam cepit Sanctum Anianum & Montricardum cepit. Ex altera vero parte Dux Guisius, qui ad Aureliani obsidionem sese apparabat, Stampas statim cepit. Colinius qui ejus propositum non ignorabat, e vicino consessurus esse videbatur ut obsessis auxilia subministraret, atque ut credere est, non recessurus erat. At tumultum Germanorum perpetuum metuens, qui stipendia expetebant, Ligeri iterum trajecto in Normanniam comportata fuerant, ut pecuniam ab Regina Angliæ promissam reciperet. Sanctum Petrum ad Divam petiit, unde aurum & argentum totum abstulit ex navigantium votis frequentibus cumulatum, quod

ejus factioni vicinorum omnium odium conciliavit. Episcopi-pontem etiam cepit. Anglica classis tandem appulit cum pugnatorum manu & pecunia, quam Maris Præfectus exspectabat. Germanis tunc stipendia sua numerata sunt. Cadomenses Protestantes ipsum rogavere obsessum veniret arcem Cadomensem, ubi pro Rege imperabant Ellebovius Dux & Renuardus. Venit ille & arcem tormentis pyriis impetit, Præsidiarii ignavia multa sunt uti, parvam ruinam tormenta fecêre, nec nisi scalis admotis poterat arx oppugnari. Oppugnata tamen arx fuit. Ellebovius quartana febri laborans, & Renuardus in arcis propugnaculum confugerunt. Arce capta Ellebovius pacisci voluit. Talis rerum conditio erat, ut nonnisi ad arbitrium hostis pacifci posset; frater Guisii Ducis tunc captus rei Hugonotorum tum opportunus fuisset; poterat enim cum Condæo Principe commutari; sed Guisii Ducis enecti fama licet incerta quæ tunc volitavit, Colinium cogebat Aurelianum statim proficisci. Cum Ellebovio igitur transegit, & facultatem dedit ei quo vellet eundi cum præsidiariis suis.

Ad Guisiæ Ducem redeamus; ut proposuerat ipse

peu de jours après son arrivée attaquer le Fauxbourg du Portereau, gardé d'un côté par des François & de l'autre par des Allemans. D'Andelot avoit intention de ne le garder que jusqu'à ce qu'il auroit fait transporter dans la Ville quelque bagage & quelques hardes : après quoi son dessein étoit d'y mettre le feu. Les Roiaux donnerent d'abord sur le quartier des François, qui se défendirent vaillamment ; mais les Allemans sans attendre qu'on vînt à eux, prirent la fuite vers les Tournelles, & trouvant des chariots qui emportoient le bagage, ils tomberent les uns sur les autres, & firent comme des monceaux de corps morts ou *de bêtes*, disent les Historiens. Les François qui se retirerent après s'être bien défendus, augmenterent la foule. Il y eut-là bien des gens tuez ; d'autres furent étouffez ; plusieurs se jetterent dans la riviere. Enfin la terreur étoit si grande que si d'Andelot n'étoit venu pour y mettre ordre, on croit que les Tournelles & peut-être la Ville auroient été prises.

Le Portereau étant ainsi pris, les Roiaux s'y logerent, & l'on mit des Arquebusiers dans quelques maisons fort élevées, d'où l'on voioit ce qui se passoit dans un quartier de la Ville, ce qui portoit grand dommage aux assiegez. Le Duc de Guise fit ensuite attaquer les Tournelles qui se défendirent bien pendant quatre jours, & furent depuis prises par la nonchalance des assiegez.

Ce fameux siege se trouve gravé dans le tems même tel que nous le donnons dans la planche suivante. Le Duc de Guise est dans le Fauxbourg du Portereau, qu'il a déja pris aussi-bien que les Tournelles, où l'on voit du canon braqué contre la Ville. La grande batterie dressée à droite & à gauche de ces Tournelles montoit à trente-deux pieces de canon. On voit au bas de la Planche d'un côté le quartier de l'Infanterie Françoise, Gasconne & Espagnole, & de l'autre les Suisses.

P L. XXI.

Tout étoit disposé de maniere que la Ville alloit être infailliblement prise & dans peu de tems, lorsqu'un malheureux coup changea toute la face des affaires. Jean Poltrot de Meré Gentilhomme Angoumois, Huguenot de profession, & fort attaché à cette nouvelle Religion, avoit formé depuis quelque tems le dessein de tuer le Duc de Guise, & s'en étoit vanté en quelque occasion. Voiant Orleans assiegé & les Réformez sur le point de souffrir un grand échec, il resolut de faire son coup. Il vint trouver le Duc de Guise, & lui dit

Le Duc de Guise blessé à mort par Jean Poltrot.

Aurelianum obsedit, & paucis postea diebus Flumanum suburbium oppugnari jussit, quod Franci hinc, Germani inde custodiebant. Andelotus vero suburbium illud donec quædam supellex in urbem translata fuisset tantum defendi volebat, posteaque igneni in illud immittere destinaverat. Regii Francos primum adorti sunt, qui strenue pugnavere. Germani vero nec exspectato hoste fugam fecerunt versus Turriculas, & inventis carris qui suppellectilem auferebant, ruerunt illi alius supra alium lapsi, & ceu cumulos corporum, seu *bestiarum* fecerunt, aiunt historiæ Scriptores. Franci qui postquam se strenue defenderant, receptum habebant, cumulum auxere. Istic multi cæsi, alii suffocati sunt, alii sese in flumen præcipitarunt. Tantus denique terror fuit, ut nisi Andelotus accurrisset, Turriculæ, ut putabatur, etiamque urbs ipsa fortassis capta fuisset.

In suburbio sic capto Regii sedes posuerunt : atque in quibusdam domibus sublimioribus, unde quæ in quadam urbis parte gerebantur conspici poterant, sclopetarii positi sunt, qui multum damni obsessis importabant. Guisius postea Turriculas impugnari jussit, quæ quatuor dierum spatio Regios distinuerunt, præsidiariis strenue propugnantibus. Sub hæc autem hi remissius egerunt & Turriculæ captæ sunt.

Hæc celebris obsidio illo ipso tempore delineata visitur, ut hic repræsentatur in tabula sequenti. Dux Guisius in Flumencanco suburbio quod ceperat, obambulans exhibetur observandi causa. Jam Turriculas expugnaverat, ubi pyria tormenta contra urbem directa conspiciuntur. Magna illa series tormentorum visitur, quæ ad dexteram & sinistram Turricularum ad triginta duo tormenta pertingit. In ima tabula hinc Franci, Vascones & Hispani pedites, inde vero Helvetii observantur.

Eo in statu tum res erant, ut post paucos dies urbs expugnanda fore videretur, cum infelici horrendoque facinore rerum conditio mutata fuit. Joannes Poltrotus Meræus Engolismensis nobilis Religione Hugonotus, & inter ardentiores istius hæreseos sectatores, a quodam tempore Guisii Ducis occidendi propositum jam adoptaverat, & quibusdam declaraverat. Cum videret ergo Aurelianum obsessum, & Hugonotorum cladem inde mox sequuturam ; tum exsequi statuit. Guisium ergo adivit, dixitque illi se

R iij

1563. qu'il étoit ci-devant Huguenot, mais qu'à presént, persuadé que la Religion Catholique étoit la veritable, il étoit résolu de l'embrasser. Le Duc de Guise le reçut humainement, & le fit même manger quelquefois à sa table. Poltrot observa le tems & l'occasion, & voiant que le Duc alloit tous les jours peu accompagné de son logis au Portereau & revenoit de même, il l'attendit, & à son retour il lui tira un coup de pistolet à trois balles dans l'épaule, & le blessa à mort. Le Duc appella ses gens & fut porté en sa maison.

Poltrot s'enfuit à cheval dans la forêt voisine, & après avoir couru toute la nuit, il se trouva le lendemain matin auprès d'Orleans, & son cheval n'en pouvant plus, il descendit & s'endormit. On le trouva là; il fut reconnu, pris & mené deux jours après à la Regente, qui le fit interroger en presence de plusieurs Princes & Seigneurs. Nous avons cet interrogatoire où Poltrot déclare que c'étoit l'Amiral, Theodore de Beze & un autre Ministre qui l'avoient porté à faire ce coup. Il chargea aussi la Rochefoucaut comme étant du complot. Interrogé si le Prince de Condé, d'Andelot & Soubise étoient aussi de la partie, il répondit que non, qu'ils n'en avoient rien sçû; & qu'ayant depuis communiqué son dessein à Soubise, il avoit tâché de l'en détourner. Il ajoûta que les Huguenots en vouloient encore à la Reine Mere, au Duc de Monpensier & à Sansac, & que l'Amiral avoit envoié des gens pour s'en défaire.

Poltrot accuse l'Amiral.

L'Amiral qui étoit encore à Cân fut averti de la déposition de Jean Poltrot. Il écrivit à la Reine Mere, protestant *devant Dieu & devant les hommes* qu'il n'avoit eû d'autre commerce avec Poltrot, que d'envoier au camp des Catholiques pour épier & lui donner avis de ce qui s'y passoit. La Rochefoucaut & Beze protestoient de même qu'ils n'avoient eû aucune part à ce meurtre. Tous trois signerent la même lettre. L'Amiral écrivit encore à la Reine-Mere, la suppliant de differer l'execution de Poltrot, jusqu'à ce qu'il auroit été confronté avec lui. On ne sçait pourquoi la Reine ne lui accorda pas cette demande, qui paroissoit juste.

Cependant le Duc de Guise blessé à mort tendoit à sa fin. Se voiant hors d'esperance de guerison, il fit appeller sa femme & son fils aîné Henri. Il recommanda à la mere d'elever ses enfans dans la crainte de Dieu, de les faire

---

pridem Hugonotum fuisse; jam vero persuasum Religionem Catholicam solam esse veram, ad illam amplectendam esse paratum. Perhumaniter ille a Duce Guisio exceptus fuit, & aliquando etiam ad ejus mensam admissus. Poltrotus tempus & occasionem observavit, videnfque Ducem quotidie cum paucis comitibus ad suburbium Flumentaneum ire, atque inde reverti, ipsum exspectavit, & sclopeti ictum emisit, atque ille tribus globulis humerum penetrantibus lethali vulnere affectus, in hospitium a suis allatus est.

Poltrotus equo consenso in vicinam silvam aufugit, & postquam totam noctem erraverat, insequenti luce proxime Aurelianum advenit; cumque equus lassus ultra progredi non posset, exscensu facto ille obdormivit. Deprehensus & agnitus captus fuit, ac post biduum ad Reginam matrem adductus est, quæ ipsum coram multis Principibus & Primoribus interrogari jussit. Interrogationum & responsionum etiamnum editum rescriptum habemus, ubi Poltrotus declarat, se Maris Præfecto, Theodoro Beza, alioque Ministro instigantibus, hoc facinus suscepisse: Rupifucaldum etiam ut conscium accusavit. Interrogatus an Princeps Condæus, Andelotus & Subisius in partem consilii venissent, negavit ille, ipsofque rem ignorasse dixit: imo cum ipse Poltrotus id consilii Subisio declaravisset, Subisium ipsum a tali proposito avertere conatum fuisse. Addiditque Hugonotos etiam Reginam matrem, Montpenserium & Sansacum de medio tollere velle, & Maris Præfectum viros misisse, qui id exsequerentur.

Maris Præfectus qui Cadomi adhuc erat, Joannis Poltroti testimonia edidicit, ac Reginæ matri scripsit, obtestans ante Deum & homines se non alia de causa Poltrotum ad Catholicorum castra misisse, quam ut exploraret, & quæ gerebantur sibi nota faceret. Contestabantur item Rupifucaldus & Theodorus Beza se cædis hujusmodi consortes nullo pacto fuisse. Eam ipsi epistolam subscriptione sua muniere. Colinius Catharinæ quoque scripsit, rogans supplicium Poltroti differret, donec ipse coram illo sisteretur. Rem justam cur illa non concesserit ignoratur.

Interea lethali vulnere confossus Dux Guisius sensim exstinguebatur. Ubi vidit autem nullam vitæ spem superesse, uxorem & Henricum primogenitum advocat; matremque hortatur ut filios in Dei timore

SIEGE D'OR

CHARLES IX.

bien instruire, & de veiller à ce qu'ils ne se plongeassent point dans les vices de la Cour. Il fit aussi une exhortation à son fils aîné Henri. Il renouvella ses regrets sur le meurtre de Vassi, protestant que c'étoit contre son gré & malgré ses ordres, que ses gens voiant leur maître blessé avoient fait ces executions, qui avoient été comme le signal de la guerre civile. Il recommanda ses enfans au Roi & à la Reine Mere, & lui conseilla de faire la paix, & de regarder comme ennemis de l'Etat ceux qui lui donneroient un autre conseil : après quoi cette ame héroïque se disposa à la mort avec tous les sentimens les plus chretiens, se confessa, reçut le Saint Viatique, & mourut huit jours après sa blessure.

Mort du Duc de Guise & son caractere.

C'étoit, dit M. de Thou, le plus grand homme de notre siecle, digne de toute louange, de l'aveu même de ses envieux, également habile à la guerre, qu'il faisoit avec succès, & à donner conseil dans les affaires importantes. Ç'auroit été un grand ornement de la France, s'il fût venu dans des tems moins orageux. Son frere le Cardinal Charles, esprit remuant & fougueux, l'entraîna quelquefois à des actions violentes, mais c'étoit fort contre son gré, & le plus ordinairement il moderoit lui-même la trop grande ardeur de Charles, & le contenoit dans de justes bornes.

La Regente commença à traiter de la paix avec le Prince de Condé & avec delot avant même que le Duc de Guise fût mort, & après son décès elle ... prier le Duc de Wirtemberg de se trouver au Traité pour en être comme l'a ...itre, ce qu'elle faisoit de peur que le Prince de Condé & le Connétable, Chefs des deux partis, dont elle vouloit rabattre la puissance, ne s'en fissent honneur. Le Duc de Wirtemberg s'en excusa & n'y vint point. Jean Poltrot fut conduit à Paris, où il fut condamné à être tenaillé avec des tenailles ardentes, & puis tiré à quatre chevaux. Avant que d'être executé, il varia beaucoup dans ses dépositions.

Catherine vouloit à toute force faire la paix avant que l'Amiral vînt de la Normandie, où il attendoit l'argent de la Reine d'Angleterre pour paier les Reitres : elle faisoit continuer & presser même le siege d'Orleans pour intimider les Huguenots, & parvenir plus facilement à son but, elle tâcha d'abord de gagner Eleonor de Roie, Princesse de Condé, en l'embrassant, & lui

---

educet, ipsos probe institui curet, advigiletque ne in aulae regiae vitia dilabantur. Filio quoque Henrico monita dedit. Stragis autem Vassiacensis jam co ceptum maerorem renovavit, obtestans se invito, & ontraria jubente, suos sevulneratum videntes, in c... es illas prorupisse, quae belli civilis quasi signum f... tant, filios filiasque suas Regi & Reginae matri co... mmendavit, consiliumque ipsi dedit ut pacem fac... et, ac ceu hostes haberet eos qui contraria suaderent. Posteaque vir ille heroicae virtutis sese ad mortem Christiano motus sensu apparavit, peccata confessus est, Viaticum accepit, & octavo post acceptum vulnus die obiit.

Vir, inquit Thuanus, nostra aetate vel fatente invidia, maximus & quavis laude dignus, seu militaris scientiam cum summa felicitate conjunctam, sive maturam in rebus agendis prudentiam spectes : & ... cto in Galliae bonum atque ornamentum natus ... si in pacatiora tempora, & rectius administratam ...publicam incidisset. Ejus frater Carolus Cardinal...s, violenti ingenii homo, ad res aliquando ip... m rationi non consentaneas pertraxit ; sed quasi invitum & praeter morem suum ; ejusque ille consilia interdum aversabatur, ipsumque ad moderationem agendi morem reducebat.

Catharina de pace cum Condaeo agere coepit, nec non cum Andeloto, etiam antequam Guisius moreretur. Post obitum autem illius, Virtembergium Ducem rogari curavit ut congressui & pactionibus pro asserenda pace interesset ut quasi arbiter esset ; id quod illa curabat ut ne Condaeus & Constabularius ambarum duces factionum, quorum illa potentiam reprimere cupiebat, id sibi honoris adscriberent. Virtembergius autem sese excusavit, nec interesse voluit. Joannes Poltrotus Lutetiam ductus est, & ex Judicum sententia forcipibus ardentibus laceratus, & a quatuor equis membratim divulsus fuit, postquam interrogatus varia & contraria protulerat.

Catharina pacem omnino facere volebat antequam Colinius rediret ex Normannia, ubi pecuniam a Regina Angliae promissam expectabat, Germanis suis numerandam. Curabat Catharina ut Aureliani obsidio continuaretur, imo cum vi majore, ut Hugonotos terrore percelleret, faciliusque scopum suum assequeretur. Statim vero Eleonoram Roiam sibi conciliare curavit, quam amplexibus & officiis delinire

La Popeliniere.
Thuanus.

Les mêmes.

1563. faisant mille caresses, pour la porter à gagner son mari, lui faisant esperer qu'il tiendroit le même rang auprès du Roi, que le feu Roi de Navarre son frere. Elle moyenna une entrevûë du Prince de Condé & du Connétable, tous deux prisonniers. Ils vinrent sous sure garde en l'Isle aux Bœufs auprès d'Orleans, où la Regente se trouva aussi, & l'on y traita de la paix. Le Connétable dit qu'il ne consentiroit jamais qu'on remît sur pied l'Edit du mois de Janvier trop favorable aux Huguenots. On proposa de nouveaux moiens d'accord, & la Reine permit au Prince à demi gagné d'entrer à Orleans, pour disposer ceux qui gardoient la Ville à une bonne paix, & elle garda le Connétable auprès d'elle comme pour otage. Le Prince y entra, & trouva les Ministres toujours entêtez. Ils vouloient à force qu'on rétablît cet Edit. Mais tous les principaux Officiers & les Nobles, las de cette guerre, donnerent les mains à un accommodement plus moderé; & le Prince dit tout haut qu'il lui suffisoit d'avoir le consentement de toute la Noblesse.

Paix faite avec les Réformez.

Pl. XXII. Ce Congrès pour la paix fut representé en estampe dans ce tems-là comme on l'a peint dans la planche suivante. On y voit d'abord l'extrêmité de la Ville d'Orleans, d'où est sorti un corps de Cavalerie & un autre d'Infanterie, qui conduisent le Connétable & d'Andelot prisonniers de guerre. Dans l'Isle aux Bœufs se voient deux grandes tentes, auprès de l'une desquelles la Reine Mere & le Prince de Condé marchent pour aller joindre le Connétable & d'Andelot son neveu qui viennent d'arriver. C'est la premiere entrevûë, qui fut suivie de plusieurs autres où la paix fut concluë.

L'Edit fut publié à Amboise. Les principales conditions étoient, que les Gentilshommes Reformez hauts-Justiciers, auroient l'exercice libre pour eux & pour leurs vassaux: Que les autres Gentilshommes aiant fief auroient aussi l'exercice libre, mais dans leurs maisons seulement, à moins qu'ils n'habitassent dans des Villes, des Bourgs ou des Villages d'autres Seigneurs hauts-Justiciers, auquel cas ils ne pourroient exercer cette Religion que de leur consentement: Que dans chaque Bailliage, Sénéchaussée & Gouvernement, il y auroit une Ville assignée, dans les fauxbourgs de laquelle l'exercice de la Religion se pourroit faire par ceux du ressort, & non autres: Que dans toutes les

---

conabatur ut virum suum Condæum Principem, ad suas partes traheret, cui spem faciebat, ipsum eumdem apud Regem locum occupaturum esse, quem Rex Navarræ frater ejus tenuerat. Congressum illa fieri curavit Condæum inter & Constabularium captivos. Ambo autem sub custodia venerunt in Insulam Boum prope Aurelianum, quo Regens ipsa etiam se contulit, & de pace actum est. Constabularius porro dixit se nunquam consensurum esse ut confirmaretur Edictum mensis Januarii, quo nimia libertas Hugonotis concedebatur. Novæ propositæ sunt concordiæ ineundæ rationes; concessitque Regina ut Princeps Condæus, qui jam in hanc concordiæ rationem propendebat, Aurelianum ingrederetur, ut præsidiarios eorumque duces ad pacem hujusmodi amplectendam deduceret, ipsaque Constabularium quasi obsidem penes se detinuit. Condæus in urbem ingressus, Ministros obstinatos reperit: hi omnino volebant Edictum illud confirmari: at præsidiariorum duces, tribuni nobilesque viri, perniciosi belli tædio affecti, manus dabant, & moderatiores admittebant conditiones. Tunc Princeps alta voce dixit, satis sibi esse si Nobilitas tota assensum præberet.

Hic ad pacem faciendam congressus eodem ipso tempore delineatus fuit, qualis exhibetur in tabula sequenti. Hic extrema pars Aurelianensis urbis visitur, unde egressæ sunt manus equitum peditumque, quæ Constabularium Andelotumque captos ducunt. In Boaria insula duo magna tentoria conspiciuntur. Ad alterius ingressum Reginam matrem vides cum Principe Condæo. Ambo autem Constabularium & Andelotum adeunt, qui Aureliano in Boariam Insulam jamjam adducti fuerant. Hic primus congressus fuit pro tractanda pace, quæ post colloquia plurima facta est.

Edictum ergo Ambasiæ publicatum fuit, cujus præcipuæ conditiones erant, ut nobiles proceresque Reformati, qui alta Justitia fruerentur, pro se subditisque suis liberum suæ Religionis exercitium obtinerent, aliique Nobiles feudum habentes, liberum & ipsi exercitium habituri essent, sed in domibus suis tantum: nisi in urbibus habitarent, aut burgis aut pagis aliorum Nobilium alta Justitia fruitium, ubi nonnisi illis consentientibus istam Religionem exercere poterant; quod in quavis Ballivii, Senescalli & Gubernatoris jurisdictione urbs assignanda foret, in cujus suburbiis isthæc Religio exerceri posset ab incolis tantum, non ab aliis; quod in urbi-

Villes

PAIX FAITE A L'ISLE près Orléans.

…AITE A L'ISLE AUX BOEUFS près Orléans.

Villes où cette Religion avoit été exercée jusqu'au septiéme jour du mois de Mars prefent, l'exercice y pourroit être continué en un ou deux lieux tels qu'il plairoit au Roi d'affigner, avec ordre aux Reformez de reftituer aux Catholiques les Eglifes qu'ils avoient ufurpées, avec tous les biens Ecclefiaftiques: Qu'ils n'auroient aucun exercice dans la Ville, reffort & Prevôté de Paris; on leur donnoit une amniftie generale pour le paffé. L'Edit portoit encore que le Prince de Condé ni les fiens ne feroient point recherchez pour toutes les levées des deniers Roiaux, ni pour toute autre chofe qu'ils auroient pris.

L'Amiral à qui le Prince de Condé avoit fouvent écrit de venir promptement à la Cour, n'y arriva que quatre jours après la publication de l'Edit. Il fut fort indigné de ce qu'on avoit paffé des conditions fi peu favorables aux Religionnaires, & en témoigna fon mécontentement. L'Edit fut enregiftré au Parlement de Paris. Celui de Touloufe fort oppofé à l'Huguenotifme, ne le paffa qu'avec bien de la difficulté. On envoia des gens pour faire executer l'Edit dans les Provinces. Plufieurs à qui la charge en fut donnée, uferent de beaucoup de feverité à l'égard des Huguenots. D'Anville fur tout qui fut envoié en Languedoc, de concert avec le Parlement de Touloufe, les traita à la derniere rigueur.

Le Prince de Condé fuivoit toujours la Cour, plongé dans les délices. La Regente cherchoit tous les moiens imaginables pour l'attirer & le détacher du parti des Huguenots; elle le careffoit & tâchoit de gagner fon amitié, lui propofant le Roiaume de Sardagne; c'étoit l'appât avec lequel elle avoit trompé fon frere le feu Roi de Navarre; mais il n'avoit garde de s'y laiffer prendre, il favoit que fon frere n'avoit changé de parti que par cette vaine efperance. Catherine s'apperçût que le Prince faifoit les doux yeux à une de fes Demoifelles. Elle inftruifit cette fille fur la maniere dont elle devoit recevoir fes careffes pour découvrir les fecrets. Eleonor de Roie Princeffe de Condé, femme d'une grande vertu, voiant les affiduitez que fon mari rendoit à la Demoifelle de Limeuil, c'étoit le nom de la fille, en fut fi touchée de déplaifir, qu'elle en mourut. La belle Limeuil eut alors quelque efperance qu'elle pourroit époufer le Prince; mais elle conduifit fi mal fon affaire, que fe familiarifant avec lui plus qu'à l'ordinaire, elle devint enceinte, & fut chaffée de la Cour.

Le Prince de Condé plongé dans les délices.

---

bus omnibus ubi hæc Religio exercita fuiffet ad ufque feptimum diem menfis Martii præfentem, idem exercitium continuari poffet in uno duobufve locis, quæ Regi indicare placeret; jubebanturque Reformati Ecclefias & Ecclefiaftica bona reftituere, quæ ufurpaverant; indicebatur quod nullum Religionis fuæ exercitium habituri effent Lutetiæ, nec in fuburbiis nec in quibufvis Præpofituræ ipfius locis, quod *proprie* generalem pro præteritis rebus geftis habituri effent; Princeps Condæus quem Rex confobrinum fuum appellat, non in caufam vocandus, quod denarios regios collegiffet, vel alia quævis cepiffet.

Colinius, quem Condæus fæpe literis monuerat, ut quamprimum accederet, nonnifi quatriduo poft publicatum Edictum advenit, indignatufque fuit quod conditiones Reformatis tam importunæ admiffæ fuiffent, id quod ipfe verbis teftificatus eft. Edictum in acta Curiæ Senatus Parifini relatum fuit. Tolofana vero Curia Hugonotis infenfa, cum magna difficultate illud in acta retulit. Miffi autem fuere qui Edictum in Provinciis admitti curarent. Multi cum feveritate grandi illud exegerunt, maximeque Damvillæus qui in Septimaniam miffus fuit, & conjunctis cum Tolofana Curia animis Hugonotos afperrime excepit.

Condæus vero aulam regiam fequebatur femper in voluptates immerfus. Catharina nullum non lapidem movebat ut ipfum pelliceret & ab Hugonotorum factione abftraheret: ipfi blandiebatur, ejufque amicitiam fibi conciliare fatagebat: Regnum ipfi Sardiniæ proponebat; hac enim efca fratrem ejus Regem Navarræ fefellerat; fed non tam facile Condæus inefcari poterat; fciebat enim hac vana fpe ductum fratrem in alias tranfiviffe partes. Catharina videns illum amore cujufpiam puellarum fuarum captum effe, illam inftituit ut per illecebras fecreta cordis Condæi detegeret. Eleonora vero Roia Principis uxor, grandi prædita virtute femina, virum fuum advertens amore captum Limoliæ, hoc puellæ nomen erat, tanto efficta mœrore fuit, ut moreretur. Tunc Limolia fpe ducta eft quod ipfa poffet Principi nubere: at imprudenter ex nimia familiaritate prægnans tandem evafit, & ex aula regia pulfa fuit.

Les mêmes

1563. Le Prince fut severement repris de ceux de sa Religion, de cette vie molle qu'il menoit. Il ne frequenta plus tant ces Demoiselles, & pensa à se marier. Plusieurs partis se presenterent. Marguerite de Lustrac veuve du Maréchal de Saint André, une des plus riches Dames de la Cour, esperoit que ses grands biens lui procureroient son alliance ; elle lui fit même de gros presens. D'un autre côté les Guises pour l'attirer à leur parti, lui proposerent Marie Reine d'Ecosse, veuve du Roi François II. Mais il se détermina enfin pour Françoise sœur du Duc de Longueville, qu'il n'épousa que l'année suivante.

Son mariage.

Au mois de Mai le tresor étant tout-à-fait épuisé, le Roi fit un Edit, portant alienation des biens d'Eglise non compris les Mendians, jusqu'à cent mille écus de rente annuelle, avec permission aux gens d'Eglise de racheter ces mêmes biens. Cela mit tout le Clergé en mouvement. Il soutenoit que cela ne pouvoit se faire sans expresse permission du Pape. Il fallut pourtant passer par là, & l'Edit fut executé à la derniere rigueur.

La veuve & les enfans de François Duc de Guise demandoient toujours justice de l'assassinat dont l'Amiral de Coligni avoit été déclaré l'auteur par Jean Poltrot. Comme ils pressoient vivement le Roi & la Reine Mere, le Prince de Condé allié fort proche de l'Amiral, prit son fait & cause, les Montmorenci se joignirent au Prince par la même raison de parenté. Ils consentoient que l'affaire fut portée en Justice ; mais ils recusoient le Parlement de Paris comme suspect. Par l'avis de la Reine Mere, le Roi commit cette affaire au Grand Conseil. Les Guises y mirent opposition, soutenant que les causes des Pairs du Royaume ne pouvoient être portées qu'au Parlement qui étoit la Cour des Pairs. Le Roi revoqua alors l'ordre donné pour le Grand Conseil, se reserva la connoissance de cette affaire, & en differa la perquisition à trois années de là. Ces debats formerent deux puissantes factions dans le Royaume. Les Parisiens & les Catholiques étoient pour les Guises; & parce que les Montmorenci se declaroient pour l'Amiral, ils les regarderent depuis comme suspects d'Huguenotisme. On s'échauffa de part & d'autre. Les Theologiens & les Prédicateurs animoient souvent le peuple contre les meurtriers de ce Prince, le soutien du parti Catholique : ce qui causa depuis de sanglantes scenes, comme nous verrons.

Les mêmes.

Condæus a Religionis suæ sectatoribus graviter carptus fuit, quod molliori vitæ rationi ita se dedidisset : nec ultra puellas hujusmodi deinceps frequentavit, sed de uxore ducenda cogitavit. Plurimæ connubium hujusmodi ambiebant. Margarita Lustracia, quæ Santandreani uxor fuerat, interque opulentissimas aulæ regiæ numerabatur,hinc seconjugem futuram sperans, multis magnisquedonis ipsum tentavit. Guisii quoque ut illum ad partes suas traherent, Mariam Scotiæ Reginam,quæ Francisci II. uxor fuerat,ipsi sponsam offerebant.At ille tandem Franciscam Longavillæi Ducis sororem anno sequenti duxit.

Les mêmes.

Mense Maio sequenti, cum ærarium regium exhaustum omnino esset, Edictum Rex protulit, quo bona Ecclesiæ, exceptis Mendicantibus, abalienabantur ad usque reditum annuum centum millia scutorum ; permittebanturque Ecclesiastici bona isthæc redimere. Clerus totus Gallicanus insurrexit,idque sine Summi Pontificis licentia fieri non posse contendebat ; tamenque Edictum publicatum, & cum magna severitate executioni mandatum fuit.

Les mêmes.

Uxor & filii Francisci Guisiæ Ducis defuncti instabant semper, ut cædis ipsius causa ageretur, ultioque fieret, cujus cædis auctor a Joanne Poltroto declaratus fuerat Colinius Maris Præfectus. Cum autem urgerent illi apud Regem ac Regentem, Princeps Condæus Colinio affinis, ejus causam tuendam suscepit, Montmorencii etiam cognationis gratia Condæo sese adjunxere.Causam quidem illi a Judicibus disquirendam esse fatebantur ; sed Curiam Parisini Senatus ut suspectam recusabant. Annuente Regina motie, Rex causam commisit Magno Consilio. Guisii obtitere affirmantes causam Pares Franciæ respicientem nonnisi ad Curiam Senatus Parisini deferri posse,quæ Parium Curia erat. Tunc Rex jussum pro Magno Consilio datum revocavit, sibique causam illam reservans,ad triennium ejus perquisitionem distulit. Contentiones illæ duas potentissimas in Regno factiones pepererunt. Parisini & Catholici Guisiis addicti erant; & quia Montmorencii pro Colinio stabant,ipsos deinde quasi novæ Religioni addictos suspectos habuere. Utrinque partes ardentius dissidia movebant. Theologi & Concionatores populum concitabant adversus Guisii cædis auctores, Principis qui Catholicorum columen fuerat. Hinc suborta sunt cruenta illa spectacula, quæ postea recensebuntur.

CHARLES IX.

On avoit résolu à la Cour de se servir de ce tems de paix pour reprendre le Havre, que les Chefs Huguenots avoient livré aux Anglois. Le Roi envoia au Comte de Warvic qui commandoit dans la place, un trompette pour le sommer de se rendre. Il répondit qu'il ne rendroit le Havre que lorsque les François rendroient Calais à la Reine d'Angleterre. Après quoi on y mit le Siege. Les Huguenots comme les Catholiques y vinrent pour chasser l'ennemi commun du Roiaume, & le Connétable qui commandoit l'armée de France, fit grande diligence à placer l'artillerie & à battre la place. Au commencement les Anglois firent peu de résistance. Les dehors de la place furent pris en fort peu de tems. Les François eurent soin de détourner une fontaine qui portoit l'eau dans la Ville : c'étoit la seule eau douce qui y étoit ; cela incommoda fort les Anglois. La contagion & puis la peste se mit parmi eux. Le sieur d'Etrées, Grand Maître de l'Artillerie, fut d'un grand secours à ce siege : il plaça avec beaucoup d'adresse des batteries du côté de la mer, & fit battre la place avec tant de vigueur, que le Comte de Warvic se voiant sur le point d'être forcé, fut obligé de venir à composition. La place fut renduë ; & dans le tems que les Anglois sortoient, un secours de dix-huit cens Anglois arriva, qui étoit suivi d'une flotte de soixante vaisseaux commandez par le General Clinton. Ce secours étant arrivé trop tard, la paix fut depuis faite avec la Reine d'Angleterre.

1563.

Siege du Havre.

Prise du Havre.

Le Roi & la Reine Mere qui avoient été presens à ce siege, vinrent à Rouen, où par le conseil du Chancelier de L'Hopital, la Regente fit déclarer majeur le Roi Charles son fils, qui n'avoit pas encore quatorze ans accomplis. Le Chancelier soutenoit que quoique la Loi donnée par Charles V. fixât la majorité des Rois à l'âge de quatorze ans, dans les choses qui regardent le bien public, on devoit donner aux Loix un sens favorable à la conjoncture des tems, & que les quatorze ans marquez se pouvoient expliquer, commencez & non accomplis. La Regente prévoiant les difficultez qu'il y auroit eu de faire passer cette majorité à Paris, la fit déclarer au Parlement de Rouen en presence de tous les Princes & de tous les grands Seigneurs de la Cour.

Charles IX. déclaré majeur.

De Rouen, le Roi se rendit à Dieppe, où il fit un Edit en faveur du Clergé de France, pour le consoler en quelque maniere de l'Edit d'alienation de biens

---

In aula Regia decretum fuerat hoc pacis tempore utendum esse ut Portus Gratiæ recuperaretur, quem Hugonoti duces Anglis tradiderant. Rex ad Comitem Varvicensem, qui in loco isto Præfectus erat, Tibicinem misit, qui ediceret ipsi ut oppidum & portum restitueret. Respondit ille se non Portum Gratiæ restituturum esse, nisi Rex Franciæ Angliæ Reginæ Caletum restitueret. Posteaque movere Franci oppidum obsessuri. Hugonoti perinde atque Catholici illò accurrere, ut communem hostem ex Regno pellerent. Constabularius, qui exercitui præerat, cum celeritate tormenta pyria admoveri curavit, ut muri quaterentur. Angli initio non ita fortiter obstitere: exteriora propugnacula brevissimo tempore capta sunt. Franci vero fontis rivum & canalem qui aquam in oppidum inducebat, aliò diverterunt, quod Anglis importunum fuit, qui nonnisi hanc aquam potabilem habebant, posteaque pestilentia inter illos grassata est. Estræus vero tormentorum Magnus Magister, grandem in hac obsidione opem tulit, qui arte usus singulari tormenta pyria ad littus maris constituit, & hac in parte oppidum ita verberavit, ut Varvicensis metuens ne oppidum expugnaretur, ad pacta venire compulsus sit. Oppidum Francis traditum fuit & quo tempore Angli egrediebantur, in opem ipsis adventabant mille octingenti alii Angli, quos sequebatur classis sexaginta navium cujus Præfectus erat Clintonius. Cum ergo tardius auxilium advenisset, pax deinde cum Anglia facta est.

Rex & Catharina mater qui obsidioni interfuerant, Rothomagum venerunt, ubi de consilio Hospitalii Cancellarii, Regens Carolum filium majorem declarari curavit, licet nondum annos quatuordecim emensus esset. Cancellarius vero affirmabat, etsi lex a Carolo V. lata, Majores Reges esse statuendos declarabat, cum annos quatuordecim attigissent, in rebus utilitatem publicam spectantibus, leges posse ad Regni commodum explicari, & quatuordecim annos cœptos tantum non completos intelligi posse. Regens autem mater prospiciens cum quanta difficultate hæc *majoritas* in Curia Senatus Parisini admissa fuisset, ipsam in Senatu Rothomagensi declarari curavit, præsentibus Principibus & Primoribus aulicis.

Rothomago Rex Dieppam se contulit, ubi Edictum promulgavit in gratiam Cleri Gallicani, ut illum quodammodo circa abalienationem redituum suorum

Thuanus, La Pope-liniere.

Les mêmes.

1563. Ecclefiaftiques donné ci-devant. L'Edit portoit un ordre à toute forte de perfonnes de quelque condition qu'elles fuffent, de payer aux Ecclefiaftiques les dixmes & tous les autres droits qui leur appartenoient, fous peine de confifcation de leurs biens, qui feroient dès-lors faifis pour le Roi. Cet Edit qui regardoit les Huguenots auffi-bien que les Catholiques, fut d'une grande utilité pour la Religion; car fi les Huguenots qui s'étoient emparez des droits Ecclefiaftiques dans tous les lieux où ils étoient les plus forts, s'étoient maintenus dans l'exemption de payer les dixmes, bien des gens auroient embraffé la nouvelle reforme pour joüir de ce privilege.

Le Parlement de Paris ne veut pas enregiftrer l'Edit de majorité.

L'Edit de la majorité du Roi fut porté au Parlement de Paris, qui trouva beaucoup de difficulté à le paffer. Il députa au Roi qui étoit alors à Mante, le Premier Prefident de Thou & deux autres du même Corps. Ils lui reprefenterent que contre la Coutume cet Edit avoit été fait ailleurs qu'au Parlement de Paris, qui étoit la Cour des Pairs, de laquelle les autres Cours avoient pris leur origine ; que ce même Edit étoit trop favorable à la nouvelle Religion. Le Roi inftruit par fa mere, leur répondit d'un ton refolu ; que leur unique devoir étoit d'obéir; qu'il n'avoit rien fait que du Confeil de la Reine fa mere, & des Princes & Seigneurs de fa Cour, & que mal à propos ils fe difoient les Tuteurs & les défenfeurs des Rois. Il y eut encore dans le Parlement partage de voix fur l'enregiftrement de l'Edit. Mais la Reine Mere envoia un ordre, que fans attendre l'Arreft & l'enregiftrement du Parlement, l'Edit feroit publié,

Eft forcé de le faire.

& que tous les Prefidens & Confeillers feroient obligez d'affifter à la publication fous la peine d'être fufpendus de leurs Charges. Le Parlement intimidé reçût alors l'Edit & le publia.

Le Roi vint à Paris, & dans le même tems y arriverent en habit de deüil Antoinette de Bourbon, Mere du Duc de Guife, affaffiné à Orleans, & une grande fuite lugubre de gens qui vinrent fe jetter aux pieds du Roi, & lui demander juftice du meurtre d'un Prince qui avoit fi bien fervi l'Etat. Le Roi les reçût fort humainement, & leur dit qu'il feroit faire la recherche des coupables; mais qu'il avoit remis l'affaire à un tems plus favorable.

1564. Au commencement de l'an 1564, le Roi fit un Edit par lequel il permettoit aux Ecclefiaftiques de racheter leurs biens alienez par fon ordre l'année précedente ; ce qui fut executé malgré la refiftance des acheteurs. Il fut auffi

---

folaretur. Edicto illo jubebantur omnes cujufcumque conditionis effent, decimas & reliqua omnia ipfis debita folvere, indicta poena, ut delinquentium bona fifco addicerentur, quæ ftatim pro Rege occupanda erant. Hoc Edictum Hugonotos perinde atque Catholicos refpiciens, Religioni utiliffimum fuit ; nam fi Hugonoti, qui bona Ecclefiaftica occupaverant, in locis omnibus in queis potentiores erant a folvendis decimis exemti fuiffent, multi ut hac prærogativa fruerentur, novam Religionem amplexuri erant.

Les mêmes. Edictum de Regis majoritate ad Curiam Senatus Parifini allatum eft, quæ rem maximæ difficultatis effe putans, Primum Præfidem aliofque duos ad Regem delegavit, qui tunc Meduntæ erat; Regi autem repræfentavère illi præter receptum morem edictum in alia non in Parifina Curia publicatum fuiffe, quæ tamen fola Curia Parium erat, ex qua cæteræ Curiæ originem duxerant : aliundeque hoc Edictum novæ Religioni nimis favere. Rex vero a Matre edoctus firmiter refpondit, ipforum officium effe obfequentiam; feque nihil egiffe nifi de confilio matris & Principum

Primorumque aulæ regiæ ; ipfofque injuria fe Regis tutores & defenfores effe dicere. In Curia etiam varietas opinionum fuit circa Edictum in acta referendum : at Regina mandavit, ut non exfpectato Curiæ decreto Edictum publicaretur, utque Præfides & Senatores publicationi intereffent, indicta poena, ut qui non adeffent, ab officio fufpenderentur. Tunc Curia timore correpta, Edictum recepit, & in acta retulit.

Le m. Rex Lutetiam venit, eodemque tempore advenravit Antonia Borbonia mater Guifii, qui Aureliani cæfus fuerat, cum affoclis aliis multis, qui lugubri vefte ad pedes Regis proftrati petebant, ut Principis adeo bene de Regno meriti cædes non inulta maneret. Illos Rex perhumaniter excepit, fe cædis auctores perquiri juffurum dixit ; fed opportunius exfpectandum tempus effe.

Le m. Ineunte anno 1664. Rex Edictum promulgavit, quo Ecclefiafticis permittebatur ut Regio juffu abalienata bona redimerent, idque reluctantibus licet emptoribus. Præceptum etiam fuit, ut annus dein-

CHARLES IX.

1564.

ordonné que l'année qui commençoit auparavant le jour de Pâques, commenceroit à l'avenir au premier jour de Janvier. Vers ce même tems la Reine Mere fit abbatre le Palais des Tournelles, devenu odieux depuis que le Roi Henri II. son mari avoit été tué en joutant dans la ruë S. Antoine où il étoit situé. Elle commença à bâtir la façade des Thuilleries.

Le Roi étant à Fontainebleau reçut le Nonce du Pape & les Ambassadeurs du Roi d'Espagne & du Duc de Savoye qui l'exhortoient à faire recevoir dans son Roiaume le Concile de Trente, & l'invitoient en même tems de se trouver à la fin de Mars à Nanci, où tous les Princes Catholiques devoient se rendre, pour délibérer ensemble sur les moyens de détruire l'heresie, qui avoit comme inondé l'Europe, & lui proposer plusieurs autres choses. Le Roi instruit par sa mere & par le Chancelier, les remercia de leurs bons avis, les assurant qu'il auroit toujours soin de conserver la Religion Catholique ; mais qu'il ne pouvoit se rendre à Nanci pour les raisons qu'il leur manderoit dans peu de tems. Et comme ils insistoient toujours, le Roi leur dit, qu'avant que de répondre, il falloit qu'il consultât les Princes & les Senateurs de son Roiaume ; & la Reine Mere jugeant qu'il seroit dangereux de s'expliquer sur ces matieres, amusa long-tems ces Ambassadeurs, & les renvoya enfin avec des paroles fort ambiguës.

Ces Ambassadeurs avoient dit qu'il falloit recevoir dans tout le Royaume le Concile de Trente. La chose fut mise en déliberation. Charles Dumoulin qui passoit pour un habile Jurisconsulte, fit un Traité, où il tâchoit de prouver par bien des raisons, que ce Concile ne devoit point être admis. Ce qui offensa tellement les Catholiques, que Dumoulin fut d'abord traîné en prison avec ignominie, d'où il fut tiré depuis, avec défense de rien imprimer dans la suite qu'avec l'agrément du Roi.

La Cour étoit à Fontainebleau, & la Reine avoit dessein d'aller faire avec le Roi son fils & le jeune Prince Alexandre, la visite du Royaume. Cette Princesse habile vouloit apparemment connoitre les forces & les dispositions des Villes & Provinces, & avoit peut-être d'autres desseins qu'on ne sçait pas. Ils allerent à Sens, de-là à Troye & puis à Bar, où ils virent le Duc de Lorraine & sa femme Claude de France sœur du Roi. La troupe passant par Dijon,

Le Roi, sa Mere & ses freres vont faire la visite du Roiaume.

---

ceps a prima Januarii die inciperet, qui ante a Paschate initium ducebat. Eodem ferme tempore Turticularum Palatium solo æquati Catharina jussit, odiosum nempe, quia Henricus II. in ludicra equestri pugna ad Sancti Antonii vicum prope Turriculas lethali vulnere ictus fuerat. Ædes vero Lateranenses sive Tegularias construere cœpit.

minus. Cum in Fontebellaqueo Rex esset, Summi Pontificis Nuncium, Oratoresque Regis Hispaniæ ac Ducis Sabaudiæ recepit ; qui illum hortabantur ut Concilium Tridentinum in Regno suo recipi juberet, invitabantque illum ut in fine Martii Nanceium se conferet, quo venturi etiam erant Catholici Principes omnes, ut de modo hæreseos destruendæ unà deliberarent, quæ Europam pene totam inundaverat, & alia multa proponerent. Instigantibus Matre & Cancellario Rex gratias illis egit pro dato consilio, dixitque se Religioni Catholicæ servandæ semper advigilaturum esse ; sed non posse Nanceium proficisci iis de causis quas se brevi indicaturum ipsis esse pollicebatur. Cum autem instarent illi semper, respondit ille, se antequam rem polliceretur, Principum & Senatorum consilia petiturum esse. Regina vero mater cum ju licaret non posse sine periculo res hujus-

modi clarius enunciari, Oratores illos diutius verba dando detinuit ; ipsisque ambigua solum verba proferendo, abeundi tandem licentiam dedit.

Oratores autem isti dixerant Concilium Tridentinum esse recipiendum in toto Francorum Regno. Ea vero de re deliberatum fuit. Tunc Carolus Molinæus qui peritus Jurisconsultus habebatur, librum edidit, ubi multis allatis rationibus probare nitebatur Concilium illud nullum esse, nec admitti debere ; idque Catholicorum animos usque adeo offendit ; ut Molinæus statim in carcerem raptatus cum ignominia fuerit ; indeque postea eductus, jussus est nihil in posterum typis edere, nisi probante & consentiente Rege.

Aula regia tunc in Fontebellaqueo erat. Regina vero mater meditabatur Regnum totum invisere cum Rege filio & Principe Alexandro tunc juniore. Hæc Princeps femina ingenio artificioque valens explorare forte volebat, quæ potentia, qui mores & affectus civium animos usque adeo occulta alia quæpiam moliebatur. Agendicum primo Rex & Catharina se contulerunt, indeque Trecas & postea Barrum, ubi Lotharingiæ Ducem viderunt, ejusque uxorem Claudiam Regis sororem. Hinc re-

La Popeliniere. Thuanus.

S iij

CHARLES IX.

1564.
Citadelle bâtie à Lion.

Châlon & Mâcon, se rendit à Lion, où pour empêcher que les Huguenots ne se saisissent une seconde fois de la Ville, on fit bâtir une citadelle qui fut fort avancée avant que le Roi en partît. Continuant sa route, il s'arrêta quelque tems à une petite Ville appellée Roussillon, où il reçût un grand nombre de Requêtes des Huguenots qui se plaignoient des mauvais traitemens qu'ils recevoient en divers endroits du Roiaume. Il étoit en effet difficile que les Catholiques, de beaucoup superieurs en nombre, ne se ressentissent des violences, pillages, brûlemens d'Eglises, & profanations qu'ils venoient de faire dans tout le Roiaume. Le Roi envoia Sipierre à Orleans, avec ordre d'en raser les murailles, & d'y bâtir une citadelle ; ce qu'on fit encore en plusieurs autres Villes. Emanuel Philibert Duc de Savoie, vint voir le Roi à Roussillon, d'où il continua son voiage & se rendit enfin à Marseille, où il fit quelque séjour. Il vint ensuite en Languedoc, à Nîmes, Montpellier, Beziers, où les Huguenots se plaignoient fort de d'Anville leur Gouverneur. Mais le Connétable son pere étoit si fort accredité à la Cour, qu'on n'eut aucun égard à leurs plaintes.

1565.
Le Roi passa à Narbonne & de-là à Carcassonne, où la rigueur de l'hyver l'obligea de s'arrêter quelques jours. Il y apprit la nouvelle de la grande broüillerie survenuë à Paris, dont voici l'histoire.

Tumulte à Paris.
Le Cardinal de Lorraine, qui revenoit du Concile de Trente, craignant que ses ennemis, qui étoient en grand nombre, n'attentassent quelque chose contre lui, obtint du Roi permission d'aller avec des Gardes qui marchoient avec lui bien armez. Il vint à saint Denis, & se disposoit d'entrer à Paris avec le Duc de Guise, Henri son neveu, le Duc d'Aumale son frere, & un bon nombre d'autres Seigneurs. Le Maréchal de Montmorenci, Gouverneur de Paris & de l'Isle de France, sachant qu'il devoit entrer dans la Ville en grande compagnie de gens armez, lui envoia dire que le Roi ayant expressément défendu d'entrer à Paris en armes, il eut à faire mettre armes bas à ses gens. Il le fit encore avertir par ses amis qu'il feroit bien d'éviter le tumulte, & plusieurs lui conseillerent de montrer les lettres du Roi, qui lui permettoient d'avoir des gens armez auprès de lui. Le Cardinal crut faire contre sa dignité de montrer cette permission, & voulut entrer malgré Montmorenci. Comme ils avoient un grand nombre de gens armez lui & son frere le Duc d'Aumale, ils jugerent à

---

gia turma Divione, Cabilone & Matiscone transiens Lugdunum venit. Ibi vero ne Hugonoti altera vice urbem occuparent, arx structa fuit, quæ antequam Rex inde proficisceretur, jam in altum assurgebat. Hinc Russilionium se contulere, in quo oppidulo aliquanto tempore moratus Rex, multas accepit Hugonotorum querelas, qui se in plurimis Regni partibus male mulctari dicebant. Difficile utique erat ut Catholici longe numero potentiores, Hugonotorum violentiæ, deprædationum, incendiorum, queis loca sacra desolati fuerant, profanationumque nuper factarum memores, in profanos illos non sævirent. Rex Sipetram Aurelianum misit ut muros urbis solo æquaret, arcemque construeret, quod etiam aliis in urbibus factum est. Emanuel autem Philibertus Dux Sabaudiæ Russilionium Regem visurus venit. Inde vero Rex Massiliam se contulit, ubi aliquot diebus mansit, Postea in Septimaniam concessit, Nemausum videlicet, Monspelium, Biterras, ubi Reformati de Damvillæo Præfecto admodum conquerebantur: verum Constabularius pater ejus adeo in aula regia auctoritate valebat, ut nulla querelarum ratio habita fuerit. Inde Narbonam Rex, posteaque Carcassonam venit, ubi asperrima hyeme detentus, aliquid temporis transegit. Istic autem tumultum grandem Lutetiæ subortum fuisse edidicit quod ita gestum fuit.

Carolus Cardinalis Lotharingus ex Tridentino Lt Concilio rediens, cum metueret ne inimici sui aliquid contra se molirentur, ab Rege impetravit ut sibi liceret custodes armatos secum ducere. Ad S. Dionysium venit, ac sese apparabat ut Lutetiam intraret cum Henrico Guisio fratris filio, Albæ malæ Duce fratre, aliisque multis proceribus. Montmorencius autem Marescallus Lutetiæ & Insulæ Francicæ Præfectus, cum sciret ipsum cum pugnatorum manu in urbem esse ingressurum, ipsi denunciari curavit, cum Rex vetuisset ne urbem quis intraret cum armatis viris, suos ut arma ponerent juberet, etiamque per amicos illum moneri curavit, probe facturum illum esse si tumultum vitaret. Plurimi suadebant illi, ut literas Regias sibi armatos viros ducere permittentes monstraret. Cardinalis vero se contra dignitatem facturum putavit si literas illas ostenderet, & vel invito Montmorencio ingredi voluit. Cum autem armatos illi multos secum haberent, illos in duas

propos de partager leurs forces, & ils entrerent, le Cardinal par la porte saint Denis, & le Duc d'Aumale par une autre porte. A cette nouvelle Montmorenci marcha avec une grosse compagnie de Gentilshommes armez, & trouvant le Cardinal avec sa troupe, il donna sur eux : il y en eut deux ou trois de tuez ; le Cardinal qui n'étoit pas brave s'enfuit & se cacha avec son jeune neveu Henri. Il se rendit enfin à l'Hôtel de Cluni. On ménagea un accommodement. Le Cardinal montra sa permission par écrit, & Montmorenci lui permit de sortir le lendemain de Paris avec quelques gens armez. Le Cardinal sortit, & alla joindre son frere le Duc d'Aumale.

L'affaire ne fut pas finie, le Cardinal se retira ; mais le Duc d'Aumale se tint autour de Paris avec des gens armez. Alors Montmorenci, craignant qu'il ne fît quelque entreprise, appella l'Amiral qui vint à Paris bien accompagné ; mais le Roi envoia ordre à l'un & à l'autre de mettre bas les armes. Ils obéirent ; ainsi tout fut appaisé.

Le Roi & la Reine Mere continuant leur route, allerent de Carcassonne à Toulouse, où toutes les Cours & tous les Députez des Villes s'assemblerent. Ce fut à Toulouse que la Reine Mere changea les noms de ses deux fils puinez. Alexandre fut appellé Henri du nom de son pere, & Hercule prit le nom de François son grand pere. La Cour se rendit ensuite à Bourdeaux, où elle fut reçûë avec plus de pompe qu'en nulle autre Ville. Elisabeth Reine d'Espagne, devoit venir à Baionne voir sa mere & le Roi son frere. La Cour partit de Bourdeaux pour Baionne, & s'arrêta au Mont de Marsan, attendant qu'on eut nouvelle de l'arrivée de la Reine Elisabeth à la frontiere. Le Roi & la Reine Mere apprirent là qu'il s'étoit fait une Ligue des Princes Lorrains & d'autres Seigneurs contre les Montmorencis & les Colignis. La Reine proposa l'affaire au Conseil, où l'on prit des mesures contre ces Ligues, qui étoient comme des preludes de la grande Ligue qui se fit depuis.

La Reine Elisabeth arriva enfin ; on alla au devant d'elle pour la recevoir avec toute la magnificence possible. La Cour de France & toute la Noblesse s'épuisa en dépenses, festins, ballets, & toutes sortes de divertissemens : en quoi les Francois surpasserent de beaucoup les Espagnols, qui furent d'autant plus surpris de leurs grandes profusions, qu'ils les croioient ruinez par les guer-

Entrevûë de la Reine Mere & de la Reine d'Espagne sa fille.

1565.

---

dividendos turmas esse censuerunt. Intravit autem Cardinalis per Sandionysianam portam, Albæmalæus vero per alteram. Re comperta Montmorencius, cum grandi armatorum nobilium agmine occurrit illi, & Cardinalem cum armatorum turma venientem adortus est : ex Cardinalis gente duo tresve cæsi sunt. Cardinalis qui meticulosus esse dicebatur, aufugit, & latebras cum Henrico fratris filio quæsivit, tandemque in ædes Cluniacenses venit. Res demum composita fuit. Cardinalis Regiam licentiam scripto datam ostendit, & Montmorencius permisit ipsi ut cum armatis viris die sequenti Lutetia egrederetur. Egressus Cardinalis fratrem Albæmalæum junxit.

Neque tamen terminata res fuit ; Cardinalis quidem alio se recepit, sed Albæmalæus circum Lutetiam erat, cum armatorum manu. Tunc Montmorencius ne quam ille hostilem rem aggrederetur, Colinium in opem advocavit, qui cum pugnatorum agmine Lutetiam venit : at Rex jussit utrumque arma ponere, & hic turbatum exitus fuit.

Rex & Catharina mater ultra progressi, Carcassona Tolosam venere, quo tunc Curiæ omnes & urbium deputati convenerunt. Tolosæ autem duûm filiorum minorum nomina mutavit. Alexander ; Henricus patris sui nomine, Hercules, Franciscus ut avus suus vocatus fuit. Inde vero aula regia Burdigalam se contulit, ubi magnificè & cum majore quam in cæteris urbibus celebritate excepta fuit. Elisabetha Hispaniæ Regina Baionam ventura erat ad matrem suam & fratrem Regem invisendos. Aula regia Burdigala proficiscitur Baionam petens ; sed in Monte-Marsani substitit, exspectans donec Elisabethæ Reginæ ad confinia Gallicana adventus nunciaretur. Istic Rex & Catharina mater ediderunt fœdus initum fuisse Lotharingorum Principum aliorumque procerum contra Montmorencios & Colinios. Catharina rem in Consilio Regio proposuit exequendam, & de solvendo fœdere deliberatum fuit. Erant hæc ceu præludia magni illius fœderis sive unionis, quæ postea facta fuit.

Advenit tandem Elisabetha, ipsique obviam itum est, ut cum omni magnificentia exciperetur. Istic aula regia & Francica nobilitas profusis sumtibus emicuit, conviviis, tripudiis, aliisque oblectationum generibus ; ita ut Hispanos longe superarent, qui eo magis obstupuere tantam impensam pecuniam cernentes, quod penitus exhaustos bello civili Francos esse putarent. Eli-

Les mêmes

1565. res civiles. La Reine Elifabeth vint à Baionne où elle logea dans une maifon de la Ville avec le Duc d'Albe. La Reine Mere qui logeoit auprès d'elle, fit faire une gallerie, d'où elle paffoit feule dans la chambre de fa fille. Elle vouloit qu'on crût qu'elle lui rendoit de frequentes vifites & le jour & la nuit: mais le plus fouvent c'étoit pour aller conferer avec le Duc d'Albe. On affure qu'ils concerterent enfemble les moiens d'exterminer l'Herefie ; & que le Duc d'Albe dit en bonne compagnie, *que pour bien pêcher il ne faut point s'amu-*

Confeil du Duc d'Albe. *fer à prendre des grenoüilles, mais des faumons & de gros poiffons.* Le Prince de Condé & les Colignis en furent avertis ; il fembloit que cela les regardoit, & ils fe tinrent plus fur leurs gardes depuis. Bien des gens crurent qu'on prit là des mefures pour le maffacre, que beaucoup d'incidens obligerent de differer jufqu'à la Saint Barthelemi de l'an 1572.

A fon retour le Roi paffa par Nerac, où il rétablit l'exercice de la Religion Catholique aboli par Jeanne Reine de Navarre. Il continua fa route vers la Loire, & reçut en chemin bien des Requêtes des Huguenots, qui fe plaignoient qu'on n'executoit point l'Edit donné en leur faveur. Etant arrivé à Blois, par le confeil du Chancelier de l'Hopital, il indiqua une affemblée des grands Seigneurs à Moulins pour le mois de Janvier de l'année fuivante.

Le deffein du Chancelier qui cherchoit le bien de l'Etat, étoit de faire une paix ferme & folide entre les Catholiques & les Huguenots, & de reconcilier les Guifes avec les Colignis : deux chofes très-difficiles ; mais qu'il falloit né-

Affemblée de Moulins. ceffairement tenter. Au tems marqué, le Roi, la Reine Mere & les Princes, fe rendirent à Moulins, où fe trouverent auffi les plus grands Seigneurs du Roiaume & les premiers Préfidens des Parlemens, les Cardinaux de Bourbon, de Lorraine & de Guife, & plufieurs Evêques. Le Roi y parla le premier, & dit à l'Affemblée, qu'aiant vifité fon Roiaume, il avoit écouté les plaintes de fes Sujets, & que voulant mettre ordre à tout, il les avoit fait affembler pour prendre leur avis. Il donna ordre enfuite au Chancelier de parler à l'Affemblée. Il fit une longue & docte harangue, où il s'étendit beaucoup fur les abus qui s'étoient gliffez dans l'exercice de la Juftice ; fur les maux que caufoit dans les Cours le trop grand nombre de Juges, qui cherchoient à s'enrichir aux dépens des pauvres gens. Sur les moyens de remedier à tant de defordres, il en pro-

---

fabetha Regina Baionam venit, ubi cum Duce Albano in quadam domo hofpitium habuit. Catharina vero mater, quæ proxime habitabat, porticum conftitui juffit, per quam fola ad cubiculum Elifabethæ filiæ tranfibat, ut crederetur quod filiam frequenter invifendi caufa ifthac tranfiret ; fed fæpius illa ut cum Albano Duce colloquia mifceret eo tendebat. Creditur autem ipfos verba fecifle de modis hærefeos exterminandæ ; Albanumque coram multis dixiffe ferunt: *In ranunculis capiendis inutilem operam infumi, falmonum ac majorum pifcium pifcationi ferio incumbendum effe*. Principi Condæo & Coliniis hæc nunciata fuere, qui poftea cautius molimina contra fe facta obfervarunt. Multi putavère iftic deliberatum fuiffe de cæde illa, quam multa quæ incidere negotia ad S. Bartholomæi diem anni 1572. differre coegerunt. Cum reverteretur Rex Neraco tranfivit : ibique Catholicæ Religionis exercitium a Joanna Navarræ Regina abolitum inftauravit. Verfus Ligerim pergens multas Hugonotorum querimonias excepit, qui Edictum in fui gratiam datum non obfervari conquerebantur. Cum Rex Blœfas perveniffet, de confilio Hofpitalii

Cancellarii conventum Primorum Regni Moliniihabendum indixit ad Januarium menfem anni fequentis.

Cancellarius qui Francorum bono advigilabat, pacem firmam folidamque Catholicos inter & Hugonotos facere cogitabat, & Guifios cum Coliniis reconciliare, quæ res difficiles admodum ; fed neceffario tentandæ erant. Adveniente indicto tempore Rex, Catharina Mater & Principes Molinium fe contulere. Illò etiam convenere primores Regni, primi Præfides Curiarum Senatuum, Cardinales Borbonius, Lotharingus, Guifius & Epifcopi plurimi. Prior Rex loquitur, dicitque fe Regnum fuum invififfe, fubditotumque querimonias audiviffe, atque ut omnibus profpiceret & malis remedia admoveret, fe ipfos advocaviffe ut fe confiliis fuis juvarent. Juffit poftea Cancellarium rem explicare, qui longam doctamque orationem habuit : de corruptelis maxime in Juftitia exercenda fenfim inductis, de malis ex nimio Judicum numero partis, qui ex pauperum ruinis divitias cogere nitebantur, de remediis damno hujufmodi afferendis : quædam autem ipfe remedia propofuit.

pofta

CHARLES IX.

poſa quelques-uns. 1°. Que les Juges euſſent de bons appointemens fixes, & qu'on ôtât les épices, les preſens, & tout ce que des gens trop intereſſez avoient introduit. 2°. Que les Juges & les Magiſtrats fuſſent de tems en tems obligez de rendre raiſon de leur conduite & de leurs Jugemens. 3°. Il propoſa encore une choſe aſſez ſinguliere, que les Juges ne fuſſent pas perpetuels, mais ſeulement annuels ou triennaux. Les Notables aſſemblez donnerent auſſi leurs avis, & l'on fit cette celebre Ordonnance de Moulins, qui ne fut publiée que le 10 de Juillet ſuivant.

1566.

Une des principales cauſes de l'Aſſemblée de Moulins, étoit la reconciliation des Maiſons de Guiſe & de Coligni, qu'on avoit fort à cœur. L'Amiral de Coligni accuſé par Poltrot, étoit regardé par les Guiſes comme l'auteur du meurtre. Il s'en étoit déja purgé par ſerment, & il jura encore devant l'Aſſemblée, qu'il n'y avoit eu aucune part. Le Roi obligea les deux partis de ſe reconcilier & de s'entrembraſſer. La veuve Ducheſſe de Guiſe & le Cardinal de Lorraine, ſe reconcilierent avec l'Amiral, du moins en apparence. Quant au jeune Duc de Guiſe Henri, il ne dit pas un mot, & ſe tenant ſur la reſerve, il ne s'oppoſa point à la reconciliation ; mais on voioit bien à ſa mine ce qu'il penſoit ſur l'auteur du meurtre, & qu'il ne manqueroit pas d'en tirer vengeance ſi l'occaſion s'en preſentoit. Mezerai dit que le jeune Duc ne s'y trouva pas, & qu'il faiſoit alors la guerre en Hongrie ; mais les auteurs du tems diſent qu'il étoit revenu d'Hongrie, & qu'il fut preſent à cette Aſſemblée.

En ce tems-ci Jâques de Savoie Duc de Nemours, qui avoit fiancé Françoiſe de Rohan, fit rompre ce mariage par Sentence du Pape, parce qu'elle étoit Huguenote, & il épouſa la Veuve du Duc de Guiſe. Les nôces ſe celebrerent à Saint Maur des Foſſez. Le Roi & la Reine Mere y aſſiſterent, & ſe trouverent auſſi aux nôces de François Dauphin d'Auvergne fils du Duc de Montpenſier, avec Renée d'Anjou fille unique du Marquis de Mezieres d'une branche bâtarde d'Anjou-Sicile.

Une affaire qui arriva alors mit la Cour en trouble. Un ſcelerat nommé Simon Mai, qui voloit les paſſans auprès de Châtillon, terre des Colignis, fut ſoupçonné par ſes allures de vouloir attenter ſur la vie de l'Amiral, ſollicité par ſes ennemis. L'Amiral le fit ſaiſir & mettre entre les mains de la

Simon Mai ſcelerat exécuté.

1°. Ut Judicibus penſiones firmæ aſſignarentur, ac dona muneraque & quidquid cupiditas invexerat de medio tolleretur. 2°. Ut Judices & Magiſtratus interdum rationes reddere cogerentur. 3°. Rem ſingularem etiam propoſuit, ut Judices non perpetui eſſent ; ſed ad annum tantum vel ad triennium. Notabiles etiam qui aderant conſilia ſua expromſere. Edictumque fuit celebre illud decretum Molinienſe, quod decimo die Julii ſequentis publicatum eſt.

Inter præcipuas Molinienſis conventus cauſas hæc numerabatur ; maximeque cordi erat, ut videlicet Guiſii cum Coliniis reconciliarentur. Præfectus maris Colinius a Poltroto accuſatus, a Guiſiis cædis Franciſci Ducis auctor habebatur. Jam Colinius ſacramento adhibito factum negaverat. Juravit iterum in conventu ſe cædis illius nec auctorem nec conſcium ullo modo eſſe. Rex juſſit ambos reconciliationis veræ ſigna dare. Franciſci defuncti uxor & Cardinalis Lotharingus cum maris Præfecto reconciliati ſunt, ſi tamen non ſimulata reconciliatio fuit. Quod ſpectat autem juniorem Guiſiæ Ducem Henricum, reconciliationi quidem ille non contradixit ; ſed compoſito ad diſſimulationem vultu, ita tamen ut quid de auctore cædis cogitaret omnes intelligerent, ſigna dabat ſeſe ad cædem ulciſcendam paratum eſſe, ſi occaſio daretur. Narrat Mezeræus juniorem Ducem conventui non interfuiſſe ; ſed in Pannonia bello tunc fuiſſe : at hiſtoriæ Scriptores ævi iſtius illum ex Pannonia reverſum conventui interfuiſſe referunt.

Hoc tempore Jacobus Sabaudus Dux Nemoroſius qui Franciſcam Roanam deſponſaverat, per Summi Pontificis ſententiam connubium ſolvi curavit, quoniam illa novæ Religioni addicta erat, uxoremque Guiſii defuncti duxit. Nuptiæ ad Sanctum Maurum Foſſatenſem celebratæ ſunt. Rex & Regina mater connubio interfuere, & nuptiis etiam adfuere Franciſci Delphini Arvernenſis Monpenſerii Ducis filii, cum Renata Andegavenſi filia unica Marchionis Mezeriæ ex Spuria ſtirpe Andegavenſium Siculorum Principum.

Les nôces

Caſus qui tunc evenit, aulam regiam perturbavit : Sceleratus quidam nomine Simon Majus, Caſtellionis Coliniorum terræ viciniam latrociniis infeſtam reddebat, atque in ſuſpicionem venit quaſi maris Præfecti vitæ, inimicis ejus inſtigantibus, inſidias tenderet. Colinius illum in Judicum manum deduci cura-

Les larrons.

Tome V.   T

1566. Justice. Le criminel interrogé par les Juges, répondit que l'Amiral avoit formé cette fausse accusation contre lui, parce que l'aiant sollicité de tuer la Reine Mere moiennant une grosse somme qu'il lui promettoit, en vengeance de son refus, il vouloit le faire perir. La nouvelle de cette déposition vint à la Cour, & remit sur pied pour un tems les factions, les inimitiez & les défiances ; mais les Juges aiant découvert par plusieurs interrogatoires que Simon Mai n'avoit inventé cette accusation que pour éviter, ou du moins differer son supplice, le condamnerent à être roué tout vif. Cette execution calma pour un tems les differens partis, qui commençoient à prendre des mesures les uns contre les autres ; mais la dissension & la guerre civile recommença bien-tôt après, comme nous allons voir.

Sur l'avis qu'on avoit trouvé à Lion auprés de la citadelle, que le Roi avoit fait bâtir & bien fortifier, une espece de mine & de conduit soûterrain, on soupçonna que les Calvinistes avoient dessein de surprendre cette citadelle, & l'on mit en prison celui à qui appartenoit le logis où la mine avoit été découverte ; mais il se défendit si bien contre l'accusation intentée, qu'on se contenta de pourvoir plus sûrement à la garde de cette place. Malgré la paix faite, il y avoit toûjours des mouvemens en plusieurs endroits du Roiaume, dans le Comté de Foix, dans le Bearn & ailleurs. Les deux partis couroient sus les uns aux autres. Ces actes d'hostilité étoient si frequens sur-tout dans les provinces éloignées, que le détail en seroit fort long, & peut-être ennuyeux.

1567. Troubles des Payis-Bas. Ces tumultes & ces guerres particulieres entre les Catholiques & les Nouveaux Religionnaires sembloient présager que la paix ne dureroit pas long-tems. Ce qui se passa cette année en Flandres en accelera la rupture en la maniere que nous allons raconter. Il y avoit déja plusieurs années que l'heresie s'étoit répanduë dans les Payis-Bas ; le nombre des Protestans y augmentoit tous les jours. Marguerite Princesse de Parme, Gouvernante, avoit bien de la peine à contenir ces nouveaux Religionnaires ; cependant par sa douceur & sa condescendance, elle avoit empêché jusques-là qu'ils n'en vinssent à une révolte : mais l'an 1565. les Decrets du Concile de Trente apportez, & l'Inquisition établie dans le Payis mirent l'allarme par-tout. Les Nobles allerent

Les mêmes.

vit. Interrogatus vero dixit Colinium ideo se falso accusavisse, quia cum sibi magnam pecuniæ summam obtulisset si Reginam matrem occideret, id ipse facere recusavisset. Hæc cum in aulam regiam allata essent, factiones, inimicitias & suspiciones renovavere : at cum Judices, interrogationibus multis adhibitis deprehendissent hanc calumniam a Simone Maio inventam fuisse tantum, ut supplicium vel vitaret, vel saltem differret, lata sententia, ipsum in tota positum membris confractis perire jusserunt. Ita compressi sunt ad tempus tumusculi, quibus jam aula regia factionibus perstrepebat : at dissensiones ac bellum civile haud diu postea denuo cœpere, ut mox dicturi sumus.

Allatum in aulam fuit, Lugduni prope arcem quam Rex construi & propugnaculis cingi jusserat, cuniculum quempiam, vel forma cuniculi meatum repertum esse ; suspicioque fuit Calvinistas arcem occupare velle. In carcerem vero ille conjectus fuit, in cujus domo cuniculus detectus fuerat ; sed ille ita probe causam suam defendit, ut satis habuerint ii, quibus res commissa fuerat, si arcis custodiæ accuratius advigilaretur. Etsi pax promulgata fuerat, multis tamen in Regni locis tumultus frequentes erant in Comitatu Fuxensi, in Benearnia & alibi : ambæ partes oppositæ factionis terras incursionibus infestas habebant. Hæc porro hostilia tam frequentia erant, maximeque in Provinciis extrema Regni occupantibus, ut ea singulatim describere longius esset, nec fortassis sine tædio Lectoris.

Hi tumultus & bella singularia Catholicos inter & Calvinistas, præsignificare videbantur pacem illam non diuturnam fore. Quod hoc anno in Belgio gestum est, pacis celerius violandæ causa fuit, eo modo quo mox dicturi sumus. A multis jam annis hæresis in Belgio grassabatur, Protestantium numerus augebatur in dies. Margarita Princeps Parmensis Belgii Præfecturam gerens, vix poterat novæ Religionis sectatores continere : attamen ut miti erat animo & ad benignitatem prono, quominus ad rebellionem usque erumperent, effecerat : verum anno 1565. cum Concilii Tridentini decreta allata ; & inquisitio initis regionibus stabilita fuisset, omnia in tumultum versa sunt. Nobiles Margaritam adierunt, & infinita

CHARLES IX.

trouver la Princesse & lui representerent les maux infinis qu'alloit produire cette Inquisition, qui ruineroit leur commerce. Elle suspendit l'execution des ordres qu'elle avoit reçûs, & envoia le Comte d'Egmont au Roi Philippe le prier d'y apporter quelque modération pour ne pas porter ses sujets à quelque extremité. Le Roi Philippe reçut parfaitement bien le Comte, & lui marqua qu'il s'en rapporteroit à ce que feroit sa sœur.

1567.

Mais au mois de Decembre suivant, il envoia des ordres précis à la Princesse d'établir l'Inquisition. Cela mit le peuple en fureur: ces nouveaux Religionnaires brûlerent & casserent les images & les vases sacrez. Ils prirent alors le nom de Gueux, nom dont un Seigneur qui étoit auprès de la Princesse les avoit appellez. Marguerite voiant tout disposé à une revolte, envoia de nouveau au Roi Philippe Bergues & Montigni pour le prier de ne pas pousser les choses à l'extremité: Philippe qui vouloit être obéi sans replique, mit les deux Députez en prison. Bergues y mourut peu de tems après, & Montigni eut la tête coupée. Pour domter ce peuple rebelle, Philippe envoia le Duc d'Albe, le plus propre à mener les choses à la derniere rigueur. Le Duc passa en Italie, assembla une armée d'Espagnols & d'Italiens, & passa par la Bresse, la Franche Comté & la Lorraine pour se rendre aux Payis-Bas. Le Prince d'Orange & les Comtes d'Egmont & d'Horne avoient ouvertement favorisé les nouveaux Sectaires. Le premier plus sage jugea à propos de se retirer, & donna avis aux deux autres de pourvoir à leur sûreté; mais sans faire reflexion qu'en ces affaires où il y va de la tête, le plus sûr est toûjours le meilleur, ils attendirent le Duc d'Albe, qui à son arrivée les fit mettre en prison. Nous verrons plus bas la suite de cette affaire; reprenons le fil de notre histoire.

Les Comtes d'Egmont & d'Horne faits prisonniers.

Cette marche du Duc d'Albe mit l'allarme dans tout le parti Huguenot, qui étoit d'intelligence avec les Religionnaires de Flandres. La Regente fit lever six mille Suisses pour les opposer, disoient ses gens, au Duc d'Albe, s'il entreprenoit quelque chose contre la France, & pour empêcher les Anglois d'y faire une descente; mais on croioit qu'ils étoient soudoiez pour faire la guerre aux Religionnaires. En effet, quand l'armée du Duc d'Albe fut arrivée en Flandres, & qu'on eut vû que la prétenduë descente des Anglois étoit une chimere, on sollicita la Reine Mere de renvoier ces Suisses; & loin de s'en

---

mala ab Inquisitione mox inferenda ipsi exposuere, quæ commercium totum pessumdatura erat. Illa vero, mandatorum executione suspensa, Comitem Egmundanum ad Regem Philippum misit, qui rogaret jussa aliquantum moderaretur, ut ne subditos suos ad extrema compelleret. Egmundanum Philippus perhumaniter excepit, dixitque se ea quæ soror sua faceret probaturum esse.

1567. At mense Decembri sequente Principi feminæ strictiora mandata misit ut Inquisitionem admitteret. Id vero populum in furorem concitavit; imagines illi & vasa sacra vel combussere vel fregere, tuncque nomen Gueusiorum seu Mendicorum ceperunt, quo nomine quidam ex primoribus, qui cum Margarita erat, ipsos compellaverat. Margarita videns omnia ad rebellionem parata, Regi Philippo denuo misit Bergensem & Montiniacum, rogatos ut ne rem ad extrema deduceret. Philippus qui jussa sua sine ulla contradictione servari volebat, Deputatos illos duos in carcerem trudi jussit. Bergensis paulo postea mortuus est, & Montiniacus capite truncatus fuit. Philippus vero Albanum Ducem misit, qui rebellem populum domaret, quique omnia pro more

suo acerbe faceret. Dux in Italiam trajecit; exercitum Hispanorum, Italorumque collegit, per Bressiam, Burgundiæ Comitatum & Lotharingiam transivit, ut Belgium peteret. Princeps Arausicanus & Comites Egmundanus & Hornanus novæ Religionis sectatoribus aperte faverant. Arausicanus aliis prudentior receptui cecinit, Comitibusque ut idipsum facerent auctor erat. Hi vero non cogitantes, cum de capite agitur, securiorem partem esse semper meliorem, Albanum Ducem exspectavere, qui statim illos in carcerem conjici jussit. Quid hinc sequutum sit infra videbimus; jam historiæ seriem repetamus.

Hæc Ducis Albani expeditio Hugonotos omnes commovit, qui cum Belgii Protestantibus consentiebant. Sex mille Helvetii quos Catharina conscribi jussit, ut illos, inquiebat, Albano Duci opponeret, si quid contra Francorum Regnum susciperet, vel ut Anglos impediret ne in Franciam exscensum facerent; hi, inquam, potius evocati videbantur ad bellum Reformatis inferendum. Sed cum Albanus in in Flandriam pervenit; cumque exscensum Anglorum merum esse commentum apparuit, Catharinam hortabantur illius Helvetios dimitteret: at nedum re-

Les mêmes.

Tome V.   T ij

1567. retourner, ils avançoient toujours vers la Cour. Les Huguenots disoient que dans les endroits où les Catholiques étoient les plus forts, ils étoient fort mal traitez; que dans les Cours de Justice, quelque bonne cause qu'ils eussent, ils étoient toujours condamnez, qu'on ne gardoit aucun des articles de l'Edit fait en leur faveur: Ils se plaignoient encore de bien d'autres choses; plusieurs venoient avertir le Prince de Condé & l'Amiral, que le dessein de la Cour étoit de les surprendre & de les attaquer au même tems que le Duc d'Albe domteroit les Protestans de Flandre. Le Prince & l'Amiral, sur-tout ce dernier, étoient resolus de tout risquer avant que de prendre les armes.

Commencement de la seconde guerre civile.

Mais ils eurent avis que le dessein secret de la Cour étoit de se saisir du Prince & de l'Amiral, de mettre le premier en prison perpetuelle, de faire couper la tête à l'autre, & de revoquer tous les Edits faits en faveur des Huguenots. Alors d'Andelot plus hardi que les autres, dit que l'affaire étoit si pressée, que ce seroit vouloir se perdre que de la remettre à plus ample déliberation; qu'il falloit nécessairement prendre les armes, & qu'il ne s'agissoit plus que de marquer un lieu pour s'assembler. On prit ce parti. Le lieu marqué fut Rosoi en Brie. Ils s'en rendirent les maîtres sans coup ferir. Là ils tinrent conseil; les sentimens furent partagés, mais l'avis d'Andelot qui étoit toujours pour les coups les plus hazardeux, fut suivi. Il leur persuada d'aller fondre sur les Suisses qui n'étoient pas encore arrivez à la Cour où on les attendoit; de tâcher de se saisir de la personne du Roi & de la Reine Mere, & de chasser de la Cour le Cardinal de Lorraine, qui, selon eux, gâtoit tout. Ils se mirent d'abord en marche pour executer cette entreprise.

La Reine Mere étoit à Monceaux avec le Roi son fils: au premier bruit elle se retira à Meaux accompagnée de toute la Cour, & fut informée de la marche & des desseins du Prince de Condé & de sa troupe. Pour les amuser & afin que les Suisses qui étoient près de là pussent arriver en sureté, elle envoia au Prince de Condé le Maréchal de Montmorenci, bien instruit, lui demander que vouloit dire cette levée de boucliers qu'ils faisoient ainsi hors de propos. Il les questionna long-tems; ils lui répondirent & lui donnerent une Requête pour la presenter au Roi. Cependant les Suisses qui étoient déja fort proche, hâtant leur marche, arriverent à Meaux. La Reine Mere tint con-

---

grederentur illi, semper ad aulam regiam pergebant. Dicebant etiam Hugonoti, in locis ubi Catholici fortiores erant, se semper male excipi, & in Curiis quantumvis bona causa sua esset, semper damnari; nullum Edicti in sui gratiam lati articulum servari. De aliis quoque multis rebus conquerebantur. Plurimi autem monita dabant Principi Condæo & Maris Præfecto, dicebantque id regiam aulam moliri, ut dum Albanus Protestantes Flandrenses domaret, Hugonoti in Francia bello impeterentur. Princeps vero Condæus & Colinius, hicque postremus maxime, putabant omnia tentanda esse potius, quam arma arripienda.

Les mêmes.

Sed indicatum illis fuit id aulam regiam machinari ut Condæus & Colinius comprehenderentur, priorque in perpetuum carcerem conjiceretur, alter vero capite truncaretur, omniaque Edicta in gratiam Hugonotorum facta revocarentur. Tunc Andelotus audacior aliis dixit, rem eo in statu esse, ut nonnisi in propriam perniciem, id ad ampliorem deliberationem mitti posset; arma necessario esse arripienda, locumque quo conveniendum esset indicandum. Ejus consilium admissum fuit. Locus indicatus est Rosæum in Bria; oppidulum ipsi facile invaserunt, ibique consilia miscuere. Variæ fuere sententiæ: verum Andelotus, qui audaciora semper proponebat, ad sententiam suam alios pertraxit, ut videlicet Helvetii qui nondum in aulam regiam pervenerant armis impeterentur; ut ipsi Regem ipsum & Reginam matrem si quidem possent comprehenderent, & ex aula regia Lotharingum Cardinalem pellerent, qui omnia pessumdabat: statimque moverunt ut destinata perficerent.

Regina mater cum Rege tunc Moncelli erat, sparsoque rei gestæ rumore, Meldas se recepit, comitante regia aula: tum motus & consilia Principis Condæi & sociorum in aulam regiam allata sunt. Catharina ut illos aliquantum detineret, utque Helvetii, qui jam in proximo erant, cum securitate adventare possent, ad Condæum misit Montmorencium Marescallum monitis instructum suis, qui petiit ab eis, qua de causa sic temere arma cepissent, dubii quæstiones ille multiplicavit. Illi vero libellum supplicem ipsi tradidere, quem Regi suo nomine offerret. Interea Helvetii concitato gradu Meldas pervenere. Catharina vero ma-

seil dans le logis du Connétable, qui soutenu par le Chancelier de l'Hopital, fut d'avis que le Roi & toute sa Cour ne devoit point sortir de Meaux ; que le Prince de Condé & sa troupe hors d'état d'assieger une Ville où étoit entré ce grand nombre de Suisses, & où l'on recevroit tous les jours de nouveaux renforts, seroient obligez de se retirer ; au lieu que si le Roi sortoit avec ses gens, il étoit à craindre qu'il n'y eut quelque combat dont l'évenement seroit toujours douteux. La Reine Mere étoit d'abord du même avis ; mais plusieurs crurent que le Cardinal de Lorraine la fît tourner de l'autre côté, soutenu du Duc de Nemours & de plusieurs autres, qui disoient que le Roi avec ses Suisses & huit ou neuf cens Gentilshommes quoique mal armez, devoit se retirer à Paris. Ce conseil fut suivi, malgré les instances réiterées du Chancelier, qui s'attira la haine du parti opposé.

Le lendemain avant le jour, le Roi, la Reine Mere & toute leur suite, se mirent en marche vers Paris, escortez des Suisses. Ils partirent pleins d'alegresse & de courage, soutenus par huit ou neuf cens Gentilshommes, mais mal armez, comme nous venons de dire. Après qu'ils eurent fait quatre lieües de chemin, ils apperçûrent le Prince de Condé accompagné d'environ quatre cens chevaux, tous bien armez, qui sembloient vouloir leur barrer le chemin. Les Suisses encore plus animez par la presence des ennemis, se disposerent au combat. Le Prince de Condé envoia quelqu'un pour avoir audience de Sa Majesté ; mais le Roi ne voulut rien entendre. Il y eut quelques escarmouches ; & le Connétable craignant qu'on n'en vînt à un combat, pria le Roi & la Reine Mere de gagner Paris par un chemin détourné, où il n'y avoit aucun risque ; ce qu'ils firent, suivis de tous ceux que l'âge, le sexe ou la profession rendoient inutiles à une action militaire. Ils furent escortez en chemin par le Duc d'Aumale, le Maréchal de Vieilleville, & plus de deux cens Cavaliers, & ils arriverent à Paris le même jour. Les Suisses furent souvent attaquez, mais ils se défendirent vaillament, & ne furent jamais entamez par la Cavalerie Huguenote, qui cessa de les charger quand ils furent arrivez au Bourget. Il y eut fort peu de gens tuez de part & d'autre. Vers le même tems, la Noüe envoié par les Chefs des Reformez se saisit sans peine d'Orleans.

Les Confederez se rendirent à Claye, où ils demeurerent cinq jours entiers,

---

ter in ædibus Constabularii qui tunc podagra laborabat, consilium habuit. Constabularius & Cancellarius opinabantur non debere Regem & aulam regiam Meldis egredi ; Principem enim Condæum & agmen ejus, cum non possent urbem obsidere, in quam tantus ille Helvetiorum numerus intraverat, in quam etiam quotidiana pugnatorum auxilia ingressura erant, haud dubie aliò se recepturos esse ; contra vero si Rex cum suis egrederetur, timendum esse ne pugna committeretur, cujus alea incerta foret. Regina mater initio hanc sententiam amplexabatur : at plurimi putarunt Lotharingum Cardinalem illam in partem aliam deduxisse, assentientibus quoque Nemoroso Duce & aliis, qui dicebant Regem cum Helvetiis suis & non-gentis Nobilibus, etsi fere inermibus, Lutetiam se recipere debere. Hoc sequi consilium visum fuit, frustra repugnante Hospitalio, qui oppositæ partis odium sibi conciliavit.

Insequenti die ante lucem Rex, Regina mater, totaque aula regia profecti sunt, Helvetiis stipati, qui alacri animo, cum 800. vel 900. Nobilibus ; sed fere inermibus, ut dictum est, profecti sunt. Vix quatuor leucas emensi, Principem Condæum viderunt, cum quadringentis equitibus, qui armis probe instructi erant, ac viam ipsis intercludere videbantur. Helvetii ex Hugonotorum præsentia majore resumto animo, sese ad pugnam apparabant. Condæus quempiam misit, qui Regem alloqueretur ; sed ipsum Rex audire noluit. Aliquot autem velitationes fuere. Constabularius vero metuens ne pugna iniretur, Regem, Reginamque matrem rogavit, Lutetiam alia via, sed tuta peterent, Ea illi via profecti sunt, comitantibus iis omnibus, quos vel ætas, vel sexus, vel professio militari rei inutiles reddebat : & cum delecta equitum 200. manu, quorum præcipui duces erant Albæmalæus Dux, & Vetusvilla Marescallus, Lutetiam advenere. Helvetii sæpe ab Hugonotorum equitatu impetiti fuere ; sed ita fortiter pugnavére, ut nunquam ordines turbati fuerint, cumque Burgetum advenissent, a pugna exiguo utrinque damno cessatum est. Idem circiter tempus Lanovius a Reformatorum Principibus missus, Aurelianum facile occupavit.

Fœderati vero Claiam venerunt, ubi quinque dies

1567. attendant la réponse à la Requête qu'ils avoient presentée au Maréchal de Montmorenci. Ils envoierent en même tems en plusieurs Provinces du Roiaume, pour presser ceux de leur secte de venir promptement les secourir. En attendant ils prirent resolution d'affamer Paris s'ils pouvoient. Ils se saisirent pour cet effet de Montereau Faut-yonne, par où passoit tout ce qui venoit de la Champagne & de la Bourgogne, & la nuit du même jour ils brûlerent tous les moulins qui étoient entre les portes du Temple & de saint Honoré ; ce qui fit aux Parisiens, dit M. de Thou, plus de peur que de mal. Ils se saisirent aussi de S. Denis. La Cour leur envoia alors le Chancelier de l'Hopital, le Maréchal de Vieilleville & Morvilliers, pour sçavoir plus à fond la cause de leur rebellion ; ils se plaignirent du traitement qu'on leur faisoit, à l'instigation, disoient-ils, des Guises, & offrirent de mettre bas les armes, pourvû qu'on leur fît justice, & qu'on leur donnât les suretez requises. Il y eut plusieurs allées & venuës de part & d'autres. Mais tout cela ne fit qu'aigrir les esprits. Les Chefs des Rebelles mirent dans leurs Requêtes des choses qui offenserent vivement la Reine Mere.

L'armée des Réformez veut affamer Paris.

Les Conferences étant ainsi rompues, il arriva de differens endroits des secours au Prince de Condé & à l'Amiral. Les Religionnaires prirent plusieurs petites Places, & empêchoient par là que rien n'entrât dans Paris. Le peuple en murmuroit hautement contre le Connétable, & disoit qu'il n'agissoit ainsi que pour favoriser le Prince de Condé & l'Amiral, ses parens. Picqué de ces reproches, il voulut d'abord chasser les Huguenots des postes qu'ils occupoient autour de Paris, & fit rompre & enfoncer tous les pontons dont ils se servoient pour passer la riviere. Cela fut executé heureusement. Il fit ensuite sortir l'armée de Paris par plusieurs portes. Le Maréchal de Montmorenci son fils alloit devant avec une troupe de Cavalerie & les Suisses. Le Duc de Longueville & les sieurs de Tais, Chavigni, Lansac & Rets, commandoient les gens de pied, suivis de l'Infanterie Parisienne. Brissac & Strozzi menoient l'aîle droite, soutenuë de deux escadrons commandez par le Duc d'Aumale & le Maréchal de d'Anville. Le Connétable fit marcher ses troupes dans la plaine de saint Denis. L'armée du Prince de Condé étoit de beaucoup plus foible que celle des Catholiques, qui

morati sunt, responsum exspectantes libello supplici quem Regi offerendum tradiderant. Eodem tempore ad multas Regni provincias miserunt, a Reformatis promta auxilia expetentes. Interim vero commeatibus ne Lutetiam intrarent, aditum intercludere studuerunt, quo famem in urbem inducerent. Ea de causa etiam Montem-Rigoli ad Icaunam occupaverunt, qua transibant illa omnia quæ ex Campania & Burgundia in urbem importabantur: insequenti nocte molendina omnia, quæ inter portas Templi & Sancti Honorati erant, combusserunt, majore Parisinorum terrore quam damno, inquit Thuanus. Illi etiam Sancti Dionysii oppidum occupavêre. Ex aula regia tunc missi fuere Hospitalius Cancellarius, Vetus-villa Marescallus & Morvillerius, qui accuratius ediscerent qua de causa illi ad rebellandum impulsi essent. Ipsi vero conquesti sunt se, instigantibus Guisiis, ut aiebant, aspere excipi; seque ad arma ponenda paratos esse dixerunt, dum sibi secundum æqui & bonique rationem satisfieret, securitatisque pignora darentur. Ad colloquia pluries ventum est; qui itus, reditusque nedum pacarent, animos utrinque exasperavere, cum maxime Reformati in libellis supplicibus suis quædam posuissent, quæ Catharinam matrem graviter offenderunt.

Colloquiis cessantibus, ex multis locis pugnatorum auxilia Condæo & Colinio venerunt. Illi vero plurima oppidula ceperunt, queis commeatus in urbem & annonæ aditum intercepere. Parisini hæc videntes palam contra Constabularium obmurmurabant, dicebantque illum in gratiam Condæi & Coliniorum cognatorum sic rem componere. Ille vero conviciis hujusmodi concitatus, statim Hugonotos ex locis quæ circum Lutetiam occupabant dispellere voluit, Pontones queis flumen trajiciebant vel rupit, vel demersit, quod feliciter cessit. Exercitum deinde Lutetia eduxit per diversas portas. Montmorencius Marescallus primus movit cum equitum agmine & Helvetiis. Longavillæus Dux, Tæsius, Cavinius, Lansacus & Retius, peditum agmina ducebant, quæ sequebatur Parisinus peditatus. Brissacus & Strozzius alam dexteram ducebant, cui aderant equitum turmæ duæ, queis præerant Albæmalæus Dux & Damvilla Marescallus. Constabularius exercitum in planitiem Sancti Dionysii eduxit. Verisimile videbatur, Condæum cujus exercitus longe inferior numero erat, non pugnaturum esse: Catholicorum quippe exerci-

avoient trois mille chevaux & seize mille hommes de pied, sans compter 1567.
l'Infanterie Françoise. Mais malgré la disparité du nombre, de concert avec
l'Amiral, il sortit de saint Denis, & mit ses troupes en bataille. Il separa sa
cavalerie en trois corps. A sa droite étoit l'Amiral du côté de saint Oüen, avec
lequel étoit Clermont d'Amboise, & à sa gauche Genlis du côté d'Aubervil-
liers. L'Infanterie fut aussi divisée en trois Corps comme la Cavalerie.

Le Connétable fit faire des décharges d'artillerie sur l'aîle gauche comman- Bataille
dée par Genlis, qui en fut fort endommagée : ce que voiant le Prince de nis.
Condé, il lui envoia dire, qu'il fit avancer son Infanterie devant la Cavalerie.
Cette Infanterie fit beaucoup de dommage aux nôtres. L'Amiral fit aussi avancer son Infanterie qui combatit avec avantage, & il donna avec sa Cavalerie
sur la gauche du Connétable qui fut mise en quelque desordre. Le Prince de
Condé laissant son Infanterie derriere, chargea avec sa Cavalerie le corps de
bataille où étoit le Connétable qui tint ferme, quoique une partie de ses trou- Le Con-
pes menée fort rudement eût déja plié. Se voiant enfin environné de tous nétable
les côtez, & blessé devant & derriere, il se défendit vaillamment, & donna mort.
un si grand coup d'épée à Robert Stuart Ecossois, qu'il lui rompit deux ou trois
dents, & lui fracassa la machoire; un autre Ecossois pour vanger Robert Stuart,
lui porta un coup de pistolet dans les reins, & le blessa à mort.

Cependant le Maréchal de Montmorenci avec ses Suisses & sa Cavalerie,
renversa tout ce qui se trouva devant lui. Genlis se retira, & le Maréchal de
Cossé se détacha pour secourir le Connétable qui se défendoit encore. Alors
l'Amiral voiant ses troupes mal menées par le Maréchal de Montmorenci;
que ceux de l'armée Roiale qui avoient d'abord plié, se rassembloient pour Victoire
revenir au combat, & que le Maréchal de d'Anville qui n'avoit pas encore de l'ar-
combatu, étoit prêt à donner sur ses gens, il jugea à propos de faire retraite mée Ca-
vers S. Denis. Le champ de bataille & les dépoüilles demeurerent aux Catholi- tholique.
ques. Plusieurs Religionnaires prétendirent que la victoire avoit été de leur
côté. Mais La Noüe, un de leurs meilleurs Chefs, & des plus équitables, disoit qu'ils ne pouvoient nier que la victoire n'eût été du côté des Catholiques,
non-seulement parce qu'ils étoient demeurez maîtres du champ de bataille,
des morts & des blessez; mais aussi parce que si la nuit n'étoit survenuë, leur

---

tus trium millium equitum erat, & sexdecim millium peditum, non annumerato etiam Francico peditatu. Verum Condæus, etsi tam impar numero, assentiente Colinio Maris Præfecto, ex Sancti Dionysii oppido exivit, & copias suas ad pugnam eduxit. Equitatum tres in turmas divisit. Ad dexteram versus Sanctum Audoënum Colinius erat cum Claromontio Ambosiano; ad sinistram vero Genlisius versus Aubervilleriam, peditatus quoque tres in partes divisus fuit.

Constabularius tormenta pyria explodi jussit in alam sinistram, cui imperabat Genlisius, quæ tormenta multum damni Genlisianis importavere, quo perspecto Condæus, Genlisium monuit, ut peditatum ante equitatum suum locaret, qui peditatus multum damni nostris intulit. Colinius quoque peditatum suum immisit, qui prospere pugnavit, & ipse cum equitatu sinistram Constabularii turmam adortus est, cujus ordines aliquantum turbati fuere. Condæus vero peditatum suum a tergo relinquens, cum equitatu suo aciem in qua Constabularius erat aggreditur, qui fortiter stetit, etiamsi pars copiarum ejus vehementer impetita jam retrocessisset; cumque tandem se undique cinctum videret, & in facie atque a tergo vulneratum, strenuissime tamen pugnavit, & fortiter Robertum Stuartium gladio imperiit, ut duos tresve illi dentes excuteret, maxillamque quassaret. Alius vero Scotus ut Stuartium ulcisceretur, sclopeti ictu in renibus ipsi lethalem plagam inflixit.

Inter hæc Montmorencius Marescallus cum Helvetiis & equitatu suo, quidquid obviam fuit profligavit, Cossæus vero Marescallus, ut Constabulario adhuc pugnanti opem ferret movit. Tum vero Colinius cum videret suos a Montmorencio Marescallo male mulctari, atque eos ex regio exercitu, qui retro cesserant, restauratis ordinibus, ad pugnam redire, & Marescallum Damvillam qui nondum pugnaverat ad conflictum sese apparare, ad Sanctum Dionysium receptum habuit. Pugnæ locus & spolia Catholicis manserunt. Ex Hugonotis quidam dixere victoriam penes se fuisse : at Lanovius ipse inter optimos illorum duces computatus, & æqui amans, fatebatur negari non posse victoriam penes Catholicos fuisse, non solum quia locus pugnæ ipsis cesserat, cum mortuis & vulneratis, sed etiam quia nisi nox advenisset, exercitus Hugonotorum qui jam pedem

1567.

Mort du Connétable.

armée qui lâchoit déja pied, alloit être mise en déroute. Anne de Montmorenci Connétable blessé à mort, fut emporté à son hôtel où il mourut le jour suivant. Tous les Auteurs conviennent qu'il étoit brave de sa personne, mais malheureux en guerre ; quelques-uns même attribuoient ces malheurs à son peu d'habileté. La plûpart des gens crurent que la Reine Mere ne fut pas fâchée de se voir delivrée d'un homme qui contrebalançoit son autorité à la Cour. Il étoit âgé de soixante & dix-huit ans : on lui fit les plus superbes funerailles : son effigie fut portée dans la pompe funebre ; ce qui ne se faisoit qu'aux obseques des Rois & des Princes du Sang.

D'Andelot qui, faute de pontons ou de bacs pour passer la Seine, n'avoit pû se trouver à la bataille avec sa troupe, eut moien la nuit suivante de la passer, & se rendit à S. Denis, d'où il partit avec un corps de Cavalerie, & vint courir jusqu'aux fauxbourgs de Paris, pour faire voir que les Religionnaires n'étoient pas vaincus, & brûla plusieurs moulins. Il n'y en eut qu'un où il trouva de la resistance. Guerri s'étoit jetté dedans avec quelques soldats d'élite. D'Andelot le fit attaquer vivement ; mais Guerri se défendit si bien, qu'il ne pût être forcé. Ce moulin fut depuis appellé le Moulin de Guerri. Pendant

Le Duc d'Anjou fait Lieutenant General des Armées du Roi.

ces courses des Religionnaires, personne ne sortit de la Ville, parce qu'il n'y avoit plus de Commandant. La Reine Mere ne jugea point à propos de remplir la place de Connétable qui faisoit ombrage à son autorité : mais elle fit donner à son second fils Henri qu'elle cherissoit plus que les autres, la Charge de Lieutenant General des Armées du Roi, lui donnant des Adjoints de sa main, qui ne devoient agir que par ses ordres.

Le Prince & l'Amiral avertis que l'armée des Catholiques se renforçoit tous les jours par de nouvelles levées, qui venoient de toutes parts, dans le dessein aussi d'aller joindre le Prince Casimir fils du Palatin, qui leur amenoit un puissant secours d'Allemagne, partirent de saint Denis, & s'en allerent à Montereau Faut-yonne, où ils demeurerent quelque tems.

Tandis que ceci se passoit aux environs de Paris, les Reformez des Provinces ramassoient des troupes de tous côtez, partie pour renforcer leur principale armée, partie aussi & en bien plus grand nombre, pour se défendre contre les Catholiques des Provinces, prendre des Villes & des forteresses, & atrirer à leur

---

referre cœperat, omnino profligandus erat. Anna Montmorencius Constabularius, lethali confossus vulnere, in ædes suas translatus, insequenti die obiit. Virum autem strenuum & fortem fuisse consentiunt omnes ; sed in præliis haud fortunatum ; addunt etiam nonnulli sagacitate & solertia deficiente, hæc ipsi infortunia plerumque accidisse. Multi putavère non ingratum Catharinæ fuisse, quod vir qui in aula regia auctoritate secum pugnare videbatur, de medio sublatus fuisset. Erat 78. annos natus ; superbo autem funere cohonestatus est. Ejus imago in funebri pompa allata fuit, quod in Regum & Regii Sanguinis Principum funeribus tantum observabatur.

La Popeliniere. Thuanus.

Andelotus qui, deficientibus Pontonibus, ad Sequanam trajiciendum, pugnæ interesse non potuerat, nocte sequenti illam trajecit, & ad Sanctum Dionysium venit, unde cum equitatu profectus, ad usque Parisina suburbia venit, ut Hogonotos victos non fuisse ostenderet, ac molendina multa combussit. In uno impetum suum propulsantem invenit Guerricum, qui cum quibusdam delectis pugnatoribus ipsum occupaverat. Andelotus ipsum validissime impugnari curavit : at Guerricus tam strenue impugnantes excepit, ut molendinum capere non possent ; quod postea Molendinum Guerrici vocatum fuit. Dum incursiones istas Hugonoti facerent, nemo ex urbe egressus est, quia nullus qui imperaret aderat. Catharina vero Constabularium creare noluit, quia muneris hujus auctoritas suæ auctoritati officere videbatur ; sed Henricum filium suum, quem præ cæteris omnibus diligebat, Præfectum Generalem in bellis declarari curavit, cui alios adjunctos dedit sibi fidos & ad nutum suum agentes.

Condæus & Colinius cum comperissent exercitum regium in dies augeri, novis quotidie accedentibus conscriptorum militum turmis ; utque etiam Casimirum Palatini filium, qui sibi magnum Germanorum auxilium ducebat jungerent, Montem - Rigoli ad Icaunam venerunt ; ubi aliquanto tempore mansere.

Dum hæc circa Lutetiam gererentur, in Provinciis Hugonoti copias undique colligebant, tum ut ad præcipuum exercitum suum mitterent, tum etiam & longe majori numero, ut Catholicorum conatus propullarent, urbes & arces caperent, & quam plures possparti

CHARLES IX.

parti le plus de gens qu'ils pourroient. La plus grande affaire qu'ils executerent alors, fut de faire tourner de leur côté la Rochelle, Ville qui depuis le commencement de cette guerre civile avoit toujours demeuré neutre, & qui par sa situation, son port & ses fortifications, fut depuis comme la place d'armes du parti. Ce fut par l'intrigue de Truchat Maire de cette Ville, qu'elle se tourna du côté des Huguenots. Les Rochelois avec les gens du Prince de Condé prirent Marans, Luçon & quelques autres places. Ils en auroient bien pris davantage dans le Poitou, si le Comte du Lude Gouverneur de la Province ne les avoit obligez de se retirer. D'Acier de Cursol leva des Troupes dans le Maconnois, Bourbonnois, Auvergne & Vivarez, & assisté des Reformez de la Provence & du Dauphiné, il se rendit maître de Nîmes & de Montpellier. Les Vicomtes; on appelloit ainsi sept Seigneurs, de Bourniquet, Monclar, Paulin, Caumont, Serignan, Rapin, Montagut, leverent aussi des gens dans le Rouergue, Querci, Foix, Albigeois, Lauraguez, & firent quelques entreprises sur les Catholiques. Cependant le Duc de Nevers leva une armée qui monta à près de quatorze mille hommes, partie Italiens, partie François, assiegea Mâcon, qu'il prit après une legere resistance, & alla ensuite joindre l'armée du Duc d'Anjou qui étoit alors en Champagne: & dans une rencontre il défit quelques troupes Huguenotes; mais il reçut une arquebusade au genou, & fut depuis boiteux toute sa vie. On n'auroit jamais fini si l'on vouloit raconter tout ce qui se passa dans le même tems en divers endroits de ce Roiaume, à l'avantage tantôt des uns, tantôt des autres.

1567.
1568.
Les Rochelois se déclarent pour le Prince de Condé.

Mâcon pris par le Duc de Nevers.

La Cour informée que le dessein du Prince de Condé & de l'Amiral, étoit d'aller avec leur armée joindre un puissant secours que leur amenoit d'Allemagne le Prince Casimir, fit aller le Duc d'Aumale au devant d'un corps de trois mille chevaux Allemans, que Jean-Guillaume de Saxe & le Marquis de Bade amenoient au service de Sa Majesté. Le jeune Lansac fut aussi envoié aux Princes Allemans, & principalement au Palatin, pour leur faire entendre que la guerre que les Reformez suscitoient en France ne regardoit point du tout la Religion. Ce qui fit que le Palatin manda à son fils Casimir de ne point avancer; mais aiant reçu depuis des informations fort differentes, il le laissa poursuivre sa pointe. L'armée Roiale fut assemblée en Champagne, & fut jointe, comme nous avons dit, par le Comte de Nevers, & par le Comte d'Arem-

1568.

---

sent ad partes suas traherent. Maximam vero tunc rem perfecerunt, cum Rupellam, quæ ab initio civilis belli neutri partium sese junxerat, ad suas allexere partes. Quæ postea urbs Hugonotorum arx præcipua fuit. Illa vero Hugonotis adjuncta fuit, artificio Trucharii tunc in urbe Majoris. Rupellani autem cum quadam Condæi Principis turma juncti, Maranum ceperunt, Lucionam & alia quædam oppida: pluraque cepissent nisi Ludius Comes Provinciæ istius Præfectus ipsos depulisset. Acerius Cursolius pugnatorum turmas collegit, in tractibus Matisconensi & Borboniensi, in Arvernis atque in Vivariensi agro, junctusque cum copiis Hugonotorum Gallo-provinciæ & Delphinatus, Nemausum & Monspelium cepit, Vicecomites, sic vocabantur septem Toparchæ, Burniquetus, Monclarus, Paulinus, Caumontius, Serinianus, Rapinus. Montacutius, copias quoque collegerunt apud Ruthenos, Cadurcenses, Fuxenses, Albigenses & Lauracenses, & quasdam contra Catholicos expeditiones fecerunt. Interea Dux Nivernensis exercitum collegit quatuordecim fere millium pugnatorum partim Italorum, partim Fran-

corum, Matisconemque obsedit, & nullo fere negotio cepit. Posteaque Ducis Andium exercitum qui tunc in Campania erat, junxit: In transitu vero Hugonotorum turmas aliquot profligavit; sed sclopeti glande in genu vulneratus, per totam deinde vitam claudicavit. Nullus finis foret, si cuncta ea quæ in variis Regni partibus gesta sunt, modo his modo aliis superantibus, recenseremus.

Cum compertum haberet aula regia, Condæum & Colinium ituros esse, ut auxilium Germanicum, quod ducebat Princeps Casimirus, jungerent, missus fuit Albæmalæ Dux, qui obviam iret auxilio trium millium Germanorum equitum, quod Regi adducebant Joannes Guillelmus Saxonicus & Marchio Badensis. Lansacus junior ad Germaniæ Principes, maximeque ad Palatinum missus fuit, ut indicaret ipsis bellum, quod Reformati tunc susceperant, Religionem non spectare. Palatinus vero Casimiro filio scripsit ne ulterius procederet. Ubi autem contraria edidicisset, ut ulterius pergeret mandavit ipsi. Regius exercitus in Campania collectus, a Nivernensi, ut diximus, Comite junctus fuit, itemque ab Aremb-

Les mêmes

Tome V.   V

1568. berg, envoié par le Roi d'Espagne, avec un secours de douze cens chevaux Flamans ou Bourguignons, & de deux mille hommes de pied.

L'armée des Religionnaires reçut aussi un secours assez considerable de troupes levées dans le Poitou, dans la Guienne & dans la Gascogne : elles prirent en chemin faisant quelques Places, & vinrent assieger Pont sur Yone, qui se défendit quelque tems, & fut emporté d'assaut : le château se rendit par composition. Ce corps se joignit à l'armée, & l'Amiral s'avança du côté de Sens. Le jeune Henri Duc de Guise, qui venoit de faire preuve de sa valeur en Hongrie, gardoit cette Ville, & avoit eu soin de la bien munir : & l'Amiral jugeant qu'il n'y auroit que des coups à gagner, tourna d'un autre côté. Les Confederez assiegerent Bray sur Seine. Combaut qui y commandoit se défendit vaillamment, & fut enfin obligé de se rendre. Ils prirent aussi Nogent, & abandonnerent Montereau Faut-yonne dont la garde étoit trop difficile.

Ils se mirent en marche pour aller joindre le Prince Casimir ; & comme ils entroient dans la Lorraine, Teligni leur apporta de nouveaux articles de paix que la Cour leur envoioit. Le Roi & la Reine Mere se rendirent à Châlon. Le Cardinal Odet de Châtillon y vint de la part du Prince de Condé. La Reine proposa des conditions de paix ; ils en proposerent aussi de leur côté ; mais ils ne purent convenir ensemble, & l'on se sépara sans rien conclure.

Le Prince de Condé avec son armée se joint au Prince Casimir.
Le Prince de Condé & l'Amiral arriverent aux frontieres de Lorraine, pour joindre le Prince Casimir, & furent quelque tems sans avoir de ses nouvelles. Ils apprirent enfin qu'il étoit fort près de là, & allerent le joindre. Il leur amenoit six mille cinq cens chevaux, & trois mille hommes de pied. La joie qu'ils eurent d'un si puissant secours, fut bien-tôt temperée par l'embarras où ils se trouverent. Il falloit leur compter cent mille écus, & jamais armée ne se vit si dénuée d'argent que l'étoit celle-là. Mais comme cette affaire interessoit également les grands & les petits, il n'y eut pas jusqu'aux Goujats de l'armée qui n'apportassent tout ce qu'ils avoient. Les grands Seigneurs donnerent leurs colliers & leur vaisselle d'argent : tout cela ensemble ne pût faire que trente mille écus. Le Prince Casimir s'en contenta. Ils se joignirent, & se disposerent d'entrer en France. La Champagne se trouvoit hors d'état de leur

---

Les mêmes. go Comite ab Hispaniæ Rege misso cum mille ducentis equitibus Flandrensibus vel Burgundionibus, & duobus peditum millibus.

Exercitus quoque Reformatorum auxilium non spernendum nactus est : ex Pictavis, Aquitania & Vasconia collectum. Hi Condæi exercitum adeuntes, aliquot oppida transeundo ceperunt, & Pontem ad Icaunam obsederunt. Oppidani initio hostem propulsavere ; sed vi tandem expugnati sunt, & castellum pactis conditionibus sese dedidit. Hæc cognatorum manus exercitum adiit, tuncque Colinius versus Agendicum movit. Henricus Junior Dux Guisius qui nuper in Hungaria strenuitatis argumenta dederat, urbem custodiebat, & optime munierat. Colinius autem videns non prosperum sibi obsidionis exitum fore, alio arma convertit. Fœderati Braium ad Sequanam obsederunt. Combaldus qui oppidi Præfectus erat strenue pugnavit, tandemque deditionem facere coactus est. Novigentum etiam illi cepere, sed Montem-Rigoli ad Icaunam deseruere, quia nimio ad oppidum defendendum præsidio opus erat.

Movere tandem illi ut Casimiro Principi obviam irent, cumque in Lotharingiam intrarent, Telisinus novas pacis conditiones attulit. Rex & Regina matri Catalaunum venerunt. Cardinalis vero Castellionæus pro Condæo Principe venit. Regina pacis conditiones proposuit, & ipsi quoque suas obtulere ; sed cum pro voto omnia componere non possent, re infecta utrinque recessum est.

Princeps Condæus & Colinius tandem ad Lotharingiæ limites pervenerunt, ut cum Casimiro jungerentur, deque illo per aliquantum temporis nihil accepere, tandemque advenienti illi obviam ierunt. Sex mille quingentos equites ille & ter mille pedites adducebat. Gaudium ex tam numeroso auxilio allatum, a difficultate numerandæ pecuniæ turbatum fuit ; centum namque millia scutorum solvenda erant, & nullus unquam exercitus sic pecunia destitutus fuerat, ut ille tunc erat. At cum id negotii magni & tenuioribus æque cordi esset, omnes etiamque Calones quidquid auri vel argenti penes se habebant attulere. Primores torques suos & supellectilem totam argenteam dederunt, & quidquid unà collectum fuit, ad triginta millia scutorum tantum pervenit. Casimirus tamen his contentus fuit. Duo exercitus unà juncti sunt, ut in Franciam intrarent. Campania tunc annonam suppeditare nullo

fournir des vivres. Les deux armées qui y avoient été quelque tems, avoient presque tout épuisé, & en quelques endroits ruiné les campagnes. Ils resolurent d'aller par la Bourgogne, le Hurepoix & le Gatinois, payis gras, abondans en vins, grand appas pour des troupes Allemandes.

1568.

Le Duc d'Anjou prit conseil des principaux Chefs de son armée. Tous furent d'avis que sans risquer une bataille, il falloit bien munir les places qui se trouvoient sur la route qu'ils devoient apparemment tenir, sur tout celles qui étoient aux passages des rivieres, & avec le reste de l'armée les costoier toûjours pour leur couper les vivres, & donner sur tout ce qui s'écarteroit du gros de l'armée. Les Confederez passerent la Marne près de sa source, eurent plus de difficulté de passer la Seine à Châtillon, gardée par quelques Compagnies Italiennes, qui avoient mis des chausse-trappes aux bords de la riviere, & dans la riviere même: ils s'en tirerent comme ils purent, & défirent quelques troupes d'Italiens. Ils assiegerent inutilement Crevant, qui se défendit très-bien, prirent & brulerent Iranci, rançonnerent quelques petites Villes, qui donnoient une somme d'argent pour se garantir du pillage, passerent le Loing, & allerent assieger Chartres. Lignieres avoit été envoié pour défendre la Ville. On ne pouvoit rien ajouter à sa diligence, aux soins qu'il eut de bien fortifier les endroits foibles, à sa valeur dans les attaques. Les Confederez se morfondirent là long-tems. Ils s'aviserent enfin de détourner la riviere d'Eure. On disoit que s'ils avoient fait cela dès le commencement, Lignieres auroit été obligé de rendre la Ville. Ce siege tourna enfin fort mal pour le Prince.

Ils assiegent Chartres.

Tandis que les deux grandes armées étoient occupées de ce côté-là, Montluc se donnoit bien du mouvement aux environs de la Rochelle. Il avoit reçû ordre de la Cour d'assieger cette Ville: on lui assigna des fonds pour payer les troupes; mais ces fonds se trouverent déja épuisez. Cela ne rebuta point Montluc; il fit ses préparatifs, & ramassa des gens de tous côtez. Le Comte du Lude eut ordre de se joindre à lui, & il défera à Montluc le commandement de l'armée, le regardant comme un des plus experimentez Capitaines de ces tems. Les Rochellois s'étoient saisis des Isles d'Oleron, d'Alvert & de Ré. Pour serrer la Ville, de plus près; on jugea à propos de reprendre ces Isles. Le sieur de Pons réduisit facilement celles d'Oleron & d'Alvert, dont une bonne partie des

molo poterat. Duo namque exercitus qui aliquanto tempore istic morati fuerant omnia pene consumserant, & quibusdam in locis agros devastaverant. Per Burgundiam itaque iter habere decreverunt, per Hurip. usem & Vastinium, fertiles nempe agros & vinis abundantes, quæ magnæ erant Germanis militibus illecebræ.

vins.

Dux Andium primores exercitus sui convocavit ut de re præsenti deliberaretur. Omnium una sententia fuit pugnæ aleam non esse tentandam; sed munienda esse oppida & castra per quæ hostes transituri esse putabantur. maximeque illa quæ ad fluviorum trajectus sita essent, ac cum reliquo exercitu latera semper illorum observanda esse & curandum ut annonæ a litus ipsis intercluderetur, & qui longius ab exercitu discederent conciderentur. Fœderati Matronam prope scaturiginem ejus trajecerunt. Castelliōni autem Sequanam difficilius trajecerunt, ubi ad custodiam relictæ fuerant aliquot Italorum cohortes, quæ murices ferreos in ora fluvii & in ipso fluvio posuerant, quos obices illi ut potuere viterunt, & Italos fugavêre. Crevantium obsederunt, ac præsidiariis strenue pugnantibus, obsidione soluta illi Irancium cepetunt, & flammis consumsere, aliaque oppida quædam, numerata pecunia sese a deprædatione & incendiis redemerunt. Trajecta vero Lupia, fœderati Carnutum obsessum venerunt. Missus fuerat Lignerius, qui urbem defenderet. Cum incredibili autem diligentia ille infirm ora loca propugnaculis munivit, strenueque hostem oppugnantem propulsavit. Diu istic fœderati molimina multa tentavêre ut urbem expugnarent. Tandem Eburæ alveum alio derivarunt. Dicebatur porro illos, si id initio fecissent, urbem ad deditionem compulsuros fuisse. Obsidio tandem male omnino cessura videbatur.

Dum majores exercitus istis in locis detinerentur, Monlucius circum Rupellam in motu erat. Ex aula regia mandatum acceperat ut Rupellam obsideret. Pecuniæ summæ assignatæ ipsi fuere; sed quæ jam exhaustæ fuerant, nihilo tamen minus ille ut jussa exsequeretur strenuam dedit operam, pecuniatoresque undique collegit. Jussus fuit autem Ludensis Comes cum Monlucio copias suas jungere, ipsique ille utpote peritissimo duci imperium concessit. Rupellani insulas Uliarum, Alvertensem & Retensem occupaverant. Ut vero ad Rupellam aditus intercluderetur, de insulis illis recuperandis deliberatum est. Pontius Toparcha Uliarum & Alvertensem, quarum

Comment. de Monluc. La Popeliniere. Thuanus.

1568. fonds lui appartenoit. Le plus difficile restoit à faire. Les Rochellois avoient bien muni l'Isle de Ré, & y avoient bâti plusieurs petits forts, d'où il falloit les débusquer. Montluc y envoia le sieur de Leberon son neveu, avec cinq cens Arquebusiers qui s'embarquerent à Brouage, & se rendirent près de l'Isle. Les ennemis postez dans des forts étoient disposez à empêcher la descente. Ce que voiant Leberon, il partit la nuit sur de petits bateaux chargez d'Arquebusiers pour faire descente de l'autre côté de l'Isle, bordé de rochers escarpez où les Reformez ne faisoient point de garde, & ne s'apperçûrent qu'on abordoit là que lorsque une partie de ces Arquebusiers fut descenduë. Ils vinrent les attaquer. Mais Leberon & sa troupe les reçurent si vigoureusement, qu'ils les mirent en fuite. Leberon fit venir tout le reste de sa troupe, & marcha vers une Eglise où les Huguenots s'étoient retranchez; il l'attaqua par trois endroits, l'emporta de force, & fit tuer tout ce qui se trouva dedans. Alors tous ceux qui gardoient les forts pour empêcher l'abordage, se jetterent dans de petits bateaux pour s'enfuir à la Rochelle. Leberon conduisit cette affaire avec beaucoup de valeur & de conduite. Il se signala encore en bien d'autres occasions. Montluc faisoit toujours ses provisions pour le siege de la Rochelle: mais à la nouvelle du traité conclu avec le Prince de Condé & les Huguenots, mit fin à cette entreprise.

Prise de l'Isle de Ré.

Le mauvais succès du siege de Chartres ne contribua pas peu à rendre les Reformez plus souples, & à les disposer d'accepter les conditions de paix qu'on leur offrit. La paix fut donc faite. L'Edit du Roi étoit favorable aux Huguenots à qui on laissoit plusieurs places de sureté.

Paix de peu de durée.

Cependant cette paix ne plut ni à l'un ni à l'autre parti. Les Catholiques se plaignoient qu'on laissoit aux Huguenots plusieurs bonnes Villes; qu'un bon nombre de Capitaines & de Soldats des Reformez, sans permission du Roi, alloient en Frandre au secours des Heretiques; qu'ils étoient d'intelligence avec eux pour ruiner la vraie Religion s'ils pouvoient. Les Reformez se plaignirent depuis, que malgré l'Edit de Paix, les Catholiques leur couroient sus comme en tems de guerre; qu'après que selon le traité ils avoient mis armes bas, le Roi retenoit encore les Suisses, & plusieurs Compagnies d'Italiens;

---

terræ maxima ex parte patrimoniali jure ad ipsum pertinebant, facile in potestatem reduxit. Supererat Retensis, quam occupare longe difficilius erat; Rupellani enim illam optime munierant, & propugnacula plurima construxerant. Monlucius vero Leberonem sororis filium illò misit cum quingentis sclopetariis, qui Broagii naves conscenderunt; & prope insulam accesserunt. Pugnatores autem a Rupellanis missi, inque propugnaculis stantes ad illos ab excensu arcendos apparati erant. His conspectis Lebero, noctu sclopetarios in cymbas conscendere jussos, in oppositam insulæ oram duxit, quæ rupibus præaltis claudebatur, ubi Rupellani custodiam nullam posuerant. Ibi vero excensus nullo obsistente factus est. Adverterunt tandem hostes excensum: sed cum jam sclopetariorum maxima pars in insulam ingressa esset, ut illos autem propulsarent ac depellerent accesserunt: verum Lebero cum suis ita strenue illos excepit, ut in fugam verteret. Lebero tota sua sclopetariorum collecta manu, Ecclesiam quamdam oppugnavit, quam Hugonoti armati munierant ad propulsandum hostem parati. Lebero cum suis tres in partes distributis Ecclesiam aggressus est & expugnavit, atque præsidiarios omnes occidi jussit. Tunc qui propugnacula ad oram insulæ sita custodiebant, terrore perculsi, conscensis cymbis Rupellam aufugerunt. Sic Lebero arduam rem strenue prudenterque perfecit, inque aliis pugnis pari fortitudine emicuit. Monlucius porro semper sese ad Rupellam obsidendam apparabat; sed ubi comperit pacem cum Condæo & Hugonotis factam esse, rem infectam relinquere coactus est.

Tam infelix Carnutenæ obsidionis exitus, Reformatos ad oblatas pacis conditiones admittendas paratiores reddidit. Pax igitur facta est. Edictum regium hac de causa emissum Hugonotis multa concedebat, urbes & oppida quædam ad securitatem ipsis dabat.

Tamenque pax illa neutri partium placuit. Querebantur Catholici, quod Hugonotis plurimæ urbes traderentur, quod multi duces militesque Reformatorum sine Regis licentia in Flandriam irent ad auxilium Hæreticis ferendum; quodque cum illis unà conspirarent ad Catholicam abolendam Religionem. Reformati vero postea querimonias & ipsi multas sparserunt; quod post Edictum datum Catholici perinde sibi infesti essent, atque belli tempore; quod postquam ipsi arma posuerant, Rex adhuc Helvetios retineret, multasque Italorum cohortes; quod præsi-

CHARLES IX.

qu'il mettroit de grosses garnisons dans les Villes, à Orleans, à Tours, à Amiens, pour assembler promptement une armée quand il voudroit leur faire la guerre. Ils faisoient encore bien d'autres plaintes qui sembloient marquer que cette paix ne seroit pas de longue durée; aussi disoit-on, que le Prince de Condé & l'Amiral n'avoient consenti à la faire, que parce que leurs troupes des provinces, ennuyées de la longueur du siege de Chartres, se retiroient tous les jours, & abandonnoient leur armée.

Le Prince d'Orange, qui comme nous avons dit, s'étoit retiré fort prudemment des Payis-Bas à l'arrivée du Duc d'Albe, fit d'abord son possible pour se reconcilier avec le Roi d'Espagne, sous la domination duquel étoit la meilleure partie de ses terres; mais voiant qu'il n'y pouvoit réüssir, il passa dans les Cours d'Allemagne, & engagea par son adresse plusieurs à se liguer pour délivrer les Payis-Bas de la tyrannie du Duc d'Albe. Louis de Nassau frere du Prince d'Orange défit en cette année le Comte d'Aremberg revenu de France, qui fut tué dans le combat; & comme Adolphe de Nassau son frere y fut aussi tué, le Comte Louis son frere fit pendre plus de trois cens Espagnols qui avoient été pris dans le combat. Quelques-uns disent que ce fut en vengeance de cette execution que le Duc d'Albe fit couper la tête aux Comtes d'Egmont & de Horn. Cette fameuse histoire est si connuë & rapportée en détail par un si grand nombre d'Auteurs, qu'il seroit inutile de s'y arrêter davantage. Cela fit un grand bruit dans l'Europe. De-là s'ensuivit une longue guerre, & cela donna lieu à la Hollande de former une République qui est aujourd'hui un des plus florissans Etats de l'Europe.

Coqueville Gentilhomme Normand & les Capitaines Vaillant, S. Amand & quelques autres, levoient quantité de gens de guerre, Picards, Normans, Flamans, Brabançons & Artesiens. La troupe étoit déja grossie; le Roi en fut averti, & fit demander au Prince de Condé si c'étoit par son ordre que ces levées se faisoient. Le Prince désavoua tout, & le Roi donna ordre au Maréchal de Cossé de marcher contre Coqueville. Le Maréchal assembla quelques troupes & alla assieger Coqueville & ses gens dans Saint Valeri. Ils y furent pris sans beaucoup de résistance. Les Chefs eurent les têtes coupées & elles furent apportées à Paris pour y être exposées dans des lieux publics. Après

1568.

Execution des Comtes d'Egmont & de Horn.

---

dia numerosa in urbibus locaret, Aureliani, Cæsalodunî Turonum, Ambiani, ut posset brevi exercitum cogere, si ipsos bello impetere vellet. Alia quoque similia spargebant, quæ signo esse videbantur, pacem hanc non diuturnam fore. Famaque erat Condæum ac Colinium, licet ægre, paci tamen manus dedisse; quia armati viri qui ex provinciis venerant, tædio diuturnioris Carnutenæ obsidionis, in dies difflabant & exercitum deserebant.

Interea Princeps Arausicanus, qui ut diximus, adveniente Albano Duce prudentissime ex Belgio aufugerat initio nihil non egit ut cum Hispaniæ Rege reconciliaretur, quia prædiorum ejus & toparchiarum pars maxima sub Regis Hispaniæ dominio erant; sed cum se frustra rem tentare videret, multos Germaniæ Principes adiit, atque industria sua non paucos ad societatem ineundam pertraxit, ut Belgium a Ducis Albani tyrannide liberarent. Ludovicus vero Nassovius frater Arausicani Principis, hoc anno Arembergium Comitem profligavit, qui etiam in pugna cecidit,& quia Adolphus Nassoviensis Ludovici frater eadem in pugna occisus fuit, Ludovicus Comes trecentos Hispanos in prœlio captos ad patibulum misit. Quidam vero dicebant in ultionem tot Hispanorum qui suspendio petierant, Albanum Ducem Egmundani & Hornani Comitum capita præcidi jussisse. Hæc porro famosissima historia, quæ nemini fere non nota est, a tot Scriptoribus singulatim enarrata fuit, ut inutile foret illam pluribus persequi. Hujusce rei fama per Europam totam percrebuit. Hinc vero consequutum diuturnum bellum fuit, qui Hollandiæ occasionem locumque dedit efformandæ Reipublicæ quæ inter potentissimas Europæ numeratur.

Cocavilla nobilis Normannus, Valens, Sanctus Amandus & alii, armatos multos colligebant, Picardos,Normannos, Flandros, Brabantios, Artesios. Jam numerosa turma erat, Regi id nunciatum fuit, qui a Condæo Principe petiit, an illius jussu tot pugnatores cogerentur. Condæus se inscio rem fieri dixit, Rexque Cosseum Marescallum misit qui Cocavillam impeteret. Cosseus pugnatorum collecta manu Cocavillam in Sancti Valarici oppido obsedit, sine pugna fere locus captus est. Cocavilla cum suis in Regiorum manus inciderunt; ducum capita præcisa fuere, & Lutetiam allata in publicis locis exposita sunt. Sub hæc autem Rex de suorum consilio, Edic-

Brantôme

Thuanus. La Popeliniere.

V iij

1568. cette execution le Roi fut conseillé de faire un Edit pour défendre de porter les armes dans son Roiaume, sinon pour le service de Sa Majesté. Peu obéïrent, & le plus grand nombre regardant cela comme un signal de guerre, se prépara pour se défendre.

La Cour souhaitoit fort de se saisir de la Rochelle & d'ôter cette place aux Religionnaires. On y envoya Jarnac ancien Gouverneur de la Ville qui y fut reçû. Le 14. Juin le Roi fit donner ordre aux Rochelois de recevoir les Catholiques & les Compagnies de Jarnac pour garder la Ville, & de cesser d'y faire de nouvelles fortifications, sous la peine, s'ils refusoient d'obéir, qu'ils perdroient leurs privileges, qu'ils deviendroient taillables, & que leur trafic seroit transporté à Brouage. Les Rochellois voiant que la Cour vouloit à force les réduire, appellerent la Rochefoucaut & des troupes des Réformez. Le Maréchal de Vieilleville & d'autres qui vinrent de la part du Roi ne purent rien gagner sur eux. Le dessein de la Reine Mere & du Conseil d'ôter ce refuge au Prince de Condé & à l'Amiral, dont on vouloit se saisir, ne pût être executé.

La Reine Mere veut faire saisir le Prince de Condé & l'Amiral.

Tavannes Gouverneur de Bourgogne s'avançoit déja par ordre de la Cour avec des troupes pour surprendre le Prince de Condé qui étoit à Noyers, & qui se voiant en péril, envoia à la Cour premierement la Marquise de Rothelin sa belle-mere, & depuis Teligni, pour se plaindre de ce qu'on violoit ainsi le Traité de paix. Il le fit plûtôt pour amuser le Conseil du Roi, que par esperance d'obtenir quelque chose. L'Amiral vint le joindre, & ils partirent ensemble. Le Prince menoit sa femme enceinte & sa famille avec une escorte de cinquante chevaux seulement. Plusieurs Réformez qui se retiroient pour se mettre en sûreté, vinrent le joindre dans sa marche; mais il les obligea de se tenir derierre & loin de sa troupe, sous la conduite du Capitaine du Bois, croiant qu'il passeroit plus sûrement avec peu de gens; car tous les passages des rivieres & sur-tout de la Loire étoient gardez par les Catholiques. Le Prince fit chercher un gué dans la Loire où il passa, & la nuit suivante la riviere s'enfla tellement, que les Catholiques armez qui les poursuivoient, ne purent passer après eux; ils surprirent pourtant la troupe du Capitaine du Bois qui s'étoit arrêtée à Bonni, où ils faisoient si mauvaise garde,

---

Les mêmes. tum emisit, quo prohibebatur ne quis in Regno suo arma gestaret, nisi regiarum copiarum numero adscriptus esset. Pauci obsequuti sunt, majorque pars id quasi futuri belli signum ducentes, ad defensionem sese appararunt.

In aula regia de Rupella occupanda, deque ista auferenda Reformatis urbe cogitabatur. Istuc Jarnacus missus fuit, pridem urbis Præfectus, qui intra civitatem est ingressus. Junii decima quarta die Rex Rupellanis mandavit, ut Catholicos reciperent, & Jarnaci cohortes ad urbem custodiendam, utque finem facerent nova propugnacula construendi, indicta pœna si non obsequerentur; quod privilegia sua amissuri essent; quod vectigalibus solvendis obnoxii forent; quod commercium suum Broagii transferendum esset. Rupellani cum viderent aulam regiam ipsos in ordinem redigere velle, Rupifucaldum advocavére. Vetus-villa Marescallus, & alii a Rege missi, nihil apud illos obtinere potuerunt, Reginæ matris & Consilii ejus propositum erat, hoc refugium Condæo Principi & Colinio tollere, quos comprehendere animus erat; sed frustra cessit hic conatus.

Tavannius Burgundiæ Præfectus, jubente Rege, jam cum pugnatorum manu pergebat, ut Condæum Principem qui tunc Nuceti erat, ex improviso caperet, quique se in periculo versari sentiens, in aulam regiam misit primo Rothelinam Marchionissam socrum, posteaque Telinium ut de violata pace quererentur. Id autem ille faciebat magis ut Consilium regium aliquantum distineret, quam quod aliquid se impetraturum speraret. Colinius ipsum adiit & ambo simul profecti sunt. Princeps secum ducebat uxorem prægnantem, & familiam cum turma quinquaginta equitum tantum. Multi Reformatorum qui receptum habebant ut in tuto se collocarent, dum pergeret ad illum venere: verum illos ut retro manerent adegit sub ductu Bosii, se cum paucis flumen facilius trajecturum esse putans, vada quippe omnia fluviorum, maximeque Ligeris a Catholicis armatis custodiebantur. Princeps vero vadum in Ligeri perquiri jussit, qua transivit ipse. Et insequenti nocte Ligeris ita intumuit, ut Catholici armati qui Principem insequebantur trajicere nequirent; Bosii tamen turmam intercepere, quæ Bonnii insederat, ubi cum tanta

CHARLES IX.

qu'ils furent obligez de s'enfuir en chemife, laiffant aux Roiaux leurs chevaux & leurs hardes. Ils fe retirerent au Château qu'ils rendirent à condition qu'ils auroient la vie fauve.

Après que le Prince eut ainfi paffé la Loire, il fut joint par plufieurs troupes qui venoient de differens côtez ; car les Reformez étoient fi perfuadez que la guerre alloit recommencer, qu'ils étoient en mouvement dans tout le Roiaume. Il s'avança dans le Poitou, & envoia prier le Maréchal de Vieilleville de le laiffer entrer dans Poitiers. Le Maréchal s'offrit de l'y laiffer entrer avec fon train de Prince feulement ; mais fans gens de guerre. Au même tems la Cour voulut faire faifir le Cardinal de Châtillon qui étoit dans le Beauvoifis. Il s'enfuit du côté de la mer, & fut pourfuivi fi vivement, qu'à peine put-il y arriver & fe jetter dans une barque pour paffer en Angleterre. La Reine de Navarre fe mit en chemin avec le Prince Henri fon fils pour aller joindre le Prince de Condé, accompagnée de trois Regimens d'Infanterie & de huit Cornettes de Cavalerie legere. Le Prince vint au devant d'elle, & ils fe rendirent enfemble à la Rochelle.

Au même tems les Reformez de la Bretagne, de la Normandie, de l'Anjou, du Maine & des Païs voifins s'affemblerent en grand nombre, & fe joignirent à d'Andelot, à deffein de paffer la Loire. Là fe trouverent auffi plufieurs des principaux Chefs des Huguenots, le Vidame de Chartres, Lavardin, Mongommeri, la Nouë & un grand nombre d'autres. Le Duc de Montpenfier & Martigues étoient auprés pour leur difputer le paffage. Martigues furprit un jour d'Andelot, penfa le prendre, & l'obligea de fuir ; cependant Montgommeri découvrit un gué dans la riviere par où tout ce grand corps de troupes paffa fans aucun obftacle. Le Duc de Montpenfier, Martigues & d'autres Chefs vinrent pour les combatre fur la levée ; mais tous étoient paffez quand ils y arriverent. L'armée des Religionnaires s'étant ainfi fort accruë, prit Partenai, Niort, Saint Maixant & quelques autres places qui firent fort peu de réfiftance : après quoi ils publierent une proteftation & déclaration des caufes qui les avoient obligez à prendre les armes.

Ils affiegerent Angoulême où commandoit le Marquis de Mezieres, qui fe défendit fort bien au commencement ; mais les affiegeans s'étant poftez dans

1568.

La guerre recommence.

Prife d'Angoulême par les Réformez.

---

focordia cuftodiæ fuæ advigilabant, ut cum indufio lineo aufugere coacti fint, relictis equis & farcinis. In Caftellum autem fugerunt, quo mox dedito, falva vita dimiffi funt.

Trajecto Ligeri Condæus, multas excepit Reformatorum turmas, quæ variis ex locis veniebant. Ita quippe Hugonoti certum habebant bellum mox redintegrandum fore, ut per totum Regnum in motu effent. In Pictavorum autem tractum ingreffus Condæus, Vetus-villam Marefcallum rogavit fibi liceret in Pictavorum urbem ingredi. Marefcallus vero refpondit poffe illum in urbem ingredi cum familia tantum fine armatis viris. Eodem tempore aula regia Cardinalem Caftellionæum comprehendi juffit, qui tunc in Bellovacenfi tractu erat. Re comperta ille ad oram maris aufugit, & in Neuftriæ ora nave confcenfa, vix infequentium manus effugit, atque in Angliam trajecit. Regina Navarræ cum Henrico filio Condæum Principem adiit, fecum ducens tres peditum cohortes, & octo equitum levioris armaturæ figna. Condræus ipfi obviam venit, fimulque Rupellam fe contulerunt.

Eodem tempore Reformati Armoricæ, Normanniæ, Andium, Cenomanorum tractus vicinarumque regionum, magno numero convenere, & Andelotum adiere, ut una Ligerim trajicerent. Eodem etiam venere præcipui Hugonotorum duces ; Vicedominus Carnutenus, Lavardinus, Montgommerius, Lanovius, multique alii. Montpenferius Dux & Martigius e vicino erant, ut illos a tranfitu arcerent. Martigius vero quadam die Andelotum intercepit & in fugam vertit, parumque abfuit quin illum caperet. Inter hæc Montgommerius vadum reperit, & numerofa illa pugnatorum manus, nullo obice, ad alteram ripam pervenit. Montpenferius, Martigius & alii duces Catholici venerunt, ut illos in tranfitu adorirentur ; fed jam omnes trajecerant. Exercitus Reformatorum fic numero auctus Parthenæum cepit, Niortium, Sanctum Maxentium, aliaque oppida, quæ poft leviffimam defenfionem expugnata fuere : pofteaque Reformati refcripto publicato conteftati funt & declaravere quibus de caufis arma fumfiffent.

Engolifmam poftea obfedere. Mezerius Marchio urbis Præfectus initio ftrenuiffime hoftem propulfavit ; fed cum Reformati opportunum locum occupa-

1568. un lieu avantageux d'où ils battoient furieusement la place, le Marquis rendit la Ville par composition. On croioit que s'il avoit tenu encore quelque tems, les Confederez auroient été obligez de lever le siege.

Le Roi avoit publié un Edit très favorable aux Religionnaires, par lequel il les tenoit sous sa protection comme ses autres sujets, & commandoit à tous les Juges de leur faire bonne justice quand ils auroient recours à eux; mais la Reine & le Cardinal de Lorraine, voiant que les Huguenots regardoient cet Edit comme un leurre pour les tenir séparez & hors d'état de défense, & qu'ils venoient de tous côtez renforcer l'armée du Prince de Condé; ils en firent publier un autre, où après avoir déclaré les Huguenots indignes par leur rebellion, des graces qu'on leur avoit ci-devant faites, le Roi défendoit à tous ses sujets l'exercice d'aucune Religion autre que la Catholique & Romaine, & cela sur peine de la vie, & de la perte de leurs biens. A cet Edit on en ajouta un troisiéme, qui portoit que ceux qui feroient profession de la Religion Prétenduë Reformée, seroient privez de toute Charge, Office & Magistrature. Le Parlement ajouta à cet Edit, que ceux qui seroient reçûs en Charge, prêteroient serment qu'ils vivroient & mourroient dans l'exercice de la Religion Catholique. Quand ces derniers Edits furent donnez, le Chancelier de l'Hopital n'assistoit plus au Conseil. Voiant que le Roi ne le regardoit plus de bon œil, il s'étoit retiré à la campagne. La Reine Mere fut fort aise de le voir éloigné.

Après la prise d'Angoulême, l'armée des Confederez assiegea Pons dans la Saintonge. La Ville fut prise de force & pillée, & le château se rendit. Les Reformez surprirent encore Blaye & Taillebourg; de sorte qu'ils se trouverent maîtres du Poitou, du païs d'Aunis, de la Saintonge & de l'Angoumois. Pendant que le Prince de Condé & l'Amiral prenoient ainsi des places, le Roi faisoit assembler une armée considerable que devoit commander le Duc d'Anjou, déclaré Lieutenant General des armées de Sa Majesté. On détacha deux cens Gentils-hommes de la Maison du Roi, & quatre cens Archers de sa Garde. Ban & l'Arriereban furent mandez, & des Commissions furent données à plusieurs Chefs pour lever & enrôler des gens. Il falloit beaucoup de tems pour ramasser tant de troupes : & comme les Religionnaires prenoient tous les jours des

Edit contre les Huguenots.

Le Chancelier de l'Hôpital se retire de la Cour.

La Popeliniere. Thuanus.

vissent, unde tormentorum tempestate & globis urbem vehementius verberabant. Marchio pactis conditionibus urbem dedidit, Credebatur autem, si tantillo tempore Mezerius deditionem distulisset, fœderatos brevi obsidionem soluturos fuisse.

Rex Edictum publicaverat Reformatis percommodum, quo illos perinde atque cæteros subditos se protecturum pollicebatur; præcipiebatque Judicibus ut cum illis ex æquo & bono jus exercerent; sed cum Regina mater & Cardinalis Lotharingus viderent ipsos hoc Edictum quasi decipulam habere, an alii ab aliis separati, & sine defensione manerent; & undique ut Condæanum exercitum augerent confluere; aliud Edictum publicavere in quo tanta sibi collata gratia indigni Hugonoti declarabantur, utpote qui rebelles essent, Rexque prohibebat ne subditi sui quilibet aliam Religionem exercerent, quam Catholicam & Romanam, indicta pœna mortis & bonorum amissione. Aliud Edictum prodiit, quo Reformati omnes quovis munere, officio & magistratu arcebantur. Edicto huic Curia Senatus hoc adjecit, eos qui aliquod in munus vel officium proveherentur, sacramento polliciteros esse; se Catholicæ Religionis exercitium ad mortem usque exhibituros esse. Cum hæc postrema Edicta publicata fuere, Hospitalius Cancellarius consilio regio non ultra aderat. Cum videret se Regi minime placere, in villam quamdam suam recesserat. Regina mater libentissime illum ab aula recessisse vidit.

Post captam Engolismam, Fœderatorum exercitus Pontium in Santonum tractu obsedit : oppidum vi expugnatum & direptum fuit, castellum vero sese dedidit. Blaiam quoque Reformati ex improviso ceperunt, & Talliaburgum; ita ut in Pictonibus, in Alnetensi, Santonensi & Engolismensi tractu late rerum potirentur. Dum Condæus & Colinius sic oppida occupabant, Rex numerosum cogebat exercitum, cui imperaturus erat Dux Andium, Præfectus Generalis regiorum exercituum declaratus; cui ducenti Nobiles ex aula regia dantur, & quadringenti sagittarii regiæ custodiæ. Deinde Nobilitas tota per Regnum advocatur, & Tribunis multis pugnatores conscribere mandatum fuit. Longo opus erat tempore ut tot armatorum pugnæ cogerentur, cumque

Isa

Villes,

Villes, on envoia dans le Poitou les troupes qui étoient déja sur pied commandées par le Duc de Montpensier, assisté de Martigues de Brissac, & de plusieurs autres. Il se rendit à Chateleraut & de-là à Poitiers. Il voulut aller secourir Angoulême, mais il n'y fut pas à tems, & la Ville fut prise comme nous avons dit.

1568.

L'armée du Prince devoit recevoir un puissant renfort de près de quinze mille hommes levez dans la Provence, le Dauphiné & le Languedoc, commandé par Dacier de la Maison de Crussol, Mouvans, Montbrun & plusieurs autres Chefs. Ils se mirent en marche pour aller joindre les Confederez. Le Duc de Montpensier qui n'avoit pû secourir Angoulême, comme nous avons dit, s'avança dans le Perigord, pour empêcher, s'il pouvoit, ce nouveau renfort de joindre l'armée du Prince. Etant arrivé près de ce corps de Reformez, il détacha Brissac avec des troupes, pour aller attaquer Mouvans, Chef plus brave que sage, qui s'étant détaché du corps de Dacier avec trois ou quatre mille hommes, prenoit un autre chemin. Brissac attira Mouvans dans une embuscade, où sa troupe fut mise en déroute. Il demeura sur la place avec plus de mille des siens. De ceux qui restoient, la plus grande partie furent assommez par les Païsans. Il ne s'en sauva que mille qui allerent joindre l'armée des Reformez. Après cet exploit, où le Duc de Montpensier perdit fort peu de ses gens, il se retira à Chateleraut toujours poursuivi par l'armée des Protestans, qui n'oserent l'attaquer dans cette Ville, où il s'étoit bien retranché.

Mouvant Chef des Huguenots défait & tué.

Le Duc d'Anjou étant enfin arrivé avec son armée, fut joint par le Duc de Montpensier. Les Reformez assemblerent aussi la leur: & quoiqu'elle fut bien moindre en nombre que celle des Catholiques, elle alla pourtant se camper tout auprès. Il arriva même que les Maréchaux de Logis des deux armées marquerent le même campement; c'étoit au lieu nommé Pamprou. Les Catholiques plus diligens s'y trouverent les premiers; & cependant par l'adresse de l'Amiral & d'Andelot, ce campement demeura aux Huguenots: les Catholiques furent obligez de le leur ceder non sans quelque perte. Il y eut plusieurs escarmouches entre les deux armées. Le Duc d'Anjou ne vouloit point venir à une action generale, & cherchoit toujours des campemens, où il ne pût être forcé de donner bataille. Ces armées étoient toutes de François. Il n'y avoit pas un étranger dans aucune de deux.

---

interim Hugonoti semper oppida expugnarent, quæ jam collectæ fuerant copiæ ad Pictones missæ fuere, quæ Duce Montpenserio, Martigio, Brissaco & aliis bellum gererent. Montpenserius ad Castrum-Eraldi venit, indeque in Pictavorum urbem. Engolismæ obsessæ opem ferre voluit; sed antequam eò adventaret, urbs capta fuit, ut diximus.

Condæi exercitus pugnatorum manum grandem quindecim fere millium virûm acceptura in opem erat, ducibus Acerio ex Crussolia familia, Moventio, Monbruno, aliisque, qui pugnatores in Galloprovincia, Delphinatu & Septimania collecti fuerant. Hi autem moverunt ut fœderatorum exercitum adirent. Montpenserius qui Engolismæ, ut diximus, opem ferre non potuerat, ad Petragoricos perrexit, ut tantæ militum manui aditum ad Condæanum exercitum intercluderet; cumque propius accessisset, Brissacum misit, qui Moventium adoriretur. Hic vero Moventius audacior quam prudentior, ex Acerii castris discedens, cum tribus quatuorve pugnatorum milibus, alia pergebat via. Brissacus insidias illi paravit, & agmen ejus totum profligavit. Cæsus ipse Moventius fuit, & plusquam mille ex suis per-emti sunt; residuorum vero maxima pars a rusticis interemti fuere. Mille tantum evasere, qui ad exercitum Reformatorum perrexerunt. Post hujusmodi pugnam in qua Montpenserius paucos ex suis amisit, ipse ad Castrum-Eraldi se recepit, insequente Hugonotorum exercitu, qui Castrum-Eraldi a Montpenserio probe munitum oppugnare ausus non est.

Cum tandem Dux Andium cum exercitu advenisset, Montpenserius cum suis ipsum adiit. Reformati quoque exercitum suum collegerunt, atque etsi regio exercitui impares numero erant, proxime tamen castra posuere. Accidit etiam ut castrorum designatores utriusque partis eumdem ipsum sibi locum assignarent, Pamprolium vocabatur locus. Catholici vero primi venerant, & tamen Colinii & Andeloti arte industriaque locus Reformatis cessit, & Catholici nec sine quotumdam suorum pernicie recessere. Velitationes quædam inter vicinos exercitus fuere. Dux Andium cum nollet pugnæ aleam tentare, in munitioribus semper locis castrametabatur, ut non posset ad generale certamen vel invitus cogi. Ambo autem exercitus Francorum erant, ita ut ne vel unus extraneus in alterutra partium esset.

Les mêmes.

1568. L'hyver approchant le Duc d'Anjou mena son armée vers Poitiers, & la mit dans cette Ville & aux environs. Alors les Chefs des Reformez qui souhaitoient de décider pour le sort d'une bataille, voiant qu'il n'y avoit pas moien d'en venir là, resolurent de passer la Loire avec leur armée, & d'avancer du côté de Paris pour y faire la guerre, en se joignant aux autres Religionnaires du pays. Ils allerent donc à Thouars, & puis marcherent vers Saumur. Monsieur & les Chefs de l'armée Roiale voiant le dessein des Huguenots de repasser la Loire, & resolus de hazarder plûtôt une bataille que de les laisser passer, firent marcher l'armée Catholique du côté de Loudun, & prirent en passant Mirebeau. Après ce mouvement de l'armée Catholique, le Prince de Condé tourna de ce côté-là. Les armées se trouverent en presence, & l'on escarmoucha pendant quelques jours. Mais le froid extrême qui faisoit perir bien des gens, sur tout du côté des Huguenots, força les deux armées à prendre des quartiers d'hyver.

Les finances étant totalement épuisées, le Prince de Condé demanda aux Rochelois une somme d'argent comme par emprunt. Ils en offrirent une assez modique, qu'ils grossirent ensuite par la cession qu'on leur fit des revenus des biens Ecclesiastiques. Ils tirerent une bien plus grosse somme des vaisseaux qu'ils avoient & qui faisoient des courses sur mer : & pour surcroît la Reine d'Angleterre leur envoia six canons, trois milliers de poudre, & grand nombre de boulets. On lui donna en payement du sel, des laines, & du métal des cloches des Eglises, que les Huguenots avoient cassées.

Siege de Sancerre levé. Sur la fin de cette année, Martinengo & d'Entragues assiegerent Sancerre occupée par les Huguenots. Ils battirent la place, firent breche, donnerent un assaut, & furent vaillamment repoussez. Les assiegez firent une sortie, tuerent bien du monde, entre autres le fils du Baron de Neubourg. Les Catholiques furent obligez de lever le siege. Les Sancerrois enflez de leur bon succès, firent une espece de fort sur la Loire pour exiger des droits sur les batteaux qui y passoient. Les Catholiques leur dresserent une embuscade, où ils furent si mal menez, qu'ils furent obligez de se retirer bien vîte à Sancerre. L'Abbaye de S. Michel en l'Erme, fortifiée & bien munie par l'Abbé, avoit été deux fois

---

Les mêmes. Cum hiems appeteret, Dux Andium cum exercitu in Pictavorum urbem movit, atque in urbe ipsa & in vicinioribus locis copias omnes posuit. Tunc Reformatorum duces, qui prœlii fortunam tentare gestiebant, cum viderent id se nullo modo assequi posse, Ligerim cum exercitu trajicere decreverunt, & versus Lutetiam tendere, ut ibi cum aliis Reformatis indigenis juncti bella gererent. Thoarsium ergo perrexerunt, indeque Salmurium versus iter direxere. Dux Andium aliique Catholicorum duces, comperto Hugonotorum Ligerim trajiciendi proposito, pugnandum esse potius putantes, quam ut talem rem impune fieri permitterent, Juliodunum versus cum exercitu moverunt, atque transeundo Mirabellum ceperunt. Condæus exercitum Catholicum in motu esse videns, versus illum movit: per aliquot dies ambo exercitu coram steterunt, & aliquot velitationibus sese mutuo impetiere; sed extrema frigoris tempestas, qua multi, maxime ex Hugonotorum exercitu, peribant, ambos exercitus ad hiberna se recipere coegit.

Les mêmes. Cum res æraria exhausta omnino esset, Condæus summam pecuniæ a Rupellanis mutuo sibi dari postulavit. Modicam illi summam obtulere, atque cum ipsis Ecclesiasticorum bonorum reditus concederentur, oblatæ summæ aliam addiderunt. Verum majorem ipsi summam excepere ex navibus, quas ad excursiones faciendas apparav. raunt: & quo ! etiam admodum illos juvit, Regina Angliæ transmisit ipsis sex tormenta pyria, tria millia librarum pulveris pyrii & globos emittendos. Illi vero Reginæ vicissim dedere, salem, lanas & metallum ex Campanis Ecclesiarum, quas Hugonoti fregerant.

Hoc anno vertente Martinengus & Interaqueus Sancerram obsederunt, quod oppidum Hugonoti tenebant. Muros tormentis verberarunt, partem illorum dejecerunt & oppidum oppugnavêre; sed strenue a præsidiariis repulsi sunt. Qui præsidiarii etiam in hostem eruperunt, multosque occiderunt, interque alios filium Neuburgensis Baronis. Catholici obsidionem solvere coacti sunt. Sancerrenses autem ex prospero eventu tumentes, arcem quamdam ad Ligeris oram struxere, ut a transeuntibus naviculis & cymbis aliquid sibi exigerent. Catholici vero ipsis insidias struxere, & tam aspere illi excepti fuerunt, ut Sancerram se recipere coacti fuerint. Sancti Michaëlis in Eremo Abbatia ab Abbate propugnaculis instructa & munita, bis frustra obsessa ab Hugonotis

inutilement assiegée par les Huguenots. Mais ils la prirent à la fin de cette année ; le butin fut grand, parce que les Catholiques du voisinage y avoient apporté leurs effets comme en lieu de sureté.

1568.

Les grands frais de cette guerre obligerent le Roi de demander au Pape permission d'aliener 150000 liv. de rente du Clergé de France. Il l'obtint & donna un Edit pour cela, datté du 17. Decembre 1568.

Cependant les deux armées qui étoient en quartier d'hyver, faisoient leurs préparatifs pour la campagne prochaine, le Prince & l'Amiral envoierent le brave Piles de la Maison de Clermont, en Querci & en Gascogne pour y faire de nouvelles levées. Il voulut engager les Vicomtes qui étoient à Montauban avec sept mille hommes, d'aller joindre la grande armée ; mais ils s'en excuserent, en lui disant qu'ils étoient fort necessaires dans le payis pour le défendre de Montluc & des Toulousains, qui avoient deux fois voulu prendre Montauban. Piles ne laissa pas de faire des levées considerables dans le Querci, le Perigord & l'Agenois pour aller renforcer l'armée des Princes ; ainsi appelloit-on alors l'armée des Reformez, parce que le Prince de Condé la commandoit, que son fils s'y trouvoit, & que Henri Prince de Navarre y venoit aussi quelquefois.

1569.

Au mois de Fevrier Brissac sortit de Lusignan, surprit le Comte de Montgommeri, le mit en fuite, & emmena son frere prisonnier. Les Reformez firent depuis une tentative pour surprendre Lusignan ; ils étoient déja dans la Ville, mais ils furent enfin chassez par les Catholiques. Ils voulurent de même tems surprendre Dieppe & le Havre, & ils n'y furent pas plus heureux. Ils équiperent une flote à la Rochelle de neuf vaisseaux de guerre commandez par le sieur de la Tour. Cette flotte courant sur nos côtes, prit plusieurs vaisseaux Bretons, Normans & Flamans. Mais leurs deux prises les plus considerables, furent de sept vaisseaux Portugais chargez de plus de deux millions d'or, & de quelques vaisseaux Espagnols chargez de huit cens mille ducats destinez pour le payement de l'armée. Comme cette flote étoit sous la protection de la Reine d'Angleterre, l'Ambassadeur de Portugal se plaignit à elle, & n'en pût avoir d'autre réponse, sinon que ce n'étoient point ses sujets qui avoient fait la prise. Selon la convention, une bonne partie de l'argent de ces prises de-

Riche prise sur mer faite par les Rochellois.

---

fuerat ; sed hoc vertente anno ab ipsis capta fuit, qui ingenti præda potiti sunt, quia vicini Catholici istuc preciosiora sua quasi in tutum locum comportaverant.

Sumtus tam diuturno bello necessarios cum non posset gaza regia suppeditare, Rex a Summo Pontifice licentiam impetravit, proventus Clerici Gallicani reditum 150000, librarum abalienandi, & Edictum illa de re emisit decima-septima die Decembris anni 1568.

Inter hæc, ambo exercitus in hybernis locati jam ad proximam expeditionem sese apparabant. Condæus & Colinius Pilium Claromontanum virum strenuum ad Cadurcos & in Vasconiam miserunt, ut pugnatores novos conscriberet. Ille vero Vicecomites qui in Monte-Albano erant cum septem millibus pugnatorum inducere voluit ut in exercitum se conferent : at illi id sibi non licere dixerunt, quod istuc pernecessarii essent ad Monluciam & Tolosanos depellendos, qui bis Montem-Albanum capere tentaverant. Pilius tamen magnam collegit militum copiam in Cadurcis, Petragoricis & Aginnensibus, ut exercitum Principum admodum augeret ; sic tunc vocabatur Reformatorum exercitus, quia Princeps Condæus imperabat illis & filius ipsius cum ipso erat, atque Henricus Navarræus Princeps quoque in exercitum haud raro se conferebat.

Mense Februario Brissacus Lusiniano egressus Montgommerium intercepit, in fugam vertit, & fratrem ejus captivum reduxit. Reformati vero deinceps Lusinianum ex improviso capere tentaverunt. Jam in oppidum ingressi erant ; sed tandem a Catholicis expulsi fuere. Eodem tempore Dieppam in Neustria & Portum Gratiæ capere voluerunt : verum non feliciore exitu. Hoc anno classem Rupellæ apparavere navium novem, cujus dux fuit Turrius. Hæc vero classis Gallicana littora legens naves plurimas cepit, Britonum, Normannorum, Flandrorum ; sed longe majorem importavere prædam septem Lusitanæ naves captæ, in queis erant plusquam vicies centena millia aureorum, & quædam naves Hispanicæ octies centena millia ducatorum gestantes ad solvenda exercitûs stipendia. Cum autem classis isthæc sub protectione Reginæ Angliæ esset, Orator Lusitanus ea de re apud illam conquestus est. Respondit illa non subditos esse suos eos qui naves istas ceperant. Ut inter Reformatos convenerat, magna pars præda-

Les mêmes

1569. voit être emploiée au soutien *de la cause* ; c'est-à-dire, à entretenir les troupes & les armées des Reformez.

Le Duc d'Anjou se mit en campagne avec son armée, & reçût un puissant renfort de la Provence & du Dauphiné, amené par le Comte de Tende. Il tira vers l'Angoumois, où le joignirent aussi deux mille cinq cens Reitres conduits par le Rhingrave & par Bassompierre. Le dessein du Duc d'Anjou & de son conseil, étoit de combattre l'armée des Princes, considerablement diminuée par le grand hyver, les maladies & la desertion, avant qu'elle eût été jointe par Piles & sa grosse troupe, & par les grands renforts qui lui venoient d'Allemagne. Les Princes ne vouloient point alors donner bataille; mais attendre jusqu'à la venuë de Piles & des Reitres. Le Duc d'Anjou se rendit avec l'armée Roiale à Confolant, où il passa la Vienne, & de là à Vertueil, où il apprit que l'armée des Princes alloit à Coignac pour passer la Charante. Il tourna de ce côté, & fit saisir Jarnac qui fut d'abord repris par l'Amiral. Monsieur, ainsi appelloit-on le Duc d'Anjou, prit son chemin vers Ruffec, le prit, & quelques petites places, & vint à Châteauneuf qui se rendit d'abord. Il fit semblant de marcher vers Coignac, & rebroussa chemin vers Châteauneuf, où il fit travailler avec une merveilleuse diligence à reparer les ponts, & fit passer son avantgarde suivie du reste de l'armée. L'avantgarde se trouva ainsi en presence de celle des Reformez commandée par l'Amiral.

Bataille de Jarnac. Le Prince qui ne vouloit pas risquer une bataille, fit dire à l'Amiral de venir le trouver à Jarnac : il se mit d'abord en marche, mais toutes ses troupes n'étant pas en état de le suivre, une grande partie se trouva comme enveloppée des Catholiques, & alloit être entierement défaite ; ce qui obligea l'Amiral & d'Andelot de venir à leur secours avec le reste de l'avantgarde. Le combat fut rude : cependant les troupes des Catholiques, après avoir passé la riviere se mettoient en bataille, & l'Amiral avec son avantgarde, se trouvant dans un extrême péril, fit avertir le Prince de venir à son secours. Il vint, renversa d'abord tout ce qui se trouva devant lui, & dégagea l'Amiral ; mais se trouvant investi de l'armée Roiale, & son cheval blessé s'étant abbattu sous lui, il fut obligé de se rendre à deux Gentilshommes, Argence & S. Jean, qui l'ai-

Les mêmes. rum hujusmodi *ad causa sustentaculum* adhibenda erat; id est ad stipendia copiarum Reformatorum.

Dux Andium exercitum eduxit , qui magna pugnatorum a Tendæ Comite in Provincia & Delphinatu collectorum copia auctus fuit , acceptis etiam bis mille quingentis Germanis equitibus a Rhingravio & a Bassompetra adductis. Andini & suorum consilium erat ut pugna cum Principum exercitu quamprimum committeretur ; nam exercitus ille hieme , morbis ac desertione admodum imminutus erat, & adoriri illum e re fore videbatur antequam novis a Pilio copiis & Germanorum auxiliis augeretur. Principes vero pugnæ fortunam tentare nolebant , donec Pilius & equites Germani auxiliatum venirent. Andinus autem cum exercitu regio Confluentiam venit, & Vigenna transmisso , Vertolium tendit , ubi certior factus est Principum exercitum Cognacum petere ut Carantonum transmitteret. Andinus illo vertit & Jarnacum occupari curavit , quod oppidum statim a Colinio recuperatum fuit. Andinus alio conversus , Rufecum cepit , aliaque oppidula, & ad castrum-novum se contulit , quod statim deditionem fecit. Deinde se Cognacum petere simulavit , & statim retro conversus , ad Castrum-novum rediit, pontes cum incredibili celeritate refici curavit , primamque aciem trajicere jussit , quam sequebatur residuus exercitus. Sic prima acies stetit coram prima Principum acie , cui Colinius imperabat.

Condæus qui pugnam committere nolebat, Colinio mandavit uti se Jarnacum conveniret. Ille statim movit ; sed cum copiæ illius omnes ipsum sequi non possent , pars earum maxima a Catholicis cincta mox profliganda erat , quo conspecto Colinius & Andelotus cum residua prima acie ad opem ferendam conversi sunt. Acerrima pugna fuit. Interea vero regiorum agmina postquam fluvium trajecerant , pugnæ ordine dirigebantur. Colinius cum prima sua acies in extremo periculo versaretur , Condæum moneri curavit , qui in opem accurrit , & tanta vi impressionem fecit, ut obvios quosque ordines solveret , & Colinium ab hoste circumfusum expediret; sed cum ipse postea a Regiis circumdatus tamen pugnaret , equus confossus delapsus est , & Condæus nobilibus viris Argentio & Sancto Joanni , sese fide

derent à se relever; il ne le pouvoit de lui-même, aiant eu dans sa marche l'os de la jambe cassé d'un coup de pied de cheval : ils l'assirent auprès d'un buisson ; mais le Baron de Montesquiou qui passoit l'aiant reconnu, il lui cassa la tête d'un coup de pistolet. Quelques-uns disent qu'il avoit eu des ordres secrets pour cela.

1569. Les Réformez défaits & le Prince de Condé tué.

Dans cette bataille il y eut peu de fantassins tuez, mais plus de quatre cens Cavaliers du côté des Huguenots : de ce nombre étoient environ cent Gentilshommes. Les Roiaux y perdirent près de deux cens Cavaliers. La Nouë qui fut pris fut échangé avec Saissac. Les troupes de Monsieur se saisirent de Jarnac, que les Reformez avoient abandonné après avoir rompu le pont. L'Amiral & d'Andelot se retirerent à S. Jean d'Angeli, où ayant appris que les jeunes Princes étoient à Saintes, ils s'y rendirent, & y donnerent rendez-vous au debris de leur armée.

La renommée de cette victoire vola par toute l'Europe. On en fit à la Cour & à Paris de grandes réjoüissances. On envoya au Pape une partie des drapeaux pris sur les ennemis. Il fit faire une Procession generale où il marchoit à pied avec tous les Cardinaux. Les Venitiens en témoignerent aussi leur joie ; & par dessus tous le Duc d'Albe, qui avoit souvent des Protestans François à combattre.

Monsieur, après sa victoire, se retira à Jarnac, & fit assieger Coignac. On somma la garnison, mais elle fit une réponse qui fit juger qu'elle étoit resoluë de se bien défendre. L'Amiral emmena les Princes de Saintes à S. Jean d'Angeli, & de-là à Tonnay-Charante où étoit venuë la Reine de Navarre. Cette courageuse Princesse exhorta l'armée des Reformez de tenir toujours ferme, & de ne point s'épouvanter de ce mauvais succès. Le Prince Henri son fils y fut reconnu Chef.

Coignac, où s'étoit retirée une bonne partie de l'Infanterie de l'armée des Princes, se défendit si bien, que Monsieur jugeant que ce siege dont le succès paroissoit fort douteux tireroit en longueur, abandonna l'entreprise. Les intelligences qu'il avoit dans Angoulême n'eurent aucun effet ; mais l'armée des Catholiques prit quelques petites places. Le Duc d'Anjou pour donner quelque rafraîchissement à son armée, passa dans le Perigord, & envoia du secours

---

accepta dedidit, ipsisque juvantibus surrexit, neque enim solus poterat, cum tibiæ os a calcitrante equo fractum esset, ipsum vero juxta dumum insidentem reposuere ; sed Montesquius istac transiens, cum illum novisset, sclopeti ictu cervicem illius fregit, & Principem interfecit. Quidam dicunt illum non sine occultis mandatis id fecisse.

In hac pugna pauci pedites cecidere ; sed equites plusquam quadringenti occisi sunt, ex parte Hugonotorum. Regii vero ducentos pene equites amiserunt. Lanovius qui captus fuit cum Saissaco permutatus est. Jarnacum Andini copiæ occupavere : quod oppidum Reformati rupto ponte deseruerant, Colinius & Andelotus ad Sanctum Joannem Angeriacensem receptum habuere ; cumque competissent Principes Mediolani Santonum esse, illò se contulerunt, & reliquias exercitus istuc advocarunt.

Hujus victoriæ fama per Europam totam volavit. In aula regia & Lutetiæ ingentia lætitiæ signa data sunt. Pars militarium signorum, quæ Hugonotis erepta fuerant, ad Summum Pontificem missa sunt ; qui Processionem generalem indixit, ubi pedes ipse cum Cardinalibus incedebat. Veneti quoque lætitiæ signa dederunt, maximeque omnium Dux Albanus, qui Protestantes Francos sæpe contra se pugnantes experiebatur.

Andinus post victoriam Jarnacum se recepit, & Cognacum obsideri jussit. Denunciatum præsidiariis est ut sese dederent ; sed ita responderunt, ut hostem strenue propulsaturi esse viderentur. Colinius Principes Mediolano Santonum ad Sanctum Joannem Angeriacensem duxit, indeque Tauniacum ad Carantonum, quo venerat Regina Navarræ, quæ ut animo virili erat, exercitum Reformatorum hortata est, ut firmiter staret, nec infelici armorum exitu deterreretur. Henricus ejus filius Summus Reformatorum Imperator declaratus est.

Andinus Cognacum obsedit, ubi pars peditatus Hugonotorum se receperat, atque ita strenue Regiis obstitit, ut Andinus secum reputans obsidionem, cujus etiam dubius exitus futurus esse videbatur, diuturnam fore, re infecta recessit. Engolismæ quosdam secum conspirantes habebat, qui urbem dedituri erant, sed nihil efficere potuerunt : Regii vero aliquot oppida ceperunt. Ut facilescentem exercitum recrearet Andinus ad Petrocoriensem agrum transi-

Les mêmes.

Les mêmes. Commente. de Montluc.

1567. à Montluc qui avoit assiegé Mucidan, où fut tué le sieur de Pompadour. Brissac qui commandoit ce secours, fut aussi tué devant Mucidan; ce qui fut une grande perte. Ce jeune Seigneur qui à l'âge de vingt six ans possedoit de grandes Charges, s'étoit acquis l'estime de toute la Nation. Les Huguenots même n'en parloient qu'avec éloge. Mucidan se rendit par composition, qui fut très-mal gardée. Dès que la garnison Huguenote fut sortie, les Soldats Catholiques sans ordre de leurs Chefs, pour vanger la mort de Brissac, la passerent au fil de l'épée. La Charge de Colonel General de l'Infanterie, que possedoit M. de Brissac, fut donnée au sieur de Strozzi. Tandis que l'armée de Monsieur étoit occupée à prendre quelques places, Piles brave Commandant des Huguenots, se saisit du Medoc. Le 27. Mai de cette année, mourut à Saintes d'une fiévre pestilentielle, le sieur d'Andelot, un des meilleurs Chefs des Reformez, frere de l'Amiral. Quelques-uns dirent qu'il avoit été empoisonné.

Le Duc des Deux-ponts avec une armée vient au secours des Reformez.

Cependant Monsieur, à la nouvelle que le Duc des Deuxponts venoit avec un grand corps de Reitres & de Lanskenets pour se joindre à l'armée des Princes, marcha vers le Berri à dessein d'empêcher cette jonction. Le Roi Charles que cette affaire interessoit beaucoup, envoia le Duc d'Aumale, avec ordre de ramasser des troupes de tous côtez, d'observer le Duc des Deuxponts, & de l'empêcher, s'il le pouvoit, de passer la Loire. Le Duc d'Aumale se rendit dans la Lorraine, où aiant eu avis qu'un nommé la Coche avoit levé dans le Dauphiné & dans le Lionnois un bon nombre d'Arquebusiers Religionnaires, & s'vançoit pour se joindre au Duc des Deuxponts, il alla à sa rencontre, le défit, & tua un bon nombre de ses gens. Mais le Duc des Deuxponts reçût d'un autre côté un renfort bien plus considerable en la maniere que nous allons décrire en prenant la chose de plus haut.

Après que le Comte Louis de Nassau, frere du Prince d'Orange, eut été défait à Emdem par le Duc d'Albe, il alla joindre le Prince son frere, & ils firent ensemble la guerre aux Espagnols: il ne se passa là rien de bien considerable, jusqu'à ce qu'ils reçûrent un grand renfort des troupes que Genlis, Morvilliers, & d'autres Chefs des Reformez avoient levées dans la Picardie & dans la Champagne. Leur armée étant considerablement augmentée, ils se crurent assez

---

La Popelinière.

vit, & auxilia Monlucio misit, qui Mucidanum obsidebat, ubi cæsus fuit Pompadurius. Brissacus etiam qui auxilium duxerat interemtus est, & magnum sui desiderium reliquit. Nobilis iste junior, qui viginti sex annos natus eximia officia exsequebatur, omnium Francorum sibi existimationem conciliaverat : ipsi Hugonoti laudes ejus prædicabant. Præsidium Mucidanense pacta conditione oppidum dedidit; pacta violata fuere. Statim atque præsidiarii Hugonoti sunt egressi, milites Catholici injussu Ducum, ut Brissaci mortem ulciscerentur, ad unum omnes occiderunt. Munus Præfecti Generalis peditatus Gallici, quod tenebat Brissacus, Strozzio datum fuit. Dum Andinus aliquot oppida & castra caperet, Pilius inter Reformatos celebris, Medulorum tractum occupavit. Vigesima septima die Maii hujus anni Mediolani Santonum Andelotus, inter optimos Reformatorum duces computatus, frater Colinii Maris Præfecti, ex febre ardenti & pestilenti obiit. Quidam dicebant ipsum veneno sublatum fuisse.

Interea vero Andinus cum comperisset Bipontinum Ducem cum magna equitum peditumque Germanorum manu in auxilium Principum venire, ad Bituriges movit, ut aditum ipsis intercluderet. Rex vero Carolus, cui res hujuscemodi admodum cordi erat, Albæmalæum Ducem misit, qui copias undique colligeret, Bipontinum observaret, & si posset, arceret a Ligeris transitu. Albæmalæus vero in Lotharingiam venit, ubi cum nunciatum ipsi fuisset quemdam, Cochium nomine, cum numerosam turmam Hugonotorum sclopetariorum in Delphinatu & in Lugdunensi tractu collegisset, ad Bipontinum pergere; in occursum ejus profectus, totum agmen profligavit & multos occidit. At Bipontinus alia ex parte longe numerosius agmen accepit eo modo, quo tam altius repetendo dicturi sumus.

Postquam Ludovicus Nassovius Arausicani Principis frater Embdæ ab Albano Duce profligatus fuerat, fratrem suum convenit, & ambo simul bellum contra Hispanos gessere, nec quid memoratu dignum factum est, donec copiosum pugnatorum auxilium accepere, quos Genlisius, Morvillerius & alii Reformatorum duces in Picardia & in Campania collegerant; cum exercitus eorum sic auctus fuisset, se

forts pour paſſer la Meuſe, & aller preſenter bataille au Duc d'Albe, qui per- 1569. ſuadé que cette armée ſeroit bien-tôt diſſipée faute de vivres, ne voulut pas riſquer le ſort d'un combat. La choſe arriva comme il l'avoit prévûë. Le Prince fut obligé de paſſer en France, & s'arrêta à Vitri, où il délibera avec les François s'ils tireroient droit à Paris, ou s'ils iroient joindre l'armée des Princes, ou enfin s'ils marcheroient vers l'Alemagne pour ſe joindre au Duc des Deuxponts. Ce dernier parti fut ſuivi, ils traverſerent la Champagne & la Lorraine, & ſe rendirent à Saverne.

Le Roi Charles faiſoit auſſi lever des gens en Alemagne. Le Rhingrave, le Marquis de Bade, Baſſompiere, & les troupes du Comte de Mansfeld, que le Roi d'Eſpagne lui envoyoit, devoient former un corps de cinq mille cinq cens chevaux : mais cela n'approchoit pas de cette armée du Duc des Deuxponts, qui avant que de partir publia un Manifeſte qu'il envoia au Roi Charles, où il expoſoit les raiſons qui l'avoient porté à prendre les armes, une deſquelles étoit le meurtre du Prince de Condé, tué après la foi donnée. Il ſe mit en marche avec ſept mille Reitres, ſix mille Lanskenets, aiant en ſa compagnie le Prince d'Orange & ſon frere le Comte Louis, & un corps de François. Le Duc d'Aumale avec ſa petite armée, renforcée de quelques troupes amenées par le Baron des Adrets & par le Prince de Nemours, ſuivoit toujours le Duc des Deuxponts, & tâchoit de lui empêcher le paſſage des rivieres. Quand il vit que cette armée approchoit de la Loire, il ceſſa de la ſuivre, & ſe mit en marche pour aller joindre Monſieur. Le Duc des Deuxponts paſſa la Loire ſans reſiſtance, & prit même la Charité petite Ville ; ce qui ſurprit bien des gens. La Reine Mere vint en Berri ; & s'aboucha avec le Duc d'Anjou ſon fils. On tint conſeil, & après meure délibération, il fut reſolu qu'on ne donneroit point de bataille ; mais qu'on obſerveroit la marche de l'armée ennemie, en attendant que l'armée Roiale fut renforcée des ſecours qu'elle attendoit.

Le Duc des Deuxponts prend la Charité.

Le Duc des Deuxponts après avoir paſſé la Loire, paſſa encore la Vienne ; on voulut lui diſputer le paſſage ; mais le peu de troupes qui s'y oppoſoient, furent défaites. Il mourut peu de jours après à Neſſun près de Limoges, d'un reſte de fiévre quarte. Avant que de mourir, il exhorta ſes gens à pourſuivre

Mort du Duc des Deux- ponts.

pares putarunt eſſe qui Moſam trajicerent, & Albanum Ducem ad pugnam provocarent. Albanus vero gnarus hunc exercitum, annona deficiente, cito diſpergendum diſſipandumque fore, noluit pugnæ aleam tentare. Ut ille conjecerat ita accidit ; Arauſicanus in Franciam tranſire coactus eſt. Vitriaci ſubſtitit, & cum Francis deliberavit an Lutetiam verſus pergendum eſſent, vel Principum exercitum adituri, vel in Germaniam profecturi, ut cum Bipontino Duce jungerentur. Hoc poſtremum illi conſilium amplexi, trajecta Campania & Lotharingia, Tabernam venerunt, & cum Bipontino juncti numeroſum conſtituerunt exercitum.

Rex etiam Carolus in Germania milites conſcribi juſſerat, Rhingravius, Badenſis Marchio & Baſſompetra cum copiis Mansfeldii Comitis, agmen quinquies millium & quingentorum equitum effecturi erant ; ſed longe numeroſior erat Bipontini exercitus, qui antequam proficiſceretur reſcriptum emiſit, & Carolo Regi tradi curavit, quo quibus de cauſis arma arripuiſſet declarabat, interque cauſas illas Condæi Principis necem poſt datam fidem referebat. Movit autem cum exercitu ſeptem millium equitum & ſex millium peditum, qui omnes Germani erant, ſecum habens Arauſicanum Principem, fratremque ejus Ludovicum Naſſovicum Comitem, cum Francorum agmine. Albæmalæus autem cum exiguo exercitu, tumque alia, quam adduxerant Adretius Baro & Dux Nemoroſius, Bipontinum ſequebatur, ut a fluviorum tranſitu arceret. Ut vidit autem illum jam prope Ligerim adventaſſe, aliò perrexit, ut cum Andino exercitu jungeretur. Obſtupuere autem multi cum viderunt Bipontinum Ducem, nemine obſiſtente, Ligerim trajeciſſe, atque etiam Caritatem oppidum cepiſſe. Catharina vero in Biturigas venit, ut cum Andino filio deliberaret. In Conſilio autem, rebus omnibus perpenſis, ſtatutum fuit, pugnæ fortunam tentandam non eſſe ; ſed obſervandos eſſe hoſtium motus, donec exercitum regium cætera, quæ exſpectabantur, agmina junxiſſent.

Bipontinus Dux poſtquam Ligerim trajecerat, Vigennam etiam tranſmiſit. A tranſitu autem illum arcere tentavere regiæ copiæ paucæ, quæ profligatæ ſunt. Bipontinus cum diu ante quartana febri laboraſſet, ex itineris fatigatione, graviori morbo oppreſſus, Neſſunii prope Lemovicas obiit. Antequam

vincit.

Les mêmes.

1569. l'entreprise, & laissa la conduite de son armée au Comte Volrad Mansfeld. Environ ce tems, la petite Ville de Châtillon sur Loin, principale Terre de l'Amiral, fut surprise par les Catholiques. Il y avoit une si grande quantité de riches meubles, qu'on en chargea plus de quatre-vingt charrettes, qui les menerent à Paris, où ils furent vendus à l'encan.

Après que l'armée des Princes & celle du Duc des Deuxponts se furent jointes, on fit une revûe generale, où l'on paya aux Reitres & aux Lanskenets une partie de leur solde. Les soldats des deux Nations crioient qu'on les amenât promptement contre les Catholiques; mais les Princes & l'Amiral jugerent à propos de presenter plûtôt une Requeste au Roi, pour le supplier de leur laisser le libre exercice de leur Religion sans aucune exception, & en leur donnant toutes les suretez requises. Ils voulurent la faire presenter au Roi, & s'adresserent à Monsieur qui ne voulut pas s'en charger. L'Amiral en envoia copie au Maréchal de Montmorenci pour la presenter au Roi, qui lui fit réponse qu'il ne vouloit rien voir ni entendre que lorsque les Religionnaires se seroient mis en leur devoir & obéïssance.

Monsieur fit camper son armée accruë des troupes du Duc d'Aumale, à la Roche-abeille. Il reçût là un secours que le Pape Pie V. envoioit au Roi de France, de douze cens chevaux Italiens, & de quatre mille Fantassins, conduits par le Comte de Santa Fiore son neveu. Peu de tems après qu'il eut été campé, l'Amiral alla attaquer un Corps de Garde que Monsieur avoit fait mettre près d'un étang, où étoient deux bataillons des meilleures troupes, commandez par le Colonel General Strozzi. Le combat fut rude & long-tems disputé. Strozzi fut pris, les Reformez se rendirent maîtres de ce poste, où ils perdirent bien de braves gens. La perte des Catholiques monta à plus de quatre cens hommes. Après cela Monsieur fut conseillé de licentier son armée extrêmement fatiguée par ses longues traites. Il la mit en garnison dans les places de Guienne, & fit promettre à chacun qu'il seroit prêt de revenir au quinziéme d'Aoust suivant. L'armée des Princes ne fit pas de même: elle prit de là occasion de s'emparer de plusieurs places. Monsieur s'en alla en Touraine, & arrivé à Loches, il licentia une bonne partie de sa Cavalerie, avec ordre de revenir au mois d'Octobre.

Défaite du Colonel General Strozzi.

moreretur suos hortatus est ut cœpta persicerent, & ducem exercitus sui designavit Volradum Mansfeldium Comitem. Idem circiter tempus Castellio ad Lupiam oppidum, quæ præcipua terra erat Colinii Maris Præfecti, a Catholicis ex improviso captum fuit. Ibi vero tam ampla & opulenta suppellex erat, ut plusquam octoginta carri illa onusti Luteriamducti sint, ubi omnium auctio facta fuit.

Les mêmes. Postquam exercitus Principum cum Bipontini exercitu junctus fuit, recensio generalis facta est, ac Germanis equitibus peditibusque pars stipendii numerata fuit. Occlamabant autem utriusque nationis pugnatores ut contra Catholicos confestim ducerentur: at Principes & Colinius, melius consultum putavêre, si prius libellum supplicem Regi offerrent; quo rogabant sibi Religionis suæ exercitium liberum relinqui, sine ulla exceptione, omnibus sibi concessis, quæ ad securitatem pertinerent. Ut autem Regi offerretur, Andinum fratrem adhibere voluerunt, qui id rem suscepturum esse negavit. Colinius ejus apographum misit ad Montmorencium Marescallum, qui id Regi traderet. Respondit vero Rex se nihil vel lecturum vel auditurum esse, donec Reformati in ordinem & obsequium redacti essent.

Andinus exercitu jam Albæmalæi copiis aucto, ad Luª Rupembellam castra posuit. Istic auxiliares copias a Pio V. Summo Pontifice missas accepit 1200. equitum & 4000. peditum, duce Sanflorio Comite. Postquam autem ille castra posuerat, Colinius duo agmina delectorum, quæ Andinus prope stagnum ad custodiam, duce Strozzio peditatus Gallici Præfecto, posuerat, aggressus est. Acerrima & diuturna pugna fuit; Strozzius tandem captus fuit, cæterique victi sunt. Reformati vero multos ex fortissimis suorum amiserunt: ex Catholicis plus quadringentis desiderati sunt. Sub hæc autem Andinus de consilio procerum & tribunorum exercitum suum assiduis laboribus fatiscentem dimisit, & ad præsidia urbium & oppidorum Aquitaniæ direxit. Qui vero sic dimissi fuere polliciti sunt se redituros esse quintodecimo die Augusti mensis. Exercitus Principum hinc occasione sumta, plurima oppida & castra cepit. Andinus ad Turones & Lochias se contulit, ubi equitatus partem dimisit, jussam mense Octobri ad exercitum reverti.

Le

Le Comte du Lude voiant l'armée des Princes occupée dans le Limosin, assiegea Niort. Plusieurs Chefs des Huguenots se mirent en campagne pour jetter du secours dans la place. Cependant la garnison se défendit vaillamment, & le Comte aiant appris que Monsieur avoit licentié ses troupes, & qu'un grand corps de l'armée des Princes venoit fondre sur lui, se retira à Poitiers, & laissa en chemin faisant Onoux, Mestre de Camp du Regiment de Brissac à saint Maixant, avec ce même Regiment & deux pieces d'artillerie. L'armée des Princes prit alors Chateleraut, & assiegea le Château de Lusignan, un des plus forts de la France, & qui passoit pour imprenable. Ils prirent le tems que la garnison étoit fort foible. Le Château ne tint pas long-tems, & se rendit par composition.

Après la prise de Lusignan, l'armée des Princes assiegea Poitiers. Monsieur, qui voiant Lusignan assiegé, jugea bien que si les Reformez prenoient cette place, ils assiegeroient Poitiers, y envoia le Duc de Guise avec un corps de troupes. Il partit dans le dessein de faire lever le siege de Lusignan; mais le Château fut pris avant qu'il y arrivât, & il se jetta dans Poitiers, où il donna preuve de sa valeur & de son courage. Il visita tous les postes de cette grande Ville, mit ordre à tout, & se prepara à une belle défense. La garnison n'étant pas assez nombreuse, le Duc de Guise & le Comte du Lude firent dire à Onoux qui avoit été laissé à S. Maixant, de se rendre à Poitiers avec une élite de sa Cavalerie. Poitiers étoit si bien investi, qu'il étoit très-difficile d'y passer avec une si grosse troupe. Cependant Onoux choisit cinq cens de ses meilleurs Cavaliers, & accompagné de quelques bons guides, il se coula si adroitement la nuit au travers des ennemis, qu'il y arriva avec sa troupe sans être apperçû d'eux. Il fut reçû avec grande joie, & servit fort utilement à la défense de la Ville, où il fut tué.

Sur les plaintes qu'on avoit faites, que le sieur de Terride Gouverneur de Querci, envoié par les Catholiques en Bearn, travailloit à mettre tous les païs de la Reine de Navarre sous la domination du Roi de France, les Princes avoient envoié le Comte de Montgommeri, avec ordre de prendre les troupes des Vicomtes, pour rompre les desseins de Terride. Le Comte selon

---

Ludius Comes cum Principum exercitum in Lemovicibus distentum cerneret, Niortium obsedit. Primores autem Hugonotorum ut auxiliares copias in oppidum immitterent advigilabant. Interim vero præsidiarii fortissime pugnabant. Comes Ludius cum comperisset Andinum copias suas missas fecisse, & ex Principum exercitu magnam pugnatorum manum ad se adoriendum properare, in Pictavorum urbem se recepit, & iter agendo Onuxium in Brissaci agmine Præfectum in oppido Sancti Maxentii cum agmine illo & duobus tormentis reliquit. Exercitus vero Principum Castrum-Eraldi cepit, & Lusinianum Castellum obsedit, quod omnium Galliæ munitissimum & inexpugnabile habebatur. Tunc autem præsidiarii pauci numero erant, quæ causa fuit ut illud obsiderent, nec diuturna obsidio fuit, & castellum pactis conditionibus deditum est.

Post captam Lusinianum, Principum exercitus Pictavorum urbem obsedit. Andinus vero Lusinianum obsessum sciens, cum putaret, si Principes castellum istud caperent, haud dubie ipsos urbem præcipuam obsessuros esse, Guisium Ducem illò misit cum militum manu valida. Ipse vero profectus de Lusiniano castello liberando cogitabat; sed antequam illò perveniret, castellum deditum fuerat, ipseque in Pictavorum urbem ingressus est, ubi animi fortitudinisque suæ specimina dedit. Urbis amplissimæ omnia loca lustravit, omnibus providit, & ad strenuam defensionem sese apparavit. Cum præsidium non sat numerosum esset, Dux Guisius & Comes Ludius, qui Onuxium in Sancti Maxentii oppido reliquerat, ipsi mandavêre, ut cum delectis equitibus suis in urbem se conferret. Tam accurate undique cincta urbs erat, ut difficile admodum esset cum tanto agmine illuc ingredi. At Onuxius delectis quingentis equitibus, peritisque ductoribus, noctu ita dextere per hostium castra irrepsit, ut ne suspicantibus quidem Reformatis, illæsus cum turma sua in urbem ingressus sit; cumque gaudio exceptus, defendendæ urbi strenuam dedit operam, cæsusque fuit.

Cum querimoniæ undique allatæ essent, quod Terrida Cadurcorum Præfectus a Catholicis in Bearniam missus, nihil non ageret ut Navarræi Regis terras sub ditionem Regis Francorum redigeret, Principes miserant Montgommerium Comitem, qui cum Vicecomitum copiis Terridæ conatus compri-

1569. l'ordre donné, prit les troupes des Vicomtes, & ramassa des gens de tous côtez, ensorte qu'il forma une petite armée. Il fit une grande diligence, & s'avança vers le Bearn. Terride qui tenoit Tarbe assiegé, ne jugeant pas à propos de l'attendre, leva le siege, & se retira à Ortés. Montgommeri l'assiege, pousse vigoureusement sa pointe, & oblige Terride qui s'étoit retiré dans le Château, de se rendre la vie sauve. Il obligea aussi la Ville dePau, qui s'étoit mise du parti Catholique, de se rendre aux Reformez.

Ortés pris par Montgommeri.

Montluc assiegea & prit le Mont de Marsan, & vers le même tems Sansac tenta de prendre la Charité sur Loire, fit battre la place, & donna un assaut. Mais sur un faux bruit que l'armée des Princes avoit levé le siege de Poitiers, & venoit pour secourir la Charité, il leva le piquet. Cependant les Princes & l'Amiral continuoient le siege de Poitiers. Après avoir fait brêche, il donnerent un furieux assaut, & plusieurs même se logerent sur la brêche. Mais ils en furent chassez. Les assiegez firent peu après une sortie où ils défirent & taillerent en pieces deux Compagnies de Reitres ; les Reformez vinrent souvent à l'assaut avec peu de succès, & les assiegez firent plusieurs sorties. Les vivres leur manquoient, mais les assiegeans n'en étoient guere mieux pourvûs. Ce siege fut un des plus mémorables qu'il y ait eu dans ce siecle, & le Duc de Guise s'y acquit beaucoup d'honneur.

Monsieur étoit vivement sollicité de venir secourir Poitiers ; mais son armée étant alors bien moins forte que celle des Princes, il ne vouloit pas risquer une bataille. Il prit le parti d'assieger Chateleraut, place qu'il étoit fort important aux Princes de se conserver. Il l'investit, y fit planter des batteries, & la fit foudroier d'une telle force, que sans un promt secours elle auroit été bien-tôt emportée. Les Catholiques donnerent un assaut où les Italiens furent repoussez avec perte. L'Amiral avoit d'abord envoié la Noüe avec un corps de deux mille chevaux pour secourir Chateleraut ; mais la Noüe s'étant mis en marche, lui fit dire que ce détachement n'étoit pas assez considérable pour s'opposer à l'armée de Monsieur. Alors l'Amiral leva le siege de devant Poitiers & marcha avec toute l'armée vers Chateleraut. Monsieur qui n'avoit assiegé cette Ville que pour faire lever le siege

Levée du Siege de Poitiers.

---

meret. Comes, Vicecomitum copiis assumtis & collectis circumquaque militibus, exercitum modicum apparavit, celeriterque in Bernarniam movit. Terrida qui tunc Tarbam obsidebat, ipsum exspectare non ausus, Ortesium se recepit. Montgommerius ipsum obsidet, celerique opera oppidum capit ; Terridam vero, qui in castellum se receperat, eò redigit, ut vita salva se dedere compulsus sit. Palum etiam urbem, quæ se in Catholicorum partes conjecerat, Reformatis sese dedere Montgommerius compulit.

Les mêmes. Montlucius Montem-Marsani obsedit & cepit, eodemque tempore Sansacus Caritatem ad Ligerim occupare tentavit, oppidum tormentis verberavit, atque oppugnare cœpit ; sed ex falso rumore quod Principum exercitus Pictavorum urbis obsidionem solvisset, ut Caritati opem ferret, abscessit ille cum copiis suis. Interea Principes & Colinius in Pictaviensi obsidione pergebant. Postquam tormentorum tempestate pars murorum dejecta fuerat, urbem fortiter oppugnavere ; multi quoque supremas murorum ruinas jam occupaverant ; verum inde expulsi fuere. Obsessi postea eruperunt, & duo Germanorum equitum agmina in fugam versa conciderunt. Crebro Hugonoti oppugnationes repetierunt, sed infausto exitu. Obsessi frequenter in hostem erupere: ipsis annona deficiebat ; sed Reformatorum exercitus etiam re cibaria carebat. Inter celeberrimas obsidio istæc commemorare, Duxque Guisius istic magnum sibi nomen peperit.

Urgebatur Andinus ut Pictavorum urbi ferret opem ; sed cum exercitus longe impar numero hostili exercitui esset, certaminis aleam ille tentare nolebat. Ut tamen Reformatus aliò avocaret, Castrum-Eraldi obsedit, quod sibi servare oppidum Hugonotis multum intererat. Locum ille cinxit, tormenta pyria multa adhibuit, & tantam ignium globorumque tempestatem immisit, ut nisi in opem venisset hostis, cito captum oppidum fuisset. Catholici oppidum oppugnavere, tuncque Itali multis suorum amissis repulsi sunt. Colinius vero statim Lanovium miserat cum equitibus bis mille, qui obsessis opem ferret ; sed Lanovius postquam profectus erat ipsum moneri curavit, non posse tam parvam manum Andini exercitui obsistere. Tunc Colinius obsidionem solvit, & cum toto exercitu versus Castrum-Eraldi movit. Andinus qui ideo tantum hoc oppidum ob-

de devant Poitiers, ne se sentant pas assez fort pour donner bataille avant que de recevoir le puissant renfort de troupes qu'il attendoit, leva le piquet, fit avancer son artillerie, & en presence de l'ennemi qui le poursuivoit il passa quelques rivieres sans aucun échec. Cette retraite fut fort estimée par les gens du metier.

1569.

Il se retira à Chinon où il demeura quelques jours, & il y reçut des renforts considérables de l'arriere-ban & de plus de vingt-cinq enseignes, la plûpart de Normans ou de Manceaux. Le Duc de Guise sortit de Poitiers après la levée du siege, lui amena aussi un corps de troupes qu'il avoit ramassées. Se voiant donc en état de donner bataille, il s'y disposa & en chercha l'occasion. En ce tems-ci à la requête du Procureur General du Roi, le Parlement condamna à mort l'Amiral de Coligni, comme atteint & convaincu de rebellion & du crime de leze-majesté. L'Arrêt portoit que celui ou ceux qui representeroient le sieur de Coligni au Roi ou à la Justice, auroient pour récompense cinquante mille écus d'or à prendre sur l'Hôtel de Ville de Paris, & sur les autres Villes du Roiaume. L'Amiral fut executé en effigie. Le Vidame de Chartres & le Comte de Montgommeri furent de même executez comme lui en la place de Greve.

L'Amiral de Coligni condamné à mort.

Monsieur aiant passé la Vienne s'avança dans la plaine de Saint Cler près de Moncontour. Son armée étoit de huit à neuf mille chevaux; de seize à dix-huit mille fantassins, y compris six mille Suisses, & de quinze pieces d'artillerie. Les Princes & l'Amiral sollicitez par les Reitres & les Lanskenets se disposerent aussi à la bataille. Ils avoient six mille chevaux tant François que Reitres, huit mille Arquebusiers, quatre mille Lanskenets, six canons & deux couleuvrines. Dès le commencement du combat l'artillerie des Catholiques fit un grand fracas, & porta un tel dommage à l'armée des Princes, qu'on avouoit que si les Catholiques l'avoient alors chargée avec vigueur, tout alloit à vauderoute. La nuit qui survint mit fin à cette premiere action. L'Amiral fit décamper son armée qui marcha fort en désordre, & s'arrêta à une lieuë de-là pour prendre quelque repos. Deux heures avant le jour elle continua sa marche, & arriva à la plaine de Moncontour.

---

sederat, ut hostem ad solvendam Pictavorum urbis obsidionem cogeret, cum se viribus imparem videret antequam auxiliares copias quæ apparabantur, acciperet, obsidionem solvit, tormenta pyria misit, ac præsente seque insequente hoste aliquot fluvios trajecit sine ulla suorum pernicie, atque peritorum judicio magna arte & industria receptui cecinit.

Chinonem Andinus se recepit ubi aliquot diebus mansit. Auxiliares vero copias accepit ex convocata Nobilitate, etiamque plus quam viginti quinque signa, quorum magna pars Normannorum vel Cenomanorum erat. Dux Guisius quoque post solutam Pictavorum urbis obsidionem, pugnatorum manum ab se collectam adduxit. Cum jam opportune pugnæ fortunam adire posset, se ad certandum apparavit occasionem quærens. Hoc tempore requirente Procuratore Generale Regio, Curia Senatus Parisini capitis sententiam tulit in Colinium Maris Præfectum, ut rebellem & læsæ-majestatis reum: in Sententia ferebatur eum vel eos qui Colinium comprehensum ad Regem vel ad Justitiam deducerent, mercedis loco quinquaginta scutorum millia accepturos esse, quæ & ex Domo Publica Urbana Parisina & ex cæteris urbibus exciperentur. Colinius in effigie sua supplicio affectus fuit; pariter Vicedominus Carnutum & Montgommerius Comes, omnes in Gravia platea in imagine tantum cæsi.

Andinus trajecto Vigenna in planitiem Sancti Clari prope Monconturium movit. Exercitus ejus erat octo vel novem millium equitum, ac sedecim octodecimve millium peditum, in queis sex mille Helvetii erat cum quindecim pyriis tormentis. Principes & Colinius, urgentibus Germanis peditibus equitibusque, ad pugnam ipsi quoque se apparavere; eratque exercitus eorum sex millium equitum seu Francorum, seu Germanorum, octo millium sclopetariorum & quater millium Germanorum cum sex tormentis bellicis & duabus colubrinis. Initio pugnæ Catholicorum tormenta stragem magnam fecerunt in Principum exercitu, ita ut faterentur omnes, si Catholici statim fœderatos adorti essent, totum exercitum profligaturos fuisse: advenientesque nox stragi finem imposuit. Colinius vero exercitum movere jussit, qui turbatis ordinibus iter suscepit, & unam emensus leucam substitit, ut paulum quiesceret: per duas ante lucem horas perrexit, & ad Monconturii planitiem pervenit.

Les mêmes.

Tome V.

Y ij

172 CHARLES IX.

1569.

Ce mauvais commencement découragea fort l'armée des Réformez, & l'on assure que l'Amiral étoit fort porté à faire retraite & ne point donner de bataille ; mais le Comte Volrad Mansfeld la vouloit à toute force. L'armée des Princes étoit postée de maniere, qu'il falloit que celle de Monsieur passât la Dive pour venir à eux, ou qu'il remontât à la source qui n'est pas bien éloignée. Il prit ce dernier parti & s'avança jusqu'à ce qu'il fût arrivé en présence de l'armée des Princes. Les deux armées se regarderent quelque tems sans rien faire. Le combat commença à trois heures après-midi. L'artillerie des Protestans fit d'abord quelque ravage dans nos troupes ; on en vint aux mains, les Huguenots se défendirent bien au commencement ; mais comme plusieurs de leurs corps commençoient à plier, l'Amiral fit retirer les deux Princes. Plusieurs Cavaliers de ceux qui craignoient les coups se mirent à leur suite, de sorte que leur train fut de beaucoup plus grand qu'à l'ordinaire, ce qui découragea fort ceux qui virent cette retraite ; cependant les Réformez se défendirent fort bien & long-tems. Le Comte Louis de Nassau se signala plus que tous les autres de son parti. Le Maréchal de Cossé & Tavannes du côté des Catholiques contribuerent beaucoup au gain de la victoire. Les Suisses qui furent commandez pour attaquer les Lanskenets du parti des Princes les taillerent en pieces sans faire aucun quartier à ceux-là même qui le demandoient à genoux. Il fallut que les François les arrêtassent pour sauver la vie à deux cens, qu'ils prirent depuis à leur service. Le Duc d'Anjou fut toujours à cheval allant de côté & d'autre pour encourager ses gens, & se fit beaucoup d'honneur en cette bataille.

L'Amiral qu'aucun évenement ne déconcerta jamais, voiant la déroute de son armée, se retira avec sa troupe, accompagné du Comte Louis de Nassau, de Volrad Mansfeld, & de huit Cornettes de troupes Allemandes. Ils arriverent la nuit à dix heures à Partenai, où se rencontrerent six cens chevaux de leur avant-garde. Les Princes s'y trouverent aussi. Ils perdirent en cette bataille près de quatre mille Lanskenets & quinze cens François Fantassins. Le nombre de ces derniers morts parut bien plus grand ; mais la plûpart étoient des goujats ou des serviteurs ; il y eut environ trois cens Cavaliers tuez, mais beaucoup plus de chevaux, car les Catholiques tiroient plû-

Bataille de Moncontour.

Victoire du Duc d'Anjou.

L'Amiral se retire.

La Popeliniere.
Thuanus.

Hæc infausta principia Reformatorum animos fregere, narraturque Colinium receptui canendum, nec committendam pugnam esse censuisse : verum Volradus Mansfeldus Comes pugna rem decernere omnino voluit. Exercitus Principum locum occupabat, quo Andinus nonnisi trajecto fluvio, cui nomen Diva, transire poterat, nisi fontes ipsos fluvii qui procul non erant peteret. Hoc ille consilium sequutus est, fontes petiit, deindeque versus Principum exercitum movit. Exercitus ambo per aliquod tempus coram steterunt, ac pugnari cœptum est tribus elapsis post meridiem horis. Tormenta bellica Hugonotorum initio aliquid damni importaverunt ; ad manus ventum est, & Reformati initio fortiter pugnavêre ; sed cum jam multi eorum declinare inciperent, Colinius ambos juniores Principes ex prœlio excedere curavit. Plurimi equites, qui sibi timebant, illos quasi honoris causa sequuti sunt, ita ut cum majori, quam solerent, comitatu procederent. Multi autem hæc videntes, animis conciderunt. Interea Reformati fortiter & diu prœliati sunt. Ludovicus Nassovius Comes plura quam alii strenuitatis specimina dedit. Cossæus vero Marescallus & Tavan-nius ex Catholicorum parte, cum virtute tanta rem gessere ; ut ad Regiorum victoriam multum contulerint. Helvetii Regii Germanos pedites adoriri jussi, eorum magnam stragem fecere , nec vitam iis qui supplices & in genua procumbentes petebant concedere voluere. Francis demum ipsos coercentibus ducenti salvi evaserunt, ac Regiæ militiæ nomen dederunt. Andinus porro pugnæ tempore circumque semper equitans , & pugnatoribus animos faciens, multum sibi honoris peperit.

Maris Præfectus Colinius, qui nullo unquam quantumvis infausto eventu fractus est, ubi profligatum exercitum suum vidit, cum turma sua receptui se dedit, comitantibus se Ludovico Nassovio & Volrado Mansfeldio, atque octo Germanorum vexillis : & noctu hora decima Parthenæum venerunt, ubi etiam sexcenti primæ aciei equites reperti sunt, Principes quoque eò venerant. In hac vero pugna quater mille Germanorum & mille quingentos Francos pedites amiserunt. Francorum autem cæsorum numerus multo major videbatur esse ; sed inter illos, calones & famuli multi occisi jacebant. Equites vero circiter trecenti interfecti sunt ; sed longe plures equi : equos enim

Id

tôt aux chevaux qu'aux Cavaliers. L'Amiral fut blessé au visage; la Nouë & d'Acier furent prisonniers. Toute l'artillerie fut prise par les Catholiques qui y perdirent cinq ou six cens chevaux & très-peu d'infanterie. Il y eut un bien plus grand nombre de blessez, dont la plupart moururent. On accusoit les Huguenots d'empoisonner leurs balles.

1569.

A Partenai les Princes & l'Amiral tinrent conseil. Ils envoierent à leurs Confederez, à la Reine d'Angleterre, en Allemagne, en Suisse & ailleurs pour demander du secours. Ils partirent de Partenai & se rendirent à Niort, où ils furent quelque tems. Ils comptoient que cette Ville & les autres du Poitou demeureroient en leur puissance, en quoi ils se trompoient. Ils se rendirent ensuite à Saint Jean d'Angeli, & y laisserent Piles avec une bonne garnison.

Monsieur assembla aussi son Conseil pour déliberer sur le parti qu'il avoit à prendre. Les plus sages disoient qu'il falloit poursuivre les débris de cette armée fatiguée après tant de travaux, & qui réduite en necessité se débanderoit peu à peu, manquant de toutes choses, & que quand elle seroit entierement dissipée, on prendroit facilement les places que les Reformez tenoient encore: au lieu que si l'on s'amusoit à les prendre alors, pendant ce tems leur armée se remettroit sur pied, & qu'on seroit toujours à recommencer: les autres disoient qu'il falloit premierement prendre les places voisines, & qu'après cela on poursuivroit l'armée des ennemis. Ce dernier parti fut suivi.

On se mit à prendre des places, & l'on en prit effectivement quelquesunes. Lusignan se rendit d'abord. Partenai fut abandonné par les Reformez. Moui qui se disposoit à se défendre dans Niort, ayant été traitreusement tué par Maurevel, la Ville fut abandonnée par la garnison. Monsieur s'y rendit peu de jours après, & traita fort doucement les habitans. Le Roi la Reine Mere & le Cardinal de Lorraine y vinrent aussi, & il y fut resolu qu'on assiegeroit S. Jean d'Angeli. A la nouvelle de la prise de Niort, presque toutes les places fortes furent abandonnées par les Reformez, dont la plupart se retirerent à la Charité sur Loire.

Saint Jean d'Angeli fut assiegé par l'armée des Catholiques. La garnison commandée par le brave Piles, se défendit vaillamment. Quelques jours

Siege de S. Jean d'Angeli.

Regii magis quam equites impetebant. Colinius in vultu vulnus accepit. Lanovius & Accrius capti fuere. Tormenta omnia bellica a Catholicis capta sunt, qui equites quingentos sexcentosve amisere, paucosque vero pedites. Major fuit vulneratorum numerus, quorum magna pars interiere, dicebatur enim Hugonotos glandes plumbeas veneno inficere.

Parthenæi Principes & Colinius consilium inierunt: ad fœderatos Principes miserunt, ad Reginam Angliæ, in Germaniam, ad Helvetios auxilia petentes. Parthenæo autem Niortium venerunt, ubi per aliquod tempus mansere. Putabant vero Niortium & alia Pictavorum oppida in potestate sua mansura esse, qua in re spe lapsi sunt. Posteaque ad Sanctum Joannem Angeriacensem venerunt, ubi Pilium reliquere cum numeroso præsidio.

Andinus quoque de rebus agendis consilium iniit. Prudentiores quique dicebant hosti a tergo semper instandum esse, & hasce exercitus reliquias prosequi oportere, quæ tot laboribus fessæ & in necessitate positæ paulatim dissipandæ erant, & postquam illæ dispersæ, distractæque essent, tunc facillime capi posse oppida & castra omnia quæ Reformati tenebant.

Si vero tunc illis expugnandis distineretur exercitus Regius, dum hæc agerentur, hostes exercitui suo reficiendo operam esse daturos, unde futurum erat ut bellum semper recrudesceret. Alii vero dicebant capienda primum oppida, & postea hostem persequi oportere. Et hoc agendum susceptum fuit.

Tunc oppida & urbes expugnare cœptum, plurimaque capta fuere: Lusinianum statim se dedidit. Parthenæum a Reformatis desertum fuit. Cum vero Moius qui Niortii ad defensionem sese apparabat, per proditionem a Morevellio occisus fuit; præsidiarii alio profecti vacuum oppidum reliquere. Andinus paucis postea diebus illo se contulit, & oppidanos optime excepit. Rex etiam, Regina Mater & Cardinalis Lotharingus Niortium venerunt, decretumque fuit Fanum Joannis Angeriacensis obsidendum esse. Postquam nunciâ famâ evulgatum est Niortium captum fuisse, omnia ferme oppida etiam munitiora a Reformatis deserta fuere, qui fere omnes Caritatem ad Ligerim se receperunt.

Les mêmes.

Les mêmes.

Fanum Joannis Angeriacensis obsessum fuit a Regio exercitu. Præsidiarii strenuo illo Pilio duce fortiter pugnavêre. Paucis diebus postquam obsidio cœ-

Les mêmes.

1569. après que le siege fut formé, le Roi s'y rendit le 26 Octobre, & logea à Landes, resolu de n'en point partir que la Ville ne fût prise. On ne pouvoit rien ajouter à la diligence des assiegez à reparer les brêches, & à fortifier les endroits foibles. Piles qui y commandoit, & à qui ses belles actions passées avoient attiré la confiance du soldat, mit tout en œuvre pour arrêter le plus long-tems qu'il pourroit l'armée du Roi, aidé du Capitaine la Mothe qui lui fut d'un grand secours par sa valeur & son adresse. Les Gentilshommes qui étoient à la suite du Roi, voulant faire preuve de leur valeur, prirent, sans être commandez, des soldats avec eux, & donnerent un assaut si furieux, que Piles croiant que la Ville alloit être prise, fit percer les murs de la place du côté le plus favorable pour se sauver ailleurs avec sa garnison, tandis que les Catholiques saccageroient la Ville ; mais les assaillans se retirerent. Il périt à cet assaut beaucoup de gens des deux côtez.

Le siege tirant en longueur, Biron, qui dans le fond même pensoit de la Religion comme les Huguenots, mais que sa fortune retenoit dans le parti Catholique, écrivit à Piles, l'exhortant de rendre la Ville qu'il ne pouvoit garder guere plus long-tems, & de ne pas faire perir le reste de ses gens, dans le tems que toutes les places du Poitou & des environs, s'étoient remises sous l'obeïssance de Sa Majesté. Cette Lettre fit quelque impression sur Piles & les autres Chefs des assiegez. On commença à traiter : mais Piles vouloit qu'on négotiât une paix generale, à la faveur de laquelle il remettroit la Ville au Roi. On se mit à parlementer sur cette paix generale, on en proposa les articles. Piles demanda dix jours de tréves pour les faire proposer aux Princes, à condition que si pendant ces treves il ne recevoit point de secours, il rendroit la Ville après le retour des Députez aux Princes. Les dix jours s'écoulerent, & Piles ne voulant pas se rendre jusqu'à ce qu'il auroit reçû réponse des Princes; on prolongea encore la tréve pour dix jours. Biron vint sommer Piles de tenir sa parole. Il répondit qu'il ne vouloit point s'exposer à être taillé en pieces avec ses gens, comme le bruit en couroit dans tout le camp..

Après cette réponse, on recommença à faire joüer le canon & les batteries, les assiegez se défendirent à leur ordinaire. Le 19 Novembre Sebastien de Luxembourg Comte de Martigues, aussi distingué par sa naissance que par sa

---

La Popeliniere.
Thuanus.

perat, Rex illò se contulit vigesima sexta die Octobris, & Landis hospitium habuit, non inde profecturus donec urbs capta fuisset, Diligentiæ autem præsidiariorum in reparandis murorum ruinis nihil adjici poterat. Pilius qui istic imperabat, nominis sui fama præsidiariorum benevolentiam & fiduciam sibi conciliaverat, nihilque non egit ut quam diutius posset Regium exercitum detineret : ipsi auxilio fuit fortitudine industriaque sua Motha Tribunus. Nobiles autem qui ex regio comitatu erant, cum vellent fortitudinis animique sui specimen dare, nullo jubente, & assumtis secum militibus, oppidi expugnationem cum ardore tanto sunt aggressi, ut Pilius putans oppidum mox capiendum fore, muros perfodere jusserit in illa parte qua facilior exitus pateret præsidiariis, dum Catholici oppidum diriperent ; sed tunc ii qui oppugnationem cœperant recesserunt. In hac oppugnatione multi utrinque cæsi sunt.

Cum diuturnior esset obsidio, Bironus, qui interius eadem quæ Reformati de Religione sentiebat ; sed quem fortunæ manera in Catholicorum partibus detinebant, Pilium per literas hortatus est, ut

urbem dederet, quam nec multo diutius servare posset, nec præsidiariorum partem quæ superrerat neci traderet, quando maxime omnia in Pictonibus & vicino tractu oppida & castra sub Regis potestatem redacta erant. Hæ literæ Pilium cæterosque duces præsidiariorum moverunt. De conditionibus actum est : at Pilius volebat de pace generali agi. De illa itaque pactionis utrinque propositæ fuerunt, Pilius decem dierum inducias postulavit, ut Principibus pacis rationes proponerentur, illa tamen conditione, ut si per hoc induciarum spatium ipsi auxilium non accederet ; post Deputatorum reditum urbem dediturus esset. Elapsis illis decem diebus, Pilius noluit urbem dedere, donec Principum literas & jussa accepisset, decem alii induciarum dies additi fuere, & Bironus Pilio indixit ut promissis staret. Respondit Pilius, nolle se suosque hosti jugulandos offerre, utrumor tunc in castris ferebatur.

Tunc tormenta pyria denuo emissa fuere : præsidiarii fortiter pugnarunt. Die decima nona autem Novembris Sebastianus Luxemburgius Martigius sclopeti glande occisus est, vir non minus fortitudine,

valeur, fut tué d'un coup d'arquebuse. Les assiegez firent une furieuse sortie, poussèrent les Catholiques, vinrent jusqu'aux batteries, & enclouerent quelques canons. Cependant les vivres leur manquoient, la garnison diminuoit tous les jours. Un secours qui leur venoit d'Angoulême, n'ayant pû entrer, ils pensoient à sortir ensemble, abandonner la Ville, & se faire jour au travers de l'armée Catholique pour se retirer à Angoulême ou ailleurs. Biron reprit alors le traité de capitulation. La necessité força les Chefs des Assiegez d'y prêter l'oreille. Pour plus grande sureté, ils obtinrent que Sa Majesté en signeroit les articles qui furent tels : Que les assiegez sortiroient de la Ville *leurs bagues sauves*, avec leurs armes, leurs chevaux, enseignes *ployées*; qu'ils ne porteroient les armes pour la cause generale de la Religion, de quatre mois, qu'ils pourroient tant étrangers qu'habitans, se retirer en toute sureté où bon leur sembleroit ; qu'ils seroient conduits où ils voudroient aller par les sieurs Biron & Cosseins. A leur sortie les soldats Catholiques les dévaliserent malgré les instances que firent Biron, Cosseins & d'autres Chefs pour l'empêcher. Piles ne se crut point obligé de tenir une capitulation si mal gardée.

1569.

S. Jean d'Angeli pris par composition.

Le Roi s'en alla à Angers, où continuant le traité de la paix generale commencé pendant ce siege, il y fit venir les Députez des Reformez. Il envoya Sansai avec un corps de troupes en Berri pour resserrer les Religionnaires qui s'étoient retirez en grand nombre à la Charité sur Loire, & faisoient des courses dans tous les païs des environs, désoloient les campagnes, & prenoient des places. Quelques-uns les appelloient par ironie les Charitables, par rapport au lieu d'où ils sortoient pour faire tant de dégats. Ils tenterent de surprendre Bourges. Mais le Gouverneur averti de l'entreprise, en laissa entrer une partie dans la Ville, & en tua & prit un assez grand nombre. Vers ce tems-ci les Huguenots surprirent Aurillac en Auvergne, & Nîmes en Languedoc. Il se passoit en differens endroits du Roiaume bien des actes d'hostilité, où tantôt les uns, tantôt les autres avoient l'avantage, & dont le détail seroit trop long. Nos Historiens les plus diffus en ont bien passé.

Après la défaite de Moncontour, les Princes & l'Amiral allerent du côté du Querci pour joindre Montgommeri, les Vicomtes & d'autres troupes de leur parti. Ils passèrent la Dordogne & se rendirent à Montauban, où ils se rafraîchirent quelques jours, y laisserent pour Gouverneur le Comte de Bour-

quam Natalium splendore clarus. Præsidiarii vero in hostem cum impetu tanto eruperunt, ut ad usque pyria tormenta penetrarent, & quæ jam ipsorum clavis obstruerent. Interim vero res cibaria ipsis deficiebat, ac præsidium quotidie minuebatur; cumque auxiliarii Engolisma venientes intrare non potuissent, cogitabant illi erumpendum, & per exercitum regium ferro sibi viam parandam esse ut Engolismam vel alium in locum se reciperent. Tunc Bironus pactiones novas proposuit : præsidii autem duces necessitate compulsi manus dederunt. Ad majorem vero cautionem impetrarunt illi ut Rex conditionibus subscriberet, quæ tales fuere, ut duces cum præsidiariis rebus salvis, cum equis, armis, ac signis complicatis abirent, ut per quatuor menses arma pro Religionis causa non ferrent ; ut tam exteri quam cives quo vellent se recipere possent, ut a Birono & Cossenio quo vellent ducerentur. Egressi autem a Catholicis spoliati sunt, frustra obnitentibus Birono, Cossenio, aliisque ducibus. Pilius violatæ a Catholicis pactioni sibi standum esse non censuit.

Rex Andegavum se contulit, ubi cœptum de pace generali colloquium repetiit, Deputatosque Principum advocavit. Sansæum autem cum militum manu ad Bituriges misit, ut Reformatos, qui magno numero Caritatem ad Ligerim se receperant, & incursionibus circum omnia vastabant & oppida occupabant reprimeret. Aliqui vero illos ironice Caritatis cultores vocabant, Bituriges etiam urbem occupare tentarunt ; sed Præfectus commonitus, ipsorum partem in urbem ingredi permisit, ingressosque vel occidit, vel cepit. Hoc tempore Reformati Aureliacum in Arvenis & Nemausum in Septimania ex improviso ceperunt. Sic in plurimis Regni partibus hostilia multa exercebantur, modo his, modo aliis superantibus, quæ minutatim recensere longius esset, Historiæ Scriptores vel ii, qui res pluribus tractavere, multa præterire coacti sunt.

Post Moncuntianam cladem Principes & Præfectus maris versus Cadurcos moverunt, ut Mongommerium, Vicecomites & alias auxiliares copias exciperent. Duranio trajecto in Montem-albanum veniunt, ubi quietis causa per aliquot dies morati, Burniquetum Comitem Præfectum urbis constituerunt,

Les mêmes. Comment. de Montluc.

niquet, & prirent le chemin de la Garonne. La Louë qui alloit devant eux, prit Aiguillon & le port Sainte Marie. Le Comte de Montgommeri & sa troupe vinrent joindre l'armée du Prince. Ils firent un pont sur la Garonne, construit de maniere qu'il sembloit qu'on ne pouvoit rien ajouter à sa solidité: Cependant Montluc qui observoit l'armée des Princes, & qui servoit si utilement le Roi en ce payis-là, cherchoit les moyens de détruire ce pont, & il s'avisa de cet expedient, il détacha un de ces moulins construits sur de grands batteaux qu'on voit en plusieurs endroits sur la Garonne, & le laissa aller au courant de la riviere. Ce moulin donna un tel choc au pont qu'il emporta tout, cables, chaînes & bateaux; ensorte que de ces bateaux il y en eut qui descendirent jusqu'auprès de Bourdeaux.

Peu de tems après Montluc assiegea Rabastens. Il commença par battre la Ville, & fit brêche. Ce n'étoit pas le dessein des assiegez de soutenir un assaut. Ils mirent le feu à la Ville, & se retirerent au château qui étoit une très-forte place. Montluc le fit battre rudement; & quand la brêche fut raisonnable, il fit monter à l'assaut. La resistance des assiegez fut grande: & lui, voyant que ses gens n'avançoient pas à son gré, il y monta lui-même. Le Château fut pris, & toute la garnison taillée en pieces. Mais Montluc y fut fort blessé au visage. Leberon s'y distingua à son ordinaire.

Les Princes après que leur pont eut été rompu, en firent construire un autre à moindres frais que le precedent, passerent la riviere, s'en allerent au Mas, & s'avancerent auprès de Toulouse. Le Maréchal d'Anville y étoit alors avec plus de six mille Arquebusiers & cinq cens chevaux, dont plusieurs sortoient de tems en tems pour escarmoucher contre les Reformez, qui en haine du Parlement de Toulouse, toujours fort opposé aux Huguenots, ruinerent leurs maisons de campagne, & firent le dégât dans leurs terres. Ils s'avancerent ensuite dans le Languedoc où ils prirent quelques petites places, assiegerent Saint Felix de Carmain, battirent la place, donnerent un assaut, où ils furent si vivement repoussez, qu'ils n'oserent y revenir, & leverent le siege. L'armée des Princes reçut ensuite un renfort de cinq ou six cens chevaux venus de la Rochelle, elle s'augmentoit tous les jours en nombre d'Arquebusiers, qui se levoient dans les Villes & les Bourgades où les Huguenots étoient les plus forts.

& Garumnam versus iter habuere, præmisso Lovio, qui Agullonium & Portum Sanctæ Mariæ cepit. Mongommerius cum turma sua Principum exercitum junxit, qui pontem ad Garumnam struxere, perquam solidum, ita ut firmitati nihil adjici posse videretur; tamenque Monlucius qui Principum exercitum observabat, quique tam strenue regias partes hac in provincia tuebatur, de ponte destruendo serio cogitabat, & hac demum ratione rem perficiendam suscepit. Molendinum grandibus scaphis innixum, qualia multa in Garumna passim visuntur, solvit, & fluminis alveo permisit, quod aquarum rapiditate pulsum cum tanto impetu in pontem impegit, ut totum frangeret, rudentes, catenas, navigia etiam secum abduceret, quorum quædam Burdegalam pene usque abrepta sunt.

Sub hæc Monlucius Rabastenium obsedit; statim vero oppidum tormentis verberari jussit. Cum autem præsidiarii in oppido hostem exspectare & propulsare nollent, incensis ædibus in castellum se receperunt, munitissimam arcem. Monlucius tormentorum explosione muros vehementissimè aggreditur; ubi vero mœniorum pars decussa fuit, suos ad castellum expugnandum emisit. Præsidiariis fortiter hostem propulsantibus; cum res pro voto non procederet, ipse Monlucius expugnationem aggreditur, castellum capitur, & præsidiarii omnes cæduntur; sed Monlucius in vultu grave vulnus excepit. Lebero pro more suo hic strenue pugnavit.

Principes postquam pons prior abruptus fuerat, alio constructo ponte, neque ita firmo, Garumnam trajecerunt, Mansum se contulerunt, & Tolosam versus perrexere. Damvillæus Marescallus in isthac urbe tunc erat cum sclopetariis plusquam sex millibus & quingentis equitibus, quorum plurimi non raro sunt egressi, ut cum Reformatis velitarentur. Hi vero Tolosanæ Curiæ admodum infensi, quæ Hugonotos semper asperrime agebat, Senatorum villas desolati sunt, terrasque devastarunt. Inde in Septimaniam progressi, Fanum Felicis Carmanii obsederunt, & admotis tormentis, per partem muri dejectam oppidum expugnare conati, ita fortiter repulsi sunt, ut obsidionem solverent. Hinc Principum exercitus, quingentorum equitum agmine Rupella veniente auctus est, quotidieque armati ex oppidis in queis Hugonoti numero superiores erant accedentes

En

En ce même tems Piles avec un petit corps de Cavalerie passa dans les montagnes, traversa le payis de Saut, s'approcha de Perpignan & de Salses, & mit l'alarme dans le Roussillon: mais les Communes du payis s'étant assemblées, il fut obligé de se retirer plus vîte que le pas.

L'armée des Princes continuant sa route dans le Languedoc, fut augmentée de quatre ou cinq cens de ces Bandouliers Montagnards, adroits à tirer de l'arquebuse qu'ils appellent *Petreignal*. A Montreal, où l'armée étoit arrivée, Biron vint apporter aux Princes & à l'Amiral les conditions de la paix que le Roi leur offroit: car la Cour pensoit en ce tems serieusement à finir cette guerre cause de tant de malheurs. Mais ces conditions parurent trop dures, & Biron fut renvoié sans rien conclure. Les Princes passerent ensuite dans le bas Languedoc, & arriverent auprès de Montpellier où ils s'arrêterent. La Louë & la Guitiniere furent surpris la nuit dans leur quartier par une troupe venuë de Montpellier. Leurs Compagnies furent défaites, La Louë tué, & les Catholiques s'en retournerent dans la Ville, menant près de cent chevaux qu'ils avoient pris, & chargez de butin.

L'armée des Princes tirant plus avant, assiegea Lunel; mais un renfort de troupes sorti de Montpellier, s'étant jetté dans la Ville, ils leverent le siege, se rendirent dans le Vivarets, & prirent en chemin faisant quelques petites Places. Ils passerent le Rhône, assiegerent Montelimar, & furent obligez de lever le siege, & s'avancerent en cottoiant le Rhône qu'ils voulurent repasser au Poussin, place que tenoient les Huguenots, & qui étoit alors assiegé. Mais Montbrun Chef des Huguenots, fit lever le siege, batit Gordes qui commandoit les troupes du Roi en ce payis-là, & bâtit un Fort sur le bord du Rhône, à la faveur duquel l'armée des Princes passa à l'autre côté de la riviere, s'avança dans le Forest, & prit Saint Etienne où elle s'arrêta assez long-tems, tant pour se rafraîchir après tant de travaux, que pour attendre la guerison de l'Amiral qui fut malade à l'extrêmité.

Après qu'il fut revenu en santé, les Députez de la part du Roi arriverent à S. Etienne, portant un nouveau Traité de paix bien plus favorable que le précedent. Cependant il ne plût pas à la plûpart, soit qu'on n'y eût pas porté tout l'adoucissement qu'ils souhaitoient, soit qu'ils soupçonnassent, & peut-être

---

cohortium numerum augebant. Eodemque tempore Pilus cum equitum ala Pyrenæum Saltum trajecit, ac prope Perpinianum & Salsulam accedens, in Ruscinonensem tractum terrorem intulit, sed cum passim per villas incolæ, arreptis, armis unà convenissent, alio iter capessere coactus est.

Cum Principum exercitus in Septimania pergeret, quadringentos quingentosve *Bandolerios* accepit: sic appellabantur ii qui in Pyrenæis degentes, sclopetis, sive ut vocabant illi, *pectoraliis*, dextere utebantur. His aucti copiis, cum in Monte-regali essent, Bironum exceperunt, qui jussu Regis pacis conditiones ipsis & Reformatorum exercitui afferebat. In aula quippe regia tunc de finiendo bello tot infortuniorum causa cogitabatur: verum istæ conditiones non satis commodæ visæ fuerunt, Bironusque re infecta discessit. Principes sub hæc in Septimaniam inferiorem ingressi, prope Monpelium advenerunt, ubi Lovius & Guittinerius a turma quadam Monpelio egressa, noctu intercepti cum suis fuere. Lovius cæsus fuit, & Catholici Monpelienses centum equos captos cum præda multa in urbem retulerunt.

Principes cum exercitu suo Lunellum obsederunt; sed cum agmen Monpelio egressum in istuc oppidum se conjecisset, obsidione soluta illi in Vivariensem tractum moverunt, ubi aliquot castra oppidulaque ceperunt. Hinc trajecto Rhodano, Montelium-Adæmari obsederunt, obsidionemque solvere coacti, & ad oram Rhodani progressi, alteram oram Pussinii repetere voluerunt. Pussinium tunc Hugonoti præsidiarii tenebant, qui a Gordio regio duce obsidebantur: at Monbrunius Hugonotorum dux Gordium fugavit, & ad Rhodani oram propugnaculum struxit, cujus ope exercitus Principum Rhodanum trajecit, & in Forensem agrum ingressus, Sanctum Stephanum cepit, ubi aliquanto tempore sedes habuit, tum ut post tam diuturnos labores sese recrearet, tum quia Colinius gravissimum in morbum delapsus est.

Postquam ille convaluerat, Regii Oratores ad Sanctum Stephanum venerunt, nova pacis faciendæ formula instructi, quæ longe mitiores conditiones offerebat, tamenque illa plerisque non placuit, sive quia non omnimoda libertas concedebatur, sive quia in pacis conditionibus fraudem quamdam latere, nec

1570. avec raison, que cette paix ne fut un leurre pour les détruire plus facilement lorsqu'ils seroient separez. Cependant comme il paroissoit que le Roi & la Reine Mere vouloient absolument faire la paix, ils y envoierent des Députez pour traiter avec Sa Majesté.

Briquemaut sorti de la Charité sur Loire, alors une des principales retraites des Huguenots, vint avec un bon corps de troupes joindre l'armée des Princes. L'Amiral fit avancer l'armée dans la Bourgogne vers Châlon sur Sône, & surprit Arnai-le-Duc. La Cour jugeant par la marche de l'armée des Princes qui venoit de faire un si grand circuit dans le Roiaume, qu'ils vouloient s'approcher de Paris, envoia le Maréchal de Cossé avec ordre de ramasser tout ce qu'il pourroit de troupes dans le Roiaume pour marcher contre eux. Le Maréchal traversa le Berry, prit des gens de guerre par tout où il en trouva, & passa la Loire près de Nevers le 17 Juin, avec quatre mille Suisses, cinq ou six mille Arquebusiers, & trois ou quatre mille chevaux ; & prenant la route d'Autun, il vint camper à la vûe d'Arnai-le-Duc, avec douze pieces d'artillerie. L'armée des Princes n'avoit qu'environ deux mille cinq cens Arquebusiers montez sur des bidets : ils avoient reçû plusieurs renforts de troupes dans leur route ; mais aussi la plûpart de ceux qui les avoient suivis après la bataille de Moncontour, les avoient abandonnez ; d'autres ennuyez d'une si longue route, s'étoient retirez en leur payis. Leur cavalerie étoit en bien plus grand nombre, ils avoient deux mille cinq cens chevaux François, autant de Reitres, mais mal armez, ils n'avoient point d'artillerie, obligez dans une si longue traite de laisser leurs canons dans quelques forteresses.

Combat à Arnai-le Duc.

Le Maréchal de Cossé esperant d'avoir bon marché d'une armée qui paroissoit si delabrée, voulut tenter fortune. Il étoit campé sur une colline où il y avoit des bosquets bien propres pour l'infanterie, qui faisoit la principale force de son armée. Celle des Princes étoit aussi campée sur une colline bordée d'un étang. Le Maréchal fit marcher son Infanterie pour attaquer celle des Reformez, qui se défendirent bien mieux qu'il n'avoit crû. Le combat fut long & à diverses reprises. Les Catholiques furent enfin forcez de se retirer après avoir fait une perte considerable de leurs gens. Le Maréchal changea alors de dessein, il resolut de cottoier l'armée des Reformez, de la suivre & de l'observer sans

---

La Popeliniere. Thuanus.

fortassis injuria Reformati suspicabantur, ut pacis nomine separatos facilius destruere valerent. Cum tamen videretur Rex necnon Regina pacem omnino facere velle, Deputati ab ipsis missi sunt, qui de pace cum Rege agerent.

Bricomotius Caritate ad Ligerim egressus, quod oppidum tunc Hugonotorum receptaculum præcipuum erat, cum numeroso agmine exercitum Principum junctum venit. Maris Præfectus in Burgundiam cum exercitu versus Cabilonem movit, & Arnæum-ducis ex improviso cepit. Cum in aula regia opinio esset Principum exercitum post tantum in Regno peractum circuitum, Lutetiam versus movere velle, missus est Cosseus Marescallus, jussus quantas posset copias colligere, & contra exercitum illum procedere. Bituricas ille perrexit, armatos circumquaque colligens, Ligerimque trajecit Niverni cum quater millibus Helvetiis, quinque sexve millibus sclopetariis, & ter quaterve millibus equitibus : ac versus Augustodunum iter capessens, in Arnæi-ducis conspectum castrametatum venit, cum duodecim pyriis tormentis. Exercitus vero Principum erat duûm millium quingentorum circiter sclopetariorum tantum, mannis insidentium : in itinere tanto plurimos secum assumserant : verum maxima pars eorum qui post Monconturianam cladem ipsos sequuti fuerant, postea deseruerant ; alii tam longi itineris tædio in patriam recesserant. Equitatus longe numerosior erat bis millium quingentorum equitum Francorum, totidemque Germanorum, ac fere inermium. Nulla vero aderant tormenta . in tam diuturna enim via illa relinquere coacti fuerant.

Lib. Cosseus sperans se tam accisum exercitum facile superaturum esse, pugnæ fortunam tentare voluit. In colle castra posuerat, ubi nemora plurima erant, qui locus peditatui opportunus videbatur ; peditum autem numero ille hostem longe superabat. Principum quoque peditatus in colle positus erat, cui stagnum hærebat. Cosseus peditatum suum movere jussit, ut hostilem invaderet, qui fortius quam ipse putaverat concertavit. Diuturna pugna & sæpius resumta fuit ; Regique tandem, multis suorum amissis, recedere coacti sunt. Cosseus vero tunc sententiam mutavit, Reformatorum exercitum insequi cœpit, alas & motus observare, neque pugnam conse-

engager aucun combat. Les Princes & l'Amiral se mirent en marche & s'avancerent à grandes journées du côté de la Loire jusqu'à ce qu'ils se trouverent entre la Charité, Sancerre, Antrain & Vezelai, places occupées par les Religionnaires, d'où ils tirerent ce qui étoit necessaire pour leur subsistance & de nouvelles troupes.

1570.

Ils étoient en train de continuer leur marche, & à ce qu'on croioit de s'avancer vers Paris, lorsque le Roi fit publier une trêve entre les deux armées, pour la sureté de laquelle on donna des otages de part & d'autre. Cette trêve étoit generale pour tous les deux partis; mais elle ne fut bien gardée qu'entre les deux armées. Dans les Provinces les Catholiques & les Huguenots acharnez les uns contre les autres se faisoient impitoiablement la guerre. Les Catholiques assiegerent Loriol en Dauphiné. Mais Montbrun Chef des Reformez en ce païs-là, les obligea de lever le siege. Il y avoit toujours des actes d'hostilité dans le Languedoc, dans la Gascogne & ailleurs.

La plus grande guerre se faisoit vers la Rochelle & aux environs, où commandoit pour les Reformez le sage La Nouë. Le Baron de la Garde General des Galeres, Puigaillard & la Riviere Puitaillé, étoient les Chefs des Catholiques. La Garde & Puitaillé assiegerent Rochefort. Il importoit beaucoup aux Rochellois d'empêcher que cette place ne tombât entre les mains des Catholiques. La Nouë partit pour en faire lever le siege. Il y réussit : mais les Catholiques venant contre lui, l'obligerent de se retirer bien vite à la Rochelle. Puigaillard aiant assemblé une armée d'environ dix mille hommes, prit toutes les places que les Reformez avoient en Poitou ; & pour resserrer les Rochellois, il fit bâtir un Fort prés de Luçon vers les marets. Comme ce Fort incommodoit beaucoup les Rochellois, La Nouë ramassa tout ce qu'il pût de gens, & en forma le siege. Puigaillard qui avoit distribué son armée dans le haut Poitou, la ramassa promptement pour faire lever le siege, & s'avança avec diligence. La Nouë marcha contre lui, l'attaqua près de S. Gemme, & mit son armée en déroute, cinq cens Catholiques demeurerent sur la place, & sept à huit cens prisonniers furent renvoiez le bâton blanc à la main par le conseil de La Nouë, le plus moderé des Chefs des Reformez.

La Nouë défait les Catholiques en Poitou.

Après cette victoire, rien ne resista aux Huguenots ; ils prirent le Fort qui

---

tere voluit. Principes & Colinius summa celeritate versus Ligerim iter arripuere, donec inter Caritatem, Sancerram, Antranium & Vezelæum devenere, quæ oppida ab Hugonotis occupata, annonam & novas pugnatorum manus exercitui suppeditavere.

Ultra vero pergere parabant, atque, ut putabatur, versus Lutetiam iter directuri erant. Tunc Rex inducias inter ambos exercitus publicari jussit, ad quarum securitatem obsides utrinque dati sunt. Induciæ vero istæ Catholicos & Reformatos omnes universim respiciebant ; sed inter ambos hosce tantum exercitus servatæ sunt : in provinciis namque Catholici & Hugonoti, exulceratis utrinque animis, se mutuo implacabili bello impetebant. Catholici Loriolum in Delphinatu obsederant : at Monbrunius Reformatorum in Delphinatu Præfectus, obsidionem solvere coegit. Hostilia semper inferebantur in Septimania, in Vasconia, in aliisque regionibus.

Sed longe majus bellum circum Rupellam gerebatur, ubi Reformatorum dux erat Lanovius ille Sapiens dictus. Polinius Garda triremium Præfectus, Pigallarius & Riparius Pitallerius Catholicorum duces erant. Garda & Pitallerius Rupifortium obsede-

runt. Ut illos abigeret Lanovius ; nam Rupellanorum multum intererat, ut ne hoc oppidum in Catholicorum manus incideret, il ô profectus est. Catholici obsidionem solverunt ; sed contra Lanovium progressi, illum festinanter Rupellam se recipere coegerunt. Pigallarius collecto exercitu decem millium circiter pugnatorum, castra omnia & oppida, quæ Reformati in Pictonum agris tenebant, cepit ; utque Rupellanos coerceret, munimentum construi jussit prope Lucionium & versus paludosa loca. Cum munimentum hujusmodi multum damni Rupellanis importaturum esset, Lanovius quantas potuit copias collegit, & munimentum obsedit. Pigallarius, qui in superiore Pictonum tractu exercitum varia in loca miserat, ipsum celeriter collegit, & movit ut obsidentes amoveret. Lanovius contra ipsum progressus, pugnam conseruit prope Gemmæ fanum, ejusque exercitum profligavit : quingenti Catholici cæsi sunt, septingenti vel octingenti capti, qui cum scipione albo liberi dimissi sunt ex consilio Lanovii, inter Reformatorum duces moderationis laude celeberrimi.

Post victoriam illam nihil Hugonotis obstitit ; mu-

Les mêmes.

1570. avoit été cause de la bataille, assiegerent Fontenai, où La Nouë fut si grievement blessé au bras, qu'il fut obligé de le faire couper, & se fit faire un bras de fer, & on l'appella depuis, La Nouë Bras de Fer. Fontenai se rendit par composition. Ils prirent encore Oleron, Marene, Soubise, Brouage, Saintes & d'autres places sur les Catholiques, qui furent obligez de se retirer à Saint Jean d'Angeli. Le Baron de la Garde après avoir quelque tems tenu la mer, voiant que Brouage étoit pris par les Huguenots, se retira à Bourdeaux.

Revenons aux deux grandes armées. Le quinziéme d'Aoust celle des Princes partit d'Antrain & se rendit à S. Amand, & quelques jours après à Neuvi, d'où l'Amiral fit marcher l'avant-garde jusqu'auprès de Montargis, & le Maréchal de Cossé fit avancer son armée de Sens à Joigni. Cependant la paix qui se traittoit fut enfin terminée au gré des deux partis. L'Edit fut signé à S. Germain en Laye au mois d'Aoust 1570. Les principaux articles étoient, qu'il y auroit une amnistie generale pour tout le passé sans distinction & sans reserve ; que la Religion Catholique seroit rétablie dans les lieux où elle avoit été *intermise* ; qu'il y auroit aussi une pleine liberté de faire profession du Calvinisme aux conditions portées dans l'Edit, qui marquoit les lieux où ils pourroient s'assembler ; défenses de s'assembler ailleurs qu'aux lieux marquez qui y seroient specifiez en grand nombre. Il étoit ordonné qu'on admettroit indifferemment les Reformez aux Ecoles, aux Universitez, aux Maladeries, &c. que les prisonniers & ceux qui étoient en galere seroient mis en liberté ; que les Reformez rendroient les places & les forteresses qu'ils tenoient, hors la Rochelle, Coignac, Montauban, Sancerre & la Charité. Il y avoit aussi plusieurs articles en faveur de la Reine de Navarre & des Princes : le Prince d'Orange & le Comte Louis de Nassau son frere, étoient rétablis en tous leurs biens & terres qu'ils avoient en France. Pour ce qui est des lieux où l'exercice de la Religion *Prétenduë Reformée* pourroit se faire, l'Edit les specifioit tous.

Après la publication de cet Edit, se fit le mariage du Roi Charles IX. avec Elisabeth ou Isabelle d'Autriche, fille de l'Empereur Maximilien. La Princesse partit de Spire, & vint à Mezieres, où le Roi s'étoit rendu. Les nôces y furent celebrées. La nouvelle Reine fit son Entrée à Paris, & fut après couronnée à

Traité de paix.

Mariage du Roi Charles IX.

La Popeliniere.
nimentum illud, quod pugnæ occasio fuerat, ceperunt, Fontenæum obsederunt, ubi Lanovius tantum in brachio vulnus accepit, ut brachium ipsi abscindi necesse fuerit, cujus loco brachium ferreum appositum fuit, unde Lanovius brachio-ferreus appellatus deinde est. Fontenæum pacta conditione deditum fuit. Reformati ceperunt etiam Uliarum, Marennam, Subisium, Broagium, Mediolanum Santonum, aliaque oppida. Catholici vero ad S. Joannem Angeriacensem receptum haberecoacti sunt. Baro Polinius Garda postquam in illis oris cum triremibus substiterat, capto Broagio, Burdegalam se recepit.

Thuanus. Ad majores duos exercitus redeamus. Die quintodecimo Augusti Principum exercitus Antranio profectus, ad Sanctum Amandum venit, & aliquot elapsis diebus Novium movit, unde Colinius primam aciem ad usque Montargirium progredi curavit. Cossæus vero Agendico Senonum profectus, Juniacum movit. Interea pacis, quæ tractabatur, conditiones utrique partium placuere. Edictum in Fano Germani in Laia mense Augusto publicatum fuit anno 1570. Præcipuæ conditiones istæ erant: ἀμνηστία generalis dabatur omnibus sine ulla distinctione vel exceptione, Religio Catholica restituenda erat omnibus in locis ubi intermissa fuerat ; Calvinistis seu Reformatis ut Religionem suam exercerent, & unà convenire possent certis in locis in Edicto notatis, licentia dabatur, vetitumque erat ne aliis in locis convenirent. Mandabatur ut Reformati indiscriminatim cum Catholicis admitterentur in Scholis, in Universitatibus, in Nosocomiis, &c. ut quotquot in carcere erant, vel in triremibus serviebant, libertate donarentur ; ut Reformati oppida & munimenta quæ tenebant, restituerent, exceptis Rupella, Cognaco, Montalbano, Sancerra & Caritate. Multa quoque alia efferebantur in gratiam Regis Navarræ & Principum. Principi Arausicano & Comiti Ludovico Nassovio fratri restituebantur omnia bona & terræ, quas in Francia habebant. Quantum ad loca ubi Reformatorum Religio exerceri poterat, ea omnia in Edicto speciatim enumerabantur.

Post publicatum Edictum, Carolus IX. Rex Elisabetham Austriacam, Maximiliani Imperatoris filiam, duxit uxorem. Spira profecta ipsa Macerias venit, ubi Rex illam excepit, ibique nuptiæ celebratæ sunt. Regina illa nova Lutetiam ingressa, ad Sanctum Dio-

S. Denis. Le Roi avoit alors vingt ans complets, & la Princesse seize. On disoit que la Reine Mere Catherine avoit volontiers fait le mariage de son fils avec cette Princesse, que son jeune âge & son naturel rendoit incapable d'intrigue; ensorte qu'elle n'avoit point à craindre d'être débusquée du Gouvernement par la nouvelle Reine.

Toutes les démarches de Catherine tendoient à prendre, comme d'un coup de filet, les Chefs des Huguenots, & à s'en défaire. Elle avoit voulu les attirer aux nôces du Roi; & comme ils se méfioient d'elle, ce fut le Roi lui-même qui, à sa sollicitation, les pria d'y venir de la maniere la plus engageante; mais ils n'oserent s'y fier. Plusieurs Princes d'Alemagne envoierent aussi leurs Ambassadeurs au Roi Charles pour le congratuler de son mariage, & de l'Edit de paix qu'il venoit de publier. Ils l'exhortoient de maintenir cette paix, & tâchoient de prouver par des exemples que cette pluralité de Religions ne nuisoit point à un Etat.

L'Edit de paix donné & publié, n'apporta pas au Roiaume la tranquilité qu'on avoit esperée. Les deux partis animez les uns contre les autres, ne s'accommodoient point de plusieurs articles de l'Edit. Les Catholiques se plaignoient qu'on avoit trop accordé aux Huguenots, & qu'ils n'accomplissoient de ce qui étoit porté dans l'Edit, que ce qui leur étoit favorable. Les Huguenots formoient une infinité de plaintes qu'il seroit trop long de rapporter. Les uns & les autres trouvoient dans la teneur de l'Edit des choses qui demandoient explication. Sur les plaintes qui venoient de la Rochelle, le Roi y envoia le Maréchal de Cossé & Proutiere Maître des Requêtes, qui avoient ordre de proposer à la Reine de Navarre le mariage du Prince de Bearn son fils, avec Marguerite sœur du Roi, & à l'Amiral le dessein que le Roi avoit de porter la guerre aux Payis-bas, pour se vanger de plusieurs injures qu'il avoit reçûes du Roi d'Espagne; c'étoit le leurre dont la Reine se servoit pour se saisir de tous les Chefs des Huguenots. Le Maréchal & Proutieres confererent avec l'Amiral, le premier & deuxiéme de Janvier de l'an 1571, & convinrent ensemble qu'il falloit expliquer plusieurs articles de l'Edit, & en changer quelques-uns. Les Reformez lui porterent leurs plaintes. Il leur répondit, & ils y repliquerent. Le Maréchal s'en retourna en Cour pour en faire le rapport au Roi.

Mariage du Prince de Bearn avec Marguerite sœur du Roi.

1570.

1571.

---

nysum postea coronata fuit. Rex tunc viginti, illa sedecim annorum erat. Narrabatur autem Catharinam libentissime connubio hujusmodi manus dedisse, quoniam Elisabetha per ætatem & indolem, nec tractandis rebus, nec clandestinis consiliis apta videbatur esse, nec sibi timendum esse putabat, ne a Regni administratione ab illa removeretur.

Nihil non machinabatur Catharina, ut Hugonotorum primipilares technis suis interciperet, ac de medio tolleret. Ad Regis nuptias illos pellicere voluerat, & quia ipsi fidem Catharinæ non habebant, Regi suaserat ut invitaret illos, quod ille omne blanditiei genus adhibens fecerat. At illi dictis fidere ausi non sunt. Plurimi Germaniæ Principes, Oratores ad Regem miserunt, gratulaturos de connubio, deque Edicto pacis; hortabanturque illum ut pacem illam servaret, atque exemplis comprobare nitebantur Religionum varietatem, neque Imperio, neque Reipublicæ cuipiam nocere.

Edictum non eam, quam speraverant, Regno tranquillitatem attulerat. Plurima neutri partium se mutuo odio prosequentium placebant. Querebantur Catholici quod plura quam par esset Hugonotis concessa fuissent, ipsosque illas tantum Edicti partes observare quæ sibi placerent. Hugonoti vero innumeras proferebant querimonias, quas referre longius esset. Utrique autem in Edicto multa explicatione opus habere dictitabant. Cum porro de plurimis conquererentur Rupellani, Rex illò misit Cosseum Marescallum & Proterium, jussos cum Regina Navarræ agere de connubio filii sui cum Margarita Regis sorore, & Colinio proponere Regis consilium ac studium de inferendo in Belgium bello, ut plurimis ab Hispaniæ Rege acceptas injurias ulcisceretur. Hoc dolo utebatur Catharina ut duces Hugonotorum ceu retibus caperet. Cossæus & Proterius Colinium allocuti sunt prima & secunda Januarii die anni 1571. & una consenserunt in Edicto articulos plurimos explicandos, & aliquos esse mutandos. Reformati Cosseo querelas suas exposuerunt. Respondit ille, institerunt ipsi. Cossæus veroin aulam regiam reversus, illa Regi nunciavit.

1571. de Chambre, il mourut au grand regret des Reformez. L'empoisonneur fut depuis saisi en qualité d'espion, & executé à la Rochelle où il confessa tout.

Démarches du Roi pour tromper l'Amiral. Les démarches que faisoit le Roi Charles, sembloient marquer qu'il vouloit tout de bon porter la guerre aux Païs-bas : il en parloit souvent ; & se contrefaisoit si bien, que presque tout le monde croioit qu'il n'avoit rien de plus à cœur. Il envoia encore une fois le Maréchal de Cossé à la Rochelle pour solliciter l'Amiral de venir à la Cour. Ses cousins de Montmorenci lui écrivirent sur le même sujet, l'exhortant de se hâter d'y venir. Il s'y rendit à la fin, & le Roi lui fit un accueil si favorable, le combla de tant de graces & de faveurs, & lui fit toucher de si grosses sommes d'argent, que cela excita l'envie de plusieurs Catholiques. Il prit souvent son avis sur la guerre des Païs-bas, que l'Amiral souhaitoit extrêmement ; il lui dit aussi qu'il l'établiroit General de cette armée.

Le Roi fit ses diligences pour se liguer avec la Reine d'Angleterre, & avec plusieurs Princes Allemans. Il envoia en Angleterre le Maréchal de Montmorenci pour traiter avec elle, & lui proposer aussi de se marier avec le Duc d'Anjou. Après quelque séjour à la Cour, l'Amiral demanda au Roi permission d'aller à sa Terre de Châtillon sur Loing, où il reçût souvent des Lettres du Roi qui lui demandoit conseil sur l'entreprise marquée, & l'exhortoit de revenir à la Cour le plûtôt qu'il pourroit. Les Espagnols se plaignoient hautement des entreprises que le Roi Charles brassoit contre eux. Cependant l'Ambassadeur d'Espagne étoit toujours à la Cour, & avoit des conferences secrettes avec le Roi & avec la Reine Mere : ce qui faisoit soupçonner à plusieurs Reformez, que cette prétenduë entreprise de Flandre, n'étoit qu'un voile pour couvrir le dessein funeste qui éclata depuis, & qu'on croioit avoir été formé à l'entrevuë de Baionne.

Le bruit s'étant répandu que le Duc de Guise venu depuis peu à la Cour avec des gens armez, vouloit venger la mort de son pere, dont il regardoit l'Amiral comme l'auteur, le Roi les racommoda ensemble ; c'est-à-dire, qu'il obligea le Duc de Guise à differer un peu la vengeance. Toutes les démarches de ce Prince sembloient marquer qu'il vouloit maintenir la paix publiée dans son Royaume, & qu'il se préparoit à la guerre contre l'Espagne. Les Refor-

---

gnumque apud Reformatos sui desiderium reliquit. Cubicularius autem ille sub hæc Rupellæ quasi explorator comprehensus, cum omnia ab se patrata confessus esset, capitis pœnas luit.

Les mêmes. Rex Carolus ita sibi cordi esse bellum Belgicum per omnia testificabatur, tam frequenter ea de re loquebatur, ut omnibus pene fucum faceret. Cossæum secundo Rupellam misit, qui Colinium urgeret ut ad aulam regiam se conferret. Cognati quoque ejus Montmorencii literis instabant & hortabantur ut acceleraret iter. Venit tandem, Rexque ipsum ita gratiose excepit, totque donis & pecuniis pellexit, ut Catholicorum plurimi invidia moti fuerint. Consilium sæpe illius expetiit circa bellum Belgicum, quod bellum Colinius ardentissime cupiebat. Carolus vero exercitus illò mittendi ipsum se Colinium ducem constituturum esse dictitabat.

Les mêmes. Tum Rex diligentissime cum Angliæ Regina & cum plurimis Germanis Principibus societatem belli iniit. In Angliam Montmorencium Marescallum misit, ut cum Regina pacisceretur, ipsique connubium proponeret cum Andino Duce. Coli-

nius post aliquas in aula regia moras ab Rege petiit ut sibi liceret Castellionem ad Lupiam in terram suam se conferre, ubi frequentes Regis literas accepit, queîs consilia expetebat circa bellum suscipiendum, hortabaturque illum ut quam citius posset aulam regiam repeteret. Hispani palam conquerebantur de bello, quod Rex Carolus contra illos apparabat : tamenque Hispanus Orator semper in aula regia erat, & clandestina consilia cum Rege & Regina matre miscebat, unde apud multos Reformatorum suspicio erat, hoc Belgicum bellum ceu velamen esse ad tegendum perniciosum illud consilium, quod postea palam erupit, quodque in Baionensi congressu conceptum fuisse putabatur.

Cum rumor sparsus fuisset Ducem Guisium qui nuper in regiam aulam armatis viris stipatus venerat, patris cædem ulcisci velle, cujus auctorem putabat Colinium ; Rex illos reconciliavit, seu potius ut Guisius tantisper ultionem differret curavit. Omnia Caroli gesta indicare videbantur, ipsum pacem in Regno suo publicatam curare, & de bello Hispanis inferendo cogitare. Cum Reformati conquestum venez

mez étant venus se plaindre des torts qu'on leur faisoit dans le Roiaume, & des contraventions à l'Edit publié, il députa des gens dans les Provinces pour y mettre ordre. L'Amiral & le Comte Louis de Nassau le pressoient sur l'entreprise de Flandre. Pour leur faire croire qu'il pensoit tout de bon à cette guerre, il envoia de l'argent au Prince d'Orange, & lui manda de lever en diligence la plus grande armée qu'il pourroit pour la joindre à la sienne quand elle seroit arrivée en Flandre. Il donna aussi de l'argent au Comte Louis de Nassau & à l'Amiral, pour le lui faire tenir. Le Maréchal de Montmorenci envoié en Angleterre pour faire une ligue offensive & défensive avec la Reine Elisabeth, & pour traiter du mariage de cette Princesse avec Monsieur Frere du Roi, obtint ce qu'il demandoit pour le premier point; mais ne réussit point pour le second.

1571.

On pressoit fort la Reine de Navarre de venir celebrer les nôces du Prince son fils avec Marguerite sœur du Roi. Ce ne fut pas sans répugnance qu'elle consentit à ce mariage. Quelques-uns lui faisoient un scrupule de le marier avec une princesse Catholique qui le feroit peut-être changer de Religion. D'autres lui disoient que ce n'étoit qu'un appât pour se saisir de son fils, & le priver au moins de la liberté. Un petit nombre lui conseilla de faire ce mariage, & elle prit ce parti, & vint à Paris, où s'étant trop échauffée à faire les préparatifs des nôces, elle tomba malade & mourut. Quelques-uns disoient qu'elle avoit été empoisonnée avec des gans de senteur: mais on ouvrit son corps, & l'on n'y trouva aucune marque de poison. Cependant le bruit étoit que Catherine l'avoit fait empoisonner par René son Parfumeur.

Mort de Jeanne Reine de Navarre.

On continua à se préparer aux nôces; le Roi vouloit que l'Amiral qui étoit encore à Châtillon, s'y trouvât; il lui écrivit, lui envoia des exprès pour le solliciter, soit que l'Amiral eût quelque pressentiment de ce qui alloit arriver, soit qu'il en fût détourné par quelqu'un qui penetroit les desseins du Roi & de la Reine Mere; ce ne fut qu'avec beaucoup de répugnance qu'il y alla. Il y fut reçû mieux que jamais. Charles bien instruit par sa Mere dans l'art de dissimuler, témoigna encore plus d'empressement qu'auparavant pour la guerre des Payis-bas, écouta avec attention un long discours que lui fit l'Amiral

---

nissent de illatis sibi per Regnum injuriis, deque violatis Edicti conditionibus, Carolus Deputatos in Provincias misit, qui omnia in ordinem redigerent, Colinius & Comes Ludovicus Nassovius apud Regem instabant circa bellum Belgicum suscipiendum. Ut magis crederetur illi sibi maxime cordi esse bellum istud, Principi Arausicano pecuniam misit, quem etiam hortatus est, ut quam maximum posset exercitum cogeret, cum suo jungendum. Pecuniam quoque dedit Comiti Ludovico Nassovio & Colinio ad Arausicanum mittendam. Monmorencius vero qui in Angliam missus fuerat ad societatem belli cum Elisabetha Regina faciendam, & ad connubium Elisabethæ cum Andino proponendum; societatem quidem illam impetravit; sed circa connubium re infectâ reversus est.

Urgebatur Navarræ Regina, ut nuptias filii sui cum Margarita Regis sorore celebratum veniret: ægre autem illa connubium hujusmodi admittebat. Quidam certe injecto conscientiæ scrupulo dehortabantur illam, ut ne cum Catholica Principe filium suum connubio jungeret, quæ fortassis ad Religionem mutandam illum inductura esset. Alii dicebant hoc matrimonium ab Rege & Catharina curari, ut filium suum comprehenderent, ac saltem libertate privarent. Pauci ad nuptias hujusmodi contrahendas illam hortabantur. Assensit tandem illa Lutetiamque venit, ubi cum ad nuptias apparandas nimium operæ posuisset, in gravem morbum incidit, obiitque; quidam dicebant illam chirothecarum pestifero odore arte sublatam fuisse: at cum dissectum corpus ejus fuisset, nullum veneni signum deprehensum est. Rumor tamen erat Catharinam Renati unguentarii sui opera, Joannam Navarræam veneno sustulisse.

Nuptiarum apparatui semper advigilabatur; cupiebatque Rex ad Colinius nuptiis celebritati interesset. Ille adhuc Castellioni versabatur; instabat Rex literis, & cursoribus illum advocans. Colinius vero, seu animo futuram perniciem præsagiente, seu quopiam monente ut sibi caveret ab exitiosis Regis & Catharinæ artibus, ægre admodum in aulam regiam venit. Rex in simulandi artificio a matre egregie institutus, cum majori quam ante benevolentiæ significatione illum excepit; plusquam ante, se bellum Belgicum exoptare affirmavit. Colinius vero ad illud suscipiendum longa oratione Carolum hortatus

Les mêmes

1572. pour l'y exhorter. Le Roi fit alors donner une somme d'argent pour délivrer les François pris à la défaite de Genlis par le Duc d'Albe, demanda à l'Amiral une liste des Officiers Religionnaires qui devoient servir sous lui en Flandre, & lui nomma les Officiers Catholiques qu'il vouloit y envoier.

On prit toutes les mesures que l'on prend dans les affaires les plus serieuses & les plus souhaitées de l'un & de l'autre parti. De peur qu'après la conquête des Pays-bas il n'y eut quelques contestations sur le partage entre le Roi & le Prince d'Orange, on convint que la Hollande, la Zelande & la Frise demeureroient au Prince d'Orange, & tout le reste au Roi Charles. Le Baron de la Garde & Strozzi furent dépechez pour dresser une armée navale de galeres & de vaisseaux, qui devoit croiser sur les côtes de Bretagne, & empêcher qu'il ne passât des secours de l'Espagne en Flandre. Cependant les Reformez voiant que le Roi n'usoit pas assez de diligence à leur gré, commencerent à agir. L'Amiral envoia aux Pays-bas plusieurs Capitaines & des Gentilshommes; d'autres se tenoient sur les frontieres pour être prêts au premier signal. Le Comte Louis de Nassau, La Noüe & Genlis partirent de Paris pour executer leurs entreprises, & le Roi ordonna aux Gouverneurs des places frontieres de les favoriser en tout ce qu'ils pourroient. Ils surprirent Mons & Valenciennes.

L'Amiral voiant tout ceci, étoit persuadé que le Roi & la Reine Mere y alloient à la bonne foi. D'autres ne pensoient pas de même. L'Ambassadeur d'Espagne avoit souvent des conferences secretes avec le Roi & la Reine Mere: Les Guises ennemis mortels de l'Amiral & des Reformez, étoient fort bien reçûs à la Cour, & marchoient mieux accompagnez que jamais. Les Rochellois voiant la flote commandée par le Baron de la Garde & par Strozzi si près de leur Ville, soupçonnoient qu'elle ne se tînt là pour aider à remettre leur Ville sous la puissance de Sa Majesté. Les avis venoient de tous côtez à l'Amiral. Plusieurs de son parti, persuadez qu'il se brassoit quelque chose contre lui & contre les Reformez, l'avertissoient de se retirer de la Cour, & lui marquoient en détail les raisons qui devoient le faire entrer en défiance. Mais les caresses qu'il recevoit sans cesse du Roi & de la Reine Mere; la guerre de Flandre qu'il souhaitoit tant, & qu'il voioit si bien commencée, les démar-

---

Les mêmes. est, pecuniæque summam Colinio Rex numerari jussit, qua Franci, ab Albano Duce cum Genlisium profligavit, capti redimerentur. A Colinio catalogum postulavit Tribunorum Centurionumque Hugonotorum qui in Belgico bello futuri erant, & ipse Catholicorum ducum nomen & numerum ipsi tradidit, quos istuc Rex missurus erat.

Nullus non apparatus, nulla non cautio adhibita fuit, uti solet in negotiis, quæ ab utraque partium appetuntur. Ne postquam Belgium subactum esset, de partitione regionum tractuumque inter Regem & Principem Arausicanum contentiones suborirentur, conventum est ut Hollandia, Zelandia & Frisia Principi Arausicano, cæteraque omnia Regi Carolo attributa forent. Polinius Garda & Strozzius missi sunt, ut classem apparartent triremium & navium, & in Armoricis oris observarent, ne ex Hispania in Belgium auxilia mitterentur. Reformati vero cum Rex non ea, qua ipsi cupiebant celeritate uteretur, bellum ipsi gerere cœperunt. Colinius in Belgium misit, Tribunos plurimos nobilesque Francos; alii in confiniis erant, ut ad primum signum parati essent. Comes Ludovicus Nassovius, Lanovius & Genlisius Lutetia profecti sunt, ut cogitata perficerent. Mandavit Rex Præfectis confinium ut ipsis manum & opem præstarent. Illi vero Montes in Hannonia & Valentianas ex improviso ceperunt.

Hæc videns Colinius, de bona Regis & Catharinæ in se fide nihil dubitabat. Alii secus arbitrabantur. Orator Hispanicus sæpe cum Rege & Regina matre clandestina consilia miscebat: Guisii vero, qui & Colinii & Reformatorum acerrimi hostes erant, in aula regia optime excipiebantur, & majore quam solerent comitantium turma cingebantur. Rupellani autem cum classem viderent Garda & Strozzio ducibus prope urbem suam stare, suspicabantur apparari illam fuisse, ut urbem suam in Regis potestatem redigeret. Undequaque monebatur Maris Præfectus Colinius ut sibi caveret. Plurimi ipsius partibus addicti, non dubitantes aliquid moliminis apparari contra Colinium & Reformatos, hortabantur illum ut ab aula regia discederet, & minutatim ipsi omnia recensebant, quæ cautione magna opus esse suaderent: at Regis & Catharinæ blanditiæ perpetuæ, Belgicum bellum, quod ipse peroptabat, & jam prospere cœptum fuerat, Regis ad illud susci-

ches que faisoit le Roi, pour l'entreprendre & la soutenir ; tout cela dis-je, 1572.
l'avoient si fort persuadé, que le Roi & la Reine Mere ne pensoient à rien
moins qu'à la tromper, qu'il regardoit comme des chimeres tous ces avis
qu'on lui donnoit.

Les nôces d'Henri Prince de Navarre, avec Marguerite sœur du Roi Charles, furent celebrées le dix-huit d'Aoust 1572, avec toute la magnificence possible. Les trois jours suivans se passerent en fêtes & en réjoüissances. Le Roi & la Reine de concert avec les Guises devoient faire succeder immédiatement à la pompe des nôces la sanglante tragedie qu'ils préparoient depuis long-tems. Le nommé Maurevel destiné pour assassiner l'Amiral, fut se poster à une maison où logeoit le Precepteur du Duc de Guise, nommé Villemur. Ce meurtrier qui avoit déja assassiné de même le sieur de Moui, comme nous avons dit, attendit là l'Amiral, qui revenant de la Cour à pied, lisoit une Requête. Il lui tira un coup d'arquebuse à trois bales, dont l'une lui coupa l'index, & L'Amiral l'autre le blessa grievement au bras gauche. du Guerchi & des Pruneaux qui blessé. l'accompagnoient, & plusieurs autres de sa suite furent extrêmement étonnez. Mais l'Amiral sans être ému, montra la maison d'où le coup étoit venu, & envoia sur le champ Piles & Monins au Roi, pour l'avertir de ce qui se passoit. On l'amena chez lui. Quelques-uns l'avertirent qu'il falloit prendre garde que les bales ne fussent empoisonnées. Il répondit qu'il en arriveroit ce qui plairoit à Dieu. On courut à la maison d'où étoit venu le coup ; on n'y trouva que l'arquebuse. Maurevel s'étoit enfui à cheval, & étoit sorti de Paris par la porte S. Antoine. On saisit une servante & un petit garçon qui se trouverent dans la maison.

Plusieurs Auteurs disent que si l'Amiral eut été tué sur le champ, & si les Montmorencis ses parens étoient venus pour vanger sa mort sur les Guises, qui étoient regardez comme auteurs du meurtre, la Reine Mere étoit en dessein de faire marcher contre eux les Gardes & la Maison du Roi, pour exterminer les uns & les autres, & en même tems le Maréchal de Cossé, Biron & tous ceux qui lui faisoient ombrage, pour dominer après à sa fantaisie.

Le Roi de Navarre & le Prince de Condé vinrent visiter l'Amiral dans le tems qu'on le pensoit. Ambroise Paré lui coupa le doit blessé, ce qu'il souffrit

---

piendum apparatus ; hæc, inquam, omnia, ita illi persuaserant Regem & Catharinam rem serio & sincere tractare, ut monita illa ceu commenta nugasque despiceret.

Nuptiæ Henrici Navarræ Principis cum Margarita Regis Caroli sorore magnifice celebratæ fuerunt decima octava die Augusti anni 1572. Tres sequentes dies cum gaudio & oblectamentis transacti sunt. Rex & Catharina cum Guisiis nuptiarum celebritati, sanguinariam illam, quam jamdiu parabant, tragœdiam addere destinaverant. Morevellius ad Colinii cædem patrandam deputatus, in domo quadam in qua habitabat Villemurius Ducis Guisii Præceptor, stans observabat. Hic ipse Morevellius erat, qui Moium Niortii Præfectum insidiose interfecerat, ut suo loco diximus. Cum ergo Colinius ex aula regia pedes veniret, supplicemque libellum legeret, sclopetum Morevellius explosit tribus glandibus instructum, quarum altera dextræ indicem incidit, altera brachium sinistrum graviori vulnere affecit. Guerchius, Pruneus, plurimique alii, qui ipsum comitabantur admodum perculsi sunt. Colinius vero nihil turbatus, ædes unde globuli venerant indicavit, statimque Pilium & Moninium ad Regem misit, qui rem gestam ipsi nunciarent. In hospitium vero suum adductus est : cumque moneretur a quibusdam cavendum esse ne glandes illæ veneno tinctæ essent, respondit ille nihil evenisti quod Deo placeret. Ad domum accurritur, unde ictus emissus fuerat, sclopetus tantum reperitur. Morevellius enim equo vectus aufugerat, & per portam Sancti Antonii egressus fuerat : ancilla quædam & puer qui in domo erant, capti fuere.

Scriptores quidam dicunt, si Colinius hoc ictu peremtus fuisset, & si Montmorencii cognati ejus ad necem ulciscendam venissent, & Guisios qui cædis auctores habebantur armis aggressi fuissent, decrevisse Catharinam custodiam regiam & armatos aulæ regiæ illo mittere, ut utrosque de medio tollerent, necnon Cossæum Marescallum, Bironum & alios qui suspecti ipsi essent, ut postea ipsa ad nutum suum imperaret.

Rex Navarræ & Princeps Condæus Colinium in- La Popeliniere. viserunt, quo tempore vulnus ejus curabatur. Am- Thuanus. brosius Parœus læsum digitum amputavit, idque Co-

1572. avec une patience merveilleuse. Les deux Princes allerent trouver le Roi, lui porterent plainte de cet assassinat, & prierent Sa Majesté de leur permettre de se retirer ailleurs pour mettre leur vie en sureté. Le Roi témoigna qu'il étoit plus fâché qu'eux d'un attentat pareil, qu'il alloit en faire la recherche, & en punir les auteurs. La Reine Mere ajoûta que cette injure regardoit plus le Roi que Coligni lui-même, & que s'il laissoit un tel crime impuni, on pourroit bien venir quelque jour au Louvre attaquer jusqu'à sa Personne Roiale. Les Princes s'appaiserent, persuadez que le Roi & la Reine Mere agissoient sans dissimulation.

On fit courir d'abord après Maurevel qui avoit déja gagné païs. M. de Thou & d'autres gens de Justice interrogerent la servante & le garçon, qui répondirent, qu'un Gentilhomme du Duc de Guise avoit amené chez eux l'homme qui avoit fait le coup. Preuve manifeste que cela s'étoit fait par ordre du Duc de Guise.

Les Maréchaux d'Anville, de Cossé & de Villars, vinrent sur le midi voir l'Amiral; & après plusieurs témoignages d'amitié aussi tendres que sinceres de part & d'autre, l'Amiral leur dit qu'une des choses qu'il souhaitoit le plus, c'étoit de voir, avant que de mourir, Sa Majesté, pour lui dire des choses très-importantes qui regardoient & son Roiaume, & sa personne. Danville, Villars & Teligni partirent d'abord pour en aller faire la proposition à Sa Majesté qui y donna les mains, & s'y rendit avec la Reine sa mere, le Duc d'Anjou, le Duc d'Alençon, le Cardinal de Bourbon & plusieurs Seigneurs. *Quelques Ecrivains racontent*, dit M. de Thou, *que l'Amiral parla au Roi seul & en secret pendant quelque tems : d'autres le nient, & assurent que la Reine Mere empécha qu'il ne lui parlât en particulier, craignant que le Roi Charles, dont elle commençoit à se défier, gagné par les remontrances de Coligni, ne changeât de sentiment & de dessein sur l'affaire présente.* Le Roi dit à l'Amiral qu'il étoit très-fâché de le voir en cet état, & qu'il se disposoit à punir très-séverement les auteurs de cet assassinat. L'Amiral lui répondit, que malgré les faux rapports que quelques-uns avoient faits à Sa Majesté, il étoit & seroit toujours inviolablement attaché à sa Personne. Il l'exhorta de continuer la guerre déja commencée en Flandre, & le pria de faire garder exactement l'Edit qu'il avoit publié, l'assurant que c'étoit l'unique moien de conserver la paix & la tranquilité dans son Roiaume. Le Roi lui re-

Marginalia:
Le Roi rend visite à l'Amiral blessé.

---

linius cum mira constantia passus est. Ambo Principes Regem convenerunt, de cæde illa conquesti sunt, Regemque rogarunt sibi liceret alio se recipere, ut vitæ suæ consulerent. Rex vero id sibi magis quam ipsis displicere testificatus est, seque rei perquisitionem facturum, & auctores plexurum esse dixit. Addidit Regina mater, injuriam istam Regem magis spectare, quam Colinium ipsum, & si tantum scelus inultum Rex sineret, aliquando venturum quempiam in ipsam Luparam Regem ipsum invasurum. His verbis pacati Principes sunt, putantes Regem & Catharinam sincere nec dissimulanter loqui.

Post Morevellium curritur, qui jam procul erat. Christophorus Thuanus, aliique Judices ancillam & puerum interrogant, qui responderunt nobilem quemdam Guisiorum clientem in domum suam Morevellium adduxisse; quod signum erat hoc scelus Guisii Ducis jussu patratum fuisse.

Les mêmes. Damvilla, Cossæus & Villarius Marescalli sub meridiem Colinium invisuri venerunt, & postquam illi amicitiæ testimonia dederant, sinceritate plena, dixit Colinius in optatis sibi esse, ut ante mortem Regem alloqui posset, ut illi plurima proferret & Regnum & ipsum Regem spectantia. Statim vero illi Regi id nunciatum venerunt, qui libenter illò se contulit cum Regina matre, ducibus Andino & Alenconio, Cardinale Borbonio, plurimisque aliis primoribus. *Hic Regi in arcano quædam à Colinio insinuata divulgatum est*, inquit Thuanus, *alii tamen negant, & secretum hoc de industria a Regina impeditum ; ne Rex, cujus ingenio jam illa diffidebat, Colinii verbis placatus aut persuasus, sententiam mutaret.* Colinio dixit Rex sibi admodum displicere quod illum eo in statu videret, seque ad tantum vindicandum scelus paratum esse. Respondit Colinius, etsi quidam sibi infensi se apud Regiam Majestatem falso accusaverant, se tamen ipsi semper inviolate addictum esse. Regem hortatus est ut Belgicum bellum jam cœptum inferre pergeret, rogavitque illum, ut publicatum edictum observari curaret, hunc unicum esse modum affirmans servandæ in Regno suo pacis

pliqua fort gracieusement. On remarqua qu'il ne dit pas un mot sûr la guerre de Flandre; ce qui faisoit voir que l'empressement qu'il avoit auparavant pour cette guerre, n'étoit que simulé.

Avant le départ du Roi, le Comte de Rets dit à quelqu'un des gens de l'Amiral, qu'il seroit bon de le transporter au Louvre pour le mettre à couvert des insultes de la populace de Paris. Cela plut au Roi qui insista beaucoup là-dessus. Mais les Medecins dirent qu'en l'état qu'il étoit on ne pouvoit sans péril le transporter ailleurs.

Quand le Roi se fut retiré, les Chefs des Reformez tinrent conseil ensemble devant le Roi de Navarre & le Prince de Condé. Le Vidame de Chartres fit un discours fort sensé; il leur dit que sans plus attendre il falloit se retirer de Paris; que la blessure de l'Amiral n'étoit qu'un commencement de la tragedie; que pendant les réjoüissances du mariage on disoit publiquement des principaux Reformez qui s'y trouvoient, que dans peu de jours on les obligeroit d'aller à la Messe; que d'autres disoient qu'il y auroit plus de sang répandu que de vin versé; que Montluc Evêque de Valence, partant pour l'Ambassade de Pologne, avoit donné avis à M. de la Rochefoucault de se retirer promptement de la Cour, & de conseiller la même chose aux autres Chefs des Reformez. Teligni rejetta cet avis, soutenant toujours que le Roi agissoit à la meilleure foi du monde. Les autres qui étoient du même sentiment que le Vidame, ne furent point écoutez.

Le jour suivant l'Amiral ayant apris que la populace de Paris, qui lui en vouloit depuis long-tems, avoit pris les armes; fit prier le Roi & le Duc d'Anjou de lui donner quelque nombre de ses Gardes pour mettre sa maison en sureté. Cela lui fut très-volontiers accordé. On donna ordre à Cosseins de prendre un certain nombre de Gardes du Roi, de se poster devant la maison de l'Amiral, & pour ôter tout soupçon on y ajouta quelques Suisses de la Garde du Roi de Navarre. Le Roi témoigna souhaiter aussi que les Gentilshommes Religionnaires qui étoient dans Paris, allassent se loger auprès de l'Amiral. On envoia des gens pour les exhorter de se refugier là; c'étoit assez pour leur faire connoître qu'il n'y faisoit pas sûr ni pour les uns ni pour les autres. Mais l'Amiral & Teligni étoient si persuadez de la bonne foi du Roi, que tout cela ne les toucha point.

& tranquillitatis. Gratiose Carolus respondit: observatum tamen fuit ipsum de Belgico bello ne verbum quidem protulisse, quod signo erat, tantum illud desiderium quod ante præ se tulerat belli in Belgium inferendi, simulatum omnino fuisse.

Antequam Rex discederet, Radesianus Comes cuidam ex Colinii asseclis dixit e re fore ut Colinius in Luparam transferretur, ut ne Parisinæ plebis insultibus pateret. Hoc Regi placuit, qui instabat ut transportaretur: at Medici dixerunt non posse illum eo in statu jacentem, aliò sine periculo transferri.

Postquam Rex discesserat, Reformatorum præcipui ante Regem Navarræ & Principem Condæum in communi deliberarunt. Vicedominus Carnutensis, ipsos alloquens prudenter dixit: Quamprimum Lutetiâ sibi discedendum esse; Colinii vulnus tragœdiæ mox futuræ initium esse; in ipsa connubii celebritate inter oblectamenta dictum publice fuisse, Reformatos præcipuos qui aderant, paucis postea diebus ad Missam audiendam cogendos fore; aliosque hæc protulisse, plus sanguinis quam vini effundendum fore; Monluciumque Valentinum Episcopum, cum Orator in Poloniam proficisceretur, Rupifucaldo consilium dedisse, ut quamprimum ab aula regia discederet, & hoc consilium Reformatorum primipilaribus daret. Telinius vero consilium istud respuit, affirmans semper, Regem optima fide procedere. Alii etiam, qui Carnutensi consentiebant, auditi non fuere.

Insequenti die Colinius, cum comperisset Parisinam plebem, ipsi jamdiu infensam arma sumsisse, Regem Andinumque Ducem rogari curavit, ut sibi aliquot ex corporis Regii custodibus mitterentur ut cum securitate degere posset. Hoc ipsi libentissime concessum fuit. Jussus fuit Costenius aliquot ex Regiis Custodibus secum assumere, & ante Colinii domum excubias agere. Utque omnis suspicio tolleretur, aliqui etiam ex Helvetiis Regis Navarræ Custodibus adjecti fuere. Rex sibi placitum fore dixit, si nobiles omnes Reformati, qui Lutetiæ tunc erant, prope Colinium Præfectum maris se reciperent. Missi vero sunt qui ipsos ut illò confugerent cohortarentur. Id vero jam satis erat ut cognoscerent illi sibi grande periculum imminere: at Colinius Teliniusque Regis dictis ita fidebant, ut hæc nihili facerent.

Cependant on tint encore conseil. Le Vidame de Chartres dit comme auparavant, qu'il falloit se retirer bien vite, & emporter l'Amiral qui se trouvoit un peu mieux ce jour là, & qu'autrement ils alloient tous périr. Teligni s'y opposa. Le Roi de Navarre & le Prince de Condé furent de son opinion. Un Gentilhomme nommé Bouchavane y étoit present, & l'on soupçonna que ce fut lui qui alla en donner avis à la Reine. On tint aussi conseil à la Cour, où assisterent le Roi, la Reine Mere, le Duc d'Anjou, le Duc de Nevers, le bâtard d'Angoulême, Birague, Tavanes & le Comte de Rets; & il fut resolu qu'on massacreroit tous les Huguenots. On délibera aussi sur le Roi de Navarre & sur le Prince de Condé. Sur le premier, tous convinrent qu'il ne falloit point attenter sur la vie d'un jeune Prince qui avoit la qualité de Roi, le Prince le plus proche de la Maison Roiale, & beaufrere de Sa Majesté. Quant au Prince de Condé la chose fut long-tems debatuë ; mais le Duc de Nevers dont il avoit épousé la belle-sœur, le sauva.

Les Guises prenant pretexte de ce qu'on les accusoit d'être les auteurs de l'assassinat, allerent demander permission au Roi de se retirer. Le Roi les repoussa rudement, & leur dit de s'en aller où ils voudroient. Mais tout cela n'étoit que simulé ; le Roi vouloit faire croire aux Réformez qu'il ne voioit pas volontiers les Guises leurs ennemis ; & ceux-ci avoient si peu envie de s'en aller, qu'ils furent la nuit suivante les premiers auteurs du massacre. Le Roi fit avertir le Roi de Navarre de se retirer au Louvre avec ses plus familiers, de peur qu'il ne fut insulté par la populace soulevée. Le Prince s'y retira d'abord sans rien soupçonner. Le peuple en armes faisoit un grand tumulte dans la Ville. Cela fut rapporté à l'Amiral, qui se confiant au Roi, croioit que c'étoient les Guises qui faisoient ce vacarme ; il envoia des gens pour en donner avis à Sa Majesté. Le Roi lui fit dire qu'il n'avoit rien à craindre, & que le plus grand bruit venoit de ceux qu'il avoit envoiez pour appaiser la sédition. On donna avis en même tems à Teligni qu'on voioit des gens chargez d'armes qui entroient dans le Louvre, il rejetta cela avec mépris, & ne voulut pas qu'on en parlât à l'Amiral.

La nuit étant arrivée, le Duc de Guise chargé de cette cruelle execution, fit assembler les Suisses des cinq Cantons, & les Chefs des troupes Françoises, & leur exposa les raisons qui l'avoient obligé de les assembler ; que le Roi vou-

---

Les mêmes. Consilium denuo habitum fuit. Carnutensis, ut antea, dixit quam citissime discedendum, & secum asportandum Colinium qui illo die paulo melius habebat, alioquin omnes perituros. Telinius pro more contra dicebat, idipsumque Navarrus & Condæus sentiebant. Aderat quidam Buchavanius vir nobilis, suspicioque fuit ipsum hæc omnia Catharinæ retulisse. In aula quoque regia consultatum est : aderant præter Regem & Catharinam, Andinus, Nivernensis, Engolismensis nothus, Biragus, Tavanius & Radesianus, decretumque fuit ut Reformati omnes trucidarentur ; de Rege Navarræ etiam & de Condæo Principe deliberatum est. Circa primum opinio omnium fuit non perimendum esse juvenem Principem, Regis nomine insignitum, Regiæ familiæ proximum, sororis Regis conjugem. De Condæo autem Principe diu disceptatum fuit : at Nivernensis Dux, cujus uxoris sororem Condæus duxerat, ut illi etiam parceretur impetravit.

Les mêmes. Guisii obtendentes se quasi auctores patrati in Colinium sceleris accusari ; ab Rege licentiam aliò abeundi petiere. Rex illos aspere excepit, & ut quo vellent abirent edixit : verum hæc omnia simulata erant ; Rex enim Reformatis suadere gestiebat, se non libenter Guisios videre. Hi vero, nedum vellent aliò abire, insequenti nocte primi carnificinæ auctores fuere. Carolus autem Regem Navarræ moneri jussit, ut ad Luparam cum familiaribus se ciperet, ne concitatæ plebis insultibus pateret. Navarrus nihil suspicans illò receptum habuit. Interea Parisini armati ingentem strepitum edebant : id nunciatum Colinio fuit, qui Regi semper fidens, putabat Guisios plebem sic concitare, quosdam autem misit, qui Regem ea de re monerent. Respondit Carolus nihil Colinio timendum esse ; strepitum enim tantum ab iis edi, quos Rex ipse ad tumultum sedandum miserat. Telinio quoque eodem tempore nunciatur multos armis onustos in Luparam ingredi ; id vero adeò despexit Telinius, ut Colinio ne indicari quidem illud permiserit.

Cum nox advenisset, Guisius cui hæc cruenta expeditio demandata fuerat, Helvetios quinque pagorum congregari jussit, necnon Francicarum cohortium Tribunos, & qua de causa congregarentur exposuit,

loit se défaire de ces rebelles qui portoient perpetuellement la guerre & le trouble dans son Roiaume. Il disposa ses gens, leur assigna à chacun sa place, & donna commission au Prevôt de Paris de ranger la populace en armes dans leurs quartiers.

1572.

On n'attendoit plus que l'ordre du Roi pour commencer le massacre. Il balançoit & avoit peine à se resoudre à une action si indigne & si inhumaine, de faire massacrer tant de gens à qui il avoit donné sa foi & sa parole si souvent réiterée. Cette pensée le tourmentoit. Il y avoit même quelqu'apparence qu'il se tourneroit de l'autre côté, & que la reflexion lui feroit changer ses ordres, & le détourneroit d'une action, dont la seule idée fait horreur aux ames bien nées. Cependant minuit étoit passé. La Reine Mere se doutant que le Roi son fils n'avoit pas assez bien profité de ses damnables leçons, & avoit peine à se resoudre, descendit dans sa chambre, & convint avec les Ducs d'Anjou & de Nevers, avec Birague, Tavannes, le Comte de Rets, & enfin avec le Duc de Guise, qu'ils y viendroient après elle pour confirmer ce qu'elle diroit au Roi. Elle le trouva fort indéterminé, & même penchant de l'autre côté. Ils disputerent long-tems ensemble; elle prit enfin un ton de Maîtresse, le blâma de ce que par lâcheté il alloit perdre cette belle occasion que le ciel lui offroit de se défaire de ses plus dangereux ennemis. Charles qui de son naturel étoit violent & sanguinaire, piqué de ce reproche, commanda alors qu'on commençât ce massacre. Catherine de son côté se hâta de faire sonner le tocsin à S. Germain de l'Auxerrois. C'étoit un Dimanche jour de S. Barthelemi. On donna les ordres aux Gardes & à la Maison du Roi de faire main basse sur les Huguenots. Le Duc de Guise partit pour faire porter les mêmes ordres du Roi dans toute la Ville, & alla lui-même en commencer l'execution par l'Amiral. Il investit sa maison, fit entrer des gens dedans, qui tuerent ceux qu'ils rencontrerent. L'Amiral oiant le tumulte, crut d'abord que c'étoit la populace de Paris ameutée par les Guises, & esperoit que les Gens du Roi les arrêteroient. Mais apprenant que des gens armez étoient entrez dans sa maison, il se disposa à la mort, conseilla à quelques Medecins presens de se garantir comme ils pourroient du massacre, & ils se sauverent par les tuiles. Besme Aleman, envoié par le Duc de Guise pour tuer l'Amiral, monta à sa

La Saint Barthelemi.

---

velle nempe Regem rebelles illos de medio tollere, qui in Regno suo bellum & perpetuas turbas concitabant. Tunc armatos illos ordinavit, & cuique locum assignavit suum. Præposito Parisiensi mandavit, ut populum armatum per regiones suas distribueret.

Jussum Regis exspectabatur tantum ut carnificina inciperetur. Anceps autem Carolus cunctabatur, vixque poterat tam indignam rem jubere, tam inhumanam, nempe tot viros queis fidem dederat & toties repetierat, trucidari; verisimilequae erat ipsum pristinum propositum immutaturum fore, rebusque perpensis contraria mandaturum, nec rem peracturum, cujus vel sola cogitatio horrorem incutit animis æqui bonique studiosis. Interea media nox jam præterierat. Catharina vero timens ne Rex filius damnanda præcepta sua respuens, aliam capesceret viam, in cubiculum ejus descendit, monitis Ducibus Andino, Nivernensi, itemque Birago, Tavavio & Radesiano, ipsoque Duce Guiso, ut post ipsam venirent, & quæ dixisset illa Regi confirmarent. Regem illa nutantem invenit, imo ad contraria propensum. Diu ambo disceptavêre. Catharina tandem matris auctoritatem præ se ferens, filium vituperavit, quod per ignaviam suam, a cælo oblatam occasionem amitteret inimicos suos Regnoque suo perniciosos delendi. Tunc Carolus, qui natura ferox, sanguinariusque erat, vituperio stimulatus jussit carnificinam incipi. Catharina campanarium signum ad Sanctum Germanum Antissiodorensem dari præcepit, Custodibus corporis & Regiis pugnatoribus mandatum ut Hugonotos quosque obvios trucident. Guisius vero Dux proficiscitur ut jussa regia per totam urbem ferantur: & a Colinio ipse cœpit, domum ejus cinxit, & armatos in domum immisit, qui obvios trucidarunt. Tumultum audiens Colinius statim putavit plebem Parisinam esse a Guisiis commotam, illamque a Regiis Custodibus coercendam fore. Ut audivit autem armatos in domum ingressos esse, morti proximæ sese apparavit, Medicos quosdam præsentes monuit uti se periculo subducerent. Illi vero per tegulas evaserunt. Besmus Germanus a Guisio Duce missus ut Colinium interficeret, ad cubiculum ejus ascendit comitantibus Cossenio, Sarla-

1572. chambre accompagné de Coffeins, de Sarlabous, & de quelques autres. Ils enfoncerent la porte. Befme s'avança vers l'Amiral l'épée à la main, & lui dit: *N'étes-vous pas Coligni.* Il lui répondit : *C'est moi, jeune homme, tu devrois avoir égard à ma vieillesse, mais tu n'abregeras guere ma vie.* Quelques-uns disent qu'il ajoûta : *Au moins si c'étoit un homme, & non pas un Goujat qui m'ôtât la vie.* Befme tua donc l'Amiral de plusieurs coups.

L'Amiral tué.

Après cela le Duc de Guise commanda qu'on jettât son corps par la fenêtre. Le bâtard d'Angoulême lui essuia le sang du visage; d'autres disent que ce fut le Duc de Guise lui-même. On le reconnut; la populace se jetta sur ce corps; on lui coupa la tête qui fut envoiée à Rome; on lui coupa aussi les mains & les pieds : le peuple le traîna au gibet de Montfaucon, & alluma un feu dessous pour le brûler, mais ce feu ne fit que noircir sa peau. Il demeura ainsi pendu quelque tems. Le Maréchal de Montmorenci son cousin, le fit dépendre une nuit, & le fit enterrer à Chantilli. Dès que ce premier meurtre fut fait, le Duc de Nevers, Tavanne, & le Duc de Montpensier, se mirent à courir dans Paris, criant par tout que l'Amiral & ceux de son parti avoient fait une conspiration contre le Roi: mais qu'ils avoient été prévenus; exhortant le peuple de leur courir sus, de ne leur faire aucun quartier, & d'exterminer, s'il se pouvoit, cette engeance. Dès-lors le peuple se jetta sur eux: on ne vit plus dans la Ville que massacres. Le Comte de la Rochefoucault que son humeur gaie & ses plaisanteries rendoient agréable au Roi, & qui avoit joüé avec lui la nuit précedente, fut tué dans sa chambre. Teligni, gendre de l'Amiral, & le Marquis de Renel, eurent le même sort. Un très-grand nombre de Gentilshommes furent massacrez de même, les principaux desquels furent du Guerchi, le seul qui mit l'épée à la main & se défendit long-tems contre les meurtriers; le brave Piles, le frere du sieur Dacier, le sieur de Beaumanoir, de Lavardin, François de Nompar de Caumont fut trouvé dans son lit avec ses deux fils. Le pere & l'un des fils furent tuez. Le plus jeune qui s'étoit glissé adroitement entre les deux, échappa : comme il étoit tout ensanglanté, les meurriers crurent l'avoir tué, & il se retira depuis à l'Arcenal où étoit Biron. Du nombre des morts furent encore le Baron de Soubise, Pluviaut, Baudiné, Berny, de Brion, &c. Leyran grievement blessé, trouva

---

La Popelitiere.
Thuanus.

busio & aliquot aliis; fractis illi foribus ingressi sunt. Besmus ad Colinium accedens : *Tu - ne*, inquit, *Colinius es?* tum ille, *Ego sum; tu vero juvenis canos meos revereare : quidquid feceris, vitam meam non breviorem efficies.* Quidam narrant addidisse illum : *Saltem si viri, non lixæ manu morerer.* Besmus ergo repetitis ictibus Præfectum maris Colinium interfecit.

Postea Guisius corpus per fenestram dejici jussit. Nothus Engolismensis cruorem per os diffusum detersit; alii id fecisse Guisium ipsum dicunt ; agnitoque illo, plebs in cadaver irruit, præcisum caput ejus fuit, Romamque missum est, amputatæ item manus & pedes viriliaque, ac truncum populus ad Monfalconias furcas duxit, atque suspendit, igne subjecto, qui pellem tantum subnigram reddidit. Sic suspensum corpus aliquanto tempore mansit; sed Monmorencius Marescallus, ejus cognatus, noctu illud subripi curavit, & Cantiliæ sepultum fuit. Hac prima patrata cæde, Dux Nivernensis, Tavanius & Dux Montpenserius per urbem discurrere cœperunt, ubique clamantes Colinium & factionem ejus contra

Regem conspirasse; sed præoccupatum illum fuisse, hortantesque plebem ut illos omnes invaderet, nulique parceret, sed illud hominum genus, si fieri posset, aboleret. Tunc plebs in illos irruit, nihil nisi cædes & sanguinem in urbe vidisses. Comes Rupifucaldus Regi ob facetias & hilaritatem jucundus & gratiosus, qui præcedenti nocte cum ipso Carolo luserat, in cubiculo suo occisus fuit. Telinius Colinii gener & Renellus Marchio eodem modo perierunt. Viri nobiles magno numero trucidati sunt, quorum præcipui fuerunt Guerchius, qui solus stricto gladio se adorientes propulsare conatus, tandem occisus fuit ; strenuus ille Pilius, frater Acierii, Bellomanerius, Lavardinus, Franciscus Nompar Caumontius in lecto suo cum duobus filiis deprehensus, cum uno filiorum occisus est. Alter vero filius adhuc puer inter ambos irrepsit, & quia sanguine cruentatus erat, interfectus & ipse putatus fuit, posteaque in armamentarium ad Bironum confugit. Ex cæsorum numero etiam fuere, Subisius, Pluvialius, Baudineus, Bernius, Brionius, &c. Leiranus graviter vulneratus, elapsusque in cubiculum

moyen

moyen de s'enfuir dans la chambre de la Reine de Navarre, qui obtint sa grace. Le Roi donna la vie à Grammont, Duras, Gamache & Bouchavanes, qui promirent de se faire Catholiques, & tinrent parole. Plusieurs disent qu'il leur fit grace parce qu'il sçavoit qu'ils avoient peu ou point de Religion.

Il fit ensuite venir le Roi de Navarre & le Prince de Condé, leur parla fort durement, sur ce qu'ils avoient ci-devant toujours été à la tête des Huguenots, & causé tant de troubles dans le Roiaume. Il leur dit qu'il pardonnoit pourtant à leur sang & à leur jeune âge, pourvû qu'ils abjurassent le Calvinisme, & qu'ils embrassassent la Religion Catholique & Romaine, qui étoit celle de leurs peres & de leurs ancêtres, les assurant qu'il ne souffriroit point à l'avenir d'autre Religion dans son Roiaume. Le Roi de Navarre répondit en des termes fort humbles, & pria le Roi de ne rien ordonner contre leur vie & leur conscience. Le Prince de Condé répondit bien plus hardiment, & dit qu'il ne pouvoit se persuader que le Roi contre le serment donné au public, voulût les forcer de quitter leur Religion, & que pour lui il souffriroit plûtôt la mort que d'abjurer une Religion qu'il croioit être la veritable: ce qui indigna si fort le Roi, qu'il l'appella opiniâtre, seditieux, rebelle & fils de rebelle: quelques-uns ajoutent qu'il lui dit ces trois mots; *Messe, mort ou bastille*, & lui laissa l'option, lui donnant trois jours de terme pour prendre son parti.

Le Vidame de Chartres, qui, comme nous avons dit, avoit tant pressé les Chefs des Huguenots de se retirer de Paris, n'aiant pû les resoudre à prendre ce bon parti, s'étoit retiré au fauxbourg S. Germain, où se trouvoient aussi Mongommeri, Frontenai, Caumont, Colombieres, & plusieurs autres. Ils attendirent là quelque tems, & même plus qu'il n'eût fallu pour plus grande seureté. Mais quand ils virent qu'on leur tiroit du Louvre des coups d'armes à feu, & que des troupes passoient le pont pour venir à eux, ils s'enfuirent au grand galop; on les poursuivit long-tems, mais inutilement.

Il n'y eut jamais de spectacle pareil à celui qu'on vit alors dans Paris, les Gardes du Roi conduits par les Guises entroient dans les maisons des Reformez de quelque qualité, & la populace distribuée par compagnies couroit sus aux Bourgeois & aux Artisans. On entendoit par tout les cris & les plain-

CHARLES IX.

1572.
Cruautez horribles.

tes de ceux qu'on maſſacroit ainſi au milieu de leurs familles & de leurs enfans, on jettoit les corps morts par les fenêtres, ou dans la ruë, ou dans les cours des maiſons. Le ſang ruiſſeloit dans les ruës, & ces corps morts étoient étendus dans la bouë. On ne pardonnoit ni aux femmes, ni aux enfans, ni aux vieillards. Le nombre des gens tuez monta ſelon quelques-uns à plus de dix mille. Ramus, dit la Ramée, fameux Profeſſeur d'Eloquence & de Philoſophie, fut tué à coup de dagues, & jetté de ſon college en bas, traîné dans les ruës & puis dans la riviere. Le Capitaine Salſede Eſpagnol, quoique bon Catholique, fut auſſi tué, & bien d'autres Catholiques périrent dans ce tumulte. On dit que Denis Lambin mourut de fraieur. Après le terme donné au Roi de Navarre & au Prince de Condé, ils ſe rendirent Catholiques Romains, du moins ſelon les apparences. Le dernier eut bien plus de peine à s'y reſoudre que le premier.

Nous avons dit que le Roi donna la vie à quelques Reformez, la Reine Mere en ſauva auſſi quelques-uns. Elle s'entendoit, dit M. de Thou, avec les Guiſes, & ils vouloient faire tomber ſur le Roi la haine du maſſacre general des Huguenots, & faire croire qu'ils n'avoient trempé qu'à la mort de l'Amiral. Le Duc de Guiſe donna retraite chez lui à quantité de Huguenots. Le Duc d'Aumale en garentit auſſi quelques-uns : d'autres trouverent un refuge auprès de Biron, de Bellievre & de Valſingham Ambaſſadeur d'Angleterre. Quelques-uns du Conſeil & du Parlement remontrerent au Roi qu'il ſeroit bon de faire mettre armes bas à la populace de Paris, & que dans ce tumulte beaucoup de gens de bien courroient riſque de leur vie. Il fit publier à ſon de trompe défenſe à tout autre qu'à ſes Gardes & aux Officiers de la Ville, de porter armes ſous peine de la vie : comme le peuple en fureur ne ceſſa pas d'abord de ſe ruer ſur les Huguenots, on fut obligé de réiterer la défenſe juſqu'à ce que le tumulte fut entierement fini.

Telle fut la Saint Barthelemi, qu'on appella auſſi *Les Matines de Paris*, par oppoſition aux Vêpres Siciliennes du treiziéme ſiecle, qui furent commencées pendant les Vêpres, au lieu que ces meurtres des Reformez commencerent à deux heures après minuit, qui eſt le tems des Matines. Les Hiſtoriens remarquent qu'une aubepine du cimetiere des Innocents à demi ſeche & denuée de

---

Les mêmes.

medio familiæ ſuæ alii trucidantur, aliorum corpora per feneſtras vel in aream ædium, vel in viam publicam conjiciuntur. Sanguinis rivos in vicis vidiſſes, corpora mortuorum in luto poſtrata. Nec mulieribus, nec parvulis, nec ſenibus parcebatur. Cæſorum corpora pluſquam decem millia, ut quidem narrabant, viſa ſunt. Ramus celebris eloquentiæ Magiſter pugionibus confoſſus, & per Collegii feneſtram dejectus, ac per vicos raptatus, in flumen præcipitatus eſt, Salfeda Hiſpanus Tribunus, etſi Religione Catholicus, occiſus tamen fuit. Narrant Dionyſium Lambinum ex pavore in morbum delapſum exſtinctum fuiſſe. Poſt trium dierum ſpatium Navarro & Condæo ab Rege datum, ut Regi placebat, ambo Religionem Catholicam amplexi ſunt, ſimulate ſaltem ; ſed longe magis Condæus reluctatus eſt.

Diximus Regem aliquot Reformatis peperciſſe, Catharina quoque alios eripuit. Cum Guiſiis, inquit Thuanus, illa conſentiebat, & ipſi ſimul tam immanis carnificinæ odium in Regem Carolum derivare peroptabant, ſuadereque omnibus ſe Colinii tantum necem machinatos eſſe. Guiſiæ Dux Hugono-torum multos in ædes ſuas recepit & ſervavit. Albæmalæus etiam aliquos ex carnificina eripuit : alii ad Bironum, vel Bellevrium, vel Valfinghamum Angliæ Oratorem confugientes, Pariſienſem lanienam vitarunt. Ex Conſilio Regio, ex Curia Senatus quidam Regi ſuaſere, ut Pariſinam plebem arma ponere juberet ; in tanto enim tumultu multi probi viri de vita periclitabantur. Mandavit Carolus ut buccinæ ſono per vicos & angiportus adhibito prohiberetur, ne quis ulterius ſub capitis pœna arma geſtaret, exceptis Prætorianis ſuis, & Urbanis Ædilium ſtipatoribus. Quia vero furens populi turba juſſis non ſtatim paruit, repetitum fuit Regis mandatum, donec tumultus penitus ſedaretur.

Talis fuit illa Sancti Bartholomæi carnificina, quæ poſtea *Matutinum Pariſienſe* vocata fuit, quaſi ex oppoſito ad Veſperas Siculas decimi-tertii ſæculi, quæ Veſperarum tempore cœptæ ſunt. Reformatorum vero cædes cepit hora ſecunda poſt mediam noctem, quæ Matutini hora erat. Narrant hiſtoriæ Scriptores in Cœmeterio Sanctorum Innocentium oxyacantham, ſeu albam-ſpinam, quæ pene exſiccata jam erat,

feüillage, fleurit le Lundi à midi. Le peuple y accourut, & regarda cela comme une marque certaine que Dieu approuvoit le massacre des Huguenots. La foule fut si grande qu'il fallut y mettre des Gardes, de peur qu'il n'arrivât quelque tumulte. Plusieurs disoient que cette aubepine avoit fleuri par l'artifice d'un Cordelier qui croioit autoriser par là les meurtres commis.

Le Roi vouloit, comme nous avons dit, rejetter toute la haine de ce massacre sur les Guises, qui en étoient en effet les principaux auteurs. Il avoit dessein, dit Monsieur de Thou, de les obliger de quitter la Cour, & de se retirer dans leurs Terres, afin qu'on fût persuadé que c'étoit eux qui avoient fait le massacre. Mais la Reine Mere & le Duc d'Anjou alors fort liez d'interêt avec les Guises l'en dissuaderent, & le porterent même à prendre sur lui & sur son compte tout ce qui s'étoit passé.

Le 26 d'Août il tint son Lit de Justice *en la Chambre dorée*, accompagné de Messieurs ses freres, des autres Princes, & des plus grands de sa Cour. Il se plaignit amerement des troubles que les Huguenots avoient causez dans le Roiaume, des guerres presque continuelles qu'ils lui avoient suscitées sous la conduite de l'Amiral; & qu'à la persuasion de ce Chef ils avoient formé le dessein le plus détestable qu'on puisse imaginer, qui étoit de tuer le Roi & ses freres, la Reine Mere, & tout ce qui restoit de la race des Valois, & encore son très-cher cousin le Roi de Navarre, pour élever à la Roiauté le jeune Prince de Condé, & gouverner sous lui tout le Roiaume à sa fantaisie, & que peut-être même auroit-il fait mourir le Prince de Condé & tous ceux qui pouvoient avoir droit à la Couronne, pour se faire Roi lui-même: que pour prévenir tous ces malheurs, il avoit été obligé d'employer des remedes extrêmes, & qu'il vouloit que tous sûssent que c'étoit par son ordre qu'on venoit de faire contre les Huguenots les executions précedentes: il ordonnoit qu'on informât de la conjuration de l'Amiral & de ses complices, qu'on y procedât selon les Loix, & dans la forme accoutumée aux crimes de Leze-Majesté: qu'on donnât un Arrêt, & qu'on executât ceux qui auroient eu part à ce crime.

Quoique le premier President de Thou fût persuadé qu'il n'y avoit ni verité ni apparence en tout ce que le Roi venoit de dire, il s'accommoda au tems,

---

Lunæ die sequenti in meridie floruisse. Accurrit Parisina plebs ad hoc spectaculum, hancque rem quasi certissimum signum habuit, quod Deus illam Hugonotorum stragem gratam haberet. Tanta vero fuit populi turba, ut armatorum custodiam admovere necesse fuerit. Plurimi dicebant Franciscani cujusdam arte floruisse, qui tali techna lanienam hinc probatam acceptamque fore putabat.

Rex Carolus, ut jam diximus, tam immanis carnificinæ odium in Guisios derivare peroptabat, qui revera illius præcipui auctores erant, illo animo, inquit Thuanus, ut illi confestim ex urbe excederent; & in suas quisque terras migrarent, quo magis inde quidquid Lutetiæ actum esset ab ipsorum factione profectum esse omnibus innotesceret: verum Catharina & Andinus, qui tunc cum Guisiis societate & consiliis juncti erant, intercessere, Regique suaserunt, ut quæ gesta erant omnia sibi uni adscriberet.

Itaque vigesima sexta Augusti ut Rex Carolus in Senatum, & in *lecto Justitiæ*, ut vocant, *in Camera deaurata* sedit, comitantibus se fratribus, aliisque Principibus & aulæ regiæ primoribus. Amarissime autem conquestus est de tumultibus quos Hugonoti per Regnum concitaverant, de bellis fere perpetuis, quæ Colinio duce ipsi Regi intulerant; qui eodem duce & auctore, rem animo conceperant, qua horribilior nunquam excogitata fuerat, ut nempe Regem & fratres suos, Reginam matrem, & quidquid de Valesiorum stirpe supererat, quin & ipsum Regem Navarræ de medio tollerent, ut Condæum juvenem Regem constituerent, sub quo Colinius Regnum pro voto suo administraret: & fortasse postea Condæum ipsum & omnes Regii Sanguinis Principes sustulisset, ut sese regem constitueret: seque Regem ut tanta mala præverteret extrema coactum remedia adhibuisse, velleque se omnibus notum esse omnia quæ contra Hugonotos admissa fuerant, suo jussu peracta fuisse, mandabatque ut de Colinii conjuratione, deque consortibus & consciis perquisitio fieret, secundum leges & formam solitam in læsæ-majestatis criminibus, ut sententia ederetur, & consceleratim plecterentur.

Etsi Primus Præses Thuanus probe noverat omnia quæ Rex dixerat merum esse commentum, nec similitudinem veri habere, tamen tempori *accommodata*

1572. il loua fort Sa Majesté, & lui promit de tenir la main à l'execution de ses Ordres. Et le 28. du même mois, le Roi envoia la même Declaration aux Gouverneurs des Provinces, leur défendant expressément d'inquieter les Reformez, & leur ordonnant de les laisser tranquilles ; mais défendant aussi aux Religionnaires de s'assembler en aucune maniere ni aux prêches, ni aux maisons des Gentilshommes, jusqu'à ce qu'après qu'on auroit pourvû à la tranquilité de son Roiaume, il en fût autrement ordonné. Il commandoit aussi de relâcher les prisonniers, hors les Chefs qui avoient des pratiques *pour la Cause*, & ceux qui auroient eu part à la conjuration de l'Amiral.

L'Amiral pendu en effigie.

Le Parlement donna depuis un Arrêt contre l'Amiral, comme atteint & convaincu de la conjuration ci-dessus marquée. Il fut condamné à être pendu, lui ou sa figure, en greve, & être puis porté à Montfaucon ; declaré que ses descendans seroient ignobles & roturiers à perpetuité, que tous ses biens seroient confisquez au Roi, sa maison de Châtillon sur Loing rasée, & tous les arbres qui en faisoient l'ornement coupez, qu'en la place de la maison ou du château on éleveroit un pilier de pierre de taille où seroit écrit sur une plaque de cuivre le present Arrêt. Briquemaut & Cavagnes deux Chefs des Huguenots qui avoient été saisis, furent aussi condamnez à être pendus avec la figure de l'Amiral comme complices de la conjuration. Ils furent conduits au supplice, & protesterent jusqu'aux dernier moment qu'ils étoient innocens.

Massacres des Huguenots dans le Roiaume.

Malgré les Lettres & les Declarations que le Roi avoit envoyées aux Gouverneurs des Provinces, où il ordonnoit qu'on laissât les Reformez en repos pourvû qu'ils ne tinssent point d'Assemblées, les massacres furent faits comme à Paris dans plusieurs Villes du Roiaume. On crut que les Gouverneurs avoient reçû des ordres secrets ou du Roi, ou de la Reine Mere. A Lion au refus du Bourreau, qui ne vouloit rien faire que par ordre des Juges;'au refus aussi des Soldats de la Citadelle, qui dirent qu'ils étoient destinez pour la guerre & non pour aller égorger des gens dans leurs maisons, plusieurs habitans Catholiques s'attrouperent. Les Italiens qui y étoient en grand nombre se joignirent à eux, & ils tuerent ensemble plus de huit cens Bourgeois, qu'ils traînoient ensuite dans le Rhône. Ces corps flotans sur la riviere descendirent à Vienne, à Valence, au pont Saint Esprit, à Avignon, & jusqu'à Arles. A Toulouse il y eut peu

---

La Popeliniere. Thuanus.

oratione Regem laudavit, pollicitusque est se ad jussa ipsius exsequenda advigilaturum esse. Vigesima octava die ejusdem mensis Rex eamdem Declarationem ad Provinciarum Præfectos misit, vetans ne *Protestantibus* vis inferretur, præcipiensque ut in pace & tranquille degere possent; sed *Protestantibus* quoque mandans, ut neque ad *prædicationes* publicas; neque in Nobilium domibus unà convenirent, donec pacatis omnibus Regni negotiis, res alio modo constitueretur. Mandabat etiam ut ii qui in carceribus erant liberi dimitterentur, exceptis ducibus, qui *causam* gerebant, iisque qui in Colinianæ conspirationis partem venissent.

Sub hæc Curia Senatus scitum emisit contra Colinium, quasi supra memoratæ conjurationis convictum, damnatusque fuit ad suspendium, vel in corpore suo vel in effigie in platea Gravia exhibendum, ut deinde vel corpus vel effigies ad Monsfalconias furcas transferretur. Posteri ejus omnes ignobiles in perpetuum declarabantur, omnia bona ejus regio fisco addicebantur, Mandabatur ut ædes ejus Castellione ad Lupiam sitæ solo æquaretur, arbores ad ornatum positæ succiderentur, atque in ipso loco ubi situm castellum fuerat, columna erigeretur, ad quam in tabula ænea, scitum & decretum præsens descriptum haberetur, Bricomotius & Cavagnius Hugonotorum tribuni damnati, ut cum Colinii effigie suspensi vitam finirent, quasi conjurationis illius consortes & conscii, ad extremum usque vitæ contestati sunt se ea in re innoxios esse.

Etsi Rex Præfectis Provinciarum mandaverat ut *Reformati* in pace & tranquillitate relinquerentur, dum ne in cœtus unà convenirent, in urbibus multis per Regnum, Lutetiæ exemplo carnificinæ fuerunt; atque, ut putavère multi, Rege vel Catharina, id secreto ad Præfectos suggerentibus. Lugduni, carnifice recusante, qui nonnisi ex Judicum sententia quempiam perimere voluit, militibus negantibus, qui dicebant, se ad bellum deputatos esse, non autem ad cives in ædibus suis jugulandos; multi ex Catholicis civibus unà convenerunt. Itali, qui magno numero ibi erant, cum cæteris juncti sunt, & simul cives plus quam octingentos trucidavère, quos postea raptatos in Rhodanum conjiciebant. Corpora autem supernatantia Viennam, Valentiam, ad Sancti Spiritûs Pontem, imo ad usque Avenionem &

d'executions, parce que cette Ville ne pouvant souffrir des Religionnaires, ils s'étoient presque tous retirez à Montauban & ailleurs. A Bourdeaux il n'y en eut pas plus de trente tuez; le Gouverneur empêcha qu'on n'allât plus avant. La tuerie fut grande à Rouen, à Meaux, à Orleans & en d'autres lieux ; mais beaucoup moindre à Rheims, Tours, Angers, Nantes, Poitiers. Les Dauphinois, Provençaux & Auvergnats, s'y porterent plus humainement. Cependant on comptoit qu'en moins d'un mois plus de vingt mille Reformez avoient péri par la main des Catholiques.

1572.

Après ces sanglantes scenes, le Roi & sa Cour esperoient que les Reformez, intimidez par tant de massacres, seroient aisément réduits sous l'obéïssance de Sa Majesté. Il est vrai que se voiant d'abord destituez de leurs principaux Chefs, & tous les Catholiques armez pour les détruire, la terreur se répandit parmi eux. Mais instruits par l'exemple du passé, & considerant que nul traité, nulle promesse de la Cour ne pouvoit les mettre en sureté, ils reprirent courage, & resolurent de se mettre en état de défense. Ils occupoient encore plusieurs places dans le Roiaume, dont les principales étoient la Rochelle, Montauban & Sancerre. Le Roi envoia des ordres à ceux de la Rochelle & de Sancerre, de recevoir chez eux des garnisons Catholiques. Ils n'avoient garde d'obéïr dans un tems où la tuerie des Huguenots continuoit encore en quelques endroits.

Toutes les démarches de la Cour montroient assez que le Roi ne vouloit qu'une Religion dans son Roiaume, & qu'il pensoit à réduire les Reformez à embrasser la Religion Catholique. Il y en eut un grand nombre, qui pour se procurer le repos & la tranquilité se firent Catholiques en apparence. Le Roi voulut que le Roi de Navarre & le Prince de Condé, qu'il avoit forcez d'abjurer la nouvelle Religion, & de se ranger dans l'Eglise Romaine, écrivissent au Pape, pour lui temoigner qu'ils s'étoient remis sous son obéïssance. Le Pape leur fit réponse, les congratulant de ce qu'ils étoient enfin revenus au giron de l'Eglise. Non content de cela le Roi Charles voulut que le Roi de Navarre envoiât un Edit en Bearn, Foix, & tous les pays de sa domination, pour les obliger d'embrasser la Foi Catholique & Romaine. Mais tous ses Sujets ne firent aucun cas d'un Edit qu'ils sçavoient bien qu'il n'avoit donné que contre son gré.

Atelaten descenderunt. Tolosæ pauci mactati fuere, quia cum civitas Hugonotos ferre non posset, omnes pene in Montem-Albanum aut aliò secesserant. Burdegalæ non plus quam triginta cæsi sunt, quia Præfectus prohibuit ne plures occiderentur. Rothomagi, Meldis, Aureliani magna cædes fuit; sed longe minor Rhemis, Cæsaroduni Turonum, apud Namnetas & in Pictavorum urbe. Delphinenses Provinciales & Arverni humanius rem gessère: tamenque computabatur non integro mense viginti millia Hugonotorum manibus Catholicorum periisse.

Post sanguinaria illa spectacula, Rex aulaque regia tota sperabant Hugonotos tot cædibus exterritos ad obsequentiam Regi præstandam pronos fore. Et vero ubi primum se præcipuis ducibus destitutos viderunt, Catholicosque ad extremam perniciem ipsis inferendam armatos, terrore magno omnes perculsi sunt; sed posterioribus exemplis cautiores effecti, ac perpendentes nullam pactionem, promissionemve, securitatem ipsis parere posse, resumtis animis, ad defensionem sese denuo apparavère. Multas adhuc urbes in Regno occupabant, quarum præcipuæ erant, Rupella, Mons-Albanus & Sancerra. Rex Carolus Rupellanos & Sanceranos jussit præsidia Catholica recipere. Illi vero dictis obsequi ne cogitabant quidem, cum viderent suorum carnificinam aliquot in locis ad hoc usque tempus protractam fuisse.

Quæ in aula regia gerebantur omnia signo erant Regem unicam in Regno suo velle Religionem, & id moliri ut Reformatos ad Catholicam Religionem amplectendam cogeret. Certe multi ut sibi tranquillitatem parerent, ad Catholicam Religionem accesserunt; sed simulate tantum. Carolus autem voluit ut Navarrus & Condæus, quos ad novam Religionem abjurandam, & ad Catholicam amplectendam coëgerat, ad Summum Pontificem scriberent, ut testificarentur se sub ipsius obedientiam reductos esse. Respondit Pontifex gratulando, quod in Ecclesiæ tandem gremium se recepissent. Ad hæc vero Carolus Rex voluit, ut Rex Navarræ in Bearniam, Fuxensem Comitatum, aliasque terras suas Edictum mitteret, quo subditos omnes suos Religionem Catholicam amplecti juberet: verum subditi illi Edictum ab invito & coacto datum nihil curavère.

Les mêmes

1572.

En ce même tems Sigifmond Roi de Pologne, étoit fort mal : à fa mort la race des Jagellons alloit s'éteindre, & les Seigneurs Polonois devoient élire un Roi. La Reine Mere fouhaitant de procurer cette Couronne à fon cher fils Henri, y envoia Jean de Montluc Evêque de Valence, très-propre pour la negociation dont nous verrons bien-tôt les fuites.

Commencement d'une quatriéme guerre civile.

Cependant tout fe difpofoit à une quatriéme guerre civile. Le Roi vouloit à force mettre garnifon dans les Villes & Places que les Reformez tenoient. La Châtre Gouverneur de Berri fut commandé pour prendre des mefures contre les Huguenots refugiez à Sancerre. Biron déclaré Gouverneur de la Rochelle, Saintonge & Païs d'Aunis, fut envoié pour fe joindre au Comte du Lude Gouverneur de Poitou, & remettre la Rochelle fous l'obéïffance de Sa Majefté. Le Marquis de Villars, nouvellement fait Amiral & Gouverneur de Guienne, fut auffi envoié de la Cour, avec ordre de tenter tous les moiens pour remettre Mautauban dans le devoir. Le Maréchal d'Anville prit le chemin du Languedoc pour ôter aux Huguenots Nîmes & les autres Places qui s'étoient données à eux.

Biron qui paffoit pour être de la Religion reformée, quoique fon interêt & fa fortune l'euffent toujours retenu au fervice du Roi, fit fon poffible pour engager les Rochelois à le recevoir dans leur Ville pour Gouverneur, felon les Ordres de Sa Majefté. Il leur offrit même de n'y entrer que lui troifiéme. Le Roi confentoit qu'il y entrât en cette maniere, & offroit aux Rochelois de maintenir leurs privileges, & de leur laiffer toute liberté pour l'exercice de la Religion reformée. La Reine Mere, le Roi de Navarre & le Duc d'Anjou leur écrivirent auffi ; mais tout cela ne les ébranla point. Ce qui venoit de fe paffer à Paris, & dans plufieurs Villes du Roiaume, leur ôtoit toute forte de confiance, & la nouvelle venuë de Caftres en Languedoc, où le Gouverneur envoié par le Roi, & reçû dans la Ville, avoit fait maffacrer ceux des habitans qui étoient Religionnaires ; tout cela, dis-je, enfemble les confirma dans la refolution de n'admettre perfonne dans leur Ville envoié de la part du Roi. Ils fe difpoferent à foutenir un fiege, ramafferent des vivres de tous côtez en grande quantité, reparerent toutes les fortifications de la Ville, & en firent de nouvelles ; reçûrent dans leur enceinte beaucoup de troupes de leur parti.

Eodem tempore Sigifmundus Rex Poloniæ æger ad extrema redactus erat ; quo mortuo & Jagellonum ftirpe deficiente, Poloni Primores Regem fibi electuri erant. Regina vero mater cum cuperet Coronam iftam dilecto filio fuo Henrico adipifci, Joannem Monlucium Epifcopum Valentinum, ad hæc tractanda aptiffimum, illò mifit. Rei exitum poftea videbimus.

Inter hæc ad quartum civile bellum omnia apparari videbantur. Rex nihil non movebat ut præfidia regia in urbes & oppida, quæ Reformati tenebant, inducerentur. Caftreo Biturigum Præfecto juffum eft obfervare Hugonotos qui Sancetram confugerant. Bironus Rupellæ Præfectus declaratus, necnon Santonum & Alnetenfis tractus, miffus eft cum Ludio Comite Pictonum Præfecto junctus, Rupellam fub Regis poteftatem reduceret. Villarius Marchio, qui nuper maris Præfectus & Aquitaniæ Prætor conftitutus fuerat, juffus eft etiam omnes tentare rationes ad Montem-Albanum reducendum. Damvilla Marefcallus in Septimaniam iter fufcepit, ut Nemaufum aliaque oppida, quæ fefe Hugonotis dediderant, ipfis eriperet.

Bironus qui Reformatæ Religioni addictus effe putabatur, etiamfi fortunæ beneficia ipfi regiis juffis femper hærere fuafiffent, nihil non egit ut Rupellanos ad fe in urbem ut Præfectum recipiendum induceret, ut Rex mandaverat. Et cum duobus tantum fe comitantibus intraturum fe dicebat. Rex quippe ut fic intraret confentiebat, & Rupellanis privilegia omnia fe confervaturum pollicebatur, ac libertatem omnem exercendæ fuæ Religionis daturum. Catharina quoque, Rex Navarræ & Dux Andinus ipfis fcripfere ; verum his illi nullam habebant fidem, quod Lutetiæ in aliifque Regni urbibus geftum fuerat, ne fiderent fuadebant ; itemque quod Caftro nuper contigerat, ubi Præfectus Regius in urbem admiffus, Hugonotos cives trucidari juffferat ; hæc, inquam, omnia Rupellanos in priftino propofito confirmarunt, ut neminem fcilicet ab Rege miffum in urbem inducerent ; fed ad obfidionem fuftinendam fefe apparavêre, annonam undique copiofam collegerunt, urbis propugnacula omnia reftaurarunt & nova conftruxerunt, pugnatorum factionis fuæ copias multas in urbem invexerunt.

En ce même tems le sieur de Joyeuse Lieutenant de Roi en Languedoc, sollicitoit Nîmes, qu'occupoient alors les Reformez, de recevoir la Garnison du Roi, & peu s'en fallut que les habitans n'y consentissent. Mais faisant depuis reflexion au peril où ils se mettoient d'être traitez comme tant d'autres Villes du Roiaume, ils refuserent cette garnison. Dans le Vivarets & dans le Velai, à Montauban, & dans les payis voisins, les deux partis surprenoient des Places les uns sur les autres ; tout cela présageoit une prochaine guerre, qui commença bien-tôt après.

1572.

Les Rochelois croiant qu'ils seroient infailliblement assiegez, demanderent secours à la Reine d'Angleterre, & prierent Montgommeri, qui y étoit alors refugié, de les seconder pour obtenir leurs demandes. Le Roi voiant qu'il n'y avoit pas d'autre moien de les réduire que par la force des armes, leur fit déclarer la guerre le cinquiéme de Novembre 1572. Il voulut pourtant faire une nouvelle tentative pour les réduire sous son obéïssance, en leur envoiant la Noüe revenu depuis peu de tems de la guerre de Flandres. Il avoit été cidevant Gouverneur de la Rochelle, & s'étoit attiré l'estime des deux Partis, tant par sa probité, que par sa valeur & sa sagesse. Les Rochelois l'écouterent volontiers. Il leur conseilla de recevoir un Gouverneur que le Roi vouloit leur donner, en prenant pourtant les mesures necessaires pour conserver leurs privileges & le libre exercice de leur Religion. Ils lui répondirent qu'ils ne pourroient jamais se resoudre à recevoir Biron dans leur Ville ; mais qu'ils prioient Sa Majesté de leur donner un Gouverneur de leur Religion, & de les laisser vivre paisiblement comme ils avoient fait jusqu'alors. La Noüe se rendit de là à S. Jean d'Angeli où étoient alors Biron & Gadagne, pour leur rendre compte de son Ambassade.

Le 19 Novembre le Roi fit publier un Edit par lequel il ordonnoit que tous ceux qui étoient sortis du Roiaume, & s'étoient retirez dans les payis voisins, eussent à revenir chez eux ; avec défenses de les molester en quoi que ce fût, & ordre de les laisser vivre en repos, pourvû qu'ils se tinssent en paix. L'Edit portoit peine de confiscation de biens à ceux qui n'obéïroient point. Il en revint un très-grand nombre, & sur tout de l'Angleterre.

N'y ayant plus d'esperance de gagner les Rochelois, Biron s'avança avec l'armée, & entra dans les terres de son Gouvernement. Il voulut détourner

---

idem. Eodem tempore Joüsa Prorex in Septimania, Nemausenses sollicite urgebat ut præsidium regium acciperent, urbem namque Reformati tenebant ; panumque abfuit quin Joüsæ postulatis cederent : verum postea secum perpendentes, in quantum se periculum conjicerent, ne ut tot aliæ in regno urbes & ipsi exciperentur, præsidium illud recipere noluerunt. In Vivariensi tractu, in Velaunis, in Monte Albano & in vicinis tractibus ambarum partium pugnatores oppida & castra invadebant & occupabant, quæ omnia bellum proxime futurum portendebant.

idem. Rupellani se quamprimum & haud dubie obsidendos fore videntes, opem ab Angliæ Regina expetiere, Mongommeriumque qui in Angliam confugerat rogatant, ut secum apud Reginam instaret & auxilia impetraret. Rex vero Carolus cum videret nonnisi vi armorum posse Rupellanos in ordinem redigi, bellum ipsis indixit die quinto Novembris anno 1572. Tentare tamen adhuc illos volens, Lanovium misit, nuper ex Belgio reducem. Hic vero pridem Rupellæ Præfectus fuerat, ac non minus probitate quam fortitudine ambarum sibi partium existimationem conciliaverat. Rupellani ipsum libenter audiere : suadere conabatur ille, ut quem Rex vellet Præfectum admitterent, ita tamen ut caverent sibi privilegia sua & liberum Religionis exercitium servari. Responderunt illi se nunquam Bironum in urbem suam excepturos, sed Regem rogare sibi religionis suæ Præfectum daret, seque sineret pacifice degere ut hactenus vixerant. Lanovius inde ad Sanctum Joannem ubi erant Bironus & Vadagnus concessit, quibus ea retulit quæ a Rupellanis audisset.

Die decimo-nono Novembris Rex Edictum publicari jussit, quo præcipiebatur ut illi omnes qui ex Regno egressi, in vicinas regiones se receperant, domum reverterentur : vetabaturque ne quis ipsis molestiam crearet ; sed in pace degere possent, dum ipsi nihil turbarent. Eorum vero qui Edicto non obsequerentur, bona fisco addicebantur. Multi autem in Regnum reversi sunt, maximeque ex Anglia.

La Popeliniere. Thuanus.

Cum nulla spes superesset Rupellanos reducendi, Bironus cum exercitu movit, & in Præfecturæ suæ terras ingressus est. Fontes qui aquam Rupellam in-

Les mêmes.

1572.
Siege de laRochelle.

l'eau des fontaines de la Rochelle, mais il n'y réussit pas. La Ville fut assiegée dans les formes : on dressa les batteries ; & comme la garnison étoit forte, il y eut souvent des escarmouches. Cependant les Rochelois pressoient toujours la Reine d'Angleterre de leur envoier du secours. Quelques jours après que le siege y eut été mis, Biron demanda à parlementer avec les Rochelois, qui ne voulurent conferer que par écrit, les propositions faites de part & d'autre, ne furent pas acceptées. La Noüe voiant le siege formé, crut qu'il pouvoit entrer dans la Ville pour la défendre. Il y fut reçû avec joie, & y commanda pendant un tems seulement comme nous verrons. Puis-Gaillard qui avoit quelque intelligence dans la Ville, tenta de la surprendre : mais l'entreprise ne réussit pas. Il y eut en ce long siege de frequentes sorties des assiegez : des assauts donnez qui réussirent mal. Une des plus considerables actions fut quand l'armée Catholique pour boucher le port, fit enfoncer des vaisseaux grands & petits à son entrée, & fit une estacade qui empêchoit qu'on ne pût entrer dans le port, hors dans les grandes marées.

1573.

Quelque tems après que le siege eût été commencé, Monsieur Frere du Roi vint y commander : il tenta d'abord de porter les Rochelois à un accommodement ; mais les conditions de part & d'autre étoient si éloignées, qu'il n'y eut rien de conclu. En la compagnie de Monsieur étoient le Duc d'Alençon son frere, le Roi de Navarre, le Prince de Condé, le Duc de Montpensier, & le Prince Dauphin son fils, les Ducs de Longueville, de Bouillon, de Guise, de Mayenne, d'Aumale & de Nevers, le Maréchal de Cossé, le Comte de Rets, Biron, Montluc, & un grand nombre d'autres.

Cependant la Reine d'Angleterre sollicitée par Montgommeri, préparoit un secours pour la Rochelle. La Cour de France faisoit son possible pour empêcher ou du moins retarder ce secours. La Reine étant accouchée d'une fille, le Roi Charles pria la Reine Elisabeth d'être sa marraine. Elle envoia pour la lever des fonds Milord Vincestre qui étoit Catholique : cet incident & quelques autres qui arriverent vers le même tems firent que le secours destiné pour les Rochelois arriva fort tard.

Siege de Sancerre.

Une autre armée de Catholiques, commandée par la Châtre, assiegea en même tems Sancerre, dressa son artillerie, & battit vivement la Place. On ne pouvoit rien ajouter à la valeur & à la diligence des assiegez ; ils repa-

ducebant, aliò derivare voluit ; sed id minime potuit. Urbe obsessâ, tormenta apparata fuere, & quia præsidium numerosum erat, sæpe pugnæ velitationesque fuere. Rupellani apud Reginam Angliæ instabant ut auxilia sibi mitteret. Quibusdam elapsis diebus post positam obsidionem, Bironus cum Rupellanis de pace colloqui voluit. At illi nonnisi scripto tractare voluere : conditiones ex utraque parte propositæ, acceptæ non fuere. Lanovius sic obsidionem positam videns, putavit se in urbem ingredi posse ad hostem propulsandum. Cum gaudio exceptus fuit, & per aliquot tempus tantum Præfecturam gessit, ut narrabitur. Pigallarius qui quosdam in urbe secum consentientes habebat, urbem ex improviso capere tentavit ; sed frustra cessit conatus. Per diuturnam illam obsidionem obsessi frequenter eruperunt. Regii etiam muros oppugnavêre, sed non felici exitu. Maximam vero rem sunt aggressi, quando per demersas in fundo naves variæ magnitudinis portum occludere tentavêre & vallationem fecere, qua aditus intercludebatur, nec nisi in majori maris æstu in portum intrari poterat.

Paulo postquam urbs obsessa fuerat, Andinus Regis frater venit, & exercitûs imperium accepit, secum ducens Alenconium Ducem fratrem, Regem Navarræ, Principem Condæum, Monpenserium Ducem & Delphinum filium ejus, Duces Longavillæum, Bullionium, Guisium, Meduanium, Albamalæum, & Nivernensem, Cossæum Mareschallum, Radesianum Comitem, Bironum, Monlucium, & alios multos.

Interea Regina Angliæ, instigante Mongommerio, opem Rupellanis ferre parabat. In aula regia nihil non agebatur ut auxilium illud vel impediretur, vel saltem differretur. Cum Regina filiam peperisset, Rex Carolus Elisabetham Angliæ Reginam rogavit, ut illam de sacro fonte levaret. Illa Vincestrium misit qui hoc officio fungeretur, isque Catholicus erat. Hoc & alia quæ tunc incidêre, morasintulere, auxiliumque tardius advenit.

Cum alio exercitu Castræus eodem tempore Sancerram obsedit, tormentorumque fulminibus oppidum impetiit. Præsidiatii vero summa fortitudineatque diligentia obsidentium impetum propulsabant : roient

CHARLES IX.

roient promptement les breches, faisoient des retranchemens en dedans, soutenoient les assauts toujours avec perte des Catholiques: de sorte que la Châtre voiant qu'il avançoit si peu ; & sachant que les assiegez manquoient de vivres, tourna le siege en blocus. Nous en verrons plus bas l'issuë.

1573.

Pendant ces deux grands sieges, les Reformez du Querci, du payis de Foix, du Lauraguais, & du reste du Languedoc, prenoient tous les jours des Places, ils se renditent maîtres de Soreze & de Montesquiou, de Lodeve & d'un grand nombre d'autres Villes & Forteresses. Castelren, Gentilhomme du parti Huguenot, surprit aussi Alet, petite Ville Episcopale bien murée. Les Reformez s'en étant emparez ruinerent l'Eglise Cathedrale qui n'a jamais été réparée. Depuis ce tems-là le refectoire des anciens Benedictins, qui étoient dans cette Abbayie avant qu'elle fut changée en Evêché, sert d'Eglise.

Les Huguenots penserent ensuite à s'étendre dans le voisinage, & prirent quelques châteaux. Il y en avoit un dont ils souhaitoient fort de se rendre les maîtres, c'étoit le château de Roquetaillade, à une bonne demi-lieüe d'Alet : sa situation avantageuse, l'épaisseur de ses murailles, ses fossez taillez dans le roc, les animoient à s'en saisir pour en faire leur principale forteresse ; mais c'étoient autant d'obstacles à leur dessein. Pierre de Montfaucon Seigneur du lieu, y tenoit bonne garnison ; & comme il avoit long-tems suivi les armées, & qu'il entendoit la guerre, ils n'oserent rien entreprendre pendant sa vie.

Prise d'Alet.

Un accident fatal releva leurs esperances. Un jour de l'an 1574, que les gens qui gardoient le château, s'exerçoient à tirer au blanc contre la porte du jardin ; une balle qui passa par le trou de la serrure, blessa mortellement Pierre de Montfaucon qui s'y promenoit, & il en mourut peu de jours après. Les Huguenots ne tarderent pas long-tems à faire leurs efforts pour se rendre maîtres du château. La veuve de ce Seigneur avoit trois filles & un fils en fort bas âge. Trois Capitaines de la garnison d'Alet vinrent une nuit avec leurs gens, escaladerent la fausse braie, & y entrerent. Un des sentinelles s'enfuit ; l'autre nommé Mauleon fut percé de vingt coups & jetté dans le précipice. Il tomba heureusement sur de la terre mouvante, roula en bas, fut pansé de ses

---

delapsas muri ruinas statim restaurabant, intra muros valla fossaque apparabant. Oppugnationibus cum obsidentium pernicie obsistebant ; itaque Castræus diuturnam fore obsidionem prospiciens, cum sciret annonam remque cibariam obsessis deficere , intermissis oppugnationibus, aditus tantum ad oppidum intercludere statuit. Quid hinc sequutum fuetit infra videbimus.

Dum hæ duæ magnæ obsidiones fierent Reformati Cadurcensis , Fuxensis & Laureacensis tractatum, Septimaniæque oppida semper occupabant. Soricinum, Montesquium & Lutevam ceperunt, aliaque oppida & castra, Castelrenius vero Nobilis Hugonotus, Aletum etiam ex improviso cepit, Episcopale oppidum muris undique cinctum. Loco potiti Reformati Episcopalem Ecclesiam magna ex parte diruerunt, quæ nunquam restaurata fuit. Benedictinorum ; qui in hoc Monasterio erant, antequam in Episcopatum mutaretur , Refectorium in Ecclesiam mutatum fuit.

Hugonoti postea in vicina loca sese extendere cutantes , aliquot castella ceperunt. Castellum vero quodpiam erat, non multo plus quam media leuca ab oppido Aleto distans , cui nomen Rupes-incisa. Hujus densa mœnia, situs ad defensionem opportunus, fossæ in ipsa rupe incisæ, ad ipsum occupandum , & quasi præcipuam arcem sibi parandam Hugonotos invitabant ; sed hi obices erant ne optatum assequerentur. Petrus de Monte-falconis Toparcha præsidiariis castellum suum munierat, & quia diuturno tempore in exercitibus meruerat, & belli peritus erat, obsidionem tentare Hugonoti dum ipse viveret ausi non sunt.

Inopinatus casus spem illorum erexit. Die quodam anni 1574. cum præsidiarii contra metam in horti ostio positam sclopeti ictibus sese exercerent, glans plumbea per seræ foramen transiens Montefalconium in horto deambulantem lethali ictu confodit, qui paucis postea diebus obiit. Haud diu postea Hugonoti castellum occupare tentaverunt. Uxori Montefalconii defuncti tres filiæ erant, filiusque tenellus. Tres Centuriones ex Aletino præsidio nocte quadam venientes, scalis admotis, in propugnaculum prius conscenderunt, ipsumque occupavere; ex duobus speculatoribus ibi ad custodiam positis, alter aufugit, alter cui Mauleon nomen, captus & viginti gladii ictibus confossus, in altissimumque præcipitium injectus, forte fortuna in terram mobilem cecidit, ac per declive devolutus, posteaque a vulneribus cu-

Tome V.

Cc

1573. blessures, & vécut depuis plus de quarante ans. Les Huguenots s'étant rendus maîtres de la fausse braye de ce côté, firent des efforts pour rompre la porte du château qui étoit fort épaisse & couverte de lames de fer. La Dame s'éveilla au bruit, accourut au pont-levis pour faire entrer les payisans de la Paroisse, qui entendant le tumulte, s'étoient assemblez en armes. Il falloit quatre hommes pour abbattre le pont-levis; c'étoit la veille de saint Mathieu. La Dame se recommanda au Saint; & la grandeur du péril redoublant ses forces, elle l'abbattit, & appella les payisans, qui ne jugeant pas qu'elle eût pû seule abbattre le pont-levis, crurent que les Huguenots déja maîtres du château, la faisoient parler pour les attirer & les tailler en pieces, & ne voulurent point entrer. Elle retourna vers la porte que les Huguenots travailloient à mettre à bas. Elle y trouva un valet armé, qui usa d'un stratagême, & sauva le château. Il contrefit d'abord plusieurs voix, & puis cria tout d'un coup, Madame, faites monter une partie de vos gens en haut, nous sommes ici trop de monde. Les Huguenots entendant cela se retirerent. Ils furent maîtres d'Alet jusqu'en l'an 1583, où ils furent tous taillez en pieces par les habitans, comme nous dirons en son lieu.

Elle étoit sœur de ce brave Onoux qui amena du secours dans Poitiers en 1569.

Continuation du siege de la Rochelle.

Le Siege de la Rochelle continuoit toujours Les assiegez faisoient de frequentes sorties. Les Catholiques n'avançoient guere. On parlementoit souvent & sans succés. Il se tint une conference après laquelle l'Abbé de Guadagne dressa en vingt-sept articles les conditions de paix que le Roi offroit aux Rochellois. Plusieurs Rochelois étoient d'avis de les accepter; mais d'autres & tous les Ministres furent d'un sentiment contraire, & conclurent qu'ils n'admettroient qu'une paix generale pour tous les Reformez. Les hostilitez recommencerent, & le 3. de Mars vers les quatre heures du soir, le Duc d'Aumale fut tué d'un coup de coulevrine, & fut fort regreté dans le parti Catholique. Le siege continuoit toûjours avec perte de part & d'autre. Au même tems l'Amiral de Villars qui étoit venu dans le Querci avec une armée pour reprendre les places dont les Reformez s'étoient saisis, en prit en effet quelques-unes, & assiegea Cossade: mais les Reformez qui y étoient se défendirent si bien, qu'il fut obligé de lever le siege. Il congedia alors son armée qui pilloit tout

---

ratus, annos plus quadraginta post tantum casum vixit. Hugonoti sic priore propugnaculo potiti, portam castelli densissimam, laminisque ferreis opertam rumpere conati sunt. Montefalconii uxor strepitu expergefacta ad pontem sublicium accurrit, ut Parochiæ rusticos, qui tumultum audientes, armis assumtis, ante castellum venerant, exciperet: sublicium pontem viri quatuor demittere solebant. Tunc Sancti Matthæi vigilia erat: illa vero Sanctum illum invocans, periculi magnitudine vires indente, pontem sublicium demisit, & rusticos ut intrarent invitavit. Illi vero non putantes ipsam solam pontem demittere potuisse, Hugonotos intra castellum esse, & heram ad hæc dicenda compulisse suspicati sunt, ut se inclusos obtruncarent; quamobrem ingredi noluerunt. Illa vero ad portam quam Hugonoti decutere conabantur accurrit, ibique famulum armatum invenit, qui stratagemate usus, castellum liberavit; primo plurimas diversasque voces simulavit, deindeque alta voce proclamans, dixit: Hera, partem nostrûm superius conscendere jube: hic, plures, quam par esset, numero sumus, unus alium impedimus. His auditis Hugonoti recesserunt. Aletum autem occupavere ad annum usque 1583. tuncque ab oppidanis cæsi omnes fuere, ut suo loco dicetur.

Rupellam oppugnabant semper Regii: præsidiarii vero frequenter erumpebant, diuturnamque fore obsidionem videbatur. Sæpe de pacis conditionibus tractabatur, sed nullo exitu. Colloquium habitum fuit, posteaque Vadagnius Abbas, conditiones pacis, quam Rex offerebat, viginti septem capitibus distinctas, Rupellanis obtulit, quorum plurimi hæc admittere, pacemque facere optabant: verum alii, Ministrique omnes, conditiones illas repudiavere dicentes, se nonnisi pacem generalem pro Hugonotis omnibus admissuros esse. Tunc hostilia denuo cœpere. Tertio Martis die, hora circiter quarta pomeridiana Dux Albæmalensis colubrinæ ictu cecidit, magnum sui apud Catholicos desiderium relinquens: in obsidione autem multi ex utraque parte cadebant. Eodem tempore Villarius Maris Præfectus, qui ad Cadurcos cum exercitu venerat, ut capta a Reformatis oppida recuperaret, quædam statim cepit, & Caussadam obsedit; sed ejus conatum tam strenue propulsarunt Reformati, ut obsidionem solvere coactus sit. Tunc exercitum suum dimisit, qui prædas semper in vici-

le payis des environs, & envoia au Duc d'Anjou qui assiegeoit la Rochelle, ce qu'il avoit de meilleures troupes.

1573.

Le Maréchal d'Anville s'étoit rendu en Languedoc avec son armée, dans le dessein d'assieger Nismes. Il voulut auparavant prendre Sommieres, qui, comme il croioit, ne tiendroit pas long-tems. Mais les assiegez qui reçûrent un secours de Nismes se défendirent si bien, que le siege fut fort long. On donna un assaut, où le sieur de Candale, beaufrere du Maréchal d'Anville, fut tué Ils capitulerent enfin après avoir obligé le Maréchal d'envoier à Nismes des otages pour leur sureté. Les conditions furent qu'ils sortiroient tambour battant, méche allumée, & qu'on leur donneroit sept jours pour emporter tout ce qu'ils pourroient de leurs biens, & se retirer où il leur plairoit.

Le secours qui devoit venir d'Angleterre se préparoit. La nouvelle en fut portée aux Rochelois avec des Lettres de Montgommeri qui en faisoient foi, ce qui leur causa beaucoup de joie. La Nouë qui avoit eu beaucoup de part à la défense de la Ville jusqu'alors, apprenant que Montgommeri, de l'humeur duquel il ne s'accommodoit pas, devoit y venir, fâché d'ailleurs de ce qu'il y avoit beaucoup de mesintelligence parmi les Bourgeois, & que la plûpart n'étoient pas portez à une bonne paix, prit le parti de sortir de la Ville, & de se retirer ailleurs. M. de Thou dit que ce fut par ordre du Duc d'Anjou qu'il en sortit.

Le septiéme d'Avril la brêche étant raisonnable, les Roiaux donnerent un grand assaut où il périt bien des gens des deux côtez. Les Ducs de Nevers & de Mayenne, & plusieurs autres gens de qualité, y furent blessez. On se presenta encore le lendemain pour remonter à l'assaut. Mais les Catholiques trouverent les assiegez si bien préparez à les recevoir, qu'ils n'allerent pas plus avant. Le dixiéme du même mois le Duc d'Anjou fit donner un Assaut general. La Ville fut attaquée par cinq endroits differens : mais les Rochelois se défendirent si bien par-tout, que les Roiaux furent obligez de se retirer après avoir perdu trois cens hommes. On continua encore les jours suivans à avancer les travaux, & les Rochelois firent quelques sorties en l'une desquelles ils tuerent près de deux cens hommes.

Le 19 du même mois la flote qui venoit d'Angleterre fut apperçûë. Cela apporta la joie dans la Rochelle, où l'on crut que le secours étoit beaucoup plus

---

nis regionibus agebat : & quas meliores habebat cohortes Andino Duci Rupellam obsidenti misit.

Damvilla Matescallus in Septimaniam cum exercitu suo se contulerat, & Nemausum obsidere parabat : sed Sommeriam prius capere voluit, nec magnam se operam in ea re positurum esse putabat : verum Præsidiarii Nemausensium copiis aucti ita strenue pugnavere, ut diuturna obsidio fuerit. Oppugnatio facta est, in qua Candalius Damvillæ cognatus periit. Præsidiarii tandem pepigere, & Damvillam coegere obsides Nemausum mittere. Conditiones fuere, ut præsidiarii cum tympanorum sonitu, & ignita stuppa exirent, ipsisque septem dierum spatium daretur, ut bona suppellectilemque suam quo vellent auferrent.

Auxilium in Anglia Rupellanis dandum apparabatur. Nunciarum id Rupellanis fuit, qui literas Montgommerii hujusce rei fidem facientis acceperunt ; hæc magna ipsis lætitiæ causa fuit. Lanovius, qui hactenus urbis defensioni strenuam operam dederat, cum audisset Mongommerium, cujus ille indolem ægre ferebat, in urbem venturum esse, cum-

que videret inter Rupellanos magnam esse dissensionem, ac plerosque a pace abhorrere, ex urbe egressus alio se contulit. Thuanus dicit ipsum, jubente Andino, ex urbe egressum esse.

Septimo die Aprilis, collapsa murorum parte, Regii urbem fortiter oppugnavere, multique ex utraque parte cæsi sunt. Duces Nivernensis & Meduanius, plurimique alii vulnerati fuere. Insequenti die altera oppugnatio futura erat : at Regii præsidiarios ita ad pugnam apparatos invenere, ut re infecta discederent. Decimo die ejusdem mensis Andinus urbem undique oppugnari jussit : ad quinque diversa loca Regii in muros conscendere conati sunt : at tam strenue concertavere Rupellani, ut Regii amissis suorum trecentis receptui canere compulsi sint. Sequentibus quoque diebus continuati labores fuerunt. Rupellani vero aliquoties eruperunt, ac semel ducentos pene viros occiderunt.

Les mêmes.

Decima-nona ejusdem mensis classis Anglica visa fuit : quod Rupellanis gaudium magnum intulit. Putabatur enim majus auxilium esse, quam revera esset.

grand qu'il n'étoit en effet. L'armée Catholique fut en mouvement. Le Duc d'Anjou la fit mettre sous les armes, fit avancer la cavalerie sur le bord de la mer, & braquer quelques canons pour tirer sur la flote si elle approchoit. La flote de France s'avança vers cette flote qui venoit d'Angleterre : on se canonna quelque tems de part & d'autre, & Montgommeri avec sa flote se retira, & prit Bellisle, qu'il fut obligé d'abandonner après. Arrivé en Angleterre, il fut très-mal reçû de la Reine Elisabeth.

Henri Duc d'Anjou élû Roi de Pologne.

La nouvelle vint dans l'armée Catholique que par l'habileté de Montluc, Evêque de Valence envoié aux Etats de Pologne, le Duc d'Anjou y avoit été élû Roi. Pour se rendre avec honneur en son Roiaume, il falloit qu'il terminât avantageusement ce fameux siege. Les Rochelois, quoiqu'ils commençassent à avoir disette de vivres, se défendoient toujours vaillamment, & faisoient quelquefois des sorties sur les Catholiques. Ils reçûrent en ce tems-ci un secours que leur envoia d'Angleterre Montgommeri. L'armée Catholique, après que les mines eurent joué, donna un assaut general. Les Rochelois repoussèrent vaillamment les Roiaux qui y perdirent 450 hommes. Un jour Monsieur visitant la mine, faillit à être tué d'un coup d'arquebuse, & l'auroit été si de Vins son grand Ecuyer se jettant devant lui, n'eut reçû le coup dans son corps, l'Ecuyer faillit à mourir de la blessure, mais il en guerit enfin.

Les Seigneurs Polonois qui venoient querir le Roi nouvellement élû, arriverent à la Cour où ils furent reçûs avec toute la magnificence possible. Ils allerent ensuite saluer leur nouveau Roi qui étoit au siege de la Rochelle, & lui firent la reverence comme à leur Souverain. Plusieurs d'entre eux qui étoient de la Religion Protestante, à la priere des Reformez, parlerent en leur faveur pour porter le Roi à leur laisser le libre exercice de leur Religion. Comme les deux partis étoient fort las de la guerre, & que les Rochelois, outre qu'ils manquoient de vivres, avoient aussi perdu plus de la moitié de leurs gens de guerre, on fit premierement une trêve, & la paix fut enfin concluë & acceptée des deux Partis. Le Roi accordoit aux Reformez le libre exercice de leur Religion à la Rochelle, à Nîmes & à Montauban. Il ne voulut pas y comprendre Sancerre qui étoit alors réduit à la derniere extrêmité.

Les Sancerrois assiegez par la Châtre, s'étoient défendus si vaillamment,

Les mêmes.

Exercitus Catholicorum in motu fuit ; Andinus exercitum totum in ordines disposuit, equitatumque ad oram maris procedere jussit, & tormenta pyria apparavit, quæ classem Anglicam impeterent, si illa propius accederet. Classis vero Francica versus Anglicam vela dedit, seseque mutuo ambæ globis impetierunt. Montgommerius cum classe sua receptum habuit, & Bellam-Insulam cepit ; sed illam postea deserere coactus est. In Angliam redux ab Elisabetha Regina male exceptus fuit.

In exercitu Catholico nunciatum fuit, Monlucii Episcopi Valentini, qui in Poloniam Orator missus fuerat, industria, Andinum Ducem Poloniæ Regem electum fuisse. Ut autem cum honore & existimatione aliqua in Regnum suum se conferret, obsidionem illam celebrem, honorifico sibi modo terminari oportebat. Rupellani, etsi jam rei cibariæ inopia laborabant, fortiter tamen concertabant, & sæpe in Catholicos erumpebant, hoc tempore auxilium acceperunt a Mongommerio ex Anglia missum. Exercitus Catholicus post cuniculos adhibitos urbem undique oppugnavit. Rupellani strenuissime Regiorum impetum propulsavêre, qui illo die 450. suorum amiserunt. Quadam die cum Andinus cuniculum inviseret, sclopeti ictus emissus illum occisurus erat, nisi Vinius Magnus Scutifer ejus, ante illum exsiliens, ictum excepisset, qui ex vulnere pene ad interitum deductus, tandem convaluit.

Poloni illi primores, qui Regem suum recens electum secum adducturi venerant, ad regiam aulam venere, ubi magnifice excepti sunt, posteaque novum Regem in Rupellæ obsidione perstantem, ut supremum Dominum salutatum venerunt. Ex illis plurimi Protestantes erant, qui Reformatis rogantibus, in ipsorum gratiam ab Rege petierunt, ut liberum ipsis Religionis suæ exercitium concederet. Cum ambæ partes diuturni belli tædio affectæ essent, & Rupellani præterquam quod rei cibariæ inopia premebantur, plusquam dimidiam pugnatorum suorum partem amisissent ; induciæ primo factæ sunt, quas sequuta pax est ab ambabus partibus accepta probataque. Rex liberum Religionis suæ exercitium Reformatis concedebat, Rupellæ, Nemausi & in Monte-Albano. Hic Sancerra non memorabatur, quia oppidum tunc ad extrema deductum erat.

Sancerrani a Castræo obsessi tam fortiter pugnave-

CHARLES IX.

que la Châtre sachant qu'ils étoient réduits à une grande disette de vivres, changea le siege en blocus. La famine y fut si grande, qu'à peine trouvera-t-on dans l'Histoire un exemple pareil. Le pain leur aiant manqué, ils se jetterent sur les chevaux, ânes, mulets, & ensuite sur les chiens, les chats & les rats. Tout cela étant consumé, ils mangerent tous les cuirs, les selles, les poitrails, les croupieres; & furent enfin réduits à chercher les ossemens d'hommes & de bêtes mortes, les coques des noix & tout ce qui se pouvoit réduire en farine dont ils faisoient du pain, & le vendoient fort cherement. Toutes sortes d'herbes furent bien tôt consommées. La rage de la faim porta un pere & une mere à manger leur fille morte. Ce qui étant venu à la connoissance des Chefs, ils craignirent qu'on en vînt à se manger les uns les autres; & pour y obvier, ils les firent bruler. Après tant de miseres se voiant exclus de l'Edit de paix, ils se rendirent à la Châtre.

1573.
Horrible famine à Sancerre.

Cet Edit de paix fut très-mal reçû des Reformez des Provinces, principalement de ceux du Languedoc, Guienne, Provence, Dauphiné, & d'autres païs. Ils firent des remontrances au Roi; & les choses ne tournant point à leur gré, ils garderent les Villes & les Places qu'ils tenoient, & se liguerent ensemble pour se maintenir: ce qui donna occasion à de nouveaux troubles comme nous verrons plus bas.

Vers la fin du siege de la Rochelle, il y avoit plusieurs partis dans l'armée des Roiaux, qui s'étoient formez auparavant depuis la journée de S. Barthelemi. Ces partis étoient nommez des *Malcontens*, des *Fideles*, & des *nouveaux Catholiques*. Les Malcontens composez de l'une & de l'autre Religion, étoient ceux qui n'étoient point contens du Gouvernement present, & sur tout des entreprises & des coups souterains de la Reine Mere, & qui non-seulement en murmuroient dans les rencontres, mais qui formoient aussi des projets pour y apporter du changement. Les Fideles étoient les Reformez, qui sans changer de Religion étoient au Service du Roi contre les Rochelois leurs confreres; & les nouveaux Catholiques, ceux des Reformez que la terreur de la S. Barthelemi avoit fait aller à la Messe, sans qu'ils eussent interieurement changé de créance. Le siege de la Rochelle tournant mal pour les Roiaux, le Duc d'Alençon qui portoit envie au Duc d'Anjou son frere, & qui imbu depuis

Differens partis dans l'armée roialle.

---

rant, ut Castræus gnarus illos ad extremam rei cibariæ penuriam deductos esse, aditus tantum ad urbem intercludere satis habuerit. Fames tanta fuit, quantam in aliis olim obsidionibus vix reperias. Postquam panis defecerat, equos, asinos, mulos, & postea canes, feles, mures in cibum adhibuere. His consumtis; ad coria, pelles, ephippia, antilenas & postileuas ventum est, tandemque ossa mortuorum hominum, equorum aliarumque bestiarum exquisita sunt, putamina nucum, & quidquid in farinam redigi poterat, usurpabatur, indeque panem efficiebant, & multo vendebant precio. Herbæ & olera omnis generis cito consumta sunt. Famis rabies patrem matremque ad filiam mortuam edendam compulit; quod cum in Præfectorum notitiam venisset, illi metuentes ne illò tandem veniretur ut alter homo alterum comederet, parentes illos flammis tradidere. Post tantam calamitatem, cum viderent se ab Edicto pacis exclusos, Castræo sese dedidere.

Edictum illud pacis a Reformatis provinciarum male exceptum fuit, maximeque in Septimania, Aquitania, Gallo-provincia, Delphinatu, in aliisque tractibus, Regi libellos supplices dederunt, & cum illis non fieret satis, urbes & oppida quæ in ipsorum potestate erant retinuerunt, & societatem inierunt, ut Regios propulsare possent. Inde occasio nata novorum tumultuum, ut infra videbimus.

Circa finem Rupellanæ obsidionis quædam factiones erant in exercitu regio, quæ ortum habuerant post Sancti Bartholomæi carnificinam. Hæ factiones dicebantur *Male-contentorum*, Fidelium & novorum Catholicorum. *Male-contenti*, ii erant ex utraque Religione, qui Regni administrationem præsentem improbabant, maximeque contra Catharinæ consilia & gesta per cuniculos procedentia. Hi ea causa non modo passim obmurmurabant; sed etiam consilia miscebant, ut rei remedia afferrent. Fideles erant ii Reformati, qui non mutata religione, Regi tamen militabant, etiam contra Rupellanos sibi religione socios. Novi Catholici ii erant, quos Sanbartholomæanus terror ad Missam ire coëgerat, nihil mutato tamen intus religionis cultu. Cum Rupellæ obsidio Regiis male procederet, Dux Alenconius erga fratrem Audinum invidia motus, & qui a tempore quodam

La Popelliniere. Thuanus.

C c iij

1573. quelque tems des erreurs des Calvinistes, avoit été très-fâché du meurtre de l'Amiral son ami, se mit à la tête de ces Mécontens, le Roi de Navarre & le Prince de Condé furent aussi de la partie & le Vicomte de Turenne, quoiqu'il n'eut alors que dix-sept ans, étoit comme l'ame du Parti, ingénieux, entreprenant & fort adroit. Il les alloit engager à des actions qui auroient fait grand bruit, & peut-être quelque bouleversement dant le Roiaume. Mais le sage La Noüe qui entroit dans leur conseil, les en détourna.

Entrée d'Henri Roi de Pologne dans Paris.

Les Ambassadeurs qui apportoient au Duc d'Anjou les Actes de son élection à la Couronne de Pologne, furent reçus à la Cour avec toute la magnificence imaginable. Le nouveau Roi par ordre de Charles son frere, entra à Paris par la porte S. Antoine, en équipage Roial & très pompeux. La Reine Mere qui en festins & réjouïssances n'épargnoit rien en ces occasions, se surpassa en celle-ci. Elle fit une grande fête aux Thuilleries, où l'on vit entre autres choses seize nymphes, qui representoient les seize principales Provinces de France. Le Roi Charles souhaitoit fort que son frere se mît promptement en chemin, & le nouveau Roi ne se pressoit guere de partir, retenu par sa mere qui l'aimoit tendrement ; ce qui fit que le Roi Charles, impatient de ces délais, les menaça une fois l'un & l'autre assez brusquement. Il se sentit depuis attaqué d'une fiévre lente qui le consumoit peu à peu : bien des gens crurent que ces menaces lui avoient procuré quelque potion.

Son départ de France.

Henri partit enfin. Le Roi, la Reine Mere, le Duc d'Alençon, & la Princesse Marguerite l'accompagnerent. Le Roi se trouva fort mal à Vitri sur Marne, & fut obligé de quitter la compagnie après avoir embrassé son frere. Le Roi de Pologne avec sa mere, le Duc d'Alençon son frere, & Marguerite sa sœur continuerent leur route, & arriverent à Nanci, où ils furent reçûs magnifiquement par le Duc de Lorraine. Ils allerent ensuite à Blamont, où Catherine après avoir embrassé son cher fils Henri à qui elle parla long-tems en secret, lui dit adieu, non sans verser des larmes, & revint en France avec le Duc d'Alençon & Marguerite. Henri continua sa route vers la Pologne, traversa l'Allemagne, & arriva à Cracovie où il fut couronné Roi.

Catherine craignoit beaucoup que le Duc d'Alençon ne demandât d'être Lieutenant General du Roi comme l'étoit son frere, & qu'il n'exclût sa mere

---

erroribus Calvinistarum imbutus, Colinii amici sui cædem ægerrime tulerat, *Male-contentorum* princeps & dux habitus fuit. Ipsi quoque hærebant Rex Navarræ & Princeps Condæus : Turenius autem Vicecomes septemdecim tantum annos natus, ceu anima factionis hujus erat, ingeniosus, dexter & ad res quasvis suscipiendas pronus : qui illos in negotia & gesta inducturus erat, quæ rumorem grandem, & fortassis perniciem ingentem in Regno paritura erant : verum sapiens ille Lanovius, qui in consilia eorum admittebatur, ab hujusmodi proposito illos avertit.

Les mêmes. Oratores Poloni qui Andino Duci acta electionis suæ ad Poloniæ coronam afferebant, cum magnificentia grandi in aula regia excepti fuere. Novus Rex, jubente Carolo fratre, per Sancti Antonii portam cum regio ornatu & vestitu & cum pompa ingressus Lutetiam est. Regina mater, quæ in ejusmodi celebritatibus, conviviis & oblectamentis nemini concedebat, in hac festivitate seipsam superavit. In Tegulariis illam celebravit, ubi inter alia visebantur nymphæ sexdecim, quæ sexdecim præcipuas Regni provincias repræsentabant. Rex Carolus admodum cupiebat ut frater suus cito viam carperet, rovusque Rex, matre se detinente, procrastinabat. Rex vero Carolus moras non ferens, in matrem & fratrem minas intentavit. Exinde se lenta febri correptum sensit, quæ sensim illum enervabat. Multi vero putavêre minas illas intentatas poculum ipsi quodpiam conciliavisse.

Henricus tandem profectus est. Rex, Regina mater, Alenconius Dux & Margarita soror ipsum comitati sunt. Rex Carolus Vitriaci ad Matronam morbo correptus, fratremque amplexus, relicto cœtu discessit. Rex vero Poloniæ, cum matre, Alenconio, & Margarita pergentes Nanceium advenere, ubi a Lotharingiæ Duce magnificè excepti sunt. Inde in Album-montem venerunt, ubi Catharina postquam Henricum filium, quem diu & clam alloquuta est, amplexata fuit, ipsi nec sine lacrymis valedixit, & in Franciam regressa est cum Alenconio & Margarita. Henricus vero iter carpens, Germaniam trajecit, & Cracoviam venit, ubi Rex coronatus fuit.

Timebat Catharina ne Alenconius ab Rege postularet ut se Præfectum Generalem declararet, ut frater Henricus fuerat, neve matrem a Regni administ-

du Gouvernement, ce que cette Princesse ambitieuse craignoit extrêmement. 1573.
Elle savoit qu'il étoit ligué avec le Roi de Navarre, le Prince de Condé &
les Montmorencis, & qu'il s'étoit tourné vers le parti Huguenot. Elle tint
conseil avec les Guises alors ses amis, & parla au Roi pour le détourner
de donner à ce Prince cette importante Charge; elle souhaitoit fort de la faire
donner au Duc de Lorraine son gendre, sous lequel elle esperoit de gouverner
tout.

Le Roi tiroit toujours à sa fin, & accablé de mal comme il étoit, il sembloit qu'il ne pourroit pas vivre long-tems. Catherine crut qu'il falloit ôter au parti Huguenot, tout dévoüé au Duc d'Alençon, la Rochelle sa principale forteresse, & elle inspira à Biron, à du Lude & à Puigaillart, le dessein de surprendre cette Ville. Ils y avoient quelques intelligences, & ils mirent tout en œuvre pour faire réussir l'entreprise. Mais le Maire de la Ville en aiant eu le vent, fit saisir quelques-uns de ceux qui étoient du complot. On trouva dans la maison de l'un d'entr'eux, un memoire où la conspiration étoit fort détaillée. On fit saisir tous les conjurez qui furent executez publiquement.

La nouvelle de cette entreprise allarma tous les Huguenots, qui, comme nous avons dit, n'avoient pas voulu accepter dans les Provinces la paix generale faite avec les Rochellois: ils prirent les armes en plusieurs endroits. Le Roi desavoüa l'entreprise faite sur la Rochelle, & protesta qu'il n'y avoit eu nulle part: il étoit certain que la Reine Mere à l'insçû du Roi avoit suscité Biron pour surprendre cette Ville. Mais les Huguenots, après ces declarations du Roi, ne se disposerent pas moins à la guerre. Cependant le Duc d'Alençon remuoit à la Cour de France, fort irrité contre la Reine sa Mere qu'il regardoit comme son ennemie. Le Comte Louis de Nassau lui avoit offert de le faire declarer Chef de la guerre de Flandres. D'un autre côté les Huguenots, qui n'ignoroient pas qu'il étoit porté d'inclination pour eux, souhaittoient qu'il se mît à leur tête. Les Montmorencis sachant que par l'intrigue de Catherine & des Guises ils étoient mal dans l'esprit du Roi, le sollicitoient de prendre ce parti, & le Vicomte de Turenne y emploioit tous ses soins. Ils demandoient qu'on assemblât les Etats du Roiaume pour remedier aux maux infinis qu'une mauvaise administration y avoit introduits. *Le Duc d'Alençon se tourne vers les Huguenots.*

---

tratione depelleret. Non ignorabat enim illum societate junctum esse cum Rege Navarræ, Principe Condæo & Montmorenciis, & ad Hugonotorum factionem versum esse. Consilia autem miscuit cum Guisiis tunc amicis suis, & Regem alloquuta est ut illum averteret, ne tam grande munus Alenconio daret. Cupiebat autem ut conferretur Duci Lothariogiæ, sub quo sperabat se omnia recturam esse.

Rex Carolus ad finem vitæ semper vergens, usque adeo oppressus morbo erat, ut plane videretur non posse illum diu in vivis esse. Putavit vero Catharina e re fore, si Hugonotis Alenconio Duci addictis Rupella auferretur, quæ præcipuum ipsorum propugnaculum erat, atque Birono, Ludio & Pigallario suasit, ut urbem illam intercipere tentarent. Quosdam in illa re secum conspirantes habebant, & nihil non egerunt, ut rem propositam & optatam assequerentur; sed cum id ad notitiam ejus, qui Major in urbe vocabatur, venisset, ipsos comprehendi jussit. In unius illorum ædibus deprehensum fuit rescriptum ubi conspiratio tota minutatim recensebatur. Conjurati omnes capti & supplicio publice affecti sunt.

Hujusce conspirationis fama Hugonotos omnes perculit, qui, ut diximus, in Provinciis generalem pacem cum Rupellanis factam admittere noluerant. Multis in locis illi arma sumsere. Rex contestatus est illum Rupellæ intercipiendæ conatum injussu suo & se inscio factum esse, certumque erat Catharinam Rege nec monito, nec consentiente, Bironum ad urbem illam ex improviso capiendam suscitavisse: verum Hugonoti, Rege hæc affirmante, non minus ad arma accurrebant. Inter hæc Alenconius in aula regia omnia movebat, in Catharinam matrem indignatus, quam sibi inimicam putabat. Ludovicus Comes Nassovius ipsi pollicitus erat, effecturum se ut Belgici belli dux declararetur. Ex altera vero parte Hugonotri non ignorantes ipsum ad partes suas propendere, Alenconium sibi ducem constituere gestiebant. Montmorencii quoque, cum scirent se Catharinæ & Guisiorum artificio Regi invisos esse, apud Alenconium instabant, ut partes illas amplecteretur. Turenius item idipsum perpetuo moliebatur. Postulabant illi ut Regni Ordines congregarentur, atque ut infinita mala, quæ ex prava administratione suborta fuerant, de medio tollerentur. *Les mêmes.*

1573. Ceux de ce parti étoient appellez les *Malcontens*, & on les appella depuis les *Politiques*. Le vrai moien d'empêcher que le Duc d'Alençon ne se mît à la tête des Politiques, étoit de le déclarer, en la place de son frere Henri, Lieutenant General du Roiaume. Mais Catherine qui craignoit que si cette Charge étoit donnée au Duc d'Alençon, ceux de sa faction ne se servissent de cette occasion pour exclure le Roi de Pologne de la Couronne de France, si le Roi son frere venoit à mourir, persuadoit à Charles ou de l'abolir entierement, ou d'y mettre quelqu'un qui ne pût rien prétendre à la Couronne de France, & qui ne fût lié à aucune faction ; elle entendoit par-là le Duc de Lorraine son gendre. Le Roi indiqua alors une Assemblée à Compiegne. La Reine Mere croioit éluder ainsi la demande des Politiques qui vouloient qu'on tînt les Etats Generaux, bien assurée que rien ne seroit établi à Compiegne que selon ses desirs.

Les Politiques s'apperçûrent de ses desseins, les firent connoître au Duc d'Alençon, & lui persuaderent de se mettre à la tête & des mêmes Politiques, & des Reformez, qui étoient déja en armes dans plusieurs Provinces du Roiaume. Avant que de se déclarer, ils voulurent prendre l'avis de François de Montmorenci. Celui-ci plus sage qu'eux, voiant que si l'on prenoit ce parti, la guerre civile alloit s'allumer dans le Roiaume plus forte & plus dangereuse qu'elle n'avoit jamais été, les en dissuada. Il s'offrit d'aller lui-même demander au
1574. Roi, pour le Duc d'Alençon, la Charge de Lieutenant General. Il le fit, & lui allegua de si fortes raisons que le Roi la lui accorda. Mais des incidens qui arriverent dans le même tems gâterent tout.

Les Huguenots souhaitoient ardemment d'avoir le Duc d'Alençon à leur tête ; ils n'oublioient rien pour l'obliger à se ranger au plûtôt de leur côté, & firent une action d'éclat qui changea tout-à-fait la face des affaires. Chaumont de Guitri, un de leurs Chefs, parut tout d'un coup avec deux cens chevaux bien armez, auprès de saint Germain en Laye où étoit la Cour, dans le dessein d'obliger le Duc d'Alençon, déja suspect à cause de ses intelligences avec les Reformez, de se retirer & de venir les joindre. Le Vicomte de Turenne & quelques autres le sollicitoient de le faire : mais sa troupe étoit trop grande

---

La Popeliniere.
Thuanus.

Qui illas partes sectabantur, *Male-contenti* primo, deindeque *Politici* appellati sunt. Hoc certe modo poterat Rex impedire quominus Alenconius se Politicorum ducem constitueret, si nempe illum Andini loco Præfectum Generalem Regni constitueret : verum Catharina metuens ne si tale munus Alenconio daretur, qui partes ejus sectabantur, hinc occasione sumta, Poloniæ Regem a Corona Francica excluderent, si Carolus Rex fato fungeretur, Carolo suadebat, vel ut hujusmodi Præfecturam aboleret omnino, vel ut alicui conferret, qui ad Coronam Francicam nullo jure vocaretur, & qui nulli factioni hæreret : subintelligebat illa Ducem Lotharingiæ generum suum. Rex tunc conventum indixit Compendii habendum. Sic Catharina se Politicorum postulata elusuram putabat, qui Ordines Regni congregari volebant, certum habens nihil Compendii præter optata sua statuendum fore.

Politici Catharinæ consilia comperta habentes, Alenconio illa nota fecere, suadebantque illi, ut se Politicorum simul & Reformatorum ducem efferret, qui Reformati jam in Provinciis multis arma sumserant. Antequam consilium ipsi suum patefacerent,

rem Francisco Montmorencio declaravêre, qui illis prudentior, cum prospiceret hoc pacto bellum per totum Regnum incensum iri, majus, periculosiusque quam ante fuerat, ipsos ab hoc consilio avertit, seque a Rege postulaturum dixit, ut Alenconium Præfectum regni Generalem constitueret. Regem vero adiit, idque ab illo postulavit, remque potorum conditioni ita opportunam esse probavit, ut postulatum Rex concederet.

Verum quædam tunc intercidere, quæ omnia pessum dederunt. Hugonoti, qui Alenconium sibi decem constituere gestiebant, nihil non agebant ut illum quam celerrime possent ad suas partes deducerent, tuncque rem designavêre, qua rerum facies omnino mutata est. Calvomontius Guitrius Reformatorum dux subito comparuit cum ducentis equitibus egregie armis instructis, prope Sanctum Germanum in Laia, ubi aula regia tunc erat, eo nempe consilio ut Alenconium jam suspectum, quod cum Reformatis consentiret, sic induceret ut ad turmam suam properaret. Turenius & alii quidam apud Alenconium instabant ut ad Guitrium se reciperet : verum turma ejus & numerosior erat quam ut possit se
pour

pour se retirer en secret ; & trop petite pour qu'il pût se mettre hardiment à 1574. la tête, & soutenir l'effort de la Maison du Roi, qui ne manqueroit pas de venir le charger. D'ailleurs La Mole son favori, & participant de tous ses secrets, prévoiant que cette levée de bouclier faite si précipitamment ne réussiroit pas, pour se mettre à couvert, avoit tout déclaré à la Reine Mere. Elle mit d'abord l'allarme dans la Cour ; une partie des courtisans, & beaucoup d'autres gens de differente qualité, s'enfuirent, tant la terreur fut grande. Catherine persuada au Roi de quitter promptement S. Germain en Laye. Il s'en alla à Vincennes, menant avec lui le Duc d'Alençon, le Roi de Navarre & le Prince de Condé, qui n'étoient point encore arrêtez, mais observez de près.

Cependant les nouvelles furent apportées à la Cour, que les Reformez *Les Huguenots* avoient pris les armes dans la plûpart des Provinces du Roiaume. La Noüe *en armes* avoit porté la Rochelle à se soulever, & s'étoit saisi de Lusignan & de quel- *prennent* ques autres places dans le Poitou. D'autres Chefs des Huguenots avoient pris *des places.* dans l'Angoumois & dans la Saintonge, Pons, Roian, Talmont & beaucoup d'autres Villes. En Dauphiné, Monbrun qui avoit aussi levé l'étendart, prenoit tous les jours des places sur les Catholiques, & Mongon faisoit la guerre dans le Velai avec le même succès. Les Reformez du Vivarès & de tout le Languedoc étoient aussi en armes. Danville en étoit Gouverneur. La Reine Mere qui le haïssoit mortellement auroit bien voulu le destituer. Elle envoia même des gens avec ordre de se saisir de lui. Il n'ignoroit pas ses intentions, & s'étoit emparé de Montpellier, Lunel, Beaucaire & Pezenas, mais il perdit cette derniere Ville par la trahison de celui à qui il en avoit confié la garde. Il fut enfin destitué de sa Charge ; mais malgré cela il s'y maintint comme on verra dans la suite.

Le bruit de ce qui s'étoit passé à S. Germain en Laye, s'étoit répandu par tout ; on disoit publiquement qu'on s'étoit voulu saisir de la personne du Roi ; que le Duc d'Alençon, le Roi de Navarre & le Prince de Condé étoient les Chefs de cette entreprise. Ce dernier trouva moien de se retirer vers Amiens, & se sauva depuis en Alemagne. A la persuasion de la Reine Mere, les deux Princes firent une déclaration, où ils assuroient que bien loin d'avoir jamais voulu rien attenter sur la personne du Roi, ils avoient ci-devant été & seroient

creto se recipere, & minor, quam ut valeret pugnatotum regiæ aulæ, qui haud dubie ipsum invasuri erant, impetum sustinere. Ad hæc vero Mola gratiosus sibi & secretiorum consiliorum particeps, cum prospiceret rem tam conspicuam & tam præcipiti consilio actam non prosperum exitum habituram esse, omnia Catharinæ detexerat. Illa vero in aula regia pavorem magnum intulit. Aulicorum pars, aliique multi diversæ conditionis tanto terrore perculsi sunt, ut aufugerent. Catharina Regi suasit ut ex Sancto Germano celeriter discederent. Vincennas ille se contulit, secum ducens Alenconium, Navarrum & Condæum, qui nondum apprehensi fuerant, sed sedulo observabantur.

Inter hæc in aula regia nunciatum fuit Reformatos in plerisque Regni provinciis arma sumsisse. Lanovius Rupellanos ad rebellionem induxerat, Lusinianumque & alia oppida apud Pictonas ceperat. Alii Hugonotorum duces in Engolismensi tractu & in Santonibus Pontium, Roianum, Talmontium, aliaque oppida multa occupaverant. In Delphinatu Monbrunus, qui etiam vexillum erexerat, oppida quotidie Catholicis eripiebat. Mongonius quoque in Velaunis cum prospero exitu bellum gerebat. In Vivariensi tractu & in Septimania Reformati arma sumserant. Damvilla istius Provinciæ Præfectus erat : Catharina illum odio summo prosequebatur & a Præfectura removere cupiebat. Misit etiam quosdam, qui illum comprehendere jussi erant ; quod cum non ignoraret ille, Monpelium, Lunellum, Belloquadram & Piscenas ceperat ; sed hoc postremum oppidum amisit per proditionem illius, cui ipsum commiserat custodiendum. Damvilla a Præfectura destitutus fuit : verum nihil obstantibus regiis jussis, Præfecturam ille diu tenuit, ut infra videbitur.

Rei apud S. Germanum gestæ fama circumquaque *Les mêmes* volaverat. Palam dicebatur quosdam Regem ipsum comprehendere voluisse, conspirationis duces fuisse Alenconium, Navarrum & Condæum. Condæus autem versus Ambianum dilapsus est, posteaque in Germaniam se recepit. Suadente Catharina ambo reliqui Principes rescriptum emisere, quo declarabant se nihil unquam contra Regis personam attentare voluisse ; imo semper ita affectos esse & fuisse ut pro

Tome V. Dd

1574. toujours prêts à expofer leur vie pour fa confervation, & pour la défenfe de fa Couronne, & pour conferver la paix & la tranquillité de fon Roiaume. L'Acte fut donné au Bois de Vincennes le 24 Mars de l'an 1574.

La Mole & le Comte de Coconas mis en juftice.

Le Roi qui jufqu'alors avoit ufé de beaucoup de patience, indigné de la confpiration de fon frere joint aux malcontens & aux Huguenots, commanda à Chriftophe de Thou de faire la recherche des coupables, & de punir ceux qui feroient convaincus d'y avoir trempé. On fit faifir La Mole favori du Duc d'Alençon, le Comte de Coconas & plufieurs autres. On envoia des gens pour prendre Montmorenci Thoré, le Vicomte de Turene, Lafin & Grandchamp; mais ils avoient pris la fuite, & s'étoient mis en lieu de fureté. On interrogea La Mole qui ne confeffa rien, & nia tout ce qu'on mettoit en avant fur cette confpiration. On vint enfuite au Comte de Coconas, qui declara tout

Le Duc d'Alençon & le Roi de Navarre interrogez.

ce qu'il avoit vû & entendu dire, découvrit tout le complot, & chargea les Maréchaux de Montmorenci & de Coffé. Le Duc d'Alençon fut enfuite interrogé, qui en pofture de criminel & en tremblant, declara tout ce qu'il favoit, & par fa confeffion indiqua bien des complices, fans taire ceux qui étoient le plus avant dans fes interêts.

On vint au Roi de Navarre, & il comparut courageufement plutôt comme accufateur que comme coupable. Il fe plaignit amerement des injures qu'il avoit reçûes de la Reine Mere, qui lui en vouloit principalement, parce qu'elle le voioit trop attaché à la perfonne du Roi Charles : il protefta qu'il perfevereroit toute fa vie dans cet attachement. Il avoüa pourtant que les mauvais offices de la Reine qui tâchoit toujours de le rendre fufpect, l'auroient enfin forcé de figner l'Ecrit que les Politiques & les Reformez avoient mis au jour, & de fe retirer de la Cour, où il ne pouvoit plus vivre avec honneur & fureté, & où les ennemis du nom de Bourbon dominoient. Il finit en marquant affez clairement le complot que, felon la voix publique, la Reine Mere avoit fait contre la vie du Roi, pour faire regner en fa place le Roi de Pologne. Il repeta les mêmes chofes cinq jours après, en prefence de la Reine Mere, du Cardinal de Bourbon, & de plufieurs autres.

On fit le procès à La Mole, à Coconas & à quelques autres qui furent condamnez à mort. La Mole fut mis à la queftion & interrogé fur une image de cire

---

Les mêmes.

ejus confervatione, pro Coronæ ipfius defenfione, pro pace & tranquillitate Regni fervanda, femper ad vitam ipfam exponendam parati fint, quod refcriptum datum fuit Vincennis die vigefima quarta Martii anno 1574.

Rex qui hactenus multa ufus patientia fuerat, de confpiratione fratris cum male-contentis & Hugonotis juncti indignatus, Chriftophoro Thuano mandavit, ut ejus auctoribus & de confciis perquifitionem faceret, & de fcelere hujufmodi convictos plecteret. Mola Alenconio Duci gratiofus, Comes Coconafius plurimique alii apprehenfi funt. Miffi funt etiam qui Montmorencium-Thoræum, Vicecomitem Turenium, Lafinium & Grandicampum comprehenderent; at illi fugâ fibi confuluerant, & in tuto fe collocaverant. Interrogatus fuit Mola, qui nihil confeffus eft, & omnia de confpiratione hujufmodi prolata negavit. Ad Coconafium deinde ventum eft, qui omnia quæ viderat, audieratque declaravit. Confpirationem totam aperuit, & Monmorencium Coffæumque Marefcallos ut confcios declaravit. Dux Alenconius poftea interrogatus fuit, qui quafi noxius ac tremens omnia confeffus eft, & confcios multos indicavit, etiamque eos qui magis addicti ipfi erant in medium protulit.

Ad Regem Navarræ denique ventum eft, qui audacter & magis ut accufator, quam ut accufatus comparuit. Conqueftus amariffime eft de injuriis quas a Regina matre acceperat, quæ fibi ideo magis infenfa erat, quod fe videret Regi Carolo addictiffimum, feque eodem illum affectu per totam vitam profequuturum effe conteftatus eft. Confeffus tamen eft molimina Reginæ matris, quæ ut fe fufpectum redderet nihil non machinabatur, eò fe compulfura fuiffe, ut Politicorum & Reformatorum refcripto, quod in publicum emiferant, fubfcriberet, & ab aula regia fecederet, ubi non ultra cum honore & fecuritate degere poffet, & ubi inimici nominis Borbonii dominarentur. Claufit demum fatis clare fubindicando confpirationem Catharinæ contra Regis vitam, ut in ejus locum Regem Poloniæ induceret. Eadem ipfa repetiit quinto infequente die, præfentibus Regina matre, Cardinale Borbonio & aliis plurimis.

In judicium acti funt Mola, Coconatius & quidam alii, qui capitali fententia damnati funt. Mola ante fupplicium tormentis applicatus, & interrogatus circa imaginem ceream quam juxta cor gerebat,

CHARLES IX.

qu'il portoit sur le cœur, il dit qu'il la portoit pour charmer une jeune Provençale qu'il aimoit à la fureur, & que Cosme Rougier Florentin la lui avoit donnée. On saisit d'abord Rougier, & on alloit lui faire son procès. Mais la Reine Mere fort adonnée à toutes sortes de prestiges & à l'art magique, le fit tirer des mains des Juges, & le garda pour s'en servir. La Mole fut décapité. Le Comte de Coconas fut executé de même, après avoir averti le Roi de se garder des embuches qu'on lui tendoit de plus d'un endroit.

1574.

La Mole & Coconas executez.

La maladie de ce Prince augmentoit de jour en jour; & quand la Reine vit qu'il n'en pouvoit pas échapper, craignant que pendant l'absence du nouveau Roi qui devoit lui succeder, les Maréchaux de Montmorenci & de Cossé ne remuassent, elle persuada au Roi Charles que sa maladie rendoit plus soupçonneux, de les faire venir à la Cour. Torci fut envoié leur porter l'ordre; malgré les avis de plusieurs qui les en détournoient, ils s'y rendirent, & furent conduits à la Bastille; les Parisiens en témoignerent leur joie par des cris & des huées, qu'ils continuerent jusqu'à ce qu'ils furent enfermez.

Les Maréchaux de Montmorenci & de Cossé mis en prison.

Les Reformez s'étoient soulevez dans les Provinces; ils avoient fait une protestation, où ils disoient que c'étoit une absoluë necessité qui les avoit obligez de prendre les armes. On y fit une réponse qui fut publiée à Lion. Ces sortes d'Ecrits sont ordinairement de foibles armes qui ne terminent rien. M. de Montpensier commandoit l'armée qui devoit agir dans le Poitou. Matignon accompagné de Fervaques étoit en Normandie, où les Reformez, dont les Chefs étoient Montgommeri & Colomiers, avoient pris Saint Lo, Carentan, Domfront, & quelques autres Places. Montgommeri après avoir demeuré quelque tems aux Isles de Gersai & de Grenesei, étoit venu en Normandie pour y commander les gens de son parti. Matignon assiegea S. Lo, & Montgommeri avec sa cavalerie se retira à Domfront. La Reine Mere, qui regardoit Montgommeri comme le meurtrier du Roi Henri son époux, fit ramasser jusqu'à quatre mille hommes de pied & mille chevaux, & envoia ce renfort à Matignon, qui sachant que Montgommeri s'étoit retiré à Domfront, partit en diligence, & alla l'investir avec ses troupes. Montgommeri ne s'attendant point à être assiegé, ne trouva dans Domfront que quatre-vingt Arquebusiers, dont l'Enseigne étoit d'intelligence avec les Catholiques. Mais aiant été décou-

---

respondit se illam gestare, ut cor puellæ Provincialis, quam ipse deperibat, alliceret, illamque imaginem sibi datam fuisse a Cosmo Rogerio Florentino. Rogerius statim comprehensus est, & ad Judices actus; at Catharina præstigiis & magicis artibus addictissima, Rogerium ex Judicum manibus eductum penes se servavit, ut illo uteretur. Mola capite truncatus est. Eamdem sortem expertus est Coconatius, monito sæpius Rege, ut diligenter ab insidiis, nec unis, sibi caveret.

Invalescente in dies Regis morbo, cum Regina parens, jam de morte ejus certa, de novo Rege cogitaret, verita ne per ejus absentiam Monmorencius & Cossæus quidpiam molirentur, Regi Carolo suasit, quem morbus magis suspiciosum effecerat, ut illos in aulam regiam vocaret. Torcius ad eam rem missus fuit. Etiamsi vero a multis ut ne accederet moniti fuissent, venerunt tamen & statim in Bastiliam inducti sunt, Parisinis plaudentibus, & clamoribus dicteriisque illos incessentibus, donec in carcerem conjecti essent.

In Provinciis Reformati arma sumserant, Protes-

tationem evulgaverant ubi se necessario & compulsos ad arma cucurrisse dicebant: ad quam contrario scripto Lugduni publicato responsum est. Hæc vero scripta debilia arma sunt, queis nihil perficitur. Monpenserius Dux exercitui in Pictonum tractu bellum gesturo imperabat. Matignonus vero cum Fervacio in Normannia erat, ubi Reformati quorum duces erant Mongommerius & Columbarius, Fanum Laudi, Carentanum, Damfronium & alia loca ceperant. Mongommerius, postquam per aliquod tempus in insulis Gersæa & Gresesæa manserat, in Normanniam venerat, ut factioni suæ addictis imperaret. Matignonus Fanum Laudi obsedit, & Mongommerius cum equitatu suo Damfronium se recepit. Catharina, quæ Mongommerium ut Regis Henrici interfectorem oderat, pedites quater mille & equites mille congregari curavit, & ad Matignonum misit, qui cum sciret Mongommerium se Damfronium recepisse, celeriter profectus, oppidum illud obsedit. Mongommerius cum de tali obsidione nihil cogitaret, Domfronii reperit tantum octoginta sclopetarios, quorum Signifer cum Catholicis consentiebat: sed

Thuanus.

vert, il fut puni comme traître. L'infanterie Catholique étant arrivée, on commença le siege. Montgommeri n'avoit pour la garde de la Ville & du Château, que cinquante chevaux & environ quatre-vingt-dix Arquebusiers, en y comprenant quelques valets des Gentilshommes, & plusieurs d'entre eux craignant le succès de ce siege desertoient dès qu'ils en trouvoient l'occasion. De sorte que cette petite garnison diminuoit à vuë d'œil. Montgommeri fut bien-tôt obligé d'abandonner la Ville, & de se retirer dans le Château. Matignon le fit battre de son artillerie, & la bréche étant grande, il fit donner un assaut. Montgommeri n'avoit que quarante hommes pour défendre la bréche, qui combattirent vaillamment, & repousserent les assaillans; une partie des assiegez se déroba la nuit. Montgommeri soutint pourtant encore un assaut, après lequel il ne lui resta que seize hommes qui se déroboient l'un après l'autre; de sorte qu'il fut obligé de composer à condition qu'il auroit la vie sauve, & demeureroit prisonnier.

Le siege de S. Lo continuoit toujours, & Matignon s'y rendit avec son armée, après qu'il eut pris Domfront. Colomiers qui commandoit dans la place, quoiqu'elle fut très-foible, se défendoit vaillamment, & ne vouloit point entendre parler de composition. Les assiegeans firent approcher Mongommeri des murs pour l'exhorter à capituler. Colomiers lui dit mille injures, & lui reprocha que pouvant mourir glorieusement les armes à la main, il s'étoit livré aux Catholiques, si accoutumez à ne point garder la foi promise; il lui dit que voulant sauver sa vie, il s'étoit reservé à une mort ignominieuse. On battit la Place, & Colomiers se défendit en brave; il fut tué à l'assaut, & la Ville fut prise par force avec une perte considerable des Catholiques. Matignon alla ensuite assieger Carentan, qui se rendit sans aucune défense.

La Reine Mere aiant eu nouvelle que Montgommeri étoit pris, declara qu'elle ne vouloit avoir aucun égard à la capitulation & au traité fait par Matignon, & lui donna ordre de l'envoier à Paris sous sure garde. Matignon qui vouloit se conserver les bonnes graces de la Reine Mere, le fit conduire à Paris par Vassé, qui le remit entre les mains du Parlement.

Le Duc de Montpensier qui commandoit l'armée de Poitou joint avec du Lude Gouverneur de la Province, Puigaillard & plusieurs autres Seigneurs &

---

deprehensus, ut proditor pœnas luit. Cum pedites Catholici advenissent, obsidio cœpta est. Montgommerius ad defensionem oppidi & castelli quinquaginta equites & circiter nonaginta sclopetarios habebat, annumeratis etiam Nobilium famulis, quorum plurimi obsidionis exitum timentes, quavis oblata occasione aufugiebant, ita ut præsidium in dies minueretur, & Mongommerius oppidum deserere & in castellum se recipere coactus sit. Matignonus tormentis suis castellum verberavit, & collapsa muri parte, oppugnationem cœpit. Mongommerius sexaginta solum armatos habebat ad hostem propulsandum, qui fortiter pugnavere, & Regios depulerunt; sed nocte sequenti pars præsidiariorum castellum deseruit. Mongommerius tamen alteram oppugnationem sustinuit, qua cessante sexdecim solum pugnatores ipsi supererant, qui unus post alium dilabebantur, ita ut ad pactionem faciendam compulsus sit illa conditione ut ipse captivus salva vita maneret.

Sancti Laudi obsidio semper continuabatur, & Matignonus post captum Damfronium cum exercitu illò movit. Columbarius oppidi Præfectus strenuissime pugnabat, etsi debilissimum & non munitum oppidum erat: deditionem vero & pactionem ne auditu quidem ferebat Regii Mongommerium admonerunt, qui ipsum ad deditionem cohortaretur. Columbarius mille maledicta in illum protulit, & cum contumelia dixit ipsum Mongommerium cum posset gloriose ut fortem virum decebat, mori, sese Catholicis dedidisse quibus solenne erat fidem datam non servare, additque ipsum ut vitam servaret, sese ad ignominiosam mortem reservavisse. Tormentis oppidum quatitur, fortiterque pugnans Columbarius in oppugnatione cecidit. Oppidum vi captum est: Catholici vero multos suorum amiserunt. Matignonus postea Carentanum obsedit, oppidumque sine pugna deditum est.

Catharina vero ubi Mongommerium captum fuisse didicit, se pactionem a Matignono cum illo factam non ratam habere dixit, Matignonoque præcepit ut illum sub tuta custodia Luteriam mitteret, Matignonus qui Reginæ matris gratiam aucupabatur, a Vasseo illum Luteriam duci curavit, qui cum Curiæ Parisini Senatus tradidit.

Monpensius Dux qui exercitui in Pictonibus imperabat, junctus cum Ludio Provinciæ Præfecto, Pigallario & plurimis aliis ducibus atque Præfectis, non

Officiers, avançoit fort peu. Biron étoit dans la Saintonge avec un corps de troupes, & avoit des intelligences dans Tonnai-Charente, dont il vouloit s'emparer: mais la méche fut découverte, & les Reformez qui regardoient Biron comme un homme de leur secte, se méfierent de lui depuis ce tems là. Montpensier presenta bataille à La Nouë, qui la refusa: il partagea alors son armée, envoia Puigaillard assieger Talmont, & alla lui-même avec le reste des troupes mettre le siege devant Fontenai. Puigaillard prit Talmont, & vint rejoindre Montpensier devant Fontenai. Ce siege fut long, comme nous verrons.

En Languedoc les Reformez étoient fort puissans & tenoient un grand nombre de Places. Ils attendoient un secours d'Alemagne, que le Prince de Condé leur avoit promis. Ce Prince après sa fuite, s'étoit retiré à Strasbourg, d'où il avoit agi auprès des Princes Protestans d'Allemagne, pour procurer de puissans secours à ceux de son parti. Il falloit de l'argent comptant pour faire marcher les Reitres & les Lanskenets: les Reformez de Languedoc avoient promis de lui en faire tenir. Le Prince envoia des gens pour les sommer de tenir parole. Montmorenci-Thoré qui étoit avec le Prince de Condé, écrivit à son frere d'Anville Gouverneur de Languedoc, qui étoit alors à Montpellier, l'exhortant de se joindre promptement aux Reformez, de peur qu'il ne tombât dans le même malheur que leur frere, qui étoit alors en prison.

Cependant le Roi accablé de son mal, se vit enfin réduit à la derniere extrêmité. La Reine Mere, dit M. de Thou, envoia au nom du Roi des Lettres aux Gouverneurs des Provinces, où le Roi disoit que son mal ne lui permettant pas de vacquer aux affaires de son Roiaume, il commandoit qu'on obéît à sa mere comme à lui-même; & que si Dieu venoit à l'appeller de ce monde, il vouloit qu'on continuât à lui obéïr jusqu'à ce que son frere seroit arrivé de Pologne. Le lendemain on en dressa en presence du Duc d'Alençon, du Roi de Navarre, & du Cardinal de Bourbon, Princes qui pouvoient prétendre à la Regence, un Acte où la volonté du Roi étoit expliquée. Cet Acte ne pût être enregistré que le lendemain des Fêtes de la Pentecôte. Les Princes & le Parlement vinrent alors prier la Reine Mere de prendre la Regence du Roiaume.

Charles IX. malade déclare sa mere Regente.

multa statim præstitit. Bironus vero, qui in Santonibus copiarum manum ducebat, Tonam ad Carantonum ubi quidam erant secum consentientes, per proditionem capere tentavit; sed re detecta, Reformati Bironum, quem suis rebus favere antea putabant, exinde suspectum habuerunt. Monpenserius ad pugnam paratus contra Lanovium movit, qui pugnam detrectavit. Tunc Monpenserius diviso exercitu, Pigallarium ad Talmontium obsidendum misit, ipseque cum reliquo exercitu Fontenæum obsedit. Pigallarius Talmontium cepit, posteaque Monpenserium junxit ante Fontenæum, cujus obsidio diuturna fuit, ut infra videbimus.

In Septimania Hugonoti potentissimi erant, multasque urbes oppidaque tenebant. Magnum pugnatorum auxilium ex Germania mittendum exspectabant, quod pollicitus erat Princeps Condæus. Post fugam enim ille suam, Argentoratum se receperat, & auxilia a Germanis Principibus petierat ad Reformatos Francos mittenda; sed ut Germani equites peditesque in opem venirent, numeranda pecunia erat. Reformati vero Septimaniæ se summam missuros pollicitu fuerant. Misit vero Princeps viros, quiut promissis starent admonerent. Monmorencius Thoræus, qui cum Principe Condæo erat, Damvillæ fratri Septimaniæ Præfecto scripsit, qui tunc Monpelii erant, cohortatusque illum est ut se quamprimum Reformatis adjungeret, ne sibi idem infortunium accideret, quod fratri suo tunc in carcere detento.

Interea Rex Carolus morbo oppressus, in extrema incidit. Regina parens, inquit Thuanus, Regis nomine literas ad Præfectos Provinciarum misit, quibus Rex ægritudinem suam causatus, curam negotiorum Regni sui in matris manus deponere se dicebat, mandabatque ut ipsi perinde atque sibi omnem obedientiam præstarent, & si Deo ita placitum esset, ut ipse ad meliorem vitam transferretur, donec Rex Poloniæ in Galliam adveniret, ejus imperiis semper parerent. Postridie vero præsentibus Alenconio Duce, Rege Navarræ & Cardinale Borbonio, qui poterant regni administrationem quasi ad se competentem expetere, diploma conficitur, in quo Rex matrem Regentem constituebat, quod tamen diploma nonnisi quatriduo post & transactis Pentecostes diebus promulgari potuit, tuncque Principes & Senatus Curia Reginam parentem rogarunt ut Regni administrationem sumeret.

Le même.

CHARLES IX.

1574.
Mort de Charles IX.

Le Roi Charles avant l'enregistrement, après avoir souffert de longues & cruelles douleurs, mourut le jour de la Pentecôte 30 Mai, où l'acte fut dressé, âgé de vingt-quatre ans, dix mois & trente jours; après avoir regné douze ans, cinq mois & vingt-cinq jours. Prince que la nature avoit favorisé d'un excellent esprit & de grands talens, si la mauvaise éducation & la trop grande indulgence de sa mere ne l'avoient gâté. Il étoit doüé d'un grand courage, d'une sagacité & d'une penetration merveilleuse, d'une éloquence mâle, d'une prudence qui surpassoit son âge, mais qui degeneroit quelquefois en fourberie. Subtil à discerner & connoître les esprits ; moderé dans ses dons & ses bienfaits, qu'il ne distribuoit que selon les mérites : ce qui fit que les courtisans, dont la cupidité n'a point de bornes, l'accusoient de n'être point liberal. Fort sujet à la colere, il s'emportoit souvent. Ses violens exercices, sur tout à cheval, & ses longues veilles, l'entretenoient dans cette humeur : ensorte que, quoiqu'il fut extrêmement dissimulé, son emportement alloit quelquefois jusqu'à la fureur.

Son caractere.

Il étoit de grande taille, un peu courbé, & panchoit la tête d'un côté, d'un regard rude & farouche ; son nez étoit aquilin, sa couleur étoit pâle & plombée, & au reste le corps bien formé, les membres robustes, aimant le travail, & fort sobre. On crut que sa mort avoit été avancée par quelque potion. Ceux qui étoient interessez à ôter ce soupçon, le firent ouvrir par les Chirurgiens & les Medecins, on trouva au dedans bien des enflures qui augmenterent l'opinion d'une mort violente. Il aimoit la chasse jusqu'à la folie, se plaisoit à couper & à éventrer les bêtes, & à tremper ses mains dans leur sang ; ce qui contribuoit à le rendre plus feroce, & augmenter son penchant à la cruauté.

Ennemi du repos, quand il étoit revenu de la chasse, il joüoit à la paume, ou se mettoit à danser, ou à de plus violens exercices, comme à fabriquer des armes & battre le fer jusqu'à suer à grosses goutes. Peu adonné aux femmes, il eut pourtant un bâtard nommé Charles comme lui, qui fut Comte d'Auvergne, & depuis Duc d'Angoulême. Il dormoit peu, & depuis la journée de Saint Barthelemi, son sommeil étoit interrompu par des songes terribles. Il appelloit alors des Joüeurs d'Instrumens, qui par leurs symphonies lui procuroient le repos & le sommeil.

Le même.

Rex Carolus antequam hæc in acta referrentur & promulgarentur, post graves & diuturnos dolores mortuus est ipso Pentecostes die 30 Maii, quo ipso die diploma conscriptum fuerat, cum annos vixisset viginti quatuor, decem menses & triginta dies, regnasset annos duodecim, quinque menses & viginti quinque dies : Princeps præclara indole & magnis virtutibus præditus, sed prava educatione, & matris indulgentia hæc vitiata fuere. Fuit in eo fortunæ pat animus, ingenium sagax & acutum, mascula facundia, prudentia supra ætatem, quæ plerumque in vafritiem degenerabat, acre in aliorum ingeniis dignoscendis judicium, moderatus in donis ac beneficiis, quæ secundum merita distribuebat, indeque apud aulicos, quorum cupiditas inexplebilis esse solet, minus liberalis habebatur. Ad iracundiam præceps erat, quæ violenta & assidua equitatione, ac vigiliis alebatur, & licet summus dissimulator esset, nonnunquam per intervalla ad furorem usque erumpebat.

Le même.

Statura fuit prægrandi ; sed paulum incurva, obstipo capite, oculis torvis, naso adunco, colore pallido & plumbeo : de cætero bene compositis membris & lacertosa corporis mole, laboris & inediæ patiens, ac fere abstemius, ita ut mors ejus festinata credatur, cujus rei suspicio ut purgaretur, mortui corpus a Chirurgiis & Medicis apertum est, in quo livores ex causa incognita reperti, conceptam opinionem auxerunt, potius quam minuerunt. Venationibus ad insaniam indulgebat, & ferarum cruori manus intingere assuetus, inde ferocior redditus, ad crudelitatem paulatim ferebatur.

Quietis impatiens, postquam ex venatione reversus erat, aut ascobolo, aut saltationibus immodicis, aut denique fabricandis armis, & ferro, malleo ac forcipe versando desudabat : eo minus in venerem mollis, ut qui unicam puellam toto vitæ tempore adamasse compertus sit, ex qua Carolum Arvernorum Comitem suscepit, qui postea Dux Engolismensis fuit. Modicum ille dormiebat, somnumque etiam post Sanbartholomæam carnificinam interrumpebant nocturni horrores : & rursus adhibiti symphoniaci pueri expergefacto somnum conciliabant.

CHARLES IX.

1574.

Il estimoit & honoroit les Poëtes, & sur tout Ronsard. Il leur donnoit des pensions, mais assez modiques, disant qu'ils devoient être traitez comme les beaux coursiers, qu'il falloit bien nourrir, mais non pas trop engraisser. Il faisoit quelquefois lui-même des vers, & il y en eut de son tems d'imprimez, qui étoient d'assez bon goût. Il fit encore un Livre de la Chasse au Cerf, que ceux qui l'ont vû depuis, jugeoient digne d'être mis au jour.

Son Regne eut le malheur d'être toujours agité de troubles, de tumultes & de guerres civiles; la Saint Barthelemi se renouvelloit souvent dans la memoire du Prince, très-fâché de s'être laissé entraîner à des actions si inhumaines. Après de serieuses reflexions, il regarda toujours de mauvais œil ceux qui l'avoient porté à violer si indignement la parole donnée, & tant de fois réïterée; & étoit bien resolu de les éloigner tous du ministere. Quant à Catherine sa mere, il avoit dessein de l'envoyer pour un tems en Pologne, comme pour rendre visite à son cher fils le Roi Henri, & de l'exclure pour toujours du Gouvernement; de laisser aux Cours de Parlement & aux autres, pleine liberté d'exercer la Justice, de se reserver les affaires d'Etat, & de renvoier au Maréchaux de France celles de la guerre.

Ses desseins.

Persuadé que les troubles & les guerres du Roiaume se perpetuoient encore plus par les factions que par la difference des Religions, il prenoit des mesures pour mettre absolument à bas les deux principaux Partis, les Guises & les Montmorencis. Il avoit fort à cœur le bien du Roiaume, & le preferoit à son interêt particulier. Sentant que sa fin approchoit, il dit qu'il étoit bien aise de ne point laisser d'enfant mâle, aiant appris par sa propre experience, qu'il n'y a point de plus grand malheur à un Etat que d'avoir un Roi enfant & mineur gouverné par des gens interessez. Cela regardoit principalement sa mere. Cependant il l'embrassa tendrement avant sa mort, & lui recommanda sa femme & une petite fille qu'il laissoit, & l'on dit alors qu'il avoit porté la dissimulation jusqu'à la fin de sa vie.

Poëtas summo in honore habuit, maximeque Ronsardum, quîs modicas pensiones dabat dicens, cum illis perinde atque cum Veredis ita agendum esse, qui moderate sunt alendi, ne nimis pinguescant. Ipse quoque aliquando versus edebat, qui etiam typis dari fuere, neque regia majestate sunt indigni. De cervi quoque venatione librum fecit, luce non indignum.

Regni ejus spatium totum, tumultibus bellisque civilibus, cædibus, aliisque infortuniis funestum fuit. Sanbartholomæanam sæpe cædem in memoriam revocabat, ægerrime ferens se ad tam inhumanam cædem pravis inductum consiliis manus dedisse, consultores autem illos qui ipsum ad fidem datam toties que repetitam violandam induxerant, haud libenter videbat, ipsosque ab omni ministerio removere decreverat, & Catharinam matrem honestæ Regis Poloniæ cari filii in Regno invisendi causa, a se ad tempus ablegare constituerat, atque a Regni administratione prorsus excludere: sicque res ordinare, ut quantum ad jus inter privatos reddendum, summa potestas penes Regni Curias esset; juris publici, quod Regnum spectabat sibi cognitionem servaret, & Marescallis Franciæ res ad bellum spectantes demandaret.

Cum persuasum haberet tumultus & bella civilia plus per factiones, odia & dissidia perpetua reddi, quam per religionum diversitatem; duas præcipuas factiones, Guisios nempe & Montmorencios omnino evertere, & in demissiorem ordinem redigere cogitabat. Regni bono, suum & suorum bonum omnino postponebat: cum se morti proximum videret, dixit gaudere se, quod nullam masculam prolem relinqueret, cum experimento suo didicisset, nihil Statui cuipiam infelicius esse, quam quum Rege puerulo atque minore, alii sua commoda quærentes rem publicam administrant. Hæc matrem suam præcipue spectabant; tamenque ipsi post arctissimos amplexus moriturus vale dixit, commendata uxore, quam unice diligebat, & filiola ex ea suscepta, dictumque fuit ipsum ad extremum usque vitæ dissimulatione esse usum.

Le même.

MONUMENS DU REGNE
DE CHARLES IX.

P L. XXIII.
1.
2.
3.
CE Prince se voit peint aux vitres de S. Etienne de Beauvais, comme il étoit encore fort jeune, & sans barbe. Il a la tête un peu panchée, défaut que les Historiens remarquent en lui, & pour le reste sa taille étoit bien formée. Les deux autres portraits ont été tirez de tableaux faits peu de tems avant sa mort, & des portes-feüilles de M. de Gaignieres, comme la plûpart des autres de ce Regne qui suivent ; un le represente debout, & l'autre en buste.

P L. XXIV.
1.
2.
Elisabeth d'Autriche sa femme, seconde fille de l'Empereur Maximilien, épousa Charles IX. en 1570 ; elle survécut dix-huit ans à son mari, & mourut l'an 1592, âgée de trente-huit ans. [1] Elle est d'abord representée en buste chargée d'ornemens & de pierreries. On la voit [2] ensuite avec toute sa taille en vertugadin.

P L. XXV.
1.
2.
Antoine de Bourbon Duc de Vendôme, naquit à la Fere en Picardie le 22 Avril 1518, épousa Jeanne d'Albret en 1548, fut Roi de Navarre en 1555, & mourut le 17 Novembre 1562, d'un coup de mousquet qu'il avoit reçu au siege de Rouen. [1] La premiere figure le represente en buste, & la seconde le montre [2] avec toute sa taille.

P L. XXVI.
1.
2.
Jeanne d'Albret, fille d'Henri d'Albret Roi de Navarre, & de Marguerite de Valois sœur de François I. mariée à Antoine de Bourbon en 1548, mourut à Paris le 9 Juin 1572, en sa quarante-quatriéme année, non sans soupçon de poison. [1] Elle est d'abord representée en buste, & [2] puis avec toute sa taille & en vertugadin.

P L. XXVII.
1.
Louis de Bourbon Prince de Condé, frere d'Antoine Roi de Navarre, & fils de Charles Duc de Vendôme, naquit l'an 1530, fut le Chef du parti des Huguenots, & se distingua beaucoup dans les guerres, comme nous avons vû. Après s'être rendu prisonnier à la bataille de Jarnac, il fut tué de sang froid par Montesquiou. Nous donnons ici [1] son veritable portrait tiré d'un

MONUMENTA REGNI
CAROLI IX.

REX hîc in vitreis fenestris S. Stephani Bellovacensis visitur, qualis erat juvenis nec barbatus. Caput paulum inclinat, ut ab historiæ Scriptoribus dicitur ; statura alioqui optime efformata erat. Duæ aliæ imagines ejus ex tabulis depictis paulo ante obitum ejus concinnatis, eductæ sunt ex scriniis D. Gagnerii, ut & maxima pars eorum quæ sequuntur, ad idem Regnum spectantium. In altera stans totus visitur, in altera protome tantum ejus repræsentatur.

Elisabetha Austriaca uxor ejus, secunda filia Maximiliani Imperatoris, nupsit Carolo IX, anno 1570. Post conjugis sui mortem octodecim annos vixit, obiitque anno 1592. annos 38. nata. Statim protome illius visitur ornatibus & gemmis decorata, posteaque stans repræsentatur cum veste inferius latissima.

Antonius Borbonius Dux Vindocinensis Faræ in Picardia natus est anno 1518. Aprilis 22. Joannam Leporetæam duxit anno 1548. Post mortem Henrici soceri Rex Navarræ fuit anno 1555. obiitque anno 1562, ex sclopeti ictu quem in Rothomagensi obsidione acceperat. In primo schemate protome ejus, in secundo stans ille totus exhibetur.

Joanna Leporetæa uxor ejus filia Henrici Leporetæi Regis Navarræ, & Margaritæ Valæsiæ sororis Francisci I. nupsit Antonio Borbonio anno 1548. Lutetiæ obiit 9. Junii anno 1572. cum 44. annum ageret, nec sine venenati poculi suspicione. Statim protome ejus, deinde stans illa cum crocota inferne lata conspicitur.

Ludovicus Borbonius Condæus Princeps, frater Antonii Regis Navarræ, filiusque Caroli Ducis Vindocinensis natus est anno 1530. Dux Hugonotorum fuit, in bello clarus, ut vidimus. Cum in Jarnacensi pugna se captivum dedidisset, a Montesquio occisus est. Ejus veram imaginem hîc damus, ex tabula de-

tableau

Elizabet d'Autriche, Reine de France   XXIV Pl. Tom V p.g. 216

2

T. V. AA.

ANTOINE ROY DE NAVARRE.

le même.

Jeanne d'Albret Reine de Navarre

1. Louis de Bourbon Prince de Condé

2. Françoise d'Orléans Princesse de Condé

DE CHARLES IX. 217

tableau original du tems. Nous n'avons pas la figure de sa premiere femme Eleonor de Roye, mais seulement celle de sa seconde Femme Françoise d'Orleans, fille de François d'Orleans, Marquis de Rothelin, de laquelle il eut Charles de Bourbon. ² Elle brille en ornemens. Sa fraise est d'une grandeur extraordinaire.   2.

Jacqueline de Longvvi Comtesse de Bar sur Seine, qui paroît la premiere ¹ dans la planche suivante, étoit femme de Louis de Bourbon II. du nom, Duc de Montpensier, dont je n'ai pû trouver la figure. Au bas de la même planche est ² Philippes de Montespedon, femme de Charles de Bourbon, Prince de la Rochesurion, qui l'épousa lorsqu'elle étoit veuve du Maréchal de Montejan, & elle apporta de grandes richesses à ce Prince, qui étoit auparavant fort pauvre.   PL. XXVIII. 1 2.

Elle se voit encore dans la planche suivante avec Charles Prince de la Rochesurion son mari, tels qu'ils sont sur leur tombeau dans l'Eglise de Beaupreau. On voit à la droite du Prince la figure d'Henri de Bourbon son fils, Marquis de Beaupreau, qui mourut par un étrange accident, comme on a vû ci devant, âgé de quatorze ou quinze ans. Jeanne de Bourbon fille du Prince, paroît à la gauche de sa mere. Elle est presque de la taille de son frere Henri : cependant les Genealogistes disent qu'elle mourut à l'âge de neuf mois. Il est vrai qu'on voit souvent dans les monumens des enfans representez comme de grandes personnes ; mais cela est plus extraordinaire dans les bas tems.   PL. XXIX.

François de Lorraine Duc de Guise, un des grands hommes de son siecle, étoit fils de Claude de Lorraine Duc de Guise, & d'Antoinette de Bourbon, fille de François de Bourbon, Comte de Vendôme. Sa vie & ses actions principales se trouvent dans le cours de cette Histoire. Il fut tué au siege d'Orleans par Jean Poltrot. Il est pris d'un tableau de l'hôtel de Guise, où demeuroit autrefois M. de Gaignieres, qui en avoit aussi dans son cabinet un autre portrait fort semblable à celui-ci, peint par un nommé Janet.   PL. XXX.

Nous n'avons pas le portrait de Charles de Lorraine, Cardinal, & Archevêque de Rheims. Mais voici celui de Louis de Lorraine, Cardinal de Guise, qui fut Evêque de Troye, puis d'Albi, fait depuis Archevêque de Sens, & enfin Evêque de Mets. Il mourut l'an 1558. il est tiré des portefeüilles de M. de Gaignieres.   PL. XXXI.

---

picta ejus ævo facta desumtam. Prioris ejus uxoris Eleonoris Roiæ schema non reperimus ; sed secundæ tantum Franciscæ Aurelianensis, filiæ Francisci Aurelianensis Rothelinii Marchionis, ex qua Carolum Borbonium suscepit. Ornatibus illa fulget, collare ejus complicatum grandissimum est.

Jacoba Longuia Barri ad Sequanam Comitissa, quæ in tabella sequenti prima comparet, uxor erat Ludovici Borbonii II. nomine, Monpenserii Ducis, cujus schema non suppetit. In ima tabulæ parte est Philippa Montispedonia uxor Caroli Borbonii Rupisurionii Principis, qui ipsam duxit, postquam prior ipsius conjux Montejanus Marescallus obierat. Illa Principem inopem ingentibus opibus locupletavit.

Visitur etiam illa in tabula sequenti cum Carolo Principe Rupisurionio, quales exhibentur in tumulo suo in Ecclesia Bellopratensi. Ad dexteram Principis visitur Henricus Borbonius filius ejus, Marchio Bellopratensis, qui infelici casu obiit, ut narravimus, cum esset annorum quatuordecim, vel quindecim. Joanna Borbonia filia ad sinistram matris suæ repræsentatur: staturam pene habet fratri Henrico æqualem, tamenque qui genealogias scribunt, mortuam dicunt cum novem tantum menses attigisset. In monumentis certe sæpe visuntur infantes cum grandiore statura ; sed inferiore ævo id infrequentius observatur.

Franciscus Lotharingus Dux Guisiæ, inter clarissimos sui ævi pugnatores accensendus, filius erat Claudii Lotharingi Guisiæ Ducis & Antoniæ Borboniæ filiæ Francisci Borbonii Comitis Vindocinensis. Vita ejus ac gesta præcipua in hac historia recensentur. A Joanne Poltroto in obsidione Aurelianensi cæsus est. Eductus autem est ex tabula depicta quæ in Guisianis ædibus, ubi olim habitavit Gagnerius, habebatur. Gagnerius in museo suo quamdam huic similem Francisci tabulam habuit, a Joanneto quodam depictam.

Schema Caroli Lotharingi Cardinalis & Archiepiscopi Rhemensis non habemus ; sed Ludovici Lotharingi Guisii Cardinalis effigiem proferimus, qui fuit Episcopus Trecensis ; deinde Albigensis, postea Archiepiscopus Senonensis, demum Episcopus Metensis. Obiit autem anno 1558. ex scriniis Gagnerii eductus est.

Tome V.   E e

218 MONUMENS DU REGNE DE CHARLES IX.

PL. XXXII.
1.
2.
Leonor d'Orleans Duc de Longueville d'Eftouteville, &c. eft copié fur l'original peint par Janet, du cabinet de ¹ M. de Gaignieres. Il étoit fils de François d'Orleans, Marquis de Rothelin. Il fe trouva à plufieurs batailles, & mourut à Blois âgé de trente-trois ans. ² Henri d'Angoulême, Grand Prieur de France, bâtard d'Henri II. & de la Demoifelle de Levifton Ecoffoife, tué d'un coup d'épée par Altoviti, qui en tombant du coup, qu'il lui avoit donné, lui perça le ventre, & il en mourut peu après à Aix en Provence.

PL. XXXIII.
Anne de Montmorenci, Connétable de France, dont les actions font décrites dans les Regnes de François I. Henri II. François II. & Charles IX. fut bleffé à mort à la bataille de S. Denis, l'an 1567. Son portrait a été tiré d'un tableau original. J'aurois bien voulu mettre avec lui fon neveu l'Amiral de Coligni, fi fameux dans ces guerres, mais je n'en ai pû trouver de portrait bien fûr.

PL. XXXIV.
Le Chancelier de l'Hopital qui fuit, eft tiré d'un tableau fait de fon tems. Il eft reprefenté faifant actuellement l'exercice de fa Charge, & prefentant au Roi ou à la Reine Mere un memoire le bonnet à la main, revêtu d'une robe de chambre fourrée. Il étoit fils de Jean de l'Hopital. Son hiftoire fe trouve en plufieurs endroits. Brantome en fait un éloge magnifique.

PL. XXXV.
Le Maréchal de Montluc qui nous a fourni des memoires furs pour l'Hiftoire de ce Regne & des précedens, ne fut créé Maréchal de France que fous le Regne d'Henri III. lorfque fon âge & fes bleffures l'avoient mis hors d'état de fervir. Son portrait eft tiré d'un tableau original. On voit dans la même Planche Antoine de Gelas, Seigneur de Leberon, fon neveu, qui fe fignala en bien des occafions, tant par fa valeur que par fa conduite.

PL. XXXVI.
La Planche fuivante montre fix Gentilshommes de la Cour du Roi Charles IX. tels qu'ils étoient vêtus en 1572. L'habit n'eft pas tout-à-fait uniforme. Les quatre premiers ont des culotes courtes & gonflées, qui ne defcendent guere que jufqu'à mi-cuiffe. Le cinquiéme a une culote jufte à la cuiffe qui defcend jufqu'au genou. Son pourpoint eft rouge, fa culote & fes bas bleus. Le fixiéme a une culote jufte à la cuiffe de même.

Leonorius Aurelianenfis Dux Longavillæus, Eftutavillæus, &c. ex tabula depicta a Joanneto quodam, quæ apud Gagnerium vifebatur, eductus eft. Filius erat Francifci Aurelianenfis Rothelinii Marchionis, in pluribus certaminibus claruit, Blœfifque obiit, cum triginta trium annorum effet. Henricus Engolifmenfis, Magnus Franciæ Prior, filius nothus Henrici II. & Leviftoniæ Scotæ, gladio ab Altovito confoffus periit, cum ipfe Altovitum lethali vulnere confodiffet. Obiit autem Aquis Sextiis in Gallo-provincia.

Anna Monmorencius Conftabularius Franciæ, cujus gefta in Regnis Francifci I. Henrici II. Francifci II. & Caroli IX. narrantur, in pugna Sandionyfiana confoffus obiit anno 1567. ex tabula illius ævi eductus fuit. Cum illo Gafparum Colinium fororis ipfius filium proferre cupiebam; fed effigiem ejus certam reperire non licuit.

Hofpitalius Cancellarius ex tabula fuo ævo depicta exhibetur, munere fuo fungens, & Regi vel Reginæ libellum offerens, pileumque manu tenens. Filius erat Joannis Hofpitalii. Ejus hiftoria paffim habetur. Brantomius magnificum viri elogium protulit.

Blafius Monlucius qui multa nobis in Commentariis fuis ad hiftoriam fuppeditavit, fub Henrico III. Marefcallus Franciæ creatus eft, cum per ætatem & accepta vulnera non ultra bellum gerere poffet; ejus fchema ex tabula depicta eductum eft. In eadem tabella vifitur Antonius Gelafius Leberonis Topardia, fororis ejus filius, qui multis in locis fortitudinis & fagacitatis fpecimina dedit.

Tabula fequens fex nobiles viros aulicos exhibet, quales erant in aula Caroli IX. anno 1572. Veftes non omnino fimiles funt. Quatuor primi femoralia habent brevia, inflata, quæ ad medium fenus defcenduntur. Quinti femoralia ftricta ad genua ufque extenduntur. Thorax ruber eft: femoralia & tibialia cærulea. Sextus femoralia fimilia habet.

Duchesse de Montpensier

Princesse de la Rochesurion

FRANÇOIS DE LORRAINE
Duc de Guise

Louis de Lorraine
Cardinal de Guise.

Henri d'Angoulesme Grand Prieur de France fils Naturel d'Henri II.

Leonor d'Orleans Duc de Longueville

ANNE DE MONTMORENCI CONNÉTABLE.

LE CHANCELIER DE L'HOPITAL

le Maréchal de Montluc.

Monsieur de Leberon
son Neveu.

GENTILS HOMMES DE LA COUR DE CH

HENRI III. ROI DE FRANCE ET DE POLOGNE.

APRE's la mort du Roi Charles, la Reine Mere dépêcha Chemeraut 1574. pour en porter la nouvelle à Henri son fils qui regnoit en Pologne, & prendre avec lui des mesures pour son retour en France. Il envoia d'abord à sa Mere la confirmation de la Regence du Roiaume, & songea aux moiens de s'échapper: ce qui n'étoit pas aisé; car il étoit soigneusement observé des Polonois, comme nous dirons plus bas.

La mort du Roi Charles rallentit beaucoup de Reformez qui se trouverent alors divisez entr'eux. Les uns vouloient continuer la guerre, les autres étoient fort portez à la paix. La Reine Mere de son côté qui tenoit sous sure garde le Duc d'Alençon, le Roi de Navarre, & en prison les Maréchaux de Montmorenci & de Cossé, souhaitoit de faire la paix ou du moins une tréve. Elle envoia à la Rochelle l'Abbé de Gadagne pour traiter avec les Rochelois & La Noüe. Comme plusieurs des Religionnaires étoient fort las de la guerre, on conclut une tréve pour la Rochelle, le payis d'Aunis, le Poitou, la Saintonge & l'Angoumois, dont les principaux articles étoient; Qu'il y auroit une cessation d'armes pendant les mois de Juillet & d'Août suivans; qu'au lieu des revenus Roiaux & Ecclesiastiques dont les Religionnaires s'étoient emparez dans les payis où ils étoient les maîtres, la Reine leur feroit compter soixante-dix mille livres. Le traité contenoit quelques autres articles, qui furent tous mal gardez tant d'un côté que de l'autre.

Tréve avec les Rochelois.

Cependant la Reine Mere fit faire le procès au Comte de Montgommeri. Il fut mis à la question, & soutint long-tems la torture, se plaignant toujours qu'on agissoit contre la bonne foi, & que sa capitulation portoit qu'il auroit la vie sauve. L'Ambassadeur d'Angleterre de la part de la Reine Elisabeth & plusieurs Seigneurs, s'interesserent pour lui sauver la vie; mais inutilement. Il fut condamné à avoir la tête tranchée, & fut executé publiquement à la grande joie des Parisiens, & au grand regret des Religionnaires, qui le regardoient comme un de leurs meilleurs Capitaines. Il alla à la mort avec une grande

Montgommeri executé.

HENRICUS III. REX FRANCIÆ ET POLONIÆ.

POst Caroli mortem Regina parens Chemeraldum misit, qui nunciaret Henrico filio in Polonia regnanti, & cum illo consilia misceret circa reditum ipsius in Franciam. Misit statim ille matri suæ rescriptum, quo illam in Francia Regentem confirmabat: & de modo ex Polonia elabendi cogitare cœpit: neque enim facile alio proficisci poterat, Polonis illum sedulo observantibus, ut infra dicetur.

Mors Caroli Regis Reformatorum ardorem remisit, qui tunc in varias abiere sententias. Alii bellum continuare gestiebant, alii ad pacem faciendam inclinabant. Catharina vero quæ sub tuta custodia tenebat Alenconium Ducem, & Regem Navarræ, & in carcere Monmorencium & Cossæum Marescallos, pacem aut saltem inducias admodum cupiebat. Vadagnium Abbatem Rupellam misit, qui cum Rupellanis & cum Lanovio de pace ageret. Cum ex Hugonotis plurimi diuturni belli tædio affecti essent, induciæ pactæ fuerunt pro Rupella, Alnetensi tractu, Pictonibus, Santonibus & Engolismensibus, quarum præcipua capita hæc erant; ut ab hostibus cessaretur mensibus Julio & Augusto sequentibus; ut pro Regiis & Ecclesiasticis reditibus, quos Hugonoti in quibus locis dominabantur usurpaverant, Regina ipsis 70. millialibrarum numerari curaret. Aliæ quædam conditiones ferebantur, quæ male utrinque servatæ sunt.

Inter hæc Catharina Mongommerium in causam & judicium vocari jusserat. Tormentis applicatus ille, diu illa sustinuit, semper queritans quod contra fidem & pactionem secum ageretur. secundum quam vita ipsi concedatur. Orator Anglicanus Elisabethæ Reginæ nomine & proceres plurimi intercedebant, ut illi vitam servarent; sed frustra, damnatus enim capite truncatus publice fuit, plaudentibus Parisinis, sed cum summo Protestantium dolore, qui ipsum inter fortiores sagacioresque duces suos numerabant. Mortem ille adiit cum constantia maxima, tesque ut

Les mêmes.

1574. constance. Le fait fut rapporté dans deux Ecrits imprimez l'un à Paris, l'aut[re] à Lion, qui parurent vers le même tems.

Danville qui étoit en Languedoc, voiant le Maréchal son frere prisonni[er] & son autre frere Thoré fugitif en Allemagne, & sachant que la Reine M[ere] lui tendoit continuellement des embuches, hai aussi du Parlement de T[ou]louse qui venoit de donner un Arrêt contre lui, se rangea enfin du côté d[es] Huguenots qui étoient puissans dans le Languedoc. Le traité d'association [avec] ce Chef des Politiques, fut reçû & ratifié à Millaud en Rouergue, où se ti[nt] aux mois de Juillet & d'Août une grande assemblée de Religionnaires.

En ce même tems le Prince Dauphin de Montpensier avec une petite arm[ée] faisoit la guerre aux Huguenots en Dauphiné. Montbrun homme hardi & e[n]treprenant, commandoit les Reformez en cette Province. Il surprit l'ava[nt]garde de l'armée du Prince, & tua près de quatre cens hommes. Enflé de succès, il alla assieger Die, dont Glandage étoit Gouverneur. Celui-ci av[oit] un fils dans les troupes de Montbrun, qui donna avis à son pere de son d[es]sein. Glandage dressa une embuscade à la troupe de Montbrun, qui perdit beaucoup de ses gens, & mit ses troupes en garnison dans Loriol & Livr[on] près du Rhône. Le Dauphin prit quelques Places & assiegea Livron, pe[tite] Ville mal fortifiée. Mais les habitans Reformez se défendirent si bien, q[u'il] fut obligé de lever le siege.

L'Assemblée de Millaud déclare le Prince de Condé Commandant Général.

Dans le Vivarez les Reformez eurent quelqu'avantage sur les Catholiq[ues] & prirent plusieurs petites Villes. L'Assemblée de Millaud élut vers ce te[ms] pour son Chef & Commandant General le Prince de Condé, qui devoit [en]trer en France avec un corps de troupes Alemandes, à ces conditions q[u'il] travailleroit à rétablir la liberté de conscience; à faire délivrer de prison [le] Duc d'Alençon, le Roi de Navarre, & les Maréchaux de Montmorenci & Cossé; à faire donner la Regence du Royaume au Duc d'Alençon à qui elle a[p]partenoit de droit, & à procurer une assemblée des Etats Generaux de Franc[e] pour appaiser tous les differens, & rétablir le bon ordre.

Cependant la Reine Mere faisoit son possible pour porter les Reformez [à] une paix generale. Les Rochelois & les Religionnaires de quelques Provin[ces] voisines y étoient assez portez; ils envoierent quelques-uns des leurs à Milla[ud]

Les mêmes.

gesta fuit enarratur in libellis duobus eodem tempore scriptis, quorum alter Lutetiæ, alter Lugduni cusus fuit.

Damvilla qui in Septimania erat, Marescallum fratrem videns in carcere positum, alterumque fratrem Thoræum in Germania fugitivum; cum sciret Catharinam sibi quotidie insidias parare, & sibi infensum Tolosanum Senatum, Scitum contra se nuper emisisse, ad Hugonotorum tandem, qui in Septimania viribus valebant, partes sese adjunxit. Societatis pactum cum hoc Politicorum duce Miliadi in Ruthenis ratum habitum fuit, ubi mensibus Julio & Augusto magnus Reformatorum conventus habitus est.

Les mêmes.

Hoc tempore Princeps Delphinus Monpenserius cum exercitu modico bellum gerebat contra Hugonotos in Delphinatu. Monbrunius vir audax & strenuus, dux ibi Reformatorum erat. Hic primam aciem Delphini ex improviso aggressus, quadringentos ferme intercepit. Hoc prospero exitu inflatus, Diam obsessurus movit, ubi Glandagius Præfectus erat. Hujus filius in Monbrunii exercitu erat, qui patri Monbrunii consilium clam nunciavit. Glandagius insidias Monbrunii copiis paravit, qui multos suorum amisit: & suos ille postea Lorioli & Liberon[i] Rhodanum præsidiarios locavit. Delphinus ali[quot] oppida & castra cepit, & Liberonem oppidulum sedit; sed tam strenue illum præsidiarii propulsar[unt] ut obsidionem solvere coactus sit.

In Vivariensi tractu Reformati rem prospere ferunt contra Catholicos & aliquot oppida ceper[unt] Hoc autem tempore Milialdensis conventus du[cem] sibi præcipuum & generalem elegit Principem C[on]dæum, qui cum copiis Germanorum in Franc[iam] intraturus erat, illis nimirum conditionibus, u[t li]bertatem conscientiæ concedi curaret, Ducem A[len]conium, Regem Navarræ & Marescallos Mon[tmo]rencium & Cossæum ex captivitate erueret, R[egni] administrationem Duci Alenconio, ad quem pertinebat, conferri curaret, comitia Franciæ genera[lem] conventum ad dissidia sedanda, & bonum resti[tuen]dum ordinem obtinere conaretur.

Interhæc Catharina nihil non agebat, ut Refor[ma]tos ad pacem generalem faciendam induceret. Ro[chel]lani & vicinarum provinciarum Protestantes ad i[d] faciendum propensi erant. Quosdam vero suorum

pour perſuader à ceux qui compoſoient cette aſſemblée de l'accepter avec eux. 1574.
Mais ceux-ci plus fiers à cauſe de la jonction de Danville qui s'étoit mis dans
leur parti, & du grand ſecours qu'ils attendoient d'Allemagne, & que leur
devoit amener le Prince de Condé, firent une proteſtation contre cette paix,
& propoſerent d'autres conditions qu'on ne leur auroit jamais accordées.

Le Roi Henri aiant appris la mort de ſon frere, vivement ſollicité par ſa
mere, aſſembla ſecretement ſes plus affidez, pour ſavoir quel parti il avoit à
prendre. Pluſieurs étoient d'avis qu'il ne convenoit point à la Majeſté Roiale
de ſe dérober pour ainſi dire, & de s'enfuir ſans dire adieu à ceux qui lui
avoient fait l'honneur de l'élire pour leur Roi. Mais qu'il devoit leur remon-
trer la neceſſité qu'il avoit de partir, pour aller prendre poſſeſſion d'un Roiaume hereditaire; & que comme un grand nombre de Seigneurs Polonois lui
étoit fort attaché, il pouvoit par leur moien faire élire en ſa place le Duc
d'Alençon, & ſe délivrer par ce moien d'un Prince qui troubloit le Roiaume de France. Au lieu que s'il prenoit la fuite comme bien des gens le lui per-
ſuadoient, cette retraite ſeroit honteuſe, & ne ſeroit point exempte de péril.
Le plus grand nombre diſoit qu'il falloit inceſſamment ſe mettre en chemin,
que l'état où ſe trouvoit la France demandoit qu'il partît ſans retardement;
& que ne le pouvant faire publiquement, il falloit chercher quelque moien de s'échapper. Le Roi Henri ſuivit ce conſeil, ſe ſauva la nuit, & prenant la
route d'Allemagne, il paſſa dans l'Autriche, où l'Empereur Maximilien lui fit
un accueil des plus magnifiques. De-là il ſe rendit dans l'Etat de Veniſe, où
les Senateurs épuiſerent leur induſtrie en fêtes & en réjouiſſances. Ils le traiterent en bien des occaſions comme s'il eût été leur Souverain, & le firent accompagner par leur Cavalerie juſqu'aux Etats voiſins. Il fut très-bien reçû auſſi
à Ferrare, à Mantouë, & par tout ailleurs.

Henri III. s'échappe de la Po- logne.

Il vint enfin en Piedmont, & fut accueilli de même à Turin par Philibert-
Emanuel Duc de Savoie, & par la Ducheſſe Marguerite ſa tante. Le Duc
voulut profiter de l'occaſion pour reconcilier avec le Roi Dnville ſon
parent. Il le fit venir de Languedoc, le lui préſenta, & le lui recommanda. Bellegarde & Pibrac ſe joignirent au Duc & à la Ducheſſe pour remettre
Danville en grace. Il ſembloit que le Roi tournoit aſſez de ce côté-là, &

---

lialdum miſerunt, ut conventum ad pacem amplectendam inducerent. Iſti vero audaciores facti, quod
Damvillam ſibi ſocietate junctum haberent, & quod
auxilium magnum ex Germania exſpectarent, a Condæo Principe ducendum; contra pacem illam pro-
poſitam conteſtati ſunt, & alias conditiones obtulerunt, quæ nunquam admittendæ erant.

Henricus Rex poſtquam Caroli fratris mortem
ediſcerat, urgente matre, ac fidiſſimis ſibi clam
collectis, quid facto opus eſſet agitare cœpit. Quidam dicebant, præter decorum Majeſtatis Regiæ fore, ſi furtim nec Polonis valedicendo, qui ſe in Regem delegerant, clam ſe ſubduceret; ſed par eſſe ut
illis repræſentaret neceſſarium prorſus eſſe, ut ipſe
ad hæreditarium Regnum accipiendum proficiſce-
tur: & quia multi Proceres Poloni ſibi addictiſſimi
erant, illorum ope poſſe Regem id obtinere ut frater
ſuus Alenconius in ſui locum Rex Poloniæ deligeretur, ſicque ex finibus ſuis Principem amovere, qui
in Regno Franciæ tumultuum & factionum auctor
erat, cum contra ſi fugam faceret, ut multi ſuade-
bant, receptus ille turpis nec ſine periculo habendus
eſſet. Alii majore numero dicebant, quamprimum
eſſe proficiſcendum: Franciam quippe eo in ſtatu &
conditione rerum eſſe, ut moras quaſvis rumpere
oporteret; cumque id palam fieri non poſſet, clam
evadendi modos excogitandos eſſe. Hoc conſilium
Henricus amplexus eſt, & noctu dilapſus in Germaniam contendit, in Auſtriamque venit, ubi Maximilianus Imperator illum magnificentiſſime excepit; indeque in Venetorum ditionem ſe contulit, ubi Senatores induſtriam omnem ſuam adhibuere, ut illum
conviviis, oblectamentis, aliaque omnis generis ob-
ſervantia cohoneſtarent, atque in multis cum ipſo
quaſi cum ſupremo Domino ſuo egerunt, & equitatum ſuum emiſerunt, qui illum ad vicinorum uſque
Principum terras comitaretur. Magnifice quoque exceptus fuit Ferrariæ, Mantuæ, & ubique locorum.

Tandem in Pedemontium venit, parique ſumtu Les mêmes.
Taurini exceptus fuit a Philiberto Emanuele Sabaudiæ Duce & a Margarita amita ſua. Dux occaſione
illa uſus eſt ut Damvillam cognatum ſuum cum Rege reconciliaret, ex Septimania evocavit illum & ad
Regem adduxit. Bellogardius & Pibracus unà cum
Duce & Margarita ejus uxore Regem placare & Damvillam in gratiam reducere conati ſunt. Videbatur

E e iij

1574.
que la reconciliation alloit se faire. Mais Huraut de Chiverni que la Reine Mere lui envoia, le changea tellement, qu'il ne voioit Danville qu'avec une froideur extrême, il l'évitoit & le fuioit, il ne souffroit qu'avec beaucoup de peine qu'on lui parlât en sa faveur, & ne donnoit plus à son sujet que des réponses ambiguës. De sorte que Danville desesperant d'obtenir sa grace, s'en retourna en poste en Languedoc, & confirma le traité qu'il avoit fait avec les Huguenots de l'assemblée de Millaud.

Henri III. cede mal-à-propos. Pignerol, &c. au Duc de Savoie.

Bien des gens blâmerent le Roi Henri d'avoir manqué cette occasion de remettre en sa bonne grace un Seigneur qui se tenant dans le parti contraire, pouvoit faire tourner presque toute cette grande Province de Languedoc contre lui; mais il fit un mal irréparable, quand par une generosité mal entenduë, il promit & engagea sa foi au Duc de Savoie, qui l'en prioit instamment, de lui rendre Pignerol, Savillan, & la vallée de Perouse: il pouvoit si facilement éluder les instances du Duc, en lui disant qu'il ne pouvoit faire & terminer une affaire de cette importance que par l'avis de son Conseil, & en lui donnant de belles paroles. Mauvais présage pour la suite. Ce ne fut pas le moindre de ses défauts que de prendre des engagemens mal à propos. Le Duc de Nevers alors Gouverneur de ce Pays, fit son possible pour l'obliger à dégager sa parole si legerement donnée; mais il n'y put rien gagner.

Le Roi partit de Turin, & passa les Monts. Il trouva à S. Jean de Morienne un Envoié de Frederic III. Electeur Palatin, qui à la follicitation du Prince de Condé le portoit à faire la paix. Au pont de Beauvoisin le Duc d'Alençon & le Roi de Navarre envoiez par la Reine Mere, vinrent le saluer, il les reçût avec de grands témoignages d'affection, & trouva sa Mere près de là. Il crea Maréchal de France Bellegarde, ci-devant son favori, malgré Catherine qui l'en dissuadoit : il commençoit lui-même à se dégoûter du personnage ; mais il le lui avoit promis, & il vouloit tenir sa parole. Bellegarde fut bien-tôt après disgracié. A Lion & dans le reste de sa route on commença à beaucoup rabbatre de la grande opinion qu'on avoit conçû de lui, lorsque n'étant que Duc d'Anjou il s'étoit signalé à la tête des armées par de grandes victoires. Toujours investi d'une troupe de favoris, jeunes gens sans mérite, il passoit avec eux la meilleure partie de son tems, donnant de fort courtes audiences

initio Rex acquiescere, & reconciliatio mox futura putabatur; sed Huraldus Cevernius a Catharina Regis parente missus, ipsius animum ita mutavit, ut mox Damvillam vultu alienatum animum præ se ferente respicere coeperit. Illum deinceps vitabat, & ea quæ in ejus gratiam dicebantur non libenter audiebat, ac responsa semper ambigua dabat. Itaque Damvilla se gratiam impetrare posse desperans, veredis usus in Septimaniam rediit, & pacta quæ Mililaldi cum Hugonotis inierat confirmavit.

Les mêmes. Brantôme.

Multi Henrici gestum improbavère, quod nempe hanc occasionem prætermiserit in gratiam suam recipiendi viri, qui in contrariam factionem reductus, fere totam illam magnam Provinciam Septimaniam contra Regios vertere poterat ; sed malum ille irreparabile admisit, cum fide data Sabaudo pollicitus est, se Pinarolium, Savillianum & Perusiam vallem restiturum ipsi esse. Poterat quippe ille instantes Sabaudi preces eludere dicendo, se nonnisi coacto prius Consilio Regio, rem tantam terminare posse, atque ita illi verba dare. Hæc certe mali ominis erant ad futuram Regni administrationem ; hoc enim ille vitio laborabat, quod inconsulto sæpe fidem daret. Dux Nivernensis in ista regione tunc Præfectus, nihil non egit ut Regi promissum temere datum, retractare suaderet ; sed frustra cessit conatus.

Rex Taurino profectus, montes superavit. Ad Sanctum Joannem in Morienna Legatum invenit Friderici III. Palatini Electoris, qui instigante Principe Condæo, Regem ad pacem faciendam hortabatur. In ponte Bellivicini Alenconium fratrem & Navarræum invenit, qui a Catharina missi salutatum ipsum venerant. Perhumaniter ipsos excepit, non procul Reginam parentem offendit. Bellogardium antehac gratiosum sibi, Marescallum Franciæ creavit, reluctante Catharina matre ; jamque Rex illum fastidire incipiebat ; sed cum ille id pollicitus esset, negare noluit. Bellogardus autem non diu postea a gratia ejus prorsus excidit. Lugduni & dum in via pergeret, ab opinione de virtute ejus concepta multi deflectere coeperunt : dum certe Andinus Dux esset , exercitibus imperans victoriis clarus evaserat. Tunc autem gratiosorum agmine semper stipatus, qui nullis meritis, nullis animi aut dotibus ornati erant. Cum illis maximam temporis partem transigebat ; cum iis vero qui de negotiis maximis agebant brevissima misce-

HENRI III.

pour les affaires les plus importantes, & laissant à part les Seigneurs & les gens de la premiere distinction, qui se dégouterent bien-tôt de ses manieres, & plusieurs d'entre eux quitterent la Cour pour n'y plus revenir.

Il y avoit deux puissans partis dans le Roiaume, les Guises & les Montmorencis: les premiers vouloient à toute force la guerre contre les Huguenots, & les Montmorencis souhaitoient qu'on fît la paix. Ils étoient alors tous disgraciez; un en prison, un autre ligué avec les Huguenots, & deux hors du Roiaume. Dans le Conseil du Roi, Paul de Foix étoit pour la paix. Plusieurs du Parlement la souhaitoient aussi, comme Christophe de Thou Premier President, Christophe de Harlai President, Du Menil & Pibrac Avocats. Morvilliers qui étoit homme de probité, & porté à la douceur, suivoit pourtant toujours le parti qui étoit le plus au gré de la Cour. Ceux qui étoient pour la guerre étoient incomparablement plus puissans & plus nombreux. La Reine Mere qui vouloit faire la paix auparavant, vouloit alors la guerre: le Cardinal de Lorraine, tous les Guises, le Duc de Nemours, le bâtard d'Angoulême, le Maréchal de Rets, & un grand nombre d'autres Officiers, la desiroient aussi.

On tint un conseil secret à Lion pour déliberer sur ce qu'on avoit à répondre aux Députez des Huguenots, qui devoient venir dans peu de jours pour demander la paix. Paul de Foix parla le premier, & fit un long discours, où il prouva qu'en leur faisant la guerre, on ne viendroit jamais à bout de les réduire: il étala les grands malheurs que cette guerre causeroit, & conclut en disant que le meilleur parti à prendre pour appaiser ces troubles, étoit une bonne & solide paix. Villequier aposté par la Reine Mere parla à son tour, refuta ce que de Foix avoit dit, tâcha de prouver qu'on ne pouvoit réduire les Huguenots qu'en les exterminant, & finit en disant qu'il falloit leur faire la guerre.

La resolution fut prise qu'on écouteroit les Députez des Huguenots s'ils se presentoient, & que cependant on leur feroit la guerre par tout sans intermission. Le Roi écrivit au Duc de Montpensier qu'il continuât d'agir avec vigueur contre les Huguenots, comme n'y ayant plus d'esperance de paix. Il donna au Maréchal de Bellegarde le Commandement des troupes de Dauphiné, non par esperance d'un bon succès, mais parce qu'il lui étoit suspect, & qu'il vouloit l'éloigner de la Cour. Mais craignant qu'il ne se liât avec Danville, il

1574.

---

bat colloquia. Primores autem & meritis fulgentes vix audiebat. Hinc illorum plurimi hæc non ferentes, ab aula regia dilapsi sunt, nunquam reversuri. Duæ tunc potentissimæ factiones in Regno erant, Guisiorum nempe & Monmorenciorum. Guisii bellum contra Hugonotos suscipi omnino volebant. Monmorencii vero pacem fieri & confirmari cupiebant: hi vero omnes aulæ regiæ gratiam amiserant. Unus in carcere erat, alter cum Hugonotis societate junctus, duo alii extra Regnum degebant. In Consilio Regio non deerant qui pacem optarent; ut Paulus Foxius. Plurimi quoque in Curia Senatus pro pace stabant, ut Christophorus Thuanus Primus Præses, Christophorus Harlæus Præses, Menilius & Pibracus Advocati. Morvillerius vero, qui tamen vir probus erat & mitis, quæ aulæ regiæ magis placebant semper sectabatur. Qui bellum cupiebant longe potentiores numerosioresque erant. Regina parens, quæ tantopere nuper pacem optaverat, jam bellum volebat, Guisii omnes, Nemorosius Dux, Nothus Engolismensis, Radesianus Marescallus, multique alii Tribuni pro bello stabant.

Consilium Lugduni secreto habitum fuit, ut deliberaretur de responso Hugonotis reddendo, qui paucis postea diebus pacem petituri venturi erant. Paulus Foxius prior longam orationem habuit, in qua probavit, bello nunquam Hugonotos in ordinem reducendos fore: quantas calamitates bellum istud inducturum esset demonstravit, concludisque dicendo ad tumultus sedandos solidam pacem unicum esse remedium. Villoclarus a Catharina emissus; sub hæc loquutus, omnia quæ Foxius dixerat confutavit, & probare conatus est, non alio modo Hugonotos reduci posse, quam exterminando illos, claustique dicendo bellum ipsis inferendum esse.

Decretum autem fuit, ut Hugonotorum Deputati, si accederent, audirentur, interimque ipsis sine intermissione bellum inferretur. Rex Montpenserio Duci scripsit, ut pergeret Hugonotis bellum fortiter inferre, cum nulla pacis spes superesset. Bellogardium copiarum ducem in Delphinatu creant, ducem statuit; non quod prosperum speraret exitum; sed quia suspectus ipsi erat, ipsumque ab aula regia amandare cupiebat; verum timens ne ille cum Damvilla socie-

Le même.

Le même.

1574. resolut de se rendre lui-même à Avignon. Montluc vint voir le Roi à Lion, & fut fait Maréchal de France en recompense de ses services passez. Sa Majesté voulut lui donner la conduite de la guerre en Guienne ; mais il s'excusa à cause de sa vieillesse & de ses infirmitez. Il marque dans ses Commentaires que cette guerre fut entreprise fort mal à propos ; quoiqu'il fût ennemi irreconciliable des Huguenots. Diane sœur naturelle du Roi, vint en habit de deüil lui demander la délivrance du Maréchal de Montmorenci son mari qui étoit en prison. Le Cardinal de Lorraine & quantité d'autres se joignirent à elle. Le Roi lui répondit fort gracieusement, & lui promit de faire le plûtôt qu'il pourroit examiner son affaire.

Un Envoié du Duc de Nevers lui apporta un Ecrit de la part de son Maître, où il lui representoit en des termes fort vifs le grand tort qu'il faisoit & à sa Personne Roiale, & à son Roiaume, en cedant ainsi au Duc de Savoie, & à sa premiere requête, Pignerol & Savillan, les terribles conséquences qui pourroient s'ensuivre d'une pareille restitution, & demanda d'être déchargé du Gouvernement de delà les Monts pour n'être pas obligé d'y souscrire. Le Roi quoique piqué interieurement de cette remontrance, le loüa publiquement de son zele, le déchargea de son Gouvernement, & à sa requête donna un acte public signé de la Reine Mere, des Princes & des Seigneurs presens ; où il déclaroit qu'on ne pourroit jamais en rien imputer au Duc de Nevers. Marguerite Duchesse de Savoie, & tante du Roi, étant venuë à mourir, le Duc Philibert-Emanuël qui avoit suivi la Cour de France jusqu'alors, s'en retourna chez lui, & peu de tems après le bâtard d'Angoulême fut envoié pour lui remettre Pignerol & Savillan. Le Duc loin d'en être reconnoissant, ne cessa depuis de cabaler contre le Roi & le Roiaume de France.

Henri mal conseillé, fit dés le commencement de son regne bien des changemens dans les finances & dans les Officiers qui les gouvenoient : prodigue de son naturel, il épuisa par des dons immoderez tout le Tresor Roial. Il falloit le marier. La Reine Mere souhaitoit qu'il prît quelque Princesse étrangere, esperant qu'elle pourroit ainsi continuer à gouverner le Roiaume ; ce qu'elle n'osoit se promettre d'une Princesse du voisinage & de même langue. Elle lui proposa Elisabeth sœur du Roi de Suede, Princesse fort belle, dont elle lui fit

Le même.

tate jungeretur, ipse Avenionem se conferre decrevit. Monlucius Regem adhuc Lugduni versantem adiit, & Marescalius Franciæ creatus est in gratiam militarium gestorum. Rex illi Aquitanici belli ductum conferre voluit : verum ille ob senectutem & infirmitates apud Regem sese excusavit. In Commentariis ille suis notat bellum istud abs re susceptum fuisse, etiamsi ille Hugonotorum acerrimus hostis esset. Diana, soror Regis notha, pullata veste venit Regem rogatum, ut Monmorencium Marescallum conjugem suum in carcere clausum libertate donaret. Cardinalis Lotharingus, multique idipsum cum illa petebant. Rex gratiose respondit, dixitque brevi se causam ipsius examinari curaturum.

Quidam a Duce Nivernensi missus rescriptum ipsi attulit, quo repræsentabat Dux quantum damni sibi & Regno suo Rex inferret, cum ad oblatam primam petitionem Duci Sabaudiæ Pinarolium & Savilianum concedebat, & quam terribilia inde consequi possent ; petebatque ut Præfecturam quam ultra montes habebat, sibi deponere liceret ; ut ne tali restitutioni subscribere cogeretur. Rex, tametsi ita libera oratione intus mordebatur, Nivernensem tamen ob suo erga Regem & Regnum studio laudavit, & a Præfectura, ut petierat, exoneravit ; illoque postulante, actum publicum edidit, cui subscripsere Regina parens, Principes & Primores qui tum præsentes erant, quo declarabatur nunquam posse talem restitutionem Nivernensi Duci imputari. Margarita Ducis Sabaudiæ uxor hoc tempore mortua est, quo factum ut Philibertus Emanuel, qui aulam Regiam Francicam hactenus sequutus fuerat, domum reverteretur ; & paulo postea nothus Engolismensis missus est, qui Pinarolium & Savilianum ipsi restitueret. Sabaudus vero nedum grati animi signa daret, nunquam postea cessavit contra Regem Regnumque Francorum quædam moliri.

Henricus initio regni sui prava sequutus consilia, in re æraria, atque in ejus Administratoribus quædam mutavit. Natura prodigus, donis immodicis gazam regiam exhausit. Quærenda ipsi uxor erat. Catharina vero id machinabatur, ut Principem feminam, lingua, moribus extraneam duceret, sub qua ipsa rerum potiri posset, quod sub vicina Principe linguam Francicam callente sibi obventurum non ita sperabat. Henrico autem proposuit Elisabetham Regis Sueciæ sororem, egregiæ formæ, cujus effigiem

présenter

HENRI III.

présenter un tableau fait par un excellent Peintre. On en parla quelque tems à la Cour. 1574.

Quoiqu'on eût déterminé dans le Conseil du Roi de faire la guerre, on ne laissa pas de tenter les Rochelois & de les solliciter à faire un accommodement; mais on ne put convenir en rien; on tâcha aussi de gagner le Prince de Condé qui étoit en Allemagne, & on n'y réussit pas mieux.

Le Roi se rendit à Avignon comme il l'avoit projetté, & envoia Belloi au Maréchal d'Anville pour tâcher de le gagner & de le détacher des Huguenots. Les Courtisans qui voioient que d'Anville, déja fortifié du parti des Huguenots, alloit devenir formidable par la jonction des secours que devoient lui amener ses freres, faisoient leur possible pour le gagner, & lui envoioient de frequens messages. Il eut peur qu'ils ne le rendissent suspect aux Huguenots par la quantité de négociateurs qui venoient tous les jours, & peut être aussi étoit-ce leur intention. Pour y obvier & ôter tout soupçon à ses alliez, un jour que Belloi étoit venu; il le mena devant l'assemblée, lui fit proposer tout ce qu'il avoit à lui dire, & lui fit publiquement la réponse qu'il devoit apporter au Roi qui étoit à Avignon. Montbrun Chef des Reformez faisoit des courses dans le Dauphiné, & de l'autre côté du Rhône d'Anville vint assieger S. Gilles, & dressa ses batteries, ensorte qu'on entendoit cette artillerie à Avignon même: & tout cela se fit en telle diligence, qu'on n'eut pas le tems d'y envoier du secours. Le Maréchal de Bellegarde assiegeoit dans le même tems Livron, méchante place du Dauphiné, qui se défendit vaillamment, & soutint plusieurs assauts.

Henri III. se rend à Avignon.

Au même tems que cela se passoit en Dauphiné & en Languedoc, le Roi en devotion à Avignon, assistoit aux Ceremonies & Processions des Flagellans & des Penitens blancs, bleus & noirs: c'étoit quelques jours avant la Fête de Noël, & Charles Cardinal de Lorraine qui se trouva à ces exercices dans une saison si froide, y gagna une maladie. Une grosse fiévre qui le prit accompagnée d'un grand mal de tête, le mit au tombeau. Quelques-uns disoient qu'il avoit été empoisonné.

Mort de Charles Cardinal de Lorraine.

Le Roi en passant par la Lorraine lorsqu'il alloit en Pologne, avoit vû la Princesse Louise, fille du Comte de Vaudemont; il avoit été frappé de sa

---

giem a peritissimo Pictore concinnatam ipsi offerri curavit. Ea de re aliquamdiu in aula regia rumor fuit.

Etsi in Consilio Regio decretum fuerat bellum Hugonotis esse inferendum, Rupellanis tamen propositæ quædam conditiones fuere; sed in re nulla inter ambas partes conveniri potuit. Ad Condæum etiam Legati ea de re missi sunt; sed non meliore exitu.

Rex Avenionem, ut jam sibi proposuerat, se contulit, Belloiumque misit ad Damvillam, ut illum sibi deviniret, atque ab Hugonotorum societate averteret. Aulici qui Damvillam videbant ex pacta cum Reformatis societate jam viribus pollentem, moxque formidabilem futurum, cum fratres sui Germanorum copias adducerent, crebris nunciis apud illum, ut sese Regis adjungeret instabant. Damvilla vero metuens ne tam frequentes illi caduceatores Hugonotis tandem suspecti forent, idque fortassis iis qui mittebant in optatis erat; ut ille a sociis omnem amoveret suspicionem, quadam die cum Belloius venisset, ipsum ad conventum publicum Reformatorum duxit, jussitque eum omnia quæ sibi propositurus erat palam dicere, ac responsum Regi afferendum coram omnibus protulit. Monbrunius dux Hugonotorum in Delphinatu incursionibus omnia circum devastabat. Ex altera vero Rhodani parte Damvilla Fanum Ægidii obsedit, & tormentis adhibitis oppidum verberavit, ita ut fragor Avenione in aula regia audiretur. Eodemque tempore Bellogardius Liberonem oppidulum in Delphinatu non ita probe munitum obsedit: verum præsidiarii fortiter pugnavêre, & Regiorum oppugnationes propulsavêre.

Dum hæc in Delphinatu & in Septimania gererentur, Rex Henricus Avenione religionibus plurimum intentus, cærimoniis & *processionibus* aderat Flagellantium & Pœnitentium alborum, cæruleorum & nigrorum. Aliquot vero diebus ante Natalem Domini Carolus Cardinalis Lotharingus, qui in tam frigida tempestate exercitiis istis aderat, in morbum incidit. Ingens febris cum dolore capitis ipsum invasit, & paucis postea diebus fato functus est; rumor erat ipsum veneno sublatum fuisse.

Rex cum Poloniam petens, Lotharingiam trajiceret, Ludovicam Lotharingam viderat, Valdemontii Comitis filiam, præstanti forma virginem, ejus-

Le même.

Le même.

Tome V.   F f

1574. grande beauté, & pensoit à l'épouser : mais pendant la vie du Cardinal de Lorraine il n'avoit pas voulu découvrir sa passion à sa Mere, qui se souvenant que durant le regne de François II. ce Cardinal oncle de la Reine avoit fait toute l'autorité, auroit craint que la nouvelle Reine ne procurât à son oncle la même puissance qu'il avoit alors ; ce qu'elle craignoit infiniment. Mais après la mort du Cardinal, il découvrit sa passion à sa mere, & ils convinrent ensemble qu'on rappelleroit de la Suede l'Ambassadeur envoié pour demander la Princesse Elisabeth, & que le mariage avec Louise de Lorraine se feroit au plûtôt.

Cependant le Duc de Montpensier avec son armée faisoit des progrès dans le Poitou. Il assiegea Fontenai, la garnison se défendit fort bien, fit quelques furieuses sorties, & rendit enfin la place par composition. Le Duc fit pendre du Moulin Ministre, pour vanger la mort de Babelot Cordelier, qu'il menoit avec lui, pour exhorter les Huguenots, qu'il faisoit pendre en grande quantité, à se convertir avant que d'être executez, & qui ayant été pris, avoit été pendu par les Reformez.

1575. Après la prise de Fontenai, il assiegea Lusignan, ce Château si fameux par les fables de Melusine. Les assiegez se défendirent long-tems, firent des sorties violentes où ils tuerent bien des gens. La faim les obligea enfin de capituler sur la fin de Janvier de l'an 1575. Les conditions furent qu'ils se retireroient à la Rochelle avec leurs chevaux & leurs armes ; mais les mêches éteintes & les enseignes ployées. Avec la permission du Roi le Duc de Montpensier fit raser le Château & la tour même de Melusine : ce qui déplût à bien des gens.

Tandis que le Roi étoit à Avignon, d'Anville surprit Aiguemortes & quelques petites Places des environs : il sembloit qu'Henri ne fut venu là que pour être spectateur des progrès des Huguenots : ce qui fit qu'il jugea à propos de se retirer. Il se rendit à son armée qui assiegeoit Livron, commandée par le Maréchal de Bellegarde. Les Huguenots assiegez qui surent son arrivée, lui chanterent mille injures, lui reprocherent la Saint Barthelemi, ses mignons, ses favoris, sa mollesse, & d'autres choses plus piquantes. On dit qu'il en fut sensiblement touché ; & comme le siege avançoit fort peu, il fit retirer son

que amore captus, ipsam ducere cogitabat, sed dum Cardinalis Lotharingus viveret, matri desiderium suum aperire ausus non fuerat : quae non immemor regni Francisci II. sub quo Cardinalis ille, Reginae avunculus, totam auctoritatem usurpaverat, timuisset ne nova Regina eamdem potentiam avunculo suo conciliaret, id quod illa supra modum metuebat ; sed defuncto Cardinale, amorem suum parenti aperuit, conjunctisque animis, ambo convenere, ut Orator in Sueciam missus ad Elisabetham expetendam, revocaretur, utque connubium cum Ludovica Lotharinga brevi conficeretur.

Le même. Interea Monpenserius Dux cum exercitu suo apud Pictonas bene rem gerebat. Fontenaeum obsedit ; praesidiarii strenue pugnavère, & in Regios aliquoties eruperunt, tandemque ad deditionem venire compulsi sunt. Monpenserius autem Molinium Ministrum suspendio vitam finire jussit, ut Babeloti Franciscani necem ulcisceretur. Hic Babelotus, quem Monpenserius secum ducebat, ut Hugonotos captos, quos frequenter Duxad supplicium mittebat, ante mortem ad conversionem & peccatorum confessionem hortaretur, ab Hugonotis captus ipse strangulatus fuerat.

Post captum Fontenaeum Monpenserius Lusinianum obsedit, ubi castellum illud erat Melusinae fabulis notissimum. Praesidiarii diu fortissime pugnavère, & frequenter in hostem eruperunt, Regiosque multos interfecerunt ; sed fame tandem cogente, deditionem fecere in fine Januarii anni 1575. Conditiones fuere, ut praesidiarii Rupellam se reciperent cum equis & armis ; sed funibus extinctis, & vexillis complicatis. Cum Regis licentia Monpenserius Lusinianum castellum & turrim etiam Melusinae solo aequavit, id quod multis displicuit.

Dum Rex Avenione esset, Damvilla Aquas-mortuas ex improviso cepit, & aliquot circum castra & oppida occupavit. Videbatur Henricus Rex Avenionem venisse, ut Hugonotorum progressuum spectator esset, ideoque ille receptum habuit ; primo in exercitum suum venit, qui duce Bellogardio Liberonem obsidebat, Liberonis vero praesidiarii, cum Regem Henricum advenisse compertum haberent, clamoribus & maledictis illum impetierunt, Sanbartholomaeanam caedem exprobrantes, gratiosos, mollitiem, aliaque pejora proferentes ; quae, ut narrabatur, Regem graviter offenderunt ; cumque obsidio diutur-

HENRI III.

armée, & continua sa route pour aller se faire sacrer à Rheims. Il passa par Mâcon, traversa la Bourgogne & la Champagne, & se rendit à Rheims, où il fut sacré à la maniere ordinaire. M. de Thou qui assista à ce Sacre, dit qu'on oublia d'y chanter le *Te Deum laudamus* : plusieurs des assistans le remarquerent & augurerent de là que ce regne ne seroit pas heureux.

1575.
Sacre du Roi.

Le lendemain le Roi épousa la Princesse Louise de Lorraine. La Messe où se fit la celebration des nôces, ne finit que sur le soir. La cause du retardement fut que le Roi emploia un fort long-tems à arranger les pierreries dont son habit étoit couvert, & s'amusa encore plus à ajuster celles de son épouse : ce qui fut regardé comme fort indigne de la Majesté Roiale.

Il épousa Louise de Vaudemont.

Le Roi & la Reine firent leur entrée à Paris : & peu de jours après arriverent les Députez du Prince de Condé qui étoit alors à Basle, de Danville, de la Guienne, & de la Rochelle. Le Roi leur donna Audience où assisterent la Reine Mere, le Duc d'Alençon, le Roi de Navarre, le Duc de Montpensier, & quelques autres. Les conditions de paix qu'ils proposoient en 90 articles, étoient telles, qu'on voioit bien que ceux qui les avoient fabriquées, ou ne souhaitoient point veritablement la paix, ou croioient que la terreur de leurs armes obligeroit le Roi à admettre un traité aussi honteux que desavantageux. Quoiqu'il fût bien éloigné de traiter à ces conditions, par le conseil de la Reine il amusa long-tems ces Députez, en leur accordant tantôt une chose, tantôt une autre.

Cependant les Religionnaires faisoient toujours de nouveaux progrès dans les Provinces ; ils surprirent Perigueux, & dans le Limosin Brive la Gaillarde & Uzerche. En Poitou la Haie qui depuis long-tems faisoit semblant d'être & de l'un & de l'autre parti, & qui avoit en même tems des correspondances à la Cour & à la Rochelle, voulut surprendre Poitiers. Son entreprise fut découverte, & il fut condamné par défaut à avoir la tête tranchée. On envoia des gens armez chez lui, qui le percerent de coups & le tuerent, & l'on executa sur son corps mort la Sentence prononcée contre lui. Du côté de Normandie les Reformez déguisez, & portant des armes sous leurs habits, un jour que la garnison sortoit en procession, s'emparerent de l'Abbaye du Mont S. Michel & du Fort. Cela mit l'allarme parmi les Catholiques. Un Officier de Matignon ra-

Guerre des Huguenots.

---

nior fore videretur, ipsam solvi jussit, perrexitque Rhemos versus ut istic inauguraretur. Matisconé transvit, Burgundiam trajecit & Campaniam, Rhemosque tandem pervenit, ubi ritu solito inunctus, inauguratusque fuit. Narrat Thuanus, qui inaugurationi adfuit, Canticum *Te Deum laudamus* cantari solitum, ex oblivione emissum fuisse. Id quidam observavere, & non feliciter regnaturum Henricum augurati sunt.

Postridie Rex Ludovicam Lotharingam duxit uxorem. Sacrum quo nuptiæ celebratæ sunt nonnisi vespertinis horis finitum est, Rege in concinnandis gemmarum ordinibus & suæ & uxoriæ vestis muliebriter occupato ; idque quasi Regia Majestate indignum, in vituperium versum fuit.

Rex & Regina solenniter pro more Lutetiam ingressi sunt, nec multo post advenere Oratores Principis Condæi, qui tum Basileæ erat, Damvillæ, Aquitaniæ & Rupellæ. Rex illos excepit, audivitque præsentibus Catharina, Alenconio, Rege Navarræ, Monpenserio & quibusdam aliis. Pacis quas ipsi nonaginta capitibus proponebant conditiones, tales erant,

ut statim intelligeretur, eos aut non vere pacem optare, aut magna tot armatorum terrorem, Regem eo adducturum esse, ut probrosa, ac damnosa sibi pacta admitteret. Etsi Rex illis manum dare ne cogitabat quidem, ex consilio tamen matris, Oratores diutius detinuit ; modo illud, modo aliud concedendo.

Inter hæc Reformati in Provinciis haud improspere bellum gerebant. Vesunam Petrocoriorum & in Lemovicibus Brivatem & Uzerchium astu ceperunt. In Pictonibus Haius quidam, qui jamdiu se utriusque partis esse simulabat, & qui & in aula regia & Rupellæ viros secum consentientes habebat, Pictavorum urbem astu occupare voluit : at re detecta, ipse capitis damnatus est. Armati contra illum missi sunt, qui ipsum interfecere, in cadaver autem ejus sententiam exsequutioni mandaverunt. In Normannia Hugonoti simulata veste usi, & arma sub veste gestantes, quadam die cum præsidiarii Montis Sancti Michaëlis in *processionem* exirent, Abbatiam Sancti Michaëlis & propugnaculum ceperunt, idque Catholicos admodum commovit : at Matignoni Legatus

Le mêmi

Tome V.

1575. massa un petit corps d'Arquebusiers, alla promtement au Mont S. Michel, & se saisit des avenuës. Les Huguenots qui étoient dedans n'avoient nulles munitions, & jugerent à propos de composer d'abord pour avoir leurs vies sauves. Ils rendirent la place, Matignon prit quelques-uns de leur faction, & les fit pendre.

Le Comte du Lude Gouverneur de Poitou envoia Landereau avec un corps de troupes pour prendre l'Isle de Ré. Il passa dans l'Isle & prit Saint Martin. Mais les Rochelois y envoierent promtement de leurs gens. Il y eut un combat où les Catholiques furent défaits, perdirent trois cens hommes, & abandonnerent l'Isle. Vers le même tems Bêmes, cet Allemand qui avoit tué l'Amiral, revenant d'Espagne où il avoit été envoié par le Duc de Guise, fut pris par les Reformez dans l'Angoumois. Il offroit une grosse somme d'argent si l'on vouloit lui sauver la vie, & trouva moien de s'enfuir: mais on couut après lui, on le reprit, il fut percé de coups, & tué sur la place. Les navires des Rochelois qui étoient en course, aborderent vers ce tems à la Rochelle richement chargez. Ils avoient pris sur les Portugais une Caravelle, où il y avoit, disoit-on, sept quintaux d'or appartenant au Roi de Portugal.

Montbrun qui commandoit en Dauphiné pour les Religionnaires après la levée du siege de Livron, pilla une partie du bagage du Roi, & prit plusieurs petites Places. Il envoia Lesdiguieres pour assieger Châtillon, petite Ville. Simiane de Gordes qui commandoit alors pour le Roi en Dauphiné, ramassa des gens pour faire lever le siege. Montbrun vint joindre Lesdiguieres, & mit Gordes en deroute. Fier après cette victoire, contre le sentiment de Lesdiguieres, il alla attaquer dans les lieux difficiles un corps de troupes qui venoit au secours de Gordes, il fut défait, & eut une cuisse cassée sous son cheval qui tomba. Il demeura prisonnier, & par ordre du Roi il fut livré au Parlement de Grenoble qui le condamna à avoir la tête tranchée. Il alla au supplice avec un grand courage. Après sa mort Lesdiguieres fut élû Chef des Reformez en Dauphiné.

Monbrun decapité à Grenoble.

Le Senat de Pologne, qui après que le Roi Henri se fut retiré secretement & fut revenu en France, lui avoit envoié une Ambassade pour le supplier de

---

quispiam, collecta parva sclopetariorum manu, celeriter in Montem Sancti Michaëlis se contulit, aditusque occupavit. Hugonotis qui intus erant, annona nulla aderat; ideoque statim deditionem salva vita fecerunt. Matignonus quosdam ex illa factione cepit, quos ad patibula misit.

Le même. Ludius Comes in Pictonibus Præfectus, Landereum misit cum pugnatorum manu, ut Retensem insulam occuparet. In insulam ille trajecit, & Fanum Martini cepit; sed Rupellani celeriter illo auxilia miserunt. Pugnatum ibi fuit; Catholici fugati, cæsique, trecentis suorum amissis, insulam deseruere. Idem circiter tempus Besmius, Germanus ille, qui Colinium confoderat occideratque, cum ex Hispania rediret, quo missus fuerat a Duce Guisio, in Engolismensi tractu, ab Hugonotis captus est. Magnam ille pecuniæ summam offerebat ut vita salva evaderet, etiamque fugiendi modum invenit; sed insequentibus ipsum quibusdam denuo captus, ac vulneribus confossus occisusque fuit. Rupellanorum naves quæ fortunæ tentandæ causa vela dederunt, hoc circiter tempus magna onustæ præda appulerunt. Lusitanam ceperant navem, in qua, ut vulgo ferebatur,

septingentæ libræ auri infecti erant; ad Regem Lusitaniæ pertinentes.

Monbrunius in Delphinatu Hugonotis imperabat, postquam Liberonis obsidio soluta fuit, partem supellectilis Regiæ in prædam arripuit, aliquot oppida cepit & Diguierium misit, qui Castellionem oppidum obsideret. Simiana Gordius qui tunc in Delphinatu Legatus Regius erat, collectis copiis ut oppidum ab obsidione solveret, movit. Tunc Monbrunius Diguierium junctum venit, & Gordium profligavit. Hac victoria tumens, contra Diguerii consilium, in locis asperis & præruptis positam Regiorum manum, quæ Gordio auxiliatum veniebat, adortus est. Profligatus vero fuit, & equo suo cadente, coxendix ejus fracta est, ipseque captus fuit, jubenteque Rege, ad Senatum Gratianopolitanum adductus, capite damnatus, ad supplicium ille firmo infractoque animo ductus est. Post ejus mortem Diguierius Reformatorum in Delphinatu dux electus fuit.

Polonicus Senatus, qui postquam Rex secreto dilapsus fuerat, in Franciamque redierat, Legatos ipsi miserat, qui rogarent in Poloniam rediret, ubi ne-

HENRI III.

revenir en Pologne où sa présence étoit nécessaire : voiant qu'il n'y avoit nulle espérance qu'il y revînt jamais, s'assembla de nouveau pour élire un autre Roi, qui fut Etienne Batori. Cela ne fit pas plaisir au Roi Henri.

Mais ce qui arriva vers le même tems à la Cour le toucha si fort, que tous les autres sujets de chagrin s'évanouirent, & la face des affaires se trouva changée. Le Duc d'Alençon, soit qu'il fût mécontent de la Cour, ou qu'il conservât la mémoire des chagrins qu'il y avoit eu, ou qu'il fût sollicité par d'autres de se mettre à la tête d'un parti, se retira secretement, & s'enfuit de nuit à Dreux qui lui appartenoit, & où se trouva aussi quantité de Noblesse. Il publia là un Manifeste, où il exposoit au public les raisons qui l'avoient porté à se retirer ; c'étoit, disoit-il, pour se joindre à d'autres bien intentionnez, qui vouloient travailler à rétablir le bon ordre dans le Roiaume, en éloignant de la Cour des gens qui gâtoient tout, rendant aux Reformez le libre exercice de leur Religion, & remediant à tant d'autres maux ; ce qui ne pouvoit se faire, disoit-il, qu'en assemblant les Etats Generaux du Roiaume. On parla fort diversement sur cette retraite du Duc d'Alençon. Plusieurs crurent que l'ambition & l'envie de se mettre à la tête d'un parti, lui avoit fait faire cette démarche. D'autres disoient que c'étoit la Reine sa Mere qui l'avoit ainsi fait retirer dans l'espérance que le Prince de Condé lui cederoit le commandement de la grande armée qui se préparoit, & qu'elle traiteroit plus facilement avec lui pour la paix, qu'avec ce Prince, qui étoit bien plus ferme & plus invariable que le Duc d'Alençon.

Le Duc d'Alençon se retire de la Cour.

Sa fuite causa d'abord un grand mouvement à la Cour. On envoia le Duc de Nevers pour le ramener s'il pouvoit, mais il fut rappellé bien-tôt après. On fit fortifier les Places autour de Paris, dont on soupçonnoit qu'il pourroit se saisir. Biron se chargea de fortifier S. Denis. On distribua les autres Villes & Forteresses aux Princes & Seigneurs, mais principalement aux Guises. On n'osa emploier le Roi de Navarre dont on se méfioit ; & c'est ce qui le porta à s'échapper. Le Duc d'Alençon se retira dans le Poitou. La Nouë alla d'abord le joindre : Ventadour y vint aussi avec trois cens chevaux & douze cens piétons ; le Vicomte de Turene & plusieurs autres Seigneurs s'y rendirent de même, tous lui déférerent le commandement.

gotiorum moles Regem præsentem desideraret, cum videret verisimiliter illum non ultra venturum esse, in conventu publico alium delegit Regem, nempe Stephanum Batorium. Illud vero Henrico Regi minime placuit.

Verum quod illo ipso tempore in aula regia accidit, omnes aliunde conceptos mœrores fugavit, totamque rerum mutavit faciem. Dux Alenconius, sive quod in aula regia minus sibi favoris esse videret, sive quod illatarum sibi injuriarum memoriam refricaret, sive etiam aliis ipsum concitantibus uti se factionis ducem constitueret, noctu aufugit, & Drocum ditionis suæ oppidum se recepit, quo convenerunt etiam Nobiles bene multi, scriptumque evulgavit quo causas secessus hujusmodi aperiebat ; nimirum id se fecisse aiebat, ut aliis bonum Regni statum curantibus se societate jungeret ; ut nempe ex aula regia amandarentur quidam qui omnia pessumdabant, utque Reformatis liberum Religionis suæ exercitium permitteretur, utque innumeris per Regnum malis remedium afferretur : illquod, inquiebat, nonnisi congregatis Regni Ordinibus fieri poterat. De secessu hujusmodi variæ opiniones fuere : multi putarunt illum ambitione motum, ut factionis dux esse posset isthæc machinatum esse. Alii dicebant ipsam Catharinam parentem ipsi ut abscederet suasisse, sperantem scilicet Principem Condæum magni illius, qui parabatur, exercitus imperium Alenconio concessurum esse, qui Alenconius ad pactiones secum ineundas longe facilior & paratior futurus esset, quam Condæus, qui & firmior & difficilior erat.

Thuanus.

Fuga ipsius statim aulam regiam totam commovit. Missus est Dux Nivernensis qui illum reduceret, si posset, sed postea ille revocatus fuit ; oppida quæ circum Lutetiam erant propugnaculis munire visum est ; ea nempe, quæ ut opportuna sibi Alenconium occupare velle suspicio erat. Bironus Sancti Dionysii oppidum propugnaculis cingere cœpit. Cæteræ urbes & arces primoribus aulæ regiæ commissæ sunt, maxime vero Guisiis. Regi Navarræ cui non sidebatur, nihil concreditum fuit : quapropter ille ex aula regia dilapsus est. Alenconius apud Pictonas se recepit. Lanovius ipsum adiit : Ventadurius quoque venit cum trecentis equitibus & mille ducentis peditibus. Vicecomes Turenius, aliique primores ipsum adierunt, sibique ducem constituerunt.

1575. En ce même tems le Prince de Condé faifoit de grandes levées en Allemagne & en Suiffe. La Cavalerie Allemande devoit monter à fix mille hommes commandez par le Prince Cafimir. Les Suiffes devoient être auffi fix mille. Il croioit que Damville tireroit bien du Languedoc douze mille hommes de pied, & qu'il leveroit avec cela deux mille chevaux fans compter les troupes qui devoient venir d'autres endroits : de forte que cela devoit faire une grande armée.

Catherine, qui fans fe foucier du bien public, ne penfa jamais qu'à fatisfaire fon ambition, n'étoit pas fâchée de voir la divifion entre les deux freres, parce qu'une pleine paix l'auroit renduë moins neceffaire : elle ne vouloit pourtant pas une grande guerre de peur qu'elle ne fût enfin fufpecte à tous les deux partis. Elle perfuada au Roi fon fils d'envoier quelqu'un au Duc d'Alençon pour le porter à fe remettre en grace avec lui : il falloit pour cela des gens en qui le Duc d'Alençon eût confiance. Il n'y en avoit point qui lui fuffent plus étroitement unis que les Maréchaux de Montmorenci & de Coffé, alors prifonniers. Coffé, fous prétexte de maladie, avoit obtenu depuis peu permiffion de fe retirer dans fon hôtel voifin de la Baftille. Montmorenci étoit plus étroitement gardé ; il avoit même couru rifque de la vie peu auparavant, lorfque le bruit fe répandit par tout que d'Anville étoit mort à Montpellier. Les ennemis du Maréchal prifonnier qui avoient debité cette fauffe nouvelle, infinuerent à la Cour qu'il falloit encore fe défaire fecretement du prifonnier. Ils publierent d'abord que Montmorenci étoit fouvent attaqué d'un mal dangereux, & l'on donna ordre à Souvré de le faire étrangler fecretement, & de publier qu'il étoit mort de cette maladie : c'étoit un homme de bien, qui foupçonnant que cet ordre étoit donné par l'artifice des ennemis de Montmorenci, y apporta tant de retardement, que la nouvelle de la mort de d'Anville s'étant trouvée fauffe, les ordres furent changez. On lui envoia alors des gens qui lui promirent une promte délivrance s'il vouloit s'employer à reconcilier le Duc d'Alençon avec le Roi fon frere. Ce Seigneur, dont la probité étoit le principal caractere, fe montra tout difpofé à reconcilier les deux freres. L'on donna d'abord la liberté aux deux prifonniers, & la Reine Mere partit avec eux, & fe rendit à Tours dans le deffein d'aller trouver le Duc d'Alençon.

Le Maréchal de Monmomorenci envoié au Duc d'Alençon.

Le même. Eodem tempore Condæus in Germania & apud Helvetios pugnatorum agmina magna confcribebat. Equites Germani fex mille numero effe debebant, duce Cafimiro Principe : Helvetii totidem futuri erant. Putabat Condæus Damvillam in Septimania duodecim mille pedites confcripturum effe, equitumque duo millia, non numeratis iis qui ex aliis Regni partibus venturi erant ; ita grandis futurus effe exercitus videbatur.

Le même. Catharina, quæ bonum publicum non curans, nihil aliud unquam in animo habuit, quam ut ambitionem fuam expleret ; diffenfionem inter fratres non ægre videbat, quia pax folida illam minus neceffariam reddidiffet. Neque tamen illa bellum tam grande concitari volebat, ne ipfa tandem ambabus partibus fufpecta foret. Regi vero fuafit ut quempiam ad Alenconium mitteret, qui ipfi auctor effet ut in Regis fratris gratiam redire conaretur. Deligendi ad hoc viri erant, quibus Alenconius fideret. Nulli erant qui ipfi amicitia arctius juncti effent, quam Monmorencius & Coffæus Marefcalli, qui tunc in carcere erant. Coffæus ægritudinem prætendens nuper licentiam impetraverat, ut in ædes fuas Baftiliæ vicinas fe reciperet. Monmorencius autem arctius cuftodiebatur, atque in periculum mortis nuper venerat, quando rumor ubique fparfus eft Damvillam Monfpelii mortuum effe. Tunc inimici ejus, qui hunc falfum rumorem fparferant, in aula regia dictitabant, etiam fratrem ejus captivum clam de medio tollendum effe ; ftatimque fparferunt Monmorencium fæpe periculofo morbo laborare : & Sovreo mandatum eft, ut ipfum injecta fafcia fuffocaret, publicaretque illum prædicto morbo periiffe : at Sovreus vir æqui amans, fufpicatus id artificio inimicorum Monmorencii juffum fuiffe ; adeo procraftinavit, ut cum rumor de Damvillæ morte falfus deprehenfus fuiffet, revocata juffa fuerint. Tunc miffi funt qui pollicerentur ipfi, fe quamprimum ex carcere eruendum effe, fi operam navare vellet ad Alenconium cum Rege fratre reconciliandum. Ille vero cujus probitas femper emicuit, fe paratum exhibuit ad ambos fratres reconciliandos : ftatimque Marefcalli ambo ex carcere funt educti. Catharina vero cum illis Cæfarodunum Turonum fe contulit, ut poftea Alenconium adiret.

Le Prince de Condé avoit levé comme nous venons de dire, un grand corps de troupes. Toré qui étoit aussi fort lié d'interêt avec le Duc d'Alençon, aiant appris qu'il s'étoit retiré de la Cour, persuada au Prince de lui ceder le commandement de l'armée, & de détacher un corps de troupes pour le lui envoier avant que toute l'armée entrât en France. Il lui donna deux mille chevaux Allemans, cinq cens Arquebusiers François, & cent Gentilshommes à cheval armez de toutes pieces. Toré traversa la Lorraine & la Champagne, & vint jusqu'auprès de Château-Thierri. Le Duc de Guise Gouverneur de Champagne, s'avança avec mille chevaux & dix mille hommes de pied, sans compter d'autres troupes qui vinrent le joindre. Toré que les querelles perpetuelles de ses Allemans avoient obligé de retarder sa marche, se vit forcé de combattre à nombre si inégal. Sa troupe se défendit fort bien quelque tems, le Duc de Guise reçût une arquebusade à la joüe gauche, & porta toujours depuis le nom de Balafré. La troupe de Toré fut entierement défaite, & cinq cens chevaux Allemans des siens qui s'étoient tenus à part sans combattre, allerent se donner au Duc de Guise. Toré qui échappa de la mêlée, alla joindre le Duc d'Alençon, auprès duquel il fut depuis en grande faveur.

La Reine Mere qui s'étoit renduë à Tours, ménagea une entrevuë avec son fils à Champigni, Terre du Duc de Montpensier, où elle se rendit avec le Maréchal de Montmorenci. On y traita de la paix generale; mais les difficultez étant trop grandes, on fut obligé de conclure une tréve pour six mois. Selon le traité le Roi devoit compter 160 mille écus aux Allemans que le Prince de Condé avoit levez, pourvû qu'ils ne passassent pas le Rhin, & pour la sureté du traité, on livroit aux Reformez & aux Confederez les Villes d'Angoulême, Niort, Saumur, Bourges, la Charité sur Loire & Mezieres, qui seroient renduës à la fin de la treve, soit que la paix fut faite, soit que la guerre continuât.

Cette treve ne fut pas d'abord publiée, & cependant le Roi faisoit lever six mille Suisses & un grand nombre de troupes en Allemagne par le Comte de Mansfeld, par Schomberg & par Bassompiere, qui demandoient d'abord cent mille écus, & quatre cens cinquante mille, quand huit mille chevaux qu'ils devoient fournir seroient arrivez aux confins du Roiaume. On eut re-

1575.

Toré Montmorenci défait par le Duc de Guise.

La Reine Mere traite avec le Duc d'Alençon.

Idem. Condæus, ut modo dicebamus, grandem pugnatorum manum collegerat. Toræus vero, qui Alenconio affectu conjunctissimus erat, cum comperisset illum ab aula regia discessisse, Condæo Principi auctor fuit ut illi exercitus imperium concederet; & manum pugnatorum ipsi mitteret, antequam totus exercitus in Franciam intraret. Condæus Toræo commisit bis mille equites Germanos, quingentos sclopetarios Francos, centumque Nobiles equites armis omnibus instructos. Toræus, trajecta Lotharingia & Campania, prope Theodorici castrum venit. Dux Guisiæ Præfectus Campaniæ movit cum equitibus mille, & peditibus decies millibus, non numeratis copiis aliis, quæ ipsum postea convenerunt. Toræus, quem perpetuæ Germanorum dissensiones, ne celerius iter carperet impediverant, tam impar numero pugnare coactus fuit. Aliquantotum tamen tempore fortiter pugnavit. Guisius in gena sinistra vulnere accepto, a cicatrice postea cognomen habuit. Toræi agmen demum profligatum fuit; quingenti Germani equites qui pugnare noluerant, Duci postea Guisio sese dedidere. Toræus qui elapsus est, Alenconium Ducem adiit, & multum gratia apud illum valuit.

Catharina quæ Cæsarodunum Turonum venerat, cum Alenconio filio, qui Campiniacum usque primariam Monpenserii arcem ad ipsam venit, Monmorencii præcipue interventu, agit. De generali pace actum est: sed cum difficultates maximæ intervenirent, induciæ tantum ad sex menses factæ sunt. Ex inita pactione Rex Germanis a Condæo collectis 160. millia scutorum numeraturus erat, dum ne illi Rhenum transirent, & pro pactionis securitate Reformatis hæ urbes consignabantur, Engolisma, Niortium, Salmuria, Biturige, Caritas ad Ligerim, & Maceriæ ad Mosam, quæ induciarum transacto tempore restitui debebant, sive pax fieret, sive bellum continuaretur.

Induciæ illæ non statim publicatæ fuere. Interea vero Rex sex mille Helvetios conscribi curabat, Germanosque magno numero, ducibus Comite Mansfeldio, Schombergio & Bassompetra, qui statim centum millia scutorum petebant, & quadringenta quinquaginta millia, cum octo mille equites, quos conscripturi erant, ad Regni confinia pervenissent. Ad

Le même.

Thuanus.

1575. cours à la Ville de Paris pour trouver des sommes à prêter. Les Messieurs de Ville assemblez, au lieu d'argent, firent les plus vives remontrances, où en représentant la misere du tems, ils marquoient fort clairement le peu d'estime qu'ils faisoient du Gouvernement présent. Le Roi quoique piqué de cette insulte, répondit fort modestement, crainte de pis. Et alors le Duc de Nevers & le Seigneur de Piennes vendirent des Terres qu'ils avoient hors du Roiaume, & en offrirent l'argent au Roi, qui leur donna pour le remboursement quelques droits qu'il avoit à lever sur la Bretagne.

Les conditions de la treve n'étoient guere bien gardées, Mezieres ne fut point livré au Prince de Condé, comme on étoit convenu. Les Gouverneurs d'Angoulême & de Bourges refuserent de livrer ces Villes; mais la Reine mere fit en sorte que le Duc d'Alençon fût content qu'on lui livrât en leur place Saint Jean d'Angeli & Coignac. Ces difficultez furent cause que la treve ne fut publiée à la Rochelle qu'au mois de Janvier suivant.

1576. Le Roi envoioit cependant des Couriers au Prince de Condé & au Prince Casimir, pour les prier ou de congedier leurs troupes, auquel cas il leur promettoit une grosse somme d'argent, ou de s'arrêter & ne point entrer dans la France, en attendant que la paix fût faite. Le Duc d'Alençon leur écrivoit aussi en même termes: mais sa priere n'étoit que simulée; car il les solicitoit sous main de ne point tarder davantage; & de partir pour venir le

Le Prince de Condé & le Prince Casimir entrent avec une armée en France.
joindre. Le mois de Janvier étant passé, ils se mirent en marche. Leur armée étoit composée de six mille Reitres, deux mille chevaux François, qui étoient venus joindre le Prince de Condé, deux mille Lanskenets, trois mille Flamans, six mille Suisses; leur artillerie étoit quatre canons, & seize petites pieces de campagne. Ils entrerent dans le Bassigni, passerent auprès de Langres, tirerent ensuite vers Dijon, pillerent & saccagerent la petite Ville de Nuis, qui avoit fait quelque résistance. Ils continuerent leur route, passerent auprés de Beaune & de Châlon, & brûlerent une Chartreuse. Ils s'arrêterent à Lordon, où les Allemans qui demandoient à être paiez, exciterent un grand tumulte.

C'étoit vers la fin de Février, & ils apprirent là que le Roi de Navarre s'étoit retiré de la Cour. Faisant semblant d'aller à la chasse, il prit d'abord le

---

urbem Lutetiam ventum est, ut summæ illæ mutuo darentur. Urbis vero præcipui convocati, pecuniæ loco Regi supplicem libellum obtulerunt, quo miserum urbis statum acribus verbis repræsentabant, clareque indicabant quam parvi penderent præsentem rerum administrationem. Rex etiamsi talibus dictis acriter intus morderetur, moderate tamen respondit, ne quid pejus accideret. Tunc vero Dux Nivernensis & Piennæ Toparcha terras quas extra Regnum habebant, vendidere, preciumque Regi obtulere, acceptis in Armorica ex fundis Regiis pignoris loco amplis vectigalibus.

Induciarum conditiones non accurate servabantur. Maceriæ oppidum Condæo traditum non fuit, ut statutum fuerat. Engolismæ & Biturigum Præfecti, noluerunt urbes illas dedere; sed curante Catharina, Alenconius earum loco Cognacum & Sanctum Joannem Angeriacensem haud illibenter accepit. Harumce difficultatum causa, induciæ nonnisi Januario sequenti Rupellæ publicatæ fuerunt.

Le même. Interea Rex cursores ad Principes Casimirum & Condæum mittebat rogatum, ut vel copias suas di-

mitterent, magnam pecuniæ summam pollicitus, si id præstarent, vel ut gradum sisterent, nec in Franciam intrarent, futuramque pacem exspectarent. Alenconius quoque idipsum palam scripsit illis, sed preces illius simulatæ erant: clam enim urgebat instabatque, ut sine mora ad se jungendum proficiscerentur. Post Januarium mensem ipsi moverunt cum exercitu sex millium Germanorum equitum, bis millium Francorum equitum; qui Condæum junctum venerant, duûm millium Germanorum peditum, trium millium Flandrorum, sex millium Helvetiorum, cum tormentis pyriis quatuor, aliisque minoribus sedecim. In Bassiniacum autem intravère, prope Lingonas iter fecere, versusque Divionem moverunt, Nuizium oppidum, quod venientibus obstiterat expilaverunt. Pergentes vero prope Belnam & Cabilonem, directo itinere, & incenso Carthusianorum cœnobio, Lordonii substitere, ubi Germani non numeratam pecuniam causati, ingentem excitavère tumultum.

Tunc exeunte Februario de Navarri ex aula regia discessu nunciatum ipsis fuit. Is cum venationis causa se iter carpere simularet, versus Feram primo ut chemin

HENRI III.

chemin de la Fere, & rebrouffant pour tromper ceux qui voudroient le pour- 1576. fuivre, il s'en alla à Vendôme, d'où il envoia faire fes excufes au Roi & à la Reine Mere. Il paffa enfuite la Loire, & fe rendit dans la Guienne dont il étoit Gouverneur. Cela caufa de la rumeur à la Cour. Cependant on difoit que le Roi & la Reine n'en furent pas fâchez, perfuadez que ce grand nombre de Princes qui fe trouveroient dans la même armée, produiroit quelque divifion entr'eux, qui feroit qu'ils ne pourroient agir que foiblement.

L'armée conduite par le Prince de Condé & par le Prince Cafimir, paffa la *Ils fe joi-* Loire & prit Vichi par compofition. Les Auvergnats obtinrent qu'elle ne paf- *gnent au* feroit pas par leur Province en paiant cinquante mille écus, & en fourniffant *Duc d'A- lençon.* une certaine quantité de vivres. Elle fe joignit bien-tôt à celle du Duc d'Alençon, & le Prince de Condé lui ceda le commandement. Les deux armées jointes enfemble faifoient environ trente mille hommes. Ils s'avancerent vers Moulins, & là le Duc d'Alençon, le Roi de Navarre, & le Prince de Condé, firent les propofitions de paix qui devoient être prefentées au Roi ; c'étoient à peu près les mêmes que le Prince de Condé lui avoit envoiées d'Allemagne ; mais un peu plus moderées. Le Prince Cafimir vouloit à toute force qu'on mît dans les conditions, que les mêmes Eglifes & Temples feroient communs aux Catholiques & aux Huguenots, comme en plufieurs endroits de l'Allemagne. Mais cela n'étoit pas praticable, & auroit fait un bouleverfement dans le Roiaume. Lafin & Dauvet furent députez pour porter ces conditions au Roi, qui les reçut fort gracieufement, & demanda du tems pour répondre ; fa réponfe ne plût point aux Députez, & il leur dit que la Reine Mere iroit bien-tôt joindre le Duc d'Alençon, & qu'ils conviendroient enfemble.

Elle partit avec le Maréchal de Montmorenci, & un grand nombre de *La Reine* Demoifelles & de Courtifans qu'elle amenoit ordinairement, & dont elle fe *Mere fait* fervoit pour gagner les Princes & les Seigneurs, & pour découvrir leurs fe- *la paix.* crets. Elle fe rendit en l'Abbayie de Beaulieu près de Loches en Touraine, où fe tinrent les Conferences. On convint enfin à des conditions qui paroiffoient être avantageufes à l'un & à l'autre parti, dont voici les principales.

Que la Religion Catholique feroit rétablie dans les lieux où elle avoit été

---

infequentes fe, fi qui forent, falleret, deindeque Vindocinum fe contulit, miffo qui difceffum fuum, venia non petita, apud Regem & Reginam matrem excufaret, deindeque trajecto Ligeri, in Aquitaniam, cujus ille Præfectus Regius erat, venit. Hinc rumor in aula regia oritur, tamenque dicebatur Regem & Catharinam id non ægre tuliffe, quod fperarent tantum in eodem exercitu Principum numerum diffidia pariturum effe, indeque futurum ut fegnius procederent.

Exercitus, ducibus Condæo & Cafimiro, Ligerim trajecit, & Vichium deditione cepit. Arverni vero numeratis 50. fcutorum millibus, ne per agros fuos exercitus ille tranfiret impetrarunt, commeatumque fuppeditavère exercitui, qui haud multo poft cum Alenconio & copiis ejus junctus fuit. Condæus imperium abdicavit, & Alenconio conceffit. Ambo exercitus fimul juncti 30. circiter milia virûm complebant, pofteaque illi Molinium verfus moverunt. Tunc Alenconius, Navarrus & Condæus pacis conditiones fcripfere quæ Regi offerendæ erant: eædem

pene, quas ex Germania Condæus miferat ; fed paulum moderatiores, Cafimirus omnino volebat, inftabatque ut in conditionibus ediceretur eafdem Ecclefias, eademque templa, Catholicis unà Hugonotifque fore communia, ut in plerifque Germaniæ locis : verum id nullo modo admitti poterat, omniaque in Regno Francorum fus deque vertiffet. Lafinius & Dauverus ad hæc Regi ferenda deputati fuere, qui ipfos benigne excepit, & fpatium quoddam temporis ad refpondendum poftulavit. Refponfio Henrici ipfis non placuit. Tuncque Rex dixit, Reginam parentem quamprimum Alenconium adituram effe, ut de pace conveniretur.

Catharina cum Montmorencio Marefcallo puellas *Le même.* & amafias multas pro more fecum ducebat, ut Principes primorefque primo demulceret, ipforumque fecreta edifceret, In cœnobium illa Belliloci juxta Lochias venit, ubi poft colloquia quædam conventum eft illis conditionibus quæ utrique partium opportunæ videbantur, quarum hæ præcipuæ fuere.

Quod Religio Catholica reftituenda effet in locis *La Pope- liniere.*

Tome V. G g

intermise; que la Religion *Prétenduë Reformée* auroit l'exercice libre dans toutes les Villes & lieux du Roiaume, pourvû que ce fût au gré des Seigneurs particuliers; qu'ils pourroient par tout tenir librement leur Synodes tant Provinciaux que Generaux ; qu'ils s'en abstiendroient pourtant dans la Ville de Paris, dans ses Fauxbourgs & à deux lieuës à la ronde ; & ne pourroient aussi le faire dans la Cour du Roi, moiennant quoi ils ne pourroient être recherchez sur le fait de la Religion, avec défense d'imprimer des libelles diffamatoires de part & d'autre ; que les Prétendus Reformez pourroient bâtir des Temples dans les lieux où leur Religion étoit établie ; que les Prêtres & les personnes Religieuses qui s'étoient ci-devant mariez, ne pourroient être recherchez; mais que les enfans issus de tels mariages ne pourroient succeder qu'aux meubles, acquêts & conquêts immeubles de leurs peres & meres : *ne voulant que lesdits Religieux & Religieuses Profès puissent venir à aucune succession directe ni collaterale.*

Qu'on recevroit sans distinction aux Universitez, Colleges, Ecoles, Hôpitaux, Aumônes publiques, ceux de l'une & de l'autre Religion ; que ceux des deux Religions seroient également tenus de paier les dixmes ; qu'en tous les actes publics où il seroit parlé de la nouvelle Religion, on l'appelleroit la Religion Prétenduë Reformée ; que ceux de cette Religion seroient capables de tous états, Charges, Dignitez & Offices ; que le Prince d'Orange seroit remis à Orange & dans toutes les autres Terres qu'il avoit dans le Roiaume.

Qu'en la Cour du Parlement de Paris seroit établie une Chambre composée de deux Presidens & de seize Conseillers, dont la moitié seroient Catholiques, & l'autre moitié de la Religion Prétenduë Reformée, pour les causes & les differens qui seroient entre les Catholiques & les Prétendus Reformez ; & que cette Chambre ainsi établie seroit envoiée à Poitiers ; que pour le ressort du Parlement de Toulouse une autre Chambre seroit mise à Montpellier ; que de pareilles Chambres seroient établies aux Parlemens de Grenoble, de Bourdeaux, d'Aix, de Dijon & de Bretagne, composées de deux Presidens & dix Conseillers ; que le Roi de Navarre, le Prince de Condé, le Maréchal d'Anville & les autres de quelque Religion qu'ils fussent, rentreroient dans les Gouvernemens qu'ils avoient auparavant.

Le Roi desavoüoit les meurtres faits à la S. Barthelemi, déclaroit les fem-

---

ubi intermissa fuerat ; quod Religio quæ dicebatur Reformata liberum exercitium habitura esset in omnibus urbibus & locis Regni, dummodo per locorum dominos liceret , concessa facultate synodos sive provinciales sive generales cogendi, ita ut ab iis tamen omnibus abstinerent in urbe Lutetia , in suburbiis & duabus circum leucis; abstinerent etiam in aula regia , quibus servatis ; non possent circa Religionem vexari ; vetabaturque ne libelli famosi ex utravis parte publicarentur, Concedebatur Reformatis ut templa construerent in iis locis ubi Religionis suæ cultores essent ; ut Presbyteri, Religiosique utriusque sexus, qui antehac connubio juncti essent, non possent in jus vocari , ita tamen ut filii filiæque inde nati nonnisi *mobilibus , & acquisitis conquisitisque immobilibus* patris & matris succedere possent , nec liceret Religiosis viris ac feminis ad successionem vel directam , vel collateralem, filios filiasve vocare.

Quod indiscriminatim in Universitatibus, Collegiis, scholis, nosocomiis, eleemosynisque publicis utriusque Religionis sectatores admittendi essent ; quod utriusque Religionis cultores decimas solvere cogendi essent ; quod in actis publicis ubi novæ Religionis mentio haberetur , ea Religio prætensa Reformata vocanda esset ; quod illius Religionis sectatores ad omnes status, munia , dignitates , officia admittendi essent ; quod Principi Arausicano , Arausio & omnes terræ , quas in Regno haberet, restituendæ essent.

Quod in Curia Parisini Senatus Camera constituenda esset Præsidum duorum & sedecim Senatorum , quorum dimidia pars Catholici , altera vero dimidia pars Reformati essent , ad causas & dissidia quæ inter Catholicos & Reformatos orirentur , componenda ; quodque Camera isthæc Pictavium mittenda esset ; quod in Jurisdictione Curiæ Tolosanæ Camera similis Monpelii statuenda esset ; quod similes Cameræ in aliis Curiis majoribus constituendæ essent , Gratianopoli , Burdigalæ , Aquis-Sextiis , Divione , atque in Britannia , quæ Præsides duos & decem Senatores haberent ; quod Rex Navarræ , Princeps Condæus , Damvilla Marescallus , & alii cujusvis Religionis essent , Præfecturas quas pridem habebant retenturi essent.

San-Bartholomæam cædem improbabat, eorum qu-

mes & les enfans de ceux qui avoient été tuez alors, exempts de toutes charges pendant l'espace de six ans, rétablissoit la memoire de l'Amiral & ses enfans dans leurs honneurs; on faisoit de même à l'égard des autres qui avoient été executez alors & depuis, comme la Mole, Coconas, la Haye, le Comte de Montgommeri, Montbrun, Briquemaut & Cavagnes.

Le Roi promettoit aussi d'assembler les Etats Generaux à Blois dans six mois, & cedoit aux Reformez pour leur sureté, en Languedoc, Aiguemortes & Beaucaire; en Guienne, Perigueux & le Mas de Verdun; en Dauphiné, Nion & Serres Ville & Château : en Auvergne, Issoire; en Provence, Saine la grande Tour & son circuit. Cet Edit fut donné au mois de Mai de l'an 1576.

Il falloit outre cela contenter les Princes liguez. Il ajouta à l'appanage du Duc d'Alençon, l'Anjou, la Touraine & le Berri, & lui assigna cent mille écus de pension; remit le Prince de Condé dans son Gouvernement de Picardie, & on lui donna Peronne pour Ville de sureté; c'étoit la plus forte Place de la Province. Le plus difficile à contenter fut le Prince Casimir; il vouloit qu'on établit l'exercice de la Religion nouvelle à Mets, à Toul & à Verdun, qu'il soutenoit être des Villes Imperiales, & ne demandoit pas moins de quatre millions pour paier ses troupes Allemandes. Mais la Reine Mere le tourna si bien, qu'il convint enfin avec elle à ces conditions; qu'on lui donneroit une Compagnie de cent hommes d'armes; qu'il seroit toujours à la tête de quatre mille Reitres, & auroit pour cela une pension de quatorze mille écus paiée par le Roi & par le Duc d'Alençon; qu'on lui donneroit de plus la Principauté de Château-Thierri; qu'on lui compteroit pour le payement de ses troupes sept cens mille livres, & qu'on lui remettroit des bagues & des pierreries pour caution du reste du payement.

En ce même tems les Rochelois prirent l'Isle de Marans, & y mirent garnison. A la requête du Maréchal de Montmorenci, le Roi fit examiner sa cause, & il fut declaré innocent de tout ce dont on l'avoit ou accusé ou soupçonné, & rétabli dans tous ses grades & honneurs.

Cette paix si subitement faite ne pouvoit durer lon .tems. Le Prince Casimir se retira du côté de Langres pour y attendre l'arg^t promis pour le paye-

Paix mal gardée.

---

tunc ad supplicium missi fuerant uxores & filios ab omni vectigalium & onerum genere per sex annorum spatium immunes declarabat, Colinii memoriam restituebat, & filios ejus in priorem gradum & honorem reducebat; idipsum erga alios statuebatur, qui supplicio affecti fuerant vel tunc vel postea, ut erga Molam, Coconatium, Haium, Montgommerium Comitem, Monbrunium, Bricomotium, Cavagnium.

Pollicebatur etiam Rex se omnes Regni Ordines Blæsas convocaturum esse postquam sex menses elapsi forent: Reformatis vero pro securitate concedebat in Septimania Aquas-mortuas & Belliquadrum; in Aquitania, Petrocoram & Mansum Virodunensem; in Delphinatu Nionium & Servam; in Arvernis Issoriacum; in Gallo provincia Senam ad Magnam turrem & ambitum ejus. Hoc Edictum mense Martio anni 1576 datum fuit.

Ad hæc vero Principibus fœderatis satisfaciendum erat, Alenconio in portionis hereditariæ augmentum attributi sunt Andes, Turones & Bituriges, centumque millium scutorum annua pensio. Condæo Principi Picardiæ Præfectura restituta fuit, & ad securitatem Perona ipsi assignata est, quæ tunc Picardiæ munitissima erat. Difficilius fuit Casimiro Principi facere satis: volebat ille exercitium novæ Religionis induci in urbes Metas, Tullum & Virodunum, quas Imperiales esse urbes asseverabat; nec minus quam quadragesies centena librarum millia exigebat Germanis pugnatoribus numeranda; sed Catharina cum illo tam dextere tractavit, ut has tandem ille conditiones admitteret, ut nempe centum cataphractorum turma ipsi daretur, quod quater mille Germanos equites secum semper habiturus esset cum pensione 14. millium scutorum, quas Rex & Alenconius Dux numeraturi essent: quod ipsi Theodoricicastri Principatus dandus esset, quod ipsi septingenta librarum millia ad stipendia Germanorum numeranda essent, & de reliquo oppigneratis gemmis caveretur.

Eodem tempore Rupellani Maranensem Insulam ceperunt, & præsidio muniere, Postulante Monmorencio Marescallo, causa ipsius examinata fuit, ipseque innoxius declaratus circa ea de quibus vel accusatus fuerat, vel in suspicionem venerat, atque in pristinum gradum honoremque restitutus est.

Pax illa tam celeriter facta, diu stare nequibat. Casimirus versus Lingonas se recepit, expectans promissam pecuniam ad stipendia solvenda. Alenco-

Thuanus

Le même.

1576. ment de ses troupes. Le Duc d'Alençon qui fut depuis appellé le Duc d'Anjou, s'en alla en Berri. Le Prince de Condé qui s'attendoit d'entrer en possession du Gouvernement de Picardie, & d'avoir Peronne pour place de sureté, se vit frustré de ses esperances. La faction contraire prévalut à la Cour. Les Catholiques se plaignoient hautement des conditions d'une paix trop favorable aux Huguenots, & de la précipitation de la Reine à faire un tel traité de paix.

Commencemens de la sainte Union ou de la Ligue. Alors plusieurs s'associerent & se liguerent ensemble, & donnerent commencement à ce qu'on appella depuis *la Sainte Union* ou *la Ligue*. Il se fit de grandes assemblées à Paris. On presentoit une espece de formule que signoient ceux qui entroient dans cette ligue. Le Roi qui n'étoit guere content des conditions de cette paix, sembloit y conniver. Et ceux qui s'empressoient le plus à engager bien des gens dans cette ligue, disoient qu'elle se faisoit du consentement de Sa Majesté. Les Princes Lorrains donnerent d'abord les mains à cette Union, & se servirent d'Humieres & de quelques autres pour porter les Picards, & sur tout la Ville de Peronne, à ne point recevoir pour Gouverneur le Prince de Condé Huguenot déclaré.

Le Roi ne fut pas fâché d'avoir ce pretexte pour exclure le Prince de Condé de ce Gouvernement, & pour le contenter il lui donna S. Jean d'Angeli & Coignac, en attendant, disoit-il, qu'il pût lui faire livrer Peronne. L'Evêque de Paris envoia en ce tems par ordre du Roi des Députez au Pape, pour le prier d'accorder l'alienation du fonds de cinquante mille livres de rente de l'Etat Ecclesiastique pour les besoins du Roiaume. Les Reformez crurent que l'argent de cette vente étoit destiné pour leur faire la guerre. Le Roi de Navarre qui après sa fuite faisoit ouvertement profession de la Religion Reformée, vint à la Rochele, où il fut reçu magnifiquement. Le Prince Casimir avec ses Reitres desoloit tout le païs d'autour de Langres, il envoia se plaindre à la Cour qu'on ne gardoit point le traité fait. Le Roi lui envoia une partie de la somme dûë, avec des pierreries & des ôtages pour le payement du reste, & il se retira chez lui.

Le Prince de Condé ne jugeant pas que S. Jean d'Angeli & Coignac que le Roi venoit de lui ceder, fussent des places suffisantes pour sa sureté, voulut aussi se saisir de Brouage, & composa avec Mirambeau, à qui la place qui est

---

nius qui postea Dux Andinus appellatus est, ad Bituriges se contulit. Princeps Condæus qui sibi putabat restituendam esse Picardiæ Præfecturam, quique ad securitatem Peronam sibi tradendam esse sperabat ; se spe lapsum vidit. Contraria factio in aula regia prævaluit. Catholici palam conquerebantur de pace Hugonotis nimis commoda, & de præcipiti Catharinæ in pace facienda consilio. Tunc plurimi societatem inierunt, atque initium duxit illa, quam *Sanctam Unionem*, vel *Sanctam Societatem* vocavêre. Tunc cœtus conventusque magni Lutetiæ fuerunt. Formula vero quædam offerebatur, cui subscribebant ii, qui sanctæ Societati nomen dabant. Rex cui non placebant pacis istius conditiones, huic societati connivere videbatur. Qui vero multos huic adjungere Societati gestiebant, ex Regis consensu illam iniri dicebant. Lotharingi Principes *Unioni* huic manus dederunt, & Humerium aliosque adhibuerunt, ut Picardis suaderent, maximeque Peronæ civitati, ne Condæum Hugonotum declaratum, in Præfectum reciperent.

Le même. Nec displicuit Regi hunc sibi obtentum offerri, ut Præfecturam istam Condæo negaret ; ut tamen illi faceret satis, dedit ipsi Sanctum Joannem Angeacensem & Cognacum, donec posset ipsi, ut dicebat, Peronam tradere. Episcopus Parisiensis hoc tempore, jubente Rege, deputatos misit ad Summum Pontificem , qui rogarent illum , sibi liceret Ecclesiasticorum bonorum *fundum* 50. millia librarum redituum ferentem alienare, ob Regni præsentem necessitatem. Hugonoti vero summam inde excipiendam ad bellum sibi inferendum destinatam esse putaverunt. Rex Navarræ, qui post fugam suam Reformatam Religionem aperte profitebatur , Rupellam venit, ubi magnifice exceptus fuit. Casimirus autem qui cum Germanis equitibus Lingonas devastabat , in aula regia conquestus est , quod inita pactio non servaretur. Rex vero partem debitæ summæ ad ipsum misit cum oppigneratis gemmis & obsidibus pro residuo , ipseque ad sua se recepit.

Princeps Condæus cum non putaret Sanctum Joannem Angeriacensem & Cognacum , quæ oppida Rex ipsi concesserat , sibi ad securitatem satis esse , Brogium etiam occupare voluit, & cum Mirambello ad

sur le bord de la mer appartenoit. Il s'en rendit ainsi le maître à condition qu'il la lui remettroit dans un tems marqué. Cela déplut fort à la plûpart des Rochelois qui craignoient que ce Prince ainsi maître de cette Place sur le bord de la mer, ne fût en état de troubler leur commerce. Il demanda ensuite d'entrer dans leur Ville. Ils ne lui accorderent cela qu'avec peine, & à condition qu'il y viendroit en fort petite compagnie.

Par l'intrigue de la Reine Mere & des Guises, les Etats que les Huguenots avoient demandé avec tant d'instance, se tournerent contre eux. Les Deputez des Provinces étoient presque tous contraires à la faction Huguenote. Le tems marqué pour s'y rendre étoit la mi-Novembre. La plûpart des Députez s'y trouverent au tems marqué. Le Roi de Navarre, le Prince de Condé, le Maréchal d'Anville, & plusieurs autres tant Reformez que Mécontens, invitez de s'y rendre, ne voulurent pas s'y trouver, soit qu'ils prévissent qu'ils n'y seroient pas les plus forts, soit qu'ils craignissent encore pis. La premiere séance se tint le 6. Decembre. Le Roi fit une harangue fort belle, composée, disoit-on, par Jean de Morvilliers ; il la débita avec beaucoup de grace : elle plut fort à toute l'assemblée. Le Chancelier Biragues qui parla après lui, ennuia autant les assistans que le Roi les avoit contentez, & conclut en demandant de l'argent : autre moien pour déplaire plus efficace que le premier.

Les Députez des trois Etats rendirent graces au Roi, & l'assurerent qu'ils feroient leur possible pour seconder ses bonnes intentions. Mais les demandes qu'ils firent les jours suivans, sur tout celle que lui fit l'Archevêque de Lion Chef des Députez du Clergé, qui tendoient à soumettre le Roi à l'autorité des Etats, l'étonnerent un peu. Il accorda quelque chose ; mais il refusa tout à plat ce que l'Archevêque demandoit, que lorsque les trois Etats seroient d'accord sur quelque chose, le Roi seroit obligé de l'admettre. Il s'apperçût alors que plusieurs en vouloient à sa Personne Roiale : il étoit déja entré en jalousie contre les Guises : ce qui arriva en ce tems-là lui fit faire là-dessus de serieuses reflexions. Les Reformez publierent un Ecrit qu'avoit apporté à Rome David, Avocat de Paris, homme bizarre, extravagant, qui n'avoit jamais plaidé que pour soutenir de mauvaises causes. Cet Ecrit damnable portoit que des trois races qui avoient occupé la Couronne de France, la premiere & la seconde

Etats tenus à Blois.

---

quem oppidum illud in maris ora situm pertinebat, pactionem iniit, oppidumque occupavit illa conditione, ut post assignatum quoddam tempus, locum Mirambello restitueret. Id Rupellanorum plurimis displicuit, qui timebant ne Condæus hoc oppido ad oram maris sito potitus, ipsorum commercio damnum inferre posset. Posteaque petiit ut sibi Rupellam ingredi liceret. Id ipsi concessum fuit dummodo cum paucis intraret.

Catharinæ & Guisiorum artibus, Ordinum Regni Conventus, quem Reformati tantopere expetierant, male cessit ipsis. Deputati Provinciarum pene omnes Hugonotis infensi erant. Tempus ad conventum assignatum erat ad dimidium mensis Novembris. Deputatorum maxima pars ad condictum tempus venit. Rex Navarræ, Princeps Condæus, Damvilla, plurimique alii, seu Reformati seu *Male-contenti* invitati, noluerunt illo se conferre ; sive quod prospicerent se non istic fortiores futuros esse, sive quod pejora timerent. Primus consessus die sexto Decembris fuit. Rex orationem habuit pulcherrimam a Joanne Morvillerio, ut putabatur, concinnatam. Biragus Cancellarius qui post illum loquutus est, perinde auditores tædio affecit, atque Rex illis fecerat satis, clausitque pecunias exposcendo, id quod magis quam ipsa oratio displicuit.

Deputati trium Ordinum actis Regi gratiis, testificati sunt se nihil non acturos esse, ut ejus consilio & voluntati obsequerentur ; sed ea quæ illi diebus sequentibus postularunt, maxime id quod Archiepiscopus Lugdunensis Ordinis Ecclesiastici Deputatus proposuit, quod illo spectabat, ut Regem Ordinum auctoritati subjiceret, ipsum non modice perculit ; aliquid tamen concessit ille. Petebat Archiepiscopus, ut cum tres Ordines aliqua in re consentirent, Rex illam admittere cogeretur. Tunc animadvertit ille plurimos esse sibi infensos. Jam Guisios suspectos habebat. Quod porro tunc accidit ipsum ad rem serio considerandam impulit. Reformati rescriptum publicarunt quod Romam attulerat David quidam Advocatus Parisinus, delirus homo & insulsus, qui semper litigando causas ineptas defendebat. Rescriptum illud vere damnandum, id ferebat : ex tribus stirpibus quæ in Francia regnaverant, primam solum &

1576. qui avoient été établies par le Pape, avoient regné legitimement ; mais que la troisiéme avoit usurpé le Roiaume sur les descendans de la seconde sans être jamais confirmée par les Souverains Pontifes. La conclusion étoit qu'il falloit faire tomber la Couronne aux descendans de Charlemagne, en supposant que les Guises étoient de ce nombre. Soit que cet Ecrit eût été veritablement fait par David, soit qu'il eût été forgé par les Huguenots, le Roi sachant que plusieurs des Députez avoient dessein de faire le Duc de Guise Chef de cette Ligue, s'en fit déclarer Chef lui-même.

Le Roi se fait déclarer Chef de la Ligue.

1577. Il fut établi que le Roi ne souffriroit plus dans son Roiaume que la Religion Catholique, Apostolique & Romaine. Quelques-uns vouloient qu'on y ajoutât, par des moiens doux & autant que cela se pourroit sans faire la guerre ; mais le premier sentiment l'emporta à la pluralité des voix. On y parla du rétablissement des finances. On y proposa divers expediens dont chacun avoit ses difficultez, & bien d'autres affaires qu'il seroit trop long de rapporter. On députa au Roi de Navarre & au Prince de Condé, pour les porter à venir aux Etats. Les Députez trouverent l'Agennois, la Saintonge & la Gascogne en armes. Le Roi de Navarre s'étoit saisi de Bazas. Perigueux avoit été pris par les Huguenots. La guerre recommençoit en ce païs-là. Le Roi de Navarre assiegea Marmande ; mais apprenant qu'un secours envoié de Bourdeaux aux assiegez s'avançoit, il leva le siege. Les Députez des Etats vinrent à lui. Il leur répondit d'une maniere fort honnête, que l'état présent des choses ne lui permettoit point d'assister à des Etats où l'on violoit la foi donnée. Le Prince de Condé reçût plus brusquement ces Députez, & ne voulut pas même ouvrir les lettres qu'ils lui apportoient. Il leur dit que ne regardant point ces Etats comme legitimement assemblez, il n'avoit que faire de leur répondre.

Le Roi vouloit pour les necessitez présentes aliener à perpetuité cent mille écus de rente du Domaine. Plusieurs furent de cet avis, & cela auroit peut-être passé. Mais Emar President au Parlement de Bourdeaux, prit la parole, & prouva que le Domaine du Roi étoit inalienable, même dans la plus urgente necessité, & il n'en fut plus parlé. On disoit que si cela avoit passé, Henri III. le plus grand dissipateur qui ait jamais regné en France, auroit aliené tout le Domaine. On voulut encore persuader au Roi de ne point faire la guerre

Domaine du Roi inalienable.

Thuanus.

secundam, quæ a Summo Pontifice confirmatæ fuerant, legitime regnavisse ; tertiam vero Regnum usurpavisse, & secundæ posteris abstulisse, neque unquam a Summis Pontificibus confirmatam fuisse. Claudebat autem dicendo, Coronam Caroli Magni posteris esse reddendam, supponendo Guisios ex eorum numero esse. Sive rescriptum illud vere a Davide scriptum, sive ab Hugonotis suppositum fuisset, Rex cum sciret ex Deputatis multos Guisium sanctæ Societatis ducem constituere velle, se ipsum ducem & caput constitui curavit.

Le même.

Statutum vero fuit quod Rex nullam aliam in Regno suo Religionem admissurus esset, quam Catholicam, Apostolicam & Romanam. Volebant quidam addi, id mitiore modo tentandum, ut sine bello fieret : verum prior opinio ex plurium sententia admissa fuit. De rei gratiæ administratione actum fuit ; plurima proposita fuere, quæ singula suis difficultatibus obnoxia erant ; alia quoque tractata sunt, quæ longius esset referre. Ad Regem Navarræ & ad Principem Condæum deputati missi sunt, qui illos invitarent ad Ordinum conventum. Qui missi fuerant Aginnatum Santonumque tractum, atque Vasconiam in armis repererunt. Rex Navarræ Vasatum occupaverat, Petracora ab Hugonotis capta fuerat. Navarrus Marmandam obsedit ; sed cum comperisset Burdigala auxilium obsessis mitti, obsidionem solvit. Deputati ipsum adierunt. Ipse vero honeste moderateque respondit, per rerum præsentium conditionem non sibi licere ad conventum Ordinum pergere ubi fides data violabatur. Condæus vero Deputatos asperius excepit, nec dignatus est literas quas attulerant aperire, dixitque se cum Ordines illos non legitime coactos putaret, non responsurum illis esse.

Volebat Rex pro necessitate præsenti centum scutorum millium reditum ex regio patrimonio alienare. Plurimi huic rei consensum dabant : verum Æmarus Præses in Curia Burdegalensi, probavit patrimonium regium alienari nullo in casu posse, neque ulterius hac de re actum fuit. Dicebatur autem Henricum III. qui profusius quam ullus Regum aurum spargebat, si sic faventibus Ordinibus patrimonium regium alienare cœpisset, totum illud haud dubie dissipaturum fuisse. Quidam Regi suadebant ut ne bellum contra

aux Huguenots, mais de tâcher de les ramener par la douceur. L'affaire fut 1577. mise en délibération, & à la persuasion du Premier Président de Thou, le Roi fit un Edit où il étoit ordonné qu'il n'y auroit plus qu'une Religion Catholique, Apostolique & Romaine dans le Roiaume ; mais qu'on ne feroit point la guerre aux Religionnaires qui vivroient en paix dans leurs maisons, & qu'on ne toucheroit ni à leur vie ni à leurs biens.

En ce tems-ci le Prince de Condé rendit Broüage à Mirembeau comme il lui avoit promis ; mais s'étant depuis repenti de cette restitution, il fit courir le bruit que Mirembeau avoit fait son marché avec le Roi pour lui remettre cette Place, & fit tant par adresse qu'il la reprit : ce qui causa pour un tems une grande division dans le parti. Le Roi voiant que les Reformez prenoient tous les jours des Places, envoia deux armées contre eux, une commandée par le Duc d'Anjou son frere, accompagné du Duc de Guise & de plusieurs autres Seigneurs. L'autre, sous les ordres du Duc de Maienne, qui prit la route du Poitou. Cependant Mirembeau indigné de l'insulte que venoit de lui faire le Prince de Condé en reprenant Brouage, ramassa du monde même parmi les Catholiques, pour remettre sous sa puissance cette Place dont il étoit Seigneur : il avoit des intelligences dans le lieu ; mais la garnison aiant été avertie de sa venuë, il fut obligé de se retirer, & le Prince vint à ses trousses. Il se retira avec beaucoup de peine à Mirembeau, où le Prince l'assiegea. La garnison fit une sortie & enleva un drapeau ; cependant le Prince continuoit toujours le siege.

Guerre contre les Huguenots.

Le Duc de Maienne qui marchoit avec son armée s'avança jusqu'à Saintes avec un détachement de Cavalerie de son armée, pour obliger le Prince de lever le piquet. Le Prince marcha contre lui se croiant assez fort pour le combattre avant que le reste de son armée l'eût joint. Le Duc de Maienne voiant le siege levé, s'arrêta pour attendre son armée, & le Prince de Condé se retira avec ses troupes, fit passer son Infanterie dans les Isles, & s'avança dans le payis d'Aunis près de la Rochelle avec le reste de ses gens qui y firent de grands desordres. Cependant le Roi de Navarre obtint du Duc de Maienne une treve de quinze jours : après quoi ce Duc prit Melle & Merpin.

Armée commandée par le Duc de Maienne en Poitou.

L'autre armée Roiale commandée par le Duc d'Anjou, accompagné des

---

Hugonotos moveret ; sed ut illos mansuetiore modo reducere tentaret. Res Ordinibus proponitur ; Christophorus vero Thuanus Primus Præses, Regem induxit ad Edictum proferendum, quo vetabat ullam esse in Regno religionem nisi Catholicam, Apostolicam & Romanam ; sed non inferendum esse bellum dicebat Reformatis, qui in domibus suis pacifice & tranquille viverent, neque vitæ, bonisque eorum vim esse faciendam.

b. Hoc tempore Condæus Broagium Mirambello reddidit, ut pollicitus fuerat ; sed cum postea factæ restitutionis pœniteret illum, rumorem sparsit, quod Mirambellus Regi oppidum venditurus esset, & arte usus Broagium denuo cepit, quod ad tempus quoddam dissensionem in ista factione peperit. Ut vidit Rex Reformatos quotidie oppida & castra capere, exercitus duos contra illos misit : quorum alteri imperabat Dux Andinus Regis frater, comitantibus Guisio Duce, & plurimis aliis primoribus ; alium ducebat Meduanius Dux, qui in Pictonum tractum movit. Inter hæc Mirambellus a Condæo, qui rursus Broagium ceperat, illatam sibi injuriam non ferens, armatos collegit etiam apud Catholicos, ut hoc oppidum, cujus ipse dominus erat, in potestatem suam redigeret ; in oppido ipso quidam secum consentientes erant ; sed cum id præsidiarii comperissent, receptui canere compulsus est, & ab insequente Condæo vix elapsus, Mirambellam venit, ubi Condæus ipsum obsedit. Præsidiatii eruperunt & vexillum cepere. Condæus tamen Mirambellam semper obsidebat.

Meduanius qui cum exercitu movebat, manu equitum assumta properavit versus Mediolanum Santorum, ut Condæum obsidionem solvere cogeret. Condæus, soluta obsidione contra illum perrexit, ut illo pugnare posset. Meduanius obsidionem solutam videns, substitit, ut exercitum suum exspectaret. Princeps vero Condæus cum copiis suis receptum habuit, pedites suos in Insulas misit, & in Alnetensem tractum cum reliquis pugnatoribus intravit, qui loca circum devastarunt. Interea Navarrus a Meduanio quindecim dierum inducias impetravit, posteaque Meduanius Mellum & Merpinum cepit.

Alius exercitus regius, imperante Andino, quem comitabantur Duces Guisius, Nivernensis & Albæ-

Le même.

Le même*

1577.
Armée du Duc d'Anjou & ses exploits.

Ducs de Guise, de Nevers & d'Aumale, de Biron & de Sarra Martinengue, alla assieger la Charité sur Loire. A la premiere attaque Martinengue brave Officier, fut blessé à mort & expira bien-tôt après, fort regretté de la Reine Mere. On dressa les batteries, & l'on fit bréche en plusieurs endroits. Morogues qui commandoit dans la Ville avoit si peu de monde, que ne se jugeant pas en état de soutenir un assaut, il capitula, & sortit avec sa garnison en armes pour être conduit en lieu de sureté. Le Duc d'Anjou, le Duc de Guise & plusieurs autres Seigneurs, se rendirent à Blois où étoit alors la Cour, pour y recevoir les applaudissemens d'une si prompte & si considerable expedition, & en même tems les ordres du Roi pour le reste de la campagne.

Ils laisserent la conduite de l'armée au Duc de Nevers qui entra dans l'Auvergne pour y prendre les Villes & Places que les Huguenots avoient saisies. Mathieu le Merle fils d'un Cardeur de laine d'Uzès, homme hardi & heureux dans ses entreprises, s'étoit avancé parmi les Reformez: il avoit surpris Issoire & une autre petite Place par ordre du Roi de Navarre. Il laissa pour Gouverneur dans Issoire un nommé Chavagnac, & s'en retourna dans les Sevennes. Le Duc de Guise revenu de Blois à l'armée, envoia sommer la garnison de rendre la Ville. Le Gouverneur rejetta superbement la sommation, & fit une sortie, où il fut bien combattu de part & d'autre. On forma le siege, & la nouvelle en fut portée à la Cour. Le Duc d'Anjou qui y étoit encore, partit d'abord pour s'y rendre. On dressa trois batteries. Les Ducs de Guise, de Mercœur & de Nevers, commandoient chacun la sienne. Le Duc de Nevers fit de son côté une grande bréche que les assiegez repareront promtement, & firent une sortie où ils perdirent beaucoup de gens. Le Duc d'Anjou arriva alors au camp, & tint conseil de guerre. Il fut resolu que pour épargner le sang humain, on feroit de nouveau sommer la Place. Les assiegez qui esperoient un secours que le Merle devoit leur amener, refuserent de se rendre. Le Duc de Guise donna un assaut où les assaillans furent vivement repoussez, & perdirent plus de cinq cens hommes & beaucoup de Noblesse, sans compter les blessez. Les Catholiques prirent pourtant quelques tours, & le Duc de Nevers aiant avec sa batterie élargi la bréche, les assiegez qui avoient perdu beaucoup des leurs, demanderent à parlementer. Le Duc d'Anjou ne voulant les recevoir

Thuanus.

malæus, itemque Bironus & Sarra Martinengus, Caritatem ad Ligerim obsedit. In prima oppugnatione Martinengus vir strenuus, lethali vulnere confossus, haud diu postea fato functus est, nec sine luctu Reginæ parentis. Tormenta pyria pluribus in locis apparata explosaque fuere, murorumque partes quædam in ruinam abiere. Morogus oppidi Præfectus cum pauci sibi pugnatores superessent, neque oppugnationi obsistere valeret, deditionis pacta iniit, cumque præsidiariis armatis egressus est, ut in tutum locum duceretur. Andinus vero & Guisius cum plurimis aliis primoribus Blœsas se contulerunt, ubi tuncaula regia erat, ac cum plausu ob tam subitam & insignem expeditionem excepti fuere, & jussa Regis exceperunt ad bellum hoc anno continuandum.

Exercitum ducendum reliquerant Nivernensi Duci, qui in Arvernorum tractum ingressus est, ut oppida & castra, quæ Hugonoti occupaverant expugnaret. Matthæus Merula Uticensis carminatoris lanæ filius, audax homo & in bellis fortunatus, apud Reformatos clarus, Issoriacum aliudque oppidulum astu occupaverat, ac jubente Navarro, loci Præfectum reliquerat Chavaniacum, posteaque in Cebennas montes redierat. Dux vero Guisius Blœsis in exercitum reversus, Præsidiariis edixit ut oppidum dederent. Chavaniacus nuncium superbe rejecit erupitque in hostem; ac strenue utrinque pugnatum est. Obsidione facta, res in aulam regiam affertur, Andinus vero statim illò se confert. Tribus in locis tormenta pyria apparantur & exploduntur. Duces Guisius, Mercurius, & Nivernensis, quisque suo tormentorum explosioni præerant. Nivernensis vero ex parte sua magnam murorum partem dejecit; sed præsidiarii statim quæ collapsa erant restaurarunt, & eruperunt in hostem multosque suorum amisere. Tunc Andinus in castra advenit, & cum Præfectis consilia miscuit, decretumque fuit quo sanguini humano parceretur, edicendum denuo præsidiariis deditionem esse. Illi vero qui Merulam sibi opem laturum esse sperabant, negavere. Tunc Guisius oppugnationem cœpit; Regii vero fortiter depulsi sunt, ac quingentos suorum amiserunt, cum nobilibus multis, non annumeratis iis qui vulneribus confossi fuerant. Regii tamen aliquot turres ceperunt; cumque Nivernensis, tormentis adhibitis latiorem murorum ruinam effecisset, tunc præsidiarii, qui quamplurimos suorum amiserant, ad pactionem venire voluere; cumque Andinus nonnisi ad arbitrium

qu'à

qu'à discretion, on continua le siege. Les assiegez se voiant en fort petit nombre, implorerent la misericorde du Duc, qui les fit tous enfermer dans le Temple. Les soldats entrerent dans la Ville pour la piller, & quelqu'un y aiant mis le feu, un vent furieux qui s'éleva, le porta par toute la Ville; ensorte que l'incendie enleva aux pillards toute leur proie. Après l'incendie, une violente pluie acheva de ruiner ce que le feu avoit épargné. Le Duc d'Anjou pardonna à Chavagnac, & à deux autres Gentilshommes qui promirent de ne plus porter les armes contre le Roi. L'armée se presenta ensuite devant une autre petite Place qui se rendit d'abord.

Dans le Poitou, l'Aunis & la Saintonge, l'armée du Roi agissoit avec encore plus de succès; ensorte que si la guerre avoit duré quelque tems, il sembloit que le parti des Religionnaires alloit être mis à bas. La division se mit entre les Rochelois & le Prince de Condé, tant parce que le Prince vouloit qu'ils élussent un Maire à sa fantaisie, que parce que les troupes qu'il avoit mises en quartier auprès de leur Ville, ruinoient toute la campagne & jusqu'aux fauxbourgs. Les Rochelois eux-mêmes étoient divisez entre eux & en dissention avec ceux d'Olonne, qui étoient pourtant de la même Religion. Le Baron de Montferran quoique Religionnaire, s'étoit retiré chez lui, & avoit juré aux Magistrats de Bourdeaux qu'il ne prendroit plus les armes.

Cependant le Duc de Maienne profitant des dissentions & de la foiblesse du parti opposé, assiegea & prit Tonnai-Charente. Ceux qui gardoient Rochefort pour les Reformez, l'abandonnerent. Ainsi en moins de cinq jours les Catholiques se trouverent maîtres de la Charente. Ces progrès firent qu'un grand nombre de ceux qui étoient dans les troupes du Prince de Condé & des Rochelois, tant des Catholiques que des Reformez, vinrent se joindre au Duc de Maienne. Les Catholiques préparoient alors une armée navale à Bourdeaux, & l'on croioit que c'étoit pour se rendre maîtres des Isles de Saintonge, & s'emparer du sel dont les Reformez avoient profité jusqu'alors. Les Rochelois en équiperent aussi une de vingt navires pour l'opposer à la flote Roiale. Le Duc de Maienne pour resserrer davantage les Rochelois, prit Marans que la garnison avoit abandonné à leur insçu. Cela mit l'épouvante dans la Ville. Les Places de la Charente & Marans étant en la puissance des Catholi-

Mauvais état du parti des Religionnaires.

suum ipsos recipere vellet, obsidio continuatur. Præsidiarii se ad exiguum redactos numerum videntes, Andini clementiam imploravere, qui illos in Templum includi jussit. Milites in oppidum ingressi sunt ut prædas agerent; cumque quispiam ignem injecisset, ingruente vento vehementissimo totum oppidum conflagravit, & prædam totam Regiis abstulit. Pluvia post hæc urceatim cadens, quidquid incendium intactum reliquerat, pessumdedit. Andinus Chavaniaco, duobusque aliis pepercit, qui se arma non ultra contra Regem gesturos esse polliciti sunt. Aliud etiam oppidulum exercitus adiit, quod statim sese dedidit.

Iquli. In Pictonibus, atque Santonibus, & in Alnetensi *dunt.* agro, exercitus regius meliore exitu procedebat, ita ut si bellum adhuc protractum fuisset, Reformatorum factio pessum itura videbatur. Dissensio Rupellanos inter & Principem Condæum suborta est; tum quia Condæus volebat ut illi virum ab se propositum Majorem urbis deligerent; tum quia etiam pugnatorum copiæ, quas ille circum urbem locaverat, agros omnes usque ad suburbia devastabant. Rupellani quoque & inter se & cum Olonensibus dissidiis agitabantur, qui tamen Olonenses eamdem profite-

bantur religionem. Monferrantius Toparcha, etsi eidem Religioni addictus, & sua se receperat, ac coram Burdigalensi Magistratu juraverat, se non ulterius arma sumturum esse.

Interea Meduanius videns tantas inter Reformatos *Les mêmes.* dissensiones, neque ipsos viribus valere, occasione capta, Tonæum ad Carantonum cepit. Qui vero Rupifortium pro Reformatis tenebant, ipsum deseruere; ita nondum elapso quinque dierum spatio, Regii Carantonum totum in potestatem suam reduxerant. Hi tam prosperi exitus id effecere, ut multi ex iis qui in Condæi & Rupellanorum copiis erant, tum Reformati, tum Catholici, ad Meduanii partes sese converterent. Catholici tum classem Burdigalæ parabant. Putabatur autem classem illam ad Santonicas Insulas capiendas destinatam esse, ut salem Regii sibi adscriberent, cujus proventum hactenus Reformati perceperant. Rupellani quoque classem viginti navium instruebant, ut Regiæ opponerent. Meduanius vero ut Rupellanos ad arctiora reduceret, Maranum insulam cepit, quam præsidiarii Rupellanis insciis deseruerant. Hinc terror in urbem injectus; nam Carantoni oppida & Maranum in po-

Tome V. H h

1577.
ques, les vivres n'y pouvoient plus venir par terre, la flote préparée à Bourdeaux alloit empêcher que rien n'y pût entrer que difficilement par mer.

Le Duc de Maienne informé de l'état où se trouvoit alors la Rochelle, s'avança avec une parie de son armée jusqu'à un quart de lieüe de la Ville, où il y eut quelque escarmouche. Il envoia défier le Prince de Condé à un combat singulier. Le Prince remit la partie à une autre fois, & le Duc de Maienne se retira en Poitou pour rafraîchir son armée, songeant toujours aux moiens de bloquer la Rochelle. La flote Roiale qui se préparoit à Bourdeaux se trouvant en état, elle partit, sortit de la Gironde, commandée par Lansac, & s'avança vers le chef de Baye. Les Rochelois étoient bien informez que cette flote se préparoit, & pouvoient facilement en équiper une pour la lui opposer. La division qui étoit parmi eux, tant sur les préparatifs qu'il falloit faire pour cette flote, que sur le chef à qui ils en devoient donner la conduite, les empêchoient de rien conclure. Mais quand ils virent la flote ennemie si proche, ils se hâterent, équiperent quatorze Navires, & en donnerent le commandement à Clermont d'Amboise. Lansac cependant détacha cinq Navires pour aller à l'Isle de Ré, & sommer les habitans de le reconnoître pour Gouverneur, venant de la part du Roi. Ceux qui étoient dans l'Isle ne lui répondirent que par des arquebusades. Les Reformez voulurent combattre, mais Lansac à la faveur d'un bon vent se retira.

Le Prince aiant nouvelle certaine que le Duc de Maienne vouloit assieger Brouage, Place très-importante aux Rochelois, s'y rendit pour la mettre en état de défense, trouva les habitans en dissension avec Montgommeri Gouverneur : il leur donna en sa place Manducage qu'ils souhaitoient fort, augmenta la garnison, & mit toutes choses au meilleur état qu'il pût. Cependant Lansac travailloit à augmenter & à reparer sa flote, & les Rochelois équipoient aussi d'autres Navires pour fortifier la leur. Ils firent prier le Prince d'Orange de leur envoier quelques Navires ; mais ce secours ne pouvoit arriver que tard.

Siege de Brouage.

Le Duc de Maienne vint avec son armée devant Brouage le 22 de Juin. Ses gens attaquerent d'abord la contrescarpe ; mais ils furent repoussez. Ils prirent ensuite leurs logemens. La garnison fit plusieurs sortie avec peu d'effet. Le Prince de Condé, qui prenoit grand interêt à la conservation de cette Place,

Thuanus.

testate Catholicorum erant. Annona terrestri itinere, in urbem accedere non poterat ; & classis Burdigalæ parata marinum aditum interclusura erat.

Meduanius gnarus Rupellam eo in statu esse, cum exercitus parte proxime urbem movit, ibique velitationes quædam fuere. Condæum Principem ad singularem pugnam provocavit. Ille vero in aliud tempus hanc differendam pugnam esse dixit. Meduanius ad Pictonas se recepit, ut defatigatum exercitum recrearet, semper cogitans quo pacto aditus omnes Rupellam intercluderet. Regia vero classis Burdigalæ apparata, vela dedit duce Lansaco, & ex Girunda egressa versus caput Baiæ progressa est. Rupellani non ignari hanc appari classem, aliam & ipsi facile apparare potuissent Regiæ opponendam : verum dissensio inter illos vigens, tum circa apparatum ipsum, tum circa ducem deligendum, ne quidpiam perficerent obsistebat. Cum autem hostilem classem tam propinquam viderant, tunc celeriter illi quatuordecim naves instruxere, & ducem constituerunt Claromontium Ambosianum. Lansacus quinque naves ad Retensem insulam misit, quæ Insulanis edicerent, ut

ipsum Lansacum à Rege missum ut Præfectum suum agnoscerent. Insulani vero nonnisi sclopetorum ictibus responderunt. Reformati pugnam committere volebant ; sed Lansacus, secundo reflante vento, alió se recepit.

Condæus cum certo sciret Meduanium ad Broagii obsidionem sese instruere, quod oppidum servare multum Rupellanos interesset, illò se contulit ut illud muniret. Oppidanos autem cum Mongommetio Præfecto dissentientes invenit. In ejus vero locum Manducagium Præfectum constituit, quem optabant oppidani ; præsidium auxit, cæteraque omnia pro viribus composuit. Interea Lansacus classem augere & reparare studebat. Rupellani quoque naves alias instruebant ut suam complerent, Arausicanum Principem nunciis rogavère naves sibi quaspiam mitteret ; sed illæ tardius adventuræ erant.

Meduanius Broagium cum exercitu movit 22. Junii mensis. Regii statim fossæ marginem sunt adorti, sed a Præsidiariis depulsi ; postea castrametati sunt. Præsidiarii sæpe eruperunt, nec tam prospero exitu. Condæus qui hoc oppidum servare sum-

monta fur mer; & avec les Navires qu'il trouva prêts, il alla fe prefenter devant Brouage, pour encourager la garnifon, & tenir les affiegeans en refpect. Sa préfence donna une grande joie aux affiegez, mais qui ne fut pas de longue durée. Les batteries dreffées devant Brouage, commencerent à tirer le trois Juillet. La garnifon étoit forte, mais elle manquoit de vivres, elle recevoit fouvent de nouveaux renforts de gens de guerre; & cela ne fervoit qu'à confumer plus vîte ce qui leur en reftoit.

La flote Roiale augmentée de plufieurs Navires étant fortie de la Garonne, s'avança vers Brouage. Celle des Reformez commandée par Clermont, s'y rendit auffi. Elles fe rencontrerent, & il y eut un grand combat. Cinq Galeres de la flote Catholique conduites par Montluc, firent un tel feu fur la flote des Reformez, qu'elle fut enfin obligée de fe retirer avec grande perte, & quafi en déroute. Oleron fe rendit alors à Lanfac.

La flote Roiale défait celle des Rochelois.

Le Duc de Maienne aiant reçû un renfort de Suiffes, fit battre furieufement Brouage. Les Rochelois eurent moien d'y faire entrer quelque fecours de vivres; mais c'étoit fi peu de chofe qu'ils fe trouverent bien-tôt en même neceffité qu'auparavant; de forte qu'ils n'avoient prefque plus d'efperance de fauver la Place. La diffention regnoit toujours parmi eux; il ne fe faifoit rien dans la Ville qui ne fut d'abord fû dans l'armée du Roi. Ils crurent que c'étoient les Catholiques affociez en affez grand nombre dans la Ville qui reveloient tous leurs fecrets au dehors; fe méfiant ainfi d'eux, ils les firent tous fortir de la Rochelle. Les vivres manquant à Brouage, la garnifon fit une fortie qui réuffit fort mal, & fut enfin obligée de capituler. Les conditions furent fupportables & très-bien gardées par les Catholiques.

Prife de Brouage.

D'Anville Gouverneur du Languedoc, follicité par fa femme, & mécontent de plufieurs Seigneurs de cette Province, fe reconcilia avec le Roi, & fe détacha des Huguenots. Le Roi lui envoia des troupes qui furent partagées. d'Anville avec une partie mit le fiege devant Montpellier, & le Maréchal de Bellegarde avec l'autre affiegea Nîmes; mais ils ne purent prendre ces Places les plus confiderables que les Huguenots euffent en Languedoc, & les nouvelles de la paix leur firent lever le fiege.

D'Anville reconcilié avec le Roi.

Tandis que tout ceci fe paffoit, le Duc de Montpenfier qui fouhaitoit ardemment la paix, & qui du confentement du Roi travailloit à la faire, eut plu-

Paix faite avec les Reformez.

---

me ftudebat, naves quas cafu reperit, confcendit, & ante Broagium venit, ut præfidiariis animos facetet, & Regios obfidentes contineret. Id fummo gaudio præfidiariis fuit; fed non diuturnum. Tormenta ante oppidum apparata explofa funt tertia Julii. Præfidium numerofum erat; fed res cibaria deficiebat; fæpe novi pugnatores illò mittebantur, hincque res cibaria in dies magis minuebatur.

Regia claffis, navibus aucta, ex Garumna egreffa Broagium verfus vela dedit. Reformatorum quoque claffis obviam venit, duce Claromontio. Fortiter utrinque pugnatur. Quinque triremes regiæ, duce Monlucio, tantam fclopetorum & tormentorum tempeftatem in Reformatorum claffem immiferunt, ut tandem cum ingenti detrimento, & quafi profligata fe recipere coacta fit. Tunc Uliarum Lanfaco fefe dedidit.

Meduanius cum Helvetiorum agmen accepiffet, Broagium tormentorum fulminibus obruere cœpit. Rupellani aliquid annonæ in oppidum immifere; fed tam modicum, ut paulo poft prifca fames invaluerit; ita ut oppidi fervandi nulla fere fpes fupereffet. Diffenfio in urbe femper ardebat, nihilque Rupellæ fiebat aut ftatuebatur quin ftatim in exercitu regio fciretur. Sufpicantes ergo Rupellani Catholicos, qui in urbe erant, cuncta hofti revelare, omnes ex urbe egredi jufferunt. Cum Broagii res cibaria prorfus deficeret, præfidiarii in Regios eruperunt; fed infelici exitu, tandemque ad deditionis pacta venire compulfi funt: conditiones honefte certe, a Catholicis accurate fervatæ fuerunt.

Damvilla Septimaniæ Præfectus, inftante uxore, a quibufdam provinciæ iftius primoribus offenfus, cum Rege fefe reconciliavit, & ab Hugonotis fejunctus eft. Rex illi pugnatorum copias mifit, quæ duas in partes divifæ funt. Cum altera parte Damvilla Montpelium, cum altera Bellogardius Nemaufum obfedit; fed urbes illas quæ maximæ & munitiffimæ omnium erant, quas Hugonoti in Septimania tenebant, capere non potuerunt; & ubi pax nuper facta nunciata fuit, obfidionem ambo folverunt.

Dum hæc gererentur, Monpenferius Dux, qui pacem ardenter expetebat, confentiente Rege, cum

Thuanus.

Tome V. Hh ij

1577. sieurs conferences avec le Roi de Navarre & avec Biron. Elle fut enfin concluë à Bergerac, & le Roi publia à Poitiers un Edit en 63 articles, où plusieurs conditions de l'Edit précedent étoient ou changées, ou moderées. Il y eut aussi quelques articles secrets qu'il importoit à tous les deux partis de ne pas publier, auxquels souscrivirent les principaux des Catholiques & des Reformez.

Cette paix fut également bien reçuë de tous les deux partis. Les Reformez qui selon toutes les apparences alloient être accablez, s'estimerent heureux de s'en tirer à des conditions qui leur paroissoient favorables dans la conjoncture. Les Catholiques las d'une si longue guerre, qui causoit des maux infinis, sur tout en certaines Provinces, esperoient d'en voir la fin. Cependant bien des gens furent surpris de voir que le Roi eut consenti à une paix dans le tems que les Religionnaires réduits à la derniere extrêmité n'avoient plus aucune ressource. Il craignoit apparemment que les Princes Protestans d'Allemagne & la Reine Elisabeth qui soutenoient volontiers la cause des Religionnaires François, ne leur envoiassent de puissans secours.

Edit sur les Monnoies. Le Roi fit encore à Poitiers un Edit sur les Monnoies, qui fut publié à Paris au mois de Novembre. Elles étoient haussées à un tel prix, sur tout en certaines Provinces, que l'écu sol, ou l'écu d'or, montoit jusqu'à cinq ou même six livres, & les autres monnoies, tant étrangeres que du Roiaume, à proportion. Il n'y avoit rien de fixe; ensorte que personne ne pouvoit compter combien il avoit valant. Pour obvier à ce mal, le Roi ordonna que l'on compteroit à l'avenir par écus; & comme la livre n'avoit pas auparavant un prix certain, il ordonna que la livre seroit le tiers de l'écu. Ce prix incertain des monnoies causoit des maux infinis. Les Marchands achetoient à grand prix, & vendoient encore plus cherement; & quand les pauvres gens paioient la taille ou d'autres impôts, les Collecteurs ne prenoient la monnoie qu'au plus bas prix.

Guerre des Pais-Bas. En ce même tems tout étoit en mouvement dans les païs-bas. Dom Jean d'Autriche qui y avoit été envoié pour Gouverneur après la mort de Requesens, y avoit été reçu par les Etats, à condition que les Espagnols fort hais dans ce païs-là, seroient tous renvoiez en Espagne. Dom Jean ne tarda pas long-tems à leur devenir suspect. Il faisoit joüer sous main des res-

Le même. Navarro & Birono colloquia miscuit. Pax tandem Bergeraci facta est, Rexque in Pictavorum urbe Edictum publicavit 63. capitibus, ubi plurimæ Edicti præcedentis conditiones vel mutabantur, vel moderatiores prostabant. Aliquot etiam articuli secreti fuere, quos publicari neutri partium conveniebat, & quibus subscripsere primipilares inter Catholicos & Reformatos.

Pax isthæc utrique partium admodum placuit; Reformatis, qui ut videbatur, mox opprimendi erant, admodum faustum visum est, quod conditionibus illis sibi opportunis pacem fecissent. Catholici ex tam diuturno bello fessi, quod mala pariebat innumera, maximeque in quibusdam provinciis, infortunio rum finem se visuros sperabant. Attamen obstupuere multi, quod Rex ita rerum conditione, cum Hugonoti ad extrema deducti, nullum perfugium haberent, paci hujusmodi manus dedisset. Timebat haud dubie ne Principes Protestantes Germaniæ & Elisabetha Regina, qui libenter causam Hugonotorum propugnandam suscipiebant, copias plurimas ipsis in auxilium mitterent.

Memoires d'Henri III.

Thuanus. Rex etiam Pictavii Edictum protulit, quod Lutetiæ mense Novembri publicatum fuit, monetam respiciens, quæ ad tantum precium, maxime in provinciis quibusdam, evectum fuerat, ut *scutum sol*, vel scutum aureum ad quinque vel sex libras ascenderet, & reliquæ etiam monetæ tam Francicæ, quam extraneæ eodem modo crescerent precio. Nihil fixum, firmumque erat, ita ut nemo dicere posset, quantum bonorum vel pecuniarum haberet. Ut huic malo remedium afferretur, mandavit Rex ut per scuta in posterum computaretur: quia vero libra precium certum non habebat, præcepit ut libra, tertia pars scuti esset. Precium quippe monetarum incertum mala innumera pariebat. Mercatores, qui carissimo pretio emebant, carius etiam vendebant: & cum in opes vel tributa vel alia vectigalia solvebantur, collectores non nisi quam minimo precio monetas accipiebant.

Eodem tempore in Belgio omnia in motu erant. *Th.* D. Joannes Austriacus, qui post Requesenii mortem Præfectus illò missus fuerat, ab Ordinibus, seu Statibus receptus fuerat, illâ conditione, ut Hispani Belgis odiosi, in Hispaniam omnes remitterentur. Non diu postea Joannes illis suspectus esse cœpit. Ma-

forts pour se rendre maître des principales Villes, & se saisit de Namur. Les Etats bien instruits de ses desseins & de ses menées, s'en plaignirent au Roi d'Espagne ; & n'esperant point d'en tirer raison, ils leverent une armée, établirent le Prince d'Orange Gouverneur de Brabant, & le Duc d'Arscot Gouverneur de Flandres. Par le conseil du Prince d'Orange, ils firent offrir sous main à l'Archiduc Matthias, frere de l'Empereur, le Gouvernement general des Païs-bas. Il se déroba de la Cour de Vienne, & se rendit à Anvers où il fut reconnu pour Gouverneur & Commandant General, aiant sous lui le Prince d'Orange qui menoit toute l'intrigue. Mais Dom Jean aiant reçû un secours considerable que lui amena Alexandre Farnese Duc de Parme, gagna une bataille sur l'armée des Etats. Il y avoit déja quelque tems que le Duc d'Anjou avoit en ces païs-là des correspondans. Il avoit traité avec les Chefs du parti, & souhaittoit ardemment d'aller y faire la guerre.

1577.

1578.

Les dispositions étant favorables, il convint avec eux, & promit d'y amener une armée, & de faire lui-même la guerre en ce païs-là ; ils lui promirent aussi de l'établir Chef & General de toutes leurs troupes ; que si à la fin de cette guerre ils ne reconnoissoient plus Philippe Roi d'Espagne, & s'ils changeoient de maître, ils le declareroient leur Prince ; & que pour la sureté de leur parole, ils lui livreroient Avenes, le Quesnoi & Landreci ; que les places qu'il prendroit au de-là de la Meuse lui appartiendroient, & que celles qu'il prendroit au deça, seroient livrées aux Etats. Le Duc d'Anjou arriva en Flandres avec son armée, assiegea Binsch. Les assiegez se défendirent bien, & en deux assauts que les François donnerent ils perdirent beaucoup des leurs ; mais au troisiéme ils prirent la Ville, la saccagerent, pillerent aussi l'Eglise d'où ils tirerent plus de cent mille ducats. Le Duc prit aussi Maubeuge. Landreci & le Quesnoi, places qui lui avoient été promises par le traité, ne voulurent pas le recevoir, quelque instance qu'on leur pût faire. Ceux qui avoient traité avec lui voulurent lui donner pour Landreci & le Quesnoi, Malines & quelques autres places : il aimoit mieux s'unir au Prince Casimir pour aller combattre Dom Jean d'Autriche. Mais Casimir s'étant joint avec les Gantois, le Duc d'Anjou s'en revint en France, laissant les Païs-bas agitez d'aussi grands troubles que la France l'avoit été aux années précedentes.

Le Duc d'Anjou fait la guerre aux Païs-Bas.

---

chinationibus secretis id agebat, ut præcipuas urbes occuparet, & Namurcum ita cepit. Ordines autem cum cuniculos ejus, consiliaque nota haberent, apud Regem Hispaniæ conquesti sunt ; cumque nihil hinc sibi subsidii sperarent, exercitum collegerunt, ducemque elegerunt Principem Arausicanum Brabantiæ Præfectum, & Arscotum Ducem Præfectum Flandriæ. De consilio Principis Arausicani, Archiduci Matthiæ Imperatoris fratri Præfecturam Belgii generalem obtulerunt. Ex aula Viennensi ille furtim profectus est, & Antuerpiam venit, ubi Præfectus & Dux Generalis constitutus fuit : sub quo erat Princeps Arausicanus qui rem totam gerebat ; sed cum Joannes magnam copiarum manum duce Alexandro Farnesio Parmensi accepisset, ille commissa pugna, de Ordinum exercitu victoriam retulit. Jam pridem autem Andinus Dux in illis partibus quosdam secum consentientes habebat. Cum primipilaribus autem Belgis tractaverat, ac bellum in hisce partibus gerere admodum cupiebat.

Cum omnes ad illum recipiendum probe affecti essent, pacta cum illis inivit, se illò exercitum ducturum & bellum gesturum pollicitus est. Ipsi quoque promiserunt se illum copiarum omnium Præfectum declaraturos esse ; & si belli finis talis foret,

ut ipsi Philippum Regem non ultra Dominum suum agnoscerent, sed alium sibi Principem constituerent, se ipsum Principem suum delecturos esse pollicebantur, & ad dictorum securitatem ipsi tradituri erant Avenas, Quesnoium & Landrecium ; si qua vero oppida & urbes trans Mosam caperet, sibi retineret ; si citra Mosam, ea ipsis cessurus esset. Andinus in fines Belgii cum exercitu advenit & Binchium obsedit. Præsidiarii strenue hostem propulsarunt, & cum Francibis oppidum oppugnavissent, multos suorum amiserunt ; sed tertio venerunt, ipsumque ceperunt, ac diripuere, atque Ecclesiam expilarunt, unde plusquam centum millia ducatorum in prædam retulere. Malbodium etiam Dux cepit. Landrecium vero & Quesnoium oppida, quæ ipsi pacto inito concessa fuerant, ipsum recipere noluerunt, quantumvis urgerentur ; sed qui pactum cum illo inierant, pro Landrecio & Quesnoio, Machliniam & alia oppida ipsi dare volebant. Ille vero Casimiri copias jungere malebat, cum Joanne Austriaco pugnam committeret ; sed quia Casimirus cum Gandavensibus copias suas junxerat, Andinus in Franciam reversus est, Belgiumque reliquit perinde tumultibus & bellis agitatum, atque Regnum Francorum nuper fuerat.

H h iij

1578.   Il vint à la Cour du Roi Henri, qu'il trouva fort refroidi à son égard. L'esprit remuant de ce jeune Prince & ses entreprises ne lui plaisoient pas. Cette froideur durant toujours, le Prince s'imagina que le Roi vouloit se saisir de lui, s'échappa de Paris, & s'enfuit à Alençon, d'où il écrivit une lettre pleine de soumission au Roi son frere, qui croiant qu'il n'avoit plus à craindre de ce frere turbulent, fit relâcher deux de ses favoris qu'il avoit fait arrêter, & continua de vivre à sa maniere.

Henri lorsqu'il n'étoit que Duc d'Anjou, avoit donné de grandes esperances de sa personne. Doüé de beaucoup d'esprit, il parloit mieux que personne du Roiaume; il avoit brillé à la tête des armées par sa valeur & sa conduite. Sa réputation avoit beaucoup contribué à le faire élire Roi de Pologne. Il étoit avec cela doux, affable, enclin à pardonner les offenses. Que ne devoit-on pas esperer d'un Prince orné de si beaux talens? Mais l'éducation & le mauvais exemple de sa mere, qui avoit toujours à sa suite une escouade de filles de joie pour amorcer ceux qu'elle vouloit mener à ses fins, l'avoient gâté.

Vie molle & efféminée d'Henri III.

Dès qu'il fut monté sur le thrône de France, il se plongea dans les délices; il avoit toujours auprès de lui une troupe de mignons *fraisez & frisez*, & menoit avec eux la vie la plus debordée. Cette conduite faisoit alors la fable de tout le monde. Les Guises, qui dès-lors commençoient à cabaler contre lui & contre le Sang Roial même, ne manquoient pas de s'en prévaloir. Il est bon d'entendre là-dessus l'Auteur du Journal d'Henri III.

» Le Mardi 10 Decembre 1577, Claude Marcel n'agueres Orfévre du pont
» au Change, lors Conseiller du Roi, & Sur-Intendant de ses Finances, maria
» l'une de ses filles au Seigneur de Vicourt; la nôce fut faite en l'hôtel de
» Guise, où dînerent le Roi, les trois Roines, Monsieur le Duc & Messieurs
» de Guise. Après souper le Roi y fut lui trentiéme masqué en homme,
» avec trente que Princesses que Dames de la Cour, masquées en femmes toutes,
» & toutes vétuës de drap & toille d'argent, & autres soyes blanches,
» enrichies de perles & pierreries en grand nombre & de grand prix. Les mascarades
» y apporterent telle confusion pour la grande suite qu'elles avoient,
» que la plûpart de ceux de la nôce furent contraints de sortir, & les plus sages
» Dames & Damoiselles se retirerent & firent sagement: car la confusion y

In aulam Henrici Regis venit, quem ab se aversum reperit, fratrem ille suum juniorem, rerum novarum molitorem non probabat. Cum se ab ipso alienum subindicare Rex pergeret, suspicans Andinus Regem fratrem id animo versare ut ipsum comprehenderet, Lutetia elapsus Alenconium aufugit, Regique scripsit literas demissi animi notam præ se ferentes. Henricus deinceps putans sibi a turbulento fratre non ultra timendum esse, duos ex clientibus ejus, quos sub custodia posuerat, in libertatem restituit; ipseque Rex securius consueto modo vitam agere perrexit.

Henricus, cum adhuc Dux Andinus esset, magnam sui spem dederat, ingenio præditus grandi, in Regno Francorum omnes vi elegantiaque sermonis superabat, in bello fortitudinis sagacitatisque egregia signa dederat: ejusque fama ipsum ad Poloniæ coronam evexerat. Ad hæc vero mitis erat, affabilis, ad injurias condonandas pronus. Quid an tot tantisque animi dotibus sperandum non videbatur? At parentis suæ exemplum, quæ amasiarum agmen semper secum habebat, ut quos vellet inescaret, ad pravos mores illum deduxerat. Statim atque ad folium regium Francicum ascenderat, circum se semper turmam juvenum gratiosorum capillitio & colli ornamentis fulgentium habens, dissolutam omnino vitam agebat, ita ut in fabulam ubique verteretur. Guisii vero, qui jam in illum & sanguinem regium totum conspirare cœperant, hinc occasionem captabant gerendæ rei. Audiendus ea de re est Diarii Henrici III. Scriptor.

In vita molli & effeminata Henrici III.

» Die Martis 10. Decembris 1577. Claudius Marcellus, qui nuper auri faber in ponte Nummulariorum erat, jam Regi a consiliis & rei ærarii
» Præfectus erat, ex filiabus suis unam cum Domino
» Vicurtio connubio junxit. Nuptiæ in Guisianis ædibus celebratæ sunt; ubi pranserè Rex, tres Reginæ, Andinus & Guisii. Post cœnam vero Rex cum
» Principibus & aulicis primoribus feminis, quæ
» omnes unà cum Rege triginta numero erant; larvis assumtis, ex panno vel ex tela aurea, sive sericea vestitæ, unionibus & gemmis preciosis fulgentes comparebant. Illæ larvatæ personæ, tantam perturbationem attulere, ut maxima pars invitatorum
» ex ædibus elabi coacta fuerit. Sapientiores vero
» mulieres puellæque nobiles aliòse recepere; & quidem consulto; nam in tumultu hujusmodi ita tut-

HENRI III.

„ apporta tel defordre & vilenies, que fi les tapifferies & les murailles euffent
„ pû parler, elles euffent dit beaucoup de belles chofes.

1578.

„ Le Lundi fixiéme Janvier jour des Rois, la Demoifelle de Pons de Bre-
„ tagne, Roine de la Feve, par le Roi defefperément brave, frifé & gaudronné,
„ fut menée du Château du Louvre à la Meffe en la Chapelle de Bourbon;
„ étant le Roi fuivi de fes jeunes mignons, autant & plus braves que lui. Buffi
„ d'Amboife, le mignon de Monfieur Frere du Roi, s'y trouva à la fuite de
„ Monfieur le Duc fon maître, habillé tout fimplement & modeftement,
„ mais fuivi de fix Pages vétus de drap d'or frifé, difant tout haut que la faifon
„ étoit venuë que les beliftres feroient les plus braves; dequoi s'enfuivirent les
„ fecretes haines & les mécontentemens & querelles qui parurent bien-tôt
„ après.

„ Le Dimanche vingt-feptiéme Avril, pour démêler une querelle née pour
„ fort legere occafion le jour précedent en la cour du Louvre, entre le fieur de
„ Quelus, l'un des grands mignons du Roi, & le jeune Antragues, qu'on ap-
„ pelloit Antraguet, favori de la Maifon de Guife; ledit Quelus avec Maugiron
„ & Livarot; & Antraguet avec Riberac & le jeune Chomberg, fe trouverent
„ dès cinq heures du matin au Marché aux Chevaux, anciennement les Tour-
„ nelles, près la Baftille Saint Antoine, & là combattirent fi furieufement, que
„ le beau Maugiron & le jeune Chomberg demeurerent morts fur la place:
„ Riberac, des coups qu'il y reçût, mourut le lendemain à midi; Livarot, d'un
„ grand coup qu'il y eût fur la tête, fut fix femaines malade, & enfin récha-
„ pa; Antraguet s'en alla fain & fauf avec un petit coup qui n'étoit qu'une
„ égratignure; Quelus, auteur & aggreffeur de la noife, de dix-neuf coups
„ qu'il y reçût, languit trente-trois jours, & mourut le Jeudi vingt-neuviéme
„ Mai en l'hôtel de Boifi, où il fut porté du champ du combat, comme
„ lieu plus ami & plus voifin, & ne lui profita la grande faveur du Roi,
„ qui l'alloit tous les jours voir, & ne bougeoit du chevet de fon lit, & qui
„ avoit promis aux Chirurgiens qui le penfoient cent mille francs au cas qu'il
„ revint en convalefcence, & à ce beau mignon cent mille écus pour lui faire
„ avoir bon courage de guerir; nonobftant lefquelles promeffes il paffa de ce
„ monde en l'autre, ayant toujours en la bouche ces mots, même entre ces
„ derniers foupirs, qu'il jettoit avec grande force & grand regret: *Ah mon*

Fameux duel.

„ pia obfcœnaque patrata fuere: ut fi aulæa & parie-
„ tes vocem emittere potuiffent, elegantia fane mul-
„ ta dictura forent.

„ Die Lunæ Januarii fexto in Epiphania Domini,
„ Nobilis puella Pontiniana Britanna, quæ Regina
„ fabæ, ut vocabant, fuit, ab ipfo Rege fuperbe
„ veftito, calamiftrato inuncto, a Lupatæis ædibus,
„ ad Miffam in Capella Borbonia audiendam ducta
„ fuit. Regem fequebantur gratiofi ejus pari cultu
„ & veftitu. Buffius autem Ambofianus Andini Du-
„ cis cliens, cum Andino celebritati interfuit, cum
„ fimplici & modefto veftitu; fed ephebos fex fecum
„ ducens, panno aureo crifpo indutos, palamque
„ dicebat, jam tempus adveniffe, quo homunciones
„ cæteris cultioresforent, indeque odia jurgiaque
„ exorta funt.

„ Dominica 27. Aptilis ex jurgio leviffima cau-
„ fa in Lupara orto inter Cailufum Regi gratiofum
„ & Interaqueum, Guifiis addictum pugna fuit. Cai-
„ lufius cum Maugirono & Livaroto ftabat. Intera-

„ queus vero cum Riberaco & Schombergio juvene.
„ Hi quinta matutina hora, in equorum foro, ubi
„ olim Turricularum Palatium erat prope Baftiliam
„ Sancti Antonii, tam fortiter pugnavêre, ut formo-
„ fus ille Maugironus & Schombergius juvenis in
„ folo ipfo ftrati mortui manerent. Riberacus con-
„ fectus vulneribus poftridie circa meridiem ex vita
„ migravit. Livarotus in capite vehementer ictus per
„ fex hebdomadas æger decubuit; fed valetudinem
„ recuperavit. Interaqueus leviffime vulneratus falvus
„ evafit. Cailufus jurgii auctor, ictibus novemdecim
„ confoffus, per dies triginta elanguit, obiitque in
„ Boëfianis ædibus, quo delatus ftatim fuerat die
„ Jovis vigefimo-nono Maii. Nec profuit illi favor
„ Regis, qui quotidie illum invifit, & ad pulvinar
„ ejus affiduus fedebat. Chirurgis centum millia li-
„ brarum pollicitus erat, fi ex morbo convalefceret,
„ & Cailufio centum millia fcutorum: at Regis gra-
„ tia nihil juvante fato functus ille eft. Cum extre-
„ mos fpiritus exhalaret, hæc dicebat, *Mi Rex, Mi*

1578. » *Roi, mon Roi!* sans parler autrement de Dieu ni de sa Mere. A la verité
» le Roi portoit à Maugiron & à lui une merveilleuse amitié, car il les baisa
» tous deux morts, fit tondre & emporter & serrer leurs blonds cheveux,
» ôta à Quelus les pendans de ses oreilles que lui même auparavant lui avoit
» donnez & attachez de sa propre main. On en fit ces deux vers :

» *Seigneur, reçois en ton giron*
» *Chomberg, Quelus & Maugiron.*

» Telles & semblables façons de faire, indignes à la verité d'un grand
» Roi, & magnanime comme il étoit, causerent peu à peu le mépris de ce
» Prince; & le mal qu'on vouloit aux mignons qui le possedoient, donna un
» grand avantage à ceux de Lorraine : pour corrompre le peuple, & dans
» le tiers état créer & former peu à peu entierement leur parti, qui étoit la
» Ligue : de laquelle ils avoient jetté les fondemens l'an precedent 1577.

Il ne paroît pourtant pas que le Roi fut encore entré en grande méfiance
de ceux de Guise, puisqu'il venoit de donner la survivance de la Charge d'A-
miral de France, que tenoit alors le Comte de Villars, au Duc de Maienne son
beau-fils. Peu de tems après le fameux duel rapporté ci-devant, les Guises
firent assassiner S. Maigrin autre mignon du Roi, soupçonné d'avoir commerce avec la Duchesse de Guise. Ces mignons engageoient Henri à des dépenses
Edits bur- folles & sans mesure; ce qui l'obligeoit de faire incessament des Edits *Bursaux*
saux. & des impositions sur le pauvre peuple. Au mois de Septembre de la même
année, en partant pour Fontainebleau, il en laissa vingt-deux à la Cour du
Parlement pour les homologuer. Ces Messieurs n'en voulurent verifier que
deux, & lui renvoierent les vingt autres. Le Roi fut très-fâché de ce refus, &
menaçoit le Parlement de quelque disgrace. Pour le contenter en quelque maniere, ils en homologuerent encore quelques-uns des moins onereux. Il s'attiroit ainsi peu à peu le mépris & la haine du public, & donnoit par là beau jeu
à ceux qui pensoient déja à s'établir sur ses ruines.

Ordre du   Les differentes factions du Roiaume lui firent venir la pensée d'établir un
S. Esprit   nouvel Ordre Militaire pour attirer par-là bien des Seigneurs à son parti. L'Or-
établi.   dre de Saint Michel étoit si avili par le grand nombre de gens même de
bas lieu qui en avoient reçû le Collier, que les Nobles n'en vouloient plus,

---

» *Rex*, nec Deum, nec matrem suam commemorans.
» Tanto Rex Maugironum & Cailusium amore pro-
» sequebatur, ut mortuos ipsos osculatus sit, flavos
» illorum capillos detonsos abstulerit, & in deputato
» loco posuerit; inaures quas ipse sua manu Cailusio
» apposuerat, sua manu repetierit : hincque versus
» quidam emissi Regem perstringebant.

» Hæc & similia gesta Rege magnanimo indigna,
» Henricum in contemptum deduxere, partumque in
» gratiosos illos odium Lotharingis opportunum
» fuit, qui populum ita sibi allexere, & societatem
» illam sanctam, cujus anno proximo fundamenta
» jecerant, multorum accessione in dies augebant.

Le mêmê. Necdum tamen Rex videbatur Guisiis usque adeo
diffidere, quandoquidem Meduanium soceri sui Vil-
larii, qui Præfecturam maris tenebat, successorem
nuper designaverat. Paulopost duellum illud & pugnam supra memoratam, Guisii San-Megrinium,
qui etiam inter gratiosos Regi numerabatur, trucidari

jussere, quod suspicarentur illum a Ducis Guisii uxore
familiarius excipi. Gratiosi porro illi Henricum ad
profusos sumtus impellebant. Hinc Edicta prodibant,
quæ *Bursalia* appellabantur, & miseræ plebi multum
oneri erant. Mense Septembri ejusdem anni, Fontembellaqueum petiturus viginti duo Edicta hujusmodi
in Curia Senatus reliquit, ut publicarentur. Senatus
vero duo tantum admisit; qua re indignatus Henricus Senatui minas intentabat, qui ut illi quodam
modo faceret satis, alia quædam adjecit Edicta
plebi minus onerosa. Sic ille sibi odium & contem-
tum plurimorum pariebat, & locum dabat iis, qui
per ejus exitium fortunam sibi parare cupiebant.

Diversæ factiones, quæ tunc in regno invalesce-
bant, Henrico in animum induxere, ut novum Ordinem militarem crearet, quo plurimos procerum
& nobilium sibi deviniret. Ordo quippe Sancti Michaelis ita dejectus erat, quod plurimis etiam infimi
gradûs collatus fuisset, ut Nobiles non ultra illius
Le

Premiere Cérémonie de l'Ordre du

Cérémonie de l'ordre du St. Esprit en 1579.

HENRI III.

Le Roi Henri créa son nouvel Ordre du S. Esprit sur le plan de celui qui avoit été institué par Louis d'Anjou, Roi de Naples & de Sicile, comme nous avons dit après le Laboureur à la fin du second tome de cet Ouvrage. La premiere solemnité se fit un Jeudi premier jour de Janvier, aux Augustins de Paris. *1578.*

» Les Chevaliers, dit l'Auteur du Journal d'Henri III. étoient vétus d'une
» barette de velours noir, chausses & pourpoint de toile d'argent, souliers &
» fourreau d'épée de velours blanc, le grand manteau de velours noir bordé
» à l'entour de fleurs de lys d'or & langues de feu entremêlées de même brode-
» rie, & des chiffres du Roi de fil d'argent tout doublé de satin orengé ; &
» un mantelet de drap d'or en lieu de chaperon par dessus ledit grand man-
» teau, lequel mantelet étoit pareillement enrichi de fleurs de lis, langues de
» feu & chiffres comme le grand manteau ; leur grand collier façonné d'un
» entrelas de chiffres du Roi, fleurs de lis & langues de feu, auquel pendoit
» une grande colombe dénotant le S. Esprit. Ils s'appellent Chevaliers Com-
» mandeurs du S. Esprit, & journellement sur leurs cappes & manteaux ils
» portent une grande croix de velours orengé bordée d'un passement d'argent,
» aiant quatre fleurs de lis d'argent aux quatre coins du croison, & le petit
» Ordre pendu à leur col avec un ruban bleu.

Nous avons un tableau de la premiere création des Chevaliers de l'Ordre P L.
du S. Esprit, tiré des porte-feüilles de M. de Gaignieres. Au bas du tableau XXXVII.
on lit cette note du même : *Premiere ceremonie de l'Ordre du S. Esprit, instituée & faite par Henri III. Roi de France & de Pologne, aux Augustins de Paris 1579. Le Chevalier qui jure sur les Evangiles est Louis de Gonzague, Prince de Mantoüe, Duc de Nevers. Le Chancelier de Chiverni tient le Livre comme Chevalier de l'Ordre.* Le Duc de Nevers y est representé à genoux allant recevoir le Collier de l'Ordre, parce qu'il fut le premier des Princes & Seigneurs Séculiers qui le reçut, comme on peut voir dans le Livre des Statuts & Ordonnances de l'Ordre du S. Esprit.

La Reine Mere qui s'étoit renduë à Nerac pour conferer avec le Roi de Na- *1579.*
varre, établir une bonne paix dans la Guienne, & adoucir quelques articles Voiage
du dernier Edit ; convint enfin avec lui en presence des Députez. On don- de la Rei-
na en 27 articles des explications qui furent après cela ratifiées. Catherine ne Mere.

Ordinis torquem expeterent. Henricus Ordinem Sancti Spiritus creavit, ad normam illius, quem Ludovicus Andinus Rex Neapolis & Siciliæ instituerat, ut post *Laboratorem* narravimus ad calcem secundi tomi hujusce operis. Prima ejus solemnitas celebrata fuit, Jovis die Januarii primo in Conventu Augustinianorum Parisinorum.

» Equites, inquit Auctor Diarii Henrici III. tecti
» erant pileo sericeo villoso nigro : femoralia & tho-
» rax ex tela argentea. Calcei & gladii vagina ex serico
» albo villoso. Pallium majus ex serico villoso nigro,
» in cujus limbo circum flores, lilii aurei erant, & in-
» termixtæ his linguæ igneæ, & notæ Henrici Regis
» ex filo argenteo, cui assutus erat pannus sericeus
» densior flavi coloris : palliolumque ex aureo panno,
» quod supra pallium majus calanticæ loco erat,
» quod palliolum etiam ornatum erat floribus lilii,
» igneis linguis, notis Henrici Regis, perinde atque
» majus pallium. Torques magnus intertextus erat
» notis regiis, floribus lilii & igneis linguis, ex quo
» pendebat Columba magna, quæ Spiritum Sanctum
» significabat. Vocantur autem illi Equites, *Commen-*
» *datores* Sancti Spiritus, & quotidie in palliis ges-
» tant magnam crucem ex serico villoso panno flavi

» coloris, cujus limbus argenteus, quæ in quatuor
« extremis terminis singulis flore lilii, argenteo or-
» natur : parvus ordo, ut vocant, collo appensum
» est ad tæniam cæruleam.

Tabula magna exstat creationis Equitum Ordinis Sancti Spiritus, ad cujus fidem delineatam tabellam ex scriniis Gagnerianis eduximus. In ima tabellæ delineatæ parte hæc Gagnerii nota legitur. *Prima ceremonia Ordinis Sancti Spiritûs, instituti ab Henrico III. Rege Franciæ & Poloniæ apud Augustinianos Parisinos anno 1579. Eques qui supra sancta Evangelia sacramentum præstat, est Ludovicus Gonzaga Princeps Mantuanus, Dux Nivernensis. Cevernius Cancellarius librum tenet, ut Eques Ordinis.* Nivernensis Dux genuflexus hic comparet, quia primus ille Principum & Procerum Ordinem & torquem accepit, ut videre est in Libro Statutorum Ordinis S. Spiritus.

Regina parens, quæ Neracum se contulerat, ut Thuanus.
cum Rege Navarræ colloquia misceret, ut pacem firmam in Aquitania statueret, & quædam postremi Edicti capita moderatiora redderet, cum illo tandem convenit ; Deputatis præsentibus : viginti septem capitibus explicationes datæ sunt, quæ postea confirmatæ fuerunt. Catharina inde Tolosam venit, ubi

Tome V. I i

1579. vint ensuite à Toulouse où elle parla aux Messieurs du Parlement, & les avertit d'être un peu moins severes à l'égard des Huguenots. Elle traversa le Languedoc & se rendit en Dauphiné où elle fut visitée du Duc de Savoie. Le Maréchal de Bellegarde, qui mécontent de la Cour s'étoit emparé du Marquisat de Salusses, vint aussi la voir sur sa foi & en presence du Duc de Savoie. Elle tâcha de le ranger à son devoir. Le Maréchal lui donna de belles paroles, & n'executa rien de ce qu'elle souhaitoit. Il se retira ensuite dans le Marquisat de Salusses, & mourut subitement peu de tems après. Brantome dit qu'il fut empoisonné, & insinuë assez que ce fut par ordre de la Reine Mere.

Le 19 du mois d'Août de cette année, Busli d'Amboise un des vaillans hommes du siecle, fut tué. Il s'étoit mis à la suite du Duc d'Anjou, & étoit devenu son favori ; fort attaché à ce Prince, mais insolent, audacieux, parlant librement & publiquement de tout le genre humain, sans épargner la Cour ni le Roi même. Il étoit Gouverneur d'Anjou, & s'étoit rendu odieux à cette Province par ses exactions & par ses pilleries. Redouté de tous tant il étoit haut à la main, mais haï universellement ; ensorte que le Duc d'Anjou même qui l'avoit pris auparavant sous sa protection, commençoit à se dégouter de lui. Il eut la temerité de lui écrire une lettre, où il lui marquoit en termes un peu couverts, qu'un tel jour il devoit coucher avec la femme du sieur de Monsoreau. Cette lettre tomba entre les mains du Roi ; il la montra à Monsoreau qui se trouva alors à la Cour, & l'incita à prévenir l'injure. Monsoreau prend la poste, arrive sur les lieux, ramasse des gens, & va attaquer Busli qui se défendit long-tems ; mais comme il alloit se jetter par une fenêtre, il fut assommé. Cela fut fait, disoit-on, du consentement du Duc d'Anjou qui ne pouvoit plus le souffrir.

Bussi d'Amboise tué.

Vers ce même tems le Prince de Condé qui pensoit à rentrer dans son Gouvernement de Picardie, surprit la Fere. Il s'excusa auprès du Roi, qui ne recevant point ses excuses, prit dès-lors des mesures pour l'en chasser. Geneve & les Cantons des Suisses, qui craignoient que le Duc de Savoie joint avec le Roi d'Espagne, ne fissent quelque entreprise contre eux, solliciterent fortement le Roi de les prendre sous sa protection. Le Roi y donna les mains. Hautefort & Sanci firent avec eux un traité à Soleurre, qui fut après cela ratifié.

Thuanus. Journal d'Henri III. Brantôme.

Senatum alloquuta monuit ut ne tam aspere cum Hugonotis ageret. Trajecta vero Septimania in Delphinatum se contulit, ubi illam Dux Sabaudiæ invisit. Bellogardus Marescallus, qui aulæ Regiæ infensus Salussiæ *Marchionatum* occupaverat, Fide sibi data Reginam præsente Sabaudiæ Duce adiit. Illa virum verbis delinire & in ordinem redigere conata est. Bellogardus verba dedit ipsi ; nihilque tamen ex requisitis exsequutus est. Salussiam vero se recepit, nec multo post obiisse. Narrat Brantomius ipsum subito morbo exstinctum : nec obscure innuit, id Catharinæ opera factum fuisse.

Augusti mensis hujusce anni die 19. Bussius Ambosianus, inter strenuissimos istius ævi pugnatores computandus, interfectus fuit. In clientelam Andini Ducis ingressus, ipsi familiaris & admodum addictus erat ; sed petulans homo & audax, totum pene genus humanum dicteriis incessebat, nec aulæ regiæ Regive ipsi parcebat. Andium vero Præfectus cum esset, exactionibus & rapinis regionem totam contra se concitaverat, omnibus formidolosus, quia admodum audax, pugnaxque erat, universorum odium in se concitaverat, ita ut Andinus Dux, qui ipsum hactenus protexerat, jam fastidire virum inciperet. Andino autem Duci temere epistolam scripsit, in qua significabat illi, se tali die cum Monsorelli uxore concubiturum esse. Epistola isthæc in Regis manus incidit, qui illam Monsorello in aula regia tunc versanti ostendit. Monsorellus veredis usus, ad locum se confert, armatos colligit, Bussiumque adortus est, qui se aggredientes propulsavit ; sed cum per fenestram se conjecturus esset, trucidatus fuit. Id consentiente Andino Duce, factum esse narrabatur, qui Bussii petulantiam ultra ferre non poterat.

Idem circiter tempus Princeps Condæus, qui Picardiæ Præfecturam suam resumere volebat, Feram ex improviso cepit, seseque apud Regem excusatum misit, qui excusatione non admissa de recuperanda Fera cogitavit. Genevenses & pagi Helvetiorum, qui metuebant ne Dux Sabaudiæ cum Rege Hispaniæ junctus, aliquid contra se susciperet, apud Henricum Regem vehementer institerunt, ut ipsis protectionem suam concederet. Assensit Henricus. Altofortius & Sancius cum illis pacta Saloduri inierunt, quæ postea confirmata fuere.

HENRI III.

Sur quelque esperance que le Duc d'Anjou avoit d'épouser la Reine Elisabeth, il passa en Angleterre à fort petit train pour n'être point connu. Il eut avec elle plusieurs Conferences en secret. Les choses allerent si avant, qu'on convint enfin de part & d'autre des conditions du mariage, & que le pacte en fut même dressé. Mais tout cela n'étoit qu'une feinte de la part de la Reine Elisabeth, qui amusoit ainsi bien des gens, & mettoit sur le tapis ces traitez de mariage pour venir à d'autres fins.

1579. Traité de mariage entre le Duc d'Anjou & la Reine d'Angleterre.

Dans le tems qu'on croioit que tout étoit pacifié par les conferences de Nerac, la guerre recommença dans le Roiaume. On se plaignoit de part & d'autre de l'inexecution du traité de paix. Le Roi de Navarre donna le signal pour commencer la guerre en Languedoc & en Dauphiné. De son côté il attaqua Cahors parce qu'on lui refusa l'entrée dans la Ville, quoique par le traité de mariage avec Marguerite sœur du Roi, on lui eût donné l'Agenois & le Querci, dont Cahors étoit la capitale. Il fit appliquer le petard à la porte, & entra dans la Ville. Vesins qui y commandoit, assembla son monde à la place, il y eut là un grand combat où Vesins fut tué. Cela découragea si fort ceux de la Ville qu'ils alloient prendre la fuite; mais s'appercevant que plusieurs des Chefs des ennemis étoient ou tuez ou blessez, ils reprirent cœur, & revinrent au combat. Les Navarrois auroient été obligez de se retirer s'il ne leur étoit venu du secours. Le combat dura encore quatre jours dans la Ville, les Bourgeois chassez d'une rue se retiroient dans une autre, & défendirent les ponts avec un courage extraordinaire. Après une grande tuerie, la Ville fut enfin forcée & saccagée sans misericorde; la Chartreuse & plusieurs Eglises furent pillées & brûlées. Quand cette nouvelle fut apportée à la Cour, le Roi en fut d'autant plus étonné & indigné, qu'aiant écrit à sa sœur d'empêcher le Roi de Navarre de rompre la paix, Marguerite lui avoit répondu qu'il n'avoit rien à craindre de son côté: & cependant ce fut elle qui l'anima à cette entreprise pour se vanger de son frere qui l'avoit mal-traitée.

Prise de Cahors par le Roi de Navarre.

Le Merle fameux brigand surprit Mende, & l'aiant perdu depuis, il le reprit, & continua ses brigandages aux environs. Le Prince de Condé, après avoir surpris la Fere, s'étoit retiré dans les Payis-bas, & avoit passé de là en Angleterre. Il se rendit ensuite en Allemagne pour demander du secours aux

---

Le même. Andinus spe ductus connubii cum Elisabetha Regina incundi, in Angliam transmisit, cum paucis, ut non agnosceretur, & cum Regina sæpe secreto colloquia miscuit. Eo usque progressa res est, ut de connubii conditionibus conventum, & pactio facta fuerit; sed ex parte Reginæ res simulata tantum erat. Sic illa plurimis verba dabat, & connubia proponebat, ut alia, quæ sibi cordi erant, consequeretur.

Le même. Quo tempore putabatur pacem in Neracensi conventu factam fuisse, bellum in regno recruduit. Prodibant ex utraque parte querelæ, quod pacta non servarentur. Rex Navarræ resumendi in Septimania & in Delphinatu belli, signum dedit; ipseque Cadurcum oppugnavit, quia Cadurcenses ipsi aditum in urbem interclusserant, etiamsi ex pactis connubii sui cum Margarita Regis sorore, Aginnenses ipsi & Cadurcenses, quorum Cadurcum præcipua urbs erat, concederentur. Ad portam urbis tormentum admoveri jussit, in illam est ingressus. Vesinius qui urbis Præfectus erat, pugnatores suos in Platea collegit; ibi fortiter pugnatum est, Vesiniusque cæsus fuit. Hinc fracti animo Cadurcenses fugam facturi erant; sed ubi viderunt multos ex hostium Tribunis & Ductoribus peremptos fuisse, resumtis animis, ad pugnam reversi sunt. Navarræi porro receptui canere compulsi fuissent, nisi auxiliares copiæ advenissent. Cadurcenses ex alio vico pulsi, in alium pugnando recedebant. Pontes etiam strenuissime defenderunt. Post cædem multam urbs tandem capta, direptaque fuit atque expilata. Cartusia & Ecclesiæ plurimæ direptæ & flammis traditæ sunt. Cum ejus rei fama in aulam regiam pervenit, Rex eo magis stupefactus, indignatusque fuit, quod cum sororem per literas hortatus esset, ut Regi Navarræ ne pacem rumperet suaderet. Margarita responderat, nihil ipsi hac ex parte timendum esse. Et tamen illa Navarro suaserat ut id aggrederetur, quo fratrem Regem, quæ se offenderat, ulcisceretur.

Le même. Merula prædator famosus, Mimatum astu cepit, & postea amissum recuperavit, prædasque circum agere perrexit. Princeps vero Condæus postquam Feram ceperat, in Belgium profectus, inde in Angliam transmiserat, posteaque in Germaniam se contulit,

Tome V. Ii ij

1580. Princes Protestans; mais l'argent lui manquant, il n'y pût rien faire. Il resolut alors d'aller joindre Lesdiguieres, & traversa la Suisse: il fut pris dans la Savoie, où sans le connoître on le dépoüilla, & on le laissa aller en Dauphiné, où Lesdiguieres le remit sur pied, & lui donna de l'argent selon ses facultez. Il passa de là en Languedoc, où Châtillon fils de l'Amiral, envoié là par le Roi de Navarre lui ceda le commandement des troupes. Il tint conseil à Nimes, & envoia des gens pour se joindre au nommé le Merle qui tenoit alors Mende. Ils prirent quelques petites places. Le Merle cassa alors cette fameuse cloche de Mende, dont il fit quelques pieces d'artillerie. Le proverbe disoit, *Eglise d'Albi, Clocher de Rhodés, Portail de Conques, Cloche de Mende.*

Avantures du Prince de Condé.

Les Huguenots surprirent encore quelques autres petites places dans le Languedoc & dans la Guienne. Le Roi voiant ainsi la guerre déclarée, destina trois armées pour s'opposer à leurs progrès. Le Commandement de celle qui devoit aller en Guienne, fut donné à Armand de Biron. Le Duc de Maienne fut envoié en Dauphiné avec un corps de troupes qui devoient se joindre avec d'autres & avec les Milices du pays. Matignon fut reservé avec une autre armée pour assieger la Fere. Le Duc de Mayenne alla en Dauphiné, & commença ses exploits par le siege de la Mure, que Lesdiguieres venoit de fortifier & de bien munir. Les assiegez se défendirent vaillamment & long-tems. Ils se rendirent enfin à des conditions fort honorables. Le Roi lorsqu'il envoia ses armées avoit fait une Declaration, que les Religionnaires qui demeureroient en repos, & n'auroient aucune part à la guerre suscitée par quelques-uns de leur parti, joüiroient de tous les privileges portez dans l'Edit dernier, avec défense de les inquieter. Malgré les instances que firent le Roi de Navarre & Lesdiguieres pour porter tous les Huguenots à lever l'étendard, la plûpart demeurerent tranquilles chez eux; ce qui fut cause que ceux qui avoient commencé la guerre furent moins en état d'arrêter les progrès des armées Catholiques. Le Duc de Maienne par ses manieres obligeantes, gagna toute la Noblesse Huguenote du Dauphiné; de sorte que Lesdiguieres se trouvant presque abandonné, fut obligé de se retirer à Serres.

Guerre contre les Huguenots.

Biron fit avec le même succès la guerre dans la Guienne. Il obligea le Roi de Navarre de mettre ses troupes dans des Villes & des Forteresses, prit Gontaut, lieu dont il portoit le nom, & eut un avantage considerable à Montra-

---

ut a Principibus Protestantibus auxilia peteret; sed deficiente pecunia, nihil concludere potuit. Tunc Diguierium adire decrevit, Helvetiorumque pagos trajecit. In Sabaudia captus, nec agnitus fuit, sed spoliatus dimissus est, & Delphinatum petiit, ubi Diguierius ipsi necessaria & pecuniam quantam potuit dedit. In Septimaniam transiit, ubi Castellio Colinii filius, a Navarro istuc missus, copiarum ductum ipsi concessit. Condæus, coacto Nemausi consilio, copias misit; quæ Merulæ, tunc Mimati versanti, jungerentur. Merula aliquot oppida cœpit, & Mimatensem campanam illam celebrem fregit, ut ex materia tormenta pytia formaret. In proverbio ferebatur, *Ecclesia Albigensis, Turris campanaria Rhutenensis, Frontispicium Conquense, Campana Mimatensis.*

Le même.

Hugonoti alia etiam oppidula ceperunt in Septimania & in Aquitania. Rex bellum ita cœptum videns, tres exercitus apparavit, ut Reformatis obsisteret. Ejus qui in Aquitaniam bellum gesturus erat ductor fuit Armandus Bironus. In Delphinatum missus est Meduanius cum copiis, queis aliæ accessuræ erant cum militia Delphinatus. Matignonus cum alio exercitu Feram obsessurus erat. Meduanius in Delphinatum venit, & Muram statim obsedit, quam Diguierius propugnaculis munierat. Præsidiarii fortiter & diu hostem propulsavêre, tandemque honestis conditionibus deditionem pepigere. Rex cum exercitus illos mitteret, declarationem ediderat, qua Reformati qui in pace degerent, neque rebellibus adjungerentur, privilegiis suis, in postremo Edicto expositis, frui concedebantur, vetitumque erat ne quis illos turbaret. Etsi ergo instabant Navarrus & Diguierius, ut Hugonoti omnes vexillum erigerent: maxima pars tranquilli domi manserunt, ideoque qui bellum moverant, vix poterant exercitibus Regiis obsistere. Meduanius vero comitate sua nobiles omnes Hugonotos Delphinenses sibi devinxit; ita ut Diguierius a suispene desertus, Serras confugere coactus sit.

Bironus eodem exitu bellum in Aquitania gessit, Navarrumque coegit ut copias suas in urbibus, oppidis & castris locaret, Gontaldum cepit, cujus loci nomine appellabatur ipse, & Montrabelli rem bene

Le même.

HENRI III.

bel, il alla au secours de Poyant qui étoit entré dans le Mont de Marsan, & il prit avec lui le Château. Il fit ensuite tirer quelques coups de canon contre Nerac, où étoit alors la Reine Marguerite, qui ne lui pardonna jamais cette insulte. Il prit encore beaucoup d'autres Places. Mais ces bons succès furent enfin troublez par un accident fâcheux. Comme il s'approchoit de l'Isle Jourdain il tomba de cheval à un pas glissant, & se rompit la jambe en deux endroits. Cela mit le trouble dans l'armée. Biron ne pouvant plus commander, chacun des principaux vouloit être le maître. Il les exhorta à la paix, & ils convinrent tous que Charles Gontaut fils de Biron, qui n'avoit alors que quinze ans, auroit le commandement. Cette armée ne fit plus rien de remarquable cette année; mais les Roiaux surprirent encore la Reole : ce qui déplut fort au Roi de Navarre, qui regardoit cette Place comme importante. Le Comte du Lude prit aussi Montaigu en Poitou.

1580.

Le Roi fit ensuite assieger la Fere. Matignon, créé depuis peu Maréchal de France, fut long-tems devant cette Place qui se défendit fort bien, & se rendit enfin à composition. Cependant les Etats des Payis-bas qui avoient long-tems balancé s'ils changeroient de Maître, se déterminerent enfin, en rejettant le Roi Philippe, à reconnoître le Duc d'Anjou *pour leur Souverain lui & ses fils legitimes, aux mêmes droits que les Seigneurs précedens.* Le Duc d'Anjou aidé de la Reine Mere, persuada au Roi de le laisser partir pour les Payisbas, lui representant que c'étoit le vrai moien de pacifier tout en France. Catherine lui fit entendre que le Duc persuaderoit aisément au Roi de Navarre & aux autres Chefs des Huguenots, de faire la paix qui mettroit fin à leurs mauvais succès, qu'il emmeneroit avec lui la meilleure partie de leurs troupes, après quoi il n'y auroit plus de remuement dans le Roiaume.

La Feré prise.

Quoique le Roi ne fût nullement pour cette guerre des Payis-bas, comme il desiroit ardemment d'avoir la paix dans son Roiaume, il consentit aisément à la proposition de son frere. Le Duc partit d'abord, & se rendit au Château de Fleix en Perigord, lieu marqué pour la Conference, où se trouverent aussi le Duc de Montpensier, Pompone de Bellievre & le Maréchal de Cossé. Comme l'un & l'autre parti desiroit fort la paix, après quelques disputes on renouvella l'Edit précedent, & l'on y ajouta quelque adoucissement. On donna au

Paix faite avec le Roi de Navarre.

---

gessit, Poianam qui in Montem-Marsanum oppidum intraverat adiit, & cum illo castellum cepit, posteaque tormentorum globos Neracum immisit, ubi tunc erat Margarita Regina, quæ nunquam ipsi hanc injuriam condonavit. Plurima quoque alia oppida cepit. Hosce prosperos eventus disturbavit inopinatus casus. Cum prope Jordani-insulam in lubrico ex equo decidisset, crure, quo jam claudicabat, confracto, diu jacuit. Hinc in exercitu tumultus oritur: quisque Tribunorum imperare volebat. Bironus illos ad pacem hortatus est, tandemque inter illos conventum est, ut Carolus Gontaldus Bironi filius, qui tunc quindecim tantum annorum erat, exercitui imperaret. Exercitus porro ille anno isto pauca designavit; sed Regii Regulam quoque ceperunt, quod Regi Navarræ summe displicuit: oppidum enim munitum & sibi commodum erat. Ludius Comes etiam Montem-acutum in Pictonibus cepit.

Rex postea Feram obsideri jussit. Matignonus qui nuper Franciæ Marescallus creatus fuerat, diu ante oppidum fuit, quod tandem deditum est. Interea Ordines Belgii, qui diu incerti hæserant, an Dominum suum mutarent, tandem, rejecto Philippo, Andinum Ducem pro Supremo Domino suo se habituros esse decreverunt, filiosque ejus legitimos *iisdem juribus queis præcedentes Dominos*. Andinus vero, matre juvante, Regi suasit, ut se in Belgium proficisci sineret, ostendens illo modo pacem in Regno Francorum firmam stabiliendam fore. Catharina Regi insinuavit, Andinum Navarro aliisque Reformatorum ducibus facile suasurum esse, ut pacem facerent, & sic infortuniis suis finem imponerent; ad hæc vero Andinum maximam bellatorum Hugonotorum partem secum abducturum esse, posteaque nullos fore in Regno motus.

Etsi Rex bellum illud Belgicum non probabat, cum tamen pacem in Regno suo vehementer optaret, fratri hæc proponenti facile manus dedit. Andinus statim profectus Flexiam in Petrocoriis, castellum ad colloquium indictum, venit, quo convenere etiam Monpensferius Dux, Pomponius Bellevreus & Cossæus Marescallus. Cum pars utraque pacis desiderio flagraret, post disceptationes quasdam renovatum fuit postremum Edictum, in quibusdam moderatius red-

Le même.

1580. Roi de Navarre au lieu de la Reole qu'il venoit de perdre, Figeac dans le Querci, & Montſegur dans le Baſadois. On croit auſſi que ce fut pour ſatis-faire à la Reine Marguerite qu'on ôta à Biron le Gouvernement de l'Aquitaine. Cette paix fut ſignée par le Roi au mois de Decembre à Blois, où il s'étoit retiré, parce que la peſte faiſoit de grands ravages à Paris. Depuis le mois de Juin il y étoit mort plus de quarante mille perſonnes.

1581.
Le Duc d'Anjou déclaré Prince des Payis-Bas s'y rend avec une armée.

Le Duc d'Anjou ramaſſa tout ce qu'il put de troupes, & leur donna rendez-vous à Château-Thierri, où ſe trouverent quatre-mille chevaux, parmi leſquels il y avoit grand nombre de Gentilshommes, & dix mille hommes de pied. Ce ſeroit une trop longue hiſtoire que de décrire tout ce qui s'étoit paſſé dans les Payis-bas pendant les dernieres guerres civiles de France. Le Duc de Parme tenoit alors Cambrai aſſiegé, où les Etats avoient mis garniſon. Les vivres y étoient déja d'une cherté ſi grande, que la Ville alloit être réduite à l'extrêmité.

Fait lever le ſiege de Cambrai.

Le Duc d'Anjou ſe faiſant un point d'honneur de lui faire lever le ſiege à ſon arrivée, s'avança vers Cambrai. Le Duc de Parme leva le piquet & mit ſes gens en bataille. Mais voiant que l'armée de France venoit à lui, il ſe retira dans Valenciennes, & diſtribua ſes troupes dans des garniſons. Le Duc d'Anjou entra triomphant dans Cambrai aux acclamations des Cambreſiens, qui l'appel-loient leur liberateur. Dans l'aſſemblée publique il jura qu'il les protegeroit toujours, & qu'il les maintiendroit dans leurs privileges. Il laiſſa Jean de Mont-luc Balagni Gouverneur du Château. Le lendemain il chaſſa les ennemis de l'Ecluſe & d'Arleux, & quelques jours après il aſſiegea Cateau en Cambreſis. Il ſomma d'abord cette petite Place de ſe rendre, & au refus du Gouverneur, on dreſſa les batteries, la garniſon capitula, & il la traita fort humainement pour inviter les autres Places à ſe rendre de même, & à ne point attendre l'extrêmité.

Le Prince d'Orange & les autres Chefs des Etats l'exhortoient & le preſ-ſoient même de venir les joindre pour agir enſemble. Mais il étoit fort em-baraſſé. Son armée étoit compoſée de gens volontaires, dont la plûpart étoient à la ſolde du Roi de France. La diviſion ſe mit parmi les Chefs : chacun vou-loit commander & faire à ſa fantaiſie ; avec cela differens corps ſe débandoient tous les jours & ſe retiroient en France. Pour éviter la honte de joindre les

---

ditum. Navarro Regulæ loco, quam nuper amiſerat, data fuere Figeacum in Cadurcis, & Mons ſecurus in Vaſatenſi agro. Credebatur autem ut Margaritæ Reginæ fieret ſatis, Bironum ab Aquitaniæ Præfec-tura remotum fuiſſe. Paci ſubſcripſit Rex menſe De-cembri Blœſis, quo confugerat, quia peſtilentia Lu-tetiæ magna vi graſſabatur, ita ut a Junio menſe plus quam quadraginta millia omnis generis capita perierint.

Le même.
Andinus quantas potuit copias collegit, & ad conveniendum locum indixit Theodorici-caſtrum, quo ſe conferre equites quatuor mille, quorum multi nobiles erant, & pedites decies mille. Lon-giores eſſemus ſi recenſeremus ea omnia quæ in Bel-gio, dum Francia civilibus bellis arderet, geſta ſunt. Tunc Dux Parmenſis Cameracum obſidebat, qua in urbe Ordines Belgici præſidium poſuerant: annona tam cara erat, ut ad extrema urbs mox de-ducenda foret. Andinus honori ſibi fore ducens, ſi ipſe primum adveniens obſidionem ſolvere cogeret, Cameracum verſus movit. Dux Parmenſis obſidione ſoluta, aciei ordines inſtituit : ſed cum comperiſſet Francicum exercitum accedere, Valentianas ſe re-cepit, & copias ſuas ad præſidia roboranda miſit. Andinus triumphans Cameracum ingreſſus eſt, ap-plaudentibus Cameracenſibus, qui illum liberato-rem ſuum appellabant. In publico conventu jura-vit ſe illos ſemper protecturum eſſe, & privilegia ip-ſis ſervaturum. In caſtello Joannem Monlucium Ba-lagnium Præfectum reliquit. Poſtridie autem Sluſæ & Arentio hoſtes depulit, & paucis poſtea diebus Caſtrum Cameracenſe obſedit, ſtatim præſidio edi-xit ut ſeſe dederet, negante Præfecto tormenta pyri apparavit ; ad deditionem ventum eſt, & ille prœli-diarios humaniſſime excepit, ut hoc exemplo alia ra-pida invitaret ut maturius ſeſe dederent, nec extrema expſectarent.

Princeps Arauſicanus aliique Ordinum duces An-dinum hortabantur urgebantque ut ſtatim veniret, quo junctis copiis agerent. At ille in anguſtiis deduc-tus erat. Exercitus ejus pugnatoribus conſtabat, qui ad libitum ſuum venerant, quorum maxima pars ſti-pendiarii Regis Francorum erant. Diſſenſio inter Tri-bunos ſuborta eſt : quiſque imperare & ad arbitrium ſuum agere volebat. Ad hæc vero agmina varia quo-tidie dilabebantur & in Franciam redibant. Ne igitur

HENRI III.

troupes des Etats avec une armée si délabrée, & qui alloit se réduire presque à rien, il prit le parti de passer en Angleterre, tant pour renouveller le traité de mariage avec la Reine Elisabeth, que pour paroître après cela avec plus de dignité dans ses nouveaux Etats, avec la faveur & les secours d'une si puissante Reine.

Passe en Angleterre.

Le Roi Henri venoit d'envoier une Ambassade à la Reine Elisabeth, dont le Chef étoit François de Bourbon Dauphin, accompagné du Maréchal de Cossé & d'un grand nombre d'autres Seigneurs. On croioit par tout que ce mariage alloit se faire, & la Reine même le publioit. Afin que l'affaire se fit plus solemnellement, le Prince Dauphin avec sa grande compagnie passa en Angleterre pour dresser les pactes de ce mariage. Elisabeth reçut fort honorablement cette Ambassade, & nomma plusieurs Seigneurs Anglois pour traiter avec les Ambassadeurs. Ils convinrent ensemble des conditions, dont les principales furent ; Que chacun des deux contractans seroit en pleine liberté sur le fait de la Religion, tant pour lui que pour ses domestiques & toute sa suite ; que tant que le mariage subsisteroit le Duc d'Anjou auroit tous les honneurs & les prérogatives dûes au mari de la Reine ; mais que l'administration du Roiaume, des dons, des Charges, des Benefices, demeureroit à la Princesse, qui pourroit les conferer à des Anglois seulement, & non à des étrangers ; que s'il venoit des enfans de ce mariage, ils succederoient à leur mere selon les Loix du Roiaume ; & que s'il arrivoit par quelque accident que les droits de la Couronne de France vinssent à ces enfans, qu'alors s'il y avoit plusieurs fils, l'aîné seroit Roi de France, & le second Roi d'Angleterre ; s'il n'y en avoit qu'un, il seroit Roi de France & d'Angleterre ; à condition qu'il resideroit une partie de son tems en Angleterre, & que dans l'espace de deux ans il y seroit au moins pendant huit mois ; que si ou lui ou quelqu'un de ses descendans & successeurs avoit deux fils, l'un seroit Roi de France & l'autre Roi d'Angleterre. Ces articles & plusieurs autres furent admis, quoiqu'il y eût bien des Anglois qui croiant que le mariage alloit se faire, étoient mécontens d'une telle alliance.

Son mariage conclu avec la Reine Elisabeth, mais sans effet.

Après que le traité eut été conclu, le Duc d'Anjou arriva de Flandres, & le ratifia. La Reine lui fit tout l'accüeil imaginable, lui donna une bague nuptiale, & en reçut une de lui ; de sorte qu'il sembloit que le mariage alloit se

Le même.

---

pudor sibi incuteretur, si Ordinum copias cum exercitu ita dilacerato, & ad nihilum pene deducto copias jungeret, in Angliam transmittere decrevit, tum ut connubii pacta cum Elisabetha Regina renovaret, tum ut postea cum majori dignitate ante Ordines illos suos compareret cum auxiliis potentissimæ Reginæ.

Henricus Oratores ad Elisabetham Reginam misit, quorum præcipuus erat Franciscus Borbonius Delphinus, comitante Cosseo Marescallo aliisque plurimis proceribus. Ubique locorum putabatur connubium illud futurum esse, idque Regina publicabat. Ut solemnius res tanta efficeretur, Delphinus Princeps cum comitatu suo in Angliam trajecit, ut connubii pactis adesset. Elisabetha honorifice Oratores excipit, Anglosque plurimos proceres destinavit, qui cum illis de conditionibus agerent. Pacta autem inierunt, quorum hæc præcipua capita erant. Quod uterque contrahentium liber foret circa Religionem, tam ipse quam domestici & famuli ; quod toto connubii tempore Andinus prærogativas omnes, & honores marito Reginæ debitos obtineret ; sed Regni administratio, dona, munera & officia penes Reginam futura essent, quæ ipsa Anglis, non extraneis, conferre posset ; quod si proles ex connubio prodiret, ea matri suæ successura esset secundum Regni leges. Si autem casu quopiam accideret ut jus Coronæ Franciciæ ad filios inde natos pertineret, tunc si plures filii essent, primogenitus Rex Francorum foret, secundus vero Rex Angliæ ; si autem unus tantum foret filius, Rex simul Franciæ & Angliæ foret, illa conditione, ut temporis partem in Anglia transigeret, perque biennii spatium, octo saltem menses in Anglia publicaret. Si vero vel ipse, vel posteris quispiam & successoribus filios duos haberet, alter Franciæ, alter Angliæ Rex foret. Hæc capita plurimaque alia admissa fuere, etsi multi Angli rei secretum ignorantes, talem affinitatem non probabant.

Post pactionem initam, Andinus ex Flandria advenit, & pacta confirmavit. Regina illum magnificentissime excepit, deditque ipsi nuptialem annulum, alterumque ab illo recepit, ita ut viderentur nuptiæ

1582. faire incessamment. Cependant on en demeura là. Bien des gens crurent qu'Elisabeth n'avoit jamais eu intention de se marier; d'autres disoient qu'elle étoit d'un tel tempérament qu'elle ne pouvoit avoir des enfans sans péril de sa vie. Il parut au même tems un Libelle des Puritains sur ce mariage, où la Reine étoit fort mal traitée. Elle publia un Edit severe contre les auteurs, qui aiant été découverts furent envoiez au supplice. Elle découvrit en même tems une conspiration qui se tramoit contre elle; plusieurs de ceux qui y avoient part, furent pris & punis de mort.

Le Roi Henri plongé dans les délices, & toujours investi de ses mignons, sembloit ne penser qu'à se perdre; il faisoit des dépenses folles & sans aucune mesure : pour fournir à tout cela, il falloit pepetuellement faire des Edits *Bursaux* qui étoient à la grande charge du peuple; & tout cela pour faire des ballets, des mascarades, des fêtes, des dons immoderez aux mignons. Tout le Roiaume en murmuroit, & les gens de bon sens auguroient de là, que le Roi s'attireroit enfin quelque grande disgrace. Le murmure augmenta beaucoup, lorsqu'il vint en Parlement au mois de Juillet de cette année, portant vingt-sept Edits tous fabriquez pour sucer en differentes manieres le sang des pauvres.

Dépenses excessives d'Henri III.

Pour tracer une peinture des profusions que ce Prince faisoit, nous rapporterons ici ce qu'un Auteur du tems dit des Nôces du Seigneur d'Arques, mignon du Roi, qui fut depuis appellé le Duc de Joyeuse.

» Le Jeudi 7 Septembre, le Roi érigea en Duché Pairie le Vicomté de Joyeuse,
» en faveur de Joyeuse son mignon, *avec cette clause;* qu'il précederoit les autres
» Pairs hors les Princes issus du Sang Roial ou des Maisons Souveraines, comme
» Savoie, Lorraine, Cleves & autres, en faveur de son mariage avec la Princesse
» de Vaudemont sœur de la Reine. Les dépenses en dix-sept grands festins que
» le Roi fit en habits, spectacles, mascarades, presens sans mesures, monterent
» à plus de douze cens mille écus. Quelques-uns remontrerent au Roi qu'il se
» ruinoit par tant de profusions; il répondit qu'il seroit sage & bon ménager
» après qu'il auroit marié ses trois enfans : il entendoit ses trois mignons, Joyeuse,
» Epernon & d'O.

1581. Quatre ou cinq mois après les Suisses étant venus demander l'argent qui

---

quamprimum celebrandæ; attamen non ulterius res procesit. Multi putavêre Elisabetham nunquam ad connubium animum appulisse. Alii dicebant illam ea esse natura, ut liberos parere sine vitæ periculo non posset. Eodem tempore Puritanorum circa connubium istud libellus publicatus fuit, in quo Regina asperrime excipiebatur. Illa vero Edictum adversus illos emisit, cumque libelli auctores deprehensi fuissent, ad supplicium missi sunt, eodemque tempore conspirationem adversum se factam detexit illa, cumque conjuratorum multi capti fuissent, morte mulctati fuere.

Le même. Henricus Rex semper in deliciis immersus, & gratiosorum agmine circumdatus, perniciem ipse suam machinari videbatur. Sumtibus immoderatis & insanis ærarium dissipabat. Edicta *Bursalia* ut vocabant, perpetuo emittenda erant in perniciem miseræ plebis. Sic corrasæ pecuniæ, in saltationes, larvas, celebritates, dona immoderata gratiosis facta profundebantur. Per totum Regnum murmura audiebantur. Qui sagaciores erant hinc augurabantur rem male cessuram esse Regi. Increbuere rumores & murmurationes, quando Rex mense Julio anni istius in Curiam Senatus venit, viginti septem Edicta gestans, ad inopum sanguinem variis exsugendum modis.

De tam profusis sumtibus audiendus istius temporis Scriptor de nuptiis loquens Arcuæn-Toparchæ Regi gratiosi, qui postea Dux Joisius appellatus fuit.

» Die Jovis Septembris Septimo, Rex Vicecomitem Joïsiæ Ducem & Parem Franciæ constituit in
» favorem istius apud se gratiosi; hac nempe conditione ut cæteros Pares præcederet, exceptis sanguinis
» regii Principibus; iis etiam exceptis, qui ex familiis
» supremum dominium obtinentibus orti essent;
» Sabaudis videlicet, Lotharingis, Cliviensibus aliusque; idque in gratiam connubii sui cum Principe
» Valdemontiana Reginæ sorore. Sumtus autem in
» conviviis solennibus, quæ septemdecim numero
» ab Rege parata fuere, in vestibus, spectaculis, larvis,
» immensis donis, ad plusquam duodecies centena
» millia scutorum pertigere. Quidam Henricum monuere tam profusis sumtibus gazam regiam pessumdari. Respondit ille se moderatiorem fore, & re ætaria parcius usurum esse, postquam filios suos connubio junxisset, significans nempe gratiosos suos,
» Joïsium, Espernonium & Oum.

Elapsis deinde quatuor vel quinque mensibus, Helvetii stipendiarias summas sibi debitas petitum venelleur

HENRI III.

leur étoit dû, on leur répondit que le Roi n'avoit point d'argent, & qu'ils se donnassent patience : Et comment se peut-il faire, repliquerent-ils, que le Roi n'ait point d'argent, lui qui a dépensé aux nôces d'un simple Gentilhomme son mignon, quatre cens mille écus en habits, mascarades, danses & autres folies ? Il faut bien qu'il ait ou beaucoup d'argent, ou fort peu de conduite. De peur de s'attirer de semblables reproches, il ordonna que le mariage de l'aîné de la Vallette, frere du Duc d'Espernon, qui fut celebré au Louvre au mois de Fevrier suivant, se fît sans aucune somptuosité.

La Reine Mere, qui descendoit par les femmes, des Comtes de Boulogne, flatée apparemment par quelques Généalogistes, se mit sur les rangs pour disputer à Philippe II. Roi d'Espagne, la Couronne de Portugal, appartenante, disoit-elle, aux descendans des Comtes de Boulogne. Aprés la mort du Roi Sebastien & du Cardinal Henri qui tint la Couronne aprés lui, Dom Antonio bâtard de Portugal, fut reconnu pour Roi. Mais Philippe y envoia une armée sous la conduite du Duc d'Albe, Dom Antonio fut défait, se tint long-tems caché, & fut obligé de s'enfuir en France, où il confera avec la Reine, & les deux s'accommoderent ensemble sur leurs prétentions.

Les Isles Açores reconnoissoient encore Dom Antonio pour leur Roi, hors une qui étoit aux Espagnols. La Reine Mere y envoia d'abord Landereau qui s'étoit déja signalé dans les guerres precedentes. Mais s'étant broüillé avec Emanuel de Silva, homme d'une hauteur insupportable, qui commandoit en ce payis-là pour Dom Antonio, il ne pût rien faire, & fut obligé de se tenir à l'écart. La Reine Mere qui par un motif de vanité, & pour mieux étaler ses prétentions sur un Roiaume, prenoit cette affaire fort à cœur, fit préparer une grande flote, dont elle fit donner le commandement à Philippe Strozzi. Dom Antonio fut de la partie avec un bon nombre de Noblesse Françoise. La flote arriva aux Açores, & eut au commencement quelque bon succés. Elle prit l'Isle de saint Michel que les Espagnols tenoient, & défit un corps de troupes qu'ils avoient ramassé dans l'Isle ; mais elle négligea de prendre le Château.

Le Roi d'Espagne y envoia une grande flote commandée par le Marquis de Santa Croce. Il y eut un combat naval des plus furieux, & qui auroit apparemment tourné à l'avantage des François, si tous les vaisseaux eussent combatu : mais la plûpart ne se trouverent point à la meflée, & Saint Solene avec dix-

Défaite de Philippe de Strozzi & sa mort.

---

runt, responsumque illis est, Regem pecuniam paratam non habere, sed exspectandum esse. Et qui fieri potest, reponebant illi, ut Regi pecunia non suppetat ; qui in nuptiis Nobilis cujusdam simplicis, gratiosi sibi, quadringenta millia scutorum in vestibus, larvis, saltationibus, aliisque insanis spectaculis profudit ? Sane ille vel pecunia non caret vel prudentia vacuus est. Ne vero similia sibi improperatia Rex accerseret, jussit connubium Valletæ majoris Espernonii fratris, quod mense Februario sequente in Lupara celebratum fuit, sine sumtu fieri.

Regina mater per maternam sobolem ex Comitibus Bononiensibus orta, adulantibus se, ut credibat, genealogiæ Scriptoribus, cum Philippo Hispaniæ Rege de Regno Lusitaniæ contendebat, ad Bononiensium Comitum posteros, ut dicebat illa pertinente. Post mortem Sebastiani Regis & Cardinalis Henrici, qui post illum regnavit, D. Antonius nothus Lusitanicus Rex agnitus est : verum Philippus exercitum misit Albano duce. Antonius profligatus fuit, diuque postea latuit ; deinde in Franciam fugere coactus, cum Catharina colloquutus est ; amboque circa

Lusitaniæ Regnum pacta inierunt.

Le même

Assoræ insulæ Antonium adhuc Regem agnoscebant, una excepta, quam tenebant Hispani. Catharina illò misit Landereum ; qui in superioribus bellis claruerat ; sed suborta dissensione inter illum & Emanuelem de Silva, virum superbum & arrogantem, qui pro Rege Antonio his in partibus imperabat ; Landereus nihil perficere potuit, & procul ab Emanuele mansit. Catharina, cui ex vanæ gloriæ cupiditate id negotii admodum cordi erat, ut sua in Regnum jura magis ostentaret, classem apparari jussit, cujus Præfectum constituit Philippum Strozzium. Antonius quoque in naves conscendit, una cum magno nobilium Francorum numero. Classis ad Assoras appulit, & initio prospere rem gessit. Insulam enim Sancti Michaëlis cepit, & Hispanorum agmen fudit, sed castellum expugnare neglexit.

Le même.

Rex Hispaniæ grandem classem illò misit, duce Santacrucio Marchione ; vehementissima classica pugna fuit, & victoria verisimiliter penes Francos fuisset, si naves Francorum omnes pugnassent ; sed maxima pars ad conflictum non venit, & Sansolinius

1582. huit vaisseaux se tint à l'écart pendant le combat, & s'en retourna en France, où il eut bien de la peine à se garantir des poursuites de la Reine Mere. Philippe Strozzi combattit vaillamment jusqu'à la derniere extrêmité, il fut percé de coups ; & quand après la défaite on l'apporta au Marquis de Santa Croce, il expira entre les mains de ceux qui le tenoient, dit M. de Thou. D'autres disent qu'il étoit encore vivant, & que Santa Croce le fit achever & jetter dans la mer. Dom Antonio s'étoit sauvé dans une Isle qui tenoit encore pour lui. Il se retira depuis en France. Santa Croce fit inhumainement executer tous les prisonniers François au nombre de trois cens, dont près de quatre-vingt étoient Gentilshommes. Les Espagnols s'y opposerent, disant que les François les traiteroient de même quand ils auroient l'avantage sur eux. Mais Santa Croce répondit, que c'étoit des rebelles qui faisoient la guerre contre les ordres de leur Roi, & les fit tous périr par la main du Boureau.

Le Duc d'Anjou après avoir passé une partie de l'hyver avec la Reine Elisabeth, toujours en fêtes & réjoüissances, partit enfin de Londres le premier jour de Fevrier. La Reine l'accompagna jusqu'à Cantorberi, lui donna quelque secours d'argent & de troupes ; il monta sur mer avec plusieurs Seigneurs Anglois, & aborda à Flessingue, où il trouva le Prince d'Orange qui venoit au devant de lui. Ils allerent ensuite à Anvers où il fut reçû avec toute la magnificence possible, & déclaré Marquis du Saint Empire, & par dessus cela Duc de Brabant, de Limbourg & de Lothier. Au même tems les troupes des Etats eurent un avantage dans l'Artois, & prirent la petite Ville de Lens.

Le Prince d'Orange blessé par un traître.

L'accident qui arriva alors fut cause d'un grand tumulte. Un nommé Jauregui, induit à assassiner le Prince d'Orange par l'esperance d'une grosse somme d'argent qu'on lui avoit promis, lui tira un coup de pistolet, & le blessa à la machoire. Les François qui étoient auprès du Prince, au lieu de saisir l'assassin, le massacrerent imprudemment. Un bruit se répandit alors dans la Ville que c'étoient les François qui avoient fait ce coup, & qu'ils vouloient de même se défaire des Seigneurs du Payis pour y être absolument les maîtres. On prit les armes, on tendit les chaînes. On foüilla dans les poches de Jauregui, on y trouva des lettres en Espagnol qui apprenoient toute l'intrigue. Le tumulte cessa, & le Prince d'Orange guerit de sa blessure.

---

cum octodecim navibus, dum nostri pugnarent, segregatus & procul positus in quiete mansit & in Franciam vela dedit, ubi insequente & dicam impingente Catharina, vix evadere potuit. Philippus Strozzius fortissime pugnavit, vulneribusque confossus, postquam Francica classis profligata fuit, semimortuus ad Santacrucium allatus, inter gestantium manus exspiravit, inquit Thuanus. Alii vero dicunt illum adhuc viventem Santacrucii jussu interemtum & in mare dejectum fuisse. Antonius vero in insulam adhuc sibi hærentem, indeque in Franciam aufugit. Santacrucius captivos omnes Francos numero trecentos, quorum octoginta pene nobiles erant, immaniter interfici jussit, frementibus & obsistentibus Hispanis, qui dicebant, se a Francis pari modo excipiendos fore, si quando in manus ipsorum inciderent : at Santacrucius respondit, Francos istos rebelles esse, qui contra Regis sui jussa bellum gererent, omnesque carnificis manu perire jussit.

Le même. Andinus Dux, postquam hibernæ tempestatis partem in Anglia cum Regina Elisabetha transegerat semper in ludis, celebritatibus & oblectamentis, Londino prima Februarii die profectus est. Elisabetha Cantuariam usque abeuntem prosequuta est, & pecunia atque milite juvit, in naves vero conscendit cum magno procerum Anglorum comitatu, & Ulissingam appulit, ubi Principem Arausicanum obviam sibi venientem invenit. Simul autem Antuerpiam se contulere, ubi Andinus magnificentissime exceptus, Sacri Imperii Marchio declaratus fuit, & præterea Dux Brabantiæ, Limburgi & Lotherii. Eodem tempore ordinum copiæ Lentium in Artesia Hispanis eripuerunt.

Casus tunc superveniens tumultum magnum concitavit. Jauregius quidam spe ingentis promissæ summæ inductus, Arausicanum Principem sclopeti ictu interficere volens, in maxillam grave vulnus inflixit. Franci qui aderant, cum percussorem comprehendere oportuisset, ipsum imprudenter trucidavere. Statim rumor per urbem fertur Francos ipsos vulnus inflixisse, & sic proceres omnes Belgicos de medio tollere velle, ut sibi totum imperium usurparent. Ad arma curritur, catenæ tenduntur, in perulis Jauregui inquiritur, & ibique reperiuntur literæ Hispanica lingua scriptæ, ubi tota conspiratio aperiebatur : tumultus cessavit, & Princeps Arausicanus ex vulnere convaluit.

HENRI III.

Le Duc de Parme prit Oudenarde, & les François surprirent Alost. Il y eut plusieurs prises & surprises de Places par l'un & par l'autre parti. En ce tems fut découverte la conspiration de Nicolas Salfede, fils d'un autre Salfede Espagnol, qui fut tué à la journée de S. Barthelemi, homme hardi & scelerat, capable de tout entreprendre. Il avoit déja été condamné à Rouen comme faux Monnoyeur, & avoit obtenu sa grace par l'intercession du Duc de Lorraine son allié. Il vint à Bruges avec un Regiment qu'il disoit avoir levé à ses dépens, & s'offrit au Duc d'Anjou pour y être à son service & auprès de sa personne s'il le vouloit bien. Le Duc qui n'y entendoit pas finesse, lui fit un très-bon accueil, & l'auroit retenu sans aucune précaution. Mais le Prince d'Orange qu'une longue experience avoit rendu plus méfiant, examinant la vie & les allures de Salfede, y remarqua quelque chose de sinistre, & fut d'avis qu'on l'arrêtât lui & un de ses camarades nommé François Bassa. Ils furent saisis, & ce qui augmenta le soupçon fut que Bassa voiant qu'on les alloit mettre à la question, se tua lui-même. Salfede mis à la torture découvrit tout, & confessa des choses qui faisoient horreur à entendre: il est pourtant vrai qu'il varia dans ses confessions; mais il ne se retracta point sur ce qu'il avoit d'abord dit, qu'il étoit venu pour faire périr le Duc d'Anjou & le Prince d'Orange par le fer ou par le poison.

M. de Thou dit clairement que le complot avoit été fait par le Duc de Guise, qui étoit d'intelligence avec le Roi d'Espagne & avec le Duc de Parme: & que c'étoit le commencement de cette Ligue que les Guises firent avec les Princes Etrangers, & qui pensa ruiner le Roiaume. Dans les confessions de Salfede qui chargeoit les Guises, il y avoit bien des choses qui regardoient la personne du Roi de France. Le Duc d'Anjou fut d'avis qu'on conduisît Salfede à Paris. Il le souhaitoit aussi, esperant que le Duc de Parme le délivreroit par les chemins; mais Pompone de Bellièvre envoié par le Roi, le conduisit si adroitement, qu'on ne pût même rien tenter pour sa délivrance. On lui fit son procès au Parlement, *où atteint & convaincu de la conspiration de mort contre ledit Seigneur Duc & même contre le Roi, & de plusieurs autres énormes crimes & capitaux, ja auparavant dés piéça par lui commis, fut condamné par Arrest de ladite Cour d'estre tiré à quatre chevaux; ce qui fut executé*

1582.

Trahison de Salfede découverte.

Dux Parmensis Aldenardam cepit, & Franci Aloftum intercepere: sic urbes & oppida ab utraque partium capta, amissa & recuperata fuerunt. Hoc tempore detecta fuit conspiratio Nicolai Salfedæ, filii illius Salfedæ, qui in Sanbarthelomæana carnificina occisus fuit; eratque hic Nicolaus, audax, sceleratus, ad quævis suscipienda pronus, jam adulteratæ monetæ causa Rothomagi postulatus & capitis damnatus fuerat; sed intercedente Lotharingiæ Duce sibi affini veniam impetraverat. Brugas ergo venit cum cohorte, quam se suis sumtibus collegisse jactabat, & sub Andino Duce militaturum esse, si quidem ipse vellet, dicebat. Andinus illum simplici animo comiter excepit, & sine cautione ulla penes se admissurus erat: verum Princeps Araussicanus, quem experientia diuturna cautiorem effecerat, vita & gestis Salfedæ accuratius perpensis, sinistri aliquid in ipso deprehendit, suasitque ut ipse & quidam ejus socius Franciscus Bassa comprehenderentur. Capti ergo fuere, quodque suspicionem auxit, Bassa videns se & Salfedam mox tormentis applicandos fore, seipsum interfecit. In tormentis Salfeda omnia aperuit, & quædam confessus est, quæ horrorem incutiebant; tamenque ille in confessionibus diversa imo contraria dixit; sed nunquam negavit, vel varie protulit id quod primum dixerat se nempe venisse ut Andinum Ducem & Principem Araussicanum de medio tolleret.

Clare dicit Thuanus conspirationem a Duce Guisio factam fuisse, consentiente Hispaniæ Rege, nec non Duce Parmensi, & hoc initium fuisse societatis quam Guisii cum Principibus extraneis iniere, & quæ Regnum ad extremam fere perniciem induxit. In Salfedæ confessionibus, in queis Guisii involvebantur multa erant quæ Regem ipsum Francorum respicerent. Andinus sentiebat Salfedam esse Lutetiam ducendum: id etiam Salfeda cupiebat, sperans Parmensem in transitu se liberaturum esse; sed a Pomponio Bellevreo ab Rege misso tam dextere missus fuit, ut ne tentari quidem ad ipsum liberandum quidpiam potuerit. In Senatu autem causa acta fuit, *ubi convictus quod contra Andini vitam conspirasset, imo contra Regem; deprehensus etiam est, quod plurima alia scelera jam antea perpetrasset; sententiaque in eum lata fuit, ut a quatuor equis in quatuor partes discerperetur, quod executioni mandatum fuit in Platea Gravia vigesi-*

Tome V.

K k ij

260   HENRI III.

1582. en la place de Greve à Paris le 26 Octobre prochainement suivant, où par l'intercession de la Dame de Martigues Duchesse de Mercœur, qui lui étoit parente ou alliée, il ne souffrit qu'une ou deux tirades, puis fut étranglé : sa tête coupée fut envoiée à Anvers, & les quatre quartiers de son corps pendus près les quatre principales portes de la Ville de Paris, &c. L'Auteur ajoute à la fin : *On compte cette mine pour la premiere de la Ligue, qui ne put jouer.* Ce qui revient à ce que dit Monsieur de Thou.

Au mois de Decembre de cette année fut reçûë par un Edit du Roi la reformation du Calendrier tentée par plusieurs Papes, mais avec peu de succès, & faite enfin par le Pape Gregoire XIII. Les Princes Protestans la rejetterent, quoique necessaire, parce qu'elle étoit faite par le Pape qu'ils ne reconnoissoient point.

1583. Malgré les preuves certaines que le Roi avoit ou devoit avoir, s'il y eût fait reflexion, que les Guises cabaloient puissamment contre lui & contre la race Roiale, comme s'il eût agi de concert avec eux, il continuoit toujours à leur donner prise. Il s'attiroit d'un côté la haine publique en inventant continuellement des taxes, des impôts, de nouvelles manieres de sucer le sang du public, qui tournoient presque toutes au profit de ses Mignons ; & de l'autre côté un mépris universel en se rendant la fable du genre humain, par des jeux, des boufonneries, & d'autres choses indignes de la Majesté Roiale. Le jour du Carnaval de cette année, il courut avec ses Mignons par les ruës de Paris ; ils étoient tous masquez, & faisoient des singeries, des folies & des tours dignes des plus grands baladins. Ces exercices durerent toute la nuit, & jusqu'a six heures du matin. Les Prédicateurs se déchaînerent contre toute la troupe sans épargner le Roi ; sur tout le Docteur Rose, que le Roi manda pour lui faire une legere reprimande, & à qui il donna quelques jours après quatre cens écus pour lui fermer la bouche.

» Le Lundi 7. de Mars, dit le Journal, » le Roi alla au Palais accompagné
» de ses deux Mignons, afin de faire en sa presence publier au Parlement de
» Paris plusieurs Edits que la Cour avoit refusé de publier, pour ce qu'ils étoient
» bourseaux & à l'oppression du peuple ; remontra le Roi par sa harangue qui
» fut belle & bien faite, la grande charge d'affaires que les Rois ses prede-
» cesseurs lui avoient laissé sur les bras, pour ausquels subvenir il étoit con-

---

Thuanus.

Journal d'Henri III.

ma sexta die Octobris sequentis. Intercedente vero Martigia Mercurii Ducis uxore, quæ ipsi vel cognata vel affinis erat, semel aut bis tractus, strangulatus postea fuit. Caput ejus Antuerpiam missum fuit ; quatuor vero membra, ad quatuor majores Parisinas portas suspensa sunt, &c. Additque Scriptor iste : *Hi primi cuniculi fuerunt a Societate parati, qui exitum non habuere.* Illud vero quadrat ad ea quæ Thuanus protulit.

Mense Decembri hujus anni a Rege per Edictum admissa fuit reformatio Kalendarii a multis Summis Pontificibus tentata ; sed non ita feliciter, factaque demum a Gregorio XIII. Pontifice. Principes Protestantes illam etsi necessariam, abjecere, quia a Summo Pontifice, quem ipsi non agnoscebant, facta fuerat.

Etsi Rex ignorare non poterat, si tamen his animum adhiberet, Guisios contra se & contra stirpem regiam conspirare, ac si concordi cum illis animo egisset, occasiones illis rei bene gerendæ dabat ; dum quotidie sibi odia publica concitabat per vectigalia & tributa nova, ita ut miseri populi substantia ad gratiosos suos derivaretur. Aliunde vero se omnibus contemnendum deridendumque exhibebat, per jocra, diludia, aliaque hujusmodi, quæ Regia Majestate indigna erant. Die Quadragesimam præcedente, cum gratiosis illis per Parisinos vicos discurrebat : larvati omnes erant, gesticulationes & scurrilia edentes, circulatoribus digna, quæ exercitia per totam noctem ad usque horam sextam matutinam protracta sunt. Concionatores vero contra cœtum hujusmodi nec Regi parcentes declamavere, maximeque Rosus Doctor, quem Rex advocari jussit, ac leviter increpavit, paucisque postea diebus quadringenta scuta misit illi ut os clauderet.

» Die Lunæ, Martii septimo, inquit Diarii Auctor, » Rex ad Palatium venit, comitantibus se gra-
» tiosis duobus, ut se præsente plurima Edicta in Se-
» natu Parisino publicarentur, quæ Curia publicare
» recusaverat, quia *Bursalia* erant, & ad plebis op-
» pressionem tendentia. Orationem Rex emisit egre-
» giam, qua repræsentabat quanta sibi negotia de-
» cessores sui Reges reliquissent, quæ ipsum ad tot

» traint de faire beaucoup d'Edits, à la verité durs & fâcheux, & à son très-
» grand regret; mais qu'il n'avoit trouvé aucun plus aisé & prompt moien
» pour y satisfaire, ni moins onereux à son peuple: partant prioit sa Cour vou-
» loir consentir à la verification desdits Edits, suivant ce que plus amplement
„ leur en remontreroit Messire René de Biragues son Chancellier là present :
„ lequel aussi se levant entra bien avant en discours aussi long & inepte que
„ celui du Roi avoit été court & à propos; & remontra la necessité des affai-
» res de Sa Majesté, sans toutefois en specifier aucune, fors la crainte & ap-
» parence d'une guerre défensive de près imminente. Messire Achiles de Har-
» lai premier President, remontra brievement, mais vertueusement, la char-
» ge qu'apportoit au peuple François le grand nombre d'Edits que le Roi fai-
» soit de jour à autre, & conclud à ce qu'il plût à Sa Majesté de ne prendre
» l'avis de sadite Cour, sur des avis qui ne lui avoient été communiquez. Messi-
» re Augustin de Thou, au contraire, Avocat du Roi, magnifia la presence
» de Sa Majesté, & l'honneur qu'elle faisoit à la Cour de la venir voir & seoir
» en son Lit de Justice, concluant à la lecture, publication & registration des
» Edits, lesquels furent passez au nombre de douze de l'exprès commande-
» ment du Roi, lui present : oüi & consentant son Procureur General, com-
» bien que tous revinssent à la manifeste oppression du peuple, & que les de-
» niers revenans de la Ferme d'iceux, prise par les Italiens, tournassent au pro-
» fit des Mignons, & encore plus de ceux de Guise qui les poursuivoient eux-
» mêmes, & toutesfois sous main animoient le peuple, & l'en faisoient crier
» & tumultuer contre le Roi & ses Mignons: la Ligue commençant dès-lors à
» ourdir à bon escient le mystere d'iniquité.

Le dessein des Guises qui se manifesta bien-tôt après, comme nous verrons,
étoit de décrier le Gouvernement present, en contribuant eux-mêmes à le
rendre odieux, & partageant avec les Mignons l'argent de ces levées qui faisoient tant crier le peuple, qu'ils animoient en même tems contre le Roi ;
tirant ainsi un double fruit de ces impôts, ils y avoient leur part, & la haine
contre Henri augmentoit tous les jours ; ce qui leur faisoit esperer qu'ils viendroient enfin about de leur damnable entreprise. Ce que le Roi fit en ce même mois de Mars ne contribua pas peu à le rendre encore plus méprisable ;

1583.

» edenda Edicta adigerent, onerosa certe, & quæ
» ægre ipse proferret ; sed sibi nullum alium modum
» suppetere plebi minus onerosum ; ideoque Curiam
» rogabat talia Edicta confirmare vellet, ut pluribus
» dicturus erat Renatus Biragus Cancellarius ipsius,
» qui surgens orationem habuit perinde longam &
» ineptam, atque Regis oratio brevis & re fuerat.
» Regiorum negotiorum necessitatem causatus est,
» non illa speciatim protulit, uno excepto, quod vide-
» licet bellum imminere videretur. Achilles Harlæus
» Primus Præses, paucis, sed graviter repræsentavit
» quantum oneri populo Francico essent tam multa
» Edicta, quæ Rex quotidie pene emittebat, & con-
« cludendo Regem rogavit, ut nonnisi præsignificatis
» iis quæ in Curia dicturus erat, Curiæ sententiam
» postularet. Contra vero Augustinus Thuanus Re-
» gis Advocatus, magni faciebat Regis præsentiam,
» & honorem quem Curiæ exhibebat, dum in lecto
» Justitiæ suo sederet, concluditque dicendo, legen-
» da, publicanda & in Registris apponenda esse Edi-
» cta illa. Duodecim igitur numero Edicta admissa
» sunt, Rege præsente, ac jubente, consentiente

» ipsius Procuratore Generali ; etiamsi ea omnia in ma-
» nifestam populi oppressionem cederent, & pecu-
» nia inde provenient, ab Italis publicanis corrasa,
» ad Gratiosos deveniret, maximeque ad Guisios,
» qui pecuniam ad se derivari curabant, licet illi
» clam populum concitarent ad tumultuandum &
» clamandum contra Regem & Gratiosos. Jam enim
» Societatem illam, *mysterium iniquitatis*, Guisii mo-
» liebantur.

Guisiorum enim consilium, quod postea diluci-
dius evasit, ut videbitur ; illo tendebat, ut præsens
Regni administratio infamaretur, dum illi odiosam
ipsam reddi curarent, quando cum gratiosis corrasa
pecunia populi clamorem, concitantibus Guisiis, pariebat, qui sic duplicem ex vectigalibus fructum
decerpebant, dum in partem eorum ipsi accederent,
& populi odium contra Regem conceptum in dies
augeretur ; indeque sperabant se detestandi propositi sui felicem exitum visuros esse. Quod autem Rex
eodem mense Martio fecit non parvam illi notam
inussit, quæ ipsum deridendum & despiciendum

1583.
Procession des Penitens où le Roi assiste.

c'est l'Auteur contemporain du même Journal qui nous l'apprend en ces termes.
» En ce mois le Roi inſtitua & érigea une nouvelle Confrerie, qu'il fit
» nommer des Penitens, de laquelle lui & ſes deux Mignons ſe firent Confreres,
» & y fit entrer pluſieurs Gentilshommes & autres de ſa Cour, y conviant les
» plus apparens de ſon Parlement de Paris, Chambre des Comptes, & au-
» tres Cours & Juriſdictions, avec un bon nombre des plus notables Bour-
» geois de la Ville : mais peu ſe trouverent qui ſe vouluſſent aſſujettir à la Regle,
» Statuts & Ordonnances de ladite Confrerie qu'il fit imprimer en un Livre,
» le tirant de la Congregation des Penitens de l'Annonciation Notre-Dame,
» pour ce qu'il diſoit avoir toujours une ſinguliere devotion envers la Vierge
» Marie Mere de Dieu : de fait, il en fit les premiers Services & Ceremonies
» le jour de la Fête de l'Annonciation, qui étoit le Vendredi vingt-cinquiéme
» de ce mois, auquel jour fut faite la ſolemnelle Proceſſion deſdits Confreres
» Penitens, qui vindrent ſur les quatre heures après midi du Convent des Au-
» guſtins en la grande Egliſe Notre-Dame, deux à deux, vêtus de leurs ac-
» couſtremens tels que les Battus de Rome, Avignon, Touloufe, & ſembla-
» bles, à ſçavoir de blanche toile de Hollande, de la forme & façon qu'ils ſont
» deſſeignez par le Livre des Confreries. En cette Proceſſion le Roi marcha
» ſans Garde ni difference aucune des autres Confreres, ſoit d'habit, de
» place ou d'ordre. Le Cardinal de Guiſe portoit la Croix, le Duc de Maienne
» ſon frere étoit Maître des Ceremonies, & Frere Emont Auger Jeſuite, Bâte-
» leur de ſon premier métier, dont il gardoit toujours les Bouffonneries, avec
» un nommé du Peirat Lionnois, conduiſoient le demeurant. Les Chantres
» du Roi & autres marchoient en rang, vêtus de même habit, en trois diſ-
» tinctes compaignies, chantant melodieuſement la Litanie en faux-bourdon.
» Arrivez en l'Egliſe Notre-Dame chanterent tous à genoux le *Salve Regina* en
» très-armonieuſe Muſique, & ne les empêcha la groſſe pluye, qui dura tout le
» long de ce jour, de faire & achever avec leurs ſacs tous percez & moüillez,
» leurs Myſteres & Ceremonies encommencées. Surquoi on fit ce Quadrain :

» *Après avoir pillé la France,*
» *Et tout le Peuple dépoüillé,*
» *N'eſt-ce pas belle penitence*
» *De ſe couvrir d'un ſac moüillé?*

Journal d'Henri III.

præberet. Auctor enim ipſe Diarii iſtius ævi talia fatur.
» Eodem menſe Rex novam *confraternitatem* erexit, cui Pœnitentium nomen indidit. Ipſe vero & » duo gratioſi ſui ſe illi adjunxere, multi quoque ex » aula ſua Nobiles eidem nomen dedere. Ad eam » ſocietatem Rex invitavit etiam præcipuos Senatus » Pariſini, Cameræ Computorum, aliarumque Cu- » riarum, necnon plurimos ex inſignioribus civibus, » ſed pauci voluere regulæ & ſtatutis ſocietatis iſtius » ſeſe ſubjicere ; quæ ſtatuta Rex typis edi curavit, » educta ex congregatione Pœnitentium Annuncia- » tionis Beatæ Mariæ : quia ſe ſingulari devotione » dicebat Virginem Mariam Dei Matrem colere. » Certe primam hanc cerimoniam in die feſto An- » nunciationis 25 Martii die Veneris celebravit : qua » die Proceſſio fuit Sociorum Pœnitentium, qui ho- » ra circiter quarta pomeridiana ex Conventu Au- » guſtianorum in majorem Eccleſiam Beatæ Mariæ » venerunt, bini & bini, veſte contecti, qualem » geſtant Flagellantes Romani, Avenionenſes, To- » loſani & ſimiles, ex tela nempe alba Hollandica, » illa forma quæ deſignatur in Libro Societatis. In » hac Proceſſione Rex ſine Cuſtodibus incedebat, » neque a ſociis differebat, ſeu veſte, ſeu ordine & » loco. Cardinalis Guiſius crucem geſtabat, Dux » Meduanius frater ejus Magiſter ceremoniarum erat, » & frater Emundus Augerius Jeſuita, circulator » arte ſua priſtina, cujus ſemper modos ſervabat, » cum Peyratio quodam Lugdunenſi cæteram tur- » mam ducebat. Cantores regii & alii ordine pro- » cedebant, eademque tecti veſte, tribus diſtinctior- » dinibus Litaniam modulabantur demiſſiore con- » centu. In Eccleſia Beatæ Mariæ genuflexi omnes, » harmonice cum muſicis inſtrumentis *Salve Regina* » cantavere. Nec pluvia toto illo die decidens » impedivit quominus etiamſi ſacci & veſtes made- » rent, myſteria & cœptas ceremonias perficerent : » quæ de re verſiculi quidam emiſſi Henricum carpe- » bant, quod cum totum Regnum & Populum expo- » liaſſet, ſe ſacco madido indutum debitam pœniten- » tiam agere putaret.

HENRI III.

Les Prédicateurs se déchaînoient en chaire contre ces actes de Religion inconnus jusqu'alors, & qu'ils traitoient d'hypocrisie. Cette Confrerie de Penitens & ces Processions en habit déguisé, n'avoient en soi rien de mauvais; mais le Roi qui en étoit le Chef, continuant toujours sa vie scandaleuse avec ses Mignons, & les Edits fort à charge au public venant frequemment à l'ordinaire ; ces devotions, soit sinceres, soit simulées, loin de toucher le peuple, ne faisoient que l'irriter de plus en plus.

En cette même année 1583, les Habitans d'Alet en Languedoc, voiant que les Huguenots qui s'étoient saisis de leur Ville dix ans auparavant, avoient considerablement diminué la garnison, comploterent ensemble de leur couper la gorge. Cela se devoit faire la nuit, & ils convinrent qu'ils porteroient certaines marques pour se reconnoître. Quelques-uns de la Ville qui n'étoient pas mécontens de leurs hôtes, ayant peine de se resoudre à les égorger eux-mêmes; on convint que ceux-là feroient entrer leurs voisins en leur maison, & leur laisseroient faire ce qu'ils avoient peine d'executer. Cela fut resolu si secretement que les Huguenots n'en eurent pas le moindre vent. Le signal fut donné : tous les Huguenots furent égorgez en une nuit. Il n'y en eut que deux qui échapperent, dont l'un fut sauvé par son hôte, & l'autre se cacha dans une armoire.

Pendant que ces choses se passoient en France, le Duc d'Anjou dont les affaires commençoient d'aller mal dans les Payis-bas, dès la fin de l'année précedente, s'y ruina entierement en suivant le conseil temeraire de quelques-uns des siens. Il ne pouvoit se soutenir dans ce payis-là qu'en recevant de puissans secours de France. Le Roi lui avoit envoié sept à huit mille hommes sous la conduite du Duc de Montpensier & du Maréchal de Biron : ce secours n'étoit pas à beaucoup près suffisant pour défendre un si grand nombre de Places, & pour soutenir la guerre contre un aussi habile General que l'étoit Alexandre Farnese Duc de Parme. D'ailleurs ses finances étoient totalement épuisées. Il demandoit perpetuellement du secours au Roi son frere. Le Roi assembla son Conseil où cette affaire fut long-tems discutée. On y conclud enfin qu'il falloit traiter avec les Etats, & s'engager à leur envoier de puissans secours d'hommes & d'argent ; mais à condition que si le Duc d'Anjou venoit à mourir sans

---

Concionatores autem in has cerimonias debacchati sunt, hactenus ignotas, quas simulatam Religionem & hypocrisin appellabant. Hæ Pœnitentium Societates, & processiones cum veste procedentium faciem obtegente, nihil ex se mali præ se ferebant; sed cum Rex qui societatis Princeps erat, cum effeminatissillis juvenibus, non sine vulgi offendiculo vitam pro more ageret, & Edicta quæ plebi oneri erant, frequentius emitterentur ; ista pietatis & devotionis signa, seu sincera, seu simulata, nedum plebis affectum attraherent, illam magis ac magis ad iram concitabant.

Hoc ipso anno 1583. Aletenses in Septimania, cum cernerent Hugonotos, qui ab annis decem oppidum suum interceperant, præsidiariorum suorum partem evocavisse, de cædendis iis qui residui erant, una conspiravêre. Id noctu faciendum erat, statutumque fuit ut notas quasdam singuli gestarent, queis se mutuo internoscere possent. Quia vero nonnulli hospitibus suis Hugonotis non infensi, illos se sua manu jugulare non posse dicebant, convenit inter ipsos ut hi vicinos in domum suam ad id præstandum

inducerent. Hæc tam secreto decreta fuere, ut Hugonoti ne minimam quidem rei suspicionem habuerint. Una tantum nocte cæli omnes Hugonoti fuerunt: duo tantum evasere, quorum alter ab hospite suo servatus est, alter in armacio sese occultavit.

Dum hæc in Francia gererentur, Andinus cujus negotia jam a fine anni proximi non fauste procedebant, temerarium quorumdam consilium sequutus, res suas prorsus labefactavit. Non poterat in Belgio consistere, nisi pugnatorum copiæ grandes ex Francia sibi mitterentur. Rex illi miserat septem aut octo mille viros, ducibus Monpenserio & Birono Marescallo : nec satis utique hoc erat ad tot urbes, oppida & castra præsidiis munienda, & ad Alexandrum Farnesium Parmensem tam strenuum sagacemque ducem propulsandum. Aliunde vero res æraria prorsus deficiebat. Ille autem perpetuo opem & auxilia a Rege fratre expetebat. Rex coacto consilio hac de re diu deliberavit ; statutumque tandem fuit, ut cum ipsis Ordinibus Belgii res tractaretur, & copiarum pecuniarumque auxilia abunde mitterentur : verum illa conditione, ut si Andinus sine prole moreretur, illi Re-

Thuanus.

enfans, ils reconnoîtroient le Roi de France pour leur Seigneur. La proposition en fut faite aux Etats, qui la rejetterent.

Le Duc bien instruit de ce qui se passoit à la Cour de France, se trouva fort embarassé. Il voioit que le secours venant à lui manquer, il étoit fort à craindre que les Etats, qui ne l'avoient établi leur Prince que dans l'esperance qu'il seroit puissamment aidé de son frere, le laisseroient là, prendoient quelqu'autre parti, & se remettroient peut-être sous l'obéïssance du Roi d'Espagne; ce qu'ils pouvoient d'autant plus aisément faire, que lui Duc d'Anjou n'avoit pas une seule Place pour sa sureté. De l'avis donc de quelques-uns de son Conseil, gens temeraires, qui ne prévoioient ni les conséquences de ce qu'ils proposoient, ni les difficultez de l'execution, il fut resolu qu'à un jour marqué de la mi-Fevrier, ses gens se saisiroient de Bruges, d'Anvers, de Dunquerque, & de plusieurs autres Places. Cela fut resolu à l'insçû du Duc de Montpensier, de la Rochefoucault & des autres Chefs qui les auroient infailliblement détournez d'une telle entreprise. Le Duc d'Anjou s'étoit reservé Anvers, qu'il devoit saisir lui-même. Ils surprirent effectivement Dunquerque, Dixmude, Tenremonde, Vilvorde, Bergues S. Vinoc, Alost; mais ils manquerent leur coup à Ostende & à Bruges où ils furent repoussez.

La grande affaire fut à Anvers. Le Duc se retira de la Ville, & fit avancer une partie de ses troupes cavalerie & infanterie, avec ordre d'entrer. Ils y entrerent, & quand il n'y avoit plus de remede au mal, le Duc déclara à Montpensier & à la Rochefoucaut, son dessein que ses gens commençoient deja d'executer. Ils en furent très-mortifiez, & lui dirent qu'ils n'avoient aucune part à une action si indigne. Biron regardoit aussi cette entreprise comme détestable. Le Corps de François envoié par le Duc s'avançoit dans Anvers, jusqu'à ce que les Bourgeois s'apperçûrent qu'ils vouloient se rendre maîtres de la Ville. Ils prirent alors les armes, tendirent les chaînes dans les ruës, & donnerent sur eux. Le combat fut d'abord rude, les femmes & les enfans jettoient sur les François des pierres par les fenêtres; de sorte qu'accablez de tous les côtez, ils perdirent là douze cens hommes. Les autres qui se sauvoient par la fuite boucherent l'entrée aux Suisses que le Duc d'Anjou envoioit pour les secourir. La chose s'étant terminée si honteusement & si desagreablement, le Duc d'An-

Le même.

gem Franciæ ut Dominum suum agnoscerent, quam conditionem Ordines rejecere.

Andinus non ignorans ea quæ in Francia gerebantur, perplexus animo fuit. Videbat enim si auxilia non accederent, metuendum esse ne Ordines, qui ipsum ideo tantum Principem suum constituerant, quod sperarent auxilia magna ab Rege fratre suo mittenda fore; si ipsa deficerent, sibi valedicturos, & aliam viam ingressuros, vel fortasse in Regis Hispaniæ potestatem sese reducturos esse, eoque facilius; quod Andinus ne unum quidem oppidum munitum haberet ad securitatem suam. Suadentibus igitur quibusdam ex consilio suo, temerariis viris, qui nec rei, quam proponebant, exitum, nec executionis difficultates prospiciebant; statutum fuit ut quodam indicto die, medio mense Februario, Andini copiæ Brugas, Antuerpiam, Dunkerkam aliaque plurima oppida occuparent. Illud vero consilii admissum fuit, insciis Monpenserio, Rupifucaldo, aliisque ducibus, qui ipsos haud dubie a tali re avertissent. Andinus Antuerpiam sibi reservarat, quam ipse intercepturus erat. Ex improviso itaque ceperunt Dunkerkam, Dismudam, Vilvordam, Vinocibergam, Alostum, sed Ostendam & Brugas frustra tentaverunt, repulsique fuere.

Antuerpiana vero expeditio infelicior fuit. Andinus ex urbe exiit, partemque copiarum suarum equitum peditumque in urbem immisit. Hi Antuerpiam ingressi sunt; cumque non ultra a cœpto desisti posset, tum Andinus Monpenserio & Rupifucaldo rem ab se susceptam declaravit, quam jam sui exequi cœperant. Illi vero de tam temerario ausu periculi, se non in partem tam indignæ suscipiendæ rei venisse testificati sunt. Bironus quoque detestandum consilium esse profitebatur. Franci vero ab Andino missi, Antuerpiamque ingressi, ulterius procedebant, donec Antuerpiani advertentes illos intercipere urbem velle, armis assumtis, catenas in vicis tetenderunt, ipsosque adorti sunt: acrior initio pugna fuit, mulieres & parvuli lapides per fenestras in Francos immittebant, sicque illi undique pulsi & intercepti, mille ducentos suorum amisere; alii vero qui fuga salutem quærebant, Helvetios ab Andino missos, ne ingrederentur cohibuere. Cum res tam turpi & in-

jou

jou songea à gagner Tenremonde, & se mit en chemin. Mais ceux d'Anvers & de Malines lâcherent les éclufes: enforte qu'il ne pût passer qu'avec grande peine, & plusieurs des siens y furent submergez.

Cependant le Prince d'Orange, qui par une longue experience avoit apris à se tirer habilement des affaires les plus difficiles, prévoiant que si le Duc d'Anjou se retiroit des Payis-bas, & s'il ne venoit plus de secours de France, les Etats ne pourroient soutenir la guerre contre le Duc de Parme, qui faisoit tous les jours de nouveaux progrès, & que peut-être même le Duc d'Anjou lui livreroit les Places des Payis-bas qu'il tenoit en sa puissance; pour y obvier il tâcha d'adoucir ceux d'Anvers, en quoi il n'eut aucune peine: car dès qu'ils virent que les François ne faisoient plus de resistance, ils lâcherent les prisonniers, & tournant leur fureur en misericorde, ils penserent les blessez, & chercherent parmi les morts ceux qui respiroient encore pour les faire traiter & médicamenter. Le Prince d'Orange obtint alors des Etats qu'on envoiroit au Duc d'Anjou de nouvelles propositions & conditions, moiennant lesquelles il seroit toujours reconnu pour Prince dans les Pays-bas. Le Duc qui s'étoit retiré dans le Cambresis, ne s'accommoda point de ces conditions, ou pour mieux dire, la honte d'une affaire si inconsiderément entreprise & si mal executée, le détournoit de reparoître de nouveau sur ce theâtre. Le Duc de Parme profitant de ces troubles se rendit maître de plusieurs Places des Payis-bas, & le Prince d'Orange sachant qu'on lui tendoit des embuches, & qu'on en vouloit à sa vie, se retira en Hollande.

François de Rosieres Archidiacre de Toul, fit en ce tems-ci imprimer à Paris un Livre dont le titre étoit *Stemmatum Lotharingiæ & Barri Ducum, Tomi VII.* où il tâchoit de prouver que les Ducs de Lorraine descendoient de Charlemagne, & que par conséquent la Couronne de France leur appartenoit. Ce Livre contenoit outre cela plusieurs choses injurieuses au Roi Henri III. On fit saisir l'Auteur, qui fut conduit à la Bastille, & mené ensuite en la presence du Roi, auquel il demanda misericorde. La Reine pria pour lui, & le Roi lui donna ordre d'aller joindre le Duc de Lorraine & de se tenir auprès de lui. Voilà deux Livres faits en peu de tems sur cette matiere: celui de l'Avocat David, & celui-ci. Ce qui marquoit assez les desseins funestes des Guises, qui éclaterent bien-tôt après.

Livre de Rosieres pour la maison de Lorraine.

---

grato modo cessisset. Andinus Teneramundum petere cupiens iter suscepit. Verum Antuerpiani & Mechlinienses laxatis cataractis terras inundavêre, ita ut nonnisi cum maxima difficultate transire potuerit, multique suorum in aquis perierint.

Inter hæc Princeps Arausicanus, qui diuturno experimento a difficultatibus quam maximis sese expedire didicerat, cum prævideret, si Andinus de Belgio discederet, nullumque postea ex Francia auxilium mitteretur, fore ut Ordines non ultra possent Parmensem propulsare, qui in dies oppida occupabat, foreque timendum esse, ne Andinus ipsi Belgii oppida dederet, quæ tunc ille tenebat; ut hæc mala præverteret, Antuerpianos sedare conatur, neque ea in multum laboravit. Illi enim ubi viderunt Francos non ultra obsistere, captos libertate donavêre, & furore in misericordiam converso, vulneratos curavêre, inter cæsos quæsivere eos qui adhuc spirarent, ut Medicis recreandos traderent. Princeps Arausicanus Ordinibus auctor fuit, ut ad Andinum Ducem mitterent, novasque' ipsi conditiones offerrent, ita ut ipse semper Belgii Princeps haberetur. Dux Andinus qui in Cameracensem tractum se receperat, conditiones illas admittere noluit; utque vere dicatur, pudor tam inconsulto suscepti, & tam insulse tentati negotii, ab hujuscemodi theatrali scena illum avertebat. Dux Parmensis occasione tanti tumultus captata, multa oppida in Belgia cepit, & Princeps Arausicanus gnarus insidias vitæ suæ parari, in Hollandiam secessit.

Franciscus Rosarius Archidiaconus Tullensis Lutetiæ cusum librum emisit, cujus titulus erat, *Stemmatum Lotharingiæ & Barri Ducum Tomi VII.* ubi probare nitebatur Lotharingiæ Duces a Carolo Magno ortos esse, atque ideo Francicam Coronam ad ipsos pertinere. Liber etiam multa complectebatur Henrico III. Regi contumeliosa. Comprehensus auctor fuit & ad Bastiliam adductus, postea coram Rege sistitur; a quo misericordiam postulavit. Regina pro illo intercessit, jussusque est Rosarius Lotharingiæ Ducem adire, & penes illum manere. Duo jam libri hac de re emissi, Davidis nempe Advocati, & Rosarii, Guisiorum consilia palam faciebant, quæ non ita postea erupere.

Thuanus. Memoires pour l'histoire de France.

Thuanus.

1583.

Le Roi cependant toujours investi de ses Mignons les Ducs de Joyeuse & d'Epernon, vivoit dans la molesse. On croioit que le Duc de Joyeuse étoit attaché aux Guises ses alliez, il en avoit d'abord donné quelques marques: mais il changea depuis, & sembloit tourner de l'autre côté. Le Duc d'Epernon comme par opposition à l'autre favori, se mit du parti du Roi de Navarre, & plusieurs autres Seigneurs, même des Catholiques, se rangerent aussi de ce côté, comme ayant quelque pressentiment que quoiqu'il eût de puissans adversaires, la justice de sa cause l'emporteroit enfin, si la branche regnante venoit à manquer. Les Guises vouloient renouveller la guerre contre les Huguenots, pour venir à leurs fins. Et la Reine Mere fâchée de se voir comme excluë du Gouvernement par les Mignons, se joignit avec les Guises, quoique dans le fonds elle ne les aimât guere, esperant que dans le trouble on auroit besoin d'elle pour concilier les factions dont le Roiaume étoit plein.

Voïage du Duc de Joyeuse à Rome.

Joyeuse qui avoit alors la premiere place dans les bonnes graces du Roi, souhaitoit fort d'obtenir le Gouvernement du Languedoc. Il en traita même avec d'Anville qui en rejetta la proposition: d'Anville se sentoit soutenu par le Pape, & Joyeuse prit de là occasion d'entreprendre un voiage en Italie. Le prétexte en étoit de voir le païs, & de faire ses devotions à Rome; mais le veritable motif se découvrit par ses allures: il vouloit faire parade de son credit & de sa puissance, & quelques demandes à Sa Sainteté pour le Roi; se montrer au Pape & aux Puissances de l'Italie, comme fort propre à être à la tête des armées contre les Huguenots, & débusquer ainsi les Guises de cette qualité qu'ils occupoient alors. Il vouloit aussi rendre suspects au Pape les Montmorencis, comme fauteurs des Religionnaires. Mais les soins que d'Anville avoit toujours pris d'empêcher que les Huguenots ne se saisissent des Places du Comtat d'Avignon, avoient si fort prévenu le Saint Pere en sa faveur, que l'entreprise étoit fort difficile. Joyeuse se rendit donc à Rome, & y fut reçû avec beaucoup de magnificence, y fit des dépenses prodigieuses, & eut audience de Sa Sainteté, où il se déchaîna contre d'Anville. Le Pape prévenu par les lettres de l'accusé, lui témoigna qu'il n'ajoutoit pas grand'foi à ce qu'il lui disoit, & que l'attachement que d'Anville & les siens avoient toujours fait paroître pour le Saint Siege, démentoit tous les faux bruits que ses ennemis avoient répandus dans la Cour de France contre lui. Joyeuse fut très-bien reçû à Venise &

Le même.

Rex interea gratiosis suis Joüsa & Espernonio semper cinctus in mollitie vitam agebat. Putabatur autem Joüsam Guisiis addictum esse, affinibus nempe suis: hujusce rei quædam signa dederat; verum postea mutatus fuisse dicitur. Espernonius contra, utpote Joüsæ oppositus, ad partes Regis Navarræ accessit, multique alii primores, etiam Catholici, ad Navarrum se converterunt, quasi prospicientes, ipsum etiamsi potentes adversarios haberet, summam rerum jure obtenturum esse, si quidem stirps regnans deficeret. Guisii bellum denuo Hugonotis inferri cupiebant, ut ipsi sic optata assequerentur. Catharina vero ægre ferens, quod se a Regni administratione per gratiosos exclusam videret, cum Guisiis sese adjunxit, etsi illos non multum amabat; sed sperabat perturbata Regni tranquillitate, sua opera usurum esse Regem ad diversas Regni factiones conciliandas.

Thuanus, Memoires &c.

Joüsa qui tunc inter gratiosos primus erat, Septimaniæ Præfecturam ambiebat. Cum Damvilla etiam ea de re tractare voluit; a quo repulsus fuit. Damvilla quippe se Summi Pontificis auctoritate fultum sciebat. Joüsa vero hinc occasionem sumsit Italiam petendi, obtentu quidem regionem illam invisendi, & Romam pietatis causa eundi; sed est ex ejus gestis compertum fuit, volebat ille potentiam suam & gratiam, qua apud Regem valebat, ostentare, aliqua Regis nomine postulare, & Pontifici Summo Principibusque Italiæ sese exhibere, quasi idoneus esset ad exercitus ducendos contra Hugonotos, illudque muneris Guisiis auferre si posset. Cupiebat etiam Montmorencios Summo Pontifici suspectos reddere; sed cum Damvilla semper curavisset, ut ne Hugonoti Avenionensis Comitatus oppida occuparent, ita sibi Summum Pontificem conciliaverat, ut illum contra ipsum vertere difficile esset. Joüsa igitur Romam venit, magnificeque exceptus fuit. Contra Damvillam autem debacchatus est. At Pontifex, qui Damvillæ literas acceperat, se dictis Joüsæ non multum fidem habere ostendit, dixitque curam illam tantam, quam Damvilla semper habuerat, ut suum erga Sanctam Sedem affectum comprobaret, falsos omnes rumores quos inimici ipsius in aula regia Francica sparserant confutare. Joüsa Venetiis & apud Principes Italiæ

chez les Potentats de l'Italie ; il revint en France, où il tomba malade, & eut 1585.
grand' peine à se remettre. Le mauvais succès de sa négociation fut peut-être
une des causes de sa maladie.

Epernon profitant de sa longue absence, s'insinua plus avant dans les bonnes graces du Roi, qui ne pensoit plus à Joyeuse ; ensorte qu'il couroit fortune de perdre sa qualité de Mignon. Mais Epernon craignant que le Roi ne jettât les yeux sur quelqu'autre qui auroit peut-être l'avantage sur lui, s'interessa pour faire revenir Joyeuse à la Cour ; il s'y rendit, & fut bien reçû du Roi.

Cependant le Duc d'Anjou, qui après la honte reçûë à Anvers, s'étoit retiré dans le Cambresis, vint depuis à Château-Thierri qui lui appartenoit ; & par l'entremise de la Reine sa mere qui le reconcilia avec le Roi Henri, il vint à la Cour où il ne demeura que dix jours. De retour à Château-Thierri, il reçut une Ambassade ménagée par le Prince d'Orange. Schoneval & d'autres Députez vinrent le trouver de la part des Etats des Payis-bas, qui s'offroient de le reconnoître comme ci-devant pour leur Prince. Cet Ambassade lui fit beaucoup de plaisir, & elle l'auroit encore plus réjoüi, si la maladie dont il se sentoit déja frappé n'y avoit mis un obstacle. Dans ces grandes agitations où il s'étoit trouvé en Flandres, comme il couroit à cheval, il s'étoit rompu quelques veines, ce qui joint au déplaisir d'une entreprise aussi mal concertée qu'exécutée, le mina peu à peu ; il traîna long-tems, & mourut enfin au mois de Juin de la même année. Il étoit de taille médiocre, mais bien formée, brun de visage, vif, ambitieux, entreprenant, magnifique & liberal. Il mourut dans des sentimens fort chrétiens, âgé de trente ans, & laissa beaucoup de dettes. On soupçonna fort qu'il avoit été empoisonné ; & de fait, son corps aïant été ouvert, les Chirurgiens y trouverent des marques de venin. On crut que c'étoit les Espagnols qui lui avoient fait donner un breuvage. C'étoit un usage chez eux d'expedier ainsi leurs ennemis. Ils voulurent dans le même tems faire tuer traîtreusement la Reine Elisabet, mais la trahison fut découverte, & le traître puni. Ils ne manquerent pas le Prince d'Orange qui fut tué dans sa maison d'un coup de pistolet par Balthasar Gerard Comtois, émissaire du Roi d'Espagne.

1584.

Mort du Duc d'Anjou.

La mort du Duc d'Anjou changea en France la face des affaires. Elle ôta aux Guises le seul obstacle qui leur restoit, & réveilla leurs esperances. Le Roi

---

comiter exceptus fuit. In Franciam vero rediit, ubi in morbum lapsus vix convalescere potuit. Frustra suscepti negotii dolor, ægritudinis forte causa fuerit.

Espernonius, captata ejus diuturnioris absentiæ occasione, in Regis gratiam sese magis insinuavit, qui de Joüsa non ultra solicitus erat, ita ut in periculum veniret, ne gratiosi locum amitteret : Espernonius timens ne gratiosum alium Rex admitteret, qui fortassis ea in re se superaturus esset, Joüsam in aulam regiam redire curavit, ubi a Rege benigne exceptus fuit.

Andinus interea, qui post turpem illum Antuerpianum casum, in Cameracensem agrum se receperat, in Theodorici postea castrum, quod ad se pertinebat, se recepit, & interveniente Catharina Matre, Regi fratri reconciliatus, in aulam regiam venit, ubi per dies tantum decem mansit. In Theodorici castrum reversus, Oratores Ordinum Belgii excepit. Curante enim Principe Arausicano, Schonevallius cum aliis ad ipsum deputatus fuerat. Ordines vero se illum ut Principem suum, qualis antea fuerat,

recepturos offerebant ; quæ certe legatio magis illi placitura erat, nisi obfuisset morbus in quem inciderat. Cum in Belgio vehementer exagitaretur, & ipse eques, laxatis habenis, currerer, venæ aliquot ipsi abruptæ fuerant : quæ ægritudo, cum malæ susceptæ & tentatæ rei dolore conjuncta, ipsum paulatim viribus destituit, & diuturna invaletudine consumsit. Mortuus est admodum Christianos affectus prx se ferens, triginta annos natus ; sed multum æs alienum contraxerat. Suspicio magna fuit ipsum veneno sublatum fuisse ; cumque Chirurgi cadaver aperuissent, quasdam toxici notas repererunt. Rumor fuit Hispanos ipsi venenum propinavisse : sic illi expedire solebant eos quos de medio tollere cupiebant. Eodem tempore Elisabetam Reginam per proditionem ex vivis tollere voluerunt ; at incassum : sed Principem Arausicanum perimere non frustra tentaverunt. Periit enim ille ex sclopeti ictu per manum Balthasaris Girardi, ex Burgundiæ Comitatu a Rege Hispaniæ missi.

Mors Andini in Francia rerum faciem mutavit : Guisiis enim unicum, qui restabat, obicem sustulit.

Thuanus

Tome V.

L l ij

1584. étoit hors d'état d'avoir des enfans, il vivoit toujours dans l'oisiveté; livré à ses Mignons, qui le tournoient comme ils vouloient : il se rendoit de plus en plus méprisable à tous ses sujets; ce qui fut cause que la jeune Noblesse Catholique, qui avoit suivi le Duc d'Anjou dans la guerre des Payis-bas, se tourna presque toute du côté des Guises. On l'avertit enfin du péril où il se jettoit en laissant ainsi la liberté aux Guises de s'agrandir à ses dépens. Il se réveilla alors, quoique trop tard, comme d'une profonde létargie, & croiant que pour les brider il suffisoit de maintenir le Roiaume en paix, & d'empêcher que les Reformez ne prissent les armes, il fit dire au Roi de Navarre, qui étoit comme leur Chef, qu'il leur laissoit la liberté de s'assembler, & de traiter de leurs affaires. L'assemblée se tint à Montauban, où se trouva aussi de la part du Roi, Pompone de Belliévre.

Ses deux mignons le menoient à leur fantaisie; & comme ils suivoient differens partis, cela faisoit que ses allures n'étoient pas toujours uniformes. Joyeuse qui haïssoit les Reformez, passoit pour être du parti des Guises ses alliez. D'Epernon au contraire, quoiqu'il n'aimât pas les Huguenots, étoit attaché au Roi de Navarre, soit qu'il fût persuadé de la justice de sa cause, soit par haine contre les Guises. Il alla le voir du consentement du Roi pour lui persuader d'embrasser la Religion Catholique, & de venir à la Cour, où il seroit plus à portée de tenir tête à ses adversaires : mais il s'en revint sans pouvoir gagner cela sur lui. A l'occasion de cette entrevuë, du Plessis-Mornay fit un Ecrit sur cette Conference pour rassurer les Religionnaires qui en avoient été allarmez. Ceux du parti des Guises publierent alors qu'Epernon n'y étoit pas allé pour ramener les Huguenots à la Religion Catholique, mais pour faire un traité secret avec eux. Les Guises eurent soin de répandre cela par tout, le peuple Catholique en fremissoit, & les Prédicateurs en pleine chaire l'animoient sans cesse, & en parloient avec la même assurance, que si la chose eût été certaine. On commença à lever des gens sous main, & à leur donner des Capitaines, afin qu'on pût trouver promptement des troupes quand il seroit necessaire.

Le Roi voiant tout ceci en fut allarmé, & se disposoit à prendre des mesures pour rabattre les coups que les Guises vouloient lui porter. Mais la Reine

---

Rex omnino prole cariturus esse videbatur. In otio semper ille degebat cum gratiosis, qui illum pro libito regebant, indeque magis ac magis subditorum despectui expositus erat. Hinc evenit ut juniores nobiles Catholici, qui Andinum in Belgium euntem sequuti fuerant, ad Guisios omnes pene se converterent. A quibusdam tandem submonitus Rex est in quantum se periculo conjiceret, dum Guisiis eam facultatem daret, qua in damnum suum potentiores evaderent. Tunc expergefactus, quasi ex profundo somno excitatus est, putansque ad illos coercendos satis esse, si Regnum suum in pace servaret, & si Reformatos quominus arma sumerent impediret. Regi Navarræ, qui illorum quasi Princeps erat, moneri jussit, liberum ipsis esse unà convenire, ut de rebus suis tractarent. In Montem-albanum illi convenerunt, & cœtui Regis nomine interfuit Pomponius Bellevreus.

Le même. Duo gratiosi Joüsa & Espernonius ad libitum suum Regem moderabantur, & quia diversis partibus singuli hærebant, Henricus non semper paria exsequebatur. Joüsa qui Reformatos oderat, Guisiorum sibi affinium partibus addictus esse putabatur. Espernonius contra, etsi Hugonotos non amabat, Regi tamen Navarræ hærebat, sive ex Guisiorum odio, sive quia Navarri jura æquiora esse putabat. Consentiente autem Rege, Navarrum ille adit, ut illum hortaretur ad Catholicam Religionem amplectendam, suaderetque ipsi ut ad Regiam aulam veniret, ut contra adversarios suos præsens stare posset : verum ille, re infecta, reversus est. Occasione colloquii istius, Plessius Mornæus scriptum emisit, ut Reformatos, qui ex colloquio timore perculsi fuerant, sedaret tranquillosque redderet. Guisiani vero tunc publicævère Espernonium non venisse, ut Reformatos ad Catholicam fidem reduceret, sed ut pacta secreta cum illis iniret. Guisii hunc rumorem ubique sparserunt. Infremebat plebs Catholica, Concionatores vero illam perpetuo concitabant, & rem affirmabant quasi certo constaret. Tunc armati clam conscripti sunt, ipsisque duces & tribuni assignati fuere, ut in promptu pugnatorum manus haberentur, si casus id exigeret.

His conspectis Rex, pavore commotus, ut Guisiorum ausus comprimeret, quædam moliebatur: *Le m.*

mere qui n'eut jamais autre chose en vûë que de se rendre necessaire, l'adoucit & le tourna si bien, qu'il se contenta de faire publier un Edit, où il déclaroit criminels de Leze-Majesté tous ceux qui feroient des assemblées secretes, des complots & des levées de gens, & ceux qui préteroient la main à ces factieux; trop foibles armes contre un mal aussi pressant, disoient en gemissant les gens bien intentionnez. On se plaignoit aussi que ce Prince trop bon laissoit les plus grands crimes impunis. Cela le piqua vivement. Un criminel surpris dans le même tems paya pour les autres. C'étoit un Gentilhomme du payis Chartrain, nommé Pierre d'Esguain Sieur de Belleville, Religionnaire, qui avoit fait des Ecrits & des vers infamans contre le Roi. Il le fit livrer à la Justice qui le condamna à être pendu, aiant ces écrits attachez à son cou : son corps avec les Ecrits furent brûlez, & ses biens confisquez.

1584.

Au mois de Decembre de la même année, il nomma le Duc d'Epernon Colonel General de l'Infanterie, & ajouta à cette Charge des pouvoirs & des privileges qu'elle n'avoit pas auparavant. L'Acte en fut inseré dans les Registres du Parlement au mois de Janvier suivant. Il fit aussi plusieurs Reglemens pour sa Cour où il n'y avoit guere d'ordre, & celui qu'il y voulut mettre n'y dura pas long-tems, l'instabilité de son esprit lui faisoit changer un jour ce qu'il avoit établi l'autre. Cela ne servit enfin qu'à augmenter le mépris qu'on avoit pour lui.

Cette année Louis de Foix né à Paris; mais originaire du Comté de Foix dont il portoit le nom, homme industrieux, & habile Architecte, qui avoit fait en Espagne pour le Roi Philippe de fort beaux ouvrages, bâtit à l'embouchure de la Garonne la Tour de Cordouan. C'étoit un phare pour éclairer les vaisseaux qui alloient la nuit, bâti près des mazures d'un autre phare ruiné. Il avoit auparavant rétabli le port de Baionne, que les sables poussez par la marée avoient presque comblé, en détournant le cours de l'Adour & d'autres rivieres qui s'y joignent; il le repara si bien, que le port fut mis en un bon état, & s'y maintient encore aujourd'hui.

Depuis la mort du Duc d'Anjou, le Duc de Parme avoit fait de grands progrès dans les Payis-bas, il avoit pris plusieurs Places, & même Gand & Bruges, & tenoit Anvers investi. Les Etats ne pouvant soutenir la guerre sans un grand

---

verum Catharina, cui nihil aliud unquam cordi fuit, quam ut se necessariam redderet, animum ejus sedavit, atque eo deduxit, ut satis haberet Edictum publicare, quo læsæ majestatis reos declarabat eos, qui secretos conventus, & conspirationes facerent, vel milites conscriberent, eosque qui factiosis manum darent. Debilia certe arma contra tantum imminensque malum; ut ingemendo dicebant ii, queis æqui bonique ratio cordi erat. De Rege etiam quidam querebantur, quod graviora scelera impune fieri sineret. Ille vero dictorum impatiens, in quemdam in culpa tunc deprehensum sæviit, qui pro aliis solvit. Is erat vir nobilis Carnotensis, cui nomen Petrus Esganius de Bella-illa, Reformatus, qui versus contra Regem contumeliosos scripserat. Hic Judicibus jussu Regis traditus, suspendio vitam finivit, scripta illa in collo gestans. Corpus ejus cum scriptis combustum est, & bona fisco addicta.

Mense Decembri ejusdem anni Espernonium summam peditum Præfecturam, donavit, additis huic Præfecturæ privilegiis, quæ non antea habuerat. Diploma in Senatum allatum, in Curiæ acta relatum est mense Januario sequenti. Pro aula sua etiam ubi nullus pene ordo servabatur plurima statuit, & ordo qui ab illo tunc constitutus fuit, non diu tenuit. Ex animi mobilitate, quæ nuper statuerat ipse paulopost immutabat.

Hoc anno Ludovicus Foxius Lutetiæ natus, sed ex Fuxensi Comitatu oriundus, unde & nomen ducebat, vir industrius, ingeniosusque Architectus, qui in Hispania Philippo Regi egregia opera fecerat, in Garumnæ ostiis turrim Corduanam struxit, prope alterius turris rudera, quæ turris ceu pharus erat ad navigantium securitatem. Antea vero portum Baionæ restauraverat, quem arena ab æstu maris invecta impleverat, Myri & aliorum illuc confluentium amnium curvato ad dexteram cursu. Portus autem optimo in statu deductus est, sicque hodie perseverat.

Post obitum Andini Ducis Dux Parmensis prosperrime bellum gessit in Belgio, multas urbes oppidaque, imo Gandavum & Brugas ceperat, & Antuerpiæ aditus occupabat. Ordines vero Belgici, cum bellum tantum sine extraneorum auxiliis ferre non

Le même.

Thuanus.

1584.
Les Etats des Payis-Bas veulent reconnoître le Roi pour leur Prince.

secours étranger, resolurent de se donner au Roi de France, & de le déclarer leur Seigneur. Ils lui envoierent des Députez pour le prier d'accepter l'offre qu'ils lui faisoient de le reconnoître pour leur Prince. Ces Députez attendirent long-tems la réponse.

Cependant le Duc de Guise, qui depuis la mort du Duc d'Anjou se voioit plus en état que jamais de parvenir à ses fins, s'attiroit le plus de gens qu'il pouvoit, & fortifioit tous les jours son parti. Il savoit pourtant que selon la Coutume & les Loix fondamentales du Roiaume, si le Roi venoit à mourir sans enfans, la Couronne devoit passer au Roi de Navarre, alors le premier Prince du Sang, que la plûpart des gens, sur tout les grands Seigneurs & la Noblesse le regardoient comme le successeur futur d'Henri III. & que quand ils verroient un Prince de la Maison de Lorraine Chef du parti opposé, cela détourneroit bien des gens de se joindre à lui ; il resolut de mettre à la tête de son parti le vieux Cardinal Charles de Bourbon, oncle du Roi de Navarre, qui seroit comme un phantôme, sous l'ombre duquel il disposeroit de tout à sa volonté. Il n'eut pas de peine à persuader au bon homme qu'au défaut de la branche des Valois la Couronne lui appartenoit, & non au Roi de Navarre son neveu.

Le Cardinal étant dans ces dispositions, le Duc de Guise lui persuada aisément de prêter son nom pour être à la tête de ses entreprises. Il pensoit même à obtenir dispense du Pape pour le marier avec Catherine sa sœur, veuve du Duc de Montpensier, & il continuoit ses intrigues & ses pratiques avec la Cour d'Espagne. Il en recevoit de grosses sommes & s'en servoit pour fortifier & augmenter son parti. Des Prédicateurs turbulens qui étoient à ses gages, soulevoient le peuple dans leurs Sermons. Ils se déchaînoient contre le Roi de Navarre & les autres Princes heretiques ou fauteurs de l'heresie, sans épargner la personne du Roi, & extolloient le Cardinal de Bourbon, le Duc de Guise & les autres Princes qui s'opposoient vigoureusement aux Reformez. On vit dans le même tems paroître plusieurs Ecrits qui parloient sur le même ton, & qui representoient les horribles persécutions qu'on faisoit aux Catholiques en Angleterre, & assuroient qu'on verroit la même chose en France si le Roi de Navarre succedoit à la Couronne : & pour exciter plus efficacement le peuple

Le même.

possent, decreverunt tandem sese Regi Francorum dedere, ipsumque Dominum suum declarare, Oratores autem ipsi miserunt rogatum, uti oblatum sibi dominium acceptum haberet, qui Legati diu responsum Regis exspectavere.

Interea Guisius, qui post Andini mortem, meliorem propositi consiliique sui exitum fore prospiciebat, quot quantosque poterat ad partes suas pelliciebat. Non ignorabat tamen ex more & ex legibus Regni præcipuis, si Rex sine mascula prole moreretur, Coronam ad Regem Navarræ transituram esse, qui primus tunc e Sanguine Regio Princeps erat ; majoremque partem, maxime vero procerum & nobilium, ipsum quasi successorem futurum Henrici III. habere, & si viderent Lotharingum Principem oppositæ parti imperare, multos certe ad contrariam partem accessuros esse ; senem Carolum Cardinalem Borbonium Navarri patruum factionis suæ Principem constituere decrevit, qui quasi umbram & speciem ducis præ se ferret, sub quo ipse Guisius ad libitum suum omnia administraret. Seni autem facile suasit, deficiente Regia Valesiorum stirpe coronam ad se, non ad Navarrum, pertinere.

Cum ita affectus Cardinalis esset, facile Guisio assensit, nomenque suum dedit, ut factionis hujusce dux adscriberetur. Guisius etiam dispensationem Summi Pontificis impetrare cogitabat, ut illum connubio jungere posset cum Catharina sorore sua, quæ Monpenserii Ducis uxor fuerat, & cum Hispanica aula occulte consilia moliminaque versabat. Summas pecuniæ grandes ab Rege Philippo accipiebat, quis ut multos ad suas partes alliceret, utebatur. Concionatores quidam turbulenti, quos pecuniâ sibi devinxerat, populum in concionibus excitabant : Navarrum, aliosque Principes Hæreticos, hæreticorumque fautores insectabantur, nec Regi ipsi Henrico parcebant. Cardinalem vero Borbonium, Ducem Guisium aliosque Principes extollebant, qui Reformatos vehementer impeterent, Eodemque tempore scripta multa in publicum prodiere, quæ eadem ipsa decantabant, horrendaque vexationes quæ in Anglia contra Catholicos exercebantur repræsentabant : asserebantque eadem ipsa in Francia futura esse, si Navarrus coronam regiam Francicam exciperet. Utque magis

à la revolte, ils faisoient representer en peinture & dans des estampes ces perſécutions Anglicanes.

Cependant le Roi Henri qui n'aimoit pas les Huguenots, prenoit des meſures plus efficaces, quoique plus douces, pour éteindre l'hereſie. Dans ce tems de paix il ne donnoit ni Charge ni Magiſtrature à aucun des Reformez, qui ſe voioient par là exclus de toutes les graces. Les jeunes Nobles qui venoient à la Cour, s'ils étoient Religionnaires, s'appercevoient d'abord que le Roi ne les regarderoit jamais de bon œil s'ils n'embraſſoient la Religion Catholique : ce qui faiſoit que pluſieurs revenoient au giron de l'Egliſe ; & ſi la choſe eut continué de même, il en eut ramené ainſi un beaucoup plus grand nombre, que par la force des armes.

Le Duc de Guiſe s'apperçût de cela, & craignit que ſi l'on venoit à faire attention à cette conduite du Roi, la grande animoſité du peuple ne ſe refroidît, & qu'il ne perdît enfin le fruit de tant de peines & d'intrigues. Ce fut ce qui l'obligea d'accelerer ſon traité avec le Roi d'Eſpagne, qui fut conclu à Joinville le dernier jour de l'an 1584. dont les principales conditions étoient telles ; que le Roi d'Eſpagne & les Princes liguez, dont le Chef étoit Charles de Bourbon Cardinal, s'uniroient enſemble pour faire la guerre aux Heretiques ; que ſi le Roi Henri venoit à mourir ſans hoirs mâles, le Cardinal de Bourbon ſeroit declaré ſon ſucceſſeur, & que les autres Princes du Sang heretiques ſeroient exclus à perpetuité de la Couronne ; que la paix de Cambrai faite l'an 1559. entre les deux Couronnes, ſeroit rétablie ; qu'il n'y auroit dans le Roiaume qu'une Religion, ſçavoir la Catholique Apoſtolique & Romaine, & qu'on extermineroit tous les Heretiques ; que le Concile de Trente ſeroit reçû en France ; qu'on renonceroit de part & d'autre à tout traité d'alliance avec les Turcs. Le Roi Philippe promettoit de fournir au parti Catholique de France 50000 piſtoles tous les mois pendant le tems que dureroit la guerre. Que ſi quelqu'autre Prince Catholique & étranger vouloit entrer dans ce traité, il y ſeroit admis par les Princes traitans.

Traité du Duc de Guiſe avec le Roi d'Eſpagne.

Les Députez des Etats des Païs-bas, qui par ordre du Roi s'étoient arrêtez à Senlis, furent mandez pour ſe rendre à Paris, où ils devoient avoir audience. Mendoza Ambaſſadeur d'Eſpagne, inſtruit par le Duc de Guiſe, s'oppoſa for-

---

populum ad rebellionem concitarent, depictas delineataſque imagines concinnari curabant, in queis Anglicanæ *perſequutiones* exhibebantur.

Inter hæc Henricus Rex qui Hugonotos averſabatur, modos exſtinguendæ hæreſeos efficaciores, etſi mitiores ſuſceperat. In hoc pacis tempore nec officia nec magiſtratum cuipiam Reformatorum dabat. Juniores nobiles qui in aulam regiam concedebant, ſi novam religionem ſectarentur, ſtatim advertebant ſe ab Rege limis oculis conſpiciendos eſſe, niſi Catholicam Religionem amplecterentur, indeque multi in Eccleſiæ gremium ſe recipiebant. Et ſi eodem modo rem agi continuatum fuiſſent, longe plures hoc pacto reducturus erat, quam vi armorum adhibita.

Id advertit Guiſius, timuitque ne, ſi hic Regis agendi modus adverteretur, concitatus populus ſedaretur, & ipſe laborum & occultarum artium fructum amitteret, ideoque celerius cum Hiſpaniæ Rege pacta iniit, quæ Jonvillæ conſcripta fuere ultimo die anni 1584. Præcipuæ vero conditiones erant, quod Rex Hiſpaniæ & Principes ſocietae conjuncti,

quorum dux & præcipuus erat Carolus Cardinalis Borbonius, ſimul copias juncturi eſſent ut hæreticis bellum inferrent; quod ſi Henricus Rex moreretur ſine maſcula prole, Cardinalis Borbonius ejus ſucceſſor declarandus eſſet, aliique Principes hæretici a Corona excluſi in perpetuum forent; quod pax Cameracenſis anno 1559. facta inter ambas coronas, reſtituenda in integrum eſſet; quod in Franciæ Regno una futura eſſet Religio Catholica, Apoſtolica & Romana, & quod Hæretici omnes exterminandi; quod Concilium Tridentinum in Francia recipiendum; quod in utraque parte quævis cum Turcis pacta reſcincenda eſſent. Rex Philippus pollicebatur ſe parti Catholicæ Franciæ daturum ad ſingulos menſes quinquaginta aureorum millia, quanto tempore bellum protraheretur; quod ſi quis alius Princeps extraneus Catholicus huic pactioni ſubſcribere vellet, ab utraque parte admittendus eſſet.

Oratores Ordinum Belgicorum, qui jubente Rege Silvanecti ſubſtiterant, Lutetiam evocati fuere, ubi audiendi erant. Mendoza Hiſpaniæ Orator, ſubmonente Guiſio, interceſſit, obteſtatuſque eſt Regem

Le même.

1585. tement à ce que ces Députez de gens rebelles à son Maître le Roi d'Espagne fussent entendus, & usa même de menaces. Le Roi lui répondit d'un ton ferme, donna audience à ces Députez, & differa la réponse jusqu'à ce qu'il auroit déliberé dans son Conseil. Mendoza écrivit alors au Duc de Guise, qui étoit absent, & lui fit entendre qu'il falloit incessamment se déclarer & prendre les armes. Le Duc qui y étoit assez porté de lui-même, appella d'abord les troupes qu'il faisoit lever dans la Suisse & en Allemagne, fit assembler la Noblesse de Champagne & de Bourgogne.

Le Roi averti de cette levée de boucliers, publia un Edit où il défendoit de faire des levées de troupes dans son Roiaume sans son ordre. Le Duc de Guise pour porter le Duc de Lorraine, qui n'étoit jamais entré dans ces guerres, à prendre les armes, lui fit esperer qu'il le rendroit maître & possesseur des trois Villes, Mets, Toul & Verdun acquises sur l'Allemagne, & ce Prince accepta la condition. Le Duc de Guise aiant fait revolter la populace de Verdun contre le Gouverneur, se rendit maître de la Ville, & prit Toul de la même maniere. Il fit une tentative sur Mets. Le bon ordre que le Duc d'Espernon avoit mis dans cette Ville, fit qu'il manqua son coup. Il vint ensuite en Champagne avec un corps de douze mille hommes.

Le Duc de Nevers s'étoit mis au commencement du parti de la Ligue, croiant que le Pape l'avoit approuvée; mais quand il sçût que Sa Sainteté n'avoit jamais dit un mot en sa faveur, il y renonça publiquement; ce qui ne fit pas plaisir aux Princes liguez, qui craignirent que d'autres ne suivissent son exemple. Le Duc de Guise alla lui-même querir le Cardinal de Bourbon qui étoit alors à Perone, & le mena à Châlons, d'où les Princes liguez firent entendre sous main au Roi qu'ils n'étoient pas éloignez d'un accommodement. Ce Prince timide, & qui plongé dans une molle oisiveté, ne demandoit que le repos, y donna les mains, & y envoya sa Mere, qui se chargeoit volontiers de telles commissions. Le Congrès se tint à Epernai, où les Liguez firent assembler tout ce qu'ils avoient de troupes, à dessein d'obtenir par la terreur de leurs armes des conditions meilleures. Le Roi vouloit au contraire que les Ligueurs fussent obligez de congedier leurs troupes avant que de conclure leur traité.

Thuanus.

ne homines ab iis missi, qui Regi Hispaniæ rebelles erant, audirentur, minasque etiam intentavit. Rex firmiter ipsi respondit, & Oratores audivit, responsurumque se dixit postquam ea de re in consilio suo deliberatum fuisset. Mendoza tunc absenti Guisio scripsit. Jam necessario aperte agendum esse, & arma sumere oportere. Guisius vero qui ad vexilla erigenda promtus erat, copias quas apud Helvetios & Germanos conscribi jusserat advocavit, ac nobiles Campaniæ Burgundiæque collegit.

Rex autem ubi jam ad arma ventum esse audivit, Edictum publicavit, quo vetabat ne quis in Regno milites injussu suo conscriberet. Tunc Guisius ut Lotharingiæ Ducem, qui nunquam in hisce bellis sese immiscuerat, ad arma capessenda induceret, spem ipsi fecit, effecturum se ut Metæ, Tullum & Virodunum urbes Germaniæ ademtæ, sub potestatem ejus redigerentur. Conditionem acceptam habuit Lotharingus. Guisius vero cum Virodunensem plebem ad rebellandum contra Præfectum suum induxisset, urbem illam occupavit, Tullumque eodem modo cepit. Metas etiam tentavit; sed Espernonius sic omnia in isthac urbe apparaverat, ut Guisius re infecta discesserit. Deinde in Campaniam venit cum exercitu duodecim millium pugnatorum.

Nivernensis Dux, qui initio se societati illi adjunxerat, quod crederet Summum Pontificem illam publice approbavisse, ubi audivit Papam ne verbum quidem in illius gratiam protulisse, palam ipsam ejuravit: id quod fœderatis Principibus displicuit; timebant enim ne alii hujus exemplum sequerentur. Guisius vero Cardinalem Borbonium adiit, qui tunc Peronæ erat, ipsumque Catalaunum adduxit, indeque fœderati Regem submonuere se a pactionibus cum ipso faciendis non procul abesse. Henricus porro Princeps timidus, & in molli otio quasi demersus, cum quietem postularet, rebellibus manus dedit; & Catharinam matrem illò misit, quæ libentissime talia tractanda negotia suscipiebat. Colloquium Espernæi habitum est, quo fœderati quidquid copiarum pugnatorumque habebant convenire curaverunt, ut ex armorum terrore conditiones meliores obtinerent. Rex contra volebat fœderatos arma ponere, antequam pactio quævis iniretur.

Il

Il falloit donner réponse aux Députez des Etats des Payis-bas. Le Roi prit l'avis de François de Noailles Evêque d'Aqs, qui lui conseilla d'accepter leur offre, lui disant qu'il valoit bien mieux porter la guerre hors du Roiaume, que de mettre toute la France en feu en la déclarant aux Reformez, ce que les Ligueurs vouloient à toute force. Les sentimens des autres furent partagez : & le Roi répondit enfin aux Députez des Etats, que la situation des affaires presentes ne lui permettoit pas d'accepter les offres qu'ils lui faisoient. Au même tems il y eut une Ambassade de la Reine d'Angleterre qui lui envoioit l'Ordre de la Jarretiere. Le Roi la reçût avec magnificence, & les Ligueurs firent un grand bruit sur cet accueil fait à des Ambassadeurs d'une Princesse Protestante. Leurs Predicateurs animoient le peuple contre le Roi, & sa trop grande patience faisoit que le parti des Ligueurs augmentoit de plus en plus.

Il avoit fait un Edit, où il défendoit d'assembler des troupes dans le Roiaume sans son ordre, & avoit envoié au même tems des Princes & des Seigneurs pour empêcher ces nouvelles levées. Le Duc de Montpensier qui alla en Poitou, dissipa celle du Duc de Mercœur. Le Duc de Joyeuse poussa si vivement la troupe que le Duc d'Elbeuf avoit assemblée, qu'elle se retira par le Maine en recevant toujours quelque échec, & se débanda enfin dans la basse Normandie. Le Duc d'Epernon fut empêché par une maladie de se mettre aussi-tôt en campagne que les autres. Dès qu'il se porta un peu mieux, il marcha vers Orleans, & empêcha les levées que les Ligueurs vouloient faire aux environs. Vers le même tems Matignon se saisit adroitement du Château-Trompette, & fut ainsi maître de la Ville de Bourdeaux. On vit alors manifestement que si le Roi avoit eu plus de resolution, il lui auroit été aisé de dissiper cette Ligue, qui se soutenoit encore plus par la foiblesse du Prince, que par la valeur de ceux qui l'avoient formée.

Le Roi de Navarre voiant que les préparatifs de cette Ligue se faisoient principalement contre lui, comme étant le Chef des Reformez, publia à Bergerac un Manifeste, où il se purgeoit de tout ce que les Ducs de Guise & les Ligueurs lui imposoient, & disoit à la fin que malgré l'inégalité du Sang des deux Princes, pour éviter les maux infinis où tant d'innocens alloient être enveloppez dans cette guerre, il s'offroit de décider la querelle avec le Duc de

Henri Roi de Navarre appelle en duel le Duc de Guise.

Respondendum erat Oratoribus Ordinum Belgii. Rex ea de re consultavit Franciscum Noallium Aquensem Episcopum, qui Regi auctor erat, ut oblatum sibi ab Ordinibus dominium acciperet, dicebatque consultius esse bellum extra Regnum inferre, quam arma contra Reformatos excitando, quod fœderati omnino volebant, per totum Regnum incendium concitare; alii in varias abiere sententias, Rexque tandem Oratoribus Ordinum respondit, Non licere sibi per præsentem rerum conditionem oblatum dominium acceptum habere. Eodem tempore Oratores Reginæ Angliæ venerunt, qui Regi ferebant Periscelidis Ordinem. Rex illos magnifice excepit, Fœderati vero rumores sparsere circa honorem Oratoribus Principis hæreticæ præstitum. Concionatores plebem contra Henricum Regem concitabant: ejusque nimia patientia fœderatorum numerum quotidie augebat.

Rex Edictum publicaverat, quo vetabatur ne pugnatorum turmæ injussu ipsius in regno colligerentur; eodemque tempore Principes & proceres miserat, qui cohibendæ rei advigilarent. Monpenserius Dux, qui ad Pictonas se contulit, Mercurii Ducis copias dissipavit. Joïusa Ellebovii Ducis agmen tam fortiter est adortus, ut per Cenomanensem tractum receptum habens, sæpeque cæsum, tandem in Normannia inferiore distractum dispersumque fuerit. Espernonius autem morbo detentus, non statim potuit assignata sibi loca petere; ubi vero convaluit, versus Aurelianum movens, fœderatos cohibuit, quominus pugnatores conscriberent. Eodem tempore Matignonus arcem Tubæ astu cepit, sicque Burdigalam occupavit. Tunc palam omnibus fuit Regem Henricum, si cum vi animi majore rem suscepisset, facile potuisse *Societatem* illam dissipare, quæ magis ex ignavia ejus, quam ex fœderatorum fortitudine stabat.

Rex Navarræ prospiciens hosce tantos Societatis & fœderatorum apparatus contra se destinari, utpote Reformatorum ducem præcipuum, Bergeraci rescriptum publicavit, ubi sese purgans ab iis quæ Guisius & fœderati sibi objiciebant, tandem dicebat, se etsi sanguinis dignitate Guisio anteferendum, ut mala innumera præverteret tot innoxiis hominibus in hoc bello importanda, paratum esse ad pugnam singula-

Thuanus Cayer.

1585. Guise par un combat singulier, ou de deux à deux, ou de tel nombre qu'il lui plairoit, au lieu qu'il voudroit, soit dans le Roiaume, soit ailleurs.

D'un autre côté les Guises & les Ligueurs pressoient violemment le Roi de faire un Edit pour défendre dans le Roiaume l'exercice de toute autre Religion que de la Catholique, Apostolique & Romaine, déclarer les Reformez incapables de toutes Charges & Dignitez, leur faire rendre les places de sureté qu'on leur avoit accordées, & les y obliger par la force des armes, s'ils refusoient de le faire. La Reine Mere qui vouloit la guerre dans le Roiaume, pour être souvent emploiée, & plusieurs autres Courtisans, que des interêts particuliers portoient à favoriser les Ligueurs, sollicitoient le Roi de faire cet Edit contre les Huguenots, lui exagerant la puissance de cette Ligue, qui cependant alloit être dissipée faute d'argent, si le Roi avoit encore differé quelque tems. Enfin pressé de tant d'endroits, il se rendit malgré lui, & dit les larmes aux yeux : *J'ai grand' peur qu'en voulant perdre le Prêche, nous ne hazardions fort la Messe.*

Edit de Nemours contre les Huguenots & en faveur de la Ligue. Il transfera le lieu des Conferences à Nemours, où le Duc d'Epernon se rendit aussi. Là fut fait cet Edit où l'on abrogeoit le dernier Edit de pacification, & l'on déclaroit la guerre aux Heretiques. Par un traité secret on donnoit aux Ligueurs pour places de sureté, Châlons & Saint Disier, Soissons, Rheims, le Saint Esprit ou Rue en Picardie, Dinan & Conches en Bretagne, Dijon, Baune, Verdun & Toul. Le Roi accorda à chacun des Chefs de la Ligue une Compagnie d'Arquebusiers pour sa garde, & il tint depuis son Lit de Justice à Paris pour publier l'Edit. Le Roi de Navarre à la premiere nouvelle de cette Déclaration de guerre, où il ne s'attendoit point, fit ses protestations. Le Duc de Guise & ses Ligueurs soliciterent par tout le Roiaume les Villes, les Gouverneurs des places & la Noblesse, à se ranger à leur parti. Cela ne réussit pas tout-à-fait selon leurs desirs: ils tenterent aussi inutilement Montmorenci d'Anville, Gouverneur de Languedoc, qui se joignit au Roi de Navarre & au Prince de Condé, & ils publierent ensemble un Ecrit où ils se déchaînoient fort contre l'ambition, les entreprises & les intrigues des Guises. Le Roi fit solliciter de nouveau le Roi de Navarre de se faire Catholique ; mais inutilement.

Les mêmes.

rem contra Guisium Ducem capessendam; vel ad pugnam ubi bini, aut quot ipse vellet pugnaturum, quo loco ipse mallet ; aut in Regno Francorum, aut alibi.

Ex altera vero parte Guisii & fœderati apud Regem instabant, urgebant ut Edictum publicaret, quo cujuscumque alterius Religionis exercitium prohiberet, unamque Catholicam, Apostolicam & Romanam permitteret, Reformatos ab omni munere & dignitate excluderet, ab illis repeteret urbes & oppida quæ ad securitatem concessa ipsis fuerant, & si id negarent, ad illud præstandum armorum vi compelleret. Catharina quæ bellum in Regno moveri cupiebat, ut ad pactiones faciendas ministerio suo opus esset, plurimique aulici, qui rebus suis studentes fœderatis favebant ; Regi solicite suadebant, ut Edictum illud contra Hugonotos proferret, Societatis illius potentiam magnam dictitantes ; & tamen illa, deficiente pecunia ; mox dissipanda erat, si Rex tantisper procrastinavisset. Omnibus demum circumquaque urgentibus, vel invitus lacrymasque fundens assensit dicens, *Vereor ne prædicationem Hugoniticam tollere volentes, Missam in periculum conjiciamus.*

Les mêmes. Ad colloquia continuanda Nemorosium se contulit, quo etiam venit Espernonius. Istic Edictum emissum fuit quo abrogabatur Edictum postremum pacis Hugonotis datæ, bellumque ipsis declarabatur. Per pactionem autem secretam fœderatis dabantur ad securitatem Catalaunum, S. Desiderii oppidum, Augusta, Suessionum, Durocortorum Rhemorum, Spiritus-Fanum in Picardia, Dinanum & Concha in Armorica, Divionis & Belnæ arces & oppida, Virodunum & Tullum. Rex etiam cuique ducum fœderatorum manum sclopetariorum concessit ad custodiam : posteaque lectum justitiæ, ut vocant, Lutetiæ tenuit, ut Edictum publicaret His auditis Navarrus, improvisum bellum imminere cernens, contestando reclamavit. Guisius vero & fœderati, per totum Regnum Præfectos, Urbes, Nobilesque ut ad suas transferrent partes hortati sunt ; idque non prorsus ex voto cessit ipsis, Monmorencium quoque Danvillam frustra tentavère Septimaniæ Præfectum, qui cum Rege Navarræ & Principe Condæo societate junctus est. Rescriptumque simul publicavère, ubi ambitionem, fœ & artificia Guisiorum exagitabant. Rex denuo Navarrum ut ad Religionem Catholicam accederet moneri jussit ; sed incassum res cessit.

HENRI III.

Les Chefs de la Ligue avoient fortement agi auprès du Pape Gregoire XIII. pour le porter à prononcer Sentence d'excommunication contre le Roi de Navarre & le Prince de Condé ; ils s'étoient servi pour cela du Cardinal de Pelevé grand fauteur de la Ligue, & de quelques autres émissaires. Le Saint Pere jugeant cette affaire fort importante, differoit toujours, & la laissa enfin à démêler à son successeur Sixte V. qui se portant volontiers à des actions d'éclat, prononça la Sentence d'excommunication contre eux, délia leurs sujets du serment de fidelité, les déclara déchûs de leurs Principautez, & de la Couronne de France même, si par rang de succession elle leur échéoit jamais, & incapables eux & leurs successeurs d'en jamais posseder. Cette Bulle déplut à beaucoup de gens, même des Catholiques ; & les deux Princes trouverent moien de faire placarder à Rome une Déclaration, où ils appelloient à la Cour des Pairs de France de la Sentence qui les excluoit de leurs Principautez & de leurs droits sur la succession à la Couronne, & au Concile General futur du crime d'Heresie qu'il leur imposoit. On assura que le Pape Sixte en estima plus depuis le Roi de Navarre, & qu'il disoit quelquefois qu'à l'Heresie près, il ne connoissoit point de Prince plus digne de regner.

Après que la guerre eut été ainsi déclarée, les Reformez de la Guienne, du Languedoc & du Dauphiné, se saisirent de beaucoup de places. Le Roi faisoit souvent des Edits contre les Huguenots, & le Roi de Navarre en faisoit aussi de tout contraires, avec aussi peu d'effet les uns que les autres. Le Duc de Mercœur Gouverneur de Bretagne entra avec deux mille hommes dans le Poitou, & s'avança jusqu'à Fontenai. Le Prince de Condé ramassa alors la Noblesse de la Province & d'autres troupes, & pensa surprendre le Duc & ses gens, qui furent obligez de se sauver la nuit, & de se retirer en Bretagne. Après cela le Prince assiegea Brouage, & serra la place de si près, qu'elle eut été bien-tôt obligée de se rendre. Mais sur l'avis que le Prince eut que Rochemorte Gouverneur du Château d'Angers, le gardoit, disoit-il, pour le Roi de Navarre, dans l'esperance de pouvoir conserver cette place importante à son parti, il se mit promptement en marche avec l'élite de ses gens. Il passa la Loire ; mais les troupes du Roi qui s'étoient emparées du Château, étant de beaucoup trop fortes, & le Prince aiant appris que Rochemorte avoit été tué, il fallut

1585.

Sixte V. excommunie le Roi de Navarre & le Prince de Condé.

Commencement de la guerre.

Societatis Principes apud Gregorium XIII. Papam sedulo institerant ut *excommunicationis sententiam* contra Regem Navarræ & Principem Condæum proferret. Usi vero fuerant Cardinale Pelleveo Societati addictissimo & aliis quibusdam. Summus Pontifex tem maximi momenti esse putans, in dies procrastinabat, remque successori suo expediendam reliquit. Sixtus vero V. qui illum excepit, quique res magnas & ad suas libenter amplexabatur, contra Principes illos fulmen vibravit, subditos ipsorum a fidei sacramento absolvit ; ipsosque Principes a ditionibus suis excidisse declaravit, necnon a Corona Regni Francorum, si contingeret illos successionis ordine ad id vocari, quæ omnia neque ipsi neque posteri ipsorum possidere nunquam possent. Bulla isthæc multis, etiamque Catholicis, displicuit. Ambo Principes autem, suorum ministerio & arte, Rescriptum Romæ publice affigi curavere, ubi de Sententia Summi Pontificis, quæ excludebat illos a *Principatibus* & a jure succedendi in Franciæ Regno, ad Curiam Parium Franciæ appellavère ; de intentato autem hæreseos crimine ad Concilium generale futurum provocarunt. Dictum porro fuit Sixtum deinceps Regem Navarræ in majori existimatione habuisse, dixisseque una excepta hæreseos labe, nullum se nosse Principem Regno digniorem.

Bello sic denunciato, Reformati Aquitaniæ, Septimaniæ & Delphinatûs multa oppida occupavère. Rex sæpe Edicta in Hugonotos emittebat. Navarrus quoque sua Edicta promulgabat, non magno uterque operæ precio. Dux Mercurius Armoricæ Præfectus, cum bis millibus armatis in Pictonum agros ingressus ad usque Fontenæum movit. Tunc Condæus, collectis Pictonum Nobilibus aliisque copiis, Mercurium cum suis pene intercepit, ita ut noctu receptum habere, & in Armoricam confugere coacti sint. Post hæc Condæus Broagium obsedit : oppidumque tam arcte cinxit, ut propediem deditionem facere compellendum foret ; sed nunciatum ipsi fuit Rupimortium arcis Andegavensis Præfectum, illam se Regi Navarræ servare dixisse ; statimque ille profectus est, sperans se posse tantum præsidium suis partibus addicere & in tuto ponere, cum pugnatorum delecta Ligerim superavit : sed cum compperisset Regios qui arcem ceperant, numerosum præsidium ibi reliquisse, ac Rupimortium cæsum fuisse, receptui canere

Les mêmes.

1585. penser à la retraite, & il ne pouvoit qu'avec grand'peine repasser la Loire. Son corps de troupes se divisa par pelotons, & chacun se sauva comme il pût. Le Prince se rendit dans la basse Normandie, d'où il passa à l'Isle de Grenesai, & de-là en Angleterre.

Il avoit laissé une partie de ses gens devant Brouage pour continuer le siege. Mais aux approches de Matignon qui venoit avec son armée, les Reformez leverent le piquet sans l'attendre. Dans le tems que Matignon étoit occupé de ce côté-là, le Vicomte de Turenne assiegea & prit Tulle, & Laval, d'intelligence avec Charlotte de la Trimouille, prit le Château de Taillebourg. Cette Demoiselle que le Prince de Condé devoit épouser du consentement de son pere, étoit en dissention avec sa mere, qui s'opposoit à cette haute alliance, parce que le Prince étoit zelé Religionnaire. Mais étant revenu d'Angleterre avec un secours d'argent que la Reine Elisabeth lui donna, le mariage fut fait au mois de Mars de l'année suivante.

Le Duc de Maienne arriva enfin en Poitou lorsque la campagne étoit déja fort avancée. Il se joignit avec Matignon, & vouloit faire le siege de Pons. Mais Matignon, soit qu'il eut des ordres secrets du Roi, comme quelques-uns soupçonnoient, soit par un motif de jalousie, le détourna de cette entreprise, disant que l'hiver étoit trop proche pour entreprendre un siege, qui apparemment seroit fort long. Après quoi ils se séparerent. Matignon passa l'hiver dans la Saintonge, & le Duc de Maienne alla dans le Perigord, dans le Querci, & puis dans le Limosin, que les Reformez avoient abandonné à son arrivée. Lesdiguieres Chef des Huguenots, dans le Dauphiné, y faisoit la guerre avec beaucoup de succès ; il y prit en peu de tems Chorges, Die, Montelimar & Ambrun.

1586. La campagne suivante le Duc de Maienne ne fit pas de grands exploits dans le Poitou & dans le voisinage, il prit seulement quelques petits lieux, Sainte Baseille, Montsegur, Castillon & Puislaurent. Les Reformez furent bien plus heureux. Plassac Gouverneur de Pons, prit Royan place importante. Ils se rendirent encore maîtres de Soubize, Mornac, Montdevis. Le Prince de Condé revenu d'Angleterre, battit un Regiment de Catholiques, nommé Tiercelin; mais les deux freres de Laval y furent tuez, & l'on remarqua que tous les en-

---

Les mêmes. compulsus est. Ligerim trajicere nonnisi cum magno periculo poterat. Turma igitur ipsius in partes multas divisa est, ita ut alii hinc, alii inde pauci numero dilaberentur. Condæus vero in Normanniam inferiorem se contulit, indeque in Grenezæam insulam, & postea in Angliam trajecit.

Les mêmes. Partem copiarum suarum ante Broagium reliquerat ut pergerent oppidum obsidere : verum adveniente cum exercitu Matignono, Reformati obsidionem solverunt. Dum vero Matignonus his in partibus esset, Turenius Tutelam obsedit & cepit, & Lavallius, Carola Tremollia operam navante, Talliaburgum occupavit. Carola vero, quam Condæus, consentiente patre, uxorem ducturus erat, cum matre sua disceptabat, quæ tam claram affinitatem ideo respuebat, quod Condæus Reformatis addictissimus esset ; sed cum Princeps Condæus ex Anglia cum pecuniaria Elisabethæ ope reversus esset, connubium peractum fuit mense Martio anni sequentis.

Les mêmes. Meduanius tandem in Pictonas, anni tempestate jam vertente, pervenit, & cum Matignono junctus, Pontium obsidere volebat : at Matignonus, vel quia sic ab Rege submonitus fuerat, ut quidam suspicabantur, sive quod M. duanio invideret, illum ab hoc consilio avertit, dicens, jam appetente hieme, obsidionem quæ diuturna fore videbatur, non suscipiendam esse ; posteaque disjunctis copiis, Matignonus in Santonibus hiberna transegit. Meduanius vero in Petragoricos & Cadurcos posteaque in Lemovicinum tractum, quem Reformati accedente illo reliquerant, se contulit. Interea Diguierus, in Delphinatu Hugonotorum dux, bellum prosperè agebat: brevi namque Diam, Chorgium, Montelium-Ademari & Ebrodunum cepit.

Anno sequenti Meduanius in Pictonibus & vicinis agris, non multa notatu digna peregit ; sed quædam oppidula cepit, Sanctam Basiliam, Montemsecurum, Castellionem & Podium Laurentii. Felicius rem gessere Reformati. Plassacus enim Pontii Præfectus, Roianum intercepit, oppidum situ opportunum. Subiziam etiam & Mornacum Hugonoti cepere, necnon Mondevisium. Princeps Condæus ex Anglia reversus Tiercelinam Regiorum legionem profligavit : sed duo fratres Lavallii istic cæsi sunt ; observatumque fuit filios omnes, quos Andelotus ex

HENRI III.

fans que d'Andelot avoit eu de la Dame de Laval, moururent en moins d'un mois. La division qui étoit entre le Duc de Maienne & le Maréchal de Matignon, fut cause du peu de succès de l'armée des Catholiques en ces Provinces. On croioit, que le Roi qui n'avoit entrepris cette guerre qu'à contre-cœur, avoit donné des ordres secrets à Matignon & à d'autres Chefs qui n'étoient pas de la faction des Guises, de faire la guerre lentement, & de ne point pousser les Huguenots à outrance.

1586.

Le Roi envoia un corps de troupes en Poitou sous la conduite de Biron; le prétexte étoit de relever les affaires des Catholiques Roiaux, qui n'alloient pas trop bien dans ces payis-là; il avoit aussi des ordres secrets, comme il parut par la suite. Il assiegea Marans qui avoit été bien muni par le Roi de Navarre. Mais par un accord fait entre les deux, Biron leva le siege, & le Roi de Navarre se disposa à une nouvelle Conference avec la Reine Mere. Cependant le Duc de Guise qui se trouvoit alors aux frontieres de la Champagne, bien fâché que la conduite de la principale armée eût été donnée au Duc de Maienne son frere, surprit Donzi dans le Duché de Boüillon. Il n'avoit pas ordre du Roi d'attaquer ce Duché: mais il fit publier un Ecrit à Paris, où il celebroit cette Victoire comme remportée sur les Heretiques. Les Prédicateurs de la Ligue ne manquerent pas de la faire valoir en Chaire.

Le Roi qui se voioit tous les jours troublé dans ses plaisirs par les soins qu'avoient les Prédicateurs & les autres émissaires des Guises, de publier qu'il favorisoit sous main les Reformez, & qu'il empêchoit que les Chefs des armées Roiales n'agissent vivement contre eux; pour ôter ce soupçon fit un Edit severe, où il ordonnoit qu'on saisiroit les meubles de ces rebelles, & tous les fruits de leurs fonds de terre. Il prépara une armée pour aller executer cet Edit dans l'Auvergne, le Velai, le Givaudan & le Rouergue. Le Maréchal d'Aumont étoit destiné pour conduire cette armée; mais Joyeuse, grand ennemi des Huguenots, fit tant par ses intrigues, qu'il en eut le commandement. Un accident fatal qui arriva dans ce tems, engagea le Roi à de nouvelles affaires. Le Grand Prieur d'Angoulême, bâtard d'Henri II. Gouverneur de Provence, & grand ennemi des Guises, avoit une haine mortelle contre Altoviti Florentin, un des espions de la Reine Mere. Le voiant un jour à Aix à une

Le Grand Prieur tué, comment.

Lavallia susceperat non integro unius mensis spatio periisse. Dissensio inter Meduanium & Matignonum suborta, minus prosperam in hisce regionibus rem Catholicorum reddidit. Putabatur autem Regem, qui invitus hoc bellum susceperat, jussa Matignono aliisque ducibus, qui Guisianæ factionis non erant, clam de isse, monuisseque ut lente procederent, nec Hugonotos magna vi pellerent.

Henricus Rex pugnatorum manum ad Pictonas misit duce Birono, obtendens videlicet Catholicorum rem, quæ in hisce partibus labaret, restituendam esse. At Bironus secretiora mandata acceperat, ut postea compertum fuit. Maranum ille obsedit, quod oppidum Navarrus probe munierat: verum ex pactione utrinque facta, obsidionem solvit. Et Navarrus ad novum cum Catharina Regina colloquium sese apparavit. Interea Dux Guisius, qui in Campaniæ confiniis tunc erat, ægre ferens quod frater suus Meduanius præcipui exercitus dux constitutus fuisset, Donzium Bullionicæ ditionis oppidum intercepit. Injussu Regis ditionem illam impetierat, tamenque rescriptum Lutetiæ publicari curavit, ubi victoriam illam quasi de hæreticis reportatam magnifice prædicabat. Concionatores Societatis in cathedris victoriam hujusmodi celebravêre.

Rex vero qui in deliciis versabatur, se quotidie disturbari videns a Concionatoribus illis, aliisque Guisiorum emissariis, qui dicebant ipsum clam Reformatis favere, impedireque ne duces regiorum exercituum illos fortiter impugnarent; ut suspicionem illam tolleret, Edictum severum publicavit, quo mandabat, ut mobilia omnia rebellium, & fructus agrorum occuparentur, exercitumque apparavit, qui apud Arvernos, Velaunos, Gabalos & Ruthenos Edictum exsequutioni mandaret. Aumontius Marescallus ad illum exercitum ducendum deputandus erat; verum Joïsa, Hugonotis infensissimus artificio, usus exercitus hujusce ductum impetravit. Casus inopinatus atque molestissimus Regem in novorum sumtuum necessitatem conjecit. Magnus Prior Engolismensis Henrici II. nothus & Gallo-provinciæ Præfectus, Guisiisque infensus, Altovitum Florentinum Catharinæ exploratorum summo prosequebatur odio. Cum autem Aquis-Sextiis illum

Les mêmes.

M m iij

fenêtre, il y monta, mit l'épée à la main, & le blessa mortellement. Altoviti eut encore la force de tirer son poignard & de le blesser au bas ventre. Tous les deux moururent peu de tems après. Le Gouvernement de Provence fut donné au Duc d'Epernon qui le demandoit avec instance.

Les Suisses & les Princes Protestans d'Alemagne, qui solicitez par le Roi de Navarre & par les Reformez de France, alloient leur envoier un puissant secours, jugerent à propos avant que de faire partir leurs troupes, de dépêcher des Ambassadeurs au Roi, pour le porter à remettre sur pied les Edits faits en leur faveur ; ce qui procureroit une profonde paix à son Roiaume. Il donna d'abord audience aux Suisses, qui lui montrerent des Lettres de François I. où il les exhortoit de vivre en paix entr'eux, & de ne point se faire la guerre pour cause de Religion. Ils l'exhorterent à leur tour de prendre pour lui l'avis que son grand-pere leur donnoit. Il leur répondit qu'il auroit grand soin de conserver la paix avec les Cantons selon les traitez faits. Mais que pour ce qui regardoit l'interieur de son Roiaume, il savoit mieux que personne ce qu'il étoit à propos de faire. Les Députez des Princes d'Allemagne n'étoient point encore arrivez, & le Roi voulant differer l'audience le plus qu'il pourroit, pour éloigner d'autant les secours que les Huguenots en attendoient, partit de Paris, & s'en alla dans le Bourbonnois, où il demeura quelque tems. De-là il se rendit à Lion, où il s'amusa à acheter de petits chiens qu'il fit ramasser de tous côtez.

Ce Prince avoit encore ce foible, qu'il ramassoit de ces petits chiens de tous côtez, & emploioit un grand nombre de gens à les chercher & à les élever. On disoit que cette dépense se montoit à plus de cent mille écus tous les ans ; il emploioit aussi beaucoup d'argent à acheter des singes & des perroquets ; il s'en lassoit après & les donnoit aux premiers venus. Et puis la fantaisie le reprenoit, & il en achetoit de nouveaux : ce manege ne finissoit point. Il avoit encore la passion d'acheter & de ramasser de tous côtez des heures & des livres de prieres faits dans les tems précedens, avant que l'impression fut bien établie, remplis de belles miniatures ; il découpoit lui-même ces miniatures, & les colloit dans les Chapelles, s'amusant ainsi à des bagatelles fort indignes de la Majesté Roiale.

Le Duc de Joyeuse prit quelques places dans l'Auvergne & dans le Givau-

Thuanus.

in fenestra quadam videret se respicientem, in ædes illas ascendens, stricto gladio, illum confodit, qui lethaliter ictus, dum caderet, pugionem in ventrem Engolismensis infixit, amboque paulo postea exstincti sunt. Præfectura autem Gallo-provinciæ Espernonio, qui illam ardenter expetebat, data fuit.

Helvetii & Principes Protestantes Germaniæ, qui urgente Navarro & Reformatis Francis, manum copiarum grandem ipsis missuri erant, e re fore putaverunt, ut antequam cohortes illæ suæ proficiscerentur, Oratores mitterent ad Henricum Regem, qui ipsum hortarentur ut Edicta in illorum gratiam emissa restitueret, quod firmam pacem in Regno ipsius adducturum esset. Primum ille Helvetios audivit, qui literas ipsi Francisci I. ostenderunt, queis ipsos hortabatur ut pacem colerent, nec Religionis causa bellum sibi mutuo inferrent. Monebant illi ut avi sui consilium ipse admitteret. Respondit ille se cum pagis Helveticis pacem servare curaturum esse : quod autem Regnum suum spectabat, quid facto opus esset, se melius scire dicebat, quam quivis alius. Oratores vero Germani nondum advenerant. Rex ut rem quam maxime posset protraheret, & Hugonoti tardius auxilia acciperent, Lutetia profectus, in Borboniensem tractum venit, ubi aliquanto tempore degit, indeque Lugdunum se contulit, ubi catellos undequaque perquisitos sibique adductos emebat.

Princeps enim ille futili hujusmodi voluptati addictus, catellos sic undique colligebat, multosque adhibebat ad operam hujusmodi navandam, ita ut vulgo diceretur illum plusquam centum millia scutorum ea in re singulis annis impendere. Multam quoque pecuniam effundebat in emendis simiis & psitacis ; posteaque illos fastidiens, obviis quibusque largiebatur, alios emebat, neque ita agendi finem faciebat. Aliud etiam admodum studebat, ut nempe elegantes illas minio depictas imagines, quæ in libris Horarum diurnarum & Precum pridem depingebantur, antequam videlicet ars typographiæ inducta esset, emeret, ut decisas in Capellis agglutinaret, tempus sic terens in rebus Majestate regia admodum indignis.

Joüsa apud Arvernos & Gabalos aliquot oppida

dan ; après quoi il laissa le commandement de sa petite armée à Lavardin , & s'en revint en poste à la Cour. Cependant les Ambassadeurs des Princes Protestans d'Allemagne pressoient toujours le Roi qui étoit à Lion , & demandoient audience. Il vint à Paris , & les entendit au mois d'Octobre à S. Germain en Laye. Ils se plaignirent que le Roi, contre la parole donnée , faisoit la guerre aux Reformez , & l'exhorterent à leur redonner la paix aux mêmes conditions. Le Roi leur répondit sechement, que c'étoient les Reformez eux-mêmes qui s'étoient attiré cette guerre , & que pour lui il auroit toujours à cœur de maintenir la paix dans son Roiaume , autant que la condition des tems le permettroit. Les Députez souhaitoient qu'il s'expliquât davantage , & il leur dit que c'étoit sa derniere réponse.

Les Princes liguez s'assemblerent à Orcan, & renouvellerent leurs plaintes contre le Roi , qui avoit plus à cœur , disoient-ils, de les ruiner eux-mêmes, que les Huguenots, en quoi ils ne s'éloignoient point de la vérité. Ils délibererent ensemble sur ce qu'il y avoit à faire , & conclurent qu'ils tâcheroient de se saisir de Sedan & de Jamets, places du Duc de Boüillon. Il falloit un pretexte pour cela. Une chose qui arriva alors leur fournit une belle occasion. Un Gentilhomme parti de Sedan , mais sans ordre du Duc de Boüillon , surprit Rocroi. Le Duc de Guise y accourut d'abord , assiegea la place , & obligea la garnison de se rendre. La maniere dont il traita le Gouverneur & d'autres Chefs qu'il recompensa, fit soupçonner qu'il les avoit engagez sous main à se saisir de Rocroi , & le Duc de Boüillon le disoit hautement. Le Duc de Guise se disposoit à attaquer Sedan & Jamets , & courut un très-grand péril en une occasion : mais la Reine Mere menagea une treve entre les deux Princes , & la grande armée d'Allemans qui vint bien-tôt après pour donner secours au Roi de Navarre , appella le Duc de Guise ailleurs.

Cependant la Reine Mere qui se disposoit depuis long-tems à une entrevûë avec le Roi de Navarre , vint enfin en Poitou. Le lieu de la conference fut S. Bris. On s'épuisa d'abord en plaintes. Aprés quoi la Reine proposa une assemblée des Etats Generaux, où l'on delibereroit sur les moiens d'accorder les deux partis. Le Roi de Navarre répondit , que l'exemple des Etats de Blois étoit plus que suffisant pour prouver qu'on n'avanceroit rien par cette voie.

Entrevûë de la Reine Mere & du Roi de Navarre.

1586. Mais qu'il falloit plûtôt un Concile, puisque la Religion étoit alors la plus importante affaire. La Reine parla aussi d'une treve qui ne fut point acceptée, & l'on se sépara ainsi sans rien conclure.

1587. Pendant que la France étoit en combustion, il se passoit en Angleterre une sanglante scene. Marie Reine d'Ecosse, jadis femme de François II. Roi de France, étoit en prison depuis plusieurs années par ordre de la Reine d'Angleterre. Ceux de son parti conspirerent en ce tems contre Elisabet. La conspiration étant découverte, on fit le procès à la Reine Marie, & elle fut condamnée à avoir la tête tranchée. La Sentence fut suspenduë pour quelque tems, & le Roi envoia en Angleterre Pompone de Bellievre à la Reine Elisabeth lui demander grace pour Marie sa belle-sœur, qui avoit autrefois été Reine de France. Mais sans rien écouter, Elisabet lui fit couper la tête. Le Roi fort touché de cette mort, lui fit un Service solemnel, où il assista avec la Reine & toute la Cour. L'Archevêque de Bourges fit l'Oraison Fenebre, où parlant des Ducs de Guise & de Maienne sans les nommer, il les appella deux *foudres de guerre*. Le Roi se formalisa de ce qu'il avoit fait mention de ses ennemis déclarez ; & dans l'imprimé qu'on fit, on retrancha cet article.

Marie Reine d'Ecosse executée.

Il est incroiable combien cette mort de la Reine d'Ecosse anima le peuple de Paris contre les Heretiques & contre le Roi, qui dans l'esprit des Ligueurs passoit pour fauteur des Huguenots. Les Prédicateurs de leur faction faisoient sonner cela bien haut dans leurs Sermons. Les principaux Chefs des Ligueurs cabaloient perpetuellement, & la populace ignorante se tournoit comme ils vouloient. Ils envoieient des gens dans les autres Villes pour les porter à agir de concert avec eux, & ils en trouverent plusieurs fort disposées à suivre leurs impressions, comme Roüen, Lion, Orleans, Amiens, Beauvais & Peronne. Ces factieux ne pensoient pas à moins qu'à se saisir de la personne du Roi; mais ils varioient dans leurs desseins, comme il arrive souvent dans les assemblées tumultueuses. Ils voulurent même surprendre Boulogne, sur l'assurance que Mendoza Ambassadeur d'Espagne leur donnoit, que la grande flote que le Roi Philippe preparoit contre la Reine d'Angleterre, viendroit y aborder, & que les troupes y prendroient terre pour faire la guerre aux Huguenots : mais l'entreprise fut découverte & rompuë.

Progrès de la Ligue.

Le même. via nihil perfici posse, sed Concilio opus esse, quia de Religione tunc maxime agebatur. Regina quoque inducias proposuit, quæ admissæ non fuere, sicque re infecta discessum est.

Dum Francia sic agitaretur, in Anglia sanguinariæ tragœdiæ spectaculum offerebatur. Maria Scotiæ Regina, pridem uxor Francisci II. Francorum Regis, a multis jam annis, jubente Elisabetha Angliæ Regina in carcere degebat. Qui Mariæ partes sectabantur hoc tempore contra Elisabetham conspirarunt. Conspiratione detecta, a delegatis Judicibus res agitatur & Maria capitis damnatur. Suspensa sententia per aliquod tempus mansit, Rexque Henricus Pomponium Bellevreum in Angliam ad Elisabetham misit, qui pro Maria cognata sua gratiam peteret, quæ Maria olim Regina Franciæ fuisset : sed preces nihil curans Elisabetha, Mariam capite truncari jussit. Rex Mariæ casum lugens exsequias ejus celebrari præcepit, queis ipse cum Regina uxore & aula regia tota interfuit. Archiepiscopus Bituricensis funebrem orationem habuit, in qua memoratis, nec tamen nominatis Guisio & Meduanio, ipsos fulmina bellica vocavit. Regi minime placuit, quod viros sibi palam hostes ita laudasset, & in eadem typis data oratione hæc sublata fuere.

Vix credatur quantum hæc Reginæ Scotiæ mors plebem Parisinam concitaverit contra Hæreticos & contra Regem, qui apud *Sanctæ Societati* addictos Hugonotorum fautor habebatur. Concionatores hæc in cœtibus occlamando plebi inculcabant. Præcipui vero qui *Societati* nomen dederant, novis semper litabant, turbamque quo vellent convertebant. Cateras quoque urbes ut sibi adjungerentur hortati sunt, Rhotomagum nempe, Lugdunum, Aurelianum, Ambianum, Bellovacum, Peronam, & plerasque manus dederunt. Factiosi etiam de Rege comprehendendo consilia miscebant, sed in varias sæpe abibant sententias, uti solet in tumultuariis cœtibus. Bononiam quoque occupare voluerunt, Mendoza Hispaniæ Oratore affirmante eo appulsuram esse magnam illam classem, quam Rex Philippus contra Reginam Angliæ apparabat, & exscensuros esse Hispanos milites ad bellum Hugonotis inferendum; sed cum res in Reginæ notitiam venisset, tale consilium exitu caruit.

HENRI III.

1587.

Les Guises avoient soin d'entretenir le peuple dans ces dispositions, & n'omettoient rien pour augmenter sa haine contre le Roi & ses favoris. D'un autre côté Epernon qui haïssoit à mort le Duc de Guise, animoit toujours le Roi contre lui; & comme il savoit qu'il en vouloit principalement à sa personne Roiale, il lui donna pour sa garde quarante-cinq jeunes Nobles Gascons, gens hardis & capables de tout entreprendre, dont le Chef étoit Longnac. Le Roi s'en servit depuis comme nous verrons.

Le Roi de Navarre faisoit alors des progrès considerables dans le Poitou, où il prit plusieurs places. Le Duc de Joyeuse vint dans cette Province, se mit à la tête de l'armée, & eut d'abord quelques succès favorables: il surprit deux Regimens; & après qu'ils se furent rendus, contre la foi donnée il les fit tailler en pieces. Il prit encore S. Maixant & Tonnai-Charente. Depuis cela sur l'avis que pendant son absence le Roi ne pensoit plus à lui: il se rendit en poste à Paris, laissant la conduite de son armée à Lavardin. Le Roi de Navarre s'avança vers l'armée du Duc, défit trois Regimens de Cavalerie, & assiegea Lavardin dans la Haye en Touraine; mais ne pouvant continuer le siege faute d'artillerie, il se rendit à Montsoreau, & y fit un pont sur la Loire pour le passage des troupes qu'il attendoit.

Joyeuse arrivé à la Cour, fut presque accablé de plusieurs mauvaises affaires dont la nouvelle arriva en même tems. Son frere après la mort de sa femme s'étoit fait Capucin. Tous les efforts qu'il fit pour l'en détourner furent inutiles. Il trouva le Roi refroidi à son égard, & son rival Epernon plus avant que jamais dans ses bonnes graces; ensorte même qu'il lui avoit fait épouser Marguerite de Foix Candale, plus recommandable par sa haute naissance, que par les grands biens. Il apprenoit d'ailleurs que l'armée qu'il venoit de laisser étoit mal menée par le Roi de Navarre. Il prit alors la resolution d'aller la joindre, de donner bataille, & de vaincre ou d'y mourir.

Sur le bruit qui se répandit par tout que la bataille alloit se donner, quantité de jeune Noblesse alla joindre le Duc, qui s'en retournoit à l'armée, renforcée de troupes que le Roi y envoia. Le Roi de Navarre, qui étoit à Montsoreau, y reçût un secours que lui amena le Comte de Soissons, jeune Prince de grande esperance, qu'il vouloit marier avec sa sœur Catherine. Le Duc de

1587. Joyeuse devoit être joint par le Maréchal de Matignon, qui lui amenoit un corps considerable de troupes ; mais ou sa mauvaise destinée, ou sa présomption le porta à risquer le combat avant l'arrivée de ce secours. La bataille se donna à Coutras. Du côté des Catholiques Roiaux Lavardin & Montigni combattirent vaillamment, les autres firent peu de resistance. Le Roi de Navarre remporta pleine victoire. Le Duc de Joyeuse & un de ses freres demeurerent sur la place, avec un grand nombre de Seigneurs, & plus de deux mille autres, dont trois cens étoient Gentilshommes. Du côté du Roi de Navarre il n'y eut pas plus de trente hommes tuez, & presque pas un homme de qualité.

Bataille de Coutras, victoire du Roi de Navarre.

Après la victoire le Roi de Navarre se distingua encore plus par son humanité que par sa valeur : il fit enterrer tous les morts, penser les blessez, il fit rendre à plusieurs des prisonniers leurs enseignes & leurs drapeaux, recommanda fort à ceux de son parti qui avoient des prisonniers de ne point exiger de trop grosses rançons, & les fit traiter avec toute l'humanité possible. Il reçût les applaudissemens qu'on lui donnoit pour cette grande victoire, avec une moderation qui charma tout le monde. Plusieurs augurerent de là que le succès de cette guerre seroit heureux pour un Prince orné de tant de vertus roiales.

Son humanité.

Le Prince de Condé étoit d'avis qu'il falloit partir sur le champ, & tirer vers la Loire pour faciliter le passage à la grande armée d'Alemagne qui venoit au secours des Reformez ; c'étoit le meilleur parti qu'il y avoit à prendre ; d'autres dirent qu'il falloit donner quelque repos à une armée si fatiguée, & ce conseil fut suivi au grand malheur de l'armée Alemande, comme nous verrons. Le Prince se rendit à la Rochelle, & le Roi de Navarre à Pau. Quelques-uns disent que le trop ardent desir d'aller voir une maîtresse lui fit faire cette retraite. L'armée qui venoit au secours des Reformez, étoit composée de huit mille Reitres, de vingt mille Suisses, dont quatre mille se détacherent pour aller en Dauphiné. Ce qui restoit joint aux troupes du Duc de Boüillon, & aux François qui s'y rendirent, faisoit environ trente mille hommes. L'Armée s'assembla d'abord auprès de Strasbourg, commandée par le Baron de Dona. Le Roi de Navarre en avoit donné le commandement au Duc de Boüillon, mais comme sa troupe étoit fort petite en comparaison de l'autre, il fut obligé de ceder au Baron. Ils entrerent dans la Lorraine & la ravagerent.

Il profite mal de sa victoire.

Les mêmes.

rum validam a Matignono Marescallo adducendam exercitui suo adjuncturus erat ; sed vel adversante sibi fortuna, vel ex confidentia nimia, ad pugnæ aleam ante Matignoni adventum tentandam properavit. Pugna Cuttraci commissa fuit. Ex regiorum parte Lavardinus & Montinius fortissime pugnavére : cæteri vero non multum obstitere se adorientibus, Rexque Navarræ plenam victoriam retulit. Joüsa Dux unusque ex fratribus ipsius cæsi fuere cum proceribus multis & bis mille aliis, quorum trecenti nobiles erant. Ex Navarræis non plus triginta cæsi fuere, neque vel unus ex proceribus cecidit.

Post victoriam Navarrus humanitate magis quam fortitudine clarus evasit. Cæsos omnes humari curavit, & vulneratis medicam manum admoveri, multis vexilliferis vexilla & signa reddi jussit. Suos hortatus est ne a captivis summas nimias pro libertate adipiscenda exigerent, illosque qui capti fuerant benigne excipi mandavit. Plausus autem sibi ob tantam victoriam insonantes cum tanta modestia excepit, ut omnium sibi affectum conciliaverit. Multi inde augurati sunt hujusce belli exitum fortunatum fore Principi tot regiis virtutibus ornato.

Condæi consilium erat statim proficiscendum esse, Lu & Ligerim petendum, ut exercitui grandi, qui ex Germania veniebat, trajectus facilior pararetur ; & illa utique amplectenda sententia erat. Alii dixere, exercitui tot laboribus fesso quietem & recreationem esse concedendam. Et hæc sententia tenuit, in magnam exercitus Germanici perniciem, ut mox videbitur. Condæus Rupellam, Navarrus Palum se contulit. Quidam narrant illum nobilis feminæ, quam deperibat amore pellectum, illò receptum habuisse. Exercitus qui ad opem Reformatis ferendam veniebat, erat octo millium Germanorum equitum, ac viginti millium Helvetiorum, ex quorum numero quatuor mille versus Delphinatum moverunt. Quod restabat, unà cum Ducis Bullionii & cum Francis aliis qui exercitum venére junctum, triginta circiter millium pugnatorum numerum complebat. Exercitus statim prope Argentoratum congregatus fuit, duce Dona Barone. Rex Navarræ Bullionium hujus exercitus ducem constituerat ; sed quia copiæ ipsius longe pauciores erant, ductum ille Donæ concessit. In Lotharingiam autem ingressi, ipsam devastavére.

HENRI III.

Le Roi jugeant à propos de se mettre en campagne, se rendit à Meaux, d'où il envoia des ordres pour assembler une armée à Chaumont en Bassigni, & une autre plus grande à Orleans & à saint Florentin sur Loire. La premiere armée devoit être commandée par le Duc de Guise, & le Roi lui-même alloit à la tête de celle de la Loire. Pendant qu'il étoit à Meaux, la Reine Mere ménagea au Duc de Guise une Audience, qui se passa de maniere que le Roi vit bien qu'il avoit plus à craindre de lui que des Reitres & des Suisses. Les François de l'armée de Dona étoient d'avis qu'on fît d'abord la guerre au Duc de Lorraine, & qu'on se saisît de ses places, parceque, disoient-ils, c'étoient les Princes Lorrains qui avoient excité cette guerre, & que si on la faisoit chez eux, cela les porteroit à la finir. Mais le Baron de Dona, gagné par quelqu'un que les Princes Lorrains avoient mis dans leur parti, voulut tirer vers la Loire pour porter secours au Roi de Navarre; ils convinrent pourtant qu'ils demeureroient dans la Lorraine jusqu'à ce qu'ils auroient nouvelles certaines du Roi de Navarre.

1587.

Le Duc de Guise assembla ses troupes fort inferieures en nombre à cette armée. Il observoit ses mouvemens, & se trouva une fois en grand péril : il étoit sur une colline. L'armée ennemie marchoit à grand pas pour l'attaquer. On lui persuadoit de se sauver bien vite: mais voulant se retirer de maniere que son honneur n'y fût pas interessé, il tint ferme sur cette colline. Les Reitres qui venoient à lui à toute bride, se fatiguerent beaucoup à la montée qui étoit roide; & alors le Duc descendit en bon ordre d'un autre côté de la colline, il passa à gué une riviere, & laissa dans un moulin des Arquebusiers, qui arrêterent quelque tems les Reitres : il s'échappa ainsi avec autant de bonheur que de conduite.

Action du Duc de Guise.

L'armée des Reitres prit la route de la Loire. Le Roi de Navarre leur avoit envoié Montglas, qui leur montra plusieurs guez où ils pouvoient facilement passer. Mais peu souples aux avis qu'on leur donnoit, ils descendirent plus bas, & s'avancerent du côté de la Charité, où le Roi qui étoit à la tête de vingt-cinq mille hommes gardoit l'autre bord, resolu de leur donner bataille s'ils tentoient de passer. Il avoit fait mettre de grosses garnisons aux Villes où il y avoit des ponts, à Nevers, à la Charité, à Gien, & avoit fait gâter tous les guez. L'armée des Reitres ne trouvant plus moien de passer, tira vers la Beausse, & se

Le Roi empêche aux Reitres le passage de la Loire.

Rex Henricus putavit sibi in aciem contra hostem eundum esse, & Meldas primum se contulit, jussitque exercitum Calvimontii in Bassiniacensi agro cogi; alium que majorem Aureliani & in Fano Florentini ad Ligerim. Prior exercitus a Guisio, alter a Rege ipso ducendus erat. Dum Meldis versaretur, curante Catharina parente, Guisius ad colloquium cum Rege admissus fuit, quo in congressu vidit Rex magis sibi a Guisio, quam a Germanis & Helvetiis esse timendum. Franci qui in exercitu Donæ militabant, ea sententia erant, ut bellum statim Duci Lotharingiæ inferretur; ejusque urbes & oppida caperentur, quia Lotharingi Principes hoc bellum moverant, & si in ipsa Lotharingia concertaretur, eosdem Lotharingos Principes ad bellum terminandum operam esse daturos; at Dona, quopiam, quem ipsi Lotharingi Principes sibi devinxerant, suadente, Ligerim versus movere voluit, ut Navarro ferret opem. Decretum tamen fuit ut in Lotharingia ipsa Regis Navarræ nuncii expectarentur.

'nm,

Guisius copias suas collegit, hostibus longe inferiores numero. Exercitûs autem illius motus observabat & in colle stabat. Exercitus porro Germano-

'uwn,

rum celeri gradu ad ipsum tendebat: quidam suadere ipsi volebant ut receptui caneret; sed cum vellet ita receptum habere, ut id nihil honorem suum læderet, in colle substitit. Germani equites citatissimo cursu ad illum veniebant, & in collis ascensu aspero admodum defatigati sunt, tuncque Guisius, rectis servatis ordinibus, per aliud collis declive descendit, fluvium trajecit, & in molendino quodam aliquot sclopetarios reliquit, qui Germanos tantillum sistere gradum coëgerunt, sicque Guisius dilapsus felicitatis simul & sagacitatis signa dedit.

Exercitus Germanicus Ligerim versus movit. Navarrus Monglasium miserat, qui plurima ipsis vada monstravit, qua transire facile possent: sed huic consilio non obsequentes, inferius descenderunt, & ad usque Caritatem venerunt, ubi Rex cum viginti quinque millibus pugnatoribus alteram fluminis oram custodiebat, ad pugnam cum illis committendam paratus, si quidem flumen trajicere tentarent. In iis vero locis ubi Pontes erant, ut Niverni, in Caritatis oppido & Gienni, numerosa præsidia posuerat, & vada omnia pessumdari curaverat. Exercitus porro Germanicus quo transiret non habens, Belsiam ver-

Thuanus; Cayet.

Tome V.

N n ij

1587. rendit d'abord à Montargis. Les Ducs de Guise & de Mayenne voulurent surprendre un corps de Reitres à Vimori; mais mal informez de l'état des choses, ils trouverent plus de resistance qu'ils n'avoient crû; ensorte que la perte fut presque égale de part & d'autre.

Le dessein du Roi étoit d'affoiblir les ennemis par des traitez, d'en détacher des corps considerables en leur offrant de l'argent. Il se servit du Duc de Nevers pour engager les Suisses au nombre de douze mille de se retirer moiennant une grosse somme. Le traité fut fait & passé, & l'armée ennemie se trouva ainsi tout d'un coup affoiblie de la moitié. Le Baron de Dona fit son possible pour arrêter ce grand corps de Suisses; il remuoit tout pour retenir une partie si considerable de son armée; le Duc de Boüillon s'y emploioit aussi fortement.

Défaite des Reitres à Auneau. Mais ce qui arriva vers la fin de Novembre de cette année, ruina toutes leurs affaires. Le Baron de Dona s'étant logé à Auneau avec un corps de ses troupes, fit semblant de vouloir assieger le Château: mais il se contenta d'obliger le Concierge ou Gouverneur de lui promettre avec serment qu'il ne feroit contre lui aucun acte d'hostilité. Se confiant imprudemment en sa parole, il ne se tenoit plus sur ses gardes. Le Duc de Guise trouva moien de gagner le Gouverneur du Château, & y fit entrer une partie de ses gens. Il vint après la nuit attaquer tout ce corps de Reitres qui ne s'attendoit à rien moins. La confusion & la terreur furent si grandes, qu'ils ne firent presque point de défense, ils tâchoient de gagner les champs, & se jettoient dans les fossez. Le Baron de Dona se sauva lui douziéme. Il y en eut environ deux mille tuez, quatre cens prisonniers, presque tous leurs chevaux furent pris avec sept étendards, tout leur bagage fut pillé pendant deux jours entiers.

Cette défaite jetta la terreur dans le camp des ennemis. Les Suisses finirent promptement leur traité avec le Duc d'Epernon pour se retirer chez eux. Les Reitres accompagnez des François de leur parti que Châtillon commandoit, tirerent vers Orleans, & reçûrent un échec considerable dans le chemin. Ils vouloient se rendre dans le Vivarais pour joindre le Roi de Navarre. Le Duc d'Epernon qui les suivoit avec un corps de troupes, leur fit proposer qu'on leur donneroit la liberté de se retirer chez eux leurs enseignes ploiées. Châtillon fit son possible pour les détourner d'un traité si honteux. Mais enfin ils

Les mêmes. sus movit, & Montargisium venit. Guisius & Meduanius Vimorii manum Germanorum equitum astu aggressi sunt, sed illis plusquam putaverant obsistentibus, pari utrinque damno certatum fuit.

Id consilii Rex susceperat, ut pactionibus initis hostium exercitum debilitaret, & cohortes plurimas oblata pecunia ipsis abstraheret. Nivernensi Duce usus est, ut Helvetios duodecies mille numero, pactione summæ grandis ad patriam repetendam cogeret. Inita pactio fuit; sicque exercitus hostium dimidiam sui partem amisit. Nihil non agebat Dona, ut hanc tantam militum manum retineret: Bullionius quoque Dux operam suam ea in re præstabat; sed quod in fine Novembris anni istius factum est, illorum negotia omnino labefactavit. Dona cum Auneilli sedes posuisset cum magna suorum manu; arcem se obsidere velle simulavit, sed satis habuit si cum arcis custode pactum iniret, quo custos sacramento præstito polliceretur, se hostilia nulla in ipsum Donam vel suos suscepturum esse. His imprudenter fidens Dona, nec ullam adhibens cautionem tranquille agebat. Dux vero Guisius, pellecto custode, partem suorum in arcem immisit. Noctu autem venit hanc Germanorum manum nec opinantem aggressurus. Statim terror omnes occupavit: perturbatio autem & tumultus tantus fuit, ut hosti obsistere ne quidem cogitantes, in agros se diffundere curarent, & in fossas oppiduli sese conjicerent. Dona duodecimus aufugit; bis mille circiter interfecti sunt, & quadringenti capti; omnes fere equi & septem vexilla in manus Francorum devenerunt, omnes sarcinæ suppellexque tota per biduum a milite direpta fuit.

Hæ clades terrorem in castra hostium conjecit. Helvetii pacta celeriter cum Espernonio inierunt, ut in patriam redirent. Germani, comitante Castellione, qui manui Francorum imperabat, versus Aurelianum receptum habuere, & a Regiis iterum cæsi sunt. In Vivariensem tractum se recipere volebant, ut Regi Navarræ jungerentur. Espernonius vero, qui cum pugnatorum manu ipsos sequebatur, fugaci turmæ conditionem offerri curavit, ut vexillis complicatis extra Regnum libere se recipere possent. Castellionæus nihil non egit ut illos a turpi pactione averteret; sed tandem illi cum Espernonio

s'accorderent avec Epernon, & se mirent en marche pour gagner le Comté de Montbelliard. Ils firent une telle diligence que le Duc de Guise qui les poursuivoit avec le Marquis de Pont-à-Mousson, ne pût les atteindre. Aiant ainsi manqué leur coup, ils ravagerent le Comté de Montbelliard, brûlerent plus de trois cens Villages, & commirent mille excès. Le Duc de Guise rejettoit toute la faute sur le Marquis de Pont-à-Mousson, irrité, disoit-il, des maux que les Reitres avoient faits en Lorraine. Châtillon fils de l'Amiral avec les François qui l'accompagnoient, ne voulut point être compris dans le traité, il se retira dans le Vivarais, & courut bien des risques dans sa retraite. Le Duc de Boüillon se rendit à Geneve, où il mourut après avoir fait son testament, où il laissoit la Noüe Executeur testamentaire, & Tuteur de la Princesse sa fille.

1587.

Les Reitres se retirent chez eux.

Après cette campagne le Roi fit son entrée triomphante dans Paris. La Reine Mere & les Messieurs de Ville vinrent au devant de lui. Il y eut bien des marques, du moins apparentes, de réjouïssance. Mais ceux de la faction des Guises, les plus puissans dans la Ville, murmuroient toujours hautement, sur tout contre Epernon, qui selon eux favorisoit le Roi de Navarre, & avoit empêché par son traité fait avec les Reitres, que le Duc de Guise n'eût une victoire entiere sur eux. Ils firent courir sur cela plusieurs libelles; un entre autres qui a la premiere page avoit un titre à peu près tel: *Exploits de Monseigneur le Duc d'Epernon contre les Heretiques*, & à chacune des pages suivantes il n'y avoit que ce seul mot, *Rien*. Tout cela retomboit sur le Roi qui étoit continuellement déchiré par les factieux. Ce n'étoient que les préludes de la sanglante scene qui suivit après.

Il parut cette année près de cent Ecrits satyriques contre differentes personnes de qualité. Ces Libelles marquoient une grande corruption dans les moeurs.

En ce tems ci partit de Lisbonne cette grande flotte qu'on appelloit l'Invincible, que Philippe Roi d'Espagne envoioit pour subjuguer l'Angleterre. La flote étoit commandée par le Duc de Medina Sidonia. On n'en avoit jamais vû de pareille. Elle eut un fort mauvais succès, tant par les fâcheux accidens qui arriverent, que par la valeur de Drak, Commandant de la flote Angloise.

---

pepigerunt, & ut Montis-bellicardi Comitatum peterent, quam citissime iter carpsere, ita ut Guisius, qui cum Mussiponti Marchione ipsos insequebatur, assequi non potuerit; sed ambo Comitatum illum devastavêre, plusquam trecentos vicos flammis tradidere, ac nullum non genus sævitiæ exercuere. Culpam rejiciebat Guisius in Mussipontinum, indignatum, inquiebat, quod Germani in Lotharingia paria fecissent. Castellionæus filius Colinii Præfecti maris, cum Francis qui ipsum comitabantur, in pactione illa comprehendi noluit, sed in Vivariensem tractum, multis transactis periculis se contulit. Bullionius Genevam concessit, ubi postquam testamentum suum ediderat, diem clausit extremum. Testamenti & filiæ suæ Lanovium curatorem reliquit.

Post hæc Rex triumphantis more Lutetiam ingressus est, Regina parens & primores urbis ipsi obviam venerunt, multaque lætitiæ signa, in plerisque fortassis simulata, data sunt; sed qui Guisianæ factionis erant, in civitate potentiores, palam semper obmurmurabant, maxime contra Espernonium, qui ut illi jactabant, Navarro favebat, & pactione sua impediverat quominus Guisius victoriam plenam de Germanis referret. Multos ea de re libellos ediderunt, in quorum aliquo hic titulus erat: *Præclara Domini Ducis Espernonii gesta contra hæreticos*, & in singulis sequentibus paginis hæc unica vox erat, *nihil*, Isthæc omnia in Regem derivabantur, qui quotidie a factiosis illis lacerabatur. Hæc ceu præludia erant cruentæ tragœdiæ, quæ postea data est.

Hoc anno libelli fere centum famosi & satyrici in primores viros feminasque emissi fuere, qui ingentem tunc morum corruptionem fuisse significabant.

Hoc ipso tempore Ulissipone solvit ingens illa classis Hispana, quam Inexpugnabilem vocabant, quamque Philippus Rex Hispaniæ mittebat ad Angliam sibi subigendam, imperante Medinæ Sidoniæ Duce. Nunquam similis visa fuerat: infausto tamen illa exitu perrexit, seu inopinatis casibus, seu ex Draxi Anglicæ classis Præfecti fortitudine & sagacitate.

1588.   Après la mort du Duc de Boüillon, le Duc de Lorraine à l'inſtigation du Duc de Guiſe, fit aſſieger Jamets. Le Gouverneur ſe défendit vaillamment. Le ſiege dura long-tems, & la place ſe rendit enfin. Le Duc de Guiſe penſoit à faire épouſer à ſon fils l'heritiere de Boüillon. Mais une plus grande affaire l'occupoit alors, il falloit faire joüer les derniers reſſorts pour le mettre au comble de ſes deſirs. Le Duc de Lorraine, le Duc de Guiſe & les principaux Confederez s'aſſemblerent à Nanci au commencement de l'an 1588. & il fut réſolu qu'on preſenteroit une Requête au Roi, dont les principaux articles étoient ; qu'il ſe déclareroit plus ouvertement & plus ſincerement pour la Ligue ; qu'il ôteroit promtement de toutes Charges, de l'adminiſtration des affaires & de la Magiſtrature, les gens ſuſpects & les fauteurs d'Hereſie qui lui ſeroient indiquez ; qu'il feroit recevoir & publier le Concile de Trente & l'Inquiſition ; qu'il obligeroit les Eccleſiaſtiques de racheter leurs biens alienez ; qu'il donneroit pluſieurs places de ſûreté aux Chefs des Ligueurs ; qu'il entretiendroit une armée aux frontieres de la Lorraine, pour empêcher que des troupes étrangeres n'entraſſent en France.

Conditions preſentées au Roi.

Preſenter ces conditions au Roi, c'étoit lui propoſer de ſe mettre en tutele. Il ſentit combien elles étoient injurieuſes, mais il differa d'y répondre, tant parce qu'il penſoit à les éluder, que parce qu'il étoit trop occupé des inſultes que faiſoit tous les jours la populace fanatique à la Majeſté Roiale. Les Prédicateurs l'animoient inceſſamment contre le Roi & ſes favoris, & élevoient juſqu'au ciel les Guiſes & leurs adherans ; il faut avoüer auſſi que le Roi donnoit de grandes priſes aux Guiſes & aux Ligueurs, par les dons & les graces extraordinaires qu'il faiſoit ſans meſure au Duc d'Epernon. Il l'avoit déja établi Colonel general de l'Infanterie Françoiſe, & après la mort de Joyeuſe il le fit Grand Amiral de France, & lui donna encore le Gouvernement de la Normandie, une des plus grandes Provinces du Roiaume. Un jour le même Eſpernon ſe prit de paroles avec l'Archevêque de Lion, & le traita ſi mal, que le Prélat demanda réparation d'honneur au Roi ; & ne pouvant avoir ſatisfaction, il ſe tourna du côté des Guiſes.

Mort du Prince de Condé.

En ce tems-ci mourut à S. Jean d'Angeli Henri de Bourbon Prince de Condé, empoiſonné, à ce qu'on croioit, par ſes domeſtiques. Toutes les marques de poiſon parurent ſur ſon corps & dans ſes inteſtins. On ſaiſit Jean Anſelin de

Thuanus. Poſt Bullionii obitum, Dux Lotharingiæ, inſtigante Guiſio, Jameſium obſedit. Præfectus oppidi fortiter hoſtem propulſavit : diuturna obſidio fuit ; ſed tandem oppidum deditum eſt. Guiſius Bullionii filiam heredem filio ſuo ſponſam dare cogitabat ; verum tunc ille majore negotio diſtinebatur, extremas tunc machinas adhibiturus erat, ut ad gloriæ cumulum pertingeret. Guiſius & præcipui fœderati Nanceium convenere ineunte anno 1588. ſtatutumque fuit ut libellus Regi offerretur, cujus hæc præcipua capita erant ; quod ipſe apertius ſincerioſque pro *Societate* ſe declaraturus eſſet ; quod ab officiis, rerum adminiſtratione & Magiſtratu quovis remotuturus eſſet eos, qui ſuſpecti vel hæreſeos fautores eſſent, qui ipſi indicarentur ; quod Concilium Tridentinum & Inquiſitionem recepturus eſſet ; quod Eccleſiaſticos coacturus eſſet ad Eccleſiaſtica bona redimenda ; quod ad ſecuritatem plurimas urbes & oppida ducibus *Societatis* daturus eſſet ; quod exercitum in confiniis Lotharingiæ alere non deſtiturus eſſet, qui extraneis copiis ingreſſum in Regnum intercluderet.

Hujuſmodi conditiones Regi proponere, nihil aliud erat quam ipſum rogare ut ſe in tutela poneret. Sentit ille quanta ſibi injuria inferretur ; ſed reſponſionem diſtulit, tum quia conditiones illas eludere cogitabat, tum quia nimis diſtinebatur a ludibriis illis queis quotidie a fanatica plebe dehoneſtabatur. Concionatores illam quotidie concitabant contra Regem & gratioſos, & ad cælum uſque Guiſios & ſequaces eorum attollebant. Fatendum tamen eſt illum magnam præbuiſſe Guiſiis & fœderatis anſam, dum ingentia & immoderata dona Eſpernonio conferret. Jam illum Peditum omnium Francorum Præfectum conſtituerat, & poſt Joüſæ mortem, ipſum maris Præfecturam declaraverat, atque Præfecturam Normanniæ, inter majores Regni provincias computatæ, ipſi conceſſerat. Quodam die Eſpernonius cum Archiepiſcopo Lugdunenſi diſceptans, tam aſpere illum excepit, ut Antiſtes ſatisfactionem ab Rege petieret, quam cum impetrare nequiret, ad Guiſiorum partes ſe contulit.

Hoc tempore in Fano Joannis Angeriacenſis obiit Henricus Borbonius omnium Princeps Condæus, a domeſticis, ut credebatur veneno ſublatus, omnia veneni ſigna in corpore & in inteſtinis reperta ſunt. Tunc Joannes Anſelinus Burdigalenſis comprehenditur,

HENRI III.

Bourdeaux, parce qu'il avoit fourni deux chevaux à deux serviteurs du Prince, qui s'enfuirent après avoir fait le coup. Anselin par Sentence des Juges nommez par le Roi de Navarre, fut tiré à quatre chevaux. Charlotte de la Trimoüille femme du Prince, fut aussi saisie, on lui fit son procès. Elle auroit eu peine d'éviter la mort, si elle n'avoit été trouvée enceinte. L'affaire fut depuis transferée au Parlement de Paris, où elle fut déclarée innocente, & toutes les procedures furent brûlées. Ce Prince que le malheur de sa naissance, ou plutôt de son éducation, avoit engagé dans le Calvinisme, étoit orné de toutes les vertus. On n'en a guere vû dans ces tems de plus accompli. Il mourut âgé d'environ trente-sept ans, & fut fort regretté de ceux de son parti. Il n'y en eut jamais de plus malheureux dans ses entreprises, ni de plus constant dans l'adversité.

Les factions de Paris continuoient toujours de cabaler contre le Roi, & le déchiroient publiquement lui & Epernon son favori. Son indolence leur donnoit beau champ & les enhardissoit d'autant plus, qu'ils croioient pouvoir tout faire impunément. Cependant craignant qu'à la fin sa patience étant à bout, il ne leur fît porter la peine de leur temerité, ils pressoient le Duc de Guise de venir se mettre à leur tête. Avant que de s'exposer à faire un coup si hardi, il voulut s'informer de l'état des choses, & des forces que pourroient fournir ceux de son parti. Ils avoient divisé la Ville en seize quartiers, & avoient mis des Chefs à chaque quartier. Ces Chefs étoient appellez les Seize. Le Duc vouloit que ces seize quartiers fussent réduits à cinq, afin qu'il y eut plus de forces réunies ensemble, & qu'elles ne fussent pas partagées en tant de petits corps : & persuadé que les Chefs élus par la populace, ne seroient pas propres à commander dans une action de vigueur, il en envoia en leur place d'autres, gens aguerris, & cinq cens chevaux qui devoient se tenir divisez dans des Villages près de Paris, pour se réünir quand il seroit besoin. Cependant les Ligueurs formerent le dessein de se saisir du Roi & d'Epernon pendant le tems du Carême, quand il iroit aux Processions. Il en fut averti par un nommé Poulain, qui se trouvoit aux assemblées de ces furieux, feignant d'être de leur parti. Le Roi s'abstint d'aller aux Processions : mais se tenant toujours dans son indolence, & confirmé dans une fausse sécurité par Villequiers qui

1588.

Les Seize.

Dessein des factieux de Paris.

---

quia duobus Condæi famulis, qui hoc scelus perpenaverant, equos ad fugiendum subministraverat. Anselinus ex sententia Judicum a Navarro delegatorum, a quatuor equis in diversa tendentibus discerptus est. Comprehenditur etiam Carola Tremollia Condæi uxor & in causam vocatur, vixque mortem effugere potuisset, nisi prægnans reperta esset. Res postea in Curiam Senatus Parisini translata fuit, ubi Tremollia innoxia declarata, & omnia quæ a pristinis illis Judicibus scripta fuerant, flammis tradita sunt. Erat Condæus Princeps, quem natalium, imo potius educationis sors in Calvinismum induxerat, omnis generis virtutibus clarus : pauci ex re uspiam perfectiores deprehensi sunt. Erat autem ille triginta septem circiter annos natus, magnumque sui desiderium reliquit apud Reformatos omnes. Nemo unquam in susceptis rebus infelicior & in adversis constantior fuit.

Factiosi Parisini qui contra Regem in dies multa machinabantur, palam ipsum & gratiosum ipsi Espernonium dilacerabant. Henrici vero segnities niminiaque patientia eo audaciores reddebat, quod se impune omnia aggredi posse putarent, tandemque metuentes ne patientia læsa in furorem verteretur, ipsique temeritatis suæ pœnas darent, apud Guisium instabant, ut veniret, sibique rebellionis dux foret. Antequam Guisius tam arduam rem susciperet, edicere voluit quo in statu res esset, & quot pugnatores illi suppeditare possent. Urbem in sexdecim regiones diviserant, ducesque in singulis regionibus constituerant, qui duces *Sextodecimani* vocabantur. Cupiebat Guisius sexdecim illas regiones in quinas reduci, ut plures in singulis regionibus pugnatores essent, neque in tot particulas distracti. Cum putaret autem duces illos ab imperita plebe electos, non idoneos fore ad pugnam instruendam, alios bellandi peritos in eorum locum misit, necnon quingentos equites, qui in vicis prope Lutetiam sparsi manerent, unà jungerentur, si id casus exigeret. Inter hæc factiosi Regem ipsum cum ad *Processiones* tempore Quadragesimæ iret, Espernoniumque comprehendere decreverant ; sed a Polinio quodam, qui factiosorum consiliis, se iis addictum simulans intererat, submonitus, a Processionibus abstinuit : tamenque in segnitie & tarditate perseverans, & confirmatus in falsa securitate a Villoclaro, qui semper dicebat ni-

1588. lui difoit qu'il n'y avoit rien à craindre, il ne donna aucun des ordres neceſſaires pour reprimer ces factieux.

Eux encouragez par cette grande inaction du Roi, prirent refolution de s'aſſembler au nombre de vingt mille, de forcer le Louvre, de ſe ſaiſir du Roi, & de maſſacrer Eſpernon & tous les favoris. Poulain ne manqua pas d'en avertir le Roi, qui fit apporter grande quantité de cuiraſſes au Louvre, & fit venir de Lagni quatre mille Suiſſes, qui y étoient en quartier. Alors le Duc de Guife qui étoit venu en ſecret à Goneſſe, & qui devoit ſe rendre au fauxbourg S. Laurent, ſe retira promptement à Soiſſons. Le Roi y envoia Pompone de Bellievre pour l'exhorter de la part du Roi de ne point venir à Paris. Au même tems Epernon partit pour aller prendre poſſeſſion de ſon Gouvernement de Normandie, & le Roi l'accompagna juſqu'à Saint Germain en Laye. La Ducheſſe de Montpenſier ſœur du Duc de Guiſe, forma une conſpiration pour ſe ſaiſir du Roi, qui alloit ſouvent en petite compagnie au Château de Vincennes, ou de le prendre à ſon retour. Il y étoit alors, & Poulain l'ayant averti du complot, il fit venir une troupe de Cavalerie qui l'accompagna, & les conjurez n'étant point en état de l'attaquer, il ſe retira ſurement.

Alors les Ligueurs craignant que le Roi trop patient & trop indolent ne ſe réveillât enfin, & ne les punît de tant de conſpirations & d'attentats, preſſerent le Duc de Guiſe de venir à leur ſecours. Le Duc quoiqu'il eût reçu un autre avis du Roi porté par la Guiche, qui l'exhortoit de differer ſa venue à Paris, ſe mit en chemin à cheval en fort petite compagnie, & vint deſcendre chez la Reine Mere qui fut fort étonnée de le voir; elle ſe chargea pourtant de le mener au Roi, & ſe fit porter en litiere. Le Duc marchoit à côté d'elle à pied, aux acclamations de tout le peuple qui le felicitoit de ſon heureuſe arrivée. Ils vinrent au Louvre, où ils trouverent les Gardes redoublées & tout en armes. La Reine preſenta le Duc au Roi, qui le reçut avec un air ſevere. Il s'excuſa du mieux qu'il put de ce qu'il étoit venu ſans ſon ordre pour ſe purger des calomnies que ſes ennemis avoient répanduës contre lui. Le Roi lui répondit que s'il vouloit ôter tout ſoupçon, il falloit que ſes actions répondiſſent à ſes paroles.

Entrevûë du Roi & du Duc de Guiſe.

A peine le Duc de Guiſe étoit-il ſorti, que Poulain vint donner avis au Roi

Les mêmes.

hil ipſi eſſe timendum, factioſos illos comprimere nihil curabat.

Illi ex tanta Regis ignavia animoſiores facti, unà omnes viginti mille numero convenire decreverunt, ut Luparam expugnarent, Regem caperent, Eſpernonium & gratioſos omnes trucidarent. Polinius Henrico rem nunciavit, qui loricas multas in Luparam inferri præcepit, & quater mille Helvetios, qui Latiniaci erant, advocavit. Tunc Guiſius qui clam Goneſſam venerat, & in Sancti Laurentii ſuburbium conceſſurus erat, Auguſtam Sueſſionum celeriter ſe recepit. Rex illò miſit Pomponium Bellevræum, qui Guiſum Regis nomine hortaretur ne Lutetiam veniret. Eodem tempore Eſpernonius profectus eſt ut ſibi datam Normanniæ Præfecturam adiret, Rexque illum ad uſque Sanctum Germanum in Laia comitatus eſt. Monpenſeria Guiſii ſoror, Regem qui ſæpe paucis comitantibus in Vincennarum caſtellum ibat, aut euntem aut redeuntem capere conſpiraverat. Tunc Rex Vincennis erat, & a Polinio ſubmonitus, equitum turmam advocavit, qua comitante, ſine periculo receptum habuit.

Tunc factioſi metuentes ne tandem Rex ex nimiâ patientia & ignavia quaſi expergefactus, in perduelliones ſæviret; apud Guiſum inſtant & urgent ut in ſui auxilium veniat. Dux autem Guiſius, etſi ſecundo per Guichium a Rege monitus fuerat, ut iter ſuum Lutetiam differret, viam tamen eques paucis comitantibus capeſſivit; ſtatimque Reginam parentem adiit, quæ ſtupefacta, tamen in ſe ſuſcepit ut ipſum ad Regem duceret, & in lectica deportata eſt, Guiſum penes ſe pedibus incedentem habens, acclamante populo & de reditu ejus gratulante. In Luparam ergo venerunt, ubi duplicem cuſtodiam inarmis ſtantem repererunt. Catharina Guiſum ad Regem introduxit, qui ſevero vultu illum excepit. Guiſius veniam petiit, quod injuſſu Regis veniſſet, ſeſe purgaturus a calumniis, quas inimici ſui ſparſerant. Reſpondit Rex, ſi ſuſpiciones omnes tollere vellet, oportere ut geſta cum dictis conſonarent.

Vix e conſpectu Regis Guiſius diſceſſerat, cum Polinius Regem monitum venit, conjuratos qui Reque

que les conjurez qui craignoient auparavant l'indignation du Roi, aiant déposé toute crainte par l'arrivée du Duc de Guise, étoient plus en mouvement que jamais, & se porteroient infailliblement aux dernieres extremitez. Mais la Reine Mere & Villequier à leur ordinaire, rassurerent le Roi, en lui disant que c'étoient des terreurs paniques, où il ne falloit point s'arrêter. Le jour suivant le Duc de Guise vint une autre fois voir le Roi, & lui parla long-tems dans l'appartement des Thuilleries. On ne sait pas bien ce qui fut dit de part & d'autre. La nuit suivante le Roi qui ne pouvoit ignorer qu'on brassoit quelque chose contre sa personne, fit mettre des Gardes au Cimetiere des Innocens, & les Suisses y vinrent aussi peu de tems après par son ordre; il en fit mettre encore au Marché nouveau & au pont S. Michel. Ceux qui alloient de sa part à la Place Maubert, y trouverent une grosse troupe de séditieux qui se mirent en défense. Le Roi en eut avis; & au lieu d'y envoier un grand renfort de troupes, il rappella ceux qui y étoient déja: en quoi il manqua beaucoup. Car c'étoit là où se trouvoit alors le plus grand nombre de Ligueurs armez, d'où ils envoioient des renforts aux autres quartiers de la Ville.

1588.

Journée des Barricades.

La sédition commença donc à la Place Maubert. On tendit des chaînes, on barricada les avenuës des places, d'où vint le nom de la Journée des Barricades. Le Roi à la persuasion de la Reine Mere & de Villequier, envoia dire aux Commandans de differens corps de troupes mis en plusieurs endroits de la Ville, de ne point faire violence au peuple; ensorte qu'ils demeuroient immobiles comme des Statuës. Les Ligueurs tout au contraire prenant courage, continuoient leurs barricades pour enfermer les differentes troupes que le Roi avoit envoiées en plusieurs endroits de la Ville. Le Roi cependant fit plusieurs fois dire au Duc de Guise de sortir de la Ville. Au commencement le Duc ne sembloit pas éloigné de prendre ce parti. Mais voiant depuis que les Ligueurs avoient enfermé par leurs barricades les troupes Roiales, il changea de ton. On fut obligé d'abord après d'avoir recours à lui pour obtenir qu'il laissât aller en paix les troupes Roiales que les Ligueurs tenoient enfermées. Il se piqua alors de generosité, il fit donner passage à ces troupes, & rendre les armes à ceux à qui on les avoit ôtées. Il eut plus de peine au Marché neuf, où ces furieux avoient tué ou blessé soixante Suisses.

---

gis indignationem antea formidabant, per adventum Guisii omni posito timore, in majori quam antea motu esse, atque ad extrema quoque haud dubie processuros. Verum Catharina & Villoclarus Regi, uti solebant, animos fecere, dicentes, hæc nonnisi terrores esse vanos, qui omnino spernendi essent. Postridie Guisius Regem in Tegulariis ædibus versantem invisit, ipsumque diu alloquutus est: quid in hoc colloquio dictum fuerit ignoratur. Insequenti nocte Rex, cum ignorare non posset factiosos aliquid contra se moliri, cohortes ad cœmeterium Innocentium misit. Helvetii quoque jussu ipsius paulo postea isthuc venerunt. In Foro etiam novo & in Ponte S. Michaelis alias poni pugnatorum turmas jussit. Alii jussu ejus ad plateam Mauberti contendebant, ibique seditiosorum agmen grande invenerunt, qui ipsos propulsare parabant. Regi id nunciatur; qui majorem illo manum militum mittere debuisset: at ille eos quos primum miserat revocavit; tamenque in loco illo maxima pars factiosorum in armis erat, indeque auxilia in alias urbis regiones mittebantur.

Seditio itaque in Platea Mauberti cœpit: mox catenæ tensæ sunt, dolia ad obstruendos platearum aditus juxta posita fuere, indeque nomen illa dies accepit. Rex, suadentibus Catharina & Villoclaro, misit qui ducibus regiorum agminum variis in urbis partibus positorum edicerent, ut vim nullam populo inferrent, ita ut illi statuarum instar immobiles manerent. Factiosi contra resumtis animis, dolia admovere pergebant, ut turmas illas regias concluderent. Interea Rex Guisio pluries edici jussit, ut ex urbe discederet. Ille autem initio discessurus esse videbatur; sed ubi vidit factiosos per admota dolia regias copias conclusisse, sententiam mutavit; nec multo postea Regii ejus opem implorare coacti sunt, ut regias copias, quas factiosi obsessas tenebant, discedere sineret. Tunc ille generositatem affectans, discedendi locum Regiis concedi jussit & arma restitui iis quibus adempta fuerant. Non tam facile in Foro-Novo rem componere potuit, ubi furiosi illi sexaginta Helvetios vel confoderant, vel vulneribus affecerant.

Les mêmes

1588.   Le Roi ne se croiant plus en sûreté dans sa Ville capitale, fit semblant d'aller se promener aux Thuilleries, passa par la porte neuve, fit marcher devant lui les Suisses & ses Gardes, & montant à cheval il se rendit à Trapes où il passa la nuit, & s'en alla le lendemain à Chartres.

Le Roi s'enfuit.

Les Ligueurs devenus ainsi les maîtres, se saisirent de la Bastille & du Château de Vincennes, destituerent le Prevôt des Marchands, & en mirent un autre en sa place. Ils firent aussi beaucoup d'autres changemens. La Reine Mere demeura à Paris. Toujours attentive aux interêts que sa passion dominante lui suggeroit, elle ne souhaitoit rien tant que de se trouver entre deux partis opposez pour les concilier ensemble. Mais elle ne vit pas de bon œil la victoire pleine que remporta le Duc de Guise à la journée des Barricades. La balance avoit trop tourné d'un côté : elle prévoioit que le Duc se voiant au dessus de ses affaires, seroit plus mal aisé à manier.

Le Roi étant arrivé à Chartres, écrivit à tous les Gouverneurs des Provinces, une Lettre où il marquoit tout ce qui s'étoit passé à Paris, & comme il avoit été obligé de prendre la fuite. Le seul contenu de cette Lettre étoit une preuve de sa timidité & de sa négligence, & faisoit voir qu'il n'avoit été réduit à cette extrêmité que faute de cœur, de prévoiance & de fermeté. Le Duc de Guise écrivit aussi au Roi, & dans les Provinces, des Lettres où il parloit d'un air triomphant. Il rejettoit sur le Roi même toutes les causes de la sédition & des Barricades, & parloit de maniere qu'on voioit bien qu'il étoit resolu de soutenir ce qu'il avoit si heureusement commencé.

Procession en dérision du Roi.

On vit peu après un spectacle qui sembloit fait en dérision du Roi, ou comme d'autres ont crû, pour découvrir ce qui se passoit à la Cour, & porter la Ville de Chartres à se tourner du côté des Ligueurs. Le Roi avoit établi une Confrerie de Pénitens à Paris, qui alloient en procession revêtus de sacs. Plusieurs des Ligueurs se revêtirent de même, & vinrent à Chartres : mais craignant que le Roi indigné de l'insulte qu'il venoit de recevoir à Paris, ne leur fît porter la peine de leur témerité ; ils prierent Henri de Joyeuse qui s'étoit fait Capucin, & s'appelloit Frere Ange de Joyeuse, de se mettre à leur tête, & vinrent en procession se prosterner aux pieds du Roi : Biron lui conseilloit de les faire saisir & mettre en prison : mais il aima mieux prendre patience à son ordinaire.

Les mêmes.   Rex cum in urbe Regni sui capite se non tuto versari posse putaret, simulans se ad Tegularias deambulatum ire, per portam novam transiit, Helvetios & Custodes suos præmisit, & consenso equo, Trapas se contulit ; ubi noctem transegit ; postridie vero Autricum Carnutum venit.

Thuanus.   Factiosi sic rerum potiti, Bastiliam & Castellum Vincennarum occupavere, Præpositum Mercatorum destituerunt, aliumque delegere, aliaque multa mutavere. Catharina vero Lutetiæ mansit, semper intenta negotiis ; ad quæ tractanda animo tota ferebatur. Nihil magis optabat, quam ut ad duas contrarias partes conciliandas advocaretur : at ægre vidit Guisium in doliari die plenam victoriam retulisse. Fortunæ beneficium totum penes Guisium erat, prævidebatque illa se difficilius cum victore de componendis negotiis acturam esse.

Le même.   Rex postquam Autricum Carnutum venerat, omnibus provinciarum Præfectis literas misit, queis omnia Lutetiæ gesta indicabat : vel ipsa dicta ejus, timiditatis & ignaviæ argumenta erant, comprobantque animum, consilium, firmitatemque ipsi defuisse. Guisius quoque literas per provincias scripsit, & triumphantis more loquebatur, Regem ipsum seditionum, doliaris moliminis causam fuisse dicebat : eoque loquebatur modo, ut plane videretur ipsum in re tam feliciter incœpta perseveraturum esse.

Paulopost autem spectaculum sese obtulit, quod ut Regi illuderetur susceptum videbatur ; vel ut quidam putabant, ut quid in aula regia fieret deprehenderetur, utque Carnutum civitas ad defectionem & ad societatem amplectendam induceretur. Rex Pœnitentium cœtum Lutetiæ constituerat, qui saccis induti in Processionibus pergebant, ex factiosis multi sic induti Autricum petiere : at metuentes ne temeritatis suæ pœnas darent, secum adduxere Henricum Joüsam, qui in Capucinorum Ordinem ingressus, Frater Angelus Joüsa vocabatur, & prior in processione incedebat. Hi vero ad pedes Regis prostrati sunt. Auctor Henrico erat Bironus, ut illos comprehendi & in carcerem trudi juberet ; sed maluit ille hæc patienter pro more ferre.

HENRI III.

A l'inftigation de la Reine Mere, le Parlement envoia auffi des Députez au Roi pour lui témoigner fon déplaifir de ce qui s'étoit paffé à la journée des Barricades, ce qu'il n'auroit manqué d'empêcher s'il avoit pû moderer la fureur populaire. Le Roi répondit, qu'il étoit perfuadé de leur bonne volonté, & qu'il auroit pû châtier les Parifiens, s'il n'avoit craint de defoler fa Ville Capitale. Que cependant ils exhortaffent ce peuple, qu'il avoit toujours comblé de bienfaits, de fe ranger à fon devoir, & qu'autrement il avoit en main les moiens de leur faire fentir les effets de fa jufte indignation. Peu de jours après il envoia à Paris Dorron Maître des Requêtes, qui declara en plein Parlement, que le Roi vouloit bien oublier tout le paffé, pourvû que les Parifiens fe remiffent à leur devoir; que pour regler toutes chofes & s'affurer un fucceffeur à la Couronne, il avoit refolu d'affembler les Etats Generaux de fon Roiaume; & qu'afin que tout fe paffât tranquillement, il ordonnoit à tous les factieux de mettre bas les armes.

1588.

A la perfuafion du Duc de Guife, qui fe fervoit toujours du nom du Cardinal de Bourbon, on prefenta une Requefte au Roi, fignée du même Cardinal, du Duc de Guife & de plufieurs Seigneurs, où l'on proteftoit d'abord qu'on n'avoit pris les armes que pour extirper l'herefie: qu'on fupplioit Sa Majefté de leur faire vivement la guerre, & d'y emploier fur tout le Duc de Guife. On le prioit enfin de chaffer Epernon & la Vallette de fa Cour comme fauteurs publics des Heretiques, & qu'on chargeoit encore d'un grand nombre d'autres accufations. On prioit enfin le Roi de faire lui-même la guerre aux Huguenots en Guienne, & d'envoier contre eux le Duc de Maienne en Dauphiné. Après que la Requête eut été prefentée, les ennemis d'Epernon & de la Vallette publierent des Libelles diffamatoires contre eux. Ils y répondirent par d'autres non moins violens, où ils parloient avec beaucoup de vivacité contre l'ambition des Guifes.

Requête prefentée au Roi.

Le Duc d'Epernon étoit allé peu auparavant à Roüen prendre poffeffion de fon Gouvernement de Normandie, & avoit tenté de tourner au parti du Roi le Gouverneur de la Citadelle de Caën, & le Gouverneur du Havre. Il y avoit réuffi pour le premier, & n'avoit rien gagné fur le fecond. Il revint trouver le Roi à Chartres, & le voiant un peu refroidi à fon égard, il prit fagement fon

Le Duc d'Epernon fe retire de la Cour.

Inftigante Catharina, Curia Senatus ad Regem Deputatos mifit, qui ipfi teftificarentur quanto cum dolore vidiffent res illas in doliari die geftas, quod ipfe Senatus impediturus erat, fi populi furorem coercere potuiffet. Refpondit Rex fibi perfpectum haberi ipforum animum ad res probe gerendas pronum, feque potuiffe Parifinos plectere, nifi timuiffet urbium Regni capiti hinc defolationem inferendam fore. Intereaque ipfi populum hortarentur, quem ipfe femper beneficiis cumulavit, ut ad officium debitum rediret; alioquin autem poffe fe, indigne exceptum, plebem, fi in rebellione perfeveraret, variis modis plectere. Paucis vero poftea diebus Dorronum Libellorum Supplicum Magiftrum mifit, qui in Senatu declaravit velle Regem præteritorum oblivifci, dum Parifini ad officium redirent; atque ut omnia componerentur, & quis fucceffor fibi futurus effet declararetur, decreviffe fe omnes Regni Ordines congregare, utque omnia tranquille agerentur, præcipere Regem factiofis quibufque ut arma ponerent.

Suadente Guifio, qui Cardinalis Borbonii nomen femper ufurpabat, libellus fupplex Regi oblatus eft a Cardinale, a Guifio & aliis primoribus fubfcriptus, ubi ftatim cum obteftatione dicebatur affumta arma fuiffe, ut hærefis deleretur; hinc rogabatur Henricus Rex ut bellum Hæreticis afpertime inferret, & ad id Guifium maxime adhiberet; tandemque precibus urgebatur Rex ut Efpernonium & Valletam hæreticorum fautores ex aula regia pelleret, qui de multis aliis criminibus exagitabantur, rogabaturque etiam Rex, ut ipfe Hugonotis in Aquitania bellum inferret, & Meduanium in Delphinatum mitteret. Poftquam libellus fupplex oblatus fuerat, Efpernonii & Valletæ hoftes libellos famofos adverfus illos emifere. Ipfi vero alios non minus violentos edidere, ubi Guifiorum ambitionem vehementiffime perftringebant.

Efpernonius qui paulo ante Rothomagum fe contulerat ut Præfecturam Normanniæ exciperet, arcis Cadomenfis Præfectum & Portus Gratiæ Gubernatorem ad regias partes convertere tentaverat, prioreque reducto, pofteriorem vertere non potuerat. Regem poftea Autrici verfantem adiit, quem ut fe paulum faftidire cognovit, prudenter fuis rebus profpexit, Præ-

Le même.

Tome V.

O o ij

1588.

parti, il renonça au Gouvernement de la Normandie à condition qu'il ne seroit point donné à quelqu'un de ses ennemis, & le Roi le donna au Duc de Montpensier. Epernon ne se croiant pas en sureté à la Cour, partit pour se rendre à son Gouvernement de l'Angoumois & de la Saintonge. Après son départ le Roi envoia ses plus confidens dans les Provinces & dans les principales Villes, pour les empêcher de se tourner du côté des Ligueurs, qui n'avoient pas manqué d'envoier leurs émissaires de tous côtez. Les Roiaux gagnerent d'abord Troye en Champagne, & depuis plusieurs autres Villes.

Le Roi s'étant mis en chemin pour aller à Rouen, reçût à Vernon quelques envoiez de la Reine Mere, qui traitoit de la paix avec le Duc de Guise & les principaux Ligueurs. Elle alla le voir à Mante, & le sollicita de revenir à Paris. Ce qu'il refusa de faire. Il envoia Villeroi à Paris pour recevoir tous les articles de pacification qui lui furent apportez à Rouen. La necessité du tems le força de subir la loi que ses sujets lui imposoient. Il publia un Edit dont les principaux articles étoient; qu'il emploiroit jusqu'à sa vie propre pour extirper l'Heresie, & qu'il ne feroit jamais ni paix ni treve avec les Huguenots; il déclaroit qu'il ne favoriseroit aucun Prince du Sang qui fût Huguenot, exhortant ses sujets à ne reconnoître pour Roi aucun Prince Heretique; qu'il ne mettroit en Charge ni Militaire ni de Judicature, aucun de la nouvelle Religion; qu'il oublieroit entierement tout ce qu'on avoit fait contre lui, soit aux barricades, soit ailleurs. Le traité fait avec les Princes de la Ligue portoit encore; que le Roi & tous les Princes & Seigneurs jureroient d'observer l'Edit d'Union; qu'il envoieroit une armée en Poitou commandée par qui il voudroit, & une autre en Dauphiné sous la conduite du Duc de Maienne; que le Concile de Trente seroit reçû; qu'il donneroit pour sureté aux Princes liguez les Villes d'Orleans, de Bourges & de Montreuil. Il leur laissoit pour quatre ans celles qui leur avoient été accordées par le traité de Nemours.

Edit du Roi.

Tous souscrivirent à cet Edit hors le Duc de Nevers, qui voiant que le Roi de Navarre y étoit exclus de la Couronne de France, refusa longtems de donner sa signature; mais il se rendit à la fin. Cependant Lesdiguieres Chef des Reformez en Dauphiné, y faisoit la guerre avec succès, il prit plusieurs

---

Thuanus, Cayet. Memoires pour l'histoire de France.

fecturam Normanniæ abdicavit, illa conditione ut ne cuipiam inimicorum suorum daretur. Rex vero illam Monpenserio Duci dedit. Espernonius porro cum se in aula regia tuto versari non posse videret, inde profectus est ut Præfecturam suam Engolismensem & Santonensem adiret. Sub hæc Rex eos qui sibi magis fidi essent per provincias & in præcipuas urbes misit, ut impedirent quominus illæ ad factiosos societatis illius se converterent, qui factiosi emissarios circumquaque miserant. Statim illi delegati Trecas in Campania, posteaque alias civitates ad obsequentiam Regi præstandam induxere.

Rex cum Rothomagum iter capesseret, Vernonii aliquot Reginæ parentis deputatos excepit, quæ de pace cum Guisio & præcipuis factiosis tractabat. Regina parens Meduntam venit, Regem filium invisura, cui suadebat ut Lutetiam se conferret; verum abnuit ille. Villaregium Lutetiam misit qui pacis faciendæ capita exciperet, quæ postea Rothomagum allata sunt. Temporum infelicitas Regem eo deduxit ut subditorum leges subire cogeretur. Edictum vero publicavit, cujus hi præcipui articuli erant; quod vitam ipse suam ad exstirpandam hæresin adhibiturus esset; quodque nec pacem unquam nec inducias cum Hugonotis facturus; quod nullum et sanguine regio Principem Hugonotum adjuturus esset; hortaturusque subditos suos ut nullum hæreticum Principem in Regem agnoscerent; quod nulli novam Religionem profitenti aliquod officium vel militare, vel judiciarium daturus esset; quod immemor futurus esset eorum omnium quæ contra ipsum patrata fuerant, tam in Doliari die, quam alibi; quod Rex omnesque Principes, Proceresque juraturi essent se Edictum *Unionis* esse servaturos; quod exercitum missurus esset in Pictonum regionem, illo duce quem ipse Rex vellet, & alium in Delphinatum duce Meduanio; quod Concilium Tridentinum recipiendum esset; quod Rex Principibus societate junctis ad securitatem daturus esset Aurelianum, Bituriges & Monasteriolum, & ad annos quatuor relicturus ipsis esset eas urbes quæ in pactione Nemorosii facta memorantur.

Omnes Edicto huic subscripsere, excepto Nivernensi Duce, qui cum videret Regem Navarræ a Corona excludi, diu negavit, sed cum aliis tandem subscripsit. Interea Diguierius Reformatorum dux in Delphinatu bellum prospere gerebat, multaque

places; mais il manqua Grenoble. La Vallette aiant eu nouvelle de l'Edit qu'on 1588. venoit de publier, de l'avis du Duc d'Epernon son frere, fit une ligue défensive & offensive avec Lesdiguieres.

Le Roi étant revenu à Chartres, la Reine Mere lui amena le Duc de Guise. Le Roi le reçût si gracieusement, que plusieurs crurent que la reconciliation étoit sincere de part & d'autre. Cela ne se maintint pas long-tems en cet état. Une Lettre du Pape qui vint alors en France, où il élevoit jusqu'au ciel le Cardinal de Bourbon & le Duc de Guise, qu'il appelloit les soutiens de l'Eglise, en les comparant aux Maccabées; cette Lettre, dis-je, fit un grand bruit, piqua le Roi de jalousie, & le rejetta dans les soupçons précedens. Il avoit donné au Duc de Guise la Charge de Lieutenant General des armées, mais d'une maniere qui marquoit qu'il le faisoit avec répugnance. De sorte que le Duc de Guise pensa à se faire confirmer dans la Charge de Grand Maître de France par les Etats Generaux. Le Roi en eut le vent, & en fut si indigné, que l'on crut que ce fut une des principales causes qui le porta à chercher les moiens de les perdre.

Il donna la conduite de l'armée du Poitou au Duc de Nevers qui s'en défendit long-tems, & offrit au Roi de le servir comme volontaire durant trois ans avec cent Gentilshommes armez, qu'il entretiendroit à ses frais. Mais le Roi le força d'accepter le commandement de cette armée, & parce qu'il lui representa que si le Duc de Guise y venoit, il lui en pourroit ôter le commandement, comme Lieutenant General de Sa Majesté; il lui donna une Déclaration particuliere, où il l'établissoit son seul Lieutenant General en cette armée.

La nouvelle vint en ce tems de la sédition d'Angoulême, où le Duc d'Epernon avoit d'abord été reçû par le peuple, sur les Lettres du Roi, qu'il montra à son arrivée. Villeroi son ennemi mortel, qui étoit à la Cour, persuada au Roi d'écrire au Maire & aux principaux Bourgeois de ne point le recevoir; mais comme la Lettre arriva après coup, une seconde Lettre vint de la part du Roi, qui leur ordonnoit de se saisir de lui. On persuadoit aux Bourgeois & au peuple qu'Epernon favorisoit les Huguenots, & tous se mirent sous les armes. Le Maire avec une troupe de gens armez entra dans le Château où l'on ne

Sedition d'Angoulême.

---

oppida cepit; sed Gratianopolim frustra tentavit. Valleta autem cum Edictum memoratum publicatum fuisse comperisset, de consilio Espernonii fratris cum Diguierio omnimoda societate junctus est.

Cum Rex Autricum Carnutum rediisset, Catharina parens ipsi Guisium adduxit, quem Rex ita comiter excepit, ut plurimi crediderint reconciliationem sinceram fuisse; sed non diu stetit reconciliatio. Summi Pontificis epistola, quæ tunc in Franciam perlata est, ubi Cardinalem Borbonium & Ducem Guisium ad cælum usque efferebat, ipsosque Ecclesiæ columnas esse ac Macchabæis comparandos dicebat; hæc inquam epistola, cujus fama volavit, Regem æmulatione pupugit, atque in priores suspiciones coojecit. Guisium jam ille Præfectum Generalem exercituum designaverat; sed tali modo ut videretur id invitus facere: quapropter Dux Guisius ut Magni Franciæ Magistri munus sibi ab Ordinibus Regni confirmaretur petere cogitabat; quæ res cum Henrico Regi innotuisset, usque adeo indignatus est, ut creditum fuerit ipsum ea maxime de causa perniciem ejus molitum fuisse.

Exercitûs ad Pictonas mittendi ducem constituit Nivernensem. Diu ille repugnavit, & Regi offerebat se cum centum nobilibus armatis per triennium propriis sumtibus bellum pro Majestate sua ut voluntarium gesturum esse: verum Rex ipsum coëgit ad exercitûs ductum amplectendum; reponente autem Nivernensi Guisium ut Præfectum Generalem posse ab se hoc imperium auferre, Rex illi declarationem dedit, qua ipsum Præfectum Generalem istius exercitus statuebat.

Tunc temporis Engolismensis seditionis nuncius advenit. Engolismæ Espernonius literis regiis munitus a populo libenter exceptus fuerat. Villaregius autem hostis ejus acerrimus, qui tunc in aula regia erat, Regi suasit ut Majori & præcipuis civitatis datis literis mandaret, ut ne illum reciperent; sed quia literæ postquam jam exceptus fuerat advenere; secundæ literæ Regis nomine datæ sunt, queis jubebantur Engolismenses Espernonium comprehendere Civibus ac plebi dicebatur Espernonium Hugonotis favere, omnesque pariter arma arripuere. Major urbis cum pugnatorum manu valida in castellum intravit, ubi

Les mêmes.

Thuanus, Cayet.

1588. se doutoit de rien, & dit qu'il avoit quelque chose à représenter au Duc. Quand il fut arrivé à son anti-chambre, il cria, *Tuë, tuë*, & fit tirer des coups d'armes à feu. Le Duc & quelques Gentilshommes qui étoient avec lui coururent aux armes, repousserent les aggresseurs, tuerent le Maire & son frere, & se tinrent dans le Château. La populace se barricada devant, & prit la Dame d'Epernon comme elle sortoit de la Messe. Le Duc fit avertir Tagens son cousin, qu'il avoit envoié quelques jours auparavant avec un corps de troupes. Il s'approcha de la Ville, & mit la terreur parmi le peuple. On composa alors & l'on convint de part & d'autre que l'affaire finiroit par un oubli du passé. Le Duc d'Epernon se plaignit de Villeroi : mais le Roi répondit qu'il n'avoit rien fait que par son ordre. Cependant peu de tems après le Roi chassa de sa Cour Villeroi, Brulart & Pinars, qu'il avoit pour suspects. Bellievre & le Chancelier furent aussi éloignez.

Etats de Blois.

L'ouverture des Etats de Blois se fit le dix-sept Octobre. Le Roi y fit une fort belle & longue harangue où il exposa les raisons qui l'avoient porté à les assembler ; entre autres choses il lâcha ces mots : *Aucuns Grands de mon Royaume ont fait des Ligues & associations ; mais témoignant ma bonté accoutumée, je mets sous le pied pour ce regard tout le passé.* Montholon qu'il venoit de nommer Garde des Sceaux, expliqua plus au long ce que le Roi avoit dit. Après quoi l'Archevêque de Bourges parla pour le Clergé ; le Baron de Senescey pour la Noblesse, & la Chapelle Marteau, ci-devant Prevôt des Marchands de Paris, pour le Tiers-Etat. Ce que le Roi avoit dit des Grands de son Roiaume, regardoit manifestement le Duc de Guise & ses adherans : il s'en formalisa, & mit aussi aux champs le vieux Cardinal de Bourbon, lui faisant entendre de quelle importance il leur étoit d'empêcher que cet article qui les touchoit ne fût imprimé. Ils en parlerent au Roi ; & quoique bien malgré lui, il consentit qu'on imprimât sa harangue sans ces paroles.

A la seconde séance, le Roi fit jurer à tous ceux qui assistoient à l'assemblée, qu'ils observeroient l'Edit de l'Union comme une Loi fondamentale du Roiaume. Il promit publiquement d'oublier tout ce qu'on avoit fait contre lui, sur tout en la journée des Barricades. Si la promesse fut sincere, il faut qu'il ait eu de puissantes raisons depuis pour porter son ressentiment

---

nulla rei suspicio erat. Major dixit se quidpiam Duci repræsentandum habere, Espernonio ad cubiculum exterius accedente, Major clamavit, *Malta, malta.* Espernonius & quidam Nobiles qui cum ipso erant, ad arma accurrunt : & aggressores repellunt, Majorem fratremque ipsius interficiunt, & in castello ad defensionem parati se continent. Plebs doliis admotis sese ante castellum communivit, Espernoniique uxorem, audita Missa ex Ecclesia exeuntem apprehendit. Espernonius Tajanum consobrinum, quem ante cum pugnatorum manu emiserat, advocari jussit. Ille versus urbem movit, & plebi terrorem incussit. Tunc ad pacta ventum est, & inter ambos convenit, ut rei gestæ memoria deponeretur. Espernonius apud Regem de Villaregio questus est. Rex dixit jussu suo Villaregium id egisse ; tamenque paulo post Villaregius ab aula regia pulsus est ; necnon Brulartius & Pinarius, qui Regi suspecti erant, Bellevræus etiam & Cancellarius amandati fuere.

Les mêmes. Comitia Ordinum Regni Blœsis cœperunt 17. Octobris. Rex elegantem & longam orationem habuit, dixitque qua de causa tantum cœtum convocavisset : inter alia hæc protulit, *Quidam proceres in Regno meo societates inierunt ; sed pro mihi innata clementia prærenita omnia missa facio.* Montholonus, quem Sigillorum Custodem nuper delegerat, quæ Rex dixerat pluribus explicavit ; posteaque Archiepiscopus Bituricensis pro Clero verba fecit. Senescæus vero Toparcha pro Nobilitate, & Martellus Capella pro Tertio Statu loquutus est. Quod de Proceribus Regni sui dixerat Henricus Rex, Guisium & sequaces ejus spectabat. Ille vero ea de re conquestus est, & Cardinalem Borbonium senem concitavit, ipsique dixit magni sua interesset ut clausula illa typis non daretur, Regem ea de re ambo alloquuti sunt, qui etsi invitus permisit ut oratio sua his demtis verbis prælo subjiceretur.

In secundo consessu Rex in Edicti sui verba omnes jurare voluit, quasi in legem Regni præcipuam, publiceque promisit se res omnes contra se attentatas, maximeque in Doliari die oblivioni mandaturum esse. Si promissio sincera fuit, vel majoribus innixus rationibus vindictam postea exercuit, vel novis of-

HENRI III.

auſſi loin qu'il le porta, ou qu'il ait eu de nouveaux ſujets de mécontentement.

La nouvelle qui vint alors que le Duc de Savoie s'étoit ſaiſi du Marquiſat de Saluſſes, fut regardée comme un ſurcroît de malheurs. Le Duc voulant profiter de la conjoncture, & voiant toute la France en feu, reſolut de s'emparer de ce Marquiſat, qui étoit comme enclavé dans ſes Etats, & fort à ſa bienſéance. Il ſurprit Carmagnole, & le Château mal pourvû & mal défendu ſe rendit peu de tems après. Il y trouva quatre cens pieces de canon. Les autres places du Marquiſat furent priſes en moins de trois ſemaines. Le Roi crut que le Duc avoit fait cette entrepriſe d'intelligence avec le Duc de Guiſe & les autres Ligueurs. Les Hiſtoriens du tems aſſurent que cette priſe du Marquiſat de Saluſſes fut fort à leur gré. M. de Thou qui explique plus au long toute l'intrigue, dit, qu'au commencement des grands troubles le Duc de Savoie croiant que le Roiaume alloit être diviſé & mis en pieces, propoſa au Duc de Guiſe de lui laiſſer pour ſa part le Dauphiné, la Provence & le Marquiſat de Saluſſes; & que le Duc de Guiſe qui aſpiroit à s'emparer de tout le Roiaume, rejetta d'abord cette propoſition; mais qu'il s'accommoda depuis avec lui pour le Marquiſat de Saluſſes ſeulement, & qu'alors le Duc de Savoie prit les armes pour s'en ſaiſir.

Le Duc de Savoie ſe ſaiſit du Marquiſat de Saluſſes.

Le Roi envoia ſommer le Duc de rendre ce Marquiſat. Le Duc répondit, qu'il ne l'avoit pris que parce que Leſdiguieres Chef des Huguenots faiſoit la guerre ſur ſes terres, & qu'il avoit pris le Château Dauphin, qu'il garderoit ce Marquiſat pour le Roi, & qu'il en établiroit Gouverneur le Marquis de S. Sorlin qui étoit de ſa Maiſon, & ſujet de Sa Majeſté. Les choſes en demeurerent là.

Cependant le Roi de Navarre faiſoit la guerre avec ſuccès dans le Poitou. Il défit un Regiment du Duc de Mercœur, & prit Beauvoir ſur mer, après quoi il ſe rendit à la Rochelle. Les deux armées envoiées par le Roi ne firent pas de grands exploits. Celle de Dauphiné commandée par le Duc de Maienne, ne prit qu'une petite place & peu fortifiée. Le Duc de Nevers qui conduiſoit celle de Poitou, prit Mauleon & Montaigu, & aſſiegea la Ganache. Le Roi de Navarre y fit entrer du ſecours avant que le ſiege fût formé. Ce Prince étoit alors à la Rochelle, où il avoit fait aſſembler les Etats des Reformez de France, au

Progrés du Roi de Navarre dans le Poitou.

ſenſionibus injuriiſve ad id agendum impulſus fuerit. Quod nunciatum tunc fuit, nempe Sabaudiæ Ducem Saluciæ Principatum occupaviſſe, novam dolorum materiam intulit. Sabaudus occaſionem captans, cum diſcordiarum incendiis totam Franciam conflagrare cerneret, tunc Principatum, in ditionis ſuæ terris quaſi incluſum, ſibi acquirere decrevit. Carmaniolam aſtu intercepit; caſtellum vero obſidioni ferendæ imparatum, paucis poſtea diebus deditum fuit, ibique quadringenta pyria tormenta reperit. Cætera autem oppida minus quam trium hebdomadarum ſpatio capta fuerunt. Putavit Rex Guiſium, alioſque factioſos cum Sabaudia Duce hac in re conſenſiſſe, hiſtoriæque Scriptores affirmant id *Societati* admodum placuiſſe. Thuanus vero qui fuſius perſequitur, ait diſſenſionum tantarum initio Sabaudum cum putaret Regnum totum in partes diſcindendum fore, Guiſio propoſuiſſe, ut ſibi Delphinatum, Gallo-provinciam, & Saluciæ tractum occupanda relinqueret, Guiſium vero qui totum affectabat Regnum, id reſpuiſſe; ſed poſtea cum illo pro Saluciæ tractu tantum conſenſiſſe, tuncque Sabaudum, armis aſſumtis, Saluciæ tractum occupaviſſe.

Miſit Rex qui Sabaudo edicerent ut Saluciæ Principatum reſtitueret. Reſpondit ille ſe Saluciæ tractum occupaviſſe, quia Diguerius in terras ſuas bellum intulerat, & Delphinum caſtellum ceperat, ſe Saluciam pro Rege ſervaturum eſſe, & Sanſorlinium familiæ ſuæ Principem Regicæ ſubditum Præfectum conſtituturum eſſe. Neque ultra tunc proceſſum fuit.

Inter hæc Navarrus in Pictonibus feliciter bellum gerebat, Ducis Mercurii cohortem profligavit, Bellovarium cepit, & poſtea Rupellam ſe contulit. Duo exercitus ab Rege miſſi non ita proſpere rem geſſerunt. Qui in Delphinatu erat, duce Meduanio, oppidulum tantum; neque ita munitum cepit. Niverenſis vero qui in Pictonibus exercitum ducebat, Mauleonum ac Montem-acutum cepit, Ganachiamque obſedit: in hoc oppidum antequam obſideretur, Rex Navarræ auxilia induxerat. Tunc autem ille Rupellæ erat, & Reformatorum Ordines convocaverat. Dum Ca-

Les mêmes

1588.

Etats tenus à la Rochelle.

même tems que ceux des Catholiques se tenoient à Blois. Les Reformez demandoient qu'on établît dans chaque Province un Protecteur, qui soutiendroit ses droits & ses interêts. Le Roi de Navarre jugeant bien qu'un tel établissement seroit une source de querelles & de divisions, & ce qui l'interessoit encore plus, que son pouvoir en seroit fort diminué, proposa d'établir des Chambres particulieres. Ce parti fut accepté: on établit ces Chambres. Mais l'an 1590. après qu'il fut monté sur le trône de France, il les cassa.

Embarras du Roi aux Etats de Blois.

Le Roi étoit bien plus embarassé aux Etats de Blois, qui animez secretement par les Seize, demandoient que leurs Sentences fussent non-seulement *déliberatives*, mais aussi *resolutives*, ce qui auroit comme anéanti la puissance Roiale. Le Roi qui n'avoit garde d'y consentir, fut encore plus surpris, quand ils presenterent Requête que le Roi de Navarre & ses descendans fussent à jamais exclus de la Couronne de France. Il demanda du tems pour faire exhorter le Roi de Navarre de se ranger au giron de l'Eglise Catholique. On ne voulut entendre parler d'aucun délai, & les Etats ordonnerent qu'il seroit exclus, & presenterent le cahier au Roi pour y souscrire, ce qu'il refusa de faire. Il y eut encore bien des contestations sur la reception du Concile de Trente, & sur beaucoup d'autres sujets.

Avis donnez au Roi.

Le Roi bien certain que toutes ces tempêtes lui étoient suscitées par le Duc de Guise, dont l'ambition n'avoit point de bornes, resolut enfin de se défaire de lui. Le Duc de Maienne Prince fort moderé, qui voioit avec peine les desseins ambitieux de son frere, fit avertir le Roi de se garder de lui. Le Duc d'Aumale lui fit donner aussi le même avis. Mais le Roi ne regarda point ces conseils comme sinceres. Ce qui l'enflamma davantage fut un avertissement qu'il reçut que la Duchesse de Montpensier sœur du Duc de Guise, avoit dit que les cizeaux qui pendoient à sa ceinturure serviroient à tondre le Roi Henry pour l'enfermer dans un Monastere. Il eut encore plusieurs autres avis secrets & certains que le Duc de Guise cabaloit puissamment contre lui; ce qui fit qu'il accelera le dessein de le perdre. Quelques-uns voulurent lui persuader de l'emprisonner, & de lui faire faire son procès; mais il vit d'abord que ce parti étoit trop périlleux pour lui, & que les Ligueurs, sans respect pour sa qualité de Roi, auroient délivré le prisonnier, & l'auroient fait périr lui-même.

---

tholicorum Ordines Blœsis essent. Reformati petebant ut in singulis provinciis Protector quidam esset, qui ejus jura defenderet. Navarrus vero prospiciens hinc querelarum & dissensionum ansam fore; quodque magis illum afficiebat, hinc potentiam suam multum imminui, *cameras* peculiares assignandas proposuit; quod acceptum, probatumque fuit. *Cameræ* illæ institutæ fuere: verum anno 1690. postquam Coronam Regiam Francicam adeptus fuerat, *cameras* illas de medio sustulit.

Les mêmes.

Multo majoribus difficultatibus implicatus Rex Francorum in comitiis Blœsensibus fuit. Ordines enim clam concitantibus illis Sextodecimanis Parisinis, petebant ut sententiæ suæ non modo *deliberativæ*, sed etiam *resolutivæ* essent, quod potestatem auctoritatemque regiam de medio pene sustulisset. Rex qui rem hujusmodi nunquam admissurus erat, eo magis impeditus fuit, cum Ordines libellum obtulere, quo petebant ut Rex Navarræ & posteri ejus a Corona Francica in perpetuum exclusi forent. Rex spatium temporis petiit, ut missi quidam ad Navarrum, ipsum ad Catholicam fidem amplectendam hortarentur. Moras ne quidem audire voluerunt Ordines; sed illum exclusum fore statuerunt, codicemque Regi obtulerunt ut ipse subscriberet; illo negavit. Multæ quoque disceptationes fuere circa Concilium Tridentinum recipiendum, & circa alia plurima.

Rex gnarus hasce omnes tempestates sibi a Guisio concitari, cujus ambitio nullam metam norat, tandem illum de medio tollere decrevit. Medumnius moderator Princeps, qui ægre fratris ambitiosos conatus ferebat, Regem moneri curavit ut ab illo sibi caveret. Albæmalæus quoque eadem ipsi monita dedit; sed monita isthæc Rex non sincera esse putavit, multoque magis incensus Rex Henricus fuit, ubi didicit Monpensieriam Guisii sororem dixisse, Forfices ex zona sua pendentes ad Regis Henrici cæsariem tondendam, ut postea in Monasterium includeretur, adhibendos fore. A plurimis aliis submonitus Rex fuit, Guisium multa contra ipsum moliri. Quidam volebant ut Rex Guisium in carcerem conjiceret, & coram Judicibus sisteret; sed vidit ille statim nimis periculosam sibi rem fore: nam factiosi sine ulla erga Regem reverentia, ex carcere illum eduxissent, imo Regem perdidissent.

HENRI III.

Il appella ceux en qui il avoit le plus de confiance, & fit redoubler ses Gardes. La maniere dont fut tué le Duc de Guise a été rapportée assez diversement. Presque tous conviennent de ce qui suit. Le 23 Decembre le Roi fit appeller le Duc de Guise, le Cardinal son frere, l'Archevêque de Lion, le Maréchal d'Aumont & plusieurs autres Seigneurs, comme pour leur communiquer quelques affaires de conséquence. Quoiqu'il gardât un grand secret, le Duc de Guise reçût des avis de differens endroits que le Roi en vouloit à sa vie. Mais la présomption étoit si grande, qu'il répondoit toûjours : *Il n'oseroit*. Le Roi avoit auprès de lui les quarante-cinq Gentilshommes Gascons, que lui avoit donnez pour sa garde & sa sureté le Duc d'Epernon ; le Chef desquels étoit Longnac. Il en choisit quelques-uns des plus déterminez, à qui il découvrit son dessein, & les fit cacher près de sa chambre, pour se jetter sur lui, & le tuer lorsqu'il y viendroit. Il fait donc appeller le Duc de Guise. Ceux qui l'attendoient se jettent sur lui, le percent de coups, il cria d'abord : *Hé mes amis. Hé mes amis.* Au dernier coup de poignard qu'il reçut dans les reins, il cria, *Misericorde*, & alla tomber aux pieds du lit du Roi. Le Cardinal son frere qui n'étoit pas loin de là, entendit cette derniere parole, & se leva en disant, *On tuë mon frere :* mais le Maréchal d'Aumont, qui étoit là de la part du Roi, le retint, & l'arrêta prisonnier lui & l'Archevêque de Lion.

1588.

Il fait tuer le Duc de Guise,

Le Roi fit saisir aussi le Cardinal de Bourbon, le Duc de Nemours & le Prince de Joinville fils du Duc de Guise, plusieurs des Députez des Etats, & quelques Officiers du Duc pour être mis en prison, sans dessein de faire mourir aucun de ceux-là. Mais aiant appris que le Cardinal de Guise ne cessoit de maudire le Roi, & de le menacer, il le fit expedier comme son frere. Les corps des deux freres furent brûlez & réduits en cendres. Après quoi le Nonce du Pape lui dit qu'il avoit encouru l'excommunication. Le Roi avoit aussi donné des ordres pour prendre le Duc de Maienne ; mais averti de cela, il partit de Lion & s'en alla en Bourgogne, & fit tourner cette Province contre le Roi hors quelques petites places.

& le Cardinal son frere.

Le Roi de Navarre cependant faisoit soliciter le Duc d'Epernon de se joindre à lui avec ses troupes. Il surprit en ce même tems la Ville de Niort, & il

---

Eos qui sibi maxime fidi erant tunc Rex convocavit, custodes duplicavit. Quomodo occisus Guisius fuerit diverse tantisper narratur. De sequentibus quæ proferimus omnes consentiunt. Decembris die vigesima tertia Rex convocari jussit Ducem Guisium, Cardinalem fratrem, Arch. Lugdunensem, Aumontium Marescallum, plurimosque alios proceres, ac si consultaturus cum ipsis esset. Etsi rem admodum secretam tenebat, multi variis ex locis Guisium monuere, Regem ipsius perniciem machinari ; sed viri confidentia tanta erat, ut semper responderet, *Non ausurus est*. Penes Regem erant 45. illi Nobiles Vascones, quos ipsi Espernonius dederat, & quorum dux erat Longnacus. Ex illis vero audaciores delegit, propositumque suum ipsis patefecit, & juxta cubiculum absconditos locavit, ut cum ipse accederet, virum adorirentur & confoderent. Guisium ergo evocari jussit. Qui ad id deputati erant in ipsum insiliunt, & gladiis cædunt, clamante illo, *O amici, ô amici !* Cum ultimo in renibus confossus esset, misericordiam exclamavit, & prope Regis lectum cecidit. Cardinalis Guisius qui non procul erat, hanc postremam fratris

vocem audiens, surrexit dicens, *Frater meus occiditur*; sed Aumontius Marescallus qui ex Regis jussu aderat, ipsum compescuit, & apprehendit in carcerem conjiciendum cum Archiepiscopo Lugdunensi qui aderat.

Rex comprehendi jussit etiam Cardinalem Borbonium, Nemorosii Ducem, Principem Joanvillæ Guisii filium, aliquot ex Deputatis Ordinum, & ex Ministris Guisii quospiam, nec tamen illorum quempiam interfici volebat ; sed cum didicisset Cardinalem Guisium Regem perpetuo maledictis & minis incessere, illum perinde atque fratrem occidi jussit ; amborumque fratrum corpora in ignem injecta, atque in cineres redacta sunt ; posteaque Nuncius Summi Pontificis dixit illi, quod excommunicationem incurrisset. Jusserat etiam Rex Meduanium comprehendi : verum ille, re comperta Lugduno profectus, in Burgundiam ivit, & Provinciam illam, exceptis quibusdam oppidulis, contra regias partes convertit.

Les mêmes.

Inter hæc Navarrus Espernonium urgebat ut copias quas ipse habebat cum suis jungeret. Niortium eodem tempore ex improviso cepit, & cogitabat quo

Tome V.   P p

1588. prenoit ses mesures pour donner secours à la Ganache assiegée par le Duc de Nevers ; mais la garnison se rendit enfin, & le Duc de Nevers s'en alla trouver le Roi. Son armée presque toute composée de Ligueurs se dissipa en sorte qu'il lui resta bien peu de monde.

1589. Peu de jours après la Reine Mere Catherine de Medicis, déja incommo-
Mort de dée depuis quelque tems, frapée vivement par les sanglans reproches que lui
la Reine fit le Cardinal de Bourbon qu'elle alla voir, & par cette nouvelle scene, qui se-
Catherine lon toutes les apparences alloit être suivie de grands malheurs, mourut enfin
de Medi-
cis. le 5 de Janvier, & par son testament elle laissa Charles d'Angoulême, fils naturel de Charles IX. heritier des grands biens qu'elle avoit dans l'Auvergne & dans le Languedoc.

Son élo- Le caractere de cette Princesse est si extraordinaire, que je ne sçai si l'His-
ge. toire peut rien fournir d'approchant. Tous les Auteurs conviennent qu'elle avoit beaucoup d'esprit, une adresse merveilleuse, des projets qu'un autre n'auroit jamais imaginer. Elle étoit extrêmement ambitieuse, & emploioit toute son industrie pour se maintenir dans le Gouvernement du Roiaume, & dans le maniement des principales affaires. Sa plus grande passion étoit de se rendre l'arbitre entre differens partis. La dissention & les guerres civiles qui durerent pendant près de trente ans, lui donnerent lieu de vaquer souvent à cet exercice qu'elle aimoit tant.

Catherine se servoit de mille tours d'adresse pour réussir dans ses traitez; & comme elle n'avoit que peu ou point de Religion, elle n'étoit point scrupuleuse sur les moiens qu'elle y emploioit, ni sur sa facilité à promettre cent choses qu'elle n'avoit nulle envie de tenir. Elle menoit toujours une troupe de jeunes Demoiselles, qui aux dépens de leur honneur se mêloient avec les Princes & les Seigneurs traitans, pour découvrir leurs secrets, & les disposer de se rendre aux volontez de la Reine.

Elle traitoit non pas pour le bien de l'Etat, ni pour procurer au Roiaume la tranquilité ; mais pour tirer le Roi regnant son fils de quelque mauvaise affaire ; bien entendu qu'après le traité fait & conclu, elle ne se mettoit guere en peine d'en faire garder les conditions. Ce défaut de bonne foi produisoit de nouveaux troubles & des guerres civiles. Mais comme on remarque en

pacto Ganachiæ a Nivernensi Duce obsessæ ferret opem : at oppidum illud tandem pacta conditione deditum fuit, & Nivernensis Dux Regem adiit. Exercitus ejus, qui fere totus ex copiis Societati addictis constabat, dissipatus fuit, ita ut pauci manerent.

Les mêmes. Paucis postea elapsis diebus, Catharina Medicea Regina parens, quæ jam morbo laborabat, hujusce tragœdiæ, quæ innumera mala portendebat, dolore obruta ; atque a vituperiis quæ ipsi Borbonius Cardinalis, quem inviserat, objecit admodum perculsa, tandem obiit 5. Januarii die, testamento suo hæredem relinquens Carolum nothum filium Caroli IX. Regis ; qui nothus magna hinc bona consequutus est in Arvernis atque in Septimania.

Catharinæ indoles, mores & gesta, adeo singularia sunt, vix ut parem in historiarum quarumlibet decursu deprehendas. Concors est Historicorum omnium opinio ipsam ingenio multum valuisse, artibus & technis, quæ vix aliorum animum subiissent. Erat vero admodum ambitiosa, nihilque non moliebatur ut & Regni administrationem & maxime urgentium grandiumque negotiorum curam sibi retineret. Id vero præsertim ipsi cordi erat, ut inter dissidentes Principes pacem conciliaret. Bella autem civilia & dissensiones, quæ per annos ferme triginta Galliam turbavere, ad eam rem, quam summe expetebat, illam frequenter advocavere.

Nulla non calliditate utebatur ut pactiones hujusmodi pro voto conficeret, & quia non Religione detinebatur, neque æqui bonique rationem ullam curabat, machinas omnes adhibebat, queis optata perficeret : omnia pollicebatur sine ullo promissis standi animo. Puellarum nobilium agmen semper secum ducebat, quæ nulla habita pudoris ratione inter Principes proceresque sese admiscerent, ut eorum secreta consilia detegerent, ipsosque eo deducerent ut Reginæ optatis obsequerentur.

Non ad bonum & tranquillitatem Regni Francorum pactiones illa faciebat; sed ut filium qui tunc regnabat, ex aliquo difficili periculosoque negotio expediret ; verum post inita pacta de servandis conditionibus nihil curabat. Ex violatis porro fœderibus nova dissidia bellaque civilia exoriebantur : verum ut in historiæ hujus decursu sæpe deprehendas, Ca-

HENRI III.

plusieurs endroits de cette Histoire, Catherine ne craignoit rien tant qu'une profonde paix, où l'on n'auroit eu plus besoin d'elle pour accorder les partis, & faire des traitez à sa maniere.

Pour venir à ses fins, elle emploioit tout sans scrupule. Le poison étoit un de ses moiens les plus surs & les plus secrets pour se défaire de ceux qui traversoient ses desirs ou ses desseins. On l'accusa d'avoir enlevé par cette voie bien des Princes & quelques Seigneurs ; François Dauphin fils aîné de François I. la mort duquel lui procura la qualité de Reine de France ; Jeanne Reine de Navarre, qui pouvoit être un obstacle à son grand projet de la S. Barthelemi ; son propre fils Charles IX. qui se disposoit à l'exclure du Gouvernement ; le Maréchal de Bellegarde, qui s'opposoit à ses desseins. Peut-être l'accusa-t-on à faux sur quelqu'un de ceux-là ; mais peut-être aussi en expedia-t-elle bien d'autres sans qu'on s'apperçût qu'elle leur avoit fait donner quelque breuvage. Ses allures sont d'ailleurs si connuës, qu'il n'y a rien là qui passe la vraisemblance.

Il n'y eut jamais de Princesse si adonnée à la Magie, à la Necromantie & à toutes sortes de prestiges : & comme elle ne se cachoit guere sur cet article, on en peut parler avec certitude. Catherine avoit toujours auprès d'elle des Magiciens & des Necromantiens, qu'on honoroit du nom de Philosophes & d'Astronomes. Elle faisoit venir d'Italie & d'ailleurs ceux qui avoient la réputation d'exceller dans cet art. Le nombre des Magiciens augmenta tellement de son tems en France, que l'an 1572. on y en comptoit jusqu'à trente mille, dit M. de l'Etoile dans ses Memoires : ce qui paroit incroyable. Elle portoit sur son corps des Talismans ou des pierres Magiques. M. l'Abbé Fauvel en fit graver un il y a quelques années avec cette note.

1589.

Tome 1. page 219.

"Cette Princesse le portoit toujours sur elle. Il étoit de la façon & fabrique
"du sieur Regnier fameux Mathematicien, & en qui elle avoit beaucoup de
"confiance. Ce fut par son conseil qu'elle fit construire à l'hôtel de la Reine,
"aujourd'hui l'hôtel de Soissons, la belle colonne qui s'y voit encore, où elle
"alloit souvent avec lui pour y observer les astres.

"On prétend aussi que la vertu de ce Talisman étoit pour gouverner sou-
"verainement, & connoître l'avenir ; & qu'il étoit composé de sang humain,

---

therina nihil perinde timebat, atque solidam pacem, qua servata, nunquam ipsa evocanda foret ad congressus & pacta pio porro suo renovanda.

Ut optata assequeretur sine scrupulo omnia usurpabat, eos quos vel optatis vel consiliis suis obesse sentiebat, certa secretaque ratione, veneno scilicet, de medio tollere satagebat. Illo utique modo Principes, Proceresque quosdam sustulisse accusabatur, nempe Fancicum Delphinum Francisci I. primogenitum, quo mortuo, illa ad Reginæ Francorum dignitatem pervenit ; Joannam Reginam Navarræ, quæ destinatæ Sanbartholomæanæ carnificinæ obesse poterat ; Carolum IX. Regem filium, qui Catharinam matrem a rerum administratione submovere parabat ; Bellogardium Marescallum qui consilia sua interturbabat. Forte circa quempiam istorum falso accusata fuerit ; sed fortassis etiam alios eadem via tam secreto sustulerit, ut res tecta manserit, nec deprehensa sit. Tali certe indole erat illa, ut hæc a verisimilitudine non abhorreant.

Nunquam Princeps femina Magicis artibus, Necromantiæ & præstigiis quibuslibet ita addicta fuit, ut Catharina. Quam rem ita tam aperte sectabatur, ut sine ullo dubio res affirmari possit. Semper illa secum ducebat Magos & Necromantes, qui Philosophorum & Astronomorum nomine decorabantur. Ex Italia quoque ex aliisque regionibus illos advocari studebat, qui in Magica arte excellere putabantur. Magorum numerus in gallia Catharinæ tempore usque adeo auctus fuit ut anno 1572. triginta mille Magi numerati sint, inquit Stellæus in Diario suo, quæ res sane vix credibilis esse videatur. Lapillos autem Magicos, quos Talismanos vocant, Catharina semper gestabat, quorum unum D. Fauvelius aliquot ante annos cudi curavi cum hac nota.

"Isthæc Princeps lapillum hunc semper gestabat :
"quem apparaverat Regnerius Mathematicus cele-
"bris, cui Catharina admodum fidebat. Istius con-
"silio in ædibus Reginæ, quæ hodie ædes Suesso-
"nenses vocantur, elegans illa columna, quæ ho-
"dieque visitur, erecta fuit, in quam conscendebat
"illa cum Mago, ut astra simul observarent.

"Narratur etiam hujus lapilli virtutem eo spec-
"tavisse, ut supremam illam rerum administrationem
"servaret, & futura prænosceret : compactumque
"fuisse lapillum ex sanguine humano, exque san-

1589. » de sang de bouc & de plusieurs sortes de métal fondus ensemble sous quel-
» ques constellations particulieres qui avoient rapport à la nativité de cette
» Princesse. L'Original de ce Talisman qui fut trouvé & cassé après sa mort
» arrivée à Blois le 6 Janvier 1589. vint depuis au cabinet de Monsieur
» l'Abbé Fauvel.

Un monument en velin qu'on conserve dans la Bibliotheque de l'Abbaye de S. Germain des Prez, nous apprend à ce sujet une chose des plus singulieres. Il y fut déposé en 1655. comme le marque cette note écrite au dos : *Copie d'une piece que Catherine de Medicis Reine de France portoit toujours sur soi, & qu'on lui trouva après sa mort, laquelle étoit écrite & figurée de son propre sang. Bibliotheca S. Germani à Pratis 1655.*

C'est une feüille de velin qui a environ un pied & demi de long & presque autant de large, où l'on voit d'abord un quarré plein de figures geometriques & de noms extraordinaires : six cercles dont quelques-uns ont des figures de même, & les autres des croix ; le tout entremêlé de noms inconnus. Tout le reste est rempli de prieres en François, en Latin, en Hebreu, avec des expressions bizarres. On y voit sur les côtez des noms d'Anges ou de Genies, comme Razael, Anthiel, Sideriel, Raphael & un grand nombre d'autres.

Le principal usage que Catherine faisoit de ces Magiciens & Necromanciens, étoit pour découvrir l'avenir, & sur tout pour sçavoir qui devoit regner en France, la suite future des Rois, & les années de chaque regne. Sur quoi l'on raconte une chose la plus surprenante dont on ait peut-être jamais entendu parler, qui est qu'un Necromancien lui fit voir une assez longue suite de Rois qui devoient regner en France, & les années de leur regne. Mezerai l'a rapporté comme une chose constante & connuë, quoique en peu de mots, lorsque parlant de la mort d'Henri IV. il dit » Lui même n'ignoroit pas que
» le nombre des années de son regne, selon qu'un Magicien l'avoit fait voir à
» la Reine Catherine de Medicis, étoit tantôt accompli. » Baile dans ses questions & réponses à un Provincial, & M. Godefroi dans ses Editions de la Satyre Menippée & du Journal d'Henri III. en parle plus au long. Cette prédiction se trouve aujourd'hui entre les mains de bien des gens. La voici telle que je l'ai reçûë d'un bon endroit.

» guine hircino, ac plurimis metalli gentibus, quæ
» liquata simul fuerant, observato siderum concursu
» ad Catharinæ genesim spectante. Hic vero lapillus
» post Catharinæ obitum, qui accidit anno 1589.
» 6 Januarii, repertus fractusque fuit, ac demum
» in museum D. Fauvelii inductus est.

Monumentum membranaceum quod hodieque in Bibliotheca S. Germani a Pratis observatur, rem singularem ea de re nobis aperit. Depositum autem istic fuit anno 1655. ut in membranæ dorso notatur his verbis, *Exemplar Charta, quam Catharina Medicea Regina Francia semper gestabat, quaque post mortem ejus corpori ipsius hærens reperta est, ipsius sanguine scripta & delineata. Bibliotheca Sancti Germani à Pratis 1655.*

Membrana est sesquipede longa & ejusdem ferme latitudinis, ubi statim visitur quadratum schema geometricis figuris & singularibus nominibus plenum : deinde sex circuli, quorum aliqui figuras similes, alii cruces habent, cum verbis hinc inde & nominibus ignotis. Reliqua charta plena precibus est, Gallice, Latine vel Hebraïce scriptis, cum verbis sæpe ineptis. Ad latera habentur nomina Angelorum, aut Geniorum, ut Razael, Anthiel, Sideriel, Raphael, multaque alia.

Magis autem & Necromantibus Catharina utebatur ut futura prænosceret, maximeque ut sciret quinam in Francia regnaturi essent, seriem futurorum Regum, & cujusque Regni annos. Qua de re quidpiam narratur omnino stupendum, & fortassis hactenus inauditum ; nempe Necromantem quemdam sat longam ipsi Regum seriem ostendisse, necnon Regni singulorum annos. Mezeræus rem quasi certam narrat, etsi paucis verbis, cum de Henrici IV. morte loquens hæc ait : *Non ignorabat ipse numerum annorum Regni sui, ut Magus quidam Catharinæ Mediceæ ostenderat, jam complesum esse.* Bailius in quæstionibus ad Provincialem, & Godefridus in Editis Satiræ Menippææ, & Diarii Henrici III. pluribus rem tractant. Hæc vaticinatio jam penes multos descripta habetur. Exemplar ejus, quale ex tuto loco accepi hic proferam.

" *Détail concernant ce qui s'est passé chez un Magicien consulté par la Reine Cathe-*
" *rine de Medicis, sur les Princes qui devoient regner en France.*

1589.

" Dans le tems que le Duc d'Anjou qui depuis a été notre Roi Henri III.
" étoit prêt de partir pour se rendre en Pologne, où il avoit été élû Roi.
" sa mere Catherine de Medicis qui avoit pour lui une veritable prédilection,
" & qui avoit souhaité de le voir regner en France, consulta un Magicien
" qu'elle avoit fait venir de Florence, pour apprendre par son art combien
" Charles IX. avoit encore d'années à regner, & quels seroient ses successeurs.
" Elle mena avec elle Dalegre Milhaud, à la fois homme de guerre & hom-
" me de Lettres, & qui devoit accompagner Henri III. en Pologne pour lui
" servir de conseil.

" Le Magicien après les précautions ordinaires, dit à la Reine, que Char-
" les IX. & ses successeurs jusques aux derniers tems de la Monarchie, alloient
" paroître l'un après l'autre, & que chacun d'eux feroit autant de tours
" autour d'une table longue qui étoit dans la chambre, que chacun d'eux
" avoit d'années à regner, & qu'on verroit sur chacun d'eux avant qu'il dis-
" parût, quelque signe du genre de mort par lequel il devoit finir.

" La premiere figure qui parut fut celle de Charles IX. Au second tour
" de table le phantôme parut couvert de goutes de sang aux mains & au visa-
" ge, & puis disparut. Henri III. vint ensuite à la grande satisfaction de Ca-
" therine de Medicis, il disparut après quinze tours, le pourpoint blanc qu'il
" portoit ensanglanté vers la ceinture.

" Puis vint Henri IV. qui fit vingt & un tours, & disparut, le pourpoint
" ensanglanté à la hauteur du cœur, & lui succeda une mere menant par la
" main un enfant de dix ans qui croissoit à chaque tour, & qu'elle abandonna
" après six tours : c'étoit Louis XIII. il disparut pâle & défait au trente-troisié-
" me tour.

" Vint ensuite une autre mere qui menoit un enfant encore plus jeune que
" le precedent, & qu'elle abandonna au bout de quelques tours : c'étoit Louis
" XIV. L'enfant tant en grandissant qu'en âge viril & en caducité, fit un si
" grand nombre de tours, qu'on ne les comptoit plus. Enfin il disparut étant

---

" *NARRATIO EORUM QUÆ GESTA SUNT*
" *apud Magum quempiam, Regina Catharina Medi-*
" *cea rogante, circa Principes, qui in Francia regna-*
" *turi erant.*

" Quo tempore Dux Andium, qui postea fuit
" Rex Francorum Henricus III. ad iter in Poloniam,
" ubi Rex electus fuerat, sese apparabat ; Mater ejus
" Catharina Medicea, quæ ipsum maxime omnium
" diligebat, cupiebatque ut in Francia regnaret ,
" Magum quemdam, quem Florentia evocaverat, adiit,
" ut illius arte edisceret, quot annis adhuc regnatu-
" rus esset Carolus IX. & qui successores ejus futuri
" essent, secumque duxit Alegrium Milliaudum,
" bellicum & literatum virum, qui cum Henrico in
" Poloniam iturus erat, ut ipsi a consiliis esset.

" Magus post solitas cautiones Reginæ dixit, Ca-
" rolum IX. & successores ejus ad postrema usque
" Monarchiæ Francicæ tempora mox alius post alium
" comparituros, totque gyros circa mensam quam-
" dam oblongam, quæ aderat, facturos esse quot an-
" nos essent regnaturi ; atque antequam singuli abs-
" cederent signum quodpiam exhibituros esse circa
" mortis genus quo obituri erant.

" Primus apparuit Carolus IX. qui ad secundum
" circa mensam gyrum evanuit, guttas sanguinis in
" manibus & in vultu conspersas habens. Post illum
" Henricus III. visus est, gaudente Catharina matre,
" & post gyros quindecim abscessit, cum thorace al-
" bo, quem gestabat, sanguine conspersus circa zo-
" nam.

" Postea venit Henricus IV. qui viginti & unum
" gyros complevit, & deinde evanuit cum thorace e
" regione cordis sanguine consperso. Ipsi successit
" mater quædam, filium decennem manu ducens,
" qui ad singulos gyros crescebat, quemque illa post
" gyros sex deseruit : ad trigesimum tertium au-
" tem gyrum ille pallidus, & attenuato vultu eva-
" nuit.

" Alia subinde mater apparuit, puerum ducens
" præcedenti juniorem, quem ipsa post aliquot gy-
" ros deseruit. Puer autem ille, sive dum cresceret,
" sive dum in ætate virili esset, sive dum senesce-
" ret, tot gyros fecit, ut non ultra numerarentur ;

» déja vieillard ; après la disparution la table s'enfonça, & la chambre parut
» remplie de chats & de rats.

» Il est fait mention de cette vision dans l'abregé de Mezeray, à l'occasion
» des pressentimens que Henri IV. avoit de sa mort, mais assez succintement.

» On prétend que d'Alegre Milhaud mit par écrit tout ce qu'il avoit vû ;
» & qu'ayant été assassiné quelques jours après par le Baron de Viteaux Duprat,
» les Officiers de Justice trouverent ce papier parmi les papiers dudit Alegre
» Milhaud, lorsqu'ils les inventorierent. On dit que l'original de l'écrit de ce
» ce Seigneur étoit, il y a environ soixante ans, entre les mains de Monsieur
» Tardif Conseiller au Châtelet.

» Il y a trois circonstances qu'il ne faut pas obmettre. La premiere, c'est
» que les figures qui paroissoient, changeoient d'habits en faisant leurs tours
» suivant les differentes modes qui devoient être en usage pendant leur vie.
» La seconde, que Catherine de Medicis voulut parler à une de ces figures,
» & même la toucher ; le Magicien l'avertit qu'elles ne répondroient point,
» & qu'il y avoit du risque. Enfin lorsque les chats & les rats parurent, on lui
» demanda ce que cela signifioit, & si on ne pouvoit voir rien de plus que ce
» qui avoit paru, il répondit qu'il y avoit encore bien d'autres choses que l'on
» auroit pû voir, mais que l'apparition des chats & des rats étoit le signe que
» le charme étoit fini, & que pour le moment present on ne pouvoit rien
» voir davantage ; qu'au surplus la presence de ces chats & de ces rats ne
» marquoit aucune prédiction pour l'avenir, & que l'on n'en pouvoit tirer
» aucune conséquence.

» On dit que ce Magicien chez lequel ces choses se sont passées, demeuroit
» au cloître de S. Germain l'Auxerrois, & que ce fut en plein jour qu'il fit
» voir toutes ces figures ; mais pourtant dans une chambre dont les fenêtres
» étoient fermées, & il n'y avoit que deux lumieres posées sur la table lon-
» gue, qui étoit au milieu de la chambre.

Bien des gens auront peine à croire une telle vision, & regarderont cette
histoire comme faite après coup. Quoiqu'il en soit il semble que cette Princesse
qui s'étoit signalée par tant de malefices, d'empoisonnemens, de prestiges, des
violemens des traitez, ait attiré la malediction de Dieu sur sa famille. De ses
quatre fils les trois qui ont porté la Couronne, ont été fort malheureux pendant leur Regne, * & n'ont point laissé de posterité legitime ; & le quatriéme

* Charles IX. ne laissa qu'une fille legitime qui mourut fort jeune.

» tandemque jam senex evanuit. Posteaque mensa de-
» pressa est, evanuitque & conclave felibus, mu-
» ribusque plenum apparuit.

» Hujus visi & portenti mentio habetur in Com-
» pendio Mezeræi, ubi agitur de mox futuræ mor-
» tis signis, quæ Henricus IV. præsenserat ; sed pau-
» cis verbis.

» Narratur autem Alegrium Millialdum ea omnia
» quæ viderat descripsisse : & cum postea a Vitelliano
» Pratensi occisus fuisset, justitiæ Ministros inter
» chartas Alegrii hoc rescriptum invenisse : diciturque
» ante annos sexaginta istius rescripti autographum
» fuisse penes Tardivium in Castelleto Senatorem.

» Tria autem hic observanda sunt, 1°. Illa Re-
» gum spectra, cum gyros peragerent, vestes muta-
» visse secundum illius temporis usum & mutationes.
» 2°. Catharinam Mediceam voluisse aliquem ex Re-
» gibus illis alloqui ; imo & tangere ; Magum vero
» monuisse illam, non responsurum esse Regem, nec
» posse rem sine periculo tentari. Demum quando

» feles & mures apparuere, interrogatum Magum
» quid hæc significarent, & an alia videri possent,
» respondisse illum, multa alia superesse quæ videri po-
» tuissent, sed feles & mures qui comparebant signi-
» ficare fascinum esse finitum, neque ultra tunc posse
» quidquam videri ; cæterum feles illos & mures nihil
» aliud omnino portendere.

» Narratur etiam, Magum in cujus ædibus hæc
» visa sunt, in Claustro Sancti Germani Antissiodoren-
» sis habitavisse ; & interdiu illum hæc spectra mons-
» travisse ; sed in conclavi cujus fenestræ clausæ
» erant, duoque lumina in mensa illa oblonga, quæ
» in medio conclavis erat, posita fuisse.

Multi tale visum vix credituri sunt, & hujusmodi
historiam, utpote post eventus publicatam, suspectam habebunt. Ut ut res est, videtur Catharina, quæ
tot maleficiis, venenatis poculis, præstigiis & violatis fœderibus insignis fuit, in familiam suam diras
attraxisse. Ex quatuor filiis ejus tres qui regnavere,
infelicissime vitam duxerunt, & sine prole mascula

après mille traverses, est aussi mort sans lignée, non sans soupçon de poison. Elle fut témoin oculaire de tout, & vit avant que de mourir, que sa race alloit être infailliblement éteinte.

Les Etats de Blois continuerent encore quelque tems depuis la mort du Duc de Guise. Le Roi les licentia enfin après avoir confirmé par serment l'Edit de l'Union, recommandant expressément aux trois Etats de maintenir la paix & la tranquilité dans les Provinces. Ils le promirent, mais peu tinrent leur parole.

Cependant Paris étoit tout en feu. Les Seize avertis les premiers de la mort du Duc de Guise, la tinrent quelque tems cachée, & se saisirent des portes de la Ville. Dès que la nouvelle fut répanduë, le peuple se déchaîna contre le Roi. Les Prédicateurs l'animoient sans cesse. On fit au sujet du Roi une Anagramme où l'on tourna son nom *Henri de Valois* en *Vilain Herodes* Le Duc d'Aumale fut nommé par les Seize, Gouverneur de Paris, & il fut resolu que l'on ne reconnoîtroit plus Henri de Valois comme Roi. Pour faire cela avec quelque espece d'autorité, on consulta la Sorbonne, & par la faction de quelques Docteurs qui étoient du conseil des Seize, on y prononça que le peuple étoit délié du serment de fidelité. Après quoi les Prédicateurs ne gardoient plus aucunes mesures: ils vomissoient en chaire tout ce qu'on pouvoit imaginer de plus outrageux contre Henri de Valois, qu'ils appelloient toujours *Vilain Herodes*.

Bussi le Clerc, le plus remuant & le plus témeraire des Seize, alla avec des gens armez en Parlement, disant qu'il avoit ordre de se saisir de certains Presidens & Conseillers de la Cour qui étoient du parti d'Henri de Valois. Le premier qu'il nomma fut le premier President de Harlay, & les autres étoient les plus anciens Presidens & Conseillers. Alors tout le Parlement se leva, & ils marcherent deux à deux depuis le Palais jusqu'à la Bastille. Ce spectacle fut regardé de mauvais œil par les Bourgeois, bien fâchez qu'il n'y eût personne en état de reprimer une telle audace.

La fureur de la populace ne se pouvoit exprimer. Ils allerent à l'Eglise de S. Paul, mettre à bas & ruiner les tombeaux des anciens Mignons du Roi, Saint Maigrin, Quelus & Maugiron; ils effacerent l'image du Roi des tableaux

Les Parisiens se revoltent contre le Roi.

Les principaux du Parlement menez en prison.

Violences des Parisiens.

---

mortui sunt: quartus post mille adversos casus etiam sine liberis, nec sine veneni suspicione mortuus est. Horum omnium testis ipsa fuit, & ante obitum mox extinguendam fore progeniem suam certo scivit.

Comitia Blœsensia post Ducis Guisii cædem adhuc per aliquod tempus continuata fuere. Rex tandem Ordines omnes dimisit, postquam Edictum Unionis sacramento confirmaverat, Ordinesque hortatus est ut paci & tranquillitati in provinciis servandæ studerent: id illi polliciti sunt; sed pauci promissis steterunt.

Interim Lutetia quasi igne flagrabat. Sextodecimani illi, quibus prioribus Guisii cædes nunciata fuerat, aliquanto tempore occultam illam tenuere, & urbis portas occupavere. Statim atque vero res evulgata fuit, populus per urbem Regem maledictis proscidit. Concionatores turbam perpetuo concitabant: Anagramma factum est, in quo Regis nomen Francico idiomate scriptum sic vertebatur, *fœdus Herodes*. Dux Albæmalæ a Sextodecimanis illis Lutetiæ Præfectus declaratur, decretumque fuit ut Henricus Valesius non ultra pro Rege haberetur. Ut vero illud cum aliqua auctoritatis specie fieret, Sorbonæ sententia expetita fuit, & per factionem Doctorum quorumdam, qui Sextodecimanis a consilio erant, declaratum fuit populum sacramento fidei solutum esse. Deinceps Concionatores quidquid injuriosi & contumeliosi in buccam veniebat, in fœdum Herodem proferebant.

Bussius Clericus ex Sextodecimanorum numero, qui cæteris temeritate & rerum novarum cupiditate præibat, cum armatis viris in Curiam Senatus se contulit, dicens sibi jussum esse aliquot Præsides & Senatores capere, qui pro Henrico Valesio stabant. Prior nominatus est Achilles Harlæus Primus Præses, cæteri vero antiquiores Præsides Senatoresque erant. Tunc porro Senatus totus consurrexit & bini omnes processerunt a Palatio ad usque Bastiliam, quod spectaculum ut horrendum habitum fuit a bonis civibus, ægre ferentibus quod nemo tantam petulantiam coercere posset.

Plebis Parisinæ furor vix exprimi queat. Multi in Ecclesiam Sancti Pauli se contulere ut sepulcra illorum olim Regi gratiosorum destruerent, Sanmegrinii, inquam, Cailussii & Maugironi. Regis autem imagines quæ in tabulis depictæ erant, eradebant ac

Les mêmes.

Les mêmes.

1589. où ils la trouvoient, ils alloient piller les calices, croix, chandeliers d'or ou d'argent dont le Roi avoit fait present à certaines Eglises. Il se trouva un chandelier où étoient representez quelques satyres. Ginceftre ou Vinceftre prêchoit impudemment que ces satyres étoient des dieux que Henri de Valois adoroit, & le peuple sot ajoutoit foi à cela & à bien d'autres choses qui n'avoient aucune apparence de verité.

Le Roi eut avis que le Commandant qu'il avoit laissé au Château d'Amboise étoit en traité pour laisser échapper de prison le Cardinal de Bourbon, & les autres prisonniers. On croioit que c'étoit lui qui avoit donné moien au Duc de Nemours de se sauver. Il fit agir auprès de ce Commandant; & moyennant une grosse somme d'argent, il remit entre les mains des Gens du Roi le Cardinal de Bourbon, le Prince de Joinville, & le Duc d'Elbeuf, qui furent ramenez à Blois, & mis sous sure garde. On lui laissa les autres prisonniers pour en tirer tout l'argent qu'il pourroit.

Villes de France qui se declarent pour la Ligue.

A l'imitation de Paris, un grand nombre d'autres Villes du Roiaume quitterent le parti du Roi, & se rangerent du côté de l'Union. Presque toutes les Villes de Bourgogne furent gagnées par le Duc de Maienne. Lion & Troye se mirent du même côté. Châlon en Champagne demeura fidele au Roi, & chassa du Rhône qui y avoit été mis par le Duc de Guise. Chartres, le Mans, Rouen, & un grand nombre d'autres Villes suivirent le parti de l'Union. A Orleans la Citadelle seule tint quelque tems pour le Roi; mais enfin le Maréchal d'Aumont fut obligé de l'abandonner. Amiens, Abbeville, Toulouse & les Villes de Provence, Aix, Arles, Marseille & Toulon, se joignirent aux précedentes. Angers voulut aussi être du nombre : mais le Maréchal d'Aumont qui s'y trouva, l'obligea de demeurer sous l'obéissance du Roi. Le Duc de Mercœur fit aussi tourner presque toutes les Villes de Bretagne; mais Rennes qui avoit suivi l'exemple des autres, se remit après à son devoir.

Le Duc de Maienne arrivé à Paris, y trouva un Conseil de quarante établi par les Seize ; & jugeant qu'il ne seroit pas bien le maître de ce Conseil, il l'augmenta de beaucoup, & y mit des gens à sa devotion. Il fut declaré Lieutenant General du Roiaume de France. Il fit des Reglemens pour tout le parti de l'union. La Ville de Paris étant venuë à ce point de rebellion, par un Edit

---

delebant, calices, cruces, candelabra aurea vel argentea, quæ Rex Henricus quibusdam Ecclesiis dono obtulerat, diripiebant. In quodam autem candelabro satyri quidam repræsentabantur, & Ginceſter, seu Linceſter impudens Concionator affirmabat hosce Satyros pro diis habitos atque cultos fuisse ab Henrico Valesio: ineptaque plebs his fidem habebat, aliisque multis, quæ in umbra quidem veri præ se ferebant.

Les mêmes. Regi nunciatum fuit Præfectum quem in Ambosiano Castello reliquerat, pacta inire cum Cardinale Borbonio, cæterisque in carcere positis, ut illos liberos dimitteret, ipsoque conscio purabatur Nemorosius Dux ex carcere evasisse. Henricus vero Rex cum ipso Præfecto rem componi curavit, & accepta ille pecuniæ summa Regiis tradidit Cardinalem Borbonium ; Principem Joanvillæum & Ellebovium Ducem, qui Blœsas adducti sunt, & sub tuta custodia positi. Alii qui in carcere erant, Ambosiano Præfecto relicti sunt, ut pro illorum redemptione quantam posset pecuniam corraderet.

Thuanus. Cayet. Lutetiæ exemplo multæ aliæ per Regnum urbes, relictis Regiis partibus, sanctæ Societatis nomen dederunt. Omnes fere Burgundiæ urbes ad eas partes se contulere, itemque Lugdunum & Trecæ in Campania. Catalaunenses vero in Campania Regi fidi mansere, & Rhonium a Guisio Præfectum constitutum expulere. Carnutum, Cenomanum & Rothomagus ad Societatem illam deflexere. Aureliani aliquanto tempore arx sola pro Rege stabat ; sed Aumonius Marescallus illam tandem deserere compulsus est. Ambianum, Abbatis-villa, Tolosa, Gallo Provinciæ urbes, Aquæ-Sextiæ, Arelate, Massilia, Telo, idipsum fecere. Andegavum quoque in eam partem inclinabat : sed Aumonius qui aderat, sub Regis potestate manere coëgit. Dux quoque Mercurius omnes fere Armoricæ urbes ad partes suas convertit : at Rhedones, qui aliorum exemplum sequuti fuerant, ad debitum postea Regi officium se recepere.

Meduanius cum Lutetiam advenisset, consilium quadraginta virorum reperit a Sexdecimanis constitutum, cumque prævideret se in isto consilio non dominaturum esse, huic numero quamplurimos addidit, quos sibi fidos delegit. Vicarius autem Generalis Regni electus ipse fuit, statutaque edidit ad totam *sanctam Unionem* spectantia. Cum Lutetia ad tantum rebellionis culmen venisset, Rex Edictum fi-

du

HENRI III.

du mois de Fevrier, le Roi transfera le Parlement de Paris & la Chambre des Comptes à Tours. Le lieu destiné pour l'Assemblée du Parlement, fut une grande salle de l'Abbayie de S. Julien, & la Chambre des Comptes fut établie dans la Tresorerie de saint Martin de Tours. Ces deux Cours Souveraines demeurerent à Tours depuis le mois de Mars de l'an 1589. jusqu'au mois de Mars de l'an 1604. Il établit aussi une autre Chambre de Parlement à Châlon sur Marne pour la Champagne & la Picardie.

1589. Le Parlement de Paris transferé partie à Tours, partie à Châlon sur Marne.

Le Roi de Navarre prit un grand nombre de places dans le Poitou, n'y ayant personne pour s'opposer à ses progrès. Cependant le Roi étoit fort embarassé sur le parti qu'il avoit à prendre. Quelques-uns vouloient lui persuader de faire en même tems la guerre à la Ligue & au Roi de Navarre; ce qui sembloit repugner au sens commun, ne paroissant pas possible de soutenir les efforts de deux si puissans partis en même tems; d'autres vouloient qu'il s'accommodât à quelque prix que ce fût avec la Ligue, pour faire conjointement avec elle la guerre aux Huguenots; d'autres enfin étoient d'avis qu'il s'unît au Roi de Navarre, pour tâcher de détruire cette Ligue. Il resolut de tenter successivement ces deux derniers partis. Il emploia le Légat Morosini pour porter le Duc de Mayenne à un accommodement. Le Duc rejetta avec mépris cette proposition. De sorte que le Roi vit qu'il n'avoit d'autre parti à prendre que de se joindre avec le Roi de Navarre, qui ne demandoit pas mieux.

Il lui envoia un Gentilhomme, & le Roi de Navarre fit partir Châtillon pour traiter avec le Roi. Ils conclurent ensemble une tréve pour un an. Le Roi devoit lui livrer un passage sur la Loire, & vouloit lui donner le pont de Cé; mais le Gouverneur faisant difficulté d'y admettre le Roi de Navarre, il lui donna Saumur, où ce Prince se rendit. Pendant que le Duc de Maienne se préparoit à venir avec une armée vers la Loire contre le Roi Henri, les hostilitez commencerent en differens endroits du Roiaume entre les Roiaux & les Ligueurs. En Champagne, Saint Paul Chef des Ligueurs reçût un échec considerable, & vers le même tems les Ligueurs y eurent quelque avantage. M. de Montpensier qu'il avoit envoié en Normandie, dont la moitié avec la Ville de Rouen s'étoit tournée du côté des Ligueurs, y eut plusieurs bons succès. Il défit d'abord la garnison de Falaise qui faisoit des courses; puis il assiegea la Ville. Mais Brissac qui commandoit en ces cantons pour la Ligue, assembla un corps

Le Roi se joint au Roi de Navarre.

---

bruario mense protulit, quo Senatum Parisinum & Cameram Computorum Cæsarodunum transferebat. Locus ad consessum Curiæ deputatus, conclave magnum fuit in Abbatia S. Juliani; & Camera Computorum in *Thesauraria* S. Martini Turonensis. Hæ vero Supremæ Curiæ Cæsaroduni manseree a mense Martio anni 1589. ad mensem Martium anni 1604. Aliam quoque Senatus Curiam constituit Catalauni ad Matronam pro Campania & Picardia.

Rex Navarræ oppida multa in Pictonibus cepit, cum nemo ipsi obsistere valeret. Interea Rex animi pendebat, quam in partem se converteret, deliberans. Aliqui suadebant ipsi ut bellum contra Societatem & contra Navarrum gereret, quod a recta ratione aberrare videbatur: cum nullo modo posset duos potentissimos hostes eodem tempore propulsare. Alii volebant ut cum Societate quoquo modo posset pacisceretur, & Navarrum bello impeteret. Alii demum opinabantur ut cum Rege Navarræ societate jungeretur, ut illam *Unionem*, si posset, aboleret. Decrevit autem illa duo postrema consilia alternis vicibus tentare. Maurocenum Legatum adhibuit, ut Meduanium ad pactionem secum ineundam induceret. Rem propositam Meduanius cum contemptu rejecit. Itaque vidit Rex non aliam sibi superesse viam, quam si cum Rege Navarræ jungeretur, qui id summe desiderabat.

Misit ipsi nobilem quemdam virum, & Navarrus Castellionæum deputavit qui cum Rege pacisceretur. Inducias illi statim annuas fecere. Rex ipsi locum daturus erat ad Ligerim trajiciendum, & Pontes-Seii dare cupiebat; sed reluctante loci Præfecto, Salmurium dedit, & Navarrus illò se contulit. Dum Meduanius exercitum parabat ut ad Ligerim contra Henricum Regem bellum laturus contenderet, hostilia in multis Regni locis cœpta sunt inter Regios & Socios rebelles. In Campania Sanctus Paulus rebellium dux a Regiis profligatus est, qui Regii postea infelicius pugnavêre. Monpenserius, quem Rex miserat in Normanniam, cujus dimidia pars cum Rothomago ad *Unionem* deflexerat, pluries prospere pugnavit. Primo Falesiæ præsidiarios fudit, qui egressi fuerant, posteaque oppidum obsedit. Brissacus vero qui pro Societate in istis partibus imperabat, manum pugna-

Les mêmes.

Tome V.

1589. considerable de troupes, auxquelles se joignirent les Gautiers, espece de Milice du Payis : cela faisoit une armée. Le Duc de Montpensier ne jugea pas à propos de l'attendre, il leva le siege, & marcha contr'eux. Le combat fut sanglant ; mais enfin les Ligueurs & les Gautiers furent entierement défaits : plus de trois mille hommes demeurerent sur la place. Il y eut douze cens prisonniers, parmi lesquels se trouverent trente Gentilshommes. Le Roi voiant que Rouen s'étoit tourné contre lui, transfera le Parlement à Caën, comme il avoit transferé le Parlement de Paris à Tours.

Brissac défait par le Duc de Monpensier.

Cependant le Duc de Maienne avoit assemblé une armée considerable pour marcher contre le Roi. Il se rendit à Chartres, & fit prendre à son avantgarde commandée par du Rhône, la route du Vendômois. Benehard Gouverneur de Vendôme, qui étoit d'intelligence avec les Ligueurs, lui ouvrit les portes, & fit tourner la Ville du côté de la Ligue. De là le Duc de Maienne s'avança promptement vers la Loire, surprit le Comte de Brienne beaufrere du Duc d'Epernon, & lui tailla en pieces près de six cens hommes : le Comte avec le peu de monde qui lui restoit, se retira à S. Oüin, où il fut assiegé, & obligé de se rendre prisonnier de guerre.

Le Roi de Navarre qui s'étoit saisi de Saumur, vint voir le Roi au Plessis lès Tours. Ils furent quelque tems ensemble, tinrent conseil, & prirent des mesures pour faire la guerre aux Ligueurs. Le Roi de Navarre s'en retourna vers Saumur, & le Roi resta à Tours avec peu de monde. Quoique l'armée ennemie fut proche, il se tenoit fort peu sur ses gardes. Le Duc de Maienne averti de cela, resolut de le surprendre, & de se saisir de lui s'il pouvoit. Il fit marcher toute la nuit son avant-garde, & arriva auprès de Tours. Comme il faisoit fort beau ce jour là qui étoit le 7 de Mai, le Roi monta à cheval pour aller prendre l'air des champs, peu accompagné, s'avança vers l'endroit par où venoit la cavalerie du Duc de Maienne, & alloit se jetter imprudemment parmi eux. Un homme vint l'avertir que ceux qu'il voioit devant lui à cent pas de là, étoient la cavalerie de la Ligue. Il tourna alors bride, se retira bien vite, & fut poursuivi par les Ligueurs jusqu'à la premiere enceinte de la Ville. Il fit mettre tout son monde en armes, aidé du Maréchal d'Aumont, fit entrer ses Suisses dans la Ville, & envoia avertir le Roi de Navarre & le Duc d'Eper-

Le Roi en danger d'être pris par les Ligueurs.

torum numerosam collegit, cui adjuncti sunt Gualterii militiæ genus in ista regione. Monpenserius Brissacum non exspectavit ; sed soluta obsidione adversus illum movit. Cruenta pugna fuit, tandemque Gualterii & Socii profligati omnino fuere. Plusquam ter mille cæsi in campo mansere, ac mille ducenti capti sunt, in quorum numero triginta viri Nobiles fuere. Videns Rex Rothomagum adversum se conversum fuisse, Curiam Senatus Cadomum transtulit, ut Parisinam Cæsarodunum transmiserat.

Les mêmes. Interea Meduanius exercitum numerosum collegerat, ut contra Regem moveret. Carnutum autem se contulit, primamque aciem duce Rhonio in Vindocinensem agrum misit. Benehardus Vindocini Præfectus, qui cum Sociis consentiebat, portas Rhonio aperuit, urbemque ad Societatis partes convertit. Inde Meduanius celeriter versus Ligerim contendit, & Briennium Comitem Espernonii fratrem intercepit, turmæque ipsius sexcentos pene viros peremit. Briennius cum paucis, qui sibi supererant, in Sancti Audoeni oppidum se recepit, ubi obsessus, sese captivum dedere compulsus est.

Navarrus qui Salmurium occupaverat, Plesseium prope Turones Regem invisurus venit. Aliquantum temporis simul versati, de rebus agendis consilia miscuere, circa bellum hosti inferendum. Navarrus Salmurium versus se recepit. Rex vero cum paucis pugnatoribus Cæsaroduni mansit ; etsi hostis prope erat, nulla fere utebatur cautione. Hoc comperto Meduanius illum nec opinantem, si posset, capere decrevit. Primam aciem totam noctu Cæsarodunum versus movere jussit, quæ prope urbem advenit. Die decima septima autem Maii, cum sudum serenumque cælum esset, animi recreandi causa Rex agros eques petiit paucis comitantibus, ulteriusque viam carpens, versus equitatum Meduanii imprudenter tendebat, moxque futurum erat ut incideret in manus hostium. Quidam ipsum monuit equitatum illum quem videbat, non plusquam centum passibus distantem, exercitus Sociorum esse partem. Tunc conversus celeri cursu urbem repetiit, insequente hostili exercitu ad usque primum urbis ambitum, juvanteque Aumontio, suos ad concertandum apparat, Helvetios in urbem advocat, & Regem Navarræ, necnon Espernonium

La même.

non qui étoit à Blois, que l'armée de la Ligue étoit devant Tours. 1589.
Le Duc de Maienne attaqua le fauxbourg qui étoit au bord de la Loire, l'emporta de force : il y eut deux cens Roiaux tuez, & il y perdît environ cent hommes des siens. Sur les sept heures du soir l'infanterie du Roi de Navarre arriva & occupa le fauxbourg qui étoit de l'autre côté de la riviere, & deux Isles voisines : d'autres troupes Roiales venoient de tous côtez pendant la nuit. Ce que voiant le Duc de Maienne, il leva le piquet sur les quatre heures du matin, prit la route de Paris, & en chemin faisant, il se rendit maître d'Alençon.

Le Duc de Mayenne prend un fauxbourg de Tours.

Une grande quantité de Noblesse vint joindre l'armée du Roi, qui attendoit encore de puissans secours de Suisse & d'Angleterre. Les Roiaux commencerent alors d'agir. Le Capitaine Lorge prit Châteaudun, & envoia Châtillon avec deux cens chevaux & trois cens Arquebusiers pour executer une entreprise sur Chartres. Châtillon rencontra chemin faisant le sieur de Saveuse, un Chef des Ligueurs à la tête de trois cens chevaux & trente Arquebusiers. Le combat fut rude & long-tems disputé : mais enfin Saveuse fut défait & pris, & il mourut de ses blessures. En ce tems-ci la Ville de Poitiers qui s'attendoit que le Parlement de Paris y seroit transferé comme il l'avoit été autrefois, sur la nouvelle qu'il étoit établi à Tours, se tourna du côté de la Ligue. Agen prit aussi le même parti. Mais Bourdeaux & Limoges solicitez par les Ligueurs, demeurerent fideles au Roi, qui sur la nouvelle que Poitiers alloit se donner à la Ligue, s'y rendit bien accompagné pour se conserver cette Ville; mais on lui ferma les portes.

Saveuse défait & tué.

Arrivé de Poitiers il apprit la levée du siege de Senlis & la défaite du Duc d'Aumale, ce qui s'étoit passé en cette maniere. Le Duc de Maienne en partant avec son armée pour aller vers la Loire, avoit laissé un ordre d'obliger toutes les Villes & places à dix lieües de Paris, de se ranger au parti de l'Union ou de la Ligue, & de lui prêter serment de fidelité. Cependant Toré Montmorenci s'étoit saisi pour le Roi, de Senlis, y avoit mis bonne garnison, & avoit obligé les habitans qui y étoient assez portez d'eux-mêmes, à se tourner du côté du Roi. Le Duc d'Aumale qui commandoit à Paris, assembla un corps de cinq ou six mille hommes, & assiegea la Ville. Les assiegez se dé-

---

qui tunc Blœsis erat, moneri jubet hostem ante Cæsarodunum venisse.

Meduanius suburbium ad oram Ligeris situm adortus est, ipsumque cepit, cæsisque regiis ducentis, centum suorum amisit. Hora circiter septima vespertina peditatus Navarri adveniens, suburbium ad alteram fluminis oram positum occupavit, duasque insulas vicinas. Per noctem vero regiæ copiæ undique confluebant; quo comperto Meduanius, hora circiter quarta matutina, receptui cecinit, versus Lutetiam contendit, & iter agendo Alenconium occupavit.

Nobilium agmen grande Regis exercitum auxit, qui etiam numerosas Helvetiorum & ex Anglia auxiliares copias exspectabat. Regii tunc hostilia agere cœperunt. Lorgius agminum ductor Castellodunum cepit, misitque Castellionæum cum equitibus ducentis, trecentisque sclopetariis, qui adversus Carnutum quidpiam tentaret. Castellionæus iter agendo in Savosium incidit, qui pro *Unione* certans trecentos equites & triginta sclopetarios ducebat; aspera diuturnaque pugna fuit, tandemque Savosius victus, captusque fuit, atque ex vulneribus interiit. Hoc tempore Pictavorum urbs, quæ sperabat Cu-

riam Patisini Senatus ad se translatum iri, ut olim istuc translata fuerat, ubi comperit ipsam Cæsarodunum fuisse transmissam, ad Unionis partes se contulit, Aginnum quoque ad Unionem deflexit; sed Burdegala & Lemovicum urbes, urgentibus licet Sociis, regias partes sequutæ sunt. Henricus vero Rex cum audisset Pictavium ad Unionem inclinare, numeroso comitante se agmine, illò se contulit ut urbem sibi servaret : verum Pictavi portas ipsi clausere.

Ex Pictavis reversus Rex edidicit Silvanecti obsidionem solutam & Albæmalæum profligatum fuisse, quæ res sic evenerat. Meduanius quando cum exercitu versus Ligerim profectus est, mandaverat ut castra & oppida omnia, Lutetia decem leucis distantia, ad Unionis partes deducerentur, & ipsi sacramentum fidei præstare cogerentur. Inter hæc vero Toræus Montmorencius Silvanectum pro Rege occupaverat, præsidium ibi numerosum posuerat, & oppidanos nec invitos ad Regi obsequendum induxerat. Albæmalæus vero qui Lutetiæ imperabat, agmine quinque sexve millium pugnatorum collecto, oppidum obsedit. Præsidiarii strenue hostem propulsa-

Les siéeges

Tome V.   Qq ij

1589.

Le Duc d'Aumale & les Parisiens défaits devant Senlis.

fendirent vaillamment. Toré fit avertir le Duc de Longueville qui commandoit pour le Roi en Picardie, de l'état de la place, & lui demanda secours. Le Duc ramassa des gens de tous côtez. La Noüe qui venoit de terminer son affaire de Lorraine, vint le joindre; il n'y avoit point d'homme plus experimenté que lui au fait de la guerre. Le Duc lui défera le commandement de sa troupe, il s'en défendit; mais on l'obligea d'en prendre la conduite. La petite armée montoit à quatre mille hommes, & s'avança vers Senlis. Les Ligueurs firent peu de resistance, ils furent mis en déroute, & perdirent plus de deux mille hommes avec leur canon & leur bagage. La Noüe & le Duc de Longueville ravitaillerent le Château de Vincennes que les Parisiens tenoient assiegé depuis quelque tems. Ces bonnes nouvelles auroient causé une plus grande joie si l'on n'eut appris que le Comte de Soissons avoit été défait & pris par le Duc de Mercœur à Châteaugiron.

Le Roi avec son armée marche vers Paris.

Cependant le Roi aiant assemblé ses troupes & celles du Roi de Navarre, se mit en marche & vint à Beaugenci. Il passa près d'Orleans, & s'avançant vers Paris, il prit Gergeau, Estampes & les petites places qui se trouverent sur la route: il se rendit ensuite à Poissi qui fut d'abord pris: il reçût à Conflans le puissant renfort que lui amena Sanci, de dix mille Suisses, deux mille Lanskenets, & de quelque Cavalerie Legere. Il fit assieger Pontoise où le Duc de Maienne avoit envoié un renfort de troupes. La place fut furieusement battuë, & se rendit le 27 Juillet. Au même tems le Duc d'Epernon prit Montereau Faut-Yonne, place peu fortifiée. Le Duc de Maienne qui jugeoit ce poste fort important, le reprit peu de jours après.

Le dessein du Roi étoit de prendre tous les passages par où on amenoit des vivres à Paris, pour contraindre la Ville de se rendre par la famine. Il fit attaquer le pont de S. Clou, qui fit peu de resistance. Le Roi se logea à S. Clou dans la maison de Jerôme de Gondi. Tout étoit disposé de maniere qu'il sembloit qu'il alloit bien-tôt domter les rebelles & se rendre maître de Paris. La terreur avoit saisi les Ligueurs: les Roiaux de la Ville qu'on appelloit les Politiques, quoiqu'ils fussent fort inferieurs en nombre, esperoient qu'ils auroient bien-tôt le dessus, lorsqu'un coup aussi étrange qu'inopiné changea la face des affaires, & confirma ce que tant d'autres experiences ont appris, qu'il n'est rien

---

runt. Toræus autem Longavillæum Ducem, qui in Picardia pro Rege imperabat, monuit, & ab eo opem postulavit. Longavillæus copias undique collegit; Lanovius autem qui rem, quam susceperat in Lotharingia perfecerat, Longavillæum adiit, qui cum neminem belli peritiorem nosset, exercitus ductum ipsi obtulit. Negabat Lanovius, sed rem ipse suscipere coactus fuit. Exercitus totus ad quater mille tantum pugnatores pertingebat, & Silvanectum versus movit. Unionis exercitus se aggredientibus non multum obstitit; sed statim in fugam versus, plusquam bis mille suorum cæsos reliquit, cum tormentis pyriis & sarcinis suis. Lanovius & Longavillæus in Vincennarum castellum annonam invexere, quod Parisini obsidebant. Hæc Regis nunciata majus intulissent gaudium, nisi hoc tempore allatum fuisset Comitem Suessionensem ad Castrum-gironis victum, captumque a Duce Mercurio fuisse.

Les mêmes.

Interea Rex, collectis suis & Navarri copiis, Balgentiacum movit, prope Aurelianum transiit, & viam versus Lutetiam carpens, Gergolium, Stampas & obvia oppida cepit. Inde Pissiacum venit, quod oppidum captum statim fuit. Ad Confluentem vero validam illam manum quam Sancius ducebat accepit, nempe Helvetiorum decem millium, bis millium Germanorum peditum cum equitum levioris armaturæ agmine. Pontisaram, cujus Præsidium Meduanius auxerat, obsideri jussit, tormentis pyriis vehementer impetitum oppidum fuit, & deditionem fecit vigesima septima die Julii. Eodem tempore Espernonius Monasteriolum ad Icaunam, parum munitum oppidum, cepit. Meduanius vero qui oportunum illi oppidum esse norat, paucis postea diebus ipsum recepit.

Id consilii Rex ceperat ut aditus omnes annonam & commeatum Lutetiam inferendum occuparet, quo urbem ad deditionem fame compelleret. Pontem Sancti Chlodoaldi expugnari jussit, qui facile in potestatem suam redactus est. Ipse Rex in Clodoaldi fano in ædibus Hieronymi Gondii sedes habuit. Eo in statu omnia erant, ut plane videretur Henricum Regem brevi & rebelles domiturum & Lutetiam sibi subacturum esse. Jam terror Societati sibi addictos invaserat. Regii, quos Politicos vocabant, etsi numero longe inferiores, sperabant se post paucos dies in rerum culmine versaturos esse; quando casus perinde stupendus atque inopinatus totam rerum faciem mutavit, & id quod jam multa experimenta docuerant confirmavit; nimirum nihil Regno cui-

Les mêmes.

HENRI III.

de plus formidable à un Etat que le fanatisme. Tous les Auteurs conviennent que ce fut Jacques Clement Jacobin, qui par un détestable attentat plongea son couteau dans le bas ventre du Roi ; mais comme ils varient beaucoup sur les circonstances, je suivrai ici M. de Thou, qui fut témoin oculaire de plusieurs choses qui se passerent en ce tems-là, & qui ne rapporte rien que sur de bons témoignages.

1589.
Le Roi blessé à mort par Jacques Clement.

Il raconte d'abord comme certain un fait qui paroît fort extraordinaire. C'est que le Prince Guillaume de Hesse lié d'amitié avec Henri III. lui envoia dire par Baradat, qui lui avoit été envoié de France, *qu'il n'avoit rien à craindre de la multitude des rebelles : mais qu'il se gardât d'une tête raze.* L'Envoié qui lui portoit cet avis, trouva tant de difficultez sur le passage, qu'il n'arriva que quand le coup fut fait. Cette tête raze étoit Jacques Clement Dominiquain, fort ignorant, âgé de vingt-deux ans, qui aiant entendu souvent ces Prédicateurs furieux qui disoient en pleine chaire qu'il étoit permis de tuer le Tyran, c'étoit Henri III. qu'ils qualifioient de ce nom, s'échauffa tellement l'imagination, qu'il disoit hautement, que ce Tyran ne mourroit d'autres mains que des siennes. Il fut confirmé dans ce dessein par un Docteur, qui lui dit qu'un tel meurtre étoit non-seulement permis, mais aussi meritoire devant Dieu.

Sur ces assurances, il en forma le dessein & le publioit sans cesse ; ensorte qu'on l'appelloit par dérision, le Capitaine Clement. Plusieurs croioient que Clement avoit communiqué son entreprise au Duc de Maienne & à la Duchesse de Montpensier, & qu'ils l'avoient exhorté à poursuivre sa pointe. Il trouva moien d'avoir des lettres de recommandation du Comte de Brienne, zelé Partisan du Roi, & alors prisonnier à la Bastille, qui les accorda, parce qu'on l'assura que ce Jacobin alloit donner des avis au Roi fort importans de la part du premier President de Harlai, & d'autres Roiaux. Clement contrefit aussi une lettre du même President, & muni de ces recommandations, il se rendit à S. Clou, & en montrant ces lettres il fut introduit auprès du Roi, & les lui presenta le premier jour d'Août. Tandis que le Roi étoit occupé à les lire, il tira un couteau de sa manche, & le lui plongea dans le bas ventre. Le Roi jetta un cri, tira le couteau de sa plaie, & en frappa le meurtrier. Ceux qui étoient presens y accoururent, percerent Jacques Clement de coups & le tuerent ; ils firent d'abord après tirer le corps mort à quatre chevaux, firent jetter

---

vis, vel Reipublicæ formidabilius esse fanatismo Religionis. Scriptores omnes ea in re conveniunt, quod Jacobus Clemens Dominicanus detestando ausu pugionem in abdomen Regis Henrici infixerit ; sed quia in cæteris non parum variant ; hic Thuanum sequar, qui eorum quæ tunc gesta sunt oculatus sæpe testis fuit, & qui omnia certis testimoniis nixa recenset.

Rem statim narrat, quæ vix credibilis videatur. Principem nempe Guillelmum Hassium Regi Henrico III. amicitia junctum, per Baradatum qui ex Francia sibi missus fuerat, hoc monitum Regi ferendum dedisse, *A rebellium multitudine securus esset, ceterum sibi diligenter a capite raso caveret.* Caput illud rasum erat Jacobus Clemens Dominicanus, admodum litteris, viginti duos annos natus, qui cum effrenes illos Concionatores audisset in populi frequentia dicentes, licere tyrannum interficere, quem tyrannum intelligebant Henricum III. tantum impotentis animi furorem concepit, ut palam diceret, Tyrannum istum non alia quam sua manu periturum esse : in hoc etiam proposito a Doctore quopiam confirmatus est, qui dixit illi talem cædem, non modo licitam, sed acceptam Deo fore & præmio donandam.

His firmatus dictis, id consilii suscepit, idque passim publicabat, ita ut in derisum militaris dux Clemens appellaretur. Plurimi credebant Clementem consilium suum Meduanio aperuisse, necnon Monpenseriæ, ambosque illum concitavisse ad propositum exsequendum. Briennii Comitis Regi addictissimi qui tunc in Bastilia captivus erat, literas impetravit, qui illas dedit, quoniam sibi dictum fuerat Dominicanum illum, monita, quæ magni momenti erant, ab Harlæo Primo Præside, & aliis Regiis data allaturum esse Regi; Clemensque ipse literas Harlæi, manum ejus imitatus, confinxit, hisque commendatitiis literis munitus, ad S. Clodoaldum venit, hisque ostensis literis, ad Regem introductus est, ipsique literas obtulit primo Augusti die. Dum Rex literas illas legeret, Clemens cultrum ex manica eductum in imum ventrem ejus infixit, Exclamavit Rex, cultrum extraxit, illoque Clementem percussit. Qui aderant accurrunt ; Clementem ictibus confodiunt & occidunt, pauloque postea corpus ejus quatuor equis alligatum in partes

Les mêmes.

HENRI III.

1589.

les membres dans un grand feu, & le réduisirent en cendres qu'ils jetterent dans la riviere.

Le Roi fut visité par les Chirurgiens, qui jugerent d'abord que la plaie n'étoit pas mortelle, & en écrivirent en ces termes à plusieurs Princes & Gouverneurs de Provinces ; mais sur le soir du même mois les douleurs augmenterent ; une fievre violente s'y mit, & se voiant près de sa fin, il parla aux Seigneurs qui s'y trouverent, leur recommanda le Roi de Navarre comme son successeur legitime à la Couronne : il se disposa ensuite à la mort de la maniere la plus chrétienne. Quelques-uns ont dit qu'il exhorta le Roi de Navarre à se faire Catholique Romain. Il reçût ensuite le Saint Viatique & l'Extrême-Onction, pardonna à ses ennemis & au meurtrier, & rendit son ame à Dieu, âgé de 38 ans 10 mois & 13 jours, après avoir regné quinze ans & deux mois.

Mort d'Henri III.

Ce Prince étoit doüé d'excellentes qualitez, bien fait de corps, aiant beaucoup d'esprit, fort penetrant, & parlant mieux en particulier & en public que personne de son Roiaume, bon Catholique, faisant exercer severement la Justice, avec cela bon, doux, affable, clement & patient même jusqu'à l'excès. Mais il gâta tout en se laissant aller à la volupté, à la mollesse & à l'oisiveté, & à tant d'autres défauts que l'on remarque dans le cours de son Regne. Le mauvais exemple de sa mere y contribua beaucoup, & la trop grande facilité de son naturel y mit le comble.

Son éloge.

Les Ligueurs eurent une joie incroiable de sa mort : se voiant délivrez d'un péril qui les menaçoit, ils ne garderent plus aucunes mesures : les Prédicateurs sur tout se déchaînerent contre sa memoire. Ils comparoient la damnable action de Jacques Clement à celle de Judith qui tua Holoferne. Ils le préconisoient comme un Martyr ; on imprima des Ecrits où il étoit qualifié tel ; on le fit peindre, & l'on honoroit ses images comme celles d'un Saint. Après que l'armée se fut retirée de S. Clou, quelques Ligueurs s'y rendirent à dessein de chercher ses reliques. Ils trouverent à l'endroit où il avoit été tiré à quatre chevaux, de la terre teinte de son sang ; ils la prirent & la mirent sur un bateau pour la porter à Paris, & entrerent dans le bateau : mais un vent impetueux qui se leva, renversa le bateau, & fit périr tous ceux qui étoient dedans avec leurs prétendues reliques.

Les mêmes.

discerpunt, membra flammis tradunt & in cinerem rediguunt, quem in fluvium injecere.

Regis vulnus a Chirurgis statim non lethale esse existimatum fuit, & ita per literas missum est multis Principibus & Provinciarum Præfectis ; sed appetente vespera ejusdem diei, dolores aucti sunt, ardens febris Regem invasit : qui cum se interitui proximum cerneret, Proceres qui aderant alloquutus est, Regemque Navarræ, ut successorem suum legitimum ipsis commendavit : utque Christianum oportebat ad mortem sese apparavit. Quidam dixere ipsum, Regem Navarræ hortatum fuisse ut ad Catholicam & Romanam fidem se converteret. Sanctum Viaticum postea Extremamque Unctionem accepit, inimicis suis, ipsique percussori pepercit, animamque Deo reddidit, 38. annos, menses 10. & 13. dies natus, cum regnasset annis quindecim & duobus mensibus.

Princeps egregiis instructus dotibus erat, forma corporis speciosus, ingenio valens, oculus perspicaci, elegantius & privatim & publice loquens, quam quivis alius in Regno suo, vere Catholicus, qui Justitiam accurate exerceri curabat. Ad hæc vero mitis, benignus, affabilis, clemens, patiensque etiam magis quam par fuisset : verum hæc omnia ipse labefactavit, cum voluptati, mollitiei & otio sese totum dedidit, totque aliis vitiis, quæ in decursu Regni vitæque ejus observes. Matris exemplum ipsi ad hæc viam monstravit, & nimia naturæ facilitas totum cumulavit.

Vix exprimi possit quanto gaudio mors Henrici factiosos Socios affecerit : cum se ab imminenti periculo ereptos viderent, nullum postea servaveret modum. Concionatores præsertim in defuncti memoriam debacchati sunt. Damnandum Clementis facinus, Judithæ, quæ Holofernem occidit, gestis comparabant, ipsumque ut Martyrem celebrabant. Quædam scripta typis edita sunt, ubi ipse Martyr appellabatur. Imagines ejus depictæ fuere, queis idem qui Sanctorum imaginibus honor exhibebatur.

Postquam exercitus ex S. Clodoaldo recesserat, quidam ex Sociorum factione illò se contulerunt ; ut reliquias ejus colligerent. In loco autem ubi a quatuor equis discerptus fuerat, terram sanguine ejus tinctam repererunt, quam in naviculam comportavere, ut Lutetiam adveherent, ipsique in naviculam intravere : verum sævo reflante vento, navicula subversa fuit, omnesque qui in ea erant cum reliquiis demersi periere.

MONUMENS DU REGNE
D'HENRI III.

LA premiere figure de ce Prince fut copiée par ordre de M. de Gagnieres, sur son tableau original, qu'on voit dans une salle basse en entrant dans le cloître des Feüillans ruë S. Honoré, dont Henri III. est le Fondateur. [1] Il est ici dans ses plus beaux habits, portant un mantelet noir qui ne descend guere plus bas que le coude ; c'étoit la mode de son tems. Il a des pendans d'oreilles, son haut de chausse est extremement court. Dans [2] le tableau suivant son habit de la même forme est tout noir, il tient la main sur un livre : dans l'une & dans l'autre figure il porte l'Ordre du S. Esprit, marque que ces peintures ont été faites depuis l'an 1579, où cet Ordre fut institué. Ce dernier tableau étoit du cabinet de M. de Gagnieres. PL. xxxviii 1. 2.

La premiere figure de Louïse de Lorraine de Vaudemont, Reine de France, est tirée de la même salle basse des Feüillans ruë S. Honoré. [1] Son habit est tout brillant de pierreries & de perles. L'habit de dessus est violet & celui de dessous blanc. Le vertugadin ou pannier est plus enflé & plus large que ceux qu'on a vû ci-devant. Elle tient d'une main un évantail & de l'autre un mouchoir. [2] Son habit est moins riche dans le tableau suivant qui étoit du cabinet de M. de Gagnieres. Le dessus est rouge, & le dessous blanc. Elle tient d'une main un mouchoir, & de l'autre un livre qui est sur une table. PL. xxxix. 1. 2.

Les deux portraits de François Duc d'Alençon, depuis Duc d'Anjou, qui suivent, ne semblent pas convenir avec la description que quelques Auteurs font de son visage. Ils disent que son nez avoit un défaut considerable ; ce qui ne paroît pas dans ces peintures. Mais les Peintres n'auront pas manqué de cacher ce défaut, comme ils font souvent pour plaire à ceux qui les emploient. [1] Le premier portrait n'est qu'un buste. [2] Le second le represente avec toute sa taille qui est bien formée. Il est auprès d'une table où PL. XL. 1. 2.

MONUMENTA REGNI

Henrici III.

PRIMUM hujusce Principis schema, Gagnerii jussu exsumtum fuit ex tabula depicta in aula Fulienfium vici Sancti Honorati, cujus conventûs Henricus III. Fundator fuit. Hic cum preciosioribus vestibus conspicitur, palliolum humeris gestans, quod ultra cubitum non multum descendit : hæc erat suo ævo palliorum forma. Inaures ille gestat. Femoralia admodum brevia sunt. In schemate sequenti vestis nigra ejusdem est formæ : manum ille libro impositam tenet. In utraque imagine Ordinem Sancti Spiritûs gestat, quod signum est illas post annum 1579. quo constitutus ordo fuit factas fuisse. Hæc postrema tabula Gagnerii erat.

Primum schema Ludovicæ Lotharingæ Valdemontiæ, Franciæ Reginæ, ex eadem Fulienfium aula eductum fuit. Ejus vestis fulget lapillis preciosis & unionibus. Superior vestis violacea est, inferior, alba. Crocota inflatior, latiorque est, quam in superioribus tabulis. Altera manu flabellum, altera linteolum tenet. Vestis non perinde preciosa est in sequenti tabula, quæ erat in Museo Gagnerii. Superna vestis rubra est, inferna alba. Altera manu linteolum, altera librum tabulæ innixum tenet.

Imagines duæ Alenconii, deindeque Andini Ducis, consentire non videntur cum historiæ Scriptoribus illis qui dicunt, nasum ejus deforme quidpiam præ tulisse ; quod in hisce imaginibus non observatur ; sed Pictores haud dubie illud vitii prætermiserint, ut solent illi, ne iis qui ad pingendum ipsos adhibent, displiceant. Imago prima protomen solum monstrat. Secunda stantem exhibet cum eleganti corporis forma. Prope mensam stat galea

est son casque. L'un & l'autre sont sortis du cabinet de Monsieur de Gagnieres.

P L.
X L I.
La planche qui suit represente Marie de Cleves, Princesse de Condé, premiere femme d'Henri de Bourbon Prince de Condé, qui mourut en couches en 1574.

P L.
XLII.
double.
1.
Jacques de Savoie Duc de Nemours qui commence la planche suivante, naquit à Vauluisant en Champagne le 12. Octobre 1531. & mourut le 15. Juin 1585. Il épousa Anne d'Est, veuve de François de Lorraine Duc de Guise [1]. Son portrait fut copié à l'Hôtel de Soissons pour M. de Gagnieres, des portefeuilles duquel nous l'avons tiré.

2.
3.
4.
Henri de Lorraine Duc de Guise, dit le Balafré, à cause d'une blessure qu'il reçut au visage, étoit fils de François de Lorraine Duc de Guise, & d'Anne d'Est. Sa figure est tirée d'un tableau original, [2] où il n'est peint qu'en buste. Son nom est si fameux dans cette histoire, [3] que sans en dire davantage, nous passerons à sa femme Catherine de Cleves, dont le portrait est tiré du cabinet de M. de Gagnieres, peint par un nommé Porbus. Elle fut mariée l'an 1570. & survécut quarante ans à son mari tué l'an 1588. Nous [4] ajoutons ici Christine de Danemarc. Elle épousa en 1540. François Duc de Lorraine, & mourut en 1590. Son vertugadin est fort enflé dès la ceinture contre la mode de France de ce tems-là.

P L.
XLIII.
La planche qui suit represente le Cardinal de Guise, frere du Balafré, qui fut tué après son frere à Blois, par ordre d'Henri III. Son portrait est tiré d'un tableau qu'on voit à l'ancienne salle de S. Denis.

P L.
XLIV.
1.
2.
Jacqueline de Rohan, [1] fille de Charles de Rohan, Seigneur de Gié, fut mariée à François d'Orleans, Marquis de Rothelin en 1536. Elle mourut Calviniste en 1586. Celle qui suit dans la même planche est [2] Louise de Rieux, Comtesse d'Harcourt, femme de René de Lorraine Marquis d'Elbeuf, frere de François de Lorraine Duc de Guise. Il mourut l'an 1566. âgé de trente ans. Les deux figures de cette planche sont tirées des porte-feüilles de M. de Gagnieres.

P L.
XLV.
Ludovic ou Louis de Gonzague Duc de Nevers, se distingua beaucoup par sa valeur, sa sagesse & sa fidelité durant les Regnes d'Henri II. de François II.

ejus onustam. Utrumque schema Gagnerianum est.
Tabula sequens Mariam Cliviensem exhibet, priorem Principis Condæi uxorem, quæ in partus doloribus obiit anno 1574.
Jacobus Sabaudus Dux Nemorosius, qui initio tabulæ sequentis comparet, in Valle-lucenti in Campania natus est anno 1531. obiitque 15. Junii anno 1585. Annam Estensem duxit, quæ uxor fuerat Francisci Lotharingi Guisiæ Ducis. Ejus imago ex tabula depicta ædium Suessionensium Lutetiæ jussu Gagnerii educta fuit: ex cujus scriniis illam desumsimus.
Henricus Lotharingus Dux Guisiæ, qui ex cicatrice cognomen habuit, sequitur: schema ejus ex tabula depicta sui ævi eductum est. Ejus nomen & gesta tam frequenter memorantur in hac historia, ut nihil dictis addentes, ad uxorem ejus transire visum fuerit. Ea erat Catharina Cliviensis, cujus schema ex Museo Gagnerii eductum fuit. Illa Guisio nupsit anno 1570, & post conjugis necem, quæ anno 1588. accidit,

annis quadraginta vixit. Huic addimus Christinam Daniæ Regis filiam, quæ anno 1540. Francisco Lotharingiæ Duci nupsit & anno 1590. obiit. Ejus crocota contra Francicum istius ævi morem circa zonam inflatur.
Tabula sequens Cardinalem Guisium exhibet fratrem Henrici Guisiæ Ducis, qui post fratrem suum Blœsis jussu Henrici III. occisus est. Ejus imago ex tabula depicta educta fuit, quæ in veteri aula Monasterii Sancti Dionysii in Francia visitur.
Jacoba Rohana filia Caroli Rohani, Giæ Toparchæ, Francisco Aurelianensi Rothelini Marchioni nupsit anno 1536. Calvinista illa obiit anno 1586. Quæ sequitur in eadem tabula est Ludovica Riuria Comitissa Harcurtii uxor Renati Lotharingi Marchionis Ellebovii fratris Francisci Lotharingi Guisiæ Ducis. Ambo hujus tabulæ schemata ex scriniis Gagnerianis educta sunt.
Ludovicus Gonzaga Dux Nivernensis, fortitudine, prudentia & fide claruit, regnantibus Henrico II.

de

Louise de Lorraine
femme d'Henry III.

1

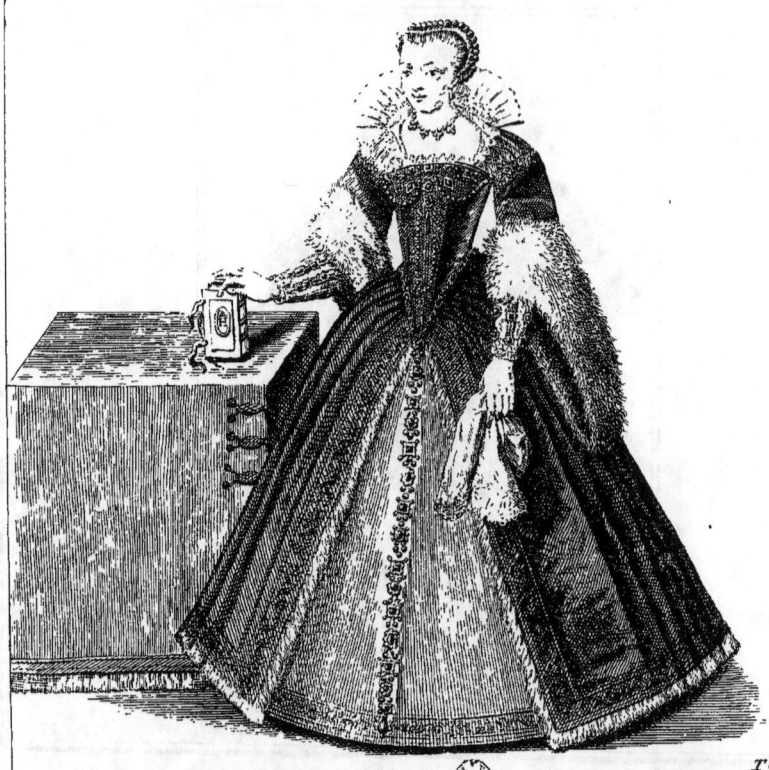

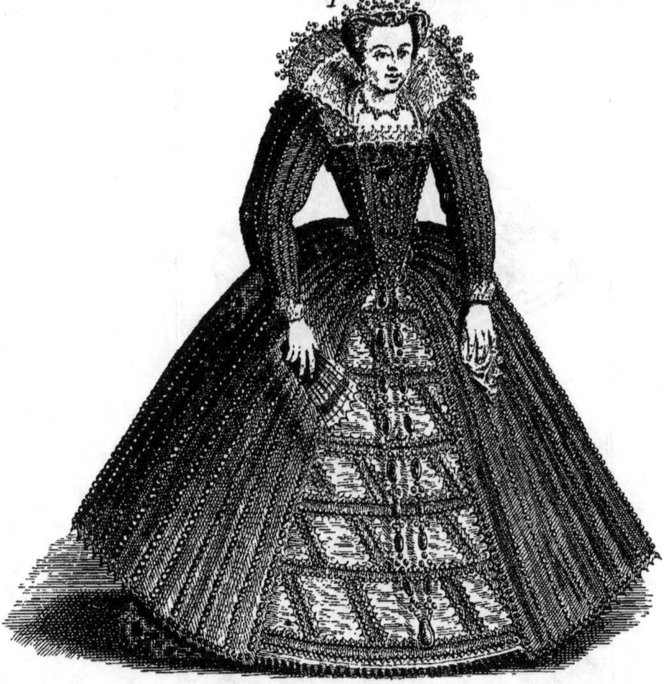

2
la même.

François Duc d'Alençon
depuis Duc d'Anjou

le même

MARIE DE CLEVES PRINCESSE DE CONDÉ

Jacques Duc de Nemours.

Catherine de Cleves femme du Balafré.

Henry Duc de Guise dit le Balafré.

Christine de Danemarc, Duchesse de Lorraine.

LE CARDINAL DE GUISE,
frere d'Henry Duc de Guise, dit le Balafré.

Marquise de Rothelin

Marquise d'Elbeuf

Louis Duc de Nevers

Jean de Balsac

DE HENRI III.

de Charles IX. d'Henri III. & d'Henri IV.[1] Sa figure & la suivante sont tirées des porte-feüilles de M. de Gagnieres. Jean de Balsac qui suit, Seigneur de Montagu,[2] se voit ainsi peint dans l'Eglise des Celestins de Marcoussi. Il est revêtu de son blazon à la mode antique. Il mourut l'an 1581. agé de trente-six ans.

1.

2.

Anne Duc de Joyeuse, un des grands favoris d'Henri III. fut Duc & Pair, & Amiral de France, il fut tué en 1587. à la bataille de Coutras.[1] Son mantelet gris-brun, est doublé de rouge; l'habit de dessous est verd & les bas bruns. [2] On le voit ensuite vêtu de noir. Marguerite de Lorraine sa femme, sœur de la Reine Louise de Lorraine [3] est remarquable par la figure de son habit, sur tout par ses manches.

P L. XLVI.
1.
2.
3.

Guillemette de Sarrebruche Comtesse de Braine, Dame de Pontarci, Montagu, Neufchatel, Dame d'Honneur de la Reine, & Gouvernante des Filles de France, étoit femme de ce brave Maréchal de France Robert de la Mark, de Florenge, dit l'Avantureux, qui mourut l'an 1536. Elle survécut longtems à son mari, & mourut l'an 1576.[1] On la voit ici comme elle est representée sur son tombeau à S. Yved de Braine. La figure d'un des Mignons d'Henri III. se trouve ainsi dans les mêmes porte-feüilles, où l'on n'a pas mis son nom,[2] mais seulement ces mots: *L'un des favoris du Roi Henri III.* On y a peint de même les Courtisans qui alloient au Louvre en 1586.[3] On en voit deux sur un cheval, dont l'un est en croupe. Le premier a un manteau noir, & le second un manteau rouge.[4] Un autre se voit là même portant en croupe sa Demoiselle. Sa culotte & son manteau sont bleus, & la Demoiselle qu'il mene est vétuë de rouge. Ils vont au Louvre en cet équipage.

P L. XLVII.

1.

2.
3.

4.

La planche qui suit nous montre d'abord un Capitaine du nombre de ceux qui étoient auprès du Roi.[1] Il a l'épée au côté & porte une pique sur l'épaule. Son habit est rouge, le corset, l'écharpe & les bas sont verds.[2] Celui qui suit est un Garde de Corps qui tient une halebarde. L'habit de dessus est blanc; celui de dessous, la culotte & les bas sont rouges. On voit après [3] un Mousquetaire qui tient son mousquet sur l'épaule, & la meche allumée à la main: il tient de l'autre main une fourche pour soutenir le mousquet. Son habit est rouge & les bas sont verds. Le dernier de la bande est un [4] Suisse de la Gar-

P L. XLVIII.

1.
2.
3.

4.

Francisco II. Carolo IX. Henrico III. & Henrico IV. Hoc schema & sequens ex Museo Gagneriano educta sunt. Joannes Balsacus, qui sequitur, Montis-acuti Toparcha, sic depictus visitur Marcussii in Ecclesia Cælestinorum. Insignibus suis vestitus depingitur priscorum more. Mortuus est anno 1581. triginta annos natus.

Anna Joüsæ Dux in aula Henrici III. inter gratiosos claruit, Dux & Par Franciæ, ac Præfectus maris fuit. In Cutracensi pugna occisus anno 1587. Ejus palliolum cinereum subobscurum est, cui assuitur pannus ruber. Vestis interior viridis est & tibialia subnigra. Postea vero nigra indutus veste conspicitur. Margarita Lotharinga uxor ejus, soror Reginæ Ludovicæ Lotharingæ, ex vestis forma, maximeque ex manicis suspicitur.

Guillelma de Sarrabruccia Comitissa Brennacensis, Domina Pontarcii, Montis-acuti, Novi-castri, Domina honoraria Reginæ, uxor erat strenui illius Roberti de Marchia Florengii, qui obiit anno 1536. Post conjugem suum illa diu vixit & obiit anno 1576. Hic visitur ut in sepulcro suo repræsentatur in Ecclesia S. Evodii Brennacensis. Schema cujusdam ex gratiosis apud Henricum III. sic habetur in eodem Museo Gagneriano, ubi nomen ejus non exprimitur, legiturque tantum, *Unus ex gratiosis apud Henricum III.* Ibi depicti sunt aulici ut in Luparam ibant anno 1586. Duo eodem equo vecti comparent, quorum alter a tergo sedet eques. Prior pallium nigrum, alter rubrum habet. Alius ibidem conspicitur, qui a tergo domicellam gestat; femoralia ejus & pallium cærulea sunt, domicella vero rubro colore vestitur. Sic in Luparam contendunt.

Tabula sequens statim cohortis regiæ custodiæ ducem monstrat, qui gladium ad latus gestat, hastamque tenet humero nixam. Vestis rubra est, thorax, fascia & tibialia viridia sunt. Qui sequitur Custos corporis est, qui hastam tenet. Exterior vestis alba est; interior vero, femoralia & tibialia rubra sunt. Postea visitur Sclopetarius, qui sclopetum tenet humero nixum, & manu stupam ignitam; altera manu furcam tenet, quo sclopetus nitebatur. Vestis rubra est, & tibialia viridia. Postremus exhibetur Helvetius ex

de du Roi, dont l'habit est découpé de rouge & d'un bleu foncé. Des bas l'un est bleu & l'autre blanc, avec une bande rouge qui descend en bas. Les Courtisans ci-devant, & tout ce qui est sur cette planche sont tirez d'une peinture faite en 1586.

PL. XLIX.
1.
2.

La derniere planche 1 nous represente d'abord un Page du Roi Henri III. dont l'habit est bleu, les bas blancs, & les rubans rouges. 2 Après vient un Valet de pied du même Roi, dont l'habit est bleu à rayes blanches & rouges. 3 Le dernier est un Laquais du même tems, dont l'habit fort extraordinaire est tout rouge rayé de bleu, & le chapeau aussi rouge.

---

custodia regia, cujus vestis decisa partim rubrum, partim cæruleum subobscurum colorem exhibet. Ex tibialibus alterum cæruleum, alterum album est, cum tænia rubra. Aulici illi supra, & quidquid in hac tabula repræsentatur, ex tabula anno 1586. depicta, educta fuere.

Postrema tabula statim exhibet Nobilem puerum Regium sub Henrico III. cujus pueri vestis cærulea est, tibialia alba & vittæ rubræ. Sequitur postea famulus a pedibus ejusdem Regis, cujus vestis cærulea est, cum lineis albis & rubris. Postremus est pedissequus ejusdem temporis, cujus vestis singularis formæ rubra est cum lineis cæruleis. Petasus etiam ruber est.

1
Guillemette de Sarrebuche, femme de Robert de la Mark.

2
Mignon d'Henry III.

Courtisans qui

3. Courtisans qui vont au Louvre.

4. Courtisan avec sa Demoiselle.

1. Page du Roi Henri III.

2. Valet de pied du Roi Henri III.

3. Laquais du temps d'Henri III.

HENRI IV. dit LE GRAND

Par un grand bonheur pour le Roi de Navarre, il étoit à la tête de l'armée Roiale, lorsque Henri III. passa de cette vie en l'autre. Ce ne fut pourtant pas sans beaucoup de peine qu'il fut reconnu son successeur à la Couronne de France; mais les difficultez auroient été incomparablement plus grans'il se fût alors trouvé au fond de la Guienne. Les sentimens furent d'abord fort partagez. La plus grande & la plus saine partie vouloit le reconnoître selon les Loix & les Coutumes invariables du Roiaume de France ; d'autres fort attachez à la Religion Catholique, ne pouvoient se resoudre à recevoir un Prince Calviniste & separé de l'Eglise, & souhaitoient qu'on renvoiât l'affaire aux Etats Generaux ; quelques-uns qui sans faire ces reflexions n'avoient en vûë que leurs interêts particuliers, vouloient se retirer sans rien décider là-dessus. On convint enfin qu'il seroit reconnu pour Roi, à condition qu'il se feroit instruire dans la Religion Catholique ou dans un Concile, ou par des Docteurs particuliers; qu'il maintiendroit la même Religion dans tout le Roiaume ; qu'il remettroit les Ecclesiastiques dans leurs biens, qu'il donneroit les Charges vacantes du Roiaume à des Catholiques.

1589.

Henri IV. reconnu Roi de France.

Ce traité fut signé par les Seigneurs ; les Maréchaux de Biron & d'Aumont y souscrivirent. On invita le Duc d'Epernon de donner sa signature. Il répondit qu'en qualité de Duc & Pair de France, son nom devoit être devant ces deux Maréchaux : ils repliquerent qu'étant actuellement à la tête de l'armée, ils devoient signer avant les Ducs & Pairs. La dispute s'échauffa, & Epernon partit avec ses troupes pour s'en retourner à Angoulême. Vitri qui s'étoit donné au Roi Henri III. se retira aussi, & se mit du parti de l'Union. Plusieurs autres Seigneurs prirent congé ; de sorte que l'armée se trouva considerablement diminuée.

Le Roi tint conseil sur le parti qu'il avoit à prendre ; quelques-uns vouloient qu'il se retirât vers la Loire, où étoit alors son Parlement, pour être plus près de la Guienne, dont il possedoit la meilleure partie. Le Roi panchoit assez de

---

HENRICUS QUARTUS,

Qui cognominatur Magnus.

Felicissime Regi Navarræ accidit, ut cum Henricus III. e vivis excessit, ipse præsens exercitui regio præesset. Neque tamen ille sine difficultate magna agnitus, proclamatusque Rex Francorum fuit ; sed longe majus negotium futurum erat, si tunc in media Aquitania, uti solebat, sedes habuisset. Diversæ statim inter proceres opiniones fuere. Major saniorque pars volebat, ipsum secundum Regni leges immutabilemque consuetudinem Regem proclamari ; alii Religioni Catholicæ admodum addicti, Principem Calvinistam, & ab Ecclesia Catholica separatum admittere renuentes, rem ad Ordines Regni mittendam esse censebant. Quidam demum hæc non attendentes, sed res suas solum curantes, re non definita discedere volebant. Tandem conventum est ut Rex Francorum agnosceretur illa conditione uti se in Catholica Religione instituendum curaret, vel in Concilio, vel a quibusdam Doctoribus; ut Religionem Catholicam per totum Regnum foveret ; ut Ecclesiasticis bona sua restitui curaret, ut officia per Regnum vacantia Catholicis daret.

Huic pactioni subscripsere proceres, itemque Bironus & Aumontius Marescalli, Espernonius ad subscribendum invitatus, respondit se, qui Dux Parque Franciæ esset, ante Marescallos Franciæ nomen suum apponere debuisse : reponunt illi sibi, qui tunc præsenti exercitui præerant, ante Duces & Pares subscribendum esse. Aucta dissensione, Espernonius cum copiis suis versus Engolismam iter capessivit. Vitrius qui se Regi Henrico III. dediderat, receptum habuit, & ad Unionis partes se transtulit. Alii multi primores abscessere, sicque exercitus admodum imminutus fuit.

Rex in consilio suo de rebus tunc agendis deliberavit : quidam putabant versus Ligerim recedendum esse, ubi tunc Curia Senatus erat, ut sic Aquitaniæ, cujus ipse Rex majorem partem tenebat, vicinior

Le même.

Le même.

Tome V.   R r ij

ce côté : mais Guitri, qui parla après les autres, le détourna de ce pernicieux conseil, & lui fit voir que s'il prenoit cette route, cela auroit tout l'air d'une fuite ; que cela decrieroit son parti, & qu'il ne pourroit jamais bien se soutenir qu'en faisant la guerre auprès de sa Capitale. La resolution en fut donc prise. Sanci lui rendit alors un grand service. Les Suisses qui étoient venus à la solde d'Henri III. alloient se retirer ; mais il les tourna si bien, qu'il leur persuada de rester encore quelque tems avec le Roi, qui partit de S. Clou pour faire porter le Corps du Roi à Compiegne, & prit en chemin faisant les Villes de Meulan, Gisors & Clermont en Beauvoisis.

A Compiegne il partagea son armée en trois, & envoia le Duc de Longueville en Picardie, le Maréchal d'Aumont en Champagne, & se reserva la plus grande partie des troupes, aiant avec lui le Prince de Conti, le Duc de Montpensier, le Grand Prieur, le Maréchal de Biron, & plusieurs autres Seigneurs. Il prit la route de la Normandie, où il auroit eu de la peine à se soutenir. Mais Emar de Chattes Gouverneur de Dieppe, mit cette Ville sous son obéissance, & au même tems Pelet la Verune fit tourner la Ville & le Château de Caën de son côté, & il se trouva ainsi maître de la basse Normandie, d'où il tira depuis de grands secours. Il se rendit à Dieppe, & fit assieger *Fait semblant d'assieger Rouen.* Neufchâtel, qui fut pris en peu de tems. Après quoi il forma le dessein d'assieger Rouen, & se rendit devant cette Ville. Ce n'étoit qu'une feinte. Il voioit bien qu'il ne pourroit pas continuer ce siege ; mais il vouloit attirer en Normandie le Duc de Maienne, ne croiant pas qu'il dût y venir avec une aussi grande armée que celle qu'il y amena.

Ce Duc après s'être abouché avec le Duc de Parme à Binsch en Hainaut, vint à l'armée composée non-seulement des troupes Françoises qui lui étoient venuës de differens endroits, mais aussi de quelques Regimens de Lanskeners, de plusieurs troupes de cavalerie & d'infanterie que lui avoit fourni le Duc de Parme, & de trois mille hommes qu'avoit amenez de Lorraine le Prince de Pont-à-Mousson, qui se portoit pour legitime successeur à la Couronne de France. Cette armée montoit à environ vingt mille hommes. Le Roi qui ne s'attendoit point à avoir tant d'ennemis à soutenir, leva promptement le

---

esset ; sed Guitrius qui secundum alios sententiam protulit, a tam perniciose consilio Regem avertit, ipsique dixit, si tale capesseret iter, id pro fuga habendum fore, in regiarum partium perniciem, quarum fama sic lædenda foret, neque posse partes illas foveri, nisi bellum circa Lutetiam caput regni gereretur. Stetit hæc sententia, nec aliò movere visum est. Sancius vero Harlæus, officium Regi insigne præstitit, cum Helvetios qui ad stipendia Regis Henrici III. venerant & domum redire parabant, tam apposite pellexit, ut adhuc cum nostro Rege per aliquod tempus bellum gerere consenserint. Rex ex Sancto Clodoaldo profectus, Regis defuncti corpus Compendium deportari curavit, & iter agendo cepit Meulantum, Gisortium & Claromontium in Bellovacis.

Thuanus, Cayet. Compendii vero exercitum tres in partes divisit, & Longavillæum Ducem in Picardiam misit ; Aumontium vero in Campaniam, majore sibi reservata exercitus parte, secum habens Principem Contium, Ducem Monpenserium, Magnum Priorem, Bironum Marescallum, multosque alios primores. In Normanniam autem movit, ubi vix subsistere potuisset : verum Æmarus Castus Dieppæ Præfectus, istam urbem ad obsequentiam Regi præstandam induxit, eodemque tempore Peletus Veruna Cadomi arcem & urbem ad regias partes convertit ; ita ut Rex inferiorem Normanniam totam sibi attributam haberet, unde sub hæc auxilia magna percepit. Dieppam venit, & Novum-castrum obsideri jussit, quod brevi captum fuit, posteaque Rothomagum obsideri decrevit, & ante urbem illam venit : verum hæc simulata tantum erant. Videbat utique ille se in hujusmodi obsidione pergere non posse ; sed Meduanium volebat in Normanniam trahere, non putans illum cum tanto, quantum adduxit, exercitum venturum esse.

Meduanius postquam Parmensem Ducem Bincii in Hannonia adierat, ac cum illo secreta consilia miscuerat, in exercitum venit, in quo erant non modo Franciæ copiæ ex variis Regni partibus coactæ ; sed etiam cohortes Germanorum peditum a Parmensi Duce datæ, & aliæ equitum peditumque turmæ ab eodem additæ, necnon tria pugnatorum millia, quæ ex Lotharingia adduxerat Mussipontinus Princeps qui se legitimum Coronæ Franciæ successorem gerebat. Exercitus vero totus viginti circiter millium pugnatorum erat. Rex qui tot hostium numerum non exspectabat, Rothomagi statim obsidionem solvit, ver-

piquet de devant Roüen, & marcha vers Dieppe: il prit en chemin faisant la Ville d'Eu, & alla dresser son camp à Arques, lieu fort avantageux auprès de Dieppe.

Le Duc de Maienne prit aussi plusieurs petites places, & s'avança vers Dieppe. Le Roi jugeant qu'il pourroit bien se saisir du Polet fauxbourg de Dieppe, & se mettre ainsi entre la Ville & son armée, fit fortifier & bien munir ce fauxbourg. Le Duc arrivé devant Dieppe, fit attaquer en même tems le Polet, & d'un autre côté la Maladerie, où le Roi avoit fait mettre un corps de troupes; mais ses gens furent si mal menez dans l'un & l'autre endroit, qu'ils furent enfin obligez de se retirer avec perte. Le lendemain ceux du Polet firent une sortie, tuerent plus de cent hommes, & n'en perdirent qu'un. Quelques jours après il y eut un combat où les Ligueurs furent repoussez avec beaucoup de perte, qui auroit été encore plus grande sans la trahison des Lanskenets, qui firent semblant de venir se rendre aux Roiaux, en se plaignant qu'ils n'étoient pas payez. Quand ils furent dans le camp, ils se tournerent contre les François, au même tems que les Ligueurs les attaquoient. Les uns & les autres furent enfin vivement repoussez, & perdirent 400 hommes. On appella ce combat, *la Journée d'Arques*, fort glorieuse aux Roiaux, qui repousserent fort vivement l'ennemi plus de deux fois plus fort en nombre qu'eux.

<small>La Journée d'Arques.</small>

Quelques jours après le Duc de Maienne, sur l'avis qu'il eut que le Comte de Soissons, échappé de prison, le Duc de Longueville & le Maréchal d'Aumont, venoient avec de nouvelles troupes au secours du Roi, se retira avec son armée. On disoit qu'une des causes pourquoi cette armée si superieure en nombre eut un mauvais succès, fut la division qui se mit entre les Ducs de Maienne & d'Aumale & le Prince de Pont-à-Mousson. Celui-ci agissoit comme devant être bien-tôt couronné Roi de France, & ils lui donnerent à entendre que si cette Couronne venoit à leur disposition, ils la ménageroient plûtôt pour eux que pour lui. Ce qui fit que le Prince se retira en Lorraine, & ne vint plus en France pendant toute cette guerre. Vers ce même tems il y eut une conspiration à Tours. Un nommé le Lievre, assisté de quelques autres & d'un bon nombre de Bourgeois, voulut faire tourner la Ville au parti de la

<small>Le Comte de Soissons échappé de prison.</small>

---

sus Dieppam movit, & in transitu Augam cepit, posteaque Arcas prope Dieppam venit. Locus opportunus sibi erat, ibique castra posuit.

Meduanius quoque plurimis captis oppidulis, Dieppam versus contendit. Rex vero cum prospiceret ipsum suburbium Dieppæ, cui nomen Poletum, occupaturum esse, sicque inter Dieppam & castra regia se locaturum, suburbium illud propugnaculis cingi ac muniri curavit. Meduanius autem cum ante Dieppam venisset, eodem tempore Poletum; ex alteraque parte nosocomium oppugnari jussit, in quo Rex pugnatorum manum locari curaverat. At Socii a Regiis in utroque loco tam fortiter excepti pulsique fuere, ut multis suorum amissis recedere coacti fuerint. Postridie qui in Poleto erant Regii, erumpentes, plusquam centum hostes occiderunt, uno tantum suorum amisso. Aliquot postea diebus pugna commissa fuit, ubi Socii repulsi fuere cum grandi suorum cæde, quæ longe major futura erat, nisi proditio Germanorum peditum rem turbasset. Hi simulantes se stipendiis non solutis, ad Regios deficere: ubi in castra venerunt, ipsos adorti sunt, quo tempore etiam Socii ad certandum moverunt; tandemque omnes strenue depulsi fuere, & quadringentos suorum amisere. Hæc pugna deinde vocata est, *Dies Arcarum*, quæ dies gloriosa Regiis fuit, qui exercitum plusquam duplo numerosiorem, viciliter depulere.

Sub hæc aliquot elapsis diebus, Meduanius, cum comperisset Suessionensem Comitem ex carcere elapsum, Ducem Longavillæum & Aumontium, cum novis copiis Regem adire, cum exercitu suo receptui cecinit. Rumore autem ferebatur exercitum illum ita numero superiorem, ideo tam improspere rem gessisse, quia dissensio erat Mussipontinum Principem inter & Meduanium Albæmalæumque Duces. Mussipontinus enim ita se gerebat, ac si mox Rex Francorum coronandus esset. At illi se eo animo esse significarunt, si Corona isthæc in manus incideret, ut sibi potius quam illi eam servar. nt. Hinc factum ut Mussipontinus in Lotharingiam se reciperet, nec ultra, hoc perseverante bello, in Franciam veniret. Hoc circiter tempus Cæsaroduni conspiratio fuit; quidam Lepus nomine, cum adjunctis aliis bene multis, urbem ad Unionis partes convertere tenta-

<small>Les mêmes.</small>

1589. Ligue: mais l'entreprise fut découverte, & l'on punit de mort les auteurs de la rebellion.

Cependant le Roi après avoir reçû un puissant secours que lui amenerent le Comte de Soissons & le Maréchal d'Aumont, se mit en campagne & prit Gamache & la Ville d'Eu. Mais vers le même tems la Picardie se trouvant dépourvûë de troupes Roiales après le départ du Duc de Longueville, le Marquis de Menelay surprit la Fere pour le parti de l'Union. Le Roi se tenant encore à Dieppe reçût un renfort de quatre mille Anglois que lui envoia la Reine Elizabeth. Il se crut assez fort pour s'avancer vers Paris, vint passer la Seine à Meulan, & alla se camper du côté de Montrouge, de Vaugirard & d'Issy. Les Parisiens furent d'autant plus étonnez de le voir à leurs portes, que le Duc de Maienne venoit de leur écrire, qu'il le tenoit si bien *acculé* à Dieppe, qu'il ne pouvoit plus se sauver qu'en se jettant dans la mer. Le Roi fut lui-même reconnoître les fauxbourgs de la Ville du côté de l'Université, sépara son armée en trois, & fit attaquer en même tems les faubourgs S. Victor, S. Marceau, S. Jacques & S. Germain. C'étoit le jour de la Toussaints au matin. Les Roiaux s'y porterent si vaillamment qu'en moins d'une heure les fauxbourgs furent pris, & peu s'en fallut qu'ils n'entrassent pesle mesle avec les fuyards dans la Ville; & s'ils avoient eu du canon, Paris alloit être pris. Il y eut du côté des Ligueurs plus de huit cens hommes tuez & beaucoup de prisonniers, du nombre desquels fut Edmond Bourgoin Prieur des Dominiquains, qui étoit armé de cuirasse. On prit aussi quatorze enseignes & treize pieces de canons.

Le Roi vient avec son armée devant Paris, & prend quatre Fauxbourgs.

Le Duc de Maienne qui après la journée d'Arques étoit allé en Picardie, à la nouvelle que le Roi approchoit de Paris, se mit en chemin pour s'y rendre avec son armée & y arriva le lendemain de la Toussaints. Le Roi qui étoit venu à Paris pour obliger le Duc de Maienne de quitter la Picardie, où il craignoit qu'il ne se rendit maître des Villes & places tenuës par les Roiaux, vouloit encore l'attirer à une bataille, & il demeura quelques jours auprès de Paris, dans l'esperance qu'il pourroit venir à quelque action. Mais il apprit que le Duc ne pensoit à rien moins qu'à cela, & que ceux du parti de l'Union avoient fait pendre quelques Politiques ou Roiaux soupçonnez d'avoir donné des avis au Roi. On fit aussi pendre dans l'armée Roiale un pareil nombre de ceux qui avoient été pris à l'attaque des fauxbourgs.

Les mêmes. vit; sed re deprehensa, auctores morte plexi fuere.

Interea Rex magna pugnatorum ope, ducibus Suessionensi & Aumontio auctus, aciem eduxit, & Gamachiam Augamque cepit: verum eodem tempore, cum Picardia post Longavillai discessum, copias fere nullas regias haberet, Meneleus Marchio Feram astu cepit, & ad Unionis partes reduxit. Rex adhuc circa Dieppam versans, Anglos quatuor mille ab Elisabetha Regina missos recepit. Cum se parem viribus putaret, ut Lutetiam moveret, Sequanam Meulanti trajecit, & circa Montem-rubrum, Girardi-Vallem & Issiacum castra posuit. Parisini eo magis perculsi fuere, Regem ad portas suas videntes, quod Meduanius nuper literis suis jactabundus dixisset, se illum ita conclusum Dieppæ tenere, ut nonnisi in mare saltando elabi posset. Rex ipse suburbia observaturus versus Universitatis partes venit, exercituque tres in partes diviso, eodem tempore suburbia Sancti Victoris, Sancti Marcelli, Sancti Jacobi & Sancti Germani in die festo omnium Sanctorum matutinis horis oppugnari jussit. Regii vero tam fortiter pugnavère, ut ne unius quidem elapso horæ spatio, suburbia capta fuerint, parumque absuit quin Regii unà cum fugaci turba in urbem intrarent, & si tormenta pyria habuissent, Lutetia capta erat. Ex Sociis plusquam octingenti occisi fuerunt, multique capti, ex quorum numero fuit Edmundus Burgoinus Prior Dominicanorum, qui loricatectus erat, quatuordecim etiam vexilla & tredecim pyxia tormenta capta sunt.

Les mêmes.

Meduanius qui post pugnam Arcarum in Picardiam contenderat, cum edidicisset Regem Lutetiam versus movere, iter arripuit ut illò cum exercitu se conferret, & die festum Sanctorum insequente advenit. Rex qui versus Lutetiam venerat, ut Meduanium ad Picardiam deferendam compelleret, ne oppida & castra quæ Regii tenebant, caperet, illum etiam ad pugnam provocare peroptabat, & aliquot diebus hac spe ductus circa Lutetiam mansit; sed compertum habuit Meduanium nihil minus cogitare, edidicitque ex Sociis Parisinis quosdam ex Regiis seu Politicis suspendio necatos fuisse, quod suspicarentur eos quidquiam Regi nunciavisse. In castris Regiis etiam, ut par pari referetur, ex iis qui in suburbiorum expugnatione capti fuerant, quidam eodem numero suspensi perierunt.

HENRI IV. dit LE GRAND.

1589.

Le Roi se mit en marche & prit Etampes, Ville qui avoit été souvent prise & reprise par les deux partis. Il fit raser le Château, & laissa la garde de la Ville aux Bourgeois. Il reçût là les plaintes de la Reine Doüairiere, qui demandoit justice de la mort du Roi son mari. Il admit sa Requête, & renvoia l'affaire au Parlement de Tours, où l'on amena Bourgoin, accusé d'avoir porté Clement à faire ce meurtre. On lui fit son procès, il fut condamné à être tiré à quatre chevaux. Il alla au supplice avec une constance merveilleuse.

Le Roi envoia le Duc de Longueville en Picardie, & Givri en Brie. Il prit en chemin-faisant Janville, & se rendit à Châteaudun, d'où il envoia sommer la Ville de Vendôme son ancien patrimoine. Maillé de Benehard qui commandoit dans la place, refusa de se rendre. Le Roi fit premierement attaquer le Château. Benehard demanda plusieurs fois à parlementer; mais il étoit si embroüillé dans ses propositions, qu'on ne savoit ce qu'il vouloit dire. Cependant le Château fut emporté de force, & la Ville ne fit point de resistance. On prit Benehard, qui convaincu de plusieurs autres crimes, fut condamné à avoir la tête tranchée. Un Cordelier qui avoit porté la Ville à la revolte, fut envoié au gibet. Le Cordelier alla courageusement à la mort, au lieu que Benehard fondant en larmes, se jetta aux pieds du Maréchal de Biron, en lui demandant la vie. Biron répondit qu'un homme qui n'avoit sçû ni se rendre ni se défendre, ne méritoit point de grace. Le Roi pardonna à tous les autres, & garantit la Ville du pillage.

Vendôme pris.

Pendant que la guerre étoit ainsi au cœur de la France, plusieurs Princes voisins qui croioient que le Roi Henri ne viendroit jamais à bout de se faire reconnoître, avoient des prétentions sur la Couronne, qu'ils tâchoient de faire valoir, pour s'emparer au moins de quelque partie du Roiaume à leur bienséance. Le Duc de Savoie qui faisoit avec peu de succès la guerre aux Genevois & au Canton de Berne, envoia des Ambassadeurs au Parlement de Grenoble, pour les exhorter, & en même tems la Province de Dauphiné, à le reconnoître pour Roi, comme petit-fils par sa mere, du Roi François I. Le Parlement lui répondit que ce n'étoit point à lui à décider sur ses droits, mais aux Etats Generaux du Roiaume; & le pria en même tems de ne point

Plusieurs prétendans à la couronne de France.

Rex deinde movit, Stampasque cepit, quod oppidum sæpe captum ab ambabus partibus fuerat. Castellum ipse solo æquari jussit, & oppidum custodiendum oppidanis dedit. Istic Regina Henrici III. uxor de parricidio Regis decessoris sui vindicando Regem per libellum interpellavit. Rex libellum admisit, remque delegavit ad Curiam Senatus Cæsarodunensis excutiendam: illo etiam missus est Burgoinus accusatus, quod Clementem ad tantum scelus patrandum concitasset: istic causa illius agitata fuit, & damnatus ille, ut corpus ejus a quatuor equis discerperetur. ad supplicium cum mira constantia venit.

Rex misit Longavillæum Ducem in Picardiam, & Givrium in Briam. Iter agendo autem Jamvillam cepit, & Castellodunum venit: indeque misit Vindocinum, oppidum patrimonii sui, denunciatum uti sese dederet. Mallius Benehardus loci Præfectus nuncium rejecit. Rex primo castellum oppugnari jussit. Benehardus sæpe pacta inire voluit; sed ita perturbate rem proponebat, ut quid sibi vellet nesciretur. Inter hæc autem castellum vi captum fuit, & oppidum Regiis non obstitit. Benehardus captus est, qui aliis obnoxius sceleribus deprehensus, capitis damnatus fuit. Franciscanus etiam, qui oppidum ad rebellionem hortatus fuerat, ad suspendium missus, imperterrito animo vitam finivit. Benehardus vero lacrymis perfusus, ad pedes Bironi provolutus, vitam sibi concedi postulabat. Respondit Bironus virum, qui nec sese dedere scivisset, nec hostem propulsare potuisset, veniam non mereri. Rex aliis omnibus pepercit, & ne oppidum diriperetur, prohibuit.

Dum in media Francia sic bellum gerebatur, plurimi vicini Principes, qui putabant Henricum nunquam in Regem admittendum fore, coronam illam ad se pertinere jactabant, saltemque partem ejus sibi commodam decerpere nitebantur. Dux Sabaudiæ qui non ita felici exitu bellum gerebat in Genevensi & in Bernensem pagum; Oratores misit ad Curiam Senatus Gratianopolitani, hortans illos, eodemque tempore Delphinatûs provinciam, ut se Regem admitterent, utpote ex matre sua nepotem Francisci I. Regis. Respondit Senatus non sui officii esse de jure hujusmodi pronunciare; sed ad Ordines Regni generales id pertinere, rogavitque illum, ut ne bellum

Les mêmes.

1589. troubler la Province en y portant la guerre. Ce Prince n'avoit pas seulement ses vûës sur le Dauphiné, il pensoit aussi à se rendre maître de la Provence. Il y avoit des intelligences, & se préparoit à se saisir peu à peu de ces Villes, comme nous verrons plus bas.

Le Duc de Lorraine avoit aussi ses prétentions sur cette Couronne. Il voioit bien par ce qui s'étoit passé à Dieppe, que ses cousins les Guises étoient fort éloignez de lui procurer le Roiaume de France, il voulut au moins s'emparer de la Champagne. Il sollicita la Ville de Langres de le reconnoître, mais par la réponse des habitans, il comprit qu'il ne les réduiroit que par la force des armes.

Deux grandes Puissances étoient bien plus formidables au Roi Henri. Le Pape & le Roi d'Espagne. Sixte V. avoit prononcé Sentence d'excommunication contre lui. Les Ambassadeurs du Duc de Maienne disoient sans cesse au Pape que les affaires du *Bearnois*, ainsi appelloient-ils le Roi, alloient toujours de mal en pis. Ils avoient soin d'empêcher que les veritables nouvelles ne vinssent jusqu'à lui. Il nomma pour Legat le Cardinal Caïetan, Italien, mais sujet du Roi d'Espagne, qui arriva à Lion le 9 Novembre, & il apprit là que le Cardinal de Bourbon avoit été déclaré Roi par le Parlement. Il vit que les affaires du Roi Henri étoient en bien meilleur état que les nouvelles envoiées à Rome ne portoient. Il fut reçû à Paris avec toutes les marques d'honneur & de distinction. Mais on connût bien-tôt, qu'il étoit porté d'inclination pour les Espagnols.

Le Roi d'Espagne, qui jusqu'alors avoit été bien aise de voir la guerre civile en France, & qui pendant que les François étoient ainsi armez les uns contre les autres, soutenoit plus aisément la guerre des Païs-bas, voiant qu'après la mort d'Henri III. plusieurs Princes se disputoient la succession à la Couronne, se mit aussi sur les rangs. Son Ambassadeur Mendoza appuyé de la faction des Seize, que l'or d'Espagne tenoit à sa devotion, proposa de la part de son Maître un traité qui portoit, que le Roi d'Espagne seroit déclaré Protecteur du Roiaume de France, & qu'il travailleroit à faire délivrer de captivité le Cardinal de Bourbon declaré Roi; qu'il pourroit faire alliance d'une de ses filles avec quelque Prince de France, & qu'il lui donneroit en dot le Comté

Propositions du Roi d'Espagne.

---

inferendo Provinciam istam perturbaret. Nec de solo Delphinatu subjiciendo Sabaudus cogitabat: nam Gallo-provinciam quoque occupare meditabatur. Erant ibi non pauci qui cum ipso consentirent, & urbes oppidaque paulatim occupare parabat, ut infra videbitur.

Les mêmes. Dux quoque Lotharingiæ Coronam Francicam ad se pertinere contendebat. Ex iis vero quæ Dieppæ contingerant perspectum habebat consobrinos suos Guisios Regnum Francorum nunquam ipsi concessuros esse; saltemque Campaniam occupare in animum induxit: Lingonas primum tentavit, ut se Dominum agnoscerent postulans: ex responso autem civium vidit se nonnisi armorum vi urbem subigere posse.

Les mêmes. Duo maximi Principes Henrico Regi longe formidabiliores erant; Summus Pontifex videlicet, & Rex Hispaniæ. Sixtus V. sententiam *excommunicationis* contra illum protulerat. Oratores Meduanii Ducis Papæ subinde dicebant, res *Benebarni*, sic Regem appellabant, in dies labefactari. Id vero curabant ut ne rei veritas ad Summum Pontificem usque deveniret. Legatum porro Sixtus V. nominavit Cardinalem Cajetanum Italum; sed Regi Hispaniæ subditum, qui die Novembris nono Lugdunum venit, ibique didicit Cardinalem Borbonium a Senatus-Curia Regem declaratum fuisse. Vidit autem Regis Henrici negotia longe meliori conditione esse, quam Romæ nunciatum fuerat. Lutetiam postea venit, & cum nulla non honoris significatione exceptus fuit: verum cito deprehensum fuit eum Hispanorum rebus studere.

Les mêmes. Rex Hispaniæ qui hactenus libenter viderat bella civilia in Francia geri, & qui dum Franci sese mutuo armis impeterent, longe facilius, feliciusque bellum in Belgio gerebat; ubi vidit post Henrici III. mortem, Principes plurimos de successione disceptare, ipse quoque illis annumerari voluit. Orator ipsius Mendosa Sextodecimanorum factione fultus, quam Hispaniæ aurum sibi addictam servabat, nomine Philippi Regis pactionem proposuit, qua ferebatur, Regem Hispaniæ declarandum esse Regni Francorum Protectorem, & nihil non acturum esse ut Cardinalis Borbonius Rex declaratus a captivitate liberaretur, ipsumque unam ex filiabus suis uxorem daturum esse alicui Francorum Principi; assi-

HENRI IV. dit LE GRAND.

de Flandres ou celui de Bourgogne pour l'unir à la Couronne de France ; qu'aucun Espagnol ne possederoit dans le Roiaume ni Benefice ni Office de Judicature, ni Gouvernement ; que le Roi d'Espagne donneroit deux millions d'or pour payer les arrerages des rentes de la Ville de Paris.

1589

C'étoient les principales propositions du traité qui fut presenté au Duc de Maienne. Il inclinoit d'abord assez à l'admettre. Les Seize, les Prédicateurs, & quelques Jesuites, le jugeoient admirable. Mais il voulut prendre conseil du Sieur de Villeroi, du President Brisson, & de quelques autres, qui lui firent voir, qu'un tel traité seroit préjudiciable, non-seulement au Roiaume, mais aussi à lui-même : qu'il avoit alors toute l'autorité en main ; mais qu'il seroit bien-tôt débusqué par quelque autre que les Espagnols mettroient en sa place. Ils le tournerent si bien qu'il rejetta ce traité, en disant qu'il ne pouvoit l'admettre que du consentement du Pape qui étoit le veritable protecteur du Roiaume ; & parce que les Seize étoient en mouvement contre lui, il cassa le Conseil General de l'Union, composé de gens dont la plûpart étoient de la faction Espagnole.

Après la prise de Vendôme, le Roi se rendit à Tours, où sa presence étoit necessaire pour arrêter les progrès que les Ligueurs faisoient dans le voisinage. Le sieur de Lansac du parti de l'Union, après avoir pris quelques petites places, attaqua la Fleche, prit la Ville & assiegea le Château. Mais la Noblesse des environs s'étant assemblée sous la conduite du Marquis de Vilaines, Lansac fut obligé de lever le siege avec perte de beaucoup de ses gens, & les Roiaux reprirent la Ville. Depuis ce tems Lansac s'étant retiré au Mans où Boisdauphin commandoit pour la Ligue, il fit une entreprise secrete pour s'emparer du Mans, & en chasser Boisdauphin, qui aiant découvert l'intrigue, se saisit de Lansac, & l'envoia prisonnier au Château du Loir. Lansac fit si bien par ses menées, qu'il gagna les soldats, s'empara du Château, & mit en prison celui qui y commandoit pour la Ligue. Le Roi à son arrivée fit reprendre les petites places que les Ligueurs avoient occupées ; Montrichard, Montoire, Lavardin & le Château du Loir. Il reçût à Tours l'Ambassade de la Republique de Venise, qui le reconnoissant pour Roi, l'envoia congratuler sur son avenement à la Couronne.

Entreprises de Lansac, Ligueur.

Henri partit de Tours & alla assieger le Mans, qui fit peu de resistance.

---

gnato in dotem vel Flandriæ vel Burgundiæ Comitatu, ut cum Regno Francorum jungeretur ; Hispanum nullum in isto Regno possessurum esse, vel Beneficium, vel Officium judiciarium, vel Præfecturam ullam ; Regem Hispaniæ vicies centena millia aureorum Ædibus publicis Parisinis numeraturum esse, ad debitas summas solvendas.

Hæ præcipuæ pactionis conditiones erant, quæ Meduanio oblatæ fuere. Statim ille ad pactionem admittendam propendebat ; Sextodecimani, Concionatores & aliquot Jesuitæ ; optimam illam esse censebant : at ille cum Villaregio, Brissonio & aliis consilia miscuit ; qui Meduanio probaverunt pactionem illam non Regno tantum, sed etiam ipsi Meduanio damnosam fore ; ipsum namque totam jam auctoritatem habere ; seb brevi ab aliquo, quem inducturi Hispani erant, depulsum iri : atque ita id illi persuasere, ut pactionem rejiceret dicendo, se non posse illam admittere, nisi consentiente Summo Pontifice, qui verus erat Regni Protector. Quia vero Sextodecimani quidpiam contra illum moliebantur, Consilium generale Unionis abrogavit, cujus maxima pars viris Hispanicæ factionis constabat.

Post captum Vindocinum Rex Cæsarodunum venit, ubi præsentia illius necessaria erat ad progressus Sociorum in vicinia coercendos. Lansacus Flexiam oppidum cepit & castellum obsedit ; at cum nobiles vicini, duce Villanio Marchione, unà congregati fuissent, Lansacus, multis suorum amissis, obsidionem solvere coactus est, & oppidum receptum fuit. Postea vero cum Lansacus Cenomanum se recepisset, ubi Boscodelphinus pro Unione imperabat, clam ipse molimina adhibuit ut Cenomanum astu interciperet & Boscodelphinum pelleret ; sed re detecta, ille Lansacum comprehendit, misitque in castrum ad Lædum in carcerem trudendum. Lansacus astute agens, præsidiarios pellexit, castellum occupavit & Præfectum in carcerem conjecit. Rex omnia loca isthæc a Sociis occupata recipi curavit, Montem-Ricardi, Montorium, Lavardinum & Castrum ad Lædum. Cæsaroduni Oratores excepit Reipublicæ Venetæ, quæ ipsum Regem agnoscens, de percepta Corona gratulabatur.

Les mêmes.

Rex Cæsaroduno profectus, Cenomanum obsedit ;

Les mêmes.

Tome V. S s

1589. Boifdauphin rendit la place; tous les Châteaux & les petites Villes des environs furent bien-tôt pris par les Roiaux. Les Reitres de l'armée du Roi furent furpris à Coneré par Briffac envoié pour fecourir le Mans; ils perdirent près de trois cens chevaux, que les Ligueurs prirent avant que les Reitres euffent le tems de monter deffus: mais s'étant depuis ralliez, Briffac fe retira plus vite que le pas. L'armée du Roi prit auffi Châteaubriant, Maienne & la Ville & Château d'Alençon. En Provence, la Vallette Gouverneur pour le Roi de cette Province, prit Lambès & Toulon. Les Roiaux eurent un petit échec, où le fieur d'Eftampes fut pris par le Comte de Carces Chef de l'Union. Mais la Ville de Tarafcon fe mit fous l'obéïffance du Roi. En Auvergne les Royaux prirent Iffoire qui fut depuis repris par le fieur de Randan Chef du parti de l'Union.

Le Duc de Maienne prend Pontoife & affiege Meulan.
A la fin de l'an 1589, le Château de Vincennes affiegé depuis long-tems par les Ligueurs, fut obligé de fe rendre. Après cela le Duc de Maienne pour rendre l'Oife libre, & faire venir par là des vivres à Paris, affiegea Pontoife avec une armée de douze mille hommes de pied & de deux mille chevaux. Il commença à battre la place le premier jour de l'an 1590. & elle fe rendit le fix de Janvier. Le Duc affiegea enfuite Meulan qui fe défendit mieux. Ce-

Le Roi prend plufieurs places.
pendant le Roi après avoir pris Alençon, alla au cœur de l'hyver affieger Falaife. Les Ligueurs efperoient que cette place l'arrêteroit long-tems: mais le canon paffant facilement fur la terre qui étoit glacée, on dreffa d'abord les batteries, la breche fut faite, & la Ville emportée d'affaut. Le Comte de Briffac & le Chevalier Picard fe rendirent prifonniers. Après cela le Roi prit aifément Verneüil, Lifieux & Pontaudemer, & alla mettre le fiege devant Honfleur. Il fit battre furieufement la place. Sept jours après que le fiege eut été mis, le Chevalier de Grillon qui commandoit dans la Ville pour l'Union, demanda à capituler. Les conditions furent que s'il n'étoit fecouru dans quatre jours, il rendroit la Ville. Le Duc de Nemours fe mit en marche pour la fecourir. Mais le degel vint fi grand, que les chemins étant rompus, il ne pût avancer, & Honfleur fe rendit au Duc de Montpenfier.

Vient au fecours de Meulan.
Dès que la capitulation fut faite, le Roi marcha pour fecourir Meulan avec huit cens chevaux & mille Arquebufiers à cheval, & donna ordre au Duc de

poft paucos obfidionis dies, Bofcodelphinus urbem dedidit. Omnia caftra & oppidula circum brevi a Regiis capta funt. Germani equites qui pro Rege ftabant, Coneræi intercepti fuere a Briffaco, qui ad opem Cenomano ferendam properabat, equos Germani fere trecentos amifere, quos Socii cepere antequam Germani ipfos confcendere poffent; fed cum poftea in unum coacti fuiffent, Briffacus aufugit. Exercitus regius cepit etiam Caftrum-Briandi, Meduanam & Alenconium cum Caftello fuo. In Galloprovincia Valleta Præfectus, qui pro Rege ftabat, Lambefcum & Telonem cepit. Regii tamen aliquid infortunii experti funt, quando Stampenfis Toparcha a Comite Carfio captus eft; fed Tarafco oppidum Regi fe fponte fubjecit. In Arvernis Regii Ifforiacum ceperunt; fed Randanus in Unionis partibus dux, oppidum recuperavit.

Les mêmes. Vertente anno 1589. Caftellum Vincennarum, jamdiu a Sociis obfeffum, deditionem fecit, pofteaque Meduanius ut Ifaram liberam redderet, indeque annonam Lutetiam advehi curaret, Pontifaram obfedit cum exercitu peditum duodecim millium & bis millium equitum. Oppidum tormentis impetere cœpit primo die anni 1590. & urbs dedita fuit die fexto Januarii. Meduanius poftea Mellentum, feu Meulantum obfedit, quod oppidum melius hoftem propulfavit. Rex vero poft captum Alenconium afpera hieme Falefiam obfedit. Socii fperabant diuturnam obfidionem fore; fed cum pyria tormenta per congelatam terram facilius traherentur, cito explofa tormenta fuere, muri in ruinam ierunt, & oppidum vi expugnatum fuit. Briffacus Comes & Picardus eques fefe captivos dediderunt, pofteaque Rex facile cepit Vernolium, Lexovium & Pontem Adæmari, atque Honflotium obfedit, & oppidum tormentis vehementi impetu juffit. Poft feptem elapfos dies, Grillonius eques, qui pro Unione in oppido imperabat, ad pactionem venit. Conditiones fuere, ut fi intra dies quatuor auxilia non acciperet, oppidum dediturus effet. Nemorofius Dux opem allaturus profectus eft; fed foluta glacie, aquæ vias omnes ita labefactarunt, ut cum non poffet Nemorofius ultra progredi, oppidum Montpenferio deditum fuerit.

Statim atque pactio facta fuit, Rex cum octingentis equitibus & mille fclopetariis equo vectis, ad opem Meulanto ferendam profectus eft, mandavit-

Montpensier de venir le joindre avec le reste de l'armée dès qu'Honfleur seroit rendu. Le Duc de Maienne avoit mis son armée partagée en deux aux deux côtez opposez de la riviere pour empêcher qu'il n'entrât aucun secours dans la forteresse. Mais sentant que le Roi approchoit, il retira toute son armée du côté du Vexin, & le Roi entra dans le fort, & augmenta la garnison, après quoi il se retira. Cependant le Duc continuoit toujours de battre la place, & aiant fait breche, il fit donner un assaut, où ses gens furent vivement repoussez, & avec grande perte des leurs. Le Roi vouloit ou le combattre, ou l'obliger d'abandonner l'entreprise. Il étoit si bien retranché du côté du Vexin, qu'on ne pouvoit le forcer à combattre sans grand péril. Pour l'obliger donc de décamper, il alla attaquer Poissi, & prit la Ville par escalade. Il restoit encore à prendre un petit fort au milieu du pont.

Prend Poissi.

A la nouvelle de la prise de Poissi, les Ducs de Maienne & de Nemours, vinrent avec leur armée de l'autre côté de la riviere, & dresserent leur artillerie contre l'armée Roiale, qui ne laissa pas d'emporter le fort du pont; presque tous ceux qui étoient dedans furent ou taillez en pieces, ou noiez. Au même tems ceux de Roüen qui étoient du parti du Roi, de concert avec le Marquis d'Alegre, qui leur envoia quelques troupes, se saisirent du Château, Mais les habitans dont la plûpart étoient Ligueurs, prirent les armes, assiegerent le Château, braquerent huit pieces de canon. Ceux qui étoient dedans furent obligez de venir à composition; les soldats envoiez par d'Alegre eurent la vie sauve; les autres ne furent reçus qu'à discretion, & plusieurs d'entre eux furent executez à mort. A la nouvelle de la prise du Château de Rouen, le Duc de Maienne s'y achemina; mais apprenant qu'il avoit été repris, il revint sur ses pas pour aller joindre un renfort que lui amenoit des Payis-bas le Comte d'Egmont.

Les Roüax veulent s'emparer de Rouen.

Le Roi d'Espagne choqué de ce qu'on avoit refusé de le declarer Protecteur du Roiaume, s'étoit fort refroidi à l'égard du parti de l'Union, & ne lui donnoit pas volontiers des secours, esperant sans doute que lorsqu'ils se trouveroient en plus grande necessité, ils seroient plus souples, & qu'il viendroit alors plus aisément à ses fins. Mais quand il vit que le Roi Henri faisoit de si grands progrès, averti par Mendoza que le même Prince avoit un puissant

---

que Monpenserio ut cum reliquo exercitu, statim post deditum Honflorium, ad se jungendum properaret. Meduanius exercitum suum duas in partes divisum ad duas oppositas fluminis oras locaverat, ut commeatui omni in arcem aditum intercluderet, sed cum Regem accedere sensit, totum exercitum ad oram ad Veliocasses respiciendam reduxit, Rexque in arcem intravit, præsidium auxit, posteaque receptum habuit. Dux tamen arcem tormentis impetere non desistebat, & cum muri partem decussisset, expugnare nititur; sed pugnatores ipsius, multis cæsis, depulsi fuere. Rex cupiebat ipsum vel ad pugnam committendam, vel ad obsidionem solvendam cogere; cumque ille ad oram Veliocasses spectantem castra ita propugnaculis munita haberet, ut non sine periculo posset ad pugnandum cogi, ut Rex illum ex castris evocaret, Pissiacum aggressurus movet, oppidumque scalis admotis cepit. Arx seu turris in pontis medio posita adhuc capienda restabat.

Ut audiere Meduanius & Nemorosius captum Pissiacum fuisse, cum exercitu ad alteram fluminis oram venere, ac tormenta sua pyria contra Regis exercitum direxere, qui tamen turrim pontis vi cepit, & præ-

siliarii fere omnes vel cæsi vel in fluvium demersi sunt. Eodem tempore Rothomagenses Regii cum Alegrio Marchione conspirantes, qui aliquot ipsis pugnatores misit, Rothomagense castellum occupavere: verum alii Rothomagenses, quorum maxima pars Unioni hærebat, armis assumtis, Castellum obsederunt, & octo pyria tormenta adhibuerunt. Qui intus erant ad pactionem venire compulsi sunt. Pugnatores ab Alegrio missi, vitam salvam habuere; cæteri ad arbitrium Rothomagensium dediti sunt; qui plurimos eorum morte mulctavêre. Ut nunciatum Meduanio fuit, castellum Rothomagense captum fuisse, statim profectus est; sed cum recuperatum audisset, reversus est, ut auxiliares copias quas ex Belgio ducebat Egmundanus Comes exciperet.

Rex Hispaniæ indignatus, quod sibi negatum fuisset ut Regni Protector declararetur, erga Unionem non ita propensus erat, nec libenter auxilia mittebat, sperans haud dubie ipsos cum angustiis prementur, facilius optatis suis facturos satis; sed ubi vidit Henricum Regem prospere rem agere, & a Mendoza monitus Henrico magnam civium Parisi-

Les mêmes.

parti dans Paris, & que la Ligue se délabrant tous les jours, il étoit à craindre qu'il ne devînt paisible possesseur du Roiaume ; il resolut enfin de donner du secours, & fit une Declaration qui portoit : Que le pur zele de conserver la Religion Catholique, & d'extirper l'Heresie, le portoit à emploier ses armes pour soutenir les Catholiques de France, & délivrer leur Roi de prison. Ce Roi étoit le vieux Cardinal de Bourbon.

Le Duc de Maienne qui ne se sentoit pas assez fort en cavalerie, demandoit seulement quinze cens lances & cinq cens Arquebusiers à cheval, que le Duc de Parme envoia commandez par le Comte d'Egmont. Le Roi après avoir délivré Meulan, comme nous avons dit, assiegea Dreux ; & comme il continuoit ce siege, le Duc de Maienne, joint par le Comte d'Egmont, se mit en campagne, & passa la Seine à Mante. Le Roi à cette nouvelle s'avança jusqu'à Nonancourt, où il passa la nuit, & se disposa à donner bataille, aiant avec lui le Duc de Montpensier, le Grand Prieur, les Maréchaux de Biron & d'Aumont. Le Prince de Conti y arriva après les autres.

Ce n'étoit pas le sentiment du Duc de Maienne de risquer une bataille, il vouloit seulement jetter quelque secours dans Dreux ; mais les autres Chefs l'emporterent, & sur tout le Comte d'Egmont jeune Seigneur brave, mais trop présomptueux, qui menaçoit de donner tout seul avec sa troupe, si les autres évitoient le combat. Les deux armées se rencontrerent auprès d'Ivri, & demeurerent ainsi tout le reste du jour. La bataille commença le lendemain 14 de Mars. La Cavalerie Legere de la Ligue, vint à la charge au nombre d'environ cinq cens hommes : mais ils furent d'abord percez & mis en fuite par le Maréchal d'Aumont, qui fut ensuite attaqué par les Reitres, il eut à soutenir la premiere charge, fit volte face, & puis rallia sa troupe. Les Walons & Flamans vinrent encore le charger ; mais le Baron de Biron s'avança pour le soutenir, & le Duc de Montpensier qui vint ensuite eut un cheval tué sous lui, & combattit si vaillamment, qu'il demeura maître du champ.

Le Duc de Maienne vint enfin attaquer le corps où étoit le Roi, qui fut toujours des premiers dans ce rude combat, où le Duc de Maienne fut enfin obligé de prendre la fuite. Il ne restoit plus à défaire que trois étendards de Walons & deux bataillons de Suisses : ces Walons furent bien-tôt mis en déroute. Après quoi on cria, *Vive le Roi.* Le Maréchal d'Aumont, le Grand Prieur,

---

norum partem hærere, & Unionem illam in dies minui ac debilitari, timendumque esse ne tandem Henricus Regnum pacifice possideret, auxilium tandem mittere decrevit : Declarationemque emisit qua dicebat se unico conservandæ Religionis Catholicæ, & hæreseos exstinguendæ studio motum, Catholicis Franciæ auxilia mittere, ut Regem eorum, nempe Cardinalem Borbonium, ex carcere erueret.

Meduanius, qui non sufficientem equitatum habebat, mille quingentas tantum lanceas & quingentos sclopetarios equis vectos petebat, quos misit Parmensis duce Egmundano Comite. Rex postquam Meulantum, ut diximus, liberaverat, Drocum obsedit ; cumque in obsidione pergeret, Meduanius cum Egmundano movit, & Sequanam Meduntæ trajecit. Hoc audito Rex, Nonancurtium usque venit, ibique noctem transegit, & ad pugnam se apparavit, secum habens Monpenserium Ducem, Magnum Priorem, Bironum & Aumontium Marescallos. Contius Princeps post alios venit.

Non erat ea Meduanii sententia, ut pugnæ alea tentaretur ; sed Droco tantum opem ferre volebat ; at prævaluit aliorum Ducum sententia, maxime vero Egmundani Comitis, qui minabatur se solum cum agmine suo certaturum, si cæteri pugnam vitarent. Ambo exercitus Ibriaci obviam venere, illoque die immoti stetere. Pugna cœpta est postridie decima quarta die Martii. Equites levioris armaturæ exercitus Unionis pugnam aggressi sunt circiter quingenti ; sed statim rupti fugatique sunt ab Aumontio Marescallo, qui postea a Germanis equitibus oppugnatus est ; primum ille impetum sustinuit, posteaque tergo dato ordines restituit. Belgæ & Flandri illum postea aggressi sunt, sed Bironus filius, ut illis opem ferret movit, & Monpenserius Dux qui postea venit, equo suo cæso, alium conscendit, atque tam strenue pugnavit, ut hostes profligaret, & loci compos maneret.

Meduanius tandem aciem in qua Rex erat adortus est. Rex vero inter pugnatores primos semper fuit in prœlio, Meduaniusque Dux in fugam versus est. Restabant solum expugnanda tria Belgarum signa, & duo Helvetiorum agmina. Belgæ cito profligati fuere ; posteaque clamatum fuit, *Vivat Rex.* Aumontius, Magnus Prior, Bironus junior & alii

le Baron de Biron & d'autres Seigneurs, vinrent joindre le Roi, & ils allerent ensemble trouver le Maréchal de Biron, qui sans changer de place n'avoit pas peu contribué au gain de la bataille. Il dit au Roi, *Sire, vous avez fait le devoir du Maréchal de Biron, & le Maréchal de Biron a fait ce que devoit faire le Roi*. Il lui répondit : *Il faut louer Dieu, Monsieur le Maréchal ; car la victoire vient de lui seul*. Les Suisses de la Ligue étoient encore en bataille. Il eut été fort aisé de les investir de tous côtez, & de les tailler en pieces. Mais on aima mieux traiter avec eux, & ils se mirent au Service du Roi.

1590.

Il y eut du côté des ennemis près de mille Cavaliers tuez, du nombre desquels fut le Comte d'Egmont qui porta ainsi la peine de sa témerité. Il y périt un bien moindre nombre de Fantassins ; car ils prirent la fuite dès qu'ils virent la déroute de la Cavalerie. Environ quatre cens demeurerent prisonniers. Le Duc de Maienne s'enfuit à Mante. Les habitans prirent les armes, laisserent entrer le Duc, & ne permirent à ceux de sa suite d'y entrer que dix à dix. Le Duc se retira ensuite à S. Denis. Mante se rendit au Roi. Vernon suivit son exemple. Bien des gens blâmerent le Roi de ce qu'il n'étoit pas venu droit à Paris d'abord après sa victoire ; ils disoient que dans la consternation où étoient alors les Parisiens, il se seroit aisément rendu maître de la Ville.

On remarqua que le quatorziéme jour de Mars fut fort heureux pour le Roi, qui gagna lui-même la bataille d'Ivri, & ce même jour en Auvergne les Roiaux remporterent une victoire considerable, & au Mans, Lansac, qui voulut surprendre la Ville, fut repoussé, & depuis défait. L'affaire d'Auvergne se passa en cette maniere.

Le sieur de Randan avoit pris sur les Roiaux la Ville d'Issoire. Ceux de Clermont qui tenoient pour le Roi, & qui avoient des intelligences dans Issoire, trouverent moien de se rendre maîtres de la Ville, & assiegerent le Château. Randan ramassa du monde, vint assieger la Ville, & défit le premier secours que ceux de Clermont y envoierent. Il y eut plusieurs actions devant la place, & il s'y assembla quantité de Noblesse & d'autres gens des deux partis, qui formerent deux petites armées. Il se donna enfin un combat où les Ligueurs furent défaits & perdirent beaucoup de monde, au lieu que la perte fut fort petite du côté des Roiaux. Le sieur de Randan demeura prison-

Victoire des Roiaux en Auvergne.

Regem adierunt, & simul postea Bironum Marescallum convenerunt, qui etsi loco non moverat, non parum adjumenti victoribus tribuerat, Regique dixit, *Domine Rex tu fecisti quod Bironus Marescallus facere debuisset, Bironusque Marescallus fecit, quod tu facere debuisses*. Respondit Rex : *Laudandus Deus est : Marescalle ; victoria enim ab ipso solo venit*. Helvetii qui pro Unione stabant adhuc in ordine pugnæ erant, facileque admodum fuisset illos undique cingere & concidere ; sed cum illis pacisci melius consultum esse putatum est, posteaque Regi militavere.

Ex hostium partibus equites fere mille cecidere, ex quorum numero fuit Comes Egmundanus, qui sic temeritatis suæ pœnas luit. Pedites longe minore numero cæsi fuere : hi namque, ubi profligatum equitatum videre, statim in fugam versi sunt. Quadringenti circiter capti fuere. Meduanius Meduntam fugit : oppidani Meduanio portam aperuere ; ex suis vero nonnisi denos & denos intrare permiserunt. Inde Meduanius ad Sancti Dionysii oppidum se recepit. Medunta Regi sese dedidit : Vernonium ejus exemplum sequutum est. Multi Regis consilia improbavere,

quod videlicet non statim post victoriam Lutetiam advolavit : dicebant enim, Parisinis de clade ista consternatis & perculsis, facile Regem urbem occupaturum fuisse.

Observatum fuit diem decimam-quartam Martii Regi fuisse felicissimam : ipse quippe Ibriacensem victoriam retulit, eodemque die in Arvernis Regii clade hostes affecerunt, atque Cenomani Lansacus, qui eo ipso die urbem arta intercipere voluit, pulsus a Regiis, posteaque profligatus fuit. Res in Arvernis hoc modo gesta fuit.

Randanus Regiis Issoriacum eripuerat. Claromontani vero, qui & ipsi Regii erant, & qui Issoriaci quosdam secum consentientes habebant, oppidum illud intercipere, & castellum obsederunt. Randanus collectis copiis oppidum obsedit, & auxiliares a Claromontanis missos fudit. Leviores aliæ pugnæ ante oppidum fuere ; nobilesque multi, aliique pugnatores utriusque partis convenere, ita ut duo modici exercitus in acie utrinque steterint. Pugna demum commissa fuit, in qua Unionis copiæ profligatæ fuerunt, & suorum multos amisere : at e regionum vero parte pauci ceciderunt. Randanus captus fuit,

Les mêmes.

Les mêmes.

HENRI IV. dit LE GRAND.

1590. nier, & les Roiaux prirent le fort Château d'Iſſoire. Nous parlerons plus bas de l'affaire du Mans qui arriva dans le même tems.

Le Roi après ſa victoire s'amuſa quinze jours à Mante, & reſolut de s'en aller à Corbeil pour ſe rendre auſſi de ce côté-là maître des ponts & des paſſages de la riviere de Seine, & affamer Paris. Les Ligueurs eux-mêmes diſoient que ſi d'abord après ſa victoire il étoit venu droit à Paris, comme lui conſeilloit le ſage La Noüe, perſonne ne pouvoit l'empêcher de ſe rendre maître de la Ville. Mais enyvré de ſa bonne fortune, & peut-être mal conſeillé par des gens intereſſez, il perdit cette belle occaſion. Son deſſein d'affamer Paris fut d'abord très mal executé. Car Givri qui gardoit pour le Roi le pont de Chamois, laiſſa paſſer moiennant une ſomme d'argent, dix mille muids de vin & trois mille muids de grains, ſans quoi Paris étoit aux abois.

Le Duc de Nemours établi Gouverneur de Paris.

Le Duc de Nemours qui vint à Paris, fut établi Gouverneur de la Ville, & le Duc de Maienne ſe rendit à Soiſſons, d'où il envoia des Couriers au Pape, au Roi d'Eſpagne, & aux autres Princes de ſon parti pour ſoliciter de prompts ſecours. Cependant le Cardinal Gaetan interpoſant le credit du Cardinal de Gondi, fort affectionné aux Roiaux, voulut parlementer avec quelqu'un du parti du Roi. Le lieu indiqué pour la conference fut Noiſi, où le Maréchal de Biron ſe trouva, & traita de la paix. Mais on s'apperçût bien-tôt que ce n'étoit qu'une feinte de la part du Légat, qu'il ne vouloit qu'amuſer le Roi, & gagner du tems, *per acquiſtar, tempo è aver più commodita d'apparechiarſi alla difeſa*. Les conferences furent rompüës, & le Legat ſe retira confus de n'avoir pas mieux caché ſon jeu.

Le Roi prit ſans peine toutes les places par où les vivres pouvoient venir à Paris, Corbeil, Lagni, Melun, Provins, Brai, Montereau-fautyonne. Il voulut auſſi ſe ſaiſir de Sens; mais les Ligueurs y envoierent des troupes, & diſpoſerent les habitans à ſe défendre. Il y eut un combat où les Roiaux furent repouſſez. Le Roi ne jugea pas à propos d'en faire le ſiege, les poſtes qu'il tenoit étant ſuffiſans pour affamer Paris.

Nous avons dit ci-devant que le même jour que le Roi gagna la bataille d'Ivri, le ſieur de Lanſac penſa ſurprendre le Mans: voici comment. Il avoit

---

Regiique Iſſoriacenſe caſtellum munitiſſimum expugnavêre. De re Cenomanenſi eodem tempore geſta infra loquuturi ſumus.

Les mêmes. Poſt victoriam ſuam Rex, nullis diſtentus negotiis, per dies quindecim Meduntæ manſit, poſteaque Corbolium ire decrevit, ut pontes aditufque Sequanæ fluvii etiam his in partibus occuparet, & ad deditionem Lutetiam fame compelleret. Ipſi Unionis Socii dicebant illum, ſi ſtatim poſt victoriam Lutetiam veniſſet, ut ſuadebat ſapiens ille Lanovius, neminem fuiſſe qui poſſet illum à capienda urbe cohibere; ſed propitia fortuna quaſi ebrius, forteque quorumdam rebus ſuis ſtudentium conſiliis deceptus, opportunam occaſionem amiſit. Conſilium ipſius, quo fame Pariſinos ad deditionem compellere volebat, male exſecutioni mandatum fuit. Givrius enim qui pontem Chamoſii cuſtodiebat, accepta pecuniæ ſumma, decies mille modios vini & ter mille modios frumenti, in urbem tranſmitti permiſit, quibus demtis Lutetia ad extrema deducta fuiſſet.

Les mêmes. Nemoroſius Dux, qui Lutetiam venit, urbis Præfectus conſtitutus eſt; Meduanius vero Auguſtam Sueſſionum ſe contulit, indeque curſores miſit ad Summum Pontificem, & cæteroſque ſibi faventes Principes, auxilia poſtulans, ſoliciteque urgens. Interea Cardinalis Caietanus, favore uſus Cardinalis Gondii, qui regiis partibus addictiſſimus erat, cum primore quodam regio de pace agere voluit. Locus ad congreſſum indictus Noſiacum fuit, quo ſe contulit Bironus, qui cum Legato Cajetano de conditionibus agere cœpit; ſed ſtatim compertum fuit ſimulata tantum Legati colloquia eſſe; volebat enim Regem diſtinere, tempuſque terere, ut interea Unio ad defenſionem ſeſe appararet. Colloquia ceſſavêre, & pudore ſuffuſus eſt Legatus, quod verſutiam tegere non valuiſſet.

Facile Rex oppida & loca omnia cepit, queis annonæ Lutetiam aditus eſſe poterat, Corbolium nempe, Latiniacum, Melodunum, Provinium, Braium, Monaſteriolum ad Icaunam. Agendicum etiam occupare voluit: verum Socii copias illò miſerunt, & oppidanos ad propulſandos regios concitavêre. Pugna commiſſa fuit, in qua Regii pulſi ſunt. Rex Agendicum obſidendum eſſe non putavit, quia jam occupati aditus ad famem in urbem immittendam erant ſatis.

Les mêmes. Diximus eo ipſo die quo Rex Ibriacenſem victoriam retulit, Cenomanum à Lanſaco pene captum fuiſſe. Sic vero res geſta fuit. Lanſacus Regi facta-

HENRI IV. dit LE GRAND.

prêté serment de fidelité au Roi, & faisoit semblant d'être du parti des Roiaux, & comme il avoit souvent des conferences avec les Ligueurs, il disoit aux gens du Roi qu'il les frequentoit à dessein de les surprendre. Il continua ce jeu quelque tems, & ramassant secretement du monde, il vint une nuit dans le fauxbourg S. Vincent à dessein de se saisir d'une des portes de la Ville. Mais il fut découvert, ses gens furent défaits, & il fut obligé de s'enfuir en Bretagne, où il ramassa de nouvelles troupes.

Entreprises de Lansac.

Les Ligueurs surprirent la Ville de Sablé en Anjou. Les Roiaux garderent le Château; & les Seigneurs du parti du Roi aiant assemblé des troupes, taillerent en pieces tous les Ligueurs qui gardoient la Ville. Au même tems Lansac surprit la Ville de Maienne & assiegea le Château: mais il fut battu & chassé de la Ville par le sieur de l'Estelle, qui entra dans le Château avec des troupes. Dans presque toutes les parties du Roiaume il y avoit ainsi des rencontres des deux partis, des prises & des reprises de places. Vers le même tems la Ferté-Bernard & Châteaudun furent assiegez & pris par le Prince de Conti, que le Roi avoit établi son Lieutenant General dans l'Anjou, la Touraine, le Maine, & les Payis voisins.

Le Roi après avoir tenté inutilement de prendre Sens, vint serrer Paris de plus près. Il se saisit du pont de Charenton & de S. Maur, & fit faire sur la Seine un pont de barques à Conflans, pour courir la campagne du côté de l'Université, & empêcher que les vivres n'y entrassent par terre. Paris se trouva ainsi investi de tous côtez. Le Duc de Nemours établi Gouverneur faisoit toute la diligence possible pour mettre la Ville en état de se défendre. Il fit reparer les lieux les plus foibles, & abbattre les maisons des fauxbourgs qui étoient les plus proches de la Ville & des fossez. Il mit les Suisses au Temple, & une partie des Lanskenets pour garder depuis la porte neuve jusqu'à l'Arcenal. Les Parisiens armez en grand nombre gardoient les portes & les murailles. L'armée du Roi n'étoit au commencement que de douze mille hommes de pied & trois mille chevaux. Pour empêcher que les Roiaux n'entreprissent quelque chose par la Seine, les Parisiens tendirent une chaîne depuis la Tournelle jusqu'aux Celestins, & une autre en bas vers la porte de Nêle jusqu'au Louvre.

Le Roi veut affamer Paris.

Le Roi voulant assieger S. Denis, envoia La Noüe avec un détachement.

---

mentum fidei præstiterat, seque Regium esse simulabat; sed quia sæpe cum Unionis Sociis colloquia miscebat, Regiis dicebat se illos frequenter adire ut astu interciperet; sic per aliquod tempus illudebat, & armatos clam cogens, nocte quadam in suburbium Sancti Vincentii venit, ut portam quamdam urbis occuparet: sed re detecta, armatorum cohors illa profligata fuit, ipseque in Armoricam fugere coactus est, ubi denuo copias collegit.

Unionis Socii Sablatum oppidum in Andibus ex improviso ceperunt. Castellum tamen Regii servabant, Procereque Regii, collectis copiis, Socios qui oppidum custodiebant ad unum concidere. Eodem tempore Lansacus Meduanam occupavit & Castellum obsedit: verum Stellæus, qui cum copiis in Castellum intravit, ipsum cum suis ex oppido fugavit. Sic in omnibus ferme Regni partibus pugnæ inter Regios & Socios committebantur; oppida passim capta & recepta vidisses. Eodem tempore Feritas-Bernardi & Castellodunum oppida, obsessa, captaque fuere a Principe Contio, quem Rex Vicarium suum Generalem constituerat in Andibus, Turonibus, Cenomanis & vicinis regionibus.

Rex postquam Agendicum frustra tentaverat, Lutetiam arctius cingi curavit. Carantonii pontem & Sanctum Maurum cepit, atque ad Confluentem in Sequana pontem naviculis nixum construi jussit, ut versus Universitatis partes copiæ suæ per campos discurrentes, per terram etiam commmeatibus in urbem aditus intercluderent. Lutetia sic omnibus cinctamodis fuit. Dux Nemorsius Præfectus urbis constitutus, nihil non agebat ut urbem propugnaculis muniret. Debiliora loca restauravi curavit, suburbiorum domos, quæ viciniores urbis fossis & mœniis erant, dirui jussit, Helvetios in Templo posuit, & partem Germanorum a Porta Nova usque ad armamentarium, ad custodiam locavit. Parisini armati magno numero portas muroque custodiebant. Exercitus regius initio duodecim millium tantum peditum, & ter millium equitum erat. Parisini ut Regios coercerent, ne per Sequanam ad urbem occupandam accederent, catenam a Turricula ad Cælestinos tetenderunt, aliamque a Nigella porta ad Luparam.

Rex cum Sancti Dionysii oppidum obsidere vellet,

Les mêmes.

Les mêmes.

pour se loger aux fauxbourgs, & empêcher que les Parisiens n'envoiassent du secours aux assiegez. Il y trouva les Suisses & les Lanskenets bien barricadez, soutenus de quelques troupes de Parisiens. Il y eut un rude combat, le cheval de La Noüe fut tué sous lui, & il fut lui-même blessé d'une arquebusade à la cuisse. Les Roiaux furent enfin contraints de se retirer.

Mort du Cardinal de Bourbon nommé Roi par les Ligueurs.

Le 8. de Mai de cette année, le vieux Cardinal de Bourbon déclaré Roi par les Ligueurs, mourut d'une retention d'urine à Fontenai en Poitou, où il étoit prisonnier. Bien des gens qui le voioient de près disoient de lui qu'il ne souffrit qu'on le nommât Roi de France que pour conserver la Roiauté à la Maison de Bourbon, qui periclitoit fort dans ces tems orageux : qu'il ne prenoit jamais le titre de Roi dans ses discours, & que depuis la mort d'Henri III. il appelloit toujours Henri IV. le Roi mon neveu.

Cette mort jetta le Duc de Maienne dans un grand embarras. Il voioit d'un côté le Roi Henri IV. tenant la Ville de Paris bloquée, & à la veille d'une famine extrême, & craignoit que les Parisiens dont une bonne partie étoit déja pour le Roi, quoiqu'ils ne se déclarassent pas, ne se réunissent pour se tirer de misere. D'un autre côté la difficulté de l'élection d'un nouveau Roi, ne l'embarrassoit pas moins. On a déja compté ci-devant plusieurs prétendans. Il n'étoit pas aisé de voir sur qui tomberoit l'élection ; mais comme cet embarras n'étoit pas si présent que l'autre, il pensa d'abord à exclure de la Couronne *le Bearnois* ; ainsi appelloient Henri IV. les Parisiens. Il savoit que le Pape Sixte V. qui l'avoit excommunié & déclaré exclus de la succession, s'étoit repenti d'avoir fait cette démarche ; sur tout lorsqu'il apprit le bon succès de ses armes, & la fausseté de tout ce qu'on lui avoit écrit sur le mauvais état de ses affaires ; en sorte qu'il commençoit à l'appeller alors le Roi de Navarre, l'aiant auparavant toûjours appellé le Prince de Bearn. Il craignoit qu'il ne vînt enfin à lever l'excommunication.

Décision de quelques Docteurs de Sorbonne qui excluded Henri IV. de la couronne de France.

Voulant obvier à tout cela, il emploia le Prevôt des Marchands pour obtenir une décision de la Faculté de Théologie. Les Docteurs étoient tous de la faction des Seize, & l'on n'eut point de peine à leur faire donner un acte dont les principaux points étoient tels :

Qu'il est de droit Divin inhibé & défendu aux Catholiques de recevoir pour Roi

---

Lanovium cum copiis misit, quo in suburbiis Parisinos coerceret, ut ne auxilia obsessis mitterent. In suburbiis erant Helvetii & Germani propugnaculis muniti, Parisinorumque cohortibus aucti. Acerrima pugna fuit, equus Lanovii cæsus, ipseque selopeti ictu in femore vulneratus fuit. Regii tandem abscedere compulsi sunt.

Les mêmes. Octavo die hujus anni Carolus Cardinalis Borbonius, qui senex ab Unione Rex declaratus fuerat, ex stranguria Fontenæi in Pictonibus, ubi sub custodia servabatur, diem clausit. Multi ipsum adibant, videbantque, dixerunt eum se Regem proclamari ideo tantum passum esse, ut Regiæ Borboniæ familiæ Regnum servaret, quæ his temporibus multum periclitabatur, ipsumque in colloquiis nunquam se Regem nuncupavisse, & Henricum IV. sæpe, Regem fratris filium appellavisse.

Payet.

Le même. Mois illius Meduanium in magnas rerum difficultates conjecit. Hinc videbat Henricum IV. Lutetiam undique cinctam tenentem, unde mox sequutura erat extrema fames videbatur, timebatque ne Parisini, quorum pars magna jam pro Rege stabat licet non aperte, sese unà omnes, vitandæ miseriæ causa, conjungerent. Aliunde vero novi eligendi Regis difficultas non minus illum distinebat. Multos antea vidimus Principes qui Coronam ambiebant, nec facile perspici poterat quis tandem eligendus foret ; sed cum hæc difficultas non perinde præsens esset atque prior, statim de excludendo a Corona Benehanensi, ita Parisini Henricum IV. vocabant, cogitare cœpit. Sciebat Sixtum V. Papam, qui ipsum *excommunicaverat*, & a successione exclusum declaraverat, facti pœnituisse, maximeque cum prosperum armorum illius exitum edidicit, falsaque esse ea omnia quæ de rerum ejus infelici conditione sibi nunciata fuerant, ita ut tunc illum Regem Navarræ appellare inciperet, quem antea Principem Benearniæ vocabat, timebatque ne demum excommunicationem tolleret.

Ut his omnibus occurreret, Præpositum Mercatorum adhibet, ut Facultatis Theologiæ decisionem obtineret. Doctores omnes Sextodecimanæ factionis erant, facileque ab ipsis impetrat decisionis actum, cujus præcipua capita hæc erant.

Ex jure divino prohibitum Catholicis esse, ut ne Re-

HENRI IV. dit LE GRAND

un Heretique ou fauteur d'heresie, & ennemi notoire de l'Eglise, & plus étroite- 1590 ment encore de recevoir un relaps & nommement excommunié du Saint Siege.

Et partant, puisque Henri de Bourbon est heretique, fauteur d'heresie, notoirement ennemi de l'Eglise, relaps, & nommement excommunié par notre Saint Pere, & qu'il y auroit danger évident de feintise & de perfidie, & ruine de la Religion Catholique, au cas qu'il vînt à impetrer exterieurement son absolution, les François sont tenus & obligez en conscience de l'empêcher de tout leur pouvoir de parvenir au Gouvernement du Royaume Très-Chrétien, & de ne faire aucune paix avec lui, non-obstant ladite absolution, & quand ores tout autre legitime successeur de la Couronne viendroit à deceder ou quitter de son droit; & tous ceux qui lui favorisent, sont injure aux Canons, sont suspects d'heresie & pernicieux à l'Eglise, & comme tels doivent être soigneusement punis à bon escient.

Cette décision de la Faculté de Théologie, fut imprimée & envoiée dans les Villes de France pour les porter à la suivre. Les Espagnols & le Duc de Maïenne la reçûrent volontiers, quoique dans des vûes fort differentes. Les Chefs de l'Union voiant le peuple disposé selon leur intention, publierent la mort du Cardinal de Bourbon, & firent ensuite une Procession la plus singuliere & la plus grotesque qu'on eût encore vû, qui partit de l'Eglise des grands Augustins. Les conducteurs étoient l'Evêque de Senlis, le Curé de S. Côme, & le Prieur des Chartreux, qui tenoient une croix d'une main & une pique de l'autre; après venoient les Capucins, les Feüillans, les Minimes, les Cordeliers, les Dominiquains & les Carmes, armez de casque, de cuirasse & de mousquets, dont ils faisoient de tems en tems des décharges. Un domestique du Cardinal Cajetan Legat, fut tué d'un coup de mousquet tiré par quelqu'un de ces Moines. Ils eurent soin de publier que celui qui étoit mort dans un si saint spectacle, avoit le merite & la gloire d'un Confesseur, & que c'étoit le sentiment du Cardinal Cajetan. Celui qui se signala le plus dans cette Procession fut le Pere Bernard qu'on appelloit le petit Feüillant boiteux, qui couroit de côté & d'autre, faisoit des gambades, tenant une épée de ses deux mains. On remarqua que dans cette Procession il ne se trouva ni Celestins ni Benedictins, ni Religieux de sainte Geneviéve ni de saint Victor.

Nous donnons la planche de cette Procession comme elle fut imprimée

Procession de la Ligue.

PLANC. L.

---

gem Hereticum vel hæresos fautorem recipiant, qui palam inimicus Ecclesiæ sit, maximeque si relapsus sit, & a Sancta Sede nominatim excommunicatus.

Itaque cum Henricus Borbonius Hæreticus sit, fautor hæreseos, Ecclesiæ palam inimicus, relapsus, & a Sancto Patre nostro nominatim excommunicatus, cumque periculum evidens foret, simulationis, perfidiæ & Religionis Catholicæ perniciei, etiamsi ille exterius absolutionem impetraret, Franci tuta conscientia tenerentur pro viribus impedire quominus Regni Christianissimi administrationem capesseret, nec pacem cum illo facere possent, nihil obstante illa absolutione; etiam si alius successor Regni & Coronæ legitimus, jus suum ipsi concederet. Omnes igitur qui ipsi favent, Canonibus Ecclesiæ injuriam inferunt, suspecti hæreseos & Ecclesiæ perniciosi sunt, atque ut tales severe puniendi.

m. Hæc Facultatis Theologiæ decisio typis data fuit, missaque in urbes Regni ut ad illam admittendam concitarentur. Hispani & Medusanius libenter illam excepere, etsi longe diversis moti consiliis ac studiis. Unionis vero Principes, cum viderent plebem sibi obsequentem, Cardinalis Borbonii mortem publica-

vere, & Processionem fecere, qua spectabilior & risu dignior nusquam visa fuerat. Ex Ecclesia Augustinianorum illa profecta est: Ductores ejus erant Episcopus Silvanectensis, Curator Sancti Cosmæ, & Cartusianorum Prior, qui altera manu crucem, altera hastam tenebant. Sequebantur Capucini, Fulienses, Minimi, Chorda-ligati, Dominicani, Carmelitæ, galea & lorica armati, necnon sclopetis, quos identidem explodebant. Famulus Cardinalis Cajetani Legati, ictu sclopeti a quodam illorum emisso occisus fuit, statimque ipsi publice clamarunt eum, qui in tam sancto spectaculo occisus fuisset, & meritum & gloriam Confessoris obtinere, illamque esse sententiam Cardinalis Cajetani. Qui in ista Processione maxime claruit, P. Bernardus fuit, quem parvum Fuliensem appellabant; claudus ille erat, & tamen hinc & inde discurrebat saltitans, gladiumque ambabus manibus tenens, observatumque fuit in ista Processione nec Cælestinos, nec Benedictinos, nec Sanctæ Genovefæ, vel Sancti Victoris Religiosos Canonicos comparuisse.

Hic tabulam damus Processionis istius, ut eo ipso

Tome V.   Tt

1590. au même tems. On y voit ce Prieur des Chartreux qui tient une pique d'une main & un crucifix de l'autre. Le petit Feüillant qui s'y diſtingua beaucoup, eſt apparemment celui qui tire un coup de mouſquet, & tourne en même tems la tête d'un autre côté. On y remarque pluſieurs Capucins, Auguſtins, Cordeliers entremêlez avec d'autres gens armez. On laiſſe le reſte à démêler au Lecteur.

Le Pape Sixte V. qui n'avoit point voulu donner audience au Duc de Piney

Sixte V. bien diſpoſé pour le Roi. Ambaſſadeur du Roi, l'entendit enfin, & reçut de lui des inſtructions plus ſinceres que celles que le parti de l'Union lui avoit données juſqu'alors. Il avoit appris d'ailleurs que ce Prince n'étoit pas tel que les Ligueurs avoient voulu lui perſuader, & il paroiſſoit diſpoſé à lever l'excommunication, s'il ſe remettoit au giron de l'Egliſe. Olivarez Ambaſſadeur d'Eſpagne à Rome, en fit un grand vacarme, & les Ligueurs de Paris publierent des Ecrits, où ils témoignoient leur mécontentement du Pape, qui mourut cette même année, non ſans ſoupçon de poiſon.

Famine dans Paris. Cependant le Roi tenoit toujours Paris bloqué, & la famine croiſſoit de jour en jour dans la Ville. Le parti des Politiques où des Roiaux s'augmentoit & ſe fortifioit. Le Duc de Nemours veilloit fort attentivement à tout cela; & bien inſtruit de tout, pour intimider ce parti, il fit au même tems trois choſes qui marquoient que les affaires de la Ligue n'alloient pas trop bien, & qu'elle avoit beſoin d'un promt ſecours pour ſe ſoutenir. Il fit donner un Arreſt du Parlement contre ceux qui parleroient de compoſition ou d'accommodement avec le Roi. Il fit enſuite empriſonner Vigni, Receveur de la Ville, & parent du Preſident Briſſon, ſoupçonné d'intelligence avec le Roi. Mais quand on vint à l'examiner, on trouva tant de gens de marque compliquez dans la même cauſe, que le conſeil du Duc jugea à propos de ne rien remuer. Vigni obtint la liberté en donnant pourtant douze mille écus. La troiſiéme choſe que fit le Duc, qui marquoit l'extrême neceſſité où il ſe trouvoit, fut que par le conſeil du Legat & de l'Ambaſſadeur d'Eſpagne, il prit les ornemens d'or & d'argent des Egliſes, les moins neceſſaires, & les vendit pour payer les gens de guerre, à la charge qu'ils ſeroient reſtituez dans trois mois. Il le promit, mais il n'en fit rien. Les anciens joiaux de la Couronne furent auſſi pris & vendus. On fondit l'or, & l'on en fit de la monnoye.

---

tempore inciſa & publicata fuit. Carthuſiæ Prior conſpicitur, altera manu haſtam, altera Crucifixum tenens. Parvus ille Fulienſis qui in ſpectaculo claruit, is ipſe eſſe videtur qui ſclopeti ictum emittens, alio caput convertit. Hic obſervantur plurimi Capucini, Auguſtiniani, Chordaligati, cum aliis armatis viris intermixti. Cætera Lectori obſervanda mittuntur.

Les mêmes. Sixtus V. Papa qui Pinæum Luxemburgicum Ducem Regis Oratorem hactenus audire renuerat, ipſum tandem admiſit, & ſinceriora verioraque ab illo audivit, quam ab Unionis factione hactenus audierat. Aliunde etiam perceperat Henricum non talem eſſe Principem, qualem Socii illi depinxerant, & ad excommunicationem tollendam paratus videbatur, ſi tamen Henricus in Eccleſiæ Catholicæ gremium ſe reciperet. Olivarez Comes qui Orator Hiſpanicus Romæ erat, tumultus rumoreſque excitavit, & Unionis Sectatores Pariſini teſtificati ſunt, quam indigne ferrent hujus Pontificis geſta, qui hoc ipſo anno obiit, nec ſine oblati veneni ſuſpicione.

Les mêmes. Interea Rex Henricus Lutetiam arte cinctam tenebat; fames in dies invaleſcebat. Politici ſive Regii numero augebantur. Nemoroſius omnibus advigilabat, omniumque gnarus, ut Politicis timorem incuteret, tria fecit quæ Unionis rem nutare, & auxilio quamprimum opus habere teſtificarentur. A Curia Senatus decretum extorſit adverſus eos qui vel pacem vel pactionem cum Rege proponerent. Poſteaque in carcerem conjici juſſit Vigniacum urbis *Receptorem* & Briſſonii Præſidis cognatum, qui in ſuſpicionem venerat, quod cum Rege conſentiret: verum re examinata & excuſſa, tot primores viri ea in re complicati deprehenſi ſunt, ut conſilium Ducis rem ſuppriмendam eſſe decerneret. Vigniacus numeratis duodecim ſcutorum millibus, libertatem impetravit. Tertiam rem aggreſſus eſt Nemoroſius, quæ ſummam egeſtatem probabat, ex conſilio enim Legati & Oratoris Hiſpanici, ornamenta aurea & argentea Eccleſiarum, quæ minus neceſſaria erant accepit & vendidit ut ſtipendia pugnatoribus ſolveret, ea conditione ut trium menſium ſpatio illa reſtituenda forent. Id ſcilicet promiſit, ſed promiſſis non ſtetit. Gemmæ omnes & cimelia Regia vendita fuere. Ex auro autem moneta cuſa fuit.

LA PROCESSION DE

OCESSION DE LA LIGUE.

HENRI IV. dit LE GRAND.

La necessité avoit forcé le Duc de Maienne d'aller à Cambrai, où il eut des conferences avec Balagni, & de-là à Condé où il vit le Duc de Parme, qui le reçut avec un froid à glacer. Le Roi d'Espagne qui avoit ses fins, ne vouloit plus donner secours aux Ligueurs qu'à l'extrêmité. La desolation du Duc de Maienne étoit d'autant plus grande qu'en se livrant, pour ainsi dire, aux Espagnols, ils devenoient ses maîtres, & qu'il prévoioit qu'il seroit enfin obligé d'en passer par où ils voudroient, & que tout ce qu'il avoit jusqu'alors subi de travail & de peine, seroit au profit de ces étrangers.

1590.

Le Roi d'Espagne voiant la Ligue réduite à l'extrêmité, & le Roi Henri sur le point d'entrer dans Paris, d'où s'ensuivroit la réduction de tout le Roiaume, commanda enfin au Duc de Parme, d'y amener un puissant secours. Pendant ces délais la famine étoit si grande dans Paris, que les plus aisez ne vivoient plus que de la chair d'âne, de mulet, de cheval, encore la paioient-ils bien cherement. Le menu peuple n'avoit plus que de la boüillie faite du son d'avoine. Ces sortes de vivres même se consumoient tous les jours; ensorte qu'il sembloit que la Ville alloit être réduite à la même extrêmité que Jerusalem assiegé par les Romains. Pour contenir les Parisiens, qui se seroient volontiers accommodez avec le Roi pour mettre fin à leurs souffrances, on les leurroit de l'esperance d'un promt secours; on leur montroit des Lettres du Duc de Maienne revenu des Pays-bas à Meaux, qui les assuroit que l'armée Espagnole alloit arriver. Les Predicateurs, & sur tout Boucher, les encourageoient à soutenir la faim pour la Religion Catholique, & les amusoient par l'esperance du secours du ciel. Il fit faire un vœu par le Prevôt des Marchands & les Echevins, à Notre-Dame de Lorette, d'une Lampe & d'un Navire d'argent pesant trois cens marcs, pour la délivrance de la Ville. Mais, comme disent les Italiens, *passatò l pericolo gabatò l Santo.* Ce vœu ne fut jamais accompli.

Le Roi d'Espagne envoie du secours aux Parisiens.

Saint Denis assiegé comme Paris, fut obligé par la famine de se rendre au Roi; & au même tems le Marquis Pisani revenu de Rome, eut une conference avec le Legat Cajetan; le Cardinal de Gondi Evêque de Paris, s'y trouva aussi. Il étoit bon Roialiste, & avoit fait tourner de ce côté, la meilleure partie de son Clergé, qui étoit auparavant Ligueur. Le Marquis Pisani vouloit aussi

Saint Denis pris par le Roi.

La même. Necessitate compulsus Meduanius, Cameracum se contulerat, ubi cum Balagnio colloquutus est, indeque Condaten venit, Ducemque Parmensem vidit, qui frigide omnino illum excepit, Rex Hispaniæ, ut scopum suum facilius attingeret, nonnisi in extremis positos Unionis Sectatores auxiliis suis juvare decreverat. Meduanii mœror eo major erat, quod sese Hispanis dedens, ut ita loquar, illi ejus domini evadebant: prævidebat enim sibi omnino illis obsequendum fore, ita ut quidquid laboris hactenus subierat, in extraneorum lucrum cederet.

La même. Rex Hispaniæ igitur cum Unionem illam videret in extremis versantem, & Henricum Regem Lutetiam mox ingressurum, unde sequutura erat totius Regni ad ejus obsequentiam reductio, jussit tandem Ducem Parmensem auxilium grande illò deducere. Dum res protraheretur, fames Lutetiæ tanta erat, ut qui plus opibus valebant, ex carnibus asinorum, mulorum & equorum vescerentur, quas etiam multo precio emebant. Plebs pulte tantum ex furfure avenæ nutriebatur, quod genus etiam ciborum in dies consumebatur, ita ut videretur civitas in eamdem angustiam famis mox deducenda, qua Jerosolyma a Romanis obsessa. Ut vero Parisini detinerentur, qui libenter cum Rege pacem fecissent, ut miseriæ finem invenirent, spes dabatur illis auxilia cito ventura, Meduanii, qui ex Belgio Meldas advenerat, literæ monstrabantur, queis significabat ille Hispanorum auxilia mox adfutura esse. Concionatores, maximeque Bucherius animos faciebant ipsis ut famem pro Religione Catholica tolerarent; ac sic isti spe cælestis auxilii ducebant illos. Bucherius etiam auctor fuit Præposito Mercatorum & Ædilibus ut votum emitterent ad Beatam Mariam Lauretanam, quo ad civitatem liberandam argenteam lampadem & navem pondo centum quinquaginta librarum pollicebantur. Verum, ut Itali dicunt, *sublato periculo, Sanctus illuditur.* Votum nunquam impletum fuit.

S. Dionysii oppidum obsessum; premente fame Regi deditionem fecit, eodemque tempore Pisanus Marchio Roma reversus, cum Cardinali Cajetano Legato colloquia miscuit. Cardinalis Gondius Archiepiscopus Parisiensis colloquio interfuit. Is Regi addictus erat & Cleri sui qui antea Unionem sectabatur, maximam partem ad Regis obsequium deduxerat. Pisanus etiam pacem cupiebat; sed Cajetanus

Les mêmes.

Tome V.   Tt ij

1590.

la paix. Mais le Cardinal Cajetan qui ne penſoit qu'à amuſer, fut cauſe qu'il ne ſe put rien conclure.

Famine extrême dans Paris.

Le Roi ſe rendit maître des fauxbourgs de Paris, & la faim y augmentoit tous les jours, le menu peuple ne mangeoit plus que les chiens, les chats, les rats, le vieux oingt, les herbes cruës; on en vint juſqu'à faire du pain de la farine des os des morts. Pluſieurs y mouroient de faim. On comptoit qu'il en périt ainſi plus de douze mille. La bonté du Roi éclata dans cette occaſion. Son interêt étoit de les laiſſer périr enfermez dans Paris, pour les obliger de ſe rendre en les empêchant d'en ſortir: mais comme forcé par la compaſſion qu'il avoit de tant de miſeres, il donna des paſſeports pour en ſortir premierement aux femmes, puis aux filles, aux enfans, aux Ecoliers, aux Eccleſiaſtiques. On croioit que s'il les avoit tenus renfermez comme tant d'autres auroient fait en pareille occaſion, la Ville auroit été obligée de ſe rendre.

Bonté du Roi.

Complot pour livrer Paris au Roi.

La vigilance du Duc de Nemours empêcha qu'un complot fait par les Roiaux n'eût ſon effet. Ils devoient ſe trouver à la ſalle du Palais où ils avoient caché des armes, & ils avoient apoſté des femmes qui crierent à l'entrée des Meſſieurs du Conſeil, *ou la paix, ou du pain*; mais les conjurez qui y étoient voiant entrer le Gois, Capitaine de la faction des Seize, le percerent de pluſieurs coups d'épées dont il mourut. Le Duc de Nemours averti de la conſpiration, y envoia le Chevalier d'Aumale avec des gens armez, qui les chaſſerent, & en prirent quelques-uns, dont deux furent pendus. Cette émeute fit que le Duc de Nemours & l'Ambaſſadeur Mendoza craignant pis, permirent que le Cardinal de Gondi & l'Archevêque de Lion allaſſent faire des propoſitions de paix au Roi en l'Abbayie de S. Antoine: c'étoit uniquement pour amuſer les Pariſiens; ils ſavoient bien que l'Archevêque de Lion ne concluroit jamais une paix, étant ennemi déclaré de la Maiſon Roiale de Bourbon. Auſſi cette conference n'eut aucun effet, comme ils le deſiroient.

Le Duc de Nevers ſe met au ſervice du Roi.

Le Duc de Nevers qui étoit demeuré neutre depuis la mort d'Henri III. s'étant déclaré pour le Roi Henri IV. vint le joindre avec de belles troupes. Et le Duc de Parme arriva enfin à Meaux avec une armée de dix mille hommes de pied & de trois mille chevaux, à laquelle ſe joignirent les troupes de la Ligue. Le Roi voiant que cette armée avançoit, retira ſes gens des fauxbourgs de Paris, & alla ſe mettre en bataille en la plaine de Bondi, d'où il

---

Memoires pour l'hiſtoire de France.

qui tempus trahere curabat, id effecit ut nihil concluderetur.

Rex Patiſina ſuburbia occupavit, fameſque in dies invaleſcebat. Infima plebs nonniſi canes, feles, mures, arvinam & crudas herbas comedebat, etiamque oſſa mortuorum in farinam reducta ad panem faciendum adhibita ſunt. Multi fame peribant; pluſquam duodecim mille ſic exſtincti ferebantur. Regis clementia in tali rerum conditione claruit; multum ipſius intererat ut omnes ſic incluſos teneret, quo citius deditionem facerent, ſed miſericordia ipſum quaſi cogente, multis literas ſecuritatis dedit ut egrederentur, primo mulieribus, deinde puellis, infantibus, Scholaticis, Eccleſiaſticis. Putabatur autem illum ſi incluſos ipſos tenuiſſet, ut alii multi in pari rerum conditione fecerant, urbem ad deditionem compellendam fuiſſe.

Thuanus. Cayet.

Nemoroſii vigilantia impedivit quominus conſpiratio a Regiis facta exitum haberet. In aulam Palatii ipſi venturi erant, ubi arma abſconderant, mulierſque apparaverant, quæ intrantibus ad conſilium clamarent, *aut pacem, aut panem*: verum conjurati,

cum intrantem viderent Goiſium factionis Sextodecimanorum ducem, gladiis ipſum confoderunt, extinctuſque ille eſt. Nemoroſius comperta conſpiratione, Albæmalæum Equitem cum armatis viris miſit, qui ipſos expulere & aliquot cepere, quorum duo ſuſpenſi ſunt. Hæc ſeditio Nemoroſium & Mendozam Oratorem, pejora timentes induxit ut permitterent Gondio Cardinali & Archiepiſcopo Lugdunenſi ut in Abbatiam Sancti Antonii ſe conferrent, pacis conditiones Regi oblaturi; idque ſolum, ut Pariſinis blandirentur; ſciebant enim Archiepiſcopum Lugdunenſem, qui Borboniam familiam ſumme oderat, nunquam pacem facturum eſſe, reſque ut cupiebant illis accidit.

Let mi.

Dux Niverneſis, qui poſt mortem Henrici III. neutri partium hæſerat, cum pro Rege Henrico IV. ſeſe declaraviſſet, cum delectis copiis ipſum adiit, Duxque Parmenſis Meldas tandem advenit cum exercitu decem millium peditum, triumque millium equitum, cui ſeſe adjunxere Unionis copiæ. Rex videns exercitum illum appropinquare, ex ſuburbiis Pariſinis copias ſuas eduxit, & in Bondianis campis

HENRI IV. dit LE GRAND.

se rendit à Chelles. Cette armée étoit de dix-huit mille hommes de pied, dont environ cinq mille étoient Etrangers, & de cinq ou six mille chevaux, dont près de quatre mille étoient Gentilshommes.

1590.

Le Duc de Parme se campa dans des marais, & fit des retranchemens autour de son camp. Le Roi lui presenta bataille; mais il n'en voulut pas tâter. Il assiegea la petite Ville de Lagni qui étoit à son dos. La garnison se défendit vaillamment, & la Ville fut emportée d'assaut. Le Roi voiant qu'il n'y avoit plus d'esperance d'engager le Duc de Parme à une bataille, fit un projet de prendre la Ville de Paris par escalade. Les Roiaux entrerent dans le fauxbourg saint Jacques vers les onze heures de nuit. Cela ne put se faire si secretement que l'allarme ne se mît dans Paris; tous prirent les armes; les Jesuites comme les autres; ce furent eux qui découvrirent que les Roiaux appliquoient leurs échelles entre la porte saint Jacques & celle de saint Marceau; & les Ligueurs y étant accourus, ils furent obligez de se retirer avec quelque perte de leurs gens.

Arrivée du Duc de Parme, qui prend Lagni.

Le Roi ayant perdu l'esperance d'attirer les ennemis à une bataille, & ne pouvant plus retenir cette Noblesse venuë à son secours, licentia une partie de son armée, & laissa bonne garnison dans Saint Denis, sous le commandement du sieur de Lavardin. Il passa l'Oise, & prit Clermont en Beauvoisis & quelques autres places. Il envoia le Prince de Conti en Touraine, le Duc de Montpensier en Normandie, le Duc de Longueville en Picardie, le Duc de Nevers en Champagne, & le Maréchal d'Aumont en Bourgogne.

Après la retraite du Roi, les vivres entrerent abondamment dans Paris, & les Ducs de Maienne & de Parme assiegerent Corbeil. Contre leur attente ce siege fut long. Cependant le conseil des Seize, qui étoit pour la faction d'Espagne, devenu insolent à l'arrivée de l'armée Espagnole, envoia des Députez au Duc de Maienne, pour le sommer en quelque maniere de faire une déclaration portant défense de traiter de paix avec l'ennemi commun, ainsi appelloient-ils le Roi; de chasser de son conseil ceux qui étoient portez pour cette paix, de rétablir le conseil de l'Union qu'il avoit cassé. Ils demandoient encore plusieurs autres choses impertinentes. Le Duc après avoir pris conseil leur refusa ce qu'ils demandoient, & leur défendit de se presenter au Duc de Parme.

Siege de Corbeil.

---

aciem ad pugnam disposuit, indeque Calas venit. Exercitus erat octodecim millium peditum, quorum quinquies mille circiter extranei erant, & quinque sexve millium equitum, quorum quatuor mille Nobiles erant.

les mêmes.

Dux Parmensis in paludibus castra posuit, quæ etiam propugnaculis cinxit. Rex illum ad pugnam provocavit: tenuit ille & Latiniacum oppidum obsedit, quod a dorso ipsi erat. Præsidiarii fortiter pugnavêre; sed vi captum oppidum fuit. Videns Rex non posse Parmensem ad pugnam allici, Lutetiam, scalis admotis, capere tentavit. Regii in suburbium Sancti Jacobi intravere circa undecimam noctis horam, id quod non tam secreto fieri potuit, ut intra urbem rumor non ferretur. Omnes ad arma accurrerunt, Jesuitæ quoque ut alii. Ipsi vero adverterunt Regios scalas suas admovere inter portas Sancti Jacobi & Sancti Marcelli; cumque Socii confestim venissent, Regii abscedere coacti sunt.

les mêmes.

Cum videret Rex se hostem ad pugnam pellicere non posse, nec Nobilitatem illam, quæ in auxilium venerat, retinere, partem exercitus sui missam fecit, præsidium numerosum in oppido Sancti Dionysii reliquit duce Lavardino, ipseque Isara trajecta Claromontium in Bellovacis cepit, & aliquot oppida, Principem Contium ad Turonas misit, Monpenserium in Normanniam, Longavillæum in Picardiam, Nivernensem in Campaniam, Aumontium Marescallum in Burgundiam.

Postquam Rex abscesserat, annona copiose Lutetiam intravit. Duces Meduanius & Parmensis Cotbolium obsederunt. Contra quam sperabant, obsidio diuturna fuit. Interea Consilium Sextodecimanorum, quod pro factione Hispaniæ stabat, accedente Hispanico exercitu, in petulantiam erumpens, Deputatos misit ad Meduanium monentes ipsum, ut declaratione publica prohibeat, ne quis cum hoste communi, sic Regem vocabant, de pace ageret, ut ex consilio suo pelleret eos qui pacem illam orarent, ut consilium Unionis, quod de medio sustulerat, restitueret. Multa quoque alia ejus generis postulabant. Dux habito de re consilio petita negavit, prohibuitque ipsis ne Ducem Parmensem adirent.

Les mêmes.

Tt iij

HENRI IV. dit LE GRAND.

1590.
Corbeil pris & repris.

Le siege de Corbeil se continuoit toujours. On ne pouvoit rien ajouter à la valeur & à la resistance des assiegez commandez par le sieur Rigaud qui y fut tué. Les ennemis furent obligez de changer souvent de batterie. Enfin après cinq semaines de siege, la Ville fut emportée de force, & saccagée par les Italiens & les Espagnols, qui y commirent mille desordres, violerent femmes & filles: aussi les Historiens Italiens ne les épargnent pas. Corbeil fut repris peu de jours après par les Roiaux commandez par Givri.

Retraite du Duc de Parme.

Le Duc de Parme voiant que son armée diminuoit tous les jours, rappellé d'ailleurs dans les Pays-bas par les grands progrès qu'y faisoit en son absence le Prince Maurice, se mit en chemin pour s'en retourner en Flandres, accompagné du Duc de Maienne. Le Roi se mit à leurs trousses, soit pour les charger en queüe, soit pour les empêcher de rien entreprendre sur la route. Il laissa le Maréchal de Biron dans le Vexin, envoia la Noüe à Château-Thierri pour le garder, prit huit cens chevaux, & manda au Duc de Nevers & au sieur de Givri de venir le joindre. Il marcha après les ennemis, & les joignit de si près, qu'il tailla en pieces une compagnie de pietons Espagnols. Il y eut encore quelque petite rencontre. Le Roi accompagna toujours ainsi le Duc de Parme, qui arriva enfin en lieu de sureté. Il laissa au Duc de Maienne quelques Regimens Italiens & d'autres troupes, & se mit en devoir d'arrêter les progrès du Prince Maurice. Le Roi alla à S. Quentin, & au même tems le sieur d'Humieres surprit Corbie.

Mort de Sixte V.

Sixte V. étant mort cette année le 27 Août, le siege vaqua dix neuf jours, & les Cardinaux élurent Jean-Baptiste Castaneo, Cardinal du titre de saint Marcel, qui fut nommé Urbain VII. & ne tint le Siege que douze jours. Après sa mort le Siege vaqua deux mois neuf jours, & en sa place fut élû Nicolas Sfondrat sous le nom de Gregoire XIV.

Le Duc de Savoie veut s'emparer du Dauphiné.

En ce même tems le Duc de Savoie qui faisoit la guerre à Geneve avec des succès, tantôt bons, tantôt mauvais, fut prié par ceux de Grenoble de venir à leur secours. Cette Ville s'étoit declarée pour le parti de l'Union, & Lesdiguieres aiant fait fortifier le Château de Montbenaut, la tenoit comme assiegée. Le Duc qui, comme nous avons dit, avoit des prétentions sur le Dauphiné, envoia promptement des troupes, qui conjointement avec

---

Les mêmes. Obsidio Corboliensis protrahebatur: præsidiariorum strenuitati nihil adjici poterat, quorum Præfectus Rigaldus occisus fuit. Hostes sæpe tormenta ad alias ducere partes coacti sunt, tandemque post hebdomadas quinque expugnatum oppidum fuit, & ab Italis, Hispanisque direptum, qui mille flagitia perpetrarunt, mulieres, puellasque violarunt, ideoque ab Historicis Italis carpuntur. Corbolium paucis postea diebus a Givrio recuperatum fuit.

Les mêmes. Parmensis exercitum suum quotidie imminui videns, aliundeque in Belgium revocarus, qua absente se Mauritius Princeps hostilia multa inferebat, profectus est, Meduanio comitante: Rex illos insequi voluit, tum ut dorsa eorum impeteret, tum etiam ut cohiberet illos ne quid in reditu aggrederentur. Bironum Marescallum in Veliocassibus reliquit, Lanovium misit ad Theodorici castrum, ut oppidum custodiret, octingentos assumsit equites & Nivernensi Givrioque mandavit uti se jungerent. Post hostes autem perrexit, atque ita ipsorum vestigiis institit, ut Hispanorum peditum cohortem concideret. Aliquæ etiam velitationes fuere, Rege Parmensem insequente, donec ille in tutum locum se reciperet. Meduanio Parmensis aliquot Italicas cohortes, aliasque copias reliquit, & ut Mauritii progressus sisteret sese apparavit. Rex ad Sanctum Quintinum perrexit, & Humerius Corbeiam ex improviso cepit.

Cum Sixtus V. mortuus esset hoc anno, vigesima septima Augusti, sedes novemdecim diebus vacavit, Cardinalesque elegerunt Joannem Baptistam Castaneum Cardinalem, titulo Sancti Marcelli, qui Urbanus VII. vocatus est, & duodecim tantum diebus sedit. Sedes postea per duos menses novemque dies vacavit, in ejusque locum electus fuit Nicolaus Sfondratus nomine Gregorii XIV.

Le n'z Eodem tempore Dux Sabaudiæ, qui contra Genevam modo felicius, modo improspere bellum gerebat, a Gratianopolitanis rogatur, ut ad opem sibi ferendam veniat. Urbs ad Unionis partes se conjecerat. Diguierius cum Montembenaldum castellum propugnaculis muniisset, urbem quasi obsessam tenebat. Sabaudus, qui ut diximus, Delphinatum occupare meditabatur, quamprimum copias misit, quæ

ceux de Grenoble, prirent ce Château, mais y mirent garnison Savoiarde; en sorte que Grenoble, au lieu d'être délivré se trouva comme entre deux feux, entre le Duc de Savoie & Lesdiguieres, qui faisoit alors la guerre avec succès dans le Dauphiné; il empêchoit le Marquis de Saint Sorlin, qui y commandoit, de faire des entreprises. Il prit le pont de Beauvoisin & Briançon, & reduisit tout le Dauphiné sous l'obéissance du Roi, hors Grenoble.

1590.

Le grand dessein du Duc de Savoie étoit alors de se rendre maître de la Provence, où il avoit des intelligences. Cette Province étoit divisée en trois factions. Celle des Roiaux commandée par le sieur de la Vallette; celle de l'Union dont le sieur de Carses étoit Chef, & celle du Duc de Savoie qui surprit la Ville de Frejus au mois d'Octobre. La Vallette & Lesdiguieres se joignirent ensemble, marcherent contre le Duc de Savoie, mirent sa petite armée en déroute; en sorte qu'il y eut près de mille hommes tuez, & il eut assez de peine de se sauver à Nice. Il assembla de nouvelles troupes pour rentrer en Provence, où il avoit un puissant parti. Vers le même tems le sieur de Carses aiant assiegé Salon de la Crau, fut défait par la Vallette, & obligé de s'enfuir à Aix. Cette Ville & le Parlement se mirent sous la protection du Duc de Savoie, qui s'y rendit & fut reçu en passant dans la Ville de Draguignan. Il arriva à Aix, & fut déclaré Protecteur de la Provence. Nous verrons plus bas les suites de cette affaire.

Et de la Provence.

Peu heureux dans ses entreprises.

La guerre se faisoit de même en d'autres Provinces. En Auvergne le Grand Prieur envoyé par le Roi, fit une treve avec le Marquis de S. Sorlin. En Touraine le Prince de Conti assiegea Lavardin en Vendomois, le prit, & en fit démolir les fortifications; il fit aussi razer quelques autres Châteaux. En Bretagne le Prince de Dombes faisoit avec succès la guerre au Duc de Mercœur, & lui prit plusieurs places. Le Duc demanda secours au Roi d'Espagne, qui lui envoia par mer trois mille hommes. Le Duc de Mercœur vouloit garder cette Province pour lui: on disoit que le Roi d'Espagne y avoit aussi des prétentions; ensorte que si le Duc avoit chassé les Roiaux de cette Province, il auroit encore eu à la disputer contre Philippe.

Guerre en diverses Provinces.

Dès le commencement de cette année le Roi avoit déclaré la guerre au Duc de Lorraine, & avoit fait saisir tout ce qu'il avoit de biens en France. La

---

cum Gratianopolitanis junctæ, castellum illun cepere; sed ibi Sabaudi præsidiarii positi fuere; atque ita Gratianopolis, nedum liberata fuerit, quasi inter duos hostes, Sabaudum & Diguierium mansit, qui Diguierius tunc in Delphinatu prospere bellum gerebat. Sansorlinium Marchionem Præfectum, ne quid contra susciperet impediebat. Bellovicini pontem & Brigantionem cepit, totumque Delphinatum, excepta Gratianopoli, sub Regis potestatem reduxit.

Quod maxime tunc cogitabat Sabaudus erat, uti sibi Galloprovinciam subigeret, ubi quosdam secum conspirantes habebat. Provincia isthæc tunc in tres factiones divisa erat, Regiorum, queis imperabat Valleta; Unionis & Sociorum, quorum dux erat Carsius Comes; & Sabaudiæ Ducis, qui Forojulium urbem ex improviso cepit Octobri mense. Valleta & Diguierius copias suas junxere, contra Sabaudum moverunt, exercitumque ejus profligarunt, ita ut mille fere ceciderint, & ipse Nicæam fugere coactus sit. Novas ipse copias collegit ut denuo in Galloprovinciam intraret, ubi multi partes gerebant suas. Eodemque tempore Carsius Comes, cum Salonem obsedisset, a Valleta profligatus est, & Aquas Sextias aufugit. Urbs isthæc & Senatus Curia sub Ducis Sabaudiæ protectionem sese constituere, qui in urbem istam venit, & transeundo Draguiniani ab oppidanis exceptus fuit. Aquas autem Sextias cum venisset, Galloprovinciæ Protector declaratus est. Rei exitum infra videbimus.

Bellum similiter in aliis provinciis gerebatur. In Arvernis Magnus Prior ab Rege missus inducias cum Sansorlinio Marchione fecit, In Turonibus Contius Princeps Lavardinum in Vindocinensi agro obsedit & cepit, munitionesque solo æquari jussit, alia quoque castella demolitus est. In Armorica Dumbarum Princeps bellum feliciter gerebat contra Mercurium Ducem, multaque oppida cepit. Dux ille Regis Hispaniæ opem imploravit, qui tria Hispanorum millia navibus vecta ipsi misit. Mercurius Dux Armoricam sibi servare cupiebat, dicebaturque Regem Hispaniæ illam ad se pertinere putare, ita ut si Dux Regios ex ista provincia expulisset, sibi cum Philippo Hispaniæ Rege de illius possessione contendendum fuisset.

Les mêmes.

Rex hoc ineunte anno Lotharingiæ Duci bellum denunciaverat, & quæcumque bona in Francia haberet, occupari ac detineri jusserat. Præsidiarii Me-

336 HENRI IV. dit LE GRAND.

1590. garnison de Mets & ceux de Langres firent des courses jusqu'à Nanci. Pour faire la recolte le Duc de Lorraine & le Gouverneur de Mets firent une treve pour trois mois, pendant laquelle S. Pol surprit Ville-Franche. Le Duc de Nevers y alla en diligence pour la reprendre ; mais S. Pol s'y étoit tellement fortifié, que le Duc fut contraint de s'en retourner à Châlon.

1591. Le 3. Janvier on forma à Paris le dessein de surprendre S. Denis sur les Roiaux. La saison étoit favorable, l'eau des fossez étoit glacée, & les murs si bas en certains endroits, qu'ils n'excedoient guere la hauteur d'un homme.

Le Chevalier d'Aumale veut surprendre S. Denis. Le Chevalier d'Aumale se chargea de l'entreprise. Il partit la nuit & passa sur les fossez glacez, entra dans la Ville, se rendit maître d'une des portes, & marcha vers l'Abbayie. Au premier bruit on sonna l'allarme ; le sieur de Vic Gouverneur se rendit à cheval devant l'Abbayie. Sur l'avis qu'une porte étoit prise, il envoia ses Lansquenets avec ordre de se couler le long des murs, & de tâcher de reprendre la porte. Il marcha lui-même avec ses gens, & rencontra dans la rue le Chevalier d'Aumale qui venoit avec sa troupe ; il le chargea, & les Bourgeois se joignirent à lui. Au même tems les Lansquenets reprirent la porte & la fermerent. La nouvelle en vint aux Ligueurs qui étoient dedans, ils s'enfuirent pour se sauver en sautant les murailles, & abandonnerent le *Est tué.* Chevalier d'Aumale qui fut tué sur la place.

Le Roi revenu de Picardie apprit cette nouvelle. On lui communiqua en même tems un dessein formé pour surprendre Paris, en y faisant entrer la *Journée des Farines.* nuit par la porte S. Honoré, un grand nombre de chevaux chargez de farine, conduits par autant de gens armez déguisez en payisans, qui devoient être suivis d'un grand nombre de troupes. Le Roi n'étoit guere d'avis de faire une telle entreprise. Mais ceux qui l'avoient formée la regardoient comme si sûre, qu'il y consentit enfin. Une partie des troupes devoit suivre les conducteurs de la farine, & l'autre devoit marcher le long de la riviere alors si basse, que dix hommes pouvoient aller de front, ou sur la greve, ou sur les bords de l'eau. Les Parisiens avertis du complot, avoient fait boucher de fumier & de terre la porte S. Honoré. Ceux qui conduisoient la farine retournerent sur leurs pas pour en donner avis au Roi, & lui demander s'ils devoient continuer en marchant sur les bords de la riviere. Lui voyant que l'entreprise étoit découverte

---

Les mêmes. tenses & Lingonenses Lotharingiam Nanceium usque incursionibus infestam habuere. Ut libere messes peragerentur Dux Lotharingiæ & Præfectus Metensis trimestres inducias fecere, quarum tempore Sanpaulus Villamfrancam ex improviso cepit. Accurrit statim Nivernensis ut illam recuperaret, sed ipsam Sanpaulus ita munimentis cinxerat, ut Nivernensis Catalaunum redire compulsus sit.

Januarii 3. Lutetiæ susceptum est oppidi S. Dionysii intercipiendi consilium. Ad id opportuna erat anni tempestas, aquatiles fossæ glacie concretæ erant ; & muri certis in locis hominis staturam altitudine parum excedebant. Eques Albæmalæus hanc suscepit expeditionem. Noctu profectus per glaciales fossas in oppidum intravit, portam occupavit, & versus Abbatiam contendit : ad primum strepitum in oppido ad arma inclamatur. Vicus Præfectus eques ante Abbatiam venit. Cum audisset autem portam ab hoste occupari, Germanos pedites misit, qui clam secundum muros, quasi repentes portam reciperent. Ipse vero cum pugnatoribus suis & oppidanis armatis ingressos hostes, qui cum Albæmalæo veniebant adortus est. Eodem tempore Germani occupatam ab se portam clausere : id cum Sociis ingressis nunciatum esset, fugam ipsi fecere, ut supra muros exsiliendo evaderent, Albæmalæo relicto, qui cæsus fuit.

Rex ex Picardia redux, rem gestam compertit, ipsique consilium inopinato capiendæ Lutetiæ aperitur. Noctu videlicet inducendo per portam Sancti Honorati equos magno numero farina onustos, quorum singuli ductorem suum haberent sub rustica veste armâ gestantem, quos sequutura erat armatorum manus valida. Regi non admodum placebat, nec opportuna videbatur talis expeditio ; sed qui id consilium susceperant, tam certum exitum futurum putabant, ut Rex tandem manus daret. Pars copiarum farinæ ductores sequutura erat ; altera vero pars ad oram fluminis ventura, cujus aquæ tunc adeo demissæ erant, ut decem viri possent una serie incedere partim per arenam, partim per demissam aquam tuto vestigio. Parisini re comperta, Sancti Honorati portam congesta terra vel fimo obstruxerant. Qui farinam ducebant, retro conversi, id Regi nunciarunt, petentes an cœpta persequi deberent, per oram fluminis incedendo. Ille vero detectam rem esse perspi-

commanda

HENRI IV. dit LE GRAND.

commanda à ses troupes de se retirer. Ce jour fut depuis appellé *La Journée des Farines*.

1591.

Le Duc de Maienne à cette nouvelle, envoia à Paris un corps d'Espagnols & de Napolitains pour renforcer la garnison. Cela plut fort aux Seize qui étoient de la faction Espagnole, & les encouragea à demander au Duc de Maienne le rétablissement du Conseil general de l'Union ; ils lui presenterent une longue Requête pareille à celle qu'ils avoient faite durant le siege de Corbeil. Mais le Duc de Maienne qui avoit des vûes fort opposées à celles des Seize, n'avoit garde de leur accorder une chose qui tendoit à lui ôter son autorité. Les Seize écrivirent aussi au Pape Gregoire XIV. il sembloit que leur dessein étoit de s'ériger comme en une espece de Republique.

Les deux partis se faisoient toujours la guerre dans presque toutes les Provinces du Roiaume. La Châtre Gouverneur d'Orleans pour la Ligue, assiegea Aubigni, & battoit furieusement la place : mais apprenant que la Noblesse du parti Roial s'assembloit pour venir contre lui, il leva le siege. Le Prince de Conti se signala dans l'Anjou & dans le Poitou, il prit plusieurs places, & se rendit encore maître de Montmorillon & d'autres Villes & Châteaux. Le Maréchal de Biron prit Caudebec, Harfleur, Fécan ; en sorte que toute la Normandie, hors le Havre, Roüen & Louviers, étoit sous l'obéissance du Roi. Biron reçût les poudres & boulets envoiez d'Angleterre.

Guerre dans les Provinces.

Le Roi vouloit assieger Chartres ; mais pour cacher son dessein aux Ligueurs, il marcha du côté de Provins, & ils envoierent un renfort de troupes à cette Ville. Il vint après à Montereau Faut-yonne. Eux croiant qu'il en vouloit à Sens ou à Troie, renforcerent les garnisons de ces Villes. Il manda enfin au Maréchal de Biron qui étoit vers Mante, de se mettre en chemin comme pour le joindre, & d'aller tout d'un coup investir Chartres : ce qu'il fit le 9 Fevrier. La Châtte Gouverneur d'Orleans envoia deux cens hommes avec ordre de se jetter dans cette Ville ; mais ils furent tous tuez ou pris. Le Roi s'y rendit, & y donna les ordres pour l'attaque. La Bourdaisiere Gouverneur de la place pour la Ligue, se défendit vaillamment, & le siege tira en longueur. On fit enfin breche du côté de Gallardon. Châtillon Coligni trouva une invention d'un pont dont le haut étoit couvert, en sorte qu'on pouvoit monter jusqu'au haut

Siege & prise de Chartres.

---

ciens, armatos illos jussit a cœpto desistere. Dies autem ille deinde *Farinarum dies* appellatus fuit.

Meduanius, re comperta, agmen Hispanorum & Neapolitanorum misit, qui præsidium augerent. Res Sextodecimanis admodum placuit, qui Hispanicæ factionis erant, ipsisque animos fecit, ita ut Meduanium rogarent consilium Unionis restitueret, libellumque supplicem obtulere ipsi, similem ci, quem in obsidione Corboliensi concinnaverant : verum Meduanius, qui longe opposita Sextodecimanorum consiliis machinabatur, rem nunquam concessurus erat, quæ ipsius auctoritatem de medio sublatura esset. Sextodecimani etiam ad Gregorium XIV. literas miserunt, videbanturque id propositi habere, uti se in Reipublicæ formam constituerent.

Bellum inter ambas partes in omnibus pene Regni provinciis gerebatur. Castræus Præfectus Aurelianensis pro Unione, Albiniacum obsedit, & tormentorum tempestate muros quatiebat ; sed ubi comperit Nobiles Regios omnis circum regionis unà convenire, obsidionem solvit. Contius Princeps in Andibus & Pictonibus prospere rem agebat, multa oppida cepit, etiamque Morillonis-montem expugnavit, necnon alia plurima castra & oppidula. Bironus Marescallus Caudebecum cepit, Harflotium, & Fiscanum, ita ut Normannia tota, exceptis Rothomago, Portu-Gratiæ & Luparia sub Regis potestatem caderent. Bironus etiam pulverem pyrium & globos recepit ab Angliæ Regina missos.

Cogitabat Rex Carnutum obsidere ; sed ut propositum suum Unioni occultaret, versus Provinium movit. Socii vero pugnatorum agmen in oppidum illud miserunt. Posteaque Monasteriolum ad Icaunam venit. Socii vero putantes ipsum vel Agendicum Senonum vel Trecas obsidere velle, urbium illarum præsidia auxere, tandemque Rex Birono Marescallo, qui prope Meduntam erat, mandavit, ut quasi ad se adeundum iter carperet, & subito postea Carnutum cingeret, idque ille nono Februariidie fecit. Castræus Aurelianensis Præfectus, pugnatores ducentos misit, qui se in urbem conjicerent ; sed omnes vel cæsi vel capti fuere. Rex illò venit, urbemque oppugnari jussit. Burdeserius pro Unione Præfectus, strenue propulsavit hostem, & obsidio diuturna fuit, tandem pars muri versus Galardonem collapsa est. Castellionæus Colinius machinam adinvenit pontis forma structam superne tectam, ita ut possent tuto pugnatores ad usque supernam ruinæ partem ascendere. Hæc

Tome V.

V u

1591. de la breche sans être vû. Cette machine effraia les assiegez qui capitulerent. La condition fut qu'ils se rendroient dans huit jours s'ils n'étoient secourus. Ils vuiderent la place le neuf d'Avril de cette année : le Gouvernement en fut donné au sieur de Sourdis qui l'avoit eu auparavant.

Pendant que le Roi étoit occupé au siege de Chartres, le Duc de Maienne assiegea & prit Château-Thierri ; la Ville fut d'abord abandonnée par le Vicomte de Pinard qui en étoit Gouverneur, & il se retira au Château qu'il rendit d'abord. On le soupçonna fort d'avoir été d'intelligence avec le Duc de Maienne: d'autres disoient qu'il n'avoit si-tôt rendu la place que pour conserver les biens qu'il avoit dans la Ville & aux environs.

En ce même tems mourut de maladie le sieur de Châtillon-Coligni, fils de l'Amiral, jeune Seigneur de grande esperance, & qui s'étoit déja signalé en plusieurs rencontres. Le Duc de Liney-Luxembourg arriva de Rome, & rapporta comme le Pape Gregoire XIV. induit par les Espagnols & par les Ligueurs, se préparoit à secourir puissamment l'Union, jusqu'à épuiser pour cela les tresors du Vatican.

Guerre en Dauphiné & en Provence.
En Dauphiné Lesdiguieres qui tenoit depuis long-tems Grenoble investi, y entra enfin par capitulation, & obligea la Ville de lui donner soixante mille écus. Il y laissa pour Gouverneur le sieur de la Brosse, & partit diligemment pour se rendre en Provence, où la Vallette avoit besoin de son secours. Le Duc de Savoie, qui, comme nous avons dit, avoit été declaré Protecteur dans la Ville d'Aix, entra dans Marseille ; & y fut aussi reconnu comme tel. De-là il alla en Espagne demander secours au Roi Philippe. Il laissa en Provence pour commander en sa place, le Comte Martinengo avec mille chevaux & deux mille hommes de pied. Lesdiguieres joint à la Vallette observoient cette petite armée, qui jointe avec un certain nombre de Marseillois, alla assieger Berre. Les deux Chefs des Roiaux avec un moindre nombre de troupes, mais plus aguerries, attaquerent les Savoiards, les défirent & dissiperent. Il y eut cinq cens Cavaliers & quinze cens Arquebusiers ou tuez ou pris. Les affaires du Duc de Savoie allerent depuis toujours de mal en pis dans la Provence. Il revint d'Espagne où il avoit obtenu de puissans secours.

& auprès de Geneve.
Ses armes ne furent gueres plus heureuses du côté de Geneve. Sanci qui

---

Thuanus, Cayet.
vero machina præsidiarios terrore perculit, ita ut ad pacta deditionis ventum fuerit. Conditio fuit, ut nisi intra dierum octo spatium auxilia acciperent, urbem dedituri essent. Egressi autem ex urbe sunt nono die Aprilis hujus anni. Præfectus urbis relictus fuit Surdisius, qui antea hoc munus habuerat.

Dum Rex Carnutum obsideret, Meduanius Theodorici castrum obsedit & cepit : oppidum statim a Pinario Vice-comite desertum fuit ; atque in castellum ille se recepit, quod statim dedidit, in suspicionemque venit, quod cum Meduanio secreta pacta iniisset, Alii vero putarunt ipsum tam cito locum dedidisse, ut bona sua conservaret, quæ vel in oppido vel circum posita erant.

Les mêmes.
Hoc tempore ex morbo periit Castellionæus Colinii illius celebris Maris Præfecti filius, magnæ spei juvenis, qui jam frequentia strenuitatis signa dederat. Dux Pinæus Luxemburgicus Roma profectus advenit, nunciavitque Gregorium XIV. instigantibus Hispanis & Unionis Sociis, auxilia parare Unioni mittenda, & in eam rem gazam Vaticanam totam impendere.

In Delphinatu Diguierius, qui a multo jam tempore Gratianopolin cinctam tenebat, pactione tandem facta in urbem est ingressus, & ab ipsa 60 millia scutorum exegit, Præfectum ibi reliquit Brossium, maturavitque ut Galloprovinciam peteret, ubi Valleta ejus auxilio egebat. Dux Sabaudiæ, qui ut diximus Aquis-Sextiis Protector declaratus fuerat, Massiliam intravit, ubi parem consequutus est honorem, indeque in Hispaniam se contulit, ut opem a Rege Philippo peteret. In Galloprovincia vicarium suum reliquit Comitem Martinengum cum equitibus mille & bis mille peditibus. Diguierius cum Valleta junctus, istam militum manum observabat, quæ cum Massiliensibus quibusdam copiis juncta, Berram obsedit. Duces duo regii cum minore pugnatorum, sed peritiorum, numero, Sabaudos sunt adorti, & fugatos dissipavère. Ex iis quingenti equites, & mille quingenti sclopetarii vel cæsi vel capti fuere. Exinde vero Sabaudi res in Gallo-provincia pessum ire cœperunt. Ex Hispania ille rediit, ubi auxilia grandia impetraverat.

Nec feliciore exitu contra Genevam bellum mo-

HENRI IV. dit LE GRAND. 339

étoit allé en Suisse faire des levées pour le Roi, & qui avoit aussi ordre de secourir ceux de Geneve, eut le bonheur de saisir quelques Couriers du Roi d'Espagne, qui apportoient cent mille écus à Basle pour faire des levées en Suisse. Cette somme lui vint à propos. Il leva des troupes, prit quelques forteresses du Duc auprès de Geneve, & battit les Savoiards en une rencontre.

Cependant le Pape Gregoire XIV. fit une réponse des plus favorables aux Seize, qui lui avoient écrit comme nous disions ci-devant. Cette Lettre de Sa Sainteté leur enfla tellement le cœur, qu'ils firent au Duc de Maienne des propositions bien plus impertinentes que celles du Memoire précedent. Le Duc n'avoit garde de leur accorder des choses qui tendoient toutes à sa propre ruine. Cependant la méfiance & la division s'augmentoit toujours dans Paris, & tourna enfin, quoiqu'un peu tard, à l'avantage du Roi Henri.

Gregoire XIV. poursuivoit vivement Alphonse Piccolomini; il confisqua le Comté de Montemarciano qu'il possedoit, & lui fit couper la tête. Il donna ce même Comté à son neveu destiné pour conduire l'armée, qu'il envoioit au secours de la Ligue. Il fit publier un Monitoire contre ceux qui suivroient le parti du Roi Henri IV. Pour faire cette expedition militaire, il prit le tresor du Château Saint Ange ramassé par le Pape Sixte V. qui l'avoit sans doute destiné à d'autres usages.

Le Roi envoia à la Reine Elisabeth & aux Princes d'Alemagne, le Vicomte de Turenne, qui passa d'abord en Angleterre. Elisabeth lui promit un promt secours, & permit à quelques particuliers de prêter de l'argent au Roi de France. Le Vicomte se rendit de là en Hollande & puis en Alemagne, où les Princes lui promirent un grand corps de troupes: mais comme ces Alemans ne marchoient pas facilement à moins qu'il n'y eût du comptant, il eut bien de la peine à obtenir que ce secours de six mille huit cens Reitres, & de dix mille Lanskenets partiroit incessamment pour venir en France. Le Duc de Maienne de son côté demandoit aussi du secours au Duc de Parme qui se trouvoit bien empêché: il n'avoit pas même ce qu'il falloit de troupes pour resister aux Hollandois, & pour revenir en France il lui falloit une permission expresse du Roi d'Espagne. Tout ce qu'il put faire fut de prêter au parti de l'Union deux cens mille florins.

---

vit. Sancius qui in Helvetiorum pagis milites Regi conscribebat, & cui mandatum fuerat ut Genevensibus auxilia ferret, forte fortuna cursores Hispaniæ Regis cepit, qui centum millia scutorum Basileam ferebant ad Helvetios pugnatores conscribendos. Hac ille summa usus est ad milites colligendos, aliquot arces & castra Sabaudi, quæ circum Genevam erant, expugnavit, & Sabaudos semel fudit.

Summus vero Pontifex Gregorius XIV. Sextodecimanis gratiose admodum respondit, qui ut diximus, ad illum literas miserant. Hisce porro literis usque adeo inflati Sextodecimani fuere, ut conditiones Meduanio offerrent superioribus longe petulantiores & ineptiores. Dux vero sibi cavebat ne quid concederet, quod in damnum sibi futurum esset. Interea diffidentia & dissensio Lutetiæ semper augebatur, tandemque in Regis bonum, licet tardius, cessit.

Gregorius XIV. ardenter agebat contra Alfonsum Piccolomineum, cui Comitatum Montismarciani ademit, & fisco addixit, ipsumque Piccolomineum capite truncari jussit; Comitatum vero illum fratris filio dedit, qui exercitus ab se Unioni mittendi dux declaratus fuit. Monitum vero publicum emisit adversus eos qui partes Henrici IV. Regis sectarentur. Ad hujusmodi expeditionem faciendam, gazam in Castello Sancti Angeli accepit, collectam a Sixto V. Papa, qui illam ad alios usus destinaverat.

Misit Rex Turenium Vicecomitem ad Reginam Angliæ & ad Germanos Principes. In Angliam Turenius statim trajecit. Elisabetha promtum auxilium Regi pollicita est, & quibusdam Anglis permisit ut pecuniam Regi Francorum commodo darent. Vicecomes inde in Hollandiam transmisit, indeque in Germaniam, ubi Principes quidam ipsi magnam pugnatorum manum polliciti sunt; sed quia Germani nonnisi prævia pecunia moveri solent, vix ille impetrare potuit ut auxilium illud sex millium octingentorum equitum & decem millium peditum statim proficisceretur, ut Franciam peteret. Meduanius quoque opem postulabat a Parmensi duce, qui cum vix sat copias haberet ut Batavis obsisteret, nec posset injussu Philippi Regis in Franciam venire; id solum contulit, ut 200. millia florenorum Unioni commodo daret.

Tome V. V u ij

HENRI IV. dit LE GRAND.

1591.

Après que le Roi eut pris Chartres, il s'en alla à Compiegne, sur l'avis, disoit-on, que le Marquis de Menelay, qui tenoit alors la Fere pour les Ligueurs, étoit disposé à se mettre de son parti, parce qu'on vouloit la livrer aux Espagnols. Mais le Marquis fut tué par des gens appostez par l'Union, & la Fere fut depuis mis entre les mains des Espagnols. LeDuc d'Epernon étoit alors dans le Boulonnois, où il défit la Cavalerie qui étoit dans Monstreuil, & prit le Gouverneur & quelques Seigneurs prisonniers. Il assiegea depuis Pierre-fons, où il fut blessé d'une arquebusade, qui l'obligea de lever le siege. Le Roi fit à Mante le jour de la Pentecôte la Ceremonie de l'Ordre du Saint Esprit.

La Fere livré aux Espagnols.

Les Roiaux surprirent en ce tems-ci Louviers, où ils entrerent par une intelligence: ils eurent quelque tems à combattre contre les gens de la Ville; mais ils demeurerent enfin les maîtres. Le Roi se rendit à Dieppe, où il reçut un secours de cinq cens Anglois, & de quelques munitions. Une entreprise des Ligueurs sur le Pont de l'Arche, fut découverte, & n'eut aucun effet. Il revint ensuite à Mante où son Conseil vint le trouver pour déliberer sur les affaires presentes, & principalement sur l'excommunication que le Pape Gregoire XIV. venoit de prononcer contre ceux qui tenoient son parti. Il fit un Edit où il confirmoit les Edits de pacification faits ci-devant. Il en donna un autre qui contenoit plusieurs articles. Il protestoit & juroit qu'il ne souffriroit point qu'on fît aucun changement dans l'exercice de la Religion Catholique, Apostolique & Romaine. Il disoit que le Pape Sixte V. s'étoit repenti d'avoir sur les faux avis des Ligueurs fulminé contre lui; & que le Pape Gregoire XIV. séduit par les mêmes, étoit devenu partial, & non pas pere commun; que son Nonce Marsilio Landriano avoit jetté des Monitoires contre les Catholiques Roiaux, fondez sur les faux rapports de l'Union. Il déclaroit qu'il ne desiroit rien tant que d'être instruit, ou par un Concile, ou par une Assemblée de Prélats & de Docteurs. Enjoignoit aux Cours des Parlemens de proceder contre les entreprises du Nonce Marsilio Landriano, exhortoit le Clergé de s'assembler pour se pourvoir contre les censures de Gregoire XIV.

Plainte d'Henri IV. contre Gregoire XIV.

Cet Edit envoié à tous les Parlemens, y fut publié & enregistré. En conformité celui de Tours & celui de Châlon, publierent un Arrêt contre les Bulles Monitoriales de Gregoire XIV. Le Clergé de France s'assembla à Tours au

---

Les mêmes.

Postquam Rex Carnutum ceperat, Compendium se contulit, quod nunciatum ipsi esset, ut fama erat, Menelæum Marchionem, qui Feræ pro Unione Præfectus erat, ad partes regias transire velle, quia Socii illam Hispanis tradere volebant; sed Marchio ille a qu.busdam ab Unione submissis necatus fuit, & Fera postea Hispanis tradita fuit. Espernonius tunc in Bononiensi tractu erat, ubi equitatum qui Monasterioli erat profligavit, ac Præfectum & aliquot alios cepit. Petræ Fontem obsedit, ubi sclopeti ictu vulneratus, obsidionem solvit. Rex in die Pentecostes Ordinis Sancti Spiritûs ceremoniam fecit.

Les mêmes.

Hoc tempore Lupariam Regii, conspirantibus oppidanis quibusdam, intercepere, aliquo tempore cum oppidanis pugnavère, tandemque oppidum obtinuere. Rex Dieppam venit, ubi quingentorum Anglorum auxilium & aliquot munitiones excepit. Socii vero seu Fœderati Pontem Arcuensem intercipere frustra tentavère. Rex Meduntam postea rediit, quo consilium regium convenit ut de præsentibus negotiis deliberaretur, maximeque de *excommunicatione* quam Gregorius XIV. Papa pronunciaverat contra eos qui Regis partes sequerentur. Edictum Henricus emisit, quo Edicta pacis prius data confirmabat. Aliud quoque publicavit capitibus plurimis constans: cum sacramento contestabatur se non passurum esse ut mutatio quævis in Religione Catholica, Apostolica & Romana fieret. Dicebat Sixtum V. Papam pœnituisse quod Sociis falsa referentibus, se Vaticano fulmine impetiisset, & Gregorium XIV. ab iisdem subornatum, parti illi addictum, non patrem communem sese exhibere. Ejus nuncium Marsilium Landrianum Monita contra Catholicos Regios emisisse falsis Unionis rumoribus inductum. Declarabat autem se nihil tam desiderare, quam ut ipse instrueretur vel in Concilio, vel in Antistitum & Doctorum cœtu, mandabatque Curiis Senatuum, ut contra Marsilii Landriani Nuncii acta procederent, Clerumque hortabatur ut una conveniret, obstiturus censuris Gregorii XIV.

Les mêmes.

Edictum istud ad omnes Senatuum Curias missum, publicatum & in Actis positum fuit, eodemque modo Turonensis & Catalaunensis Curiæ decreta emisere contra bullas & monita Gregorii XIV. Clerus Gallicanus Cæsarodunum convenit mense Septembri,

HENRI IV. dit LE GRAND. 341

mois de Septembre, & agit de même contre les dernieres Bulles, & le Parlement de Paris de son côté donna aussi un Arrêt tout opposé à celui des deux autres Parlemens. Les Ligueurs étoient, comme nous avons déja vû, fort divisez entr'eux ; au lieu que les Politiques ou Roiaux avoient toujours été unis jusqu'alors, qu'il se forma un *tiers parti* de ceux qui vouloient bien qu'on reçût le Roi ; mais qui demandoient qu'auparavant il se fît Catholique Romain. Le Cardinal de Bourbon, à l'instigation de Jean Touchard, Abbé de Bellozane, qui avoit été son Precepteur, s'intrigua alors pour se mettre le Chef de ce Tiers-parti, & se faire déclarer Roi. On en donna avis à Henri de plusieurs endroits, & du Perron découvrit toute l'intrigue ; ce qui fut la cause de son élevation. Un Auteur du tems dit que le dessein de ce Tiers-parti étoit de tuer le Roi, le Prince de Conti & le Duc de Montpensier. L'entreprise fut découverte, & le Cardinal en fut malade de déplaisir. Le Roi alla le voir, *& le piquant au vif par ses gausseries accoutumées, il lui dit: Mon Cousin, prenez bon courage. Il est vrai que vous n'êtes pas encore Roi, mais vous le serez possible après moi.* Mais ce parti qui ne fit pas grand bruit, accelera la conversion du Roi.

Il prit quelques petites places autour de Paris, & à la requête de la Noblesse de Picardie, il fit investir Noyon par le Baron de Biron ; il s'y rendit aussi, & en forma le siege. La place étant de conséquence, le Vicomte de Tavannes qui commandoit en ce pays pour l'Union, voulut y faire entrer successivement deux Regimens qui furent taillez en pieces. Il y vint ensuite lui-même avec quatre cens Arquebusiers & trois cens Cuirassiers, & arriva par des chemins détournez fort près de Noyon. Mais ayant rencontré les Chevaux-legers du Roi avec d'autres troupes, l'épouvante prit ses gens qui s'enfuirent, & Tavannes fut blessé & fait prisonnier. Le Duc d'Aumale y envoia encore du secours qui mit d'abord quelque desordre dans les Chevaux-legers du Roi : mais s'étant depuis remis, secourus par le Baron de Biron, ils défirent la troupe du Duc d'Aumale, & firent quantité de prisonniers.

Le Duc de Maienne pour profiter de l'absence du Roi, tenta de surprendre Mante ; mais son entreprise aiant été découverte, il assembla toutes les troupes qu'il pût dans la Champagne & aux environs, & forma un corps de

---

1591.

Le Tiers-parti se forme.

Le Tiers-parti veut faire Roi le Cardinal de Bourbon.

Siege & prise de Noyon par le Roi.

---

parique modo contra bullas egit. At Curia Senatus Parisini decretum emisit Catalaunensi & Cæsarodunensi contrarium. Unionis Socii, ut jam diximus, admodum inter se dissidebant. Contra vero Politici seu Regii hactenus concordes fuerant ; sed tunc tertia factio exsurrexit eorum qui Regem quidem recipi volebant, sed illa conditione ut antea Religionem Catholicam amplecteretur. Cardinalis Carolus Borbonius, tunc instigante Joanne Tuchardo Bellozanæ Abbate, qui Præceptor ejus fuerat, in factionem illam sese immisit, ut ejus Princeps esset, atque in Regem deligeretur. Id Regi nunciatum fuit a plurimis, & David Perronus molimina omnia ipsi patefecit, unde factum ut postea ad dignitates eveheretur. Scriptor quidam istius ævi dicit, tertiæ istius factionis consilium fuisse, ut Rex Henricus, Princeps Contius & Monpenserius occiderentur. Res detecta fuit, exque mœrore Cardinalis in morbum incidit. Rex illum invisit, & pro more suo facete mordens illum dixit, Mi cognate, animum erige, nondum Rex es, sed fortassis post me futurus es.

Rex postquam oppidula quædam circum Lutetiam ceperat, postulantibus Picardiæ Nobilibus, per Bironum filium Noviodunum cingi jussit, posteaque ipse venit, urbemque obsedit. Cum autem urbs munita propugnaculis esset, Tavannus qui pro Unione his in partibus imperabat, cohortem unam, alteramque postea in urbem immittere voluit ; sed ambæ a Regiis cæsæ fuere. Venit etiam ipse postea cum quadringentis sclopetariis & trecentis loricatis, ac per flexuosa itinera prope Noviodunum movit ; sed cum in levioris armaturæ equites regios, & in alias cohortes incidisset, pugnatores ipsius terror invasit qui & aufugere ; ipse vero vulneratus, captusque fuit. Albæmalæus quoque Dux auxilia immittere voluit, & equites levioris armaturæ Regios initio turbavit ; sed cum illi postea in ordines se reduxissent, juvante se Birono filio, Albæmalæi agmen profligarunt, & multos ceperunt.

Meduanius absentis Regis occasione sumta, Meduntam intercipere tentavit ; sed cum proposito ipsius detectum fuisset, quas potuit omnes copias collegit in Campania & circumvicinis locis, ita ut decem millium peditum, & bis mille quingentorum

Les mêmes.

dix mille hommes de pied & de deux mille cinq cens chevaux. Le Roi qui n'en avoit pas tant devant Noion, s'étoit rendu maître de l'Abbayie de S. Eloi, qui étoit hors des murs de la Ville & bien fortifiée. Le Duc de Maienne temporifant à fon ordinaire, le Roi fit battre fi furieufement la Ville, que la garnifon demanda à capituler le 17 Août. Le Roi y entra le 20, & taxa la Ville à trente mille écus.

Après la prife de Noion, il fit inveftir Pierrefons, & en forma le fiege. Le Comte d'Effex alla l'y trouver avec cinq cens chevaux & quatre mille Anglois que lui envoioit la Reine Elifabeth. Le plaifir qu'il reçût de ce fecours fut troublé par la nouvelle qui arriva au même tems, de l'évafion de prifon du Duc de Guife, & de la mort du brave & fage la Noüe : une autre qui le confola un peu fut la défaite des Orleanois.

Le Duc de Guife s'échappe de prifon.
Le Duc de Guife qui avoit été mis en prifon à Tours, aiant gagné quelques-uns de ceux qui le gardoient, trouva le moien de fe fauver; mais d'une maniere fort extraordinaire. Il defcendit d'une tour par une corde qu'on lui avoit fournie, gagna la greve, & paffa par deffous l'arche d'un pont où il n'y avoit plus d'eau, il trouva des gens envoiez par la Châtre, qui étoient du complot, échappa à ceux qui le pourfuivoient, & fe rendit à Bourges. La nouvelle de fon évafion donna une grande joie à ceux du parti de l'Union. Mais ils n'en tirerent pas tous les avantages qu'ils efperoient, comme nous verrons dans la fuite.

Les Efpagnols venus en Bretagne au fecours du Duc de Mercœur, releverent fon parti, qui avoit affez de peine à fe foutenir. Il leur donna le port de Blavet; & ils fe fortifierent fi bien dans cette place, qu'on vit dès-lors que le Duc ne les en tireroit pas quand il voudroit. Le Prince de Dombes, qui commandoit en Bretagne pour le Roi, fe trouvant le plus foible, après que le Duc eut reçû ce fecours, le Roi obtint de la Reine d'Angleterre, qu'outre le puiffant fecours qu'elle lui avoit envoié, elle feroit paffer trois mille Anglois en Bretagne. Le Roi y envoia auffi le fage la Noüe pour aider de fes confeils le Prince de Dombes. Après fon arrivée ils affiegerent Lamballe. La Noüe alla reconnoître la place, il fut bleffé, & mourut quelques jours après. Ce Chef également eftimé dans les deux partis, fut extrêmement regretté du Roi & de tous les Roiaux.

La Noüe tué.

---

equitum exercitum colligeret. Rex qui non tantum copiarum numerum ante Noviodunum habebat, Sancti Eligii Abbatiam, quæ extra urbem & munita erat, occupaverat. Cum autem Meduanius pro more fuo tempus duceret, Rex tormentorum fulminibus urbem tam vehementer impeti juffit, ut præfidiarii decima-feptima Augufti die ad pactionem venerint. Rex in urbem ingreffus eft vigefima feptima Augufti die, & oppidanos triginta millia fcutorum numerare coegit. Poft captum Noviodunum Rex Petrofunfium cingi juffit ob obfedit. Effexius vero Comes ipfum adiit cum equitibus quingentis & quater millibus Anglis peditibus, quos mittebat Elifabetha Regina. Auxilii novi gaudium turbavére illa quæ tunc ipfi nunciata funt, quod videlicet Guifius Dux ex carcere elapfus, quodque ftrenuus ille & fapiens Lanovius cæfus fuiffet. Solatium tamen aliquod accepit cum edidicit Aurelianenfes hoftes cæfos fuiffe.

Thuanus. Cayet.

Guifius Dux, qui Cæfaroduni in carcerem conjectus fuerat, cum ex cuftodibus quofdam fibi devinxiffet, elabendi modum invenire, & quidem fingularem. Ex turri quadam defcendit per funem fibi fubminiftratum : ad oram fluminis per arenam & glaream incedens, fub arcu Pontis, ubi aqua defecerat, tranfivit, virofque invenit a Caftræo, qui rei confcius erat, miffos, & a Regiis qui poft fe currebant elapfus, Biturigas fe contulit. Evafionis illius fama Unionis Sociis gaudium ingens attulit, qui tamen non quanta fperabant inde bona confequuti funt, ut videbitur.

Infr.
Hifpani in Armoricam advecti ad opem Mercurio Duci ferendam, factionem illius, quæ vix ultra ftare poterat, confirmavére. Blavetum portum dedit illis, & ita illi locum munitionibus firmavére, ut jam tum profpiceretur Ducem illos ex loco ifto non pro lubito fuo educturum effe. Princeps Dumbarum, qui in Armorica pro Rege imperabat, cum non ultra par effet bello contra Ducem viribus auctum gerendo, Regem monuit; qui ab Angliæ Regina impetravit ut præter auxilium fibi miffum, tres mille Anglos in Armoricam mitteret. Rex etiam illò mifit fapientem Lanovium, ut Dumbarum Principem confiliis juvaret. Poft ejus adventum Lamballam obfedere. Progreffus Lanovius ut locum obfervaret, vulnereque affectus, paulo poftea diem clauiit. Dux ifte qui apud utriamque partium multam fibi famam conciliaverat, apud Regem Regiofque magnum fui defiderium reliquit.

HENRI IV. dit LE GRAND. 343

En ce même tems les Orleanois étant sortis inconsiderément & contre les ordres du sieur Comnene, pour attaquer les sieurs d'Entragues & de Montigni, qui étoient à la tête de quelques troupes Royales, ils furent défaits & mis en fuite. Il y eut un nombre considerable de morts & de prisonniers. Les Roiaux eurent au même tems un bien plus grand avantage. Le Vicomte de la Guerche voulant recouvrer son Château de la Guerche que les Roiaux avoient pris, obtint du Duc de Mercœur un renfort de troupes, & cinq cens Espagnols. Il partit de Poitiers, & se mit en marche vers la Touraine. La Noblesse Roiale de la Province s'assembla & l'attaqua sur sa route. Le combat fut rude; & le Vicomte voiant déja trois cens des siens étendus sur le carreau, prit la fuite, & alla se jetter dans un bac pour passer la Creuse. La foule fut si grande que le bac coula à fond, & il fut noié. Sa troupe qui étoit de cinq cens Espagnols & d'un grand nombre d'autres, fut tuée, ou prise, ou périt dans l'eau. Le Prince de Conti prit quelques places dans le Poitou; il avoit une intelligence dans Poitiers qui ne réussit pas. Il assiegea & prit, après quelque resistance, Mirebeau, Ville & Château; mais le Gouverneur qu'il y mit se tourna depuis du côté de l'Union.

Le Duc de Savoie assiegea Berre, qui fut bien défendu par Mesplez. Il le prit enfin dans le tems que Lesdiguieres étoit allé observer l'armée du Duc de Montemarcian: mais il se broüilla avec la Comtesse de Saux, par les intrigues de laquelle il avoit fait tant de progrès dans la Provence, lorsqu'il lui refusa de mettre à Berre le Gouverneur qu'elle lui proposoit. Depuis ce tems ses affaires déclinerent toujours. Il reçût en même tems un renfort de troupes venu d'Italie, & assembla une armée de sept mille hommes de pied & de huit cens chevaux. Il avoit resolu d'assieger Grenoble; mais il voulut auparavant prendre Morestel, & détacha une partie de son armée pour l'assieger.

Lesdiguieres qui avoit l'œil à tout cela, assembla aussi des gens pour faire lever ce siege, & à cette nouvelle les assiegeans se retirerent sans l'attendre. Il continua d'assembler des troupes pour donner sur cette armée; & quand il se crut en état d'en venir aux mains, il s'avança vers les ennemis. La bataille se donna à la plaine de Pontchara. Les Savoiards firent peu de resistance; ils furent mis en déroute, & perdirent deux mille cinq cens hommes.

1595. Les Orleanois défaits.

Le Vicomte de la Guerche Ligueur périt avec sa troupe.

Lesdiguieres défait l'armée des Savoyards.

---

v. Eodem tempore Aurelianenses cum inconsulto & injussu Comneni egressi essent, ut Interaqueum & Montiniacum, qui regias turmas ducebant; adorirentur, profligati & in fugam versi sunt, multi eorum capti, nec pauciores cæsi fuere. Regii eo ipso tempore majus fortunæ beneficium experti sunt. Guerchius Vicecomes, castellum suum Guerchium a Regiis captum recuperare volens, ab Duce Mercurii copias & Hispanos quingentos impetravit. Pictavio profectus versus Turonas movit. Nobiles autem Regii istius Provinciæ in unum coacti, viam carpentem illum adorti sunt. Acris pugna fuit; sed cum Vicecomes jam trecentos suorum cæsos videret, in fugam versus in pontonem ut Crosam trajiceret se conjecit. Tantus autem fugientium numerus in pontonem se immisit ut omnes cum pontone demergerentur, agmen illius quingentorum Hispanorum aliorumque magno numero cæsum totum vel captum fuit, vel in aqua periit. Princeps Contius aliquot oppida in Pictonibus cepit Mirabellum etiam obsedit atque oppidum & castellum tandem cepit; sed Præfectus, quem constituit, ad Unionem postea accessit.

Dux Sabaudiæ Berram obsederat. Mesplezius loci Præfectus hostem strenue propulsavit; sed oppidum captum fuit, quo tempore Diguierius exercitum Ducis Montis-Marciani observatum ierat: at Sabaudus dissidium sibi peperit cum Comitissa Saltuensi, cujus artibus tot ille progressus in Gallo-provincia fecerat, cum petenti sibi ut Berræ Præfecturam cuipiam daret, negavit ipse. Ab illo autem tempore res illi male cesserunt. Tunc manum pugnatorum ex Italia validam accepit, atque exercitum collegit peditum septem millium, & octingentorum equitum. Gratianopolin obsidere parabat; sed antea voluit Morestellum capere, & partem exercitus ad oppidum obsidendum misit.

Diguierius ut isthæc omnia observabat, armatos ipse quoque collegit, ut Sabaudos ab obsidione removeret, qui re comperta abscesserunt, neque illum exspectavère. Ipse vero novas semper copias cogebat, ut exercitum illum impeteret. Ubi autem se parem ad rem tentandam putavit, contra hostem movit. Pugna in Pontchara planitie commissa fuit. Sabaudi parum concertavère & bis mille quingentos

Les mêmes.

1591. Deux mille Romains & Milanois qui s'étoient sauvez dans le Château d'Avalon, furent obligez de se rendre à discretion, & les Roiaux en taillerent en pieces environ sept cens, Lesdiguieres sauva les autres, & les fit retirer le bâton blanc à la main, avec promesse de ne plus porter les armes contre le Roi de France. Les Roiaux ne perdirent pas dans cette bataille plus de quatre ou cinq hommes. Le pillage fut fort grand & estimé plus de deux cens mille écus.

L'armée du Duc de Montemarcian après avoir passé les Monts, traversa la Franche-Comté, & arriva enfin à Verdun à demi ruinée par les maladies. Les Ducs de Lorraine & de Maienne s'y trouverent. Ils s'étoient rendus là pour empêcher que l'armée d'Alemagne qui venoit au secours du Roi, ne passât en France. Le Roi après la prise de Noion, avoit fait assieger Pierrefons. Il partit pour aller joindre le Prince d'Anhalt qui lui amenoit ce grand secours d'Alemagne. Il laissa pour continuer le siege le Maréchal de Biron, qui y trouva tant de resistance, qu'il fut obligé de lever le piquet, & s'en alla en Normandie. Le Duc de Montpensier avoit pris la Ville d'Avranches après un long siege, pendant lequel ceux de l'Union surprirent Honfleur. Il vint ensuite joindre le Roi à Noion.

Le Roi va joindre l'armée Alemande.
Le quinziéme de Septembre le Roi partit de Chauny pour aller joindre l'armée des Reitres accompagné de huit cens Cavaliers & de trois cens Arquebusiers à cheval : il traversa la Champagne & se rendit à Sedan, d'où il alla aux plaines de Vandi voir cette armée Alemande d'environ seize mille hommes commandez par le Prince d'Anhalt. Le Roi la fit marcher du côté de Verdun, où étoient les Ducs de Lorraine & de Maienne avec leurs troupes & l'armée Papale. Mais ils ne voulurent pas tenter le sort d'une bataille. Il revint ensuite à Sedan, où se fit le mariage du Vicomte de Turenne, à qui il donna le Bâton de Maréchal de France, avec Charlotte de la Marc Duchesse de Boüillon. Le jour de devant les nôces le Vicomte surprit heureusement Stenay. Les Lanskenets firent quelque tumulte, & l'on fut sur le point d'en venir aux armes : mais on les appaisa enfin.

Mort du Pape Gregoire XIV.
Gregoire XIV. Pape mourut le 15 Octobre de cette année, Innocent IX. élû en sa place, se mit comme son predecesseur du parti de l'Union. Mais

suorum amiserunt. Bis mille seu Romani seu Mediolanenses, qui in castellum Avalonem se receperant, ad arbitrium victorum sese dedere compulsi sunt. Regii septingentos occiderunt ; cæteris Diguierius vitam concedi voluit, ipsosque cum albo scipione emisit, postquam polliciti fuerant se nunquam contra Regem Francorum arma sumturos esse. Regii in hac pugna non plusquam quatuor vel quinque suorum amiserunt. Manubiæ ingentes fuere, precio, ut aiebant, plusquam 200. millium scutorum.

Les mêmes. Exercitus Ducis Montemarciani cum Alpes superasset, per Comitatum Burgundiæ Virodunum tandem advenit. Dimidia ferme sui exercitus pars a morbis insumta fuit. Ibi etiam erant Dux Lotharingiæ & Meduanius, eo animo, ut exercitui Germanico, qui ad Regis auxilium pergebat, aditum intercluderent. Rex postquam Noviodunum ceperat, Petrofundium obsideri jussit, profectusque est ut Anhaldinum Principem, qui hoc tantum sibi auxilium ducebat, jungeret. Ad Petrofundii obsidionem Bironum Marescallum reliquit ; sed præsidiarii ita fortiter conatus illius interpellavére, ut obsidionem solvere coactus, in Normanniam se contulerit. Mon-

penserius post longam obsidionem Abrincas ceperat; sed dum ille in obsidione pergeret, Unionis Socii Honflorium inopinato ceperant, posteaque Monpenserius Regem adiit dum Novioduni esset.

Die decima quinta Septembris Rex Chaunio profectus est, ut Germanorum exercitum adiret, comitantibus se octingentis equitibus & trecentis sclopetariis equo vectis, Campaniam trajecit & Sedanum, indeque ad planitiem Vandii venit, exercitum Germanorum juncturus, qui sexdecim circiter millium virûm erat, imperante Anhaldino Principe. Rex cum hoc exercitu movit versus Virodunum, ubi erant Dux Lotharingiæ & Meduanius qui pugnam committere noluere. Postea Sedanum rediit, ubi Vicecomitem Turenium, quem Marescallum Franciæ creavit, cum Carola Marchiana Bullonii Ducissa connubio junxit. Pridie autem Turenius Stenæum feliciter interceperat. Germani pedites tumultum concitavére, ita ut pene ad arma ventum fuerit, sed tandem sedati sunt.

Gregorius XIV. Papa obiit decima-quinta die Octobris anni hujus. Innocentius IX. in ejus locum electus, ut decessor ipsius, Unionis partes amplexus

il ne tint le siege que deux mois, & mourut au mois de Decembre: Dans les Provinces de France on n'entendoit parler que de prises & reprises de places. Cependant le parti Roial se fortifioit en certains endroits. A Orleans il y avoit une faction de Politiques ou Roiaux dont étoit l'Evêque, les plus riches du Clergé, & une bonne partie des Juges & des Capitaines; & une autre plus nombreuse, qu'on appelloit la Faction du Cordon, qui étoit de la populace. Le Prince de Conti assiegea Celles, & le Duc de Nemours prit S. Pourcin, & voulut secourir Celles; mais il n'y fut pas à tems, la Ville se rendit, & fut depuis reprise par ceux de l'Union.

1591.

Le Duc de Maienne avoit nommé le Duc d'Aiguillon son fils, Gouverneur de la Normandie, & le Marquis de Villars Lieutenant General de la Province. Celui-ci gouvernoit tout & Philippe Desportes, fameux Poëte de ce tems, avoit beaucoup de credit sur son esprit. On disoit qu'il avoit quelque correspondance avec le Conseil du Roi, & qu'il tourneroit le Marquis de ce côté. Il demanda qu'on lui donnât main-levée de ses revenus dans ses Benefices qui se trouvoient dans les terres alors obéissantes à Sa Majesté. Cela lui fut accordé; mais quand on en vint à l'execution, ceux qui joüissoient de ces terres, rejetterent cela bien loin. Desportes se tourna alors entierement du côté de l'Union, & remit le Marquis dans les mêmes interêts.

Le Roi qui vouloit assieger Rouen, manda au Maréchal de Biron d'investir la Ville. Au premier bruit le Marquis de Villars s'y transporta, y fit entrer des munitions en abondance, & une forte garnison, arma la Bourgeoisie, & fit abbattre les fauxbourgs. Biron avec les troupes Françoises & Angloises approcha de Rouen: ceux de la Ville firent une sortie sur lui, où le neveu du Comte d'Essex Anglois, fut tué. Pour ne laisser rien derriere qui pût incommoder l'armée, il prit Gournai & Caudebec. Le siege y fut mis le onziéme Novembre. Le Roi s'y rendit aussi avec les troupes Alemandes. Nous en verrons le succès.

Siege de Rouen.

Le Duc de Maienne que la necessité des affaires avoit tenu long-tems absent de Paris, fut obligé de s'y rendre bien vîte par les étranges scenes que les Seize y donnoient. Ils avoient chassé l'Evêque qui étoit tout porté pour le Roi Henri. Depuis que le Duc de Guise avoit recouvré sa liberté, ils pensoient à le

---

est: verum duobus tantum mensibus sedit, & in Decembri obiit. In provinciis Francicis modo captas, modo receptas urbes vidisses; interea quae Regiae partes in quibusdam locis viribus crescebant. Aureliani factio erat Politicorum seu Regiorum, ex quorum numero erant Episcopus, ditiores Ecclesiastici, magnaque pars Judicum & Tribunorum. Altera factio numerosior erat, quae vocabatur *Cordonis* sive funiculi quam plebs sectabatur. Contius Princeps Cellas in Biturigibus obsedit, & Nemorosius oppidum Sancti Porciani cepit, & Cellis opem ferre parabat, sed tardius advenit, jamque oppidum sese dediderat: verum ab Unionis Sociis postea receptum fuit.

Meduanius Agullionium Ducem filium suum Normanniae Praefectum & Villarium Marchionem in eadem provincia Vicarium Generalem constituit. Hic porro omnia administrabat, & Philippus Portaistius aevi Poëta celebris, apud Villarium gratia multum valebat. Quidam dicebant Portam cum consilio regio consentire, & Villarium ad illas partes flectere. A Rege autem petiit ut beneficiorum suorum proventus, qui tunc sub Regis potestate erant, excipere sibi liceret. Id ipsi concessum fuit: verum ii qui tunc terras illas occupabant, fructusque percipiebant, id admittere noluerunt, qua repulsa offensus Porta, Unioni se arctius adjunxit, & Villarium etiam secum reduxit.

Rex qui Rothomagum obsidere volebat, Birono mandavit ut urbem undique cingeret. Rumore nuncio, Villarius illò se transtulit, commeatum abunde in urbem invexit, atque praesidium grande, cives armavit & suburbia dirui jussit. Bironus cum copiis Francorum & Anglorum propius accessit. Eruptionem fecere Rothomagenses, in qua filius fratris Essexii Comitis Anglus, occisus fuit. Bironus ut nihil pone se relinqueret, quod exercitui negotium facessere posset, Gornaeum & Caudebecum cepit. Obsessa urbs fuit undecima die Novembris, Rex cum Germanorum copiis advenit. Rei exitum videbimus.

Meduanus quem negotiorum necessitas diu extra Lutetiam detinuerat, ob tragicas Sextodecimanorum scenas, celeriter istuc se conferre compulsus fuit. Ii Episcopum qui pro Henrico Rege stabat expulerant. A quo tempore Guisius libertatem receperat, ipsum Regem Francorum constituere cupiebant, & Hispa-

Thuanus, Cayet.

Les mêmes

1591. faire Roi de France, & ils écrivirent au Roi d'Espagne, en lui marquant, mais en termes couverts, qu'ils souhaittoient de faire donner ce Roiaume à sa fille, en la mariant à quelque Prince François; ils entendoient par là le Duc de Guise, & les Espagnols l'entendoient bien auffi. Et comme le Duc de Maienne étoit fort opposé aux prétentions des Seize & de son neveu, ils avoient conçû une haine mortelle contre lui, & les Espagnols lui en vouloient auffi.

Il arriva en ce même tems qu'un nommé Brigard aiant écrit à son oncle qui étoit à saint Denis, la lettre fut interceptée & apportée aux Seize, qui trouvant dans cette lettre quelques mots à double entente, firent saisir Brigard, le mirent à la Conciergerie, & entre les mains de la Justice pour le faire punir de mort. La Cour voiant que ce n'étoit que par animosité que les Seize poursuivoient ce jeune homme, le renvoia absous. Les Seize se porterent alors aux dernieres extrêmitez. Ils élurent à la pluralité des voix, un Conseil secret de dix hommes pour juger & porter Sentence contre ceux qu'ils livreroient entre leurs mains, & ils saisirent le Président Brisson, & les Conseillers Larcher & Tardif, que les dix condamnerent à être pendus. La Sentence fut executée, & les corps furent exposez en place publique. Tous les gens sages, le peuple même & les Espagnols eurent horreur d'une telle Tragedie.

Les Seize font pendre le Président Brisson & deux Conseillers.

Le Parlement, les bons Bourgeois, & un grand nombre de gens presfoient continuellement le Duc de Maienne de venir à Paris pour mettre fin aux entreprises de ces furieux. Il y vint enfin accompagné de quelques troupes Françoises & Etrangeres. A la nouvelle de sa venuë, les Seize s'assemblerent. Quelques-uns étoient d'avis de lui fermer les portes; d'autres disoient qu'il falloit le poignarder: il y en eut même qui s'offrirent pour faire cette execution, & ils se séparerent sans rien conclure. Le Duc fut averti de tout ceci. La plûpart des Seize allerent au devant de lui à la porte S. Antoine, aiant à leur tête le Docteur Boucher, qui n'avoit point eu de part à la scene passée. Il voulut parler au Duc de cette sanglante tragedie: mais d'un air severe il renvoia l'affaire à une autre fois.

Il fut d'abord embarassé. Il ne sçavoit si la garnison Espagnole étoit de ce complot avec les Seize: quelques-uns disent que des gens de bon sens lui con-

Les mêmes.

niæ Regi scripserant, ipsique subindicaverant, se Regnum filiæ ipsius conferre cupere, dum Principi cuipiam Franco connubio jungeretur, Guisium vero subintelligebant, neque id ignorabant Hispani; & quia Meduanius Sextodecimanorum & filii fratris sui optatis omnino aversabatur, eum illi capitali odio prosequebantur: Hispani quoque infensi ipsi erant.

Hoc tempore accidit, ut cum Brigardus quidam avunculo suo, qui tunc in oppido Sancti Dionysii erat, scripsisset, epistola ejus in Sextodecimanorum manus incideret, qui cum quædam obscure significata ibi reperirent, Brigardum in carcerem conjecerunt, & in judicium manus dederunt ut morte plecteretur. Cum autem Judicum Curia videret totum ex Sextodecimanorum furore proficisci, Brigardum ut innoxium emisit. Tunc Sextodecimani extrema moliti sunt. Ex majori suffragiorum parte, consilium secretum delegere decem virûm, qui sententiam ferrent in eos quos ipsi tradituri erant, & Brissonium Præsidem, Arceriumque & Tardivium Senatores apprehenderunt, quia Decemviris traditi ad suspendium damnati sunt; qua re peracta, corpora in pla-

tea publica exposita fuere. Inhorruere ad hoc spectaculum non sapientes viri modo, sed plebs etiam atque Hispani.

Curia Senatus, civium præcipui, multique alii Meduanium urgebant, ut quamprimum Lutetiam veniret, quo ferocium hominum conatus retunderet. Venit tandem ille cum copiis quibusdam Francicis extraneisque. Cum advenire illum compertum fuit, Sextodecimani unà convenere. Quidam dicebant ipsi portas occludi oportere; alii ipsum confodiendum esse opinabantur; quidam etiam ad id peragendum sese obtulerunt, nihilque statutum fuit. Isthæc omnia Meduanio nunciata fuere. Maxima pars Sextodecimanorum obviam ipsi procesfere ad Sancti Antonii portam, præeunte Bucherio Concionatore, qui in cædium partem non venerat. De cæde illa Bucherius Meduanium alloqui voluit: at severo vultu ille rem in aliud tempus esse mittendam significavit.

Statim vero quid consilii caperet nesciebat; ignorabat quippe utrum præsidiarii Hispani cum Sextodecimanis consensissent. Quidam dicebant, viros sa-

HENRI IV. dit LE GRAND. 347

feilloient d'exterminer trois sortes de gens, les Prédicateurs outrez de l'U- 1591.
nion, la faction des Seize, & la garnison Espagnole. Quoiqu'il en soit, il se
détermina enfin à une action de vigueur. Il fit faire une assemblée où les
Seize se trouverent avec beaucoup d'autres, qui demandoient que le meurtre Le Duc de
des gens de ce rang ne fût pas impuni. Le Duc montra bon visage à tous & Mayenne
aux Seize même; il en invita quelques-uns à dîner, & couvrit si bien son jeu, fait pen-
qu'ils déposerent toute crainte. Cependant il envoya un matin le sieur de Vitri dre quatre
prendre dans leur lit les principaux des Ligueurs, Anroux, Emonnot, Hameline des Li-
& Louchard, & les fit pendre au Louvre. Louchard se défendit quelque tems, gueurs.
mais il passa le pas comme les autres. Le Duc ordonna à Bussi le Clerc de
vuider la Bastille. Il en sortit sans resistance, & s'enfuit à Bruxelles, où il vécut
plus de quarante ans depuis.

 Le Duc de Maienne auroit pû faire executer tous les principaux de ces
Seize; mais par les conseils de ses amis, il donna des Lettres d'abolition pour
tous, excepté trois qui furent nommez, avec défenses sur peine de la vie, de
faire des assemblées ou secretes ou publiques; & sur tout aux Seize, qui ne laisserent pourtant pas encore de faire quelques pratiques avec les Espagnols &
avec les Prédicateurs de la sainte Union, qui méritoient plus que les autres
d'être punis, mais qui se soutenoient à la faveur de la populace.

 Le Pape Innocent IX. étant mort à la fin de l'an précédent 1591. les Car- 1592.
dinaux assemblez élurent le 30. Janvier de l'année suivante, le Cardinal Hippolyte Aldrobandin, qui se fit appeller Clement VIII. Il se déclara d'abord pour Clement
l'Union, lui promit secours d'hommes & d'argent, & confirma le Cardinal VIII. élu.
Sega dans sa Légation.

 Cependant le Duc de Parme par ordre du Roi d'Espagne, partit des Payis- Le Duc
bas avec une armée pour secourir Rouen. Le Duc de Maienne alla au devant de Parme
de lui, ils s'arrêterent à Guise, où ils eurent de longues conferences. Le Roi va au se-
d'Espagne ne parloit plus comme auparavant. Il disoit en 1590. que le seul cours de
zele de la Religion Catholique le portoit à envoier du secours à la France, Rouen.
mais il demandoit alors qu'on déclarât l'Infante sa fille Reine de France, à
condition qu'elle épouseroit quelque Prince François. Dom Diego d'Ibarra
parloit pour le Roi d'Espagne, & Janin pour le Duc de Maienne. Celui-ci

---

gaces nonnullos hoc ipsi consilii dedisse, ut tria ho- | cebatur, vetabaturque sub capitis pœna, maxime
minum genera de medio tolleret, Concionatores il- | Sextodecimanis, ne cœtus vel publicos vel secretos
los Unionis, qui extrema quæque proferrent, factio- | cogerent. Qui tamen Sextodecimani cum Hispanis
nem Sextodecimanorum, & præsidiarios Hispanos. | postea secreta consilia miscuere, necnon cum Con-
Ut ut res est, sceleris tandem ultionem ipse susce- | cionatoribus sanctæ Unionis, qui plusquam cæteri
pit. Cœtum congregari jussit, in quo Sextodecima- | omnes pœnam, imo supplicium, merebantur; sed
ni comparuere cum aliis multis qui postulabant ut | plebis favore illæsi manebant.
cædes insignium virorum non impune esset, Dux | Innocentio IX. Papa mortuo, in superioris anni
sereno vultu omnes etiamque Sextodecimanos ex- | fine 1591. Cardinales congregati 30. Januarii anno
cepit; quosdam etiam ad prandium invitavit, & | 1592. elegerunt Cardinalem Hippolytum Albobran-
tanto astu quid in animo versaret dissimulavit, ut | dinum qui Clemens VIII. appellatus est, & statim se
Sextodecimani metum omnem ponerent, interea- | Unioni favere declaravit, auxilia ipsi pugnatorum &
que Vitrium summo mane misit, qui factiosorum | pecuniæ pollicitus est, & Cardinalem Segam Lega-
præcipuos, Anruxium, Emonnotum, Hamelinum | tum confirmavit.
& Luscardum in lectis suis apprehenderent, qui in | Interea Dux Parmensis, jubente Hispaniæ Rege, Thuanus.
ipsa Lupara laqueo gula fracta suspensi sunt. Lus- | ex Belgio cum exercitu profectus est. Medunius ipsi Cayet.
cardus aliquandiu obstitit, tandemque ut alii sup- | obviam ivit, & ambo Guisiæ substitere, ubi multa
plicio affectus est. Bussium etiam Clericum jussit Me- | miscuere colloquia. Rex Hispaniæ non jam ut antea
duanius ex Bastilia egredi, neque obstitit ille; sed | loquebatur. Anno 1590. dicebat se unico Religionis
egressus Bruxellas aufugit, ubi annos plus quadra- | Catholicæ studio motum, auxilia in Franciam mit-
ginta transegit. | tere. Tunc vero petebat ut filia sua Regina Fran-
 Meduanius Sextodecimanorum primipilares om- | ciæ declararetur, illa conditione, ut Franco cuipiam
nes supplicio afficere potuisset; sed ex amicorum con- | Principi nuberet. Didacus Ibarra pro Hispaniæ Rege
silio literas dedit, queis cæteris, tribus exceptis, par- | loquebatur, & Janinus pro Meduaniæ Duce. Hic

1592.

Demandes des Espagnols.

formoit là-dessus de grandes difficultez, disant qu'il falloit de grosses sommes pour cela, & qu'il étoit necessaire d'assembler les Etats. Les Espagnols facilitoient tout, & le Duc de Maienne éloignoit tant qu'il pouvoit la conclusion de cette affaire. Les Espagnols s'en appercevoient bien, & Dom Diego envoioit tous les jours des Couriers au Roi d'Espagne pour l'informer de ce qui se passoit. Le Roi Henri fort attentif au resultat de ces conferences, faisoit son possible pour arrêter ces Couriers, & se saisir des lettres. On en prit en effet plusieurs où l'on se déchaînoit souvent contre le Duc de Maienne. Le Roi avoit soin de lui en faire part pour augmenter ses défiances, & l'animer contre le Duc de Parme & contre le Duc de Guise son neveu, qui étoit un des Princes proposez pour épouser l'Infante.

Le siege de Rouen continuoit. Le Roi qui avoit ses partisans dans la Ville, l'avoit fait sommer dès le commencement de se rendre & de le reconnoître. Mais le party de l'Union beaucoup plus puissant, & qui dominoit, lui fit réponse que la Ville ne reconnoîtroit jamais un Prince heretique. Les Rouennois se défendirent vaillamment, ils firent de frequentes sorties, & le plus souvent avec perte des Roiaux.

Les Hollandois envoierent au secours du Roi plusieurs vaisseaux de guerre chargez de trois mille hommes, & commandez par le Comte de Nassau, qui remonta la Seine, arriva jusqu'au Croisset, & fit quelque décharge d'artillerie contre la Ville. Leurs Historiens disent qu'il prit terre, & qu'il alloit attaquer Rouen d'un côté; mais que cela ne plaisant point au Maréchal de Biron, il se retira.

Cependant les Ducs de Maienne, de Parme & de Montemarcian, qui avoient joint leurs troupes ensemble, & faisoient un corps de dix-huit mille hommes de pied & de cinq mille chevaux, se mirent en marche pour aller secourir Rouen, & arriverent à Perronne. Le Roi pour reconnoître cette armée étoit parti du camp de devant Rouen avec quinze cens cuirasses & quinze cens argoulets, & marcha en telle diligence, qu'avant que l'ennemi eut de ses nouvelles, il enleva le quartier du Duc de Guise, où il y eut bien des gens tuez & pris. Le Duc de Parme fit alors marcher son armée en bataille, & s'achemina vers Aumale pour s'y loger.

Le Roi va reconnoître l'armée du Duc de Parme.

Le Roi qui y venoit aussi de son côté, se trouva en presence de l'ennemi.

---

magnas ea in re objiciebat difficultates, dicens ad eam rem ingentibus pecuniæ summis esse opus, & Ordines Regni esse congregandos. Hispani omnia facilia esse dicebant, & Meduanius quantum poterat rei finem procul amandabat. Id advertebant Hispani, & Didacus quotidie cursores in Hispaniam mittebat, qui Regi Philippo isthæc omnia nunciarent. Henricus vero Rex, qui de colloquiorum exitu anxius erat, nihil non agebat ut cursores illos interciperet, & quas gestabant literas apprehenderet. Plurimæ itaque literæ interceptæ fuere, in queis Hispani de Meduanio conquerebantur. Hasce literas Rex Meduanio mittebat, ut ejus suspiciones augeret, ne fideret Hispanis, & contra Parmensem concitaretur, simulque contra Guisium fratris filium, qui ad filiam Regis Philippi ducendam proponebatur.

Les mêmes. Rothomagensis obsidio pergebat. Rex qui in urbe quosdam secum consentientes habebat, civitati ab initio denunciaverat, uti sese dederet, ipsumque Regem agnosceret; sed maxima pars civium, quæ Unioni hærebat, respondit civitatem nunquam Principem hæreticum esse admissuram. Rothomagenses strenue decertavere, frequenter erupere, ac sæpius cum Regiorum strage.

Batavi naves plurimas Regi in auxilium misere ter mille pugnatoribus onustas, duce Nassovio Comite, qui per Sequanam adverso cursu ad Crossetum usque venit, & tormenta pyria contra urbem explosit. Dicunt Historici Batavi, ipsum excensu facto, Rothomagum ab altera parte impetere voluisse, sed repugnante Birono recessisse.

Interea Duces Meduanius, Parmensis & Montemarcianus, qui junctis copiis, exercitum octodecim millium peditum, & quinque millium equitum ducebant, moverunt ut Rothomago ferrent opem & Peronam venerunt. Rex ut exercitum illum observaret, cum mille quingentis loricatis equitibus & totidem levioris armaturæ movit, & tam celeriter viam carpsit, ut inopinato partem exercitus hostilis Guisianam nempe aciem interciperet, ubi multi hostium cæsi, captique fuere. Dux Parmensis tunc exercitum pugnæ ordinem servare, & sic movere jussit, Albæmalamque petens, ibi stationem habuit.

Rex qui & ipse illo tendebat, hostem tunc præ-

Les forces étant si inégales, il fallut penser à la retraite qui auroit été extrêmement périlleuse si le Duc de Parme avoit usé de diligence ; mais ne s'étant apperçû que tard du peu de troupes que le Roi avoit avec lui, il lui donna le tems de faire mettre pied à terre à deux cens Arquebusiers qu'on appelloit Dragons, pour arrêter l'ennemi, tandis que la Cavalerie passeroit sur un pont. Le Duc de Parme s'en étant enfin apperçû, il fit faire une charge si rude sur ces Dragons, que peu se sauverent. Le Roi reçût en cette charge un coup d'arquebuse qui lui brûla la chemise, & lui meurtrit un peu la chair sur les reins. Aiant passé le pont, il remit ses gens en bataille, & le Duc de Parme ne voulant rien risquer parce que la nuit approchoit, & qu'il ne connoissoit pas assez le païs, alla prendre Aumale. Le Roi arrivé à Dernetal, fut fort brusqué par le Maréchal de Biron, qui lui dit que ce n'étoit point à un Roi de France de faire ainsi l'office d'un Maréchal de Camp.

1592.

Est en péril au combat d'Aumale.

Le Duc de Parme après avoir pris Aumale, prit aussi Neufchâtel par composition, & s'avança jusqu'à sept lieües de Rouen, où les Chefs délibererent sur ce qu'il y avoit à faire pour secourir la Ville. Cependant les assiegez firent une furieuse sortie en grand nombre : ils renverserent tout ce qui se presenta à eux, saisirent une batterie, & traînerent cinq canons jusqu'à leur fossé ; il y eut dans ce fait d'armes près de cinq cens Roïaux tuez, & les assiegez ne perdirent pas plus de quarante des leurs. A la nouvelle de cette grande sortie & de l'avantage que les assiegez avoient remporté, le Duc de Parme étoit d'avis d'aller promtement attaquer l'armée du Roi, & de faire lever le siege. Le Duc de Maienne ne fut pas de ce sentiment, disant qu'il falloit plûtôt donner quelque repos à l'armée, & la rafraîchir. Cet avis fut suivi, ils firent premierement couler huit cens hommes dans Rouen, & ils repasserent la Somme.

Le Duc de Parme se retire.

Cette retraite de l'armée fit prendre resolution au Roi de continuer le siege qu'il auroit été obligé de lever, si les ennemis avoient approché. Il congedia une partie de sa Noblesse pour aller vaquer à ses affaires, & revenir au besoin. Il alla lui-même à Dieppe pour rompre quelque entreprise que les ennemis faisoient sourdement pour s'en rendre les maîtres. Cependant les Ducs de Maienne & de Parme repasserent la Somme à Pontdormi, pour faire lever le siege de Rouen, & étant arrivez à trois lieües de cette Ville, ils commence-

---

sentem habuit. Cum tam impar viribus esset, receptui canere compulsus est, id non sine ingenti periculo facturus si Parmensis celeritate esset usus ; sed cum tardius advertisset, quam modicas secum copias Rex haberet, ex moræ opportunitate Rex ducentos sclopetarios, quos Dracones vocabant, ex equis exscendere jussit, ut hostem sistere gradum cogerent, dum equites sui pontem trajicerent ; quod cum tandem Parmensis advertisset, Dracones illos tam acriter impeti jussit, ut pauci evaderent. Rex tunc sclopeti ictu percussus est, qui indusium exussit, & lumborum carnes paulum attrivit. Sic superato ponte, suos ad ordinem pugnæ reduxit. Dux vero Parmensis nihil ultra tentare voluit, quia nox appetebat, nec sibi sat notus erat hic terræ tractus : sed Albamalam cepit. Rex cum Dernetalium venisset, a Birono acriter exceptus fuit, dicente non decere Regem Francorum sic Tribuni munus obire.

nimes.

Post captam Albamalam, Parmensis, Novum Castrum etiam pacta conditione cepit, & versus Rothomagum movit, ita ut septem tantum leucis ab urbe distaret. Tunc deliberatum fuit quid ad opem urbi ferendam facto opus esset. Interea vero Rothomagenses tam acrem eruptionem magno numero fecerunt, ut obvia quæque subverterent, pyria tormenta caperent, & ad usque fossam urbis adducerent, quingentos pere regios occiderent, non plus quadraginta suorum amissis. Qua re comperta Parmensis opinio erat, ut regius exercitus statim oppugnatetur. Meduanius contra putavit exercitum fœderatorum quiete opus habentem recreandum esse. Huic consilio acquievere omnes. Primo octingenti pugnatores Rothomagum immissi sunt, deindeque exercitus Somonam denuo trajecit.

Rex hostem receptui canentem videns, in obsidione pergere decrevit, quam soluturus erat si hostis propius accessisset. Partem Nobilium emisit ut negotia sua curarent, & evocati statim exercitum repeterent. Ipse quoque Dieppam se contulit, ut secretum hostium urbis astu occupandæ consilium interverteret. Interea Meduanius & Parmensis Somona iterum ad Pontem Remigium trajecto, Rothomagum versus ad urbem obsidione liberandam moverunt ; cumque trium leucarum spatium superesset, pu-

Les mêmes.

1592.
Siege de Rouen levé.

rent à marcher en ordre. Le Roi revenu de Dieppe, fit lever le siége, & mit son armée en bataille. Les Chefs des ennemis délibererent s'ils iroient le combattre. Le Duc de Parme & les Espagnols le vouloient ; mais le sentiment contraire l'emporta, & le Duc de Parme alla assieger Caudebec. Il y avoit devant la Ville plusieurs vaisseaux Hollandois qui canonnoient les ennemis, mais qui ne faisoient pas grand effet. En approchant le Duc de Parme fut blessé d'une arquebusade au bras droit. C'est l'unique blessure que ce grand guerrier reçût en toute sa vie. Caudebec fut investi & assiegé ; & le lieu n'étant point de grande défense, la garnison capitula, & sortit avec armes & bagage.

Cependant le Roi rappella sa Noblesse & toutes ses troupes des environs; ensorte que son armée étant augmentée de six mille hommes de pied & de trois mille hommes de cheval, il alla chercher les ennemis, qui après avoir déliberé ensemble, s'étoient postez à Ivetot. Le Roi s'avança avec son armée à demi lieüe d'Ivetot, & leur presenta la bataille. Il y eut plusieurs escarmouches. Dans l'une plus considerable que les autres, les Roiaux eurent tout l'avantage.

Combat à l'avantage des Roiaux.

Le Duc de Parme étant malade & fort incommodé de sa blessure, le commandement de l'armée demeura au Duc de Maienne ; & le Roi voiant que les ennemis ne pensoient qu'à se bien retrancher, & ne vouloient point de bataille, alla se poster entre Ivetot & l'Islebonne, & leur coupa les vivres, en sorte que presque rien ne venant au camp, ils encherissoient tous les jours.

Le Roi pour les resserrer davantage, fit attaquer un poste à la pointe d'un bois occupé par six cens Espagnols ou Walons, qui furent tous taillez en pieces, & le poste fut pris. Les Ducs se voiant resserrez de tous côtez, voulurent reprendre le poste : mais les Roiaux en armes, leur firent perdre l'esperance d'y réussir. Se voiant donc si à l'étroit, qu'il n'y avoit plus moien de subsister dans ce camp, ils délogerent la nuit sans trompette ; & à la faveur des tenebres, ils allerent se camper à un quart de lieüe de Caudebec. Ils posterent leurs Chevaux-legers à Ranson, où le Roi les fit attaquer ; ils furent taillez en pieces. Peu se sauverent par la fuite, & ils laisserent là leurs chevaux, leurs mulets & leur bagage, qui fut pillé par les Roiaux.

Il paroissoit difficile que l'armée des Ducs se tirât de ce poste, où tous les

---

Les mêmes.

gnæ ordine progressi sunt. Rex Dieppa redux, obsidione soluta, ad pugnandum aciem instruxit. Tunc fœderati deliberavêre an pugnandum esset, necne. Parmensis & Hispani id optabant ; sed alii secus opinati sunt, & Parmensis Caudebecum obsedit. Ante oppidum erant plurimæ Batavorum naves, quæ tormentis hostilem exercitum impetebant, sed cum modico operæ precio. Dum ad oppidum accederet Parmensis, sclopeti ictu in dextero brachio vulneratus fuit. Hac sola vice bellator ille egregius vulnus accepit. Caudebecum cinctum obsessumque fuit, cumque oppidum non ita munitum esset, præsidiarii pacta conditione, cum armis & sarcinis suis egressi sunt.

Interea Rex evocatis Nobilibus, omnibusque copiis quæ circum erant, ita ut exercitus ejus sex millibus peditibus & equitibus ter millibus auctus esset, versus hostes movit, qui habito consilio Ivetotii castra posuerant. Rex cum dimidia tantum leuca ab hostibus distaret, ad pugnam illos provocavit. Multæ autem velitationes fuere, in quarum una cæteris majore, Regii superiores fuere. Cum Dux Parmensis ex accepto vulnere ægrotaret, exercitûs imperium totum penes Meduanium fuit. Rex vero cum videret hostem castra sua munire tantum, nec pugnæ aleam tentare velle, inter Ivetotium & Insulam-bonam castra sua posuit, & annonæ aditum ipsis interclusit, ita ut cum pene nihil commeatus accederet, cariora cibaria in dies essent.

Les mêmes.

Ut illos autem in arctiorem conditionem reduceret Rex, locum in silvæ angulo a sexcentis sive Hispanis, sive Belgis occupatum oppugnari jussit : isti vero omnes cæsi fuere, & locus Regiis cessit. Duces autem se in angusto positos videntes, locum recuperare meditabantur ; sed Regii armati firmiterque stantes, recipiendi loci spem iis ademere. Illi in angustias tantas redacti, ut non possent in castris suis ultra subsistere, noctu sine tubæ clangore locum descerentes, prope Caudebecum castra posuere. Leviorem autem equitatum Ransonii locavêre. Rex illos impeti jussit, omnesque pene cæsi sunt, pauci evasere ; ibique equos, mulos, sarcinasque reliquere, quæ a Regiis direpta omnia sunt.

Les mêmes.

Difficile videbatur posse hostes ex his locis sine pugnæ fortuna discedere, ubi tamen commeatus om-

HENRI IV. dit LE GRAND.

convois leur étoient coupez, sans risquer une bataille, & ils auroient couru grand' fortune de la perdre, aiant à combattre une armée si forte & si nombreuse. Il fallut un coup d'un aussi habile maître qu'étoit le Duc de Parme pour les tirer de ce péril. Il fit venir de Rouen des barques chargées de planches & de poutres, & fit construire un pont sur la Seine, où il fit passer l'armée pendant la nuit, & puis il marcha à grandes journées, & arriva à Charenton, d'où il alla à Châteauthierri, & se rendit en Flandres, comme nous verrons plus bas.

1592. Le Duc de Parme se retire.

Au même tems le Prince de Conti & le Prince de Dombes qui devint en ce tems ci Duc de Montpensier à la mort de son pere, aiant joint leurs troupes, assiegerent Craon, place importante, dont la garnison faisoit perpetuellement des courses dans le païs voisin, & desoloit la campagne. Ils firent joüer l'artillerie, & au même tems le Duc de Mercœur ramassa ce qu'il avoit de troupes pour faire lever le siege, parmi lesquels étoit un corps d'Espagnols, troupes disciplinées & en fort bon état. Il attaqua la petite armée des Princes, qui étant composée de nouvelles levées & de gens ramassez, ne soutint pas long-tems l'effort du combat, & fut mis en déroute. Le Duc de Mercœur après sa victoire, prit Château-Gontier & Laval, & le Roi y envoïa le Maréchal d'Aumont & le sieur de Lavardin. Malgré ces mauvais succès René de Rieux Sourdeac qui tenoit pour le Roi, investi dans Brest par la Noblesse du païs, se défendoit vaillamment, & obligea enfin ceux qui le bloquoient de faire treve avec lui.

Défaite des Roïaux à Craon.

Après la retraite du Duc de Parme de Caudebec, le Roi partagea son armée, une partie fut envoïée du côté de Caen, & l'autre alla aux trousses de l'armée du Duc de Parme qui tiroit vers la Champagne. Le Duc de Maïenne gagna par argent le Gouverneur de Pontaudemer qui se tourna de son côté.

Il assiegea ensuite Quillebœuf, que les Roïaux venoient de fortifier. Ils jetterent du secours dans la place, qui se défendit vaillamment; ensorte qu'il fut obligé de lever le siege. Le Roi qui s'étoit rendu en Champagne, assiegea Epernai que le Duc de Parme avoit pris lorsqu'il vint à Château-Thierri. Le Maréchal de Biron alla reconnoître la place & fut tué d'un coup de canon. Ce fut une grande perte pour le Roi & pour son parti. Ce Seigneur étoit aussi habile dans le conseil que dans la guerre. Epernai se rendit, & le Roi

Mort du Maréchal de Biron.

---

nes ipsis intercipiebantur, necnisi cum magno periculo poterant cum tam numeroso tam strenuo exercitu concertare, ad evadendum ergo perspicaci & perito duce opus fuit, qualis erat Parmensis. Rothomago ille naviculas descendere jussit tabulis ligneis & trabibus onustas, pontem ad Sequanam paravit, & noctu exercitum trajicere curavit, maximisque itineribus Carentonum, indeque ad Theodorici castrum venit, & in Flandriam, ut infra videbimus, advenit.

Tunc Contius & Dumbarum Princeps, qui hoc tempore mortuo patre Dux Monpenserius factus est, junctis copiis, Cratumnum obsederunt, oppidum munitum, cujus præsidiarii vicinos agros incursionibus infestos habebant. Oppidum autem tormentis impetebant: at Mercurius armatos collegit, ut Regios ab obsidione removeret. Hispanorum belli peritorum turmam secum adduxit. Exercitum vero Principum, qui novis undequaque collectis pugnatoribus constabat, adortus est. Hi non multum obstitere; sed profligati omnino sunt. Post victoriam Mercurius Castrum-Briandi & Lavallum cepit. Rex vero Aumontium Marescallum & Lavardinum illò misit. Inter hæc adversa Renatus Riusius Surdeacus, qui Regi hærebat, in oppido Bresto a Nobilibus interclusus, strenue illos propulsavit, tandemque ad inducias secum faciendas ipsos compulit.

Postquam Parmensis, Caudebeco relicto, profectus fuerat, Rex exercitum suum duas in partes divisit, alteramque Cadomum versus misit, cum altera vera exercitum Parmensis; qui in Campaniam contendebat, insequutus est. Meduanius vero Præfectum Pontis-Audemari pecunia pellectum, ad suas partes traxit. Postea Quillebovium obsedit, quod oppidum Regii propugnaculis munierant, illòque auxiliares copias immisere, quæ ita fortiter obstiterunt, ut obsidionem solvere coactus fuerit. Rex qui in Campaniam venerat, Espernæum obsedit. Bironus vero Marescallus cum oppidum observaret, tormenti globo occisus est; quæ mors Regi & Regiis damno fuit; dux enim ille & consilio & fortitudine clarus erat. Espernæum se Regi dedidit, Rexque Germanos equi-

Thuanus. Cayet.

1591. congedia les Reitres. Les Historiens Italiens disent qu'ils avoient fait plus de mal aux amis qu'aux ennemis.

Le Duc Nemours s'empare de Vienne.

Le Duc de Nemours, qui selon le sentiment de plusieurs, avoit dessein de s'établir Souverain à Lion, & de se faire un Etat dans le voisinage, gagna Maugiron, qui en lui livrant quelques forts dans Vienne, lui donna moien de se rendre maître de la Ville. Il prit après cela le Fort des Echelles, profitant de l'absence de Lesdiguieres. La mort de M. de la Vallette, tué d'une arquebusade au siege qu'il avoit formé de Roquebrune, avoit obligé ce General de se rendre en Provence, de peur que le Duc de Savoie trouvant cette Province destituée de Chef, n'y fît de nouvelles entreprises. Lesdiguieres joignit ses troupes à celles du païs, prit Draguignan & Digne, & surprit Antibe dont le Duc de Savoie s'étoit rendu le maître. Il battit les Savoiards auprès de Nice, & alla assieger Vence.

Mais la nouvelle qui lui fut apportée que Vienne avoit été livré au Duc de Nemours, l'obligea de revenir bien vite en Dauphiné. Il y prit quelques petites places, & alla chercher le Duc de Nemours pour lui donner combat: mais le Duc n'en voulut pas tenter le sort. Les deux petites armées se retirerent; & cependant le Duc de Savoie profitant de l'absence de Lesdiguieres, reprit Antibe. Lesdiguieres jugeant que le plus court moien pour empêcher que le Duc de Savoie, ne fît de nouvelles entreprises sur la Provence & le Dauphiné, étoit de porter la guerre dans le Piémont, passa le Mont-Geneve le 26. Septembre, & prit la Perouse, Briqueras, Luzerne & Mirebouc. Il battit les Savoiards & les Piémontois à Vigon, & fortifia si bien Briqueras, que les Savoiards étant venus pour le prendre, ils n'y gagnerent que des coups. Il s'avança ensuite vers Caours & prit la Ville. Le Château étoit très-fort, & situé avantageusement. Il falloit du canon pour le battre: il en fit venir malgré toutes les difficultez qu'il y avoit à le transporter.

Lesdiguieres fait la guerre en Piémont.

Le Duc d'Epernon vient en Provence.

Le Duc de Savoie voiant qu'il s'avançoit ainsi dans le Piémont, assembla des troupes à Salusses, & rappella une partie de celles qu'il avoit en Provence; il voulut jetter dans Caours quelque secours, qui fut défait & taillé en pieces. Enfin après vingt jours de siege le Château se rendit. Pendant que tout ceci se passoit, le Duc d'Epernon que le Roi envoioit en Provence, y arriva. Il y fut bien reçû de la plûpart de la Noblesse & du peuple. Plusieurs de ceux qui

Les mêmes.

tes dimisit, qui, ut narrant Italici Scriptores, plus damni amicis, quam inimicis intulerant.

Nemorosius, qui ut plurimi putabant, Lugduni sese supremum Principem constituere, & sibi in vicinia statum parare meditabatur, Maugironum sibi devinxit, qui aliquot ipsi Viennæ propugnacula tradens ut urbem occuparet effecit. Postea vero scalarum munitionem cepit, dum absens Diguierius esset; ille namque, postquam Valleta in obsidione Rupis brunæ sclopeti ictu occisus fuerat, in Gallo-provinciam se conferre coactus est, ne Sabaudus illam Præfecto destitutam cernens, nova quædam aggrederetur. Istic autem cum copiis quæ aderant junctus, Draguinianum & Dignam cepit, Antipolinque, quam ceperat Sabaudus, inopinato recepit, Sabaudos prope Nicæam vicit, & Vinciam obsessum venit.

Les mêmes.

At ubi comperit Viennam Nemorosio traditam fuisse, quam celerrime in Delphinatum redire festinavit. Aliquot oppida cepit & ad Nemorosium movit, ut cum illo pugnam committeret: at Nemorosius certaminis aleam tentare noluit. Duo illi minutiores exercitus se alio recepere, & interea Sabaudus absente Diguierio, Antipolin recepit. Diguierius vero cum putaret nihil consultius fore ad Sabaudum ex Gallo-provincia & Delphinatu avocandum, quam si bellum in Pedemontium inferretur, superato 26. Septembris Genebra monte, Perosam, Briquerascum, Lusernam & Mirabucum cepit, & ad Vigonem Sabaudos profligavit, Briquerascum vero ita munivit, ut cum oppidum recipiendi causa Sabaudi venissent, repulsi fuerint; posteaque Cavortium venit & oppidum cepit. Castellum vero munitissimum & opportunitate situs fere inaccessum obsedit. Tormentis ad ejus expugnationem opus erat, ipseque omnibus superatis obicibus, quædam illo transferri curavit.

Videns Sabaudus illum intra Pedemontium progredi, Saluciæ copias collegit, & partem earum quas in Gallo-provincia tenebat revocavit. Cavortium auxiliares copias intromittere voluit, quæ a Diguierio cæsæ sunt. Tandem post viginti dierum obsidionem castellum deditum fuit. Dum hæc gererentur Espernonius ab Rege missus in Gallo-provinciam advenit, & a maxima Nobilium & populi parte libenter exceptus fuit. Plurimi ex iis qui ad Sabaudum defecerant, s'étoient

HENRI IV. dit LE GRAND. 353

s'étoient mis du parti du Duc de Savoie, se rangerent du côté des Roiaux. Après son arrivée il assembla une armée de huit mille hommes de pied & de huit cens chevaux, assiegea & prit Antibe. Il eut aussi soin de bien munir tous les passages par où le Duc de Savoie pourroit revenir en Provence.

1592.

Venons presentement à ce qui se passoit en Languedoc, en reprenant les choses d'un peu plus haut. Après que le Duc de Joyeuse eût été tué à la bataille de Coutras, le plus jeune de ses freres qui étoit Chevalier de Malthe, quitta cet Ordre, & fut depuis appellé Duc de Joyeuse; de ses deux freres plus âgez que lui, l'un étoit Cardinal, l'autre s'étoit fait Capucin, & s'appelloit le Pere Ange de Joyeuse. Le jeune Duc de Joyeuse fut depuis Chef du parti de l'Union dans Toulouse & aux environs. Il avoit levé cette année une petite armée d'environ huit cens cuirasses & de cinq mille hommes de pied, & eut d'abord quelques bons succès. Il défit les Roiaux qui vouloient se saisir de Lautrec, & prit plusieurs petites places. Il assiegea Villemur. Le Duc d'Epernon qui n'étoit point encore parti pour la Provence, lui fit lever le siege, & laissa le sieur de Themines Commandant en ce payis-là. Le Duc surprit ce sieur de Themines pendant la nuit, & lui tua quatre cens hommes; après quoi il mit de nouveau le siege devant Villemur. Themines se jetta dans la place, & se défendit vaillamment, & le Maréchal de Montmorenci fit assembler des troupes pour faire lever le siege. Les Roiaux des environs y envoierent des gens. La petite armée du Duc fut défaite; & comme il passoit le Tarn pour se sauver, il se noia au grand regret des siens & de tous ceux de son parti. La Noblesse & les Toulousains presserent alors le Pere Ange de Joyeuse Capucin, de quitter cet Ordre avec dispense du Pape, de reprendre l'habit militaire, & de commander en la place de son frere. Il fit d'abord beaucoup de difficulté; mais il y consentit enfin, & fut declaré Gouverneur pour l'Union en Languedoc.

Exploits du jeune Duc de Joyeuse & sa mort.

Au même tems le Maréchal de Boüillon faisoit avec succès la guerre vers la Lorraine. Il défit dans un grand combat le sieur d'Amblise qui fut tué, & sept cens des siens demeurerent sur la place. Le Maréchal y fut blessé en deux endroits. Il prit ensuite Dun sur la Meuse à huit lieües de Sedan. Il se faisoit comme cela plusieurs entreprises dans les Provinces du Roiaume, des

---

ad Regias se partes contulere. Espernonius exercitum collegit octo millium peditum & octingentorum equitum, Antipolin obsedit & cepit. Aditus etiam omnes munivit, per quos Sabaudus in Provinciam redire poterat.

Jam ad Septimaniæ res, eas paulo altius repetendo, veniamus. Postquam Dux Joüsa in Curtracensi pugna occisus fuerat, junior ejus frater, qui eques Melitensis erat, ordine relicto Dux Joüsæ appellatus fuit. Ex duobus fratribus ejus majoribus alter Cardinalis erat; alter vero se in Capucinorum ordinem contulerat, vocabaturque P. Angelus Joüsa. Junior autem ille Dux Joüsa Unionis Præfectus fuit Tolosæ in vicinisque locis. Exercitum hoc anno parvum collegerat octingentorum circiter loricatorum & quinque millium peditum, & aliquamdiu cum felici exitu pugnavit. Regios qui Lautrecum capere volebant profligavit, & plurima alia oppidula cepit ac Villamurium obsedit. Espernonius vero Dux, qui nondum ad Gallo-provinciam petendam profectus erat, obsidionem solvere coëgit, & Theminium reliquit qui in

Thumes.

ista regione imperaret. Dux vero noctu Theminium invasit, & quadringentos Regios occidit, posteaque Villamurium rursus obsedit. Theminius in oppidum sese immisit, & fortiter hostem propulsavit. Montmorencius autem Marescallus copias colligi curavit, ut illum ab obsidione removeret. Regii circum pugnatores illò miserunt. Unionis exercitus profligatus est. Joüsa vero cum elabendi causa fluvium trajiceret, in aquis demersus fuit, magnumque in factione illa desiderium sui reliquit. Tunc Nobiles Tolosates apud P. Angelum Joüsam Capucinum insistere, ut relicto cum dispensatione Summi Pontificis Ordine, vestem militarem resumeret & imperaret. Obstitit initio ille, tandemque assensit, & pro Unione Præfectus in Septimania fuit.

Eodem tempore Bullionius Marescallus cum fausto exitu bellum in Lotharingia gerebat. In pugna quadam Amblisium vicit, qui & occisus est cum septingentis suorum, posteaque Dunum cepit oppidum ad Mosam, octo leucis a Sedano distans. Sic in Provinciis per Regnum pugnas vidisses, oppida capta &

Thuanus, Cayer.

Tome V.
Y y

[1592.] combats, des prises & reprises de places, des rencontres. On découvrit vers la fin de cette année une intelligence que le Roi d'Espagne avoit dans Baionne. Un Medecin & un Espagnol qui menoient l'intrigue, furent pris & executez. Le Roi après la prise d'Epernai, envoia demander au Duc d'Epernon les Letres d'Amiral de France qu'il lui avoit données. Il les rendit, & le Roi donna cette Charge au Baron de Biron. Pour resserrer davantage Paris, il fit bâtir à Gournai dans une Isle de la Marne, un Fort qui fut appellé *Pillebadaud*. Ce Fort bâti si près de Paris donna bien à parler. Depuis l'execution faite en punition de la mort du President Brisson, les Politiques ou Roiaux commencerent à s'assembler & à se liguer ensemble, leur parti augmentoit tous les jours. Ils se virent enfin en état de contrebalancer les Seize, & alloient depuis à découvert. Le fort de Gournai donna lieu de croire que le Roi vouloit affamer Paris, & empêcher que les Gouverneurs des places Roiales ne donnassent pour de l'argent des passeports pour y faire entrer des vivres. Les Politiques se servant de l'occasion, proposerent de traiter avec le Roi en attendant la tenuë des Etats pour avoir le commerce libre, tant pour Paris que pour les autres bonnes Villes. Cette proposition fut approuvée, & si le Duc de Maienne ne s'y fût opposé, on auroit peut-être pris ce parti.

Les Roiaux se rendent puissans dans Paris.

Le Duc n'étoit pourtant pas fâché de voir les Politiques en état de se soutenir contre les Seize ses ennemis. Cela lui donnoit moien de s'opposer aux desseins des Espagnols & du Duc de Guise son neveu. Ces Politiques s'assemblerent au commencement chez le sieur Aubrai un des Colonels de la Ville, qui avoit été Prevôt des Marchands. Ils tinrent depuis leurs assemblées chez l'Abbé de sainte Geneviéve. Ils prirent resolution d'opposer aux Seize, les seize Colonels de la Ville, & firent si bien par leurs menées, que de ces seize Colonels ils en gagnerent treize, & tous les Quarteniers, excepté quatre. Ils s'étoient tellement accreditez que lorsque le Duc de Parme revint de Caudebec, ils firent mettre tout en armes, de peur qu'il n'entrât dans la Ville; ils gagnerent aussi une partie des Ecclesiastiques. A Orleans de même les Politiques qui furent depuis appellez les Francs-Bourgeois, soutenus par Monsieur de la Châtre, prirent le dessus contre ceux du Cordon. Les choses se disposoient ainsi peu à peu à réduire ces deux Villes en l'obéissance du Roi. Mais des incidens survenus en retarderent l'execution.

Les mêmes. recepta, pugnatorum occursus. Versus finem hujus anni detecta Baionæ fuit conspiratio: Medicus & Hispanus quidam urbem in Philippi Regis potestatem tradere meditabantur; sed deprehensi ad supplicium missi sunt.

Post captum Espernæum Rex ab Espernonio literas Præfecti maris expetiit, quas Birono dedit. Ut Lutetiam arctius cingeret Gornæi in insula Matronæ arcem exstrui jussit, quæ *Pillebadaud* vocata fuit. Arx isthæc tam prope Lutetiam structa, rumores multos concitavit. A quo tempore Præses Brissonius extremo supplicio affectus fuerat, Politici seu Regii unà congregari cœperunt: hæc factio in dies numero crescebat. Tunc fe pene Sextodecimanis pares viderunt, palamque procedebant. Arx Gornæa multis signo fuit velle Regem Lutetiam famem inducere, impedire ne Præfecti Regii in oppidis, pro pecunia numerata annonam in urbem inducerent. Hinc occasione assumta, Politici proposuere ut cum Rege pacta inirentur, antequam Ordines Regni convocarentur; ut commercium liberum esset tam Lutetiæ, quam in aliis civitatibus. Consilium probatum fuit, & nisi Meduanius obstitisset, id fortassis ratum habitum fuisset.

Neque tamen Meduanio displicebat, quod Politici contra Sextodecimanos inimicos suos stare possent. His ille fultus obsistere poterat Hispanis & Guisio fratris filio. Politici autem initio congregabantur apud Aubræum urbis Tribunum, qui Præpositus Mercatorum fuerat. Postea vero convenere apud Abbatem Sanctæ Genovefæ. Decrevere autem Sextodecimanis sexdecim urbis Tribunos opponere. Tredecim porro ex illis ad suas allexere partes, itemque Quartanos omnes, quatuor exceptis. In tantam autem potentiam creverant, ut quando Parmensis Caudebeco rediit, omnes arma assumere curaverint, ne ille in urbem intraret: partem etiam Ecclesiasticorum sibi devinxere. Aureliani similiter Politici, qui postea Franci-burgenses appellati sunt, Castræo sibi favente, Factioni *Cordonis* sive funiculi superiores fuerunt. Sic paulatim res eo devenerant, ut brevi urbes ambæ in potestatem Regis reducendæ viderentur: verum quæ accidere nonnulla, rem aliud in tempus distulere.

Les mêmes.

Le Cardinal de Gondi Evêque de Paris, fut envoié à Rome par le Roi, qui esperoit que sa qualité de Cardinal lui donneroit moien de négocier avec le Pape, & qu'il obtiendroit de Sa Sainteté une audience, qui avoit été refusée à ceux qu'il avoit envoiez auparavant. Ce Cardinal fut fort traversé par les Espagnols, & ne fut admis qu'à grand'peine à l'audience. Mais il n'avança rien. Le Pape prévenu par les Ligueurs & par les Espagnols, rejetta toutes les propositions qu'il lui fit. Au mois de Decembre de cette année mourut à Bruxelles Alexandre Farneze Duc de Parme. La mort d'un si grand General apporta beaucoup de changement aux affaires des Payis-bas. Plusieurs prétendirent que cette mort du Duc de Parme détourna le Duc de Maienne d'un accommodement avec le Roi, qui étoit déja fort avancé par l'entremise du sieur de Villeroi, & qu'esperant d'être continué Lieutenant General, & d'avoir aussi seul le commandement des armées d'Espagne, il ne voulut plus entendre parler d'accommodement. Quoiqu'il en soit, il créa le sieur de Villars Amiral de France, & fit trois Maréchaux, Du Rhone, Boisdauphin & S. Pol. Il en avoit déja fait un autre qui étoit M. de la Châtre. 1592.

Mort du Duc de Parme.

Cependant il se trouva extrêmement embarassé. Pour se maintenir dans cette espece de Souraineté qu'il possedoit, il avoit toujours éloigné la tenuë des Etats Generaux, & éludé les poursuites qu'on faisoit pour les assembler en intention de faire élire un Roi. Mais il n'y avoit plus moien de reculer. Les Seize, les Espagnols, le Légat, & tous les zelez Catholiques, le pressoient vivement; de sorte qu'il fut enfin obligé le cinquiéme Janvier 1593. de donner une Déclaration qui portoit que ces Etats devoient être tenus le 17 Janvier. Après cette Déclaration, le Cardinal de Plaisance Legat du Pape parla & exhorta fort les Catholiques Roiaux ou Politiques de se joindre à ceux de l'Union pour l'affaire presente, qui regardoit le maintien de la Religion Catholique. 1593.

Le Roi se rendit à Chartres où il assembla son Conseil. Il fut resolu qu'il feroit une réponse à la Déclaration; que cette réponse seroit verifiée dans les Parlemens, & qu'au nom des Princes, Prélats & Officiers de la Couronne Catholiques, on proposeroit à ceux du parti de l'Union de Paris, une conference *pour adviser aux moiens d'appaiser les troubles.* Tout cela fut fait & envoié à Paris. Huit jours après on apprit à la Cour que le Duc de Maienne étoit

---

Le même. Cardinalis Gondius Episcopus Parisiensis Romam a Rege missus est, qui sperabat illum, ut pote Cardinalem, cum Summo Pontifice tractaturum esse, id quod cæteris antea missis negatum fuerat. Cardinalis autem ille, obsistentibus Hispanis, a Papa quidem in conspectum admissus est; sed nullo fructu. Pontifex namque ab Unione & ab Hispanis deceptus, quæcumque proposuit ille repudiavit. Mense Decembri hujus anni obiit Bruxellis Alexander Farnesius Dux Parmensis. Tanti Ducis mors Belgicis negotiis mutationem magnam induxit. Multi existimavere per mortem illam Meduanii pactionem cum Rege, quæ Villaregio interveniente fauste procedebat, sublatam fuisse. Tunc enim sperans se in officio Vicarii Generalis perseveraturum, in exercitus Hispanorum imperium habiturum esse, de pactione illa nihil ultra audire voluit. Ut ut res est, Villartium Præfectum maris creavit, tresque Marescallos, Rhonium, Boscodelphinum & Sanctum Paulum: jam Castræum fecerat.

Le même. Attamen tunc in magna rerum difficultate versabatur. Ut in hoc quasi supremo dominio pergeret, Ordinum conventum hactenus procul amandaverat, & asta illuserat iis qui ab Ordinibus Regem creari volebant. At tunc non poterat ultra differre. Sextodecimani, Hispani, Legatus, ardentesque Catholici instabant, ita ut quinta die Januarii 1593. Ordines ad decimam-septimam Januarii indicere coactus fuerit. Postea vero Cardinalis Placentinus Legatus Summi Pontificis Catholicos omnes etiam Regios & Politicos hortatus est ut cum aliis jungerentur, quia tunc de Catholica Fide servanda agebatur.

Les mêmes. Rex Carnutum venit, ubi consilio suo coacto decretum fuit responsurum esse Regem iis quæ Lutetiæ declarata fuerant, quæ responsio in Curiis-Senatus rata haberetur & describeretur; atque statutum ut Principum, Episcoporum, ac Regni Ministrorum Catholicorum nomine, Unionis Sociis Parisinis congressus proponeretur, ubi de turbulentis Regni tempestatibus sedandis agendum erat. Missum id fuit Lutetiam. Post elapsos dies octo nunciatum fuit Meduanium profectum esse, ut obviam iret Comiti Ca-

1593.
Le Roi va à Saumur.

parti pour aller au devant de Charles Comte de Mansfeldt, qui étoit entré en France avec l'armée Espagnole. Le Roi congedia alors les Princes & Seigneurs. Il se rendit sur la Loire, & fit assieger Meun. Il vit à Saumur la Princesse Catherine sa sœur qui étoit venuë du Bearn pour lui rendre visite. Le Duc de Montpensier s'y trouva aussi. Il recherchoit en mariage la Princesse Catherine : la proposition en fut faite, mais elle demeura sans effet.

Il revient.

Le Duc de Mercœur fit en ce tems une entreprise sur Rennes ; il manqua son coup, & les Roiaux se rendirent maîtres de Meun sur Loire. Le Roi reçût deux nouvelles qui l'obligerent de reprendre bien vîte la route de Paris. La premiere portoit que le Duc de Maienne avoit envoié une réponse à la proposition des Princes & Seigneurs Catholiques du parti du Roi ; l'autre étoit que le Comte de Mansfeldt avoit assiegé Noion. Selon l'avis du Cardinal de Plaisance Légat du Pape, la Proposition des Princes & Seigneurs pour les Conferences devoit demeurer sans réponse. Le Duc de Maienne y en fit une, où il admettoit la conference sous certaines conditions. Le Roi avoit mandé la Noblesse des environs pour faire lever le siege de Noion ; mais la place fut battue si vivement, qu'après une belle défense, les Roiaux furent obligez de se rendre à composition. Les assiegeans y perdirent beaucoup de monde. Les Espagnols s'étant mutinez faute de paiement, les Italiens se débanderent, & Mansfeldt fut obligé de s'en retourner en Flandres. Le Duc de Feria avec sa troupe d'Espagnols vint à Paris.

Les Princes & Seigneurs du parti du Roi répondirent à la letre du Duc de Maienne, ils marquoient qu'ils étoient toujours prêts à s'assembler au lieu marqué si les Etats y donnoient les mains. Cependant le Duc de Feria arrivé à Paris, fit une harangue à l'Assemblée, où il s'étendit fort sur le Roi Philippe, sur son zele pour la Foi Catholique, sur les secours qu'il avoit envoiez aux Rois Charles IX. & Henri III. Il montra la Letre du Roi Philippe, & le Cardinal de Pellevé, de faction Espagnole, qui parla après lui, encherit encore sur les éloges que le Duc avoit donnez au Roi son maître. Cependant l'Assemblée consentit à la conference qui se devoit tenir avec les Princes & Seigneurs Catholiques Roiaux. Le lieu assigné pour la tenir fut Surene, & l'on nomma de part & d'autre des Députez pour y assister.

Les Seize & les Prédicateurs, animez sous main par les Espagnols, qui avoient

---

Les mêmes.

rolo Mansfeldio. Rex tunc Principes primoresque missos fecit & ad Ligerim contendit, ubi Magdunum obsideri jussit. Salmurii Catharinam sororem vidit, quæ ex Bencarnia venerat ut Regem fratrem suum inviseret. Dux Monpenserius quoque adfuit, qui Catharinam uxorem ducere cupiebat. Rem ille proposuit, sed ea nullum exitum habuit.

Mercurius eodem tempore Rhedonum urbem occupare tentavit ; sed frustra. Regii vero Magdunum ad Ligerim cepere. Regi duo nunciata fuere, quæ ipsum Lutetiam versus iter carpere coegerunt. Primo narrabatur Meduanium Ducem responsum misisse ad propositionem Principum & procerum regiorum Catholicorum ; secundo dicebatur Mansfeldium Comitem Noviodunum obsedisse. Sententia Cardinalis Placentini Legati erat, ut propositioni Principum ac primorum pro congressu ne responderetur quidem. Responsionem vero misit Meduanius, qua congressum certis conditionibus admittebat. Rex nobiles vicinos advocaverat, ut Noviodunum ab obsidione liberaretur ; sed urbs tanta tormentorum tempestate quassata fuit, ut Regii etsi strenue admodum pugnaverant, ad deditionem tandem compulsi sint ; hostes istic multos suorum amisere. Hispani vero, deficiente stipendio, tumultuati sunt ; Italique hinc & inde dilapsi, ita ut Mansfeldius in Flandriam redire compulsus sit. Dux Feriæ cum Hispanorum agmine Lutetiam venit.

Les mêmes.

Principes & primores Regii, literis Meduanii responderunt, se paratos ad congressum dicentes, si id Ordinibus placeret. Inter hæc Dux Feriæ, cum Lutetiam advenisset, orationem in cœtu habuit, ubi de Rege Philippo multa dixit ; de studio illius circa fidem Catholicam, de auxiliis quæ Carolo IX. & Henrico III. miserat. Literas Philippi Regis monstravit, & Cardinalis Pelleveus Hispanicæ factionis, qui post ipsum loquutus est, magis quam Feria Philippum Regem celebravit. Cœtus tandem congressui cum Principibus & primoribus Regiis habendo manus dedit. Locus assignatus Surena fuit, ac Deputati qui adfuturi erant utrinque nominati fuere.

Les mêmes.

Sextodecimani & Concionatores clam concitantibus, ut putabatur, Hispanis, qui plurimis eorum pen-

parmi eux plusieurs pensionnaires, se déchaînerent contre ces Conferences. Ils afficherent le 25. Avril dans quelques carrefours de Paris, une protestation où ils disoient, qu'il falloit élire un Roi Catholique; que les Catholiques Roiaux avoient usé d'une infinité de pratiques pour détourner une chose si necessaire; qu'ils avoient gagné quelques Prédicateurs; broüillé les Seize & les Prédicateurs mêmes, avec les Princes de Lorraine; suborné beaucoup de gens d'entre le peuple en lui persuadant que ce n'étoit point une guerre de Religion, mais d'ambition; que le Roi & la Maison de Bourbon, si on l'excluoit de la Couronne, feroit toujours la guerre, & qu'il n'y auroit jamais de paix; qu'il se feroit Catholique; que c'étoit un bon Prince qui maintiendroit la vraie Religion.

1593. Efforts des Ligueurs pour empêcher les conferences.

Ils soutenoient eux, que tout ce qu'ils disoient & faisoient n'étoit qu'un amusement, & qu'il falloit necessairement proceder à l'élection d'un Roi pour la sureté de la Religion; que l'Archevêque de Lion un des Députez pour la Conference, n'y avoit consenti que pour étaler son éloquence & son talent à bien haranguer. Selon ce plan ils dresserent un Memoire pour être presenté à l'Assemblée des Etats.

Les Roiaux élurent aussi leurs Députez, dont le chef étoit l'Archevêque de Bourges. Un bon nombre de Catholiques Roiaux souhaitoit fort que le Roi se convertît, & n'auroient jamais consenti à reconnoître un Prince heretique; ce qui avoit donné occasion à former, ou du moins à projetter *un Tiers-parti* de ceux qui ne vouloient ni le Roi d'Espagne, ni un Prince étranger, mais un Prince Catholique du Sang Roial de France. Monsieur d'O se chargea d'en faire la proposition au Roi. Il le trouva déja persuadé de la réalité du Corps de Notre-Seigneur dans l'Eucharistie: mais il avoit encore des difficultez sur l'invocation des Saints, sur la Confession auriculaire, & sur l'autorité du Pape. Il s'offroit au reste de se faire instruire sur ce point, & témoignoit qu'il ne s'obstineroit pas quand on lui apporteroit de bonnes raisons. Le sieur d'O en fit le rapport à l'Archevêque de Bourges, Chef des Députez.

On commença donc les Conferences de Surene. La premiere séance qui se tint le 29 d'Avril, se passa en embrassades, en complimens, & à regler l'ordre & la maniere dont ces Conferences devoient se tenir. En la seconde

Conferences de Surenne.

---

siones solvebant, contra congressus illos debacchati sunt. Vigesima quinta vero die Aprilis in aliquot quadiviis Parisinis contestationem exposuere ubi dicebant Regem Catholicum eligendum esse, Catholicosque Regios nullam non machinam adhibuisse ut rem tam necessariam averterent, quosdam Concionatores sibi devinxisse, Sextodecimanos eorumque Concionatores intur & Lotharingos Principes dissidia miscuisse, magnam plebis partem subornavisse dicendo bellum non Religionis, sed ambitionis esse; Regemque & Borboniam familiam, si a Corona excluderetur, semper bellum facturam & nunquam pacem futuram esse, Regemque Catholicam Religionem amplexurum, ipsamque conservaturum esse.

Illi contra dicebant, quaecumque Regii facerent ac dicerent, ea ad ducendum tempus fieri & dici, & pro Religionis securitate necessario ad Regis electionem procedendum esse. Archiepiscopum vero Lugdunensem, ex Deputatis unum, nonnisi eloquentiae ostentandae causa id muneris suscepisse. Hac ratione concinnatum libellum edidere Ordinum coetui offerendum.

Regii quoque Deputatos suos delegerunt, quorum praecipuus erat Archiepiscopus Bituricensis. Plurimi ex Catholicis Regiis cupiebant ut Rex Catholicam fidem amplecteretur, neque unquam haereticum Principem admisissent. Hinc efformata, saltemque proposita vel apparata fuerat tertia factio eorum, qui nec Hispaniae Regem, nec extraneum Principem volebant; sed Catholicum Sanguinis Regii Francici Principem. Horum nomine id Regi proposuit Ous Toparcha, qui jam Regem de Jesu Christi praesentia in Eucharistia persuasum invenit; sed aliquid adhuc difficultatis habentem circa invocationem Sanctorum, confessionem auricularem, & auctoritatem Summi Pontificis: seque tamen paratum dicebat ad audiendos ea de re Doctores qui se instituerent, neque pertinaciter obstiturum esse, cum rationibus nixi rei veritatem sibi demonstrarent. Id Ous retulit Archiepiscopo Bituricensi Deputatorum Principi.

Surenae itaque congressus incoepere, & in primo congressu vigesima nona Aprilis sese mutuo prius amplexi, utriusque partis Oratores & Deputati de ordine solum & modo quo colloquia miscenda essent egerunt. In secundo etiam consessu nihil actum est,

Thuanus. Cayet.

HENRI IV. dit LE GRAND.

1593. séance on ne fit rien non plus parce que quelques-uns voulurent attendre que le Duc de Maienne, qui étoit alors à Rheims, fût de retour à Paris. A la troisiéme, on ne fit autre chose qu'une surséance d'armes entre les deux partis. A la quatriéme, l'Archevêque de Bourges qui parla le premier, s'étendit fort sur les malheurs de la guerre; sur la desolation de la France, sur le malheureux état où se trouvoit alors le Peuple, la Noblesse & l'Eglise, & exhorta l'Assemblée à chercher les moiens d'établir une bonne paix. L'Archevêque de Lion prit ensuite la parole, à peu près sur le même ton. Il remarqua en passant que ceux de l'Union n'avoient jamais mis le mot de paix dans leurs cahiers portez à l'Assemblée. M. de Bourges reprit encore après que l'Archevêque de Lion eut fini, & dit que pour établir cette paix si desirée, il falloit reconnoître le Prince que le rang de sa naissance appelloit au Trône Roial, que toute autre voie jetteroit dans des malheurs infinis, & que ce Prince étoit fort disposé à se ranger à la Foi Catholique.

L'après-dinée du même jour, l'Archevêque de Lion sollicité par les plus outrez du Parti de l'Union, parla contre l'Archevêque de Bourges, & dit qu'il ne falloit point se fier aux faux-semblans que le Roi de Navarre faisoit de se rendre Catholique, & qu'on ne pouvoit le reconnoître sans mettre la Religion en un extrême peril. Son discours fut fort mal reçû de quelques-uns de l'Assemblée. Le Comte de Chavigni l'interrompit; & après que l'Archevêque eut fini, il témoigna à l'Assemblée son mécontentement. L'Archevêque de Bourges refuta le même jour tout ce que l'autre avoit dit : & ainsi finit la quatriéme séance.

Le Jeudi cinquiéme de Mai se tint la cinquiéme séance où l'Archevêque de Lion s'étendit beaucoup contre ce que celui de Bourges avoit dit ; celui-ci lui repliqua. Tout le reste du jour se passa en disputes d'un côté & de l'autre. A la sixiéme qui se tint le dixiéme Mai, l'Archevêque de Bourges dit qu'il falloit dès-lors travailler à la conversion du Roi, & qu'il se promettoit bien qu'après qu'il se seroit rangé à la Religion Catholique,tous les Partis voudroient bien le reconnoître. L'Archevêque de Lion répondit, que pourvû qu'il fût veritablement bon Catholique, & que le Pape le reconnût tel, il n'y auroit plus de difficulté. Les sieurs de Chomberg & de Revol furent chargez d'en aller faire le rapport au Roi qui étoit alors à Mante. Le Roi les retint quelque tems

---

quia nonnulli exspectare voluerunt donec Meduanius, qui tunc Remis erat, Lutetiam rediisset. In tertio colloquio armorum & hostilium omnium cessatio statuta inter ambas partes fuit. In quarto colloquio Archiepiscopus Bituricensis, qui prior loquutus est; multa præmisit de belli infortuniis & calamitatibus, de Regni Francici desolatione, de misera conditione populi, Nobilium & Ecclesiæ, cœtumque totum hortatus est ad remedia tot malis quærenda, ad pacem firmam faciendam. Hunc excepit Archiepiscopus Lugdunensis, qui similia loquutus est, obiter autem observavit Unionis Socios, pacis ne nomen quidem in libello confessui oblato vel semel posuisse. Resumsit postea Bituricensis, dixitque ad optatam illam pacem assequendam, Regem admittendum eum esse, qui natalium ordine ad solium regium vocabatur, quamlibet aliam viam & rationem infinita mala inducturam esse, Principemque cui Regnum competit ad Catholicam Religionem amplectendam paratum esse.

In pomeridiano confessu Archiepiscopus Lugdunensis, ab Unionis Sociis omnium ardentissimis concitatus, quæ Bituricensis dixerat confutavit, nec fidendum Henrico dixit, se Catholicum velle fieri simulanti, neque admitti illum posse sine extremo Religionis Catholicæ periculo. Sic ille nec sine quorumdam offensione loquutus est, Ipsum sic loquentem intercepit Chavignius Comes, & postquam Lugdunensis peroraverat, quam sibi displicerent similia dicta idem Comes testificatus est. Bituricensis vero illius dicta eodem die depulit; sicque desiit quartus confessus.

Die Jovis quinto Maii quintus confessus habitus est. Lugdunensis contra Bituricensis sententiam plurima protulit ; reposuit Bituricensis, sicque per diem totum disceptatum fuit. Decima die Maii sextus confessus habitus est, in quo Bituricensis dixit id curandum esse ut Rex ad veram fidem converteretur, sperareque se ad Catholicam Fidem conversum illum, ab omnibus in Regem admittendum fore. Lugdunensis vero dixit, dum vere Catholicus esset, & a Summo Pontifice admitteretur, omnem sublatam difficultatem fore. Schombergius & Revolius rem nunciatum Henrico Regi, qui tunc Meduntæ erat, missi sunt. Rex aliquantum illos detinuit, ut matu-

pour se déterminer, & déclara enfin qu'il vouloit se faire instruire.

1593.

Les deux Députez revinrent à Surene, & rapporterent à M. de Bourges les bonnes intentions de Sa Majesté, & le desir qu'il avoit de s'instruire de la Religion Catholique à dessein de l'embrasser après qu'il auroit connu la verité. L'Archevêque de Lion, & les plus zelez du parti de l'Union, se recrierent contre cette promte conversion, & apportoient des raisons pour prouver qu'elle n'étoit pas sincere. Cependant M. de Bourges donna à plusieurs du Parti de l'Union des copies contenant le recit de ce qui venoit de se passer à l'Assemblée. Le Roi averti de tout, écrivit à plusieurs Prélats & Docteurs, les invitant de venir l'instruire sur le parti qu'il avoit à prendre pour être vrai enfant de l'Eglise. Benoît Curé de S. Eustache, Chavignac Curé de S. Sulpice, & Morenne Curé de S. Merri, se rendirent d'abord à Mante.

Le Roi se fait instruire.

Cela alarma les Seigneurs du parti Huguenot qui n'auguroient déja rien d'avantageux pour eux de ces Conferences, & ils en firent leurs plaintes au Roi qui leur répondit : *Si je suivois votre avis, il n'y auroit ni Roi ni Roiaume en peu de tems en France. Je desire donner la paix à tous mes Sujets, & le repos à mon ame. Avisez entre vous ce qui est de besoin pour votre sureté, je serai toujours prêt de vous faire contenter.* Sur la crainte qu'ils témoignoient d'avoir qu'on ne déclarât quelque chose contre eux aux Conferences de Surene, les Princes & les Seigneurs Catholiques du Conseil du Roi, leur donnerent par écrit une assurance du contraire. Quelques-uns de ces Reformez ne laisserent pas d'écrire contre cette conversion du Roi. Mais la plûpart s'appaiserent & demeurerent en paix, croiant que la necessité presente l'avoit comme forcé à ce changement de Religion.

Les Huguenots s'alarment.

Cette nouvelle fit bien du mouvement dans le parti de l'Union. Un grand nombre d'entr'eux las d'une si longue guerre, n'attendoient que le tems où le Roi feroit cette démarche pour se tourner de son côté. Les Seize voiant ces mouvemens, vouloient à force qu'on discontinuât les Conferences. Ils se remuerent tant qu'ils obligerent le Duc de Maienne d'aller avec eux faire serment entre les mains du Légat, qu'ils ne reconnoîtroient point le Roi de Navarre, quand même il se feroit Catholique, à moins qu'ils n'en eussent un ordre du Pape.

Cependant malgré les efforts des Seize, la septiéme Conference commen-

---

rius deliberaret, tandemque dixit, sibi cordi esse ut circa Religionem ipse institueretur.

Ambo illi Deputati Surenam reversi Bituricensi retulere quam Rex bene affectus esset, & quam institui in Fide optaret ad Catholicam Religionem amplectendam, Lugdunensis & ardentiores Unionis Socii contra tam celerem conversionem clamavêre, nec sinceram esse probare nitebantur. Interea Bituricensis plurimis Unionis Sociis exscripta dedit eorum quæ in congressu dicta gestaque fuerant. Rex cui isthæc omnia nota erant, Episcopis Doctoribusque plurimis scripsit rogans venirent, ut sibi ad Catholicam Ecclesiam aditum aperirent. Benedictus Curator Sancti Eustachii, Chavigniacus Curator Sancti Sulpitii, & Marennus Curator Sancti Mederici statim Meduntam venerunt.

Hinc terror Hugonotorum partes invasit, qui ex congressu mala sibi portendi jam augurati fuerant. Apud Regem autem conquesti sunt, qui respondit ipsis : Si optata & consilia vestra sequerer, nec Rex, nec Regnum Franciæ brevi foret. Pacem subditis

meis omnibus conciliare cupio. Inter vos deliberate qua re ad securitatem vestram opus sit, ut vobis fiat satis semper paratus ero. Cum porro timerent illi ne quid in congressibus Surenæ contra ipsos deprometur, Principes & primores Catholici consilii Regii, rescriptum ipsis securitatis dederunt. Aliqui ex Reformatis contra illam Regis conversionem scripsere : verum maxima pars quieti & in pace mansere, putantes rerum conditionem Regem ad mutandam Religionem compulisse.

Hujusce rei fama ad Unionis Socios perlata magnos concitavit motus. Illorum plurimi tam diuturnum bellum ægre ferentes, Regis conversionem expectabant, ut ad ejus partes accederent. Sextodecimani his conspectis congressus intercipi & cessare omnino volebant. Meduanium autem coëgere ut secum in Legati manus juratum veniret, se Regem Navarræ in Regem Francorum admissurum non esse, etiamsi converteretur, nisi jubente Summo Pontifice.

Tamenque nequidquam obstantibus Sextodecima-

Les mêmes.

Les mêmes.

cée à Surene, fut continuée à la Raquete. L'Archevêque de Lion répondit à ce que l'autre Prélat avoit dit à Surene. Celui-ci lui repliqua. Ce n'étoient que des redites. Les Ligueurs s'en tenoient toujours à déclarer qu'ils ne reconnoîtroient point le Roi de Navarre quand même il se feroit Catholique, à moins qu'il ne fût admis par le Pape : & alors l'Archevêque de Bourges parlant plus librement dit ; qu'il falloit premierement reconnoître le Roi, s'il se faisoit Catholique, & puis envoier prier le Pape de l'absoudre, & que s'il le refusoit, les Evêques pourroient bien y pourvoir en France selon les privileges de l'Eglise Gallicane. On s'assembla encore à la Villette où l'on ne fit que rappeller ce qui avoit souvent été dit. Les Parisiens n'étoient pas fâchez de la repetition des Conferences, parce que cela leur procuroit une plus longue treve qui finit à l'avantage du Roi. Il assiegea ensuite & prit la Ville de Dreux, & obligea le Château de se rendre.

Le parti de l'Union vouloit à force proceder à l'élection d'un Roi, & l'on fit pour se disposer à cela une Procession generale. Les Ministres d'Espagne avant que de faire la proposition du Roi leur Maître aux Etats, jugerent à propos d'en parler dans des Assemblées particulieres pour sonder la volonté & les desseins des Ligueurs. Ils demandoient que l'Infante d'Espagne fût déclarée Reine de France, & disoient que le dessein de Philippe étoit de la marier avec l'Archiduc Ernest frere de l'Empereur. Cette demande déplut à tous les François, & même aux Seize, qui dirent, que tout ce qu'on pouvoit faire étoit de la déclarer Reine en la mariant avec un Prince François. Les Espagnols persuadez que la premiere proposition ne passeroit jamais, se reduisirent à offrir qu'elle épouseroit un Prince François, mais au choix du Roi Philippe son pere.

Les Députez des Seigneurs Catholiques Roiaux qui avoient assisté aux Conferences, écrivirent une longue lettre aux Députez de l'Union, se plaignant de ce qu'ils vouloient faire passer la Couronne de France à un Prince étranger, & le Parlement de Paris donna un Arrest où il défendoit de proposer un Prince ou une Princesse étrangers pour être établi Roi de France. On crut que cela s'étoit fait de concert avec le Duc de Maienne, ou du moins qu'il n'en fut pas fâché, quoiqu'il fît semblant de l'être. Il savoit que le Prince François à qui

---

nis septimus confessus Surenæ cœptus, Raquetæ continuatus est. Lugdunensis respondit iis quæ Bituricensis Surenæ dixerat. Hic Lugdunensi reponit : & sic quæ jam dicta fuerant repetebantur. Unionis Socii semper dicebant se Regem Navarræ non admissuros esse, etiamsi converteretur, nisi admitteretur a Summo Pontifice. Tuncque Bituricensis liberius loquens dixit, primo Regem esse admittendum si Catholicus fieret, & postea rogandum Papam fore, ut illum absolveret. Si vero id Papa negaret, tunc Episcopos in Francia posse huic rei prospicere secundum privilegia Ecclesiæ Gallicanæ. Ad Villetam etiam postea conventum est, ubi quæ jam dicta fuerant in memoriam revocata fuere. Parisini colloquia sic repeti non ægre videbant, quoniam inde longiores induciæ erant, & hæ in Regis commodum cesserunt, qui Drocum obsedit & cepit, castellumque ad deditionem compulit.

Unionis factio Regem eligi omnino volebat ; ad eamque rem suscipiendam Processio generalis facta est. Hispaniæ Ministri antequam Regis sui propositum Ordinibus Regni proferrent, in peculiaribus cœtibus isthæc exponenda esse putavêre, ut optata & vota Sociorum agnoscerent. Petebant illi ut Regis Hispaniæ filia Regina Francorum declararetur, dicebantque Philippum in proposito habere, ut illam cum Ernesto Archiduce Imperatoris fratre connubio jungeret. Id Francis omnibus, etiamque Sextodecimanis summe displicuit, qui dicebant posse tantum illam declarari Reginam, si alicui Franco Principi nuberet. Hispani cum viderent primam conditionem nunquam admittendam fore, proposuere demum illam nupturam Principi Franco, sed quem Philippus deligeret.

Deputati Regiorum Procerum Catholicorum, qui congressibus interfuerant, prolixam epistolam scripsere Deputatis Unionis, querentes quod ad extraneum Principem Coronam Francicam traducere vellent. Curia vero Senatus scitum emisit, quo prohibebatur ne Princeps extraneus seu vir seu femina in Regem Francorum proponeretur, creditumque fuit illud annuente Meduanio factum fuisse ; vel saltem ipsum id non ægre tulisse, etsi iram simulabat ; non ignorabat enim Principem Francum, quem ad ducendum

HENRI IV. dit LE GRAND.

on vouloit faire épouser l'Infante, étoit le Duc de Guise son neveu ; à quoi il n'auroit jamais pû se resoudre. Pour éluder la poursuite des Espagnols, il differoit toujours & faisoit naître des incidens, pour renvoier cette affaire aux Calendes Greques.

1593.

Il étoit sur le point de faire une treve avec le Roi. Le Légat menaça qu'il se retireroit de Paris si l'on parloit de paix ou de treve. Cela ne fit qu'arrêter la chose pour fort peu de tems. Et le Légat voiant qu'on remettoit cette treve sur le tapis, que l'Union & le Tiers-Etat même inclinoient fort à la faire, & qu'il n'y avoit que le Clergé qui s'y opposât ; de concert avec les Espagnols, il proposa au Duc de Maienne que son neveu le Duc de Guise seroit déclaré Roi en épousant l'Infante. Les Espagnols montrerent les Lettres de créance qu'ils avoient du Roi d'Espagne. Le Duc de Maienne fit semblant d'en être bien aise. Mais il demanda d'être dédommagé & recompensé de tant de frais & de tant de peines qu'il avoit souffert pour le parti de l'Union. Les Espagnols lui accorderent tout ce qu'il voulut. Il fallut mettre l'affaire en déliberation. Mais Bassompierre Procureur du Duc de Lorraine, de concert avec le Duc de Maienne, s'y opposa, disant que cela ne se pouvoit faire sans le consentement de son Maître. Le Duc de Maienne, l'Archevêque de Lion, & tous les Seigneurs de ce Parti, y mirent aussi opposition. Le menu peuple du parti de l'Union étoit fort divisé ; les uns étoient pour le Duc de Maienne ; les autres pour le Duc de Guise. Il y en avoit aussi qui tenoient pour le Duc de Nemours. Et comme Anne d'Est Duchesse de Nemours, étoit mere du Duc de Maienne, & en secondes nôces du Duc de Nemours, & grand-mere du Duc de Guise, quelques-uns l'appelloient la Reine Mere.

On propose le mariage du Duc de Guise avec l'Infante.

Ceux qui étoient pour le Duc de Guise se déchaînerent contre le Duc de Maienne, & animerent leurs Prédicateurs, qui le déchiroient en pleine chaire. Malgré tout cela le Duc fit une treve avec le Roi. Le Légat & les Espagnols, qui avoient manqué leur coup, furent comme forcez de l'accepter.

Le Roi prit ce tems de treve pour se faire instruire. Il alla à S. Denis où se trouverent l'Archevêque de Bourges, Grand Aumônier de France, les Evêques de Nantes & du Mans, & M. du Perron nommé à l'Evêché d'Evreux. Il y a apparence qu'il avoit déja pris son parti avant que d'y aller. Les Conferen-

---

filiam Hispaniæ Regis proponebant, esse Guisium Ducem fratris sui filium, cui rei nunquam ille assensum dedisset. Ut Hispanorum autem molimina eluderet, tempus ducebat, & obices comminiscebatur ut ad Calendas Græcas rem mitteret.

Inducias cum Rege facere meditabatur. Legatus vero cum minis edixit, se Lutetia discessurum esse si vel de pace vel de induciis ageretur. Hinc autem tantum accidit ut res tantisper differretur. Legatus vero de induciis frequenter agi videns, atque Unionem, tertiumque Ordinem ab illis non abhorrere, solo repugnante Clero, cum Hispanis consentiens Meduanio dixit filium fratris sui Guisium filiam Regis Hispaniæ ducendo Regem declarandum fore. Hispani vero Regis sui annuentis literas monstrabant. Meduanius se libenter rem audire simulavit ; sed petebat ut tantorum sibi sumtuum, tantorum sudorum quæ Unionis causa sustinuerat, merces daretur. Hispani optata omnia ipsi offerebant. De re illa deliberatum fuit, sed Bassompetra Lotharingiæ Ducis Procurator, connivente Meduanio, intercessit dicens, non posse rem perfici, nisi advocato & consentiente hero suo. Meduanius etiam, Archiepiscopus Lugdunensis & proceres multi obstitere. Plebs Unioni addicta divisa erat ; alii enim Meduanio, alii Guisio favebant, Quidam etiam pro Nemoroso Duce stabant. Quia vero Anna Estensis Nemorosia mater erat Meduanii, & ex secundo conjuge etiam Nemorosi, & avia quoque Guisii Ducis, quidam illam Reginam matrem appellabant.

M. de l'Etoile.

Qui Guisio favebant contra Meduanium insurrexere, & Concionatores contra illum excitavêre, qui illum in concionibus publicis traducebant. His nihil obstantibus Meduanius, inducias cum Rege pepigit. Legatus & Hispani, qui optata assequuti non fuerunt, illas admittere compulsi sunt.

Hoc induciarum tempore Rex se in Religione instituendum curavit. Ad Sanctum Dionysium venit, ubi erant Archiepiscopus Bituricensis, Magnus Franciæ Eleemosynarius, Episcopi Namnetensis & Cenomanensis, & Perronius, qui ad Episcopatum Ebroicensem nominatus fuerat. Verosimile autem est Regem antequam illò veniret, jam ad rem peragendam paratum fuisse. Colloquia diuturna non fuere, tan-

Les mêmes.

HENRI IV. dit LE GRAND.

1593.

ces ne furent pas longues; il se rendit enfin bon Catholique Romain. Le Cardinal Légat fit son possible pour détourner les Parisiens d'assister à la conversion du Roi. Il eut beau faire; la foule y fut fort grande. Cette conversion se fit avec toute la solemnité possible. Le Roi se confessa. Tout ce qui se passa à cette action celebre, est rapporté fort en détail par les Auteurs du tems. Il envoia à tous les Parlemens des Lettres où il donnoit avis de sa conversion. Il écrivit aussi au Pape une Lettre pleine de soumission, où il lui disoit comment il s'étoit réduit au giron de l'Eglise.

Le Roi se convertit à la Religion Catholique.

Cependant le Duc de Maienne fit renouveller le serment que ceux de l'Union avoient déja fait, & fit aussi publier le Concile de Trente. Cette conversion du Roi fit une grande revolution dans le parti de l'Union. Plusieurs furent bien-tôt disposez à le reconnoître: nous en verrons bien-tôt les effets. Le Roi alla à Melun, il fut averti par le Pere Seraphin Jacobin, que Pierre Barriere étoit venu à cette Ville pour le tuer. Barriere fut saisi & mis à la question, où il déclara plusieurs complices de sa damnable entreprise. Il fut enfin condamné à être tenaillé & puis roüé tout vif & à expirer sur la roüe. La Sentence fut executée.

Pierre Barriere veut tuer le Roi, est executé.

Le Duc de Savoie qui venoit de reprendre les places que Lesdiguieres avoit prises en Piémont, hors le Château de Caours, fut compris dans la treve, & l'accepta de bon cœur. Le Duc de Nemours ne fut pas si heureux. Les Lionnois mécontens de lui, & persuadez qu'il vouloit se rendre Souverain de Lion & du payis des environs, s'armerent contre lui, l'assiegerent dans sa maison, le prirent & le mirent en prison au Château de Pierre-Encise. On soupçonna le Duc de Maienne d'avoir excité sous main les Lionnois contre lui: mais il s'en justifia par un écrit qu'il fit publier.

Le Duc de Nemours mis en prison.

Le Roi envoia le Duc de Nevers à Rome pour obtenir l'absolution du Pape. Mais il fut fort traversé dans sa négociation par les Espagnols & par le Cardinal de Joyeuse & Senescei Députez de l'Union. Il eut pourtant audience de Sa Sainteté, quoique peu favorable pour le Roi. Malgré les ordres qu'il reçût du Pape de sortir de Rome, il trouva moyen de s'y tenir jusqu'à l'année suivante, où nous parlerons encore de sa négotiation.

La treve étant finie, ceux du parti de l'Union & le Duc de Maienne en

---

Les mêmes.

demque se ille Catholicum Romanum esse professus est. Legatus nihil non egit, ut cohiberet ne Catholici Regis conversioni adessent: sed frustra, frequentia enim populi ingens fuit. Hæc Regis conversio cum quanta poterat solennitate celebrata fuit. Henricus peccata confessus est. Quidquid hic gestum fuit, singulatim a Scriptoribus istius ævi recensetur. Rex ad omnes Senatuum Curias literas misit, queis conversionem suam nunciabat. Summo etiam Pontifici scripsit literas obsequentiæ plenissimas, se ad Ecclesiæ gremium reductum testificantes.

Interea Meduanius sacramentum ab Unione præstitum renovari jussit, & Tridentinum Concilium publicari. Regis conversio in Unionis partes magnam invexit mutationem. Multi ad ipsum in Regem admittendum cito reducti fuerunt, ut mox videbitur. Rex Melodunum se contulit, & a P. Seraphino Dominicano submonitus fuit, quod Petrus Barrerius Regis occidendi causa istuc venisset. Sceleftus ille comprehensus tormentis subjicitur, multosque sibi conscios declarat, hinc forcipibus laceratur, demum rotæ imposito vivo membra franguntur, sicque

ex Judicum sententia donec exspiraret mansit.

Sabaudus, qui oppida a Diguierio capta receperat, uno excepto Cauortii Castello, in partem induciarum venit, quas libenter admisit. Nemorosius non ita feliciter rem gessit. Lugdunenses ipsi infensi, cum persuasum haberent id moliri ipsum ut Lugduni & vicinæ regionis se supremum dominum constitueret, armis assumtis illum in domo sua versantem obsedere, captumque in castellum Incisæ-petræ conjecere custodiendum. In suspicionem venit Meduanius quod Lugdunenses ad id agendum concitasset. Verum ille, scripto edito, hac de re sese purgavit.

Rex Nivernensem Ducem Romam misit, qui Summi Pontificis absolutionem impetraret: sed illi admodum obstitere Hispani, necnon Cardinalis Joüsa & Senescæus ab Unione missi, tamenque in Pontificis conspectum admissus fuit, etsi pro Regis causa parum profecit. Jussus a Papa excedere Roma, nihilominus ibi mansit usque ad sequentem annum, ubi illum adhuc negotiantem videbimus.

Cum induciarum tempus transactum esset, Unionis Socii & Meduanius prorogari illas petiere. Vide-

La vi

In.

La vie

HENRI IV. dit LE GRAND. 363

demanderent la continuation. Il sembloit que c'étoit l'interest du Roi de faire la guerre pour serrer Paris & l'affamer. Cependant il accorda la prolongation de la treve, & l'experience fit voir qu'elle étoit plus à l'avantage du Roi que du Duc de Maienne & des Espagnols. Dans ces allées & venuës que les Parisiens faisoient à la Cour du Roi, plusieurs se tournoient de son côté. Sa conversion avoir levé tous les obstacles. Boisrozé qui s'étoit revolté contre le Marquis de Villars, vint le premier se donner au Roi, avec deux places de la Normandie, Fécan, & l'Islebonne.

1593.
Treve
prolongée.

Le Roi se rendit à Dieppe, où la Dame de Balagni vint le trouver au nom de son mari, & traita avec lui à cette condition, qu'il mettroit Cambrai & le Cambresis sous la protection du Roi, que Balagni auroit Cambrai & le Cambresis à titre de Prince Souverain, en reconnoissant pourtant Sa Majesté, & qu'il seroit fait Maréchal de France. Le Roi monta sur mer à Dieppe, & alla aborder à Calais, & puis à Boulogne, pour une Conference qu'il devoit avoir avec des gens de la Reine d'Angleterre: mais elle aiant manqué à sa parole, il revint à Mante. Le sieur de Vitri Gouverneur de Meaux, se remit vers la fin de cette année sous l'obéissance du Roi, & porta les Habitans de Meaux à faire de même. Ils prirent tous l'écharpe blanche le jour de Noel, & le 27 de Decembre le Roi declara que la treve étoit finie, offrant pourtant de la continuer, si l'on vouloit traiter de la paix. Le Duc de Maienne donna ordre à plusieurs Chefs des Politiques Roiaux de sortir de Paris. Le Roi continua la treve avec le Duc de Lorraine seulement.

Meaux
réduit
sous l'o-
béissance
du Roi.

Malgré les efforts des Seize & des plus zelez Ligueurs, la conversion du Roi porta les Villes & les Peuples à se remettre comme à l'envi sous l'obéissance du Roi. Le Duc de Maienne voiant le sieur de Belin Gouverneur de Paris, fort enclin à la paix, & à se soumettre au Roi, lui ôta le Gouvernement & le donna à Brissac, malgré les prieres que lui firent les Politiques Roiaux qui augmentoient tous les jours en nombre, de conserver dans sa Charge le sieur de Belin, qui fut cassé, & alla se rendre au Roi. Le Duc de Maienne recevoit de tous côtez des avis des Gouverneurs qui lui marquoient qu'ils ne pouvoient plus contenir le peuple. Le sieur de Villars Gouverneur de Rouen, lui envoia dire que dans l'état present des choses il ne pouvoit se dispenser de

1594.

Le sieur
de Villars
traite a-
vec le
Roi.

---

batur cette Regi magis utile fore, si bellum induceret, & Lutetiam arctius cinctam fame ad deditionem compelleret: at ille inducias concessit, atque experimento comprobatum fuit opportuniores illas Regi, quam Meduanio & Hispanis fuisse. Ex Parisinis enim multi, qui ad aulam regiam ventitabant, ad partes ejus sese vertebant; conversio enim illius obices omnes amoverat. Boscorosæus qui in Villarium rebellaverat, primus Regi sese dediturn venit, cum duobus Normanniæ munitis oppidis Fiscanio & Insula-Bona.

mêmes. Dieppam Rex se contulit, quo Balanii uxor viri sui nomine ipsum convenit, & cum ipso Rege hanc pactionem iniit, quod Balanius Cameracum & Cameracensem tractum sub Regis protectione poneret, quodque Balanius urbem & tractum Principatûs titulo retineret, Regemque tamen ut Dominum suum agnosceret, ac Marescallus Franciæ crearetur. Rex Dieppæ mare conscendit, Caletumque appulit, & postea Bononiam, ut cum quibusdam a Regina Angliæ mittendis colloquia misceret: sed cum illa non misisset, Rex Meduntam venit. Vitrius Meldarum Præfectus, ad Regis obsequentiam se convertit & Meldensibus ut idipsum facerent auctor fuit, omnesque fasciam albam in die Natali Domini assumsere. Vigesima-septima vero die Decembris declaravit Rex induciarum spatium finiisse, si que tamen ad illas prorogandas paratum dum de pace ageretur. Meduanius jussit plurimos Politicorum regiorum Primipilates Lutetia egredi. Rex inducias cum Duce Lotharingiæ tantum prorogavit.

Frustra obnitentibus Sextodecimanis, & ardentioribus Sociis, Regis conversio urbes & populos certatim ad regias partes reduxit. Meduanius vero cum videret Belinum Lutetiæ Præfectum erga Regem esse propensum, submoto illo Brissaco Præfectum constituit, nihil obstantibus Politicorum precibus, quorum numerus in dies augebatur, quique Belinum in munere servari peroptabant. Ille vero destitutus Regi se se statim dedidit. Meduanius autem undique Præfectorum monita accipiebat, queis indicabant illi non posse populos ne Regi sese dederent contineri. Villarius Rothomagi Præfectus, misit qui Meduanio dicerent se in præsenti rerum conditione ad tractan-

Les mêmes.

Tome V.   Zz ij

HENRI IV. dit LE GRAND.

1594. traiter avec le Roi. Le Duc lui répondit qu'il fit comme il l'entendroit. Les Députez d'Orleans vinrent aussi lui dire, que puisqu'ils n'avoient pû obtenir la treve ils alloient traiter avec Roi; il les pria instamment, mais inutilement, de se tenir fermes dans l'Union; ils firent leur traité pour le Duché d'Orleans & de Berri.

Reduction de Lion. Les Lionnois qui, comme nous avons dit, avoient enfermé le Duc de Nemours dans Pierre-Encise, firent avertir le Colonel Alfonse d'Ornano, Gouverneur pour le Roi en Dauphiné, de se rendre près de leur Ville avec des troupes pour les aider à se mettre en l'obéïssance de Sa Majesté. Il n'y manqua pas, & les Lionnois prirent les armes. On cria vive le Roi par tout; on chanta le *Te-Deum* en réjouïssance. Dans toutes les ruës on brûloit les armes d'Espagne, de Savoie, de Nemours & l'Effigie de la Ligue peinte en Sorciere. Le sieur de la Châtre remit aussi Orleans sous l'obéïssance du Roi, & Bourges suivit son exemple. Cependant le Pape intimidé par les Espagnols, étoit toujours inflexible aux prieres du Duc de Nevers, qui fut enfin obligé de prendre congé de Sa Sainteté, & de s'en retourner en France.

Sacre du Roi. Le 27 Fevrier de cette année, le Roi alla se faire sacrer & couronner à Chartres. La Sainte Ampoule qui étoit alors à Marmoutier, y fut apportée par un Religieux de l'Abbaye. Ce fut l'Evêque de Chartres qui fit la Ceremonie. Les douze Pairs de France y firent leur fonction; le Prince de Conti pour le Duc de Bourgogne; le Comte de Soissons pour le Duc de Normandie; le Duc de Montpensier pour le Duc d'Aquitaine; le Duc de Piney de Luxembourg pour le Comte de Toulouse; le Duc de Rais pour le Comte de Flandres; le Duc de Vantadour pour le Comte de Champagne; l'Evêque de Chartres pour l'Archevêque de Reims; l'Evêque de Nantes pour l'Evêque Duc de Laon; l'Evêque de Digne pour l'Evêque Duc de Langres; l'Evêque de Maillezais pour l'Evêque Comte de Beauvais; l'Evêque d'Orleans pour l'Evêque Comte de Châlon; l'Evêque d'Angers pour l'Evêque Comte de Noion. Tout s'y passa en la maniere accoutumée; & après la ceremonie, le Roi fit un grand festin aux Princes, aux Seigneurs & aux Dames.

Cependant le Duc de Maienne étoit à Paris bien embarassé du parti qu'il avoit à prendre. Après s'être attiré la haine des Seize & des Espagnols, pour

---

Thuanus. Cayet. dum cum Rege necessario compelli. Respondit Meduanius, pro lubito suo ageret. Aurelianenses Deputati venere, Meduaniumque adiere, dicentes se cum induciis impetrare non potuissent, cum Rege tractaturos esse. Rogavit ille in Unione perstarent, sed frustra: ipsi namque cum Rege pro Ducatibus Aurelianensi & Bituricensi pacti sunt.

Lugdunenses, qui ut diximus, Nemorosium in castello Petræ-incisæ incluserant, Alfonsum Ornanum in Delphinatu pro Rege Præfectum monuerunt, ut prope urbem suam cum copiis accederet, sibique auxilio esset Regi se subdere volentibus. Venit ille, & Lugdunenses arma arripuere. Per totam urbem, *Vivat Rex* clamatum est, & Canticum, *Te Deum laudamus* præ gaudio publice emissum. In vicis omnibus comburebantur insignia Hispaniæ, Sabaudiæ, Nemorosii & effigies Unionis, veneficæ formæ depictæ. Castræus etiam Aurelianum sub Regis obedientiam reduxit, & Bituricæ Aureliani exemplum secutæ sunt. Interea Summus Pontifex, cum Hispani minis additis obsisterent, Nivernensis precibus flecti non potuit, qui tandem Papæ valedicere coactus, in Franciam est reversus.

Vigesima-septima die Februarii istius anni Rex Autricum Carnutum se contulit, ut ibi inungeretur, Rexque coronaretur. *Sacra Ampulla*, quæ tunc in majori Monasterio prope Cæsarodunum erat, istuc allata fuit. Episcopus Carnotensis ceremoniam celebravit. Duodecim Franciæ Pares sua obiere munera. Princeps Contius pro Duce Burgundiæ adfuit; Comes Suessionensis pro Duce Normanniæ; Dux Monpenserius pro Duce Aquitaniæ; Dux Pinæus Luxemburgicus pro Comite Tolosæ; Dux Radesius pro Comite Flandriæ; Dux Ventadurius pro Comite Campaniæ; Episcopus Carnotensis pro Archiepiscopo Remensi; Episcopus Namnetensis pro Episcopo Duce Laudunensi; Episcopus Diniensis pro Episcopo Duce Lingonensi; Episcopus Maleacensis pro Episcopo Comite Bellovacensi; Episcopus Aurelianensis pro Episcopo Comite Catalaunensi; Episcopus Andegavensis pro Episcopo Comite Noviodunensi. Omnia pro consuetudine gesta fuere, & post ceremoniam Rex Principes, Proceres, feminasque Nobiles magnifico convivio excepit.

Interea Meduanius Lutetiæ erat, quid consilii caperet vix reperire valens. Postquam Sextodecimano-

se soutenir contre eux il avoit été comme forcé de favoriser les Politiques ou 1594. Roiaux qui s'étoient merveilleusement accrus en nombre & en puissance. Mais le but de ceux-ci étoit de donner entrée au Roi dans Paris. Ils n'avoient jusques-là soutenu le Duc de Maienne qu'à cette intention, & pour se défendre contre les Seize & les Espagnols. Le Duc se voiant donc entre deux partis, dont aucun ne lui étoit favorable, jugea à propos de se retirer à Soissons, & dit pour pretexte qu'il alloit joindre le Comte de Mansfeldt qui entroit en France avec une armée du côté de la Picardie.

Le sieur de Brissac qu'il avoit mis Gouverneur en la place du sieur de Belin, fut d'abord suspect aux Parisiens Roiaux. Mais quand ils l'eurent sondé, ils le trouverent tout disposé à donner entrée au Roi dans la Ville. Ils prirent leurs mesures ensemble, & convinrent que la nuit de l'execution de leur projet, ils se saisiroient de la porte Neuve, de celles de S. Honoré, de S. Denis & de S. Martin, & y mettroient des corps de garde à leur devotion. Ils en donnerent avis au Roi. Le jour marqué pour l'execution fut le 22. Mars. Brissac eut l'adresse de faire marcher une partie des troupes du Duc de Feria pour aller couper un convoi qui venoit, disoit-il, de Palaiseau à S. Denis. Le Duc de Feria qui se méfioit de lui, avoit mis à sa suite quelques Capitaines & Soldats Espagnols pour l'accompagner dans ses rondes, avec ordre de le tuer s'ils voioient quelque mouvement en faveur du Bearnois. Il s'en débarassa quoique avec peine.

Reduction de Paris.

Les troupes du Roi sous la conduite de Vitri, entrerent par la porte S. Denis, & suivant l'ordre du Roi, il se saisit des ramparts de ce côté. Les autres entrerent par la porte Neuve ou par la porte S. Honoré. Il y eut un corps de garde de vingt-cinq Lanskenets qui firent resistance ; mais ils furent tous ou tuez, ou jettez dans la riviere. Le Roi entra lui-même dans Paris ; & sur le bruit que firent ces Lanskenets, il se fit armer. Il ne trouva aucune resistance dans la Ville. Il fit dire au Duc de Feria & aux Espagnols, qu'il leur donneroit un passeport pour se retirer avec armes & bagage, pourvû qu'ils se tinssent en repos : ce qu'ils accepterent volontiers. Après cela tout étant en paix, le Roi alla entendre la Messe à Notre-Dame.

Le Roi entre dans Paris.

On crioit par tout *vive le Roi.* Crucé & quelques autres Ligueurs firent

---

rum *s* Hispanorum sibi odium pepererat, ad Politicos sive Regios declinare coactus fuerat, qui numero & potestate mirum in modum aucti erant. Horum scopus erat Regem in urbem inducere. Illa solum de causa Medunaio hactenus opem tulerant, utque contra Sextodecimanos & Hispanos tuti manerent. Dux ergo se inter duas partes positum videns, quarum neutra ipsi favebat, Augustam Suessionum se recepit, obtentum proferens se Mansfeldium Comitem junctum adire, qui tunc in Franciam per Picardiam cum exercitu intrabat.

Brissacus, quem in Belini locum Lutetiæ Præfectum constituerat, statim Parisinis Regiis suspectus fuerat ; sed postquam intima illius animi sensa percepere, ipsum ad Regem in urbem inducendum pronum deprehenderunt. De modo autem cum illo convenerunt ; ut scilicet qua nocte res ageretur, portam novam ipsi occupatui essent, itemque portas Sancti Honorati, Sancti Dionysii & Sancti Martini, & armatorum suorum custodias in illis posituri. Illud Regi nunciavere, diesque ad rem exsequendam indictus fuit vigesimus secundus Martii, quo die Brissacus astu usus partem copiarum Feriæ Ducis ex-

dîmes.

tra urbem misit, ut commeatum intercipere, qui, ut dicebat ille, Palatiolo in oppidum Sancti Dionysii veniebat. Dux tamen Feriæ qui Brissaco non fidebat, cum ipso aliquot duces & milites Hispanos ire jusserat, dum urbis loca lustraret, jussos illum occidere, si quid in Bearnini gratiam facere deprehenderetur, quod ille tamen nec sine solicitudine vitavit.

M. de l'Etoile.

Regis copiæ, duce Vitrio, per Sancti Dionysii portam intravere. Vitrius vero, ut Rex jusserat, propugnacula murosque circum occupavit. Alii vel per portam novam, vel per S. Honorati portam intravere. Erat custodia quædam viginti quinque Germanorum peditum, qui obstitere intrantibus, sed omnes vel cæsi ; vel in flumen conjecti sunt. Rex ipse Lutetiam intravit, & audito Germanorum tumultu, armis sese obtexit. Neminem sibi obsistentem in urbe reperit, & Duci Feriæ, Hispanisque edici jussit, se illis securitatem daturum esse ut cum armis & sarcinis exirent, dum quieti manerent & nihil turbarent ; quam illi conditionem libenter admisere. Postea cum omnia in pace essent, Rex ad Ecclesiam Beatæ Mariæ Missam auditurus properavit.

Les mêmes.

Per totam urbem clamabatur, *Vivat Rex.* Crucæus

Les mêmes.

un tumulte ; mais cela fut bien-tôt appaisé. Le Cardinal de Pellevé furieux Ligueur, qui étoit au lit malade, à cette nouvelle entra d'abord en frenesie, & mourut peu de tems après, en disant : *Qu'on le prenne, qu'on le prenne.* En moins de deux heures Paris fut en paix, les boutiques furent ouvertes. Le Gouverneur de la Bastille nommé du Bourg, fit braquer son artillerie, & tira quelques volées de canon, faisant mine de vouloir faire resistance; mais il rendit la place le Samedi après. Le jour de son entrée, le Roi après avoir dîné au Louvre, alla à la porte Saint Denis pour voir sortir le Duc de Feria & Dom Diego d'Ibarra avec les Espagnols. Ils le saluerent avant que de partir, & le Roi leur dit : *Je me recommande à votre Maître; mais n'y revenez plus.* A son arrivée le Roi créa Maréchal de France le sieur de Brissac.

P L.
L I.

L'entrée d'Henri IV. dans Paris fut gravée au burin dans le tems même, telle que nous la donnons. Le Roi & ses gens armez avec le casque viennent d'entrer par la porte neuve le long de la riviere. La troupe qui suit le Roi continuë d'entrer. On voit ici Henri IV. fort ressemblant, à cheval, armé de cuirasse, aiant sur la tête un chapeau orné d'un plumet. Ceux qui vont à la tête défont ces vingt-cinq ou trente Lanskenets, les tuent ou les jettent dans la Seine. Ces Lanskenets portent des chapeaux de forme particuliere. Quelques-uns disent que le Roi entra par la porte S. Honoré, & passa par la ruë de même nom, pour se rendre à Notre-Dame. Le Samedi après la Bastille & le Château de Vincennes se rendirent. Le Roi donna une absolution generale pour tous ceux qui avoient auparavant agi contre lui, & recompensa bien ceux qui l'avoient servi dans une affaire si importante. La Semaine Sainte il toucha six à sept cens malades des écroüelles, & l'on dit que plusieurs en guerirent. On ajoute que les Espagnols fort sujets à ce mal, l'avoient apporté dans Paris, & que la maladie cessa après leur départ.

La conversion du Roi avoit ébranlé beaucoup de gens du parti de l'Union, qui las d'une si longue & pernicieuse guerre civile, esperoient en le reconnoissant, de mettre fin à tant de miseres. Mais après la réduction de Paris, les Villes, les Gouverneurs de Provinces, & les autres Chefs vinrent comme à l'envi traiter avec le Roi pour se réduire sous son obéïssance aux meilleures conditions qu'ils pourroient. Les peuples qui pendant la treve avoient com-

& quidam alii Socii tumultum excitavêre; sed cito turba sedatur : Cardinalis Pellevæus, qui Unioni ad furorem usque addictus erat, tunc ægrotus decumbebat. Re audita, in frenesim incidit, obiitque dicendo, *Comprehendite, comprehendite illum.* Minus quam duarum horarum spatio Lutetia in pace fuit ; tabernæ, officinæque omnes apertæ sunt. Bastiliæ Præfectus, Burgus nomine, tormenta direxit & quædam explosit, quasi obsistere vellet ; sed Sabbato sequenti arcem illam dedidit. Eodem die quo ingressus Rex est, postquam in Lupara pranserat, ad Sancti Dionysii portam se contulit, ut egredientes Ducem Feriam & Didacum Ibarram cum Hispanis videret. Ipsum vero Regem antequam proficiscerentur salutavêre, qui dixit illis, *Domino vestro me commendo, sed ne huc revertaminii* : qua die advenit Rex Brissacum Marescallum Franciæ creavit.

Ingressus Henrici IV. Lutetiam eo ipso tempore in tabula ænea insculptus fuit, qualem hic proferimus. Rex & armatorum galeam gestantium turma, per portam-novam ingressi, juxta fluvium gradiuntur. Quæ Regem sequitur turma post illum ingreditur. Hic Henricus IV. visitur optime repræsentatus, lorica armatus, petasum pluma ornatum capite gestans. Qui primi in Regia turma incedunt, viginti-quinque vel triginta Germanos illos vel occidunt, vel in flumen conjiciunt ; qui Germani petasos formæ sat singularis gestant. Quidam tamen narrant Regem per S. Honorati portam ingressum, per ;vicum ejusdem nominis, in Ecclesiam Beatæ Mariæ se contulisse.

Sabbato sequenti Bastilia & Castellum Vincennense sese Regiis dedidere. Rex absolutionem omnibus, qui sibi hactenus adversati fuerant, dedit, eosque qui se in tanta re juverant, muneribus cumulavit. In hebdomada sancta sexcentos septingentosve qui struma laborabant tetigit, & plurimi convaluere. Narratur autem Hispanos quorum plurimi hac ægritudine sunt affecti, illam Lutetiam importavisse, eamque desiisse postquam illi recesserant.

Conversio Regis multos Unioni addictos commoverat, qui tam diuturno & pernicioso bello civili defatigati, sperabant se Regem admittendo miserarum finem visuros esse; sed post Lutetiæ reductionem, urbes & Præfecti provinciarum quasi certatim ad Regem venerunt, ut quam melioribus possent conditionibus admitterentur. Populi qui induciarum

RY QUATRE DANS PARIS.

HENRI IV. dit LE GRAND.

merité à goûter les fruits de la cessation d'hostilitez, n'aspiroient qu'après une paix solide qui mît fin à tant de maux.

1594. Tumulte des Tard-avisez.

Il y eut pourtant du tumulte en certaines Provinces; dans le Limosin, dans le Querci, dans l'Angoumois, ils se plaignoient que la Noblesse les pilloit & les ruinoit. Ils prirent les armes dans le tems où l'on ne parloit que de la paix dans tout le Roiaume. Cela fut cause qu'on les nomma les Tard-avisez. Ils appelloient les Gentilshommes, les Croquans, parce que, disoient-ils, ces gens ne pensoient qu'à excroquer & à piller leurs biens. Mais la Noblesse rejetta sur eux ce sobriquet; ensorte qu'on les appella depuis eux-mêmes les Croquans. En Perigord ils s'attrouperent jusqu'à trente-cinq ou quarante mille hommes. Mais le Maréchal de Matignon & d'autres qui s'en mêlerent, conduisirent si sagement cette affaire, que tout fut appaisé sans effusion de sang.

Le sieur de Villars envoia Philippe Desportes au Roi pour traiter de la réduction de Rouen, du Havre de Grace, de Harfleur & de plusieurs autres Villes & places de la Normandie & du voisinage. Il demandoit entre autres choses, que la Charge d'Amiral de France que lui avoit donné le Duc de Maienne, lui fut conservée. Le Roi lui accorda tout. Mais comme il avoit déja donné cette Charge à Biron, celui-ci resista quelque tems; il y consentit enfin, & fut fait Maréchal de France. Toute la Normandie fut ainsi réduite. Il ne restoit plus qu'Honfleur, où le Chevalier de Grillon Gouverneur, ne voulut pas se remettre sous l'obéissance du Roi, avec le sieur de Villars. Mais bientôt après il suivit son exemple. Les Villes de Troye & de Sens, & en Guienne Agen, Marmande & Villeneuve, envoierent en même tems faire leur soumission au Roi.

Reduction de Rouen & d'autres villes.

Au Printems de cette année le Comte Charles de Mansfeldt avec une armée de dix mille hommes assiegea la Capelle. Biron fut envoié pour secourir la place; mais elle fut prise avant qu'il y arrivât, après quoi par ordre de Sa Majesté, il investit Laon. Le Roi s'y rendit après, & en forma le Siege. Le Comte de Mansfeldt voulut y faire entrer deux grands convois, qui furent défaits, & Laon fut obligé de se rendre par capitulation. Les grands progrès que faisoit d'un autre côté le Prince Maurice, qui obligeoit les Espagnols de partager leurs forces, ne contribuerent pas peu à ce bon succès des armes du

Prise de la Capelle par Mansfeld & de Laon par le Roi.

---

tempore per hostilium cessationem quietis fructus decerpserant, nihil magis optabant, quam firmam pacem quæ miserias tolleret.

Tumultus tamen fuere in quibusdam populis, in Lemovicibus, in Cadurcis, in Engolismensi tractu. Querebantur enim se a Nobilibus diripi & spoliari. Arma vero sumsere quo tempore per totum Regnum de pace agebatur; ideoque Tarde-consulentes nominati sunt. Nobiles autem illi Crocanos vocabant; quæ vox Expilatores significat; sed Nobiles in plebem illam hoc ridiculum cognomen injecit, qui Crocani postea appellati fuere. In Petrocoriis ad triginta quinque vel quadraginta millia convenere; sed Matignonus Marescallus & alii quidam tam dextere ac prudenter rem tractavere, ut sine sanguinis effusione sedatus tumultus fuerit.

Villarius Philippum-Portam Regi misit, qui de reductione Rothomagi, Portus-Gratiæ, Harflorii, aliorumque oppidorum cum illo ageret. Inter alia vero postulabat ille ut Præfecti maris munus, quod Meduanius dederat, sibi servare liceret; sed quia munus illud Bironi datum fuerat, hic aliquamdiu obs-

titit, tandemque consensit Bironus, & Marescallus Franciæ creatus est. Sic tota Normannia reducta fuit, uno excepto Honflorio, cujus Præfectus Eques Grillonius cum Villario noluit ad regias partes accedere. At brevi postea ille ejus exemplum sequutus est. Trecæ quoque & Agendicum Senonum, atque in Aquitania, Aginnum, Marmanda & Villa-nova, eodem tempore ad Regem miserunt, ut in obsequentiam ipsi præstandam admitterentur.

Verno hujusce anni tempore, Carolus Mansfeldius Comes cum exercitu armatorum decem millium Capellam obsedit. Bironus jubente Rege, ut oppido ferret opem profectus est; sed antequam illò perveniret oppidum captum fuerat. Deinde jussu Regis Bironus Laodunum cinxit. Rex illò venit & obsedit urbem. Mansfeldius Comes duos commeatus in urbem immittere tentavit; sed illi intercepti fuere, & Laodunum, pacta conditione, deditum Regi fuit. Principis Mauritii gesta, qui bellum ex altera parte contra Hispanos feliciter gerebat, & ad copias suas dividendas impulerat, Regem ad prospere agendum non parum juverunt. Antequam Laodunum dedi-

Roi. Avant que Laon fut rendu, Poitiers d'un côté, & Château-Thierri d'un autre, se remirent sous son obéissance; & après la capitulation de Laon, Amiens, Peronne & Beauvais, suivirent les autres, & Dourlans prit le même parti.

La faction des Seize dissipée.
On fit justice à Paris de quelques-uns qui avoient trempé à la mort du President Brisson & des Conseillers Larcher & Tardif, & l'on fit sortir de la Ville les plus broüillons des Seize, ensorte que cette faction fut entierement dissipée. Le Recteur de l'Université & les Curez de Paris intenterent procès aux Jesuites. M. Antoine Arnaud, parla pour l'Université, & M. Louis Dolé pour les Curez. M. Claude Duret soutint la cause des Jesuites. On les accusa d'être de la faction Espagnole & de plusieurs autres choses qu'il seroit trop long de rapporter. La Faculté de Theologie de Sorbonne fit un Decret en leur faveur,& ils répondirent à toutes les accusations qu'on avoit formé contre eux. Le procès demeura *pendu au croc*, dit l'Auteur,& se renouvella vers la fin de cette année.

Le 28 de Juillet mourut en l'Abbaye de S. Germain des Prez le Cardinal de Bourbon, que le Tiers-parti avoit voulu faire Roi. Il étoit fils de Louis de Bourbon, Premier Prince de Condé. Le Roi assiegea Noion, & le prit par capitulation. Il fit ensuite la paix avec le Duc de Lorraine, & se reconci-

Le Duc de Guise s'accommode avec le Roi.
lia avec le Duc de Guise. Ce Prince après avoir tué S. Pol qui s'opposant à ses desseins, avoit mis la main sur la garde de son épée, remit la Ville de Rheims & plusieurs autres places sous l'obéissance du Roi qui se trouva ainsi maître de toute la Champagne. Le Maréchal d'Aumont envoié en Bretagne, aiant reçû un secours d'Anglois, prit Quimpercorentin & Morlais; & les Malouins se rangerent aussi sous l'obéissance du Roi.

Les Seize chassez de Paris se plaignoient amerement du Duc de Maienne, & le Duc de Feria qui se joignit à eux, écrivit au Roi d'Espagne une Lettre où il l'accusoit d'avoir agi d'intelligence avec le Roi de Navarre, & de plusieurs autres choses. Le Duc de Maienne piqué vivement fit une ample réponse qu'il envoia au Roi d'Espagne. Il donnoit le démenti au Duc de Feria, & s'offroit de décider l'affaire avec lui par le sort des armes: il répondoit ensuite en détail à toutes ses accusations; puis voiant qu'il n'étoit point en sureté à Brusselles, où l'Archiduc Ernest le regardoit de mauvais œil, il se retira en Bourgogne, & fit couper la tête au Maire de Dijon, qui vouloit livrer

---

Les mêmes.
tum fuisset, Pictavium ex una parte, & Theodorici-castrum ex altera, ad Regis partes accesserunt, & post factamcumLaoduno pactionem,Ambianum, Peronā,Bellovacum & Durlanium pariter reducta sunt.

Lutetiæ plexi fuere quidam qui ad necem Brissonii Præsulis & Senatorum Arcerii & Tardivii operam præstiterant. Ex urbe ejecti fuere Sextodecimanorum turbulentiores, & hæc factio sic penitus dissipata fuit. Rector Universitatis & Curatores Ecclesiarum Parisinarum Jesuitis litem intenderunt. Antonius Arnaldus pro Universitate, Ludovicus Dolæus pro Curatoribus. Claudius Duretus pro Jesuitis causam dixit. Accusati autem fuere quod factioni Hispanicæ studerent, plurimaque alia crimina ipsis oblata sunt, quæ recensere longius esset. Facultas Theologiæ Sorbonica decretum in Jesuitarum gratiam emisit. Criminationibus autem illi omnibus responderunt. Lis intermissa fuit, & in fine hujusce anni renovata est.

Les mêmes.
Vigesima-octava die Julii in Abbatia Sancti Germani Pratis obiit Cardinalis Borbonius, quem Tertia factio Regem statuere voluerat. Filius erat Ludovici Borbonii primi Principis Condæi. Rex Noviodunum obsedit, & pactione facta cepit. Pacem postea cum Duce Lotharingiæ fecit, & cum Guisio Duce reconciliatus est. Guisius vero Sanpaulum, qui obsistens ipsi capulum gladii sui manu apprehenderat, interfecit, ac Durocortorum Rhemorum, plurimaque oppida in Regis potestatem reduxit, qui sic Campaniam totam sibi subactam habuit. Aumontius in Armoricam missus, Anglorum auxiliariis copiis fultus, Quimpercorentinum & Morlasium cepit. Maclovienses quoque Regi sese dedidere.

Sextodecimani Lutetia ejecti, de Meduanio acerrime conquerebantur, & Dux Feriæ cum illis consentiens Regi Hispaniæ scripsit, Meduanium accusans de conspiratione cum Rege Navarræ, deque aliis bene multis. Meduanius his commotus,amplum responsum Hispaniæ Regi misit, ubi mentitum Feriam esse dicebat, objecta crimina minutatim depellebat, & Feriam provocabat ad singularem pugnam Posteaque videns se Bruxellis securè degere non posse, ubi ab Ernesto torvis oculis respiciebatur, in Burgundiam se contulit, & Majori Divionensi

Les mêmes

la Ville au Roi. Il envoia faire des propositions d'accommodement avec Sa Majesté. Mais comme il faisoit des demandes qui ne convenoient point, & entre autres du Gouvernement de la Bourgogne, dont on soupçonnoit qu'il vouloit se rendre Souverain, il n'y eut rien de conclu. Le Roi revenant de Picardie, apprit que les Parisiens à son entrée vouloient le recevoir en armes, & lui faire une salve avec leurs mousquets & leurs arquebuses. Mais il manda à Monsieur d'O, que content de leur bonne volonté, il les en dispensoit : *Que leurs canons étoient souvent mal affutez; & que pour n'être assurez de leurs bâtons il y avoit plus à se garder du derriere que du devant.*

1594

Le Roi qui pensôit à porter la guerre dans les Pays-bas, se rendit aux frontieres de Picardie, & alla à Cambrai où il fut fort bien reçû par le Maréchal de Balagni qui étoit alors Souverain de Cambrai. Le Roi voiant qu'il n'étoit point aimé dans la Ville, & qu'il auroit peine à se maintenir entre deux grandes Puissances, lui proposa de faire une échange de Cambrai contre d'autres terres, qu'il lui donneroit en France. Balagni y auroit consenti ; mais sa femme Diane d'Etrées, sœur de la belle Gabrielle, charmée d'être Princesse, l'en détourna : ce fut à son grand malheur.

Il se fit alors des entreprises de part & d'autre. Les Espagnols voulant surprendre Montreüil, crurent avoir gagné le Gouverneur en lui donnant de l'argent : mais ils perdirent avec cet argent, une bonne partie de ceux qu'ils avoient envoié pour s'en saisir. Les François aussi qui vouloient surprendre Saint Omer, furent obligez de se retirer, mais sans perte. Le Roi vouloit porter la guerre au payis ennemi, croiant que c'étoit un moien pour empêcher la guerre civile en France. Il commanda au Maréchal de Bouillon d'entrer dans le Luxembourg, & de se joindre à quelques troupes des Hollandois pour y faire la guerre. Il y eut quelques petites rencontres, où tantôt les uns, tantôt les autres, eurent l'avantage.

Le Roi veut porter la guerre au payis ennemi.

Le 27. Decembre, le Roi arrivé de Picardie, étant dans une chambre du Louvre encore botté, comme il se baissoit pour recevoir les complimens des sieurs de Raigni & de Montigni, un jeune garçon âgé de dix-huit à dix-neuf ans, appellé Jean Chastel, qui s'étoit glissé dans la troupe, lui porta un coup de couteau. Il vouloit le frapper au cou ; mais comme il s'inclinoit, le couteau

Jean Chastel veut tuer le Roi, le blesse. & est executé.

Memoires sieur de Cheil.

si, qui urbem Regi dedere moliebatur, caput amputari jussit. Regi de modo reconciliandi sui conditiones proposuit ; sed cum quædam peteret, quæ concedi non posse videbantur, interque alia Præfecturam Burgundiæ, in quam suspicio erat illum supremi dominii jus ambire, nullus fuit rei exitus. Ex Picardia redeunti Henrico nunciatum fuit Parisinos ipsum, in urbem suam ingredientem, in lætitiæ signum sclopetorum emissione excepturos esse ; sed Oo scripsit Rex sibi satis superque esse Parisinorum erga se affectum, sed a sclopetorum emissione abstinerent. Nam sclopetos illi male tractabant, ita ut plus timendum esset a posterioribus, quam a primis.

Thuanus, Cheu.

Rex qui in Belgium bellum inferre meditabatur, in Picardiæ confinia se contulit, & Cameracum venit, ubi a Balanio Marescallo qui tunc supremus Cameraci Dominus erat, optime exceptus fuit. Rex videns illum inter duos tam potentes Principes, utpote debilem & Cameracensibus invisum, vix posse consistere, obtulit ipsi terras & dominia in Francia Cameracensi Principatui paria, si urbem sibi tradere vellet. Balanius utique manus dedisset ; sed uxor ejus Diana Estræa formosæ Gabrielæ soror, Principem se feminam esse gaudens, & jactabunda, ab hoc consilio Balanium avertit in suam ipsius perniciem. Tunc varia utrinque suscepta fuere. Hispani Monasteriolum intercipere cupientes, & Præfectum se data pecunia sibi devinxisse putantes, oppidum occupare tentavère ; sed cum pecunia maximam partem pugnatorum quos miserant perdidere. Franci etiam qui S. Audomarum intercipere tentaverunt, id frustra moliti sunt ; sed nemine suorum cæso. Rex in hostiles terras bellum inferre volebat, ut sic a Francia bellum civile amoliretur, Bullionium Marescallum jussit in Luxemburgi tractum intrare, ut cum Batavorum copiis junctus, bellum inferret. Aliquot leviora prælia ibi commissa sunt, ubi modo hi, modo alii superiores fuerunt.

Les mêmes.

Vigesima-septima die Decembris ex Picardia redux Henricus, cum in Luparæ cubiculo adhuc ocreatus esset, cum caput inclinaret ut Rannium & Montinium se salutantes exciperet, juvenis quidam octodecim novemdecimve annorum, Joannes Castellus nomine, qui in turbam irrepserat, cultro Regis guttur impetens, inclinante Henrico, labium vulnera-

1594. donna sur la levre, & lui caſſa une dent. Il fut pris, & deſavoüa le fait; mais il le confeſſa bien-tôt après & ſans contrainte. Le Roi commanda d'abord qu'on le laiſſât aller, diſant qu'il lui pardonnoit ; mais ayant appris qu'il étoit un diſciple des Jeſuites, il le laiſſa mener en priſon, où il fut interrogé. Il avoüa tout, & fut condamné à être tenaillé, à avoir le poing coupé, & être tiré à quatre chevaux, & il fut executé.

Les Jeſuites chaſſez de France. Le procès des Jeſuites dont on avoit ſuſpendu la déciſion, fut remis ſur le tapis. Ils furent condamnez à ſortir du Royaume dans quinze jours. Le Pere Guignard fut ſaiſi. On trouva dans ſes écrits neuf propoſitions contre le feu Roi, & contre le Roi alors regnant, qu'il confeſſa être écrites de ſa main, & fut condamné à être pendu. La maiſon de Pierre Chaſtel pere du criminel, fut razée, & l'on érigea ſur ſa place une pyramide, où l'on grava ſur l'une des quatre faces l'Arreſt donné contre Jean Chaſtel, & ſur les autres des vers & des inſcriptions.

Vers la fin de cette année, le Duc de Savoie après avoir pris les autres places que Leſdiguieres avoit conquiſes dans le Piémont, aſſiſté des Eſpagnols, aſſiegea Briqueras, & prit la Ville d'aſſaut. Le Château ſe défendit encore aſſez long-tems, & Leſdiguieres aſſembla des troupes pour le ſecourir ; mais n'étant pas aſſez fort pour paſſer une riviere en preſence des ennemis, il aſſiegea & prit le fort de S. Benoît. Cependant le Château de Briqueras fut pris, & Leſdiguieres s'étant retiré du Piémont, le Duc de Savoie reprit le fort de Saint Benoît.

1595. Le 17 Janvier, le Roi après avoir fait dire à ceux des Payis d'Artois & de Hainaut, que s'ils continuoient à faire des courſes ſur les frontieres de France, il déclareroit la guerre au Roi d'Eſpagne, voiant qu'ils continuoient toujours, fit une Déclaration de guerre en forme, qui fut portée aux payis-bas. L'Archiduc Erneſt en fit une de même, & l'on vit des actes d'hoſtilité ſur les frontieres plus qu'auparavant. La garniſon de Soiſſons qui tenoit encore pour le Duc de Maienne, faiſoit des courſes juſqu'à Paris, & une fois même juſques aux Tuilleries. Pour les brider, le Roi fit mettre des troupes aux environs, qui battoient l'eſtrade tout autour de Soiſſons. Les Roiaux dreſſerent une embuſcade, & trouverent moien d'y attirer un corps conſiderable de troupes ſorti

---

Les mêmes.

vit & dentem rupit. Captus autem fuit, & factum ſtatim negavit ; ſed poſtea confeſſus eſt, nec coactus. Rex ſtatim juſſit liberum illum dimitti, ſeque illi parcere dixit ; ſed ubi audivit ipſum eſſe Jeſuitarum diſcipulum, in carcerem duci permiſit, ubi interrogatus, omnia faſſus eſt. In pœnam ſceleris, forcipe membra ejus diſcerpta ſunt, manus abſciſſa, & corpus a quatuor equis membratim diſcerptum fuit.

Jeſuitarum cauſa quæ ſuſpenſa fuerat, tunc in medium adducta fuit. Intra quindecim dierum ſpatium ex Regno diſcedere juſſi ſunt. P. Guignardus captus eſt, interque ſcripta illius novem propoſitiones repertæ ſunt contra Regem defunctum & contra Regem tunc regnantem, quas ipſe manu ſua ſcriptas fuiſſe confeſſus eſt, atque ad ſuſpendium damnatus fuit. Domus Petri Caſtelli patris Joannis illius ſicarii ſolo æquata fuit, ibique pyramis erecta, in cujus uno latere decretum contra Joannem Caſtellum inſculptum erat ; in aliiſque verſus & inſcriptiones.

Les mêmes. Circa finem hujuſce anni Sabaudus poſtquam alia oppida a Diguierio in Pedemontio capta recepeat,

Hiſpanis ſe juvantibus, Briquerasium obſedit, oppidumque expugnavit. Caſtellum vero diu impetitum fuit. Diguierius collectis copiis opem obſeſſis ferre cupiebat ; ſed cum non ſat viribus valeret, ut fluvium hoſte præſente trajiceret, arcem Sancti Benedicti obſedit, & cepit. Interea Briqueraſii caſtellum captum fuit, & cum Diguierius ex Pedemontio receſſiſſet, Sabaudus Sancti Benedicti arcem recepit.

Decima-ſeptima Januarii die Rex, poſtquam Arteſianis & Hannoviis edici juſſerat, ſi incurſiones in fines Franciæ facere pergerent, ſe bellum Hiſpaniæ Regi declaraturum eſſe : cum illos pro more ſuo erumpere videret, reſcriptum in Belgium miſit, quo bellum indicebatur. Erneſtus vero Archidux par reſcriptum emiſit, & in confiniis ſic bellum per incurſiones continuatum eſt. Præſidiarii vero Auguſtæ Sueſſionium, quam adhuc Meduanius tenebat, incurſiones Lutetiam, & ſemel Tegularias uſque faciebant. Ut cohiberet illos Rex circum Auguſtam copias admoveri juſſit, quæ circumquaque diſcurrerent. Regii vero inſidias ſtruxere, & manum grandem hoſtium

Les m^m

de la Ville ; ils les mirent en deroute, en tuerent quantité & prirent deux de leurs Commandans.

1595.

Le Duc de Lorraine après avoir fait la paix avec le Roi de France, licentia ses troupes qui étoient de cinq mille hommes de pied & de mille chevaux. Ils se mirent au service du Roi, & il les envoia faire la guerre dans la Franche-Comté, où ils prirent Vezou place considérable. L'Archiduc Ernest mourut en ce tems-ci à Bruxelles. Malgré les soins que le Duc de Maienne prenoit de se conserver les Villes de Bourgogne, & sur-tout Beaune : les Beaunois se donnerent au Roi, & introduisirent ses gens dans leur Ville. Le Château tint encore quelque tems pour lui, & sur le bruit que le Duc de Maienne ramassoit des troupes pour le secourir, le Roi envoia au Maréchal de Biron qui l'assiegeoit de puissans renforts. Le siege dura cinq semaines : Montmoien Commandant rendit enfin la place à ces conditions, que lui & les siens sortiroient avec armes & bagage, enseignes *ploiées*, sans battre le tambour, moiennant cinq mille écus qu'ils paieroient.

Reduction de Beaune.

Un accident fort extraordinaire surprit alors bien des gens. Monsieur de Longueville Gouverneur de Picardie entrant dans Dourlens, salué par la garnison d'une décharge de mousqueterie, fut blessé à mort par un qui avoit tiré avec bales, & du même coup le Capitaine Ramelle qui étoit auprès de lui, fut tué sur la place. On ne put décourir qui avoit fait le coup, ni si c'étoit à dessein ou par hazard : le Duc mourut peu de jours après.

Le Duc de Longueville tué.

Au même tems Montmorenci d'Anville, créé depuis peu Connétable de France, réduisit Vienne en Dauphiné sous l'obéissance du Roi. C'étoit la principale retraite du Duc de Nemours, qui après avoir été long-tems en prison à Pierre-Encise, avoit trouvé moien d'échapper en descendant par une corde, & s'étoit retiré à Vienne. Il ramassa d'abord un nombre considerable de gens de guerre. Le Duc de Savoie lui envoia trois mille Suisses, & il se disposoit à se rendre maître du Lionnois, Forest & Beaujollois, où il avoit quelques places. Montmorenci se mit alors en marche pour aller joindre le Roi, accompagné de mille chevaux & de quatre mille Arquebusiers : mais le Roi lui manda de se tenir près de Lion, pour observer les démarches du Duc de Nemours. Il s'arrêta près de Vienne. Le Duc craignant pour cette Ville, y mit la meilleure partie de ses gens ; cependant comme il n'y

---

Thuanni. 1591.

ex urbe egressorum allexere, qui intercepti profligati sunt ; multi cæsi, & duces duo capti fuere.

Dux Lotharingiæ postquam pacem cum Rege fecerat, copias suas missas fecit, quæ quinque millium peditum & mille equitum erant. Hi vero Regi sese obtulere, qui misit illos ut in Burgundiæ Comitatum bellum inferrent, ubi Vesulium non spernendum oppidum cepere. Hoc tempore Archidux Ernestus Bruxellis obiit. Quantamvis solicitudinem Meduanius adhiberet, ut sibi Burgundiæ urbes & oppida, maximeque Belnam conservaret. Belnenses Regi se dedidere, Regiosque in urbem admisere. Castellum aliquamdiu pro Meduanio stabat ; cumque rumor esset illum copias colligere ut opem ferret, misit Rex Birono Marescallo, qui castellum obsessum tenebat, copiarum manum magnam. Obsidio per hebdomadas quinque protracta fuit ; Monsmedius Præfectus castellum his conditionibus dedidit, ut ipse & sui cum armis & sarcinis egrederentur sine tympanorum sono, vexillis plicatis, & ipse quinque millia scutorum solveret.

Iu mêmes.

Inopinato res tunc accidit, quæ multos stupefecit. Longavillæus Picardiæ Præfectus, cum Durlanium ingrederetur, sclopetorum explosione a præsidiariis salutatus, sclopeti glande lethali vulnere percussus est, & eodem ictu Ramellus dux occisus fuit. Nec deprehendi potuit quis ictum emisisset, nec casu ne an data opera id actum fuisset. Dux paucis postea diebus extinctus est.

Les mêmes.

Eodem tempore Monmorencius Damvillæus, nuper Constabularius Franciæ creatus, Viennam in Delphinatu sub Regis potestatem reduxit. In ista urbe præcipue receptum habebat Nemorosius, qui postquam in Petræ-incisæ castellum conjectus fuerat per funem descendens, & elapsus Viennam se receperat, armatos multos collegit : Duxque Sabaudiæ ter mille Helvetios misit ipsi, ac Lugdunensem, Forestum & Bellojocensem tractus, ubi aliquot castra tenebat, sibi subigere parabat. Tunc vero Monmorencius movit ut Regem adiret cum equitibus mille & quater mille sclopetariis ; sed mandavit illi Rex ut prope Lugdunum sisteret, & Nemorosii gesta observaret. Prope Viennam ille stetit. Nemorosius vero urbem illam servare sibi curans, maximam copiarum suarum partem in illam immisit. Inter hæc cum an-

372 HENRI IV. dit LE GRAND.

1595.

Vienne réduit sous l'obéissance du Roi.

venoit point de vivres, la faim obligea les Suisses de se retirer en Savoie. Il y avoit dans Vienne quelque mesintelligence, dont le Connétable profita si bien, qu'il remit la Ville sous l'obéissance du Roi, & le Château de la Bastie se rendit peu de jours après.

Au même tems que le Roi reçut cette nouvelle, il apprit aussi que Fernand Velasque Connétable de Castille & Gouverneur du Milanois avoit passé les monts, & étoit arrivé en Franche-Comté avec trois mille chevaux & quinze mille hommes de pied, & que le Duc de Maienne étoit allé le joindre. Il laissa le Prince de Conti Gouverneur de Paris, & s'en alla à Troyes où il avoit donné rendez-vous à son armée. Il apprit là que les Habitans de Dijon avoient pris les armes contre le Vicomte de Tavannes qui commandoit pour le Duc de Maienne, qu'ils avoient appellé le Maréchal de Biron, & qu'ils assiegeoient le Château. Il se rendit à Dijon où il eut nouvelle qu'une bonne partie de l'armée du Connétable de Castille avoit passé la Sône, & qu'elle marchoit pour secourir le Château de Dijon. Le Roi pour retarder sa marche, partit avec mille chevaux & cinq cens Arquebusiers, se rendit à Lux, où il donna rendez-vous à toutes ses troupes, après avoir laissé le commandement du siege du Château de Dijon au Comte de Torigni.

Journée de Fontaine-Françoise.

Le Roi partit de Lux, & arriva à une lieuë de Fontaine-Françoise. Il envoia Biron pour reconnoître l'armée ennemie. Biron donna la chasse à soixante chevaux Espagnols pour voir ce qui se passoit derriere eux. Il vit l'armée Espagnole qui descendoit à Saint Seine. Les ennemis envoierent un gros de cavalerie pour découvrir ce qui étoit derriere Biron ; mais quoique plus foible en nombre, il les chargea & les défit. Les ennemis détacherent huit gros de cavalerie, qui faisoient environ douze cens chevaux. Biron se retira alors au trot, & une partie de ses gens effraiez l'abandonnerent. Il fut chargé & blessé. Le Roi fit marcher pour le soutenir une troupe de cavalerie qui venoit d'arriver : mais voiant ce grand nombre d'ennemis, elle se renversa sur l'escadron du Roi. Il s'avança & mit tout en ordre, & le Maréchal de Biron étant arrivé, il partagea sa troupe en deux, & lui donna la moitié à conduire, pour agir d'un côté, tandis qu'il attaqueroit de l'autre.

Le Roi avec un beaucoup plus petit nombre défit un gros de trois cens

---

Les mêmes.

nona non immiteretur, fame compulsi Helvetii, in Sabaudiam se contulere. In urbe autem dissensio quædam erat: Constabularius hinc occasione sumta, arte urbem in Regis potestatem reduxit, & paucis elapsis diebus, Bastiæ castellum deditionem fecit.

Quo tempore id Regi nunciatum fuit, aliunde edidicit Ferdinandum Velascum Castellæ Constabularium & Mediolani Præfectum, superatis montibus in Burgundiæ Comitatum venisse cum equitibus tribus millibus & quindecim mille peditibus, ac Meduanium cum illo junctum fuisse. Rex tunc Principem Contium Lutetiæ Præfectum reliquit, & Trecas, quo exercitum suum se conferre jusserat, advenit. Ibi nunciatum ipsi fuit Divionenses contra Tavanium Vicecomitem arma sumsisse, qui pro Meduanio istic imperabat, Bironumque advocavisse, & castellum obsidere. Divionem autem venit, ubi comperit Hispani exercitus partem Ararim trajecisse, & ad opem Castello ferendam movere. Tunc Luxum ille contendit, quo copias omnes suas evocaverat ; postquam Torinio Comiti castelli Divionensis obsidionem continuandam reliquerat.

Rex Luxo profectus est, & in locum leuca una à *Les mêmes.* Fonte-Francico distantem pervenit. Bironum vero misit, qui exercitum hostium observaret. Bironus sexaginta Hispanos equites fugavit, ut quid à tergo esset, observaret: viditque Hispanorum exercitum ad Senæ Fanum descendentem. Hostes autem equitum turmam miserunt, ut quæ pone Bironum essent perspiceret. Ille vero etsi numero impar ipsos adortus est & fudit. Hostes tunc octo turmas equitum emisere, qui 1200. numerum complebant. Tunc que Bironus receptui cecinit, suorumque multos perterritos & abscedentes amisit. Ille vero impetitus vulneratusque fuit. Rex tunc equitum turmam quæ advenerat, ad Birono opem ferendam misit: qui equites, cum tantum accedentem hostium numerum cernerent, retrocesserunt, & in Regis turmam incidere. Ille vero ultra contendens, ordines restituit, cumque Bironus advenisset in duas turmas suos distribuit, & Birono, alteram commisit, ut ex altera parte hostes adoriretur, dum ipse Rex ex altera ipsos imperaret.

Rex itaque cum turma sua numero impare, tre- *Les mêmes.* centos equites fregit, fugavitque, aliamque turmam

chevaux, & renversa un second corps qui venoit après. Il culbuta le troisiéme plus petit que les autres. Le Duc de Maïenne envoioit continuellement prier le Connétable de Castille de faire avancer ses troupes. Il n'en voulut rien faire, disant qu'il étoit envoyé pour remettre la Franche-Comté sous l'obeissance du Roi son maître, & non pas pour faire la guerre en France. Si le Connétable avoit fait marcher son armée, le Roi auroit eu peine de se tirer d'affaires. On ne peut nier que son entreprise n'ait été hazardeuse, & même temeraire ; ce ne fut que par la nonchalance du Chef des ennemis qu'il s'en tira avec honneur.

Après cette action le Duc de Maïenne se retira à Châlon sur Sône, le Connétable à Grey où il fit retrancher son armée, & le Roi alla faire continuer le Siege du Château de Dijon. Celui de Talan qui avoit été assiegé, lui fut rendu, & celui de Dijon de même ; de sorte que toute la Bourgogne se trouva réduite sous son obéissance, excepté Châlon & Seurre. Ce fut à Dijon qu'il reçut le serment de fidelité d'Henri de Montmorenci d'Anville, créé Connétable de France. Il entra ensuite dans la Franche-Comté où il se rendit maître de toute la campagne. Le Connétable aiant retiré son armée dans les Villes, le Roi fit enlever un quartier où fut pris Dom Alfonse d'Idiaque General de la Cavalerie de Milan. Il fut traité si humainement du Roi, que les Historiens Italiens s'en louent beaucoup, & il paya vingt mille écus pour sa rançon. Toutes les petites Villes paioient des sommes pour s'exemter du pillage, & les François s'y enrichissoient. Le Roi se préparoit à conquerir cette province ; mais les Suisses craignant ce voisinage, envoierent le prier de faire retirer son armée. Le Roi le leur accorda après que les Comtois eurent donné une somme pour paier les troupes.

Il fit ensuite une treve generale avec le Duc de Maïenne qui la demandoit, & envoia le Duc de Guise Gouverneur en Provence ; cependant le Comte de Fuentes qui avoit succedé à l'Archiduc Ernest, étoit entré en Picardie avec une aimée de douze mille hommes de pied & de trois mille chevaux, & y fit des progrès considérables. Cette campagne fut malheureuse pour la France sur cette frontiere, quoique le commencement semblât promettre un bon succès. Il y avoit encore de ce côté trois places qui étoient aux ennemis, Han

sequentem repulit, tertiamque minorem disturbavit & profligavit. Meduanius Constabularium frequenter rogatum mittebat, ut copias suas emitteret: Ille vero negavit dicens se missum fuisse ut Burgundiæ Comitatum sub Regis sui potestatem reduceret, non ut bellum in Franciam inferret. Si Constabularius cum exercitu movisset, vix Rex evadere potuisset. Negari certe nequit illum rem arduam, imo temerariam suscepisse ; quæ tamen ducis hostium seu ignavia seu imperitia in ejus honorem cessit.

mss. Post hæc Meduanius Cabilonum ad Ararim, & Constabularius Velascus Greium se recepit, ubi castra sua munire jussit. Rex vero Divionem perrexit, ut castelli obsidionem curaret. Talanum ipsi castellum & Divionense quoque dedita fuere, ita ut Burgundia tota in ejus potestatem redacta sit, exceptis Cabillono & Sevreo. Divioni autem sacramentum fidei accepit ab Heurico Montmorencio, quem Franciæ Constabularium creaverat. Postea in Burgundiæ Comitatum Rex ingressus est, ubi postquam Velascus exercitum suum in urbes & oppida immiserat, Re-

gii agros libere pervasere. Rex vero stationem quamdam hostium intercipi curavit, ubi captus est Alfonsus Idiacus equitatûs Mediolanensis dux, quem tam comiter Rex excepit, ut Itali Historici ipsum ea de causa laudibus extollant. Idiacus viginti scutorum millibus libertatem est adeptus. Oppida omnia direptionis vitandæ causâ summas pecuniæ numerabant, & Franci rem familiarem augebant : parabatque Rex provinciam illam sibi subigere : verum Helvetii talem viciniam metuentes, rogaverunt illum, ut exercitum aliò mitteret. Rex ipsis postulata concessit postquam Burgundi Sequani pro exercitûs stipendiis summam pecuniæ numeraverant.

Les mêmes. Postea vero cum Meduanio generales inducias pepigit, & Guisium Ducem in Gallo-provincia Præfectum misit, Interea Fontanus Comes qui Ernesto Archiduci successerat, in Picardiam cum exercitu duodecim millium peditum, & trium millium equitum ingressus fuerat, ibique prospere rem gessit. Hoc anno res Francorum male cesserunt, etsi initium faustum fuisse videbatur. His in partibus tres urbes aut oppida adhuc erant, quæ ab hoste tenebantur ; Ha-

1595. occupé par le Duc d'Aumale, Soissons que tenoit le Duc de Maienne & la Fere, où il y avoit garnison Espagnole. Dans le Château de Han qui tenoit pour le Roi, Gommeron étoit Gouverneur. La garnison de la Ville composée de François, de Napolitains & d'Espagnols étoit très-nombreuse. Les Espagnols eurent envie de se rendre maîtres du Château. Ils en traiterent à Bruxelles avec le Duc d'Aumale & avec Gommeron, & l'on disoit même qu'il y avoit consenti, mais il soutenoit qu'il n'en avoit jamais eu l'intention, & que s'il en avoit lâché quelque parole, cela ne devoit être compté pour rien, parce qu'il étoit seul entre les mains des Espagnols & privé de sa liberté.

Prise de Han.

Le sieur d'Humieres averti du complot, traita avec Orvilier beau-frere de Gommeron, qui promit de livrer la place, à condition qu'on retiendroit les Chefs des ennemis prisonniers pour faire un échange avec Gommeron, & qu'on le laisseroit Gouverneur pour le Roi. Les François Roiaux entrerent ainsi dans le Château, & du Château dans la Ville. Les Espagnols se défendirent & mirent le feu dans quelques maisons que les François avoient prises. La mort du sieur d'Humieres qui y fut tué, les animant à la vengeance, ils firent main basse sur les Espagnols. Il y eut huit cens hommes tuez & quatre cens prisonniers. Le Comte de Fuentes à la nouvelle que les François étoient entrez dans Han, & que les Espagnols se défendoient encore, partit de devant le Câtelet qu'il venoit d'assieger ; mais apprenant que la garnison avoit été taillée en pieces, il fit couper la tête à Gommeron, & retourna au siege du Câtelet. Le Gouverneur nommé la Grange se défendit vaillamment, & soutint plusieurs assauts. Il se rendit enfin par composition le vingt-cinq Juin.

Mort du sieur d'Humieres.

Fuentes alla ensuite assieger Dourlens. Il y avoit en garnison quinze cens François. Haraucourt commandoit dans la Ville, & Ronsoi dans le Château. Aux approches fut tué le sieur de la Motte, Grand Maître de l'artillerie du Roi d'Espagne, François de nation, qui s'étant mis au service de Charles-Quint avoit vieilli & fait fortune chez les Espagnols. Le Roi se doutant bien que tandis qu'il seroit en Franche-Comté, les Espagnols entreprendroient quelque chose en Picardie, avoit mandé à l'Amiral de Villars d'assembler tout ce qu'il pourroit de troupes en Normandie. Le Comte de S. Paul & le Maréchal de Boüillon devoient venir le joindre & faire un corps d'armée suffisant pour em-

---

na, quam Albæmalæus occupabat, Augusta Suessionum, quam tenebat Meduanius, & Fera ubi præsidium Hispanorum erat. In castello Hanæ, Gommeronus ab Albæmalæo positus Præfectus erat. Præsidium oppidi, Francis, Neapolitanis & Hispanis constans, erat numerosissimum. Hispani castellum occupare cupiebant, eaque de re Bruxellis tractavêre cum Albæmalæo & Gommerono, dicebaturque Gommeronus de deditione Hispanis facienda consensisse. Ille vero id negabat, & si qua verba eam in rem protulisset, iis attendi non oportere, quia tum ille in in manibus Hispanorum neque liber erat.

Les mêmes. Humerius de conspiratione illa certior, cum Orvillerio Gommeroni cognato pepigit, qui pollicitus est, se castellum traditurum illa conditione, ut hostium duces captivi detinerentur, ut possent cum Gommerone commutari, qui pro Rege Præfectus mansurus esset. Sic Regii in castellum intravêre, & a castello in urbem. Hispani obstitêre, & in domos quasdam a Francis occupatas ignem immisere. Cum autem Humerius occisus fuisset, Franci concitati & vindictam spirantes, Hispanos trucidavêre. Ex præsidiariis octingenti cæsi & quadringenti capti sunt. Comes Fontanus cum audisset Francos Hanam ingressos esse, & Hispanos adhuc illorum impetum propulsare, a Castelleto quod obsidebat profectus est ; sed ubi comperit præsidiarios Hispanos cæsos fuisse, Gommeronum capite truncari jussit, & ad Castelleti obsidionem rediit. Grangius Præfectus strenue pugnavit, & oppugnationes plurimas fortiter propulsavit, tandemque vigesima-quinta Junii die oppidum dedidit.

Fontanus postea Durlanium obsedit, ubi præsidiarii Franci mille quingenti erant. Haraucurtius in urbe & Ronsæus in castello imperabat. Cum ad oppugnationem accederetur, Motta tormentorum pyriorum in Hispania summus Præfectus, natione Francus, occisus fuit, qui cum Caroli V. tempore in Hispanorum militiam venisset, in illa consenuerat, atque ad illum honoris gradum ascenderat. Rex cum suspicaretur Hispanos dum ipse in Burgundiæ Comitatu esset, aliquid attentaturos esse in Picardia, Villario maris Præfecto mandaverat, ut quotquot posset in Normannia pugnatores colligeret. Comes Sancti Pauli & Bullionius Marescallus ipsum juncturi erant, & omnes simul exercitum coacturi, qui posset Hispanos

Les mê-

pêcher les Espagnols de rien entreprendre : mais la division qui se mit entre ces Chefs gâta tout.

Ils marcherent contre l'armée Espagnole. Quelques-uns disent qu'ils ne voulurent pas attendre le Duc de Nevers qui étoit arrivé à Amiens avec des troupes, de peur qu'il n'eut part à l'honneur de cette journée. Le Maréchal de Bouillon attaqua l'avant-garde Espagnole, & renversa tout ce qui se trouva devant lui ; mais il fut chargé en flanc, & la Cavalerie Françoise fut obligée de faire retraite, laissant l'infanterie à la merci des Espagnols. L'Amiral de Villars se mit aussi à faire retraite, & la fit quelque tems en bel ordre; mais se trouvant pressé, il résolut de charger l'ennemi, & envoia prier le Maréchal de Boüillon de faire alte; ce qu'il fit : il le fit prier ensuite de charger l'ennemi, ce qu'il ne jugea pas à propos de faire. Cependant Villars qui étoit allé à la charge, fut investi de tous côtez : la cavalerie Françoise fut mise en déroute. L'Amiral & le sieur de Sesseval furent pris, & parce qu'ils avoient autrefois été du parti de l'Union, ils furent tuez de sang froid par les Espagnols.

Défaite & mort de l'Amiral de Villars.

Le Maréchal de Boüillon, le Duc de Nevers, & le Comte de Saint Paul qui se trouverent à Pequigni, envoierent un corps de troupes pour jetter quelque secours dans Dourlens, qui sans vouloir risquer un combat, y firent entrer soixante cuirasses & vingt mulets chargez de poudre; mais le Comte de Fuentes fit attaquer si vivement le Château, qu'il fut pris par assaut. Du Château les Espagnols entrerent dans la Ville, & y firent un carnage horrible, sans épargner les vieillards, ni les plus petits enfans, leurs Historiens l'avouent, & disent qu'ils ne s'excusoient d'une telle barbarie, qu'en alleguant le massacre que les François venoient de faire à Han.

Dourlens pris par les Espagnols.

Quoique la perte des François dans le combat ne fut pas si grande, car ils y perdirent peu de cavalerie & environ six cens fantassins, les Espagnols s'en glorifierent beaucoup, parce qu'ils avoient défait notre cavalerie, devant laquelle la leur ne tenoit pas ci-devant. Les François disoient & non sans fondement, que c'étoit au Duc d'Aumale, au sieur du Rhône & aux autres de leur nation, qui servoient dans l'armée ennemie, qu'il falloit attribuer ce malheur, & que connoissant le païs & aiant des intelligences en France, ils avoient eu la meilleure part à cette victoire remportée sur les François.

La Cour du Parlement de Paris, qui le 30. de Mars de l'année précé-

cohibere ne quid susciperent, sed dissensio inter duces coorta, omnia pessumdedit.

Contra exercitum Hispanum illi moverunt. Sunt qui dicant illos Nivernensem Ducem, qui Ambianum advenerat, exspectare noluisse, ne in partem honoris & certaminis veniret. Bullionius primam Hispanorum aciem adortus est, & omnes qui anteposiri erant, profligavit ; sed agminis illius latera ab hoste impetita sunt; equitatus Francorum receptum habuit; pedites vero Franci Hispanorum abitrio & armis expositi mansere. Villarius etiam receptui cecinit, & aliquamdiu etiam servatis ordinibus processit, sed cum premeretur, hostem adoriri decrevit. Bullionium rogatum misit ut gradum sisteret, quod ille fecit ; rogavit etiam ut hostem aggrederetur, quod ille faciendum non putavit. Interea Villarius undique cinctus fuit; equitatus Francorum in fugam versus est. Villarius & Sessevallus capti fuere, & quia olim Unioni addicti fuerant, ab Hispanis, dedita operâ, interfecti sunt.

Bullionius & Dux Nivernensis, qui Pequiniaci erant manum pugnatorum misere, quae auxiliares copias Durlanium immitteret. Hi vero pugnae aleam tentare nolentes, sexaginta loricatos tantum induxere, & viginti mulos pulvere pyrio onustos ; sed Fontanus Comes ita vehementer castellum oppugnavit, ut vi captum fuerit. Ex castello Hispani in oppidum sunt ingressi, & obvios omnes interfecere, nec senibus, nec infantibus parcentes. Id fatentur eorumdem historiae Scriptores, dicuntque Hispanos tantam immanitatem excusantes, Hanae a Francis admissam Hispanorum caedem obtendisse.

Etsi caesorum in hac pugna non tantus numerus fuit : pauci enim equites & sexcenti tantum circiter pedites occisi fuere: Hispani jactabundi gloriabantur, quia equitatum nostrum fuderant, qui equitatus Hispanus antehac a Francico semper profligabatur. Franci vero dicebant, nec forrassis injuria, Albaemalaeum, Rhonium, caerterosque Francos, qui in isto exercitu erant, in causa cladis fuisse, qui cum regiones & agros probe nossent, & multos apud nos secum conspirantes haberent, id infortunii attulerant.

Curia Senatus Parisini, quae trigesima die Martii

Thuanus. Cayet.

1595. dente avoit fait injonction au Duc de Maienne & autres Princes Lorrains de se remettre sous l'obéissance du Roi ; sur l'avis que le Duc d'Aumale avoit été vû à Dourlens avec l'écharpe rouge, combattant avec les Espagnols, le déclara par Arrêt criminel de lese-majesté, & son effigie vêtuë à l'Espagnolle, fût traînée depuis la Conciergerie du Palais jusqu'en la Place de Greve, où par l'Executeur elle fut mise en quatre quartiers, & ses biens furent confisquez.

Le Duc d'Aumale executé en effigie.

Après l'affaire de Dourlens le Comte de Fuentes assiegea Cambrai. Le Maréchal de Balagni, alors Prince de Cambrai, comme nous avons dit, pria le Duc de Nevers de secourir la Ville. Il y envoia le Duc de Rethelois son fils, qui y entra avec un gros de cavalerie de trois cens cinquante hommes. Nous verrons plus bas la suite de ce siege.

Cependant le Roi à dessein de terminer plusieurs importantes affaires, se rendit à Lion, où il fut reçû avec une magnificence surprenante. Il fit treve pour quelques mois avec le Duc de Savoie, pendant laquelle on devoit traiter de la paix ; mais il n'y fut rien conclu. Le Duc de Nemours après qu'il fut échappé de prison, fut si vivement touché de ses disgraces, & sur-tout de la perte qu'il avoit faite de la Ville de Vienne, qu'il en tomba malade, & se retira à Anneci en Savoye, où il devint si maigre & si défait, qu'on ne connoissoit plus ce Prince jadis des mieux faits & des plus accomplis de la Cour de France. Il mourut enfin, & fut fort regretté des siens.

Mort du Duc de Nemours.

A Lion fut donné l'Edit de la réduction du sieur de Boisdauphin au service de Sa Majesté. Il remit en son obéissance Châteaugontier en Anjou, & Sablé dans le Maine, & fut créé Maréchal de France. Le Duc de Maienne & plusieurs autres Seigneurs ne vouloient point reconnoître le Roi jusqu'à ce qu'il seroit reconcilié avec Rome. Sur l'avis certain qui vint en ce tems, que le Pape vouloit enfin l'absoudre, il se fit une treve generale avec ce Duc, qui se voiant fort suspect aux Espagnols, & haï dans son parti, pensoit serieusement à faire une bonne paix.

Prise de Cambrai.

Cependant le siege de Cambrai continuoit toujours. Les assiegez se défendoient vaillamment. Le sieur de Vic qui étoit dans la place démontoit les canons des Espagnols par ses contrebatteries ; ensorte que le Comte de Fuentes desesperoit de prendre la place. Mais il fut rassuré par l'Archevêque de Cam-

---

superioris anni, Meduanio aliisque Lotharingis Principibus injunxerat, uti se sub Regis potestatem reducerent ; ut audivit Albæmalæum Durlanii cum fascia rubra inter Hispanos pugnantem visum fuisse, illum decreto lato læsæ majestatis noxium declaravit, ejusque effigies Hispanico more vestita, raptata fuit a custodia Palatii ad usque Plateam Graviam, & a carnifice quatuor in partes discerpta : bona illius fisco addicta fuere.

Post captum Durlanium Fontanus Cameracum obsedit. Balanius Marescallus tunc, ut diximus, Princeps Cameracensis, Nivernensem Ducem ut opem sibi ferret rogavit. Misit ille Retelensem Ducem filium, qui cum trecentis quinquaginta equitibus in urbem ingressus est. Hujus obsidionis exitum infra videbimus.

Les mêmes. Interea Rex ut plurima gravia negotia tractaret atque finiret, Lugdunum venit, ubi cum incredibili magnificentia exceptus fuit. Inducias ad aliquot menses cum Duce Sabaudiæ fecit, ut tunc de pace tractaretur ; sed res infecta mansit. Nemorosius postquam ex carcere elapsus fuit, tot infortuniorum mœrore oppressus, maximeque quod Viennam amisisset, in morbum incidit, & Annecium in Sabaudia se recepit, ubi in tantam maciem decidit, ut vix agnosceretur Princeps ille, qui olim forma & dexteritate cæterisque dotibus in aula regia cum omnibus concertabat. Mortuusque tandem est, & apud multos magnum sui desiderium reliquit.

Lugduni datum fuit Edictum circa reductionem Boscodelphini ad obsequium Regiæ-Majestatis, qui Castrum-Gontherii in Andibus & Sablatum in Cenomanis sub Regis potestatem remisit, & Marescallus Franciæ creatus est. Meduanius autem & plurimi proceres Regi parere nolebant, nisi cum Roma reconciliatus esset. Cum tunc certior fama videretur esse, quod Summus Pontifex ipsum absolvere vellet, induciæ generales factæ sunt cum Duce illo, qui cum se Hispanis suspectum, suæ factioni odiosum cerneret, firmam facere pacem cupiebat.

Interea Cameracum obsessum oppugnabatur. Præsidiarii fortiter pugnabant. Vicus qui in urbe erat, tormenta Hispanorum ex fulcris abigebat, ita ut Fontanus Comes de urbe capienda desperaret ; sed ab brai

brai qui étoit alors dans son armée, & qui avoit des intelligences dans la Ville. 1595. Balagni s'étoit attiré la haine des Cambresiens, sur tout en faisant frapper une monnoie de cuivre au prix de vingt sols, & en obligeant les habitans de la recevoir des soldats au même prix. Indignez de cela ils se revolterent & se disposoient à charger les François par derriere au même tems que les Espagnols monteroient à l'assaut. Les François se retirerent alors dans la Citadelle, & capitulerent peu après aux conditions les plus honorables & qui furent bien gardées. La Dame de Balagni voiant qu'elle alloit perdre sa qualité de Princesse, en fut si vivement touchée, qu'elle s'enferma dans une chambre, où elle mourut de déplaisir avant que la citadelle fut renduë : *affirmando di morir contentissima, poiche moriva Principessa*, dit en se joüant l'Historien Italien. Le Duc de Nevers mourut aussi au même tems, & le Duc de Rethelois son fils prit le nom du Duc de Nevers.

Après la prise de Cambrai, le Comte de Fuentes dispersa son armée dans les places frontieres, & le Roi assiegea la Fere. Les nouvelles vinrent alors de sa reconciliation avec le Saint Siege. Le 25 Novembre il en écrivit au Prince de Conti qui commandoit dans Paris, & par son commandement, on en fit des réjoüissances & des Processions solemnelles par toute la France. Les sept principales conditions de cette reconciliation, furent, 1°. Que l'absolution donnée par les Evêques de France seroit declarée nulle. 2°. Que les sieurs du Perron & d'Ossat feroient l'abjuration à la ceremonie qui se feroit pour la rebenediction du Roi. 3°. Que dans un an le Roi retireroit le jeune Prince de Condé de S. Jean d'Angeli, où il étoit entre les mains des Heretiques, & le feroit instruire dans la Religion Catholique. Que le Concile de Trente seroit publié en France ; & que s'il y avoit quelque chose dans ce Concile qui en pût empêcher la publication, Sa Sainteté étant requise d'y pourvoir, n'en feroit nulle difficulté. 5°. Que le Roi ne nommeroit aux Benefices de France que des Ecclesiastiques. 6°. Que tous les biens appartenans à l'Eglise seroient rendus par ceux qui les occupoient. 7°. Que le Roi conserveroit les Concordats entre les Papes & les Rois ses prédecesseurs. Cette reconciliation ramena bien des gens au parti du Roi.

Le Roi réconcilié avec le S. Siege.

Vers la fin de cette année le Maréchal d'Aumont qui faisoit la guerre au

---

Les mêmes.

Archiepiscopo Cameracensi, qui in exercitu ejus erat, & qui in urbe multos secum consentientes habebat, confirmatus fuit. Balanius sibi Cameracensium odium pepererat, maximeque cum monetam æneam cudi jussit precio viginti solidorum, & cives coegit illam isto precio a militibus accipere. Indignati ergo illi rebellavere, & Francos a tergo adoriri parabant, dum Hispani ad expugnandum ascenderent. Tunc Franci in arcem se recepere, & paulo post pacta deditionis fecere, cum optimis conditionibus, quæ accurate servatæ fuere. Balanii autem uxor videns se Principis nomen & gradum amissuram esse, tanto mœrore affecta est, ut in cubiculo se includeret, ibique exstincta fuit antequam arx dederetur. Italus Historicus ludens ait, ipsam admodum contentam exstinctam esse, quia Princeps moriebatur. Nivernensis Dux eodem tempore obiit, & Retelensis filius nomen Nivernensis Ducis accepit.

Post captum Cameracum Comes Fontanus exercitum divisum in munitis locis confinium locavit, Rexque Feram obsedit ; tuncque nunciatum fuit ipsum cum Sancta Sede reconciliatum fuisse. Vigesima-quinta Novembris Principi Contio, qui Lutetiæ imperabat, ea de re scripsit, ejusque jussu lætitiæ signa dati, & Processiones per Regnum totum factæ fuere. Septem præcipuæ conditiones reconciliationis istæ erant. 1°. Quod absolutio ab Episcopis Galliæ data, nulla declararetur. 2°. Quod Domini Perronius & Ossatus abjurationem facturi essent in *rebenedictione* Regis facienda. 3°. Quod intra anni spatium Rex juvenem Principem Condæum ex Sancto Joanne Angeriacensi educturus esset, ubi in hæreticorum manibus erat, ut in Religione Catholica institueretur. 4°. Quod Concilium Tridentinum in Francia publicaretur, & si quid in illo Concilio impediret quominus publicari posset, Sanctitas Sua requisita ut huic rei prospiceret, sine ulla difficultate id præstaret. 5°. Quod Rex ad Beneficia Francica solos Ecclesiasticos nominaturus esset. 6°. Quod bona omnia ad Ecclesiam pertinentia, ab iis qui illa occupabant, restituerentur. 7°. Quod Rex Concordata inter Summos Pontifices & Reges decessores suos conservaturus esset. Hæc reconciliatio multos ad partes regias reduxit.

Circa finem hujus anni Aumontius Marescallus, *Les mêmes.*

1596.
Mort du Maréchal d'Aumont.

Affaires de Provence.

Duc de Mercœur, après avoir pris Moncontour, alla assieger Comper. Il reçut en ce siege deux blessures dont il mourut. Après sa mort la guerre fut continuée encore assez long-tems. Mais des faits plus remarquables qui se passerent au commencement de l'an 1596. nous rappellent en Provence. Le Roi y avoit envoié pour Gouverneur le Duc de Guise. Le Duc d'Epernon Seigneur fort hautain, qui se disoit pourvû de ce Gouvernement par le Roi, y tenoit plusieurs places. Casaux & Louis d'Aix s'étoient emparez de Marseille pour les Espagnols à ce qu'ils disoient. Le Duc de Savoie avoit dans la Provence quelques Châteaux. Le Comte de Carses & plusieurs Seigneurs s'étoient remis au service du Roi avec la Ville & le Parlement d'Aix, & ne vouloient point obéir au Duc d'Epernon. Il étoit venu en Provence en 1592. après que M. de la Vallette eut été tué, mais sans ordre du Roi, à ce qu'on disoit. Il y prit Antibe & quelques autres places, & tenta, mais inutilement, de prendre Aix & Marseille. Il fit bâtir une Citadelle auprès d'Aix, esperant de prendre la Ville par famine. Mais ceux d'Aix, profitant de l'absence & du voiage qu'Epernon fit en Guienne, se remirent sous l'obéissance du Roi, & appellerent Lesdiguieres, qui prit & raza cette Citadelle.

Epernon revint en Provence & se rendit à Brignoles. Ses ennemis qui conspiroient sa mort, firent mettre un sac de poudre sous la chambre où il logeoit ; le feu y prit par accident, la chambre sauta ; mais par un grand bonheur il n'eut point de mal : quelques-uns des siens y furent ou tuez ou blessez. On fit encore une autre conspiration contre lui, qui ne réussit pas. Un ordre du Roi lui fut porté de se retirer de cette Province, où le Duc de Guise venoit d'être établi Gouverneur ; il refusa d'obéir, disant qu'il avoit été fait Gouverneur par le Roi défunt, & qu'il n'y avoit pas tant travaillé pour qu'un autre jouît du fruit de ses peines.

Le Duc de Guise arrivé en Provence trouva tout disposé en sa faveur, la haine qu'on portoit au Duc d'Epernon n'y contribua pas peu. Lesdiguieres, le Comte de Carses & presque toute la Noblesse, se tournerent de son côté. Les places qui tenoient pour le Roi l'envoierent reconnoître pour Gouverneur : Cisteron & Riez se rangerent sous son obéissance. Il fut reçû à Aix à la grande joie du Parlement & des Habitans. Il avoit un dessein sur Marseille, & quelques intel-

---

qui contra Mercurium Ducem bellum gerebat, postquam Monconturium ceperat, Comperam obsedit, in qua obsidione duo vulnera accepit, mortuusque est. Sed notatu digniora gesta quæ ineunte anno 1596. accidêre, nos in Gallo-provinciam revocant. Rex illò Præfectum miserat Guisium Ducem. Espernonius vero arrogans, qui Præfecturam istam sibi ab Rege datam fuisse dicebat, plurima tenebat oppida. Casalius vero & Ludovicus Aquensis Massiliam occupaverant, & se pro Hispanis illam tenere dicebant. Sabaudus in illa provincia aliquot castella tenebat. Comes Carsius & multi primores ad Regis obsequium se contulerant unà cum urbe & Senatu Aquensi, neque Espernonio obsequi volebant. Ille vero in Gallo-provinciam venerat anno 1592. postquam Valleta occisus fuerat, sed injussu Regis, ut dicebatur, Antipolin & aliquot oppida cepit; sed Aquas-Sextias & Massiliam frustra tentavit. Arcem prope Aquas Sextias struxerat, sperans se posse urbem ad se dedendam fame compellere: at Aquenses absente illo & in Aquitaniam profecto, sese Regi subdiderunt, & Diguierium advocavère, qui arcem cepit & solo æquavit.

Espernonius in provinciam rediit & Brignolium venit. Inimici vero ejus qui in illum conspirabant saccum pulveris pyrii sub cubiculo ejus locavère. Casu accidit ut pulvis ignem conciperet, & cubiculum eversum sit: sed feliciter accidit, ut nihil hinc ipsi mali eveniret; aliquot ex suis vel cæsi, vel vulneribus affecti fuere. Altera item conspiratio in illum frustra fuit. Ab Rege jussus est ex ista provincia excedere, cujus ipse Guisium Ducem Præfectum constituerat. Id ille se facturum negavit dicens se a defuncto Rege Præfectum constitutum fuisse, neque tantum laboravisse, ut alius laborum suorum fructum perciperet.

Dux Guisius cum in Gallo-provinciam venisset, ab omnibus libenter exceptus fuit. Odium in Espernonium conceptum non parum ipsi profuit. Diguierius, Comes Carsius, Nobilesque omnes ad ejus partes transiere. Oppida quæ pro Rege stabant, ipsum Præfectum admisere. Sistero & Regium ad ejus obsequium se contulere. Aquis Sextiis a Senatu & civibus cum gaudio exceptus fuit. Massiliam vero tentare volebat, in qua urbe quidam cum illo consentie-

HENRI IV. dit LE GRAND.

ligence dans cette Ville. Louis d'Aix Viguier & Casaux premier Consul, par l'assistance des Espagnols, s'étoient rendus maîtres de la Ville, & traitoient les habitans tyranniquement. Le Capitaine Liberta qui s'entendoit avec le Duc, lui promit de donner entrée à ses gens par une porte qu'il gardoit. Louis d'Aix fut averti de la conspiration, & les gens du Duc eurent bien de la peine à y entrer. Mais Liberta s'y porta si vaillamment que les Roiaux se rendirent maîtres de Marseille, à la grande satisfaction des habitans. Le Duc de Guise y entra & fit assieger & prendre tous les forts. Les Espagnols qui étoient ou sur le bord de la mer, ou dans quelques galeres, se retirerent bien vîte. Les bons succès qu'eut par tout le Duc de Guise contre Epernon, obligerent enfin ce dernier de s'accommoder avec le Roi, & de se retirer de la Provence. *Les Roiaux se rendent maîtres de Marseille.*

1596.

L'Assemblée generale du Clergé de France se tint cette année aux Augustins de Paris. Elle envoia des Députez au Roi qui étoit à Folembrai, pour le supplier de faire recevoir le Concile de Trente ; se plaindre de ce que les Archevêchez, Evêchez & Abbayies de France étoient dépourvûs de legitimes Pasteurs, & supplier le Roi de rendre à l'Eglise les Elections, & de leur permettre d'agir contre les confidentiaires. Ils firent encore plusieurs autres demandes, auxquelles le Roi satisfit. Il passa un contrat par lequel le Clergé s'engageoit de paier treize cens mille francs tous les ans pendant dix ans consecutifs, pour les rentes de l'Hôtel de Ville. *Assemblée du Clergé.*

Le Duc de Maienne qui n'attendoit que sa reconciliation avec Rome pour faire sa paix, le voiant reçû par le Pape au giron de l'Eglise, s'accommoda avec le Roi qui publia un Edit, où en trente-un articles il exposoit les conditions de cette paix, plus favorables, qu'il sembloit ne pouvoir esperer dans un tems où ses affaires étoient en fort mauvais état. Le Duc alla ensuite voir le Roi à Monceaux : il y fut reçû de Sa Majesté avec toutes les démonstrations possibles d'amitié. Le Roi donna à son fils aîné le Gouvernement de l'Isle de France. *Le Duc de Maienne s'accommode avec le Roi.*

Par le 28. article de l'Edit du Roi en faveur du Duc de Maienne, il devoit faire voir dans six semaines, qu'il avoit presenté ces articles à ceux de son parti pour les accepter. Tous les accepterent hors un petit nombre qui continuerent leur societé avec le Duc de Mercœur. Le Duc de Joyeuse réduisit *Reduction de Toulouse.*

---

bant. Ludovicus Aquensis Vicarius, & Casalius primus Consul, opem ferentibus Hispanis, urbem occupaverant, & tyrannice cum Massiliensibus agebant. Libertatus Tribunus, qui Guisio hærebat, se militibus Ducis ingressum in urbem daturum esse pollicitus est per portam quam ipse custodiebat. Ludovicus Aquensis conspirationem compertam habuit, & pugnatores a Guisio missi vix intrare potuerunt: verum Libertas ita fortiter egit, ut Regii urbem occuparent libentissimis Massiliensibus. Dux Guisius ingressus, arces & propugnacula omnia expugnari curavit. Hispani vero qui vel in ora maris, vel in triremibus erant, alio confestim se receperunt. Tam prosperi Guisii exitus Espernonium coegere ut cum Rege rem suam componeret, atque ex Gallo-provincia excessit.

Conventus generalis Cleri Gallicani hoc anno apud Augustinianos Lutetiæ habitus est, Deputatosque ad Regem, qui tunc Folembræi erat, misit, qui Regem rogarent ut Concilium Tridentinum recipi juberet, ac quererentur quod Archiepiscopatus, Episcopatus atque Abbatiæ legitimis Pastoribus destitutæ essent, Regique supplicarent ut electiones Ec- clesiæ restitueret, & ut sibi liceret contra *Confidentiarios* agere. Plurima quoque alia petiere queis Rex fecit satis, pactumque cum illis init, quo Clerus Gallicanus se per decennium annis singulis 1300000. libras Regi numeraturum esse pollicebatur ad pensiones ædium publicarum Parisinarum solvendas.

Meduanius qui ad pacem cum Rege faciendam ejus cum Sancta Sede reconciliationem exspectabat, ipsum ab Ecclesiæ gremium redactum videns, cum ipso pacta init, meliora quam sperare posse videbatur, rebus suis in deterius semper vergentibus; Rexque Edictum publicavit quo triginta articulis pactionis conditiones explanabat. Meduanius Regem Moncelli versantem invisit, a quo cum omni amicitiæ significatione exceptus fuit, Rexque ejus primogenito Insulæ Franciæ Præfecturam dedit.

Secundum vigesimum-octavum articulum pactionis cum Meduanio, post sex hebdomadarum spatium Meduanius testificaturus erat se omnibus iisqui suas partes sectabantur, conditiones illas obtulisse, ut illas admitterent, illasque admisere omnes, paucis exceptis, iis scilicet qui cum Mercurio societatem inierant. Dux Joüsæ Tolosam ad obsequium Regi

Les mêmes.

Les mêmes.

Tome V.

Bbb ij

1596. Toulouse à la soumission qu'elle devoit à son Prince, moiennant une absolution du passé.

Le Cardinal Albert d'Autriche envoié par le Roi d'Espagne pour être Gouverneur des Payis-bas, y arriva au mois de Janvier de cette année ; & le Comte de Fuentes qui n'y étoit que par commission, lui ceda le Commandement. Le Cardinal pensa d'abord à faire la paix avec les Hollandois & le Prince Maurice, mais ils ne purent convenir ensemble. La Fere étoit toujours assiegé, & le Cardinal envoia du secours à la garnison Espagnole ; il en chargea Baste, qui trouva moien d'y faire entrer quelque quantité de farines. Le Cardinal assembla une armée de quinze mille hommes de pied & de quatre mille chevaux. On crut d'abord qu'il vouloit tenter de faire lever le siege de la Fere ; mais on vit bien-tôt par ses démarches qu'il avoit un autre dessein. Un bruit courut qu'il vouloit assieger Calais, & l'on en avertit Bisdossan qui en étoit Gouverneur.

Calais pris par l'Archiduc Albert. C'étoit un homme sans experience, fort non-chalant, qui ne tint aucun compte des avis qu'on lui donna. Cependant du Rhône Officier François du parti de l'Union, qui s'étoit mis au service des Espagnols, fort habile & entendu au fait de la guerre, avoit des intelligences dans Calais. Le Cardinal Albert lui laissa la conduite de cette affaire. Il partit en diligence avec un grand corps de troupes, vint à Calais tout doucement, & s'empara après peu de resistance du Rischban, ancien Fort que les Anglois avoient bâti, & que Bisdossan n'avoit pas eu soin de rétablir. Le Cardinal vint devant Calais avec son armée. Bisdossan & les habitans en furent épouvantez, & ne parlerent d'abord que de se rendre. Bisdossan eut encore l'imprudence de se retirer dans le Château, & de laisser la garde de la Ville aux Bourgeois. Le Cardinal fit dresser l'artillerie & battre la Ville. Les habitans capitulerent à condition que s'ils n'étoient secourus dans six jours, ils se rendroient.

A cette nouvelle le Roi avec la moitié de sa cavalerie étoit arrivé à Boulogne, d'où il envoia Campagnoles avec deux cens hommes pour se jetter dans le Château de Calais ; ce qu'il executa heureusement. Il ranima Bisdossan, qui prit courage, mais trop tard, resolu de mourir plûtôt que de se rendre. Le Cardinal fit battre furieusement le Château. La breche étant grande il fit monter à l'assaut. Bisdossan se défendit bien, il fut tué, huit cens des siens de-

---

Les mêmes. præstandum induxit, illa conditione ut præteritorum memoria aboleretur.

Cardinalis Albertus Austriacus ab Rege Philippo Præfectus Belgii missus, mense Januario hujus anni advenerat, Comesque Fontanus, qui ex commissione tantum hoc officio fungebatur, imperium deposuit. Cardinalis statim pacem cum Batavis & Mauritio Principe facere voluit ; sed frustra cessit conatus. Fera semper obsidebatur, & Albertus auxilia Hispanis præsidiariis misit. Basta rem tentare jussus, farinam in oppidum immisit. Cardinalis exercitum collegit quindecim millium peditum & quatuor millium equitum. Statim putabatur illum a Feræ obsidione Francos removere velle ; sed ex iis quæ postea ille suscepit palam fuit illum aliud quidpiam in animo versare. Rumor erat illum Caletum obsidere velle, eaque de re submonitus fuit Bidossanus, qui tunc Caleti Præfectus erat.

Les mêmes. Vir ille imperitus omnino erat & ignarus, qui monita nihili fecit. Interea Rhonius Francus ex Unionis factione, qui sese Hispanis dediderat, rei bellicæ gnarus & sagax, Caleti quosdam secum conspirantes habebat. Rem ipsi commisit Albertus. Cum grandi ille pugnatorum manu, & quasi aliud agens Caletum venit, & Richbanum facile occupavit, vetus illud propugnaculum, quod Angli struxerant, quodque Bidossanus nec restauraverat, nec munierat. Cardinalis tunc ante Caletum venit cum exercitu suo. Bidossanus & oppidani terrore perculsi deditionem statim facere cogitabant. Bidossanus quoque imprudenter in castellum se recepit, & oppidanis defendendum oppidum reliquit. Cardinalis tormentis pyriis oppidum impeti jussit ; oppidani vero pacti sunt illa conditione, ut si intra sex dies auxilium non acciperent, oppidum Hispanis dederent.

Re comperta cum dimidia equitatus sui parte, Bononiam Rex venerat, indeque Campaniolum misit, qui cum pugnatoribus ducentis sese in castellum immitteret, quod ipse feliciter exsequutus est. Bidossano animos fecit, qui tardius quam per fuisset, ad defensionem sese apparavit, mori potius optans, quam se dedere. Albertus arcem vehementi tormentorum fulmine impetiit. Cum pars murorum collapsa esset, oppugnari arcem jussit. Bidossanus fortiter

HENRI IV. dit LE GRAND. 381

meurerent sur la place, & le Château fut pris. De là le Cardinal alla assieger 1596. Ardres, la Ville fut d'abord prise ; & par la lâcheté du sieur de Belin Gouverneur, le Château ne tint presque pas. Belin vouloit aller se purger devant le Roi. Mais il ne souffrit point qu'il vint en sa presence, & il l'envoia au Maréchal de la Châtre.

Ardres pris.

Les Espagnols qui défendoient la Fere, capitulerent enfin à condition que s'ils n'étoient pas secourus dans six jours, ils rendroient la place au Roi, & sortiroient avec armes & bagage, tambour battant. La Fere fut ainsi rendu au Roi, qui ne fit point d'autre entreprise cette campagne. Mais il manda au Maréchal de Biron d'aller faire le dégât dans l'Artois & dans le Hainaut, comme les Espagnols l'avoient fait dans le Boulonois. Le Cardinal alla assieger Hulst sur les Hollandois, où fut tué d'un coup de canon du Rhône François, qui avoit fait beaucoup de mal à sa patrie depuis qu'il s'étoit mis au service des Espagnols.

Le Roi prend la Fere.

Le Cardinal Alexandre de Florence Legat du Pape, vint à Paris où il fut reçû magnifiquement & comme l'Ange de la paix. La peste se mit dans la Ville, & fit perir plusieurs milliers de personnes ; ce qui fut cause que le Roi se retira à Rouen, où il fit une assemblée de Notables pour pourvoir aux affaires du Roiaume.

Le Maréchal de Balagni fit des courses dans le Hainaut, défit un corps d'Espagnols dont environ quatre-vingts demeurerent sur la place, & six-vingts furent prisonniers. Mais le Maréchal de Biron se signala encore plus dans l'Artois, où il fit de grands ravages. Dans la premiere course il prit le Château d'Imbercourt, mit en déroute le Marquis de Varambon, qui étoit à la tête de cinq ou six cens chevaux, le fit prisonnier lui-même, & il paya depuis quarante mille écus pour sa rançon. La Ville de S. Paul fut aussi prise & pillée par nos gens. Dans la seconde course il battit les Comtes de Reux & de Sorles : il y eut dans ce combat un bon nombre de gens tuez, cent cinquante soldats, & trois cens chevaux pris ; le butin fut grand, & il se retira après avoir ravagé tout l'Artois.

Courses dans l'Artois.

Une grande flote Angloise commandée par le Comte d'Essex, vogua vers Cadis où elle fit descente, & revint chargée d'un grand butin. Et au même tems le Maréchal de Boüillon fut envoié en Angleterre pour faire une Ligue

---

pugnavit ; & cum octingentis suorum cecidit. Arx vi capta fuit, inde Albertus Ardram obsessam se contulit ; oppidum brevi captum fuit, & ex Præfecti Belinii ignavia castellum statim deditum fuit. Belinius Regem adire volebat, ut sese purgaret : verum non passus est Rex ut in sui conspectum veniret ; sed ad Castræum Marescallum misit ipsum.

Les mêmes.

Hispani Feræ præsidiarii pacti sunt illa conditione, ut si intra sex dierum spatium auxilium non acciperent, deditione facta cum armis & sarcinis tympanorumque sono exirent. Fera sic Regi dedita fuit, qui hoc anno nihil aliud suscepit, sed Birono mandavit ut in Artesiam & Hannoniam incursionem faceret, agrosque devastaret, ut Hispani in Bononiensi tractu fecerant. Albertus vero Hulstum quod Batavi tenebant, obsedit. Istic tormenti globo occisus est Rhonius, qui postquam ad Hispanos defecerat, multum damni patriæ suæ intulerat.

Les mêmes.

Cardinalis Alexander Florentinus Summi Pontificis Legatus Lutetiam venit, ubi quasi Angelus pacis magnifico exceptus fuit. Pestilentia tunc in urbe grassata, multa hominum millia absumsit ; ideoque Rex Rothomagum se recepit, ubi Notabilium conventum habuit, ut Regni negotiis prospiceret.

Balanius Marescallus in Hannoniam incursionem fecit, ubi Hispanorum manum profligavit, quorum octoginta cæsi & centum viginti capti sunt ; sed Bironus in Artesia insigniorem operam dedit, ubi agros desolatus est, magnasque prædas egit. In priore incursione, Imbercurtium castellum cepit, Varambonum Marchionem, quingentos sexcentosve equites ducentem, profligavit, ipsumque cepit, & quadraginta millia scutorum ad ejus redemtionem exegit. Sancti Pauli etiam oppidum a nostris captum, direptumque fuit. In secunda incursione Ruœum & Sollium Comites fudit. In hac vero pugna multi cæsi, 150. milites capti, cum equis 300. Præda ingens fuit, & Bironus postquam Artesiam devastaverat, receptum habuit.

Les mêmes.

Classis Anglica magna duce Essexio Comite Gades versus vela dedit, exscensum fecit, & manubiis onusta rediit. Eodemque tempore Bullionius Marescallus in Angliam missus est, ut contra Regem His-

Les mêmes.

Bbb iij

contre le Roi d'Espagne. Cette Ligue fut faite, & les Etats de Hollande y furent aussi compris.

Le Roi étant allé à Roüen, comme nous venons de dire, la Ville lui fit un accueil des plus magnifiques. Elle y dépensa, disoit-on, plus de quatre cens mille écus. Le Roi tint là une Assemblée des Notables, où l'on traita des besoins les plus pressans du Roiaume. Le Roi y fit une harangue qui charma les assistans. *Je ne vous ai point appellez, disoit-il en un endroit, comme faisoient mes Predecesseurs, pour vous faire approuver mes volontez. Je vous ai fait assembler pour recevoir vos conseils, pour les croire, pour les suivre, bref, pour me mettre en tutelle entre vos mains : envie qui ne prend gueres aux Rois, aux barbes grises, aux victorieux.* Il obtint ce qu'il demandoit. On fit quelques impôts, secours fort necessaires en ce tems-là, mais qui le furent bien plus l'année suivante. Le jour de S. Thomas la Seine s'étant fort accruë par les pluies, le pont aux Meuniers tomba, & plus de trois cens personnes périrent dans la riviere.

Le dérangement des Saisons causa cette année des maladies & des fiévres pestilentielles qui emporterent bien des gens à Paris & dans les Provinces. La cherté des vivres qui survint, fit qu'un nombre presqu'infini de pauvres gens se rendirent à la capitale pour chercher du pain. Ce fut un surcroît de malheur dont on eut bien de la peine à se tirer.

On vit cette même année un imposteur appellé la Ramée, qui se disoit fils du Roi Charles IX. Il avoit été nourri chez un Gentilhomme de Poitou, qui, à ce qu'il disoit, l'avoit averti en mourant qu'il étoit fils de ce Prince, & que la Reine Catherine l'avoit enlevé dans les maillots, & l'avoit donné à garder à ce Gentilhomme, avec défenses de le faire connoître tant qu'elle & ses fils seroient en vie. La Ramée vint à Paris, & alla depuis à Rheims, où il s'accredita auprès du menu peuple, auquel il faisoit croire qu'il avoit des visions & des revelations, qu'il seroit un jour Roi, & qu'il avoit le pouvoir de guerir des écrouelles. Les plus sots étoient ravis de l'entendre. Il y en eut même qui disoient qu'ils avoient été gueris par son attouchement. Il fut enfin arrêté par les Gens du Roi & mis en Justice. Il parla aux Juges avec une arrogance surprenante. Il fut condamné à être pendu, & en appella au Parlement de Paris, où la Sentence fut confirmée & executée.

---

paniæ societas iniretur : quæ societas inita etiam Batavorum Ordines complectebatur.

Rex cum Rothomagum, ut diximus, se contulisset, a civitate illa perquam magnifice exceptus fuit, quæ ut narrabatur, plusquam 400. scutorum millia ea in re impendit. Notabilium istic conventum Rex habuit, ubi de maximis & urgentibus negotiis actum est. Henricus orationem habuit, quæ cœtui toti summe placuit. *Non vos convocavi*, inquiebat ille, *ut decessores mei, ut voluntatem meam probetis & sequamini; sed ut consilia vestra audiam & ipsa sequar, unoque verbo, ut tutela vestræ me commendem; quod certe facere non solent Reges, neque Cani, neque Victores.* Quod optabat autem impetravit : vectigalia quædam imposita sunt, quod genus auxilii tunc necessarium, sed magis anno sequenti fuit. Die Sancti Thomæ, cum Sequana ex pluviis exundaret, pons Molatrinarum concidit, & plusquam trecenti homines in flumine periere.

Hoc anno tempestatum ordo turbatus morbos peperit & febres pestilentia mixtas, quæ multos Lutetiæ & in provinciis absumsere. Hinc annonæ caritas superveniens, infinitos pene inopes in urbem præcipuam attraxit; quæ res cæteris adjuncta infortuniis vix amoveri potuit.

Hoc anno visus est Deceptor quidam Ramæus dictus, qui se filium esse Caroli IX. Regis dicebat. Is apud nobilem quemdam Pictonem educatus fuerat, qui moriens, ut narrabat ille, dixerat sibi, quod filius Caroli IX. esset, quodque Regina parens Catharina ipsum in cunis adhuc versantem amovisset, & Nobili illi custodiendum dedisset, quæ ipsi vetuerat, ne dum illa filiique ejus viverent, puerum cuivis notum faceret. Ramæus Lutetiam venit, indeque Rhemos se contulit, ubi apud infimam plebem acceptus fuit, cui suadebat se visiones habere, revelatumque sibi esse, se Regem aliquando fore, & posse a struma curare. Inepta plebs ipsum libentissime audiebat : imo quidam dicebant se ejus tactu sanatos fuisse. A Regiis tandem ille comprehensus, Judicibus traditus fuit, quos ille cum arrogantia incredibili alloquutus est. Ad suspendium autem damnatus fuit, & ad Curiam Senatus Parisini provocavit, ubi Sententia confirmata & exsequutioni mandata est.

HENRI IV. dit LE GRAND

Un cas inopiné jetta alors la terreur dans toute la France ; mais il tourna enfin mal pour les Espagnols, & fut cause de la paix. Hernando Teillés Portocarrero, Gouverneur de Dourlens, homme habile au fait de la guerre, & capable de bien executer une grande entreprise, avoit des intelligences dans Amiens, où plusieurs des anciens Ligueurs étoient encore, quoiqu'en secret, de la faction Espagnole. Le Roi veillant à la sureté d'une si grande & si importante place, alors frontiere, y avoit voulu mettre une garnison de Suisses. Mais les Amiennois ne voulurent pas la recevoir, disant qu'ils étoient assez forts pour se garder eux-mêmes. Et le Roi pour ne pas les mécontenter, rappella ses Suisses. Les habitans faisoient fort mauvaise garde ; ce qui fit que Portocarrero instruit de tout, forma le dessein de surprendre la Ville. Il le communiqua au Cardinal Archiduc, qui lui fournit cinq mille hommes de pied, & sept cens chevaux pour l'execution de cette entreprise.

Il marcha toute la nuit, c'étoit au mois de Mars, & mit ses gens en embuscade dans des ruines qui étoient auprès de la Ville. Vers les huit heures du matin, à l'ouverture de la porte de Montrescut, il envoia quarante soldats déguisez en payisans portant des fardeaux sur leurs têtes ou sur leurs dos. Ils venoient par differens chemins, aiant leurs armes sous leurs habits. Un chariot arriva aussi conduit par quatre soldats déguisez en payisans. Ce chariot fut conduit sous la porte, & un des soldats coupa les sangles afin que le chariot ne pût changer de place, & que la herse en tombant ne pût descendre. En même tems un autre mettant un sac de noix sur sa tête, en laissa tomber la plus grande partie à terre ; & tandis que ceux qui gardoient la porte s'amusoient à les ramasser, ces soldats déguisez poussérent ce corps de garde, & se rendirent maîtres de la porte. Ils donnerent alors le signal à Portocarrero, qui s'avança & entra dans la Ville sans resistance. En moins de demi-heure les Espagnols se saisirent des forts, des Eglises, de l'Arsenal & des munitions. Une bonne partie du peuple étoit alors au Sermon à la grande Eglise, & comme ils sortirent, ils trouverent les Espagnols qui s'étoient saisis des portes. Le beffroi sonna l'alarme, mais personne ne branla.

1597.

Amiens surpris par les Espagnols.

Le Comte de S. Paul qui commandoit à Amiens & en Picardie, trouva moien de se sauver à Corbie. Les Espagnols desarmerent les habitans, hors

---

n. Inopinata res tunc in Regno toto Francorum terrorem incussit, tamenque male tandem Hispanis cessit, & pacem demum conciliavit. Ferdinandus Tellesius Portocarrerus Durlanii Præfectus, vir in re bellica peritus, & ad res magnas suscipiendas dexter, Ambiani plures secum conspirantes habebat ; qui Unioni addicti, clam Hispanicæ factionis erant. Rex tanti momenti urbi advigilans, quæ in Regni confiniis esset, Helvetios præsidiarios inducere voluerat ; at Ambianenses se urbi suæ custodiendæ idoneos fore dixere, nec præsidiarios admiserunt, Rexque ingratam illis rem faceret, quos ad id destinaverat, Helvetios revocavit. Cives autem negligenter urbem suam custodiebant ; quapropter Portocarrerus, cui omnia perspecta erant, urbem astu intercipere cogitavit. Rem Cardinali Archiduci proposuit, qui ad eam suscipiendam quinquies mille pedites & septingentos equites ipsi suppeditavit.

mes. Noctu ille viam carpens Martio mense prope urbem venit, suosque in insidiis collocavit in parietinis quæ circa urbem erant. Hora octava matutina, cum aperiretur Montrescutiana porta, quadraginta milites misit sub rusticorum veste arma ferentes, qui onera vel capite vel dorso gestabant, & per diversa itinera accedebant. Carrus etiam advenit a quatuor militibus rustica veste obtectis ductus, qui carrus in porta substitit, milesque unus cingula secuit, ut ne carrus loco moveretur, & cataracta descendere nequiret. Eodem tempore alius saccum nucibus plenum capiti imponens, maximam partem effluere, & in terram cadere sivit, & dum portæ custodes nuces colligerent, milites illi simulatæ vestis, portæ custodes fugavere, ipsamque portam occuparunt. Tunc Portocarrero signum dedére, qui movit, & nemine obsistente in urbem ingressus est. Minus quam semihoræ spatio Hispani propugnacula, Ecclesias, armamentarium & munitiones occupavére. Magna pars populi tunc concionem in Majori Ecclesia audiebat, & cum egressi sunt, Hispanos invenerunt, qui portas occupavérant. Æs campanum pulsatur, sed nemo ad arma accurrit.

Comes Sancti Pauli Ambiani & Picardiæ Præfectus vix effugit, & Corbeiam se recepit. Hispani civium arma abstulere, iis exceptis qui factionis suæ

Les mêmes.

ceux qui étoient de leur faction. Ils pillerent & rançonnerent tous les autres, & firent un butin ineftimable. A cette nouvelle le Roi qui paffoit alors fon tems en balets & en réjoüiffances, fut extrêmement confterné, & revenu de cette premiere impreffion, il monta à cheval, fe mit en marche avec toute la Nobleffe qui étoit auprès de lui, & tâcha de raffurer & de bien munir toutes les places voifines, épouvantées de cette prife. La confternation fut d'abord generale dans le Roiaume. Le Roi donna des ordres pour raffembler promptement des gens de tous côtez, & aller faire le fiege d'Amiens. La diligence fut fi grande, qu'en peu de tems la Ville fut inveftie, & l'armée augmentoit tous les jours.

 Le Cardinal Archiduc fe trouva bien embaraffé. Il voioit une grande armée, qui groffiffoit tous les jours devant Amiens; que pour y faire entrer du fecours, il faudroit qu'il emploiât là toutes fes forces; & que cependant le Prince Maurice feroit de grands progrès dans les Pays-bas Efpagnols. Il écrivit à Portocarrero, que quand il devroit perdre Bruffelles, Anvers & tous les Payis-bas, il ne manqueroit pas de le fecourir. Il follicita en même tems le Duc de Mercœur de faire de nouveaux efforts en Bretagne, & le Duc de Savoie de porter la guerre en France pour obliger le Roi de partager fes forces. L'un & l'autre feconderent fes intentions, mais avec peu de fuccès, comme nous verrons.

 Quelques-uns du menu peuple de Paris de la faction Efpagnole, eurent la temerité de s'affembler, & de crier, Vive l'Efpagne. Mais Rapin Prevôt de la Connétablie de Paris, en fit pendre fept ou huit, en bannit quelques autres, & la mutinerie fut appaifée. Le Duc de Mercœur qui faifoit la guerre en Bretagne, fit en ce tems-ci de grandes pertes. Le Sieur de Saint Laurent fon Lieutenant fut deux fois défait par la Tremblaye, qui commandoit fous le Comte de Briffac, & perdit un fi grand nombre de gens, que le Duc ne put plus rien faire cette campagne. La Tremblaye fut tué au dernier combat, & fut fort regretté des Roiaux.

Guerre en Bretagne,

 Le Duc de Savoie follicité par l'Archiduc, fe préparoit à faire cette année un grand effort contre la France, & le Roi fit partir à la fin de Mars Lefdiguieres, qui s'étoit trouvé à l'Affemblée de Rouen, & l'envoïa en Dauphiné

& en Savoie.

---

erant, cæterorum domos diripuere, & pecuniam ab illis exegere, unde prædam incredibilem corraferant. His auditis Rex qui tunc tripudiis, faltationibus, & diludiis operam dabat, admodum confternatus eft, cumque ex fubito terrore paulum refpiraffet, equum confcendit, & cum Nobilibus qui fecum erant profectus eft, curavitque omnes circum urbes & oppida confirmare atque munire. Confternatio per totum Regnum fuit. Rex juffit armatos viros undique colligi ad Ambiani obfidionem faciendam, idque cum tanta celeritate & diligentia factum eft, ut brevi urbs cincta fuerit: exercitufque in dies augebatur.

Les mêmes. Cardinalis tamen Archidux in anguftiis erat. Magnum exercitum ante Ambianum videbat in dies crefcentem, neceffeque fore ut auxilia in urbem immitteret, & copias omnes fuas adhiberet, intereaque futurum effe, ut Princeps Mauritius in Hifpanico Belgio plurima oppida caperet. Portocarrero autem fcripfit, fe etiamfi Bruxellas, Antuerpiam, Belgiumque totum amiffurus effet, auxiliis ipfi tamen mittendis non minus advigilaturum. Mercurium eodem tempore urfit ut in Armorica bellum fortiter gereret, & Sabaudum ut cum exercitu in Franciam ingrederetur, quo Rex cogeretur copias diftrahere, & varia in loca mittere. Uterque autem dictis ejus paruit, fed non cum felici exitu, ut videbitur.

 Quidam ex Parifina plebe Hifpanicæ factionis ita temere concitati funt, ut collecti clamarent, *Vivat Hifpania*; fed Rapinus Conftabulariæ Parifinæ Præpofitus feptem vel octo eorum fufpendio necari juffit, & aliquot exfulare coëgit, ficque feditio fedata fuit. Dux Mercurius qui in Armorica bellum gerebat, improfpere omnia fufcepit. Sanlaurentius qui fub illo imperabat bis profligatus fuit a Tremblaio Regiorum ductore fub Comite Briffaco, tantumque fuorum numerum amifit, ut anno ifto nihil aggredi potuerit. Tremblaius vero in pofteriore pugna cæfus fuit, & apud Regios magnum fui defiderium reliquit.

 Sabaudus vero urgente Archiduce, hoc anno ad quidpiam magnum contra Franciam fufcipiendum fefe apparabat; Rexque fub Martii finem, Diguierium qui conventui Rothomagenfi interfuerat, in Delphinatum mifit cum titulo Vicarii Generalis exer-

avec

avec la qualité de Lieutenant General de ses Armées. Il s'y rendit en diligence, & pour prévenir le Duc, il assembla promptement une petite armée de quatre ou cinq mille hommes de pied, & de cinq ou six cens chevaux, força un passage gardé par cinq cens Savoiards, & se saisit de saint Jean de Morienne, & des forts qui étoient autour de la Ville. Le Duc de Savoie passa aussi les monts, & vint joindre auprès de Chamberi son armée commandée par le Comte Martinengo, qui étoit d'environ dix mille hommes de pied & de mille chevaux. Cependant Lesdiguieres prit encore Aiguebelle & plusieurs autres petites Villes; ensorte qu'il se trouva maître de toute la Morienne, & de beaucoup d'autres places.

1597.

Le Duc qui avoit reçû un renfort de Suisses & d'Espagnols, se campa auprès de Montmelian avec une armée de quinze mille hommes de pied, & de quinze cens chevaux. Lesdiguieres (qui avoit aussi reçû de nouvelles troupes) quoique fort inferieur en nombre, alla se camper auprès de lui. Il y eut quelques escarmouches, où les François eurent l'avantage. Le Duc de Savoie quitta enfin son poste, & alla se camper auprès du fort. Les Savoiards eurent toujours du pire dans cette campagne. Le sieur de la Baume leur tua deux cens hommes dans un combat, & le sieur de Crequi défit le Comte de Chiaravalle, le fit prisonnier, & mit sa troupe en déroute. Le Duc de Savoie qui avoit fait de plus grands préparatifs cette année que les autres, eut le chagrin de voir la campagne se terminer si fort à son desavantage.

La surprise d'Amiens anima les sujets du Roi d'Espagne à en faire de semblables. Un nommé le Capitaine Gaucher aiant envie de se rendre maître de Villefranche en Champagne, pour faire de là des courses sur les terres de France, tâcha de gagner par argent quelques soldats de la garnison qui firent semblant d'accepter ses offres, & en donnerent avis au sieur de Tremelet Gouverneur. Ils lui marquerent le tems & l'heure. Ce fut la nuit du 3. d'Août. Le Gouverneur fit venir secretement des gens à son secours. On mit quelques troupes en embuscade pour attaquer les ennemis par derriere, au même tems que la garnison les chargeroit. Gaucher vint à l'heure marquée avec cinq ou six cens hommes, & s'avança jusqu'à la porte de la Ville, la garnison le chargea, & ceux qui étoient en embuscade vinrent l'attaquer par derriere;

Gaucher veut surprendre Villefranche; est défait.

---

cituum. Celeriter Diguierius illà pervenit, atque ut ducem præverteret, parvum statim exercitum collegit quatuor vel quinque millium peditum, & quingentorum aut sexcentorum equorum. Angustum locum quem quingenti Sabaudi custodiebant, vi superavit, & oppidum Sancti Joannis de Maurienna, cum propugnaculis, quæ circum erant, occupavit. Sabaudus quoque montes superavit, & exercitum suum, cui tunc imperabat Martinengus Comes, junctum venit prope Camerinum; qui exercitus erat decem millium circiter peditum & millium equitum. Inter hæc Diguierius Aquam-bellam & aliquot oppidula cepit, ita ut Mauriennam totam & alia multa loca occuparet.

Sabaudus qui Helvetiorum & Hispanorum manum acceperat, prope Monmelianum castrametatus est cum exercitu quindecim millium peditum & mille quingentorum equitum. Diguierius, qui & ipse novas copias acceperat, etsi longe numero impar prope illum castra posuit. Aliquot velitationes fuere, ubi Franci superiores visi sunt. Sabaudus tandem movit, & prope arcem castra posuit. Sabaudi semper hoc anno cæsi fuere. Balmæus ducentos illorum occidit in quodam prœlio. Crequius vero Claravallis Comitem profligavit, illumque cepit. Sabaudus ergo qui plures quam annis superioribus copias collegerat, res sibi tam male cedere haud libens vidit.

Intercepti Ambiani fama subditos Hispaniæ Regis ad paria capessenda concitavit. Quidam ductor Gaucherius dictus, cum Villam-Francam in Campania intercipere vellet, ut inde in Franciam incursiones faceret, aliquot præsidiarios pecunia sibi devincire tentavit, qui se cum illo conspirare simulavêre, & Tremeletum oppidi Præfectum submonuere. Diem & horam Gaucherio significavêre, noctem nempe tertiam Augusti diem præcedentem. Præfectus auxiliatrices copias clam advocavit, quarum quædam in insidiis locatæ sunt; quæ hostem a tergo impeterent quo tempore præsidiarii ipsos a fronte adorirentur. Gaucherius hora indicta adfuit cum quingentis vel sexcentis pugnatoribus & ad portam usque venit. Præsidiarii illum adorti sunt, aliique ex insidiis egressi turmam ipsius a dorso impetierunt. Gau-

Les mêmes.

1597. enforte que se voiant investi, il monta à cheval, & trouva moien de se sauver : presque toute sa troupe fut tuée ou prise, il ne s'en sauva pas cinquante.

Cependant le siege d'Amiens continuoit toujours. Le Roi qui y étoit, en laissa la conduite à Biron, & alla visiter toutes les places frontieres. La garnison Espagnole, qui étoit de plus de quatre mille hommes, se défendoit vaillamment, & faisoit de frequentes sorties. Le dix-sept Juillet elle en fit une furieuse de cinq cens hommes qui allerent bien avant dans la tranchée, & tuerent beaucoup de gens. Portocarrero, dans une lettre à l'Archiduc, disoit que le nombre des morts du côté des François, alloit bien à cinq cens hommes; mais cette lettre étoit pleine de rodomontades Espagnoles ; le nombre des morts fut bien moindre, & les Espagnols ne se retirerent pas sans perte. Le Roi fit venir devant Amiens quarante-cinq pieces d'artillerie qui battoient continuellement la place ; ce qui obligea Hernand Telles de prier l'Archiduc de venir promptement à son secours.

Pendant ce siege qui fut long, le Roi vint à Paris, & voulut obliger le Parlement de verifier quelques Edits *Bursaux*, pour tirer de l'argent si necessaire alors. Et sur la difficulté qu'ils en firent, il leur répondit sechement : Vous ferez comme ces fous d'Amiens : qui pour n'avoir pas voulu me donner deux mille écus, ont été obligez d'en donner un million à l'ennemi. Le Parlement se rendit enfin, mais avec bien de la peine.

L'Archiduc se prépara à secourir la place, & à y faire entrer un renfort de troupes. Il envoia un gros détachement de cavalerie pour reconnoître le camp des François. Ce détachement fut découvert, le Roi courut après avec un corps de cavalerie, les poursuivit pendant près de vingt lieües, & en prit quantité. Il y en eut bien cinq cens ou prisonniers, ou tuez, dont la plûpart qui s'étoient sauvez dans les bois, furent massacrez par les paysans. Le 3 Septembre Hernand Teilles Portocarrero fut tué d'un coup de canon, & le Marquis de Montenegro fut Gouverneur en sa place. M. de Saint Luc, Grand Maître de l'Artillerie, fut aussi tué dans les tranchées.

L'Archiduc Albert vient au secours d'Amiens

L'Archiduc Albert aiant assemblé une armée de quatre mille chevaux & de quinze mille hommes de pied, dix-huit pieces de canon, & six cens chariots enchaînez pour servir de clôture à son camp, partit de Dourlens. On ne croioit

---

Les mêmes. M. de l'Etoile.

cherius consensu equo vix effugit ; cæteri pene omnes vel cæsi vel capti sunt., ac ne quinquaginta quidem evasere.

Inter hæc Ambianensis obsidio pergebat. Rex obsidendi cura Birono tradita, oppida confinium munita lustravit. Præsidiarii Hispani, qui plus quater mille numero erant fortissime pugnabant, & frequenter erumpebant. Decima-septima Julii quingenti numero erumpentes, in vallis Francorum progressi sunt, & multos occiderunt. Portocarretus in quadam ad Archiducem epistola ad quingentos cæsos numerabat. Sic jactabundus ille Hispanico more gloriabatur : minor longe numerus fuit, & Hispani plurimos suorum amiserunt. Rex ante Ambianum advehi jussit quadraginta quinque tormenta pyria, quæ continuo muros verberabant. Quapropter Portocarretus Archiducem rogavit in auxilium celeriter veniret.

M. de l'Etoile.

Dum in obsidione pergeretur Rex Lutetiam venit, & Curiam Senatus adigere voluit ut Edicta quædam ad pecuniam colligendam admitteret, atque inter acta redigeret. Repugnantibus autem illis acriter respondit : Perinde agere vultis atque insani illi Ambianenses, qui cum duo millia scutorum numerare mihi noluissent, decies centena millia inimicis numeravere. Assensit tandem Senatus, licet ægre.

Archidux ad opem ferendam sese apparat, & auxiliares copias immittere in urbem cogitat, magnamque primo equitum alam misit, quæ castra Francorum observaret. Rem comperit Henricus Rex, & cum equitum manu it obviam, Hispanosque per viginti fere leucas insequitur, plurimosque capit. Quingenti circiter vel cæsi vel capti fuere, quorum plerique qui in silvas aufugerant, a rusticis interemti sunt. Tertia die Septembris Portocarretus occisus est, & ejus loco Montenegrius Marchio Præfectus fuit. Sanlucius etiam magnus tormentariæ rei Francicæ Præfectus in vallo interemtus fuit.

Archidux Albertus postquam exercitum collegerat, quatuor millium equitum & quindecim millium peditum, cum octodecim tormentis & sexcentis carris, qui exercitum circumcludere possent, profectus est Durlanio. Non putabatur autem ille adsu-

HENRI IV. dit LE GRAND. 387

pas qu'il dût s'avancer jusqu'à la vûë de l'armée de France; & l'on fut fort surpris quand on le vit le 15. Septembre campé auprès de Longpré, à la vûë du Camp du Roi. A peine le Roi eut-il le tems de mettre son armée en bataille: si l'Archiduc eut d'abord poussé sa pointe, & chargé les troupes Françoises qu'il rencontra, il auroit apparemment mis notre armée en desordre: preuve de la grande négligence des Chefs, qui ne sûrent rien des demarches de l'armée ennemie que quand elle fut en sa présence. Le Roi s'étant campé devant l'Archiduc, laissa trois mille hommes dans les tranchées.

1597.

Après qu'il eut mis son armée en bataille, l'Archiduc s'avança jusqu'à trois cens pas de Longpré, apparemment à dessein de se saisir de ce poste; mais l'artillerie que le Roi avoit fait venir fit un tel ravage dans son armée, qu'il fut obligé de se retirer à un quart de lieuë de là près du Village de Saint Sauveur. Il y eut là plusieurs escarmouches avec quelque perte de part & d'autre. La nuit suivante les deux armées demeurerent sur pied, le Roi fit jetter deux mille hommes dans Longpré avec ordre de s'y retrancher; & voiant l'Archiduc campé au bord de la riviere, il fit mettre trois canons au côté opposé, qui joüerent sur l'armée ennemie; ensorte que l'Archiduc ne savoit où se camper surement. Le Roi se doutant bien qu'il vouloit jetter du secours dans Amiens, détacha un corps de trois mille hommes de pied & de quatre cens chevaux pour garder les endroits par où pouvoit venir ce secours. Ce détachement fut fait fort à propos. Car l'Archiduc fit jetter un pont artificiel sur la Somme pour y faire passer deux mille hommes qu'il vouloit faire entrer dans Amiens. Ils passerent en effet: mais le détachement fait par le Roi les chargea d'abord, & ils furent obligez de repasser bien vîte.

L'Archiduc ne pensa plus alors qu'à la retraite. Il mit son armée en fort bon ordre, & se mit en marche pour regagner Dourlens. Le Roi marcha après lui avec quatre mille chevaux & douze mille hommes de pied à dessein de lui donner bataille, si l'Archiduc en vouloit tâter. Les deux armées furent en presence pendant cinq heures. Mais comme l'artillerie du Roi portoit grand dommage à celle de l'Archiduc, il lui fit faire volte face pour marcher vers Dourlens. Le Roi étoit d'avis de l'attaquer dans sa retraite: mais les plus

Se retire;

---

que exercitum Francorum accessurus esse, nec sine stupore quodam visus est decima-quinta die Septembris prope Longum-pratum castrametatus, unde ex Regiis castris videri poterat. Vix Rex spatium habuit ad ordinandam aciem. Si Archidux statim Francicas copias adortus esset, quas priores ille offendit, in exercitu nostro ordines, ut credere est, turbavisset, unde probatur quanta negligentia duces usi fuerint, qui de exercitûs hostilis motu & itinere nihil novere antequam præsens adesset. Rex castra posuit coram Archiduce, relictis in vallo ante urbem pugnatoribus tribus millibus.

Postquam Rex aciem ordinaverat, Archidux Longum-pratum versus movit, a quo deinde trecentis circiter passibus distabat, creditumque est illum Longum-pratum occupare voluisse; sed tormenta quæ Rex admoveri jusserat, tantam stragem in ejus exercitu fecerunt, ut versus Sancti Salvatoris vicum se recipere coactus fuerit. Ibi fuere quædam velitationes cum pari utrinque pernicie. Insequenti nocte ambo exercitus in ordinibus suis steterunt. Rex bis mille pugnatores in Longum-pratum immitti jussit, ut se ibi communirent, & Archiducem ad oram fluminis castrametatum videns, tria tormenta pyria ad alteram oram locari jussit, quibus frequenter explosis, quo se verteret Archidux nesciebat; cumque Rex suspicaretur velle ipsum Ambianum auxiliares copias immittere, peditum tria millia & trecentosequites ad ea loca misit, qua transire illæ copiæ possent. Quod sane consulto factum est; Archidux enim in Somona pontem arte factum conjecit qua transirent bis mille pedites Ambianum inducendi, & revera flumen trajecerunt; sed missa ad eam rem militum manus illos adorta est, ipsique celeriter ad Archiducem remeare coacti sunt.

Les mêmes.

Tunc Archidux nihil aliud cogitavit quam ut receptum haberet, exercitumque suum recte in ordines constitutum Durlanium versus movere curavit. Rex post illum cum equitibus quatuor millibus & duodecim millibus peditibus iter carpsit, ut pugnam committeret, si Archidux aleam tentare vellet. Per horas quinque ambo exercitus coram fuere. Quia vero tormenta regia multum damni exercitui Archiducis importabant, exercitum ille suum terga dare jussit ut Durlanium versus iretur. Rex illum in recessu adoriri cogitabat; sed qui sagaciores erant dixere

Tome V. Ccc ij

1597.

sages dirent que la prise d'Amiens alors infaillible, étoit de beaucoup préférable au gain d'une bataille, & que la prudence ne permettoit pas de risquer un tel avantage par le sort d'un combat. Cet avis fut suivi.

Prise d'Amiens. Les assiegèz voiant que l'Archiduc s'étoit retiré, & qu'il n'y avoit plus d'esperance de secours, penserent à capituler. Le Roi leur accorda les conditions les plus honorables, & leur donna le terme de six jours pour avertir l'Archiduc, que s'ils n'étoient pas secourus dans cet espace de tems, ils se rendroient. Le secours ne pouvant venir, le Marquis de Montenegro sortit avec la garnison Espagnole qui montoit à environ deux mille hommes. Le Roi lui fit un accueil fort honorable. On garda exactement tous les articles de la capitulation. La surprise d'Amiens loin d'apporter aux Espagnols tous les avantages qu'ils s'étoient promis, gâta fort leurs affaires dans les Païs-bas. Pendant que l'Archiduc emploioit toutes ses troupes & faisoit des efforts inutiles pour jetter du secours dans la Ville, le Prince Maurice prit à son aise un grand nombre de Villes & de Places, & chassa les Espagnols des Pays de Frise, d'Overissel & de Groningue.

Après la prise d'Amiens, le Roi marcha vers Dourlens & souhaittoit d'en faire le siege ; mais l'hiver approchoit, & son armée étoit trop fatiguée, ce qui l'obligea de remettre la partie à une autre fois. Cette reprise d'Amiens effraia tellement le Duc de Mercœur, qu'il consentit à une suspension d'armes qui devoit finir le dernier de Decembre de cette année. Les Huguenots se plaignoient par tout des mauvais traitemens qu'ils recevoient des Catholiques, depuis que le Roi s'étoit réduit au giron de l'Eglise. Ces plaintes venoient de tous côtez. Le Roi leur permit enfin de s'assembler à Châteleraut, & y envoia des Députez. Il n'y fut rien conclu, & le Roi remit la décision de cette affaire au voiage qu'il devoit faire l'année suivante en Bretagne pour réduire le Duc de Mercœur.

1598.

Ce Prince demandoit une continuation de la suspension d'armes : mais le Roi bien informé de ses intentions, commanda au Maréchal de Brissac de recommencer la guerre. Les Habitans des Villes que tenoit le Duc, sollicitez sous main par les Roiaux, étoient fort ébranlez, & pensoient à se remettre sous l'obéïssance du Roi. Les Malouins avoient des intelligences dans Dinan, & avertirent Brissac de s'y rendre. Il y alla, & entra sans peine dans la Ville.

Les mêmes. Ambiani receptionem, quæ tunc certo futura erat, victoria quavis potiorem esse, nec prudenter posse illam per pugnæ dubiam sortem in periculum vocari.

Præsidiarii cum viderent Archiducem receptui cecinisse, nec ullam ultra spem auxilii esse, ad pactionem deditionis venere. Conditiones illis Rex concessit perquam honorabiles, sexque dierum spatium dedit ut Archiducem monerent, se si per illud spatium temporis auxilium non acciperent, deditionem esse facturos pollicebantur. Cum auxilium non venire posset, Montenegrius Marchio cum præsidiariis Hispanis egressus est, qui bis mille circiter numero erant. Marchionem Rex honorifice admodum excepit, & pactionis conditiones accurate servari jussit. Ambianum captum, nedum Hispanorum rem auxerit, damna illis maxima in Belgio importavit; nam dum Archidux copias omnes & conatus adhiberet, ut auxilium Ambianum immitteret, Princeps Mauritius multas urbes oppidaque facile cepit, Hispanosque ejecit ex Frisia, Transisalana & Groninga.

Les mêmes. Post captum Ambianum Rex versus Durlenium movit, oppidumque obsidere cupiebat; sed cum appeteret hiberna tempestas, & exercitus labore nimio defessus esset, res in aliud tempus missa fuit. Ambiano recuperato metu perculsus Mercurius, inducias fecit ad usque ultimum Decembris diem. Hugonoti ubique locorum conquerebantur, quod a quo tempore Rex ad Ecclesiæ gremium se receperat, ipsi a Catholicis male exciperentur. Cum querimoniæ illæ undique confluerent, Rex permisit tandem illis ut ad Eraldi castrum convenirent, Deputatosque suos istuc misit. Nihil tamen decisum fuit, Rexque negotium misit in tempus illud, quo ipse in sequenti anno Mercurium ad officium reducturus in Armoricam ipse venturus erat.

Inducias diuturniores postulabat Mercurius; sed Rex ejus consiliorum gnarus Brissaco mandavit ut bellum ipsi denuo inferret. Cives urbium & oppidorum quæ Duci parebant clam solicite moniti & excitati ad regias partes inclinabant. Maclovienses Dinantii quosdam secum conspirantes habebant, & Brissacum monere ut illò se conferret. Venit ille, & nullo obsistente in oppidum ingressus est. Castel-

HENRI IV. dit LE GRAND.

Le Château se rendit par composition. Vers le même tems le Duc de Savoie regagna S. Jean de Morienne, & toute la Vallée. Il défit aussi le sieur de Crequi, qui fut fait prisonnier ; mais Lesdiguieres ce vigilant Capitaine, prit le fort des Barraux que le Duc avoit fait bien munir, & où il tenoit ses provisions. La perte de la Morienne fut plus que suffisamment compensée par cette prise.

1598

Au mois de Mars le Roi se mit en marche. A peine fut-il sorti de Paris, que les Commandans de Craon, de Rochefort en Anjou, & de Mirebeau en Poitou, qui tenoient auparavant pour le Duc de Mercœur, vinrent lui dire qu'ils alloient remettre ces places sous l'obéïssance de Sa Majesté. Quand le Duc de Mercœur sçût que le Roi étoit en chemin pour se rendre en Bretagne, & que ces trois places, qui, comme il esperoit, devoient faire une grande resistance, s'étoient mises sous son obéïssance, informé d'ailleurs que les Villes & Châteaux qu'il tenoit en Bretagne, étoient disposez à traiter avec Sa Majesté ; il pensa enfin à faire sa paix, & envoia Marie de Luxembourg sa femme avec des Députez pour traiter. Ils demandoient que le Roi laissât au Duc le Gouvernement de la Bretagne, ce qu'on n'avoit garde de lui accorder. On lui offrit cent mille livres de pension annuelle, à condition qu'il se tiendroit à l'avenir à la Cour du Roi. La Duchesse qui le portoit fort haut, ne se contentant pas de cela voulut aller trouver le Roi à Angers, mais elle y fut repoussée d'une maniere qui lui rabattit extrêmement le courage, & la rendit plus souple aux volontez du Roi. Gabrielle d'Etrées qui souhaitoit le mariage de Cesar Monsieur, ainsi appelloit-on le fils qu'elle avoit eu du Roi, avec la fille unique du Duc & de la Duchesse de Mercœur, interposa son credit pour obtenir du Roi une Audience, où la Duchesse fut reçûë avec tout l'honneur possible. Le Roi lui proposa ce mariage. Elle y consentit, non sans quelque repugnance, & obtint pour le Duc son mari les conditions les plus avantageuses, & de grosses sommes d'argent.

Reduction de la Bretagne.

Le Duc de Mercœur s'accommode avec le Roi.

Ainsi la Bretagne revint toute entiere sous l'obéïssance du Roi, hors le fort de Blavet que tenoient les Espagnols. Le Roi se rendit à Nantes & puis à Rennes, où il passa un tems considerable pour terminer les affaires de cette Province, ce qu'il executa à la grande satisfaction des Bretons.

Ce fut à Nantes que les Reformez lui porterent leurs plaintes, & firent

---

ium pacta conditione sese dedidit. Eodem fere tempore Sabaudus Sanctam Joannem de Mauriennâ & totam vallem recuperavit. Crequium etiam vicit qui captus fuit ; sed Diguierius vigil ille sagaxque Dux Barralium munimentum quod Sabaudus propugnaculis cingi curaverat, & ubi rem cibariam custodiebat, expugnavit, id quod amissam Mauriennam abunde compensavit.

Idem.

Mense Martio Rex profectus est ; vixque Lutetia egressus erat, cum Præfecti Cratumni & Rupefortii in Andibus, & Mirabelli in Pictonibus, qui antea pro Mercurio stabant, venientes Regi dixêre, se ad Regiæ Majestatis dominium oppida illa reducturos esse. Ubi comperit Mercurius Regem in Armoricam iter instituere, atque isthæc tria oppida, quæ diu, ut sperabat ille, Regi obstitura erant, jam in illius potestatem redacta esse ; cumque aliunde sciret, oppida & castella, quæ ipse in Armorica tenebat, ad partes regias inclinare, de facienda pace cogitare cœpit, misitque Mariam Luxemburgicam uxorem cum Deputatis, qui de conditionibus agerent, postulabantque ut Rex ipsi Armoricæ Præfecturam concederet, quod certe sperandum nullo modo erat.

Oblatus autem illi fuit centum millium librarum reditus annuus, dummodo ipse in posterum in aula regia maneret. Uxor ejus, quæ altum sapiebat, his non contenta, Regem Andegavum adire voluit ; sed repulsam tulit ipsa talem, quæ superbiam ejus admodum remisit, & ad obsequium promtiorem effecit. Gabriela Ethræa quæ connubium Cæsaris, sui ex Rege suscepti filii, cum unica filia Mercurii Ducis peroptabat, ab Rege impetravit ut Maria Luxemburgica in Regis conspectum audienda admitteretur. Cum magna honoris significatione excepta illa ab Rege fuit, Rex illi connubium hujusmodi proposuit. Illa repugnans licet manus dedit, & conditiones optimas impetravit, necnon grandes pecuniæ summas.

Sic Armorica tota in Regis potestatem redacta est, excepto Blaveto, quod tenebant Hispani. Rex ad Namnetas, posteaque ad Rhedonas se contulit ; ubi per aliquod tempus mansit, ut hujus provinciæ negotia perficeret, quod probantibus plaudentibusque Britonibus bene cessit.

Apud Namnetas autem Reformati querimonias suas in medium attulere, multaque postulavêre, in,

Thuanus Hist. de la Paix.

1598.

Edit de Nantes.

bien des demandes, & entre autres de leur laisser la joüissance des dixmes pour paier leurs Ministres; ce que le Roi ne pouvoit faire sans s'attirer les plaintes de tout le Clergé de France, & sans se faire de nouvelles affaires avec Rome. Pour les satisfaire en quelque maniere, il leur assigna des sommes sur le Tresor de l'Epargne, & fit en leur faveur ce fameux Edit de Nantes. Il leur laissa des places de sureté, & leur accorda bien des choses, forcé par la conjoncture du tems. On tenoit des Conferences pour la paix, & il craignoit que quelque revolte des Religionnaires, ou ne la rompît, ou ne l'obligeât à la faire moins avantageuse.

Pendant que tout ceci se passoit en Bretagne, la paix se traitoit à Vervins. Le Pape & plusieurs autres Princes s'y interessoient beaucoup, & sollicitoient le Roi Henri & le Roi d'Espagne à la faire. Philippes II. à qui son grand âge & ses infirmitez annonçoient une mort prochaine, souhaittoit cette paix. Le Roi de France qui voioit son Roiaume à demi ruiné par tant de guerres & de troubles, y étoit encore plus porté; mais par bienséance il vouloit que ses Alliez la Reine d'Angleterre & les Etats de Hollande y fussent compris. La Reine Elisabeth n'en auroit pas été éloignée, si elle n'avoit craint que les Etats de Hollande ses Alliez, & qu'elle avoit interêt de soutenir, ne se trouvassent lesez par cette paix. Ces Etats ne vouloient pas même en entendre parler, persuadez qu'elle donneroit infailliblement quelque atteinte à la liberté qui leur avoit coûté tant de sang & tant de peine à acquerir. Conjointement avec la Reine d'Angleterre, ils firent beaucoup d'instance auprès du Roi pour le détourner de cette paix, jusques là même que la Reine Elisabeth l'accusoit d'ingratitude & de peu de reconnoissance des bienfaits qu'il avoit reçû d'elle.

Paix de Vervins.

Malgré tout cela le Roi fit poursuivre le traité de paix. Les Députez du Duc de Savoie y apporterent quelques difficultez qui n'empêcherent pas qu'on ne conclût enfin. Les principaux articles du traité furent: Que le Roi Henri rétabliroit Philippe Roi d'Espagne dans la joüissance du Comté de Charolois, & que le Roi d'Espagne lui rendroit les places qu'il tenoit en France, Calais, Ardres, Monthulin, Dourlens, la Capelle, le Catelet, & Blavet en Bretagne, dans deux mois, à compter du jour de la date, qui

---

terque alia ut decimarum sibi usus relinqueretur ad solvenda Ministrorum stipendia, id quod si Rex concessisset, totius Gallicani Cleri querelas clamoresque concitasset, Romanamque Curiam offendisset. Ut illis tamen aliquo modo faceret satis, summas assignavit illis ex ærario regio solvendas, Edictumque illud celebre Namnetense emisit. Ad securitatem urbes oppidaque ipsis concessit, & multa alia quæ temporum necessitas exigebat. Jam enim ad congressus pro facienda pace ventum erat, metuebatque Rex ne rebellantibus Hugonotis, pax illa vel rumperetur, vel minus opportuna & commoda fieret.

Les mêmes. Dum hæc in Armorica gererentur, de pace Vervinii agebatur. Summo Pontifici aliisque Principibus pax isthæc admodum cordi erat, & sollicite Henricum atque Philippum Regem Hispaniæ urgebant illi ut in concordiam venirent. Philippus II. senio ægritudineque confectus, instareque mortem videns, pacem optabat. Henricus quoque qui Regnum suum tot bellis civilibus & tumultibus pene exhaustum cernebat, majori ad pacem studio ferebatur; sed decori causa cupiebat, ut Regina Angliæ & Batavorum Ordines ad pacis conditiones venirent. Elisabetha quoque Regina ad pacem inclinavisset, nisi timuisset Ordines Batavicos, queis illa sui commodi causa fovendis advigilabat, pace hujusmodi lædendos fore. Ordines autem illi pacis ne nomen quidem ferre poterant, certum habentes pacem illam libertati suæ, quam cum tanto labore & sanguinis effusione adepti erant, noxiam fore. Ordines igitur cum Elisabetha conjuncti vehementer institere, ut Henricum a pace facienda adverterent, ita ut etiam Elisabetha Regem ingrati animi accusaret, ut tot ab se præstitorum beneficiorum immemorem.

Les m... His non obstantibus Rex congressum ad pacem faciendam pergere voluit. Deputati Sabaudiæ Ducis difficultates quasdam injecere, tamenque pax facta publicataque fuit, cujus præcipuæ conditiones erant; quod Rex Henricus Philippo Hispaniæ Regi Carolesii Comitatus usum-fructum restituturus esset; quodque Rex Philippus Henrico rediturus esset oppida quæ in Francia tenebat, Caletum, Ardram, Monthulinam, Durlanium, Capellam, Castelletum & Blavetum in Armorica; post duos menses, numeran-

étoit le 2. Mai 1598. & dans trois mois pour Blavet seulement ; que l'on donneroit des ôtages de part & d'autre pour la seureté ; qu'on executeroit pour le reste le traité de paix fait en 1559. qu'on nommeroit des Députez pour déterminer à l'amiable les bornes de la Picardie & du Boulonnois qui étoit au Roi, & de l'Artois qui appartenoit aux Espagnols.

Le Roi d'Espagne voulut que le Duc de Savoie fut aussi compris dans la paix. On convint qu'il rendroit au Roi la Ville de Seure, & que pour les autres differens qui étoient entre lui & le Roi, on s'en rapporteroit à la décision du Pape Clement VIII. On donna des ôtages. Ceux de l'Espagne furent Charles de Croui Duc d'Arscot, l'Amiral d'Arragon, le Comte d'Aremberg & Louis Velasco. Le Roi les reçût très-bien, & sur tout le Duc d'Arscot qui se trouva son parent du côté d'Albret. Il l'appelloit mon cousin ; & en sa faveur il érigea en Duché la Terre de Croui, située entre Amiens & Abbeville.

Après que la paix fut publiée, se fit le mariage de l'Archiduc Albert d'Austriche, qui déposa le Cardinalat, avec Isabelle Claire Eugenie, fille de Philippe II. Roi d'Espagne, qui lui assigna en dot les Pays-bas, la Franche-comté, & le Comté de Charolois, à la charge que ces Etats reviendroient au Roi d'Espagne, si sa fille mouroit sans enfans.

Les Etats, qui par leurs sollicitations n'avoient pû empêcher le Roi de France de faire sa paix avec l'Espagne, malgré les belles offres que leur faisoit l'Archiduc Albert, s'ils vouloient le reconnoître, de laisser en leur place ceux qui étoient en charge, & d'y continuer même leurs enfans, s'ils en étoient capables ; informez par des Lettres interceptées qui venoient de Madrid, que l'intention des Espagnols étoit toute contraire à ces propositions, qui n'étoient qu'un leurre, déclarerent qu'ils ne vouloient ni paix ni treve avec l'Archiduc, & se liguerent plus étroitement avec la Reine d'Angleterre, qui leur donna de puissans secours. Ils continuerent ainsi la guerre avec succès.

Le 3. Septembre de cette année mourut à l'Escurial Philippe II. Roi d'Espagne, après avoir soutenu une longue maladie, qui le consuma peu à peu, sans lui ôter ni la connoissance ni la raison. Lorsqu'il sentit que sa fin étoit proche, il fit appeller Philippe son fils aîné, & lui donna plusieurs belles

Mort de Philippe II. Roi d'Espagne.

Les mêmes.

do a die qua pactum editum fuit, qui dies erat secundus Maii anni 1598. & post tres menses pro Blaveto tantum ; quod in reliquis capitibus pax anno 1559. facta rata haberetur ; quod Deputati utrinque mitterentur, qui amice Picardiæ & Bononiensis tractus, qui Regis, & Artesiæ, quæ Hispanorum erat, determinarent.

Voluit Hispaniæ Rex ut Dux Sabaudiæ in pactione comprehenderetur, conventumque fuit, ut Dux Regi Sevreum oppidum restitueret, & cætera de quibus contendebatur ad Summum Pontificem Clementem VIII. decidenda referrentur. Obsides utrinque dati sunt : ab Hispanis in obsides deputati sunt Carolus Croius Dux Arscotanus, Arragoniæ Navarchus, Comes Arembergius, & Ludovicus Velascus. Rex benignissime illos excepit, maximeque Arscotanum Ducem quem ratione Leporetæ stirpis cognatum sibi comperit, & cognatum appellare solebat, in ejusque gratiam Croiam, quæ inter Ambianum & Abbatisvillam sita erat, in Ducatum erexit.

Postquam pax publicata fuit, connubio juncti sunt Albertus Austriacus Archidux & Isabella Clara Eugenia filia Philippi Hispaniæ Regis, qui in dotem assignavit illi Belgicas provincias, Burgundiæ Comitatum & Comitatum Carolesium, illa conditione ut hæ omnes provinciæ & tractus ad Regem Hispaniæ reverterentur, si filia ipsius sine prole decederet.

Les mêmes.

Ordines Batavici, qui quantumvis institissent non potuerant Henricum a pace cum Hispanis facienda avertere, etiamsi Albertus illis multa & opportuna offerret, si illum nempe Dominum suum admittere vellent, quod videlicet ii qui munera & officia occuparent, in suo officio mansuri essent, & filios suos successores relicturi ; cum ex interceptis quibusdam Madrito missis literis comperissent hæc blandimenta solum esse iis, quæ Hispani meditabantur, prorsus contraria ; declaravere se neque inducias neque pacem cum Archiduce facere velle, & arctius se cum Regina Elisabetha societate junxere, quæ ipsis auxilia grandia suppeditavit, sicque bellum ipsi cum prospero exitu denuo gesserunt.

Les mêmes.

Tertia die Septembris hujus anni in Escuriali mortuus est Philippus II. Rex Hispaniæ, postquam diuturno morbo attenuatus consumptusque fuerat, qui nec mentem ipsi nec rationem ademit. Cum adesse vitæ finem sensit Philippum primogenitum filium

HENRI IV. dit LE GRAND.

1598. inſtructions. Il mourut âgé de 72. ans après en avoir regné 42. & 9. mois. Son Regne fut entremêlé de bons & de mauvais ſuccès. Les Eſpagnols comparoient Charles V. ſon pere à David, & Philippe II. à Salomon le pacifique, parce qu'il n'avoit preſque jamais fait la guerre par lui-même.

Le Cardinal de Medicis Légat en France, étant ſur le point de partir pour s'en retourner en Italie, le Roi accompagné de Silleri alla le voir, & lui parla de la diſſolution de ſon mariage avec Marguerite de Valois. Le Légat l'écouta volontiers ſur cet article. Après quoi le Roi lui fit confidence du deſſein qu'il avoit d'épouſer Gabrielle d'Etrées. A ces paroles le Légat devint froid comme glace, & lui répondit d'un ton ſevere en prenant congé de lui. Le Roi ſe repentit de lui avoir fait cette confidence. Et en effet le Cardinal avant que de partir, en prenant congé des Princes & des plus grands Seigneurs, les exhorta de détourner le Roi d'un ſi pernicieux conſeil.

Quelque tems après les Députez du Clergé de France s'étant aſſemblez à Paris avec la permiſſion du Roi, pour quelques affaires de l'Egliſe, firent une remontrance à Sa Majeſté, aiant à leur tête l'Archevêque de Tours. La ſubſtance de leur remontrance étoit, 1. Qu'ils ſupplioient Sa Majeſté de faire recevoir le Concile de Trente ſous les modifications qui concernent les libertez de l'Egliſe Gallicane. 2. Que les penſions des Laïques ſur les Benefices fuſſent abolies. 3. Que les charges & impoſitions ſur les Benefices fuſſent ôtées. Tout rouloit ſur ces articles.

Le Roi leur fit une réponſe auſſi courte que plaiſante, telle que nous la donnons ici.

Réponſe du Roi à l'Aſſemblée du Clergé.

» A la verité je reconnois que ce que m'avez dit eſt veritable : mais je ne
» ſuis point auteur des innovations : les maux étoient introduits avant que
» j'y fuſſe venu. Durant la guerre j'ai couru au feu le plus allumé pour l'é-
» touffer. Je ferai maintenant ce qui ſe doit au tems de paix. Je ſçai que la
» Religion & la Juſtice ſont le fondement & les colonnes de cet Etat, qui ſe
» conſerve par pieté & juſtice. Mais quand elles n'y ſeroient pas, je les y
» voudrois établir pied à pied, comme je fais toutes choſes. Je ferai, Dieu
» aidant, en ſorte que l'Egliſe ſera auſſi-bien qu'elle étoit il y a cent ans, tant
» pour la décharge de ma conſcience, que pour votre contentement. Mais Paris
» ne fut pas fait tout en un jour. Faites par vos bons exemples que le peuple

---

advocavit, cui multa pia pulcraque monita dedit. Mortuus eſt ætatis 72. annorum, poſtquam annis 42. & novem menſibus regnaverat. Regnum ejus proſperis & infelicibus eventibus mixtum fuit. Hiſpani Carolum V. Davidi, & Philippum II. Salomoni pacifico comparabant, quia hic bellis fere nunquam præſens fuerat.

Les mêmes. Cum Cardinalis Mediceus in Francia Legatus reverſurus in Italiam eſſet, Rex illum comitante Sillerio inviſit, & de connubio ſuo cum Margarita Valeſia ſolvendo loquutus eſt. Hac de re autem Legatus illum libens audivit, poſteaque Rex arcanum propoſitum ſuum ipſi confidenter inſinuavit, quod ſcilicet Gabrielam Eſtræam uxorem ducere cuperet. His auditis Legatus frigida fronte, ſeveraque voce illum excepit, ipſique valedixit. Cardinalis vero diſceſſurus Principes & proceres hortatus eſt ut Regem a tam pernicioſo propoſito averterent.

Les mêmes. Sub hæc cum Deputati Cleri Gallicani, Rege permittente, Lutetia una conveniſſent pro quibuſdam Eccleſiaſticis negotiis, Regi monita dedere, duce cœtus Archiepiſcopo Turonenſi, quorum præcipua hæc erant. 1°. Regi ſupplicabant ut Concilium Tridentinum recipi juberet, quibuſdam illo modo acceptis, ut non poſſent Eccleſiæ Gallicanæ libertates lædere. 2°. Ut penſiones Laïcorum in Beneficia tollerentur. 3°. Ut impoſitiones & vectigalia in Beneficia abolerentur. Cætera omnia fere hæc reſpiciebant. Reſponſum autem Rex dedit perinde breve atque facetum quod hic referimus.

Les mêmes. » Certe novi id quod dixiſtis eſſe verum ; ſed ego
» novitatum auctor non ſum ; hæc inducta mala
» fuerant antequam venirem. Belli tempore accurri
» ut incendium exſtinguerem ; pacis vero tempore
» quod conſentaneum erit faciam. Scio Religionem
» & Juſtitiam Regni columnas eſſe ; ſed ſi illa non
» adſint, ea paulatim inducere velim ut in omnibus
» facere ſoleo. Deo juvante ita me geram ut Eccle-
» ſia eodem in bono ſtatu ſit, quo erat ante annos
» centum, tam ut conſcientiæ meæ, quam ut vobis
» faciam ſatis : ſed Lutetia non uno die ſtructa fuit.
» Vos autem id curetis ut exemplo veſtro populus ita
» ſoit

HENRI IV. dit LE GRAND.

» soit autant exhorté à bien faire, comme il a été ci-devant détourné. Vous
» m'avez exhorté de mon devoir, je vous exhorte du vôtre. Faisons donc bien
» & vous & moi: allez par un chemin & moi par l'autre; & si nous nous ren-
» controns, ce sera bien-tôt fait. Mes prédecesseurs vous ont donné des paroles;
» mais moi avec ma jaquete grise, je vous donnerai des effets: je suis tout d'or
» au dedans. J'écrirai à mon Conseil pour voir vos cahiers, & vous pourvoirai
» le plus favorablement qu'il me sera possible.

1598.

Au commencement de l'an 1599. se fit le mariage de Catherine de Bourbon, sœur du Roi, avec Henri de Lorraine Marquis du Pont à Mousson, Duc de Bar. Elle avoit été élevée dans la Religion Reformée. Le Roi la pressa fort de se faire Catholique, & ne put obtenir cela d'elle: elle consentit seulement qu'on lui donneroit des gens doctes pour l'instruire sur la vraie Religion. Le Roi avertit sa sœur d'écarter certaines femmes qui étoient auprès d'elle, & qui la maintenoient dans l'attachement pour cette Religion Prétenduë Reformée. Ils furent mariez par l'Archevêque de Roüen dans le Cabinet du Roi.

1599. Mariage de Catherine sœur du Roi avec le Duc de Bar.

Ce ne fut pas sans beaucoup de contradiction de la part des Agens du Clergé & du Recteur de l'Université que le Roi fit publier l'Edit de Nantes en faveur des Reformez. On tâcha de rétablir l'exercice de la Religion Catholique dans la Rochelle & dans d'autres Villes où les Huguenots l'avoient entierement abolie.

Henri de Joyeuse, qui comme nous avons dit ci-devant, avoit quitté l'habit de Capucin par dispense du Pape, à condition pourtant qu'il reprendroit le même habit dans un certain tems, & se remettroit dans la profession qu'il avoit embrassée, touché d'un sermon d'un habile Prédicateur, ou averti sous main de la promesse qu'il avoit faite de retourner à son Ordre, reprit enfin son habit & sa profession de Capucin, & fut appellé le Pere Ange de Joyeuse comme auparavant. Il se mit d'abord à la prédication, & fut fort suivi, surtout de la populace, frappée d'entendre prêcher un Maréchal de France revenu à l'état de Capucin.

En ce même tems Silleri envoié à Rome pour l'affaire du Marquisat de Salusses, dont par le Traité de Vervins le Pape étoit le médiateur; avoit aussi ordre d'agir pour la dissolution du mariage du Roi avec Marguerite de Valois. Le Pape qui voioit les funestes suites de cette affaire, étoit bien empêché; car

---

» ad bonum trahatur, ut antehac avocatus fuit. Ad
» officium meum me hortati estis, ad vestrum vos
» hortor: bonum autem nos omnes sequamur: vos
» via vestra, ego mea ibimus, & si concurramus,
» cito omnia perfecta erunt. Decessores mei verba
» dedere vobis, ego vero cum sagulo meo cinereo
» opera dabo. Totus aureus intus sum. Consilio meo
» scribam, ut registra vestra lustret, & rebus vestris
» quam melius potero providebo.

Initio anni 1599. Catharina Regis soror connubio juncta est cum Mussipontino Marchione & Barrensi Duce Henrico Lotharingo. Illa vero in Religione reformata educata fuerat. Hortatus illam Rex est ut Catholica fieret, & licet instaret, id impetrare non potuit, idque admisit illa tantum ut sibi docti viri darentur, qui ipsam de vera Religione instituerent. Rex sororem monuit, ut mulierculas quasdam ab se amoveret, quæ illi ut in Religione reformata perstaret suadebant. Ab Archiepiscopo Rothomagensi in Regis conclavi matrimonium celebratum fuit.

Edictum Namnetense in Reformatorum gratiam datum, publicatum fuit, contradicentibus licet Clerigallicani Deputatis & Rectore Universitatis. Postea vero de restituendo Rupellæ & in aliis urbibus ubi Hugonoti Catholicos expulerant, veræ Religionis exercitio actum est.

Henricus Joüsa, qui ut supra diximus, Capucini vestem exuerat, dispensante Summo Pontifice, illa conditione tamen, ut quodam elapso tempore eamdem vestem & professionem resumeret, vel a quodam perito Concionatore motus, vel fortasse submonitus a quopiam quod in ordinem pristinum se reversurum esse pollicitus esset, Capucinorum demum vitam & habitum resumsit, & P. Angelus Joüsa vocatus fuit ut antea. Concionatoris vero munus postea ille suscepit, plebisque frequentiam concitavit, perculsam quod Marescallum Franciæ concionantem videret, ad Capucini ordinem reductum.

Eodem tempore Sillerius Romam missus ad Saluciæ Marchionatus negotium tractandum, ex Papæ arbitrio secundum Verviniensem pactionem decidendum, de connubio Regis cum Margarita Valesia solvendo agere jussus fuerat. Summus Pontifex, qui hujus negotii funestum exitum prospiciebat, quid consilii caperet

Tome V. Ddd

ce mariage étant rompu, le Roi alloit épouser Gabrielle d'Etrées Duchesse de Beaufort; & proceder ensuite à la légitimation de ses trois enfans nés d'adultere, ce qui pouvoit causer de grands troubles. Mais un accident subit trancha le nœud de cette difficulté. Etant grosse & sur le point d'accoucher, elle partit de Fontainebleau, vint à Paris le Lundi de la Semaine Sainte, & logea chez Zamet grand richard; & le Jeudi Saint comme elle se promenoit dans un jardin, elle fut tout d'un coup frappée d'apoplexie. On la transporta chez Madame de Sourdis au Cloître Saint Germain de l'Auxerrois, où après être revenuë du premier accident, elle souffrit des douleurs étranges, & eut des syncopes & des pamoisons; ensorte que les Medecins & les Chirurgiens ne connoissant rien à son mal, n'oserent lui donner aucun remede. Elle mourut le matin du Samedi Saint, & devint fort hideuse après sa mort. La plus commune opinion fut qu'on lui avoit donné quelque breuvage. Le Roi en fut très affligé, & les Courtisans pour se conformer au Prince, donnerent aussi des marques de deüil, mais peu sinceres.

Mort de Gabrielle d'Estrées.

Un fameux duel attira au même tems l'attention de toute l'Europe. Le sieur de Crequi, qui faisoit avec Lesdiguieres son beau-pere la guerre en Savoie, s'étant rendu maître du Fort des Barraux, y trouva une très-belle écharpe dont il se servit depuis. Cette écharpe appartenoit à Dom Philippin de Savoie frere bâtard du Duc. Philippin lui fit demander son écharpe, qu'il lui refusa. Quelque tems après Crequi fut fait prisonnier dans un combat, & amené à Turin; Philippin lui dit alors quelques paroles offensantes, & Crequi remis en liberté l'appella en duel. Philippin vint au champ; il fut blessé, mis à terre, & demanda la vie à Crequi, qui la lui accorda, & lui fit après tout l'honneur possible. Le Duc de Savoie averti de l'affaire, fit dire à Philippin son frere, qu'il ne le verroit plus, jusqu'à ce qu'il auroit effacé la honte d'un tel combat; la Duchesse lui parla encore avec plus de vehemence. Philippin, quoique bien malgré lui, fit appeller en duel Crequi. Le lieu du combat fut auprès de Grenoble, où Philippin fut tué: & ainsi se termina l'affaire.

Duel du sieur de Crequi & de Philippe de Savoie.

Le Roi qui vouloit se ménager toujours avec la Reine d'Angleterre & les Etats de Hollande, indignez contre lui à cause de la paix qu'il avoit faite sans eux avec l'Espagne, s'entremit en ce tems-ci pour faire un Congrès des trois;

nesciebat; nam isto soluto connubio, Rex Gabrielam Estræam ducturus erat, & postea tres filios filiasve ex adulterio natos legitimos reddere conaturus erat, quod turbarum ingentium causa fore poterat; sed inopinatus casus difficultatem solvit. Gabriela cum prægnans & partui proxima esset, ex Fontebellaqueo profecta Lutetiam venit feria secunda hebdomadæ Sanctæ, & apud Zametum ditissimum hominem habitavit, atque in sacra Feria quinta cum in horto quodam ambularet, derepente apoplexia correpta fuit. Apud Dominam Surdisiam translata in claustro Sancti Germani Antissiodorensis, a primo casu paulum respirans doloribus summis vexata, in animi deliquia incidit, ita ut Medici & Chirurgi mali naturam ignorantes, remedium afferre ausi non sunt. Mortua autem est Sabbato Sancto matutinis horis, & post mortem deformis omnino evasit. Vulgo creditum fuit illam veneno sublatam fuisse. Indoluit Rex & Aulici quoque signa doloris, forteque simulata præ se tulerunt.

Les mêmes.

Singularis quædam pugna tunc Europæ toti spectaculo fuit. Crequius qui cum socero suo Diguierio bellum in Sabaudia gerebat, cum Barraium arcem cepisset, fasciam pulcherrimam invenit, qua deinceps usus est, quæ ad Philippinum Ducis Sabaudiæ fratrem nothum pertinebat. Philippinus a Crequio fasciam repetiit, quam ille se daturum negavit. Paulo post Crequius in quadam pugna captus Taurinum adductus fuit. Tunc Philippinus ipsum asperis & contumeliosis verbis excepit. Crequius vero libertatem adeptus, Philippinum ad singularem pugnam provocavit. In campum ille venit, vulneratus, in terramque decussus, vitam a Crequio postulavit, qui & pepercit & honorifice illum excepit. Dux Sabaudiæ re comperta Philippino mandavit ne in conspectum suum unquam veniret, donec facti turpitudinem levasset. Uxor Ducis cum majore etiam vehementia loquuta est. Philippinus etsi invitus ad singularem pugnam Crequium provocari curavit. Locus pugnæ fuit prope Gratianopolin, ubi Philippinus occisus est, & hic rei exitus fuit.

Rex qui Reginam Angliæ & Batavorum Ordines placare volebat, indignatos quod pacem cum Hispanis solus fecisset, hoc tempore intercessit ut congressum inter Hispanos, Anglos & Batavos fieret, & pax inter illos si fieri posset iniretur, a tribus illis impe-

HENRI IV. dit LE GRAND.

des Espagnols, des Anglois & des Etats, & négocier entr'eux un Traité de paix s'il se pouvoit. Il engagea les trois à envoier des Députez. Le lieu indiqué pour l'assemblée fut Bologne. Les Conferences s'y tinrent pendant les mois de Mai & de Juin. Mais il s'y trouva tant de difficultez sur les sûretez que demandoient la Reine d'Angleterre & les Etats, qui vouloient retenir les Villes conquises, qu'ils se séparerent sans rien faire.

Conferences de Bologne sans effet.

Le vingt-quatre Mai de cette année, le Parlement de Paris donna un Arrêt contre une fausse possedée nommée Marthe Brossier. Son pere Jacques Brossier de Remorantin, homme de bas lieu, mais subtil, adroit, apparemment par vûë d'intérêt, publia que sa fille étoit possedée du Diable, & l'instruisit si bien à faire ce personnage, qu'elle le persuada à bien des gens. Il l'amena à Orleans, & la présenta au Theologal, qui l'interrogea en Grec, & elle lui répondit pertinemment en François. Sur cela le bruit se répandit qu'elle entendoit toute sorte de Langues; le Theologal y fut lui-même trompé. On l'amena ensuite à Angers, où l'Evêque l'aiant bien examinée, reconnut la fourberie; ensorte qu'ils furent chassez de la Ville. Le pere la ramena à Orleans, où elle fut examinée par l'Official, qui s'apperçut de l'imposture. La place n'étant plus tenable, Brossier mena sa fille auprès de Paris, où pendant près d'un an ils allerent de village en village, & furent partout admirez par les Villageois. Ils vinrent enfin à Paris, où le peuple toujours prompt à recevoir ces sortes d'impressions, crioit *à l'exorcisme*. L'Evêque avant que de proceder à l'examen de la possedée, voulut avoir l'avis des Theologiens & des Medecins: ces derniers furent partagez; quelques Capucins croioient qu'elle étoit véritablement possedée. Il y en eut même qui en parlerent dans leurs Sermons, dont quelques uns furent mis en prison. Enfin par l'avis des plus sages, la prétenduë possedée fut mise en prison & menée au Parlement, où elle avoüa tout, & promit qu'on n'entendroit plus parler d'elle. Le Parlement donna ordre à Rapin de ramener le pere & la fille à Remorantin, avec défense d'en sortir, sous peine de punition corporelle. L'affaire ne fut pas finie: la fausse possedée alla se montrer ailleurs, & enfin en Italie, où la fourberie fut entierement découverte.

Histoire d'une fausse possedée.

Sur la plainte que fit l'Ambassadeur d'Espagne au Roi, que plusieurs François, contre le Traité de paix, étoient au service des Etats de Hollande, il dé-

---

travit ut Oratores Bononiam ad Oceanum mitterent. Mense Maio & Junio congressus fuere; sed tot intervenere difficultates, cum Regina Angliæ instante & favente, Ordines urbes & oppida quæ ceperant retinere nollent, ut re infecta Oratores abscesserint.

Le même.

Vigesima-quarta Maii hujus anni Curia Senatus Parisini decretum emisit contra Martham Brosseriam, quæ se a dæmone possessam fingebat. Jacobus Brosserius Romorantini natus, infimæ sortis, sed astutus, quæstûs causa, ut videtur, publicavit filiam suam a dæmone vexari, & eam ferendam personam ita illam instituit, ut multis ita se rem habere suaderet. Aurelianum illam duxit, ubi a *Theologali* Græce interrogata, Francico idiomate apposite respondit. Hinc rumor sparsus est illam omnia linguarum genera intelligere, ipseque Theologalis delusus ita existimabat. Hinc Andegavum adducta est, ubi Episcopus cum accurate illam examinasset, fallaciam detexit, ita ut pater & filia ex urbe pulsi fuerint. Pater illam Aurelianum reduxit, ubi illâ interrogatâ, *Officialis* fraudem agnovit. Cum non ultra in ista urbe consistere posset Brosserius, filiam prope Lutetiam duxit, ac fere per annum ambo a vico in vicum pergebant, atque a rusticis in admiratione habebantur. Tandem Lutetiam venerunt, ubi populus semper ad similia spectanda paratus, *ad exorcismum* clamabat. Episcopus antequam ad Marthæ examen procederet, Theologorum & Medicorum sententiam excipere voluit, Medici inter se dissentiebant. Quidam Capucini vere possessam credebant: aliqui etiam ea de re in concionibus loquuti, in carcerem conjecti sunt. Tandem ex sagaciorum consilio Martha in carcerem trusa fuit, & in Curiam Senatus adducta omnia confessa est, promisit de se nihil ultra simile audiendum fore. Curia Senatus Rapino mandavit ut patrem filiamque Romorantinum adduceret, prohibitumque ipsis fuit, pœna corporea indicta ut ne inde discederent. In alia tamen loca illa pertexit, imo in Italiam ubi fallacia detecta fuit.

Les mêmes.

Cum quereretur Hispaniæ Orator, Francos multos contra pacis conditiones, pro Ordinibus Batavorum militare, Rex prohibuit subditis suis omnibus, ne

1599. fendit à tous ſes Sujets d'aller ſervir le Prince Maurice, & donna ordre à ceux qui y étoient de revenir dans ſix ſemaines, ſous peine de confiſcation de leurs biens. Il fit auſſi un Edit portant défenſe de faire entrer en France des draps d'or, d'argent & de ſoie ; mais cet Edit fait à la requête des Marchands & des Ouvriers en ſoie de Tours, fut révoqué l'année d'après, par l'oppoſition qu'y mirent les Banquiers & les Marchands de Lyon.

Mariage du Roi avec Marguerite de Valois déclaré nul. La grande affaire de la déclaration de nullité du mariage du Roi avec Marguerite de Valois, fut enfin terminée. Elle n'avoit refuſé de concourir avec le Roi pour obtenir du Pape cette Déclaration, que parce qu'elle craignoit que le Roi n'épouſât la Ducheſſe de Beaufort. Mais cette crainte étant levée à la mort de cette Dame, elle voulut bien conſentir à la caſſation du mariage, & envoia une Requête au Pape, où elle déclaroit : *Que contre ſa volonté ſon frere le Roi Charles IX. & la Reine ſa mere l'avoient mariée : auquel mariage elle n'avoit apporté d'autre conſentement que la parole & non le cœur ; que le Roi & elle étant au troiſiéme degré de parenté, elle ſupplioit ſa Sainteté de déclarer le mariage nul.* Le Roi fit auſſi une ſemblable déclaration, & par les ſoins du Cardinal d'Oſſat & du Sieur de Silleri, la Cauſe fut rapportée au Conſiſtoire. Le Pape donna commiſſion d'examiner & de conclure l'affaire à trois Prélats, qui s'aſſemblerent à Paris, & qui prononcerent le mariage nul.

Affaire du Marquiſat de Saluſſes. Cependant l'affaire du Marquiſat de Saluſſes ſe traitoit à Rome. Le Pape avoit été nommé Arbitre au traité de paix de Vervins entre le Roi & le Duc de Savoie. Les Députez de part & d'autre expoſerent à Sa Sainteté le droit de leurs Princes. Les François lui montrerent huit Titres des hommages faits par les Marquis de Saluſſes aux Dauphins de Viennois ; preuve manifeſte que ce Marquiſat étoit de la dépendance du Dauphiné. Le Député de Savoie fit imprudemment au Pape une propoſition, que s'il prononçoit en faveur de ſon Maître, il pourroit quand il voudroit avoir ce Marquiſat pour un de ſes neveux. Le Pape indigné de cela lui dit : *Mandez à votre Maître que je n'ai jamais penſé à cela ; & que pour en ôter le ſoupçon, je ne me mêlerai ni du dépôt, ni de l'arbitrage.* De ſorte que cet arbitrage ſe trouva ainſi rompu.

Le Duc de Savoie voiant qu'il n'y avoit plus rien à faire à Rome, crut qu'il trouveroit mieux ſon compte en s'abouchant avec le Roi. Il lui fit de-

---

pro Mauritio Principe arma geſtarent, juſſitque illos qui tunc ipſi militabant, intra ſex hebdomadarum ſpatium reverti in Franciam, indicta pœna privationis bonorum fiſco addicendorum. Edictum quoque emiſit quo prohibebat ne quis pannos aureos, argenteos, ſericeos in Franciam induceret ; ſed Edictum illud a Mercatoribus & Artificibus ſericei panni Turonenſibus impetratum, anno ſequenti revocatum fuit, Nummulariis nempe & Lugdunenſibus Mercatoribus obſiſtentibus.

Thuanus, Hiſtoire de la Paix. Magnum illud negotium quo declararetur connubium Regis cum Margarita Valeſia nullum eſſe, terminatum tandem fuit ; ideo namque Margarita illam declarationem a Papa impetrandam cum Rege poſtulare noluerat, quia metuebat ne Rex Gabrielam Eſtræam uxorem duceret ; ſed hoc metu per Gabrielæ mortem ſublato, tunc conſenſit illa ut matrimonium ſolveretur, & libellum ſupplicem Summo Pontifici miſit, quo declarabat, contra voluntatem ſuam Regem Carolum IX. fratrem ſuum & Reginam matrem ſuam ſe connubio junxiſſe, cui connubio illa ore tantum non corde conſenſerat, & cum præterea Rex & illa in tertio gradu cognati eſſent, rogabat illa Sanctitatem Suam ut connubium nullum eſſe declararet, ſimilem quoque declarationem Rex fecit : curantibuſque Oſſato Cardinali & Silleſio, in conſiſtorio res allata fuit. Negotium examinandum commiſit Papa tribus Epiſcopis, qui Lutetiæ unà convenerunt, & connubium nullum eſſe declaraverunt.

Le même. Interea Saluciæ negotium Romæ agitabatur, Summus Pontifex in pactione Vervinienſi inter Regem & Sabaudum rei arbiter declaratus fuerat. Deputati utrinque Summo Pontifici jura Principum ſuorum explanarunt. Franci Papæ monſtravére, acta octo hominiorum a Marchionibus Saluciæ Delphinis Viennenſibus præſtitorum, unde probabatur Saluciam a Delphinatu pendere. Orator Sabaudus Papæ imprudenter rem propoſuit, quod ſi in favorem Domini ſui ſententiam ferret, poſſet quando vellet Saluciam pro aliquo nepotum ſuorum obtinere. Indignatus Pontifex reſpondit ; *Domino tuo ſcribe id mihi nunquam in mentem veniſſe, meque ut ſuſpicionem omnem mittam, & depoſitum & arbitratum deponere ;* ſicque nullus arbiter fuit.

Le même. Sabaudus videns nihil ultra Romæ ſibi agendum eſſe, ſperavit ſe cum Rege præſente melius rem eſſe

HENRI IV. dit LE GRAND. 397

mander permission de venir le joindre, & de son agrément il se rendit à Lion, d'où il vint à Orleans, & alla trouver le Roi à Fontainebleau le 13 Decembre. Il y fut reçû avec toute la magnificence possible. Pendant quelques jours ce ne furent que festins & réjoüissances. Les deux Princes vinrent à Paris, où ils donnerent l'affaire à traiter à leurs Ministres. Au premier jour de l'année 1600. le Roi & le Duc de Savoie s'entrefirent de beaux presens. Le Duc en fit aussi aux grands Seigneurs de la Cour. On remarqua que le Maréchal de Biron ne voulut pas recevoir quelques chevaux que le Duc lui envoia pour étrenes. Ce qu'il fit pour mieux couvrir son jeu; car il conspiroit dès-lors avec ce Prince contre l'Etat, & Lafin son Agent parla souvent au Duc & à ses gens. Quelques-uns disoient même que le Duc avoit eu avis de cette conspiration avant que de partir de la Savoie, & que ce fut la principale cause de son voiage.

1600. Le Duc de Savoie vient à la Cour de France.

Le Roi continuant toujours de donner au Duc des marques d'amitié; il le mena un jour à son auguste Parlement de Paris, & ils s'y arrêterent pour voir plaider une cause, & prononcer la Sentence. Le Duc fut également charmé de l'habileté des Avocats & de l'équité des Juges. Cependant le Roi parmi toutes ces caresses disoit quelquefois au Duc qu'il entendoit bien qu'il lui rendroit son Marquisat de Salusses. Ce qui fit comprendre au Duc, que malgré son habileté, il ne tireroit pas de son voiage en France le fruit qu'il avoit esperé. On convint enfin qu'on nommeroit des Commissaires de part & d'autre pour traiter de cette affaire. Les Députez du Duc demandoient un échange pour le Marquisat, & se plaignoient que le Roi donnoit sa protection à Geneve qui n'étoit point compris dans la paix. Les Députez du Roi répondirent que le Roi vouloit son Marquisat, & que les Genevois étoient compris dans le traité de paix comme alliez des Suisses. Le Duc fit proposer aussi au Roi qu'il donnât l'investiture du Marquisat à un de ses enfans. Ce qui fut rejetté. Le Roi lui dit enfin que pour conserver son amitié, il vouloit bien se contenter d'un échange.

Négoziation pour le Marquisat de Salusses.

Il n'est pas croiable de combien de tours d'adresse & de subtilitez le Duc usa pour se tirer d'intrigue, & pour se conserver le Marquisat sans contreéchange. Il se détermina enfin, ou fit semblant de se déterminer à signer un

---

tractaturum, Regemque rogavit sibi liceret ipsum adire: annuente Rege ipse Lugdunum venit, indeque Aurelianum posteaque ad Fontembellaqueum Regem adiit decima-tertia die Decembris. Magnifice autem a Rege exceptus fuit; dies aliquot in conviviis & oblectamentis insumti fuere. Ambo autem Principes Lutetiam venere, ubi rem Ministris suis tractandam commiserunt. Primo die anni 1600. Rex & Dux Sabaudiæ magnificis se donis mutuo cohonestarunt. Dux etiam aulæ regiæ proceribus munera obtulit; observatumque fuit Bironum Marescallum equos sibi a Duce oblatos accipere noluisse. Id quod ille egit ut molimina sua tegeret; jam enim ille cum Duce contra Regem conspirabat, & Lafinius qui pro illo rem gerebat, sæpe Sabaudum & suos alloquebatur. Quidam etiam dicebant Ducem antequam ex Sabaudia proficisceretur conspirationem illam notam habuisse, atque hanc præcipuam fuisse itineris illius causam.

Rex amicitiæ signa quotidie Sabaudo dans, aliquando duxit illum in Curiam Parisini Senatus, & sedentes causam aliquam agitari & sententiam a Judicibus ferri viderunt. Dux perinde Advocatorum peritiam & Judicum æquitatem miratus est. Interea Rex dum gratiosis verbis Ducem excipieret, identidem dicebat illi, sperare se ut sibi ille Saluciam restitueret, indeque intellexit Dux se per industriam suam non quantum speraverat fructum ex itinere Francico decepturum esse. Conventum tandem fuit ut ex utraque parte Deputati delegarentur, qui hoc negotium tractatui essent. Deputati Ducis petebant ut pro Saluciæ Marchionatu alias terras Rex admitteret, & querebantur quod Rex Genevensibus, qui in pacis conditionibus non comprehendebantur; auxilia mitteret. Deputati Regii respondere Regem Marchionatum suum velle, & Genevenses in pactionibus Verviniensibus comprehendi, utpote Helvetiorum socios. Dux etiam Regi proponi curavit, ut Marchionatus *investituram* daret alicui ex filiis suis, idque negatum fuit. Rex tandem Duci, se ad amicitiam ejus servandam alias terras in commutationem accepturum esse dixit.

Vix credi possit quot technis & artificiis usus fuerit ut sibi Salutiam aliasque terras servaret, tandemque decrevit, vel se decernere simulavit pactioni sub-

Les mêmes.

D d d iij

traité, où il promettoit de rendre au Roi le premier jour de Juin suivant, ou le Marquisat de Salusses, ou en échange le payis de Bresse. Ce traité fut signé par le Roi & par le Duc le 27. Fevrier de l'an 1600.

Peu de jours après le Duc prit congé du Roi, qui le mena jusqu'au pont de Charenton, & lui donna pour l'accompagner le sieur de Pralin & le Baron de Lux. Par les propos que le Duc tint à son retour, on jugea bien qu'il n'avoit point intention de tenir sa parole, & il s'en expliqua plus clairement quand il fut arrivé chez lui.

Le sieur d'Alincourt fut envoié à Rome joindre le sieur de Silleri, Ambassadeur du Roi, & ils allerent ensemble à Florence conclure le mariage du Roi avec Marie de Medicis, fille du Grand Duc François, & niece de Ferdinand alors Grand Duc. Le Contrat en fut passé au Palais de Piti le 25. Avril. On fit à Florence de grandes réjoüissances. Le Grand Duc Ferdinand ceda le pas à sa niece comme Reine de France. On envoia au Roi le Portrait de son Epouse, & le Roi lui envoia aussi le sien.

Conference de du Perron avec du Plessis Mornai.

Tandis que ceci se passoit en Italie, il y eut à Fontainebleau une Conference entre M. du Perron Evêque d'Evreux, & du Plessis-Mornay, qui avoit fait un Livre où il prétendoit prouver que la Messe avoit été non-seulement inconnuë aux Peres & à la venerable Antiquité; mais qu'elle y étoit aussi combatuë. Il défia qu'on pût lui alleguer une citation de faux dans tout son Livre. L'Evêque d'Evreux & le sieur de Sainte-Marie accepterent le défi, ils soutinrent qu'un grand nombre de passages avoient été citez à faux par du Plessis, & M. d'Evreux demanda au Roi des Commissaires pour être Juges de la dispute. Cela allarma le Nonce du Pape, qui craignit que cette querelle ne fît quelque préjudice à la Religion. Mais le Roi le tranquillisa en lui faisant voir qu'elle tourneroit à la dérision de du Plessis. Je ne m'arrêterai point sur cette Conference trop connuë, & dont nous avons tous les Actes. La conclusion fut que plusieurs passages se trouverent faussement citez & alleguez; ce qui toucha si vivement du Plessis-Mornai, qu'il en tomba fort malade. La dispute fut ainsi terminée. Le champ de bataille demeura à M. du Perron, qui en récompense fut fait Cardinal.

Au mois de Mai de cette année fut découverte une conspiration contre la vie du Roi. Une femme de bas lieu nommée Nicole Mignon, qui avoit

---

scribere, qua se primo Januarii sequentis die, vel Saluciam, vel in permutationem Bressiam daturum esse pollicebatur; quæ pactio a Rege & a Duce subscripta fuit vigesima-septima Februarii anni 1600.

Les mêmes.
Paucis postea diebus Dux Regi valedixit, qui illum ad usque Carantonii pontem duxit; & Comites dedit ipsi Pralinium & Luxum. Ex iis quæ Dux ad sua revertendo dicebat, illum promissis stare nolle judicabatur, idque clarius dixit postquam in Pedemontium reversus est.

Les mêmes.
Alincurtius Romam missus est & cum Sillerio Regis Oratore Florentiam venit, ut connubium Regis cum Maria Medicea filia Francisci pridem Magni Ducis, fratris Ferdinandi tunc Magni Ducis pacisceretur. Pactio illa in Palatio Piti inita & subscripta fuit vigesima quinta die Aprilis. Florentiæ magna lætitiæ signa data sunt. Ferdinandus Mariæ ut Reginæ Francorum dexteram concessit. Regi imago sponsæ suæ depicta mittitur, Rexque suam sponsæ misit.

Les mêmes.
Dum hæc in Italia gererentur, in Fontebellaqueo colloquium habitum est inter Perronum Episcopum Ebroicensem, & Plessium Mornæum, qui librum ediderat, quo probare nitebatur Missam non modo ignotam fuisse patribus & venerandæ Antiquitati sed etiam apud ipsos impugnari, confidenterque dixit neminem posse quidpiam falsi ab se allatum in libro suo deprehendere. Ebroicensis & Sanmarianus dictum ejus excepere, atque affirmavêre multa loca a Plessio falso allata fuisse, Ebroicensis ab Rege petiit ut quosdam disputationis Judices committeret. Tunc timuit Nuncius Summi Pontificis ne disputatio hujusmodi aliquid damni Religioni pareret; sed sedavit illum Rex dicens disputationem in Plessii derisum vertendam esse. Non morabor ultra cum hæc disputatio cujus acta exstant omnibus nota sit. Tandem multa loca falso allata fuisse deprehensum est, quod ita Mornæum pupugit, ut in gravem morbum incideret. Sic terminata disputatio fuit, Perronus victor in mercedem Cardinalis creatus fuit.

Mense Maio hujus anni conspiratio detecta fuit qua vita Regis impetebatur. Mulier infimæ sortis, cui nomen Nicola Mignonia, quæ Regem facile adibat:

HENRI IV. dit LE GRAND.

quelque accès auprès du Prince, dont le foible étoit de se familiariser avec toute sorte de gens, voiant que ses affaires & celles de son mari tournoient mal, eut la pensée de le faire entrer dans la cuisine du Roi. Mais ne trouvant plus l'accès ordinaire, elle en fut si indignée, qu'elle voulut attenter sur la vie de ce Prince. On disoit qu'elle consulta quelques Sorciers & Sorcieres, & que de leur avis elle forma le dessein de jetter sur son lit une certaine eau qui le feroit tomber en langueur, dont il mourroit infailliblement. Mais ne trouvant pas moien d'entrer dans sa chambre, elle prit le parti de s'adresser au Comte de Soissons, & lui dit que s'il vouloit il pouvoit devenir le plus grand Prince du monde. Il lui demanda par quel moien. Elle lui déclara son projet dont il fut extrêmement surpris, & lui dit de revenir lui parler, parce que l'affaire demandoit qu'on y pensât plus d'une fois. Il alla d'abord déclarer la chose au Roi, & ils convinrent ensemble que le sieur de Lomenie se tiendroit caché tandis que la femme lui feroit la même proposition. Elle revint, repeta les mêmes choses, & fut incontinent saisie & mise à la question, elle confessa tout; & sur les dépositions du Comte & de Lomenie, elle fut condamnée à être brûlée vive, & fut executée en Greve.

Conspiration contre la vie du Roi.

Le Duc de Savoie devoit au commencement de Juin de cette année, rendre au Roi le Marquisat de Saluses, ou en échange la Bresse. Mais comme il n'avoit envie de faire ni l'un ni l'autre, il tergiversoit toujours; il vouloit tantôt l'un, tantôt l'autre, & ne pensoit qu'à gagner du tems. Cependant il sollicitoit le Roi d'Espagne de lui envoier un promt secours. Le Roi informé de toutes ses allures, prit la route de Lion dès que le terme fut expiré. Le Duc pria le Roi arrivé à Lion, de lui donner quelques jours de délai, ce qui lui fut accordé. Le Duc envoia Roncas son confident, prier Sa Majesté de nommer quelques Députez pour regler comment la restitution du Marquisat devoit se faire. Le Roi en envoia, & l'on fut convaincu que le Duc ne cherchoit qu'à gagner du tems. Ses Députez formoient des difficultez sur tout. Ils signerent enfin un Traité, & il refusa d'y souscrire. Le Roi lui déclara alors la guerre, & fit avancer ses troupes.

Il partit de Lion pour aller assieger Montmelian, & donna en même tems ordre au Maréchal de Biron d'aller prendre Bourg en Bresse. Il s'y achemina

Guerre de Savoie.

---

illud enim vitii ipsi adscribebatur, quod cum omnibus cujusvis generis familiariter ageret. Nicola videns rem suam & conjugis sui pessum ire, virum in Regis colinam inducere tentavit: & cum non facilem aditum ut olim haberet, adeo indignata fuit, ut contra Regis vitam attentare voluerit. Narrabatur autem illam veneficos veneficasque adiisse, atque instigantibus illis aquam ad id paratam in lectum ejus conjicere voluisse, quæ ipsum in languorem quempiam deduceret, quo haud dubie moriturus esset; sed cum in cubiculum ejus intrare non posset, Comitem Suessionensem illa adiit, dixitque illi, posse ipsum si vellet maximum orbis Principem fieri. Quomodo, inquit, Princeps. Tunc illa propositum totum ipsi aperuit. Stupefactus ille dixit ei, ut rediret, rem enim talem esse, ut de illa pluries deliberandum esset. Ipse statim rem declaravit Regi, & convenere simul, ut dum mulier talem illi conatum repeteret, Lomenius occultatus rei auditor esset. Rediit illa, omniaque repetiit, statimque comprehensa & tormentis coacta, omnia confessa est, & Lomenio ea quæ audierat testificante, damnata ut flammis daretur, in Platea Gravia combusta est.

Dux Sabaudiæ ineunte Junio Regi vel Saluciam, vel in commutationem Bressiam restituturus erat; sed cum neutrum facere vellet, semper tergiversabatur, modo illud modo aliud volebat, & tempus trahere cogitabat. Interea vero Hispaniæ Regem solicite urgebat, ut auxilia sibi cito mitteret. Rex omnium quæ ipse moliebatur gnarus, cum pactum tempus advenit, Lugdunum versus iter direxit. Dux Lugduni versantem Regem rogavit ut aliquot sibi dierum spatium concederet; annuit Rex. Dux vero Roncasium fidum sibi misit Regem rogatum, ut Deputatos nominaret, qui cum suis de modo restituendi Marchionatus convenirent. Rex Deputatos misit, tuncque compertum fuit nihil aliud Ducem velle, quam moras nectere. Deputati illi difficultates ad singula movebant, tandemque pactioni cuidam subscripsere, Dux vero subscribere renuit. Tunc Rex bellum ipsi denunciavit, & copias suas illò tendere jussit.

Lugduno profectus est ut Monmelianum obsessum iret, eodemque tempore jussit Bironum Burgum in Bressia capere, qui cum paucis pugnatoribus illò se

Thuanus. Histoire de la Paix.

Les mêmes.

avec peu de monde, appliqua le pétard aux portes, & se rendit maître de la Ville, après quoi il bloqua la Citadelle. Le Duc se voiant attaqué puissamment de deux côtez, pria le Patriarche de Constantinople Calatagirone d'aller trouver le Roi pour l'accommoder avec lui. Le Patriarche alla à Grenoble où le Roi étoit alors, & le pria d'accorder la paix au Duc, l'assurant que cela feroit un grand plaisir à Sa Sainteté. Le Roi lui representa le peu de bonne foi du Duc, qui ne tenoit rien de ce qu'il avoit promis dans son Traité. Le Patriarche lui demandoit une cessation d'armes, qu'il ne jugea pas à propos de lui accorder.

Il commanda à Lesdiguieres d'executer l'entreprise qu'il lui avoit communiquée pour surprendre Montmelian. Ce Capitaine avec un détachement de troupes, attaqua si vivement la Ville, qu'il la prit d'abord. La garnison se retira dans le Château, qui fut assiegé peu de tems après. Le Roi marcha vers Chamberi capitale de la Savoie, qui ne fit presque point de défense, & assiegea le Château. Il fit dresser une batterie. La garnison capitula à condition qu'elle sortiroit tambour batant, enseignes déploiées & bagues sauves, si elle n'étoit secouruë dans huit jours. Il assiegea ensuite Conflans, battit la place, & fit breche. Les assiegez sans attendre l'assaut, capitulerent, & se rendirent bagues sauves. Le Château de Miolans se rendit aussi. La Tour de Charbonnieres fit un peu plus de resistance, mais elle fut enfin prise, & la garnison se retira à des conditions moins honorables.

Au même tems Lesdiguieres prit S. Jean de Morienne, Monstiers en Tarantaise, le Fort de Briançon, & quelques autres bicoques. Après cela les forces du Roi se tournerent contre le Château de Montmelian, place très-forte, bien munie, & qui avoit grosse garnison. Il fit d'abord sommer le Comte de Brandis qui en étoit Gouverneur. Il répondit qu'il ne rendroit jamais la place qu'au Duc de Savoie son Maître, & que Montmelian seroit la sepulture des François. Une réponse si hardie sembloit promettre au moins une longue resistance. Le Marquis de Rosni Grand Maître de l'Artillerie, fit dresser plusieurs batteries dedans & dehors la Ville.

Tout cela n'étonna point le Duc de Savoie qui assembloit une armée considerable. Il esperoit aussi que le Maréchal de Biron avec qui il avoit quelque

---

contulit, tormentis portas adortus, oppidum cepit, posteaque arcem cinxit. Sabaudus ubi se vidit in binis partibus fortiter impeti, Calatagironum Patriarcham Constantinopolitanum rogavit Regem adiret, ut res suas componeret. Patriarcha Gratianopolin, ubi Rex erat, se contulit, & Henrico supplicavit ut Duci pacem concederet, rem Summo Pontifici gratissimam fore dicens. Rex autem violatam a Duce fidem obtendit, qui promissorum nihil exsequeretur. Patriarcha inducias postulabat, quas Rex concedendas esse non putavit.

Les mêmes. Diguierio mandavit ut sibi indicatum Montmeliani intercipiendi modum exsequeretur, qui cum pugnatorum manu oppidum tam fortiter oppugnavit, ut statim ipsum caperet. Præsidiarii in castellum se recepere, quod paulo postea obsessum fuit. Rex Camberium movit præcipuum Sabaudiæ oppidum, quod sine pugna fere captum est, castellumque obsedit & tormenta apparari jussit. Præsidiarii pacta deditionis iniere, illa conditione, ut si intra octo dierum spatium auxilium non acciperent, ipsi, tympanis pulsantibus, expansis vexillis cum armis & sarcinis egressuri essent; posteaque Confluentiam obsedit, tormentis muros verberavit, & partem eorum dejecit. Præsidiarii non exspectata oppugnatione deditionem fecere, & salvis sarcinis sunt egressi. Mediolantium etiam castellum deditum fuit. Turris Carbonaria magis obstitit; sed capta tandem, & præsidiarii cum minus honestis conditionibus egressi sunt.

Eodem tempore Diguierius Sanctum Joannem in *Les mêmes* Mauriennæ cepit, Monasterium Tarentasiense, Brigantionem munimentum, & aliquot alia castra oppidulaque. Postea copiæ omnes regiæ contra Monmelianense castellum vet sæ sunt, quod munitissimum erat & numeroso præsidio instructum, statimque Brandisio Comiti Præfecto edici jussit ut castellum dederet. Respondit ille se nonnisi Sabaudiæ Duci Domino suo castellum dediturum esse; addebatque Monmelianum sepulcrum fore Francorum. Tam audax responsum, diuturnam saltem defensionem indicare videbatur. Rhonius Marchio, rei tormentariæ summus Præfectus, multis in locis tam intra quam extra oppidum tormenta adhiberi jussit.

Hæc tamen omnia Sabaudum non terruere, qui *Les mêmes* numerosum exercitum colligebat; sperabat etiam Bironum qui cum ipso consentiebat, aliquid opis

intelligence,

HENRI IV. dit LE GRAND.

intelligence, feroit joüer quelque ressort qui le mettroit en sureté. Lafin confident de Biron, étoit toujours à ses oreilles ; ce qui donnoit quelque soupçon au Roi, quoiqu'il n'eût point encore ajouté foi à ce qu'on lui rapportoit de la conspiration du Maréchal. Il lui dit seulement qu'il renvoiât Lafin qui le tromperoit lui-même. Mais Biron qui avoit déja pris son parti, reçut là deux mécontentemens qui l'animerent à poursuivre sa pointe. Comme il s'estimoit le plus grand guerrier du monde, il fut piqué au vif de ce que le Roi avoit donné le Commandement de ses troupes à Lesdiguîeres, quoique ce Capitaine l'égalât en valeur & lui fût de beaucoup préferable pour la conduite & la connoissance du Payis : le second mécontentement qu'il reçut, c'est que le Roi lui refusa de mettre un Gouverneur qu'il lui indiquoit à la Citadelle de Bourg en Bresse quand elle seroit prise.

Conspiration de Biron.

Cette expedition si promte & si heureuse du Roi en Savoye, allarma l'Italie. Plusieurs disoient que le Roi alloit passer les Monts pour s'emparer de Milan & de Naples. L'Ambassadeur du Roi d'Espagne à Rome, pria Sa Sainteté de tâcher de mettre fin à cette guerre, & d'envoier pour cela son neveu le Cardinal Aldobrandin au Roi de France. Le Cardinal envoié par le Pape passa à Florence & se rendit en Piémont, où il trouva le Comte de Fuentes avec ses troupes Espagnoles, joint à l'armée du Duc de Savoye. Il tira promesse de lui que si le Duc de Savoye ne vouloit pas passer par l'accommodement qu'il alloit faire, il l'abandonneroit & se retireroit avec les troupes d'Espagne. Le Cardinal s'aboucha premierement avec le Duc de Savoye qu'il trouva fort entêté, parlant d'un ton menaçant, & ne respirant que la vengeance.

De l'agrément du Roi il partit pour venir le joindre devant Montmelian. Le Roi envoia dire au Comte de Brandis que s'il vouloit cesser ce jour-là de tirer de son canon, il cesseroit aussi. Le Comte y consentit d'abord ; ce qui fit juger qu'il n'étoit point éloigné de capituler. On le fit sommer de se rendre, il assembla son conseil, & les sentimens furent partagez. Le plus grand nombre l'emporta, & il capitula aux conditions les plus honorables. Le traité portoit que s'il n'étoit pas secouru dans un mois, il se rendroit. Le Duc averti de la capitulation, écrivit au Comte de Brandis qu'il feroit son possible pour le secourir avant le tems marqué, & il l'exhortoit de faire semblant de tenir

La citadelle de Montmelian capitule.

---

clam allaturum esse, quo posset ipse ex periculo elabi. Lasinius Birono fidus cum Sabaudo semper erat, hinc suspicio aliqua Regis animum subiit, quamquam iis quæ de Bironi conspiratione sibi dicta fuerant, non multam fidem habebat. Birono tantum dixit, ut Lasinium amandaret, qui tandem Bironum ipsum decepturus esset ; sed Bironus qui in proposito perstabat, istic se bis offensum putans, ad cœpta perficienda animum magis adhibuit. Cum se primum orbis bellatorem putaret, indigne tulit quod Rex copiarum suarum imperium Diguierio dedisset, etsi dux ille Bironum fortitudine æquabat, & sagacitate prudentiaque ac locorum peritia longe superabat ; secundo offensus est Bironus, cum Rex noluit illum arcis Burgi in Bressia, cum capta foret, Præfectum constituere, quem Bironus ipse indicaverat.

Les mêmes.

Tam subita & tam prospera Regis in Sabaudia expeditio, Italiam terrore perculit. Plurimi dicebant Regem montes superaturum esse, ut Mediolanum, Neapolimque sibi subigeret. Orator Hispaniæ Regis Romæ Summum Pontificem rogavit, ut bellum illud, si posset, terminaret, & filium fratris Cardinalem Aldobrandinum ad Regem Henricum mitteret.

Cardinalis ille a Papa missus, Florentia transivit & in Pedemontium venit, Fontanum Comitem adiit, qui cum Hispanicis copiis Sabaudi exercitum junxerat. Ab illo promissionem exegit ut si Sabaudus rebus ab se cum Rege compositis manus dare nollet, ipse cum Hispanicis copiis alio se recepturus esset. Cardinalis cum Sabaudo loquutus est, quem obstinatum offendit, minacem & vindictæ appetentem.

Rege consentiente Cardinalis ante Monmelianum venit. Rex Brandisio Comiti edici jussit, si ipse vellet illo die a tormentorum explosione abstinere, se quoque cessaturum esse. Comes statim assensit, quod signum erat illum a deditione non ita alienum esse. Missi ergo sunt qui edicerent illi ut castellum dederet. Ille coacto consilio, ea de re deliberavit. Opinionum diversitas fuit ; sed maxima pars ut castellum dederetur opinara est. Pactionem autem iniit perquam honorificis conditionibus, quarum una erat, ut si intra mensis unius spatium auxilium non veniret, castellum dederetur. De pactione certior factus Sabaudus Brandisio scripsit, se nihil non acturum, ut ante elapsum tempus in auxilium veniret, illumque monebat, ut se pactionem quidem servare velle si-

Les mêmes.

Tome V.   E e e

la capitulation jusqu'à ce tems ; mais que ce jour étant arrivé, il se gardât bien de rendre la place, sans se mettre en peine de la vie des ôtages donnez, lui promettant de venir à son secours, quoique peut-être un peu plus tard que le terme ne portoit. Cette Lettre fut interceptée. Le Roi la fit montrer au Comte de Brandis, qui assura qu'il rendroit la place au tems marqué malgré les ordres du Duc.

Le Cardinal envoié du Pape, arrivé à Montmelian, exhorta le Roi à la paix de la part de Sa Sainteté. Il lui répondit qu'il ne demandoit pas mieux ; mais que le Duc l'obligeoit malgré lui à faire la guerre, ne tenant aucun des traitez faits. Il fut conclu qu'on nommeroit des Députez de part & d'autre pour traiter de nouveau. Le Cardinal en avertit le Duc qui en nomma aussi de son côté. Cependant avec le secours des Espagnols, il avoit assemblé une armée considerable de dix mille hommes de pied & de près de cinq mille chevaux. Il se rendit à la Val d'Aost, & passa depuis le mont S. Bernard. Le terme de la capitulation étant expiré, le Château de Montmelian fut rendu au Roi. Le Duc de Savoie tâchoit d'avancer toujours ; mais les grandes neiges qui tomberent, l'empêcherent de passer outre. Le Roi se servant de l'occasion assiegea le fort de Sainte Catherine, qui se rendit à des conditions honorables, une desquelles étoit que s'il n'étoit secouru dans dix jours, la garnison sortiroit & emmeneroit un tiers de l'artillerie.

Mariage du Roi avec Marie de Medicis.

Le mariage du Roi avec Marie de Medicis, se traitoit toujours à Florence. Le sieur de Bellegarde grand Ecuier de France, y fut envoié avec quarante Gentilshommes. Les épousailles furent celebrées le 5. Octobre, par le Légat Aldobrandin qui alloit alors en Savoie. Il n'est pas possible de décrire les festins, les magnificences, les dépenses qui s'y firent, sur tout à une Comedie qui attira une infinité de spectateurs. La Reine partit de Florence le 13. Octobre, & arriva à Marseille, où l'attendoient un grand nombre de Princes & de Seigneurs, le Connêtable, le Chancelier & une foule de gens. Elle vint ensuite à Lion, où on lui fit l'entrée la plus magnifique. Le Roi vint la joindre en cette Ville, & le mariage fut celebré avec solemnité par le Cardinal Aldobrandin.

Le Duc de Mercœur avec la permission du Roi étoit allé en Hongrie, où il

---

Les mêmes.

mularet ad usque indicti temporis finem ; sed post elapsum etiam tempus castellum ne dederet, neque datorum obsidum perniciem curaret ; pollicebatur enim se in opem venturum esse, etsi fortasse tardius & post indictam diem. Interceptæ literæ istæ fuerunt. Rex misit qui illas Brandisio ostenderent. Ille vero pollicitus est se hasce literas nihil curantem, indicto tempore castellum dediturum esse.

Cardinalis a Papa missus cum venisset Monmelianum, Summi Pontificis nomine Regem ad pacem hortatus est. Respondit Rex se nihil magis optare, se invitum a Duce Sabaudiæ ad bellum induci, qui nullam pactionem teneret. Edictum tandem fuit ut Deputati utrinque nominarentur ad paciscendum. Cardinalis Ducem monuit, qui ipse quoque Deputatos suos misit. Interea Sabaudus accedentibus Hispanis exercitum collegerat decem millium peditum, & pene quinque millium equitum. In Augustæ vallem movit, & Sancti Bernardi montem superavit. Cum pactionis tempus elapsum esset, Monmeliani castellum Regi deditum fuit. Sabaudus ultra tendere tentabat; sed nivium semper cadentium congeries pergenti obstitere. Rex hinc arrepta occasione, Sanctæ Catharinæ munimentum obsedit, cujus præsidiarii honorificis conditionibus deditionem fecere, quarum una erat, ut si decem dierum spatio auxilium non veniret arx dederetur ; & præsidiarii tertiam tormentorum partem secum adducerent.

Thuanus lib. de his partibus.

De connubio, Regis cum Maria Medicea Florentiæ semper agebatur. Bellogardius Magnus Franciæ Scutifer illò missus est cum quadraginta Nobilibus viris. Nuptiæ celebratæ sunt die quinta Octobris a Legato Aldobrandino, qui tunc in Sabaudiam ibat. Vix describi possint convivia, magnifica spectacula, sumtus, maximeque Comœdia, quæ innumeros spectatores allexit. Regina Florentiâ profecta est decima tertia die Octobris, & Massiliam advenit, ubi quamplurimi Principes & proceres, Constabularius & Cancellarius, infinitusque aliorum numerus illam expectabant. Postea vero Lugdunum venit, quo cum magnifico apparatu ingressa est. Rex quoque Lugdunum se contulit, connubiumque solenniter a Cardinali Aldobrandino celebratum est.

Mercurius Dux, annuente Rege, in Hungariam

HENRI IV. dit LE GRAND.

se signala par plusieurs grands exploits. Il y commanda l'armée Imperiale, prit 1600. Albe Royale, battit les Turcs; & comme il revenoit glorieux en France, il mourut à Nuremberg.

Les Députez du Roi & du Duc de Savoie traitoient de la paix. Silleri & 1601. Janin y étoient pour le Roi, le Comte d'Arconas & un autre pour le Duc de Savoie. Le Roi demandoit outre le Marquisat, de grands dédommagemens pour la guerre. Il y eut bien des contestations, mais enfin le traité fut conclu en vingt-deux articles, où il étoit porté que le Roi prendroit en échange la Bresse, le Bugey, Veromey ou Valromey, & le payis de Gex. Le Duc refusa d'abord de signer ce traité; & soutenu par le Comte de Fuentes qui parloit d'un ton menaçant, il dit qu'il feroit couper la tête à ses Députez. Il fut enfin comme forcé de l'accepter par plusieurs raisons. Les principales étoient, 1°. Que la Citadelle de Bourg en Bresse étoit sur le point de se rendre. 2°. que les mauvais desseins de Biron ne pouvoient être si-tôt executez. 3°. que le Roi d'Espagne vouloit absolument la paix, & mandoit au Comte de Fuentes de retirer ses troupes du Piémont si le Duc ne l'acceptoit. 4°. que le Chancelier Beli son Ambassadeur à Rome, s'étant plaint au Pape du Roi de France, avoit été fort mal traité par Sa Sainteté. Il signa donc le traité, & la Bresse avec quelques Payis voisins fut ainsi jointe au Royaume de France.

Paix conclue avec le Duc de Savoie.

Peu s'en fallut que la paix entre la France & l'Espagne ne fut rompuë par l'accident que nous allons rapporter. Le neveu de M. de la Rochepot alors Ambassadeur en Espagne, étant allé se baigner sur le soir avec quelques Gentilshommes François, des Gentilshommes Espagnols vinrent leur chercher querelle, & les piquerent tellement par des injures & des rodomontades, que les François sortant de l'eau, prirent leurs habits & leurs épées, & les obligerent de se battre contre eux. Quelques Seigneurs Espagnols demeurerent sur la place. Les parens en demanderent Justice au Roi, qui commanda à ses Officiers de la faire. Eux sans avoir égard à la qualité d'Ambassadeur, vont à sa maison, & trouvant les portes fermées, ils les enfoncerent, & menerent en prison son neveu, & quelques Gentilshommes François.

Affaires d'Espagne.

Le Roi informé de cette violence, rappella son Ambassadeur, & fit dire

---

concesserat, ubi gestorum magnitudine claruit, Cæsareo exercitui imperavit, Albam-Regalem cepit, Turcos fudit, & cum in Franciam honore cumulatus rediret, Norimbergæ obiit.

Deputati Regis & Sabaudiæ Ducis de pace agebant; Sillerius & Janinius pro Rege aderant; Arconasius Comes & alius pro Sabaudiæ Duce. Præter Marchionatum Rex petebat restitui sibi magnas pecuniæ summas in bello isto insumtas. Plurimæ fuere contentiones, tandemque pacta viginti duobus capitibus inita fuere, in queis ferebatur Regem in commutationem accepturum esse Bressiam, Bugæum, Val-Romæum & Gexii agrum. Dux statim pactioni se subscripturum esse negavit, & confirmante ipsum Fontano Comite, qui minas intentabat, dixit se Deputatos suos capite truncari jussurum esse. Tandem subscribere quasi coactus fuit his de causis. 1°. Quia arx Burgi in Bressia mox dedenda erat. 2°. Quia Bironi indigna proposita & consilia non tam cito perfici poterant. 3°. Quia Rex Hispaniæ pacem omnino volebat & Fontano mandaverat ut copias suas ex Pedemontio abduceret, si Sabaudus pacem non admitteret. 4°. Quia cum Belius Orator Sabaudi Romæ de Rege Franciæ apud Papam conquestus esset, male exceptus fuerat a Summo Pontifice. Pactioni itaque subscripsit, & Bressia cum vicinis tractibus Regno Francorum adjuncta fuit.

Joannes, Hist. de la ...

Parum abfuit quin pax inter Franciam & Hispaniam in bellum mutata fuerit, casu quopiam, quem hic referemus. Cum Rupepotii in aula Hispanica pro Rege Oratoris nepos lavatum ivisset vespere cum Nobilibus aliis Francis, Nobiles Hispani quidam jurgia moventes advenere, & jactationibus contumeliisque adeo ipsos concitavere, ut ex aqua exilientes Franci, sumtis vestibus & armis, ad pugnam illos provocaverint: & ex Hispanis quidam confossi & occisi fuerint. Cognati ultionem ab Hispaniæ Rege expetiere, Rex Ministros suos jussit huic rei advigilare, qui nulla servata erga Oratorem Francicum reverentia, ad ejus ædes advolant, clausas portas confringunt, & Rupepotii nepotem aliosque Francos Nobiles in carcerem trudunt.

Les mêmes.

Re comperta Henricus Rex, Oratorem suum revocavit, Regique Hispaniæ edicendum mandavit,

Les mêmes.

1601. au Roi d'Espagne que s'il ne lui donnoit satisfaction, il le regarderoit comme son ennemi ; & pour donner quelque apprehension aux Espagnols, il alla visiter les frontieres de la Picardie, & se rendit à Calais. L'Archiduc qui faisoit alors le siege d'Ostende, craignant qu'il ne vînt pour secourir la place, lui envoia dire que le Roi d'Espagne lui feroit satisfaction de l'injure, & qu'il le prioit de ne point prêter secours aux assiegez. Le Roi le rassura, & lui dit que pourvû qu'on lui fît réparation de l'insulte, il n'entreprendroit rien contre lui. Le Pape se rendit l'entremetteur de cette paix, demanda au Roi d'Espagne ces prisonniers, qui les lui envoia, & Sa Sainteté les remit entre les mains de l'Ambassadeur de France à Rome.

La Reine Elisabeth parle à Biron.

Tandis que le Roi étoit à Calais, la Reine d'Angleterre y envoia Milord Edmond pour lui rendre visite de sa part, & le Roi lui envoia aussi le Maréchal Duc de Biron accompagné de plusieurs Gentilshommes, parmi lesquels se trouvoit déguisé le Comte d'Auvergne. La Reine fit mille caresses à Biron, & le menant en differens endroits, elle lui fit remarquer plusieurs têtes coupées, parmi lesquelles étoit celle du Comte d'Essex, qu'elle avoit fait executer. *Je l'avois élevé en grandeur plus qu'il ne méritoit*, lui dit-elle, *le crédit & la faveur que je lui avois donné, l'avoient tellement aveuglé, qu'il pensoit que je ne me pouvois passer de lui. Mais la honte a suivi son orgueil, son ingratitude & son infidelité. Par ma foi, si j'étois en la place du Roi mon frere, il y auroit des têtes aussi-bien coupées à Paris qu'à Londres. Dieu veüille toutefois qu'il se trouve bien de sa clemence. Pour moi je n'aurai jamais pitié de ceux qui troublent un Etat.* Cela sembloit dit exprès pour le Maréchal ; & cette Reine, apparemment informée de ce qui se passoit en France, lui donnoit une belle leçon ; mais il en profita mal comme nous verrons. Il s'en retourna en France, & alla joindre le Roi à Fontainebleau.

Naissance du Dauphin Louis.

Le 22. Septembre naquit en Espagne l'Infante Anne fille de Philippe III. Roi d'Espagne qui fut nommée à son Baptême, Anne-Marie Mauricette, & le 27. du même mois, vint au monde à Fontainebleau le Dauphin de France, qui fut appellé Louis. La Cour & tout le Roiaume en firent des réjoüissances publiques. En ce mois fut établie la Chambre Roiale pour réformer les abus & les malversations dans les finances : fort necessaire en ce tems,

---

nisi sibi faceret satis, se illum quasi hostem habiturum esse. Utque timorem Hispanis incuteret, Picardiæ confinia lustravit, & Caletum venit. Archidux, qui tunc Ostendam obsidebat, metuens ne ad urbi opem ferendam moveret, misit qui Regi dicerent Regem Hispaniæ ipsi facturum esse satis, rogarentque ne obsessæ urbi auxilia præstaret. Respondit Henricus si Hispaniæ Rex injuriam repararet, nihil se contra illum susceptum esse. Intercessit ad pacem faciendam Summus Pontifex; & ab Rege Hispaniæ petiit ut Francos qui in carcere erant, ad se mitteret : misit ille, & Summus Pontifex ipsos Oratori Franciæ, qui Romæ erat, tradidit.

Les mêmes.

Dum Rex Caleti esset, Regina Angliæ Edmundum misit, ut suo nomine Regem inviseret. Rex quoque misit ipsi Marescallum Ducem Bironum, cum multis Nobilibus, in quorum numero simulata veste erat Comes Arvernorum. Regina Bironum comiter admodum excepit, ipsumque varia in loca duxit, ostenditque illi excisa capita multa, inter quæ erat caput Essexii Comitis ejus jussu supplicio affecti. *Illum*, inquiebat Regina, *plusquam merebatur extuleram, excæcatus autem favore illo & auctoritate, quam illi præstiteram, putabat ille me illius ope omnino indigere; sed superbiam, ingratum animum, & perfidiam pudor secutus est. Certe si Regis fratris mei locum tenerem, capita præcisa perinde Lutetiæ atque Londini spectarentur. Faxit Deus ut fratris mei clementia bene ipsi cedat. Quod ad me spectat, nunquam miserebor eorum qui in Regno turbas movent.* Hæc Bironum omnino spectare videbantur. Regina vero, quæ ut videtur ea quæ in Francia gerebantur non ignorabat, monita ipsi salutaria dabat; sed incassum, ut mox narrabitur. In Franciam ille rediit, & Regem ad Fontembellaqueum convenit.

Les mêmes.

Vigesima-secunda die Septembris in Hispania nata est Anna filia Philippi III. Hispaniæ Regis, quæ in fontibus Sacris appellata fuit Anna Maria Mauritia ; & vigesima-septima ejusdem mensis in Fontebellaqueo natus est Delphinus Franciæ, qui Ludovicus nominatus fuit. Aula regia, totumque Regnum lætitiæ signa publica dederunt. Hoc mense constituta fuit Camera regia ad abusus in re æraria reformandos ; quod illo tempore admodum necessarium erat, ubi plurimi

HENRI IV. dit LE GRAND.

où plusieurs Financiers profitant des troubles qui agitoient le Roiaume, s'étoient enrichis aux dépens du public.

Après Pâques de l'année 1602. le Roi alla à Blois, & de-là à Poitiers pour appaiser l'émotion faite à Limoges & dans la Guienne au sujet de la *Pancarte*, ou de l'imposition du sou pour livre. A peine fut-il arrivé à Poitiers, qu'il eut nouvelle de la broüillerie survenuë au Parlement de Paris, qui avoit fait un Arrêt portant injonction à tous Avocats *d'écrire & parapher de leur main à la fin de leurs écritures ce qu'ils avoient reçû pour leurs salaires, afin qu'en cas d'excès il fut moderé;* & avoit donné un autre Arrêt, qui ordonnoit que les Avocats qui ne voudroient pas plaider, feroient leur déclaration au Greffe, après laquelle il leur étoit défendu d'exercer l'état d'Avocat. Alors tous les Avocats au nombre de trois cens sept, allerent au Greffe, où ils quitterent leur chapperon, déclarant qu'ils ne pouvoient obéir au premier Arrêt, mais qu'ils satisfaisoient au second. De sorte que les Audiences cesserent au Parlement. Le Roi envoia alors des Lettres Patentes, où il ordonnoit aux Avocats d'obéir aux deux Arrêts; & ainsi le trouble cessa.

Il ne lui fut pas aussi aisé d'appaiser les peuples de Limoges, de la Rochelle & de Guienne. Ils se plaignoient hautement de cette *Pancarte*. Le Roi tâcha de les adoucir, & laissa quelque tems les choses dans le même état; mais voyant depuis combien cette *Pancarte* étoit à charge, il l'abolit.

La Pancarte abolie.

A son retour il découvrit la conspiration de Biron. Lafin confident du Maréchal, qui l'avoit emploié dans ses intrigues, & qui étoit participant de tous ses secrets, avoüa au Roi qu'aiant reçû un grand mécontentement de la Cour, il s'étoit donné au Maréchal, & avoit trempé dans la conjuration; mais que dès qu'il s'étoit apperçû qu'on vouloit attenter sur la vie du Roi & du Dauphin, il s'en étoit retiré.

Conspiration de Biron.

L'origine & la suite de cette conspiration sont ainsi rapportées par des gens qui suivoient alors la Cour de France. Le Maréchal étant allé en Flandres pour faire jurer la paix à l'Archiduc, les Espagnols qui s'apperçûrent combien il étoit vain & avide de gloire, parlerent en sa presence avec une si grande estime de sa valeur & de son merite, qu'il en devint plus enflé que la gre-

---

Les mêmes. in re æraria cum dispendio publico divitias accumulaverant.

Post Pascha anni 1602. Rex Blœsas se contulit, indeque Pictavium, ut tumultum sedaret in Lemovicibus & in Aquitania subortum ob *panchartam* seu impositionem solidi unius ad libras singulas. Vix Pictavium advenerat, cum nunciatus illi fuit tumultus in Curia Senatus Parisini concitatus, quæ Decretum emiserat quo Advocatis omnibus præcipiebatur, *ut manu sua scriberent, adjecta nota in rescriptis suis, quid precii accepissent, ut si modum excederet, id corrigeretur;* aliudque Decretum promulgaverat, quo jubebantur Advocati, qui non ultra pro litibus orare vellent, declarationem suam in Forensi tabulario facere, posteaque prohibitum illis erat, ne ultra Advocati officium exercerent. Tunc Advocati omnes numero trecenti & septem ad Forense Tabularium venerunt, & vestem honorariam suam deposuere, dicentes se non posse primo Decreto parere, & secundo obsequi; sicque in Curia ab orando & litigando cessatum fuit. Tunc Rex literas misit, queis jubebat Advocatos Decretis Senatûs parere; sicque tumultus cessavit.

Non tam facile potuit Lemovicinos, Rupellanos & Aquitanos sedare, qui de *pancharte* alta voce conquerebantur. Rex illos mitigare conatus, rem in pristino statu reliquit; sed cum videret postea panchartam illam admodum oneri esse, illam omnino sustulit.

Les mêmes.

Redux Henricus Bironi conspirationem detexit. Lafinius qui Marescallo fidus videbatur, illum enim ad molimina sua omnia adhibuerat, secreta revelaverat. Regi tamen ille fassus est, se cum ex regia aula injuria magna læsus fuisset, Marescallo seipsum dedidisse, & in conjurationis partem venisse; sed cum videret eo usque rem procedere, ut contra Regis & Delphini vitam conspiraretur, tunc ad officium rediisse.

Thuanus Hist. de la paix.

Origo seriesque conspirationis hujusmodi sic referuntur a quibusdam, qui tunc aulam regiam Francicam sequebantur. Cum Marescallus Bironus in Flandriam concessisset, ut sacramentum ad firmandam pacem ab Archiduce acciperet, Hispani qui adverterunt quam inanis gloriæ cupidus ille esset, coram illo cum tantis fortitudinis dotiumque illius laudibus loquuti sunt, ut inflatior rana illa fabulosa

Les mêmes.

noüille de la fable. Après quoi ils lui envoierent dire par un mauvais François nommé Picoté, chaſſé d'Orleans, qu'il étoit en ſon pouvoir de s'élever à une grande fortune chez les Eſpagnols ſes admirateurs. Le Maréchal l'écouta avec plaiſir, & témoigna qu'il recevroit favorablement les propoſitions qu'on lui feroit. Les Eſpagnols jugerent alors ou qu'il ſe tourneroit de leur parti, ou qu'ils auroient de quoi le perdre.

Après la paix de Vervins, voiant bien qu'en tems de paix il n'auroit pas le même credit, il ſe déchaîna ſur le peu d'égard qu'on avoit à ſes ſervices. Il comptoit pour rien les Charges d'Amiral, de Maréchal de France, & la qualité de Duc & Pair, où le Roi l'avoit élevé. Il ſe lia alors avec Laſin mécontent de la Cour, qui avoit autrefois negotié avec le Duc de Savoie & avec les Eſpagnols, & ils envoyerent un Curé au Duc de Savoie, & un Moine de Cîteaux à Milan pour traiter au nom du Maréchal, & Picoté en Eſpagne.

Fort peu de tems après, le Duc de Savoie, avant qu'il vînt à Paris, traita ſecretement avec Biron, & lui fit eſperer qu'il lui donneroit ſa troiſiéme fille en mariage. Par-là il devenoit couſin de l'Empereur, & neveu du Roi d'Eſpagne. Biron lui promit qu'il donneroit tant d'affaires au Roi dans ſon Roiaume, qu'il ne pourroit rien entreprendre pour le Marquiſat de Saluces. Le Roi fit avec ſuccès la guerre en Savoie, comme nous avons vû, & le Maréchal lui-même prit pluſieurs places en Breſſe. Il pria le Roi de lui laiſſer mettre un Gouverneur de ſa main à la Citadelle de Bourg en Breſſe; ce qui lui fut refuſé. Ce refus l'indigna tellement, qu'il reſolut d'entreprendre ſur la vie même du Roi. Il fit donner au Duc de Savoie pluſieurs avis ſur l'état de l'armée de France.

Peu de jours après il envoia Laſin au Duc de Savoie & au Comte de Fuentes, & au même tems Picoté revenant d'Eſpagne ſe rendit à Milan. Il ſe fit alors une Aſſemblée où ſe trouverent le Duc de Savoie, le Comte de Fuentes, un Ambaſſadeur d'Eſpagne, Laſin & Picoté. Il fut conclu que le Duc de Savoie donneroit ſa troiſiéme fille en mariage à Biron, avec une dot de cinq cens mille écus d'or, & que le Roi d'Eſpagne lui cederoit tous les droits qu'il avoit ſur le Duché de Bourgogne, qu'il poſſederoit en titre de Souveraineté; que le Comte de Fuentes & le Duc de Savoie joindroient leurs forces enſem-

---

Les mêmes.

inde diſceſſerit, poſteaque per quemdam Picoteum, qui Aureliano pulſus fuerat, illi inſinuavère penes ipſum eſſe, ut ad grandem fortunam, ſi vellet, apud Hiſpanos proveheretur. Hæc libenter audivit Mareſcallus, & ſignificavit ſe haud invitum auditurum ea quæ ſibi ea de re proponerentur. Tunc Hiſpani intellexerunt, ſe vel ipſum ad ſuas partes adducturos eſſe; vel penes ſe ea habituros, quæ ipſum perdere poſſent.

Les mêmes.

Poſt Vervinienſem pacem, cum videret ſe pacis tempore non eamdem gratiam auctoritatemque habiturum eſſe, cum indignatione conquerebatur, quod poſt tot præſtita in bello officia deſpectui haberetur; parvi pendens munera illa quæ ſibi data fuerant, Præfecturam maris, Mareſcalli ac Ducis ac Paris Franciæ dignitatem. Tunc cum Laſinio qui aulæ regiæ offenſus erat, ſocietatem iniit. Is cum Sabaudo & cum Hiſpanis olim negotiatus fuerat, tuncque Curatorem quemdam ad Sabaudum, Ciſtertienſem Monachum Mediolanum, ut pro Mareſcallo negotiarentur, & Picoteum in Hiſpaniam miſit.

Les mêmes.

Paulo poſtea Sabaudus Lutetiam venit, cum Birono colloquia miſcuit, & illi Sabaudus ſpem fecit ſe daturum illi tertiam filiam ſuam in uxorem. Sic Bironus Imperatoris conſobrinus & Regis Hiſpaniæ nepos efficiebatur, Sabaudoque pollicitus eſt ſe Regem in Regno ſuo ita præpeditururum eſſe, ut non poſſet pro Salucia recuperanda quidquam ſuſcipere. Rex proſpere bellum in Sabaudiam intulit, ut vidimus, & Bironus ipſe in Breſſia plurima oppida cepit, Regemque rogavit ut arci Burgi in Breſſia Præfectum, quem ipſe indicaverat poneret, quod negatum ipſi fuit: qua re ille uſque adeo indignatus eſt, ut in ipſam Regis vitam conſpitaret. Sabaudo plurima aperuit circa exercitum regium, qui in Sabaudia tunc erat.

Les m

Paucis poſtea diebus Laſinium ad Ducem Sabaudiæ miſit & ad Fontanum Comitem, eodemque tempore Picoteus ex Hiſpania rediens, Mediolanum venit. Tunc convenere ſimul Sabaudiæ Dux, Fontanus, Orator Hiſpaniæ, Laſinius & Picoteus, ibique ſtatutum fuit Sabaudiæ Ducem tertiam filiam ſuam Birono uxorem eſſe daturum cum dote quingentorum millium ſcutorum, Regemque Hiſpaniæ ipſi ceſſiturum eſſe jura ſua quæ in Burgundiæ Ducatum habebat, quem Bironus jut ſupremus dominus poſſeſſurus eſſet; Comitem Fontanum & Ducem Sabaudiæ copias ſuas juncturos eſſe, ut bellum in Franciam in-

ble pour porter la guerre en France, & donner tant d'affaires au Roi, qu'il se desisteroit du dessein de recouvrer son Marquisat de Saluces. Mais les choses tournerent bien differemment comme nous avons vû. {1602.}

Le Maréchal fort déconcerté, & voiant que tout avoit changé de face, averti d'ailleurs que le Roi étoit informé de ses menées, alla le trouver à Lion. Il avoüa qu'il avoit secretement agi avec le Duc de Savoie pour avoir sa fille en mariage, & que le refus qu'il lui avoit fait de lui laisser mettre un Gouverneur de sa main à la Citadelle de Bourg en Bresse, l'avoit tellement indigné, qu'il avoit brassé quelque chose contre l'Etat, & qu'il lui en demandoit pardon. Le Roi voulut savoir de lui tout ce qui s'étoit passé. Il ne lui en dit que le moins qu'il pût: & comme il témoignoit une grande repentance, le Roi lui pardonna. *Il se reconcilie avec le Roi en apparence.*

Après l'Assemblée dont nous venons de parler, le Comte de Fuentes s'en retourna à Milan, & sur quelque réponse que Lafin lui fit, il entra en soupçon contre lui, persuadé qu'il les trahissoit, il l'envoia au Duc de Savoie, lui marquant qu'il falloit se saisir de ce négotiant. Lafin en eut le vent, prit le chemin des Grisons, & envoia en sa place Renazé que le Duc fit mettre en prison. Le Maréchal qui malgré sa feinte reconciliation avec le Roi, continuoit toujours ses menées, voiant que Lafin avoit quitté la partie, se servit du Baron de Lux pour négotier en sa place; ce qui mécontenta fort Lafin qui étoit revenu en France, fâché encore de ce qu'il laissoit Renazé en prison.

Le Roi averti du mécontentement de Lafin, le fit appeller. Lafin avant que de partir pour Fontainebleau, où le Roi étoit alors, écrivit au Maréchal, lui donna plusieurs avis, & lui parla de maniere qu'il crut qu'il étoit toujours dans ses intérêts. C'est ce qui le trompa, & fut peut-être la cause de sa perte. Lafin venu à Fontainebleau parla à Sa Majesté, & lui declara toutes les intrigues & les menées du Maréchal telles que nous venons de décrire. Le Roi lui ordonna d'en faire le rapport à quelques-uns de son Conseil. On en fit des écritures qui furent mises entre les mains du Chancelier. Lafin demanda pardon au Roi, & obtint de lui des Lettres d'abolition. Pour ôter tout soupçon de l'esprit du Maréchal, le Roi dit au Baron de Lux qui étoit à la Cour, que *Lafin découvre tout au Roi.*

---

ferrent, & tot negotia Regi Francorum daturos esse, ut a Salucia recuperanda desisteret, sed res longe contrario modo cesserunt, ut vidimus.

Bironus, rerum facie mutata, quid consilii caperet non habebat, cumque compertum haberet conspirationem suam Regi non ignotam esse, Lugdunum ipsum convenit, confessusque est se clam cum Duce Sabaudiæ tractavisse, ut filiam ipsius duceret uxorem, & se indignatum quod Rex oblatum ab se arcis Burgi in Bresiia Præfectum non admisisset, quædam contra Regnum Franciæ facienda suscepisse, veniamque ea fide re petere. Rex omnia minutatim scire voluit. Ille quanto minora potuit declaravit: & quia admodum facti pœnitens videbatur esse, Rex pepercit ipsi.

Post supra memoratum conventum Fontanus Mediolanum reversus est, & ex verbis quibusdam, quæ Lasinius dixerat, in suspicionem incidit. Cum persuasum autem haberet Lasinium proditionem quamdam machinari, ad Sabaudiæ Ducem misit illum, monens ut Negotiatorem illum apprehenderet. Rem suspicatus Lasinius versus Rhetos iter direxit, & Renazeum ad Sabaudum misit, qui illum statim in carcerem conjici jussit. Bironus vero, tametsi simulate cum Rege reconciliatus fuerat, tamen in prisco consilio pergebat; cumque videret Lasinium se subduxisse, Luxium Baronem in ejus locum adhibuit, id quod Lasinio, qui in Franciam redierat, non placuit; indignatus etiam Lasinius fuit, quod Renazeum in carcerem conjectum Bironus negligeret.

Rex ubi Lasinium Birono offensum comperit, advocari illum jussit. Lasinius antequam ad Fontebellaqueum iret, ubi tunc Rex erat, Birono scripsit, plurima dedit monita, illoque loquutus est modo, ut Bironus illum sibi semper fidum esse putaret, sicque ille deceptus est, & illa perniciei ipsi causa fuisse putatur. Lasinius in Fontebellaqueo Regem alloquutus est, ipsique omnia Bironi molimina declaravit, qualia jam diximus; jussit Rex illum eadem quibusdam ex Consilio suo patefacere: hæc scripto consignata & in manibus Cancellarii deposita fuere. Lasinius veniam ab Rege petiit, & abolutionis literas impetravit. Ut omnem suspicionem a Bironi animo Rex amoveret, Luxio dixit, omnia quæ sibi circa il- *Les mêmes.*

ce qu'on lui avoit dit du Maréchal de Biron, n'étoient que de faux bruits. Lafin lui écrivit aussi qu'il n'avoit rien dit au Roi qui pût lui nuire.

Biron mandé vient en Cour.

Après cela le Roi donna ordre au Maréchal de venir le trouver. Il s'en excusa au commencement par quelques mauvaises raisons. L'ordre fut réiteré, & le President Janin y fut envoié : il l'assura de la bonne volonté du Roi à son égard, & lui representa que s'il ne venoit pas, il devenoit lui-même son accusateur. Il partit enfin, & vint trouver le Roi malgré les avis que plusieurs lui donnerent de n'y point aller, mais de s'enfuir plûtôt en Franche-Comté. Il arriva donc à Fontainebleau, & le Roi en l'embrassant lui dit : *Vous avez bien fait de venir, car autrement je vous allois querir.* Il le tira à part, & le pressa de lui déclarer tout, lui promettant de lui faire grace. Le Maréchal lui répondit d'un air hautain, qu'il n'étoit pas venu pour se justifier, mais pour sçavoir qui étoient ses accusateurs.

Son obstination.

L'après dîné le Roi se promenant dans la grande salle, s'arrêta devant sa statuë en relief, où il étoit representé triomphant de ses ennemis, & il dit à Biron : *Hé bien, mon cousin, si le Roi d'Espagne m'avoit vû comme cela, qu'en diroit il ?* Il répondit insolemment : *Sire, il ne vous craindroit guere.* Puis voiant le Roi piqué de cette réponse, il ajouta : *J'entens, Sire, en cette statuë-là, mais non pas en votre personne.* Le Roi lui parla encore le même jour en particulier, & le conjura de lui declarer tout, lui promettant même qu'il lui garderoit le secret. Le Maréchal persuadé que Lafin n'avoit rien dit, lui répondit toujours de même. Ils allerent ensuite au Jeu de Paume, où le Roi & le Comte de Soissons jouerent contre Biron & le Duc d'Epernon, qui dit à Biron : *Vous joüez bien, mais vous faites mal vos parties.* Il étoit assez malin pour lui porter ce coup à dessein.

Le Roi fit encore parler le même jour à Biron par le Comte de Soissons, qui le trouva aussi obstiné que jamais. Le lendemain matin le Roi l'entretint encore dans un petit jardin. On remarqua que le Maréchal la tête nuë & se frappant la poitrine parloit d'un ton menaçant contre ses accusateurs. Le Roi voiant qu'il ne gagneroit rien sur cette ame inflexible, tint son Conseil, où il fut resolu qu'on le feroit arrêter, & en même tems le Comte d'Auvergne. Sur le soir il reçût plusieurs avis de se sauver, dont il ne tint compte, & il alla

---

lum nunciata fuerant, falsos esse rumores. Lasinius quoque scripsit illi se nihil Regi dixisse quod ipsi nocere posset.

Les mêmes. Postea Rex Bironum ad se venire jubet. Ille initio abnuit, sese futilibus de causis excusans : repetita jussio fuit, & Janinus Præses ad illum missus, ipsi bonum Regis erga ipsum affectum testificatus est, addiditque si non veniret, ipsum sui accusatorem fore, tandemque, multis licet contrarium suadentibus, & ut in Comitatum Burgundiæ fugeret urgentibus, in Fontembellaqueum venit. Ipsum amplectens Rex dixit : Bene venisti; si non venisses enim, ego te reducturus proficiscebar. Illum vero seorsum duxit; & ut omnia sibi declararet ursit, pollicens se ipsi veniam daturum esse. Respondit ille arroganter, se non venisse ut se pugaret; sed ut quos accusatores essent, sciret.

Les mêmes. Pomeridianis horis Rex cum in majori aula deambularet, ante statuam suam, ubi de hostibus triumphans repræsentabatur, Birono dixit: *Heus tu, consobrine, si Rex Hispaniæ me ita vidisset, quid diceret ?* Petulanter ille respondit, *Non te multum timeret ;* cumque Regem offensum conspiceret : *Id dico,* inquit, *de Statua, non de Personâ tua.* Rex eodem die ipsum seorsim adductum precatus est, ut omnia sibi detegeret, se secretam rem habiturum pollicitus. Bironus semper putans Lafinium nihil detexisse, idipsum quod prius respondit. Postea pila lusum ierunt, ubi Rex & Comes Suessionensis contra Bironum & Espernonium stabant. Narratur Birono Espernonium dixisse : *Bene ludis, sed male partes tuas ordinas,* quod maligne & data opera dixisse putabatur.

Eodem die Rex Comitem Suessionensem emisit, qui Bironum eadem de re alloqueretur; sed obstinato ille animo magis quam antea fuit. Postridie mane Rex illum in hortulo quodam alloquutus est. Observatumque fuit Bironum nudo capite pectus tundentem, minaci voce contra accusatores suos loquutum esse. Rex autem videns se pertinacem illum animum nunquam flexurum esse, in Consilio suo rem proposuit, statutumque fuit ut ipse & Arvernorum Comes apprehenderentur. Vespere autem a multis submonitus fuit ut fugæ sibi consuleret. Ille vero

joüer

HENRI IV. dit LE GRAND.

joüer à la Prime avec la Reine. Vers le minuit le Roi, dont la clemence étoit peut-être sans exemple, le tira à part, & le conjura de lui déclarer tout, lui promettant que quelque grand que pût être le crime il l'oublieroit à jamais. Le Maréchal dit toujours à son ordinaire qu'il étoit venu, non pour se justifier, mais pour sçavoir qui étoient ses accusateurs, & demander justice. Le Roi lui dit enfin : *Maréchal, je vois bien que je n'apprendrai rien de vous, je m'en vais voir le Comte d'Auvergne pour essayer d'en apprendre davantage.*.

En sortant de l'anti-chambre, Vitri l'arrêta ; il fit d'abord quelque resistance & demanda à parler au Roi ; ce qu'on lui refusa. On lui ôta son épée, le Comte d'Auvergne fut saisi au même tems, & le Samedi 15. de Juin, ils furent amenez tous deux par eau à la Bastille. Quelques jours après le Roi étant à Saint Maur des Fossez, le sieur de la Force & plusieurs autres parens allerent se jetter à ses pieds pour lui demander sa grace. Le Roi répondit que s'il ne s'agissoit que de son interêt particulier il lui pardonneroit de bon cœur. Mais que comme cette affaire regardoit l'Etat & ses enfans, il laisseroit aller le cours de la Justice.

Le Maréchal étant à la Bastille, vomissoit sans cesse & sans raison des maledictions & des injures contre le Roi. Mais quand il eut appris que ses parens avoient demandé inutilement grace pour lui, & que la tentative que plusieurs méditoient pour le faire évader, ne pouvoit réussir, il changea de ton, & commença de craindre. Il courut même une Lettre qu'il avoit, disoit-on, écrite au Roi ; mais elle étoit d'un stile si humilié, que peu de gens crurent que le Maréchal eût jamais écrit en cette maniere.

Le Roi commit cette affaire au Parlement dont étoit Premier President Monsieur de Harlay. Il fut amené devant les Juges, & on lui presenta Lafin qu'il reconnut d'abord pour Gentilhomme d'honneur, son ami & son parent. Les dépositions de Lafin furent à peu près les mêmes que celles que nous avons mis au commencement de cette affaire ; & parlant de l'Assemblée du Duc de Savoie & du Comte de Fuentes, il disoit qu'on avoit promis au Maréchal en mariage la belle-sœur du Roi d'Espagne ou sa niéce de Savoie, la Lieutenance sur toutes ses armées, & dix-huit cens mille écus pour la guerre de France, le Duché de Bourgogne en proprieté sous l'hommage d'Espagne ; & Biron pro-

Il est mis à la Bastille.

On lui fait son procés.

---

nihil monita curans, *ad primam cum Regina lusit*. Media circiter nocte Rex cujus clementia vix exemplum habuerit, seorsim adductum enixe rogavit omnia declararet, pollicitus, quantumcumque scelus fuerit, se ipsum oblivioni mandaturum esse. Respondit ille ut antea venisse se, non ut se purgaret ; sed ut accusatores agnosceret, & in jus vocaret. Rex tandem dixit illi : *Marescalle, video me nihil ex te cogniturum esse ; Comitem Arvernorum adeo, ut plura discere possim.*

Les mêmes. Exeuntem ex antithalamo Vitrius comprehendit. Statim obstitit ille, & Regem alloqui postulavit : verum id illi negatum fuit ; gladius illi ablatus est ; eodemque tempore comprehensus est Comes Arvernorum, & Sabbato decima-quinta Junii, ambo secundo flumine in Bastiliam adducti sunt. Aliquot elapsis diebus cum Rex in fano Mauri ad Fossas esset, Forcæus & multi alii proceres, Bironi cognati, ad pedes Regis provoluti gratiam veniamque pro illo postularunt. Respondit Rex, si de re se solum spectante ageretur, se libentissime ipsi parciturum ; sed cum res ad Regni statum & ad filios suos spectaret, se Judicibus rem permissurum esse.

Bironis in Bastilia maledicta semper & contumelias in Regem promebat : at ubi didicit cognatos suos frustra veniam sui causa ab Rege postulasse, & aliquos, qui se ex carcere abducere meditabantur, nullo modo id posse perficere, furorem illum compressit, ac sibi metuere cœpit. Epistola etiam quædam in vulgus emanavit, quam Regi scripsisse illum fama erat ; ubi tam demisse ille loquebatur, ut pauci crederent illum unquam eo modo scripsisse.

Rex negotium illud Curiæ Senatus commisit ; cujus Primus Præses erat Harlæus. Ante Judices ille adductus est. Lasinius ipsi præsens sistitur, quem ipse statim nobilem virum & probum sibi amicum cognatumque agnovit. Lafinii accusationes eædem ferme fuere, quas initio hujus negotii exposuimus ; cumque de conventu Ducis Sabaudiæ & Comitis Fontani ageret ; dicebat promissum Birono fuisse, quod ipse uxorem ducturus esset aut cognatam Hispaniæ Regis aut neptem ejus Sabaudam, & ipsum Præfectum Generalem exercituum constituendum fore, ac decies octies centena millia scutorum numeranda ipsi fore ad bellum contra Franciam gerendum, Ducatumque Burgundiæ sibi proprium fore, ita ut ho-

Les mêmes.

Tome V. Fff

HENRI IV. dit LE GRAND.

1602. mettoit d'être toujours foumis à l'Efpagne, & de bouleverfer tous les Ordres & tous les Etats de la France, & de rendre ce Roiaume électif à la nomination des Pairs à la mode de l'Empire.

Le Maréchal qui venoit de rendre un fi bon témoignage de Lafin, entendant ces dépofitions, vomit mille injures contre lui, & dit que fi Renazé étoit là, il diroit tout le contraire. Malheureufement pour lui Renazé qui s'étoit fauvé de prifon, vint quatre jours après, & confirma tout ce que Lafin avoit dit. Hebert fon Secretaire reconnut fes écritures. Biron fut amené en Parlement. On lui lut les dépofitions. Il y répondit d'un ton affez ferme, & s'étendit beaucoup, en forte qu'il ne finit que fur les dix heures. On le remena à la Baftille, on lui fit fon procès, & il fut condamné à avoir la tête tranchée. Il

Condamné à mort. devoit être executé en Greve, mais fes parens obtinrent que l'execution fe feroit à la Baftille. Il donna jufqu'à l'heure du fupplice des marques d'une humeur bourruë. Quand il fallut lui couper les cheveux, il s'écria, *Que l'on ne m'approche pas, je ne fçaurois l'endurer; & fi l'on me met en fougue, j'étranglerai la moitié de tout ce qui eft ici.* Il n'alla point à la mort avec cette conftance & cette fermeté qu'on devoit attendre d'un homme qui avoit tant de fois affronté les plus grands périls. Il fut executé dans la cour de la Baftille, &

Executé. enterré dans l'Eglife de S. Paul. On difoit que fon pere le Maréchal de Biron, voiant fon humeur trop boüillante lui avoit dit : *Baron, je te confeille quand la paix fera faite, que tu ailles planter des choux en ta maifon, autrement il te faudra porter ta tête en Greve.*

Le Baron de Lux fut mandé, & vint en Cour, où il obtint fa grace, & le Comte d'Auvergne fut mis hors de la Baftille. Le Roi manda au Maréchal de

Le Maréchal de Boüillon fe retire en Alemagne. Boüillon de venir en Cour. Comme il avoit trempé à la confpiration de Biron, il écrivit au Roi, & le pria d'agréer qu'il fe juftifiât en la Chambre mi-partie de Caftres. Il reçût nouvel ordre de venir en Cour, & il fe retira à Orange, d'où il paffa à Geneve, & s'en alla depuis en Alemagne. Le Prince de Joinville que l'on croioit avoir part à la confpiration, fut mené devant le Roi, qui à la priere des Princes Lorrains, excufant fa jeuneffe, le donna en garde au Duc de Guife fon frere.

Le Roi fit en ce tems-ci plufieurs Edits, un fur *le Billonnement* & le tranfport

---

Les mêmes. minium Hifpaniæ Regi præftare teneretur, promififfeque Bironum fe femper Hifpaniæ Regi fubditum fore, & fe Ordines omnes Regni Francorum fubverfurum effe, ita ut Rex in pofterum per electionem Parium fieret, ut in Germania Imperator eligebatur.

Bironus qui Lafinium paulo ante laudibus cumularat, his auditis mille contumelias in illum protulit, dixitque fi Renazæus adeffet, contraria illis affirmaturum effe. Cafu accidit ut Renazæus ex carcere elapfus, poft quatuor dies adveniret, qui ea omnia quæ Lafinius dixerat, confirmavit. Hebertus qui a fecretis illi erat, fcriptionem & manum ejus agnovit. Bironus in Curiam adductus eft. Lectæ coram illo fuere accufationes. Refpondit ille audacter, & multa verba fecit, ita ut hora circiter decima tantum finem fecerit. In Baftiliam reductus ille eft : actio inftructa fuit, pofteaque capitis damnatus eft. In Gravia Platea capite truncandus erat; fed cognati ejus impetrarunt ut in Baftilia ipfa pœnas daret. Ad ufque fupplicii horam præfracti animi figna dedit. Cum decidendi capilli effent, exclamavit : *Nemo accedat, id non patiar, & fi ira incendar, dimidiam præfentium partem ftrangulabo.* Neque ille mortem adiit cum ea conftantia animique firmitate, quam decebat virum, qui ad pericula fubeunda femper promtus fuerat. In area autem Baftiliæ fupplicio affectus, & in Ecclefia Sancti Pauli fepultus fuit. Narrabatur autem patrem ejus Marefcallum Bironum, ferocem & effrenem ipfius animum perfpectum habentem, dixiffe illi : *Cum pax facta fuerit, auctor tibi fum ut domum te conferas & hortos cures. Alioquin caput concidendum in plateam Graviam allaturus es.*

Luxius in aulam regiam evocatus, veniam impetravit, & Arvernorum Comes ex Baftilia eductus fuit. Rex Bullionio Marefcallo mandavit, ut ad aulam regiam veniret. Cum autem ille in Bironianæ confpirationis partem veniffet, Regem rogavit fibi liceret in Camera femi-partita Caftrenfi caufam dicere & fefe purgare. Juffus ille denuo fuit in aulam venire, & Araufionem fe recepit, indeque Genevam & poftea in Germaniam confugit. Princeps Joannillæus, qui in confpirationis partem veniffe putabatur, ante Regem adductus eft, qui rogantibus Lotharingis Principibus, juventuti ejus parcens, fratri fuo Guifio Duci ipfum cuftodiendum dedit.

Hoc tempore Rex Edicta plurima emifit, unum

HENRI IV. dit LE GRAND. 411

des Monnoies en Payis étrangers, & sur le surhaussement des menuës Monnoyes, qui s'étoit introduit, & que les particuliers faisoient, où il étoit défendu aux Notaires de compter par écus, & ordonné de compter par livres. Un autre Edit sur les mines d'or, d'argent, de plomb, de fer & d'étain, qui se trouvoient en bien des endroits du Roiaume. Un autre fut donné pour défendre les Duels ci-devant fort communs en France, & qui faisoient périr quantité de Noblesse.

1602.

Le 14. d'Octobre arriverent à Paris quarante-deux Députez des Treize Cantons des Suisses & de leurs Alliez, pour renouveller les traitez. Cent ou six-vingts Gentilshommes allerent au devant d'eux ; ensorte qu'à l'entrée chaque Ambassadeur marchoit entre deux Gentilshommes. Ils furent reçûs avec toutes les démonstrations possibles d'amitié, furent bien regalez, renouvellerent leurs traitez, & s'en retournerent fort satisfaits. Un d'entre eux qui avoit près de cent ans se souvenoit de Louis XII. & s'étoit trouvé à la bataille de Pavie.

Ambassadeurs des Suisses.

Sur la fin de cette année le Duc de Savoie fit bien des efforts inutiles pour prendre Geneve. Il y perdit beaucoup de gens : Le sieur de Vic contribua à faire la paix entre le Duc & les Genevois.

Au mois de Mars de l'année suivante, le Roi partit avec la Reine pour aller à Mets où sa presence étoit necessaire pour plusieurs raisons. La premiere étoit, que Sobole de Comminge qui avoit été établi Gouverneur de Mets par le Duc d'Epernon, & qui étoit fort haï des habitans, prétendoit qu'on ne pouvoit lui ôter ce Gouvernement qu'après la mort de celui qui le lui avoit conferé. Le Duc d'Epernon s'étoit rendu à Mets pour y mettre ordre. Mais Sobole & son frere lui tinrent tête, & l'obligerent de s'en retourner. Les plaintes des habitans augmentant tous les jours, il y retourna, & trouva la Bourgeoisie prête à se barricader contre les deux freres. Il appaisa le tumulte. La Varenne fut envoié par le Roi pour sommer Sobole de quitter la place ; mais il répondit qu'il ne la remettroit qu'à Sa Majesté. Dès que le Roi se fut mis en chemin, il envoia à Mets le sieur d'Arquien qui portoit un ordre à Sobole de lui remettre la place, & il obéit.

1603.
Voiage du Roi à Mets.

Le Roi passant par Verdun fut prié par le Pere de la Tour Recteur, accom-

---

circa adulteratam monetam, ejusque in extraneas regiones transmissionem, itemque circa auctum ex quibusdam monetarum precium, ubi Tabellionibus prohibebatur ne per scuta numerarent, sed per libras. Aliud item Edictum circa fodinas auri, argenti, plumbi, ferri & stanni, quæ in multis Regni partibus exstabant. Aliud ad singulares vetandas pugnas, in Regno tunc frequentes, in queis multi Nobiles perire solebant.

Les mêmes. Decima quarta die Octobris Lutetiam advenere quadraginta duo Deputati tredecim Pagorum Helvetiorum Sociorumque, ad pactiones superiores renovandas. Centum vel centum viginti Nobiles ipsis obviam ierunt, ita ut in ingressu Deputatus quisque inter duos Nobiles incederet. Excepti vero fuere cum omni amicitiæ significatione, & in splendidis admissi conviviis, postquam pactiones renovaverant, in patriam gaudentes se recepere. Quidam illorum, qui pene centenarius erat, Ludovici XII. meminerat, & in pugna Papiensi fuerat.

Hoc vertente anno Sabaudus irrito conatu sæpe Genevam capere tentavit, & multos pugnatorum suorum amisit. Vicus autem nostras paci Ducem inter & Genevenses faciendæ multum operæ contulit.

Mense Martio anni sequentis Rex & Regina profecti sunt, ut Metas se conferrent, ubi Regis præsentia multis de causis necessaria erat. Primo quia Sobolius Convena, qui ab Espernonio Præfectus Metensis constitutus fuerat, & Metensibus odiosus admodum erat, dicebat se non posse a Præfectura removeri, dum viveret is qui se Præfectum constituerat. Espernonius Metas venerat ut rem componeret ; verum Sobolius & frater ipsius obstitere ipsi, ita ut receptum habere coactus fuerit. Cum autem Metenses magis ac magis querimonias efferrent, Espernonius iterum illò concessit, & Metenses invenit ad hostilia incipienda paratos contra Sobolios fratres. Varennius a Rege missus fuit, qui Sobolio ut Metis abscederet imperaret. Respondit ille se Regi tantum urbem & arcem redditurum esse. Rex tandem profectus Arquiennium misit, qui jussionem Regis Sobolio obtulit, ut sibi Præfecturam traderet, & obsequutus ille est.

Les mêmes.

Les mêmes.

Cum Rex Viroduno transiret, P. Turrius Rector, Les mêmes.

pagné d'autres Jesuites, que leur College de Verdun ne fût pas compris dans l'Arrêt qui les chassoit du Roiaume. Cela leur fut accordé si gratieusement, qu'ils prirent leurs mesures pour obtenir leur rétablissement en France. Le Roi étant arrivé à Mets, y passa la Semaine Sainte. Par le conseil & l'entremise du sieur de la Varenne, quatre Jesuites, dont le chef étoit le Pere Ignace Armand, Provincial, allerent le Jeudi Saint se jetter aux pieds de Sa Majesté, qui les reçut fort humainement. Le Pere Provincial fit une harangue où il demandoit le rétablissement de la Société dans le Roiaume. Le Roi l'écouta volontiers, & leur donna bonne esperance. Ils revinrent le Lundi de Pâques, & le Roi leur dit que son dessein étoit de les rétablir & de se servir d'eux, qu'ils vinssent le trouver à Paris, & qu'ils y amenassent le Pere Coton.

Une autre affaire qui avoit occasionné ce voiage de Mets, fut alors terminée. L'Evêque de Strasbourg qui étoit Catholique, obligé de sortir de la Ville toute Lutherienne & de la Confession d'Ausbourg, s'étoit retiré à une maison de campagne où il mourut. Le Siege étant vacant, le Cardinal de Lorraine obtint du Pape la nomination & la Provision, & de l'autre côté, ceux de la Ville élurent pour leur Evêque un des fils de l'Electeur de Brandebourg. Les deux prétendans étant sur le point d'en venir aux armes, convinrent enfin que le Roi de France seroit l'arbitre de leur differend. Le Roi arrivé à Mets fut visité par l'une & l'autre partie, il ne trouva pas d'autre moien de les accorder qu'en séparant en deux les terres de l'Evêché, & en donnant la moitié à l'un, & la moitié à l'autre.

Il reçut en ce tems-ci une Lettre du Palatin du Rhin, qui le prioit de remettre en ses bonnes graces le Maréchal de Boüillon, cousin du même Palatin. Le Roi lui fit réponse qu'il auroit toujours grand égard aux prieres d'un Prince de sa qualité; mais qu'il falloit que le Maréchal vînt dans l'espace de deux mois à sa Cour pour se purger des accusations formées contre lui, & que s'il y manquoit, il ne pourroit se dispenser d'agir selon la severité des Loix. Le Roi alla à Nanci voir sa sœur, & il en partit le 7. Avril pour s'en retourner à Paris.

Mort d'Elisabeth Reine d'Angleterre.

Il apprit la mort d'Elisabet Reine d'Angleterre, Princesse qui avoit attiré l'attention de toute l'Europe par son grand esprit, sa vigilance, son addresse

---

comitantibus aliis Jesuitis, Majestatem Suam rogavit, ut Collegium suum Virodunense in Decreto, quo ipsi ex Francia pellebantur, non comprehenderetur. Id tam facile comiterque Rex concessit, ut de revocando in Regnum Ordine suo cogitarent. Rex Metas advenit, & Hebdomadam Sanctam ibi transegit. Ex consilio & opera Varennii quatuor Jesuitæ, quorum præcipuus erat Pater Ignatius Armandus Provincialis, in sacra Feria quinta ad Regis pedes procubuere, quos Rex perhumaniter excepit. Provincialis autem ille orationem ad Regem habuit, qua petebat ut Societas sua in Regnum restitueretur. Rex illum libenter audivit, & spem bene gerendæ rei fecit. Lunæ die Paschatis denuo venerunt, dixitque illis Rex velle se illos restituere, eorumque opera uti, Lutetiamque ipsi se conferrent, & Patrem Cotonum secum ducerent.

Les mêmes. Negotium aliud, quod etiam Metensis itineris occasio fuerat, tunc terminatum fuit. Episcopus Argentoratensis, qui Catholicus erat, ex urbe Lutherana & Confessionem Augustanam sectante, excedere compulsus fuerat, & ruri in domo quadam habitabat, ubi mortuus est. Vacante Sede, Cardinalis Lotharingus a Summo Pontifice Episcopus nominatus est. Argentinenses vero Episcopum delegerunt filium Electoris Brandeburgici. Jam ad arma ventum erat, & ambo prœlio rem decernere parabant; sed tandem Regem Francorum rei arbitrum delegerunt. Rex cum Metas venisset, utrumque se invisentem excepit, nec alium componendæ rei modum invenit, quam Episcopatus terras in duas partes dividendo, & alteram alteri tradendo.

Hoc tempore epistolam Palatini Rheni accepit, qui rogabat, Bullionium ipsius Palatini cognatum, in gratiam suam restitueret. Respondit Rex te talis Principis preces semper plurimi facturum; sed soporrere Bullionium intra duorum mensium spatium in aulam suam venire, ut de oblatis criminibus sese purgaret: sin minus necessario se cum illo secundum legum severitatem acturum esse. Rex Nanceium visendæ sororis suæ causa venit, indeque profectus Lutetiam est septima die Aprilis.

Elisabethæ Angliæ Reginæ mortem edidicit: quæ Princeps femina, ingenio, vigilantia, artibus & in

HENRI IV. dit LE GRAND. 413

& sa conduite dans le Gouvernement aux tems les plus fâcheux ; mais qui avoit 1603. terni l'éclat de ces vertus, par tant de sang répandu, & sur tout par l'execution de Marie Reine d'Ecosse. Après sa mort tous les Etats du Roiaume élurent Jâques pour leur Roi Jacques VI. Roi d'Ecosse qui vint à Londres, & y fut couronné Roi d'Ecosse élû d'un commun consentement. Roi d'Angleterre.

Au mois de Mai de cette année le Roi tomba malade d'une retention d'urine accompagnée de fiévre. Il se crut en péril de mort. Les Medecins lui ordonnerent de s'abstenir du commerce des femmes, à moins de quoi, disoient-ils, il n'avoit pas trois mois à vivre. Il y a apparence qu'il suivit leur avis, du moins pour un tems, & il revint en parfaite santé.

Le Roi jouïssant d'une profonde paix, s'appliqua à rétablir dans le Roiaume Manufactures de Soie & de Haute-lice. Il fit venir des Ouvriers des Payis tures établies en voisins, pour introduire en France les Draps & Toiles d'or & d'argent de France. toute espece. Il fit mettre aux Gobelins des Ouvriers en Haute-lice & en tapisseries de Flandre. Toutes ces marchandises ne venoient ci-devant en France qu'en portant l'argent hors du Roiaume. Les soyes n'y venoient aussi qu'à force d'argent : & pour obvier à cet inconvenient, le Roi ordonna qu'on plantât des Meuriers dans les Generalitez de Paris, Orleans, Tours & Lion : ce qui fut aussi executé dans d'autres Provinces du Roiaume. Il rétablit encore à saint Germain en Laye les Verreries de crystal qui y avoient été introduites par le Roi Henri II.

Il envoia le Marquis de Rosni en Ambassade au Roi d'Angleterre Jacques I. pour confirmer l'alliance avec cette Couronne. Il y fut reçû avec toute la magnificence possible. Il renouvella les traitez d'alliance entre les deux Couronnes. Peu de tems après fut découverte une grande conspiration contre le nouveau Roi. On se saisit des conjurez qui furent condamnez à mort : mais le Roi pour signaler le commencement de son regne par un acte de clemence fort extraordinaire, sur tout en Angleterre, pardonna aux criminels qui avoient pourtant conspiré sa mort.

Le Roi Henri eut bien de la peine à appaiser le Comte de Soissons, qui mécontent de Rosni ne pensoit pas à moins qu'à le perdre. L'affaire fut enfin terminée.

Vers la fin de cette année revint en France le sieur de Pondez, qui avoit fait voile l'an passé vers le Canada pour aller à la découverte, & acquerir

rerum administratione dexteritate in turbidis temporibus, toti Europæ spectaculum fuerat, sed ex nimia sanguinis effusione has laudes fœdaverat, maxime vero cum Mariam Scotiæ Reginam manu carnificis perire curavit. Post ejus mortem Regni Ordines Regem elegerunt Jacobum VI. Scotiæ Regem, qui Londinum venit, & communi consensu coronatus fuit.

Mense Maio hujus anni Rex stranguriæ morbo laboravit, cui addita febris mortis periculum comminari videbatur. Edixere Medici ut a mulierum coitu abstineret ; alioquin ne tres quidem menses victurum illum minabantur. Verisimile est ipsum paruisse quodam saltem tempore ; bonam enim valetudinem recuperavit.

Cum Rex Henricus profunda frueretur pace, in Regno suo officinas panni sericei & pretiosorum aulæorum restitui curavit. Ex vicinis regionibus opifices textoriæ artis advocavit, ut in Franciam induceret pannos & telas aureas & argenteas omnis generis. In Gobelinos, opifices pro textili opificio insigniore & aulæis Flandricis induxit. Hæc omnia opificia pridem, nonnisi pecuniam exportando extra Regnum

afferebantur. Sericum similiter cum pari impensa importabatur, utque his incommodis occurreretur, jussit Rex moros plantari in agris circa Lutetiam, itemque apud Aurelianenses, Turonas & Lugdunenses, quod in aliis item Regni provinciis observatum fuit. Apud Sanctum Germanum in Laia vitrarias crystalli officinas restituit, quæ ab Henrico II. inductæ fuerant.

Rhonium etiam Oratorem misit ad Regem Angliæ Les mêmes. Jacobum I. ut societatem cum Corona ista confirmaret, ibique ille magnifice admodum exceptus est, pactionesque inter ambas Coronas renovavit. Paulo postea grandis contra novum Angliæ Regem conspiratio detecta fuit. Comprehensi conjurati capitis damnati sunt. Rex vero, ut Regni sui initia singulari clementia insigniret, sceleftis pepercit, qui in vitam ipsius Regis conjuraverant.

Vix Rex potuit Suessionensem Comitem cohibere, qui Rhonio infensus, ipsius perniciem moliebatur. Ira tandem ejus ex Regis voluntate sedata est.

Circa finem hujus anni Pondezius qui anno pro- Les mêmes. ximo versus Canadam vela dederat, ut terras illas

Fff iij

1603. une connoissance plus sûre & plus détaillée de ces Payis, des Peuples qui l'habitent, des rivieres, de la qualité du terroir. Il reconnut toutes les côtes, remonta la riviere de S. Laurent jusqu'au dessus de Quebec, & bien au de-là, se familiarisa autant qu'il pût avec les Sauvages, les Iroquois, les Algonquins, & d'autres Peuples; remarqua les endroits fertiles & propres à établir de nouvelles habitations, & revint en France en rendre compte au Roi.

1604.
Jésuites rétablis en France.

Les Jésuites qui avoient longtems sollicité leur rappel en France, y furent rétablis au commencement de l'an 1604. malgré les oppositions de leurs adversaires, qui étoient en grand nombre. Le Roi fit un Edit en leur faveur. Le Pere Coton habile Prédicateur, qui s'étoit concilié l'estime & l'affection du Roi, n'eut pas peu de part à leur rétablissement. Le Pape s'y interessa aussi beaucoup. Ils furent remis dans leurs Maisons & dans leurs Colleges de Paris, & de plusieurs autres Villes. On en fonda encore de nouveaux & la Compagnie augmenta beaucoup dans le Roiaume.

Bâtimens faits par le Roi.

En ce tems de paix le Roi n'étoit pas si occupé aux plaisirs & aux divertissemans, qu'il ne pensât aussi à l'embellissement & aux commoditez de Paris & des environs. Le feu Roi Henri III. avoit commencé le Pont Neuf. Il n'en avoit fait faire que deux arcades, & toutes les piles des arches élevées seulement à fleur d'eau : mais la plupart des piles avoient été enlevées par le courant de la riviere. Le Roi le fit achever, & on commença d'y passer cette année 1604. La Place Dauphine qu'il fit bâtir l'an 1608. fut un des ornemens de ce beau Pont. Il fit aussi faire un Quai depuis l'Arsenal jusqu'à la Greve. Il augmenta de la moitié le Château de S. Germain en Laye, orna de nouveaux édifices & décorations celui de Fontainebleau. Mais il se signala encore plus par ces longues & superbes galleries, qui joignent aujourd'hui le Louvre aux Tuilleries. C'est à lui que l'on doit ce canal qui joint la Seine à la Loire. On lui proposa aussi un canal qui feroit la jonction des deux mers; ensorte qu'on iroit par bateau de Narbonne à Toulouse. Mais ce dessein étoit réservé à Louis XIV. son petit-fils. On parla aussi de la jonction de plusieurs autres rivieres pour la commodité du Commerce.

Son attention sur les Manufactures n'étoit pas moindre. On commença à faire en France des crespes fins à la maniere de Bologne. On chercha les

lustraret, atque incolas & flumina accuratius agnosceret. Oras ille omnes perspexit, & in Sancti Laurentii flumen obvio cursu penetravit ad usque Quebecum & longe ulterius, cum ferocibus illis incolis, quantum fas fuit, familiariter egit, fertiles agros ad colonos novos inducendos observavit, & in Franciam rediit, isthæc omnia Regi narraturus.

Les mêmes. Jesuitæ qui diu omnem lapidem moverant ut in Franciam revocarentur, ineunte anno 1604. restituti fuere, frustra obnitentibus adversariis suis, qui magno numero erant. Rex in illorum gratiam Edictum emisit. P. Cotonus peritissimus Concionator, qui Regis existimationem & affectum sibi conciliaverat, non parum ad eam rem operæ præstitit. Summus etiam Pontifex illorum patrocinium suscepit. In domos illi suas & Collegia Parisina reducti sunt, in cæteras item urbes reducti, novaetiam Collegia fundavére, & in Regno late diffusi sunt.

Les mêmes. Hoc pacis tempore Rex non ita voluptati & oblectamentis deditus erat, ut Lutetiæ & vicinorum locorum ornamenta & commoda negligeret. Decessor ejus Henricus III. pontem novum struere cœperat,

duosque tantum arcus perfecerat ; cæterorumque pilas ad summam aquam solum evexerat, quarum magna pars aquarum fluentis & impetu diruta fuerat. Rex Henricus IV. pontem perfici curavit, & illo uti cœptum est hoc anno 1604. Delphina platea, quam perfici curavit anno 1608. huic egregio ponti ornamento est. Crepidinem etiam & stratum confici jussit ab Armamentario ad usque plateam Graviam. Castellum Sangermanense in Laia media sui parte auxit, & Fontisbellaquæi castellum etiam plurimis ædificiis & ornatibus decoravit : sed longe majus nomen sibi peperit cum superbas illas porticus tam longas erexit, quæ hodie Luparam cum Tegulariis jungunt. Illius opera Canalis Sequanam cum Ligeri junxit. Propositus etiam ipsi fuit canalis, qui ambo maria jungeret, ita ut Narbona Tolosam navibus iter confici posset : verum id nepoti suo Ludovico XIV. reservabatur. De aliis quoque jungendis fluviis, ad commercii commodum, actum fuit.

Nec minus ille textrinas officinas curabat. Tunc Les n'c panni tenuissimi, secundum Bononiæ modum facti sunt. Quæsita etiam ratio fuit ferri in aciem con-

moiens de convertir le fer en fin acier. Le Roi d'Espagne & l'Archiduc avoient fait afficher un placard par lequel ils imposoient trente pour cent sur toutes sortes de marchandises. Le Roi en fit faire un semblable, où il imposoit aussi trente pour cent sur les marchandises d'Espagne; mais voiant que le Roi d'Espagne perseveroit toujours, & que cela interrompoit le commerce, il en fit un autre où il défendoit à ses Sujets sous peine de confiscation de trafiquer en Espagne.

1604.

Au commencement du Printems la Cour fut en deüil de la mort de Catherine, Sœur du Roi, Duchesse de Bar. Le Roi en fut fort affligé. Son corps fut transporté à Vendôme pour être enterré auprès de sa mere. En ce tems furent instituez les Ordres des Recollets, des Freres de la Charité, les Feüillantines, les Carmelites, & les Capucines.

Le Roi fut averti que la Cour d'Espagne étoit d'abord informée de toutes les déliberations les plus secretes de son Conseil. Un des Commis du sieur de Villeroi, nommé Nicolas l'Hôte, d'intelligence avec les Espagnols, leur découvroit tout ce qui s'y passoit. Le Roi commanda à Villeroi d'amener ses Commis, & sur tout l'Hôte. Villeroi les amena tous à Fontainebleau. Dans le tems qu'il alloit parler au Roi, l'Hôte averti par deux Espagnols, monta à cheval & prit la fuite. Le Roi demanda qu'on fît venir l'Hôte. Il étoit parti: on envoia promptement aux postes défendre de donner des chevaux à qui en demanderoit. L'Hôte fut obligé de partir de Paris à pied, accompagné d'un Espagnol, & se rendit à Meaux par des chemins détournez. Ils prirent la poste, quelques valets leur donnerent des chevaux contre l'ordre, & le Maître de la poste en avertit le Prevôt des Maréchaux, qui courut après lui, & fit telle diligence qu'il étoit sur le point de le prendre au passage d'une riviere, où l'Hôte voulant se sauver, se noia. Son corps fut apporté au Châtelet, & par Sentence il fut tiré à quatre chevaux. L'Espagnol qui fut aussi pris, fut envoié hors du Roiaume.

Trahison de Nicolas l'Hôte découverte.

Le siege d'Ostende, un des plus fameux qui fut jamais, avoit été commencé par l'Archiduc, & fut continué par Ambroise Spinola. Au mois de Septembre de cette année la place fut renduë aux Espagnols. Vers le même tems la paix se fit entre Philippe III. Roi d'Espagne, & Jacques I. Roi d'Angleterre. Après la conclusion de cette paix, le Connétable de Castille vint de

Prise d'Ostende.

---

vertendi. Rex Hispaniæ mandatum publicaverat, quo triginta pro centenariis singulis in merces omnes exigebantur. Par etiam Edictum Rex emisit super mercibus Hispanicis; sed cum vi feret Hispaniæ Regem eadem in re perseverare, illudque commercium totum pessumdare, aliud Edictum emisit, quo subditos vetabat cum Hispanis commercia exercere, indicta pœna ut delinquentium merces fisco addicerentur.

Ineunte vere in aula regia luctus fuit ob mortem Catharinæ sororis Regis, quæ Regem summo affecit dolore. Corpus ejus Vindocinum translatum fuit, ut prope matrem suam sepeliretur. Hoc tempore Religiosorum Ordines instituti sunt Recollectorum & Fratrum Caritatis, Virginum quoque Foliensium, Carmelitarum & Capucinarum.

Regi nunciatum fuit ea omnia etiam secretiora, de quibus in Consilio Regio deliberabatur in aula Hispanica statim nota esse. Quidam enim ex Villaregiis commissis Nicolaus Hosta cum Hispanis consentiens, omnia ipsis revelabat. Rex Villaregium jussit omnes commissos suos, maximeque Hostam adducere. Omnes Villaregius ad Fontembellaqueum duxit, quo tempore autem ille Regem adiit, Hosta, a duobus Hispanis submonitus, consenso equo fugam arripuit. Rex Hostam adduci jussit. Jam ille profectus erat, statimque in Veredorum stabulo vetitum fuit ne equi darentur petentibus. Hosta vero coactus est cum Hispano Comite via non trita pedes Meldas ire, ubi contra jussionem equi ipsis a quodam famulo dati sunt, & Præfectus Veredorum ea de re Præpositum Marescallorum monuit, qui statim post Hostam ita celeriter cucurrit, ut ad fluvii trajectum ipsum mox capturus foret, ubi Hosta salutis suæ consulere cupiens, in aquis demersus est. Corpus ejus in Castelletum allatum, & ex Judicum sententia a quatuor equis discerptum fuit. Hispanus, qui captus fuit, extra Regnum missus est.

Ostendæ obsidio, ex celeberrimis quæ unquam fuere, ab Archiduce Alberto cœpta, ab Ambrosio Spinola finita est, dedita urbs Hispanis fuit mense Septembri hujus anni. Eodem tempore pax facta est inter Philippum III. Hispaniæ Regem & Jacobum I. Regem Angliæ. Post pacem illam Castellæ Consta-

Les mêmes.

HENRI IV. dit LE GRAND.

1604. Londres à Fontainebleau, où il confirma la paix avec le Roi, & ôta les sujets de contestation qui s'étoient élevez depuis peu, & qui auroient pû degenerer jusqu'à une rupture entiere. On nomma des Députez de part & d'autre pour rétablir le commerce entre les deux Nations. Le Roi d'Espagne & l'Archiduc abolirent l'imposition des trente pour cent, & l'on continua de trafiquer comme auparavant.

Au mois de Novembre le Comte d'Auvergne accusé de plusieurs crimes d'Etat, quoiqu'il se tînt fort sur ses gardes, fut pris subtilement à Clermont en Auvergne, & amené à Paris où il fut mis à la Bastille, & le 11. Decembre le sieur d'Entragues, soupçonné d'intelligence avec le Comte, fut enfermé à la Conciergerie. La Marquise de Verneüil sa fille fut mise sous sure garde. Morgan Anglois, qui étoit de la conspiration, fut aussi arrêté. Cette affaire étoit une intrigue rapportée assez diversement. Je la mettrai ici en peu de mots en la prenant dès l'origine. Après la mort de Gabrielle d'Etrées, le Roi épris des charmes de Catherine-Henriette de Balsac, fille du sieur d'Entragues, qu'on appella depuis la Marquise de Verneüil, en usa comme d'une maîtresse : elle, se servant de l'occasion, extorqua du Roi une promesse de mariage. Après que le Roi fut marié, la Reine informée de ce commerce, muë de jalousie, & animée par les Italiens de sa suite, en faisoit cent reproches au Roi. La Marquise se maintenoit toujours dans la faveur du Roi, & se mocquoit même de la Reine, qui excitée par ses Italiens, éclata enfin en menaces.

Conspiration du Comte d'Auvergne, &c. découverte.

La Marquise craignant les effets de son indignation, & fâchée d'ailleurs de ce que le Roi ne prenoit pas sa défense, fit semblant d'être touchée de repentance de sa vie passée, & demanda permission de se retirer avec ses enfans hors du Roiaume. Le Roi la lui accorda pour elle, & non pour ses enfans. Il lui demanda la promesse de mariage qu'il lui avoit donnée par écrit, & qu'elle montroit à tout le monde; ce qui irritoit extrêmement la Reine. Elle refusoit d'abord de la rendre. Mais le Roi usant de son autorité & de quelque somme d'argent, l'extorqua enfin d'elle. Il sembloit que cela devoit produire la paix, quand le Roi découvrit que le Comte d'Auvergne frere de mere de la Marquise, & le sieur d'Entragues son pere, de concert avec l'Ambassadeur d'Espagne, & l'Anglois Morgan, avoient conspiré de la faire passer en Espa-

---

Thuanus. Hist. de la paix. Mezerai.

bularius Londino ad Fontembellaqueum venit, ubi pacem cum Rege confirmavit, & dissensionis causas nuper subortas de medio sustulit, quæ pacem tandem pessum dare potuissent. Deputati utrinque delecti sunt ad commercium inter ambas nationes restituendum. Rex Hispaniæ & Archidux impositionem, qua ex centenariis singulis triginta exigebantur, abolеverunt, & commercium ut antea erat, restitutum fuit.

Mense Novembri Comes Arvernorum de plurimis rebus contra Regni statum tendentibus accusatus, etsi ad sui custodiam apprime advigilaret, Claromontii in Arvernis astu comprehensus fuit, & Lutetiam adductus, ubi in Bastiliam conjectus est. Decima vero Decembris Interaqueus etiam, cum in suspicionem venisset quod cum Comite consentiret, in custodiam trusus est, Vernolia quoque filia ejus sub tuta custodia posita fuit. Morganus item Anglus qui cum illo consentiebat, in carcere positus est. De re agebatur quæ sat diverse à pluribus refertur, hic illam paucis verbis ab origine narrabo. Post mortem Gabrielæ Estrææ Rex captus est amore Catharinæ Henricæ Balsacæ Interaquei filiæ, quæ postea Vernolii Marchionissa dicta fuit, & cum illa ut

cum amasia consortium habuit. Illa occasionem captans ab Rege connubii promissionem extorsit. Postquam Rex Mariam Mediceam duxerat uxorem, hac comperta Regis cum Vernolia consuetudine, & ab Italis suis concitata Maria Regina Regi perpetuo hæc exprobrabat. Vernolia vero semper in Regis gratia manebat, etiamque Reginam vertebat in derisum, quæ Italis urgentibus, minas tandem intentare cœpit.

Vernolia vero sibi timens & Regi, quod defensionem suam non arriperet, offensa, se pœnitentia motam de vita præterita simulavit, & Regem rogavit sibi liceret cum filiis suis extra Regnum excedere, Rex id Vernoliæ concessit, non filiis. Connubii promissionem, quam ipsi scriptam dederat repetiit, quam illa obviis omnibus monstrabat, id quod Reginam quasi in furorem agebat. Statim illa promissionem reddere nolebat : verum Rex auctoritate sua & etiam summa pecuniæ usus, illam tandem extorsit. Videbatur inde pacem sequi debere ; verum comperit postea Rex, Arvernorum Comitem, fratrem uterinum Vernoliæ, & Interaqueum ejusdem Vernoliæ patrem, cum Oratore Hispaniæ & Morgano Anglo unà conspiravisse ut Vernoliam cum filiis in Hispa-

gne,

gne avec ses enfans. On publia que le Comte d'Auvergne avoit communiqué aux Espagnols la promesse de mariage, que le Roi Philippe vouloit la prendre sous sa protection avec ses enfans. Quelques-uns disoient même que le Comte devoit attenter sur la vie du Roi & se saisir du Dauphin; mais peu de gens le crurent.

Après la mort de Nicolas l'Hôte, le Comte voiant que sa conjuration alloit être découverte, se retira en Auvergne. Plusieurs étoient d'avis qu'on lui fit son procès comme à Biron. Mais le Connétable son beaupere, & le Duc de Vantadour son beaufrere obtinrent sa grace du Roi, à condition qu'il voiageroit trois ans au Levant. Il offrit alors à Sa Majesté, que s'il lui en donnoit la liberté, il continueroit ses intelligences avec les Espagnols pour découvrir leurs secrets. Le Roi le lui accorda, mais à condition qu'il se tiendroit toujours auprès de lui. Le Comte y consentit pourvû qu'il lui en envoiât une abolition. Cette abolition lui fut envoiée à condition qu'il se tiendroit auprès du Roi. Il n'osa s'y fier: & le Roi le fit saisir en Auvergne, comme nous avons dit. On prit aussi le sieur d'Entragues & l'Anglois Morgan. La Marquise fut arrêtée. On fit leur procès. La Reine se portoit comme partie, & le Roi pour lui complaire faisoit semblant de prendre l'affaire à cœur. Le Comte interrogé trois fois chargeoit de tout la Marquise sa sœur; elle le chargeoit à son tour. D'Entragues le chargeoit de tout pour sauver sa fille.

L'Arrêt fut donné le premier Fevrier. Le Comte, le sieur d'Entragues & Morgan furent condamnez à être décapitez en greve, & la Marquise à être enfermée dans un Monastere de Filles. Le Roi ne permit pas que cet Arrêt fut prononcé. Mais les Dames & la Marquise étant venuës se jetter à ses pieds, il commua la peine du Comte & du sieur d'Entragues en une prison perpetuelle, & les rétablit dans leurs biens, non pas dans leurs Charges. Il donna depuis à d'Entragues sa maison de Malles-Herbes pour prison, & bannit Morgan du Roiaume à perpetuité. Sept mois après il déclara la Marquise innocente. Le Comte d'Auvergne demeura douze ans enfermé dans la Bastille.

Continuant toujours ses faveurs aux Peres Jesuites, à leur requête il fit abbattre la pyramide dressée devant le Palais, à cause de l'attentat de Jean

Chaftel. Bien des gens en murmurerent ; on fit même des vers où l'on blâmoit le Roi d'avoir ôté ce monument. Les quatre Vertus étoient reprefentées fur cette pyramide, & l'on difoit que la premiere qui avoit été mife à bas, étoit la Juftice. D'autres prirent la défenfe du Roi & des Jefuites.

Le 3. de Mars de cette année mourut le Pape Clement VIII. On élut en fa place le Cardinal Alexandre de Medicis, qui ne tint le Siege que 26 jours, fous le nom de Leon XI. On élut enfuite le Cardinal Camille Borghefe, qui s'appella Paul V.

Pour maintenir la paix, & réunir les Princes auparavant divifez, le Roi fit époufer au Prince de Conti, Mademoifelle de Guife, fille du Balafré. Il rétablit dans fa Principauté d'Orange Philippe de Naffau, & le maria avec Eleonor de Bourbon, fille du feu Prince de Condé. Averti par le Capitaine Belin, que dans le Limofin, le Querci & le Perigord, quelques Gentilshommes de la faction du Maréchal de Biron, s'étoient faifis de plufieurs Châteaux, & faifoient des démarches qui tendoient à une revolte ; il fe mit en chemin avec un corps de troupes pour diffiper ces commencemens de rebellion, foutenuë, difoit-on, par les menées fecretes du Maréchal de Boüillon. La plûpart des Gentilshommes rebelles abandonnerent les Châteaux & les Places qu'ils tenoient. D'autres furent pris & mis entre les mains de la Juftice. Le Roi établit à Limoges des Commiffaires tirez de fon Confeil & du Parlement de Paris. Par Sentence donnée, le Baron de Calveyrac & quatre autres, furent décapitez ; quelques-uns des abfens furent executez en effigie. D'autres furent retenus en prifon, & la paix fut ainfi rétablie dans ces Provinces.

On foupçonnoit fort que c'étoient les Efpagnols qui avoient contribué à fufciter ce trouble dans le cœur du Roiaume. Ce qui arriva au même tems confirma ce foupçon, & fit voir qu'ils cabaloient toujours fecretement en France : ce que l'on avoit déja éprouvé dans l'affaire de Biron & de Nicolas l'Hôte. Un Gentilhomme Provençal nommé Mairargues, illuftré par fes alliances, commandoit deux Galeres à Marfeille. D'intelligence avec le Roi d'Efpagne dont il tiroit de groffes penfions, il avoit promis de lui livrer Marfeille. Il eut l'imprudence de confier fon fecret à un Forçat de galere, homme d'esprit, qui ne manqua pas de s'en servir pour recouvrer sa liberté. Le Galerien revela tout au Duc de Guise, qui le découvrit au Roi.

1605.

Mairargues Député des Etats de Provence pour la Noblesse, étoit alors à Paris, où il avoit de frequentes conversations avec un nommé Bruneau, Secretaire de Cuniga Ambassadeur d'Espagne. Le Roi donna charge à la Varenne de l'observer & de se saisir de lui ; ce qui fut fait : il fut pris dans son cabinet, où il conversoit avec Bruneau. Mairargues s'écria alors : Je suis mort ; mais je vous prie de dire au Roi que s'il veut me donner la vie, je lui revelerai de grandes choses. Mairargues fut mis à la Bastille, & Bruneau au Châtelet. Cuniga fit un grand bruit de ce qu'on avoit ainsi saisi son Secretaire. Il prétendoit que c'étoit contre le droit des gens, & en porta de grandes plaintes au Roi, qui de son côté reprocha à l'Ambassadeur d'Espagne, que son Maître violoit tous les jours son traité de paix par des entreprises secretes, & quelquefois assez découvertes contre son Etat & même contre sa personne. La dispute s'échauffa de part & d'autre, on ne parloit que de cela à la Cour & à la Ville. On imprima des traitez sur cette matiere ; un entr'autres dont le titre étoit : *Quæstio vetus & nova. An legatum adversus Principem vel Rempublicam, ad quam missus est delinquentem, salvo jure gentium capere, retinere ac punire liceat.* S'il est permis de prendre & de punir un Ambassadeur qui cabale ou agit contre le Prince ou la Republique auprès desquels il exerce sa fonction.

Mairargues fut condamné & décapité ; son corps coupé en quatre quartiers qui furent mis aux quatre principales portes de Paris. Sa tête fut envoiée à Marseille pour y être exposée de même. Bruneau fut par ordre du Roi renvoié à l'Ambassadeur. Ces frequentes entreprises de la Maison d'Autriche contre le Roi & son Etat, ne contribuerent pas peu à animer le Roi à faire une grande Ligue contre l'Empereur & le Roi d'Espagne ; Ligue qui éclata quatre ou cinq ans après, peu avant la mort du Roi.

Est décapité.

Au même jour & à la même heure que l'on executoit Mairargues, comme le Roi revenoit de la chasse bien accompagné, passant sur le Pont-Neuf, enveloppé de son manteau, un nommé Jean de l'Isle, vint tirer violemment son manteau par derriere, & renversa le Roi sur la croupe. Le Roi donna de l'éperon à son cheval, & de l'Isle lâcha prise, & se défendit à coups de poing

---

Les mêmes.

ingenio valens hac occasione ad recuperandam libertatem est usus. Omnia Guisio Duci aperuit, qui rem totam Regi nunciavit.

Merargius pro Nobilitate a Gallo-provinciæ Ordinibus deputatus, Lutetiæ tunc erat, ubi frequenter colloquia miscebat cum Brunello, qui Cunigæ Hispaniæ Oratori a secretis erat. Rex Varennio mandavit ut Merargium observaret, illumque comprehenderet. Captus ille fuit in secretiori conclavi suo, ubi cum Brunello loquebatur. Merargius statim acclamavit, *Perii* ; sed precor te ut Regi dicas : Si mihi vitam concedere velit, me ipsi magna quædam esse revelaturum. Merargius in Bastiliam conjectus fuit, & Brunellus in Castelletum. Cuniga vehementissime questus est quod vir sibi a secretis sic in carcerem conjectus fuisset ; id contra jus gentium esse affirmabat, Regemque indignabundus adiit expostulans. Rex contra cum Oratore expostulavit, quod Rex Hispaniæ quotidie pactiones violaret, dum secreto, imo palam nonnunquam contra Regnum suum, etiamque contra personam suam multa moliretur. Hinc contentiones utrinque ortæ, ita ut rei fama in aula & per civitatem volaret, & in colloquiis jacta-

retur. Libelli ea de re cusi fuere ; unius titulus erat ; *Quæstio vetus & nova. An Legatum adversus Principem vel Rempublicam, ad quam missus est, delinquentem, salvo jure gentium capere, retinere ac punire liceat.*

Merargius damnatus capiteque truncatus est, corpus in membra quatuor dissectum est, quæ ad quatuor præcipuas Lutetiæ portas appensa fuere. Caput Massiliam missum est, ubi publice expositum fuit. Brunellus jubente Rege Oratori Hispanico redditus fuit. Hæc frequentia contra Regem & Regnum molimina a Principibus Austriacis suscepta, non parum Regis animum movere, ut grandem iniret societatem contra Imperatorem & Hispaniæ Regem : quæ Societas post quatuor vel quinque annos paulo ante Regis mortem omnibus innotuit.

Les mêmes.

Eodem die & hora quo Merargius capite truncatus est ; Rex a venatu cum multis se comitantibus rediens, cum pontem-novum pallio suo obvolutus trajiceret, a quodam Joanne de Insula impetitus fuit, qui pallio Regis arrepto, ipsum ad equi tergum reduxit. Admotis calcaribus Rex elabitur, & Insulanus pallio relicto, pugno contra Regis famulos

Les mêmes.

HENRI IV. dit LE GRAND.

contre les Valets de pied du Roi. Il faisoit le fou, & son action étoit une vraie marque de folie. Le Roi ne voulut pas qu'on le punît de mort. Il fut mis en prison, où il mourut quelques années après.

Voulant mettre ordre à ses finances & augmenter son revenu de deux millions six cens mille écus par le rachat des rentes de l'Hôtel de Ville ; il donna charge à des Commissaires d'entendre les propositions qu'on leur feroit sur ce rachat. Ceux de l'Hôtel de Ville députerent des gens pour faire une remontrance à Sa Majesté. Celui qui porta la parole fit une belle & solide harangue, où il exposa les grandes difficultez qu'il y avoit de faire ce rachat. Après quelques déliberations, on abandonna l'entreprise.

Assemblée generale du Clergé. Au mois de Mai de cette année se tint aux Augustins de Paris l'Assemblée generale du Clergé, qui ne finit qu'au commencement de 1606. Le 5. de Decembre les Prélats se presenterent au Roi. Jerôme de Villars Archevêque de Vienne porta la parole, & lui representa le malheureux état où se trouvoit alors l'Eglise de France, où la simonie, les confidences, *les pactions illicites*, les pensions Laïques, les appellations abusives, & d'autres malversations, desoloient tout. Il pria Sa Majesté de remedier à ces desordres, & lui dit qu'un des meilleurs moiens pour établir le bon ordre, étoit de recevoir le Concile de Trente. Le Roi leur répondit favorablement, & promit qu'il travailleroit à leur donner satisfaction. Quant au Concile de Trente, il leur donna à entendre, que certaines considerations l'avoient empêché jusqu'alors de le faire recevoir & publier.

1606. Au commencement de l'année suivante, il donna un Edit au mois de Janvier, qui en trente & un articles contenoit plusieurs beaux Reglemens. Un autre Édit en faveur du Clergé, qui ne fut verifié qu'au mois de Juillet suivant, lui permettoit pendant cinq ans le rachat des biens Ecclesiastiques, *sans aucune preuve de lezion*.

La naissance d'une seconde fille du Roi qui arriva le 10. Fevrier, donna lieu à de grands divertissemens qui durerent jusqu'au Carême-prenant. On fit un Balet à cheval dans la cour du Louvre, qui attira un grand nombre de spectateurs. Ces grands jeux & divertissemens causent souvent des querelles. Le Baron de Nantoüillet aiant eu défenses de se battre avec le sieur de Crequi,

HENRI IV. dit LE GRAND.

se prit de paroles avec le Comte de Saux son frere. Ils se battirent en duel, & Nantoüillet demeura mort sur la place. Le Roi fit en ce tems-ci le sieur de Rosni Pair de France, & érigea la Baronie de Sulli en Duché-Pairie.

1606. Le Baron de Nantouillet tué.

Après ces réjoüissances le Roi partit de Paris pour aller prendre Sedan. La Reine fut aussi de ce voiage. Le Maréchal de Boüillon averti de son départ & de son dessein, interposa le crédit de bien des gens pour appaiser le Roi, & lui fit faire plusieurs offres. Le Roi les accepta à condition que le Maréchal reviendroit en Cour, & qu'il mettroit entre ses mains le Château de Sedan. Le Maréchal répondit qu'il ne se dessaisiroit jamais du Château. Le Roi continua sa marche, & le Maréchal se prépara à se bien défendre. Cependant quand il vit que le Roi marchoit avec une armée considerable, il entra en composition, & consentit de remettre le Château au Roi pour quatre ans, qu'après les quatre ans il le lui rendroit, & que s'il venoit à manquer de fidelité, le Roi pourroit transferer son droit à un autre; qu'on lui donneroit une abolition de tout le passé; qu'il seroit dispensé de comparoître en Parlement, & qu'il seroit confirmé dans ses états & dans ses honneurs. Il vint ensuite à Doncheri voir le Roi, qui lui fit un bon accueil. Il entra dans Sedan, alla loger dans le Château, & y laissa pour Gouverneur le sieur de Netancourt : après quoi il s'en retourna à Paris, menant avec lui le Maréchal de Boüillon.

Le Roi va à Sedan.

A son arrivée le Samedi Saint & le jour de Pâques, un vent s'éleva si violent qu'il renversoit à terre les gens de pied & de cheval. Plusieurs arbres furent déracinez, & plusieurs maisons abbatues qui écraserent bien des gens. Dans Paris la chûte des cheminées & des faîtes des maisons fit périr beaucoup de personnes. Par toute la France, l'Angleterre, l'Alemagne & la Flandre, plusieurs édifices, tours & clochers furent abbatus, & tuerent un grand nombre de gens. Sur mer une infinité de Navires furent submergez.

Vent prodigieux.

Le Roi revenant de saint Germain en Laye avec la Reine dans un carosse à six chevaux, les chevaux au lieu d'entrer dans le bac, se jetterent dans l'eau. Le carrosse alloit entrer dans un grand creux plein d'eau, où le Roi & la Reine auroient péri. Mais par la diligence de ceux qui étoient en sa compagnie, ils n'eurent aucun mal.

Dès l'année précedente la Reine Marguerite de Valois étoit venuë à Paris

---

Saltuensi Comite ejus fratre rixatus est, singulari commissa pugna, Nantolietus occisus est. Hoc tempore Rex Rhonium Franciæ Parem creavit, & in ejus gratiam Sullium *Baroniam* in *Ducatum & Pariam* erexit.

Le même.

Post hæc oblectamenta Rex Lutetia profectus est, ut Sedanum captum iret, assumta secum Regina, Bullionius vero re comperta, multorum operam interposuit ut Regem placaret, ac res multas obtulit, quas Rex acceptas habuit illa conditione ut Marescallus Bullionius in aulam regiam veniret, & Sedani castellum ipsi traderet. Respondit ille se nunquam castellum traditurum esse. Perrexit Rex & Bullionius ad defensionem sese apparavit : at ubi vidit Regem cum numeroso exercitu movere, ad pactionem venit, quæ hac conditione accepta fuit, quod ille castellum Regi traditurus esset ad annos quatuor, quibus elapsis Rex castellum ipsi redditurus esset. Si interea vero Bullionius fidem violaret, posse tunc Regem jus suum in castellum illud ad alium transmittere; quod Rex ipsi præteritorum absolutionem impertiturus esset, ita ut Bullionius ante Curiam Senatus comparere non cogeretur; quod in statibus, honoribus & officiis conservandus ipse esset. Doncherium ille postea venit ut Regem inviseret, qui ipsum comiter excepit. Rex Henricus postea Sedanum ingressus est, & in castello habitavit. Netancurtium ibi Præfectum reliquit, Lutetiamque postea rediit Bullionium secum ducens.

Postquam redierat Rex Sabbato Sancto & in die Paschatis, adeo vehemens exortus ventus est, ut pedites equitesque in terram dejiceret. Arbores plurimæ cum radicibus sublatæ fuere; ædes eversæ, & multi iis oppressi obrutique sunt. Lutetiæ camini & domorum fastigia sublata, quorum ruinis multi periere. Per totam Franciam, Angliam, Germaniam, Flandriam, ædificia multa, turres, campanilia eversa fuere, & innumeros interfecere. In mari item navium infinitus numerus submersus fuit.

Les mêmes.

Cum Rex e Sancto Germano in Laia rediret cum Regina, in curru sex equis juncto, quando in Pontonem equi intraturi erant, in ipsum fluvium ingressi sunt. Currus vero in profundum fluminis immergendus erat, ubi Rex & Regina periissent; sed eorum qui aderant cura & diligentia, salvi evasere.

Jam anno proximo Margarita Valesia Regina Lu-

Les mêmes.

Ggg iij

1606. pour faire valoir ses droits sur l'Auvergne & sur d'autres terres qui appartenoient à la Reine Catherine de Medicis. Le Roi lui donna pour sa demeure le Château de Madrid. Elle vint au Louvre où le Roi lui fit un accueil fort honorable, & l'appella la plus noble Reine du monde. Dès l'an 1601. le Parlement de Toulouse lui avoit adjugé le Comté de Lauragais. Elle plaidoit alors à Paris pour les Comtez d'Auvergne & de Clermont, pour la Baronie de la Tour & d'autres Terres. Sa partie étoit Charles dit le Comte d'Auvergne, bâtard de Charles IX. qui, comme nous avons dit, étoit prisonnier à la Bastille. Par Sentence du Parlement toutes ces Terres furent adjugées à la Reine Marguerite.

1607. Le 16 d'Avril 1607. la Reine accoucha à Fontainebleau d'un second fils qui fut nommé Duc d'Orleans. Et tout étant en paix dans le Roiaume, on se tourna contre les Tresoriers qui s'enrichissoient à vûë d'œil aux dépens du public. Les fortunes de ces gens-là étoient si subites, qu'en peu de tems on les voioit briller d'or & d'argent. Leurs Palais, leur train, leur table, attestoient les promts progrès de la maltôte. Les Seigneuries qu'ils possedoient & leurs excessives richesses causoient souvent des procès entre eux. Le mal alla si loin que le Roi nomma enfin des Juges pour rechercher leurs malversations. A cette nouvelle plusieurs s'enfuirent hors du Roiaume. On ne laissa point de les juger par contumace : quelques-uns furent pendus en effigie. On en mit en prison plusieurs autres. On vint enfin à composition. Ils se tirerent d'affaires en donnant une grosse somme d'argent.

Richesses immenses des Trésoriers.

Il y eut cette année entre le Poitou & l'Anjou, un duel de trente Gentilshommes, où vingt-cinq demeurerent morts sur la place, & les cinq restans furent fort blessez. Les chefs de la querelle étoient les sieurs de Brezé & de S. Gemme. Au mois de Juin de l'an 1609. fut publié au Parlement l'Edit du Roi contre les duels. On verifia que dans vingt ans cette rage de duels avoit fait périr sept à huit mille Gentilshommes.

Le 5. Septembre mourut Pompone de Belliévre Chancelier de France; sa probité & sa vertu le rendirent recommandable pendant sa vie, & peuvent servir d'exemple à toute la posterité. Nicolas Brustart de Silleri, Garde des Sceaux, fut mis en sa place.

---

tetiam venerat, ut jura sua in Arvernorum tractum in aliosque tractus qui ad Catharinam Mediceam pertinuerant, propugnaret. Rex dedit illi Madritum castellum ut ibi sedes poneret. In Luparam illa venit ubi perquam honorifice excepta fuit, illamque Henricus Rex Reginarum per orbem nobilissimam appellavit. Curia Tolosani Senatus ipsi Laboracensem Comitatum adjudicaverat. Tunc illa Luteriæ litigabat pro Comitatibus Arvernorum & Claromontii, pro Baronia Turris, aliisque terris. Pars contraria erat Carolus Comes Arvernorum dictus, filius nothus Caroli IX. qui, ut diximus, tunc in Bastilia erat. Ex Sententia Curiæ Senatus, terræ illæ omnes Reginæ Margaritæ adjudicatæ fuere.

Mercure François. Aprilis die decima-sexta anno 1607. in Fontebellaqueo Regina filium peperit, qui Dux Aurelianensis vocatus fuit. Cumque pax in toto Regno esset, in Thesaurarios sævitum est, qui cum publico dispendio divitias accumulabant. Fortunæ illorum ita subitæ erant, ut post tantillum temporis auro & argento micarent. Ædes illorum, famulitium, mensa, quam celeriter rem auxissent testabantur. Dominia quæ possidebant, & auri cumuli, lites inter illos ipsos generabant. Usque adeo malum progressum est, ut Rex Judices nominaverit, qui malam eorum operam excuterent. Hisauditis, magna pars illorum extra Regnum fugit. Per contumaciam tamen de illis judicatum fuit : aliqui in effigie tantum suspensi fuere. Alii in carcerem trusi sunt. Res tandem composita fuit, & grandi numerata summa liberi illi evaserunt.

Hoc anno inter Pictones & Andegavensem tractum pugna fuit triginta Nobilium, quorum viginti-quinque cæsi mansere, & residui quinque graviter sunt vulnerati. Rixæ principes fuerant Brezæus & Sangemmanus. Mense Junio anni 1609. in Curia Senatus publicatum fuit Regis Edictum contra singularia certamina. Facta perquisitione deprehensum fuit viginti annorum spatio hanc singularium pugnarum rabiem septem vel octo millia Nobilium e vivis sustulisse.

Quinta die Septembris mortuus est Pomponius Bellevræus Franciæ Cancellarius, cujus probitas & virtus ipso vivente celebratæ sunt, & posteris exemplo esse possunt. Nicolaus Brulartius Sillerius Sigillorum Custos ipsi substitutus fuit.

HENRI IV. dit LE GRAND.

Il y eut alors une grande affaire à l'occasion de l'assassinat de François de Montmorenci Halor, commis par le sieur d'Alegre. On intenta procès à un jeune homme d'environ quinze ans, nommé la Motte, qu'on accusoit d'avoir assisté à la retraite du sieur d'Alegre après l'assassinat fait. Celui ci obtint des Lettres d'abolition, & pour plus grande sureté il leva la Fierte de saint Germain. Le procès fut fort long, tant sur la fierte, que sur la cause du jeune homme, qui fut banni pour neuf ans de la Cour. Et le Roi apporta quelque modification aux privileges de cette Fierte.

1607.

L'an 1608. fut appellé l'année du grand hyver. La saison fut si rude que toutes les rivieres furent gelées, & la glace si forte que les voitures & les chariots y passoient dessus. Le froid tua une grande partie des oiseaux de la campagne & des bestiaux, & plusieurs hommes en périrent. Le dégel fit aussi beaucoup de mal en certains endroits: cependant l'année fut fort abondante. La Cour fut affligée de la mort du Duc de Montpensier, Prince fort estimable pour ses bonnes qualitez. Sa fille unique avoit été fiancée avec le Duc d'Orleans encore aux maillots. La Reine accoucha au Printems de cette année d'un troisiéme fils, qui fut appellé le Duc d'Anjou.

1608. L'année du grand hyver.

On traitoit en ce tems à la Haie d'une paix ou d'une treve entre le Roi d'Espagne & les Archiducs Matthias & Albert d'un côté, & les Etats de Hollande de l'autre. Un grand nombre de Rois & de Princes de l'Europe, qui s'interessoient à cette paix par differens motifs, y avoient envoié leurs Ambassadeurs. Le Roi de France & le Roi d'Angleterre y avoient les leurs. Les prétentions des deux parties étoient si differentes qu'on agit long-tems de part & d'autre. Le détail des Conferences feroit une longue histoire.

Il se fit au mois de Mai une Assemblée du Clergé aux Augustins. L'Archevêque de Bourges harangua le Roi, & lui fit à peu près les mêmes demandes qu'on lui avoit faites dans les Assemblées précedentes, de recevoir le Concile de Trente pour mettre ordre aux simonies, aux confidences & aux autres abus qui desoloient alors l'Eglise de France, & de ne pas permettre que les Chevaliers de l'Annonciade, gens mariez, jouïssent des revenus Ecclesiastiques. Le Roi avoit fait en 1606. un Edit en faveur du Clergé pour le rachat des biens Ecclesiastiques; que les Parlemens avoient refusé de verifier. Les Agens

Assemblée du Clergé.

Le même.

Tunc magnum agitatum fuit negotium occasione cædis Francisci Monmorencii Haloti ab Alegrio patratæ. Lis intentata fuit juveni quindecim circiter annorum, cui Mota nomen, quem dicebant Alegrio post peractam cædem se recipienti adfuisse. Hic literas absolutionis impetravit, atque ad majorem securitatem feretrum Sancti Germani sibi levavit. Lis diuturna fuit, tam de feretro, quam de juvenis illius causa, qui per annos novem in exsilium missus est. Rex vero privilegia Feretri moderatiora reddidit.

Le même.

Hic annus 1608. magnæ hiemis annus dictus est. Tam acre frigus fuit ut flumina omnia congelata fuerint, & tam densa glacies, ut carri trajicerent, Magna pars avium & bestiarum agrestium periit, hominesque etiam non pauci frigore exstincti sunt. Ex glaciei solutione etiam multa mala importata sunt, tamenque annus frumento, fructibusque uberrimus fuit. In luctu fuit aula regia ob Monpenserii Ducis obitum, Principis ex animi dotibus commendabilis. Filia ejus unica Duci Aurelianensi adhuc in cunis posito desponsata fuerat. Vere sequenti Regina peperit filium, qui Dux Andium appellatus fuit.

Hoc tempore Hagæ Comitis congressus erat, & de pace agebatur inter Hispaniæ Regem & Archiduces Matthiam & Albertum ex una parte, & Ordines Batavorum ex altera. Multi Reges & Principes Europæ, qui variis de causis pacem illam optabant, Oratores suos illò miserant. Reges quoque Franciæ & Angliæ suos illic habebant. Ab ambabus partibus tam disparata proponebantur, ut diu concertatum fuerit. Horum accurata series longam historiam efficeret.

Le même.

Mense Maio conventus Cleri Gallicani fuit apud Augustinianos. Archiepiscopus Bituricensis Regem alloquutus est, & eadem fere petiit quæ in superioribus conventibus petita fuerant, ut Concilium Tridentinum reciperetur, quo remedium adferretur simoniis, confidentiis, cæterisque abusibus, qui nunc Gallicanam Ecclesiam desolabantur, nec permitteret Rex ut Equites Annunciatæ, qui uxores habebant, Ecclesiæ proventibus fruerentur. Rex anno 1606. Edictum in gratiam Cleri emiserat, quo bonorum Ecclesiasticorum redemtio ipsis permittebatur, quod Curiæ Senatuum *verificare* renuerant. Agentes autem

Le même.

1608. du Clergé firent tant d'Inſtance qu'ils en obtinrent enfin la verification qui ne fut expediée qu'au mois de Juillet de l'année ſuivante 1609.

Etabliſſement des François en Canada.
On eut en ce tems nouvelle que les François avoient commencé à s'établir dans le Canada. Le ſieur des Monts y étoit allé en 1603. avec le titre de Vice-Amiral: lui & les autres Chefs qui y furent envoiez, eurent beaucoup de mal & de peine à chercher une habitation propre. Enfin Champdoré établit une Colonie à Port-Roial, & Champlein une autre à Quebec. Ils défricherent les terres pour y ſemer des bleds & des légumes, qui vinrent en abondance, & y établirent le commerce des peaux de Caſtor & d'autres Pelleteries.

Vers la fin de cette année le Duc de Nevers fut envoié par le Roi Ambaſſadeur à Rome. Il s'y ſignala par la grande dépenſe qu'il y fit, ſachant que c'eſt le vrai moien d'être bien venu en ce païs-là. Son entrée à Rome & ſa cavalcade furent des plus magnifiques.

1609. *Lunettes d'approche nouvellement trouvées.*
Au mois d'Avril on commença à voir à Paris des Lunettes d'approche. Ces premieres lunettes n'avoient qu'un pied de long, & l'on étoit tout émerveillé de ce qu'avec cet inſtrument on connoiſſoit un homme de demi-lieüe. L'invention venoit de Middelbourg en Zelande, où un pauvre homme qui avoit trouvé ce ſecret en preſenta une au Prince Maurice, avec laquelle on voioit des objets à trois ou quatre lieües loin, comme s'ils n'avoient été éloignez que de cent pas. Cette Lunette étoit apparemment beaucoup plus longue que celles qu'on vendoit à Paris. L'uſage s'en répandit par tout, & l'art s'eſt beaucoup perfectionné depuis.

Banqueroutiers.
Le nombre des Banqueroutiers frauduleux augmentant de jour en jour en France, on fut obligé de remedier à ce deſordre, qui tendoit à ruiner le commerce. Guillaume Pingré un des grands Négotians de Paris, aiant pris de groſſes ſommes d'argent de differens endroits, les cacha, & en même tems détourna ſon livre de créance. Ses créanciers obtinrent un decret de priſe de corps contre lui. Il s'enfuit à Valencienne. On obtint permiſſion de l'Archiduc de l'arrêter. Il fut amené à Paris, & fut condamné à faire amende honorable à genoux, les pieds nuds, la corde au cou avec cet écriteau, *Banqueroutier frauduleux*. Il fut trois jours au pilori & condamné aux galeres perpetuelles. Peu de tems après le Roi fit publier un Edit par lequel tous les Banqueroutiers frauduleux

---

Cleri Gallicani tam vehementer inſtitere, ut *verificationem* impetrarent, quæ tamen nonniſi menſe Julio anni 1609. expedita fuit.

Le même. Hoc anno auditum fuit Francos jam in Canadæ regione ſedes poſuiſſe. Montius illò miſſus fuerat anno 1603. Vice-Præfectus maris conſtitutus. Ille vero & alii duces miſſi nonniſi magnis laboribus loca ad habitandum & ad agriculturam idonea repererunt, tandemque Campauratus Coloniam in Porturegio poſuit, & Camplanius alteram Quebeci. Incultas terras illi coluere, ut frumentum & legumina ſererent, uberrimaque meſſis fuit, & commercium Fibrinarum aliarumque pellium iniere.

Le même. Hoc anno vertente Dux Nivernenſis Romam Orator miſſus fuit a Rege, atque expenſis munificentiaque ſua ſe ſuſpiciendum præbuit; ſciebat enim hunc verum eſſe modum, quo libenter ab omnibus exciperetur. Ejus Romam ingreſſus & equitum decurſio inter res magnificentiſſimas computati fuerunt.

Menſe Aprili tunc primo viſa Lutetiæ fuerunt tubulata conſpicilla. Prima vero illa uno tantum pede longa erant: & mirum tunc videbatur, quod vir media leuca diſtans agnoſceretur. Inventa res fuerat Middelburgi in Zelandia a quodam infimæ ſortis homine, qui id arcani cum reperiſſet, conſpicillum Principi Mauritio obtulit, quicum ea quæ tribus quatuorve leucis diſtabant perinde atque ſi ad centenos paſſus poſita fuiſſent conſpiciebantur. Hoc vero conſpicillum, ut credere eſt, multo longius erat, quam ea quæ Lutetiæ venibant. Horum uſus ubique ſtatim viſus eſt, & ars deinde longe perfectior evaſit.

Le même. Cum Trapezitarum fraudulentorum numerus quotidie in Francia augeretur, huic malo remedium afferre neceſſe fuit, quo commercium omne periturum erat. Guillelmus Pingreus inter negotiatores Pariſinos famoſus, cum grandes pecuniæ ſummas multis ex locis accepiſſet, illas occultavit, eodemque tempore librum creditæ pecuniæ abſcondit. Creditores autem Decretum impetrarunt, quo in carcerem ille conjiciendus erat. Valentianas ille aufugit. Ab Archiduce impetratur ut captus Lutetiam ducatur, ubi damnatur ille, & ex Sententia Judicum ignominioſe traducitur, & genuflexus nudis pedibus fune ad collum ligato cum hac inſcriptione comparet, *Trapezita fraudulentus*; per triduum ad pilam alligatus fuit, poſteaque ad triremes remigis officio perpetuo functurus mittitur. Paulo poſtea Rex Edictum emiſit quo omnes fraudulenti Trapezi

leux

HENRI IV. dit LE GRAND.

feux étoient condamnez à mort. Il en fit encore plusieurs autres qui regardoient le Droit & la Police.

Les Duels étant toujours fort frequens malgré les Edits donnez auparavant, le Roi en fit un nouveau où les peines ordonnées contre les Duelistes étoient plus grieves. Il marquoit fort en détail tout ce qu'il falloit faire, & les procedures qu'on devoit garder dans les querelles particulieres, causes de ces combats singuliers qui faisoient périr tant de Noblesse. Le mal étoit si enraciné, qu'il fallut venir plusieurs fois à la charge. *Duels défendus.*

Pendant l'été se fit le mariage du Prince de Condé. Ce fut le Roi lui-même, qui épris de la beauté de Mademoiselle de Montmorenci, la maria avec ce Prince pour l'avoir toujours auprès de lui, & couvrir son incontinence par ce mariage. Cela déplut au Prince, & eut de fâcheuses suites comme nous verrons. Il fit en même tems le mariage du Duc de Vendôme son fils naturel qui n'avoit que seize ans, avec la fille du Duc de Mercœur. *Histoire de la Princesse de Condé.*

Au mois de Novembre le Roi prit le tems que le Prince de Condé étoit à la chasse, pour aller voir déguisé la Princesse sa femme qui étoit à Breteüil. On ne sçait pas si le Roi la vit & lui parla; ce qui est certain est que le Prince averti de la chose, y accourut. La Marquise de Verneüil qui ne ménageoit point le Roi, fit en sa presence à l'occasion de cette avanture, les plus piquantes railleries. Le Prince de Condé à qui ce jeu ne plaisoit pas, s'enfuit avec sa femme du côté de Flandres. Le Roi envoia Balagni pour courir après lui, & le ramener. Mais le Prince gagna Landreci, où l'Archiduc lui envoia de l'argent & une escorte pour le conduire à Bruxelles. Le Roi lui fit redemander le Prince, fugitif & sa femme: Mais l'Archiduc répondit que ce seroit violer le droit des gens.

Jean-Guillaume Duc de Juliers, de Cleves & de Bergues, Comte de la Marck & de Ravensbourg, étant mort sans enfans, bien des Princes & des Seigneurs prétendirent à la succession de ses Etats. L'Electeur de Brandebourg, le Comte Palatin de Neubourg, le Marquis de Burgau, & l'Electeur de Saxe, & en France le Duc de Nevers & le Comte de Maulevrier. Les deux premiers, qui avoient le droit le plus apparent sur cette succession, convinrent qu'ils *Affaire de Juliers & de Cleves cause de grands mouvemens.*

---

zitæ ad mortem damnabantur. Multa etiam emisit Edicta, quæ jus & politiam spectabant.

Cum singulares pugnæ frequentes semper essent, nihil obstantibus Edictis antehac illa in causa publicatis, Rex novum emisit, ubi pœnæ delinquentibus graviores erant. Speciatim vero indicabat ea omnia quæ facienda erant in rixis supervenientibus, quæ pugnas hujusmodi pariebant, ubi tot Nobiles peribant. Malum autem eo processerat, ut sæpius repetenda Edicta fuerint.

Æstatis tempore celebratum connubium fuit Condæi Principis cum Carola Margarita Monmorencia. Rex ipse Carolæ amore captus hoc matrimonium conciliavit, ut illam semper penes se haberet, & connubii illius nomine libidinem suam obtegeret. Hoc Principi displicuit, ingratumque exitum habuit, ut videbimus. Eodem tempore Rex nothum filium suum Vindocinensem Ducem, qui sexdecim tantum annos natus erat, cum Mercurii Ducis filia connubio junxit.

Mense Novembri Rex, cum Princeps Condæus ad venatum se contulisset, Bretolium simulata veste venit, ubi Condæa Princeps erat. An illam viderit, alloquutusque sit ignoratur. Hoc vero certum est, nempe Principem Condæum re comperta illò accurrisse. Vernolia Marchionissa, quæ ne Regi quidem parcebat, occasione rei hujusce, dicteria & faceta multa emisit, quæ ipsum mordere poterant. Princeps vero Condæus, cui jocus iste admodum displicebat; cum uxore sua versus Flandriam aufugit. Rex Balanium misit, qui cursu illum attingeret ac reduceret; sed Condæus Landrecium venit, quo Archidux ipsi pecuniam misit & militum custodiam, ut tuto Bruxellas veniret. Rex ab illo fugitivum Principem & uxorem ejus repetiit, sed respondit Archidux, nihil aliud id fore quam jus gentium violare.

Joannes Guillelmus Dux Juliaci, Cliviæ & Bergæ Comes Marchiæ & Ravensburgi cum sine liberis mortuus esset, multi Principes & primores se ditionum ejus successores esse contendebant; Elector nempe Brandeburgicus, Comes Palatinus, Dux Neuburgensis, Burgavii Marchio, & Elector Saxoniæ: in Francia quoque Dux Nivernensis, & Comes Malleporius. Duo autem priores, qui verius jus habere putabantur, pacificè inter se consenserunt. Dux Neu-

Tome V.   Hhh

1609. traiteroient ensemble pacifiquement sur leurs droits. Le Duc de Neubourg se saisit de la plûpart des Villes de ce Payis.

Cependant l'Empereur qui prétendoit que le Jugement & la décision de cette affaire lui appartenoit, y envoia l'Archiduc, Evêque de Strasbourg & de Passau, qui s'empara de Juliers, & assembla des gens de guerre pour se rendre maître des autres places. Cela allarma les Princes Protestans de l'Alemagne, dont la plûpart s'unirent ensemble pour faire la guerre à l'Archiduc & à l'Empereur. Ils demanderent secours au Roi de France, qui s'unit avec eux, & fit assembler en Champagne plusieurs corps de Cavalerie, & beaucoup d'artillerie. Le Roi d'Angleterre leur promit secours. Les Etats de Hollande devoient agir de leur côté. Les Rois de Danemarc & de Suede entroient aussi dans cette Ligue. L'Empereur avoit pour lui l'Electeur de Saxe & les Electeurs Catholiques. Il esperoit encore un grand secours de l'Espagne. Tout se disposoit à une grande guerre.

1610. Malgré tous ces préparatifs les Etats de Hollande ne laisserent pas de confirmer leur treve avec l'Empereur. Elle fut dressée de nouveau en plusieurs articles, dont quelques-uns furent ajoutez en faveur des Hollandois.

On vit alors une chose qui passa pour un prodige. Maniguet *de S. Simon sur Clufes en Foucigni*, avoit un fils âgé de quatre ans, dont la taille étoit de quatre pieds & demi; la barbe commençoit à lui venir. Il avoit la voix d'un homme, & son corps étoit fort bien proportionné.

Au commencement de cette année le Prince d'Anhalt envoié par les Princes liguez d'Alemagne, arriva à Paris pour traiter avec le Roi, qui promit un grand secours, & en effet les levées étoient extraordinaires. Sa Majesté envoia pour Ambassadeur à l'Assemblée qui se devoit tenir à Hall, le sieur de Boissise, & le Prince d'Anhalt se rendit en Hollande, pour traiter avec les Etats. La guerre commençoit déja entre l'Archiduc Leopold & les Princes liguez. Boissise arrivé à Hal, promit aux Princes de la part du Roi, huit mille hommes de pied, deux mille chevaux, avec de l'artillerie. Mais les levées qu'on faisoit par tout le Roiaume, alloient bien au de-là de ce nombre.

Le Maréchal d'Ornano étant venu à mourir, le Roi fit Maréchal de France le sieur de Lesdiguieres, qui passoit alors pour un des plus grands Capitaines

---

Les mêmes. burgensis maximam oppidorum partem occupavit. Inter hæc Imperator qui rei judicium ad se pertinere putabat, Archiducem Episcopum Argentinensem & Passaviensem illò misit, qui Juliacum occupavit, & pugnatores collegit ut alia oppida caperet. Hac re permoti sunt Principes Germaniæ Protestantes, ac plerique copias junxere ut Archiducem & Imperatorem bello impeterent. Ab Rege Francorum auxilium petiere, qui cum illis societatem iniit, atque in Campania equitatus alas plurimas congregari jussit cum tormentis multis. Rex quoque Angliæ opem pollicitus est. Ordines Batavorum ex sua parte bellum acturi erant. Reges Daniæ & Sueciæ huic etiam societati se adjunxere. Pro Imperatore stabant Elector Saxoniæ & Electores Catholici. Sperabat etiam Imperator ex Hispania auxiliares copias multas. Omnia ad bellum maximum apparari videbantur.

Etsi undique omnia bellum portendere videbantur, Ordines tamen Batavici inducias cum Imperatore confirmavêre. Eæ denuo in articulis plurimis propositæ & admissæ sunt, quorum quidam in gratiam Batavorum additi fuerant.

Tunc res visa fuit, quæ prodigii loco habita est. Maniguetus de Sancto Simone, super Clusas in Fossiniacensi tractu, filium habebat quatuor annos natum, cujus statura erat quatuor pedum & dimidii. Barba jam crescere incipiebat, vocem viri emittebat, corpusque optime compositum erat.

Ineunte hoc anno Princeps Anhaltinus, a Germaniæ Principibus societate junctis missus, Luteciam venit, ut cum Rege tractaret, qui Principibus Germanis auxilium grande pollicitus est, veteque apparatus ingens erat. Oratorem Principibus, qui Hallam conventuri erant, misit Henricus Boissisium. Princeps Anhaltinus in Bataviam se contulit, ut cum Ordinibus ageret. Jam bellum incipiebat foederatos Principes inter & Archiducem Leopoldum. Boissisius cum Hallam advenisset Regis nomine Principibus obtulit octo mille pedites equitesque bis mille, cum tormentis quibusdam : verum apparatus per totum Regnum factus, longe majorem numerum exhibebat.

Cum Ornanus Marescallus obiisset, Rex Marescallum Franciæ creavit Diguierium, qui tunc in Europa inter clariores belli duces numerabatur ; statim-

de l'Europe. Il fut d'abord renvoié en Dauphiné pour y commander l'armée qui se levoit & s'assembloit en cette Province, & agir de concert avec le Duc de Savoie, qui formoit aussi une armée considerable. On fit en même tems sortir de l'Arcenal de Paris cinquante pieces de canon qui furent conduites vers Châlons sur Marne. Le grand nombre de troupes qu'on avoit assemblé dans le Roiaume, qui se rendoit tous les jours en Champagne, & qui montoit déja à plus de trente mille hommes de pied & six mille chevaux; la grande ardeur que le Roi témoignoit pour cette entreprise, le secret impenetrable que les Princes liguez gardoient sur les déliberations prises à Hall ; tout cela, dis-je, marquoit évidemment que ce n'étoit pas la seule affaire de Juliers & de Cleves qui engageoient le Roi à de si grands préparatifs.

1610.
Préparatifs pour une grande guerre.

On raisonnoit par tout sur les motifs de cette guerre, & sur la cause de ces grands mouvemens qui agitoient toute l'Europe; sur l'intention du Roi, qui joüoit, pour ainsi dire, de son reste. Plusieurs disoient qu'il étoit si violemment épris de la Princesse de Condé, que tous ces grands corps de troupes n'étoient que pour obliger l'Archiduc de la lui rendre. On assuroit aussi que son dessein étoit de faire rompre le mariage du Prince avec Charlotte de Montmorenci. Le Roi informé des bruits qu'on faisoit courir sur cette entreprise, demanda un jour au Nonce, que disoit-on de son grand appareil pour la guerre ? Il fit d'abord difficulté de répondre. Mais pressé de nouveau par le Prince, il lui dit que l'opinion commune étoit qu'il faisoit la guerre pour ravoir la Princesse de Condé : ce qui indigna si fort le Roi, qu'il le tabroua avec son jurement de *ventre saint gris*. Ensorte que le Nonce se retira tout honteux d'avoir trop parlé.

Ceux qui raisonnoient le plus vrai-semblablement, disoient que le dessein de cette guerre, commun à tant de Rois, de Princes & de Republiques, étoit d'abbaisser la Maison d'Autriche, & de la réduire à ses Etats hereditaires. Le Duc de Savoie fort mécontent des Espagnols, se joignoit aux Venitiens qui étoient aussi de la Ligue, & aux troupes Françoises commandées par Lesdiguieres. Le tout devoit composer une très-puissante armée pour chasser les Espagnols de Milan & du Roiaume de Naples. Le Pape qui les favorisoit sous main, devoit avoir le Roiaume de Naples pour le réunir au Saint Siege, en

Dessein des Princes liguez.

Mezerai, M. de l'Estoile.

que in Delphinatum missus fuit, ut exercitui imperaret, qui istis in partibus colligebatur, & cum Duce Sabaudiæ ageret, qui tunc exercitum numerosum cogebat. Eodem tempore ex armamentario educta sunt quinquaginta tormenta, quæ versus Catalaunum in Campaniam ducta sunt. Magnus ille pugnatorum numerus in toto Regno collectus, qui quotidie in Campaniam confluebat, & jam plusquam triginta mille peditum erat & sex mille equitum ; ingens ardor Regis ad hanc expeditionem suscipiendam, impenetrabile secretum Principum fœderatorum circa ea quæ Hallæ deliberata statutaque fuerant; hæc inquam, omnia significabant, non unum Juliacense & Cliviense bellum Regem ad tantos apparatus concitare.

Ubique disserebatur de causa tantorum motuum, quæ totam Europam agitabant, de Regis consilio & animo, qui omnes velle adhibere vires suas videbatur. Plurimi dicebant illum Condææ Principis amore usque adeo captum fuisse, ut illos omnes apparatus ideo faceret ; quo Archiducem ad illam sibi restituendam cogeret. Affirmabant etiam quidam Regem id in animo habuisse ut matrimonium Condæi cum Monmorencia dissolvi curaret. Rex vero cum non nesciret rumores hujusmodi undique spargi, quadam die Nuncium rogavit, quid de tanto suo ad bellum apparatu diceretur. Statim ille tergiversatus est, nec respondere volebat ; sed urgente Henrico dixit, vulgarem opinionem eam esse quod vellet Condææam Principem recuperare. Indignatus vero Rex, cum solito juramento Nuncium repressit. Ille vero pudore suffusus, se plusquam par erat loquutum videns, aliò recessit.

Qui melius sentiebant putavêre, bellum hoc a tot Regibus, Principibusque susceptum fuisse ut Austriaca domus deprimeretur, & ad priscas suas ditiones reduceretur. Dux Sabaudiæ Hispanis offensus, cum Venetis qui & ipsi in societatem venerant, junctus est, etiamque cum Diguierio Francorum exercitus juncti, ita ut exercitus hic numerosissimus Hispanos ex Mediolanensi Ducatu, & ex Neapolitano Regno pulsuris esset. Summus Pontifex, qui illis clam favebat, Neapolitanum Regnum accepturus erat, ut ipsum

Mezerai

1610. cedant aux Venitiens quelques Villes de ce Roiaume sur la Mer Adriatique. Le Duché de Milan étoit promis au Duc de Savoie, à condition que les Venitiens retiendroient quelques Villes qui étoient à leur bien-séance. Les Suisses devoient avoir pour leur partage le Tirol, la Franche-Comté & l'Alsace. Le Duc de Baviere entroit aussi dans la Ligue, sur la promesse que quand l'élection seroit renduë libre, on le nommeroit Roi des Romains. Les Rois d'Angleterre, de Suede & de Danemarc, étoient aussi du complot, & les Etats de Hollande promettoient de rompre la Treve avec les Archiducs dès que la guerre seroit déclarée.

Le bruit qui avoit couru que le Roi n'entreprenoit cette guerre que pour ravoir la Princesse de Condé, vint aux oreilles de la Reine, qui animée par Concini & par les autres Florentins, faisoit continuellement des plaintes. Le Roi l'adoucissoit tant qu'il pouvoit, & lui donna la Regence du Roiaume pendant tout le tems qu'il seroit à la guerre qu'il alloit entreprendre. Il lui établit un Conseil, & donna quelques ordres pour le Gouvernement ; ce qui ne plut point à Concini, qui persuada à la Reine de demander d'être sacrée & couronnée Reine avant le départ du Roi. Il y donna les mains, & indiqua d'abord le 5. du mois de Mai. Il differa depuis jusqu'au 13. & ordonna de faire des préparatifs pour ce Sacre & ce Couronnement qu'il vouloit celebrer avec une magnificence extraordinaire.

Sacre & couronnement de la Reine.

On se disposoit à de grandes réjoüissances : cependant on avoit bien des pressentimens de la mort prochaine du Roi. Plusieurs ont écrit que le Duc de Vendôme l'avertit le matin du jour même qu'il fut tué, de se tenir sur ses gardes. Il reçût encore plusieurs autres avis de differens côtez. Les Astrologues s'en mêlerent aussi. La Reine fut sacrée & couronnée à saint Denis le 13. de Mai, & sa magnifique entrée fut différée au 15. On remarqua que le Roi n'avoit pas son air gai ordinaire ; c'étoit peut-être l'effet de tant d'avis donnez sur sa mort prochaine. Il n'ignoroit pas aussi, dit Mezerai, *que selon qu'un Magicien l'avoit fait voir à la Reine Catherine de Medicis, le nombre de ses années étoit tantôt accompli.* La Reine avoit eu quelque songe terrible qui pronostiquoit cette mort.

Le 14. de Mai le Roi partit du Louvre entre trois & quatre heures dans un

---

Sanctæ Sedi attribueret, ita tamen ut urbes aliquot ad Hadriaticum mare sitas, Venetis opportunas, ipsis concederet. Mediolanensis Ducatus Sabaudo promissus fuerat, illa conditione ut Veneti aliquot sibi vicinas urbes retenturi essent. Helvetii Tirolem habituri erant, Burgundiæ Comitatum & Alsatiam. In fœderatorum etiam numero erat Dux Bavariæ, cui promissum fuerat, se cum electio libera foret, Regem Romanorum eligendum esse. Reges Angliæ, Daniæ & Sueciæ in societatem venerant, & Bataviæ Ordines pollicebantur se inducias esse rupturos statim atque bellum declaratum foret.

Mercure François. M. de l'Etoile. Mezerai.

Rumor sparsus quod Rex hoc bellum ideo tantum susciperet, ut Condæam Principem recuperaret, ad aures Reginæ venit, quæ a Concino & aliis Florentinis concitata semper conquerebatur. Rex illius animum mitigabat, & toto absentiæ suæ tempore, Regni administrationem ipsi Regentis nomine dedit. Consilium ipsi assignavit; aliaad Regni curam dispofuit, quæ Concino non placuere, qui Reginæ suasit, ut ab Rege peteret ut ante profectionem suam ipsam consecrari & coronari juberet. Assensit Rex & statim quintam Maii diem assignavit; sed postea ad decimam tertiam usque distulit. Jussit omnia apparari perquam magnifice ad illam celebritatem.

Ad oblectamenta grandia apparatus ille destinabatur, & tamen de mox futura Regis morte præsagia quædam præcesserant. Multi scripsere Ducem Vindocinensem ipsum horis matutinis dici quo occisus est, monuisse ut sibi caveret. Alia quoque monita ex diversis partibus accipit; Astrologi etiam funesta prædixere. Regina consecrata coronataque fuit in Ecclesia Sancti Dionysii decima-tertia die Maii; ejusque magnificus Lutetiæ ingressus ad decimum-quintum Maii diem indictus est. Observatum autem fuit Regem non cum solita lætitia celebritati interfuisse, fortasseque ex monitis mortem proximam indicantibus. Non ignorabat etiam, inquit Mezeræus, ex iis quæ Magus quispiam Catharinæ Mediceæ monstraverat, annos Regni sui completos esse. Regina Maria etiam terribile somnium habuerat, quod mortem ejus portendere videbatur.

Les mêm[es]

Decimo-quarto die inter horam tertiam & quartam Rex e Lupara proficiscitur in curru, in quem

HENRI IV. dit LE GRAND.

carrosse, où il fit entrer les Ducs d'Epernon, de Montbazon, & trois autres Seigneurs. Par on ne sçait quelle fatalité il défendit à ses Gardes de le suivre. Le carrosse arrivé à la ruë de la Ferronnerie devant le cimetiere des Innocens, vis-à-vis d'un Notaire nommé Pontrain, fut arrêté par un coche & par une charette. Alors François Ravaillac natif d'Angoulême, à qui la fureur du fanatisme avoit inspiré depuis long-tems le dessein de tuer le Roi, monta sur une roüe du carrosse, s'avança vers la portiere, porta deux coups de poignard au Roi, entre la cinquiéme & la sixiéme côte, perça *la veine interieure vers l'oreille du cœur*, & parvint jusqu'à la veine cave qui fut coupée ; en sorte que le Roi perdit à l'instant la parole & la vie. Cela fut fait si promtement que personne ne l'apperçût : & si le meurtrier eut jetté son couteau, on n'eût pû le connoître. On se saisit de Ravaillac ; & un des Seigneurs voiant que le Roi ne parloit point, & que le sang lui sortoit par la bouche, s'écria : *Le Roi est mort*. Cela jetta la fraieur sur tout le voisinage, & l'un des Seigneurs pour appaiser le tumulte, dit qu'il n'étoit que blessé. Son corps fut emporté au Louvre.

Ravaillac pris & mis en Justice subit l'interrogatoire avec une constance & une fermeté surprenante : il dit & repeta plusieurs fois qu'il y avoit long-tems qu'il avoit formé le dessein de tuer le Roi, parce qu'il favorisoit les Huguenots, & qu'il alloit faire la guerre aux Catholiques. L'horreur du supplice qu'il alloit subir ne l'ébranla point. On assure pourtant qu'il varia beaucoup dans ses réponses. Il ne voulut jamais déclarer ceux qui l'avoient sollicité à une si damnable entreprise. * L'Auteur des Memoires pour l'Histoire de France, dit qu'on étoit persuadé que Concini & sa femme avoient beaucoup contribué à la mort du Roi. D'autres encore aujourd'hui poussent cela plus avant, & disent là-dessus bien des choses que je n'ai garde de développer.

Le Roi Henri IV. fut extrêmement regreté dans Paris & dans tout le Roiaume. Le deüil fut universel, si l'on en excepte ceux qui se ressentoient encore des fureurs de la Ligue. La desolation fut grande, sur tout dans les Provinces voisines des Pyrenées, où il avoit passé une bonne partie de sa jeunesse sous le nom de Prince de Bearn & de Roi de Navarre. J'ai oüi dire à mon pere qui avoit alors treize ans, qu'à la nouvelle de sa mort on n'entendoit que des cris & des pleurs dans tout le voisinage, & que son pere prit le deüil &

Le Roi tué par François Ravaillac.

* C'est M. de l'Etoile.

---

admiserat Duces Espernonium & Monbazonium tresque alios primores. Fatali nescio quo casu accidit, ut Custodes corporis sui Rex cohiberet ne secum venirent ; cumque advenisset currus in Ferrariæ vicum ante Cœmeterium Sanctorum Innocentium è regione Tabellionis cujusdam, cui nomen Pontranius, ab essedo & a carro sistere coactus fuit. Tunc Franciscus Ravalliacus Engolismensis, qui ex fanatico furore, jam pridem Regem occidere animo conceperat, supra rotam conscendit, ad currus fenestram accessit ; pugione Regem inter costam quintam & sextam bis confodit, *venamque interiorem versus auriculam cordis penetravit, & usque ad venam cavam venit*, ita ut Rex statim & vocem & vitam amiserit ; idque tam cito ut nemo id adverterit. Et si interfector pugionem abjecisset, agnitus nunquam fuisset. Statim Ravalliacus comprehenditur. Unusque ex primoribus illis videns Regem non loqui & sanguinem ex ore ejus manare, exclamavit, *Rex mortuus est*. Id terrorem in circumstantem populum conjecit. Alter vero ex primoribus ut sedaret illos dixit, vulneratum tantum esse Regem. Corpus ejus in Luparam allatum est.

Ravalliacus captus & in jus actus interrogatusque, cum stupenda constantia respondit : dixit ac sæpius repetiit se jam a multo tempore Regem occidere decrevisse, eo quod Hugonotis faveret, & Catholicos bello impetiturus esset. Non illum mox subeundi supplicii terror perculsit : tamenque dicitur, sæpius interrogatum illum diversa protulisse. Nunquam declarare voluit quinam ipsum ad tam grande scelus patrandum concitassent. Scriptor quidam dicit, putavisse multos Concinum & uxorem ejus in Regis necem conspirivisse. Alii hodieque longe pejora narrant, quæ ego nec tangere nec explorare velim.

Henricus IV. Rex magnum sui desiderium reliquit Lutetiæ & per totum Regnum, si quidam excipiantur *Unionis* illius socii furorem adhuc spirantes. Mœror ingens fuit, in illis maxime provinciis, quæ Pyreneis montibus viciniores sunt, ubi Henricus magnum juvenilis ætatis partem duxerat, nomine Bearniæ Principis aut Regis Navarræ. A patre meo audivi ; qui cum mortuus Henricus est tredecim annorum erat, nonnisi planctus & luctus in vicinia auditos fuisse, patremque suum, & se & filios alios

le fit prendre à tous ses enfans. Le peuple de Paris voulut plusieurs fois se jetter sur Ravaillac quand il fut mené en Justice; & lorsqu'il fut tiré à quatre chevaux & ses membres coupez, chacun couroit à ces membres, & vouloit avoir sa piece pour aller faire des feux particuliers, brûler cette piece, & assouvir ainsi sa vengeance.

Par la sagesse des Magistrats il n'y eut aucun tumulte dans Paris. Le Dauphin Louis fut d'abord reconnu Roi par les Princes, les Seigneurs & les Cours de Justice, aux acclamations du peuple. Le jeune Roi déclara sa mere Regente du Roiaume; & tout demeura tranquille pendant un certain tems.

Henri IV. mourut en la cinquante-septiéme année de son âge, après avoir regné vingt-un an & quelques mois. Il étoit de taille médiocre, bien formé de ses membres, d'un visage agréable, d'un œil vif & perçant, son nez aquilin, sa bouche riante, & ses autres traits les plus marquez faisoient qu'il étoit fort aisé à representer en peinture. Il étoit d'un temperament si fort & si robuste, que malgré sa grande incontinence qui avoit un peu alteré sa santé, il étoit encore pour vivre bien des années.

Eloge d'Henri IV.

Il n'y eut jamais de Prince plus doux, plus clement, & plus porté à faire plaisir à tout le monde, plus promt à recevoir en sa bonne grace ceux qui avoient conspiré contre son Etat, & même contre sa vie: cela se peut remarquer souvent dans le cours de son histoire. Il étoit avec cela fort agréable dans la conversation, se familiarisant avec tout le monde, aimant à dire & à entendre des bons mots à rire. On feroit un livre de ceux qu'on rapporte de lui en differens endroits du Roiaume. Il y a apparence que plusieurs en auront bien imaginé qu'ils auront attribué à Henri IV. pour les mieux faire valoir.

Sur le rapport de ceux qui vivoient de son tems, on sçait qu'il étoit fort porté à soulager le peuple. Mais l'état où se trouva la France pendant son regne, lui ôta le moien d'executer ses projets.

Il étoit fort brave, toujours des premiers à affronter les plus grands périls. Il en fut repris quelquefois par le vieux Maréchal de Biron. Mais ce qui est blâmable dans certains Rois, comme dans le Roi Jean à la bataille de Poitiers, & dans François I. à celle de Pavie, ne l'est pas de même

---

lugubri veste induisse. Parisina plebs sæpe voluit in Ravalliacum irrumpere, quando ad judicium ille ducebatur: & quando a quatuor equis discerptus fuit, quisque in membra irruebat ut partem decideret, & abductam igne consumeret, ut scelus tantum ulcisceretur.

Magistratuum prudentia factum est, ut nullus Lutetiæ tumultus oriretur. Ludovicus Delphinus statim Rex declaratus fuit a Principibus, Primoribus & Justitiæ Curiis, acclamante populo. Juvenis Rex matrem suam Regentem declaravit, omniaque tranquilla fuere saltem ad tempus quoddam.

Henricus IV. anno ætatis quinquagesimo septimo mortuus est; postquam annos 21. & aliquot menses regnaverat. Mediocri erat statura, membris recte compositis, oculo acri & vivido, aquilino naso, & subridente, quæ omnia in depictis tabulis facile delineabantur. Corporis habitu tam valido atque robusto erat, ut etsi ex libidine nimia aliquid ægritudinis contraxerat, multos adhuc annos vitæ emensurus esse putaretur.

Nullus unquam Princeps fuit mitior, clementior, benignior, ad beneficium cuique præstandum paratior, & ad eos qui contra statum, imo etiam contra vitam suam conspiraverant in gratiam recipiendos promtior; ut in hujus historiæ decursu observare possis. In colloquiis jucundus, cum quibuslibet familiariter agebat. Faceta salsaque verba & dicteria risum moventia libenter audiebat proferebatque. Ejusmodi vero Henrici IV. dicta quæ vulgo per Regnum feruntur, si quis colligeret, librum edere posset. Verisimile autem est multos similia commentos esse, quæ Henrico IV. adscripsere, ut libentius exciperentur.

Referentibus iis, qui isto ævo vitam duxere, scimus illum populi sui amantem, vectigalia & onera publica minuere in animo habuisse; sed regnante illo ea fuit temporum conditio, Regnique status, ut quæ summe optabat exsequi non potuerit.

In prœliis audax & strenuus, atque ad subeunda pericula pronus, aliquando ea de causa a Birone seniore aspere objurgatus fuit; sed quod quibusdam Regibus vituperio dandum ut Joanni in pugna Pictaviensi, & Francisco I. in Papiensi prœlio; non per-

dans Louis le Gros & dans Henri IV. parce que la condition des tems demandoit qu'ils fussent toujours à la tête de leurs troupes.

Son grand défaut étoit l'amour desordonné des femmes où il ne garda jamais de mesures : aussi vif sur cet article à la fin de ses jours que dans sa grande jeunesse. Il écoutoit pourtant volontiers ceux qui le reprenoient sagement sur son incontinence. On rapporte qu'un Prédicateur s'étant un jour en sa presence fort étendu contre le peché d'adultere, qui entraîne après lui, disoit-il, beaucoup de maux préjudiciables à un Etat; en sorte qu'on voioit bien à qui il en vouloit; le Roi le fit appeller, lui fit un très-bon accüeil, & voulut être instruit sur cette matiere. Le Prédicateur le trouva si disposé à l'entendre, & si touché de son discours, qu'il disoit après que s'il n'étoit environné de courtisans flateurs & corrompus, il se seroit apparemment corrigé de ce grand vice.

---

inde Ludovico Grosso & Henrico IV. Quia rerum temporumque conditio postulabat ut semper inter primos concertarent.

Ingenti vitio laborabat Henricus, immoderato videlicet mulierum amore, qua in re nullum unquam frenum adhibuit; perinde intemperans cum jam in senium vergeret, atque in prima juventute; tamenque patiebatur se ea de re moneri. Qua de re narratur Concionatorem quemdam, cum Rege præsente contra adulterii vitia vehementer oravisset; quæ ingentia mala, ut dicebat, in publicam rem inveherent; ita ut quem maxime impetere vellet nemo non videret; ab Henrico Rege post concionem advocatum, amicissime exceptum fuisse, & eadem de illo privatim audire voluisse. Concionator autem tam benevolum auditorem expertus est, & erga monita sua ita affectum, ut postea diceret ipsum, si non ab adulatoribus & vitiosis aulicis circumventus fuisset, hoc grande vitium verisimiliter depositurum fuisse.

MONUMENS DU REGNE
D'HENRI IV. ROI DE FRANCE ET DE NAVARRE.

PL. LII.

1. LES portraits d'Henri IV. sont si communs & si connus de tout le monde, qu'en vain m'etudierois-je à en ramasser & à les multiplier ici pour en retracer l'image. Nous l'avons déja vû dans la réduction de Paris, à cheval & fort ressemblant. [1] Le voici debout appuyé sur une table, où il a mis son chapeau de la forme ordinaire de ces tems-là. Je ne m'arrêterai pas à faire la description de son habit noir, de son pourpoint & de sa culotte enflée. Il étoit, comme je viens de dire, d'une taille médiocre, mais bien formée.

Marguerite de France sa premiere femme, fille du Roi Henri II. fut mariée le 18. Août 1572. Le mariage fut déclaré nul en 1599. Elle fut toujours appellée la Reine Marguerite, & mourut l'an 1615. C'étoit une belle Princesse, de haute taille, & qui avoit beaucoup d'esprit; mais d'une galanterie si outrée, qu'Henri IV. lui-même en faisoit des railleries les plus piquantes.

2. On la voit [2] ici en vertugadin extrêmement large dès la ceinture, tirée d'un tableau de M. de Gaignieres.

Marie de Medicis qui vient après, fut mariée avec Henri IV. à Lion le 27. Decembre 1600. fut couronnée à S. Denis le 13. Mai 1610. fut obligée de se retirer aux Payis-bas l'an 1631. & mourut à Cologne le 3. Juillet 1642.

3. [3] Elle a été copiée par ordre de M. de Gaignieres, sur un tableau chez M. le Marquis de Lavardin.

PL. LIII.

1. Catherine de Bourbon, Princesse de Navarre, sœur d'Henri IV. mariée le 30. Janvier 1599. à Henri de Lorraine, Duc de Bar, mourut le 13. Fevrier 1604. & ne laissa point de lignée. [1] Son habit en vertugadin est remarquable par ses longues & grandes manches. Ce portrait est tiré des porte-feüilles de M. de Gaignieres.

MONUMENTA HENRICI IV.
REGIS FRANCIÆ ET NAVARRÆ.

HENRICI IV. schemata adeo frequentia omnibusque nota sunt, ut frustra illa perquirerem ac multiplicarem. Jam illum in reductione Lutetiæ vidimus equitem, & viventi agentique admodum similem; hic vero stans visitur, mensæ innixus, in qua petasum deposuit ejus formæ, quæ tunc in usu erat. Vestem ejus nigram non pluribus describam, nec thoracem vel inflata femoralia. Erat is modo dicebam, mediocris staturæ, recte compositis membris.

Memoires pour l'hist. toire de France, to. 1599. Margarita Valesia prima conjux Henrici IV. filia Henrici II. nupsit anno 1572. decima-octava die Augusti. Connubium nullum declaratum fuit anno 1599. semperque Regina Margarita appellata fuit, *2. p. 239.* mortuaque est anno 1615. eratque admodum formosa, statura procera, ingenioque prædita, sed libidini adeo dedita, & impudica, ut Henricus IV. eam deridendo acriter insectaretur. Hic exhibetur cum crocota circa zonam admodum inflata. Ex tabula depicta Gagneriana educta fuit.

Maria Medicea, quæ postea sequitur, connubio cum Henrico IV. juncta fuit Lugduni anno 1600. vigesima-septima Decembris. In Ecclesia Sancti Dionysii coronata fuit decima-tertia die Maii anno 1610. In Belgium se recipere coacta anno 1631, Coloniæ obiit tertia die Julii anno 1642. Educta fuit a Gagnerio ex tabula depicta Lavardini Marchionis.

Catharina Borbonia Princeps Navarræ soror Henrici IV. connubio juncta fuit 30. Januarii 1599. cum Henrico Lotharingo, Duce Barrensi. Obiit decima-tertia die Februarii 1604. nulla relicta prole. Vestis ejus inferne inflata, ex manicis quoque longis & amplis spectabilis est. Ex Gagnerianis scriniis prodiit.

Louise

Catherine Duchesse de Bar Sœur d'Henri IV.

Louise Marguerite de Lorraine Princesse de Conti.

D'HENRI IV. dit LE GRAND. 433

Loüise-Marguerite de Lorraine, fille d'Henri de Lorraine Duc de Guise, dit le Balafré, fut la seconde femme de François de Bourbon Prince de Conti, qu'elle épousa l'an 1605. & mourut l'an 1631. Elle est couronnée, & son habit paroît fort riche.

P L. 2.

Charles III. du Nom, Cardinal de Bourbon, fut Archevêque de Roüen, Abbé de S. Germain des Prez, de S. Denis, & eut plusieurs autres Abbayes. Il se forma un tiers-parti qui vouloit le faire Roi; mais il fut bien-tôt dissipé. Il mourut à S. Germain des Prez le 30. Juillet 1594. âgé de trente-deux ans. Nous n'avons point de portrait sûr de son oncle Charles II. du nom, Cardinal, qui fut fait Roi par la Ligue, & nommé Charles X. dont on a quelques monnoyes.

P L. LIV.

Henri de Bourbon II. du nom, Prince de Condé, fils d'Henri I. naquit posthume en 1588. Il se maria l'an 1609. âgé de 21. ans. Ce tableau paroît fait peu d'années après son mariage. Il mourut l'an 1646. âgé de 58. ans.

P L. LV. 1.

Charlotte-Marguerite de Montmorenci, fille d'Henri de Montmorenci, appellé le Maréchal d'Anville, & depuis Connétable de France, mariée au Prince de Condé, l'an 1609. donna une grande scene à la France. Henri IV. quoique sur le déclin de son âge, épris de sa beauté, en devint si amoureux, que le Prince fut obligé de s'enfuir, & de l'emmener aux Payis-bas.

2.

Charles de Bourbon, Comte de Soissons, qui commence la Planche suivante, étoit fils de Louis de Bourbon I. du nom, Prince de Condé, & de Françoise d'Orleans-Rothelin sa seconde femme. Il naquit l'an 1566. Il paroît être ici de l'âge d'environ trente-cinq ans. Il mourut en 1612.

P L. LVI. 1

Henri d'Orleans I. du nom, Duc de Longueville, fils de Leonor d'Orleans & de Marie de Bourbon, Comtesse de S. Pol, servit utilement l'Etat, & fut attaché au Roi Henri IV. Il fut tué comme nous avons dit, à la salve qu'on lui fit comme il entroit à Dourlens. Il n'avoit alors que 27. ans, & il est representé assez barbu. Mais en ce tems les jeunes comme les vieux laissoient croître leur barbe.

Ludovica Margarita Lotharinga filia Henrici Lotharingi Guisiæ Ducis, qui a cicatrice cognomen accepit, secunda uxor fuit Francisci Borbonii Contii Principis, cui nupsit anno 1605. obiitque anno 1631. Coronam illa gestat, & splendida tegitur veste.

Carolus hujus nominis Tertius Cardinalis Borbonius Archiepiscopus Rothomagensis fuit ; Abbas Sancti Germani a Pratis, Sancti Dionysii, &c. Tertia factio, quæ insurrexit, Regem illum constituere voluit : verum hæc factio cito dissipata fuit. Mortuus autem est in Abbatia Sancti Germani a Pratis 30. Julii anno 1594. annos triginta duo natus. Caroli II. Cardinalis patrui ipsius schema certum non reperimus, qui ab Unione Rex creatus fuit, & Carolus X. nominatus, cujus aliquot monetæ exstant.

Henricus Borbonius hoc nomine II. Condæus Princeps, filius Henrici I. post patris mortem natus est anno 1588. & anno 1609. uxorem duxit viginti & unum annos natus. Tabula depicta ex aqua eductus est, videturque facta paucis post connubium ejus annis. Mortuus est anno 1646. quinquaginta & octo annos natus.

Carola Margarita Monmorencia, filia Henrici Monmorencii, qui Marescallus Damvilla prius dictus, Constabularius Franciæ fuit, Condæo Principi nupsit anno 1609. Spectaculum magnum Franciæ toti dedit. Henricus IV. etsi jam ad senium vergens, ejus pulcritudine usque adeo captus est, ut Condæus cum illa aufugeret, ipsamque in Belgium abducere coactus fit.

Carolus Borbonius Comes Suessionensis, qui in tabula sequenti primus est, filius erat Ludovici Borbonii I. Condæi Principis, & Franciscæ Aurelianensis Rothelinæ secundæ uxoris ejus. Natus est anno 1566. videturque triginta quinque annorum esse. Mortuus est anno 1612.

Henricus Aurelianensis hujus nominis I. filius Leonoris Aurelianensis & Mariæ Borboniæ Cumitissæ Sancti Pauli, bene meritus de Regno fuit, & Henrici IV. partes sequutus est. Occisus fuit, ut narravimus, cum Durlanium ingrederetur & honoris causa ipsi scloperorum emissio fieret, erat que tunc viginti-septem annorum tantum, & tamen hic barbatus comparet ; sed illo ævo juvenes ut seniores barbam non deponebant.

Tome V.   I i i

Pl.
LVII.
 Le Cardinal du Perron dont il eſt ſouvent parlé dans la vie d'Henri IV. paſſoit pour habile dans la Controverſe. Il parvint par cette voie au Cardinalat. Il a laiſſé pluſieurs Ecrits. Son portrait ſe voit tel que nous le donnons ici dans l'Abbayie de S. Denis.

Pl.
LVIII.
 Le Duc d'Arſcot a ici ſa place, quoiqu'alors ſujet du Roi d'Eſpagne, parce qu'aiant été donné au Roi comme le Chef des ôtages pour la ſureté de la paix de Vervins, Henri IV. le reconnut pour ſon parent, & en ſa faveur il érigea en Duché la Terre de Croüi, dont cette famille porte le nom. Cette Terre eſt ſituée entre Amiens & Abbeville. Charles de Croüi mourut le 13. Juin 1612.

Cardinalis Perronius, cujus frequens mentio eſt in vita Henrici IV. in controverſiis peritus habebatur, & hac via ad Cardinalis dignitatem evectus eſt. Plurima ſcripta reliquit. Ejus ſchema ex tabula depicta Sandionyſiana eductum fuit.

Dux Arſcotanus hic locum habet, etſi tunc Hiſpaniæ Regis ſubditus erat, quia cum ut obſidum Princeps tunc datus fuiſſet ad Verviniæ pacis ſecuritatem, Henricus IV. illum ut ſibi cognatum agnovit, & Croiam terram, cujus nomen iſta familia geſtat, quæque inter Ambianum & Abbaris-villam ſita eſt, in *Ducatum* erexit. Obiit hic Carolus Croius decima tertia Junii anno 1612.

FIN DU CINQUIE'ME VOLUME.

Henry II. du nom Prince de Condé.

Charlote-Margueritz de Montmorenci Princesse de Condé.

Charles de Bourbon Comte de Soissons.

Henri d'Orleans Duc de Longueville.

LE CARDINAL DU PERRON.

LE DUC D'ARSCOT.
Henri IV. en sa faveur erigea la terre de Croui en Duché.

TABLE
DES MATIERES.

A

ADrets (des) Baron, fait Gouverneur de Lion, exerce de grandes cruautez sur les Catholiques, 123. se tourne du côté des Catholiques, 127
Affaire d'Espagne qui pensa rompre la paix, 403. on se raccommode par l'entremise du Pape, 404
Albe (le Duc d') vient en Piémont, & y fait la guerre sans succès, 36. prend plusieurs places autour de Rome, 41. Le Duc d'Albe va avec une armée dans les Payis-bas, où il fait la guerre long-tems, 147. & suiv.
Albert de Brandebourg fait semblant de se mettre du parti d'Henri II. pour le trahir, 19, 20. défait le Duc d'Aumale, 20
Albert (l'Archiduc) prend Calais, 380, 381. vient avec une armée au secours d'Amiens, 386. se retire sans rien faire, 387, 388
Alet ville Episcopale du Languedoc, pris par les Huguenots, 201. Ses habitans massacrent une nuit la garnison Huguenote, 263
Amiens surpris par les Espagnols, 383, 384. assiegé & repris par Henri IV. 388
Amiot Abbé de Bellozane envoié au Concile de Trente, 14
Andelot, frere de l'Amiral de Coligni, accusé d'être Calviniste, mis en prison, 52
Andelot se saisit d'Orleans pour les Huguenots, 113. après la défaite de l'armée du Prince de Condé, vient faire des courses auprès de Paris, 152. Andelot frere de l'Amiral de Coligni meurt de maladie, 166
S. André d'Albon, Maréchal de France, en faveur à la Cour d'Henri II. 2. s'enrichit, 3. s'allie avec les Guises, 67. assiege Poitiers & le prend, 121. pris & tué à la bataille de Dreux, 130
Ange (le P.) de Joyeuse, Capucin, quitte son Ordre, & reprend l'habit militaire, 353. se remet dans l'Ordre des Capucins, 393
Anne d'Est, Duchesse de Nemours, appellée la Reine Mere; pourquoi, 361
Annebaut (d') Maréchal de France, est éloigné de la Cour, 2
Antoine Duc de Vendôme devient Roi de Navarre, 36. va à la Cour de François II. y est mal reçû, 68. envoié pour conduire la Reine Elisabeth en Espagne, 68, 69. après bien des sollicitations va à la Cour du Roi François II. 89, 90. Son démêlé avec la Reine Mere, 98. Antoine Roi de Navarre se met du côté des Guises contre les Huguenots, 112. blessé au siege de Rouen, 125. meurt de sa blessure, 126. Antoine de Bourbon Duc de Vendôme: ses portraits, 216
Assemblée de Fontainebleau sous François II. 85
Assemblée de Moulins sous Charles IX. 144, 145
Assemblée generale du Clergé sous Henri IV. 379.
Assemblée du Clergé, 423, 424
Aubepine qui fleurit à la Saint Barthelemi, 194

Aumale. Le Duc d'Aumale & les Ligueurs assiegent Senlis. La Nouë défait leur armée, 307, 308. Le Duc d'Aumale executé à Paris en effigie, 375, 376
Aumale (le Chevalier d') veut surprendre S. Denis. Il y est tué, 336
Aumont (le Maréchal d') meurt de ses blessures, 378
Auvergne (le Comte d') pour crime d'Etat pris & mis en prison, 416. Condamné à être décapité. La peine est commuée en une prison perpetuelle, 417. Il demeure douze ans en prison, là-même.

B

BAlagni fait des courses dans le Hainaut avec avantage, 381
Balet à cheval dans la cour du Louvre, donné à la naissance d'une fille du Roi, 420
Balsac, Jean de Balsac de Montagu; son portrait, 313
Banqueroutiers recherchez & punis, 424
Saint Barthelemi, jour du massacre de l'an 1572. où un grand nombre d'Huguenots périrent, 192, 193, 194
Bataille de saint Quentin où l'armée de France est mise en déroute, 47
Bataille de Dreux fort disputée, gagnée par le Duc de Guise, où les deux Generaux sont pris, & le Maréchal de Saint André tué, 128, 129. representée en deux planches, 130, 131
Bataille de S. Denis où les Huguenots sont défaits, & le Connétable blessé à mort. 150, 151
Bataille de Jarnac, où l'armée des Huguenots est défaite, & le Prince de Condé tué, 164, 165
Bataille de Moncontour gagnée par Monsieur, Frere du Roi, 172
Bataille de Coutras, & la victoire du Roi de Navarre, 282
Bataille d'Ivri, où Henri IV. est vainqueur, 324, 325
Beaune réduit sous l'obéissance d'Henri IV. 371
Beaupreau, le Marquis de Beaupreau, fils du Prince de la Rochesuryon, tué malheureusement, 98
Bellegarde est fait Maréchal de France, 223
Bellegarde (le Maréchal) meurt empoisonné à ce qu'on croioit, 250
Belleville (Pierre d'Esgain) pendu pour avoir fait un Libelle diffamatoire contre le Roi, 269
Benehard Gouverneur de Vendôme, est décapité, 319
Beze V. Theodore de Beze.
Biez, Maréchal de France, est dégradé, 9
Biron, Maréchal de France, prend Caudebec, Harfleur & Fecan, 337. tué à Epernai. Son éloge, 351
Biron, fils, ravage deux fois l'Artois, & bat plusieurs fois les ennemis, 381

TABLE DES MATIERES.

Biron, picqué de quelque refus, conspire contre le Roi, 401

Biron, sa conspiration en détail comme on la racontoit en ce tems-là, 405, 406. il se reconcilie avec le Roi en apparence, 407. Lafin découvre tout, 407, 408. Le Roi lui promet plusieurs fois sa grace s'il veut tout découvrir, il s'obstine & est mis en prison, 409. Son interrogatoire, 409, 410. Ses fureurs, 410. Il est condamné à avoir la tête tranchée, & executé à la Bastille, 410

Boniface, Ville de Corse, pillée par Dragut, 26, 27

Boulogne sur mer assiegé par les François, 9. rendu par un accord avec les Anglois, *là-même*.

Bourdelois (les) se revoltent à cause de la Gabelle, 6. massacrent le sieur de Monains leur Gouverneur, 7. punis severement, 7, 8. remis dans leurs privileges, 8

Bourdillon rend les places du Piémont au Duc de Savoie, 114

Du Bourg (Anne) son procès, 72, 73. Il est condamné à mort & executé, 73

Bourges assiegé par l'armée Roiale de Charles IX. 121, est rendu au Roi, 122

Bouvines pris & saccagé par les François, 29, 30

Briquemaut & Cavagnes, Chefs des Huguenots, pendus, 196

Brissac envoié en Piémont, est fait Maréchal de France, prend Quiers & S. Damien, 13.

Brissac rétablit la discipline militaire en Piémont, & fait la guerre avec succès, 25. prend plusieurs Places dans le Piémont, 34

Brissac tué devant Mucidan, 166

Bussi d'Amboise, brave, mais hautain & fort haï, est massacré, 250

Bussi le Clerc, après la mort du Duc de Guise, mene le Parlement à la Bastille, 303. est chassé de la Bastille & s'enfuit à Bruxelles, 347

C

Cabrieres. V. Vaudois.

Calais pris par l'Archiduc Albert, 380, 381

Calvinistes, executez en France, 42

Calvinistes: grand tumulte à Paris à leur occasion, 49

Calvinistes accusez de plusieurs crimes, 70, 71. Ils font des Assemblées à Paris, 71. On les recherche à Paris & dans d'autres Villes. Ils publient des Libelles, 71

Canada (Le) découvert & visité par ordre d'Henri IV. 414. Les François s'y établissent, & y mettent des Colonies, 424

Capitaine du tems d'Henri III. en figure, 313

Carafe Cardinal va à Venise, 39. & puis en France, où il fait rompre la treve avec l'Empereur, 40, 41

Cardinal de Bourbon (Le) mis en prison par ordre d'Henri III. 297. Charles de Bourbon, Cardinal, nommé Roi par les Ligueurs, meurt, 328

Cardinal de Bourbon le jeune, (Le) proposé par le Tiers-parti pour être Roi, 341. il meurt, 368. son portrait, 433

Le Cardinal de Lorraine Charles, Archevêque de Rheims, favori d'Henri II. 2. fait destituer Lizet premier Président, 11. Charles Cardinal de Lorraine, paroît être pour la Confession d'Ausbourg, 104. 105. il meurt, 215

Cardinal de Guise, (Le) frere du Balafré, est tué, 297. son portrait, 312

Cardinaux François au nombre de douze, du tems d'Henri II. 4

Cardinaux & Evêques qui assisterent au Colloque de Poissi, 102

Castelnau & quelques autres pris, 79. décapitez, 81

Catherine de Bourbon, sœur d'Henri IV. se marie avec le Duc de Bar, 393

Catherine Duchesse de Bar, sœur d'Henri IV. meurt, 415. Son portrait, 432

Catherine de Cleves, femme du Duc de Guise le Balafré. Son portrait, 312

Catherine de Medicis, sacrée & couronnée Reine de France, 9. Grands spectacles à ce sacre, *là-même*, ses portraits, 63. fait si bien auprès du Roi de Navarre, qu'il lui cede la Regence, 92. son adresse: elle se met peu en peine de la Religion, 99. défend aux Guises de venir à la Cour, 111. n'est pas obeïe, 111, 112. balance si elle se retirera avec le Roi son fils auprès du Prince de Condé & des Huguenots, 112. Le Roi de Navarre l'oblige d'amener le Roi à Paris, 113. par le conseil du Chancelier de l'Hopital, négotie pour empêcher la guerre civile, mais inutilement, 115, 116. Son entrevuë avec le Prince de Condé, 116. 117

Catherine de Medicis traite de la paix 135. le Congrès se fait à l'Isle aux Bœufs, la paix est faite & publiée, 136. Catherine gagne les Princes & Seigneurs par les charmes de ses Demoiselles, 137. La Reine Mere, le Roi & le Prince Alexandre vont faire la visite du Roiaume, 141. se rendent à Lion, où l'on fit bâtir une citadelle, 142. La Reine Mere avec ses enfans va à Toulouse, où elle changea les noms de son second & troisiéme fils. Alexandre fut appellé Henri, & Hercule prit le nom de François, 143. elle voit à Baionne sa fille Elisabeth Reine d'Espagne. L'on croit que ce fut là qu'elle prit avec le Duc d'Albe des mesures pour le massacre des Chefs des Huguenots, 144

Catherine Regente fait lever six mille Suisses: cette levée & la marche du Duc d'Albe, mettent l'allarme dans le parti Huguenot, 147, 148. La Reine Mere, sur l'avis que les Huguenots étoient en armes, quitte Monceaux & se retire à Meaux avec le Roi son fils, 148, fait des propositions de paix au Prince de Condé, qui ne sont point acceptées, 154. veut faire saisir le Prince de Condé & l'Amiral, 158. ils s'échappent, *là-même*, & 159. Catherine de Medicis pense à prendre comme d'un coup de filet, les Chefs des Huguenots, & à s'en défaire, 181. ses tours d'adresse, *là-même*, & *les suivantes*, ses desseins à la saint Barthelemi, 187

Catherine Regente fait treve avec les Rochelois & le voisinage, 219. fait executer Montgommeri contre la parole donnée, 219, 220. Catherine ménage une entrevuë avec son fils le Duc d'Alençon, & ils concluent une treve de six mois, 231. Catherine se rend à l'Abbaïe de Beaulieu, & fait la paix, 233, 234. Conditions de cette paix, 233, 234, 235. qui fut mal gardée, 235, 236. Catherine va à Nerac, où elle traite avec le Roi de Navarre, & se rend ensuite en Dauphiné, 249. 250

Catherine qui prétendoit avoir droit sur le Roiaume de Portugal, envoie une Flote aux Isles Açores commandée par Philippe Strozzi, cette Flote est défaite par les Espagnols, & Strozzi tué, 257, 258. Elle va traiter avec le Duc de Guise qui avoit pris les armes contre le Roi, 272. La Reine Mere s'abouche en Poitou avec le Roi de Navarre. Ils se separent sans rien conclure, 279, 280. La Reine Mere Catherine de Medicis, meurt. Son caractere fort extraordinaire, 298, 299, 300, 301

Cesar Monsieur, fils naturel d'Henri IV. son mariage avec la fille du Duc de Mercœur, 389

Charles V. Empereur, poursuivi par Maurice de

TABLE DES MATIERES.

Saxe, s'enfuit dans la Carinthie, 16. fait sa paix avec les Princes Alemans, & assiege Mets avec une grande armée, 18, 19. il est obligé de lever le siege de Mets, 21. Charlequint se démet de l'Empire, & se retire en Espagne, 42
Charles IX. reconnu Roi à l'âge de douze ans, 95. il est sacré à Rheims, 100. déclaré majeur à Roüen, 139. escorté par les Suisses, il se retire de Meaux à Paris, & rencontre le Prince de Condé armé, 149. fait donner ordre aux Rochelois de recevoir ses troupes, ils le refusent, 158. Charles IX. vient au siege de saint Jean d'Angeli 174. va à Angers où il se dispose à une paix générale, 175. Charles IX. publie une treve pour les deux partis des Catholiques & des Huguenots, 179. Charles IX. fait la paix entre les deux partis, conditions de cette paix, 180. Il épouse Elisabeth d'Autriche, fille de l'Empereur Maximilien, 180, 181. obtient dispense du Pape pour le mariage de sa sœur Marguerite, avec Henri Prince de Bearn, 183. Charles IX. pour tromper l'Amiral, lui propose la guerre de Flandres, 184, démarches extraordinaires qu'il fait pour le tromper, 184, 185.
Charles IX. avant la S. Barthelemi, a de violens remords qui l'autoient porté à l'empêcher; mais piqué par les remontrances de sa Mere, il ordonne qu'on commence ce massacre, 191. Charles IX. tient son Lit de Justice, où il déclare que le massacre s'est fait par son ordre, 195. il tombe malade d'une fievre lente, 206. réduit à l'extrémité, il déclare sa Mere Regente, 213. meurt le jour de la Pentecôte de quelque breuvage, à ce qu'on croioit, 214. son caractere, 214, 215, ses portraits, 216
Charles de Bourbon, Comte de Soissons, son portrait, 433
Charles de Bourbon, Prince de la Rochesuryon, representé, 217
Charles Duc d'Arscot, son portrait, 434
Charlotte-Marguerite de Montmorenci, Princesse de Condé, son portrait, 433
Charlotte de la Trimoüille, accusée d'avoir fait mourir le Prince de Condé son mari, est mise en Justice. Déclarée innocente, 287
Chartres assiegé par les Princes Confederez, se défend bien, 155
Chataigneraie, (La) François de Vivonne, son duel contre Jarnac, 3, 4, il meurt, 4
Châtillon, fils de l'Amiral de Coligni, défait le sieur de Saveuse, Ligueur, 307. Chatillon Coligni, donne moien à Chartres de monter à couvert à l'assaut, 337
Christine Duchesse de Lorraine, se retire en Flandres, 17. Christine de Danemarc, Duchesse de Lorraine, son portrait, 312
Claude de Lorraine, Duc de Guise, meurt, 11
Claude de France, fille d'Henri II. mariée à Charles II. Duc de Lorraine, 64
Clement VIII. élû Pape, se déclare d'abord pour la Ligue, 347. donne l'absolution à Henri IV, 371.
Clement VIII. Pape, ne veut point être arbitre du different d'Henri IV. avec le Duc de Savoie, pourquoi, 396. il meurt, 418
Coconas condamné à avoir la tête tranchée, & executé, 211
Coligni, Gaspard de Coligni, fait Amiral de France, 22. Coligni Amiral surprend Lens, & rompt ainsi la treve, 42. commande dans saint Quentin assiegé, & fait une belle défense, 45, 46, 48, 49. Coligni Amiral, soupçonné d'avoir part à la conspiration de la Renaudie, 78. il se retire de la Cour, 84. Coligni Amiral parle en faveur des Huguenots, 86. il se défend bien à la bataille de Dreux qu'il perd; défait un grand convoi d'artillerie pour l'armée Roiale devant Bourges, 121, 122. l'Amiral va en Normandie, 132. assiege & prend la citadelle de Cân, 132
Coligni, Amiral, accusé d'avoir trempé à la mort du Duc de Guise, demande à se justifier, 134. défait un Corps de Garde commandé par le Colonel General Strozzi, qui est pris, 168. avec l'armée des Princes prend Lusignan & assiege Poitiers, 169
L'Amiral & les Princes, après la bataille de Montcontour, ramassent des troupes, font un pont sur la Garonne qui est détruit par Montluc, 176. vont en Languedoc, assiegent inutilement Saint Felix de Carmain, 176. reçoivent un secours de cinq cens Bandouliers des moutagnes, 177. assiegent Lunel & levent le siege, là-même. passent & repassent le Rhône. là-même.
L'Amiral tombe malade à l'extrémité, & revient en santé, là-même, il traite de la paix, 178. prend Arnai-le-Duc, là-même, combat l'armée du Roi.
L Amiral & les Princes vont avec leur armée vers la Loire, 179. ils font la paix, 180
L'Amiral sollicité par le Roi, revient à Paris, 185 malgré les avis qu'on lui donnoit, 186. blessé grievement par Maurevel, aposté par le Duc de Guise, 187. est visité par le Roi, 188. Le Vidame de Chartres l'exhorte lui & les autres Reformez de se retirer de Paris; mais inutilement, 189, 190. il est tué dans son lit par Besme, envoié par le Duc de Guise, 192. son corps mutilé est pendu à Montfaucon, là-même. pendu en effigie, 196
Colloque de Poissi representé en figure, 102
Colomiers tué en défendant Saint Lo, 212
Combat naval entre les Dieppois & les Flamans, 37
Combat de Vere, où Montluc défait les Huguenots, 125
Complot pour livrer Paris au Roi découvert, 332
Concile de Trente transferé de Trente à Boulogne, & remis à Trente, 14
Concile National proposé & enfin rejetté, 108
Condé (le Prince de) soupçonné d'avoir eu part à la conspiration d'Amboise, se justifie, 82, 83. après bien des sollicitations va à la Cour du Roi François II, 89, 90. on le met en prison, 90. on lui fait son procès, 91, 92. il est délivré de prison après la mort de François II. 93. il est justifié, 98
Condé (le Prince de) à la tête des troupes Huguenotes, 113. demande secours aux Princes Protestans d'Alemagne, 113. prend Beaugenci, 118. reçoit un secours d'Alemagne & marche jusqu'auprès de Paris, 127. donne la bataille de Dreux où il est fait prisonnier, 128, 129. épouse Françoise de Longueville, 138. Le Prince de Condé & l'Amiral, sur l'avis qu'on vouloit se saisir d'eux, prennent les armes, & commencent la seconde guerre civile, 148. se rendent à Rosoi en Brie, là-même.
Condé (le Prince de) paroît en armes devant le corps des Suisses, qui menoient le Roi à Meaux, 149. Le Prince de Condé & son armée veulent affamer Paris, 150. il est défait prés de Saint Denis, 151. Le Prince de Condé & l'Amiral vont joindre le Prince Casimir, qui leur amenoit un puissant secours d'Allemagne, 152, le Prince de Condé joint l'armée du Prince Casimir, 154. les Princes de Condé & Casimir assiegent Chartres, 155. ne pouvant prendre Chartres, ils acceptent les conditions de paix qu'on leur offroit, 156. le Prince de Condé tué à la bataille de Jarnac, 165.
Louis de Bourbon Prince de Condé: son portrait, 217
Condé (Henri) fils de Louis, Prince de Condé, élû Chef par la faction des Religionaires, 77
Condé (Henri Prince de) prend pour femme Marie

Tome V.   Kkk

TABLE DES MATIERES.

de Cleves, 183. s'enfuit en Alemagne, 209. eſt élû commandant General des Reformez à l'aſſemblée de Millaud, 220. Le Prince de Condé qui avoit levé une armée en Alemagne en cede le commandement au Duc d'Alençon, 231. Le Prince de Condé & le Prince Caſimir entrent avec une armée en France, 232. ſe joignent au Duc d'Alençon, 233
Condé (le Prince de) ſe rend maître de Brouage, 236, 237. ſurprend la Fere, 250. ayant paſſé en Alemagne, il revient inconnu, eſt détrouſſé, & va joindre Leſdiguieres, 252. paſſe en Angleterre, revient en France, & épouſe Charlotte de la Trimouille, 276. meurt empoiſonné par ſes domeſtiques, 286, 287. ſon caractere, 287
Conferences pour la paix entre la France & l'Eſpagne, 55
la Conference de Talſi, 117, 118
les Conferences malgré l'oppoſition des Ligueurs ſe tiennent à Surenne, 357, 358, 359
Confeſſion d'Auſbourg propoſée par la Reine Mere, 105
Conſpiration en France contre le Gouvernement, 76, 77
Conti (le Prince de) & le Prince de Dombes défaits à Craon, 345
les Cordeliers veulent livrer Mets aux Impériaux; ſont découverts & punis, 34, 35
Coſſé (Maréchal) marche avec une armée contre l'Amiral & les Princes, leur donne combat qui ne décide rien, 178
Courtiſan qui va au Louvre à cheval, & porte ſa demoiſelle en croupe, 313
Courtiſans du tems d'Henri III. qui vont au Louvre, deux ſur un cheval, dont l'un eſt en croupe, 313
Crequi fait priſonnier en Savoie, 389. ſe bat deux fois en duel contre Philippin de Savoie, qui eſt tué, 394

D

DACIER Curſol fait de grandes levées pour les Huguenots, & ſe rend maître de Niſmes & de Montpellier, 153. Dacier de Cruſſol, ou Curſol, mene un puiſſant renfort à l'armée du Prince de Condé, 161
Danville Montmorenci, Gouverneur de Languedoc ſe joint aux Huguenots de cette province, 220. ſe reconcilie avec le Roi, 243. Danville Montmorenci fait Connetable de France, réduit Vienne ſous l'obéïſſance du Roi Henri IV., 371, 372
David Avocat de Paris fait un écrit damnable en faveur des Princes Lorrains, 237, 238
Le Dauphin de Montpenſier fait la guerre en Dauphiné, 220
Denis Lambin mourut de frayeur à la journée de Saint Barthelemi, 194
Deux Ponts (le Duc des) vient avec une armée de Reitres & de Lanſkenets au ſecours de l'Amiral, 166. il prend la Charité ſur Loire, & meurt de maladie, 167, 168
Diane de Poitiers gouverne le Roi Henri II. Diane de Poitiers chaſſée de la Cour de France, ſous François II. 66
Diane fille naturelle d'Henri II. legitimée de France. Son portrait, 64
Dinan pris & ſaccagé, 30
Diſpute entre du Perron & du Pleſſis Mornay, 398
Dona (le Baron de) commande l'armée Alemande, qui vient au ſecours du Roi de Navarre & des Réformez, 282. Il eſt défait à Auneau, 284
Dragut pille Boniface, Ville de Corſe, 16, 27
Duel de la Chataigneraie contre Jarnac, 3, 4

Duel fameux, où quelques mignons du Roi Henri III. furent tuez, 247, 248
Duel du ſieur de Crequi contre Philippin bâtard de Savoie, qui eſt tué, 394
Duel de trente Gentilshommes, dont vingt-cinq demeurent ſur la place, & les cinq reſtans ſont bleſſez. On vérifie que dans vingt ans la rage des duels avoit fait périr ſept à huit mille Gentilshommes, 422

E

ECRITS ſatyriques publiez en un an au nombre de plus de cent, 285
Edit odieux du tems de François II. où l'on condamnoit à mort ceux qui viendroient demander à la Cour ou gages, ou récompenſes, 72
Edit donné en 1560. pour la liberté de conſcience, 78
Edit de Romorentin, 84
Edit en faveur des Huguenots, 100, autre Edit en faveur des Huguenots, 109
Edit où le Roi Charles IX. déclare qu'il n'eſt point en captivité, 114. Autre Edit où il laiſſe aux Huguenots le libre exercice de leur Religion, là-même.
Edit en faveur des Eccleſiaſtiques, 139, 140
Edit qui portoit que l'année commenceroit le premier Janvier, 141
Edit pour l'alienation des biens du Clergé de France, 163
Edit ſur les Monnoies, 244
Edit de Nemours contre les Huguenots, 274
Edit ſur les Monnoies, 410, 411
Edit contre les duels, 422. Autre Edit contre les duels, 425
Edouard VI. Roi d'Angleterre meurt, 27
Egmont, (le Comte d') défait le Maréchal de Thermes, 54. Les Comtes d'Egmont & d'Horne mis en priſon dans les Payis-bas, 147. Les Comtes d'Egmont & d'Horne ſont décapitez, 157
Egmont (le Comte d') tué à la bataille d'Ivri, 325
Elbœuf (le Duc d') envoyé en Ecoſſe; la paix ſe fait, 76
Eliſabeth déclarée Reine d'Angleterre après la mort de Marie, 55. Eliſabeth Reine d'Angleterre donne adroitement à Biron de bons avis, 404. Eliſabeth Reine d'Angleterre, meurt. Son éloge, 412, 413
Eliſabeth fille d'Henri II. épouſe Philippe II. Roi d'Eſpagne, 57. Eliſabeth fille d'Henri II. Son portrait, 63
Eliſabeth d'Autriche fille de l'Empereur Maximilien, épouſe le Roi Charles IX. 180, 181. eſt couronnée Reine, là-même. Eliſabeth d'Autriche, femme de Charles IX. Ses portraits, 216
Entragues pere de la Verneuil condamné à être décapité; la peine eſt commuée en une priſon perpetuelle: on lui donne ſa maiſon de campagne pour priſon, 417
Entrée d'Henri IV. dans Paris repreſentée en figure, 366
Epernon mignon du Roi ſe met du parti du Roi de Navarre, 266. Epernon accuſé de favoriſer les Huguenots, 268. eſt fait Colonel general de l'Infanterie, 269. donne au Roi pour ſa garde quarante-cinq jeunes nobles Gaſcons, 281. Epernon ſe retire de la Cour, va à Angoulême, où par l'intrigue de Villeroi, il eſt attaqué par les gens de la Ville, & s'accommode avec eux, 293, 294. Epernon va en Provence, 352. Epernon haï en Provence, il penſe périr à la fougade de Brignoles, 378. Le Roi lui ordonne de ſe retirer de cette Province. Il refuſe d'obéïr, là-même.
Eſpagnols (les) propoſent l'Infante d'Eſpagne pour

TABLE DES MATIERES.

être éluë Reine de France, en épousant un Prince François, 360
d'Esse commande les troupes de France en Ecosse; ses exploits, 5. d'Esse défend Terouane, 22. est tué, 23
Etats indiquez à Meaux sous François II. 87
Etats tenus à Orleans, 95. ordre tenu à ces Etats, 95, 96
Etats tenus à Pontoise, 101
Etats tenus à Blois, 237
Les Etats des Payis-bas envoient des Députez à Henri III. & veulent le reconnoître pour leur Prince, 270. Le Roi les renvoie sans accepter leurs offres, 273
Etrées (le Seigneur d') fut d'un grand secours pour prendre le Havre, 139
Executions à Amboise, 80, 81

F

FAMINE dans Paris, 330, 331, 332
Farnese (Pierre-Louis) neveu du Pape massacré, 4
Farnese (Horace) tué au siege d'Hedin, 23
la Fere livré aux Espagnols, 340
Fernand Velasque Connétable de Castille entre avec une armée dans la Franche-Comté, 372
Flote d'Angleterre vient au secours de la Rochelle, 203, 204
la Flote Roiale défait celle des Rochelois, 243
Flote d'Espagne, appellée l'invincible, a un mauvais succès, 285
François Dauphin épouse Marie Stuard Reine d'Ecosse, 52
François II. trouve deux puissans partis dans le Roiaume à son avenement à la Couronne, 65, 66. François II. sacré à Rheims, 69. va à Bar, & renonce à la Souveraineté du Barrois, 70. Sa maladie, 92. sa mort, 93. son portrait, 94
François, Duc d'Alençon, se met à la tête des mécontens, 206. François Duc d'Alençon se tourne du côté des Huguenots, 207. les mécontens appellez alors les Politiques, lui conseillent de se mettre à la tête des Huguenots, 208. Par leur imprudence l'intrigue est découverte, 208, 209. le Duc d'Alençon est observé dans la Cour, 209. & depuis arrêté ; il répond en tremblant à l'interrogatoire, & déclare tout, 210
François Duc d'Alençon, se retire secretement de la Cour, & va en Poitou, 229. Le Duc d'Anjou, ci-devant d'Alençon, qui commandoit l'armée du Roi, prend la Charité sur Loire, 240. & Issoire, 241
François Duc d'Anjou, appellé aux Payis-bas pour y commander ; à quelles conditions, 245. Il prend Binsch & Maubeuge, là-même. revient en France, 245. le Duc d'Anjou passe en Angleterre, & traite de son mariage avec la Reine Elisabeth, 251
François Duc d'Anjou, élu Souverain dans les Pays-bas, va y faire la guerre, 253, 254. fait lever le siege de Cambrai, 254. & à quelques autres succès, là-même. Abandonné de la plûpart de ses troupes, il passe en Angleterre, où son mariage avec la Reine est conclu, mais sans effet, 255, 256. Le Duc d'Anjou va à Anvers, où il est reconnu pour Prince, 258. Le Duc d'Anjou reçoit Salcede, qui conspiroit sa perte ; la trahison est découverte & Salcede executé, 259, 260. Le Duc d'Anjou mal conseilléveut se saisir en même tems d'un grand nombre de Villes & de places dans les Payis-bas : il manque son coup à Anvers, & revient en France, 264, 265. Le Duc d'Anjou meurt empoisonné, à ce qu'on croioit, par les Espagnols, 267. Ses portraits, 311

François, Comte d'Aumale, Prince Lorrain ; sa valeur & son merite. Voyez Guise.
Françoise d'Orleans de Rothelin, seconde femme de Louis de Bourbon, Prince de Condé. Son portrait, 117
Fuentes (le Comte de) avec l'armée Espagnole entre en Picardie, 373. prend le Catelet, 374. défait l'Amiral de Villars, 375. prend Dourlens, là-même. assiege & prend Cambrai, 376, 377

G

GABELLE établie cause des seditions dans plusieurs provinces, 6
Gabrielle d'Etrées qu'Henri IV. vouloir épouser, meurt empoisonnée, 394
Garde du corps du tems d'Henri III. en figure, 313
Gaucher veut surprendre Ville-franche en Champagne ; est défait, 385, 386
Gentilshommes de la Cour de Charles IX. representez comme ils étoient vêtus en ce tems-là, 218
le Gouverneur du Château de Montmelian, capitule avec le Roi, 401
Gregoire XIV. se déclare pour les Ligueurs, 339. envoie une armée en France pour les soûtenir, 339
Gregoire XIV. meurt, Innocent IX. son successeur ne tient le Siege que deux mois, 344, 345
Guerre des Payis-bas, 244
Guerre contre les Huguenots, 239
Guerre nouvelle contre les Huguenots, 252, 253
Guillemette de Sartebruche femme du Maréchal de Florenge ; son portrait, 313
Guise. François Duc d'Aumale, depuis Duc de Guise, gagne les peuples par ses manieres honnêtes, 7. François Duc d'Aumale devient Duc de Guise à la mort de son pere, 11. envoié pour défendre Mets, 13. se prepare au siege, 19. la belle défense qu'il fit à Mets, 20, 21. sa generosité, 21. le siege est levé, là-même.
Guise (François Duc de) va en Italie avec une armée, 42, 43. fait la guerre au Roiaume de Naples avec peu de succès, 44. prend Campilio, assiege Civitella, & leve le siege, là-même. s'en retourne en France, 45. prend Calais en huit jours, 50. & Guines, 51. assiege & prend Thionville, 52, 53
les Guises François & Charles, freres, se rendent maîtres du Gouvernement sous François II. 66, 67. avertis de la conspiration de la Renaudie, 78. François Duc de Guise ramasse les troupes contre les conjurez, & contre la Renaudie, 78, 79. François Duc de Guise & le Cardinal son frere vont en Allemagne, 108. ont des conferences à Saverne avec le Duc de Virtemberg & deux Ministres, 109. Le massacre de Vassi, 110
Guise (François Duc de) vient à Paris, & y est reçû aux acclamations du peuple, 111, 112. Il gagne la bataille de Dreux, 129, 130. est déclaré Lieutenant general des armées du Roi, 131. assiege Orleans, 132, 133. blessé à mort par Jean Poltrot, 133, 134. Il meurt : son éloge, 134, 135. François de Lorraine Duc de Guise ; son vrai portrait, 217. La Duchesse de Guise & ses enfans demandent justice de la mort du Duc François, 138
Guise (Henri Duc de) entre dans Poitiers assiegé, & défend la Ville, 169. se fait beaucoup d'honneur à la défense de Poitiers, 170. cabale contre le Roi Henri II. 268. il met Charles Cardinal de Bourbon à la tête de son parti, 270. d'intelligence avec le Roi d'Espagne, il tire de grosses sommes, là-même ; fait un traité avec le Roi d'Espagne, 271. ramasse des troupes, s'empare de plusieurs places, 272. Sa belle retraite devant l'armée Alemande, 283. défait le Ba-

TABLE DES MATIERES.

ton de Dona à Auneau, 284. Le Duc de Guise & ses confederez s'assemblent à Nanci avec le Duc de Lorraine, & font au Roi des propositions les plus dures, 286. contre les ordres du Roi vient à Paris, 289. parle deux fois au Roi, 288, 289. Henri Duc de Guise & le Cardinal son frere, tuez, 296, 297. Henri de Lorraine Duc de Guise, dit le Balafré; son portrait, 312

Guise. Le Prince de Joinville, Duc de Guise, fils du Balafré, mis en prison par ordre d'Henri III. 297. s'échappe de prison, 342. proposé pour épouser l'Infante, si elle étoit déclarée Reine de France, 360, 361. il s'accommode avec Henri IV. 368. Le Duc de Guise aimé en Provence réduit Marseille sous l'obéissance du Roi, 378, 379

H

HAN pris par les François, & la garnison Espagnole taillée en pieces, 374
le Havre livré aux Anglois par les Huguenots, 125
le Havre assiegé & pris par les François sur les Anglois, 139
la Haye qui faisoit semblant d'être tantôt de l'un, tantôt de l'autre parti, est tué, 227
Hedin pris par les Impériaux, 23, 24
Henri II. succede à son pere, 1. son caractere, 1, 2. gouverné par Diane de Poitiers & par ses favoris, 2. son sacre, 2, 3. Il dissipe les finances, 3. changement d'Officiers au commencement de son regne, là-même; défend les duels, 4. confirme sa ligue avec Soliman contre Charles V. Empereur, 5. envoie du secours en Ecosse, là-même; va en Bourgogne &en Piémont, 5, 6. magnifiquement reçu à Lion, 6. se dispose à assieger Boulogne sur mer, 8. établit une Cour Souveraine contre les Calvinistes, là-même; assiege Boulogne, 9, 10. devient maître de la ville par un traité de paix, 10. augmente la solde des gens de guerre, 10. renouvelle son alliance avec les Suisses, là-même; son entrée triomphante à Rouen, 11, 12. grands spectacles, là-même,
Henri II. fait un traité avec les Princes Alemans contre l'Empereur Charles V. 14. fait défense d'envoier de l'argent à Rome, 15. donne ordre de commencer la guerre en Italie, là-même. fait de grandes levées d'argent, 16. marche avec son armée, & prend Mets, Toul & Verdun, 16, 17. s'avance vers Strasbourg & se retire, 17. n'est point compris dans le traité de paix des Princes Alemans, 17, 18. après la levée du siege de Mets, il s'amuse en festins & réjouissances, & perd Terouane, 22, 23. entreprend mal-à-propos les guerres de Sienne & de l'Isle de Corse, 26
Henri II. marche avec une armée contre Charlequint, 29. son armée prend quelques places, là-même; assiege Renti, 30. bataille de Renti à l'avantage des François, 31, 32. leve le siege, 32. fait un Edit contre les Calvinistes, 35
Henri II. entreprend la guerre de Naples, 38, 39. traite avec le Pape, 39. fait treve avec l'Empereur pour cinq ans, & la rompt mal-à-propos, 40
Henri II. après la perte de la bataille de S. Quentin rassure les Parisiens, 48. fait de grandes levées d'argent, 51. fait mettre en prison Andelot Calviniste, 52. va à la tête d'une grande armée contre le Roi Philippe, 54. fait la paix avec la Reine Elisabeth, 56. & avec l'Espagne, 57. fait un Edit contre les nouveaux Religionnaires, 58. est blessé à mort dans un tournoi, 59. présages de cet étrange accident, 59, 60. son caractere, 60, 61. ses portraits, 62, 63
Henri, Duc d'Anjou fait Lieutenant General des armées du Roi, 152. avec son armée observe celle des confederez, 155. marche avec l'armée Roiale contre le Prince de Condé & l'Amiral, 161. Le Duc d'Anjou, qu'on appelloit Monsieur, s'avance vers l'armée des Réformez, & leur donne bataille à Jarnac, où il est vainqueur, 164, 165. assiege Châtelleraut pour faire lever le siege de Poitiers, fait une belle retraite, 171. s'avance avec son armée vers celle des Princes & de l'Amiral, leur donne bataille à Moncontour, & la gagne, 171, 172. Il prend quelques places, & assiege S. Jean d'Angeli, qui se défend long-tems, & se rend enfin, 174, 175

Henri (Monsieur, frere du Roi) va commander au siege de la Rochelle, accompagné d'un grand nombre de Princes & de Seigneurs, 200. par l'habileté de Jean de Montluc, Evêque de Valence, est élû Roi de Pologne, 204. court grand risque à la Rochelle, là-même; élû Roi de Pologne, fait son entrée magnifique à Paris, 206. part pour la Pologne, 206, 207

Henri Roi de Pologne, à la nouvelle de la mort du Roi Charles IX. son frere, pense à se dérober aux Polonois qui l'observoient, 219. confirme sa Mere dans la qualité de Regente du Roiaume, là-même. Il s'échappe de la Pologne, passe par l'Autriche, vient à Venise, & se rend en Piémont où il engage sa foi mal-à-propos, 121. à son entrée dans le Roiaume on rabat beaucoup de l'estime qu'on avoit pour lui, 222, 223. va à Lion, il tient conseil où il est résolu qu'on fera la guerre aux Huguenots, 223. il épuise le trésor Roial, 224. Il tente inutilement de gagner Danville, 225. il se rend à Avignon, où il assiste aux cérémonies & aux processions, là-même.

Henri III. va se faire sacrer à Rheims, & épouse Louise de Lorraine de Vaudemont, 227. se fait déclarer Chef de la ligue, 238. se rend méprisable par sa vie molle & effeminée, par ses mignons, 246, 247, 248. fait des Edits Bursaux, que le Parlement refuse d'homologuer, 248. établit l'Ordre militaire du Saint Esprit, 248, 249. prend sous sa protection Geneve & les Suisses, 250. fait des dépenses folles & des profusions sans mesure, 256, 257. s'attire le mépris & la haine de ses sujets par des bouffonneries indignes de la Majesté Roiale, 260. par ses dévotions & processions, 262

Henri III. fait plusieurs Reglemens pour sa Cour, qui sont mal gardez, 269. n'aime pas les Huguenots & les exclut des charges, 271. fait un Edit portant défenses de lever des troupes; envoie des gens de guerre pour l'empêcher qui s'en acquitent bien. Il manque de résolution, 273. fait malgré lui un Edit contre les Huguenots en faveur de la ligue, 274. donne des places de sûreté aux Guises & aux Ligueurs, 274

Henri III. fait malgré lui la guerre aux Huguenots, & donne secretement des ordres pour empêcher qu'on ne les pousse trop, 277. achete des petits chiens, des singes & des perroquets, & s'amuse à des bagatelles, 278. répond séchement aux Deputez des Princes Alemans qui se plaignoient de ce qu'il faisoit la guerre aux Huguenots, 279. Il se met à la tête d'une armée pour marcher contre l'armée Alemande, commandée par le Baron de Dona, 283. empêche aux Reitres le passage de la Loire, 283, 284 détache par argent douze mille Suisses de cette armée, 284

Henri III. donne prise aux Ligueurs par les dons immoderez qu'il fait au Duc d'Epernon, 286. Les Ligueurs conspirent de se saisir de lui, 287, 288. il parle deux fois au Duc de Guise, 288, 289 à la journée des barricades il s'enfuit de Paris, & s'en va à Chartres, 290. il écrit à tous les Gouverneurs de Provinces, & leur donne avis de ce

qui

TABLE DES MATIERES.

qui s'étoit passé, *là-même*; reçoit froidement Epernon qui se retire, 291, 292. Le Roi va tenir les Etats à Blois, 294. fait sommer le Duc de Savoie de lui rendre le Marquisat de Saluſſes, 295
Henri III. prend réſolution de ſe défaire du Duc de Guiſe, 296. le fait tuer, & le Cardinal ſon frere, 297. fait mettre en priſon le Cardinal de Bourbon, le Duc de Nemours, le Prince de Joinville & d'autres, *là-même*. Après qu'il eut fait tuer le Duc de Guiſe, un grand nombre de Villes du Roiaume ſe déclarent contre lui, 304. transfere le Parlement de Paris, & la Chambre des Comptes à Tours, & établit une Chambre de Parlement à Châlon ſur Marne, 305. Il ſe joint au Roi de Navarre, *là-même*; transfere le Parlement de Rouen à Caën, 306. faillit à être pris près de Tours, *là-même*; va à Poitiers pour ſe conſerver cette Ville; mais il n'y réüſſit pas, 307. marche avec une armée vers Paris, 308. prend Pontoiſe, loge à S. Cloud, 309. eſt bleſſé à mort par Jacques Clement Dominicain, *là-même*; ſa mort, ſon caractere, 310. ſes portraits, 311
Henri Prince de Navarre, reconnu Chef des Réformez après la bataille de Jarnac & la mort du Prince de Condé, 165. Henri Prince de Bearn & de Navarre, épouſe Marguerite ſœur du Roi, 187. Henri Roi de Navarre & le Prince de Condé obligez de faire par le Roi d'abjûrer le Calviniſme, 193, 194. Le Roi de Navarre & le Prince de Condé par ordre de Charles IX. écrivent au Pape qu'ils ſont réduits au giron de l'Egliſe, 197. Le Roi de Navarre, par ordre de Charles IX. envoie un Edit aux païs de ſa domination, pour les obliger d'embraſſer la Foi Catholique & Romaine, *là-même*.
Henri Roi de Navarre, arrêté & interrogé, parle fort hardiment, 210. échappé de la Cour, il va à la Rochelle, 236. ſe rend maître de Cahors, non ſans perte, 251. déchiré en chaire par les Prédicateurs, 270. appelle en duel le Duc de Guiſe, 273, 274. Le Roi de Navarre & le Prince de Condé publient un écrit contre les Guiſes, 274. Le Roi de Navarre défait trois Regimens de cavalerie, 281. gagne la bataille de Coutras. Son humanité, 282. fait avec ſuccès la guerre en Poitou, 295. fait aſſembler à la Rochelle les Etats des Réformez, 295, 296. prend Niort, 297
Henri Roi de Navarre après la mort d'Henri III. eſt reconnu Roi de France dans l'armée Roiale, 315. il va à Compiegne, partage ſon armée en trois, & fait ſemblant d'aſſieger Rouen, 316. va à Dieppe & ſe campe à Arques; il eſt attaqué par le Duc de Mayenne, qui eſt vivement repouſſé, 317. renforcé de nouvelles troupes, il vient à Paris, & prend quatre fauxbourgs, 318. prend Vendôme, 319
Henri IV. ſe rend à Tours, 321. reçoit à Tours l'ambaſſade de Veniſe, qui le reconnoît pour Roi de France, *là-même*. prend le Mans & pluſieurs autres villes, 322. prend Alençon, Falaiſe & d'autres villes, *là-même*. va au ſecours de Meulan, y entre, augmente la garniſon & prend Poiſſi, 323. aſſiege Dreux & leve le ſiege pour donner la bataille d'Ivri qu'il gagne, 324, 325. ne profite pas comme il devroit de ſa victoire, 326. Il veut affamer Paris, 327. prend S. Denis, 331. préſente bataille au Duc de Parme, 332, 333. ſuit le Duc de Parme dans ſa retraite, 344
Henri IV. aſſiege & prend Chartres, 337, 338. fait un Edit où il ſe plaint de l'excommunication que le Pape avoit lancée contre ceux de ſon parti, 340. aſſiege & prend Noion, 341, 342. reçoit un ſecours d'Angleterre, 342. joint l'armée d'Alemagne & préſente bataille au Duc de Maienne, 344. aſſiege Rouen, 345. s'avance avec un détachement pour obſerver l'armée des ennemis, enleve le quartier du Duc de Guiſe, 348. court fortune & eſt bleſſé à Aumale, 350. leve le ſiege de Roüen, 345. ſerre le camp du Duc de Parme, & à l'avantage en pluſieurs rencontres, *là-même*.
Henri IV. donne la charge d'Amiral de France à Biron, 354. fait bâtir le fort de *Pillebadand*, pour reſſerrer Paris, *là-même*. envoie le Cardinal de Gondi à Rome, 355. par l'avis de ſon Conſeil propoſe des conferences avec ceux de l'Union, *là-même*. ſe fait inſtruire à la Religion Catholique, 359. ſe convertit à la Religion Catholique, 361. ſe fait ſacrer à Chartres, 364. entre heureuſement dans Paris, & ſe rend maître de la Ville, 365. prend Laon, 367. va à Cambrai, 369. marche contre l'armée de Fernand Velaſque, & donne un combat à Fontaine-Françoiſe, 372. entre en Franche-Comté & ſe retire, 373
Henri IV. reconcilié avec le Pape; à quelles conditions, 377. prend la Fere, 381. eſt reçû magnifiquement à Rouen; ſa harangue aux Notables, 382. aſſiege Amiens ſurpris par les Eſpagnols, 384. le prend, 388
Henri IV. ſe met en campagne pour réduire le Duc de Mercœur, 389. la Bretagne eſt réduite ſous ſon obéïſſance, 389. il fait un Edit à Nantes en faveur des Huguenots, 390. fait la paix de Vervins avec le Roi d'Eſpagne, 390, 391. veut épouſer Gabrielle d'Eſtrées, 392. ſa réponſe aux Deputez du Clergé, 392, 393. veut faire la paix de l'Angleterre & de la Hollande avec l'Eſpagne; il s'y emploie ſans ſuccés, 394, 395. ſon mariage avec Marguerite de Valois rompu & déclaré nul du conſentement des deux parties, 396
Henri IV. va faire la guerre en Savoie, 399. fait prendre Monmelian & aſſieger le Château, 400. épouſe Marie de Medicis, 402. fait voir ſa clemence dans l'affaire de Biron. *Voiez* Biron.
Henri IV. fait la paix avec le Duc de Savoie, 403
Henri IV. va à Mets, promet aux Jeſuites leur rétabliſſement en France, 412. accorde les deux prétendans à l'Evêché de Straſbourg, *là-même*. eſt prié par le Palatin de remettre le Maréchal de Boüillon en ſes bonnes graces, 412. tombe malade & revient en ſanté, 413. rétablit les Manufactures de ſoie, *là-même*. renouvelle l'alliance avec le Roi d'Angleterre, 413. fait pluſieurs bâtimens, le Pont Neuf, la Place Dauphine, les Galleries du Louvre, &c. 414. va avec des troupes dans le Limoſin, & appaiſe la rebellion qui ſe tramoit, 418. veut racheter les rentes de l'Hôtel de Ville, & ne peut executer ce deſſein, 420. il donne un Edit en 31. articles, *là-même*. part pour aller prendre Sedan; il fait ſon accord avec le Maréchal de Boüillon, qui lui livre la place, 421. faillit à ſe noïer avec la Reine, *là-même*.
Henri IV. devenu amoureux de Charlotte de Montmorenci, la marie avec le Prince de Condé, 425. ce mariage a de fâcheuſes ſuites, 425, 426, 427. s'engage dans l'affaire de Juliers & de Cleves, 426, 427. fait des levées extraordinaires de gens de guerre, *là-même*. ſentimens differens ſur ces levées, 427. préſages de ſa mort prochaine, 428. Il eſt tué par François Ravaillac, 429. extrememement regretté, 429, 430. ſon éloge, 429, 430, 431. ſon portrait, 431
Henri II. du nom, Prince de Condé, épouſe Charlotte de Montmorenci, 425. ſon portrait, 433
Henri de Bourbon, Marquis de Beaupreau, fils du Prince de la Roche-ſur-yon, mort par un étrange accident, 217
Henri, Duc de Longueville; ſon portrait, 433
Henri d'Angoulême, bâtard d'Henri II. Grand-Prieur de France; ſon portrait, 218. tuë Altoviti, & eſt tué en même tems par le même Altoviti, 277

TABLE DES MATIERES.

Hiver de l'an 1608. appellé le grand hiver, le dégel fit un grand mal, 423
les Hollandois envoient un secours au Roi pour le siege de Rouen, 348
Hôpital (Michel de l') fait Chancelier en la place d'Olivier, 83
Hôpital (le Chancelier de l') se retire de la Cour, 160
Hôpital (le Chancelier de l') son portrait, 218
Hote (Nicolas l') d'intelligence avec les Espagnols, à qui il reveloit tous les secrets de la Cour, est poursuivi & se noye, 415
Huguenots; d'où est venu le nom, 83, 84
les Huguenots remuent en Dauphiné, & sont reprimez, 89. nombre de leurs Eglises dans le Roiaume donné par l'Amiral à la Reine Mere, 109
les Huguenots de Rouen se saisissent de la Ville & empêchent l'exercice de la Religion Catholique, 114, 120. se saisissent de plusieurs Villes, 114. ruinent les Eglises, massacrent les Prêtres & les Moines, 115. Villes de Normandie dont ils se saisirent, 115. Tous les Huguenots surprennent Tours, 118. & Angers, 119
les Huguenots chassez de Meaux, 122. prennent Mâcon, brûlent la Bibliotheque de Cluni, se rendent maîtres de Lion, 123
les Huguenots se rendent maîtres de la plûpart des villes du Languedoc, sont chassez de Limoux, 124. de Carcassonne & d'Albi, 125. prennent Angoulême & d'autres places, 159, 160.
les Huguenots en armes prennent des places dans le Roiaume, 209
les Huguenots font des propositions de paix, qui ne sont point acceptées, 227. ils font des progrès, là-même.
les Huguenots surprennent le Mont S. Michel, & en sont chassez, 227, 228
les Huguenots s'allarment de ce qu'Henri IV. se fait instruire par les Catholiques, 359
Humieres (le Sieur d') tué à Han, 374

I

JAQUELINE de Longvvi Comtesse de Bar sur Seine, femme de Louis de Bourbon Duc de Montpensier, 217
Jaqueline de Rohan Marquise de Rothelin; son portrait, 312
Jaques VI. Roi d'Ecosse est fait Roi d'Angleterre, 413. pardonne à ceux qui avoient conspiré contre lui, là-même.
Jaques Stuard bâtard du Roi d'Ecosse, se met à la tête des Religionnaires, 75
Jarnac (Gui Chabot,) son duel contre la Chataigneraye, 3, 4. Coup de Jarnac, 4
Jean de Bourbon, Comte de Soissons & d'Anguien, tué à la bataille de S. Quentin, 64
Jean Chastel veut tuer Henri IV. & le blesse, 369. il est executé, sa maison rasée, où l'on dresse une pyramide, 370
Jean Grauchet, Valet de Chambre de François II. 94
Jean de l'Isle se jette sur Henri IV. qui alloit à cheval sur le Pont-Neuf; il est saisi & mis en prison où il meurt, 420
Jean l'Ange parle pour le Tiers Etat aux Etats d'Orleans, 96
Jeanne couronnée Reine d'Angleterre executée, 27
Jeanne Reine de Navarre vient à Paris où elle meurt non sans soupçon de poison, 185. Jeanne d'Albret Reine de Navarre; ses portraits, 216
Jeanne de Bourbon, fille du Prince de la Roche-sur-yon representée, 217
les Jesuites chassez de France, 370. rétablis en France, 414

Journée d'Arques, 317
Journée des Barricades, 289
Journée des Farines, 336
Joyeuse (le Duc de) mignon du Roi fait un voiage à Rome, 266. fait avec quelque succès la guerre dans le Poitou, & revient à la Cour, 281. il retourne à l'armée, donne bataille au Roi de Navarre à Coutras, la perd & est tué, 281, 282. Anne Duc de Joyeuse; ses portraits, 313
Joyeuse (le jeune Duc de) fait quelques exploits, est défait & se noie dans le Tarn, 353
Jules III. élu Pape, 11. meurt, 35
Juliers. Affaire de Juliers & de Cleves, interesse toutes les Puissances de l'Europe, 425, 426, 427. sentiment le plus vrai-semblable sur cette affaire, & sur les préparatifs de guerre, 427, 428

L

LAINÉS (Jaques) General des Jesuites, se déchaîne contre les Ministres des Protestans, 105
Lansac chassé de la Fleche veut se rendre maître du Mans; il est saisi & envoié prisonnier au Château du Loir: il s'empare du Château, qui est repris par les Roïaux, 321. veut surprendre le Mans en traître; découvert, il est obligé de s'enfuir, 327. n'est pas plus heureux dans ses autres entreprises, là-même.
Laquais du tems d'Henri III. representé en figure, 314
Leberon neveu de Montluc, prend de force l'Isle de Ré, 156. Antoine de Gelas Seigneur de Leberon; son portrait, 218
Leon XI. élu Pape ne tient le siege que vingt-six jours, 418
Leonor d'Orleans, Duc de Longueville; son portrait, 218
Lesdiguieres prend Grenoble, joint à la Vallete il défait une petite armée de Savoiards, 338
Lesdiguieres défait l'armée des Savoiards, 343, 344. fait la guerre en Piémont, 352
Lesdiguieres déclaré Lieutenant General des armées du Roi, repousse le Duc de Savoie, 385. prend plusieurs places de la Savoie, 400
Lignieres défend bien Chartres contre les Princes confederez, 155
La Ligue fait de grands progrès en France, 280
les Ligueurs veulent se saisir du Roi Henri III. 287, 288
les Ligueurs veulent forcer le Louvre, se saisir du Roi Henri III. & tuer Epernon, 288
les Ligueurs prennent le Château de Vincennes, 322
Limoux réduit sous la puissance des Huguenots, qui en sont chassez, 124, 125
Lion pris par les Huguenots, 123
Lion réduit sous l'obéissance d'Henri IV. 264
Lizet Premier Président destitué, 11
Longueville (le Duc de) tué à Dourlens, 371
Lorraine, le Duc de Lorraine veut se rendre maître de la Champagne, 320
Louis second fils d'Henri II. naît & meurt bien-tôt après, 8
Louis Dauphin de France naît, 404
Louis XIII. reconnu Roi, déclare sa Mere Regente du Roiaume, 430
Louis de Lorraine Cardinal de Guise, 217. son portrait,
Louis de Foix bâtit la Tour de Cordouan, & fait plusieurs autres ouvrages, 209
Louise de Lorraine de Vaudemont Reine de France, femme d'Henri III. ses portraits, 311
Louise Marguerite de Lorraine, Princesse de Conti, son portrait, 433

TABLE DES MATIERES.

Louïse de Rieux, Marquise d'Elbœuf: son portrait, 312
Lunettes d'approche nouvellement trouvées, 424

M

MAGDELAINE de Corbie, femme de Jean Grauchet, Valet de Chambre de François II. 94
Maienne (le Duc de) prend Tonnay-Charente, 241. & Brouage, 243
Maienne (le Duc de) après la mort de son frere, vient à Paris, où il est déclaré Lieutenant General du Roiaume de France, 304. marche avec une armée vers la Loire, surprend le Comte de Brienne, faillit à prendre le Roi Henri III. prend un fauxbourg de Tours, & se retire, 306. 307. marche contre Henri IV. avec une armée de vingt mille hommes, 316. attaque l'armée du Roi, & est vivement repoussé, 317. rejette les propositions des Espagnols, 321. assiege & prend Pontoise & assiege Meulan, 322. leve le siege, 323. donne la bataille d'Ivri, qu'il perd, 325. obtient une décision de la Sorbonne, qui excluoit Henri de Bourbon de la Couronne, 329. prend Château-Thierri, 338. vient à Paris, fait pendre quatre des Ligueurs, 347
Maienne. Les Ducs de Maienne, de Parme & de Montemarcian marchent pour faire lever le siege de Rouen, 348
Maienne (le Duc de) crée un Amiral & quatre Maréchaux de France, 355. se retire de Paris, 365. appelle en duel le Duc de Feria, 368. s'accommode avec le Roi, 379
S. Maigrin mignon du Roi Henri III. assassiné par ordre des Guises, 248
Mairargues veut livrer Marseille aux Espagnols, 418. sa trahison est découverte; il est executé, 419
Maligni Religionnaire veut s'emparer de Lion, 88
Maniguet de S. Simon âgé de quatre ans & demi a la taille d'un homme fait, 426
Mante se rend au Roi après la bataille d'Ivri, 325
Mansfeld (le Comte de) prend Noion, 356. prend la Capelle, 367
Marcel II. elû Pape, meurt vingt-un jours après, 35
Marguerite sœur du Roi Charles IX. épouse Henri Prince de Bearn, 187. le mariage est déclaré nul, 392
Marguerite de Valois est appellée par Henri IV. la plus noble Reine du monde: terres qui lui furent adjugées, 422. Son portrait, 432
Marguerite fille de François I. mariée à Philibert Emanuel Duc de Savoie, 59. Son portrait, 63
Marguerite de Bourbon épouse François de Cleves Duc de Nevers, 64
Marguerite Reine de Navarre, sœur de François I. meurt, 11
Marguerite de Lorraine femme du Duc de Joyeuse: son portrait, 313
Marie fille d'Henri VIII. Roi d'Angleterre couronnée Reine, 27, 28. se marie avec Philippe Prince d'Espagne, 28
Marie Reine d'Angleterre meurt, 55
Marie Stuard Reine d'Ecosse épouse François Dauphin de France, 52. se porte pour Reine d'Angleterre, 55
Marie Stuard veuve de François II. retourne en Ecosse, 101
Marie Reine d'Ecosse executée en Angletere. Cette mort fomenta & augmenta la Ligue en France, 280
Marie Stuard femme de François II. son portrait, 94
Marie de Medicis épouse Henri IV. 401. sacrée & couronnée Reine, 428
Marie de Medicis son portrait, 432
Marie de Cleves Princesse de Condé; son portrait, 312
Matignan (le Marquis de) défait Strozzi & son armée près de Marcian, & assiege Sienne, 33, 34. & la prend après un long siege, 34
Marillac (Charles) Archevêque de Vienne fait une harangue fort hardie devant la Cour du Roi François II. 86
Marthe Brossier fausse possedée trompe bien des gens; on reconnoît enfin l'imposture, 395
Martigues surprend d'Andelot, & pense le prendre lui-même, 159
Massacre de Vassi, 110. representé en peinture, 110, 111. à cette nouvelle les Huguenots en fureur prennent les armes, 111
Massacre des Huguenots à Tours, 119
Massacre horrible à la S. Barthelemi, 192, 193, 194
Massacres des Huguenots dans le Roiaume après la Saint Barthelemi, 196, 197
Matignon assiege Montgommeri dans Domfront, celui-ci se rend à condition qu'il auroit la vie sauve, 212
Matignon créé Marechal de France, prend la Fere, 253
Maurevel tuë traitreusement Moui, 173. blesse l'Amiral d'un coup d'arquebuse, 187
Maurice de Saxe poursuit l'Empereur Charles V. qui s'enfuit dans la Carinthie, 16
Maurice de Nassau & les Hollandois font de grands progrès pendant le siege d'Amiens, 388
Meaux réduit sous l'obéïssance du Roi Henri IV. 363
Melphe (le Prince de) Marechal de France, meurt, 13
Mercœur (le Duc de) fait sa paix avec Henri IV. se signale en Hongrie, meurt à son retour, 402, 403
Merindol. V. Vaudois.
Le Merle, Brigand, surprend Mende, 251. & casse sa grande cloche, 252
Mets assiegé par l'Empereur Charles V. 19. 20. qui est obligé de lever le siege, 21
Mignon d'Henri III. en figure, 313
la Mole condamné à avoir la tête tranchée, & executé, 205
Moneins, Gouverneur de Bourdeaux, massacré par les Bourdelois, 7
Montbrun pris dans un combat, est mené à Grenoble, où on lui fait couper la tête, 228
Montemarcian (le Duc de) qui menoit l'armée du Pape, joint le Duc de Maienne, 344
Montesquiou tuë le Prince de Condé Louis à la bataille de Jarnac, 165
Montgommeri prend Ortez, & le sieur de Terride prisonnier, 170. executé contre la parole donnée, 219
Montluc envoié à Sienne pour y commander, 33, envoié pour resister au Duc d'Albe, 41. traite rudement les Huguenots, 124. défait les Huguenots à Vere, 126. se dispose à assieger la Rochelle, 155. prend le Mont de Marsan, 170. détruit le pont sur la Garonne fait par l'Amiral, 176. prend Rabastens où il est blessé au visage, là-même, est fait Maréchal de France, 224. son portrait, 218
Montluc (Jean) Evêque de Valence, fait une harangue fort hardie devant la Cour de François II. 85, 86. Il a l'adresse de persuader aux Polonois d'élire le Duc d'Anjou pour leur Roi, 204
Montmorenci (Anne) Connétable, rappellé à la Cour d'Henri II. 2. va à Bourdeaux, & punit severement les Bourdelois, 7, 8. défait un corps

TABLE DES MATIERES.

d'Imperiaux, 24, 25. assemble une grande armée qui ne fait rien, 25. son peu de conduite devant Saint Quentin, 46. Il est défait & pris, & son armée mise en déroute, 47. se retire de la Cour de François II. 68. fait prisonnier à la bataille de Dreux, 128. Le Connétable sort de Paris avec une armée, & donne la bataille de S. Denis qu'il gagne, & où il est blessé à mort, 150, 151. Il meurt, & on lui fait les funerailles les plus superbes, 152. son portrait, 218
François de Montmorenci exclus du Gouvernement de Paris, par les Princes Confederez Catholiques, & par le Connétable son pere, 112
Montmorenci & Cossé Maréchaux de France mis en prison, 211
Montmorenci (François) Maréchal tiré de prison, est envoié au Duc d'Alençon pour le reconcilier avec le Roi son frere, 230
Montmorenci Halot, tué par Alegre, 413
Montpensier (le Duc de) prend Fontenai & Lusignan, & fait razer le Château & la tour de Melusine, 126
Montpensier (la) sœur du Duc de Guise, veut se saisir du Roi Henri III. 283
Montpensier (le Duc de) défait une armée de Ligueurs & de Gauthiers commandez par Brissac, 305, 306. meurt, 423
Moulin (du) écrit, est obligé de s'enfuir de France, 13
Moulin (du) mis en prison à cause de son Livre, où il tâchoit de prouver qu'il ne falloit pas recevoir le Concile de Trente, 141
Mousquetaire du tems d'Henri III. en figure, 313
Mouvans, Chef des Huguenots, défait & tué, 161

N

NAntoüillet se bat contre le Comte de Saux, & est tué, 421
Nemours. Jacques de Savoie Duc de Nemours, son portrait, 312
Nemours. le Duc de Nemours, fils de Jacques, mis en prison par ordre d'Henri III. 297. établi Gouverneur de Paris, 316. s'empare de Vienne, 351. mis en prison par les Lionnois, 362. meurt, 376
Nevers (le Duc de) prend Herbemont, 151. prend Mâcon, 153. envoié commander l'armée de Poitou, 293
Nevers (le Duc de) Louis de Gonzague; son portrait, 312, 213. se met du parti d'Henri IV. 332. envoié à Rome pour obtenir l'absolution d'Henri IV. 362
Nicole Mignon conspire contre la vie du Roi, & est executée, 398, 399
Northumbelland, Duc, exécuté, 27
Noüe (la) se saisit d'Orleans pour les Huguenots, 149. défait Puisgaillard & l'armée des Catholiques en Poitou, 179. sa generosité, là-même. est blessé, 180. se retire de la Rochelle pendant le siege, 203. défait l'armée des Catholiques devant Senlis, 307, 308. tué, 342

O

ODit de Chatillon, Cardinal, frere de l'Amiral, meurt empoisonné par son Valet, 183, 184
Olivier, Chancelier. Diane lui fait ôter les Seaux, 11. rétabli en la garde des Seaux, 66
Olivier, Chancelier, meurt, 83
Onoux mene un secours considerable dans Poitiers, & est tué en défendant la Ville, 169
Orange. Le Prince d'Orange & Louis de Nassau son frere font la guerre aux Espagnols aux Payis-bas, 157

Le Prince d'Orange & son frere Louis de Nassau, avec leurs troupes, joignent le Duc des deux Ponts, 167
Le Prince d'Orange est blessé par un assassin, 258 est tué par un Emissaire du Roi d'Espagne, 267
Ordre Militaire du S. Esprit établi, representé en figure, 248, 249
Orleans saisi par Andelot & les Huguenots, 113. assiegé par le Duc de Guise: le siege representé en gravure, 133
Orleannois défaits, 343
Ostende pris enfin par les Espagnols, 415

P

PAge d'Henri III. en figure, 314
Paix faite par Henri II. avec l'Espagne, 57. On prouve qu'elle fut fort avantageuse à la France, 58
Paix faite à l'Isle aux Bœufs, 136. ses conditions, 136, 137
Paix faite avec les Huguenots, 204
Paix faite avec les Reformez, 143, 144
Paix faite avec le Roi de Navarre, 253
Paix faite à Vervins entre la France & l'Espagne, 390, 391. Le Duc de Savoie y est compris, 391
Paix concluë avec le Duc de Savoie, 403
Pancarte. Impôt qui faisoit fort murmurer dans les Provinces, est ôté, 405
Paris. On défend de bâtir des maisons dans les fauxbourgs de peur que la Ville ne s'agrandit trop, 8
Paris réduit sous l'obéïssance d'Henri IV. le reçoit, 365, 366.
Parlement de Paris (Le) refuse d'enregistrer l'Edit de la Majorité de Charles IX. & est forcé de le faire, 140
Parme. Le Duc de Parme, Alexandre Farnese, arrive avec une armée pour secourir Paris, 332. prend Lagni, 333. délivre Paris, là-même, assiege Corbeil qui se défend long-tems, & est enfin pris, 334. Il se retire en Flandres, là-même.
Le Duc de Parme part des Payis-bas pour secourir Rouen, 347. se retire & revient après pour faire lever le siege, 350. prend Caudebec, là-même, fait sa retraite en habile General, 351. il meurt, 355
Partis dans l'armée Roiale des *Malcontens*, des *Fideles* & des *nouveaux Catholiques*, 205
Paul III. Pape, meurt, 11
Paul IV. fait Pape, 35. Paul IV. se ligue avec Henri II. contre l'Espagne, 38. meurt, 75
Paul V. elû Pape, 418
Paulin, dit le Baron de la Garde, a un avantage considerable sur mer contre les Espagnols. 40
Perron (Du) Cardinal, son portrait, 434
La peste fait du ravage à Paris, 381, 382
Philbert Emanuel Duc de Savoie, commande l'armée d'Espagne, assiege S. Quentin, 45. épouse Marguerite fille de François I. 59
Philippe Roi d'Espagne fait la guerre en France avec une puissante armée, 45. épouse Elisabeth de France, 57. monte sur sa flote qui fait naufrage aux côtes d'Espagne, 75. Il fait brûler vifs les Lutheriens Espagnols, là-même.
Philippe II. Roi d'Espagne est indigné du Colloque de Poissi, 106. veut se rendre maitre de la France, 320. envoie trois mille hommes en Bretagne, à la priere du Duc de Mercœur, 335. demande qu'on élise l'Infante sa fille Reine de France, à condition qu'elle épouseroit quelque Prince François, 347, 348. meurt, 391, 392.
Philippe de Montespedon, femme de Charles de Bourbon Prince de la Roche-sur-yon, son portrait, 217

Philippin

TABLE DES MATIERES.

Philippin, bâtard de Savoie, tué en duel par Crequi, 94
Pie IV. élû Pape, 75
Pie V. Pape, envoie à Charles IX. un secours de troupes, 168
Piles se défend fortement dans S. Jean d'Angeli, & rend enfin la Place, 174, 175
Poitiers assiegé & pris par le Maréchal de S. André, 171. assiegé par l'Amiral & l'armée des Princes, 169, le siege est levé, 170
Poltrot (Jean) qui avoit blessé à mort le Duc de Guise, executé, 134
Polus, Cardinal, s'entremet en vain pour faire la paix, 28
Pondez, envoié par le Roi dans le Canada pour découvrir le Pays, revient lui en rendre compte, 413, 414
Porto Carrero Hernando Teilles, surprend Amiens, 383, 384, est tué, 386
Prédicateurs (Les) se déchaînent en chaire contre le Roi Henri III. 286
Préséance des Rois de France sur tous les autres Rois, declarée à Venise, 55
Procession faite de Paris à Chartres, en dérision du Roi Henri III, 290
Procession grotesque de la Ligue, où les Chartreux, Augustins, Carmes, Capucins, Feüillans, &c, étoient armez, & faisoient de tems en tems des décharges, 329
Pyramide élevée sur la maison de Jean Chastel, est ôtée à la priere des Jesuites, 418

Q

Quentin (Saint) Bataille de S. Quentin, la Ville bien défenduë par l'Amiral de Coligni, 48, 49
Quentin, Jean, parle pour le Clergé aux Etats d'Orleans, 97. accusé d'avoir parlé contre l'Amiral, il est obligé de lui faire réparation, là-même.

R

RAmée (La) imposteur qui se disoit fils de Charles IX. executé à mort, 382
Ramus, Professeur d'éloquence & de Philosophie, tué à la saint Barthelemi, 194
Randan, défait par les Roiaux devant Issoire, 325, 326
Ravaillac (François) tuë le Roi Henri IV. 429. son supplice, là-même.
Reconciliation, du moins apparente, des Maisons de Guise & de Coligni, 145
Réduction de Paris sous l'obeissance d'Henri IV. 365, 366
Réformation (La) du Calendrier faite par Gregoire XIII. est reçuë par un Edit du Roi, 260
Reitres (Les) se retirent chez eux par composition faite avec le Duc d'Epernon, 285
Renaudiere (La) Godefroi de Barri, établi Chef des Religionnaires, 77. leur donne un rendez-vous à Nantes, conspire contre le Gouvernement, 78
Renaudie (La) prend son tems pour surprendre Amboise, & se dispose à executer son entreprise, 79, 80. est tué en combattant vaillamment, 80, 82
Renée de France, Duchesse de Ferrare, vient à Orleans, 91
Renti assiegé par Henri II. Bataille de Renti à l'avantage des François, 31, 32
Requête presentée au Roi Henri III. au nom du Cardinal de Bourbon, du Duc de Guise, &c. 291
Rhone (Le) habile Officier du parti de l'Union, se donne aux Espagnols, 330

Robert Stuard mis en prison & à la question, 74
Rochelois (Les) se tiennent assez long-tems neûtres, 122
Rochelois (Les) se déclarent pour le Prince de Condé, 153. font de riches prises sur mer, 163. eux & les autres Villes Huguenotes refusent de se remettre sous la puissance du Roi, 198. Les Rochelois demandent secours à la Reine d'Angleterre, là-même.
Rochelle (La) assiegée par Biron, se défend bien & long-tems, 201, 202, 203. La paix est faite, le siege est levé, 204
Rœux, le Comte de Rœux, prend quelques places sur les François, 21, 22
Roiaux (Les) de Rouen tentent inutilement de se rendre Maîtres de la Ville, 323
Les Roiaux ou Politiques se rendent puissans dans Paris, 354, & dans Orleans, là-même.
Rouen assiegé par l'armée Roiale, 125. pris de force, 126. Rouen & d'autres Villes réduites sous la puissance d'Henri IV. 367
Rosieres (De) fait imprimer un Livre intitulé, *Stemmatum Lotharingiæ & Barri Ducum, tomi VII.* où il tâche de prouver que les Ducs de Lorraine descendent de Charlemagne. Il est renvoié en Lorraine, 265

S

SAgue (La) Commissionnaire du Roi de Navarre & du Prince de Condé, découvre imprudemment leurs secrets, 87
Salcede, sa trahison est découverte, & il est executé, 259, 260
Salvoison surprend Casal, 34. sa mort, là-même.
Sancerre assiegé par les Roiaux, le siege est levé, 162
Sancerre assiegé par la Châtre, 200. famine horrible dans cette Ville qui l'oblige de se rendre, 205
Sanci fait la guerre aux Savoiards vers Geneve, 339
Savoie (Le Duc de) se saisit du Marquisat de Salusses, 295. veut se rendre maître du Dauphiné, 319, & de la Provence, 320, fait des efforts pour se rendre maître du Dauphiné & de la Provence, est défait par Lesdiguieres & la Vallette, 335. fait la guerre en Provence où ses affaires vont en déclinant, 343. vient à la Cour de France négocier pour le Marquisat de Salusses, 396. ses tours d'adresse ne lui servent de rien, 397. il s'en retourne, 398
Le Duc de Savoie assemble une grande armée pour secourir Montmelian, 402. fait sa paix, 403
Sedition à Rouen & à Paris pour cause de Religion, 182
Seize (les) ainsi appellez des Seize quartiers de Paris, dont ils étoient Chefs, ennemis du Roi Henri III. 287
les Seize, Les Ligueurs & les Prédicateurs de Paris se déchaînent après la mort du Duc de Guise contre Henri III. & le dégradent de la Roiauté, 303. La populace abbat ses images, & ruine les tombeaux de ses Mignons, 303, 304. Ils chassent l'Evêque de Paris, font pendre le President Brisson & les Conseillers Larcher & Tardif, 345, 346
Sens. Ses habitans Catholiques massacrent les Huguenots, & ruinent leur Temple, 114
Sienne veut se maintenir en Republique, est secouruë par les François, 16
Silli de Rochefort parle pour la Noblesse aux Etats d'Orleans, 96
Sixte V. excommunie le Roi de Navarre & le Prince de Condé. Ils y répondent par des affiches qu'ils font mettre à Rome, 275
Sixte V. Pape, est bien disposé pour Henri IV. 330
Spectacles singuliers donnez à Rouen à l'entrée du

TABLE DES MATIERES.

Roi Henri II. 12
Strozzi fait Maréchal de France, est défait par le Marquis de Marignan, 33. fait Colonel General de l'Infanterie, 166
Suisses (les) envoient quarante-deux Députez en France, 411
Suisse de la Garde d'Henri III. en figure, 313
Synode general des Huguenots, tenu à la Rochelle, 182

T

TANQUEREL (Jean) soutient que le Pape peut détrôner les Rois, condamné à l'amende, 107
Tardavisez ou Croquans font du tumulte dans quelques Provinces, 367
Termes (de) Maréchal défait à Gravelines, 53, 54
Terouane pris par les Imperiaux & razé, 23
Theodore de Beze assiste au Colloque de Poissi, 102 parle contre l'Eucharistie au Colloque de Poissi, 103
Tiers-parti (le) propose de faire Roi le Cardinal de Bourbon, 341
Tore Montmorenci défait par le Duc de Guise, qui est blessé à la jouë, 231
Toulouse chasse les Huguenots de son enceinte, 124 réduit sous l'obéïssance du Roi, 380
Tournon, le Cardinal de Tournon éloigné de la Cour, 2. rappellé à la Cour, 66
La Tremblaye bat les troupes du Duc de Mercœur en Bretagne, 384
Triumvirat du Duc de Guise, du Connétable de Montmorenci, & du Maréchal de Saint André, formé au commencement du Regne de Charles IX. 99, 100
Troisiéme guerre civile, 159
Troubles des Payis-bas causez par les nouveaux Religionnaires, 146, 147
Tumulte au fauxbourg S. Marceau, contre les Huguenots, 108
Tumulte à Paris à l'Entrée du Cardinal Charles de Lorraine, 142
Turenne (le Vicomte de) leve une armée de Reitres & de Lansxenets pour le Roi, 339. Le Maréchal de Boüillon-Turenne, fait avec succès la guerre vers la Lorraine, 353. Le Maréchal de Boüillon-Turenne qui étoit de la conspiration de Biron mandé par le Roi, se retire en Alemagne, 410. s'accommode avec le Roi, 412

V

VALET DE PIED d'Henri III. en figure, 313
Vassi. V. Massacre de Vassi.
Vaudois qui restoient à Cabrieres & à Merindol, mal traitez, 13
Vent prodigieux qui abbattit jusqu'aux arbres, tours & clochers, 421
Verneüil (la) Marquise, maîtresse du Roi Henri IV. accusée & soupçonnée, 416
Vervin executé pour avoir rendu Boulogne sur mer, 9. sa memoire rétablie depuis, 10
Vicomtes (les). Sept Seigneurs, font de grandes levées pour les Huguenots, 153
Vidame (le) de Chartres tient le Havre de Grace pour les Huguenots, 120. solicite la Reine d'Angleterre de lui envoier du secours, là-même.
Vidame (le) de Chartres & quelques autres se retirent prudemment pour éviter le massacre, 193
Villars (le sieur de) fait Amiral de France par le Duc de Maienne, 355. traite avec Henri IV. 363, 364. L'Amiral de Villars défait, pris & tué de sang froid, 374
Villeroi Secretaire d'Etat, destitué, 3
Vitri réduit Meaux sous l'obéïssance d'Henri IV. 363
L'Union où la Ligue prend son origine, 236

INDEX.

A

ADRETIUS Baro, Præfectus Lugdunensis, Catholicos immanissime excipit, 123. ad Catholicorum partes accedit, 127
Alba-spina floret in Sanbartholomæana cæde, 194
Albæmalæus (Dux) cum Sociis Parisinis Silvanectum obsidet. Lanovius eorum exercitum fundit, 307, 308
Albæmalæus (Dux) Lutetiæ in effigie sua plectendus damnatur, 375, 376
Albæmalæus (Eques) Sancti Dionysii oppidum invadit & occiditur, 336
Albanus (Dux) in Pedemontium venit, ibique non fausto exitu bellum gerit, 36. circa Romam oppida multa expugnat, 41. in Belgium cum exercitu pergit, 147. ubi diu bellum gerit, 147. & seqq.
Albertus Brandeburgicus, se ad partes Henrici II. Regis transfire simulat, ut illum prodere valeat, 19. 10. Albæmalæum Ducem fundit, 20
Albertus (Archidux) Caletum capit, 380, 381. Ambianensi præsidio opem laturus movet, 386. recepturi canit, & re infectadiscedit, 387, 388
Aletum Episcopale oppidum ab Hugonotis capitur, 201. Oppidani Hugonotorum præsidium totum nocte trucidant, 263
Ambianum urbs ab Hispanis astu capitur, 383, 384. ab Henrico IV. obsidetur & recuperatur, 388
Amiotus Bellozanæ Abbas, ad Concilium Tridentinum mittitur, 14
Andelotus frater Colinii Maris Præfecti, accusatus quod Calvinista esset, in carcerem conjicitur, 52. Aurelianum urbem pro Hugonotis occupat, 113. postquam Condæus cum exercitu suo ad Sanctum Dionysium profligatus fuerat, incursiones circum Lutetiam facit, 152. ex morbo interit, 166
S. Andreæ Toparcha Albonius, Marescallus Franciæ Henrico II. gratiosus, 2. locupletatur, 3. cum Guisiis jungitur, 67. Pictavium obsidet & capit, 121. In Diocensi pugna captus occiditur, 130
Angelus Joiusa Capucinus, Ordine relicto, militarem vestem resumit, 353. in Capucinorum Ordinem revertitur, 393
Anna Estensis Nemorosia, Regina Mater dicta, quare, 361
Annebaldus Marescallus Franciæ ab aula regia amandatur, 1
Antonius Vindocinensis Dux, Rex Navarræ, 36. ad aulam regiam Francisci II. pergit, & male excipitur, 68. ad ducendam in Hispaniam Elisabetham Reginam mittitur, 68, 69. multis solicite urgentibus, ad aulam Francisci II. Regis venit, 89, 90. ejus cum Regina Matre altercatio, 98. ad Guisiorum partes accedit contra Hugonotos, 112. in obsidione Rothomagensi saucius ex vulnere moritur, 125, 126. ejus schemata, 216
Arausicanus Princeps & Ludovicus Nassovius frater ejus, bellum Hispanis inferunt in Belgio, 157.

cum Bipontino Duce junguntur, 167. Arausicanus Princeps a Sicario vulneratur, 258. Arausicanum Principem occidit proditor ab Hispanis missus, 267
Arverniæ Comes conspirationis causa captus & in carcerem conjectus, 416. capitisdamnatus, commutata pœna in carcerem conjicitur, ubi per annos duodecim inclusus manet, 417
Aulici duo Henrici III. tempore, repræsentati, qui ad Luparam vergunt, quorum alter a tergo equitat, 313
Aulicus eques Henrici III. tempore ad Luparam pergit, nobilem puellam a tergo ducens, 313
Aumontius Marescallus ex vulneribus obit, 378
Aurelianum ab Andeloto pro Hugonotis captum, 113. a Francisco Guisiæ Duce obsessum: quæ obsidio delineata repræsentatur, 133. Aurelianenses profligati. 343

B

BALANIUS Marescallus Franciæ Hannoniam incursionibus devastat, 381
S. Bartholomæana carnificina anno 1572. peracta, ubi permulti Hugonoti periere, 192, 193, 194
Batavi auxilia Regi Henrico IV. mittunt ad obsidionem Rothomagi, 348
Bellavillæus Petrus de Esganio, qui libellum famosum contra Regem Henricum III. emisciat, suspendio vitam finivit, 269
Bellogardius Marescallus Franciæ creatur, 223. moritur veneno sublatus, ut putabatur, 250
Bellopratensis Marchio, filius Principis Rupifurionii infeliciissime necatus, 98
Bellum Belgicum, 244
Bellum contra Hugonotos, 239
Bellum novum contra Hugonotos, 252, 253
Benchardus Vindocini Præfectus capite truncatur, 319
Beza. Vide Theodorus Beza.
Biezius Marescallus ab ordine dejectus, 9
Bipontinus Dux cum exercitu Germanorum equitum peditumque venit, opem laturus Colinio Maris Præfecto, 166. Caritatem ad Ligerim capit, & ex morbo interit, 167, 168
Bironus Marescallus Franciæ Calidobecum capit, Harflorium & Fiscanium, 337. ante Espernæum occiditur, 351. ejus laudes, ibid.
Bironus filius Artesiam devastat, & hostem sæpe fundit, 381. ac Rege sibi postulata quædam negante, contra illum conspirat, 401. conspiratio Bironis minutatim refertur, ut illo tempore narrabatur, 405, 406. ejus cum Rege simulata reconciliatio, 407. Lafinius conspirationem totam Regi aperit, 407, 408. Rex illi sæpius veniam & scelerum oblivionem pollicetur, si omnia sibi revelet: obstinato ille animo respondet, atque in carcerem truditur, 409. interrogatur a Judicibus, 409, 410. furibundo similis agit, 410. damnatus, in Bastilia capite truncatur, ibid.

INDEX.

Bituriga obsessa ab exercitu regio Caroli IX. 121.
Regi sese dedit, 122
Bonifacium oppidum Corsicæ insulæ a Draguto direptum, 26, 27
Bononia ad mare a Francis obsidetur, 9. certis conditionibus ab Anglis restituitur, ibid.
Bovinium captum & direptum a Francis, 29, 30
Briquemotius & Cavanius Hugonotorum duces suspendio necantur, 196
Brissacus in Pedemontium missus, Marescallus Franciæ creatur, 13. Cherium & Sanctum Damianum capit, 15. militarem restaurat disciplinam, & cum fausto exitu bellum gerit, 25. multa oppida & castra capit, 34
Brissacus alius ante Mucidanum occisus, 166
Burdegalenses ob Gabellam salis rebellant, 6. Moninium urbis Præfectum trucidant, 7. acerrime plectuntur, 7, 8. pristinum in statum cum privilegiis suis restituuntur, 8
Burdillonius in Pedemontio urbes & oppida Duci Sabaudiæ restituit, 124
de Burgo (Anna) in jus vocatur, 72, 73. damnatur & morte mulctatur, 73
Bussius Ambasianus, vir strenuus, sed arrogans & multis exosus trucidatur, 250
Bussius Clericus post necem Guisii Ducis Senatores Supremæ Curiæ in Bastiliam ducit, 303

C

CÆDES Vassiaca, 110. in schemate repræsentata, 111. qua audita Hugonoti furentes arma sumunt, ibid. Cædes Hugonotorum Cæsaroduni, 119. Cædes horrenda Saubartholomæana, 192, 193, 194. Cædes Hugonotorum per Regnum post Bartholomæanam carnificinam, 196, 197
Caletum a Francisco Duce Guisio captum, 50. ab Alberto Archiduce Austriaco expugnatum, 380, 381
Calvinistæ in Francia supplicio affecti, 42. Tumultus magnus Lutetiæ illorum occasione, 49. de multis sceleribus accusati, 70, 71. Lutetiæ conventus agunt, 71. perquiruntur Lutetiæ & in cæteris urbibus, Libellos ipsi publicant, ibid.
Canada Americana regio jussu Henrici IV. aditur, 414. Franci istic colonos statuunt & loca occupant, 424
Capraria. Vide Valdenses.
Carafa Cardinalis Venetias se confert, 39. in Franciam postea venit, atque ut induciæ cum Imperatore factæ dirimantur, efficit, 40, 41
Cardinalis Carolus Borbonius ab Henrico III. Rege, post necem Guisii Ducis in carcerem conjectus, 297. ab Unionis Sociis Rex nominatus & constitutus, moritur, 328
Cardinalis Borbonius junior a Tertia factione, ut Rex nominaretur propositus, 341. moritur, 368. Ejus schema, 433
Cardinalis Carolus Lothaingus Rhemensis Archiepiscopus, Henrico II. Regi gratiosus, 2. Ut Lizetus Primus Præses destituatur efficit, 11. ad Augustanam Confessionem inclinare videtur, 104, 105. moritur, 225
Cardinalis Guisius frater Henrici Guisiæ Ducis cum illo occiditur, 297. ejus schema, 312
Cardinales Franci numero duodecim tempore Henrici II. 4
Cardinales & Episcopi qui ad Possiacenum colloquium venerunt, 102
Carnutum a fæderatis Principibus obsessum, hostem egregie depellit, 155. ab Henrico IV. capitur, 387, 388
Carolus V. Imperator Mauricio Saxonico Principe se insequente, fugit in Carinthiam. 16. pacem cum Germanis Principibus facit, & cum ingenti exercitu Metas obsidet, 18, 19. obsidionem solvere cogitur, 21. Imperium deponit, & in Hispaniam se recipit, 42
Carolus IX. Rex Francorum agnoscitur, annos decim natus, 95. Rhemis inungitur, 100. major declaratur, 139. Helvetiis comitantibus Meldis Lutetiam venit, & Principem Condæum armatum offendit, 149. Rupellanos jubet copias suas in urbem recipere; abnuunt illi, 158. ad obsidionem Sancti Joannis Angeriacensis pergit, & de generali pace vult agere, 175. Inducias publicat pro ambabus partibus Catholicorum & Hugonotorum, 179. pacem facit, quibus conditionibus, 180. Elisabetham Austriacam ducit uxorem, 180, 181. Dispensationem Summi Pontificis impetrat, ut sororem Margaritam cum Rege Navarræ connubio jungat, 183. Ut Colinium Præfectum maris decipiat, bellum Flandricum ipsi proponit, 184. ad ipsum fallendum quid fecerit, 184, 185
Carolus IX. ante Sanbartholomæanam carnificinam, conscientia se mordente hæret, & an ultra progrediendum sit dubitat; sed hortante matre jubet cædem incipi, 191. Lectum Justitiæ tenet, & se jubente carnificinam factam dicit, 191. in febrim incidit, 206. ad extrema reductus, matrem Regentem declarat, 213. Die Pentecostes moritur; & quidem hausto veneno, ut putabatur, 214. Ejus ingenium & mores, 215. ejus schemata, 216
Carolus Borbonius Comes Suessionensis: ejus schema, 433
Carolus Borbonius Princeps Rupifurionius: ejus schema, 217
Carolus Dux Arschotanus: ejus schema, 434
Carola Margarita Montmorencia Princeps Condæa: ejus schema, 433
Carola Tremollia accusata, quod conjugi suo Principi Condæo venenum propinavisset, in jus adducta, innoxia tandem declaratur, 287
Castanetus cum Jarnaco singulari prœlio decertat, moritur, 4
Castellionæus filius Colinii Maris Præfecti, Savosium Unionis sequacem profligat, 307. machinam profert, cujus ope tecti milites urbem expugnare poterant, 377
Catharina Borbonia soror Henrici IV. Duci Bartensi nubit, 393. moritur, 415. ejus schema, 432
Catharina Cliviensis uxor Henrici Guisiæ Ducis, 312. ejus schema, ibid.
Catharina Medicea Regina Francorum consecratur, & coronatur cum magnificis spectaculis, 9. ejus schemata, 63. tam solerter & callide cum Antonio Rege Navarræ agit, ut ipsi Regni gubernacula concedat, 92. astuta & ambitiosa, Religionem non multum curat, dum omnia ad votum sibi cedant, 99. Guisiis ne in aulam regiam accedant, prohibet, 111. illi ejus jussa spernentes ad illam se conferunt, 111, 112. animi pendet an cum Carolo filio Rege ad Condæum Principem & Hugonotos se receptura sit, 112. ab Antonio Rege Navarræ cogitur Lutetiam se conferre, 113. De consilio Hospitalii Cancellarii, ut bellum civile vicetur, tractat; sed nullo fructu, 115, 116. Condæum Principem alloquitur, 116, 117
Catharina de pace agit, 135. Congressus in Insula Boum habetur; pax facta proclamatur, 136. Catharina formosarum puellarum illecebris Principum procerumque animos allicit & sibi devincit, 137. cum Rege & Alexandro Principe filiis Regnum invisit, 141. Lugdunum venit, ubi arx construitur, 142. cum filiis Tolosam se confert, ubi Alexandri secundi filii nomen in Henricum
&

INDEX.

& Herculis tertii filii in Franciscum mutat, 143.
Baronæ Elisabetham Reginam Hispaniæ filiam suam videt, putaturque illam ibi cum Albano Duce de interficiendis Hugonotorum primipilatibus consilia miscuisse, 144
Catharina sex mille armatos Helvetios stipendiarios in Franciam adduci curat: hinc & ex suscepto in Flandriam a Duce Albano cum exercitu itinere, Hugonoti metuentes ad arma currunt, 147, 148. Catharina armatos Hugonotos esse comperit, & cum Rege filio Meldas se recipit, 148. pacis conditiones Principi Condæo offerri curat, quæ non admittuntur, 154. Principem Condæum & Colinium Maris Præfectum astu comprehendere vult, 156. at illi dilabuntur, 158, 159. omnes Hugonotorum primipilares interpicere conatur; ejus insidiæ & astutia, 181. & seqq. ejus consilia & artes in Bartholomæana carnificina, 187
Catharina absente filio Regens cum Rupellanis & vicinis inducias facit, 219. Montgommerium contra datam fidem capite plecti jubet, 219, 220. cum Alenconio seu Andino filio, qui arma sumserat, inducias sex mensium facit, 231. in Abbatiam Belli-loci se confert, & pacem facit, 233, 234. pacis istius conditiones, 233, 234, 235. quæ pax non accurate servatur, 235, 236. Neracum pergit, & cum Henrico Rege Navarræ tractat, posteaque in Delphinatum se confert, 249, 250
Catharina cum in Lusitaniæ Regnum jus sibi competere jactaret, classem misit ad Asforas, duce Philippo Strozzio. Classis isthæc ab Hispanis profligata, & Strozzius occisus fuit, 257, 258. Catharina cum Guisio Duce, qui arma contra Regem sumserat, tractatum venit, 272. apud Pictonas cum Rege Navarræ colloquia miscet, & nihil concluditur, 279, 280. Catharina Medicea moritur: ejus ingenium, mores, præstigiarum cultus, 298, 299, 300
Centurionis schema tempore Henrici III. Regis, 313
Cesar Dominus, Spurius filius Henrici IV. Regis, Mercurii Ducis filiam ducit uxorem, 389
Christina Lotharingiæ Ducissa in Flandriam se recipit, 17. ejus schema, 312
Classis Anglica Rupellanis fert opem, 203, 204
Classis regia Rupellanorum classem profligat, 243
Classis Hispanica, quæ invicta appellabatur, infaustum exitum habet, 285
Claudius Lotharingus Dux Guisiæ moritur, 11
Claudia Henrici II. filia Carolo II. Lotharingiæ Duci connubio jungitur, 64
Clemens VIII. Summus Pontifex electus, Unionis statim patrocinium suscipit, 347. Regem tandem Henricum IV. solutum in Ecclesiæ gremium recipit, 371. arbiter electus Henricum IV. inter & Sabaudiæ Ducem, negotium amandat, nec judicium ferre vult: quare, 396. moritur, 418
Coconasius damnatus, capite truncatur, 211
Colinius (Gasparus) Præfectus maris creatur, 22. Lentium occupat, & inducias rumpit, 42. in Sancti Quintini oppido obsessus, egregie hostem propulsat, & oppidum tandem vi capitur, 45, 46, 48, 49. in suspicionem venit, quod conspirationi Renaudii operam dederit, 78. ab aula regia discedit, 86. in gratiam Hugonotorum verba jacit, 84. in Drocensi pugna strenue & solerter agit; sed vincitur, 119. commeatum regium intercipit & profligat, 121, 122. In Normannia Cadomi arcem obsidet & capit, 132
Colinius accusatus quod Francisci Guisii Ducis cædi operam dederit; ut ea de re ipse interrogetur & audiatur postulat, 134. manum militum ad custodiam positam duce Strozzio peditatus Præfecto Generali profligat & Strozzium capit, 168. cum exercitu Principum Lusinianum capit, & Pictavium obsidet, 169. Post Monconturianam cladem pugnatores colligit, pontem ad Garumnam parat, qui a Monlucio dissolvitur, 176. in Septimaniam intrat, Sancti Felicis oppidum capere frustra tentat, 176. quingentos Bandolerios armatos ex Pyrenæis accipit, 177. Lunellum frustra obsidet, ibid. Rhodanum bis trajicit, ibid.
Colinius in gravissimum morbum incidit & convalescit, 117. de pace agit. Arnæum Ducis capit 178. Contra Regium exercitum pugnat. Versus Ligerim movet, 791. de pace agitur & ipsa concluditur: ejus conditiones, 180
Colinius urgente Rege Lutetiam venit, 185. multis ut ne illo se conferret suadentibus, 186. a Maurevellio quem Guisius Dux emiserat graviter vulneratus, 187. a Rege invisitur, 188. Vicedominus Carnotensis hortatur illum & Reformatos cæteros ut quamprimum Lutetia abscedant: Sed in castrum, 189, 190. In lecto suo occiditur a Besmio Guisii Ducis sicario, 192. Corpus ejus mutilum suspensum 192. postea in effigie ipse suspenditur, 196
Colloquium Possiacenum ejusque Schema, 102
Colomerius S. Laudi oppidum defendens occiditur, 212
Concilium Tridentinum translatum Tridento Bononiam & postea Bononia Tridentum, 14
Concilium Nationale proponitur, tandemque rejicitur, 108
Concionatores Henricum III. Regem carpunt & dicteriis infectantur, 286
Condæus Princeps cum in suspicionem venisset quod Ambrosianæ conspirationi manum dedisset, sese purgat, 82, 83. Multis urgentibus in aulam Francisci II. Regis venit, 89, 90. in carcerem conjicitur, causam dicere cogitur, 91, 92. Post Francisci II. obitum ex carcere educitur, 93. innoxius declaratur, 98
Condæus armatorum Hugonotorum Dux, 113. a Principibus Protestantibus auxilia postulat, 113. Balgentiacum capit, 118. Germanorum auxilium accipit & versus Lutetiam movet, 127. in Drocensi pugna capitur, 128, 129. Franciscam Longavillæam ducit uxorem, 138. Cum Colinio maris præfecto, dum sibi insidiæ pararentur, arma assumit, amboque cum suis secundum civile bellum incipiunt, 148. Rosæum in Bria se conferunt, ibid.
Condæus Princeps armatus occurrit Helvetiis Regem Meldis Lutetiam ducentibus, 149. cum exercitu suo frustra Lutetiam inducere conatur, 150. Prope S. Dionysii oppidum vincitur, 151. cum Colinio ad Principem Casimirum properat, qui sibi auxilium grande ducebat, 152. cum ipso jungitur, 154. Carnutum cum Casimiro obsidet, 155. cum expugnare urbem non possent, oblatas pacis conditiones admittunt, 156. Condæus Princeps Ludovicus in Jarnacensi pugna occiditur, 165. ejus schema, 217
Condæus Princeps Henricus Ludovici filius ab Hugonotis dux eligitur, 177. Mariam Cliviensem ducit uxorem, 183. In Germaniam fugit, 209. In conventu Milialdensi Reformatorum Præfectus Generalis deligitur, 220. cum exercitum in Germania collegisset, ejus imperium Duci Alenconio cedit, 231. cum Principe Casimiro in Franciam intrat, & cum Alenconio Duce jungitur, 233
Condæus Princeps Brocagium occupat, 236, 237. Feram ex improviso capit, 250. Germaniam petit, & inde incognitus rediens spoliatur & Diguerium adit, 252. in Angliam trajicit, & in Franciam reversus Carolam Tremolliam ducit uxorem, 276. Hausto veneno a domesticis dato interit, 286, 287. ejus mores & laudes, ibid.

Tomo V.   Nnn

INDEX.

Confessio Augustana a Catharina Regente proponitur, 105
Congressus pro pace Franciam inter & Hispaniam, 55
Congressus Talsiacensis, 117, 118
Congressus frustra obnitentibus Unionis sociis Surenæ habentur, 357, 358, 359
Conspicilia tubulata adinventa, 424
Conspiratio in Francia adversus eos qui rerum gubernacula tenebant, 76, 77
Contii & Dumbarum Principes, Cratumni profligantur, 345
Conventus in Fontebellaqueo Francisco II. regnante, 85
Conventus Molini, 144, 145
Conventus generalis Cleri Gallicani, 379. Conventus alius Cleri Gallicani, 423, 424
Cordaligati Metas urbem Imperialibus tradere tentant; sed deprehensi puniuntur, 34, 35
Cossæus Marescallus cum exercitu movet contra Colinium & Principes, pugnam committit, cujus anceps exitus, 178
Crequius a Sabaudis captus, 389. bis contra Philippinum Sabaudum singulari certamine pugnat. Philippinus occiditur, 394
Custodis corporis Henrici III. schema, 313
Cutracensis pugna, in qua Henricus Rex Navarræ victor fuit, 282

D

DACERIUS Cursolius, vel Crussolius, pugnatores multos pro Hugonotis colligit, ac Nemausum & Monpelium occupat, 152. magnam militum manum ad exercitum Condæi Principis ducit, 161
Danvillæus Montmorencius Septimaniæ Præfectus cum Hugonotis istius provinciæ societate jungitur, 220. Cum Rege Henrico III. reconciliatur, 243. Constabularius Franciæ creatus, Viennam in potestatem Henrici IV. Regis redigit, 371, 372
David Advocatus Parisinus libellum edit detestandum in gratiam Lotharingorum Principum, 237, 238
Delphinus Montpenserius in Delphinatu bellum gerit, 220
Diana Pictaviensis Henricum II. pellectum quo vult ducit, & omnia administrat, 2. Francisco II. regnante ex aula regia pellitur, 66
Diana spuria filia Henrici II. legitima declarata in schemate comparet, 64
Dies Arcarum, 317
Dies Doliaris, 289
Dies Farinarum, 336
Diguierius Gratianopoli capit: cum Valleta junctus exercitum modicum Sabaudorum profligat, 338. Sabaudorum alium exercitum in fugam vertit, 343, 344. In Pedemontium bellum infert, 352. Præfectus Generalis exercituum Regis declaratur, Sabaudiæ Ducem depellit, 385. oppida & castra multa in Sabaudia capit, 400
Dinantium captum & direptum, 30
Dionysius Lambinus ex terrore moritur in Sanbartholomæana carnificina, 194
Disputatio Peronum inter & Plessium Mornæum, 398
Dona (Baro) dux exercitus Germani, venit ad opem ferendam Regi Navarræ & Reformatis, 282. Aunelli profligatur, 284
Dragutus Bonifacium Corcicæ Insulæ oppidum diripit, 26, 27
Drocensis pugna duce Francisco Guisio, qui victoriam retulit, ubi duo exercitus duces capti, & Santandreanus Marescallus occisus est, 128, 129.

in delineatis tabulis repræsentata, 131, 132
Duellum Castanei cum Jarnaco, 3, 4
Duellum insigne, ubi quidam Regi Henrico III gratiosi occisi sunt, 247, 248
Duellum Crequii cum Philippino Sabaudo notho, qui occisus fuit, 394
Duellum triginta Nobilium, quorum viginti quinque occisi mansere, & quinque cæteri vulneribus confossi. Deprehensum est viginti annorum spatio septem vel octo millia Nobilium in Regno Francorum duello periisse, 422

E

EDICTUM perquam odiosum, quo sub capitis pœna vetabatur ne quis in aula regia aliquid vel stipendii vel mercedis causa peteret, 72
Edictum anno 1560. datum pro libertate conscientiæ, 78
Edictum Romorentinense, 84
Edictum in gratiam Hugonotorum, 100
Edictum aliud in gratiam Hugonotorum, 109
Edictum quo Carolus IX. Rex declarat se non in captivitate degere, 114. aliud Edictum quo Hugonotis liberum exercitium suæ Religionis permittit, 114
Edictum in gratiam Ecclesiasticorum, 139, 140
Edictum quo ferebatur annum incipiendum esse primo die Januarii, 141
Edictum pro alienatione bonorum Ecclesiasticorum in Francia, 163
Edictum circa monetas, 244, 410, 411
Edictum Nemorosii datum contra Hugonotos, 274
Edictum contra duella, 422. aliud contra duella, 425
Eduardus VI. Rex Angliæ moritur, 27
Egmundanus Comes Thermum Marescallum profligat, 54
Egmundanus & Hornus Comites in carcerem trusi, in Belgio, 147. capite plexi, 157
Egmundanus Comes alius in pugna Ibriacensi cæsus, 325
Elisabetha post Mariæ sororis mortem Regina Angliæ declaratur, 55. Elisabetha Regina Angliæ solerter Bironi monita dat, 404. Moritur; ejus ingenium & mores, 412, 413
Elisabetha filia Henrici II. Regis, Philippo II. Hispaniæ Regi connubio jungitur 57, ejus schema, 63
Elisabetha Austriaca filia Maximiliani Imperatoris Carolo IX. Regi Francorum nubit, 180, 181. Regina coronatur, ibid. ejus schemata, 216
Ellebovius Dux in Scotiam mittitur, ubi pax publicatur, 76
Espernonius Regi gratiosus ad Regis Navarræ partes transit, 266. accusatur quod Hugonotis faveat, 268. Præfectus Generalis peditatus constituitur, 269. Regi dat ad custodiam quadraginta quinque Nobiles Vascones, 281. Ex aula regia discedit, Engolismam venit, ubi clam concitante Villaregio, a civibus impugnatur, & cum illis postea paciscitur, 293, 294. Espernonius in Gallo-provinciam se confert, 352. Gallo-provincialibus exosus, astu emisso pyrio igne, Brignolii pene periit, 378. Rex jubet eum ex Gallo-provincia excedere: abnuit ille, 378
Essius in Scotia Francorum turmis imperat: ejus gesta, 5. Taruanam defendit, 22. occiditur, 23
Estræus tormentorum Magnus Magister, multum juvit ad Portum Gratiæ capiendum, 139

F

FACTIONES in exercitu regio Malecontentorum, Fidelium & novorum Catholicorum, 205
Fames Lutetiæ ingens, 330, 331, 332

INDEX.

Famulus a pedibus Regis Henrici III. 314
Farnesius (Petrus Ludovicus) fratris Summi Pontificis filius trucidatur. 4
Farnesius (Horatius) in obsidione Hedini occisus, 23
Fera Hispanis traditur, 4
Ferdinandus Velascus Castiliæ Constabularius in Burgundiæ Comitatum cum exercitu intrat, 372
Fontanus Comes cum exercitu Hispanico in Picardiam intrat, 373. Castelletum capit, 374. Villarium Maris Præfectum vincit, 375. Durlanium capit, ibid. Cameracum obsidet & capit, 376, 377
Franciscus Delphinus Mariam Stuardam-Scotiæ Reginam ducit uxorem, 52
Franciscus II. patri succedens duas potentissimas factiones in regno suo reperit, 65, 66. Remis inungitur & sacratur, 69. Bartum se confert, & supremum dominium in tractum illum deponit, 70. ejus morbus, 92. mors, 93. schema, 94
Franciscus Dux Alenconius, *Malecontentorum* dux constituitur, 206. ad Hugonotorum partes declinat, 207. *Malecontenti* seu Politici suadent illi ut se Hugonotorum ducem constituat, 208. illorum imprudentia negotium totum detegitur, 208, 209. in aula regia observatur, 209. & postea sub custodia positus & interrogatus, tremens respondet & omnia detegit, 210
Franciscus Dux Alenconius apud Pictonas, aula regia furtim relicta, se recipit, 229. Dux Alenconius, qui Andini nomen susceperat, regii exercitus dux Caritatem ad Ligerim capit, 240. & Isloriacum, 241
Franciscus Dux Andinus in Belgium ad imperandum evocatur ; quibus conditionibus, 245. Bincium capit & Malbodium, ibid. in Franciam redit, ibid. in Angliam trajicit, & cum Elisabetha Regina de connubio tractat, 251
Franciscus Dux Andinus Belgii Supremus Dominus electus, illo bellum gesturus se confert, 253, 254. Cameracum obsessum liberat, & alia quædam prospere exsequitur, ibid. Francicis copiis se deserentibus in Angliam trajicit, ubi suum cum Elisabetha Regina connubium asseritur & firmatur, sed simulatæ tantum ex parte Reginæ, 255, 256. Antuerpiam se confert, ubi quasi regionis Dominus & Princeps excipitur, 258. Salcedam recipit, qui perniciem ipsi Andino machinabatur. Proditio Salcedæ deprehenditur, qui extremo afficitur supplicio, 259, 260. ex inepto suorum consilio urbes & oppida multa in Belgio occupare tentat : Antuerpiam capere vult, sed infausto exitu, & in Franciam revertitur, 264, 265. Hispanorum, ut putabatur, opera hausto veneno moritur, 267. ejus schemata, 311
Francisca Aurelianensis Rothelina secunda uxor Ludovici Borbonii Principis Condæi : ejus schema, 217
Franciscus Albæmalæus Comes Princeps Lotharingus ; ejus fortitudo & virtus, 2. V. Guisius.

G

GABELLA seu salinum vectigal in quibusdam provinciis seditiones parit, 6
Gabriela Estræa, quam Henricus IV. uxorem ducere volebat, ex venenato poculo interiit, 304
Gaucherius Villam-francam in Campania ex improviso capere vult, & profligatur 305, 306
Germani equites ex pacto inito cum Espernonio Duce in patriam revertuntur, 285
Gregorius XIV. Unionis seu societatis partes suscipit, 339. exercitum mittit in Franciam contra Henricum IV. 239. moritur 344. Innocentius IX. ejus successor per duos tantum menses sedet, 345

Guillelma Sarrabruccia uxor Florengii Marescalli ; ejus schema, 313
Guisius, Franciscus Albæmalæus Dux, urbanitate sua populos sibi devincit, 7. post patris mortem Guisius Dux efficitur, 11. missus Metas ut mox obsessurum hostem depelleret , ad defensionem sese apparat , 19. hostem strenuissime propulsat, 20, 21. ejus generositas, 21. obsidio solvitur, ibid.
Guisius Dux in Italiam cum exercitu properat, 42, 43. in Neapolitano regno bellum gerit non ita fausto exitu, 44. Campilium capit & Civitellam obsidet, obsidionem solvit, ibid. in Franciam redit, 45. octo dierum spatio Caletum capit, 50. & Guinam, 51. Thionvillam obsidet & capit, 52, 53
Guisii fratres Franciscus & Carolus, Francisco II. regnante totam regni administrationem obtinent, 66, 67. de Renaudii conspiratione monentur, 78.
Guisius Franciscus copias colligit contra Renaudium & conjuratos, 78, 79. Guisius Franciscus & Carolus frater in Germaniam contendunt, 108. Savernæ cum Wirtembergio Duce & duobus Ministris colloquia miscent, 109. in reditu Vassiaca cædes, 110
Guisius Franciscus Lutetiam venit , & acclamante populo excipitur, 111, 112. in Droceusi pugna victor , 129, 130. Præfectus generalis exercituum regiorum constituitur, 131. Aurelianum obsidet, 132, 133. lethali vulnere confoditur a Joanne Poltroto, 133, 134. moritur : ejus laudes, 134, 135. verum ejus schema, 217. Guisia uxor ejus & filii cædis illius ultionem petunt, 138
Guisius Henricus Francisci filius Pictavium obsessum intrat, urbemque defendit, 169. in qua defensione multum honoris sibi conciliat, 170. contra Regem Henricum III. machinatur, 268. Carolum Cardinalem Borbonium factionis suæ ducem constituit, 270. cum Hispaniæ Rege consentit, a quo auri summas excipit, ibid. cum Hispaniæ Rege pactum init, 271. copias colligit, urbes oppidaque multa occupat , 272. cum solertia multa ante Germanicum equitatum receptui canit, 283. Donam Baronem Aunelli profligat , 284. Guisius cum fœderatis & Lotharingiæ Duce Nanceii consilia miscet , atque una omnes Henrico Regi acerrimas conditiones offerunt, 286. Guisius jussa regia spernens Lutetiam venit, 288. bis Regem alloquitur, 288, 289. Guisius Dux & Cardinalis frater ejus jussu Henrici III. Regis interficiuntur, 296, 297. Henrici Guisii Ducis schema, 312
Guisius Henrici filius Joanvillæus Princeps in carcerem conjectus jussu Henrici III. Regis, 297. ex carcere elabitur, 342. proponitur ut connubio jungatur cum filia Philippi Hispaniæ Regis, si quidem illa Regina Franciæ a factiosis Unionis declaretur, 360, 361. Guisius cum Henrico IV. Rege paciscitur, 368. In Gallo-provinciam mittitur & Massiliam in Regis potestatem reducit, 378, 379

H

HANAa Francis capitur & præsidiarii Hispani cæduntur, 374
Haius qui se modo hujus, modo illius partis esse simulabat, occiditur, 227
Hedinum captum a Cæsareis, 23, 24
Helvetii quadraginta duo Oratores in Franciam mittunt , 411. qui magnifice excipiuntur, ibid.
Helvetius Custos Henrici III. Regis repræsentatus, 313
Henricus II. patri succedit, 1. ejus ingenium & mores, 1, 2. a Diana Pictaviensi, & a gratiosis re-

INDEX.

gitur, & eorum nutu movetur, 2. Rex inungitur, 2, 3. rem ærariam diſſipat, 3. initio regni ipſius Miniſtri multi mutantur, 3. duella ipſe prohibet, 4. cum Solimano ſocietatem belli confirmat contra Carolum V. Imperatorem, 5. auxilium in Scotiam mittit, *ibid.* in Burgundiam & in Pedemontium ſe confert, 5, 6. Lugduni magnifice excipitur, 6. Bononiam ad mare obſidere parat, ſed pacto cum Anglis inito, urbem occupat, 8. Curiam Supremam contra Calviniſtas conſtituit, 8. ſtipendia militaria auget, 10. cum Helvetiis ſocietatem renovat, *ibid.* Triumphantis more Rothomagum intrat, 11. magna ibi oblata ſpectacula, *ibid.*

Henricus II. cum Germanis Principibus paciſcitur contra Imperatorem Carolum V. 14. Vetat ne pecunia Romam mittatur, 15. bellum in Italia movere incipit, 15. pecuniam multam colligit exigitque, 16. cum exercitu movet, & Metas, Tullum, Virodunumque capit, 16, 17. verſus Argentoratum movet, ac poſtea receptum habet, 17. in pacis conditionibus a Germanis Principibus non comprehenditur, 18. poſt ſolutam Metarum obſidionem conviviis & oblectamentis dat operam, ac Taruanam amittit, 22, 23. inconſulto bella Senatum & Corſicæ Inſulæ ſuſcipit, 26

Henricus II. cum exercitu movet contra Carolum V. Imperatorem, 29. ejus exercitus aliquot oppida capit, *ibid.* Ille Rentiacum obſidet, 30. Rentiacenſis pugna, in qua Franci ſuperiores fuere, 31, 32. Henricus Rentiaci obſidionem ſolvit, 32. Edictum contra Calviniſtas publicat, 35

Henricus II. bellum ſuſcipit Neapolitanum, 38, 39. cum Summo Pontifice paciſcitur, 39. cum Imperatore inducias quinque annorum facit, illaſque inconſulto violat, 40

Henricus II. poſt Sanquintinianam cladem Pariſinos firmat attonitos, 48. ingentes pecuniæ ſummas colligit, 51. Andelotum Calviniſtam in carcerem trudit, 52. cum ingenti exercitu contra Philippum II. Hiſpaniæ Regem movet, 54. cum Eliſabetha Angliæ Regina pacem facit, 56. & cum Hiſpaniæ Rege, 57. Edictum publicat contra novos Religionis Reformatores, 58. lethali vulnere in ludo equeſtri infeliciſſime confoditur, 59. ejus ſingulariſſimi caſus præſagia, 59, 60. Henrici II. ingenium & mores, 60, 61. ejus ſchemata, 62, 63

Henricus Dux Andinus Præfectus Generalis exercituum regiorum creatur, 152. cum exercitu ſuo fœderatorum exercitum obſervat, 155. cum exercitu regio movet contra Condæum Principem & Colinium Maris Præfectum, 161. Jarnacenſem pugnam committit, ubi victor evadit, 164, 165. Caſtrum-Eraldi obſidet, ut hoſtem cogat Pictavianam obſidionem ſolvere, 170. ſoleneter receptui canit, 171. verſus exercitum Principum & Maris Præfecti movet, Monconturianam pugnam conſerit, & victoriam refert, 171, 172. aliquot oppida capit, & Sanctum Joannem Angeriacenſem obſidet, 173. præſidiarii diu conatus ejus propulſant, & tandem deditionem faciunt, 174, 175

Henricus Dux Andium ad obſidionem Rupellæ imperaturus pergit, comitantibus multis Principibus & proceribus, 100. arte & opera Joannis Montlucii Epiſcopi Valentini Rex Poloniæ deligitur, 104. ante Rupellam e periculo grandi eripitur, 204. Rex Poloniæ electus cum pompa & magnificentia Lutetiam intrat, 206. in Poloniam proficiſcitur, 206, 207

Henricus Rex Poloniæ cum audiſſet Carolum IX. Regem fratrem ſuum obiiſſe, Polonis qui ſe obſervabant, ſe furtim ſubducere & aufugere cogi-

tat, 219. Matrem ſuam regni Regentem confirmat, *ibid.* ex Polonia elabitur, per Auſtriam tranſit, Venetias venit, & in Pedemontium tranſit, ubi inconſulto fidem ſuam dat, 121. Henricus III. in regnum ſuum ingreſſus, præconceptam de ſe magnam exiſtimationem admodum minuit, 222, 223. Lugduno venit, ubi habito conſilio bellum contra Hugonotos decernitur, 223. ærarium regium exhaurit, 214. Damvillam ſibi conciliare fruſtra tentat, 225. Avenionem ſe confert, ubi Eccleſiaſticas ceremonias & *proceſſiones* frequentat, *ibid.*

Henricus III. Rhemis inungitur & ſacratur, ac Ludovicam Lotharingam Valdemontiam ducit uxorem, 227. Unionis Sanctæ ſe Principem declarari curat, 238. ex vita molli & effeminata, atque ex gratioſis ſuis juvenibus ſe deſpiciendum præbet, 246, 247, 248. Edicta quæ populo eſſent oneri multa profert, quæ Senatûs Curia publicare non vult, 248. Ordinem militarem Sancti Spiritus inſtituit, 249. Genevæ & Helvetiorum patrocinium ſuſcipit, 250. ineptis atque profuſis ſumtibus rem ærariam labefactat, 256, 257. Ludis & ſcurrilitatibus Majeſtate Regia indignis odium & deſpectum ſubditorum ſibi parit, 260. necnon ex religioſis quibuſdam cerimoniis & *proceſſionibus*, 262

Henricus III. pro aula ſua ſtatuta quædam edit, quæ male obſervantur, 269. Hugonotos non amat, illoſque ab officiis & muneribus excludit, 271. Edictum emittit quo prohibetur ne quis militares copias ſibi colligat; mittit duces qui illud impediant; hi rem bene gerunt, ſed Rex non conſtanti animo perſeverat, 273. invitus Edictum emittit contra Hugonotos in gratiam Unionis, 274. Guiſiis & Unionis Sociis urbes & oppida concedit ad ſecuritatem, 274

Henricus III. invitus bellum contra Hugonotos ſuſcipit, & duces exercituum ſecreto monet ne illos acrius impetant, 277. catellos, ſimias & pſittacos emit, & in futilibus rebus tempus terit, 278. Principum Germanorum Oratoribus, qui quod Hugonotos bello impeterit querebantur, aſpere reſpondet, 279. movet ipſe cum exercitu contra exercitum Germanorum, qui duce Dona in Franciam intraverat, 383. arcet exercitum illum a Ligeris tranſitu, 283, 284. prolata pecunia duodecim mille Helvetios ab exercitu Donæ amovet, & in patriam ſuam amandat, 284

Henricus III. Unionis Sociis querendi cauſas ſuppeditat, dum Eſpernonio dona & officia ſine modo ullo offert, 286. Unionis Socii Regem ipſum comprehendere moliuntur, 287, 288. ille poſt doliarem diem Lutetia aufugit & Carnutum petit, 290. omnibus provinciarum Præfectis rem uti geſta erat literis nunciat, *ibid.* Eſpernonium ſevero vultu excipit, qui ab aula regia diſcedit, 291, 292. Rex Ordines Regni Blæſas convocat, 294. Duci Sabaudiæ edicit ut ſibi Salutiam reſtituat, 295

Henricus III. Guiſium Ducem de medio tollere molitur, 296. illum & Cardinalem fratrem ejus obtruncari curat, 297. Cardinalem Borbonium, Ducem Nemoroſium, Principem Joanvillæum & alios in carcerem conjici jubet, *ibid.* poſt Guiſii necem multæ urbes per regnum 'a Rege deficiunt, 304

Henricus III. Curiam Senatus Pariſini & Cameram Computorum Cæſarodunum transfert, & Cameram Senatus Catalauni conſtituit, 305. cum Rege Navarræ jungitur, *ibid.* Curiam Senatus Rothomagenſis Cadomum transfert, 306. parum abeſt quin prope Cæſarodunum Rex capiatur, *ibid.* Pictavium ſe confert, ut urbem ſibi ſervet, ſed fruſtra, 307. cum exercitu movet Lutetiam,

308

INDEX.

308. Pontifaram capit, & ad Sanctum Chlodoveum venit, 309. lethali vulnere confoditur a Jacobo Clemente Dominicano, *ibid.* moritur. Ejus ingenium & mores, 310, schemata, 311
Henrico III. gratiosus delineatus repræsentatur, 313
Henricus Borbonius, Princeps Navarræ, post Jarnacensem pugnam & mortem Principis Condæi Reformatorum dux declaratur, 165. Margaritam Valesiam Regis sororem ducit uxorem, 187. Henricus jam Rex Navarræ & Princeps Condæus a Carolo IX. Rege Calvinismum abjurare coguntur, 193, 194. Ambo autem jussu Regis ad Summum Pontificem scribunt, testificantes se ad Ecclesiæ gremium esse reductos, 197. Rex Navarræ jubetur a Rege Edictum ad subditos suos mittere, quo illos ad Catholicam & Romanam fidem amplectendam hortatur, *ibid.*
Henricus Rex Navarræ sub custodia positus & interrogatus audacter respondet, 210. ab aula regia dilapsus Rupellam se confert, 236. Caducum capit non sine cæde suorum, 251. a Concionatoribus laceratur & carpitur, 270. Ducem Guisium ad singulare certamen provocat, 273, 274. Rex Navarræ & Princeps Condæus libellum contra Guisios publicant, 274. Rex Navarræ tres equitum turmas fundit, 281. In Cutracensi pugna victor ; ejus humanitas, 282. bellum in Pictonibus cum prospero exitu gerit, 295. Reformatorum Ordines Rupellam convocat, 295, 296. Niortium capit, 297
Henricus Rex Navarræ post mortem Henrici III. in exercitu regio Rex Francorum declaratur, 315. Compendium se confert, tres in partes exercitum dividit, & Rothomagum se obsidere simulat, 316. Dieppam petit, & Arcis castrametatur. A Meduanio oppugnatur, qui egregie depellitur, 317. novis copiis exercitum auget ac Lutetiam venit, suburbia quatuor expugnat, 318. Vindocinum capit, 319
Henricus IV. Cæsarodunum petit, Oratores Venetos excipit, qui illum ut Regem Francorum agnoscunt, 321. Cenomanum capit, & alia plurima oppida, 322. Alenconium item, Falesiam, aliaque oppida, *ibid.* Meulantum obsessum oppidum novo præsidio munit, ac Poissiacum capit, 323. Drocum obsidet & obsidionem solvit ut Ibriacam pugnam committat, ubi victor evadit, 324, 325. victoriæ fructum præsentem amittit, 326. Lutetiam famem vult inducere, 327. Sancti Dionysii oppidum capit, 331. Parmensi Duci pugnandi potestatem offert, 332, 333. illum receptam habentem insequitur, 334
Henricus IV. Carnutum obsidet & capit, 337, 338. Edictum profert ubi conqueritur de Summo Pontifice qui suos Vaticano fulmine impetierat, 340. Noviodunum obsidet & capit, 341, 342. auxiliarium copiarum agmen ex Anglia accipit, 342. exercitum auxiliarem Germanicum adit, & pugnandi potestatem Meduanio dat, 344. Rothomagum obsidet, 346. dum pugnatorum agmine movet ut hostem observet, Ducis Guisii turmam intercipit, 348. Albamalæ periclitatur & leve vulnus accipit, 349. obsidionem Rothomagensem solvit, 350. castra Parmensis observat & cingit ac sæpe cum felici exitu pugnat, 350
Henricus IV. Bironum filium Præfectum Maris creat, 354. Arcem *Pillebadaud* dictam construit, ut annonam Parisinorum cohibeat, *ibid.* Cardinalem Gondium Romam mittit, 355. de suorum consilio congressus & colloquia cum Unionis Sociis petit, *ibid.* in Religione Catholica se institui curat, 359. illamque amplectitur, 361. Carnuti se inungi & sacrari curat, 364. Lutetiam felicissime ingreditur, 365. Laudunum capit, 367. Cameracum petit, 369. movet contra exercitum Ferdinandi Velasci, & ad Fontem-Francicum pugnat, 372. in Burgundiæ Comitatum intrat & receptum habet, 373
Henricus IV. cum Summo Pontifice reconciliatur, quibus conditionibus, 381. Feram capit, 381. Rothomagi magnifice excipitur : oratio illius ad *Notabiles*, 382. Ambianum ab Hispanis inopinato captum obsidet, 384. urbem capit, 388
Henricus IV. movet ut Mercurium Ducem ad obsequentiam reducat, 389. Britannia Armorica tota ad obsequium reducitur, *ibid.* apud Namnetas Edictum promulgat in gratiam Hugonotorum, 390. pacem Vervinii cum Hispanis facit, 390 ; 391. Gabrielam Estræam vult uxorem ducere, 391. quid Deputatis Cleri Gallicani responderit, 392, 393. De pace ab Anglis & Batavis cum Hispanis facienda tractat ; sed frustra, 394, 395. connubium ejus cum Margarita Valesia nullum declaratur ex utriusque consensu, 392
Henricus IV. bellum infert Sabaudiæ Duci, 399. Montem-Melianum capit & Castellum expugnari jubet, 402. Mariam Mediceam ducit uxorem, *ibid.* pacem facit cum Sabaudiæ Duce, 403. in Bironi negotio magnam exhibet clementiam, *Vide* Bironus.
Henricus IV. Metas se confert, Jesuitis pollicetur se illos in Franciam reducturum esse, 412. duos qui de Argentoratensi Episcopatu contendebant corciliat, *ibid.* a Palatino rogatur Bullionium Marescallum in gratiam suam reducat, *ibid.* in morbum incidit & convalescit, 413. sericeas officinas restituit, *ibid.* societatem cum Rege Angliæ renovat, *ibid.*
Henricus IV. ædificia multa construit, Pontem-novum, Plateam Delphinam, Luparæa additamenta, &c. 414. In Lemovicinum tractum cum armatorum manu se confert, & rebellionem quæ parabatur, sedat, 418. Urbanarum ædium pensiones vult exstinguere, neque potest, 410. Edictum emittit, 31. articulorum, *ibid.* ut Sedanum capiat, proficiscitur : cum Bullionio Marescallo paciscitur, qui Sedanum Regi tradit, 421. Sequanam trajecturus in demersionis periculum cum Regina incidit, 421
Henricus IV. Carolæ Montmorenciæ amore capitur, quam cum Principe Condæo connubio jungit, 425. quod connubium ingratissima multa parit, 425, 426, 427. Juliacense & Cliviense negotium ardenter suscipit, 426, 427. Milites & pugnatores ingenti numero conscribit, 426, 427. variæ opiniones circa tantos bellicos apparatus, 427
Henricus IV. de mox futura morte præsagia habet, 428. a Francisco Ravalliaco occiditur, 429. magnum sui desiderium relinquit, 429, 430. ejus ingenium, laudes & vitia, 429, 430. ejus schema, 432
Henricus II. Princeps Condæus Carolam Montmorenciam ducit uxorem, 415. ejus schema. 433
Henricus Borbonius Bello-pratensis Marchio, tristissimo casu peremtus repræsentatur, 217
Henricus Dux Longavillæus : ejus schema, 433
Henricus Engolismensis Magnus Franciæ Prior, ejus schema, 218. Altovitum occidit, eodemque tempore ab Altovito occiditur, 277
Hiems anni 1608. magna hiems vocatur ; glaciei solutio & liquefactio multum damni importavit, 423
Hispani Regis sui filiam proponunt, quæ Regina Francorum eligatur, & alicui Franco Principi connubio jungatur, 360
Hospitalius (Michael) in Olivarii locum Cancellarius efficitur, 83. ex aula regia discedit, 160. ejus schema, 218
Hosta (Nicolaus) qui Hispanis aulæ regiæ secreta omnia revelabat, dum fugiens perquiritur, in aquis demergitur, 415

Tome V. Ooo

INDEX.

Hugonoti ; unde ortum hoc nomen sit, 83, 84
Hugonoti in Delphinatu turbas movent, ac reprimuntur, 89. Engolismam & alia oppida capiunt, *ibid.* Numerus Ecclesiarum quas in regno haberent, a Colinio Reginæ parenti oblatus, 109
Hugonoti Rothomagenses urbem occupant. Catholicæ Religionis exercitium eliminant, 114, 120. multas alias urbes capiunt, 114. Ecclesias diruunt, Presbyteros & Monachos trucidant, 115. in Normannia oppida multa occupant,*ibid.* Cæsarodunum inopinato invadunt, 118. & Andegavum, 119
Hugonoti Meldis expulsi, 122. Matisconem capiunt, Cluniacensem Bibliothecam flammis dant, Lugdunum occupant, 123. maximam partem urbium Septimaniæ capiunt, sed Limoso, Carcassona & Albiga pelluntur, 124, 125. armati loca multa in regno invadunt, 109
Hugonoti propositiones pacis offerunt, quæ non admittuntur, 227. eorum progressus, *ibid.* Montem Sancti Michaëlis occupant, indeque pelluntur, 227. Hugonoti expavescunt, dum Henricus IV. a Catholicis instituitur, 359
Humerius Hanæ occiditur, 374

I

JACOBA Longvvia Comitissa Barri ad Sequanam uxor Ludovici Borbonii Monpenserii Ducis, 217
Jacobæ Rohanæ Marchionissæ Rothelini schema, 312
Jacobus VI. Rex Scotiæ, Rex Angliæ creatur, 413. iis qui contra se conspiraverant parcit, *ibid.*
Jacobus Stuardus Regis Scotiæ filius nothus, Reformatorum dux efficitur, 75
Jarnacensis pugna in qua Franci Catholici vicerunt, & Princeps Condæus occisus est, 164, 165
Jarnacus Guido Chabotius, singulari pugna cum Castaneo decertat, 3, 4. *Ictus Jarnaci*, 4
Ibriacensis pugna, in qua Henricus IV. victor fuit, 324, 325
Jesuitæ ex Francia pelluntur, 370. revocantur, 414
Ingressus Henrici IV. Lutetiam delineatus, 366
Interaqueus pater Vernoliæ capitis damnatur; sed supplicium in carcerem perpetuum mutatur, & ipse in campestrem domum suam mittitur, 417
Joannes Borbonius Comes Suessionensis & Anguiani occisus in pugna Sanquintiniana, 64
Joannes Castellus Henricum IV. vult occidere, ipsumque vulnerat, 369. supplicio afficitur ; domus ejus diruitur, ibique pyramis erigitur, 370
Joannes Grauchetus famulus Francisci II. Regis, 94
Joannes de Insula Henricum IV. equitantem a tergo adoritur in Ponte-Novo, captus in carcere moritur, 420
Joannes Angelus pro Tertio Ordine loquitur in conventu Aurelianensi, 96
Joanna Angliæ Regina coronata, supplicio afficitur, 27
Joanna Navarræ Regina Lutetiam venit, & moritur, non sine oblati veneni suspicione, 185. ejus schemata, 216
Joannæ Borboniæ filiæ Principis Rupisurionii schema, 217
Joisæ Dux Henrico III. Regi gratiosus Romam petit, 266. cum prospero exitu bellum in Pictonibus gerit, & in aulam regiam redit, 281. in exercitum revertitur, pugnam Cutracensem committit, in qua victus occiditur, 281, 282. ejus schema, 313
Julius III. Papa electus, 11. moritur, 35
Juliacense & Cliviense negotium omnes commovet Europæ Principes, 425, 426, 427. verisimilior opinio circa negotium istud & apparatus bellicos tantos, 427, 428

Jus Regum Franciæ cæteros omnes Reges præcedendi Venetiis declaratur, 55

L

LAINESIUS (Jacobus) Jesuitarum Superior Generalis contra Protestantium Ministros acerbe invehitur, 105
Lanovius Aurelianum pro Hugonotis occupat, 149. Pigallarium & exercitum Catholicorum in Pictonibus vincit, 179. ejus generositas, *ibid.* vulneratur, 180. Rupellá exit obsidionis tempore, 203. exercitum Sociorum ante Silvanectum fundit, 307. occiditur, 342
Lansacus Flexia pulsus Cenomanum occupare tentat ; capitur, & in Castrum ad Lædum mittitur, castrum occupat, quod a Regiis recuperatur, 321. Lansacus proditione Cenomanum vult capere, deprehensus, fugam capessit, 327. nec felicius alia quædam aggreditur, *ibid.*
Lebero Montlucii sororis filius Insulam Retensem expugnat, 156. Antonii Gelasii Leberonis Toparchæ schema, 218
Leo XI. Papa viginti sex tantum diebus Sedem Romanam occupat, 418
Leonoris Aurelianensis Ducis Longavillæi schema, 218
Libelli satyrici unius anni spatio plusquam centum numero publicati, 285
Lignerius Carnuti obsessus egregie hostem propulsat, 155
Limosium in Hugonotorum potestatem redactum, qui ex urbe pelluntur, 124, 125
Lizetus Primus Supremæ Curiæ Præses destituitur, 11
Longavillæus Dux Durlanii occisus, 371
Lotharingiæ Dux Campaniam vult occupare, 320
Ludovicus Henrici II. secundus filius nascitur, & paulo post obit, 8
Ludovicus Franciæ Delphinus nascitur, 404. & post mortem Henrici IV. patris, Ludovicus XIII. Rex proclamatus, matri suæ Regni administrationem confert, 430
Ludovicus Lotharingus Cardinalis Guisius : ejus schema, 312
Ludovicus Foxius turrim Corduanam construit, aliaque plurima ædificia, 269
Ludovica Lotharinga Valdemontia Regina Franciæ, uxor Henrici III. ejus schemata, 311
Ludovica Margarita Lotharinga, Princeps Contia, ejus schema, 433
Ludovica Riusia Ellebovii Marchionissa : ejus schema, 312
Lugdunum ab Hugonotis captum, 123. in potestatem Henrici IV. redactum, 264
Lutetiæ prohibetur ne ædes novæ in suburbiis construantur, ut ne nimium urbs augeatur, 8
Lutetia sub potestatem Regis Henrici IV. reducta, 365, 366
Lutetiæ Senatus Edictum, quo Carolus IX. major declarabatur, non vult in actis suis describere ; sed ad id agendum cogitur, 140

M

MAGDALENA de Corbeia uxor Joannis Graucheti famuli Francisci II. Regis : ejus schema, 94
Malinius Reformatus Lugdunum occupare vult, 88
Maniguetus de Sancto Simone quatuor annos & dimidium natus, staturam viri habet, 426
Mansfeldius Comes Noviodunum capit, 356. Capellam item capit, 367
Marcellus II. Papa electus, post 21. dies moritur, 35

INDEX.

Margarita soror Regis Caroli IX. Henrico Principi Bencarnensi nubit, 187. connubium nullum declaratur, 391. ab Henrico IV. vocatur Reginarum omnium nobilissima; quæ ditiones ipsi adjudicatæ fuere, 422. ejus schema, 432

Margarita filia Francisci I. connubio juncta Philiberto Emanueli Sabaudiæ Duci, 59. ejus schema delineatum, 63

Margarita Borbonia nubit Francisco Cliviensi Duci Nivernensi, 64

Margarita soror Francisci I. moritur, 11

Margaritæ Lotharingæ uxoris Joüsæ Ducis schema, 313

Maria filia Henrici VIII. Angliæ Regis coronatur Regina, 27, 28. nubit Philippo Hispaniæ Principi, 28. moritur, 55

Maria Stuarda Scotiæ Regina nubit Francisco Franciæ Delphino, 52. se Reginam Angliæ declarat, 55. Francisco II. defuncto in Scotiam revertitur, 101. in Anglia capite truncatur: ejus mors Unionem in Francia auget & fovet, 280. ejus schema, 94

Maria Medicea Henrico IV. nubit, 402. Regina coronatur, 428. ejus schema, 432

Mariæ Cliviensis Principis Condææ schema, 312

Mariliacus (Carolus) Archiepiscopus Viennensis, orationem habet audaciore stilo in aula regia Francisci II. 86

Marinianus Marchio Strozzium & exercitum Francorum fundit prope Marcianum, & Senas obsidet, 33, 34. urbemque post longam obsidionem capit, 34

Martha Brosseria, quæ se possessam a dæmone simulabat, multis fucum facit, fallacia tandem detegitur, 395

Martigius Andelotum incautum adoritur, & pene capit, 159

Matignonus Montgommerium Damfronii versantem obsidet, qui oppidum dedidit illa conditione, ut vita sibi salva maneret, 212. Matignonus Marescallus Franciæ creatus Ferram capit, 253

Maurevellus ut proditor Muium occidit, 175. Colinium Maris Præfectum sclopeti ictu vulnerat, 187

Mauricius Saxonicus Imperatorem Carolum V. insequitur, qui in Carinthiam aufugit, 16

Mauricius Nassovius & Batavi obsidionis Ambianensis tempore, multos terrarum tractus Hispanis eripiunt, 388

Meduanius Dux Tonæum ad Carantonum capit & Broagium, 241, 242. post necem Guisii fratris Lutetiam venit, ubi Præfectus Generalis regni declaratur, 304. cum exercitu movet versus Ligerim, Brienium Comitem ex improviso capit, Regem ipsum Henricum III. pene intercipit, suburbium Cæsarodunense capit & receptui canit, 306, 307. cum exercitu viginti millium pugnatorum movet contra Henricum IV. 316. exercitum regium oppugnat & fortiter repellitur, 317. Propositas ab Hispanis conditiones rejicit, 321

Meduanius Dux Pontisaram obsidet & capit, Meulantum obsidet, 322. obsidionem solvit, 323. Ibriacensem pugnam committit & vincitur, 325. Sorbonæ decisionem impetrat, qua Henricus Borbonius a Corona excludebatur, 329. Castrum Theodorici capit, Lutetiam venit, & quatuor ex Unionis socios suspendio vitam finire jubet & curat, 347

Dux Meduanius cum Ducibus Parmensi & Montemarciano ad Rothomagum ab obsidione liberandum movet, 348. Maris Præfectum & quatuor Franciæ Marescallos creat, 355. Lutetia discedit, 365. Ducem Feriæ ad singulare certamen provocat, 368. cum Henrico IV. Rege pacificitur & reconciliatur, 379

Medunta post pugnam Ibriacensem sese Regi dedit,

S. Megrinius Regi Henrico III. gratiosus occiditur Guisiorum jussu, 248

Meldæ sub potestatem Regis Henrici IV. reductæ, 363

Melphitanus Princeps Franciæ Marescallus moritur, 13

Merargius Massiliam Hispanis tradere vult, 418. ejus proditio deprehenditur, & ille ad supplicium mittitur, 419

Mercurius Dux cum Henrico IV. Rege pacem facit, 389. In Hungaria bellum strenue gerit, & in reditu moritur, 402, 403

Merindolium. Vide Valdenses.

Merula prædator Mimatum ex improviso capit, 251. Campanam illam celebrem frangit, 252

Metæ obsidentur a Carolo V. 19, 20. qui obsidionem solvere cogitur, 21

Mola damnatur & capite truncatur, 211

Molinæus librum scribit, & ex Francia aufugere cogitur, 13. in carcere conjectus, quia librum emiserat in quo probare conabatur Concilium Tridentinum non esse recipiendum, 141

Moncontuciana pugna in qua Henrici Regis frater victor fuit, 172

Moninius Burdegalensis Præfectus a Burdegalensibus obtruncatus, 7

Montbrunus in pugna captus, & Gratianopolim adductus, ex Judicum sententia capite truncatur, 228

Montemarcianus dux exercitus Summi Pontificis, Meduanium Ducem jungit, 344

Montesquius Principem Condæum occidit in pugna Jarnacensi, 165

Montgommerius Ortesium capit, & Terridam captivum abducit, 170. Montgommerius contra fidem datam capite plectitur, 219

Montlucius Senas missus, ut ibi imperet, 33. omnia Ducem Albanum mittitur, 41. Hugonotos aspere excipit, 124. in pugna Verensi Hugonotos vincit, 126. ad Rupellam obsidendam sese apparat, 155. Montem Marsanum capit, 170. Pontem ad Garumnam a Colinio factum destruit, 176, Rabastenium capit, ubi in facie vulneratur, 176. Marescallus Franciæ creatur, 224. ejus schema, 218

Montlucius (Joannes) Episcopus Valentinus orationem in aula Francisci II. Regis habet audaciore stilo, 85, 86. In Polonia tam solerter agit ut Henricum Poloniæ Regem deligi Polonis suadeat, 204

Montmeliani castelli Præfectus deditionem cum Henrico IV. paciscitur certis conditionibus, 401

Montmorencius (Anna) Constabularius ad aulam Henrici II. vocatus, 2. Burdegalam pergit & Burdegalenses graviter punit, 7, 8. Cæsareorum agmen profligat, 24, 25. magnum exercitum cogit, qui nihil facit, 25. quam male remegerit in Sanquintiniana pugna, 46. ipse capitur, & exercitus Francorum profligatur, 47. Ex aula regia Francisci II. discedit, 68. in Drocensi pugna capitur, 128. Lutetia egreditur cum exercitu & Sandionysianam pugnam committit, ubi regius exercitus vincit, & ille lethali vulnere confoditur, 150, 151. moritur & cum superbo funere sepelitur, 152. ejus schema, 218

Montmorencius (Franciscus) ex Præfectura Parisina exclusus a Principibus fœderatis, & a Constabulario patre suo, 112. Montmorencius & Cossæus Marescalli in carcerem conjecti, 211. Montmorencius Marescallus ex carcere eductus ad Ducem Alenconium mittitur, ut illum cum Rege fratre suo reconciliet, 230

Montmorencius Halotus ab Alegrio occisus, 423

INDEX.

Montpenserius Dux Fontenæum & Lusinianum capit, castellumque diruit & turrim Melusinæ, 226

Montpenseria, soror Henrici Guisii Ducis, Regem Henricum III. comprehendere vult, 288

Montpenserius Dux exercitum Sociorum Unionis & Gualteriorum, queis imperabat Brissacus profligat, 305, 306. moritur, 423

Moventius Hugonotorum dux victus & occisus, 161

N

Nantolietus contra Saltuensem Comitem singulari pugna decertat & occiditur, 421

Navalis pugna Dieppensès inter & Flandros, 37

Nemorosius Dux Jacobus Sabaudus; ejus schema, 312

Nemorosius Dux Jacobi filius, jussu Henrici III. Regis in carcerem conjectus, 297. Lutetiæ Præfectus constitutus, 326. Viennam occupat, 352. a Lugdunensibus in carcerem trusus, 362. moritur, 376

Nivernensis Dux Herbemontium capit, 51. Matisconem expugnat, 153. exercitui in Pictonibus imperat, 293. ejus schema, 312, 313. ad Henrici IV. partes accedit, 332. Romam missus ut Henrici IV. Regis *absolutionem* impetret, 362

Nicola Mignonia in vitam Regis Henrici IV. conspirat, & supplicio traditur, 398, 399

Nobiles aulici quo cultu erant Caroli IX. tempore repræsentati, 218

Nobilis Ephebi Regii sub Henrico III. imago, 314

Northumbellandus Dux extremo supplicio affectus, 27

O

Olivarius Sigillorum Custos restitutus, 66. Olivarius Cancellarius moritur, 83

Onuxius auxiliarium copiarum manum Pictavium inducit, & hostem propulsando occiditur, 169

Ordinum conventus Meldis indictus Francisci II. tempore, 87

Ordinum conventus Aureliani, 95, 96

Ordinum conventus Pontisaræ, 101

Ordinum conventus Blœsis, 237

Ordines Belgici Oratores mittunt ad Henricum III. quem sibi ut Supremum Dominum constituere volunt, 270. re infecta dimittuntur, 273

Ostenda ab Hispanis capta, 415

P

Pancharta, genus vectigalis, occlamante populo, de medio tollitur, 405

Parmensis Dux Alexander Farnesius cum exercitu venit Parisinis opem laturus, 332. Latiniacum capit, 333. Lutetiam ab obsidione liberat, *ibid*. Corbolium obsidet: præsidiarii diu hostem propulsant, tandemque oppidum impugnatur, 334. Parmensis in Flandriam se recipit, *ibid.*

Parmensis Dux ex Belgio proficiscitur Rothomago opem laturus, 347. receptum habet, ac postea revertitur ut obsidionem solvere cogat, 350. Calidobecum capit, *ibid*. Solerter receptum habet, 351. moritur, 355

Paulus III. Papa moritur, 11

Paulus IV. Summus Pontifex electus, 35. cum Henrico II. Francorum Rege societatem init contra Hispanos, 38. moritur, 75

Paulus V. Summus Pontifex eligitur, 418

Paulinus Baro Gardiæ dictus, Hispanos navigantes male excipit, 40

Pax ab Henrico II. cum Rege Hispaniæ facta, 57. eam Francis admodum opportunam fuisse probatur, 58

Pax in Insula Boum, 136. ejus conditiones, 137

Pax cum Hugonotis facta, 204. pax denuo cum illis facta, 243, 244

Pax cum Rege Navarræ facta, 253

Pax Verviniensis inter Franciam & Hispaniam, 390, 391. in qua Dux Sabaudiæ comprehendebatur, 391

Pax cum Duce Sabaudiæ, 403

Pax cum Hispania facta violatur, posteaque restauratur, 403, 404

Pedisequus, ut tempore Henrici III. erat, delineatus, 314

Peronus Cardinalis: ejus schema, 434

Pestilentia Lutetiæ grassatur, 381

Philibertus Emanuel Dux Sabaudiæ Hispanicum exercitum ducit, & Sanctum Quintinum obsidet, 45. Margaritam Francisci I. filiam uxorem ducit, 59

Philippinus Ducis Sabaudiæ filius nothus, in singulari cum Crequio pugna occiditur, 394

Philippus II. Hispaniæ Rex bellum infert Francis cum grandi exercitu, 45. classem confcendit, quæ ad oram Hispanicam naufragium facit, 75. Lutheranos Hispanos flammis tradit, *ibid*. Colloquium Possiacense indigne fert, 106

Philippus II. Hispaniæ Rex, regnum Franciæ occupare cogitat, 320. rogante Mercurio Duce, ter mille Hispanos in Britanniam Armoricam mittit, 335. petit ut filia sua Regina Francorum eligatur, illa conditione ut Principi Franco nubat, 347, 348. moritur, 391, 392

Philippa Montespedonia uxor Caroli Borbonii Principis Rupisurionii in schemate repræsentatur, 217

Pictavium a Santandreano Marescallo obsessum & captum, 121. a Colinio Maris Præfecto cum exercitu Principum obsidetur, 169. obsidio solvitur, 170

Pilius in oppido Sancti Joannis Angeriacensis obsessus, strenue decertat, & tandem oppidum reddit, 174, 175

Pius IV. electus Papa, 75

Pius V. Papa Carolo IX. copiarum auxilium mittit, 168

Poltrotus (Joannes) qui Franciscum Guisiæ Ducem occiderat, supplicio traditus, 134

Polus Cardinalis Anglus pacem facere frustra tentat, 28

Pondezius ab Henrico IV. Rege in Canadam missus, ut terras illas despiceret & observaret, ad Regem revertitur, 413, 414

Portocarreius (Ferdinandus Tellesius) Ambianum ex improviso capit, 383, 384. occiditur, 386

Portus Gratiæ Anglis traditur ab Hugonotis, 125. obsidetur & capitur a Francis, 139

Postulatio Regi Henrico III. oblata nomine Cardinalis Borbonii & Guisii Ducis, 291

Processio Lutetia Carnutum in derisionem Regis Henrici III. facta, 290

Processio ridicula Unionis Sociorum, ubi Carthusiani, Augustiniani, Carmelitæ, Capucini, Fulienses, &c. armati sclopetorum ictus frequenter emittebant, 329. in tabula repræsentatur, *ibid*.

Pyramis erecta, in loco domus ubi Joannis Castelli fuerat, rogantibus Jesuitis dejicitur, 418

Q

S. Quintini pugna: oppidum egregie defenditur a Colinio Maris Præfecto, 48, 49

Quintinus (Joannes) pro Clero loquitur in conventu Aurelianensi, 97. accusatus quod contra Maris Præfectum loquutus esset, ipsum placare cogitur, *ibid*.

Ramus

INDEX.

R

RAMUS qui se Caroli IX. Regis filium esse simulabat, extremo supplicio traditus, 382
Ramus Professor Eloquentiæ & Philosophiæ in Sanbartholomæana carnificina occiditur, 194
Randanus ante Issoriacum a Regiis victus est, 325, 326
Ravalliacus (Franciscus) Henricum IV. occidit, extremo supplicio perit, ibid.
Reconciliatio saltem simulata Guisios inter & Colinios, 145
Reductio Lutetiæ in potestatem Henrici IV. Regis, 365, 366
Reformatio Calendarii a Gregorio XIII. facta per Edictum regium recipitur, 260
Regii Rothomagenses urbem suam occupare frustra tentant, 323
Regii seu Politici Lutetiæ potentiores evadunt, 334. itemque Aureliani, ibid.
Renata Ludovici XII. Francorum Regis filia Ferrariensis Aurelianum venit, 91
Renaudius (Godefridus) Barrius Reformatorum dux constituitur, 77. suos convocat apud Namnetas, & contra præsentem Regni administrationem conspirat, 78. Ambasiam ex improviso occupare parat, 79, 80. fortiter pugnando occiditur, 80, 81
Rentiacum ab Henrico II. obsessum. Rentiaca pugna quæ Francis bene cessit, 31, 32
Rhodius Comes aliquot oppida capit, 21, 22
Rhonius Francus Unionis Socius, in re militari peritus, ad Hispanorum partes transit, 380
Robertus Stuardus in carcerem conjectus & tortus, 74
Rosarius librum edit *Stemmatum* Lotharingiæ & Barri Ducum, ubi probare conatur Lotharingos Principes ex Carolo Magno ortos esse, 265
Rothomagum obsessum ab exercitu regio, 125. vi expugnatur, 126
Rothomagum & aliæ urbes in potestatem Henrici IV. Regis redactæ, 367
Rupellani longo tempore neutram partium sequuti sunt, 122. ad partes demum Principis Condæi se conferunt, 153. Navibus suis pecuniæ summas grandes referunt, 163
Rupella, aliæque urbes Hugonotorum, in potestatem Caroli IX. Regis se reducturas esse negant, 198. Reginæ Angliæ opem implorant, ibid.
Rupella a Birono primum obsessa, 200. egregie & longo tempore hostem propulsat, 201, 202, 203 pace facta, obsidio solvitur. 304

S

SABAUDIÆ Dux Saluciam occupat, 295. Delphinatum sibi subjicere ambit, 319. necnon Galloprovinciam, 320. in Delphinatu & in Galloprovincia multa movet & machinatur, ubi a Diguierio & Valleta vincitur, 335. bellum gerit in Gallo-provincia, ubi res ejus in pejus declinant, 343
Sabaudiæ Dux in aulam regiam Francicam venit ut de Salucia opportunius tractet, 396. nihil dexteritate & astutia perficere potest, 397. In Sabaudiam redit, 398. exercitum magnum cogit ut Montmeliano opem ferat, 402. pacem facit, 403
Saga Regis Navarræ & Principis Condæi famulus arcana illorum imprudenter revelat, 87
Salcedæ proditio deprehenditur, ipseque afficitur supplicio, 259, 260
Saltatio equestris in natali die filiæ Henrici IV. 420.
Salvaso Casalium intercipit, 34. ejus mors, ibid.
Sancerra obsidetur a Regiis, qui ab obsidione discedunt, 162

Sancerra obsidetur a Castræo, 200. horrenda fames, qua coguntur oppidani deditionem facere, 205
Sancius bellum Sabaudis infert prope Genevam, 339
Sandionysiana pugna, in qua Hugonoti profligati sunt, ubi Constabularius lethali vulnere confossus est, 150, 151
Sanquintiniana pugna, in qua Franci cæsi sunt, 47
Sclopetarius Regius, ut erat tempore Henrici III. repræsentatus, 313
Seditiones Rothomagi & Lutetiæ Religionis causa, 182
Senæ civitas Reipublicæ formam vult servare: a Francis auxilia accipit, 26
Senones Agendici Catholici Hugonotos trucidant, & templum illorum diruunt, 114
Sextodecimani sic vocati a sexdecim regionibus Lutetiæ urbis, quorum illi duces erant, aperte inimici erant Henrico III. Regi, 302
Sextodecimani, Unionis Socii, & Concionatores Parisini post Guisii Ducis mortem contra Henricum III. debacchantur, illum ut Regem abnegant, 303. Plebs ejus imagines dejicit, & sepulcra gratiosorum ejus diruit, 303, 304.
Sextodecimani Episcopum Parisinum pellunt, Brissonium Præsidem, Archerium & Tardivium Senatores suspendio perire curant, 345, 346
Sillius Rupefortius pro Nobilitate loquitur in conventu Aurelianensi, 96
Sixtus V. Papa Regem Navarræ & Principem Condæum *excommunicat*. Illi vero libellis Romæ affixis, Papam confutant, 275. Sixtus V. bene affectus erga Henricum IV. moritur. Urbanus VII. eligitur, qui duodecim tantum diebus sedet. In ejus locum eligitur Gregorius XIV. 334
Spectacula singularia in ingressu Henrici II. Rothomagum oblata, 12
Strozzius Marescallus Franciæ creatur; a Mariniano Marchione vincitur, 33
Strozzius peditatus Francici Præfectus Generalis constituitur, 166
Supplicio multi traditi sunt Ambasiæ, 80, 81
Synodus generalis Hugonotorum Rupellæ, 182

B

TANQUERELLUS (Joannes) Baccalaureus affirmat Summum Pontificem posse Reges ex folio regio dejicere, 106. ideoque mulctatur, 107
Tarde-consulentes seu Croquani tumultum in quibusdam provinciis excitant, 367
Termus Marescallus in Flandria profligatus, 53, 54
Tertia Factio Borbonium Cardinalem in Regem deligendum proponit, 341
Tertium civile bellum, 159
Teruana a Cæsareis capta & diruta, 23
Theodorus Beza Colloquio Possiacensi adest, 102. contra Eucharistiam ibi loquitur, 103
Tolosa Hugonotos ex civitate sua pellit, 124
Tolosa in potestatem Henrici IV. Regis reducitur, 380
Toræus Montmorencius vincitur a Duce Guisio, qui in gena vulneratur, 231
Trapezitæ in fraude deprehensi puniuntur, 424
Tremblaius Mercurii Ducis cohortes fugat in Britannia Armorica, 384
Triumviratus Ducis Guisii, Constabularii Montmorencii, & Santandreani Marescalli, initio Regni Caroli IX. 99, 100
Tumultus Lutetiæ in suburbio S. Marcelli contra Hugonotos, 108
Tumultus Lutetiæ, ingrediente Carolo Cardinali Lotharingo, 142
Tumultus in Belgio a novæ Religionis Sectatoribus excitatus, 146, 147
Turenius Vicecomes exercitum Germanorum equi-

INDEX.

tum peditumque pro Rege colligit, 339
Turenius feu Marefcallus Bullionius verfus Lotharingiam bellum profpere gerit, 353. Quia cum Bitono confenferat, a Rege evocatus in Germaniam confugit, 410. Regem placat, 412
Turnonius Cardinalis ab aula regia amandatur, 2. ad eamdem aulam revocatur, 66

V

VALDENSES qui Caprariæ & Merindolii refidui erant, male afticiuntur, 13
Vaffiacum. *Vide* Cædes Vaffiacenfis.
Ventus ingens, qui arbores, turres & campanilia evertebat, 421
Verenfis pugna ubi Monlucius Hugonotos fundit, 125
Vernolia ab Henrico IV. adamata accufatur, & in fufpicionem venit, 416
Vervinus capite plexus quod Bononiam ad mare Anglis dedidiffet, 9. ejus memoria poftea reftituta fuit, 10

Vicecomites, feptem Toparchæ, qui pugnatores multos Hugonotis colligunt, 153
Vicedominus Carnotenfis Portum-Gratiæ tenet pro Hugonotis, 120. Reginam Angliæ folicite urget ut opem ferat, *ibid.*
Vicedominus Carnotenfis & quidam alii prudenter Sanbartholomæanæ carnificinæ fe fubripiunt, 193
Villaregius a fecretis Regi deftituitur, 3
Villarius Matis Præfectus creatur a Meduanio Duce, 355. cum Henrico IV. rege pacifcitur, 363, 364. victus & captus occiditur, 374
Vitrius Meldas in Regis Henrici IV. poteftatem reducit, 363
Unio five Sancta Societas, quam originem habuerit, 236. in toto Regno augetur & diftenditur, 280. Unionis Socii Henricum III. Regem comprehendere tentant, 287, 288. Luparam expugnare, Regem capere & Efpernonium occidere volunt, 288. Vincennatum caftellum capiunt, 322

FIN DE LA TABLE DES MATIERES.

FAUTES A CORRIGER.

Page 90. ligne 3. lifez, Corps de garde.
Page 107. ligne 1. lifez condamné à l'amende.
Page 293. ligne 16. lifez, de le perdre.
Page 303. ligne antepenultième, lifez, de violemens de Traitez.
Page 317. ligne 18. lifez, *Journée d'Arques*,
Page 318. ligne 22. lifez, pieces de canon.

De l'Imprimerie de CLAUDE SIMON.

www.ingramcontent.com/pod-product-compliance
Lightning Source LLC
Chambersburg PA
CBHW071418230426
43669CB00010B/1584